金融教材译丛

财务报表分析与证券估值

（原书第5版）

[美] 斯蒂芬 H. 佩因曼　著
(Stephen H. Penman)
哥伦比亚大学

朱丹　屈腾龙　译

Financial Statement
Analysis and Security
Valuation (Fifth Edition)

图书在版编目（CIP）数据

财务报表分析与证券估值（原书第5版）/（美）斯蒂芬 H. 佩因曼（Stephen H. Penman）著；朱丹，屈腾龙译．—北京：机械工业出版社，2016.11（2025.10重印）
（金融教材译丛）

书名原文：Financial Statement Analysis and Security Valuation

ISBN 978-7-111-55288-8

I. 财… II. ①斯… ②朱… ③屈… III. ①会计报表－会计分析－教材 ②证券投资－教材 IV. ① F231.5 ② F830.91

中国版本图书馆 CIP 数据核字（2016）第 262724 号

北京市版权局著作权合同登记　图字：01-2015-3690 号。

Stephen H. Penman. Financial Statement Analysis and Security Valuation, 5th Edition.
ISBN 978-0-07-802531-0
Copyright © 2013 by McGraw-Hill Education.

All Rights reserved. No part of this publication may be reproduced or transmitted in any form or by any means, electronic or mechanical, including without limitation photocopying, recording, taping, or any database, information or retrieval system, without the prior written permission of the publisher.

This authorized Chinese translation edition is jointly published by McGraw-Hill Education and China Machine Press. This edition is authorized for sale in the Chinese mainland (excluding Hong Kong SAR, Macao SAR and Taiwan).

Copyright © 2017 by McGraw-Hill Education and China Machine Press.

版权所有。未经出版人事先书面许可，对本出版物的任何部分不得以任何方式或途径复制或传播，包括但不限于复印、录制、录音，或通过任何数据库、信息或可检索的系统。

本授权中文简体字翻译版由麦格劳－希尔教育出版公司和机械工业出版社合作出版。此版本经授权仅限在中国大陆地区（不包括香港、澳门特别行政区及台湾地区）销售。

版权 © 2017 由麦格劳－希尔教育出版公司与机械工业出版社所有。

本书封面贴有 McGraw-Hill Education 公司防伪标签，无标签者不得销售。

本书讲述了如何为证券定价的目的进行财务报表分析，作者将财务报表分析与证券定价直接地、具体地结合起来，使读者可以一层层地解剖各种财务报表数据，一步步地调整原始形态的数据，将其转化为对评估企业价值有帮助的数据，并最终利用这些数据对企业的价值做出评估。

本书不仅仅是一本金融和财务专业的经典教材，还特别适合对权益定价感兴趣的财务分析人员、渴望利用有效财务分析工具的投资分析人员、积极寻找套利机会的外部投资者，以及谋求股东权益最大化的内部决策者。

出版发行：机械工业出版社（北京市西城区百万庄大街22号　邮政编码：100037）			
责任编辑：施琳琳		责任校对：董纪丽	
印　　刷：北京联兴盛业印刷股份有限公司		版　　次：2025年10月第1版第19次印刷	
开　　本：185mm×260mm　1/16		印　　张：46	
书　　号：ISBN 978-7-111-55288-8		定　　价：139.00元	

客服电话：(010) 88361066　68326294

版权所有·侵权必究
封底无防伪标均为盗版

作者简介

斯蒂芬 H. 佩因曼（Stephen H. Penman）

现任美国哥伦比亚大学商学研究院的 George O. May 教授，同时还担任哥伦比亚大学会计与证券分析精英中心的联合主任。1999 年任职哥伦比亚大学以前，佩因曼教授曾是加州大学伯克利分校哈斯商学院 L. H. Penney 教授称号获得者。1990～1995 年，他担任了伯克利分校的职业会计项目（Professional Accounting Program）主席和会计系主任一职。在更早期，佩因曼教授还曾经做过伦敦商学院的客座教授、斯德哥尔摩经济学院的 Jan Wallander 客座教授和新加坡管理大学的曾满超（Cheng Tsang Mun）客座讲座教授。

佩因曼教授在澳大利亚昆士兰大学获得一级商学学士学位，然后，又在美国芝加哥大学获得了工商管理硕士学位和博士学位。他的主要研究兴趣为权益估值和会计信息在证券分析中的应用。佩因曼教授曾在各类财务和会计期刊上发表了大量文章，为学术和专业人士开办了大量基本面分析与权益估值方面的讲座。1991 年，佩因曼教授被美国会计学会和美国注册会计师协会联合授予"会计文献杰出贡献奖"；2002 年，由他编写、麦格劳-希尔/欧文出版社出版的《财务报表分析与证券估值》一书的第 1 版，获得了美国会计学会和德勤会计师事务所共同颁发的 Wildman 奖项；2011 年，佩因曼教授又获得了由金融数量研究院所颁发的 Rodger F. Murray 奖项。他的另一本著作《会计估值》（*Accounting for Values*）已在 2011 年由哥伦比亚大学出版社出版发行。此外，佩因曼教授还是 *Review of Accounting Studies* 杂志的编辑和 *Schmalenbach Business Review* 杂志的编委会成员。

前　言

财务报表是商业的透镜，而报表分析能帮助我们调整好这个透镜的焦距，从而认清商业的本质。财务报表中的缺陷会污染我们的透镜，使画面扭曲，而通过财务报表分析，则可以克服这些缺陷，改进我们的观察聚焦工作。

财务报表的用途很多，其中最主要的是为商业投资决策提供有用的信息。在全球资本市场上，每天都交易成千上万的股票和公司债券，我们需要根据这些证券的价值来为它们进行定价。投资者希望了解什么样的公司是值得买入的，继而需要进一步确定在什么样的价格水平范围内进行交易。借助财务报表分析，投资者可以了解公司的潜在价值。本书就旨在为这样的投资者决策提供参考。

潜在价值有时也被称为**基本价值**（fundamental value），对应地，与基本价值相关的信息分析，就被称作**基本面分析**（fundamental analysis）。本书就是关于基本面分析的书。财务报表分析是基本面分析的关键。实际上，在本书中，基本面分析就建立在恰当的财务报表分析的基础之上。财务报表作为商业的透镜，在财务报表分析技术的辅助下，能对企业的商业活动提供合理的解释，帮助投资者看到企业为股东所创造的价值。

20世纪末至21世纪初的股市发展实践表明，理解企业的商业活动是非常重要的。20世纪90年代，股票的定价远远高出了由企业的盈利、账面价值、销售收入和其他基本信息所揭示的股票价值，结果，股市最终如泡沫破裂般坍塌。在"非理性繁荣"的浪潮中，投资者受到一些自称是"分析师"的人士鼓吹，不愿相信公司的财务报告信息，却愿意听从公司管理层对股票的吹捧和媒体"领袖人物"的投机讨论，从而无法进行高质量的分析和判断。直到在后续发展中亲历股票价格的下跌，再加上金融危机的影响，投资者这才终于看清了风险所在。从某种程度上来讲，这种风险就是由股票的过高定价所引起的。因此，已经到了应该回归到基本面分析的时候了，因为基本面分析可以帮助我们避免定价过高的风险。本书所介绍的就是一些优秀的基本面分析技术。

0.1　写作思考

0.1.1　概念框架

高质量的分析来源于透彻的理解，而透彻的理解离不开概念框架的支持。作为一名学习分析技能的学生，概念框架能帮助你组织思考的过程。在当今信息时代背景下，我们需要处理的公司信息有海量之多，这时，概念框架可以指引我们明智并且经济地利用信息——将信息最终变为知识。

本书所建立的概念框架有助于读者理解商业的运作，了解价值的创造过程，并且理解企业所创造的价值是如何列报（或者未列报）在财务报表中的。这个概念框架能帮助读者将已有的知识转化为对商业的估值，同时对财务报表中的信息进行解释。对于很多困扰分析人员的重要问题，这个概念框架都能够帮助我们找到解答。例如，分析人员应当关注的"基本面"究竟是什么——是股利、现金流量还是企业的利润？怎样将分析人员的盈利预测结果转换为有效的估值？当投资者对利润计算过程中所使用的会计方法尚存疑问时，还可以信赖企业的盈利信息吗？资产负债表的作用是什么？什么叫作成长型企业以及如何计量企业的增长呢？市盈率指标（P/E ratio）能告诉我们哪些信息？市净率呢？应当怎样判断市盈率和市净率的正常范围呢？

当然，最重要的是这个概念框架能够保证你的分析质量。本书所提出的概念框架是根据"第一原则"一块一块地搭建的，这样，你可以清楚地知道我们每一步分析的来龙去脉，从而在读完本书之后，对基本面分析的原则有坚实和深刻的理解，并且具有品鉴分析报告质量的能力。

0.1.2 实践工具

本书会教授你如何去理解，但更主要的是教授如何去操作。概念和框架只有在能引导发展为分析工具的前提下才是重要的。在本书每章的最后，都列出了相关的关键概念，同时还附有分析师工具箱，对本章所涉及的重要分析工具进行总结。在书末，你还能找到一套完整的实践分析工具。分析师工具箱的组织非常有效，分析人员按照这些指南去做，可以保障他们的分析连贯性，并且不会忽视企业所创造价值的任何方面。本书尽量使用简单的分析方法，避免特殊方法的应用。不过，在权衡了复杂分析所能带来的好处与相关成本之后，我们也努力使用了一些简单的分析组合。在本书中，对分析方法的讲解都结合了公司应用案例，涉及的案例对象包括谷歌公司、思科系统公司、耐克公司、微软公司和可口可乐公司等。

本书涉及的绝大多数分析与估值材料都可以使用电子表格形式。因此，随着章节的深入，我们会逐渐指导读者建立和完善自己的电子表格程序。关于这一点，在本书配套网站（www.mhhe.com/penman5e）上，还提供了更多的指导。学习完本书以后，你将拥有一套综合的分析与估值工具，你可将它直接应用在主动投资策略中，这对几乎所有公司都是适用的。在本书的配套网站上，提供了一份构建电子表格的综合指南，称为"搭建你自己的分析工具"（Build Your Own Analysis Product，BYOAP）。不过，你会发现，最令人满意的还是你自己亲手构建的分析工具，而且在这一过程中，你也将能学习到更多有用的东西。

0.1.3 估值与战略

本书所介绍的分析工具，都是作为企业外部人士的证券分析师在给他们的客户提供公司投资建议时所使用的。这些分析师通常都会在权益研究报告中提供他们的专业建议。因此，学习完本书之后，你将有能力撰写一份令人信服的、质量优异的权益研究报告。不过，同样是这些分析工具，企业内部的管理层在评价项目投资业绩时，也会经常使用。外部分析师会根据他自己对企业战略的理解，运用分析工具来对企业进行估值。而与此同时，企业内部的管理人员也会使用相同的分析工具来评价投资项目和选择经营策略。所以可以说，外部人士在评价企业战略价值时所使用的技术，同时也是内部人士在选择战略时所使用的技术。基于此，本书实际上是估值分析和战略分析两个部分的综合。

0.1.4 基于会计的估值方法

估值方面的文献普遍采用贴现现金流量分析的方法。但是，分析人员在评估企业的价值时，一般总是先预测未来的盈利情况；权益研究报告在判断一家企业是否能为投资者带来回报的时候，也主要讨论的是企业的盈利，而非现金流量。因此，"购买盈利"（buying earnings）才是真正的投资咒语。股票市场关注的是企业的盈利；分析人员和公司管理层对未来盈利的预测驱动着股票价格的走势；当一家公司所宣告的盈利偏离了分析师的预测结果时，股价也会随之做出调整。盈利被虚构的事件一旦曝光，随着市场泡沫的破裂，就会出现巨大的股价跌幅——这在施乐公司（Xerox）、安然公司（Enron）、奎斯特公司（Qwest）、世通公司（WorldCom）、卡卡圈坊公司（Krispy Kreme）和其他会计丑闻事件所波及的公司中都得到了验证。所以，事实是，现代的投资主体正在快速地从现金流量估值模型转向盈利估值模型。

本书主要关注盈利的预测和将盈利预测结果转化为估值的方法。随着你对本书学习内容的深入，你会发现，支持盈利估值模型的理由将更加清晰：经过正确计算的盈利指标，能更好地代表企业所创造的价值，所以，对盈利前景的分析能加深我们对基本价值的理解。格雷厄姆和多德以及早期的基本面分析人士都强调"盈利的力量"。本书仍然坚持这样的信念，只不过是以一种更加符合现代财务原则的方式。在投资时，我们必须非常谨慎，因为一旦我们对企业的盈利出价过高，危险便会出现。

0.1.5 会计信息的质量

在简单理解了会计系统的运作方式之后，通过本书，你将能够学会对会计工作成果的质量进行正确的评价。学习完本书后，你将能够识别公司所发布财务报表中存在的问题，批判地看待报表编制时所必须遵循的"公认会计原则"和其他信息披露规则。同时，你还会理解报告中的会计信息是如何被扭曲的,并且能够掌握可以帮助你找出这些扭曲之处的工具,使你可以对公司会计信息的质量做出判断。

0.1.6 财务与会计的整合

财务报表是严格按照会计准则的要求来编制的,在相关会计课程中,你一定已经学习过这些准则了。然而,在这些相关课程中,你对财务报表的看法通常都是从会计的角度出发,强调报表的编制过程,而不是报表所能揭示的商业投资信息。投资分析是受财务原则指引的,在相关的金融或者财务课程中,你应该也已经学习过这些原则了。但是,在这些课程中,投资分析通常都不会系统地使用财务报表或者会计概念。一般情况下,大多数人都会认为财务和会计是两个相互独立的领域,或者,即使有人认为两者是相关的,他们对于财务和会计之间关系的理解也是非常模糊的。财务课程对于会计原理常常不屑一顾,而在会计课程中所介绍的一些分析往往又是违背财务原则的。本书将会整合你曾经在财务课程和会计课程中所学到的知识。通过财务报表分析和基本面分析,本书将会计概念和财务概念进行了合并。我们将会计看作是为估值而服务的,而将会计估值用在投资分析中是非常恰当的。财务报表的组织结构非常有利于我们进行基本面分析。我们将适用于资产负债表和利润表计量的会计原则引入,作为价值计量的原则。本书中的所有分析都会建立在对会计信息质量进行鉴别的基础之上,并且符合现代公司财务的一般原则。

0.1.7 主动者的视角

投资方面的文献一般都认为资本市场是"有效率"的,即在这样的市场之中,交易证券的潜在价值总是可以通过市场的定价反映出来。不过,这些文献主要关注的是风险计量问题,而不是估值问题。它们通常假定投资者会认为市场定价是公允的,因此,投资者总是比较被动地在接受价格,然后再通过资产的配置来对风险进行管理。但本书却是从主动者的视角出发来写作的。主动的投资者不会"假定市场是有效的",相反,他们会通过高质量的分析去挑战市场价格,检验当前的定价水平是否公允。然后接下来,再利用市场当中的错误定价去赚取丰厚的报酬。主动的投资者会接受基本面分析师的信条:付出的是价格,得到的是价值。由于相信在权益投资领域为一只股票付出过高价格的风险是非常可怕的,主动投资者会寻求赚取独立于价格之外的价值增值。无论所处的市场是否有效,你最终都会发现,这样的观点是非常有价值的。

0.1.8 与市场先生谈判

本杰明·格雷厄姆教授将权益投资看作"与市场先生之间的谈判",谈判主题为应该支付多少价格。本书向大家介绍了怎样去进行这样的谈判。本着价格应当服务于价值的精神，分析人员通常是先计算出一只股票的"真实"内在价值，然后再将这个价值拿去跟市场先生的报价进行比较。这么做本身并没有问题，但是，由于涉及的不确定性情况众多，要信心满满地找到一个内在价值的真实数值，实际上是非常困难的。本书所采取的做法与上述思路有所不同：首先理解盈利预测与价值之间的关系，然后倒过来根据市场的定价来理解市场先生所做的价值预测，最后再来判断这样的预测是不是合理的。这样做的原因是估值并不是投资者与大自然之间的博弈，而是投资者与其他投资者之间的博弈。所以，我们实际上并不需要某只股票的真实价值，相反，我们只要知道其他投资者对这只股票的看法就可以了。因此，财务报表分析的结果最终就成了与市场先生之间的对话。

0.1.9 第5版的新变化

第5版仍然强调对市场价格的挑战。第5版中，第7章是新增加的，主要讲授如何将第5章和第6章所提出的估值模型作为应用工具，用作主动的投资策略。在第二部分财务报表分析内容之后，本书在第三部分中对分析的流程又进行了改进，因为用来判断市场价格是否合理的信息，正是通过财务报表分析所得到的。此外，我最近出版的另一本图书《会计估值》（哥伦比亚大学出版社，2011年）中所介绍的很多主动投资话题和工具，在本书中也有详细介绍。

以下是第5版的重大改动情况，现在全书已经从19章增加为20章了。

- 在本版图书第一部分中，新增加了第7章"估值与主动投资"。
- 对第5章和第6章关于估值的讨论稍做简化，将其中一些内容移到了第7章。
- 针对会计准则的更新情况，对全书各个章节相关材料都进行了更正。
- 在必要的地方，对美国一般公认会计原则下的会计处理和国际财务报告准则下的会计处理进行了适当比较。
- 对本书中的例题、说明和图、表都进行了更新，以反映截至2010年的最新情况。
- 在一些章节中增加了新案例，并将原有的案例数据更新到了2010年。
- 新增了一些章末练习题。
- 对第15章（即过去的第14章）关于简单预测与估值的话题进行了较大的修订和简化。
- 第19章权益投资中的风险与报酬重新回归了主动投资这个主题。

在写作本书的第1版时（1999年），全球股票市场都正处于（用今天的眼光来看的话）市场泡沫当中。本书在那个时候提出了应当使用基本面分析去思考市盈率和市净率是否已经过高。那段时期现在已经成为过度估值的重要历史教训之一。在本书中，我们从第1章就开始仍然坚持上述观点。不过，我们接下来不仅经历了市场泡沫的坍塌，还共同见证了金融危机和股票价格的狂跌，截至目前，股票价格乘数都还位于历史水平值之下。所以，在本书中，我们强调分析技术不仅能带领我们去挑战过度估值，也能指引我们去找出估值的不足。此外，本书还提请大家注意在不确定时期的投资风险问题，书中指出，泡沫从产生到破裂需要时间，同理，被打压到低位的价格要恢复到正常水平，也是需要时间的。

0.1.10 本书概况

第 1 章介绍财务报表分析和基本面分析，以及全书的整体框架结构。第 2 章主要对财务报表进行了介绍。其余章节可分为以下五个部分。

- 第一部分（第 3 ~ 7 章）介绍基本面分析的思路。在这一部分中，将财务概念与会计概念进行整合，介绍会计知识在估值分析中的应用。由于优秀的估值思想是通过估值模型体现出来的，所以，在这一部分中，介绍了权责发生制会计估值模型。该模型可以直接作为实践分析的框架，在本书后续部分中会继续加以沿用。此外，在本部分中还介绍了其他一些技术和模型，便于读者对各种不同模型和技术的优劣进行比较。最后，我们以这些模型在主动投资策略中的应用作为本部分的结束。
- 第二部分（第 8 ~ 13 章）主要应用财务报表分析去判断企业所创造的价值，并为下一步的预测做好准备。在这一部分中，读者将能体会到透镜是如何被聚焦到商业领域的。
- 第三部分（第 14 ~ 16 章）主要关于预测。企业及其股票的价值都取决于它们预期能带给投资者的收益水平。因此，利用在第二部分中通过财务报表分析得到的信息，在本部分中，我们将对企业未来的收益情况进行预测。这里的预测是建立在财务报表框架基础之上的，因此，实际上是一个预计财务报表分析方面的练习。接下来，本书介绍了如何将预测结果转换为对企业及其战略的估值。
- 第四部分（第 17 章和第 18 章）主要讨论由于使用会计估值模型而引起的一些会计问题。在这一部分中，介绍了如何对影响收益计量的不同会计方法进行调整，以及如何分析财务报表中所披露会计信息的质量。
- 第五部分（第 19 章和第 20 章）讲解包括权益风险和信贷风险在内的风险基本面分析，并提供了一个将权益分析和信贷分析整合在一起的预计分析。在这一部分中，再一次突出了主动投资的视角：在投资过程中，投资者会如何处理风险，尤其是买价过高的风险呢？

0.2 装配组合：为分析人员和管理人员而备的工具箱

利用本书的最好方式是将自己看作一个装配组合好的工具箱，里面装着财务报表分析、企业估值和企业战略等各种工具。作为一名职业的分析人士或者商业筹划人员，你一定希望能用上最好的技术，以获取竞争优势。因此，请你阅读本书，亲自来鉴别这些分析方法的好坏。你所需要的方法，一定是既有坚实的理论做基础，又非常实用的。

在阅读本书的过程中，你会逐渐找到下面这些问题的答案。

- 基本价值（或"内在价值"）是如何估计的？
- 在权益估值中，应当怎样使用财务报表，以找到相关的信息？
- 现金流量的相关性如何？股利呢？账面价值呢？在估值中，对这些计量指标应该如何看待？
- 什么是增长？怎样对增长进行分析？怎样对成长型的公司进行估值呢？
- 投资正处于成长期的公司会有哪些陷阱？
- 怎样知道股票价格中所隐含的增长预期是否合理？
- 比率分析在权益估值中的作用是什么？
- 盈利能力与估值之间的关系是什么？
- 怎样判断财务报告的质量？
- 对于编制财务报表时所依据的会计方法，应当怎样看待和处理？
- 财务分析怎样才能为战略和计划服务？
- 公司的市盈率是由什么决定的？怎样判断合理的市盈率范围？
- 公司的市净率是由什么决定的？怎样判断合理的市净率范围？
- 如何对风险进行评价？评价权益风险应注意什么问题？评价债务风险应注意什么问题？
- 怎样评价权益研究报告的好坏？优质的权益研究报告是什么样子的？
- 如何利用好基本面信息？

0.3 怎样利用本书

0.3.1 背景要求

阅读本书前，你应当已经完成了基础财务会计课程和基础金融课程方面的学习。如果在此基础上，你还学习了中级财务会计课程和投资学或者公司财务方面的课程，那当然更好，不过，这一步要求并不是必需的。实际上，读完本书后，你会很想去参加上述课程的学习。

0.3.2 章节特点

本书的写作和设计非常有利于增强你对学习资料的掌握。在每一章开篇，都会先给出**流程图**（flow chart），将本章的主要内容以及与前后章节之间的联系用图形的方式呈现出来。这个图形能帮助读者看清自己目前所处的位置和将来还要学习的内容，以及各个知识板块之间的关联关系。紧跟着流程图之后，你会看到一个"**分析师备忘录**"（The Analyst's Checklist）。每一章的分析师备忘录都会列出两份清单，一份是本章所涵盖的知识要点，另一份则是学习完本章内容以后，读者应当有能力掌握的知识技能。这样能突出每一章节的学习目标，使读者掌握好每一章节的知识要点。在每一章的章末，都有"**分析师工具箱**"（The Analyst's Toolkit）。在这份贴心的资源库里，列出了本章所出现的各种具体分析工具，这对学习和复习来说，将是非常有用的！

0.3.3 章末材料

本书在每一章的末尾都提供了一系列的概念性思考题、练习题和迷你案例。通过这些材料，能极大地增强读者对本章内容的理解和掌握。这些习题的设计出发点并不是要考验或者测试谁，而是希望能通过实用的分析性练习，强化读者对学习内容的掌握。具体来讲，每类习题的关注点各自稍有所不同。**思考题**（concept questions）旨在强化读者对本章学习内容的理解；**练习题**（exercises）主要是本章所介绍方法的应用，其中**基本练习**（drill exercises）引导读者逐渐进入分析领域，而**应用分析**（applications）集中于解决某个具体公司的问题；**迷你案例**（minicases）则是设计适用于课堂讨论用的，这些案例通常覆盖内容比较广泛，涉及的问题较多，甚至有些问题是没有明确答案的。相对完整的案例来说，迷你案例写得比较简洁，因此不需要读者处理大量的细节问题，能够使课堂时间得以更有效的利用，并且突出重点。不过，这些迷你案例都涉及大量的分析和洞察体验，完全能够活跃小组讨论的气氛。与每一章所讲述的主要内容相同，这些练习题和迷你案例也常常取材于现实世界里的真实公司。在本书的不同部分，论述不同的知识要点时，常常会交替出现这些公司的名字。

0.3.4 连贯案例

在本书中，采用了一个连贯始终的公司案例——金佰利公司（Kimberly-Clark Corporation）。在每一章（截至第16章）的末尾，你都能看到关于该案例的一些新材料，说明相关章节所介绍的原则和方法，以及前述章节中的分析是如何应用到金佰利公司的情景中的。到最后，你就可以有一个将全书要点应用到一家具体公司之上的案例模板，并且可以将它复制到对其他公司的分析中去。请研究这些案例，然后将你的解决方案与本书配套网站上所提供的解答参考进行核对。

0.3.5 配套网站资料

在本书的配套网站 www.mhhe.com/penman5e 上，还有更多的分析资料与本书的内容相配套。在"学员中心"（Student Center）[⊖]栏目下，提供的资料包括：

- **章节补充**（chapter supplements）：每一章都提供有"章节补充"资料，在本书每一章开始前的流程图中，会提请你参考相关网站资料。
- **连贯案例解答参考**（Solution to the Continuing Case）。
- **补充练习**（Additional exercises）：针对每一章内容都提供了一些补充练习和相关的解答参考。完成这些练习，并将你的答案与解答参考进行核对，能够强化你对知识的掌握。
- **会计诊所 I ～Ⅶ**（Accounting Clinic I – Ⅶ）："会计诊所"专门针对与权益分析和信用分析关系紧密的一些会计问题进行了复习，所讨论的话题包括权责发生制会计、公允价值与历史成本会计、债券投资和股票投资的会计处理、股份支付的核算、养老金会计和税务会计等。
- **搭建你自己的分析工具**（Build Your Own Analysis Product，BYOAP）：网络模块 BYOAP 向你介绍了如何根据本书所介绍的原则和方法，来建立自己的财务报表分析和估值用电子表格。这个模块并不是一个你立即就可以使用的产品，而是一个指引你自己去搭建分析产品的指南。所以，BYOAP 模块是一种学习工具，请不要以为它是一个可以拿来就系统进行应用的黑箱产品，它只是便于你尝试着可以边学边做。如果你按指引完成了全部的要求，那么，就可以利用自己的工作来分析财务报表，预测未来的盈利、剩余收益、超常增长的收益、现金流量和股利等信息，然后使用一系列的技术和方法来对公司及其战略进行估值。在这个产品中，你还可以加入自行设置的警钟和提醒。简单地说，这个产品就是编写权益研究报告和进行专业尽职调查的基础。在搭建的过程中，你一定会感受到自己充满了成就感，而最终的产品——由你自己亲手所搭建的这个产品——则会成为在你将来的职业生涯或者是个人的投资生活中可以利用的一套有价值的工具。在网站上，"章节补充"资料里已经提供了可应用于某些特定分析目的的电子表格模板，同时，你也可以选择购买线下产品"eVal 2000"，这是由 Russel Lundholm 和 Richard Sloan 联合编写，并由麦格劳－希尔出版社正式出版的。此外，还可以参考由 Dan Gode 和 James Ohlson 提供在 www.godelhoson.com 上的电子表格工具，后者与本书的规划非常接近。
- **各种链接**（Links）：在配套网站上，提供了企业财务报表和很多其他财务信息资源的网络链接。在这些链接中，你还能找到能够帮助你筛选和分析股票的小工具，可以用来辅助你搭建自己的分析工具。

[⊖] 原书为此，疑为 Student Edition。——译者注

- **市场观察**（Market Insight）：在教育专版中，还有由标准普尔公司所提供的370家公司财务信息，你可以向教师索取相关的进入密码。

0.3.6 教师资源

本书为教师配备了相关的教学辅助资源。在本书配套网站的"**教师中心**"（Instructor Center）⊖栏目下，提供的资料包括：

- **解答参考**（Solutions Manual）：对本书每章章末所附的各种习题，提供了详细的解答。
- **教学方案**（Teaching Notes）：为采用本书的教师提供了教学建议，包括可选的在线课程、一些教学工具和对本书每一章的教学说明。
- **教学演示稿**（PPT）：每一章的教学演示文稿。
- **试题库**（Test Bank）：提供了更多的配套思考题和练习题。
- **会计诊所**（Accounting Clinics）：对本书中所涉及的会计问题进行了更详细的讲解。
- **章节注释**（Chapter Notes）：针对每一章内容进行了总结。

⊖ 原书为此，疑为 Instructor Edition。——译者注

致　谢

　　本书囊括了我从学生时代开始就学到的这方面知识，所以我深深地感谢教给我这些知识的作者和教授！本书用到了格雷厄姆、多德和科特尔㊀在《证券分析》一书中的投资思想。那是我在读本科时，老师指定的金融学课程书目。书中的会计概念，可以追溯到我在昆士兰大学所学的会计理论，以及阅读 Paton and Littleton、Sprouse and Moonitz、Edwards and Bell㊁等大师之作的结果。本书中有我所学到的"现代财务"知识，那是我在芝加哥大学读研究生时以及后来在伯克利分校所学到的宝贵财富。

　　我从会计和估值研究工作中学到了很多。在论文研讨会、学术讨论会以及一些非正式的讨论中，我从全球各个大学和学院的同行那里受到了很多启发。尤其需要感谢 Jim Ohlson㊂教授，他在会计估值模型方面所做的理论工作启发了我，我与他多次在研究和教学方面进行沟通，使我获益匪浅。我还想感谢我在伯克利大学、伦敦商学院和哥伦比亚大学任教时的学生，他们使用过本书的雏形材料，给了我很多有价值的反馈意见。Peter Easton 教授和他在俄亥俄州立大学、墨尔本大学以及芝加哥大学任教时的学生也用过本书第 1 版之前的初稿资料，他们无私地给了我很多宝贵的建议。

　　我还要感谢伯克利大学的 Lorraine Seiji 女士，她为本书第 1 版做的手稿录入工作相当出色。哥伦比亚大学的 Terrence Gabriel 和 Clarissa Pena 为本版图书也做了类似的工作。Luis Palencia、Doron Nissim、Nir Yehuda、Paul Tylkin 和 Mingcherng Deng 为本书各个版次的图、表材料做了很多工作，而 Feng Chen、Mingchrng Deng、Guohua Jiang、Siyi Li 和 Nir Yehuda 则为本书的校对工作和支撑材料奉献很多。请允许我在此向他们表示深深的感谢！当然，Nancy Banks㊃一如既往地给了我最强大的支持！伯克利大学、伦敦商学院和哥伦

㊀　截至目前，著名的《证券分析》一书共有 6 个版本，其中，第 1、2、3、6 版的署名作者都只有格雷厄姆和多德，但在第 4 版和第 5 版的《证券分析》中，署名作者除了格雷厄姆和多德之外，还增加了科特尔等。——译者注

㊁　这里所提到的都是美国著名的会计大师，他们的一些出版物在学界的影响力非常强大。例如佩顿和利特尔顿（Paton and Littleton）著有《公司会计准则导论》（*An Introduction to Corporate Accounting Standards*，1940 年）；斯普劳斯和莫立茨（Sprouse and Moonitz）合著了《论企业广泛适用的会计原则》（*A Tentative Set of Broad Accounting Principles for Business Enterprises*，1962 年）；爱德华兹和贝尔（Edwards and Bell）著有《会计收益的理论与计量》（*The Theory and Measurement of Business Income*，1961 年）等。——译者注

㊂　吉姆·奥尔森（Jim Ohlson）目前任教于纽约大学，他在会计学理论及实证研究方面做出了杰出的贡献，由他主要创建的"费森-奥尔森"模型被誉为最近 10 年会计学界的里程碑成果。——译者注

㊃　Nancy Banks 是佩因曼教授的太太。——译者注

比亚大学的管理层，以及我的同事，在本书写作期间给我了无数的支持。麦格劳－希尔出版社的整个团队工作也非常出色。Stewart Mattson 先生非常专业地负责了本书的全部出版流程。此外，还有太多无法在这里一一列出他们名字的教师，根据他们对本书各个早期版本的使用经验，我得到了很多有价值的反馈意见。

　　本书各个版次的匿名审稿人为本书的文本校对工作也做出了很多贡献，我非常感谢他们！现在，由于匿名已经公开了，所以在下面将他们的名字一一列出以示感谢。特别值得一提的是 Bruce Johnson 先生，他逐字逐句地读完了本书第 1 版的全部手稿，一一推敲，并劝服我做了无数的改进工作。

Pervaiz Alam
肯特州立大学

Holly Ashbaugh
威斯康星大学麦迪逊校区

Scott Boylan
华盛顿与李大学

Shelly Canterbury
乔治梅森大学

Jocelyn Evans
查尔斯顿学院

Patricia Fairfield
乔治城大学

John Giles
北卡罗来纳州立大学

Richard Gore
博伊西州立大学

Bruce Johnson
艾奥瓦大学

Sok-Hyon Kang
乔治华盛顿大学

Sungsoo Kim
罗格斯大学（肯顿校区）

Agnes Cheng
休斯敦大学

Michael Clement
得克萨斯大学奥斯汀校区

Richard Dumont
普斯特大学

Peter Easton
俄亥俄州立大学

Jane Ou
圣克莱尔大学

Richard Sloan
密歇根大学

Lenny Soffer
东北大学

Greg Sommers
南卫理公会大学

Theodore Sougiannis
伊利诺伊大学

Carolyn Spencer
道林大学

Thomas Stober
圣母大学

Charles Lee
康奈尔大学

Yong Lee
休斯敦大学维多利亚分校

Gerald Lobo
雪城大学

G. Brandon Lockhart
内布拉斯加大学林肯分校

Ronald King
华盛顿大学

Arijit Mukherji
明尼苏达大学

David Ng
康奈尔大学伊萨卡岛校区

K. R. Subramanyan
南加州大学

Gary Taylor
亚拉巴马大学

Mark Trombley
亚利桑那大学

James Wahlen
印第安纳大学

Clark Wheatley
佛罗里达国际大学迈阿密校区

Scott Whisenant
休斯敦大学

Lin Zheng
摩斯大学亚特兰大校区

迷你案例 & 会计诊所

迷你案例

对一份权益分析报告的批评：美国在线公司

复核金佰利公司的财务报表

套利机会？科丹特技术公司与霍梅特国际有限公司

"漂亮50"股票？回到股票筛选的问题上来

贴现现金流量估值：可口可乐公司

价值增加额的增长？泰科国际有限责任公司和花旗集团

分析师的预测与估值：百事公司与可口可乐公司 I

金佰利公司：买入它的股票吗

分析师的预测与估值：百事公司与可口可乐公司 II

检验市场定价的合理性：思科系统公司

反推谷歌公司的价值：如何理解市场先生的预期

分析股东权益变动表、隐蔽损失与表外负债：微软公司

财务报表分析：宝洁公司 I

通过重构的财务报表理解企业的经营业务：丘博公司

分析现金流量：宝洁公司 II

财务报表分析：宝洁公司 III

财务报表分析：宝洁公司 IV

增长的问题：微软公司

可持续增长分析：IBM 公司

对一家财产保险公司的经营和投资进行估值：丘博公司

简单预测与估值：宝洁公司 V

思科公司的简单估值、反推价格的合理性与敏感性分析

全面预测与估值：宝洁公司 VI

戴尔公司的股票价格合理吗

美泰克公司之战：并购分析

广告营销、低质量会计信息与估值：电子交易公司

质量分析：施乐公司

质量分析：朗讯科技公司

谷歌公司的增长、风险与期望报酬率

违约风险分析：鲜果生活公司

会计诊所

Ⅰ 基本会计原则

Ⅱ 权责发生制会计的工作原理

Ⅲ 有价证券的会计处理

Ⅳ 股份支付的会计处理

Ⅴ 长期股权投资与企业合并的会计核算

Ⅵ 所得税会计

Ⅶ 养老金的会计核算问题

目录

作者简介

前言

致谢

迷你案例 & 会计诊所

第1章 投资与估值概述 …………… 1
 1.1 投资风格与基本面分析 …………… 2
 1.2 泡沫、陷阱和麻烦 …………… 6
 1.3 环境：投资者、企业、证券与资本市场 …………… 11
 1.4 证券分析业务：专业分析师 …………… 13
 1.5 商业分析 …………… 15
 1.6 选择估值技术 …………… 19
 1.7 如何使用本书 …………… 23
 关键概念 …………… 24
 连贯案例：金佰利公司 …………… 26
 思考题 …………… 29
 练习题 …………… 30
 迷你案例 …………… 31

第2章 财务报表简介 …………… 33
  分析师备忘录 …………… 33
 2.1 财务报表的形式 …………… 34
 2.2 财务报表中的计量问题 …………… 45
 关键概念 …………… 59
 分析师工具箱 …………… 60
 连贯案例：金佰利公司 …………… 61
 思考题 …………… 66
 练习题 …………… 66
 迷你案例 …………… 70

第一部分 财务报表与估值

第3章 财务报表在估值中的应用 …………… 76
  分析师备忘录 …………… 76
 3.1 乘数分析 …………… 78
 3.2 以资产为基础的估值 …………… 86
 3.3 基本面分析 …………… 88
 3.4 基本面分析的骨架：估值模型 …………… 91
 本章小结 …………… 101
 关键概念 …………… 101
 分析师工具箱 …………… 102
 连贯案例：金佰利公司 …………… 103
 思考题 …………… 104
 练习题 …………… 104
 迷你案例 …………… 107
 附录3A：必要报酬率与资产定价模型 …………… 108

第4章 现金收付制、权责发生制与贴现现金流估值模型 …………… 112
  分析师备忘录 …………… 112
 4.1 股利贴现模型 …………… 113
 4.2 贴现现金流估值模型 …………… 117
 4.3 现金流量表 …………… 123
 4.4 现金流量、企业盈利与权责发生制会计 …………… 127
 本章小结 …………… 132
 关键概念 …………… 133
 分析师工具箱 …………… 133

连贯案例：金佰利公司 ………… 134
思考题 …………………………… 134
练习题 …………………………… 135
迷你案例 ………………………… 139

第5章 权责发生制与估值：账面价值定价 ………………………… 141

分析师备忘录 ……………… 141
5.1 市净率背后所隐藏的思想 …… 142
5.2 估值的原理 …………………… 143
5.3 锚定账面价值的估值模型 …… 145
5.4 应用模型进行权益估值 ……… 153
5.5 搭建你自己的估值工具 ……… 161
5.6 将模型应用于项目估值和战略估值 ………………………… 162
5.7 剩余收益估值模型的特点 …… 164
本章小结 ………………………… 168
关键概念 ………………………… 168
分析师工具箱 …………………… 169
连贯案例：金佰利公司 ………… 169
思考题 …………………………… 170
练习题 …………………………… 170
迷你案例 ………………………… 174

第6章 权责发生制与估值：收益定价 … 177

分析师备忘录 ……………… 177
6.1 市盈率背后所隐藏的思想 …… 178
6.2 估值的原理 …………………… 179
6.3 锚定收益的估值模型 ………… 184
6.4 将模型应用于权益估值 ……… 188
6.5 搭建你自己的估值工具 ……… 193
6.6 超常收益增长模型的特点 …… 194
6.7 FED模型 ……………………… 197
6.8 PEG比率 ……………………… 200
本章小结 ………………………… 201
关键概念 ………………………… 201
分析师工具箱 …………………… 202

连贯案例：金佰利公司 ………… 202
思考题 …………………………… 202
练习题 …………………………… 203
迷你案例 ………………………… 206

第7章 估值与主动投资 ………………… 208

分析师备忘录 ……………… 208
7.1 基本面投资者的工作方式 …… 209
7.2 检验市场价格中的投机成分 … 211
7.3 搭建你自己的主动投资分析工具 ………………………… 220
本章小结 ………………………… 220
关键概念 ………………………… 220
分析师工具箱 …………………… 221
连贯案例：金佰利公司 ………… 221
思考题 …………………………… 222
练习题 …………………………… 222
迷你案例 ………………………… 225

第二部分
财务报表分析

第8章 透过财务报表看企业 …………… 231

分析师备忘录 ……………… 231
8.1 企业的活动：现金流量 ……… 232
8.2 企业的活动：全部存量与流量 ………………………… 238
8.3 重构报表之间的会计关系 …… 240
8.4 以为股东为中心：是什么在创造价值 ……………………… 243
8.5 搭建你自己的分析工具 ……… 244
本章小结 ………………………… 246
关键概念 ………………………… 246
分析师工具箱 …………………… 247
连贯案例：金佰利公司 ………… 247
思考题 …………………………… 248

练习题 ……………………………… 248

第9章 股东权益变动表分析 …………… 252
　　分析师备忘录 …………………… 252
9.1 重构股东权益变动表 ……………… 253
9.2 非清洁盈余会计 …………………… 257
9.3 比率分析 …………………………… 259
9.4 隐蔽的非清洁盈余 ………………… 261
9.5 股东的角度 ………………………… 271
9.6 搭建你自己的分析工具 …………… 272
9.7 会计信息质量观察 ………………… 272
　本章小结 ……………………………… 274
　关键概念 ……………………………… 274
　分析师工具箱 ………………………… 275
　连贯案例：金佰利公司 ……………… 275
　思考题 ………………………………… 276
　练习题 ………………………………… 277
　迷你案例 ……………………………… 280

第10章 资产负债表与利润表分析 ……… 284
　　分析师备忘录 …………………… 284
10.1 重构资产负债表 …………………… 285
10.2 重构利润表 ………………………… 297
10.3 资产负债表和利润表的比较
　　分析 ………………………………… 308
10.4 比率分析 …………………………… 312
10.5 搭建你自己的分析工具 …………… 316
　本章小结 ……………………………… 316
　关键概念 ……………………………… 317
　分析师工具箱 ………………………… 318
　连贯案例：金佰利公司 ……………… 318
　思考题 ………………………………… 319
　练习题 ………………………………… 320
　迷你案例 ……………………………… 327

第11章 现金流量表分析 ………………… 337
　　分析师备忘录 …………………… 337

11.1 计算自由现金流量 ………………… 338
11.2 按美国公认会计原则编制的现金
　　流量表与重构的现金流量表 …… 340
11.3 经营活动产生的现金流量 ………… 350
　本章小结 ……………………………… 352
　关键概念 ……………………………… 353
　分析师工具箱 ………………………… 353
　连贯案例：金佰利公司 ……………… 353
　思考题 ………………………………… 353
　练习题 ………………………………… 354
　迷你案例 ……………………………… 358

第12章 获利能力分析 …………………… 360
　　分析师备忘录 …………………… 360
12.1 分解普通股权益报酬率 …………… 361
12.2 第一层分解：区分金融活动与
　　经营活动，识别杠杆影响 ……… 362
12.3 第二层分解：经营获利能力的
　　影响因素 …………………………… 371
12.4 第三层分解 ………………………… 375
12.5 搭建你自己的分析工具 …………… 381
　本章小结 ……………………………… 381
　关键概念 ……………………………… 382
　分析师工具箱 ………………………… 382
　连贯案例：金佰利公司 ……………… 383
　思考题 ………………………………… 383
　练习题 ………………………………… 384
　迷你案例 ……………………………… 388

第13章 增长与盈利的可持续性分析 …… 390
　　分析师备忘录 …………………… 390
13.1 什么是增长 ………………………… 391
13.2 直达核心：可持续盈利 …………… 394
13.3 增长分析 …………………………… 407
13.4 增长、可持续盈利与市净率和
　　市盈率评价 ………………………… 412
　本章小结 ……………………………… 419

关键概念 ································ 420
　　分析师工具箱 ·························· 421
　　连贯案例：金佰利公司 ············· 421
　　思考题 ································· 422
　　练习题 ································· 422
　　迷你案例 ······························ 425

第三部分
预测与估值分析

第14章　经营价值与市净率和市盈率评价 ································ 435
　　分析师备忘录 ························ 435
　　14.1　剩余收益预测的修正：剩余经营性收益 ····················· 437
　　14.2　超常收益增长预测的修正：经营性收益的超常增长 ····· 442
　　14.3　资本成本与估值 ·············· 445
　　14.4　财务风险、收益与权益估值 ·································· 450
　　14.5　盯市会计：在股票期权估值中引入负债的工具 ············ 463
　　14.6　企业估值乘数 ················· 465
　　本章小结 ······························ 468
　　关键概念 ······························ 469
　　分析师工具箱 ························ 470
　　连贯案例：金佰利公司 ············· 470
　　思考题 ································· 471
　　练习题 ································· 472
　　迷你案例 ······························ 475

第15章　锚定财务报表：简单预测与估值 ································ 477
　　分析师备忘录 ························ 477
　　15.1　简单预测与估值 ·············· 478
　　15.2　简单预测：添加信息到财务报表中 ····························· 484
　　15.3　将简单估值作为一个分析工具 ································ 488
　　本章小结 ······························ 490
　　关键概念 ······························ 490
　　分析师工具箱 ························ 491
　　连贯案例：金佰利公司 ············· 491
　　思考题 ································· 491
　　练习题 ································· 492
　　迷你案例 ······························ 495

第16章　全面预测、估值与商业战略分析 ································ 498
　　分析师备忘录 ························ 498
　　16.1　财务报表分析：关注商业的透镜 ····························· 499
　　16.2　完全信息预测与预计分析 ··· 512
　　16.3　股份交易中所创造的价值 ··· 522
　　16.4　财务报表指标与警示信号 ··· 525
　　16.5　商业战略分析与预计财务报表分析 ························· 526
　　本章小结 ······························ 528
　　关键概念 ······························ 529
　　分析师工具箱 ························ 530
　　连贯案例：金佰利公司 ············· 530
　　思考题 ································· 531
　　练习题 ································· 531
　　迷你案例 ······························ 536

第四部分
会计分析与估值

第17章　创造会计价值和创造经济价值 ································ 547
　　分析师备忘录 ························ 547

17.1 价值创造与剩余收益创造 ……… 548
17.2 会计方法、市净率、市盈率与
持续经营估值 ……………………… 551
17.3 秘密准备与利润"创造" ………… 560
17.4 实务中的谨慎性与自由会计 …… 566
17.5 会计方法与预测基准 …………… 571
本章小结 ………………………………… 574
关键概念 ………………………………… 575
分析师工具箱 …………………………… 576
思考题 …………………………………… 576
练习题 …………………………………… 577
迷你案例 ………………………………… 580

第18章 分析财务报表的质量 ……… 584
分析师备忘录 …………………… 584
18.1 什么是会计信息质量 …………… 585
18.2 直达会计的核心：找出虚增的
盈利 ………………………………… 589
18.3 找出被操控的交易 ……………… 611
18.4 是否为合法操纵 ………………… 615
18.5 披露质量 ………………………… 615
18.6 会计信息质量评分 ……………… 616
18.7 质量分析中的超常收益 ………… 618
本章小结 ………………………………… 619
关键概念 ………………………………… 620
分析师工具箱 …………………………… 620
思考题 …………………………………… 621
练习题 …………………………………… 622
迷你案例 ………………………………… 629

第五部分
风险与收益分析

第19章 主动性权益投资的风险与
报酬分析 ……………………………… 639
分析师备忘录 …………………… 639

19.1 必要报酬率与期望收益率 ……… 640
19.2 风险的本质 ……………………… 641
19.3 基本面风险 ……………………… 647
19.4 风险价值 ………………………… 651
19.5 价格风险 ………………………… 657
19.6 推算主动投资的预期收益 ……… 660
本章小结 ………………………………… 666
关键概念 ………………………………… 667
分析师工具箱 …………………………… 667
思考题 …………………………………… 668
练习题 …………………………………… 668
迷你案例 ………………………………… 671

第20章 信贷投资的风险与报酬分析 …… 672
分析师备忘录 …………………… 672
20.1 信贷供应商 ……………………… 673
20.2 从信用评价角度进行财务
报表分析 …………………………… 674
20.3 预测与信用分析 ………………… 680
20.4 主动的债券投资 ………………… 688
20.5 流动性计划与融资策略 ………… 688
本章小结 ………………………………… 689
关键概念 ………………………………… 690
分析师工具箱 …………………………… 690
思考题 …………………………………… 691
练习题 …………………………………… 691
迷你案例 ………………………………… 694

附录　公式汇总 ……………………………… 699

第 1 章　投资与估值概述

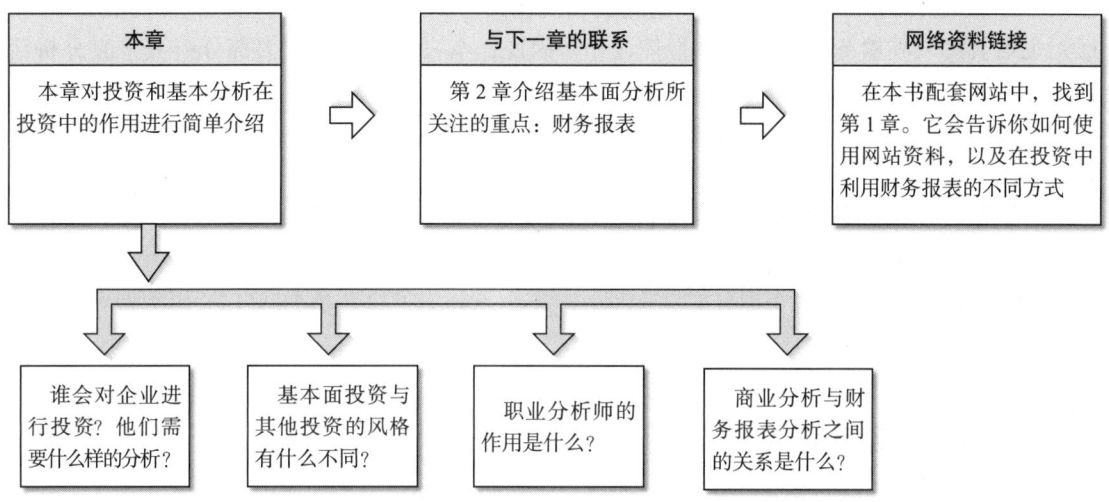

　　企业通常在财务报表中披露关于它自己的信息,而投资者则是企业财务报表最主要的用户。企业希望能从投资者那里获得资本,所以,它们会编制财务报表来帮助投资者决定是否对企业进行投资。投资者期望企业能够使他们的投资增值,即希望投资企业后得到的回报能够高于他们的投资成本,所以,投资者会阅读企业的财务报表,判断这些公司是否具有使他们的投资产生增值的能力。除此之外,财务报表还有很多其他的用途。比如,政府部门在制定社会和经济政策时,会使用企业报表信息作为决策参考;反垄断机关、金融市场监管当局和银行事务监督当局等监管机构,会利用财务报表信息来调控企业的商业活动;企业员工在进行工资谈判时,可以使用财务报表信息;企业高管在评价下属分支机构的经营业绩时,可以使用财务报表信息;法庭和在法庭上作证的专家证人,也可以使用财务报表信息来评价诉讼中涉及的损失规模。

　　上面所提到的各类使用者都需要理解财务报表才行。他们需要了解财务报表的不足,报表反映了哪些问题,哪些问题又是企业财务报表所不能反映的。所谓**财务报表分析**（financial statement analysis）,就是使用者从报表中获取信息,解答他们关于企业的各种疑问的一种方法。

　　本书主要从投资者的角度出发,介绍了财务报表的分析原理。投资的类型可以有很多,比如,购买一家公司的权益性资本（普通股股票）就是其中的一种,本书尤其注意了从企业股东和潜在股东的角度出发来进行讲解;又比如,购买一家公司所发行的负债（债券）也是一种投资类型。股东主要关注企业的获利能力,而债券持有人则更多关注企业的违约风险。财务报表分析对于帮助使用者评价企业在这两方面的特点都是非常有用的。银行会贷款给企业，所以它们也是投资人，它们关心企业的违约风险。企业本身在考虑是否并购其他公司，进入新的商业领域，剥离某一个分部或者进行分拆、重组时，也同样扮演着投资人的角色。所以，在上述各种情形下，要想做出明智的决策，都需要分析企业的财务报表。

在市场经济中，绝大多数企业组织存在的目的就是为了给它们的所有人赚钱（或者说"创造价值"）。因此，财务报表主要是为股东而编制的：在年度大会上，将这些报表正式呈报给股东，报表的"底线数字"⊖在利润表中常常是利润（股东享有的），在资产负债表中则体现为股东权益的账面价值。不过，从股东角度出发而进行的财务报表分析在很大程度上与其他主体的利益也是相关的。股东关注获利能力，政府监管部门、供应商、企业的竞争对手和员工等，也会关注获利能力。股东和债券投资人关注企业的风险，供应商与员工同样也会关注这个问题。在证券诉讼中，常常涉及对投资者所遭受的利润损失（或者价值损失）进行赔偿，此时，专家证人也需要用公司财务报表信息进行佐证……因此，本书所讨论的绝大部分财务报表分析话题，与其他报表使用者也是相关的。

一般情况下，投资者都是通过购买企业所发行的权益性证券或者债务，来对一家企业进行投资。投资时，他们所关注的主要问题是应当支付多高的价格：股票或者债券的价值是多少？我们将以估值为目的的信息分析称为**估值分析**（valuation analysis），或者**基本面分析**（fundamental analysis）；再或者，当估值对象为股票或者债券时，也称为**证券分析**（security analysis）。本书主要讨论基本面分析的原理，以及财务报表分析在基本面分析中的应用问题。

在本章中，我们主要对上述问题进行概述。

1.1　投资风格与基本面分析

每一天，在全球股票市场中，都有成交上万的股份在进行着交易。参与股票买卖的投资者会问自己：我的交易价格是合理的吗？这些股票的真正价值是多少？然而，要找到这些问题的解答，却非常不容易。电视财经频道和网络聊天室里的"话题领袖"各自吹捧着它们所认为的合理价格。如果向投资顾问去征询意见，他们会甩给你一大堆理不清头绪的信息和建议。你会听到有些人在说某些股票的价值被高估了，而某些股票的价值又被低估了，你还会听到股市会如时尚和潮流一样炫目和发展——甚至疯狂，比如股价可以不断涨高，甚至远离它们的价值范围之外。

由于没有一个清晰的理论可以指导他们去判断股票的价值，投资者各自采取了不同的投资方式。**直觉投资者**（intuitive investor）一切都跟着感觉走，只靠他们的直觉判断。**被动投资者**（passive investors）放弃靠自己去努力的梦想，相信所谓的"市场效率"。他们认为，市场价格是考虑了全部风险因素之后的公允定价，各方力量的均衡必然会使股票价格保持在一个恰当的水平位置上。

上述这两种投资风格都非常简单，不需要耗费投资者过多的精力。但是，这两种投资方式都会使投资者在投资企业的固有风险之外，再承担更多的风险：买价过高或者卖价过低，同样会破坏投资的报酬率。直觉投资者会碰到"主观修桥人"（the intuitive bridge builder）的问题：你可能对自己的直觉很满意，但是，在真正开工以前，可能还是需要将你的直觉与依靠现

⊖　指财务报表中最末一行的数字。——译者注

代工程理论所计算出来的结果相互再印证一下才好，否则，万一有大灾难发生了怎么办呢？而被动投资者在股票被错误定价的时候也会十分危险，因为他们总是虔诚地相信市场是有效的，而且很多的经济理论也是这么说的。但是，究竟是不是真的有效，还是要经过验证才能知道。这两类投资者的交易对手都可能会是"做了足够的功课"，仔细研究过信息之后才进入市场的高手！

请看下面这个例子。

戴尔公司（Dell Inc.）是领先的个人电脑制造商，它在2000财务年度中实现销售收入253亿美元，利润17亿美元。当时，戴尔公司的股票总市值为1464亿美元，相当于通用汽车公司（General Motors）和福特汽车公司（Ford Motor Company）市值之和的3倍还要多！而后两家公司是美国最大的汽车制造商，它们的收入合计为3135亿美元，利润合计为131.44亿美元。戴尔公司的股票价格相当于其盈利水平的87.9倍，这个比值被称为市盈率；而同期通用汽车公司和福特汽车公司的市盈率才分别为8.5倍和5.0倍。

当然，通用汽车公司和福特汽车公司都有各自的问题，而戴尔公司由于其创新性的生产模式——直销和按订单生产的存货系统，经营是十分成功的。所以，直觉投资者也许就会因此而认为戴尔公司是一家更好的企业，非常值得投资购买。但是，要按88倍的市盈率去购买吗？当时，标准普尔500指数（S&P 500）公司的平均市盈率为33（与其历史均值16相比，已属非常高位），而微电脑行业股票的市盈率平均为40，所以，要按盈利水平的88倍去购买，会显得买价太高了。直觉投资者应当认识到，好公司也可能出现价格被高估。公司虽好，但买价太高，并不是件好事，因此，投资者也许应当将股票的价格与某些分析结果相互比较一下再来决策。被动投资者认为，凡是股票的市场定价都是有道理的，他们并不关心所谓的市盈率水平。但是，在这样高的市盈率水平背景下，可能还是要再深思一下才好，因为他们有可能正面临着出价过高的风险！果然，到2003年，戴尔公司的股价从2000年的每股58美元跌为每股29美元，跌幅高达一半。直到2011年，该公司的股票价格也只在每股14美元上下。

如果能够对公司信息进行仔细的研究，挖掘出这些信息中所隐藏的公司潜在价值，就可以降低出现类似损失的风险，这就是基本面分析。依靠基本面分析的结果再去进行买卖决策的投资者，就叫作**基本面投资者**（fundamental investor）。基本面投资者会问：对戴尔公司来说，88倍的市盈率会不会太高了？为了回答这个问题，他们会根据戴尔公司的信息，去计算其市盈率分布的合理范围；然后再问戴尔公司究竟适合多高的盈利倍数呢？他们也会问，通用汽车和福特汽车的市盈率有没有太低呢？应该卖出戴尔的股票，然后去买福特公司的股票么？基本面投资者了解价格与价值是两个不同的概念，他们的信条是："你付出的是价格，得到的却是价值。"他们会像顾客在买入其他商品时那样，对"拟购的商品进行检查"。当然，你也可以不用管这么多，直接把价格就当作价值。但是，只有价格才是你投资的成本，而价值不是。奥斯卡·王尔德有句话说得非常到位："玩世不恭的人知道所有东西的成本，却不懂得它们的价值。"

我们能够从一项投资中"得到的"是它的未来收益，所以，基本面投资者会对可能的收益情况进行评价，然后再来判断目前的市场交易价格是否合理。**防御型投资者**（defensive investor）这么做是出于谨慎，避免在错误的价位上进行交易，但**主动投资者**（active investor）会利用基本面分析的结果去发现被错误定价的股票，因为它们能为投资者带来额外的报酬。在阅读材料1-1中，我们用更专业的投资顾问术语对被动投资者和主动投资者进行了比较。

阅读材料 1-1

被动投资、主动投资与风险

投资就像是在赌博，每一次买入的时候，投资者都希望能够赚取更高的收益，并且不想失去他们的本金。被动投资者和主动投资者在对风险的处理问题上存在着较大的差别。

被动投资者认为，风险会使企业经营所能创造出的价值低于他们的预期。他们知道，企业的销售可能会达不到预计的水平，从而难以实现高额的利润。与之同时，他们还认为，这种**基本面风险**（fundamental risk）会有效地从市场定价中反映出来。被动投资者发现，多元化投资可以帮助他们降低这种风险，而且，对于能够通过多元化投资消除掉的这部分风险，市场是不会给予回报的。因此，被动投资者会通过持有分散的投资组合来处理这种风险。他们觉得，一旦投资分散了，价格就受到了保护，被有效定价的高风险投资自然就能为他们带来更高的期望收益。被动投资者只希望分析人员能够告诉他们其目前正在承担的风险水平有多高，我们把这种风险称为**贝塔风险**（beta risk，β risk）。因此，他们购买的是β值，而这些β值是由分析人员利用所谓的贝塔技术，即使用诸如资本资产定价模型（CAPM）和相关变量——定量计算出来的。在相关的财务金融学课程中，你一定已经学习过这些模型了。

基本面投资者还看到了另一种风险，即购买价格可能会过高，或者出售价格可能会过低；也就是说，他们会担心这些证券的定价也许并不是合理有效的。所以，基本面投资者在商业运作的固有基本面风险之外，还看到了**价格风险**（price risk），他们会通过分析去对市场定价的合理性进行检验。就像有人计算β值那样，基本面投资者也会通过某些技术来对价格风险进行计量，为了与β技术相区分，人们把这种分析称为α技术。本书所关注的就是这些内容。主动的基本面投资者认为，这样努力是会为他们带来回报的，因为他们发现要找出能够带来超常收益，即比与β风险所对应的收益水平更高的期望报酬的股票是完全可能的。实际上，这种超常回报的交易术语就叫作**阿尔法**（alphas，α，与β相对应），而与预测α相关的分析，则被称为α技术。

指数投资（index investing）是被动投资的一种极端形式。指数投资者会购买股票市场组合或者类似于标准普尔500这样的类似市场组合。由于市场组合极大地分散了投资，所以投资者甚至都可以不用关心β的大小，他们不需要考虑任何问题，而且市场组合投资的交易成本也非常低。不过，即使是指数投资者，也会暴露在购买价格过高的风险之下。请参考下表中2000～2010年的标准普尔500指数收益（包含股利）和各年末的指数组合平均市盈率数据。在20世纪90年代末的牛市中，指数投资者的业绩非常好，在1997～1999年这三年中，投资报酬率分别为33.0%、28.6%和21.0%。但接下来的经历就有一些痛楚了，2000～2005年，标准普尔500指数下挫了6.6%（平均年度报酬率为−1%）。2000～2010年这11年中，总的投资收益率只有4.7%（平均每年0.4%），而同期中期国库券的年度报酬率为6%。实际上，标准普尔500指数在2010年以前甚至没有跑赢最近5年期、10年期和25年期的国库券利率。但是，本着股票投资都是"追求长期投资回报"，指数投资者还是安全度过了这段市场考验期。股票投资的历史平均年度报酬率为12.1%，同比公司债券为6%，而短期国库券则只有3.5%。

年份	标准普尔500指数收益率	标准普尔500组合平均市盈率
2000	−9.1	26.4
2001	−11.9	46.5
2002	−22.1	31.9
2003	28.7	22.8

（续）

年份	标准普尔500指数收益率	标准普尔500组合平均市盈率
2004	10.9	20.7
2005	4.9	17.9
2006	15.8	17.4
2007	5.5	22.2
2008	−37.0	25.4
2009	26.5	21.9
2010	15.1	16.3

基本面投资者看到了这些统计均值，他们认为，这样的收益率水平是没有保障的。此外，他们还注意到了另一类统计数据：标准普尔500组合的历史平均市盈率水平为16，当市盈率水平超过30时，定价就会过高了。不过，基本面投资者接下来会调查是否随着时代的变迁，以前比较高的市盈率水平，现在也开始变得在合理范围之内了。进一步地，他们并不是持有全部指数组合中的股票，他们会尽力去区分组合中那些价值被市场所低估了的股票品种、被有效定价了的股票品种和价值完全被高估了的股票品种。指数投资者的行动就是简单地持有，但主动投资者会将他的行动区分为买入、持有或者出售。

现在，从事后分析的观点来看，很容易看出在1999年年末卖出股票是个很好的投资决策了。但问题是，是否有一种分析，能在1999年的时候就提前告诉我们这个结论呢？被动投资者是不会相信这一点的，他们会说："主动投资的基金组合在扣除基金运作成本之后，其业绩也没比标准普尔500指数业绩高出多少吧？"对此，基本面投资者会这样回答：如果没有人去从事基本面研究，市场又怎么会具有效率呢？

基本面投资者试图找到一项投资的内在价值、保证价值（warranted values）或者基本面价值。所谓**内在价值**（intrinsic value），是根据有关未来收益的信息推导出的今日价值，但这种说法并不表明内在价值是一个精确的数值。与修建桥梁这样的精确工程项目不同，基本面分析并不能消除掉全部的不确定性，它只是为我们提供了一些分析的原则，严格地遵从这些原则去进行投资，能减少不确定性。本书对这些分析原则进行了深入、系统的介绍，以保证投资者依据这些原则所做出的投资决策是明智的。在分析过程中，我们会提醒大家注意，如果只是一味地遵循最简单的方法，会发生一些什么样的错误，以及如果忽视这些基本的原则，会造成怎样的价值损失。

对投资者来说，信息如金。本书用了很大的篇幅来讲述分析师是如何挖掘有用的信息，并利用它们来判断企业的内在价值的。其中，如何通过财务报表分析来组织会计信息是尤其重要的。没有哪位分析人员愿意被海量的企业信息所压倒，所以，他们必须要寻找有效的信息处理方法，排除那些无用的、重复的信息，只留下便于管理的信息资源。他们所需要的是简单、直接的分析框架，但同时又对太过简单的计划心有存疑。有一种简单（并且流行）的投资理念说"买入低市盈率的公司，然后卖出高市盈率的公司"，因为价格相对于盈利的倍数能告诉我们市场定价相对于盈利水平的高低。那么，在2000年的时候，卖出高市盈率的戴尔公司也许是可以的，但是要买入市盈率只有8.5和5.0的通用汽车和福特汽车公司的股票，也许就不那么明智了。通用汽车公司的股票从2000年的每股80美元跌到了2008年的每股4美元（然后公司就申请了破产），而同期福特汽车公司的股票也从每股29美元跌到了每股3美元。缜密的分析人员知道，如果只依靠一种信息（例如这里的盈利信息）来判断价格的合理性，就可能陷入买价过高的风险；我们还需要结合其他重要的信息来帮助判断这个低市盈率水平是否恰当，或者去检查股票价格是否已经被高估或者低估。所以，除了将股票价格与盈利信息去进行比较之外，分析人员还需要将价格与根据一整套信息所推导出来的价值去进行比较。

需要对投资进行估值的，不仅仅只有证券交易人员。在企业内部，管理人员经常也需要进行投资决策，他们一样也要问自己"这些投资项目的价值是大于它们的成本的么？"跟我们一样，他们也需要对项目未来的收益情况进行预测，才能确定项目的投资价值。

1.2 泡沫、陷阱和麻烦

历史能够为我们提供经验和教训。在过去的 20 年中，这样的故事有很多很多。20 世纪 90 年代，全球股票市场的投资金额数以万亿美元进行计算；截至 21 世纪的第 1 个 10 年，在美国，已经有将近 50% 的成年人直接购买或者通过退休金账户间接持有了股票。在英国，这个比例为 25%；在德国和法国，则分别为 15% 和 13%。与 10 年前的情况相比，这些数字还在不断攀升。与此同时，亚太地区的股票市场也开始变得非常活跃。曾经习惯于去找银行融资的欧亚大陆企业现在也开始通过公开的股票市场募集资金了。随着证券交易在个人权益投资者或他们的中介机构之间开始变得越来越频繁，一种权益文化正在逐步兴起。但不幸的是，这种权益文化的兴起，并没有伴随着人们对股票价值理解能力的增强。在类似于 2000 年的股市崩盘中，损失数以万亿美元计算，导致投资者的财富严重缩水。

再往前 10 年，日本也发生过同样的故事。1989 年 12 月 29 日，日本的日经 225 股票指数一路飙升，高达 38 957 点，按 5 年期收益率计算，达到了 238%！但 12 年过后，到 2001 年，日经 225 指数的水平已经低于 10 000 点了，与 1989 年时的高位比较，跌幅高达 75%。直到 2005 年，日经指数也才恢复到 11 800 点；截至 2011 年年末，收盘于 9800 点。在 20 世纪 80 年代的时候，股票价格就已经形成了泡沫，后来泡沫坍塌，日本经济用了很长的时间才得以恢复。有些人认为，从长期来看，股票投资总是赚钱的，但长期的运作真的需要经历很长的投资期才行。2000 年 3 月 10 日，美国的纳斯达克综合指数达到了 5060 的高点，相比于 1995 年开始时的水平，上涨了 574%。但到 2002 年中期，该指数就已经又低于 1400 点了，相对高位时下跌了将近 75%；截至 2011 年年末，纳斯达克综合指数收盘也才只有 2750 点。同期标准普尔 500 指数下滑了 45%，伦敦富时 100 指数和泛欧绩优股指标 EUROTOP 300 指数都下挫了 40%。所以，又一个泡沫破灭，只剩下投资者独自疑惑这个长期究竟还要长到什么时候才结束。我们可以提醒大家，道琼斯工业平均指数在 1929 年时的高点是直到 1954 年才得以恢复的。20 世纪 70 年代，在上一个 10 年中的牛市过去之后，道琼斯股票的 10 年期收益率才只有 4.8%，如果按 20 世纪 60 年代的高点来计算，收盘时的收益率还是 –13.5%。正如我们在阅读材料 1-1 中所看到的，2000～2010 年，标准普尔 500 指数也只恢复了 4.7%。

2000 年 1 月，在股票市场泡沫破灭之前，美国联邦储备委员会主席格林斯潘先生表达了他对经济的担忧。他说，这场繁荣在人们今后的记忆中，是否也会是"历史长河中的无数投机泡沫点缀之一"？他在 1999 年发表讲话时说："历史告诉我们，信心的反转总是突然发生的，基本都没有一点预兆……有趣的是人们对这种行为的反应，在各个年代中几乎都没有什么差别。无论是荷兰的郁金香球种还是俄国的股票，市场价格的走势都是大致相同的。"

虽然一提起泡沫，大家都会想起 17 世纪的荷兰郁金香球种事件和 18 世纪的南海公司泡沫，但实际上，最近我们也有类似的经历。1972 年，科技企业的股票价格如日中天——伯勒斯公司（Burroughs）、数码设备公司（Digital Equipment）、宝来公司（Polaroid）、IBM 公司、施乐公司（Xerox）和伊士曼柯达公司（Eastman Kodak）等——这些企业的股票价格看起来就像是等待破灭的泡沫一样。这些股票都是"漂亮50"（Nifty Fifty）的榜中榜，跟可口可乐公司、强生公司和麦当劳公司等放在一起，被认为是"必须买"的。"漂亮50"组合在1972年的平均市盈率是37，跟2000年时纳斯达克100指数组合平均高达300的市盈率相比，实在不算是什么，但还是远高于历史均值13。泡沫最终还是破灭了，标准普尔500组合的平均市盈率从1972年的18.3倍下降为1974年的7.7倍，而伦敦《金融时报》30-share指数（即英国富时100指数的前身）从1972年5月的543，下降为1975年1月的146。

股市泡沫会破坏经济的发展。人们对可能获得的收益产生了不合理的预期，于是就会做出不正确的消费和投资决策。错误的股票定价会将资本引向错误的行业。商业模式糟糕的企业主如果也能轻松地筹集到资本，就会截流那些本来应当流向能够为社会创造价值增值的企业的现金。投资者借钱来购买证券，而不是去投资实物资产。当债务负担越来越难以承受时，提供贷款的银行也陷入困境。当退休金储蓄出现损失时，养老金危机便会随之而来。而且，既然大家现在都已经学习过宏观经济管理方面的课程了，就一定知道20世纪20年代的繁荣和紧接着在20世纪30年代发生的大萧条事件警示过我们，系统性的失灵也是有可能发生的！实际上，在2008年的市场危机中，很多人都曾经害怕这一幕会重演。泡沫，泡沫，然后就会紧跟着陷阱和麻烦。

1.2.1 泡沫的机理

泡沫的工作机理跟连锁信游戏十分类似。为了好玩，你也许在青少年时代曾经加入过连锁信游戏（但肯定没有考虑过多的后果），或者长大成人以后，你也许为了某个理由也曾经试图去争取更多人的签名同意（但愿是对后果有认识的）。在连锁信游戏中，一个人向很多人写信，指示每一个收信的人都将这封信再发送给另一群人。信件很快就扩散开来，但最终，这个计划总会终止。如果在信件中涉及了钱——每一个加入连锁信游戏的人都需要向他的上家支付一定的金额——这样的计谋就被人们称作庞氏骗局（Ponzi scheme），或者金字塔骗局（pyramid scheme）⊖。早期加入这个链条的少数人可以赚得巨额的金钱，但绝大多数的参与者却最终输得精光。

在泡沫中，投资者的表现就像是在玩连锁信游戏一样。他们抱着投机的心态，并把这种信念不断地传播给其他人。近年来，受媒体话题领袖人物、明星博客，甚至还有部分分析师和糟糕的财务报告的影响，这种传播影响不断加剧。每一个人都坚信，随着更多的人加入到这个链条中来，购买股票、推动股价上涨，他们终将受益。泡沫形成了，但最终总是要破灭的，因为投机信念是难以实现的。

有一种流行的投资风格被称为**顺势投资**（momentum investing，也有人将其称为惯性投资、趋势投资、动量投资或者动能投资），这种投资也具有连锁信游戏的特点。顺势投资的倡导者建议人们在股价启动以后再买入股票，因为他们认为这时的股票价格具有继续上涨的动力：上涨的必将会继续上涨。但实际上，这种情况只会发生在当连锁信继续传播、投机气氛变本加厉的时候。

1.2.2 泡沫时期的分析师

著名的基本面分析大师沃伦·巴菲特先生指出，20世纪90年代末的科技股和网络股繁荣

⊖ 中文也常称"老鼠会"。——译者注

只是一场类似连锁信的游戏,而投资银行家在这场游戏中充当的正是"热心邮递员"的角色。他说,部分卖方分析师(即向散户投资者推荐股票的分析师)与他们的投行同事达成合作,将推荐给投资者的股票价格不断推高。在这场泡沫中,分析师不断地给出"买入"建议。2000年时,在美国,只有2%的卖方分析师给出的投资建议是"卖出";直到纳斯达克指数已经跌幅达到50%的情况下,分析人员才开始普遍建议卖出。这种建议显然是没有多少帮助的。事实上,在价格下跌了这么多的情况下,投资建议本应当是从"卖出"转向"买入"才对吧?

公平地讲,对分析人员来说,要跟投机大潮对着干是不容易的。也许某位分析人员已经意识到某只股票的价格被高估了,但是由于投机气氛不断增强的影响,高估的价格还可以再继续上扬。泡沫的本质就是价格的持续高涨。所以,在这种情况下,从短期来看,建议"卖出"将是愚蠢的,因为没有哪位分析人员愿意去阻止潮流。如果万一他们的建议错了,而大众都是对的,他们必然会丢丑;如果他们和其他投资大众都一样犯错,那么他们也不用担什么责任;不过,当大家都普遍出错,只有他能做出正确决策的时候,这种明星分析大师将能够得到巨大的收益。

这个问题引发了我们对分析师行为的思考。这些分析人员确实是在对一家公司认真进行了估值判断的基础上,才认真完成的权益研究报告?还是单纯地根据大众的表现,就投机地判断说一家公司的股票价格会上涨呢?他们可能会是其中的一种,也可以会两方面的工作都做,但是,无论如何,他们都应当对基本面信息进行认真的思考,然后再来调整自己的论调。不幸的是,在20世纪90年代的繁荣泡沫中,大量的分析人员都表现拙劣,助长了投机。请参考阅读材料1-2中的介绍。

阅读材料 1-2

泡沫中的不可信分析

当市场投机气氛浓厚的时候,分析人员受此影响,常常在不自觉中放弃了良好的思考习惯,也开始投机思维。他们可能会妥协于所在的公司需要从交易佣金中赚钱,因此会需要通过分析人员的工作去促成更多的股票交易;如果推荐了公司投资银行部门所承销的股票,分析人员就可以得到奖金。此外,分析人员可能会很难做出"卖出"的建议,因为他们会担心以后就无法得到这些被建议"卖出"的公司的更多信息了。或者,更普遍的就是分析人员自身也完全被市场投机气氛所感染,身处其中了。

在20世纪90年代的那场市场泡沫中,从不缺乏投机性的分析报告,尤其是当报告涉及科技、网络和电信企业的股票时。以下就是一些例子,请大家努力去理解每种观点中的谬误何在。

- 利润并不重要。大量的互联网企业在报告亏损,但分析人员却说这不重要,重要的是商业模式。其实,利润和商业模式同样重要。企业必须要盈利,即使当前是暂时亏损的,它也应当确保一定要有实现盈利的日子。请参考阅读材料1-3中的信息,那些在名称中带有".com"的公司在泡沫中的表现就是例子,很多这样的公司最终都没能生存下来。

- 评论者坚持说,传统的财务分析已经不适用了,"新经济"需要新思维。但是,他们并没有带来任何能够打动人的新思维,却仅仅是抛弃掉了旧的。

- 分析人员在推荐股票时,总是倾向于使用一些模糊的术语,比如"新技术""网络房产""消费者心理份额""网络影响"等,尤其是"新经济"这个名字,被用得更加普遍。但这些都属于伪科学标签,只有扎实的科学才能生产出高质量的分析报告,而不能依靠这些时髦的标签和口号。
- 分析人员声称一家公司的价值主要在于"无形资产"（所以这家公司的价值一定很高），但却说不出怎样能估算出这些无形资产的价值。有些分析人员甚至将泡沫时期的市场价值与有形资产的资产负债表账面价值之差直接当成无形资产的价值。对于分析人员所推荐的那些具有"知识资本"的企业，应当尤其小心。在信息时代，知识确实是有价值的，但那主要体现在知识能生产出产品或者服务，而产品和服务能带来销售收入，最终通过销售收入能创造利润。知识型资产也是需要回报的，发明家和工程师也都是需要付酬的。那么，在支付了这些劳酬之后，企业还能留有利润吗？
- 分析人员过度依赖一些非财务计量指标，比如、网页浏览量、使用量、客户数、设备利用率等。这些指标从某种程度上来说，确实能够暗示企业的获利能力，但绝对不会是企业获利的保证。因此，分析人员有责任告诉给大家，这些指标如何能够转化为未来的盈利。
- 分析人员的关注重点从以前的市盈率指标和盈利增长情况转变为现在的市销率指标（price-to-sales，P/S）和销售增长情况。销售增长当然是重要的，但销售如果最终不能创造出利润，就将是无效的。由于分析师开始重视市销率了，企业也就开始通过一些会计操纵手段来加工它们的销售收入情况，比如，在广告业中，采用总额法来报告销售收入，或者是采用非货币性资产交换的方式来进行交易。
- 与历史水平相比，分析人员对增长的预测过分乐观。分析人员总是认为企业的收入和盈利在很长的一段时期内都可以实现超常增长。在经济繁荣时期，分析人员所提出的"长期增长率"（指未来3～5年的增长率）总是太过乐观。历史告诉我们，高增长率总是很快就会朝着均值降下去的。
- 当指标开始显示错误定价的可能时，不加以验证就予以忽视。例如，在泡沫时期，当标准普尔500指数组合的平均市盈率达到33的时候，就已经是在提示应当小心了；当戴尔公司的市盈率升高为87.9的时候，就已经拉响警报了。在这样的市盈率背景下，如果还要继续购买，一定就需要很好的理由支撑才行。
- 不重视历史数据。思科系统公司（Cisco Systems, Inc.）在1999年的市值高达5000亿美元，对应的市盈率为135。但在此之前，却从来没有哪家大公司的股票市盈率超过100。
- 只看局部，不看整体。1999年，有一家在线销售折扣航空机票的公司，其市值已经超过了当时美国所有航空公司的总和。再比如，当时网络公司的市值超过10 000亿美元，但对应的销售收入总额却只有300亿美元，市销率高达33。与历史平均市销率水平1相比，33明显已经严重偏高了。如果有人再能发现这些公司正报告着合计90亿美元的亏损，还会继续买入网络公司的股票吗？如果有10 000亿美元，投资者可以买下多少利润丰厚的成熟公司呀！
- 分析人员不重视企业利润的质量，只关心企业报告的盈利是否有利于他们所做出的预期，忽视盈利数据的会计质量问题。

1.2.3 更多的陷阱和麻烦

2005～2007年的泡沫是另一种类型的，主要涉及金融类股票。美国房地产业的发展助推了房价，但由于对借贷实务的发展监管不力，导致大量的风险都集中在了银行身上。泡沫破灭以后，所引发的金融危机使得2008年的股票市值跌去了37%，许多人失去了工作。包括贝尔斯登投资银行（Bear Stearns）、美林证券（Merrill Lynch）和雷曼兄弟（Lehman Brothers）等在内的一大批著名的华尔街金融机构宣布破产；而 AIG 保险公司（AIG Insurance firm）、花旗银行（Citigroup）以及包括房利美（Fannie Mae）和房地美（Freddie Mac）在内的一些贷款抵押公司则在美国政府的救助下渡过了暂时的难关；高盛投资（Goldman Sachs）和摩根士丹利（Morgan Stanley）投资公司也向政府发出了求救。这场信贷危机还波及其他主权国家——冰岛、爱尔兰、希腊、葡萄牙和西班牙等名列榜首，人们开始担心美国的信誉问题。股价严重受挫，到 2009 年 3 月，标准普尔 500 指数已经从 2007 年中期的 1500 点下降到 700 点，市场平均市盈率也跌到 10 以下。

要说基本面投资者能够预见到这样的毁灭性大灾难是很困难的，不过在历史上，确实是有这样的经验。此外，泡沫影响也有可能是反方向的，不一定非是价格严重走高，被严重压低也是可能的。20 世纪 70 年代中期，曾经有一段时期大家都对石油价格十分悲观，这类公司的标准普尔 500 平均市盈率下跌到 7 以下，市净率甚至已经低于 1。这时，基本面投资者就开始问："这些股票太便宜了吧？"果然，在那时就出手买入石油公司股票的投资者后来实现了良好的投资业绩。在 2009 年年初期（有选择性地）买入股票的投资者也得到了回报。截至 2011 年，市场平均市盈率水平为 12，那些在 2000 年时还曾经价格高企的戴尔公司、微软公司、思科系统公司和其他企业，目前的市盈率也只有 10 甚至更低了。现在，又到了可以买入的时候了吗？让我们用深入的基本面分析来回答这个问题。

1.2.4　稳定投资者的基本面分析

基本面分析能够稳定投资者，使他们有能力去面对投机的风气和狂潮。基本面分析能使投资者根据价值去对受投机行为影响的价格提出挑战，无论这种价格的偏差是起源于太过乐观还是太过悲观。基本面分析能避免类似阅读材料 1-2 中所列举的那些糟糕的思维。信奉基本面分析的投资者心里十分清楚，随着时间的推移，价格总是会回到基本面上来的。所以，从长期来看，坚持从事基本面分析的投资者能够获得最好的投资回报。请参考阅读材料 1-3 中的介绍。

阅读材料 1-3

挑 战 价 格

1996～2000 年，网络公司的股票价格飞涨，评论人士将这种现象称为投机狂潮。作为一家领先的网络零售书商，亚马逊公司（Amazon.com）的股票价格一路飙升，从 1998 年 6 月时的每股 20 美元，变为了 1999 年 1 月时的每股 200 美元（调整股票分割影响后），但与之同时，这家公司却还在报告着亏损。雅虎公司（Yahoo）的股票同期从每股 25 美元涨到了每股 225 美元，市盈率高达 1406，而市销率也高达 199。另一家网络门户企业美国在线公司（America online, AOL）的股票价格，在 1998 年时还是每股 20 美元，到 1999 年 4 月，就已经涨到了每股 150 美元（该公司后来被时代华纳公司收购），市盈率高达 649，市销率达到 46，公司市值相当于当时通用汽车公司市值的 2.5 倍。

要调查这样的股票价格究竟是价值的代表，还是投机狂潮的体现，基本面投资者会设法去了解这些公司的合理预期价值究竟应当是多少。当时，美国在线公司报告的年度销售总额为 31 亿美元，其中 80% 来自 1800 万用户的订购款，剩余部分来自在线广告和电子商务。基本面投资者会问：如果价格相当于销售水平的 46 倍是合理的，那么，这其中隐藏着未来 10 年的销售增长预期是多少呢？可以计算出，如果美国在线公司保持它在1998年时的销售利润率水平8.5%不变，在未来10年中，该公司需要实现2910亿美元的收入才行，或者说，在目前收入水平的基础上增长总计9387%，平均每年增长57%（在后续章节中，我们将向你介绍如何完成这些计算）。

直觉会告诉我们，这样的预测值未免太高了。在美国股票市值最高的几家公司中，通用汽车公司在1998年时的销售收入水平为1540亿美元，同期通用电气公司的销售收入为1000亿美元，微软公司为160亿美元；即便是美国最大的零售商沃尔玛公司（Wal-Mart），在1998年的销售收入也只有1380亿美元。沃尔玛公司在20世纪90年代，年均收入增长率为17%。因此，在这种情况下，投资者也许就会采取更保守的策略，不再坚持持有美国在线公司的股票；或者，他们也可以采取更加主动的投资措施，卖空这些被高估公司的股票；再或者，他们也可能会通过研究得出结论，认为美国在线公司目前的股票价格是符合其未来发展前景预期的。

真正的基本面投资者是不会接受"美国在线公司会一直维持它在1998年时的利润率水平"这个假定的。他们会对未来的利润率情况也进行预测，研究未来可能出现的各种战略情景，并预计在每种情景下的收益情况。而且，他们还会思考，是否确实会有符合当前市场价格表现的合理情形出现。

1.3 环境：投资者、企业、证券与资本市场

要评价某项商业投资的价值，需要事先对被投资主体的运作方式、价值创造途径和它将价值返还给投资者的过程有良好的理解。我们在这里先构建一张企业与投资者之间的关系图（先看一下概要的情况），然后等到将来再进一步完善。

当个人或者机构对一家公司进行投资时，他们实质上是选择了放弃手中所持有的现金，期望能在将来获得更高的现金回报。作为回报，这项投资使他们拥有了对公司的索取权（claim），这种权利有的由契约（contract）所正式规定，可以直接进行交易（例如合伙企业权益和银行贷款协议等）；有的则采取了证券（security）的形式，可通过证券市场进行交易（例如股票和债券等）。

公司索取权的形式众多，从普通的股权和债权，到复杂的或有求偿权（contingent claim）等，后者包括可转换公司债券、期权和认股权证等衍生工具，其共同特征是它们的收益都取决于公司股票或者债券的价格，当然，更多的是股票。除了合约条款更加复杂这一点以外，或有求偿权实际上很好估值：只要事先能够确定出相关股票或者债券的价值，利用标准的期权定价模型就可以得到相关衍生工具的价格了。这些模型遵从金融工程学的原理（并非本书的讨论主题）。股权和债权的估值要更为基本一些：因为它们的价值是计算或有求偿权价值的"基础"，需要按照基本面分析的原理来进行估值（这正是本书所讨论和关注的主题）。

权益（equity）⊖是最重要的公司索取权，而**权益价值**（value of the equity）则是财务分析尤其关注的重点。股权是最基础的要求权，所以人们有时也将普通股称为基础证券。股权代表着所有者对企业的索取权，也被称为所有者权益（owner's equity）或者股东权益（shareholders' equity），它属于剩余索取权，需要等到其他所有权益要求人的权利得到满足之后，才能参与。因此，到目前为止，股权的价值是最难估算的。股权估值也被称作权益定价（equity

---

⊖ "权益"这个词在中文中，狭义仅表示"股东权益"或者"所有者权益"，即股权，但广义则指投资人权益，同时包括股东权益和债权人权益。所以读者需要小心结合上下文，体会"权益"的具体范畴。——译者注

valuation),这将会是本书讨论的主要内容。不过本书也会关注债权问题,债权人只能够对债务的本金和利息享有索取权,因此估值相对简单。

图1-1中,列出了债权人(debtholder)和股东(shareholder),以及他们与企业之间的现金流关系。为简化起见,这张图并没有考虑或有求偿权的情况。如图所示,债权人(包括债券投资人、银行和其他债权人)向企业提供信贷资金,换取以利息支付和本金偿还为形式的**收益**(payoff)要求权;股东为企业提供资金,换取企业的股权份额,使他们可以据此得到股利或者通过股票回购而得到现金。收益总额减去他们为这些索取权而付出的成本,就是债权人和股东的投资回报(return)。

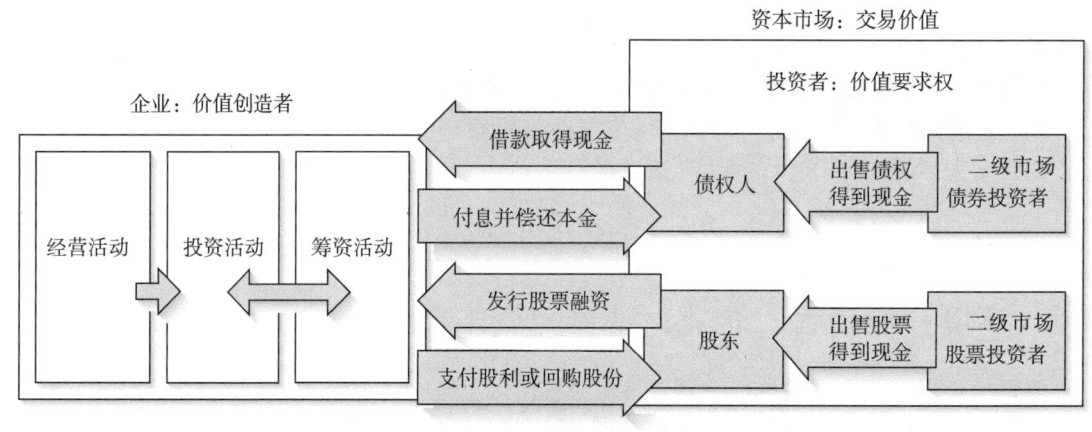

图1-1 企业、对企业享有索取权的投资主体和资本市场

企业需要在资本市场(capital market)中出售它们的债权或者股权。这里的资本市场有可能是一个非常正式、有组织的证券交易所,"上市"公司会在那里进行公开的交易;也有可能不那么正式,只有风险资本家、私募股权公司、银行和投资经纪人等中介机构的参与,甚至也有可能就是一个简单的从家庭或者朋友那里筹措资本的场所。

如果想要清算手中的投资,权益持有人可以选择在资本市场上出售他们的权益。如图1-1中的箭头所示,他们可以将手中的投资在二级市场中出售给其他投资人,一方面转移手中的索取权给新投资者,另一方面则换回现金。所以,在图1-1中,我们可以看到,指向股东和债权人的现金流箭头有两个,一是来自企业的投资收益,二是来自资本市场的索取权出售所得。具体来说,股东的收益可以体现为股利形式,也可以体现为股权的出售所得,后者既可能是通过股份回购出售给企业而得到的,也可能是通过股票市场出售给其他投资者而得到的。债权人的收益包括利息和一次清偿性的支付,后者有可能是由企业在债务到期以前或者到期时所清偿的本金,也可能是在债券市场中进行交易的出售所得。

某项索取权在资本市场中的交易价值,取决于企业最终会向权利持有人支付的预期收益。因此,在图1-1中,将企业称为"价值创造者"(value generator)。债权人希望企业能够创造足够的价值,以支付利息和偿还本金;在满足了债权人的要求之后,股东能够得到剩余的价值。如果单看他们的财务目标而不考虑其他方面的话,股东希望企业能够创造出最大的价值。实际上,作为企业的所有者,在绝大多数情况下,股东是有权聘任和解聘企业管理层的。通过这种机制,股东可以确保管理层努力去创造企业的价值,以及股东手中所拥有的剩余索取权的价值。

将一家企业的各种索取权价值加总起来得到的总和，就是**企业价值**（enterprise value）或公司价值（value of the firm）：

$$企业价值 = 负债的价值 + 股权的价值 \tag{1-1}$$

这说明，企业所创造的价值总和可以分解为各类索取权的价值之和（目前这里只考虑了最基本的两种索取权）。因此，在估值过程中，我们可以先考虑企业的整体价值，然后再将这个价值在各种权利人之间进行分配；或者，我们也可以先估算各类索取权的价值，然后再进行加总，从而计算出企业的整体价值。

关于企业的价值创造过程，有很多话题可以讨论。首先，在图 1-1 中，企业主要进行三种活动：融资/筹资活动、投资活动和经营活动。每家企业的具体经营细节尽管有所不同，但这三类活动却是共通的。

- **融资/筹资活动**（financing activities）是企业与索取权持有人之间的交易，比如：通过出售股权或者债权，为企业筹措资金；或者将资金返还给权益持有人，收回相关的索取权。对索取权持有人来说，在这类活动中，他们扮演的是投资人的角色，但对企业来说，则体现为融资。
- **投资活动**（investing activities）是企业使用通过在筹资活动得到的资金和在经营活动中的积累，去获取经营活动所需要的资产。这些资产有可能是有形的，例如厂房和设备，也有可能表现为知识型资产和智力资产，例如技术和技巧等。
- **经营活动**（operating activities）则是企业利用它所投资的资产，生产并销售产品的过程。在经营活动中，企业将资产与人工和材料相结合，生产出产品或者服务，并将它们销售给客户，从客户那里收取现金。如果经营成功，企业可以通过经营活动积累足够的现金，用来更新相关的资产，或者返利给相关的索取权持有人。

理解上述活动是了解企业价值创造过程的基础。实际上，这里所给出的图 1-1 还是非常不完整的，因此在图中，我们将这三种活动所在的窗口表示在了另一种底色之上。随着本书所讨论内容的逐渐深入，我们将会慢慢打开这几个窗口，让大家更清楚地看到企业是如何为投资者创造价值的。

1.4 证券分析业务：专业分析师

很多投资者都发现他们自己并不擅长亲自选择和管理投资项目，因此，他们会求助于专业的**财务分析师**（financial analysts）。所谓"专业的"，在任何领域，都是指那些拥有某方面的专长，能够完成某种任务的人。所以，"专业"这个词意味着掌握了一手好技术。通过观察一个人是否有能力成功地解决身边的问题，我们可以判断他是否"专业"。专业人士会不停地追问哪些是好技术，哪些是差技术。与其他生产者一样，专业人士也会向他们的客户（投资者）提供和销售产品。为了在同业竞争中获得有利地位，专业人士会问自己："怎样才能增强我的技术，使我在竞争中显现出竞争优势呢？怎样才算是一个好的估值产品？怎样才是分析公司信息的最好途径？怎样才能更加有效地分析企业的财务报表呢？有什么方法可以为我的客户带来额外的价值增值吗……"让大家知道什么是优秀的基本面分析技术，正是本书的核心。

由于投资项目的种类众多，所以，为投资者服务的专业分析师也分为多种类型，每一类分析师都需要根据客户的需求去做好他们的分析研究工作。

1.4.1 对企业的投资：外部分析师

很多专业分析师是站在企业的外部，试图观察企业内部的情况的，我们把他们称为外部分析师。证券分析师、投资顾问、资金经理和股票经纪人都向客户提供关于买卖公司证券的建议；投资银行家和商业经纪人向客户提供企业并购和出售方面的建议；会计师和资产评估机构向客户提供税收和不动产方面的建议。在涉及估值问题的诉讼中，上述这些专业人士都可以充当专家证人的角色。

正如企业的索取权主要分为两类，外部分析师也主要有两种类型。在信用评级机构（如标准普尔公司、穆迪投资者服务公司和惠誉评级公司等）或者银行贷款部门工作的信用分析师（credit analysts），主要负责评价企业负债的风险和价值。但占绝大多数比例的商业分析人员还是权益分析师（equity analyst）。在共同基金、对冲基金和其他投资部门工作的资金经理会从事权益证券研究，他们被称为**买方分析师**（buy-side analysts）；而**卖方分析师**（sell-side analysts）所做的研究则主要是通过经纪人向投资散户提供建议咨询用的（卖方分析师会将他们的研究报告"出售"给需求方）。权益分析师通常都会编写权益研究报告，他们所关注的主要问题包括：怎样才能写出一份可信的、具有说服力的权益研究报告，使我的客户能够信心满满地去投资呢？然而，大多数研究报告在这一方面都是经不起检验的。这些报告都只是给出一个购买、持有或者出售的建议，虽然也列出了图表和数字以及关于目标企业的一堆废话，但却看不出来最后的建议是怎么样通过一步步的分析工作而得出的，或者结论是否经得起检验。跟随本书的引导，将使你有能力编写出一份出色的权益研究报告。

1.4.2 企业内部投资：内部分析师

在企业内部，管理层也需要将筹措到的资金用于投资。商业投资往往起源于一种想法，我们将它称之为"战略"。这些战略包括开发新产品、探索新市场、采用一种新生产技术或进入一个全新的商业领域等。战略的实施可能需要企业去并购其他公司、剥离某个分支部门或者与其他企业结盟等。为了对这些想法或者方案进行评价，与外部投资者一样，企业管理层也需要分析这些潜在战略所可能为企业创造的价值，我们将这种评价称为**战略分析**（strategy analysis）。

企业管理层可能会有很好的直觉，对自己的想法和计划充满了信心，但他们也有可能会过度自信，过于相信自己的想法。与外部的直觉投资者一样，他们也需要将自己的直觉交给分析工作去检验。而且，管理层与企业各种索取权利益人之间的受托关系决定了他们必须要为股东的价值而工作，所以，他们必须要对战略和计划进行估值，问自己"这是一个能够创造价值的战略吗"？内部人或者外部人，对分析的看法不应出现本质的差别。外部投资者要说服自己按照市场价格去购买某只股票，就必须进行相关的分析：在这个价格之外，还可能存在着价值增加吗？内部投资者要说服自己按某种成本去实施某个战略或者想法，也必须要进行相关的分析：付出了这样的成本之后，我能得到的价值有多少呢？

企业战略家会提出各种吸引人的战略；每一年，商学院和金融媒体也会抛出无数新的战略模式。以最近的"分权制公司"（centerness corporation）和"知识型公司"（knowledge corporation）为例，这两种战略的实施都需要企业进行重组并进行智力资本投资。这些想法都还需要经过检验才行。在20世纪六七十年代，组建大型企业集团的想法也一度流行，但大多数实践者都以失败告终。到了20世纪90年代，缩小规模又开始变得流行，但在降低规模的同时，收入和成本也一起下降了。紧接着，外包和离岸公司也一度风靡，但也仅是昙花一现。所以，与这些战略一样，所有的想法都应当经得起分析的考验才行。

对一个项目进行估值分析，不仅能够帮助我们做出是否投资的决策，还能在投资的计划和执行方面提供很多良好的建议。战略性的想法有时可能还是非常模糊的，将这些想法提交给正式的分析过程，可以促使全面地对这个想法进行思考，并规划出细节。分析能坚固我们的想法，将它们转变为具体的金额预期。分析过程还能促使我们去挖掘完成某个目标的其他途径，根据最终的分析结果去改进战略，从而得到最佳的执行计划。一个优秀的战略，必然是伟大的想法和高质量的分析相结合的产物。在估值分析的帮助下所进行的投资和管理活动，被称为**价值管理活动**（value-based management）。

一般情况下，由企业的财务总监（CFO）负责协调管理层的分析工作，他有责任建立相关的制度，以保障分析工作的质量。财务总监应当与公司的分析人员一起，对董事会提出的并购、业务剥离、重组、新产品发布等战略和特定计划进行评价。有时，部门经理会对财务人员的工作产生报怨，认为他们只关注数字，妨碍了创新。但是，他们还是只能"按数字进行管理"。财务总监不仅有责任使分析工作避免遭受指责，还应当引导分析工作积极地去促进创新，并在确保良好的想法应当能为企业创造价值的前提下，对那些新颖的想法进行检验。

内部分析师与外部分析师仅在一个问题方面存在差别：内部分析师可拥有更多的信息。外部分析师的信息来源通常是公开披露的财务报表和其他补充信息，他们无法获得所谓的"内部信息"。考虑到作为一名学生，你也难以获知企业内部信息，本书将更多地从外部分析师的角度来讲解财务报表分析问题。本书关注财务报表，但不是会计处理细节。或者说，本书重点关注的是会计信息在估值分析中的应用问题。对于估值中必须应用到的会计原则问题，我们会略加讨论，并会将妨碍形成高质量分析的会计问题一一列出。因此，本书对目前财务报表编制中的一些问题也提出了批评性意见。

1.5 商业分析

本书所介绍的技术将同时适用于内部和外部的投资者，因为双方都是投资于企业运作。从表面上看，外部投资者买的是一只股票，但实际上，这只股票所代表的并不是一张纸，而是一个企业的部分份额。有句谚语曾说："你买的不是一只股票，而是一家企业。"⊖紧接着还有一句谚语讲的是："如果你打算买入一家企业，请先了解这家企业。"⊜

一位优秀的分析人员必须对他所涉足的行业有充分的了解。举例来说，如果分析人员打算对一家电信企业进行估值，那么，他必须首先了解这个行业和企业在行业中所处的位置。他需要知道企业关于网络建设的战略、应对技术变革的措施和接受竞争对手挑战的策略。他应当熟悉企业的产品，对用户的需求进行预测，调查在这个行业内部是否存在着产能过剩。他应当知道在这个行业中的技术路线变化，了解声音、数据和多媒体在未来会如何被传输。他还必须清楚政府对这个行业的管制情况。只有契合了企业背景，信息才能够显得有意义。比如，以人工成本占销售收入的比重为例，同样70%的占比，对一家低人工投入的资本密集型企业和一家高人工投入的管理咨询公司来说，前者就会显得更加有压力。要弄清楚对戴尔公司来说，87.9

⊖ 原文为："One does not buy a stock, one buys a business."——译者注

⊜ 原文为："If you are going to buy a business, know the business."——译者注

倍的市盈率是否会显得过高,分析人员也必须先了解计算机行业,行业未来销售收入的增长前景、不同电脑产品的利润率水平等。一些公司的利润率(即利润占销售收入的比重)很低,而另一些公司的利润率则可能很高。如果期望一家低毛利的公司大幅度地改进它的利润率,完全可能只是一个笑话。零售业和批发业的存货水平存在差别,制造商和零售商的存货水平也不会一致。如果一家企业所处行业技术更新极快,或者已出现了产能过剩的情况,那么折旧率就会偏高……

分析人员会根据行业的分类情况而各有专长,因为了解商业的本质是分析一家企业的必要前提之一。例如,在权益研究报告中,一开篇通常都是对行业发展情况的讨论;在财务报表分析中,我们常常需要将利润率和存货比率等指标与行业的标准值去进行比较。

理解商业活动理所当然的是整个商学院课程的主题,并且还需要多年经验的积累和补充。在这方面所拥有的知识越扎实,在商业估值中就会显得越有信心。如果投资对象是一家你并不怎么了解的企业,怎么能放得开手脚呢?很多投资者(包括一些基金经理在内)实际上都是在买股票,而不是企业,难道不是吗?

1.5.1 战略与估值

分析人员应当熟悉和了解的商业细节有很多,首当其冲的应当是**商业模式**(business model),有时也被称为商业概念(business concept)或者企业战略(business strategy)。企业的目标是什么?它打算怎样去创造价值?这种战略将会引致什么样的后果?这些问题在企业展示给其客户的形象中,常常可以找到答案。家得宝公司(Home Depot)是一家主营家居装饰产品的仓储式零售商,它提出将以折扣价格向那些愿意自己动手的消费者提供高质量的产品材料,同时还提供培训和指导。根据这段描述,折扣价格再加上为客户提供培训和指导等服务费用,意味着这家企业必须在采购、仓储和存货控制等环节运作十分有效。盖普公司(Gap Inc.)的目标是以合理的价格在零售店里提供时尚的休闲装等物品,这是完全不同于仓储式的零售方式。因此,这家公司必须通过广告来维护它的企业形象,并追求在时尚设计方面有所创新,与之同时,还要注意保持生产成本不能过高。由于零售场所不容忽视,这两家公司都需要高效的周转率。目前,两家公司的发展都遇到了阻力,迫切需要对各自的战略进行重新定位。

对内部投资者来说,企业战略是估值分析的最终结果:在判断了它是否能够为企业创造价值之后,我们选择了战略。但对外部投资者来说,企业战略却是分析的起点,因为只有在特定的战略指导下,才能够对企业进行正确的估值。不过,外部投资者也应当注意,也许还存在着其他的能够增强企业价值的战略。一些并购之所以会发生,就是因为外部投资者相信还可以对并购对象实施新的战略或者引入新的管理方式,从而使被并购企业能创造出更多的价值。由于战略是在不断变化的,因此分析人员需要跟上企业的战略调整步伐。实际上,聪明的分析师是能够预期到战略的调整,以及这些战略所能够带来的价值影响的。请参考阅读材料 1-4 中的介绍。

阅读材料 1-4

战略预期:美国在线时代华纳公司

企业管理层利用估值分析来评价他们的战略是否能为股东创造价值。但与之同时,股东和其他潜在的投资者也必须了解企业的战略才行。而且,他们还应当思考企业是否还有其他战略可选,因为在不同的战略下,企业的价值也是有差异的。

以阅读材料1-3中所提到的美国在线公司为例。1999年年初，美国在线只是一家互联网门户公司，主要收入来自用户的订购、广告费和电子商务业务。紧接着，该公司在2000年年初宣布将与大型传媒公司时代华纳（Time Warner）合并，后者拥有CNN电视台、特纳广播系统、以《时代》杂志为代表的一系列出版物、华纳兄弟制片公司、有线电视系统和其他很多知名商标品牌的资产。这次并购是当时历史上首次新兴的网络公司和旧体制下的传媒公司之间的合作，并购整合了传播的内容和渠道。

显然，美国在线公司的发展十分迅速。在很短的时间里，就从一家门户企业变身为一家内容提供商。在真正决定并购之前，美国在线公司的管理层必须弄清楚时代华纳公司的价值，以确保他们不会为此次股份收购而支付过高的价格；同时，他们也必须明白美国在线公司自己的股份价值，只有这样才能在以公司股份作为并购对价时，不会低估所发行股份的价值。此外，管理层还必须清楚两家公司的合并能够带来的价值增值可以体现在哪些地方。

如果能够提前认识到美国在线公司下一步的发展计划，外部分析师也将受益匪浅。在1999年年初，将美国在线公司定位为单纯的门户公司和提前预期到这次并购战略，将绝对导致不同的估值结果。没有事先预计到这场并购发生的分析师会在并购战略实施的第一时间内就调整他的估值结果。

战略会随着环境而改变，因此估值也应当随着战略的改变而做出相应的调整。2002年中期，美国在线时代华纳公司的股票价格与两家公司刚合并时的水平相比，下跌了65%，导致这次并购所产生的540亿美元商誉不得不从资产负债表中予以注销（这是历史上最大的一次商誉注销案例）。评论人士坚持认为此次并购并没有达到预期的收益，美国在线时代华纳公司的首席执行官也由负责这次并购活动的杰拉尔德·莱文（Gerald Levin）换成了理查德·帕森斯（Richard Parsons），由后者来负责对战略进行修订。美国在线公司会与时代华纳公司分立吗？如果让我们在此时对美国在线时代华纳公司进行估值，第一步便是应当意识到这个战略的可能性。

1.5.2 把握细节

一旦头脑中已经对企业的运作有了清晰的了解，分析师便会着手开始一些细节的把握。关于企业的细节问题可能会有很多，不过大致可以归为以下六类。

（1）了解企业的产品。
    a. 产品的不同类别。
    b. 消费者对这些产品的需求情况。
    c. 产品需求的价格弹性；企业拥有产品定价权吗？
    d. 每种产品的替代品分别是什么？它们是否存在差异？差异体现在价格方面还是质量方面？
    e. 与这些产品相关的品牌名称。
    f. 与产品相关的专利保护情况。

（2）了解将产品推向市场所需要的技术细节。
    a. 产品的生产过程。
    b. 产品的营销过程。
    c. 产品的分销渠道。

d. 供应商网络以及供应链的运作情况。
e. 成本结构情况。
f. 规模经济情况。
(3) 了解企业的知识基础。
a. 相关技术变革的方向和速度，以及企业对此的把握情况。
b. 相关研究与开发项目。
c. 与信息网络之间的关系。
d. 在产品开发方面的创新能力。
e. 在生产技术方面的创新能力。
f. 学习的容易度。
(4) 了解行业的竞争情况。
a. 行业的集中度，行业中拥有的企业数量，它们的规模大小情况。
b. 行业进入障碍、新进入者和替代产品出现的可能性。行业中是否存在品牌保护情况？客户的转换成本高低。
c. 企业在行业中所处地位。是领先者还是跟随者？具有成本优势吗？
d. 供应商的竞争程度。供应商具有市场定价能力吗？工会组织的力量如何？
e. 行业的产能情况，是产能过剩还是不足？
f. 与其他公司之间的关系和结盟情况。
(5) 了解企业的管理层。
a. 管理层的任职经历和业绩如何？
b. 管理层具有企业家意识吗？
c. 管理层对股东的重视程度如何？管理层成员有过只考虑自己利益的记录吗？他们喜欢拉帮结派吗？
d. 企业的股份支付计划符合股东和管理层的利益吗？
e. 企业在经营中涉及了哪些道德条款？管理层有违反这些条款的倾向吗？
f. 公司治理机制的强度如何？
(6) 了解政治、法律、监管和道德环境的影响。
a. 企业的政治影响力。
b. 企业所受到的法律约束情况，包括反垄断法、消费者保护法、劳动法和环境法等。
c. 企业需要面对的监管约束情况，包括产品监管和市场监管两个方面。
d. 企业的税收情况。

上述特点有时也被称为影响企业经营的经济因素。你在经济学、战略学和生产运作管理等课程中应当已经接触和学习过这些内容了。

1.5.3 关键问题：比较优势的可持续性

在了解了企业战略并掌握了必要的细节之后，分析师会集中精力在关键问题上：这家企业的竞争优势还能够持续多久？

宏观经济学告诉我们，竞争会抹平超常的收益。除去极少数例外的情况，市场总是存在市场竞争力量（forces of competition）的，因此，问题的关键就变成了：企业的竞争力还能够持续多久？价值增值的关键是通过商业模式的设计，使企业的超常收益尽量持续更长的时间。企业总是靠着抵抗市场竞争的压力来获取竞争优势（competitive advantage），竞争优势的持续时间越长，企业就能创造越多的价值。

企业战略和前述所列出的全部经济因素，最终都会体现在它的竞争优势上。采用创新战略是为了"走在竞争的前面"；产品设计是为了在竞争中能更加吸引消费者；树立品牌是为了赢得长期的客户忠诚度；专利保护就更不用说了；采用创新的生产技术是为了获得成本优势。当然，还有去游说政治家，那是为了在竞争中为企业提供保护。内部分析师设计战略，就是为了保持住企业的竞争优势；而外部分析师在理解了这些战略之后，所做的工作也是为了要努力回答"企业的竞争优势究竟还能够保持多久"这个问题。

1.5.4　财务报表：商业的透镜

理解相关经济因素的影响是估值的前提，但我们还需要一种途径能够帮助我们将这些因素转换为在估值当中可以使用的指标。这即是说，我们虽然已经了解了企业的产品、所处行业的竞争情况、企业实施产品创新的能力等，但实际上还缺乏一个能将这些知识转变为企业估值结果的媒介。经济因素通常都是用定性的方式来进行描述的，不能立即转换为具体的货币金额。比如，我们可能会认为一家企业具有"市场影响力"，但是，这一特点可以用什么数字来表达呢？我们也许发现了一家企业"受到了竞争的威胁"，但如果要用数字来说话的话，这个数字应该是多少呢？

财务报表报告的就是数字，财务报表将经济因素转换为诸如资产、销售收入、利润率、现金流量和盈利等会计数值，因此，我们可以通过分析财务报表来认识和了解一家企业的情况。通过会计数字，我们可以了解企业的市场影响力；根据多期的会计数字序列，我们可以推断企业竞争优势的持久性。财务报表分析能对财务报表进行重新组织，凸现我们所要关注的企业情况。

财务报表是商业的透镜，但是，这个透镜所反映出的图像常常是粗糙的、不清楚的。财务报表分析可以帮助我们调整这个透镜的焦距，使它反映出清晰的画面。当会计数字出现缺陷时，我们可以在分析过程中对它进行修正；当报表反映的内容不够全面时，我们可以用其他的信息进行补充。但是，要做好财务分析工作，分析人员必须要熟悉财务报表所反映的内容，能够对会计工作的质量好坏有一个基本的判断。本书从第2章开始就将引入财务报表进行介绍，在对财务报表和企业背景有了良好认知的前提下，分析人员才可以继续进行下一步的估值工作。

1.6　选择估值技术

分析人员应当对企业有深入的了解。他应当懂得企业的竞争优势，知道财务报表是如何在计量企业业绩的。但是，除此之外，他还必须要找到一种途径，将他对企业的了解转化为估值，这就是估值技术。分析人员必须要选择一种恰当的估值技术。

阅读材料1-5中列出了实务中常用的估值技术。其中有一些方法很简单，便于掌握和应用，这是它们的优点。但是如果估值技术太过简单，则容易忽略一些重要的因素。有些方法则比较危险，需要我们谨慎地选用。分析人员应当根据成本-效益原则来选择估值方法，在操作的简便性和忽视复杂问题的成本方面进行权衡。

阅读材料 1-5

估 值 技 术

以下几种估值方法在本书中均有涉及。这些方法的共同点在于，它们都需要用到财务报表数据。请注意，是否选用每一种方法，都应当以符合成本–效益原则为前提。

不涉及预测的估值技术

乘数比较法（第 3 章）

这种方法根据通过能够观察到的可比公司价格乘数（比如股票价格与企业盈利、账面价值、销售收入和其他财务报表数据的倍数）来确定一家企业的股票价值。

乘数筛选法（第 3 章）

这种方法以相关的乘数为基础来判断股价的高低。举例来说，采用这种方法的投资者会买入低市盈率的股票，同时卖出高市盈率的股票。或者，也可能会根据市净率、市销率或者其他乘数来进行选择。

以资产为基础的估值（第 3 章）

根据这种方法估算企业权益的价值时，需要首先估算企业各项资产的公允价值，然后加总起来，再从中减去负债的价值。

涉及预测的估值技术

股利贴现模型：预测股利（第 4 章）

在这种方法下，股票的价值应当等于这家企业所有预期未来股利的现值。

贴现现金流量分析：预测自由现金流量（第 4 章）

在这种方法下，股票的价值应当等于这家企业预计未来自由现金流量的现值。

剩余收益分析：预测盈利和账面价值（第 5 章）

在这种方法下，股票的价值等于企业权益目前的账面价值与预计未来剩余收益的现值之和。

盈利增长分析：预测盈利和盈利的增长（第 6 章）

在这种方法下，股票的价值等于资本化的盈利与预计未来超常增长收益的现值之和。

本书对阅读材料 1-5 中所列出的技术都进行了介绍，并突出评价了每种技术的优点和缺点。不过，由于价值取决于投资的预期未来收益，截至目前，我们还是对根据预测值来计算基本面价值的技术最为关注。在使用这些技术方法时，分析人员必须事前确定需要预测的内容，是股利（然后再采用股利贴现模型）？是现金流量（然后再采用贴现现金流量模型）？是盈利？还是账面价值和盈利呢？在选择估值技术之前，分析人员应当事先清楚每种方法的优点和不足，然后再选择一种能够为投资者提供最大安全保障的估值技术。

1.6.1 指导原则

基本面分析师在多年的投资经验中已经积累了一整套原则。在阅读材料 1-6 中，列出了一系列的投资信条，随着我们对估值技术讲解的深入，会逐一涉及。其中，列在前面的 6 条在本章中都已经有所提及，而第 7、8、9 三条则是在处理与价值相关的信息时应当注意的重要事项。

阅读材料 1-6

高质量基本面分析应当遵循的信条

随着本书讲解的逐步深入，我们会提出一系列的投资指导原则。以下就是基本面分析师在多年的实践中所总结出来的经典信条。

1. 你所购买的不是一只股票，而是一家

企业。

2. 如果你打算投资一家企业，请先了解它是做什么的。

3. 决定价值高低的是企业的商业模式，或者说战略。

4. 好公司也不一定能买得划算。

5. 你付出的是价格，得到的是价值。

6. 在投资中，有一种风险是因为支付价格过高而引起的。

7. 忽视信息将容易置身险境。

8. 不要混淆你知道的事实和你猜测的情况。

9. 根据你已知的事实去估计价值，而不要依靠投机。

10. 当心为增长而支付过高的价格。

11. 如果计算价值的目的是为了检验价格的合理性，请注意在计算过程中就不要使用价格来作为参数。

12. 坚持自己的信仰并且要有耐心；价格总会回归基本面，只是需要时间。

在本章中，我们已经引用了前面第1～6条，而第7、8、9三条随后就会提到，并且在后续章节中也会用到。第10条和第11条将在下面进行说明；第12条是警告那些"快钱"梦想者，基本面投资不适合短期的交易员。

当心为增长而支付过高的价格

市盈率说明了市场对未来盈利增长的预期（在后续章节中，你将清晰地看到这一点）。由于无论从哪个角度来看，戴尔公司88倍的市盈率都处于高位，因此，基本面分析师会质疑，是不是市场对戴尔公司未来的盈利增长预期太高了？上述第10条原则警告我们，不要对企业未来的增长太过激动、太过投机。基本面分析师认为，夸大增长潜力是导致股票出现定价过高的主要原因之一。在估值时，应当有一定的保护性措施，避免我们为企业未来可能的增长而支付过高的价格。一个优秀的估值方法，会主动去检验市场对企业未来增长潜力的预判。

如果计算价值的目的是检验价格的合理性，请注意在计算过程中就不要使用价格来作为参数

你付出的是价格，而得到的却是价值。因此，第11条投资原则忠告我们，在计算价值时，不要直接使用市场价格作为参数，否则，就会陷入循环，使计算结果根本不具备检验价格合理性的能力。不过，在分析过程中还是会要用到价格的。假定某位分析人员由于股票价格上涨而调高了他对公司的盈利预测，然后又用他所预测出来的未来盈利来乘以某个乘数当作企业的价值，那么他就犯了循环引用的错误了。当关于某只股票有什么好消息发生时，我们会很容易地会犯下这种错误，因为那时大家都有动机要去调整价格，此时的分析人员就像是身处连锁信游戏当中的人一样。

以苹果公司（Apple Inc.）为例，在发布了iPad产品之后，苹果公司的股票交易价格达到了每股380美元。一位分析人员由此预测，该公司在2011财务年度的每股收益将达到28.82美元，这个结果比其他分析人员的预测均值高出许多。不过如果这位分析人员能给出相关的理由，这样进行预测本身是没有什么问题的。但与之同时，这位分析人员又指出，苹果公司股票的未来目标价位将达到每股548美元，因此给予"买入"推荐。那么，这个每股548美元是如何得到的呢？是这位分析人员用他对苹果公司2011财务年度的盈利预测值，乘以该公司在过去3年当中的平均市盈率水平19而得到的。你看清楚问题出在哪里了吗？这位分析人员利用市场对苹果公司未来盈利的预期来预测未来的盈利水平，转回来又用预期的盈利水平来预测未来的股票价格。如果目前的定价是错误的，那么他对于估值的整个计算完全就是以错生错了。这种做法是用价格在挑战价格，而不是用价值在挑战价格。而且，在市场价格本来就包含了投机成分的情况下，这位分析人员在预测过程中更进一步地放大了这种投机。

> 换句话说，如果19倍的市盈率本身并不正确，这位分析人员还在不断地套用这里的定价错误，难怪会有泡沫产生！如果换成基本面分析师，他们在这里就会选用一个不用参考市场价格的理想市盈率，以小心地避免这种错误。

太简单的估值技术所参考的信息实在有限，在阅读材料1-6中，第7条投资原则忠告我们"忽视信息将容易置身险境"，因为这样会将自己暴露在与掌握情况比我们更多的人交手的危险当中。举例来说，乘数筛选法只需要用到一点点信息，所以它们将可能给使用这种方法进行估值的人带来麻烦，就像我们在前面看到通用汽车公司和福特公司的低市盈率有多诱人时那样。在绝大多数情况下，分析师都需要对未来进行预测，而只要预测，就需要大量的信息支持。因此，在阅读材料1-5中，我们按照是否涉及预测，将估值技术分为了两类。预测需要用到全方位的信息，但同时也需要我们对各种信息进行组织和整理，以方便预测工作的进行。

预测工作的麻烦在于它需要面对的是未来，而未来的问题是只能依靠推断的。基本面分析师要尽量避免投机，所以，为了做到应有的职业谨慎，他们提出了阅读材料1-6中的第8条和第9条投资忠告。在组织信息时，基本面分析师会遵循原则：不要混淆你知道的事实和你猜测的情况。为了避免投机，他会将客观确定的信息与主观猜测的信息区分开来，避免后者对前者造成干扰，从而形成不客观的结论。他会将无形资产、知识资本、新技术和网络房产等概念当作是不确定的；将目前的销售收入水平看作是相对可靠的信息，因为那是已经从客户那里赚取到的；而将公司在未来可能赚得的销售收入信息看作是不那么确定的。这并不是说基本面分析师就不理会这些不那么确定的信息了，而只是说，他会对确定的和不确定的信息进行区别对待。在分析中，当前的销售收入水平和未来销售收入的长期增长率所占的权重是不一样的。对于未来一两年的预测情况和关于今后长期的预测情况，在他心里的分量也是不同的。而且，基本面分析师对于那些建立在长期预测值基础之上的估值是非常难以接受的，他会将这一类股票投资统统看作是投机游戏。

1.6.2 锁定财务报表中隐藏的价值

在阅读材料1-6中，第9条投资原则实际上是对第8条的深化：根据你已知的事实去估计价值，而不要依靠投机。由于我们所了解的信息大部分都已经体现在了企业的财务报表中，所以，也许可以将这条原则修订为：锁定财务报表中所隐藏的价值。虽然财务报表报告的信息质量良莠不齐，而且会计本身有时候也让人存疑，但是，相对来说，报表中所包含的信息属于"硬"信息。因为财务报表都是依据会计原则而编制的，将无端猜测类的投机信息已经大量排除在外了，而且，财务报表还是需要经过审计的。因此，分析人员会对财务报表中的信息质量进行检验，并根据质量的好坏来组织信息，然后，再以财务报表为起点，开始对公司进行估值。

在财务报表中，报告了两个汇总数字，即权益的账面价值和当期盈利（利润）。其中，权益的账面价值是资产负债表的"底线"数字，而盈利则是利润表的底线数字。在阅读材料1-5中所提到的最后两种方法就是根据这些汇总数字来估算价值的。这类估值模型所遵循的原理是这样的：

$$价值 = 基准价值 + 额外价值$$

使用这类模型时，分析人员需要先选取某个财务报表指标作为基准价值，然后再设法去计算没能被这个基准价值指标捕获到的"额外价值"。例如，如果选取股东权益的账面价值作为基准价值，那么，上述估值模型就可以修订为：

$$价值 = 账面价值 + 额外价值$$

在这种估值思路下，起点是股东权益的账面价值，但分析人员知道，该账面价值只是一个不完整的价值计量指标，所以，他还需要再计算额外的价值。他会设法去寻找适用于这家企业的内在市净率标准，即权益价值与账面价值之间的比值。这样，估值的主要任务就变成了计算账面价值之外的额外价值了。

或者，我们也可以选择盈利水平为基准价值，那么，估值模型就表示为：

$$价值 = 盈利 + 额外价值$$

在这种情况下，估值的起点就变成了盈利水平，而额外的价值则取决于内在的市盈率标准，即权益价值与盈利之间的比值。在上面这两个例子中，分析人员都是从某个可靠的数字（来自财务报表）出发，然后再在这个可靠价值的基础之上，加上对各种推测、预测信息所分析出的价值增值。

在预测额外价值时，为了避免对推测、预测信息的滥用，分析人员会通过财务报表分析来对这些信息的可靠程度进行鉴别。只有这样，他才能对自己的估值感到放心，避免受到投机风潮的影响。在第2章中，我们将具体讨论这些主题。

1.7 如何使用本书

学习本书的最佳方式是将它看作一道锻炼估值技术的练习题。请把自己当成一位想要通过最好的方法来保护投资安全并实现增值的投资者；或者某位我们所提到过的专业人士，例如投资分析师或者企业财务总监等。这样，能使你在学习时更加专注。比如，你可以像外部分析师那样思考，问自己：怎样才能给我的客户提供更好的估值产品？怎样才能编写出一份可信的权益研究报告？或者像内部分析师那样分析，问自己：我该怎样去写这份战略报告或者投资评价书呢？那时，你一定会期望你的分析应该要从实际出发、理论坚实，容易理解，并且易于操作。

这种专注会使你对本书的很多内容产生需求，并积极地去学习。它能帮助你用批判性的眼光去看待别人贩卖的投资产品，识别公开财务报表中的会计伎俩和手段，而且还有助于你对本书的内容提出批评和建议。

一项好技术一定是由以下三个方面所共同构成的：好的思想、好的应用和在成本与收益之间的良好权衡。通过阅读本书，你可以逐步建立企业和企业估值方面的好思想：因为它倾尽了全力将相关概念和理论清晰地呈现。阅读本书，可以将理论转化为在实践中可以使用的方法：因为它依据理论，一步一步地搭建起了务实的估值技术。本书中的大部分分析都可以使用电子表格程序来完成，随着学习的深入，你也可以慢慢搭建自己的电子表格，这可是一件可以跟随你进入到将来的职业生涯中去的产品！在书中，我们一步一步地讲解了建立这些电子表格的方法，而且，在本书的配套网站上，你也可以找到搭建你自己的分析工具（BYOAP）这个模块，你会发现它对于我们要完成分析任务是非常有用的。阅读本书时，你还将感受到成本与效益之间的权衡。例如，什么时候需要更多的细节信息？为什么选择走捷径，结果却错了？还可以再添加哪些有价值的信息？

本书自成一体。不过，你会发现本书配套网站也是一份非常有价值的资源。网站上所提供的内容更加具有"真实生活"的场景，附有更多可以使用的数据，并介绍了更多的参考文献。

学习的效果应当通过应用来进行强化，所以，在每一章章末，都提供了配套的练习题，并且在每一部分结束的时候，还有稍微大一些的案例可供练习。这些习题和案例的出发点都是为了增强学习效果，而不单纯是为了测试。在配套网站上，可以找到更多的应用练习。建议读者尽可能地多做练习，当你对这一切都有了亲身的体验之后，你会发现，这些分析的思想和方法已经慢慢地渗透到你的生活当中去了。

本书的结构安排

本章向你介绍了什么是基本面投资，以及为什么我们会支持基本面投资。财务报表在分析工作中的作用重大，因此，我们将在第2章中重点介绍这个话题。在这两章内容之后，你就会理解为什么分析人员会以财务报表为基础来确定企业的价值。本书后续内容一共分为五个部分。

良好的操作实务一定是建立在优秀的分析思想之上的。因此，第一部分（第3～7章）着重对阅读材料1-5中所提到的估值方法进行介绍和评价，并说明了在各种估值方法下，财务报表信息是如何应用的。在第一部分学习结束后，你将能够辨别分析方法的好坏，并且对估值技术的选择充满信心。作为第一部分的结束，在第7章中，我们向大家展示了在主动投资策略中，如何应用估值方法去检验市场定价的合理性。

第二部分（第8～13章）主要涉及信息分析，向读者介绍如何通过财务报表这个透镜去理解企业的运作。在这一部分中，还将讲解如何从预测的角度来进行财务报表分析。

第三部分（第14～16章）主要讲预测，即如何利用第二部分中所分析的信息一步一步地建立预测模型。在这一部分中，还通过例题说明了如何将预测值转换为估值，并应用估值来检验市场定价的合理性。

第四部分（第17章和第18章）处理会计问题。在本书中，从第2章开始，伴随着基本面分析技术的介绍，一直就没有离开对相关会计问题的讨论。第四部分将会计分析集中在一起，有利于读者对会计在公司估值中的作用有一个更加清楚的认识。此外，在前述章节已经介绍过的财务报表分析基础之上，在本部分中，还增加了对会计信息质量问题的讨论。

第五部分（第19章和第20章）讨论基本面分析中的风险评价问题，既包括权益投资风险，也包括公司债务投资风险。

关键概念

主动投资者（active investors）：与被动投资者和防御型投资者相对应，主动投资者在购入或者出售投资项目前，都会仔细地研究该项目的定价是否合理，是否存在错误的定价，使他们能够赚取到额外的报酬。

阿尔法（alpha，α）：指由于承担了投资风险，使所得收益实际超过了预期收益的那部分超常收益。

贝塔风险（beta risk，β risk）：是资本资产定价模型（CAPM）中的风险计量指标。

商业模式（business model）：是一种思想或者战略，在这种思想或者战略的指导下，企业通过销售商品或者提供服务给客户来创造价值。

索取权（claim）：是经由契约或者合同而定下的、

对投资报酬的要求权。

竞争优势（competitive advantage）：指通过抵御市场竞争力量来赚取超常盈利的能力。

防御型投资者（defensive investors）：这类投资者在购买或者出售投资项目前，也会仔细地研究项目的定价是否合理，但他们的主要目的不是为了赚取超常报酬，而是为了避免在错误的价位上进行交易的风险。

企业价值（enterprise value）：与各种对企业的索取权价值相对应，指企业的整体价值。

财务分析师（financial analyst）：是专业的投资评估人士，进一步细分为权益分析师、信贷分析师、战略分析师、风险分析师和银行贷款管理专员。

财务报表分析（financial statement analysis）：指一整套从财务报表中提取有用信息的系统方法。

融资/筹资活动（financing activities）：指企业与它的权益持有人之间所发生的资金往来交易，通常表现为权益持有人将资金投资到企业，或者企业将资金返还给权益持有人。

市场竞争力量（forces of competition）：指企业在追求利润的过程中所受到来自其他主体的挑战，市场竞争力量会弱化企业的竞争优势，并最终夺走企业的超常收益。

基本面分析（fundamental analysis，或估值分析，valuation analysis）：是用来确定某项投资价值的一系列方法。

基本面投资者（fundamental investors）：这一类投资者只有在仔细研究了企业的各种信息，并根据这些信息判断企业的价值被低估的情况下，才会出手对这家企业进行投资。

基本面风险（fundamental risk）：指由于最终的企业经营结果不理想而导致价值损失的风险。请与价格风险进行比较。

指数投资（index investing）：指购买并（被动地）持有市场指数组合公司的股票。

内在价值（intrinsic value）：指根据一项投资所能带来的预期回报而计算出来的投资价值。由于投资的预期回报是根据信息预测而得到的，因此，内在价值有时也被称为信息调整价值。

直觉投资者（intuitive investors）：这类投资者根据直觉进行股票的买卖决策，而不经过分析。

投资活动（investing activities）：指企业所进行的与经营过程中有关的资产并购和资产处置等关联的业务活动。

顺势投资（momentum investing）：采用这种投资思想的人相信，股价一旦上涨，就会继续走高。

经营活动（operating activities）：指企业运用（通过投资活动获得的）资产来进行生产，并在市场上销售产品的业务活动。

被动投资者（passive investors）：与主动投资者相对应，这一类投资者在购买某个投资项目前不会去事先调查这个项目目前的定价是否合理。

收益（payoff）：指从一项投资中能得到的报酬价值。

价格风险（price risk）：指由于没有参照内在价值购买或者出售投资，从而导致价值损失的风险。

回报（return）：指一项投资所能带来的收益超过了投资成本的部分。

证券分析（security analysis）：当投资对象为股票或者债券时，用来确定投资价值的一系列分析思路和方法。

战略分析（strategy analysis）：主要指对商业思想进行考察，以探索这些思想所能带来的价值。

估值分析（valuation analysis）：是一种以判断投资价值为目的的分析。

价值管理活动（value-based management）：以最大化企业所能够创造的价值为目的的商业计划活动，在价值管理活动中，通常使用价值增加值指标来判断经营业绩，并对经营情况进行监控和奖励。

权益价值（value of the equity）：指预期一家企业能为其股东（即所有者）创造的收益价值。

企业价值（enterprise value，也称公司价值，value of the firm）：指预计一家企业能向它的所有权益持有人支付的收益价值。

连贯案例：金佰利公司

自主练习

在第1章至第16章章末，我们都以金佰利公司（Kimberly-Clark Corporation）为案例研究对象，将本章涉及的原则和技术在该公司进行应用。金佰利公司是一家生产并销售各种健康和卫生用品的领先消费品制造商。在本书中，通过连贯使用一个公司作为案例对象，更能帮助读者了解综合财务报表分析和估值的发展与应用情况，使读者更深地体会到如何应用基本面分析去检验市场定价。通过逐一完成案例中所提出的各项要求，你将逐渐进入到主动投资者的角色，这样，在学习完本书以后，你将具备撰写一份权益研究报告所要求的全部技能。在连贯案例分析中，所涉及的每一个细节都可以被复制应用到另一家公司。而且你会发现，本书中的很多原则在经过了金佰利公司案例的应用实践之后，都将给你留下终生的印象。

在金佰利公司这个案例中，本书将指导你完成分析所需要的输入值。然后，你将被要求自己去完成某些任务。在本书的配套网站上，提供有关于这个案例的每一章解答参考。在完成了案例所要求的任务之后，你可以自行将自己的解答与配套网站上所提供的参考解答进行核对。

第1章基本上是本书的一个简单介绍，但在这一章中，我们还是提出了很多重要的投资原则。第一条，也是最重要的一条，是为任何公司进行估值以前，你必须事先了解这家公司所从事的业务。因此，在你刚开始接触金佰利公司案例资料时，我们需要你先熟悉以下背景情况，了解金佰利公司的商业模式。

了解企业：金佰利公司（股票代码：KMB）

你多半曾经用过舒洁（Kleenex）这个牌子的纸巾吧？或许在更小的时候，你还用过好奇（Huggies）这个牌子的纸尿裤呢！除了这两个品牌之外，还有金佰利SCOTT（纸巾品牌）、SCOTTEX、Cottonelle、Viva、高洁丝（Kotex）和劲拭（WypAll）等，这些品牌都是金佰利公司（KMB）所拥有的。以下是关于该公司的一个简略介绍。

金佰利公司制造并销售各种健康与卫生产品，公司下分四个全球业务部门。其中，个人护理部门生产并销售一次性尿不湿、小儿训练裤、游泳裤、婴儿湿巾、女性护理用品和尿失禁护理用品；家用消费产品部门生产并销售面巾纸和浴室用纸、卷筒纸、湿巾和家用餐巾纸等产品；商用消费产品部门生产并销售非家用的面巾和浴室用纸、卷筒纸和各种安全产品；而医疗健康护理部门则销售外科手术服、手术帘、防感染产品、消毒护理包、一次性面罩、检查用手套和其他一次性医用产品等。

当然，上面这段描述还是非常粗略的，敬业的分析人员会尽力去找出更多的细节信息来。那么，他可以到哪里去找呢？

企业信息的来源

首先能够想到的也是最重要的是企业自己的陈述。要获得这方面的信息，可以打开网页www.kimberly-clark.com进行浏览，尤其请关注该公司最近的年度报告内容。还可以去脸书（Facebook）上找找公司的主页，或者在investor.kimberly-calrk.com/rss.cfm这里看看关于这家公司的新闻聚合。最后（也是最重要的），可以上美国证券交易委员会的官方网站（www.sec.gov/edgar.shtml）上，去查找该公司最近的年度报告。读一读企业经营分析、风险因素、管理层讨论与分析等部分的内容[⊖]。在本书配套

[⊖] 这里所介绍的信息搜索思路，适用于所有的估值对象。例如，如果你的估值对象是一家在中国上市的企业，同样也可以关注该企业的官方网站介绍、微博主页，到相关证券交易所下载该公司的年度报告，或者在"中国上市公司资讯网"（http://www.cnlist.com/）、"巨潮资讯"（http://www.cninfo.com.cn/）以及各大主流门户网站的财经频道中，都有很丰富的资料可查。——译者注

网站的第2章资源中,就收录有金佰利公司的年度报告。

当然,你也可以使用谷歌搜索引擎。打开www.google.com 或者类似的搜索工具,然后输入目标公司的名称。你不仅能找到关于这家公司的信息,还能看到很多关于消费者纸品行业和竞争者的消息。通过搜索,你可以找到很多的财经信息门户,比如谷歌财经和雅虎财经,看到关于目标公司的各种报道。请注意搜集关于公司的各种报告,尤其是财务分析师所撰写的报告。请留意客户和市场对这家公司的分析。现在,你可以试试本书配套网站上提供的不少研究资源了,不过,很多信息都需要密码,只提供给付费用户。所以,你可以尝试先去图书馆里看看,试试那里的电子资源。你那边的图书馆可以提供公司研究信息和行业研究信息吗?如果有的话,请查看关于消费者制造行业的发展情况。你那边的图书馆可以看到商业和金融类的出版文献吗?可以查阅到行业出版物的情况吗?

听懂分析师在说什么

在开始你自己的分析工作以前,请先试着听懂"街上"(美国)和"城里"(英国)的讨论[一]。我们可以先从某个财经网站开始。在这些网站上,汇集了各类分析人员的意见和他们对企业盈利和收入的预测情况,例如,表1-1中的信息就摘录自雅虎财经(finance.yahoo.com),而谷歌财经的地址是www.google.com/finance。在一些大学或者研究机构的图书馆,还订阅了最新的分析师研究报告,例如Thomson One、标准普尔市场研究等[二];此外,还有很多证券经纪公司允许你免费试用他们的服务。

看完了分析人员的报告之后,在开始自己的研究工作以前,还有一点是需要注意的:不要加入到投机大潮中去!分析人员常常是结群的,如果你能通过独立的分析发现分析师群体所没能注意到的东西,你一定会获得可观的回报。

在查阅各种资料时,下面这几个问题是你应当考虑的:

a. 金佰利公司的核心业务是什么?
b. 金佰利公司的未来战略如何?
c. 金佰利公司计划怎样去实现增长?它是通过并购来增长壮大的吗?
d. 金佰利公司面临的竞争环境如何?它的主要竞争对手有哪些?
e. 公司面临的主要风险有哪些?这是一家风险比较大的公司吗?
f. 打开雅虎财经或者谷歌财经频道,输入股票代码KMB,看看能找到哪些信息。把你所搜集到的信息与表1-1中2011年3月31日的情况进行比较。观察价格走势图,看看金佰利公司的市场表现如何。该公司在2010年曾经支付了每股2.64美元的股利,你能计算出金佰利的股东在最近几年的收益率情况吗?你能计算出该公司的市盈率和市净率吗?
g. 总结表1-1中的分析师报告要点,讨论他们的主要观点是什么。
h. 从整体上看,分析师(表1-1中所列出的)认为金佰利公司的股票定价合理吗?有没有出现定价过高或者过低的情况?
i. 在2011年3月31日《巴伦周刊》(*Barron's*)[三]的一篇报道中,金佰利公司的财务总监马克·布什曼(Mark Bushman)指出,公司拟用借款资金进行股票回购,他说:"我们的税后负债成本是低于股利报酬率的,因此,每购回1美元的股票,我都能节约不少钱。"请问,你对他的这种说法有什么看法?
j. 在表1-1的报告日——2011年3月31日之后,金佰利公司的股价走势如何?表中那些分析师对盈利和收入的预测值是准确的吗?

[一] 这里的"街上"和"城里"分别是指美国的华尔街和英国的金融城,或者泛指各国的金融中心,金融精英的聚集地。——译者注

[二] 国内也有类似的渠道和服务。例如,试试新浪财经、腾讯财经、网易财经等门户频道,万得(Wind)数据库、国泰安数据服务等。类似表1-1中的内容,在上述财经频道中同样可以免费查找到。——译者注

[三] 《巴伦周刊》是美国的一份专业财经刊物。——译者注

表 1-1 分析师对金佰利公司的推荐意见与预测情况
（摘录自 2011 年 3 月 31 日，雅虎财经网站）

第一部分是金佰利公司的股票在 2011 年 3 月 31 日最后一笔交易的成交价格、该股票在当日的波动情况以及其他基础信息。第二部分"分析师意见"汇总了分析师的"买入""持有"或者"卖出"建议情况。在第三部分"分析师预测值"中，汇总了分析师对于金百利公司的未来盈利、收入和盈利增长率的预测值，以及同行业、部门和标准普尔 500 组合公司的可比值。

（金额单位：美元）

金佰利公司股票（纽约证券交易所代码：KMB）			
收盘价	65.24	当日波动范围	65.16～65.95
交易时间	3 月 31 日下午 3:59	52 周波动范围	59.57～67.24
涨跌	↓ 0.53（0.81%）	成交量	1 788 084
前日收盘	65.77	平均成交量（3 月）	2 719 410
当日开盘	65.77	总市值	26.38
买方出价	65.25 × 800	市盈率（动态）	14.67
卖方出价	65.26 × 100	每股收益（动态）	4.45
未来 1 年目标价	68.79	股利和股息率	2.80（4.30%）
分析师意见			
推荐评级意见①			
本周推荐评级均值		2.6	
上周推荐评级均值		2.6	
变动		0.0	
目标价位			
目标价格均值		68.79	
目标价格中位数		69.00	
最高目标价格		82.00	
最低目标价格		60.00	
券商数量		14	

推荐评级趋势				
	本月	上月	2 个月前	3 个月前
强烈买入	3	3	3	3
买入	2	2	2	2
持有	10	10	10	10
卖出	2	2	2	2
强烈卖出	0	0	0	0

分析师预测值				
盈利预测	本季度 2011 年 3 月	下一季度 2011 年 6 月	本年 2011 年 12 月	下一年 2012 年 12 月
平均预测值	1.18	1.23	4.98	5.35
分析师数量	15	15	16	15
预测值低限	1.10	1.15	4.94	5.24
预测值高限	1.22	1.27	5.04	5.41
1 年前每股收益	1.14	1.20	4.68	4.98

下一个盈利公告日：2011 年 4 月 25 日

(续)

收入预测	本季度 2011年3月	下一季度 2011年6月	本年 2011年12月	下一年 2012年12月
平均预测值	4.99B	5.10B	20.51B	21.19B
分析师数量	12	12	13	11
预测值低限	4.84B	4.95B	20.26B	20.77B
预测值高限	5.09B	5.22B	20.87B	21.65B
1年前收入	4.84B	4.86B	19.75B	20.51B
收入增长率（年/估计值）	3.10%	4.90%	3.90%	3.30%
历史盈利	2010年3月	2010年6月	2010年9月	2010年12月
每股收益预测值	1.16	1.13	1.28	1.15
每股收益实际值	1.14	1.20	1.14	1.20
差异	−0.02	0.07	−0.14	0.05
差异率（%）	−1.70	6.20	−10.90	4.30
增长率预测	金佰利公司	行业均值	部门均值	标准普尔500均值
当前季度	3.5%	−7.7%	16.8%	22.7%
下一季度	2.5%	22.1%	32.5%	31.1%
当前年度	6.4%	4.9%	13.5%	18.0%
下一年度	7.4%	12.9%	19.0%	12.9%
过去5年（平均每年）	4.53%	N/A	N/A	N/A
未来5年（平均每年）	9.10%	13.07%	13.83%	10.18%
市盈率（可比类别的均值）	13.13	14.18	16.56	13.37
PEG比率（市盈率/预计下一年增长率）	1.44	1.31	1.33	1.20

① （建议强烈买入）1.0 ~ 5.0（建议强烈卖出）。

思考题

C1.1. 基本面风险与价格风险的区别是什么？

C1.2. α技术与β技术的区别是什么？

C1.3. 请对下面这种说法进行评价：要长期持有股票，因为从长期来看，股票的报酬率总是高于债券的报酬率。

C1.4. 被动投资者与主动投资者之间的区别在哪里？

C1.5. 在20世纪90年代，市场平均市盈率正处于历史高位。1999年时，标准普尔500组合股票的平均市盈率为33，而在20世纪70年代，这个均值只有8。请问，你认为怎样的市盈率水平才是"正常"的？即，超过了这个水平，你会感觉到"高了"；在这个水平之下，你会感觉到"低了"？提示：市盈率实际上是"当期盈利/当前价格（有时也称为当期收益率）"的倒数，假定股票的正常收益率范围为10%左右，那么市盈率会怎样？

C1.6. 对股东来说，将手中的股票通过公开市场出售给其他投资者和在股份回购中直接出售给发行公司，这两种做法有什么不同影响吗？

C1.7. 一些评价家认为股票价格是遵循"随机游走"模式的，即，他们认为，未来的股票价格走势是不可预测的，因此，没有人可以赚取超常的收益。如果全部的投资者都是基本面投资者，都会利用可获得的信息来为股票

⊖ B为Billion，表示单位为10亿美元。——译者注

进行定价,并按分析结果进行投资决策,那么,股价还会遵循随机游走模式吗?

C1.8. 假定市场上所有的投资者都是被动型投资者,他们都购买指数基金。那么,请问,你预测从长期来看,股票价格会出现怎样的走势呢?它们会随机游走吗?提示:在股价中不会再包含任何信息。

C1.9. 图 1-2 中列出了 1979～1999 年按道琼斯工业指数均值(DJIA)计算的价格-价值比率(P/V ratio)。所谓价格-价值比,就是市场价格(P)与某个内在价值的估计值(V)之间的比值。图中的内在价值是按照本书将要介绍的技术估算出来的,不过它的具体计算方法不会影响到你对下面这几个问题的回答。

    a. 直到 1996 年,价格-价值比一直在 1.0 左右徘徊,你认为这说明了什么?

    b. 假定你在每次价格-价值比低于 0.8 的时候就会买入道琼斯 30 组合股票,然后在价格-价值比高于 1.2 的时候再将手中的股票售出,你认为你的投资策略战绩会如何?

    c. 在 1995 年以后,价格-价值比曲线一直向上发展,你认为这是为什么?

    d. 根据你的看法,在 1999 年之后,这条曲线往哪个方向发展的概率更大?

图 1-2　按道琼斯工业指数均值计算的每月价格-价值比(此处价值为道琼斯股票组合的内在价值预计值)

资料来源:康奈尔大学帕克中心网站。本图最早出现在 C. Lee、J. Myers 和 B. Swaminathan 的论文"What Is the Intrinsic Value of the Dow?"*Journal of Finance*,1999 年 10 月,第 1693～1741 页,并在此基础上进行了数据更新。帕克中心的网页地址为:www2.johnson.cornell.edu/parkercenter/about.html。

练习题

在本书中,每章末的练习题分为基本练习(drill exercises)和应用分析(applications)两种类型。其中,基本练习更加着重于基础知识,数字一般比较简单;而应用分析则是将本章所介绍的原则和技术应用到真实的公司中。基本练习非常重要,是保障读者能够进一步尝试去解决更加实际问题的前提。练习题一共分简单、中等和复杂三个等级,分别标示在每道题后面。

基本练习

E1.1. 计算企业价值(简单)

某公司的股票市值总额为 12 亿美元,债务的交易总额为 6 亿美元。请问,该公司的市场价值是多少(即企业市值)?

E1.2. 计算每股价值(简单)

根据一位分析师的估计,某公司的价值为 27 亿美元。假定该公司流动在外的负债总值为 9 亿美元，流通在外的普通股一共有 9 亿股，请问，按这位分析师的估计，这家公司的每股价值应当为多少？

E1.3. 购买还是出售（简单）

一家企业报告它的股东权益账面价值为 8.5 亿美元，流通在外的股票数量为 2500 万股，当前的交易价格为每股 45 美元。有一位分析人员按照下面这个公式来估计权益的市场价值：价值=账面价值+额外价值。目前，她已经计算出这家企业的额外价值为 6.75 亿美元。请问，这位分析人员应当建议客户买入还是卖出这家公司的股票呢？

应用分析

E1.4. 通过网络查找信息：戴尔公司、通用汽车公司和福特公司（简单）

本章前面对戴尔公司、通用汽车公司和福特公司的情况进行了比较。现在，请你利用互联网，查找能够对你研究这三家公司有用的资料。你可以先试试雅虎财经（finance.yahoo.com）和谷歌财经（www.google.com/finance），也可以试试本书配套网站所提供的其他链接。

E1.5. 企业的市场价值：通用磨坊公司和惠普公司（中等）

a. 通用磨坊公司（General Mills, Inc.）是一家大型包装食品制造商，在截至 2011 年 5 月 29 日的年度报告中，它报告了下列信息（金额单位：百万美元）。

短期借款	1 342.6
长期负债	5 542.5
股东权益	6 616.2

其中，短期借款和长期负债的资产负债表价值与市值基本相当，在年报公布日，这家公司共有 6.448 亿股普通股流通在外，每股交易价格为 36.50 美元。请根据这些数据，计算通用磨坊公司的企业价值是多少（即企业市值）。

b. 惠普公司（Hewlett-Packard）是一家计算机生产企业，但同时也提供系统咨询服务。该公司在 2011 年 5 月共有 21.26 亿股股票流通在外，每股交易价格为 41 美元。以下是惠普公司在最近一个季度的报告中所披露的信息（金额单位：百万美元）。

带息债券与存单投资	12 700
短期借款	8 406
长期负债	14 512
股东权益	41 795

请根据这些数据，计算惠普公司的市场价值。在回答此问题时，请尤其注意"带息债券与存单投资"这个项目，在计算企业价值时，应当如何考虑这个项目呢？

E1.6. 区分经营活动、投资活动和筹资活动：微软公司（简单）

在提交给证券交易委员会的资料中，微软公司在截至 2011 年 6 月 30 日的年度报告里披露了下列信息。请分别指出以下每个项目是属于经营活动、投资活动还是筹资活动（金额单位：百万美元）。

a. 支付普通股股利	5 394
b. 日常管理费用	4 222
c. 销售费用	13 940
d. 发行普通股	2 422
e. 回购普通股	11 555
f. 销售收入	69 943
g. 研发支出	9 043
h. 支付所得税	4 921
i. 购建不动产和设备	2 355
j. 应收账款	14 987

迷你案例

M1.1 对一份权益分析报告的批评：美国在线公司

如本章所介绍的，1998 年、1999 年和 2000 年的美国股票市场一直被互联网泡沫所包围。网络公司股票的市盈率和市销率已经严重偏离了股票市场的历史水平。刚刚创业不久的公司，甚至有些才只是有一个初步的想法，就开始进行了初次公开募集股份（IPO），并且这些公司股票的发售价格高得惊人（公司的创始人和有公司股权的员工一下子就变成了富翁）。而像迪士尼（DISNEY）这样的已上市公司，则开始考虑分拆出在名字中带有".com"子公司，以争取得到市场给这类公司的高定价。

评论人士对于这种高额的定价是否合理展开了争论。很多人都认为这种现象只是一股投机狂热，他们说，由于这个行业的进入门槛太低，竞争很快就会将大家所期待的潜在盈利驱赶走。但还是有不少人认为，像美国在线、网景公司（Netscape）、亚马逊（Amazon）、雅虎（Yahoo!）和易趣（eBAY）这样的公司还是有能力建立并保护好它们的品牌，获得高额利润的。并且，他们认为，由于能够提供更舒适的商务体验，这些公司将逐渐吸引到越来越多的客户。

美国在线公司尤其成为这场争论中的一个焦点。与很多仍然在报告亏损的网络企业不同，作为一家知名的互联网门户企业，美国在线公司确实是盈利的。美国在线公司在当时运营着两大全球网络服务：美国在线和美联网（CompuServe），它在网上出售广告和电子商务服务，而且在收购了网景公司之后，还增强了网络技术服务。具体可参考阅读材料1-3中的更多内容介绍。

在截至1999年6月30日的那个财务年度里，美国在线公司报告它实现了总收入47.8亿美元，其中33.2亿美元来自1960万美国在线和美联网用户的订购款，10亿美元来自广告费和电子商务服务，其他来自网景企业集团的网络服务收入。公司在当年实现净利润7.62亿美元，每股收益为0.73美元。

就在这份年报发布时，美国在线公司的股价为每股105美元，当时一共有11亿股股票流通在外，因此公司股东权益的市场价值高达1155亿美元。公司的市销率为24.2，跟当时很多成熟公司的市盈率水平相当，所以相对来说，美国在线公司的股票定价已经非常高了，而当时的市盈率水平更是达到了144。

1999年4月26日，总部设在纽约的Fred Alger管理公司[⊖]老板David D. Alger先生，在《华尔街时报》发表了一篇专栏文章，声称他认为美国在线公司的股票价格是合理的。他对公司在2004年（即5年以后）的收入预测情况如下（金额单位：亿美元）。

来自3 900万用户的订购款	125.00
广告与其他收入	35.00
收入总额	160.00
销售净利率	26%

案例要求：请回答下面这几个问题，其中，要回答问题a和问题b，需要先预测美国在线公司在2004年的盈利情况。

a．假定到2004年，美国在线公司的市盈率会与当前成熟公司的市盈率水平相当，达到24。请问，该公司的股票在1999年能值多少钱？假定这家公司不会发放股利。提示：当前的价格应当等于未来预期价格的现值。

b．David D. Alger先生的论断是因为他认为美国在线公司在2004年仍然能保持市盈率在50这个高位上。请问，如果1999年的价格为105美元是合理的，那么，2004年时的市盈率应当为怎样的水平？如果2004年时的市盈率确实为50，那么，购买美国在线公司的股票是值得的吗？

c．在上述评价中，还遗漏了什么问题？你认为David D. Alger先生的论断有问题吗？

[⊖] Fred Alger管理公司曾是20世纪90年代美国业绩最好的一家基金管理公司，其旗下"光谱共同基金"的年均收益率曾达到让人惊羡的29%。David D. Alger先生和他的多名员工已在2001年的"9·11"事件中不幸遇难。
——译者注

第 2 章 财务报表简介

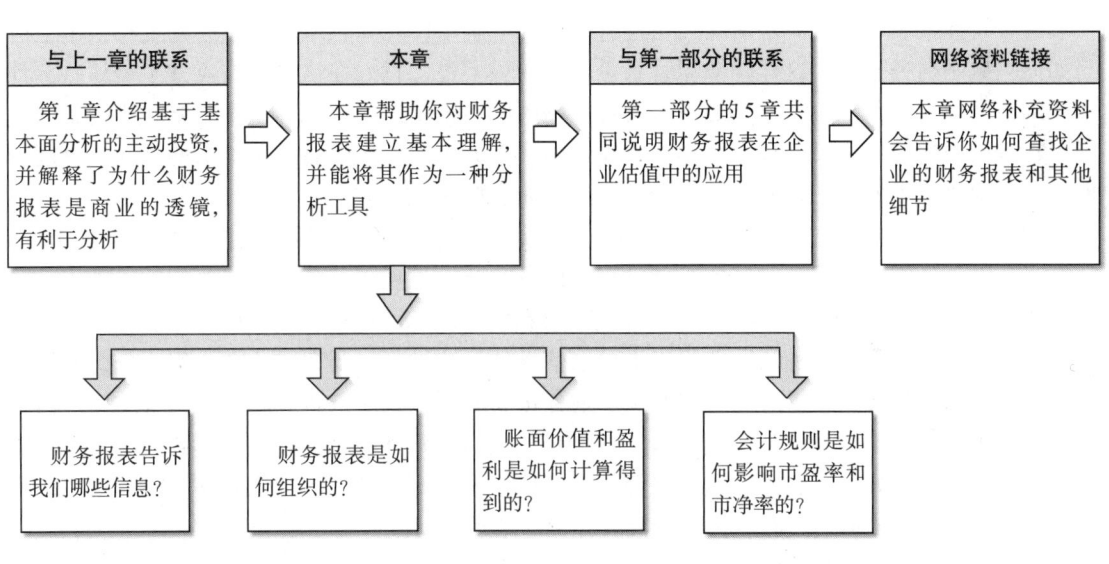

分析师备忘录

学习目标
学习完本章内容后，你应当理解：
- 财务报表告诉我们的企业整体情况；
- 每张财务报表的主要构成项目；
- 财务报表各部分之间的联系（或勾稽关系）；
- 编制财务报表所依据的会计等式；
- 股东权益变动情况的存量和流量公式；
- 综合收益的概念；
- 非清洁盈余会计的概念；
- 主导资产负债表计量的会计原理；
- 会计原则对市净率指标的影响；
- 主导盈余计量的会计原则；
- 会计原则对市盈率指标的影响；

- 市值增加与企业盈利之间的区别；
- 为什么基本面分析师希望会计师贯彻可靠性原则；
- 财务报表是如何稳定投资者的。

学习能力
完成本章的学习任务后，你应当能够：
- 用资产和负债去解释股东权益；
- 根据股东权益变动表来解释当期股东权益所发生的变动；
- 利用利润表来解释当期股东权益所发生的变动；
- 利用现金流量表来解释当期现金项目的变动；

- 计算综合收益；
- 计算企业在当期对股东的支付净额；
- 针对某一家具体的企业，根据财务报表来描述企业的基本情况；
- 计算超过账面价值的溢价；
- 确认资产负债表中按公允价值计量的项目有哪些；
- 计算市场价值增加额（股票回报）；
- 重新计算过去 50 年的市净率指标和市盈率指标。

财务报表中的信息有助于分析人员了解企业的基本面价值。阅读报表时，分析人员必须弄清楚报表披露了哪些信息，还有哪些信息是没在报表上反映的；他应当熟悉财务报表，知道相关信息可以在报表的什么地方找到；他应当知道这些报表的缺陷，因为有些东西是没能在报表上直接反映的。本章的主要目的就是介绍财务报表。

对于财务报表，你在此之前应当已经有一定的了解了，比如，或许你已经知道在技术上应当如何去编制财务报表。这样的知识背景是很好的。不过，我们在这里的重点并不是那些会计规则细节问题，而是隐藏在报表之后的会计原则问题，正是这些宏观的基本原则，决定了财务报表在分析中的使用价值。我们在本章中先给出一个分析框架，然后随着本书的深入，再逐步地进行详细介绍（在本书第四部分中，将会有更加详细的会计分析）。

财务报表是商业的透镜，它们描绘出企业经营的基本画面，然后交给财务报表分析工作。分析人员需要理解这幅图画的基本绘制过程，以及在分析过程中，可以如何对它加以利用。我们可以从两个方面去欣赏报表：形式和内容。**形式**（form）告诉我们报表项目之间的组织情况。财务报表分析就是一种从财务报表中提取信息的系统过程，要完成这个过程，分析人员必须事先了解财务报表项目本身的组织情况。财务报表的形式就像是企业图画的基本结构。**内容**（content）则是对形式的填充，它对企业图画的结构进行细化和着色。内容告诉我们财务报表中的每一行项目，比如利润、资产和负债等是如何计量的，对信息进行量化处理。在本章中，我们先介绍财务报表的形式，然后再解释会计计量的基本原则。

财务报表是为股东编制的。此外，在美国，所有的公开上市交易公司也必须向证券交易委员会（SEC）提交年度报告（10-K）和季度报告（10-Q），这些报告可以通过 SEC 的 EDGAR 数据库（www.sec.gov/edgar.shtml）在线获取，你应当熟悉这些资源并加以利用㊀。

在美国，财务会计准则委员会（FASB）受美国证券交易委员会和美国国会的最终委托与监管，负责制定并发布会计准则。同时，总部位于伦敦的国际会计准则理事会（IASB）也发布了一整套独立的准则，称为国际财务报告准则（IFRS）。也许是由于 FASB 和 IASB 双方的协调活动，这两套准则体系在大部分内容方面是非常类似的，只存在着少量的细节差异。2005 年，欧盟开始要求在欧洲的上市公司都按照国际财务报告准则编制财务报表，此外还有很多其他国家也已经开始或者计划开始采纳国际财务报告准则。

2.1 财务报表的形式

所谓财务报表的形式，是指财务报表与其各个组成部分之间的关联关系。财务报表的形式是由一系列的**会计关系式**（accounting relations）决定的，会计关系式表达了财务报表的某些

㊀ 对于我国的上市公司，在相关的证交所网站、"中国上市公司资讯网"等专业网站、各大门户财经频道和上市公司官方主页"投资者关系"栏目下，也能查找到相关的年度报告等资料。——译者注

组成部分与另一些组成部分之间的关系。你在后续章节中将看到，理解这些关系式是非常重要的，因为正是这些关系式决定了我们进行基本面分析的方式。实际上，很多会计关系式还可以用来指导我们建立相关的电子表格程序，对公司和公司权益进行估值。

在美国，企业需要公开披露三种主流财务报表，分别是资产负债表（balance sheet）、利润表（income statement）和现金流量表（cash flow statement）。除此之外，企业还必须再编制一张专门报表，用来说明股东权益项目在报告期间内的变动情况，于是就产生了第四张报表——股东权益变动表（statement of shareholders' equity），但也有些企业选择只在财务报表附注中披露这方面的信息。其他国家的披露要求也与美国类似。国际会计准则理事会要求企业编制第四张报表。在本书的配套网站上，给出了各种国家的财务报表样例。

2.1.1 耐克公司简介

你肯定知道耐克公司（Nike Inc.）：我们身边的很多人，无论是体育大明星还是普通小孩子，都穿着印有这家公司标识的衣服和鞋子。在本书中，我们会将不少时间用在耐克公司上，分析它的财务报表并利用分析结果对这家公司进行估值。在本书的配套网站上，"搭建你自己的分析工具"（BYOAP）跟踪了耐克公司截至2010年的多年财务数据，并以该公司为例向大家介绍怎样构建电子表格工具，对公司进行分析和估值。在表2-1中，给出了耐克公司截至2010年5月31日的四张年度报表，此外，你还可以在美国证券交易委员会网站的EDGAR数据库中查找到该公司的完整年度报告内容。

表2-1 耐克公司截至2010年5月31日的年度财务报表

耐克公司一共披露了四张报表：资产负债表、利润表、现金流量表和股东权益变动表。这里的财务报表附注实际是披露在年度报告中的。

耐克公司合并资产负债表		
（金额单位：百万美元）		
	2010年5月31日	2009年5月31日
资产		
流动资产：		
现金及现金等价物	3 079.1	2 291.1
短期投资（附注6）	2 066.8	1 164.0
应收账款净值（附注1）	2 649.8	2 883.9
存货（附注1和附注2）	2 040.8	2 357.0
递延所得税资产（附注9）	248.8	272.4
预付费用和其他流动资产	873.9	765.6
流动资产合计	10 959.2	9 734.0
不动产、厂房与设备净值（附注3）	1 931.9	1 957.7
可辨认的无形资产净值（附注4）	467.0	467.4
商誉（附注4）	187.6	193.5
递延所得税资产和其他资产（附注9和附注18）	873.6	897.0
资产总计	14 419.3	13 249.6

(续)

负债与股东权益		
流动负债:		
一年内到期的长期负债（附注8）	7.4	32.0
借款与应付票据⊖（附注7）	138.6	342.9
应付账款（附注7）	1 254.5	1 031.9
应计负债（附注5和附注18）	1 904.4	1 783.9
应交所得税（附注9）	59.3	86.3
流动负债合计	3 364.2	3 277.0
长期负债（附注8）	445.8	437.2
递延所得税负债与其他负债（附注9和附注18）	855.3	842.0
承诺与或有事项（附注15）	—	—
可赎回优先股（附注10）	0.3	0.3
股东权益:		
普通股面值（附注11）:		
A类可转换——流通在外数量分别为9 000和9 530万股	0.1	0.1
B类——流通在外数量分别为3.94亿和3.902亿股	2.7	2.7
股本溢价	3 440.6	2 871.4
累计其他综合收益（附注14）	214.8	367.5
留存收益	6 095.5	5 451.4
股东权益合计	9 753.7	8 693.1
负债与股东权益合计	14 419.3	13 249.6

耐克公司合并利润表

（除每股数据外，金额单位：百万美元）

	以5月31日为财务年度截止日		
	2010年	2009年	2008年
收入	19 014.0	19 176.1	18 627.0
销售成本	10 213.6	10 571.7	10 239.6
毛利	8 800.4	8 604.4	8 387.4
销售与管理费用	6 326.4	6 149.6	5 953.7
重组支出（附注16）	—	195.0	—
商誉减值（附注4）	—	199.3	—
无形资产与其他资产减值（附注4）	—	202.3	—
利息费用（收益）净值（附注6～附注8）	6.3	(9.5)	(77.1)
其他费用（收益）净值（附注17与附注18）	(49.2)	(88.5)	7.9
税前利润	2 516.9	1 956.5	2 502.9
所得税（附注9）	610.2	469.8	619.5
净利润	1 906.7	1 486.7	1 883.4
普通股基本的每股收益（附注1与附注12）	3.93	3.07	3.80
普通股稀释的每股收益（附注1与附注12）	3.86	3.03	3.74
宣告的普通股每股股利	1.06	0.98	0.875

⊖ 原文为notes payable，若直译应当是"应付票据"，但此处的"应付票据"与我国企业会计报表中的"应付票据"含义不同，我国报表上的应付票据为应付商业汇票；而美国企业在向银行申请借款时，也是采用的签发票据形式，因此这里按其实质翻译为：借款与应付票据。——译者注

(续)

耐克公司合并现金流量表
（金额单位：百万美元）

	以5月31日为财务年度截止日		
	2010年	2009年	2008年
经营活动产生的现金流量：			
净利润	1 906.7	1 486.7	1 883.4
将净利润调整为经营活动产生的现金流量：			
折旧费用	323.7	335.0	303.6
递延所得税影响	8.3	（294.1）	（300.6）
以股份支付的薪酬费用（附注11）	159.0	170.6	141.0
商誉、无形资产和其他资产减值（附注4）	—	401.3	—
业务剥离收益（附注17）	—	—	（60.6）
摊销与其他项目	71.8	48.3	17.9
除并购和剥离影响外的营运资本和其他资产与负债项目变动：			
应收账款的减少（增加）	181.7	（238.0）	（118.3）
存货的减少（增加）	284.6	32.2	（249.8）
预付费用与其他流动资产的减少（增加）	（69.6）	14.1	（11.2）
应付账款、应计负债和应交所得税的增加（减少）	298.0	（220.0）	330.9
经营活动产生的现金流量	3 164.2	1 736.1	1 936.3
投资活动产生的现金流量：			
购买短期投资	（3 724.4）	（2 908.7）	（1 865.6）
短期投资到期和出售	2 787.6	2 390.0	2 246.0
购建不动产、厂房与设备	（335.1）	（455.7）	（449.2）
处置不动产、厂房与设备	10.1	32.0	1.9
购建其他资产，扣除相关负债后净值	（11.2）	（47.0）	（21.8）
清算净投资套期	5.5	191.3	（76.0）
并购子公司支出扣除子公司持有现金后净额（附注4）	—	—	（571.1）
业务剥离取得的现金（附注17）	—	—	246.0
投资活动使用的现金流量	（1 267.5）	（798.1）	（489.8）
筹资活动产生的现金流量：			
长期负债（含一年内到期的长期负债）到期	（32.2）	（6.8）	（35.2）
银行借款增加（减少）	（205.4）	177.1	63.7
股票期权行权和其他股份发行所得	364.5	186.6	343.3
股份支付协议带来的额外税收抵免额	58.5	25.1	63.0
回购普通股	（741.2）	（649.2）	（1 248.0）
支付股利——包括普通股和优先股股利	（505.4）	（466.7）	（412.9）
筹资活动使用的现金流量	（1 061.2）	（733.9）	（1 226.1）
汇率变动的影响	（47.5）	（46.9）	56.8
现金及现金等价物增加净额	788.0	157.2	277.2
现金及现金等价物年初数	2 291.1	2 133.9	1 856.7
现金及现金等价物年末数	3 079.1	2 291.1	2 133.9
现金流量信息补充：			
本年度用现金支付的：			
扣除资本化利息之后的利息费用	48.4	46.7	44.1
所得税	537.2	765.2	717.5
已经宣告但尚未发放的股利	130.7	121.4	112.9

(续)

耐克公司合并股东权益变动表
（股票数量：百万股，金额单位：百万美元）

	普通股				股本溢价	累计其他综合收益	留存收益	合计
	类别 A		类别 B					
	数量	金额	数量	金额				
2009 年 5 月 31 日余额	95.3	0.1	390.2	2.7	2 871.4	367.5	5 451.4	8 693.1
股票期权行权			8.6		379.6			379.6
转换为 B 类普通股	(5.3)		5.3					—
回购 B 类普通股			(11.3)		(6.8)		(747.5)	(754.3)
普通股股利（每股 1.06 美元）							(514.8)	(514.8)
向员工发行股份			1.3		40.0			40.0
以股份支付的薪酬（附注 11）：					159.0			159.0
作废员工股份					(0.1)	(2.6)	(0.3)	(2.9)
综合收益（附注 14）：								
净利润							1 906.7	1 906.7
其他综合收益：								
外汇折算差额及其他（扣除税后影响收益 71.8）						(159.2)		(159.2)
现金流量套期净收益（扣除所得税费用影响 27.8）						87.1		87.1
净投资套期净收益（扣除所得税费用影响 21.2）						44.8		44.8
将以前递延的衍生工具净收益重分类进入净利润（扣除所得税费用影响 41.7）						(121.6)		(121.6)
将无效的套期收益重分类进入净利润（扣除所得税费用影响 1.4）						(3.8)		(3.8)
综合收益总额						(152.7)	1 906.7	1 754.0
2010 年 5 月 31 日余额	90.0	0.1	394.0	2.7	3 440.6	214.8	6 095.5	9 753.7

注：相应的合并财务报表附注是本报表不可分割的一部分。

我们在第 1 章中已经强调，在尝试阅读和理解一家公司的财务报表以前，应当首先对这家公司的经营情况有一定的了解。当我们的目的是估值时，就更应该做好这些背景调查工作。所以，我们在阅读材料 2-1 中对耐克公司的情况进行了大概的介绍。通过阅读耐克公司年度报告中的"经营与风险因素"和"管理层讨论与分析"这两个部分的内容，你还能对耐克公司的情况有更深入的了解。

阅读材料 2-1

了解业务情况：耐克公司

成立于 1968 年的耐克公司（www.nike.com）是一家领先的运动和时尚鞋品制造与营销企业，公司总部位于美国俄勒冈州的比佛顿小镇（Beaverton）。

战略

耐克公司的目标是领导全球运动鞋和与运动鞋相搭配的休闲服饰市场。它通过大量的促销活动来促进这个目标的实现，常常聘请高人气的体育明星做代言人，或者赞助各种运动项目。

经营

篮球鞋、训练鞋、跑步鞋和童鞋是耐克公司卖得最好的鞋类品种，除此以外，该公司还销售羽毛球鞋、足球鞋、高尔夫球鞋、棒球鞋、橄榄球鞋和其他鞋类、服饰、品牌运动装备及其配件等。耐克公司的产品在美国国内和全球的多个零售店、独立经销商和授权专卖店都有销售。2010年，公司有占42%销售收入比重是由美国国内市场所贡献的。

为了不断改进它的产品，耐克公司对研发活动的投入非常积极。它的大部分制造活动都是在美国以外的地方完成，包括亚洲和南美洲。公司共有大约34 400位员工，不过大部分的制造工作都是承包给第三方代工企业去完成的。

鞋类产品的市场竞争十分激烈，彪马（Puma）和阿迪达斯（Adidas）等品牌都是耐克的主要竞争对手。消费者的偏好变化、技术发展和竞争影响等是公司所面临的主要风险因素。

权益筹资情况

耐克公司发行了两种类型的股票，两类股份在利润分享方面的权益是相同的。截至2010财务年度期末，流通在外的两种类型股票一共有4.84亿股。耐克公司制定有持续的股份回购和股利支付计划。此外，一位亚洲供应商还持有耐克公司少量的可赎回优先股股份。

耐克公司为员工提供了积极的股份支付计划。在2010财务年度中，公司授予员工的期权共有640万股股票，当年行权的股票一共有860万股，平均行权价格为每股37.64美元。截至该财务年度期末，流通在外的股票期权还有3600万份。

汇总数据

（金额单位：美元）

	2010 年	2009 年	2008 年
基本的每股收益	3.93	3.07	3.80
稀释的每股收益	3.86	3.03	3.74
每股股利	1.06	0.98	0.88
每股账面价值	20.15	17.90	15.93
期末每股市价	72.38	57.05	68.37

耐克公司的股票在20世纪90年代是非常热门的，市盈率和市净率水平分别在35和5.1左右。2000年年初期，当股市泡沫破裂以后，耐克公司的股票价格也下跌了大约55%，但随后还是逐渐涨了回来。在2000年年初期，它的股价大约为每股14.15美元，到它公布2010年年度报告的时候，股价已经回涨到每股74美元了。在2008年的金融危机中，耐克公司的股票曾经跌去了大约36%的市值，但恢复得也非常快。到2010年，耐克公司股票的市盈率和市净率分别为18.8和3.67，请注意这两个数字，这将是我们在分析和估值工作中应关注的重点。

2.1.2 资产负债表

资产负债表有时也被称为财务状况变动表，它报告企业的资产、负债和股东权益情况。所谓**资产**（assets），是指预期能带来利益流入的投资；所谓**负债**（liabilities），是指股东之外的索取权持有人对企业收益的要求权；而所谓**股东权益**（stockholders' equity），则是指股东对企业的索取权。因此，资产负债表实际上反映的就是企业的投资（来源于投资活动）与投资所对应利益流入的索取权。在资产负债表上，将资产和负债都按流动性强弱划分为"流动"和"非流动"两类。其中，这里的"流动"是指资产能在1年之内转换为现金，或者负债需要在1年之内得到清偿。在耐克公司的资产负债表上，将可赎回的优先股放在负债与股东权益之间的"中间地带"上，但如果站在普通股股东的立场上来看，这个项目的实质应当是负债。

资产负债表中的这三个部分是按下面这个会计关系式组合在一起的：

$$\text{股东权益} = \text{资产} - \text{负债} \tag{2-1}$$

这个等式（有时也被称为会计恒等式，accounting equation，或者资产负债表恒等式，balance sheet equation）说明，某一会计主体在特定时点上的股东权益总是等于资产总额与负债总额之差（也称净资产，net assets）；或者说，股东权益代表企业资产在满足了债权人要求权之后的剩余索取权。从权益定价的观点来看，股东权益是资产负债表上最重要的汇总数据，是企业会计人员对股东权益要求权的计量值。用耐克公司的数据来看，该公司在2010财务年度的股东权益为9753.7百万美元，由19个项目所组成，其中10个资产项目，金额合计为14 419.3百万美元，9个负债项目（包括可赎回优先股在内），金额合计为4665.6百万美元。也可以这样来解释股东权益总额9753.7百万美元：它由发行普通股取得的价款3443.4百万美元、累计其他综合收益214.8百万美元和留存收益6095.5百万美元所共同组成。其中，普通股的价值等于发行普通股取得的现金，扣除回购普通股所支付的现金之后的净额。已回购但尚未注销的股票，被独立报告为一个单独的项目——**库存股**（treasury stock），因此，**流通在外的普通股**（common stock outstanding）数量总是等于发行的普通股数量减去库存股的数量。耐克公司并没有库存股。留存收益是企业的累计盈利（或利润）减去支付给股东的金额以后所剩余的部分。其他综合收益则是绕过了利润表，直接确认在资产负债表中的损益项目。我们将在本章后续部分再对这个项目进行讨论。

2.1.3 利润表

利润表（如图2-1中的耐克公司合并利润表所示）告诉我们由于营业活动的影响而导致股东权益在报告期内的变动情况。利润表的最后一行（常称为"底线项目"）报告当期股东权益的价值增加额，被称为**净收益**（net income）或者**盈利**（earnings）、**净利润**（net profit）。根据利润表所披露的内容，我们能了解影响企业净利润的项目被分为收入（revenue）和费用（expenses）两个大类，其中前者是指通过销售收入所实现的价值，而后者是指企业在赚取收入的过程中所耗费的价值。企业在某个会计期间的净利润由下面这个会计关系式所决定：

$$\text{净利润} = \text{收入} - \text{费用} \tag{2-2}$$

在2010财务年度中，耐克公司通过销售产品实现了销售收入19 014百万美元。请注意，这里的收入是指销售总额扣减预计的销售退回之后的净额（有时也称销售净额）。耐克公司从这个销售净额中扣减了在赚取收入的过程中所发生的经营费用和因为承担负债而发生的利息费用净额，再调整"其他"活动的损益影响，这样就得到了所得税前利润。最后，再扣除当期的所得税费用，计算得到当期净利润为1906.7百万美元。

在利润表中，常常将相似的费用进行归类，以报告不同的净利润组成部分。在美国公司的报表中，常见的分类计算盈利组成项目包括：

$$\text{收入净额} - \text{销货成本} = \text{毛利润} \tag{2-2a}$$

$$\text{毛利润} - \text{经营费用} = \text{经营利润}$$

经营利润 − 利息费用 + 利息收入 = 税前利润
税前利润 − 所得税费用 = 税后利润（扣除非经常性项目前）
扣除非经常性项目前的利润 + 非经常性项目的影响 = 净利润
净利润 − 优先股股利 = 可供普通股股东享有的净利润

以上分类小计项目中，有部分出现在了耐克公司的报告上（耐克公司没有报告非经常性项目）。如果在一家公司的子公司中，还存在少数股东权益（也称为"非控股东权益"），那么，在计算得到归属于普通股股东享有的净利润之前，还需要再扣除少数股东本期收益。在配套网站的本章资料中，你还能看到利润表的其他例子和各种表现形式。此外，不同行次的项目名称在各个公司之间的差异也可能很大。毛利润（gross margin）也被称为毛利（gross profit），而经营利润有时也被分析人员称为息税前利润（earnings before interest and taxes，EBIT）；利息收入有时会与利息费用分开，单独列报为一行，但有时也会按利息收入和利息费用相抵减后的净额直接列报，耐克公司就是采取的后一种做法。虽然在计算归属于普通股股东可享有的净利润时需要用到优先股股利的数据，但优先股股利一般报告在股东权益变动表中。

利润表还会同时报告净利润的美元总额和每股净利润情况。每股收益（earnings per share，EPS）指标是普通股股东可享有的公司盈利（扣除优先股股利之后的），因此，分子应当是归属于普通股股东的净利润。基本的每股收益（耐克公司在 2010 财务年度中实现基本的每股收益为 3.93 美元）等于归属于普通股股东的净利润除以当年加权平均流通在外的普通股股数。这里使用加权平均流通在外的普通股股数的原因在于，调整报告年度内新发行股份和股份回购的影响。稀释的每股收益（耐克公司在 2010 财务年度中实现稀释的每股收益为 3.86 美元）是假定持有或有股份要求权的权利人（例如可转换公司债券和股票期权）都行使他们的权利，选择持有普通股股份的话，按全部可能的流通在外普通股股份数量来计算的每股收益。

2.1.4 现金流量表

现金流量表（例如表 2-1 中耐克公司的合并现金流量表）告诉我们企业在报告期间内现金的来源和使用情况。在现金流量表中，将现金流量分为三种类型：经营活动产生的现金流量（cash flow from operating activities）、投资活动产生的现金流量（cash flow from investing activities）和筹资活动产生的现金流量（cash flow from financing activities）。因此，现金流量表就像第 1 章的图 1-1 所示意的那样，分别报告了三类活动所产生的现金流量情况。经营活动产生的现金流量是指企业在销售商品等活动中所收到的现金扣除在类似过程中所支付的现金之净额；投资活动产生的现金流量是企业在购买经营活动需要使用的资产所花费的现金减去出售这些资产所收到的现金之净额；筹资活动产生的现金流量是与债权权利人和股权权利人之间筹集资金和资金返还等现金交易的现金净额，在图 1-1 中已有介绍。这三类活动的现金流量总额解释了企业在报告当期的现金变动情况（在现金流量表的底部）：

经营活动产生的现金流量 + 投资活动产生的现金流量 +
筹资活动产生的现金流量 = 现金变动净额　　　　　　　　　　　　　　（2-3）

耐克公司报告它在 2010 财务年度中通过经营活动创造了 3164.2 百万美元，在投资活动中净支出了 1267.5 百万美元，向股东和债权人的支付净额为 1061.2 百万美元，因此当期的现金变动总额为净增加额 835.5 百万美元。在耐克公司的现金流量表中，每一小类的最后一行均可以看到上面这几个数字，当然，有些项目表现为现金的净流出而不是净流入，因此，用括号中的数字来表示现金流出金额。耐克公司在全球开展经营，因此会持有多个不同国家的货币，所以，这些货币的美元等值金额的变动也报告在现金流量表中，称为当期汇率变动净额的影响，在报告年度体现为净减少4750万美元。这样，耐克公司在报告年度内现金及现金等价物增加净额为788百万美元。

2.1.5 股东权益变动表

股东权益变动表（例如表2-1中的耐克公司合并股东权益变动表）总是以资产负债表中的股东权益期初数为开始，然后以对应项目的期末数为终止，对本期所发生的各个权益项目变动进行说明。从分析的角度来看，权益项目的变动可由下式进行很好的解释：

$$期末股东权益 = 期初股东权益 + 本期综合收益 - 本期向股东的支付净额 \quad (2\text{-}4)$$

这个等式被称为股东权益的存量和流量变化式（stock and flows equation），因为它解释了股东权益的存量（期初权益和期末权益）是怎样受当期权益流量变动影响的。企业在报告期间实现盈利（综合收益）会增加股东权益，向所有者的净支付则会减少股东权益。耐克公司在2010财务年度实现了综合收益1754百万美元。**净支付**（net payout）是指当期支付给股东的金额减去通过发行股份而收到股东的缴款之净额。由于企业可能会用现金支付股利或者进行股份回购，因此，当期净支付额就等于当期股份回购所使用的现金与现金股利之和，再减去当期发行股份所得。对耐克公司来说，这三个项目在2010财务年度的总和表现为净支付额693.4百万美元，其中现金股利为514.8百万美元，股份回购使用现金754.3百万美元，发行股份收到的现金（扣除注销的股份）为575.7百万美元（其中部分股份是由于员工行使股票期权需要而发行的）。在以上几个金额的影响下可以看出，股东权益变动表中的期末股东权益9753.7百万美元是由于期初股东权益8693.1百万美元加上当期实现的综合收益1754百万美元，然后减去当期对股东的净支付额693.4百万美元所得到的（有时，由于股东权益变动表中的一些其他小项目影响，上述调整后不一定能恰好相等）。

你会发现，综合收益实际上由利润表中所报告的净利润1906.7百万美元，再加上股东权益变动表中的一些其他收益项目的影响而构成。这种在股东权益变动表中报告收益项目的做法被称为**非清洁盈余会计**（dirty surplus accounting），因为此时在企业的利润表上，没有能报告清洁的盈余数字[⊖]。这些"非清洁"的盈余项目（以耐克公司为例，合计影响为–152.7百万美元）被称为**其他综合收益**（other comprehensive income），而净利润（报告在利润表中的）与其他综合收益（报告在股东权益变动表中的）之和，则被称为**综合收益**（comprehensive income）：

$$综合收益 = 净利润 + 其他综合收益 \quad (2\text{-}5)$$

也有一些公司会将其他综合收益报告在利润表"净利润"项目之下，此外，还有一些公司会单独编制一张"其他综合收益表"。请参考表2-2中金佰利公司的报表[⊖]。

⊖ 会计理论认为，所有影响企业股东权益，但又不属于企业与股东之间交易的项目，都应当报告在利润表上。因此，如果有某些收益项目绕过了利润表而直接出现在资产负债表上，就会被认为是"非清洁"的，有隐藏损益的嫌疑；反之，先在利润表中进行披露，然后再随着期末利润的结转而进入资产负债表股东权益的损益项目，则被认为是"清洁"和"干净"的。——译者注

⊖ 在本书写作时，美国财务会计准则委员会又发布了一项新的准则，要求企业要么单独披露一张其他综合收益表（像金佰利公司那样），要么在利润表中同时报告净利润和其他综合收益的情况（企业可在这两种披露形式中选择其中的一种）。这项新要求与国际财务报告准则的披露要求是一致的。

2.1.6 财务报表附注与补充资料

耐克公司是一个相对比较简单的企业，只经营了一个业务分部，它的财务报表也不复杂。不过，在财务报表附注中，它还是披露了很多的信息。附注是报表不可或缺的一个组成部分，而且，只有认真阅读了附注信息，才可能真正理解财务报表的内容。

如果你到美国证券交易委员会网站上去找到耐克公司的年度报告，你会发现紧跟着财务报表之后的就是附注信息。附注中披露了对企业会计政策的说明——比如，企业对某些特殊的项目是采用什么会计方法来进行计量的，关于不动产、厂房与设备和专利权、商标等**无形资产**（intangible asset）和商誉的更多明细信息，以及类似资产负债表中的应计费用和利润表中的销售与管理费用等各个报表项目的更多细节问题。美国企业的利润表和依据国际财务报告准则所编制的利润表在项目归类上都要求得很粗略，直接用销售与管理费用等几个很少量的项目就涵盖了太多的费用明细信息。对耐克公司来说，市场营销等管理工作是非常关键的。比如，企业通过研发项目使某款鞋子装上了高科技的底边等，所以，通过阅读附注信息，了解企业在这些活动方面的花费金额是非常重要的。有些附注信息看起来就像模板文件一样没什么新意，但绝大多数的附注信息都是不可缺少的。举例来说，要理解企业的借款情况，就需要查看关于负债的附注信息；如果阅读关于薪酬部分的附注，可以了解到企业是如何对员工进行股份支付的。假如一家企业制订了员工养老金计划，请你一定要在附注中仔细阅读相关的明细信息，因为由于这些计划所带来的未来支付义务有可能影响非常大的，而且，如果养老基金出现了亏空，一定会引来很多问题。此外，表外负债、结构化投资项目、衍生工具的风险暴露情况、所得税计算的细节等，都会在附注中加以说明。最后，如果一家企业拥有不同的经营分部，那么，不同分部的获利能力等信息也会披露在财务报表附注中，阅读这些信息，可以帮助我们确定企业的经营风险。随着本书的进展，我们还会回到这里所提到过的很多问题上来。

2.1.7 财务报表之间的勾稽关联：报表是如何讲故事的

资产负债表有时会被称为"存量"报表，因为它所报告的价值都是在某一时点上的"**存量**"（stock）。利润表和现金流量表都属于"流量"报表，因为它们报告的都是**流量**（flows），即在两个时点之间的存量变动情况。利润表报告部分股东权益项目的变动情况，而现金流量表则报告货币资金项目的变动情况。

图2-1中给出了利润表、现金流量表和资产负债表之间的勾稽关联情况，或者说存量和流量之间的联系。所谓**勾稽关联**（articulation），是指各大报表之间的相互关系。例如，利润表和资产负债表之间通过股东权益变动表就有联系，并且这种关系可以用存量和流量关系式[式（2-4）]来表达。资产负债表报告某一时点的股东权益存量，而股东权益变动表则对股东权益在两个资产负债表报告日之间的变化（流量）进行解释；利润表经股东权益变动表中的其他综合收益调整，能解释由于企业经营所带来的价值增加而导致的股东权益变化。此外，资产负债表还报告了某一时点上的货币资金存量，而现金流量表则解释了在一段时期内，货币资金存量发生了哪些变化。

本书将通过财务报表分析慢慢揭开财务报表中所隐藏的很多信息。不过，通过确认财务报表之间的关联关系，读者可以先从整体上对企业所发生的情况有一个大致的掌握。故事都是从存量和流量的关系来开讲的：财务报表对货币资金和股东权益（净资产）在报告期内的变化情况进行了追踪，以耐克公司为例，该公司在2010财务年度的期初和期末资产负债表中分别报告它有现金 2291.1 百万美元和 3079.1 百万美元；同期现金流量表显示，耐克公司在当期通过经营活动产生现金净流入 3164.2 百万美元，扣除投资活动中支出的现金 1267.5 百万美元、对企业股东和债权人的净支付金额 1061.2 百万美元，以及由于汇率变动的原因导致外币现金的美元等值金额下降了 4750 万美元，耐克公司在报告期内的现金净增加额为 788 百万美元。再比如，财务报表中最受人关注的项目是股东权益在报告期内的变动情况。耐克公司的股东权益在报告期内从 8693.1 百万美元上升为 9753.7 百万美元，原因是当期通过企业经营实现了综合收益 1754 百万美元和向股东支付的净额为 693.4 百万美元。利润表对由于企业经营获利而引起的股东权益增加（1906.7 百万美元）进行了更详细的解释：企业在报告期内通过销售商品而实现了收入 19 014 百万美元，扣除在实现收入的过程中所发生的费用 16 540 百万美元，再加上其他收益 4920 万美元，减去利息净支出 630 万美元和所得税费用 610.2 百万美元，最终实现净利润。

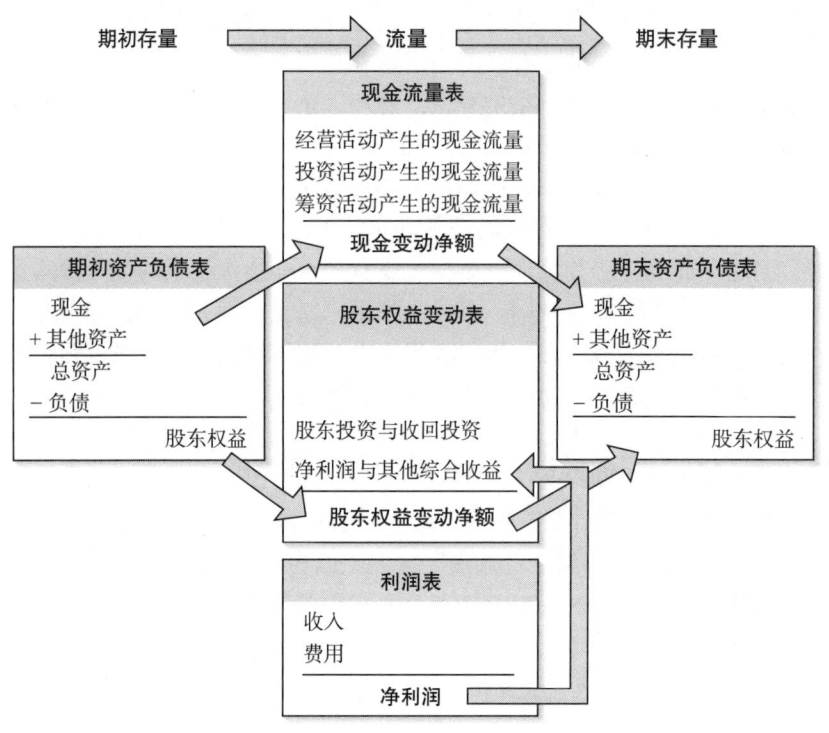

图 2-1 财务报表之间的勾稽关联

资产负债表中的现金存量受流量的影响而发生变动，相关的明细信息披露在现金流量表中；资产负债表中的股东权益存量受其他综合收益、利润表中披露的净利润和股东权益变动表中披露的股东对企业净投资情况影响。

于是，耐克公司以 2009 财务年度的期末资产负债表上所报告的存量数字为起点，继续开始了 2010 财务年度的经营，为股东积累更多的现金和创造更多的财富。基本面分析需要对未来可以积累的财富金额进行预测，在后续章节中，大家将看到我们在这里所介绍的这些会计关系式在预测工作中的重要应用。在阅读材料 2-2 中，对本章所介绍的全部会计关系式进行了一个总结。至此，请理解各大财务报表之间的关联关系，并将图 2-1 深深地记在心里。请理解财务报表是如何记录股东权益项目的变动，并根据企业在经营中所创造的盈利增加额来调整资产负债表中的权益存量价值的。最后，请牢记各大财务报表所依据的会计关系式。

> **阅读材料 2-2**
>
> **会计关系式总结——财务报表之间的勾稽关联**
>
> **资产负债表**
> 资产 − 负债 = 股东权益
>
> **利润表**
> 销售净额
> − 销货成本
> = 毛利润
> − 营业费用
> = 息税前营业利润（EBIT）
> − 利息费用
> = 税前利润
> − 所得税费用
> = 扣除非经常项目影响前的税后利润
> + 非经常项目的影响
> = 净利润
> − 优先股股利
> = 可供普通股股东享有的净利润
>
> **现金流量表（以及现金流量表与资产负债表之间的勾稽关联）**
> 经营活动产生的现金流量
> + 投资活动产生的现金流量
> + 筹资活动产生的现金流量
> = 报告期内现金的变动金额
>
> **股东权益变动表（以及资产负债表与利润表之间的勾稽关联）**
>
> 期初股东权益　　　　净利润　　　　　　　现金股利
> + 综合收益　　←　+ 其他综合收益　　　+ 股份回购所使用的现金
> − 对股东的净支付额　= 综合收益　　　　　= 对股东的支付总额
> = 期末股东权益　　　　　　　　　　　　　− 发行股份所收到的现金
> 　　　　　　　　　　　　　　　　　　　　= 对股东的净支付额

2.2 财务报表中的计量问题

在前一部分中曾经讲明，资产负债表报告企业股东权益的存量价值，而利润表则报告一段时期内股东权益价值的流量，或者改变量。如果将这句话使用估值语言进行重述，则可以说，资产负债表报告了股东权益的净值，而利润表则报告了企业运营所能带来的股东权益净值增加额。不过，说这些话时还是需要非常小心，因为虽然财务报表本来是设计用于表达上述事项的，但在现实应用中，有可能碰到不同的情况。价值和价值增加额都必须经过计量，而资产负债表和利润表中的计量则可能并没有我们想象的那么完美。

2.2.1 市净率

资产负债表恒等式[式（2-1）]与我们在上一章中所介绍的价值等式[式（1-1）]是相通的。价值等式可改写为：

$$\text{股权的价值} = \text{公司价值} - \text{负债的价值} \tag{2-6}$$

上式中的公司价值就是公司所拥有的资产和投资的价值，有时也称为**企业价值**（enterprise value），而负债的价值则是企业所有者之外的权利人所拥有索取权的价值。因此，实际上价值公式与资产负债表恒等式的形式是一样的，只是对于等式中资产、负债和权益的计量方法有所不同而已。资产负债表上所报告的股东权益的计量值，即股东权益的账面价值（book value of equity），通常并不能告诉我们这些权益所对应的真实内在价值（intrinsic value）。相应地，企业的净资产也不是按价值进行报告的，如果真是的话，也就不需要我们来做分析工作了！这是因为会计人员并没有，也没有能力去计算企业净资产的内在价值，但基本面分析师所需要的却恰恰就是内在价值。

我们将股东权益的内在价值与其账面价值之差称为**内在溢价**（intrinsic premium）：

$$内在溢价 = 股东权益的内在价值 - 股东权益的账面价值$$

同时，将权益的市场价格与账面价值之差称为**市场溢价**（market premium）：

$$市场溢价 = 权益的市场价格 - 权益的账面价值$$

如果上述溢价计算结果为负数，则称为**折价**（discount，相对于账面价值）。有时也将溢价称为**未记录的商誉**（unrecorded goodwill），因为如果有人按高于账面价值的价格购买这家公司，他可以将购买过程中所支付的溢价报告为资产负债表上的一项资产——商誉。但由于现在并没有人收购这家企业，所以该溢价就没有被记录到资产负债表上。

溢价可以按总额计算，也可以以每股为基础进行计算。以耐克公司公布的2010财务年度数据为例，该公司有4.84亿股普通股流通在外，每股价格为74美元，因此，耐克公司在当时的市场价值总额（有时也称市场资本化值）为358.16亿美元。由于股东权益的账面价值只有97.537亿美元，因此市场溢价总额就是260.623亿美元。这意味着，市场认为还有260.623亿美元的股东权益价值没有被记录在耐克公司的资产负债表上。根据流通在外的股票数量4.84亿股，可计算出耐克公司的每股账面价值（book value per share，BPS）为20.15美元，而每股市场溢价则为53.85美元。

市场价格与账面价值之比被称为**市净率**（price-to-book ratio，PB）或者**市价-账面值比率**（market-to-book ratio），而内在价值与账面价值之比则被称为**内在市净率**（intrinsic price-to-book ratio）。耐克公司在2010财务年度的市净率为3.67。投资者常常说，按账面价值的多少倍买入一家公司，这里的倍数就是指的市净率。在本书中，我们会用大量的时间来估算企业的内在市净率，然后再根据这些内在市净率水平来判断市场市净率是否合理。

在判断是否出现错误定价时，脑子里事先有一个历史分布情况是很重要的，这样才能将我们的计算结果与过去的正常水平去进行比较。历史的数据能为我们的分析提供比较的基准。例如有人说，20世纪90年代的市净率相对历史均值来说，已经偏高了，这说明股票市场已经估值过高了。在图2-2中，给出了1963～2010年所有美国上市公司股票的市净率百分位数分布情况。从中位数（即第50百分位数）的分布可以看出，相对20世纪70年代的情况来看[○]，90年代的市净率确实是太高了——已经超过了2.0！而20世纪70年代的企业市净率水平则非常低，在一些年份中，中位数水平甚至都低于1.0了。

是什么导致了市净率的波动呢？是股票市场出现了估价错误，还是会计人员计算账面价值的方式有问题？20世纪70年代的低市净率必然促进了后来很长一个时期的牛市，那么，在1974年的时候，如果我们通过基本面分析，能预测到这个牛市的到来吗？1974年时的市场市净率水平是不是足够低了呢？对20世纪90年代的分析人员来说，他能意识到内在市净率水平已经太高了吗？耐克公司在2010财务年度的市净率水平为3.67，与历史均值比较，算是处于

[○] 20世纪90年代，全部上市公司市净率中位数相对道琼斯工业平均指数组合（由30家大型公司所构成）和标准普尔500股票指数组合的市净率来说，要低很多。标准普尔500组合的市净率在1990年时为1.8，但到2000年，上涨超过了5.0，到2010年，又下降为2.0左右。20世纪70年代的市净率是低于1.0的。截至2010年，标准普尔500组合的平均市净率在过去30年中大约为2.5，进入指数组合的上市公司规模一般都在中位数以上，但是由于它们在市场总价值当中占到了相当重要的比重，所以更能代表整个市场的情况。在本书配套网站的本章资料中，提供了标准普尔500股票组合的市净率分布情况。

相对高位的，但是，这个 3.67 的水平是不是能算得上很高了呢？基本面分析师需要为上面这些问题找到答案，他会想办法估算出那些没有被记录到资产负债表中的权益价值。

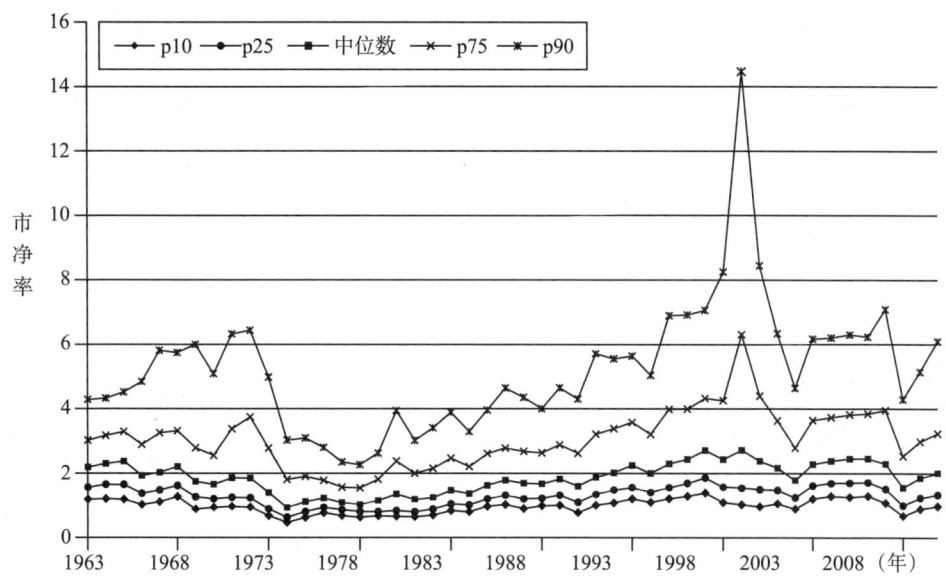

图 2-2 市值大于 2 亿美元的全部美国上市公司市净率百分位数分布情况（1963～2010 年）

20 世纪 70 年代的市净率相对较低，但 60 年代和 90 年代的市净率水平相对较高。平均来看，市净率中位数一般都是大于 1.0 的。

资料来源：标准普尔公司 Compustat® 数据库。

在本书配套网站提供的本章资料中，你可以通过网页链接看到其他公司的市净率情况，使用资料中提供的股票筛选工具，你还可以找出特定市净率水平的公司来。

2.2.2 资产负债表中的计量问题

要想知道市净率是否合理，分析人员必须首先理解账面价值是如何计量得到的，因为账面价值的计量直接影响着市净率水平的高低。

有些资产和负债的价值是很好计量的，对会计人员来说更不是什么难事。他们会使用**盯市会计**（mark-to-market accounting），将这些项目按它们的**公允价值**（fair value）报告在资产负债表上。这些项目对账面价值溢价是没有贡献的。但是，还有很多的其他项目，会计人员不会或者不能按市价来报告它们的价值，对这些项目，就只有使用**历史成本会计**（historical cost accounting）进行处理了。阅读材料 2-3 列出了美国公认会计原则（GAAP）（也叫一般公认会计原则）对绝大多数资产负债表项目所规定的计量原则，并指出了是公允价值主导还是历史成本主导。在这一方面，国际财务报告准则的规定也是非常类似的。

阅读材料 2-3

资产负债表中的计量问题

根据美国公认会计原则，对资产负债表中的资产和负债项目，应当遵循如下计量原则。以下指出了哪些项目的账面价值与公允价值会比较接近，但请注意仍然可能有例外的情况发生。在本章稍后的"会计诊所"部分中，还会对某些项目进行更详细的介绍。

资产

现金及现金等价物（公允价值）

现金及现金等价物（到期日在90天以内的定期存款）均按它们的公允价值进行计量。

短期投资和有价证券（公允价值）

短期投资，包括带息存款、短期票据和为短期目的而持有的交易性金融性资产均按"公允"的市场价值进行计量。但原本属于长期资产、随着到期日的临近被重新归类为"一年内到期的持有至到期债券"除外，这类资产的计量仍然遵从长期债券的计量要求。请参考会计诊所Ⅲ中的更多介绍。

应收账款（准公允价值）

应收账款按预计将来能够收回的现金金额（即应收债权的名义金额扣除由于预计可能发生的坏账或者销售退回金额后的净值）进行计量，如果对坏账和销售退回的估计是无偏的，那么应收账款的账面价值就是它们的公允价值，但如果对坏账和销售退回的估计不够准确，那么该项目的账面价值就可能不够公允。

存货（成本与市价孰低）

存货是按照取得时的历史成本进行计量的。但是，如果存货的市价下跌，已经低于成本价，那么按照"成本与市价孰低"原则的要求，就应当将存货的账面价值调整为市价。存货的历史成本是按照存货成本流转假定来决定的，在先进先出成本流转假定（FIFO）下，最近的存货成本会停留在资产负债表上的期末存货价值中，而较早期间的存货成本则更容易进入利润表中的销货成本栏目里；在后进先出成本流转假定（LIFO）下，停留在资产负债表中的是最早期存货的成本，最近的存货成本会优先进入利润表中的销货成本栏目里。因此，在存货价格不断上涨的时期，后进先出假定下的资产负债表存货账面价值会低于先进先出假定下的，但销货成本却相反；相应地，后进先出假定下所报告的利润也会低于先进先出假定下的。此时，如果其他条件也相同，那么采用后进先出假定的公司会比采用先进先出假定的公司拥有更高的市净率指标。不过请注意，国际财务报告准则并不允许企业采用后进先出成本流转假定。

长期有形资产（按历史成本并计算折旧）

不动产、厂房和设备都按历史成本进行计量（即企业取得这些资产时所支付的价格），并需要计算折旧。如果这些资产的公允价值低于扣除折旧费用以后的历史成本，则还需要对这类资产计提减值（按公允价值调减账面价值），而相关的减值损失则应当计入当期的损益。但是，如果这类资产的公允价值上升，在美国，是绝对不允许向上调整账面价值的。

表内无形资产（按历史成本并计算摊销）

企业外购的版权、专利权和其他法律权利等，都应当作为无形资产确认在资产负债表上，并按历史成本进行计量。这类无形资产的价值需要在权利期内进行摊销，并且，如果出现了公允价值低于账面价值的情形，也应当对无形资产计提减值。

商誉（历史成本）

当企业购买另一家企业时，所支付的价格高于被购买公司净资产公允价值的部分，就是商誉。按照美国财务会计准则委员会第142号公告的要求，商誉应当按历史成本计量，并且不需要进行摊销。但是，如果一旦确认商誉的公允价值已经低于其账面价值，则应当计提商誉减值准备。

其他无形资产（未记录在资产负债表上）

类似企业的品牌资产、通过内部研发活动所创造的知识资产、通过营销活动或者与供应商的关系管理所创造的资产等，均不能记录在资产负债表上，但如果这类资产是企业在并购活动中作为"可辨认的无形资产"而购入的除外。

长期债券（部分按公允价值）

根据财务会计准则委员会第115号公告的要求，部分债券投资和其他债务工具是按市值进行计量的。这些可以按市值进行计量的投资一共分为三类。

1. 为主动交易而持有的投资。这类投资应当按公允的市场价值进行计量，并且，在每个资产负债表日，由于按市价调整账面价值而发生的未实现损益，应当与相关利息一起，确认到当期利润表中。

2. 可供出售的投资（不为主动交易目的而持有，但可在到期前出售的投资）。这类投资也按公允的市场价值进行计量，但是，在每个资产负债表日，由于按市价调整账面价值而发生的未实现损益不能计入利润表，而是需要确认为其他综合收益（通常报告在股东权益变动表中），不过相关的利息仍然可以计入利润表。

3. 持有至到期的投资（企业购入这类投资的目的就是持有至到期）。这类投资应当按历史成本进行计量，不确认未实现损益，但相关的利息还是应当报告在利润表中。这类投资的公允价值可在财务报表附注中进行披露。

在"会计诊所Ⅲ"中，对上述问题有更详细的解释。

股权投资（部分按公允价值）

股权投资也被分为三类。

1. 占被投资企业的所有权比例低于20%的投资。这类投资可被划分为"为主动交易目的而持有的投资"或者"可供出售的投资"进行会计处理，具体的核算要求与同类的债权投资要求相同。

2. 占被投资企业所有权比例在20%~50%的投资。此时，投资企业需要采用"权益法"来核算这类股权投资。根据权益法的要求，这类投资应先按投资成本进行初始计量，但后续应当再被投资企业实现盈利中，投资企业可享受的份额调增资产负债表上投资的账面价值，或者按被投资企业宣告的股利中，投资企业可享有的份额调减资产负债表上投资的账面价值。并且，如果投资出现了减值，也应当调减投资的账面价值。对于被投资企业所实现的盈利中，投资企业按比例可享有的部分（减去投资的减值部分）应当作为投资收益报告在当期利润表中。

3. 占被投资企业所有权比例大于50%的投资。此时，应当编制母公司和子公司的合并会计报表，当然，合并前应事先抵消集团内公司之间内部交易的影响。在合并会计报表中，应当将少数股东权益作为净资产的减项（在资产负债表中），同时将少数股东本期收益作为当期净利润的减项（在利润表中）。

在"会计诊所Ⅲ"和"会计诊所Ⅴ"中，对上述问题有更详细的解释。

负债

短期应付款（公允价值）

像应付账款、应付利息和应交所得税一类的应付项目，都是按合同规定好的、了结债务所需要的现金金额计量的。由于这些支付义务都是短期的，所以合约金额与它们的贴现现值非常接近，因此这类负债的账面价值与其市场价值也是非常接近的。

借款（接近公允价值）

由于借款产生的债务，包括短期借款、长期债券、租赁支付义务和长期银行贷款等，都按合同金额的现值进行计量，因此，在初始记录时，合同金额的现值就是当时的公允价值。这类负债的价值会随着利率的波动而变化，但在会计上，一般不需要按市价进行调整。不过，在利率比较稳定或者利差很小的情况下，这类负债的账面价值是非常接近其公允价值的。根据财务会计准则委员会第107号公告的要求，企业应将这类负债的公允价值报告在财务报表附注中，而且，很多公司在负债项目的附注部分，常常还会将负债项目的市场价值与账面价值进行比较。也有一些金融机构会按公允价值报告它们的负债项目。

应计负债与估计负债（准公允价值）

有些负债是在经营过程中自然产生的，例如养老金负债、应计负债、产品保证金负债、预收收入和估计的重组负债等，这些项目的金额都需要企业进行估计。如果按了结这些负债所需要支出的现金金额的现值进行无偏估计，那么，估计值就可说是公允的；

> 如果估计过程出现了偏差，那么这些负债的真实价值就会相对账面价值出现溢价或者折价。这类负债有时会被称为准盯市（quasi-marked-to-market）负债，"准"在这里是对会计估计过程的强调（因此不一定会非常准确）。
>
> **承诺与或有事项（很多都不予以记录）**
>
> 如果某项负债的产生需要依赖于未来某个可能事件的发生与否，那么（根据财务会计准则委员会第 5 号公告的要求），只有在同时满足了以下两个条件的情况下，这项负债才会被确认在资产负债表上：①这个未来可能事件"很可能"会发生；②能"合理地"预计出可能的损失金额。比如，潜在的诉讼损失、产品质量保证、债务担保和转让应收款或者债权的追索权等，都是这类负债的例子。如果某项负债不能同时满足上述这两个条件，那么，只要它是"可能"发生的，就需要在财务报表附注中进行披露。企业（例如耐克公司）常常会在资产负债表中报告这类负债的金额为 0，然后仅在附注中进行披露。但实际上，如果在资产负债表中低估这类或有负债，会损伤企业的市场溢价。

读完了阅读材料 2-3 后，请重新回到耐克公司的资产负债表上来。该公司报告了公允价值为 3079.1 百万美元的现金和现金等价物；它的短期投资（2066.8 百万美元）主要由计息的债权投资所构成，这些投资都是按市值计价（marked to market）的。耐克公司的应付账款（1254.5 百万美元）很接近其市场价值，而长期负债（445.8 百万美元）虽然没有按市值计价，但只要利率不出现大幅波动，这些项目的账面价值与市场价值也是非常接近的。因此，上述项目对账面价值之外的市场溢价也没有多大的贡献。应收账款净值（2649.8 百万美元）、应计负债（1904.4 百万美元）和应交所得税与其他负债（914.6 百万美元）的金额都牵涉了会计估计，但主要估计过程是无偏而公正的，这些项目的价值与公允价值也差异不大。

因此，耐克公司高额的市场溢价 26 062 百万美元主要来自按历史成本计量的有形资产（需要计算折旧）和未被记录的资产，且后者的影响可能会更大一些。据称，耐克公司的价值主要并不在于有形资产，而是来自其具有创新元素的设计过程、供应链和最重要的品牌价值，但这些项目都不出现在它的资产负债表上。实际上，我们也不会希望将这些项目定量报告到资产负债表中去，因为要计量它们的价值是极其困难的，真要那样去做，所报告的也只能是一个不客观的、令人生疑的数字。对于这种没有报告的价值，需要由基本面分析来进行处理。

2.2.3 利润表中的计量问题

所谓**股东价值增加值**（shareholder value added），就是指股东财富在某一会计期间内的变动额。站在股东的立场上来看，股东价值增加值的来源有以下两种：①股东权益价值的增加；②股东在报告期间内所收到的股利：

$$\text{股东价值增加值} = \text{股东权益的期末价值} - \text{股东权益的期初价值} + \text{当期收到的股利} \quad (2\text{-}7)$$

如果用市场价格来表示的话，则可写作：

$$\text{市场价值增加值} = \text{期末市价} - \text{期初市价} + \text{当期股利} \quad (2\text{-}8)$$

如果市场价格恰好能正确地代表股票的内在价值，那么，**市场价值增加值**（market value added）当然也就正好等于股票（内在）价值的增加。市场中的价值变动可以用**股票收益**（stock return）来表示，第 t 个会计期间的股票收益可以表示为：

$$\text{股票收益}_t = P_t - P_{t-1} + d_t \quad (2\text{-}8a)$$

其中，P_t-P_{t-1} 表示当期价格变动的影响（股票收益中的资本收益额），而 d_t 则表示股利收益。

会计所计量的账面价值增加额（会计利润）并不一定会等于股票市场中的价值增加额，原因主要在于会计人员对利润的确认有一套自己的独特规则，详见阅读材料 2-4 中的总结。其中，影响最大的两个规则是**收入确认原则**（revenue recognition principle）和**配比原则**（matching principle）。会计认为，企业只有将产品或者服务出售给了顾客，才能确认价值的增加，如果企业没有赢得客户，那么就不可能"赚钱"。因此，只有当企业向客户完成了销售工作，进而确认了**收入**（revenue）之后，才可能确认会计价值的增加，且会计人员接下来还需要计算价值增加的净额，将在赚取收入的过程中所发生的费用与所取得的收入进行配比。这样，收入与按收入进行配比后的费用之差，才是企业通过与客户进行交易而实现的价值增加额。

不过，配比原则在实务中常常被滥用，从而导致会计信息质量问题和估值的困难，详见阅读材料 2-4 中的内容。

阅读材料 2-4

利润表中的计量问题

在会计上对价值增加额（即"利润"或"盈利"）的计量，是由收入和费用确认原则来决定的。

收入：收入确认原则

价值是由企业通过价值创造链而实现的。这个过程从战略和产品构想开始，然后对产品构想进行研究与开发，再通过建立工厂和分销渠道来生产并销售产品，最后说服消费者购买完工的产品，并从消费者那里收到现金。客观地讲，价值应当随着这个过程的推进而逐步确认，但是，会计却通常只在这个过程的某一时点上确认价值的增加。常用的两条收入确认原则为：

（1）已经实质上完成了收入的赚取过程；
（2）收取现金的合理性能得到确认。

在大多数情况下，当产品或者服务已经提供给客户，并取得了向客户收款的法定权益时，就可以认为上述两条标准已经同时得到了满足。此时就可以按照销售金额确认收入了。

在少数情况下，收入也可能在生产过程中，即产品被销售以前就确认，例如长期建造合同项目；当客户付款的可能性不能合理地得到保证时，需要等到相关款项已经实际收到以后才能确认，例如在一些零售店的分期收款销售业务中。此外，证券投资的损益有时也会被确认在这些证券真正被处置之前，例如，交易性证券或可供出售证券的"未实现"损益（详见阅读材料 2-3 中的介绍）。

如果交易合同涉及多个交付内容，例如，某企业在销售电脑硬件的同时还附带了硬件服务和软件升级服务，应将收入总额中的多大一部分分配给硬件的销售，多少分配给硬件服务和软件升级服务呢？截至本书写作时，美国财务会计准则委员会和国际会计准则理事会正在倡议按两条新的标准来确认这种需要进行分配的收入：首先，应对每一个合同交付内容确认它的"行为义务"（performance obligation）；然后，当该行为义务"完成"时，即可确认收入。这两个条件规定得非常不具体，因此，在实务中应当怎样具体进行操作还需要进一步的探讨。

费用：配比原则

在利润表上，费用需要按照它与所赚取收入的关系进行确认，这种将收入与相关的费用进行配比的做法，能使利润数字反映收入所带来的净价值增加额。

配比的依据可以是费用与收入之间的直接关联关系，也可以是费用与收入确认时期之间的关联关系。比如，销货成本的确认就是将所售商品的成本与对应的收入进行直接配比,收入扣减销货成本以后就可以得到毛利。相反,利息费用的确认则是将负债为经营提供融资服务期间内所产生的利息与同一期间内企业所实现的收入进行配比。

收入的确认原则和费用的配比原则在实务中常常被滥用,导致将会计利润作为从顾客那里实现的价值增加额计量这个指标的信息质量被降低。而且,不光企业会违反收入确认原则与配比原则,美国公认会计原则自身有时也会违背这些原则(甚至要求企业去违背)。在这样的情况下,价值增加额与会计所报告的价值增加额之间就会出现不一致。下面是一些配比的例子,有的实现了配比,但有的却违反了配比要求。

美国公认会计原则规定的合理配比举例

- 在销售确认的当期,按所售商品的生产成本确认为销货成本;相应地,将已经生产完工但尚未出售的产品成本确认在资产负债表的存货项目中,等待将来产品实际出售时,与出售当期的销售收入进行配比。
- 将建造厂房的支出确认为一项资产,然后在该资产的使用寿命内逐渐将其成本分摊进入利润表(以折旧费用的形式)。这样,投资当期的利润不会受投资的影响,只有厂房所创造的收入被确认以后,才确认相关厂房的建造使用成本。这样计算得到的利润是收入与赚取收入期间厂房成本消耗情况进行配比后的结果。
- 在员工为企业提供服务期间就将员工的养老金成本确认为费用,而不是等到将来实际支付养老金的时候(那时候员工已经退休,不再为实现企业的收入而提供服务了)才确认养老金费用。

美国公认会计原则规定的不合理配比举例

- 研究与开发支出应在发生时全部确认为利润表中的费用,而不是将它们先确认为一项资产(一项投资)报告在资产负债表上⊖。但实际上,对这类支出,应当确认为一项资产,这样它们的成本才能(通过摊销)与这些支出所创造的未来收入相配比。
- 要求电影制造成本在发生时就确认为费用,而不是将它们与未来这些电影上映以后所能实现的收入配比。

企业所进行的不合理配比举例

- 低估销售可能引起的坏账费用,从而高估利润。
- 将厂房的预计使用年限预计得更长,从而低估各期的折旧费用。
- 高估重组支出,从而可以使当期的利润低于无偏估计水平,而今后的利润更高。

世通公司的反面案例

2002年6月,美国第二大长途电话营运商世通公司(WorldCom)通过它的MCI部门承认,公司在2001~2002年度中高估了38亿美元的利润,成为历史上金额最大的会计欺诈案例之一。而这次利润的高估都是通过将支付给当地电话公司的接入费与收入进行不恰当的配比来实现的。这些费用本是将长途电话通过当地网络接通给客户服务所必需的,因此属于赚取当期收入的必要成本。但世通公司的财务总监却将这些费用进行了资本化处理,报告为资产负债表上的一项资产,意图在将来再进行摊销,与未来的收入进行配比。这种做法使公司的利润增加了38亿美元,避免了世通公司报告亏损。在通信业泡沫时期,世通公司的股票曾经一度以每股64美元的高价进行交易,但在2002年6月,该公司的股票价格跌到了每股1美元以下,很快,公司申请了破产,而相关责任人也被关进了监狱。

预计的利润常常是不配比的

在股市泡沫时期,公司经常会鼓励投资者按照与美国公认会计原则报告盈利的标准

⊖ 美国公认会计原则要求除软件开发企业以外的研发支出都应当费用化处理,与我国目前的有条件资本化处理要求有所不同。——译者注

不同的"预计"收益数字来评价企业（而且至今都这样）。而且，分析人员和投资银行家也都喜欢使用这类数字。事实上，大多数的预计数字都会忽略一些费用项目，是没有经过正确配比的。有时，人们甚至把这些数字称为 EBS（与 EPS 相对应），意思是除了坏东西以外的所有东西（everything but the bad stuff）。例如，亚马逊公司曾在媒体中披露它在扣除摊销费用和利息费用（是的，确实是利息费用）前的收益情况，但如果要按美国公认会计原则规定的计算要求（需要扣除摊销费用和利息费用），该公司实际上却是亏损的。

最常见的预计数字是扣除息、税、折旧和摊销前的利润（earnings before interest, taxes, depreciation, and amortization, EBITDA），这个数字既不考虑所得税和利息费用，也不考虑折旧和摊销费用的影响。分析人员说，这个指标很好，因为折旧和摊销都属于非付现支出。所以，在资本支出巨大，从而折旧费用会高企不下的电信和传媒行业，EBITDA 这个指标会非常流行。但是，不管分析人员如何担心折旧的错算，折旧确实是一项真实发生的成本，和工资费用是一样的，因为厂房终究会破旧，电信网络也会变得过时。如果不考虑这些费用项目，电信公司就可能会过度投资于网络建设，导致产能过剩。所以，必须通过折旧来确认这一类成本。

依赖 EBITDA 指标会鼓励企业用资本投入代替人工投入，并且，由于过度投资的成本对 EBITDA 指标没有影响，最后为企业带来产能过剩的问题。EBITDA 指标可以用来行骗，世通公司案例就是一个吹嘘 EBITDA 指标的反例，因为将接入成本费用化，确认为营业费用就会降低公司的 EBITDA 指标，所以，通过将这些接入支出资本化处理，世通公司不仅增大了本期的 EBITDA 指标，还可以增大未来的 EBITDA 指标，因为对资本化营业成本的摊销也是不影响 EBITDA 指标计算的。由此，这些接入成本在任何时期都影响不到 EBITDA 指标！持续增长的 EBITDA 吸引了无知的投资者，并推动了电信业的泡沫加剧。

股票市场上的价值增加额是经主观推测的，市场不仅会考虑企业通过当前的经营已经实现的盈利，而且还会考虑未来的预期销售和盈利情况。例如，如果一家企业宣布开发一条新产品生产线，投资者会立即做出反应，根据该产品的预期未来销售和盈利情况，重新调整对该企业的估值。如果有企业宣布了新的战略、投资计划或者管理层变动情况等，市场也会立即对这些变动的预期影响重新进行定价。但是，这些预计的变动对企业当前的收益情况是没有影响的，所以，会计人员会说："让我们先等等，看这些行动是不是真的能够赢得顾客；在销售还没有达成以前，我们还不能记录销售收入。"但投资者会说："让我们根据这些将来会被记录的收入来调整我们的定价吧！"

所以，会计上对价值的确认时点通常会落后于内在价值的变化。因此，基本面分析需要我们对目前财务报表中还没有被反映出来，但等到将来销售达成了以后会记录在未来财务报表中的事项影响进行估计，预测这些事件所能带来的价值增加额。换句话说，基本面分析需要对财务报表中没能反映出来的价值增加额进行估算。这样我们就不得不谈谈市盈率这个指标了。

2.2.4 市盈率

市盈率（price-earnings ratio，PE）是股票当前的市价与盈利之间的比值，它的意义可以从以下几个方面来理解。市盈率的分子是市场价格，包含着市场对企业未来销售能创造价值增值（或者说，未来盈利能力）的期望；而分母是企业当前的盈利水平，即通过当期销售活动实现的价值增值。所以说，市盈率指标是预计的未来盈利与当前的实际盈利之间的比值。如果我们预期企业能实现的未来盈利远大于当前的盈利，那么市盈率就可能会很高。但是，如果我们预期未来的盈利水平低于当前的盈利水平，那么市盈率就可能会很低。换句话说，市盈率反映了市场对企业盈利增长的预期。相应地，为了预测内在市盈率（intrinsic P/E ratio）指标，基本面分析也需要预测企业的未来盈利增长情况。我们需要对内在市盈率水平和市场市盈率（market P/E ratio）水平进行比较，以判断市场的预期是否合理。

耐克公司在2010年的股票交易价格为每股74美元，同期每股盈利为3.93美元，因此，耐克公司在2010年的市盈率水平为18.8。分析师需要判断企业的预期未来盈利能力是否符合这个市盈率水平，这样的市盈率水平是偏高，还是偏低？与市净率指标一样，分析师会记住历史的市盈率分布情况，并用这些历史水平作为比较参照值。在图2-3中，给出了美国公司的市盈率百分位数分布情况。与市净率的趋势类似，20世纪70年代的市盈率水平也偏低，中位数在10以下。但到了20世纪90年代以后，市盈率水平就开始大幅度提高，中位数已经超过了20 $^{\ominus}$。

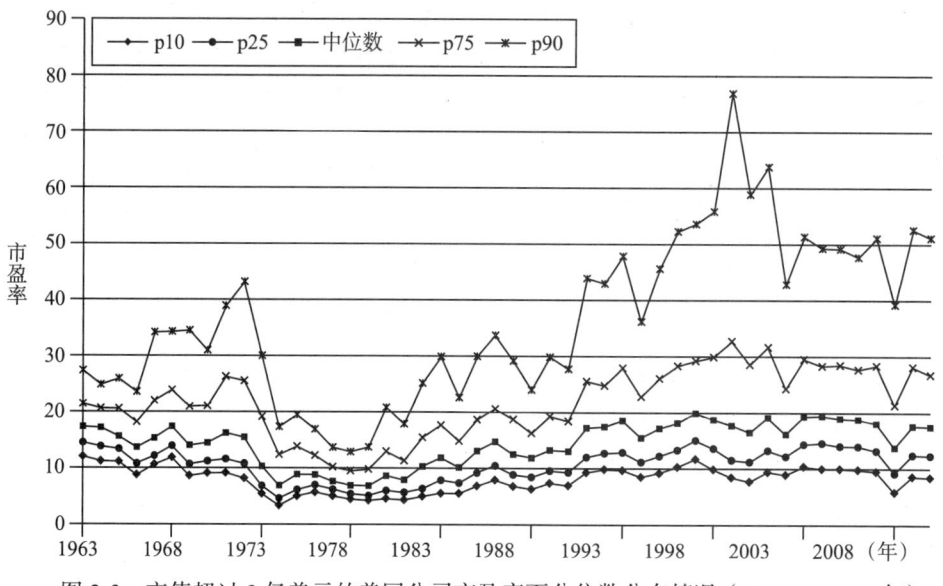

图2-3 市值超过2亿美元的美国公司市盈率百分位数分布情况（1963～2010年）

相对来说，20世纪70年代的市盈率水平较低，而60年代和90年代的市盈率水平较高。市盈率中位数一般都是10以上（本图只考察了盈利公司的情况，没有考虑亏损公司）。

资料来源：标准普尔公司Compustat数据库。

2.2.5 以会计信息为基准：不要混淆你知道的事实和你猜测的情况

在第1章中我们曾经提到，本杰明·格雷厄姆教授认为，一项投资的价值等于"最小真实价值"与"推测价值"之和：

$$价值 = 最小真实价值 + 推测价值$$

$\ominus$ 20世纪70年代中期和20世纪90年代，标准普尔500股票组合和道琼斯工业指数组合的平均市盈率分别在7～10和20以上。2000年，标准普尔500组合的市盈率一度达到了33；到2010年，该组合的平均市盈率水平为16.3。在过去50年中，标准普尔500指数组合的平均市盈率大约为16.2。本章的网络资料中有更多关于标准普尔500组合的市盈率分布信息。

其中，最小真实价值是"经事实验证的价值"，而与之相反，推测价值则是根据我们尚不清楚的未来情况估算出来的。对价值进行这样的区分，是来源于第 1 章中提到的基本面投资信条：不要混淆你知道的事实和你猜测的情况，根据你知道的情况来进行估值，而不要依赖于投机。在今天来看，会计信息是（而且也应该是）我们所能确知信息的主要来源，所以，基本面投资者会首先根据会计所编制的财务报告去估算企业的最小真实价值，并以这个价值作为他们判断一家企业总体价值的基准：

$$价值 = 以会计信息为基准而估算的价值 + 推测价值$$

本书的大部分内容都与如何以会计信息为基准进行价值估算有关，然后再以这个价值为比较基准，去判断市场定价中的投机成分有多大。不过，为了保证比较基准是可靠的，相关的会计信息就必须也是稳健可靠的。基本面投资者会对会计人员说："告诉我你确定知道的事实就可以了，推测和估算的工作请留给我来做。"而会计人员在绝大多数时候也确实是这样做的，因为在他们的工作中，本来就有一条必须遵循的原则要求——**可靠性原则**（reliability criterion）。

根据可靠性原则的要求，资产和负债项目只有在能够被合理地计量，且能够得到客观证据的支持、中立和公正的条件下，才能进行确认。因此，按照这个标准，耐克公司的创新型设计、商标品牌、供应链价值等，都还不能符合确认到资产负债表上去的条件，这类资产的估计价值太过主观、虚幻，甚至容易被操纵。实际上，很多无形资产都还没能确认在企业的资产负债表上。比如，企业通过内部研发活动自行开发的知识资产，通常就是不出现在资产负债表上的。只有企业真的花钱去买回来的资产（比如存货、厂房、通过购买专利权的形式买入的研发项目和并购活动中产生的商誉等）才会被记录在资产负债表上，因为在这样的条件下才有客观的市场交易能证明这些资产的计量金额是否可靠。再比如，一些或有负债项目，由于它不一定会真的发生，或者由于难以合理地预计其未来发生金额，因此也是不需要确认在资产负债表上的。

可靠性原则对利润表也是有影响的。实际上，收入确认原则（详见阅读材料 2-4）就受可靠性的制约：只有在有可靠的证据表明客户确实购买了产品的条件下，才能确认收入。所以，会计人员不会根据"企业在将来可能会赢得更多客户"这种推测就去记录收入，只有当企业确实与客户进行了交易之后，才可能记录收入。

可靠性原则十分符合基本面分析师的要求。投资者对一家企业在未来创造销售收入，并从收入中获取利润的能力进行推测，然后在此基础上形成了股票的价格。基本面分析的作用就在于验证上述推测的合理性，以判断市场是否对这家企业进行了恰当的定价。当期的销售收入以及经过费用配比以后的当期利润，都是我们在一定程度上能够可靠确知的东西（除非会计本身是不能让人信任的）。所以，不能将这些信息与对利润表之外的推测信息混合在一起，因为分析人员正是需要用这些信息去检验推测是否合理。此外，也不能将资产负债表上的实有资产价值与我们对那些无法观测到的无形资产的价值估计值混合在一起，把估计和推测的工作留给分析人员去做吧。请看阅读材料 2-5 中的内容。

阅读材料 2-5

财务报表能稳定泡沫当中的投资者吗

1997～2000 年的科技股泡沫

在 1997～2000 年的科技股泡沫当中，财务报告成了一个问题。有评论人士认为，传统的财务报告模式是属于工业时代的产物，完全不适合现在的信息科技时代。他们说，"会计利润完全没有用"。资产负债表也是没用的,因为在"新经济"时代,价值都是靠知识资产和其他无形资产创造的,而这些东西在资产负债表上根本就看不到!为了给高涨的市盈率找到理由,科技分析人士都参考点击率和网页浏览数据这样的计量指标,没有人在乎企业的盈利。根据财务报表之外的"软信息"来进行"价值报告"成了时尚。那么,这些论点都站得住脚吗?还是这根本也就是一场泡沫?

价格中的泡沫来源于投机的想法。投机会使我们夸大已知的信息,并过分强调我们尚不那么确切清楚的软信息。随着本书的深入,大家将会逐渐知道如何根据财务报表来进行分析。现在,请先考虑以下问题:

- 现在看来,新经济时代的公司在泡沫时期所报告的亏损恰好成了一个很好的预测指标:这些公司大部分都失败了。所以,会计利润确实是有用的。
- 对那些存活下来的公司来说,如果将它们在泡沫中报告的盈利数字与那些推动股价上涨的分析人士所做的投机预测数字相比较,两者在预测企业今后的盈利能力方面,前者胜出。
- 绝大部分由投机的分析师所想象出来的无形资产,现在都已经不知身处何处了。
- 备受争议的资产负债表其实也是一个很好的预测工具。在那些追求无形资产的企业(例如,通信类的企业)资产负债表中,负债相对于有形资产的比重非常高,而这个指标恰恰是用于预测企业的破产可能性的。

在大多数时候,会计权威机构都抵制住了将各种无形资产都确认到资产负债表上去的压力。不过,在这次股市泡沫破灭以后,财务报告立即受到了强烈的质疑,安然公司(Enron)与安达信会计师事务所(Arthur Andersen)、施乐公司(Xerox)、奎斯特通信公司(Qwest)和世通公司等,都是劣质财务报告的例子。但是,出现这些事件的原因,并不是会计原则自身的问题,而更多在于企业内部管理的弱化,或者说,董事会和审计师没有能够忠实地执行会计原则的要求。

2006~2007年的金融泡沫

一提到安然公司,人们就会想起一桩会计大丑闻。如果你看过《安然:房间里最聪明的人》这部电影,或者阅读过Bethany McLean和Peter Elkind写的同名小说,或者音乐剧《安然》,你会注意到当证券交易委员会批准安然公司使用公允价值会计进行业务核算时,安然公司召开了一场庆祝会。然后,这家公司就开始修建公允价值的纸牌屋。他们按照"盯市会计"的形式来执行公允价值会计要求,根据资产的市场价格调高或者调低资产的价值。这种做法违背了基本面分析师的原则:当通过计算价值来验证价格的合理性时,要避免在计算过程中使用价格来作为参数(否则就会犯循环套的错误了)。此外,安然公司在确定公允价值的过程中,也使用了管理层的预期值(或猜测值)。在这两种情况下,公允价值会计都需要公司对未来盈利的现值进行预测,使财务报表中的投机成分增加,而这样的报表已经不再是我们可以用来作为估值基础的了。这些预期值在安然公司最终并没有实现,而公允价值所搭建的纸牌屋也就轻易坍塌了。

在这一事件之外,会计权威机构也一直坚持着推进公允价值会计的应用,而且这个问题在金融危机中再次引起了人们的关注。在2008年全球金融危机爆发之前,美国联邦储备银行所设定的低利率引发了金融业的繁荣,这场繁荣反过来又推高了房地产的交易价格。发放抵押贷款的银行本来是将这些贷款作为"可供出售的金融资产"进行管理,并按公允价值进行计价的。随着房地产交易价格的上涨,这些抵押贷款和证券化的抵押交易产品在华尔街的交易价格也在暴涨。根据盯市会计的处理要求,银行调高了这些抵押资产的账面价值,增加了资本金,于是随着房产价格的升高,就放出了更多的贷款。最后,当这些虚增的价值被蒸发,价格又一次重新回到了财务报表上来。后面的故事我们都知道了。基本面分析师对待公允价值会计是非常小心谨慎的，那不是一个可以让我们作为基准的东西。因为它今天也许涨上去了，但明天就可能跌回来，正好击中你。

这种在资产负债表上直接忽略或者低估某些资产项目的做法，就是**稳健性会计**（conservative accounting）的处理要求。稳健性会计会说：让我们在对资产进行估值时保守一点吧；不要去胡乱推测资产的价值。于是，当某项资产的价值还存在着不确定性时，干脆就不要在资产负债表上记录这项资产了。在贯彻稳健性原则的时候，会计人员可能会调低资产的价值，但绝对不会调高资产的价值。现在，你应该能够理解为什么市净率指标通常总是大于1了吧？

会计诊所 I

基本会计原则

本章涉及了会计的一些原则或者规则，在这些大的原则后面，实际上还隐藏着很多的细节问题。对一位称职的分析师来说，不一定非要掌握所有的这些会计问题，但随着本书的推进，以财务报表为基础来进行基本面分析时，就会遇到各种会计问题了。我们会在课本中讲解这些会计问题，但在大多数情况下，这里的讲解毕竟不可能太过详细。

因此，对那些会困扰权益分析师的重要问题，我们建议你学习本书配套网站上的"会计诊所"栏目。提供"会计诊所"的目的就是为了充实读者的会计基础，或者说，对读者过去在会计课程中曾经涉及的问题进行回顾。在学习过程中，你也可以重新找出过去在会计课程中用过的教材，对相关内容进行复习。

会计诊所 I 对本章所涉及的会计计量的基本原则进行了讲解。

2.2.6 会计原则之间的冲突

为正确地计量企业通过销售活动所创造的价值增加额，会计人员需要将相关的费用与收入进行配比，而根据可靠性原则的要求，企业在真正"赢得"客户前，是不能确认收入的。此外，在对费用进行配比时，也需要遵循可靠性原则的要求，这就带来了会计原则之间的冲突问题。

根据可靠性原则的要求，如果一项投资的价值不确定，那么是不能将该项投资确认在资产负债表中的。正是依据了这一点，美国公认会计原则才要求企业将研发支出和品牌资产（通过广告营销活动逐步建立起来的）在发生当时就确认为利润表中的费用，而不能记录在资产负债表上。但这样做的结果会导致错误的配比：在当期的收入中扣减了为创造未来收入而进行的投资，而未来的收入却不受相关投资成本（通过摊销的方式）的影响。所以，配比原则和可靠性原则之间产生了冲突。

会计人员一方面希望将费用项目与相关的收入进行正确的配比，另一方面又不希望在资产负债表中确认价值不确定的资产项目，在研发支出和广告支出这两个案例中，美国公认会计原则和国际财务报告准则都选择了牺牲配比原则。

这种情形对基本面投资者来说是可以接受的，因为他们希望能以资产负债表作为分析的基准：只告诉我你确切知道的东西，然后让我来做那些推测和估计的工作。首先明确了"资产负债表中是没有水分的"，投资者才能进一步在此基础上去推测还可以在资产负债表中找到哪些价值增值，例如被资产负债表所忽略了的研发支出的价值和通过广告营销而树立的企业品牌价值等。本书就介绍了我们在估值过程中可以使用的相关工具。

2.2.7 会计信息质量

高质量的会计信息可以用于检验投机。我们可以依据高质量的会计信息去找出股票价格中所隐含的泡沫，但糟糕的会计信息却只能制造泡沫。糟糕的会计信息通过报告错误的利润走势来影响股票价格的走势，请参考阅读材料2-5。非常不幸的是，美国公认会计原则和国际财务报告准则确实在有些地方规定得不是那么完美。很显然，我们不能拿着有问题的财务报表来作为分析的基准，因此，随着本书内容的深入，我们会逐步提醒大家注意一些应当引起重视的会计质量问题，并告诉大家如何对此进行处理。在本书第二部分中，每一章都涉及财务报表分析问题，因此，在这几章的末尾，都有一个"会计质量观察站"栏目，对该章涉及的主要会计问题进行了梳理。此外，在第18章中，还将这些问题全部集中在一起，对会计信息质量问题进行了综合分析。

目前，美国企业的财务报表都是按照美国公认会计原则的要求编制的，不过，很有可能会迎来新的改变了。在结束本章之前，请参考阅读材料2-6，了解最新的进展情况。

阅读材料 2-6

与国际财务报告准则趋同

2008年8月，美国证券交易委员会提议美国应当逐步向国际会计准则靠拢，并邀请社会大众对此提案发表看法。为此，证券交易委员会专门提出了一份路线图，拟在2014年强制推进国际财务报告准则，不过同时也允许一些符合条件的美国公司（不超过110家大企业）从2009年就开始采用国际财务报告准则。为了能实现在2014年全面采用国际财务报告准则这个目标，证券交易委员会又制定了一些阶段目标：①持续改善国际财务报告准则；②为国际会计准则理事会提供独立的基金支持；③确保XBRL（扩展商业报告语言）接受国际财务报告准则数据的能力；④在美国国内有效地推进国际财务报告准则的教育和培训工作。不过，美国企业采纳国际财务报告准则的时间比这个路线图的设计会长一些，大家可继续关注这个问题。

在全球范围内追求一个统一的报告准则是可以理解的。但是，还是有人担心将准则制定的权力交给一个唯一的机构去垄断是非常危险的。他们说，最好还是要有可以竞争的准则体系，让市场自己去选择，这样才能促进准则质量的提升。但那些赞成准则趋同的人说，这样竞争可能会导致会计信息质量越来越差。

我们曾经提到，美国公认会计准则和国际财务报告准则实际上是非常类似的。在本书中，当这两者之间的差异会影响到我们的财务分析工作时，我们会对此进行重点的讲解。目前，请注意以下几点问题。

- 国际财务报告准则只要求企业提供两年的比较利润表数据，而美国公认会计原则要求三年的。
- 国际财务报告准则允许在利润表中对费用的分类采用性质法（例如，原材料费用、人工费用等）或者功能法（例如，销售费用、研发费用等），而美国公认会计原则只允许采用功能法。
- 国际财务报告准则将递延所得税资产和递延所得税负债都报告为非流动项目，而美国公认会计原则要求将这些项目区分为流动项目和非流动项目。
- 国际财务报告准则允许在符合一定条件的前提下，对资产价值进行重估。

本章小结

财务报表之间是相互关联、共同说明问题的。站在股东的观点来看，资产负债表上所报告的股东权益项目的账面价值是财务报表的"底线"。会计系统对股东权益的每一步变化都进行了追踪，每一期的股东权益变动都可以从企业经营活动所带来的（会计）价值增加额（即综合收益）和向股东支付的净股利支出这两方面来进行解释，这些信息都总结在企业的股东权益变动表上。利润表（与股东权益变动表中的"其他综合收益"项目一起）告诉我们企业价值增加的细节信息，它报告企业的收入（从顾客那里所收到的价值）情况，并将费用（在赚取收入的过程中所放弃的价值）与收入进行配比。除了追踪股东权益的变化以外，财务报表还对企业的现金状况也予以重点关注，并将具体的信息报告在现金流量表上。在现金流量表中，将导致企业现金发生变动的原因区分为经营活动、投资活动和筹资活动三类。

财务报表的这些特点是通过一系列的会计关系式来表达的，正是这些会计关系式决定了财务报表的结构。请记住这些内容，因为当我们将财务报表重构到电子表格中用于分析时，这些会计关系式将能发挥非常重要的作用。实际上，在我们为估值而建立预计财务报表时，这些会计关系式都是我们所必须遵从的。

会计人员计算出权益的账面价值，但分析人员感兴趣的却是权益的内在价值。本章说明了在资产负债表中计算权益账面价值的方法，也说明了在利润表中计算价值增加额（或者说，利润）的原则。这些规则或者原则导致了价格与账面价值之间的差异，所以，理解它们将有助于你掌握市净率这个指标。这些规则也解释了为什么在股票价格中已经包含了的价值增加额并不能立即确认到会计利润中去，因此，理解这些规则也有助于你理解市盈率指标的意义。将来，当我们通过技术手段来计算一家企业的内在市净率和内在市盈率时，还会加强对这些知识的理解。

关键概念

会计关系式（accounting relations）：是一种能够表达财务报表各组成部分之间相互关系的等式。

勾稽关联（articulation）：指不同财务报表之间的关联关系。

资产（asset）：指预计能为企业带来未来利益流入的资源。

资本收益（capital gain）：指由于投资的价格变动而带来的收益。

流通在外的普通股（common stock outstanding）：指普通股股东所持有的股票（股份），等于企业所发行的普通股减去库存股。

综合收益（comprehensive income）：指企业所报告的收益总额（包括报告在利润表中的收益，以及报告在其他财务报表中的收益）。

稳健性会计（conservative accounting）：指在报告资产负债表中的净资产价值时，应尽量不高估，甚至直接忽视某些资产价值的做法。

非清洁盈余会计（dirty surplus accounting）：在这种会计处理思想下，企业会将某些盈余项目报告在股东权益变动表中，而不是全部都报告在利润表中。

费用（expense）：指企业确认在财务报表中的、在赚取收入的过程中所放弃的价值。

公允价值（fair value）：是会计人员用来计量一项资产或者负债的价值时所用的术语。公允价值表现为市场价格，或者，当不存在活跃交易市场时，公允价值也可能表现为估计的市场价格。

流量（flow）：指两个不同时点上财务报表存量的变动情况，与存量相对应。

历史成本会计（historical cost accounting）：以历史成本记录资产和负债的价值，然后（在大多数情况下）再在对应期间内将成本进行分期摊销，计入利润表中。

无形资产（intangible asset）：指不具有实物形态的资产。

负债（liability）：是除股东之外的索取权利益享有人对企业利益的要求权。

盯市会计（mark-to-market accounting）：按照资产和负债的市场价格来记录其价值的会计处理方法。

市场价值增加值（market value added）：指股东财富的市场价值增加额与所收到的股利之和，等于股票投资报酬或股票收益。

配比原则（matching principle）：会计处理原则之一，要求费用的确认应当与相关的收入相对应。

净支付（net payout）：指支付给股东的现金净额。

可靠性原则（reliability criterion）：会计处理原则之一，要求只有在能够有客观证据合理地保证计量的准确性时，才能在账簿中记录资产、负债、收入或者费用。

收入（revenue）：指财务报表中所确认的，企业从客户那里所取得的价值。

收入确认原则（revenue recognition principle）：会计处理要求之一，会计人员根据这条原则在利润表中确认收入。

股东价值增加值（shareholder value added）：指报告期间内股东财富的（内在）价值增加额。

股票收益（stock return）：指持有公司股份所能获得的报酬，由资本收益和股利两部分所组成。

股东权益（shareholders' equity）：指企业的所有者（股东）对企业利益的要求权。

存量（stocks）：指某一时点上的财务报表余额，与流量相对应。

库存股（treasury stock）：指企业通过回购方式持有的，且尚未注销的本公司股份。

分析师工具箱

分析工具	重要指标	应记住的缩写/简称
财务报表	资产	BPS：每股账面价值
资产负债表	基本每股收益（EPS）	EBIT：息税前利润
利润表	权益的账面价值	EBITDA：息、税、折旧及摊销前利润
现金流量表	每股账面价值（BPS）	EPS：每股收益
股东权益变动表	资本收益	FASB：美国财务会计准则委员会
财务报表附注	现金流量	GAAP：美国公认会计原则
管理层讨论与分析	经营活动产生的现金流量	IASB：国际会计准则理事会
会计关系式	投资活动产生的现金流量	IFRS：国际财务报告准则
资产负债表恒等式［式（2-1）］	筹资活动产生的现金流量	P/B：市净率
利润表等式［式（2-2）］	综合收益	P/E：市盈率
利润组成项目等式［式（2-2a）］	稀释的每股收益	R&D：研究与开发活动
现金流量等式［式（2-3）］	盈利/利润	SEC：美国证券交易委员会
存量与流量关系式［式（2-4）］	息税前利润（EBIT）	
综合收益计算式［式（2-5）］	息、税、折旧及摊销前利润（EBITDA）	
估值等式［式（2-6）］	费用	
价值增加值等式［式（2-7）］	公允价值	
市场价值增加值等式［式（2-8）］	毛利	
股票报酬计算式［式（2-8a）］	负债	
	市场价值增加额	
	净资产	
	净利润（或净收益）	
	净支付	

经营利润
溢价（或折价）
市盈率（P/E）
市净率（P/B）
收入
股东价值增加额
股票报酬

连贯案例：金佰利公司

自主练习

在第1章的连贯案例部分，你已经基本熟悉了金佰利公司的业务，对它最近的股价走势有了基本的了解，并对分析人员关于这家公司的看法也进行了调查。现在，到了打开这家公司的财务报表的时间了，因为我们的估值分析是要以报表数据为基础而展开的。随着本书的深入，我们会逐步从很多的细节方面来审阅金佰利公司的财务报表，但截至目前，你只要让自己熟悉这些报表的格式和主要特点就可以。表2-2中列出了金佰利公司2010年的年度报表和一些前期可比数字。请注意，金佰利公司在股东权益变动表之外还编制了一张独立的综合收益表。随着本书讲解内容的深入，我们会逐渐用到很多这些财务报告细节信息，因此，你最好是能在美国证券交易委员会的EDGAR数据库或者是金佰利公司的官方网站www.kimberly-clark.com上去下载该公司的2010年的年度报告。如果下载有困难，也可以在本书配套网站第2章的资料中找到已经下载好的金佰利公司年度报告。

表2-2 金佰利公司截至2010年12月31日的年度财务报表

金佰利集团合并资产负债表
（金额单位：百万美元）

	12月31日	
资产	2010年	2009年
流动资产		
现金及现金等价物	876	798
应收账款（净值）	2 472	2 566
应收票据	218	—
存货	2 373	2 033
递延所得税资产	187	136
其他流动资产	202	331
流动资产合计	6 328	5 864
不动产、厂房与设备（净值）	8 356	8 033
长期股权投资	374	355
商誉	3 403	3 275
其他无形资产	287	310
长期应收票据	393	607
其他资产	723	765
	19 864	19 209

（续）

负债与股东权益	12月31日	
	2010年	2009年
流动负债		
1年内到期的债务	344	610
可赎回的子公司优先股	506	—
应付账款	2 206	1 920
应计费用	1 909	2 064
应交所得税	104	79
应付股利	269	250
流动负债合计	5 338	4 923
长期负债	5 120	4 792
长期员工福利	1 810	1 989
长期应交所得税	260	168
递延所得税负债	369	377
其他负债	224	218
可赎回的子公司优先股和普通股	541	1 052
股东权益		
金佰利公司股东权益：		
优先股——无面值，核定2 000万股，尚未发行	—	—
普通股——每股面值1.25美元，核定12亿股，在2010和2009年12月31日均已发行47 860万股	598	598
股本溢价	425	399
库存普通股，成本——在2010年和2009年12月31日分别持有7 170万股和6 160万股	(4 726)	(4 087)
累计其他综合收益（亏损）	(1 466)	(1 833)
留存收益	11 086	10 329
金佰利公司股东权益合计	5 917	5 406
少数股东权益	285	284
股东权益合计	6 202	5 690
	19 864	19 209

合并利润表

（除每股数据外，金额单位：百万美元）

	以12月31日为财务年度截止日		
	2010年	2009年	2008年
销售净额	19 746	19 115	19 415
销货成本	13 196	12 695	13 557
毛利润	6 550	6 420	5 858
营销、研发与日常管理费用	3 673	3 498	3 291
其他（收益）与费用，净值	104	97	20
经营利润	2 773	2 825	2 547
利息收入	20	26	46
利息费用	(243)	(275)	(304)
扣除所得税、应享有子公司利润份额和非常损失前的利润	2 550	2 576	2 289
备付所得税	(788)	(746)	(618)

(续)

	以12月31日为财务年度截止日		
	2010年	2009年	2008年
扣除应享有子公司利润份额和非常损失前的利润	1 762	1 830	1 671
在被投资企业净利润中享有的份额	181	164	166
扣除非常损失前的利润	1 943	1 994	1 837
非常损失,扣除所得税影响后净值,应由金佰利公司承担的部分	—	—	(8)
净利润	1 943	1 994	1 829
少数股东本期收益	(100)	(110)	(139)
归属于金佰利公司的净利润	1 843	1 884	1 690
每股数:			
基本的			
扣除非常损失前的每股基本收益	4.47	4.53	4.06
每股非常损失	—	—	(0.02)
归属于金佰利公司的每股基本净利润	4.47	4.53	4.04
稀释的			
扣除非常损失前的每股稀释净利润	4.45	4.52	4.05
每股非常损失	—	—	(0.02)
归属于金佰利公司的每股稀释净利润	4.45	4.52	4.03

合并现金流量表
(金额单位:百万美元)

	以12月31日为财务年度截止日		
	2010年	2009年	2008年
经营活动			
净利润	1 943	1 994	1 829
非常损失,扣除所得税影响后净值,应由金佰利公司承担的部分	—	—	8
折旧费用与摊销费用	813	783	775
以股份支付的薪酬费用	52	86	47
递延所得税	(12)	141	151
资产处置净损失	26	36	51
按权益法计算的投资收益大于所得股利部分	(48)	(53)	(34)
营运资本的减少(增加)	24	1 105	(335)
退休后福利	(125)	(609)	(38)
其他	71	(2)	62
经营活动产生的现金流量	2 744	3 481	2 516
投资活动			
资本支出	(964)	(848)	(906)
企业并购(扣除在并购中取得的现金)	—	(458)	(98)
有价证券投资	1	—	(9)
出售投资收到的现金	47	40	48
定期存款投资	(131)	(270)	(238)
定期存款到期	248	223	314
处置不动产收到的现金	9	25	28
其他	9	—	14
投资活动所产生的现金流量	(781)	(1 288)	(847)

	以12月31日为财务年度截止日		
	2010年	2009年	2008年
筹资活动			
支付现金股利	(1 066)	(986)	(950)
短期借款减少金额	(28)	(312)	(436)
发行长期负债所得	515	2	551
长期负债到期	(506)	(278)	(274)
购买可赎回的子公司优先股	(54)	(53)	(47)
股票期权行权所收到的现金	131	165	113
回购普通股作为库存股	(803)	(7)	(653)
从少数股东那里买回的股权	—	(293)	—
其他	(48)	(26)	(51)
筹资活动产生的现金流量	(1 859)	(1 788)	(1 747)
汇率变动对现金及现金等价物的影响	(26)	29	(31)
现金及现金等价物增加（减少）净额	78	434	(109)
现金及现金等价物（年初值）	798	364	473
现金及现金等价物（年末值）	876	798	364

合并股东权益变动表

（股票数量：千股，金额单位：百万美元）

	已发行普通股		股本溢价	库存股		留存收益	累计其他综合收益（损失）	少数股东权益
	数量	金额		数量	金额			
2007年12月31日余额	478 597	598	483	57 676	(3 814)	8 748	(791)	463
净利润	—	—	—	—	—	1 690	—	82
其他综合收益：								
未实现汇兑损益	—	—	—	—	—	—	(900)	(81)
员工退休后福利（税后净额）	—	—	—	—	—	—	(687)	(2)
其他	—	—	—	—	—	—	(8)	—
已行权或授予的股份支付	—	—	(59)	(2 870)	170	(7)	—	—
股份支付的所得税收益	—	—	10	—	—	—	—	—
股份回购	—	—	5	10 232	(641)	—	—	—
确认以股份支付的薪酬	—	—	47	—	—	—	—	—
宣告股利	—	—	—	—	—	(966)	—	(51)
增加的子公司投资和其他	—	—	—	—	—	—	—	(28)
2008年12月31日余额	478 597	598	486	65 038	(4 285)	9 465	(2 386)	383
净利润	—	—	—	—	—	1 884	—	54
其他综合收益：								
未实现汇兑损益	—	—	—	—	—	—	619	6
员工退休后福利（税后净额）	—	—	—	—	—	—	(32)	(2)
其他	—	—	—	—	—	—	3	—
已行权或授予的股份支付	—	—	(47)	(3 519)	204	(7)	—	—
股份支付的所得税收益	—	—	7	—	—	—	—	—
股份回购	—	—	—	130	(7)	—	—	—
确认以股份支付的薪酬	—	—	86	—	—	—	—	—
宣告股利	—	—	—	—	—	(996)	—	(45)
增加的子公司投资和其他	—	—	(133)	—	1	(17)	(37)	(112)

（续）

	已发行普通股		股本溢价	库存股		留存收益	累计其他综合收益（损失）	少数股东权益
	数量	金额		数量	金额			
2009年12月31日余额	478 597	598	399	61 649	(4 087)	10 329	(1 833)	284
净利润	—	—	—	—	—	1 843	—	44
其他综合收益：								
未实现汇兑损益	—	—	—	—	—	—	326	7
员工退休后福利（税后净额）	—	—	—	—	—	—	57	(2)
其他	—	—	—	—	—	—	(16)	—
已行权或授予的股份支付	—	—	(37)	(2 862)	170	—	—	—
股份支付的所得税收益	—	—	2	—	—	—	—	—
股份回购	—	—	—	12 954	(809)	—	—	—
确认以股份支付的薪酬	—	—	52	—	—	—	—	—
宣告股利	—	—	—	—	—	(1 085)	—	(47)
增加的子公司投资和其他	—	—	9	—	—	(1)	—	(1)
2010年12月31日余额	478 597	598	425	71 741	(4 726)	11 086	(1 466)	285

合并综合收益表

（金额单位：百万美元）

	以12月31日为年度截止日		
	2010年	2009年	2008年
净利润	1 943	1 994	1 829
其他综合收益，税后净额：			
未实现汇兑损益调整	334	625	(982)
员工退休后福利	55	(34)	(689)
其他	(16)	3	(8)
其他综合收益合计（税后净额）	373	594	(1 679)
综合收益	2 316	2 588	150
少数股东享有的综合收益	(106)	(114)	(55)
归属于金佰利公司所享有的综合收益	2 210	2 474	95

金佰利公司财务报表的格式与内容

浏览该公司的四张财务报表，你会发现，以2010年的数据为例，本章所提出的会计关系式[式(2-1)]~[式(2-5)]都是成立的。请注意找到报表中的综合收益和对股东的净支付具体金额。如图2-1所示，现金流量表中的现金变动情况与资产负债表的期初数和期末数变动情况是相吻合的，而利润表中披露的净利润也与股东权益变动表中的是一致的。那么，你能根据这些财务报表，说说金佰利公司的整体情况了吗？

现在，让我们来看看金佰利公司在年度报告附注中所披露的信息。请阅读该公司所使用的会计政策说明，并将你还不太理解的那些东西勾画出来，做个记号。我们在本书中将会对这些问题进行讨论，其中有些内容也可能会在本书的配套网站"会计诊所"栏目中进行介绍。财务报告中的一些项目只是报告了一个总计数，更多的细节内容可以在财务报表附注中找到，请阅读这些细节内容。

翻开金佰利公司的资产负债表，将那些你认为是按公允价值报告，或者金额接近其公允价值的项目剔除，剩下的项目都是以什么为基础在进行计量的呢？根据你在第1章中所了解到的公司背景情况，想想有哪些资产项目没有被报告到金佰利公司的资产负债表中？在利润表中，什么项目最不符合收入与费用进行配比的要求？

市场价值与市值倍数

在第1章中我们已经提到，2011年3月末，就在金佰利公司刚刚公布了它的2010年年度报告时，其股票交易收盘价为每股65.24美元。请根据这个价格和其他财务报表数据，计算出金佰利公司股东权益的市场价值总额。要完成这项计算，你需要先找到该公司流通在外的股份数量。请注意，流通在外的股票数量与已发行股份数量并不是一回事。请计算相对账面价值来说，该公司股东权益的价值溢价金额或者折价金额，并计算该公司的市净率和市盈率。对于这两个比率的大小，你能提供一些解释吗？

利用估值公式[式（2-6）]和财务报表中的信息，请做出对金佰利公司价值的最优估计。

你现在也可以直接进入迷你案例2-1，在那里，对金佰利公司的财务报表提出了更多的问题。

思考题

C2.1. 股东权益的变动金额是由当期的盈利总额减去对股东的净支付所决定的，但是，股东权益的变化额并不等于净利润（利润表中报告的）与当期对股东的净支付之差，请问这是为什么？

C2.2. 现金股利是可以将现金支付给股东的唯一方式，请问这句话正确吗？

C2.3. 请解释净利润与归属于普通股股东的净利润之间的区别。在计算每股收益这个指标时，应使用哪一个利润概念比较合适？

C2.4. 请解释为什么一家企业的市净率会大于1.0。

C2.5. 请解释为什么有些企业的市盈率可能会非常高。

C2.6. 请说出一些没能很好贯彻配比原则的例子。

C2.7. 市净率的高低受会计人员报告账面价值的影响。在20世纪90年代，很多公司的市净率都非常高，你认为出现这种现象的会计原因是什么？还有其他哪些原因能解释高涨不下的市净率？

C2.8. 为什么股利没有作为一项费用出现在利润表上？

C2.9. 为什么在利润表上，要将厂房和设备的折旧报告为一项费用？

C2.10. 计量企业在经营活动中创造的价值增加额时，专利权的摊销是一项恰当的费用项目吗？

C2.11. 请解释配比原则的重要性有哪些。

C2.12. 为什么基本面分析师会希望会计人员在编制财务报表时遵循可靠性原则？

练习题

基本练习

E2.1. 应用会计关系式：资产负债表、利润表和股东权益变动表（简单）

下列问题是关于同一家企业的。

a. 该企业在某财务报告期的期末资产负债表中报告它的资产总额为4亿美元，股东权益为2.5亿美元，请问，该企业在当时的负债总额为多少？

b. 在利润表上，该企业报告它实现了净利润3000万美元，同期费用总额为1.75亿美元，请问，这家企业在报告期内实现的收入总额是多少？

c. 在报告期期初，股东权益变动表的余额为2.3亿美元，企业在报告期内对股东的支付净额为1200万美元，请问，该企业在报告年度的综合收益总额是多少？这意味着除了在利润表中报告的当期净利润以外，该企业在股东权益变动表上还报告了多少其他收益？

d. 该企业在报告期内并没有发行任何新的股份或者进行股份回购。请问，它在报告期内支付了多少现金股利？

E2.2. 应用会计关系式：现金流量表（简单）

有一家企业报告它的现金在某个财务年度内增加了1.3亿美元，同时，在当期现金流量表上，它报告实现了经营活动产生的现金流量4亿美元，在筹资活动中对相关权益要求权人支付现金流量净额为7500万美元。请问，该企业在当期实现投资活动产生的现金流量为多少？

E2.3. 银行储蓄账户的财务报表（中等）

假定你在银行开设了一个储蓄账户，现在你收到了下面这份2012年的账户报表。存入这个账户中的现金每年是按5%计息的（金额单位：美元）。

2012年1月1日（余额）	100
按5%年利率计算的利息	5
取款	(5)
2012年12月31日（余额）	100

这份报表实质上就是一张股东权益变动表，它报告了你的储蓄期初余额，加上本年增加的收益金额，然后再减去你在当年收到的股利（你的取款），最后得到期末余额。

a. 请根据上面的信息，为你的这个储蓄账户编制一张2012年度的利润表、期末资产负债表和2012年度的现金流量表。

b. 假定你并没有从这个账户中取款5美元，而是将它一直留在储蓄账户中。那么，你的2012年财务报表会是什么样子的呢？

c. 如果在年末以前，你要求银行将你所赚得的5美元收益投入到一个共同基金中去，并且你也没有取款，请问，你的银行账户将会是什么样子的呢？

E2.4. 编制利润表和股东权益变动表（中等）

假定有一家公司在2012年的期初股东权益金额为32.7亿美元，下列信息均是这家公司2012年的数据，请按照美国公认会计原则的要求，为这家公司编制一份利润表和股东权益变动表（金额单位：百万美元）。

销售收入	4 458
普通股股利	140
销售费用	1 230
研究与开发支出	450
销货成本	3 348
发行股份取得现金	680
可供出售证券的未实现损益	76
所得税费用	(200)

此外，请计算出这家企业在当年的综合收益和对股东的净支付额。这家企业的所得税费用是负数，请问，怎么可能出现这样的情况呢？

E2.5. 对会计项目进行分类（简单）

请说出按照美国公认会计原则的要求，下列项目应当出现在哪张财务报表的什么位置？

a. 120天到期的定期存款；

b. 坏账费用；

c. 坏账准备；

d. 研究与开发支出；

e. 重组费用；

f. 租赁的某项资产，租赁期涵盖该资产的整个有效使用寿命；

g. 交易性股票投资的未实现收益；

h. 可供出售股票投资的未实现收益；

i. 预收收入；

j. 已发行的优先股；

k. 支付的优先股股利；

l. 以股份支付的职工薪酬费用。

E2.6. 违背配比原则的做法（简单）

通常情形下，美国公认会计原则都要求企业在计算利润时应将费用与相关的收入进行配比，但有一些情况却例外。请解释为什么下面这些会计规定本来是违背配比原则要求的，但美国公认会计原则却仍然要这样要求？

a. 为开发新药而发生的研究与开发支出，在发生时就费用化处理计入利润表中。

b. 与某新产品的相关的广告与促销成本，在发生时就确认为费用处理。

c. 影片制造成本在影片上映前就费用化处理。

E2.7. 利用会计关系式来检查错误（困难）

在一次股东年度大会上，一位公司的财务总监报告了企业在 2012 财务年度中发生的下列数字（金额单位：百万美元）。

销售收入	2 300
费用总额（包括所得税费用）	1 750
其他综合收益	（90）
资产总额（年末值）	4 340
负债总额（年末值）	1 380
支付给股东的股利	400
已发行的股份价值	900
已回购的股份价值	150
股东权益（年初值）	19 140

要求：请利用会计关系式证明上述数据中，至少有一个是错误的。

应用分析

E2.8. 在网上查找财务报表信息[⊖]（简单）

美国证券交易委员会的 EDGAR 数据库中，提供了公司上报的各种资料。请打开证券交易委员会的 EDGAR 网站：www.sec.gov/edgar.shtml。

阅读"SEC 表格说明"，熟悉企业的材料类型；然后点击"查找公司资料"，试试能不能找到你感兴趣的公司资料。通常，年度报告和季度报告是大家最感兴趣的东西。

大多数公司在其官方网站上也会披露它们的财务报表，一般都在"投资者关系"栏目下。

E2.9. 利用会计关系式：通用磨坊公司（中等）

通用磨坊公司是一家领先的食品制造企业，以下是这家公司在截至 2010 年 5 月的财务年度里的一些年度报告数据（金额单位：百万美元）。

	2010 财务年度	2009 财务年度
资产总额	17 679	17 875
股东权益总额	5 648	5 417
收入总额	14 797	14 692
发行的普通股	603	521
普通股股利	648	590
回购的普通股	692	1 296

通用磨坊公司没有发行优先股。

要求：请计算该公司在 2010 财务年度的：
a. 年末负债总额；
b. 当年的综合收益。

E2.10. 利用会计关系式：基因科技公司（中等）

下列信息出自基因科技公司（Genentech Inc.）2004 年的利润表和现金流量表。在 2004 年的利润表上，披露了下列信息（金额单位：百万美元）。

销售收入	?
成本与费用	
销售成本	672.5
研究与开发费用	947.5
营销与日常管理费用	1 088.1
合作利润分享	593.6
特别支出	182.7
其他费用——扣除利息收入后净额	（82.6）
税前利润	1 219.4
所得税费用	434.6
净利润	784.8

在 2004 年的现金流量表上，披露信息如下（金额单位：千美元）。

经营活动产生的现金流量

净利润	784 816
将净利润调整为经营活动产生的现金流量	
折旧费用与摊销费用	353 221
递延所得税	（73 585）
预收收入	（14 927）
诉讼及其他长期负债影响	34 722
员工期权计划的税收好处	329 470
处置可供出售的证券收益及其他	（13 577）
处置可供出售的证券损失	1 839
可供出售的证券减值	12 340
处置固定资产损失	5 115
资产和负债项目的变动：	
应收款和其他流动资产	（362 740）
存货	（120 703）
交易性证券投资	（75 695）
应付款和其他流动负债	335 542
经营活动产生的现金流量净额	1 195 838

[⊖] 对于中国读者来讲，可以试试在各大交易所网站、"中国上市公司资讯网"、各大门户财经频道网站和目标公司官方网站上去看看，查找相关的公司年报资料。——译者注

要求：请计算基因科技公司在 2004 年的下列指标。

a. 销售收入；
b. 息税前利润（EBIT）；
c. 息、税、折旧及摊销前利润（EBITDA）；

在基因科技公司 2004 年的资产负债表上，还报告了下列信息（金额单位：百万美元）。

流动资产	3 422.8
资产总额	9 403.4
长期负债	1 377.9
股东权益	6 782.2

d. 请计算在基因科技公司 2004 年的资产负债表中，报告"长期资产"和"流动负债"这两个项目的金额应当是多少？

在基因科技公司 2004 年的财务报表中，还披露了下述信息（金额单位：百万美元）。

	2004 年	2003 年
投资活动产生的现金净流出（现金流量表）	451.6	1 398.4
现金及现金等价物（资产负债表）	270.1	372.2

e. 请计算该公司在 2004 年报告"筹资活动产生的现金流量"为多少？

E2.11. 计算股东权益变动表中的缺失值：思科系统公司（简单）

思科系统公司是一家电信企业，主要生产路由器和其他软硬件产品。在 2007 财务年度末，思科系统公司报告它的股东权益为 319.31 亿美元。在 2008 年前 3 季度末，思科系统公司报告它的股东权益为 323.04 亿美元，同时在这 3 个季度内实现综合收益 65.26 亿美元。根据上述信息，请回答：

a. 思科系统公司在 2008 年前 3 个季度中向股东的净支付额为多少？
b. 在 2008 年的前 3 个季度中，思科系统公司没有支付股利，发行了价值 28.69 亿美元的股份，请问，该公司在这 3 个季度中回购的股份价值是多少？

E2.12. 计算财务报表中的缺失值：通用汽车公司（中等）

通用汽车公司在 2007 年年末（破产前夕）的股东权益为 –370.94 亿美元（是的，股东权益为负数）。6 个月后，2008 年 6 月 30 日，该公司报告在向股东支付了 2.83 亿美元的股利之后，股东权益变为了 –569.90 亿美元。在上述会计期间内，通用汽车公司与股东之间没有其他交易发生。要求：

a. 请回答，在这 6 个月当中，通用汽车公司的综合收益是多少？
b. 根据利润表，在这 6 个月当中，通用汽车公司的经营成果体现为净损失 187.22 亿美元。请问，该公司在这段时期内的"其他综合收益"是多少？
c. 在利润表中，通用汽车公司报告它的所得税费用和其他损失为 608.95 亿美元，请问，公司在这 6 个月当中的销售收入为多少？
d. 根据报告，通用汽车公司在 2007 年年末和 2008 年 6 月 30 日的总资产分别为 1488.83 亿美元和 1360.46 亿美元，请问，在这两个资产负债表日，公司的负债总额分别为多少？
e. 请问，一家企业怎么会出现负的股东权益呢？

E2.13. 世通公司的错误配比（困难）

世通公司在 2001 年的 4 个季度和 2002 年第一季度中都错误地将本地网络接入费用资本化为了一项资产（详见阅读材料 2-4 中的说明），各季度涉及的错误资本化金额如下。

2001 年第一季度	7.80 亿美元
2001 年第二季度	6.05 亿美元
2001 年第三季度	7.60 亿美元
2001 年第四季度	9.20 亿美元
2002 年第一季度	7.90 亿美元

假定世通公司采用直线法按 5 年（20 个季度）对这些资本化成本进行摊销，请计算该公司在这 5 个季度中高估的税前利润金额是多少？

E2.14. 计算股票投资收益：耐克公司（简单）

耐克公司的股票在 2010 年年初和年末的交易价格分别为每股 57.83 美元和每股 73.38 美元。在这一年中，耐克公司支付的每股股利金额为 1.06 美元。请问，如果在 2010 年中持有耐克公司的股票，能得到的投资报酬是多少？

迷你案例

M2.1 复核金佰利公司的财务报表

金佰利公司生产并销售各种个人护理和卫生用品，舒洁、好奇、斯考特、Scottex、Cottonelle、Viva、高洁丝和劲拭等，都是这家公司旗下的品牌，产品销往全球。金佰利公司成立于1928年，总部设在美国德克萨斯州的达拉斯，在全球拥有大约57 000名员工。

金佰利公司根据产品分类的不同，由四个经营分部所组成。

- 个人护理部：主要生产并销售一次性的尿不湿、小儿训练裤、游泳裤、婴儿湿巾、女性护理用品和尿失禁病人护理用品等产品。该部门所生产的产品一般以家用居多，并涉及很多的品牌，包括纸尿裤"好时""拉拉裤""婴儿纸泳裤""夜安裤""高露洁""Lightdays"、成人失禁护理品牌"得伴"、轻度尿失禁适用纸垫品牌"Poise"和其他等。
- 家用消费产品部：主要生产和销售面巾纸与浴室用纸、卷筒纸、餐巾纸和相关家用纸巾产品。该部门产品涉及的品牌包括"舒洁""斯考特""Cootonelle""Viva""Andrex""Scottex""Hakle""Page"等。
- 商用消费产品部：生产并销售非家用的面巾和浴室用纸、卷筒纸、餐巾纸、湿巾纸和一系列的安全产品。该部门产品涉及的品牌包括"金佰利－克拉克""舒洁""斯考特""劲拭""金特""劲卫""KimCare"和"Jackson"等。
- 医疗健康护理部：主要生产和销售医疗健康产品，包括外科手术服、防感染产品、口罩、检查用手套、呼吸产品、止痛产品和其他一次性医用产品等。该部门产品涉及的品牌包括"金佰利－克拉克""Ballard"和"ON-Q"等。

金佰利公司的股票在2011年第一季度末的收盘价为每股65.24美元。在第1章的连贯案例部分中，你可以找到当时分析人士对这家公司未来业绩的预测和建议。以下是该公司在更早期间的股价和每年股利支付情况（金额单位：美元）。

年度	每股价格（3月31日）	每股年度股利
2011	65.24	2.64
2010	62.88	2.40
2009	46.11	2.32
2008	64.55	2.12
2007	68.49	1.96

下面，请结合表2-2中金佰利公司截至2010年12月31日的年度财务报表信息，来检验一下你的会计知识掌握情况，看看还有哪些知识点是需要深入理解的。下面这些问题能帮助你关注到重点：

a. 利用财务报表中的数据，验证下面这些会计关系式对金佰利公司2010年的财务报表数据是否成立：

$$股东权益 = 资产 - 负债$$
$$净利润 = 收入 - 费用$$
$$经营活动产生的现金流量 +$$
$$投资活动产生的现金流量 +$$
$$筹资活动产生的现金流量 +$$
$$汇率变动的影响 =$$
$$现金及现金等价物的变动金额$$

b. 金佰利公司在2010年的"其他综合收益"由哪些项目所组成？请证明下面这个会计关系式是成立的（大致相当就可以了）：

$$综合收益 = 净利润 + 其他综合收益$$

c. 根据股东权益变动表中的信息，计算金佰利公司在2010财务年度中对股东的净支付额是多少。

d. 请解释这家公司的收入是如何确认的。

e. 计算金佰利公司在2010财务年度中的下列数据：毛利润、实际税率、息税前利润（EBIT）和息、税、折旧与摊销前利润（EBITDA）。计算该公司在2009和2010财务年度中的销售收入增长率。

f. 请解释是什么导致了基本的每股收益与稀释的每股收益之间出现差异。

g. 请说明为什么一些存货的成本会报告在"销货成本"项目中,而另一些存货的成本却报告在资产负债表的"存货"项目中?

h. 金佰利公司在 2010 财务年度中广告和促销方面的支出为 6.98 亿美元,请问,这个金额报告在财务报表的哪个位置?这种做法符合配比原则的要求吗?

i. 金佰利公司在 2010 财务年度中研究与开发方面的支出为 3.17 亿美元,请问,这个金额报告在财务报表的哪个位置?这种做法符合配比原则的要求吗?

j. 2010 财务年度末的应收账款金额 24.72 亿美元,这是扣除了 8000 万美元的坏账准备之后的净额(在财务报表附注中有披露),请问为什么要这样做?

k. 为什么递延所得税既出现在资产方,又出现在负债方?

l. 什么是"商誉"?它的会计处理要求是什么?为什么商誉的金额在 2010 年发生了变动?

m. 请解释为什么公司的净利润与经营活动产生的现金流量会不相等。

n. 请问,你认为在金佰利公司的资产负债表中,有哪些项目的价值是非常接近其公允市场价值的?

o. 请根据 2011 年 3 月 31 日的股票价格,计算金佰利公司的股票总市值是多少?以这个价格计算的公司市盈率和市净率应当是多少?这样的市盈率和市净率水平与图 2-2 和图 2-3 中的历史水平相比较,情况如何?

p. 根据上述股价和股利信息,请计算金佰利公司的股票在 2008～2011 年每年的 3 月 31 日的股票报酬有多高?

第一部分

财务报表与估值

第3章
介绍将财务报表用于估值的不同方法,并说明估值模型对估值的作用和影响

第4章
介绍估值中用到的现金收付制和权责发生制会计思想,并说明在现金收付制思想指导下的贴现现金流量估值方法

第5章
介绍以账面价值为基础的权益估值方法,评价内在市净率

第6章
介绍以盈利为基础的权益估值方法,评价内在市盈率

第7章
应用各种估值方法去检验市场价格的合理性

在第一部分知识点的基础上,进入财务报表分析(第二部分)和预测与估值分析(第三部分)

分析人员在工作时必须要首先选择合适的分析工具,所以,本部分就专门介绍可应用在权益分析中的各种技术。勤勉的分析人员当然希望能使用最好的分析技术,因此在本部分中,我们对各种分析技术都进行了深入的介绍,并比较了各种技术的优劣。这样,在学完了第一部分的内容以后,你就可以选择一种你自己感觉最得心应手的方法,用来保障你的权益投资安全。实际上,在这一部分的每一章最后,都介绍了这些方法在主动投资中的应用情况,这样,你将看到每一种具体的分析方法在实际生活中的应用效果。

为了能在这些分析方法和技术中做出做好的选择,你必须对基本面分析和投资的基本原则先要有所了解。然而要想做到这一点,你又必须先认识到估值模型的作用,因为我们在下一步的分析和估值程序都是由所选定的估值模型来决定的。估值模型虽然通常都是用抽象的公式来表达的,但实际上每一个模型都代表着一种分析和估值的思想。你还应当理解,每一个估值模型实际上都是在表达一种价值的计算或者构成方法，因此估值与财务报表必然是不可分开的。在这一部分内容中，你将看到我们是如何以财务报表为基础来完成估值目标的（在第1章中所提出的）。

第3章在介绍了权益分析的几种不同思想之后，主要讲解了以财务报表为基础的估值模型。我们介绍了乘数比较法、乘数筛选法和以资产为基础的估值思想。不过这些简单的方法由于没有以基本面分析为基础，所以在应用时是存在一定风险的。通过这一章所介绍的估值模型，你将能体会到财务报表信息是如何应用到基本面分析中的。

第4章主要介绍股利贴现模型和贴现现金流估值模型，这两种模型都建立在现金收付制的企业价值思想之上。这两种估值模型都暴露了现金收付制会计的一些计量缺陷，以及使用贴现现金流量分析来进行会计估值的不足，使你能够体会到权责发生制会计是如何弥补现金收付制的这些缺陷的。第4章对权责发生制会计的讨论是建立在第2章的会计知识基础之上的，能进一步帮助你加深理解会计在估值中的作用。

在权责发生制的会计报表中，有两个"底线项目"，即资产负债表的底线数字"股东权益的账面价值"和利润表的底线数字"利润"或者"盈利"。权责发生制下的会计估值就是以这两个数字为基础的。第5章说明怎样根据一家企业的账面价值来进行估值。在第2章中，我们曾经介绍过账面价值并不是一个理想的价值计量指标，但我们还是可以从账面价值出发来开展估值工作。第5章以账面价值为起点，介绍了分析人员是如何在账面价值的基础之上，对价值进行调整计算，判断企业的内在市净率的。紧接着，第6章又介绍了如何以盈利为基础来进行估值，判断企业的内在市盈率的高低。

本书这一部分的目的是使读者对这些问题先有一个基本的了解，并对一些重要的概念进行强调。最重要的是引导你去设计和开发相关的估值工具。本部分中所涉及的一些概念可能是你在金融（公司财务）或者会计课程中已经学习过的，这两门学科的概念会在这里融合。在金融学（公司财务）课程中，人们主要讨论估值；而在会计学课程中，大家主要讨论计量。但实际上，所谓估值，就是（对企业所创造价值的）计量。所以，在讨论估值原则时，我们也会介绍会计的计量原则，目的是让你了解会计的工作原理，或者会计不工作的原理，使你对企业价值有更深入的理解。我们会介绍会计是如何与估值分析融合到一起的，因此所谓的基本面分析与财务报表分析实际上在很多方面是相同的。

第二部分和本书的后续内容都是关于技术问题的，主要是如何进行财务报表分析和基本面分析的技巧。这里的第一部分主要强调的不是怎样做，而是怎样去想和设计。"慎思而后行"不仅适用于投资，也适用于投资分析。有时，我们会将一些投资者也称为"圣人",这当然是有原因的。好的技术必定是在聪明的判断和智慧的指引之下的,因为只有智慧才能帮助我们对技术进行选择。如果你读过誉为基本面分析之父的本杰明·格雷厄姆教授所撰写的《聪明的投资者》⊖这本书,你就会知道这本书实际上更多的是关于投资的态度和方法,而不是技巧。请利用本书这一部分的内容来理解这些基础问题,培养投资的智慧。我们有意将这一部分的内容讲解得缓慢和详细一些,以帮助大家真正读懂和读透这一部分的思想。

⊖ 本杰明·格雷厄姆,《聪明的投资者》,第 4 版,纽约哈珀·柯林斯出版集团,1973 年。

第 3 章 财务报表在估值中的应用

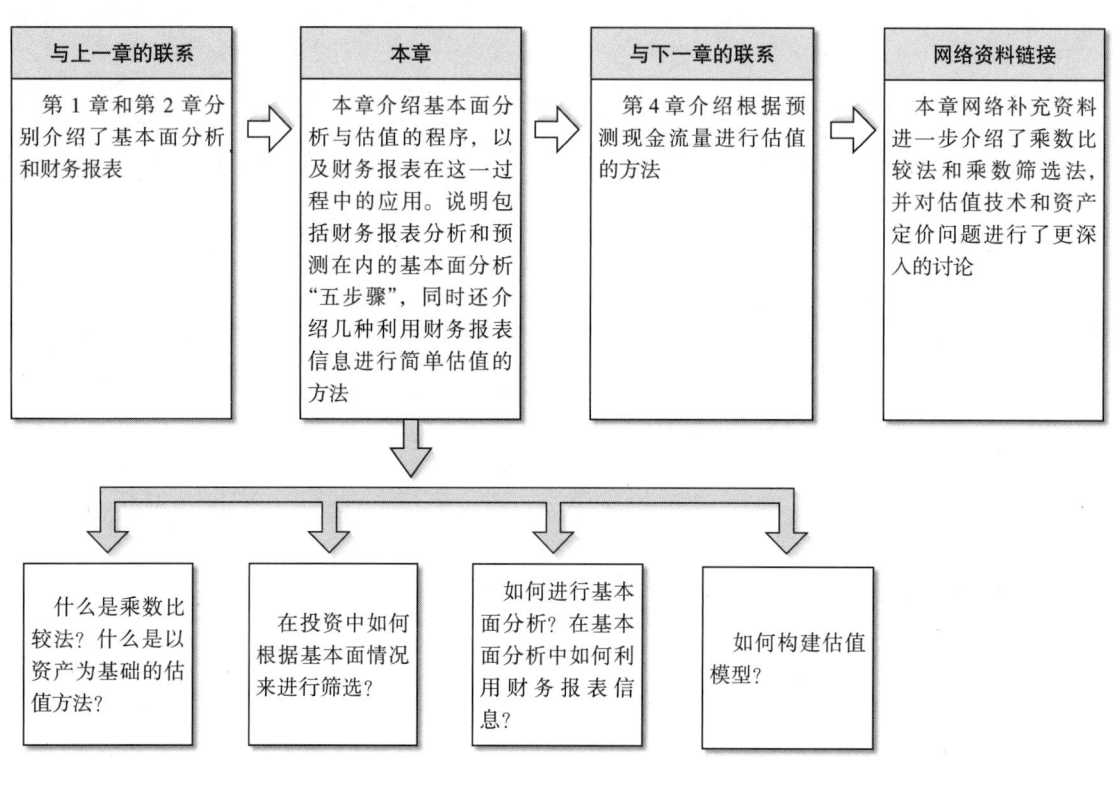

分析师备忘录

学习目标

学习完本章内容后,你应当理解:
- 什么是估值技术;
- 什么是估值模型,以及估值模型与资产定价模型之间的区别;
- 估值模型如何为基本面分析提供总体框架服务;
- 基本面分析的操作步骤;
- 财务报表在基本面分析中的作用;
- 如何将预测结果转换为估值;
- 期限投资与持续投资(例如经营一家企业)的估值区别;
- 什么是股利无关论;
- 为什么除了在某些特殊情况下以外,融资交易是不创造价值的;
- 为什么能够创造价值的主要是企业的投资活动和经营活动;
- 乘数比较法的工作原理(或不工作的原理);

- 以资产为基础进行估值的工作原理（或不工作的原理）
- 乘数筛选法的工作原理（或不工作的原理）

学习能力

完成本章的学习任务后，你应当能够：
- 进行乘数比较分析；
- 利用股票筛选器建立简单的或者复合的筛选方案；
- 计算企业的价格乘数；
- 计算无杠杆的价格乘数；
- 计算历史市盈率和远期市盈率；
- 计算股利调整市盈率；
- 应用以资产为基础的估值技术；
- 计算企业的清算价值；
- 为债券进行定价；
- 为项目进行定价；
- 计算某项目的价值增加值；
- 证明只能提供必要报酬率的债券投资是不创造价值的；
- 当企业以低于目前市价的标准发行新的股份时，计算现有股东所承担的损失；
- 能够"自制股利"。

本章主要讲述财务报表在企业估值中的应用。这一章非常重要，是为第 4~6 章的估值分析所搭建的基础。实际上，本章 3.2 节的内容就是本书剩余部分所参照的路线图。随着你对本书内容的学习深入，你会发现可能还需要回到本章来巩固这部分知识。

在第 1 章介绍估值分析时，我们曾经提到，分析人员的首要任务是先选择一种合适的分析工具。在学习完第 6 章以前，你可能还不具备选择分析技术的能力，但是，从这一章开始，就已经在涉及分析技术的选择问题了。本章介绍了一个优秀的估值技术所需要满足的基本条件，学习完这一章以后，你将明白分析技术的好坏鉴定标准，懂得那些错误方法的缺陷在哪里。同时，你还将明白哪些企业特征会影响到估值，而优秀的估值技术是如何识别这些特征的，以及这些特征在财务报表中是怎样被报告的。

与绝大多数的技术问题一样，在估值方面，总是存在着简单方法与精密技术之间的选择权衡问题。简单方法会忽视一些重要的东西，而精密技术的操作复杂。在本书中，我们会尽量推荐使用简单的方法，但一定是以不会在实质上牺牲分析结果的质量为前提的。简单方法的应用成本低，因为它们省略了一些分析的工作，但也有可能因为太省事而导致错误。在采用简单方法时，我们需要知道应用这些方法的缺陷。在本章中，我们将介绍几个利用财务报表数据进行估值的简单方法，然后在此基础上，再来介绍更为正式的估值方法。我们会从各个方面对这些估值技术的优劣进行比较。

简单方法应用到的信息非常有限。本章首先介绍的乘数比较法就只用到了几个财务报表数字，比如销售收入、净利润或者账面价值等，然后去求解这些数字的价格乘数。接下来，本章介绍了以资产为基础的估值技术，即先将企业各项资产的市场价值计算加总，然后从中减去负债的价值，差额就可以作为股东权益的价值了。大家会看到，以资产为基础的估值技术看起来非常简单，但是对绝大多数的企业来说，应用起来都有困难。

使用简单方法会产生忽略相关信息的风险。一份全面优质的基本面分析应当是在确认出所有相关信息的基础之上，进行提炼和为企业估值的。本章总结了基本面分析的框架，列出了有效基本面分析的五个步骤，并说明了财务报表在这一过程中所发挥的作用。本章强调所选用的估值模型应当抓住企业创造的价值，以及发挥基本面分析的框架作用。

在第 3 章的分析师工具箱里，列出了你在完成本章学习后能做的很多事情，但最主要的是你"应当对什么样的估值技术才是优秀的"这个问题有一个基本的认识和思考。只有这样，才有利于你在后续几章所介绍的估值工具中进行选择。

3.1 乘数分析

一项可接受的估值技术所带来的收益必须要大于它的应用成本，而且，它的成本-效益比应当超过其他可选的估值技术。由于一份全面优质的基本面分析要求分析人员考虑相当多的信息，需要完成的工作量非常大，所以分析成本是很高的。我们当然应当想办法最有效地来完成这些工作，但在此之前，让我们先来考察一些不需要花费这么多的成本就可以完成任务的简单方法。采用简单方法会弄丢什么？采用复杂技术能多收获些什么？我们先来看看乘数分析，这种分析方法应用到的信息最少，所以是应用成本最低的估值方法。

所谓乘数[⊖]，就是股票价格与某个财务报表数值之间的比值或者倍数，最常见的乘数都是以财务报表中的汇总数字作为比较基础的，例如净利润、股东权益的账面价值、销售收入和现金流量等。因此，就产生了市盈率（P/E）、市净率（P/B）、市销率（P/S）和市价-经营现金流比率（P/CFO）。由于只用到一点报表信息就可以计算出这些乘数，所以乘数分析显然是没有深入利用财务报表数据的。这些乘数的计算要求非常简单，完全不需要多少的会计知识就可以完成。

有两种分析技术就是以这类乘数或者它们的变形形式为依据的，即乘数比较法和乘数筛选法。

3.1.1 乘数比较法

乘数比较法（method of comparable）或乘数比较分析法（multiple comparison analysis）的应用步骤是：

（1）确定一家或者一组与目标企业经营业务类似的可比公司。

（2）查找可比公司的财务报表，找到需要进行比较的计量指标，例如净利润、股东权益的账面价值、销售收入、现金流量等，然后计算出可比公司的各类乘数。

（3）将相关指标的平均值或者中位数应用到目标公司，计算目标公司的价值。

下面我们运用乘数比较法来估算戴尔公司在2011年4月时的价值。表3-1中列出了戴尔公司和惠普公司（Hewlett-Packard Company）、联想集团（Lenovo Group）在最近年度的销售收入、盈利和股东权益的账面价值情况；后两家公司也生产个人电脑产品，其中惠普曾经兼并了康柏电脑（Compaq Computer），而联想集团则是一家香港上市企业，主要生产ThinkPad和IdeaPad笔记本电脑，也生产台式机和工作站。惠普公司和联想集团的市销率、市盈率和市净率都是按照它们在2011年年末的市值计算得到的。然后，在表3-2中，我们将可比公司的相关乘数均值应用到戴尔公司的销售收入、当期盈利和股东权益账面价值。比较尴尬的是，现在，这三个乘数给出了戴尔公司三个不同的估值，因此我们对这三个估值求平均数，得到33 347百万美元，然后除以戴尔公司当时流通在外的股份数量1918百万股，得到每股股票价值应当为17.39美元。盈利乘数给出的估值是最高的，为每股23.26美元；股东权益的账面价值乘数给出的估值最低，为每股11.34美元。戴尔公司在当时的真实交易价格为每股14.62美元。所以，如果按三个乘数的均值进行估值的话，我们的分析结果表明，戴尔公司的股票价值被低估了[⊖]。

⊖ 在中文中，乘数也常被称作"溢价倍数"。——译者注

⊖ 在乘数分析方法中，还可以采用另一种变形的计算方式（使用更近期的信息），即使用最近12个月（last-twelve-months，LTM）的会计数据来计算：

LTM=上一期的会计数据+本年截至今日的会计数据-上年截至上年今日的会计数据

其中，本年截至今日的会计数据等于截至目前的各季度报告数据之和。

表 3-1 戴尔公司与可比公司的价格乘数

（除比值外，金额单位：百万美元）

	销售收入	净利润	权益的账面价值	市场价值	市销率（P/S）	市盈率（P/E）	市净率（P/B）
惠普公司	84 799	8 761	40 449	89 835	1.06	10.3	2.2
联想集团	21 540	242	1 763	5 730	0.27	23.7	3.3
戴尔公司	50 002	2 635	7 766	?	?	?	?

表 3-2 应用可比公司的乘数对戴尔公司进行估值

（除比值外，金额单位：百万美元）

	可比公司的乘数均值		戴尔公司的金额		戴尔公司的估值
销售收入	0.67	×	50 002	=	33 501
净利润	17.0	×	2 635	=	44 795
权益的账面价值	2.8	×	7 766	=	21 745
平均估值					33 347

注：戴尔公司在 2011 年 4 月 5 日的实际市场价值为 280.41 亿美元。

这样的计算当然是非常简单的，但这样的估值可能会让你有点不放心，尤其是当不同的乘数给出的估值金额互不相同的时候，这样估值会让我们没有安全感。

乘数比较法应用简便，应用成本低得无话可说。但实际上，这种方法是有缺陷的。在例题中，如果我们有了可比公司的价格，就可以计算出戴尔公司的价值。但如果我们想要知道惠普公司的股票价格（假定），又该怎么办呢？是用我们刚才所计算出来的每股 17.39 美元的戴尔公司股价来进行比较吗？如果这样的话，势必陷入循环当中，因为戴尔公司的股票价值本来就是在惠普公司的股票价格基础之上估算出来的。所以比较分析的基础是不太牢靠的，一个牢靠的分析基础应当是独立于市场定价的某个价值。在乘数比较分析中，假定市场对可比公司的定价是有效的，但如果真是这样的话，为什么我们又要怀疑市场对戴尔公司的定价呢？为什么戴尔公司的股票每股 14.62 美元的价格不能也是有效的呢？再或者，如果可比公司都没有被正确定价，那么，应用可比公司的价格乘数就更没有依据了。简而言之，乘数比较法违背了我们在第 1 章提到的基本面分析师信条：如果计算价值的目的是为了检验价格的合理性，请注意在计算过程中不要使用价格来作为参数。实际上，乘数比较法甚至可能是非常危险的。请参考阅读材料 3-1 中的内容。

阅读材料 3-1

乘数比较法造成了金字塔式的骗局吗

每过一段时期，IPO 中就会出现一些特别"热门"的行业或企业。在 20 世纪 90 年代的牛市中，主题餐馆、技术与计算机行业的公司、品牌时尚屋、商务服务和互联网公司的股票就是大家所追捧的。在热闹的 IPO 市场中，一些公司卖出了高倍的溢价倍数，刺激着可比的同业公司也去争取公开上市。在募股中，投资银行家都是按上一次股份募集中的乘数来作为新股份的定价参考的，如果他们在为 IPO 企业定价时稍微将价格乘数提高一点点，就会导致按照这个乘数所计算出来的新股发行价格偏离它们的基本投资价值，从而形成一个金字塔式的价格泡沫。

1995 年和 1996 年，主要提供电信类营销和客户服务的电信服务类公司进入到了融资市场。投资者比较了其他将这类服务进行外包的企业定价之后，为这类公司的初次发行支付了高倍的溢价，于是，金字塔式的价格泡沫便开始出现了。雷曼兄弟公司（后来导致了2008年的金融危机）在早期共同承销了一家这种企业的IPO，但在后面的IPO业务竞争中输给了其他的投资银行。根据1998年9月15日《华尔街日报》的报道，雷曼兄弟公司的Jeffrey Kessler先生说："每次我们为这个领域的一家新IPO公司提出一个合理的定价时，竞争者总是能提出更高的定价来。在有些情况下，它们（指其他投资银行）的出价甚至能比我们高出5个乘数点！我们只好挠挠头说，这完全就是疯了。"

实际上，电信服务业公司的股票价格在IPO风光之后都剧烈下跌了。像金字塔一样不断抬高发行价格的IPO市场也是另一种形式的股价泡沫。按照可比公司的主观价格乘数为基础为IPO公司进行定价，会助推这种泡沫。所以，请小心根据可比公司的情况所推导出来的股票价格，因为你将可能又加入到一场连锁信游戏中（金字塔骗局的一种），最终导致你对一只股票支付过高的价格。

乘数比较法应用广泛，并且确实也有它的适用环境。例如，当目标公司是一家非上市公司，或者交易量非常小，以至于难以找到可靠的交易价格作为参考时，我们通过可比公司的相关乘数，就可以比较快速地了解这家公司所有权的大致价值范围。当然，前提是可比公司的定价必须是有效的。再比如，无论市场的定价是否有效，我们还可能对一家公司的股票应当在什么样的价格范围内进行交易非常有兴趣。例如投资银行在公司首次公开募股（IPO）时，就常采用可比公司的乘数比较分析来估计市场对拟上市交易公司的定价情况（它们可能会采用可比公司在过去IPO时的价格乘数，而不是当前的价格乘数）。如果市场对可比公司的定价是不恰当的，他们会认为市场对IPO公司也会进行不恰当的定价。在价值损失的诉讼中（例如股东集体诉讼或者少数股东的起诉），大家最关心的问题并不是这些股票的真正价值，而是如果某个事件没有发生，那么这只股票的价格将会是多少。

抛开概念上的东西不谈，乘数比较法在应用方面也存在一些问题。

- 要找到具有相同经营特征的可比企业是非常困难的。我们可以比较企业的行业、产品、规模、成长特性和一些风险计量指标等，但肯定不会有两家公司是完全一样的。例如，有人也许会说，惠普公司还生产打印机，从这一点上来看，跟戴尔公司就是不可比的；或者，联想集团是一家中国企业，上市地都跟戴尔公司不一样。可比公司通常都是目标公司的竞争企业，它们要么比目标公司强，要么比目标公司弱，怎么去进行比较呢？增加可比公司的数量也许能减少此类错误，但可比公司的数量越多，它们的同质性也就越差了。
- 不同的乘数所给出的估值不一致。按一家公司的市净率对目标公司进行估值，与按这家公司的市盈率对目标公司进行估值，所得到的结果常常是不一致的，就像我们上述在戴尔公司的例题中看到的那样。那么，应当采用哪一个估值结果呢？在上述的例题中，我们采用的是三个估值的算术平均数，但其实我们并不清楚这样做是不是正确的。
- 有可能出现分母为负的情况。比如，如果可比公司处于亏损状况，那么市盈率这个指标就没有意义了。

乘数比较法留下了大量玩"镜像游戏"的空间，分析人员可以很随意地去选择一个他自己或者他的客户所喜欢的估值。所以，如果我们的目的是想要检验市场的投机气氛的话，这种方法是不太适合的。

在乘数比较分析中，也会用到其他的乘数。比如，一些人会对公司之间的负债程度进行调整，还有一些人会对会计原则之间的差别进行调整。请参考阅读材料3-2中的内容。

阅读材料 3-2

调整比较的乘数

调整债务杠杆的影响

有些乘数会受企业负债程度的影响，而不同企业的负债程度，或者说债务杠杆，是不相同的。所谓债务杠杆，就是企业的债务融资额与权益融资额之间的相对比重。因此，为了控制目标公司和可比公司之间的债务杠杆差异，我们就需要将这些乘数进行"去杠杆影响"的处理。典型的**无杠杆指标**（unlevered measures）有：

$$无杠杆的市销率 = \frac{权益的市场价值 + 负债净额}{销售收入}$$

$$无杠杆的价格-EBIT比率 = \frac{权益的市场价值 + 负债净额}{EBIT}$$

其中，EBIT 表示息税前利润（即企业的净利润反加回当期利息支出净额和所得税费用后的结果）；负债净额等于企业的负债总额减去资产中所包含的生息证券（即负的负债）金额。一般情况下，负债净额的账面价值与市场价值是基本相等的。因此，上述指标的分子就是企业的市场价值，有时也称为无杠杆价值（unlevered value）或者企业价值（enterprise value），而无杠杆指标有时也被称为企业乘数（enterprise multiples）。在计算市销率或者价格-EBIT 比率时，应当去除债务杠杆的影响，因为负债并不会影响企业的销售或是息税前利润高低。

企业市净率是最常用到的企业资产负债表乘数：

$$企业市净率 = \frac{权益的市场价值 + 负债净额}{权益的账面价值 + 负债净额}$$

在这个比率计算式中，分母即是企业的账面价值。

调整会计政策的影响

由于这些乘数的分母都是某个会计指标，而不同公司可能会采用不同的会计政策，所以，可能也需要对乘数的计算进行调整。比如，不同的公司可能会采用不同的折旧和摊销方法，或者分析人员认为某个企业在利润表中所报告的折旧或者摊销数字不合理，这时，就需要对分母的会计计量指标进行调整。如果同时调整债务杠杆的影响和会计政策的影响，那么，指标就可能变为：

$$无杠杆的价格-EBITDA比率 = \frac{权益的市场价值 + 负债净额}{EBITDA}$$

其中，EBITDA 表示息、税及折旧和摊销前的利润（等于息税前利润再加回当期折旧费用和摊销费用）。有时，我们也将 EBITDA 称为（经营活动产生的）"现金流量"，但这实际上只是一个现金流量的估计值。

利润有可能受到某公司所发生的一次性特殊事件影响，因此，在调整乘数时，可以考虑消除掉这类事件对利润的影响：

$$价格/扣除非经常项目影响前的利润 = \frac{权益的市场价值}{扣除非经常项目影响前的利润}$$

市盈率的其他形式

市盈率是股票的市场价格与年度盈利之间的比值，它有多种表现形式，包括：

$$历史市盈率 = \frac{每股市价}{最近一个年度的每股收益}$$

$$动态市盈率 = \frac{每股市价}{最近4个季度的每股收益之和}$$

$$远期市盈率 = \frac{每股市价}{预计下一年度的每股收益}$$

其中，动态市盈率经常表示为"P/E（ttm）"，"ttm"是"最近12个月"的英文首写字母缩写。

> 远期市盈率通常是用分析人员的预测值来计算的，一般会在历史市盈率的基础上再考虑下一年度的盈利增长情况进行调整。
>
> 在历史市盈率的公式中，分子"每股市价"会受股利的影响：如果公司发放了股利，那么，由于一部分价值随股利流出了公司，往往会引起股票价格下调。但分母中的盈利却不受股利发放的影响。因此，如果同一家公司采用不同的股利政策，就会计算得出不同的市盈率指标。要修正股利对市盈率的影响，就需要调整市盈率的
>
> 计算公式为：
>
> $$股利调整的市盈率 = \frac{每股市价 + 年度每股股利}{年度每股收益}$$
>
> 在这个公式中，分子实际上就是包含了股利影响在内的股票市价，称为**含息价**[○]（cum-dividend price）；而除去股利影响之后的股票价格，则称为**除息价**（ex-dividend price）。由于股利的发放与未来的盈利并不相关，因此，在计算远期市盈率时，无须调整股利的影响。
>
> 在本书配套网站上，还有更多的乘数计算例子可供参考。

在进行乘数比较分析时，分析人员心中首先要有一个该乘数的一般水平，作为参考的基准。表3-3 中列出了美国上市公司在1963～2003 年，一系列乘数的百分位数分布情况。从该表中可以看出，市净率的中位数水平为 1.7，而历史市盈率的中位数为 15.2，无杠杆的市销率中位数为 0.9。在较早期间（20 世纪 70 年代）的乘数水平普遍较低，而 20 世纪 90 年代的乘数水平则普遍高于历史分布情况。在与本书配套的相关网页上，你还能找到更多关于历史乘数水平的信息。

表 3-3 美国上市公司常见价格乘数的分布情况（1963～2003 年）

百分位	市净率	企业市净率	历史市盈率	远期市盈率	市销率	无杠杆的市销率	市价-经营现金流比率	无杠杆的价格-EBITDA 比率	无杠杆的价格-EBIT 比率
95	7.9	12.7	盈利为负	49.2	8.9	8.1	现金流为负	30.1	EBIT 为负
75	2.9	2.7	23.5	19.1	1.7	2.0	18.8	10.6	15.3
50	1.7	1.5	15.2	13.1	0.8	0.9	9.9	7.0	9.9
25	1.0	1.0	10.3	9.2	0.3	0.5	5.6	4.8	6.6
5	0.5	0.6	5.9	5.6	0.1	0.2	2.3	2.5	3.3

注：如果乘数比率的分母为负，则被视为高乘数公司。因此，在市盈率、市价-经营现金流比率和市价-EBIT 比率的分布中，很多盈利为负（亏损）、现金流量为负或者 EBIT 为负的企业，都出现在了高百分位数组的公司中。

资料来源：根据标准普尔公司的 COMPUSTAT 数据计算得到。远期市盈率根据 Thomson 金融数据库中分析人员对下一年度的盈利预测结果计算得到。

3.1.2 乘数筛选法

乘数比较法认为类似的公司适用相同的乘数。在市场有效的时候，这一点也确实是成立的。但是，对那些怀疑市场对基本面信息的定价不一定正确的投资者来说，他们对乘数的理解稍稍会有所不同：具有类似特征的公司如果出现了不同的乘数，那么多半是因为出现了错误定价。因此，我们可以根据股票之间的相对乘数关系来进行筛选，决定买卖的策略。

最简单的筛选方式是这样的：

○ 这里的"息"指股息、股利，而不是利息。——译者注

（1）找到拟筛选公司的乘数；
（2）按乘数水平由高到低对拟筛选的公司进行排序；
（3）买入乘数最低的股票，同时卖出（卖空）乘数最高的股票。

之所以要买入乘数最低的股票同时卖出乘数最高的股票，是因为乘数筛选法认为乘数低的股票价值被低估了，而乘数高的股票价值被高估了。按乘数进行筛选常被人称作**基本面筛选**（fundamental screening），因为乘数代表着市场对公司基本面信息特征的定价。阅读材料3-3就对基本面筛选和技术面筛选（technical screening）进行了对比。

阅读材料 3-3

股票筛选方法

技术面筛选

技术面筛选根据交易指标来构建投资策略，常见的筛选标准如下。

价格筛选：购入股票价格相对市场来说下跌幅度大的股票（即所谓的"输家"股票），同时卖出价格上涨幅度大的股票（即所谓的"赢家"股票）。这样做的理由是：大幅度的价格波动已经背离了基本面，必然会出现反转。

小盘股筛选：买入市值（即每股价格与流通在外的股票数量之乘积）低的公司股票。理由是：历史表明，小盘股的投资收益率更高。

冷门股筛选：买入大多数分析师都不关注的公司股票。理由是：由于跟随潮流的投资"大众"对它们不感兴趣，因此这类股票的价值更容易被低估。

季节性筛选：特意在一年中的某一段时期购买股票，例如，1月初。理由：历史表明，在某些特定的时期，股票的投资收益率更高。

惯性（或动能）筛选：买入价格在上升通道的公司股票。理由：价格的上涨是有惯性的，因此还会持续上涨。

内部交易筛选：跟随内部人（需要向证券交易委员会报告他们的股票买卖细节的人）的交易方向。理由：内部人会利用他们所知道的内部信息来指导交易行为。

基本面筛选

基本面筛选坚持将价格与公司财务报表中的某个特殊指标进行比较，常见的基本面筛选标准如下。

市盈率筛选：买入市盈率低的公司股票，同时卖出市盈率高的公司股票。请参考阅读材料3-2中介绍的其他市盈率变形指标。

市净率筛选：买入市净率低的公司股票，同时卖出市净率高的公司股票。

市价−经营现金流比率筛选：买入市价−经营现金流比率低的公司股票，卖出市价−经营现金流比率高的公司股票。

市价−股利比率筛选：买入市价−股利比率低的公司股票，卖出市价−股利比率高的公司股票。

在本章的网络配套资料中，对这些筛选指标有更多的讨论，并提供了筛选的网站地址。

乘数筛选法认为，相对某种基本面特征来说，价格越高就说明股票被高估得越厉害，而价格越低就说明被低估得越厉害。更高溢价倍数的股票被称为**热门股**（glamour stocks），因为投资者认为它们才是最入潮流、最跟得上时代特征的，所以才会满腔热忱地去将这些股票的价格不断推高。也有人将乘数高的股票称为**成长股**（growth stocks），因为他们认为这一类股票具有很大的增长空间。相反，低溢价倍数的股票被称为**冷门股**（contrarian stock），因为它们是被时

尚潮流所忽视的对象。逆向投资者与一般大众的投资思维不同，他们会反向操作，买入冷门的低乘数股票，同时卖出热门的股票。低乘数的股票也被称为**价值股**（value stock），因为人们认为它们的价值应当是高于当前的定价的。

基本面筛选是一种应用成本很低的基本面分析手段。只要你同意用某个能代表内在价值的指标来作为乘数的分母，接受将价格与这个指标之间的某个范围作为错误定价的讯号就可以了。这种方法所需要的信息不多，这是它的优点，操作简便而又快捷。当进行全面的基本面分析耗时又费力的时候，应用乘数筛选法是非常省事的。但是，如果某个指标并不能很好地代表企业的内在价值，而我们恰好将这个指标作为了乘数的分母，那我们的分析就有可能走上歧途了。基于这个原因，一些使用乘数筛选法的人还会在此基础上结合使用其他的策略，以利用更多的信息。例如，买入市盈率和市净率都低的股票（两站式筛选），或者买入低市净率，且前期股价处于下跌趋势的小公司股票（三站式筛选）。

表 3-4 报告了五个根据市盈率和市净率进行筛选的投资组合的年度收益情况。这里的投资逻辑是：假定市场对高市盈率和高市净率的公司（热门股或成长股）已出现了价值高估，而低市盈率和低市净率的公司（价值股或冷门股）则被价值低估，我们将这种投资策略不断重复。很显然，按市盈率和市净率的由低到高，股票报酬率也出现了由高到低的序列特征，并且组合 1（高乘数特征）与组合 5（低乘数特征）之间的报酬率差距说明了单纯按市盈率或者市净率一个指标进行筛选时的差异。如果同时按市盈率和市净率两个指标来进行筛选，能有更好的投资报告：对于特定市盈率的水平，按市净率再次进行排序，能增强未来的投资回报。

表 3-4 按市盈率和市净率进行筛选的投资报酬（1963～2006 年）

以下是单独按历史市盈率、历史市净率和同时按这两个指标进行筛选的股票组合投资报酬分布情况。筛选策略是：每年都按市净率或者市盈率的情况对股票进行排序，然后分成 5 个投资组合。在同时按照市盈率和市净率两个指标进行筛选时，首先按每年的市盈率将它们分成 5 个组合，然后在每个组合内部，再按市净率进行排序，再分为 5 个组合；表中的投资报酬率为按上述筛选策略进行操作后，1963～2006 年的平均投资报酬率。

单纯按市盈率或者市净率进行筛选					
市盈率组合	平均市盈率	年投资回报率（%）	市净率组合	平均市净率	年投资回报率（%）
5（低 P/E）	7.1	23.2	5（低 P/B）	0.61	24.3
4	10.8	18.1	4	1.08	18.4
3	14.7	14.9	3	1.47	15.4
2	31.3	12.1	2	2.17	12.6
1（高 P/E）	亏损①	13.5	1（高 P/B）	4.55	9.3

同时按市盈率和市净率两个指标筛选						
		市盈率组合				
		1（高）	2	3	4	5（低）
市净率组合	1（高）	4.3	10.9	14.2	17.1	19.7
	2	8.8	9.1	13.0	6.0	22.1
	3	14.4	8.5	12.1	17.0	21.6
	4	15.5	13.4	14.7	18.0	24.3
	5（低）	26.4	20.1	20.2	22.6	30.0

① 亏损组公司的平均"利润/价格"比为 –18.4%，请注意这里都是用的"扣除非经常项目影响前的利润"指标。

资料来源：S.H.Penman & F. Reggiani, "Return to buying earnings and book value: Accounting for risk and growth", Dec., 2013, *Review of Accounting Studies*, Vol.18, Iss.4, PP1021-1049。其中利润和权益净值取自标准普尔公司 COMPUSTAT 数据库，年度股票报酬率根据芝加哥商学院证券价格研究中心（CRSP）的月度报酬数据计算得到。

但是请特别小心！根据历史经验数据，这些年度投资报酬率是没有保障的，谁也不知道将来的报酬率分布是不是还会如此；我们并不清楚是不是投资者早就预期到了这样的投资报酬，或者是这种投资策略在这段时期内恰好非常的"幸运"。买入低乘数的公司股票也是有风险的，表3-4中的报酬率也是与风险特征相吻合的：低乘数的股票风险非常高，而高乘数的股票风险相对较低。实际上，表中的投资策略虽然从报酬率均值来看是很成功的，但对投资者个人来说，在某段时期的投资体验却恰恰有可能是相反的，高乘数的公司反而能带来更高的投资回报，而不是低乘数的公司。此时，如果恰好某人卖空了高乘数的公司股票，就会非常不愉快了。市盈率（P/E）实际上就是股票获利率（earnings yield，E/P）的倒数，就像高风险的债券可能提供的更高的收益率是一样的道理，股票也是如此。在本书中，稍后你将看到债务杠杆（通过借款取得的）能增大公司的股票获利率（同时降低市盈率），因此，买入低市盈率的股票势必会将自己暴露在负债风险下。

在应用这种投资策略时还应当注意，乘数筛选法只使用了很少量的信息，例如，如果按两个指标筛选，就只需要两条财务报表信息。然而，忽略信息是要付出代价的。因为这将印证第1章所提出的基本面投资者的信条：忽略信息将容易置身险境。在这些乘数当中，市销率是最危险的，请参考阅读材料3-4中的介绍。如果只依靠很少量的信息，而交易对手却认真研究了股票可能带来的报酬情况，拥有比我们更多的信息，这样的交易显然是风险很大的。如果某家公司股票的市盈率低，很可能是事出有因。实际上，低市盈率的股票价值也可能被高估，而高市盈率的股票价值也可能被低估，在这种情况下，投资者就有可能连买卖方向都弄错了。在2000年的时候卖出市盈率高达87.9的戴尔公司或许是明智的，但是如果买入市盈率低至8.5和5.0的通用汽车公司和福特公司就糟糕了：这两家公司的股票在后来年份中都严重下跌了，到2008年时，通用汽车股票的每股价格已经从80美元跌到了4美元，然后整个公司都破产了；而福特公司的股票也从每股29美元跌到了4.50美元。

阅读材料 3-4

忽略信息置身险境：市销率与价格－EBITDA比率

市销率

在互联网泡沫时期，市销率是人们最常用的股票评价指标。根据表3-3中的信息，市销率的历史中位数水平为0.9，但在1997～2000年，市销率超过20倍以上的新兴科技公司比比皆是。那么，为什么喜欢互联网公司的分析人员会关注市销率呢？为什么在IPO定价时要参考可比公司的市销率呢？原来是因为这一类公司大多数都还是亏损的，因此要用市盈率来进行可比分析根本就是不可能的。但是，使用市销率是有风险的。

市销率的决定因素是什么

根据市盈率来买卖股票还是有点道理的，因为我们可以说，越是有能力实现盈利增长的企业，就越有投资价值；按照市净率来买卖股票也都还是说得过去的，因为那毕竟是净资产的账面价值，我们可以把买股票想象为买入一家企业的净资产。但是，如果要按市销率来决定股票的买卖，我们就必须非常小心了。销售是实现价值增加的前提，但是光有销售还是不够的。销售也可能会导致亏损（而亏损会损失价值），因此，在应用市销率指标时，还是需要考虑这些销售所能够带来的盈利在哪里。如果目前的销售对应的是亏损，那么，就应当尤其小心。

要理解市销率这个指标，请注意它是

可以分解写成下面这个样子的：

$$\frac{P}{S} = \frac{P}{E} \times \frac{E}{S}$$

其中，E/S 就是销售利润率，即，每单位销售收入能够最终实现的盈利金额有多少。在使用市销率指标时，必须要理解这种"销售获利能力"的重要性，否则，就会因为忽略信息而置身险境。不过，如果在考虑市销率的同时又考虑销售获利能力，那么实际上我们就又回到了市盈率指标（即市销率分解式中的第一个参数 P/E）上面去了。这个公式告诉我们，市销率实际上就是忽视了销售获利能力的市盈率。有时，分析人员会把市销率解释为市场对未来销售增长的预期，但其实真正重要的是（通过销售实现的）盈利增长，因此，应当关注的是盈利增长和市盈率。

价格-EBITDA 比率

价格-EBITDA 比率是一个在乘数比较法和乘数筛选法中都常用的溢价倍数，这里的 EBITDA 表示息、税、折旧和摊销前的利润。一些分析人员喜欢从利润中消除折旧（主要来自厂房和设备）和摊销（主要来自版权、专利权等无形资产）费用的影响，因为他们认为这些项目都属于"非付现成本"。但实际上，虽然分析人员确实应当注意折旧费用的计算问题，折旧却是一项实实在在的、真实的经济成本。厂房和设备都是需要用钱买入的，然后它们会逐渐陈旧、过时，这时就需要重置了，最终又需要现金的流出。在对企业进行定价时，如果不考虑厂房、版权和专利权费用等，就好像企业可以在不支出这些费用的前提下就运营一样。如同市销率只考虑销售而不考虑费用一样，价格-EBITDA 比率也忽略了重要的信息。请倒回去参考阅读材料 2-4 中世通公司的情况，看看这个比率是如何将人带入歧途的。

要解决信息量少的问题，可以建立一个模型，将所有与投资收益有关的信息都考虑进来。这就是正式的基本面分析为挖掘内在价值而要做的事情了，我们在本章稍后部分即将开始着手来建立这样的模型。不过现在我们还需要先介绍一下以资产为基础的估值。

3.2 以资产为基础的估值

以资产为基础的估值通过确认并找出企业各项资产的价值，然后加总起来作为企业的价值，最后从这个价值中减去负债的金额，即可得到股东权益的价值，即股东权益的价值=企业的价值-债务的价值。这种思想看起来十分简单，只需要确认资产，取得每项资产的价值，加总资产价值，然后再减去负债的价值即可。

在第 2 章中我们已经看到，企业在资产负债表上加总资产和负债的价值，两者之差就是企业股东权益的价值。在第 2 章中也解释过，有些资产和负债本来就是按照市场价值计量的，比如，债券和股票投资就是按照"公允"的市场价格报告在资产负债表上的（当然，前提是这些债券和股票被划分为交易性证券或者可供出售的证券）；负债的报告价值已经很接近它们在资产负债表日的市场价值，而且，很多负债项目的市场价值在财务报表附注中也是有披露的；现金与应收款的报告价值也是接近市价的（虽然应收款净值需要估计）。但是，还有大多数能够创造价值的资产是按照摊余的历史成本进行计量的，资产负债表中的账面价值无法反映出它们所能带来的预期利益流入的价值（参考阅读材料 2-3）。

而且，企业还可能拥有所谓的无形资产，例如品牌资源、知识资产和管理技能等。对于这一类资产，由于会计人员难以确定它们的准确价值，所以，根据美国公认会计原则的"可靠性"规定，是不报告在资产负债表中的。换句话说，会计人员对这类资产所报告的价值为0。以戴尔公司为例，这一类资产也许就是导致该公司的市场价值与账面价值出现巨大差异的主要原因了。该公司所拥有的品牌价值可能已经超过了所有有形资产价值的总和，它独特的按订单生产策略、及时生产技术、营销网络和"以客户为主导"都能为分销渠道创造价值。但这些项目却都还没有被报告在资产负债表上。

以资产为基础的估值试图通过以下两点改进，然后将资产负债表中的计算再重新做一次：①取得资产负债表中所列报资产和负债项目的当前市场价值；②找出被资产负债表所忽略的资产项目，并确定它们的价值。那么，这是一个能解决估值问题的低成本解决方案吗？实际上，整个会计职业界已经基本上放弃了这种思想，因为这样做的难度实在是太大了。会计人员指出，在资产的估值问题上，存在着一些相当困难的问题。

- 资产负债表上所列报的资产并不是经常交易的，因此，难以轻松地找出它们的市场价值。
- 即使能够取得市场价值，这些市场价值也不一定会是内在价值的有效计量，因为这些资产所对应的市场不一定是完美的。
- 即使能够取得市场价值，这些市场价值也不一定能代表这些资产在企业被使用后能创造的价值。比如，也许我们可以找到某项资产当前的重置成本或者出售价格（即清算价值），但这两个价值都无法代表这项资产在企业的持续经营中所能创造出的价值。将一栋建筑物用于生产和制造电脑，和将同样的这栋建筑物用于仓储杂货，价值是不一样的。
- 需要找出被资产负债表所忽略的资产，并确定它们的市场价值。但什么是品牌资产？什么是知识资产？在戴尔公司的资产负债表上有哪些资产项目被忽略了？之所以将这类资产项目称为"无形资产"，本身就说明要确定它们的价值是困难的。要估算品牌资产和知识资产的价值是不容易的。会计人员在资产负债表中只列报企业通过外部市场所购入的无形资产，因为只有这样才能确保这些资产的价值有客观的市场交易作为保障。
- 就算我们能找出每一项资产的价值，但全部资产的价值总和与将这些资产作为一个整体的价值也许并不会（而且很可能不会）相等。在企业中，各种资产是结合在一起使用的，实际上，企业家就是将各项资产按一种独特的方式组织到一起来创造价值的。所以，这种"协同作用"的资产价值是难以被确定出来的。判断企业的内在价值（即全部资产整合在一起能发挥出的价值）是一个估值难题。

在有些情况下，适用以资产为基础的估值技术。例如，当我们的估值对象是一个投资基金，且这个基金只投资于交易性股票时，将这些股票的市场价值加总起来，即可得到投资基金的价值。但即使是在这样的情况下，这家基金公司的价值也会高于它的资产负债表列报金额，因为这只基金能够赚取超额投资报酬的能力是没有办法反映在报表上的。而且，这些基金所投资的股票市价也不一定是有效的——如果这家基金的经理能够识别出错误定价的股票的话，确实就会是这样的。以资产为基础的估值有时会被应用于以自然资源为主要资产的企业，比如油田、矿藏、林地等，这类企业有时直接就被称为**资源型企业**（asset-based companies）。我们估计（油田或者矿藏的）储备量或者（林地的）面积，然后按照这些资源在当前的市价进行定价，再扣除预计的开发成本，就能估算出这类企业的价值。阅读材料3-5就是一个以资产为基础进行估值的应用例子。

> **阅读材料 3-5**
>
> ## 清理价值：以资产为基础的估值应用
>
> 以资产为基础的估值技术可用于确定企业的**清理价值**（breakup value）。当对持续经营的企业进行估值时，投资者需要经常注意，因为如果从企业资产的价值来看，持续经营价值是大于清理价值的。如果是清理价值更高，显然，企业就应当进行清算了。发生在20世纪80年代的一些著名兼并收购和重组案例，就是因为收购专家发现，并购目标企业的资产价值已经超过了将它们作为一个整体所能实现的价值。
>
> 然而，要进行这类评估，都必须事先知道资产的清理价值（出售价格）。
>
> 基本面分析根据在持续经营中对资产的利用情况来估计价值。将这样分析得到的价值与破产价值进行比较，可以得到"企业战略所创造价值"的最大值。继续持续经营或者是拆散了来出售，都是这些资产的利用方式之一，所以，应当对这两种资产利用方式下所能得到的价值进行比较。

以资产为基础来对企业进行估值的应用成本并不低。实际上，由于资产的估值存在普遍困难，因此这种技术的应用成本有可能甚至是非常昂贵的。这就是为什么会计人员都避开了这种思想的原因。由于这种困难的存在，更加凸显了基本面分析的必要性。对企业进行估值的问题实际上就是解决资产负债表的不完美问题。基本面分析根据预期的未来收益情况来估计企业的内在价值，以更正资产负债表中的缺失值。比如，可口可乐公司的品牌资产影响巨大，但却没有报告在资产负债表上，所以导致该公司股票价格相对于其账面价值来说的溢价倍数特别高。但在本书中，你将看到，这种溢价是可以通过基本面分析来估算得出的。

3.3 基本面分析

乘数比较法、乘数筛选法和以资产为基础的估值方法有一个共同的特点：它们都不需要进行预测。但实际上，公司股票的价值是取决于它在未来预期能够为股东创造的收益的，因此，如果我们想要认真地对股票价值进行评估，就不能避开对未来收益的预测工作。而对收益的预测需要以各种信息为基础，所以，我们无法避开信息的分析工作。**基本面分析**（fundamental analysis）就是一种信息分析方法，它根据各种信息来推导未来的收益情况，最后根据这些预测结果来判断股票的价值。由于不需要进行预测，所以乘数比较法、乘数筛选法和以资产为基础的估值方法都只用到了极少量的信息，使得这些方法应用起来非常简单，但这种简单是以忽略信息为代价的。真正的投资者在对股票进行筛选时，要用到的指标应当是价格 – 价值比率（P/V），而不是单纯的市盈率、市净率或者市销率。但是相应地，他们也需要一种技术来估计价值 V。按市盈率、市净率或者市销率来筛选股票，好像确实是提出了正确的问题：利润、账面价值或者是销售情况被定价得太高了还是太低了？但实际上，我们最终购买的是价值，而不仅仅只是价值的一个方面。

3.3.1 基本面分析的步骤

图 3-1 中给出了基本面分析的估值步骤。在这个图中的最后一步，即第 5 步，就是将价值

与投资的价格进行比较，这一步被称为**投资决策**（investment decision）。对企业外部投资者来说，投资的成本即为拟交易股票的市场报价。如果估值大于市场报价，那么分析就会建议买入；反之，则建议卖出；如果估值的结果恰好等于市场价格，则分析人员会认为该项投资的市场定价是有效的，用分析师的话来说，操作建议就应当是持有。如果是企业内部的投资者，投资的价格就是该项投资的成本。如果计算出来的战略或者投资项目的价值大于投资的成本，那么就说明投资可以创造价值，分析人员（用项目评价的来讲）就会建议接受该战略或者投资提议；反之，则会建议拒绝。

图 3-1 中第 1 步至第 4 步说明怎样才能得到投资决策中所需的价值参数。一项投资的价值取决于它所可能带来的未来收益情况，因此，预测收益（步骤 3）是基本面分析的核心。而要完成收益的预测，就必须首先确认哪些信息与未来的收益情况是相关的，并对这些信息进行分析，因此在预测收益之前，应当是分析信息（步骤 2）。最后，要分析信息，又需要事先了解企业的经营特点和经营战略（步骤 1），因为企业正是靠着这些特点才能创造收益的。

（1）了解企业。在第 1 章中已经指出，了解企业是对企业进行估值的先决条件。在了解企业的过程中，一个重要的方面是了解它的价值创造战略。外部分析师会根据图中的步骤对企业的战略进行评估，并随着企业的战略变化而调整他的估值结果。而内部分析师本身就是与战略的形成相关的，因此他们会按步骤去进行检验，看是否有必要增加或者调整新的战略。所以在图 3-1 中，你会看到一个反馈环：一旦选定了某个战略，这个战略的影响就重新构成了企业持续经营估值的一部分。

（2）分析信息。了解了企业的背景情况之后，就需要对企业的信息进行分析。这些信息的形式多样，来源也不相同。一般情况下，分析人员在这一步骤中需要处理海量的信息，包括

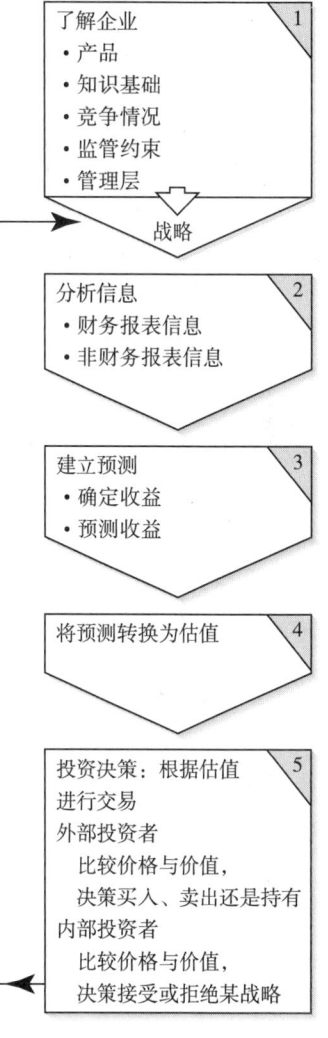

图 3-1 基本面分析的步骤

财务报表中的销售收入、现金流量和利润金额等"硬"信息，也包括顾客的偏好、技术的改变和管理的质量等"软"信息。在将这些信息进行组织，为预测做准备时，尤其需要注意效率，比如，将相关的信息与不相关的信息进行区分，剖析企业的财务报表，以提炼对预测有用的信息等。

（3）建立预测。如图 3-1 中第 3 步所示，建立预测需要分两步完成。首先，应当弄清楚如何计量收益，然后再对特定的收益进行预测。其中，第一步工作是很重要的，因为估值的有效与否常常取决于收益的计量是否准确。在这个步骤中，我们需要预测的是现金流量还是利润、股东权益的账面价值、股利金额、EBIT 或者权益报酬呢？在分析人员的研究报告中，似乎这些数字都可以看到。这是我们在进一步深入以前，必须解决的一个重要的估值设计问题。

（4）将预测转换为估值。企业经营的回报是年复一年的，因此通常情况下，预测的结果会是一系列的未来收益流量。要完成我们的分析，必须将这一系列的预期收益流量转换为一个金额，即估值结果。由于这些收益都是未来的，而投资者希望知道目前而不是未来的价值，所

以,需要将预期收益进行贴现,以消除时间价值的影响;又由于未来的收益是不确定的,所以在贴现时还应当调整风险因素的影响。这两个问题影响着投资者的**贴现率**(discount rate),也称**必要报酬率**(required return)或者**资本成本率**(cost of capital)。因此,最后我们需要将一系列的期望未来收益按投资者的必要报酬率进行贴现,转化为一个金额。

(5)投资决策:根据估值进行交易。外部投资者将估值结果与市场价格进行比较,以决策证券的买卖;而内部投资者则将估值结果与投资的成本进行比较,以决定是否投资;在这两种情况下,上述比较都会产生这项投资的**价值增加额**(value added)。因此,与简单的乘数分析不同的是,基本面分析不是将价格与一项信息进行比较,而是将价格与价值进行比较,而这里价值则是依靠在预测中所用到的全部信息估计出来的。这即是说,基本面投资者按照价格-价值比(P/V)来筛选股票,而不是按市盈率或者市净率来进行筛选。

分析人员可能会特别擅长于这里的某一个步骤或者全部步骤。作为一名分析人员,应当要了解在这些步骤中,他自己的比较优势在哪里,他能在哪一个方面做得比别人更出色。当从分析师那里听到了"买入"建议时,投资者也需要了解这位分析师特别擅长的技能是什么,是对这个企业或者行业特别了解吗(步骤1)?是发掘和分析信息吗(步骤2)?是根据信息建立可靠的预测吗(步骤3)?是根据预测结果去推导价值吗(步骤4)?还是在控制交易成本的情况下,根据分析结果建立交易策略呢(步骤5)?比如,某位分析人员可能在预测企业盈利方面特别擅长,但是,他对将预测结果转化为估值却可能并不那么在行。

3.3.2 财务报表分析、预计分析与基本面分析

一提起财务报表,大家通常都认为那是个查找公司信息的地方,而且,在上述"分析信息"步骤中,我们也确实需要用到财务报表中的信息。但是,除了提供信息来源以外,在基本面分析中,财务报表还有另一个重要作用。

我们已经指出,预测投资所能带来的未来收益是基本面分析的核心。而分析人员所预测的投资收益来源于企业的未来盈利,而且这些盈利是报告在未来的财务报表中的。我们还需要预测现金流量,而现金流量是报告在未来的现金流量表中的。因此,财务报表不仅仅是提供在预测中所要用到的信息,它们本身也是我们需要预测的内容。图3-2说明了财务报表在估值中的作用。

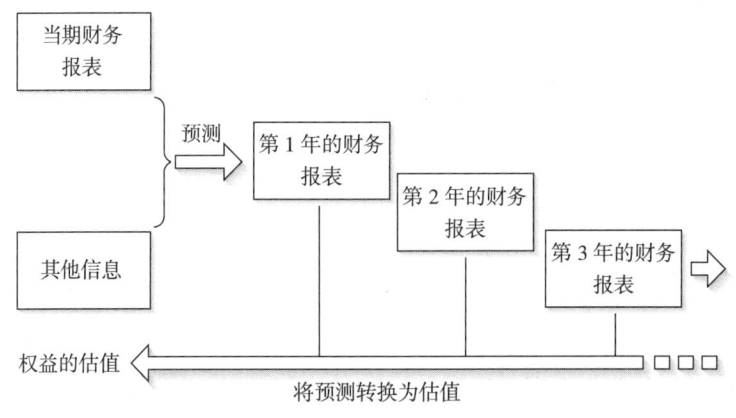

图3-2 财务报表在估值中的作用

分析师预测出未来的财务报表,然后再将预测结果转换为对企业的估值。当期财务报表是预测工作所离不开的信息来源之一。

除了利润和现金流量以外，财务报表还报告了许多其他的项目，用来解释企业的利润和现金流量的形成过程。在利润表上，报告有销售收入、生产成本和其他为了促成这些销售而必须发生的费用；在现金流量表上，报告有现金流量的来源；在资产负债表上，报告企业为了创造利润和现金流量，使用了哪些资产。用估值分析的语言来讲，财务报表披露了利润和现金流量的"驱动因素"（drivers）。因此，实际上财务报表也告诉了我们如何去搭建预测的框架。如果我们能够知道财务报表中的各个项目（包括销售收入、费用和使用的资产等），我们也就能够理解企业的价值创造过程了。这即是说，如果我们能够预测出全部的报表细节，那么也就能够找到企业利润和现金流量的驱动因素，完成预测工作了。

预测未来财务报表的工作被称为**预计分析**（pro forma analysis），因为它涉及为未来编制预计的财务报表。所谓预计的财务报表，就是如果未来情况真如我们预期的那样，那么企业最终会实现的财务报表。预测是基本面分析的核心，而预计分析则是预测工作的核心。相应地，所谓基本面分析，其实就是建立预计（未来）财务报表，然后将这些预计数转化为估值的过程。这种观点对当期的财务报表分析工作也有影响。当期的财务报表为预测工作提供信息，因此在分析当期的财务报表时，应当以有利于未来财务报表的预测工作为目的。

3.4 基本面分析的骨架：估值模型

如图3-1所示，基本面分析就是将你对企业所了解的情况（步骤1）转化为估值和交易策略（步骤5）的过程，步骤2、步骤3和步骤4就是转化的实施，这三个步骤主要受分析人员所选择**估值模型**（valuation model）的影响。分析的重心是步骤3中的预测工作，但在预测开始之前，分析人员必须事前确定需要预测的内容。然后，在估值模型中考虑未来的收益情况，利用估值模型来指导基本面分析的第3步工作——预测。不过，估值模型实际上也会影响第2步的信息分析工作，因为只有在确定了需要预测的内容之后，我们才能分辨出哪些是与预测工作相关的信息。进一步地，估值模型会告诉分析人员如何去完成第4步工作，将预测结果转化为估值。因此，可以这么说，估值模型就是估值的骨架，估值技术的好坏完全取决于我们所选择的估值模型。

好的实践必定需要优秀思想的指引。估值模型所隐含的实际上是关于企业价值创造机理的思考。企业是复杂的组织，只有有序的思考过程才能指引我们去弄清楚它通过各种活动所创造的价值，而这种思考可以通过估值模型来完成。所以估值模型实际上就是一种用来理解企业及其战略的工具，有了这种理解之后，就可以将所了解到的企业信息转化为对企业的估值。

投资银行家和权益研究机构通常都有一套共通的内部估值方法，用于构建他们自己的估值模型。投资顾问的营销重点往往也是他们的估值模型，有很多模型都曾经受到过他们的推崇。比如，贴现现金流量（DCF）模型就曾经一度风靡，但目前更流行的是关注"经济增加值"的模型，或者强调特定的经济因素，比如"价值动因""衰退率"（fade rates）、"特许经营权"和"竞争优势期"等的模型。这仅仅是营销的手段吗？还是这些因素在一定范围内真的可以创造价值？在不同的估值模型之间，我们应当如何进行选择和取舍呢？这些都是投资顾问的潜在客户可能会问到的问题，那么，作为模型的卖方，就必须为这些问题准备好令人满意的答案。估值模型是权益研究的核心内容，所以分析人员必须要掌握至少一个经得起检验的估值模型。

3.4.1 期限投资与持续投资

请参考图 3-3，我们来看看怎样的估值模型才是合适的。假定你现在正准备进行一笔投资，并计划在将来某个时候再出售这项投资。你的投资收益将体现为通过这项投资可能获得的全部现金，其来源包括以下两种：在持有期间收到该项投资所支付的现金和最后出售投资时能够收到的现金。这两项收益来源在图 3-3 的时间轴上体现为两种类型。时间轴以目前的投资时刻（时刻 0）为起点，一共经历 T 个时期，所以 T 又被称为**投资时限**（investment horizon）。由于投资者一般习惯使用年度投资报酬率，所以可以将图中的时期想象为年度。

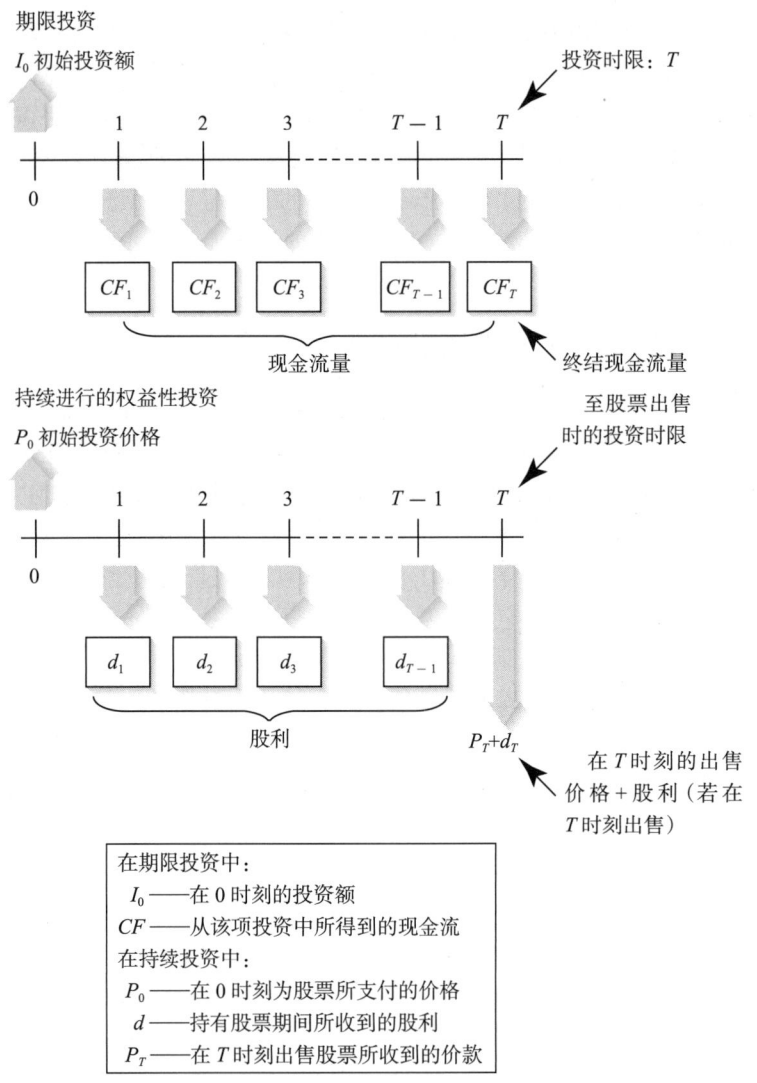

图 3-3 投资收益的时期分布

第 1 项投资是有固定期限的，而第 2 项投资是持续性地投资于一只股票。投资时点为 0 时刻，持有 T 期，T 期后终止投资或者进行清算。

图 3-3 中第 1 项投资的期限是固定的，属于**期限投资**（terminal investment），债券就是常见的期限投资例子。在债券投资中，会以利息的方式每年支付一定的现金流量（CF），然后在债券到期时再支付一笔终结现金流量。再比如，对单项资产（例如一栋用于出租的建筑楼）进

行投资也属于此类,它会产生定期的现金流量(以租金的形式)和一笔终结现金流量(当这项资产报废时)。图中第 2 项投资与债券投资或者单项资产投资的不同之处在于,它没有明确的投资终止期。对企业权益份额所进行的投资就具有这样的特点。通常情况下,我们都会假定企业是持续经营(going concern)的,也就是说,会一直这么经营下去。因此,在这类**持续投资**(going-concern investment)中,没有投资终结日,也就无法预测终结时的投资收益。不过,投资者可以在未来某个时候,例如,时刻 T 时,通过出售他手中的股份来终结这项投资。那么,如果这样的话,如何才能预测他的终结投资收益(terminal payoff)呢?以股票投资为例,假定股票的买价为 P_0,并用 d_1, d_2, d_3, $\cdots$, d_T 表示每年所收到该股票的股利,那么,这里的股利就类同于债券的利息,属于每期的收益现金流量,而最终的股票出售价格 P_T 就是终结现金流量。

根据图 3-1,这两种投资的收益最终都需要按必要报酬率进行贴现,将它们转化为估值。在本书中,我们将用符号 ρ 来表示(1+ 必要报酬率),用在贴现公式中。因此,如果投资的必要报酬率为 10%,那么 ρ= 1+ 0.10 = 1.1。当我们讲必要报酬率时,我们会将它表示为(ρ−1),因此在刚才的例子中,必要报酬率就是 1.10−1.0 = 0.10。你或许以前习惯用其他符号(例如 r)来表示必要报酬率,并用(1+r)表示贴现率,那么现在你需要理解 ρ 就等于(1+r),而(ρ−1)就等于 r。你会发现,这样做将使我们今后的公式更简洁一些。

将来我们会不断提到的这个百分比率,叫作**必要报酬率**(required rate of return,也简写作 required return)。

3.4.2 适用于期限投资的估值模型

标准的债券估值公式就是一个估值模型的例子。在图 3-4 中,上部列出了一个 5 年期、票面年利率为 10%、面值为 1000 美元的债券对应现金收益情况,分布形式与图 3-3 中的时间轴图示相同。对于这些债券在投资日(时刻 0)时的内在价值,债券估值公式是这样表达的:

$$\text{某债券的价值} = \text{其预期现金流量的现值} \tag{3-1}$$

$$V_0^D = \frac{CF_1}{\rho_D} + \frac{CF_2}{\rho_D^2} + \frac{CF_3}{\rho_D^3} + \frac{CF_4}{\rho_D^4} + \frac{CF_5}{\rho_D^5}$$

其中,ρ_D 表示债券的必要报酬率加 1,而 D 表示此处是对债券的估值(债券属于负债 debt,故用 D 表示)。这个模型要求我们预测债券的未来现金流量,然后将这些现金流量按照债券的必要报酬率 ρ_D 进行贴现。在这里,要完成步骤 3 中所要求的预测工作并不难,只要找出债券合约中所规定的现金流量收益分布就可以了。这个公式说明了预测的未来现金流量分布与必要报酬率之间的关系(步骤 4):每一期(t)的现金流量都需要按对应的贴现率 $\frac{1}{\rho_D^t}$ 进行调整,以得到对应的"现值"。

在确定债券的价值时,唯一问题是如何寻找合适的贴现率。这个贴现率应当是债券投资人所要求的报酬率,有时也称负债的资本成本(cost of capital for debt)。固定收益产品分析师在对债券进行估值时,对不同期限的产品常常会使用不同的贴现率,即他们对贴现率设定了一个期限结构。但为了简化起见,我们在这里只用一个固定不变的利率,例如,假定为每年 8%。那么,就可以有:

$$V_0^D = \frac{100}{1.08} + \frac{100}{(1.08)^2} + \frac{100}{(1.08)^3} + \frac{100}{(1.08)^4} + \frac{1100}{(1.08)^5} = \$1079.85$$

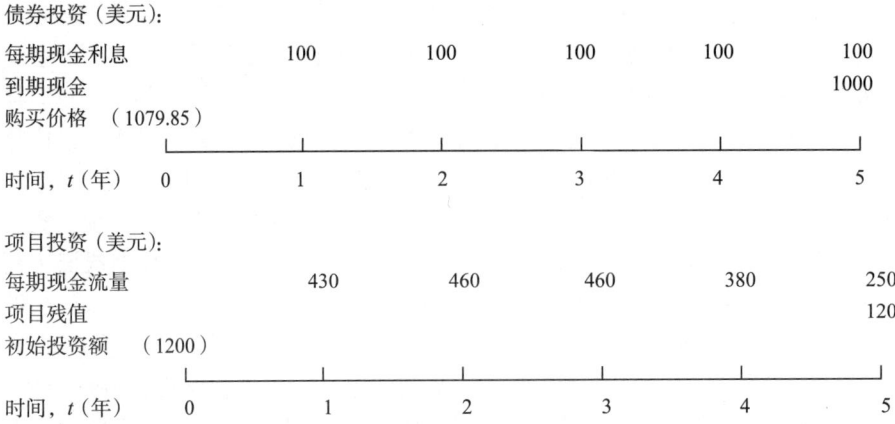

图 3-4　1 份面值为 1000 美元、5 年期、票面年利率为 10% 的债券投资与一项 5 年期的项目投资比较

两项投资都是在时刻 0 做出的，在后续的 5 年中陆续收到现金支付，最后投资在第 5 期期末终结。

这就是当该债券被正确定价时，你应当为它所支付的价格，也即图 3-4 中时刻 0 时的现金流出金额。

这当然是一个标准的现值计算公式（present value formula）。在企业内部的项目评价中，例如，当讨论是否应当开设新工厂或者购买新设备时，也常常用到这个公式。在图 3-4 中，也列出了一个项目的预计现金流量分布情况，该项目需要企业在 0 时刻投资 1200 美元，有效期为 5 年。如果应用现值计算公式，可以有：

$$\text{某项目的价值} = \text{其预计未来现金流量的现值} \tag{3-2}$$

$$V_0^P = \frac{CF_1}{\rho_P} + \frac{CF_2}{\rho_P^2} + \frac{CF_3}{\rho_P^3} + \frac{CF_4}{\rho_P^4} + \frac{CF_5}{\rho_P^5}$$

其中，P 表示项目（project），而 ρ_P 则表示每单位美元的项目投资所期望收到的收益总额，它反映了投资风险程度的高低。某项目的必要报酬率有时也被称为**门槛利率**（hurdle rate）。例如，如果图 3-4 中项目的必要报酬率为 12%（$\rho_P=1.12$），那么，该项投资的价值就是 1530 美元（请确保你能计算出这个答案来）。这个公式是一个项目估值公式（project valuation model），它告诉我们，在第 3 步时应当去预测项目的未来现金流量分布，然后在第 4 步时再将预测的结果与必要报酬率相结合，求解出现值。与债券的估值问题一样，对项目估值来说，怎样确定项目的资本成本率也是个问题。而且，项目的未来现金流量分布不像债券那样透明，必须通过分析信息来进行预测，因此，步骤 2 在这里就很重要了。请注意，在这里，是估值模型决定了我们在信息分析时应当做什么：寻找能够对预测未来现金流量有用的信息。

企业的目标是为股东创造价值。在图 3-4 中，是企业可以利用股东的钱去进行的两项投资能够带来的预计收益分布。我们来考虑其中的债券投资。如果市场对这份债券的定价是正确的，它会通过对价格的调整，使这些债券刚好能创造 8% 的收益率。这样，如果投资者要买这份债券，就需要支付买价 1079.85 美元。那么，这项投资能创造的预期价值是多少呢？它应当等于投资能带来的预期收益的现值再扣除投资成本之差，即在第 5 步中可以得到的此项投资的净现值（net present value of the investment，NPV），用 NPV 表示。如果这份债券目前的市场价格恰好也是 1079.85 美元，那么，此项投资的净现值就刚好等于 0，因此这是一个净现值为 0 的投资项目。换句话说，这项债券投资是不创造价值的，或者说，没有带来价值增加额，因为投资所创造收益的价值（现值）恰好等于它的投资成本。当然，如果管理人员认为市场对这份债券的定价是不正确的，比如，如果他们在计算时使用了错误的贴现率，那么，他们就会通过买卖这份债券来创造价值。债券投资者就是这样做的：当发现有债券被错误定价时，他们就会抓紧利用套利机会。

很多企业对资产和项目的投资都与图 3-4 下部所给出的项目类似。这是一个净现值为正的投资项目，即，由于项目的价值是大于其投资成本的，所以该项目能够为企业增加价值。在评价这个投资项目时，公司管理层最后会说，这个项目预期能带来的净现值为 1530 美元 −1200 美元 = 330 美元，因此，该项目能创造价值，应接受这个项目。

3.4.3 适用于持续投资的估值模型

对债券或者项目这样的期限投资进行估值相对来说是比较简单的。事实上，企业都是持续经营的，企业管理层所坚持的战略也往往是持续的。企业会进行项目投资，并在项目到期时继续进行下一轮的投资，不断重复。所以，对持续经营的对象进行权益估值和战略分析会涉及两个额外的复杂问题。首先，由于持续经营（如果永久怎么办），就需要预测很长时期的投资收益情况（没有止境怎么办），这在实务中是不容易做到的。其次，需要进行预测的价值增加属性与单笔的期限投资的不相同，只有对企业的价值创造过程有了深入的理解，才能知道哪些项目属于能增加价值的属性。我们在今后将逐渐解决这两个问题。

3.4.4 判断估值模型是否实用的标准

再确认一次，我们希望估值模型能捕获到企业所创造的价值。但同时，我们也希望模型能够实用一点。那些看起来很花哨但用起来很笨重的估值模型是不受欢迎的。所以，下面这几点是需要考虑的。

（1）有限的预测期。持续经营意味着企业会一直经营下去，但要让我们做"无限期"的预测是不现实的。对于不久的将来可能发生的情况可以进行预测，但是对于更长久的不确定情况，却难以做好准确的预测了。实际上，在实务中，分析人员通常只会发布几年后的预测情况，或者，他们会将更长时期的情况用一个长期增长率来代表。我们认为，估值方法最好只需要**有限期预测**（finite-horizon forecasting），比如 1 年、5 年或者 10 年都可以。这实际上是对步骤 3 中的预测目标进行了细化说明。好的估值模型应当可以通过预测较短时期内的收益情况来代表在持续经营情况下"永久"的投资收益。而且，**预测期**（forecast horizon）越短，预测的效果才越好。

（2）可证实性。预测的内容应当是可观察到的，这即是说，当预测的事项真正发生时，我们是能够看到的。我们并不想要去预测像"经济增加值""技术领先程度""竞争优势"或者"增长机会"这样的模糊概念，这些概念对建立预测模型可能是有用的，但从实用的角度来说，我们希望所预测的东西是可以被鉴证的，是能被报告在企业未来的财务报表上的。要让预测结果经得起鉴证，那么预测的内容就必须是具体的。所以，如果"竞争优势"或者"增长机会"能够创造价值，那么我们希望这些价值能以某个能在将来财务报表中报告出来的指标来体现。坚持可证实性能使我们的方法更可信：分析师的盈利预测结果可通过将来财务报表中的报告结果来证实，到时候，我们就能判断当初预测的准确程度如何。从投资者的角度来看，确保产品质量的能力是很重要的，他们对股票投资的谨慎态度会要求我们不使用模糊的预测标准，他们需要的是具体的东西。

（3）操作简洁。我们希望在步骤 2 的信息搜集和分析工作完成后，直接就可以进行预测。

所需要用的信息越少，估值过程就越容易操作。我们希望**简洁**（parsimony）。如果能够有一两条特别重要的信息，就可以代表关于未来收益的很多信息的话，就最好了。而且，如果这些信息直接就报告在财务报表中，随手可得，那就更加理想了。

3.4.5 什么在创造价值

在第 1 章中我们曾经指出，企业从事三类活动：筹资活动、投资活动和经营活动。现在，请重新再看看第 1 章中的图 1-1，哪些活动能够为企业创造价值呢？

经济学家会说，只有投资活动和经营活动才是能够带来价值增加的。而对于企业从投资者那里融资和将现金返还给投资者等交易所组成的筹资活动，对企业经营来说当然是必要的，但从金融经济学的标准来看，却是不创造价值的。当然，也有一些例外情况。下面我们依次来看看企业与股东和债权人之间的交易。

1. 权益融资活动

在有效市场中发行股票　假定有一家已有 12 000 万股股票流通在外的公司又发行了 1000 万股股票，每股发行价格为 42 美元，与当时的市场价格相同。那么，这家公司的每股股价会有什么变化呢？答案是，不会有任何变化。在此次发行前，该公司的市场价值为 12 000 万股 × 每股 42 美元 = 504 000 万美元；此次新发行的股票使市场价值增加了 1000 万股 × 每股 42 美元 = 42 000 万美元，达到 546 000 万美元。现在，流通在外的股份数量变成了 13 000 万股，每股价格仍然是 42 美元，每股所对应的股东权益要求权也没有发生变化。股东对这家公司的投资总额增加了，但投资并没有实现增值。这个例子告诉我们，在考察股东财富时，应当多从每股财富的观点来看。所谓价值创造，是指增加每股权益所对应的价值，而不是权益的总价值。而且，管理层不应当追求只能增大公司的总规模，而不增加每股价值。

假定还是这家公司打算发行 1000 万股股票，但这次，每股发行价格为 32 美元，而不是按照市场价格每股 42 美元发行。那么，此次股票发行将使公司的市场总价值增加 1000 万股 × 每股 32 美元 = 32 000 万美元，使公司市场总值达到 536 000 美元，但现在，市面上一共有 13 000 万股股票流通在外，导致这次发行过后的每股价格变为 41.23 美元。请问，现在这笔交易改变股东价值了吗？答案为"是的"，原有股东的每一股都损失了 77 美分，他们的权益被稀释了：因为每股价值下降了。

上述这两种情形说明：按市场价格新发行股票不会影响股东的财富，但是，如果发行价格低于市场价格，将会侵蚀原有股东的财富。在估值时，我们可以不考虑按市价发行股票的情形，但绝不能忽略按低于市价的水平发行股票的情况。比如，当企业根据股票期权计划向管理层和员工发行股份时，就可能发生后一种情形。如果不考虑这些交易，我们就会忽略一些被损失掉的价值。

请注意，按市价发行股票的影响与宣布将发行股票的影响是不同的。有时，企业在股票真正发行之前所做的发行宣告是可以传递一些关于公司价值的信息给市场的，比如，公司的投资前景等，这会导致市场价格发生改变。这种影响有时被称为信号传递影响（signaling effect），是由于新信息的到来而引起的，而不是股票发行本身所带来的。

在无效市场中发行股票　上述关于融资影响的看法有一个前提，即假定股票的市场价格可以反映它们的价值，或者说，市场是有效的。在这样的前提下，买卖双方所交换的价值是相等的。但是，如果股票的定价不是合理的，那么，就必然会有一方输一方赢的局面出现。假定企业管理层知道公司的股票目前被市场高估了，他们就可能选择在这时发行股票。新股份的认购者按市场价格购入股份，但得到的对应价值却没有那么多；而原股东所得到的价值超过了公司实际付给新股东的价值，所以，原股东赚了。从这一点来看，股份发行公告常常会被当作"坏消息"，导致股价出现下跌。这种财富转移只可能出现在无效的市场中，或者当企业管理层能比普通市场大众掌握更多关于公司的内幕信息时。因此，买股票时必须非常小心！在真正参与一家企业的股份发行时，一定要先了解这些股份的价值之后再行动。请参考阅读材料3-6中的介绍。

阅读材料 3-6

企业并购中的股份发行

在企业并购中，购买公司常常会发行自身的股票，用来换取被收购公司的股权。此时，人们往往会很好奇，此项并购交易是否能够创造价值呢？假定交易中的股份都是有效定价的，并购方按公允价值支付，并只期望从并购中获得正常报酬率。

在企业并购交易中，并购方可通过以下三种方式实现价值增加。

（1）相对基本面价值来说，被并购方的股份在市场中正被低估。

（2）被并购方的经营如果与并购方的经营合并以后，能够创造更多的价值。

（3）并购方自己的股份在市场中正被高估。

在第1种情况下，并购方与其他任何主动的投资者是一样的，随时在寻求价值被低估的资产。

在第2种情况下，所寻求的实际上是两家公司合并能够带来的协同效应。比如，在20世纪90年代，节约成本以实现规模经济据称就是导致当时银行业兼并浪潮发生的主要原因。人们认为，在同一个楼顶下营销各类金融服务能够更节约成本，所以，当时很多银行、经纪公司和保险公司都进行了合并，比如在1999年，旅行家集团（Travelers life）、所罗门美邦（Salomon Smith Barney）和花旗银行（Citibank）就合并成为花旗集团（Citigroup）；而美国在线和时代华纳公司的合并宣告也意味着一家传媒企业和一家互联网门户企业之间的合作从此拉开了序幕。

在第3种情况下，并购方意识到它只要将被高估的股票拿去"变现"，就可以更便宜地买入其他资产了。在美国在线与时代华纳合并之前，美国在线公司的股票市盈率和市销率分别为190倍和35倍，相对历史水平来说高出了很多。那么，我们可以说美国在线公司利用它被高估的股票去套现，购买了时代华纳公司吗？实际上，在收购时代华纳公司的协议中，美国在线公司同意将它自己的股份按市场价格的25%折价计算（这是非常罕见的），这说明，它是承认自己的股份价值被市场所高估了的。即使是按照这个价格，美国在线公司的股东也不吃亏。虽然此次并购后的企业经营是比较失败的，但美国在线的原有股东从利用他们的股份高估值中获利不少，他们很便宜地就买了时代华纳公司的资产。

在交易真正达成以前，无论是并购方还是被并购方，都应当理解企业合并的价值来源于哪里，还应当清楚并购方和被并购方股份的真正价值，以及当时的市场对双方股票的定价是否合理。只有这样，并购双方才能真正了解它们在并购交易中所付出和得到的价值。

股份回购 股份回购是股票发行的反面，因此，按市价回购股份是不影响每股价值的，但如果按高于市价的价格回购股份，就会影响每股价值了。与股份发行类似，管理层可能会在它们认为公司的股份价值被市场所低估的时候回购股份。在这种情况下，选择将股份出售给公司的股东就会受到损失，而坚持不出售的股东就赚了。由于这个原因，股份回购公告的发布有时会被看成是一种股票价值被低估的信号，导致公司股票价格的上涨。如果出现这种情况，就应当谨慎对待是否卖出手中的股份了。

股利 股利是投资者进行权益投资所能得到的回报之一，所以，有人会认为它属于股东价值的一部分。实际上，基本面分析师曾经一度相信股利发放率越高则意味着价值越大，但现代财务理论却不这么认为了，股利的实质并非如此。

如果企业支付1美元的股利，那么股东就得到了这1美元。但同时企业的钱也减少了1美元，因此企业的价值也就降低了1美元。对于收到了这1美元的股东来说，其实他也可以选择通过出售部分股份来换取这1美元的。因此，股利的支付并没有影响股东的财富总值，它并不创造价值。换句话说，投资者可享有的累计股利报酬是没有变化的。股东所能得到的股票投资收益表现为股利和资本收益这两种形式，在股利增加收益的同时，由于股利的发放，会导致资本收益也会减少相同的金额，所以最终的收益总额是没有变化的。

你也许曾经听说过这种被称为**股利无关论**（dividend irrelevance）的观点，或者是由默顿·米勒（Merton Miller）和弗兰科·莫迪利亚尼（Franco Modigliani）两位教授在此基础上发展起来的所谓MM理论。一些投资者会因为更需要现金而偏好股利多过资本收益，但实际上他们是可以随时通过出售部分股份而将资本收益转换为与股利一样的效果的。而对于那些不希望发放股利的投资者来说，他们也可以利用所得到的股利去买入更多的股份。这种能力被称为**自制股利**（homemade dividends），意思是投资者其实不会在乎他们的收益到底是来自股利还是来自资本收益。而且，如果企业的股东喜欢股利，企业也可以在不影响投资的前提下创造出股利，比如可以利用投资作为抵押，借款来支付股利就可以了。当然，如果要企业放弃掉增值的项目来支付股利是会损伤价值的。但是，在随时可以融入资金的前提下，明智的企业管理层是可以通过借款或者发行新股份所筹集到的资金来支付股利的，这样对企业的优秀投资项目毫无影响。

自制股利和借款确实会引起一些交易成本，但一般来说，金额都非常小，所以可以忽略不计，况且我们在计算价值时本来就不是非常精确。如果由于股份的流动性太差（例如非上市公司的股份）而导致自制股利十分困难，那么，对那些渴望得到股利收益的股东来说，这样的股份投资对他们的吸引力就会降低。在这种情况下，此类投资相对于其他条件相同但可流通的投资项目来说，所损失的价值被称为**流动性折价**（liquidity discount）。不过，如果这些股东能够以手中的股份做抵押去取得借款的话，那么，他们也就可以放弃流动性折价的补偿了。跟企业可以通过借款来支付股利（并且在不影响企业投资的价值之前提下）一样的道理，股东也可以通过借款来创造股利的效果（并且在不影响他们所持有股份的价值之前提下）。

与股份的发行和回购一样，股利公告也可能会向市场传递一些信息，从而影响股票价格。例如，股利增加通常会被认为是好消息，预示着将来公司能够赚得更多的利润；而股利削减则通常被认为是坏消息。这种信息所带来的股价变化，被称为股利信号理论（dividend signaling）的影响，通常发生在企业宣告股利的时候。而股利无关论强调的是股利本身并不会影响股东的（含息）财富（当股票除息后）。

有人认为，如果对股利的征税比资本收益的税率更高，那么股利是会导致股东财富发生损失的。这对免税的投资者来说是没有什么影响的，但对于要交税的投资者来说，如果发放股利，他就需要交更多的税，所以这一类投资者就会更加偏好取得资本收益形式的报酬[⊖]。相应

[⊖] 截至本书出版时，在美国，对股利的征税率与（长期）资本收益的征税率是一样的，都是15%。

地，对于要支付股利的股票和其他条件相同，只能赚取资本收益的股票，如果两者的回报率是一样的，要交税的投资者对于前者所愿意支付的价格也会更低一些。但是，还有人认为，投资者可以通过仔细的税收规划来避免对股利的征税。更有人说，对于要支付股利的股票，市场不可能给予更低一些的价格，因为市场中的大多数投资者都是免税的（比如大型的养老基金和非营利组织基金）。支付股利的股票与不支付股利的股票相比，如果能提供相同的税后回报率但价格更低，就会给免税的投资者提供套利机会；而如果大家都去争抢这种套利机会，就会驱动股价上涨，使报酬率回到与不支付股利的股票相同报酬率水平的位置。最后，股利对股价或者价值都没有产生影响。在公司理财的课本中，对这个问题有更多的解释。而在实证研究中，则发现了大量互为冲突的结论。

在本书中，我们接受"股利无关"假定，并在此假定下开展相关的估值工作。如果相对资本收益来说，投资者需要就收到的股利交纳更多的税，则可以从本书所计算出的税前价值中，再减去全部股利征税预期的现值（当然也可以考虑购买其他条件类似但不支付股利的股票）。这种估值调整会涉及税收筹划，因为此时投资者必须考虑如何避免或者延迟对股利的征税，例如，通过养老基金和员工储蓄计划来持有高股利回报的股票。类似地，也可以对根据本书逻辑所做出的估值进行流动性折价的调整。

2. 债务融资活动

图 3-4 中的债券能提供每年 8% 的报酬率，市场价值为 1079.85 美元，在这样的价位上，这份债券是一项净现值为 0 的投资，它不会创造任何价值增值。很多企业都认为债务市场是有效的，并愿意按市场价格在债务市场上发行和购买债券与其他债务工具，结果却是不创造价值增值的（指无法超过与它们的风险所对应的必要报酬）。但像银行这样的金融公司例外，因为这类公司买入负债（放贷出去）的利率能够比它们卖出负债（借款进来）的利率更高。作为资本市场的金融中介，它们是能够创造价值的。而且，正如我们所看到的，如果企业能够发现被错误定价的债券，那么也是可以通过债券套利来实现价值增值的。

在负债融资活动中，企业通过出售负债来筹集资金。由于所进行的并不是债券套利活动，因此，它们会接受以市场定价作为公允价值，并按市场价格来出售负债。所以，这样的交易是不创造价值的，企业所筹集到的资金与它将来要付出的是相当的。如果发行债券，企业所能得到的现金会正好等于它将来所要支付现金流量的现值；如果是从银行取得贷款，那么企业能得到的金额也必然等于将来它需要偿还给银行的本金和利息的现值。用现代金融的术语来讲，就是**债务融资无关论**（debt financing is irrelevant），它仅仅是按公允价值为企业的经营活动筹措资金的一种交易而已。

有人认为，在计算公司所得税时，由于负债的利息是可以在税前予以扣除的，因此，发行负债能为股东带来税收优势，是可以为股东创造价值的。这种观点与上面的债务无关论互为矛盾，对此，建议你参考公司理财方面的教材查看更多的讨论。不过，如果有人接受税收影响论，则可以在为企业进行估值时，再加上税收优势的价值。

3. 投资活动与经营活动

企业的价值创造可以归因于很多的因素，比如经营诀窍、专有技术、良好的管理、品牌效应、出奇的营销策略等。在这些因素当中，最重要的是要有好的想法。优秀的企业家能够创立优秀的企业，而且优秀的企业家一定是有好点子的人。但是，跟上面所提到的其他因素一样，"想法"这个词也是模糊的，如果不进行细化的话，我们是很难弄清楚某个想法的价值的。因此，我们需要根据企业所做的事情来证实这些想法的价值，而所谓企业所做的事情，就是指企业的投资活动和经营活动。

在投资活动中，企业利用在融资交易中所取得的款项，投资于根据好的想法而设计的经营业务所需要的资产。图3-4中的项目投资就是一个简单的例子，该项目是创造价值的。并且，价值是可以预期的，预期的依据就是投资能够带来的预计未来收益。不过，除了投资活动以外，还需要有经营活动的支持。经营活动利用投资的结果来生产产品或者服务，并最终实现销售，使投资的预期价值变为了现实。简单地讲，如果所提供的产品和服务找不到相应的客户，企业是无法创造价值的，并且，企业所收到的价值金额，应当等于这些客户所愿意支付的价值金额。企业的经营活动所实现的价值增加净额，应当等于它从客户那里所收到的价值，减去它为了将产品提供给客户而付出的价值之差额。所以，投资能够产生价值，但价值的实现要有成功的经营活动做保障。

价值是通过经营活动和对经营活动的投资才创造出来的，理解了这一点，才可以去开发估值模型。所以，估值模型应当考虑经营活动，而不考虑股份发行与回购这一类交易所可能创造的价值。相应地，估值能告诉我们市场对企业所发行股票的定价是否正确，这样，投资者才能知道这些股份的交易价格是否公允，或者企业是否有机会通过股份的发行或者回购来为股东创造价值（比如，通过在并购活动中发行股份来实现）。

3.4.6　估值模型、必要报酬率与资产定价模型

在图3-1中的第4个步骤"将预测转换为估值"中，需要将预测结果以某个必要报酬率作为贴现率，计算现值来作为估值结果，正如我们所讲过的债券估值模型和项目估值模型那样。要完成这个步骤，需要我们先找到必要报酬率，这个必要报酬率由两个方面的因素所组成：

$$必要报酬率 = 无风险报酬率 + 风险溢酬$$

这里的无风险报酬率，是指投资者对无风险投资要求的回报率，通常用10年期的美国国库券利率来表示。对于风险投资，投资者还会再要求一份额外的收益作为承担风险的补偿，称为**风险溢酬**（risk premium，或者风险溢价）。假定投资10年期美国国库券的收益率为4.5%，而你对于投资某只股票所要求的额外报酬率为5%，那么，你的必要报酬率就是9.5%，只有这样的收益率水平，才能补偿你的时间价值（无风险的）和承担风险的价值。

问题是：怎样确定风险溢酬呢？投资者对于所承担的风险，应当要求多高的补偿（以及对于有风险的期望收益，应当扣除多少的折价）呢？资产定价模型（asset pricing model）就是被假定用来回答这个问题的，它的最常见形式是资本资产定价模型（capital asset pricing model，CAPM）。根据资本资产定价模型，某只股票的风险溢酬是由该股票的贝塔系数和一个市场风险溢酬水平所决定的，即

$$必要报酬率 = 无风险报酬率 + （贝塔系数 \times 市场风险溢酬）$$

其中，贝塔系数是衡量一只股票的收益率相对市场收益率波动而变化的程度，即这只股票相对整个市场来说的敏感性如何？而市场风险溢酬则是期望的市场报酬率与无风险利率之差，是对承担市场风险而给予的补偿。因此，某只股票的风险溢酬决定于它自己的贝塔系数和整个市场的情况。

"资产定价模型"这个名称听起来好像这个模型可以告诉我们一项资产的价值或者价格，但其实不是这样的。资产定价模型告诉我们的是必要报酬率（资本成本率）的恰当水平，而不是一项资产的价值。人们把资产定价模型称为贝塔技术（β technology）。与之相对，估值模型

才是用来告诉我们一项资产的价值的，由于可以利用这个价值跟价格进行比较，所以估值模型又被称为阿尔法技术（α technology）。当然，在为一项资产进行估值时，我们需要用到资产定价模型，比如在估值的第 4 个步骤中，就一定需要必要报酬率。当利用资产定价模型得到必要报酬率之后，再用估值模型来解释在已知必要报酬率的情况下，资产的定价是如何完成的。

在本书中，我们没有花太多篇幅在必要报酬率的计算技术方面，你应当已经对这些技术非常熟悉了——在你的公司理财（或财务管理）课程中，学生有时会把这类技术称作"贝塔战场"。实际上，我们会小心地使用资产定价模型以及它们所计算出来的必要报酬率，因为这些模型所需要的参数有些是不那么绝对可靠的，比如，资本资产定价模型中的市场溢价就是一个非常难计算的指标。基本面投资者对一些需要主观推测的估计值是比较不放心的，例如，在估值模型中加入必要报酬率后，也使估值结果的客观性减弱了。一方面，我们会正视估值过程中的这种风险（和风险折价）；另一方面，我们也会想办法努力改善这个问题。本章附录中，对资产定价模型进行了简单的介绍，并对使用这些模型来计算必要报酬率时所应当注意的问题，也提出了警示。

本章小结

本章提出了基本面分析的路线图。实际上，在图 3-1 中，就已经给出了本书余下部分的内容结构。在该图中，将基本面分析分为五个步骤，引导我们将对企业和企业战略的了解转化为对企业的估值。在这一过程中，最核心的是对信息的分析（第 2 步），然后根据分析结果进行预测（第 3 步），最后再将预测结果转化为估值（第 4 步）。

估值模型就像是基本面分析的骨架，它是我们思考企业的价值创造过程并将这些思考转化为估值时可以使用的工具。在本章中，我们介绍了债券估值模型和项目估值模型，并说明了对持续经营的估值远比对期限投资的估值难度大得多。我们提出，估值模型必须关注企业的价值创造，即企业的投资活动和经营活动。这样，为后续章节开发恰当的估值模型打下了基础。

对基本面分析有了一定的了解，或者至少了解了基本面分析的框架之后，你现在应当能够认识到只使用一点点信息的"便宜"方法的局限性所在了。本章介绍了三种应用成本低廉的方法：乘数比较法、乘数筛选法和以资产为基础的估值方法。你应当理解这些方法的工作机理，并小心它们的应用局限性。

财务报表在估值中的作用是什么？目前，你可能还不能完整地回答出这个问题，因为这是我们整本书所要解决的目标。不过，至少已经知道个大概了吧？

关键概念

清理价值（breakup value）：指将企业的资产（扣除负债后）全部出售，能够得到的企业价值。

冷门股（contrarian stock）：指不入潮流的股票，交易的溢价倍数特别低（被逆向投资者看作是价值低估的股票）。

资本成本率（cost of capital）：将资金只用于某个特定项目而产生的机会成本率。也被称为正常报酬率、必要报酬率，或者，在价值计算中，也被称为贴现率。

含息价（cum-dividend price）：指包含了持有期间所收到股利的股票价格，与除息价相对应，后者是指不含股利的价格。

除息价（ex-dividend price）：不含股利影响的股票价格。

债务融资无关论（debt financing irrelevance）：这种理论认为，企业的价值不受发行债务等债务融资活动的影响。

贴现率（discount rate）：见资本成本率中的解释。

股利无关论（dividend irrelevance）：这种理论认为公司是否支付股利与股东的价值创造无关。

有限期预测（finite-horizon forecasting）：指预测某个固定年限（期限）内的情况。

预测期（forecast horizon）：指预测所涵盖的未来时期。

基本面分析（fundamental analysis）：是一种分析信息，然后根据信息预测收益，最后再将预测结果转换为估值的方法。

热门股（glamour stock）：指目前最时尚入潮的股票，这类股票的交易溢价倍数往往非常高（在逆向投资者看来，这类股票是被价值高估的）。有时也被称为成长股。

持续投资（going-concern investment）：指预计会一直持续下去的投资项目，与期限投资相对应。

成长股（growth stock）：这个术语有许多含义，但在本书的乘数筛选法部分，成长股是与价值股相对应的，成长股往往以高乘数进行交易，而价值股的交易乘数却比较低。

自制股利（homemade dividend）：指股东通过出售自己所持有的部分股份也可以创造出股利发放的效果，所以可以用资本收益来替代股利。

投资时限（investment horizon）：指一项投资的可能持有期。

流动性折价（liquidity discount）：指由于不容易将一项投资的价值转化为现金而使该项投资价值出现的减损。

简洁（parsimony）：（用在估值中）指根据少量信息对一家企业进行估值的能力。

预计分析（pro forma analysis）：指为未来编制预计财务报表。

必要报酬率（required return）：见资本成本率。

风险溢酬（risk premium）：指一项投资的期望报酬率超过了无风险报酬率的部分。

期限投资（terminal investment）：指在未来某个时点会终结的投资项目，与持续投资相对应。

无杠杆指标（unlevered measures）：指不受企业负债程度高低影响的指标。

估值模型（valuation model）：是基本面分析的骨架，它告诉我们需要预测的内容、哪些信息是与预测相关的信息以及如何将预测结果转化为估值。

价值增加额（value added，或价值创造，value created、value generated）：指一项投资的预期收益超过了这项投资的成本的那部分价值。

价值股（value stock）：指以低乘数进行交易的股票（被价值投资者认为是价值低估的股票），与成长股相对应。

分析师工具箱

分析工具	重要指标	应记住的缩写/简称
乘数比较法	调整的乘数	CAPM：资本资产定价模型
乘数筛选法	资本成本率	CF：现金流量
技术面筛选	含息价	CFO：经营活动产生的现金流量
基本面筛选	调整股利影响的市盈率	DPS：每股股利
热门股筛选	贴现率	EBIT：息税前利润
冷门股筛选	息税前利润	EBITDA：息、税、折旧及摊销前利润
价值股筛选	息、税、折旧及摊销前利润	EPS：每股收益
惯性（或动能）筛选	除息价	GAAP：美国公认会计原则
以资产为基础的估值	门槛利率	IPO：初次公开募集（股份）
清理价值估值	市盈率	NPV：净现值
5步法基本面分析	历史市盈率	P/B：市净率
估值模型	滚动市盈率	P/CFO：价格-经营现金流比率

债券估值模型	［式（3-1）］	远期市盈率	P/E：市盈率
项目估值模型	［式（3-2）］	企业市净率	P/d：价格－股利比率
		市净率	P/S：市销率
		价格－经营现金流比率	P/V：价格－价值比率
		价格－股利比率	
		市销率	
		必要报酬率	
		无风险报酬率	
		风险溢酬	
		终结收益	
		无杠杆乘数	
		市销率	
		价格–EBIT比率	
		价格–EBITDA比率	

连贯案例：金佰利公司

自主练习

在第2章的连贯案例部分，你已经熟悉了金佰利公司2010财务年度的会计报表，并尝试计算了两个最基本的比率：市盈率和市净率。现在，学习完本章内容后，如果告诉你，金佰利公司的股票在2011年3月末的价格为每股65.24美元，你应该就能计算更多的比率了。试试吧！请修改你在第2章时所计算的历史市盈率，以调整金佰利公司在2010年度发放每股股利2.64美元的影响，请计算出企业市净率和其他无杠杆的比率来看看。此外，利用第1章中雅虎财经的分析师预测信息，你还可以计算远期市盈率。

乘数比较

以下是财经网站中列出的消费产品与健康行业的三家可比企业，以及这三家企业在2011年3月末的股票价格信息（金额单位：美元）。

宝洁公司（PG）	62
劲量控股（ENR）	71
强生公司（JNJ）	59

在雅虎财经频道或者其他类似财经网页上，你能找到这些公司的年度报告等内容。请阅读这些年报内容介绍，判断这几家公司是否可以作为金佰利公司的比较对象。你还能找到其他更好的比较公司吗？利用这些公司的股票价格和相关的信息披露资料，请计算比较乘数。根据这些比较乘数，说明金佰利公司的股票价格定位合理吗？你对自己的回答感觉自信吗？

使用这些乘数作为筛选依据，请看看金佰利公司的乘数与同业公司比较，大约处于怎样的水平？根据筛选结果，你会建议买入金佰利公司的股票，还是卖出呢？

以资产为基础的估值

你认为对金佰利公司来说，适用以资产为基础的估值方法吗？

需要考虑的其他问题

请回看第2章中表2-2——金佰利公司的财务报表，找到该公司在2010年度进行股份回购的金额。请问，你认为股份回购对公司股票价格的影响如何？

请指出金佰利公司在2010年支付的股利金额，发放这些股利导致该公司的股票价格会降低还是升高呢？

2011年3月，金佰利公司的股东权益贝塔系数为0.8，长期美国政府债券的收益率为4%，如果市场风险溢酬水平为5%，请问，根据资本资产定价模型，金佰利公司股票的必要报酬率应当为多少？如果市场风险溢酬水平为6%

呢？在第1章中，你曾经计算了金佰利公司在过去12个月中的股票报酬率。现在，你认为投资者在这一年中的投资报酬率与其资本成本率之间的大小关系如何呢？

思考题

C3.1. 你认为导致不同公司之间的市销率出现差异的原因有哪些？

C3.2. 比较企业的市价–EBIT 比率是很常见的做法。请问，使用这个比率的优势与不足各有哪些？提示：有些东西并没有包含在 EBIT 这个指标当中。

C3.3. 比较企业的市价–EBITDA 比率也是很常见的。请问，使用这个比率的优势与不足各有哪些？提示：有些东西并没有包含在 EBITDA 这个指标当中。

C3.4. 为什么历史市盈率指标会受股利支付的影响？

C3.5. 假如有一家公司的市盈率为12，销售利润率为6%，那么请问，这家公司的市销率大约为多少？

C3.6. 假如有一家公司的销售利润率预计为8%，市销率为25，你可以就此得出什么结论？

C3.7. 人们所说的"热门股"和"价值股"分别是什么意思？

C3.8. 为什么说以资产为基础的估值方法更适合于像惠好公司（Weyerhaeuser）这样的林产品企业，而不太适用于像微软公司这样的科技企业？

C3.9. 债券的收益率与它的票面利息率无关。请问这句话正确吗？

C3.10. 有人说，相对于支付股利来说，公司更愿意进行股票回购，因为股票回购能使公司的每股收益更高。请问，事实是这样的吗？

C3.11. 你对思考题 C3.10 的回答应当为"是的"。如果股份回购比发放股利更能增大企业的每股收益，那么请问，股份回购是不是也比发放股利能创造更多的价值呢？

C3.12. 发放股利越多的企业是不是股票价值就越高呢？

练习题

基本练习

E3.1. 根据可比数据计算价格（简单）

一家企业的股东权益市值为1亿美元，报告利润500万美元，股东权益的账面价值为5000万美元。采用这家企业作为另一家IPO公司的可比企业。这家IPO公司的每股收益为2.50美元，每股账面价值为30美元。两家公司都没有支付任何股利。请问，根据可比企业的信息，这家IPO公司的股票发行价格应当为多少？

E3.2. 股票价格与股份回购（简单）

一家公司有流通在外的股份 10 000 万股，现在，它按照市价每股20美元回购了1000万股。请问，这家公司在回购后的全部股份市值为多少？回购后的每股价格又是多少呢？

E3.3. 无杠杆（企业）乘数（简单）

一家企业的总资产和负债分别为2.5亿美元和1.4亿美元，在它的资产构成中，没有任何带息的证券。这家企业在利润表中报告它的销售收入为5.6亿美元。目前，这家企业一共有8000万股股票流通在外，每股交易价格为7美元。请计算这家企业的：

　　a. 市净率；

　　b. 无杠杆的市销率；

　　c. 企业市净率。

E3.4. 寻找具有类似乘数的公司（简单）⊖

请找一家提供股票筛选服务的网站，输入

⊖ 如果对中国公司的乘数筛选有兴趣，可访问一些财经网站的相关栏目，例如，新浪财经的市盈率排行：http://vip.stock.finance.sina.com.cn/datacenter/hqstat.html#sylv；或者利用一些股票软件的相关功能。——译者注

一个你感兴趣的乘数,这样,你能得到一份不同乘数水平的各公司清单。请选择某个行业,看看在这个行业内部不同公司的乘数分布情况：市盈率、市净率、市销率。比如,在下面这个地址你就能找到相关的筛选服务：screener.finance.yahoo.com/newscreener.html。

E3.5. 债券估值（简单）

a. 一家企业发行了一种零息债券,面值为每份1000美元,5年期。目前,与它具有类似风险的其他债券,每年能提供大约5%的收益率。请问,这种债券目前的价值应当是多少？

b. 一家企业发行了一种债券,面值为每份1000美元,票面利率为每年5%,5年期。目前,与它具有类似风险的其他债券,每年能提供大约5%的收益率。请问,这种债券目前的价值应当是多少？

c. 一家企业发行了与E3.5b中的其他特征相同的债券,但票面年利率为4%。请问,这种债券的价值应当为多少？

E3.6. 利用现值计算来为一栋建筑楼估值（简单）

一位房产分析人员在2012年预测,一栋用于租赁的公寓大楼在2013～2017年中每年能产生租金收入5.3亿美元,并且,估计这栋建筑楼在第5年年末还能卖到12亿美元。假定房产投资人的必要报酬率为12%,请利用现值计算技术判断这栋建筑楼的价值应当为多少？

应用分析

E3.7. 乘数比较法：戴尔公司（简单）

以下是惠普公司和联想集团在2008年的一些会计数据和市场价值数据（金额单位：百万美元）,这两家计算机制造商均可作为戴尔公司的可比企业。

	惠普公司	联想集团
销售收入	84 229	14 590
净利润	7 264	161
所有者权益的账面价值	38 526	1 134
所有者权益的市场价值	115 700	6 381

要求：

a. 请计算出惠普公司和联想集团这两家企业的市销率、市盈率和市净率指标；

b. 戴尔公司在2008年报告了下列数据（金额单位：百万美元）。

销售收入	61 133
净利润	2 947
所有者权益的账面价值	3 735

假定戴尔公司发行在外的流通股份一共有2060百万股,请根据惠普公司和联想集团的相关乘数水平来为戴尔公司的股票进行定价。请问,在这一过程中你碰到的主要困难有哪些？

E3.8. 乘数定价：通用磨坊公司（中等）

通用磨坊公司是一家消费食品企业,它在2011年的市销率水平为1.6,当年报告的销售净利润为10.4%。请问,这家公司的市盈率为多少？

E3.9. 计算价值增加额（中等）

a. 购买股票。一家企业预计将一直坚持每年发放每股2美元的股利,为了补偿不能按照预期水平发放股利的风险,投资者对这家企业所发行股票要求的必要报酬率为12%。目前,这家企业的股票交易价格为每股19美元,请问：如果按每股19美元购入1股这样的股票,能实现的价值增加额将为多少？

b. 企业内部投资项目。一家足球俱乐部的总经理正在考虑是否与一位"明星"球员签订一份5年期的合同,按照合同,俱乐部将向这位球员每年支付250万美元的薪酬,并且在签订合同时还要额外再先支付200万美元的签约费。根据这位经理的预计,这位明星球员每年能为俱乐部带来350万美元的门票收入和电视广告收入,且不会有其他附加成本产生。俱乐部对投资所要求的报酬率为9%。请问,如果跟这位球员签约,俱乐部能获得的价值增加额有多少？

E3.10. 债券估值与债券、借款费用和债券重估值的会计处理（困难）

2008年1月1日,德特尔公司（Debtor Corporation）发行了10 000份5年期的债券,每份面值1000美元,票面年利率为4%,同期具有类似风险的其他债券每年的收益率大约为8%。请回答：

a. 德特尔公司能收到每份债券的发行价格为多少？

b. 2008年年末,类似债券的市场利率仍然为8%。请问：

a）该公司在2008年的税前借款成本为多少？

b）在2008年的利润表中，德特尔公司将报告的利息费用金额为多少？

c. 2009年年末，类似债券的市场利率已经跌为6%。请问：

a）该公司在2009年的税前借款成本为多少？

b）在2009年的利润表中，德特尔公司将报告的利息费用金额将为多少？

d. 奎迪特公司（Creditor Corporation）购买了2000份德特尔公司所发行的债券。根据财务会计准则委员会第115号公告的要求，这些证券投资应按其市场价值报告在财务报表上。请问：

a）这些债券在奎迪特公司2009年年末的资产负债表中，应报告的价值会是多少？

b）这些债券在奎迪特公司2009年的利润表中，应报告的利息收入金额为多少？

E3.11. 股票发行与市场价格：股票发行创造价值还是毁损价值？（中等）

a. XYZ公司在2012年1月1日有流通在外的股份共计1.58亿股。当年2月2日，该公司又按照当时的市场价格水平每股55美元发行了3000万股股票。请问，此次股份发行对公司的每股股价有什么影响？

b. 2012年2月28日，上述XYZ公司的董事按照股票期权计划，认购了1200万股股票，每股行权价格为30美元。此次交易发生前的股票市场价格为每股62美元。请问，此次面向公司董事的股票发行对股票的每股价值有何影响？

E3.12. 股票回购与价值：戴尔公司（简单）

戴尔公司在2011财务年度中回购了5700万股股票，回购总价值为8亿美元。此次股份回购前，戴尔公司流通在外的股票数量为19.57亿股。请问，此次股份回购对戴尔公司的每股股价会有什么影响？

E3.13. 贝塔系数、市场风险溢酬与所有者权益的资本成本：甲骨文公司（中等）

甲骨文公司（Oracle Corporation）是一家商用软件与数据库管理企业，一位风险分析人员认为，按照资本资产定价模型，这家公司的贝塔系数为1.20。如果无风险利率为4%，请问：

a. 假定市场风险溢酬为下面这几种水平，请编制一张表格，计算不同情况下，该公司股东权益的资本成本为多少？

4.5%
6.0%
7.5%
9.0%

b. 假定其他分析人员不同意上面那位分析人员对甲骨文公司贝塔系数的判断，按照他们的估计，这家公司的贝塔系数应当为0.90～1.40。请编制一张表格，说明在上述不同的市场风险溢酬水平下，当贝塔系数的估值水平为0.90和1.40的时候，甲骨文公司的股东权益资本成本率为多少？

c. 2011年5月末，分析师预计甲骨文公司在下一财务年度（以2012年5月31日为年度截止日）的每股收益水平将为2.17美元；同时，他们还预计该公司在2012年5月31日的市盈率水平将达到20，预计该公司在下一财务年度中将支付每股0.24美元的股利。请根据你在E3.13b中计算得到的权益资本成本最高值和最低值，并按照分析师们所预测的市盈率水平，计算甲骨文公司的股票在2011年5月末的价值应当为多少？

E3.14. 推导市场风险溢酬：宝洁公司（简单）

宝洁公司是一家消费品制造企业，根据分析师的计算，这家公司的股东权益贝塔系数为0.65，市场无风险利率为4%。一位分析人员利用资本资产定价模型计算出宝洁公司的权益资本成本率为7.9%。请问，在这位分析人员的计算中，它假定的市场风险溢酬水平为多少？

迷你案例

M3.1 套利机会？科丹特技术公司与霍梅特国际有限公司

科丹特技术公司（Cordant Technologies）的总部位于美国盐湖城，它是一家专业为航空企业制造火箭发动机、各种扣件（螺钉）和涡轮发动机部件的企业。科丹特技术公司在1999年上半年实现销售收入为12.8亿美元，与上一年度同期水平相比较，上升了7%；同期净利润为8570万美元，如果换算成每股收益的话，则为每股2.34美元，比同期水平上升了16%。科丹特公司的燃气涡轮业务正处于增长期，但由于波音公司的生产停顿和存货积压，公司的航空产品收入受到了影响。以下是科丹特公司的其他数据情况。

截至1999年6月30日的12个月动态每股收益（美元）	4.11
1999年6月30日的每股账面价值（美元）	7.76
截至1999年6月30日的12个月动态每股销售收入（美元）	67.20
销售利润率（%）	7.4
1999年9月30日每股价格（美元）	32
股东权益的市场价值（美元）	11.7亿

根据分析人士的预测，科丹特公司在1999年和2000年能够实现的每股收益将分别为4美元和4.28美元。

科丹特公司拥有对另一家涡轮发动机部件生产企业——霍梅特国际有限公司85%的股权投资，科丹特公司已将它纳入合并会计报表范围。根据霍梅特公司的财务报告，它在1999年上半年的销售收入为7.424亿美元，实现净利润6530万美元，相比去年同期增长了33%。以下是霍梅特国际有限公司的其他数据。

截至1999年6月30日的12个月动态每股收益（美元）	1.21
1999年6月30日的每股账面价值（美元）	4.25
截至1999年6月30日的12个月动态每股销售收入（美元）	14.28
销售利润率（%）	8.7
1999年9月30日每股价格（美元）	14
股东权益的市场价值（美元）	14.0亿

根据分析人士的预测，霍梅特公司在1999年和2000年能够实现的每股收益将分别为1.24美元和1.36美元。

这两家公司在当时都被一些分析人士归为"可忽视"或者"不予推荐"的股票类型。这些分析人士认为，市场的不理性不仅仅体现在高估新兴技术公司方面，还体现在低估那些老旧的、"蓝领"工业股票方面。比如，像微软公司、戴尔公司、雅虎公司和美国在线公司等，在当时的市盈率都已经高达50倍以上，而航空公司的市盈率却只有11倍左右。

案例要求：请计算科丹特公司和霍梅特公司的价格乘数。你能从中发现套利的机会吗？如果想要利用这种套利机会，你会建议实施怎样的交易策略呢？你认为这个套利机会是无风险的吗？

M3.2 "漂亮50"股票？回到股票筛选的问题上来

20世纪70年代初期，有一份广为人知的"漂亮50"股票名单；上榜的公司包括美国雅芳产品有限公司（Avon Products）、宝丽来公司（Polaroid）、可口可乐公司、麦当劳公司、华特迪士尼公司（Walt Disney）、美国运通公司（American Express）和施乐公司（Xerox）等，这些都是当时"值得买入"的公司对象。在这些上榜公司中，绝大多数都以很高的溢价倍数在进行交易。比如，这些公司的市盈率均值在当时已经达到了42，其中有些公司的市盈率高达70至90，而同期标准普尔500公司的市盈率水平只有19倍。就是在那时，《纽约时报》的记者Burton Crane先生写下了这句著名的话："从施乐公司的价格乘数来看，今日的股价中不仅包含了对将来的预期，恐怕连对下辈子的预期也都被包含在当中了。"

不幸终于发生了，在20世纪70年代的熊市中，绝大多数的这些"漂亮50"公司股票都跌去了很大的一部分市值。比如，以雅芳公司和宝丽来公司的股票价格为例，跌幅高达80%；可口可乐公司、IBM公司和施乐公司的股价，也都出现了急剧下跌。

"漂亮50"公司在1972年左右的交易乘数与20世纪90年代的技术"新贵"公司非常相像，只是当时在"漂亮50"股票榜单上的公司，比如可口可乐公司、通用电气公司、辉瑞药业（Pfizer）、默克制药（Merck）和华特迪士尼公司等，到此时也成为成熟的"高质量"公司了。摩根士丹利投资银行（Morgan Stanley）在1995年发布了一份新的"漂亮50"公司股票榜单，下面就是这些公司在1999年9月的高倍数市盈率情况和它们在当时的每股股价分布情况。

	市盈率	每股股价（美元）
微软公司（MSFT）	64	90
戴尔电脑公司（DELL）	70	44
朗讯科技公司（LU）	75	64
美国在线公司（AOL）	168	104
美国模拟器件公司（ADI）	65	56
美泰公司（MAT）	72	21
哥伦比亚广播公司（CBS）	72	46
思科系统公司（CSCO）	110	68
家得宝公司（HD）	51	69
摩托罗拉公司（MOT）	95	87

（续）

	市盈率	每股股价（美元）
嘉信理财公司（SCH）	56	34
时代华纳公司（TWX）	185	61

要求：请追踪这些股票自1999年10月开始的报酬率情况，你可能需要使用一个价格表来解决股票分割的问题（比如，可利用Big Charts网站所提供的数据图表服务，地址是：www.bigcharts.com⊖）。

你认为这些公司的投资回报怎么样呢？

下面还列出了一些在当时没能登上"漂亮50"榜单的公司，不过这些公司都在标准普尔500指数组合中，它们的市盈率普遍偏低。

	市盈率	每股股价（美元）
桑达克斯公司（CTX）	7	28
ITT公司（ITT）	2	32
希捷科技公司（SEG）	7	30
美国航空公司（U）	3	26
康赛可公司（CNC）	6	20
希尔顿酒店集团（HTL）	8	10

请你查一查，这些公司的投资回报情况又怎么样呢？

（注：这个案例是在1999年10月写的，当时完全不知道这些股票现在会出现什么样的情况。）

附录3A：必要报酬率与资产定价模型

在本章中，我们介绍了一项投资的必要报酬率，这个指标也被称作正常报酬率或者是资本成本率，并且在项目投资决策中，也常被人称作门槛利率。所谓必要报酬率，是指投资者在接受某项投资时，为了补偿他的资金时间价值和所承担风险，而希望得到的最低报酬要求；也可以说，这是投资者接受一项投资的成本，所以，人们也称它为资本成本率。实际上，所谓资本成本率，是指投资人放弃相同风险的另一项投资而承担的机会成本。为了能够创造价值，一项投资所赚取的利润必须要高于它的资本成本，所以，必要报酬率更强调的是估值：在将预计的收益转化为估值时，贴现的收益应当至少不低于投资资本的成本。

在公司理财课程中，曾经用了很多时间来讨论如何估算资本的成本，所用到的方法被称为贝塔技术，本附录将对此进行概要介绍。在第19章中，我们还会回到这个话题上来，讨论基本面分析对估算必要报酬率的作用。

估算必要报酬率：贝塔技术

投资就像下注打赌一样，不同的投资项目有着不同的预期报酬，我们唯一能赌的只是它

⊖ 这个网站可以通过输入你所关注的公司股票，然后形成一段时期内的股价走势图。如果关注我国上市公司的情况，也可以利用一些股票软件或者数据的类似功能，例如同花顺、大智慧、万得数据服务等。——译者注

们的期望报酬。投资时，你买入的其实只是在一定范围内，有着一系列不同概率分布的可能结果，而且，你还必须非常小心，因为最后的结果与你事前所期望的可能是不一致的。大多数人都是厌恶风险的（即，尤其会关注实际结果比预期结果更差的情况会不会发生），因此，如果要他们承担风险，他们就会要求获得更高一些的报酬。他们希望至少能够挣到无风险的报酬水平，比如，报酬率至少应当与美国政府债券的收益率相当；此外，对于他们所承担的投资风险，投资者还会要求额外的溢价补偿。

我们使用资产定价模型来计算必要报酬率的水平，这类模型的共同点在于：对于可以通过投资组合来分散掉的风险部分，市场是不会给予补偿的。此外，这类模型的形式也比较一致，都认为一项投资的必要报酬率由无风险的报酬率和风险溢酬两个部分所组成：

必要报酬率 = 无风险报酬率 + 风险溢酬

其中，风险溢酬受两个因素的影响：①与无法通过多元化投资分散掉的风险因素相关的期望报酬水平；②特定投资对这些风险因素的敏感程度，即贝塔系数。这两个因素的乘积表示特定风险相对于整体风险的程度高低，且这里的整体风险是指全部风险因素的影响之和。

众所周知的资本资产定价模型将影响市场收益（全部投资资产的收益）的原因视为（唯一的）风险因素，在阅读材料3-7中，对资本资产定价模型进行了大致的介绍。而风险溢酬在这个模型中，则表现为整个市场的期望收益率超出无风险报酬率的部分，与某项投资的收益相对于市场收益的敏感程度（即贝塔系数）之乘积。一般情况下，无风险报酬率可以用与特定投资相同期限的美国政府债券的收益率来代表，因此，使用资本资产定价模型的分析人员就只需要计量好市场风险溢酬和某只股票特定的贝塔系数了。

阅读材料 3-7

快速回顾：资产定价模型

资本资产定价模型

资本资产定价模型认为，投资项目 i 在一段时期内的必要报酬率由下式所决定：

必要报酬率 (i)
= 无风险报酬率 + $[\beta(i) \times$ 市场风险溢酬$]$

其中，市场风险溢酬是持有全部风险资产组合的期望投资报酬率超出无风险报酬率的部分。全部风险资产投资组合（包括股票、债券、房地产、人力资本和其他风险投资等）有时也被称为"市场组合"或者"整个市场"。因此：

市场风险溢酬
= 市场组合的期望报酬率 − 无风险报酬率

而某项目的 β 值是指该项目的报酬率相对于整个市场的报酬率的变动敏感程度，或者说，β 计量了特定投资项目的价格跟随市场价格的变化而波动的幅度。它的定义式为：

$$\beta_i = \frac{\text{协方差（项目 } i \text{ 的投资报酬率，市场组合的平均报酬率）}}{\text{方差（市场组合的平均报酬率）}}$$

协方差是敏感性计量指标，用协方差除以整个市场组合的方差进行标准化处理，显然就能得到市场组合的 β 等于 1.0。因此，如果某个项目的 β 值大于1，则意味着当市场平均投资报酬上升时，该项目的投资报酬能上升得比市场平均投资报酬更多；而当市场平均投资报酬下降时，该项目的投资报酬将下降得比市场平均投资报酬更厉害。

某项投资的风险溢酬等于其贝塔系数与市场风险溢酬的乘积。在2011年年初期，按10年期美国国库券收益率计算的无风险报酬率水平为3.5%，根据一些提供企业贝塔系数的商业服务企业的预计，耐克公司的贝塔系数大约为0.9。因此，如果市场风险溢酬为

5%的话,那么,根据资本资产定价模型所计算出来耐克公司的必要报酬率就是8%:

$$8\% = 3.5\% + (0.9 \times 5.0\%)$$

耐克公司的风险溢酬水平为4.5%,因为整个市场投资组合的风险溢酬为5%,而耐克公司的风险低于市场组合的,所以扣除0.5%的差价部分后,就是4.5%。

资本资产定价模型认为,如果持有由全部投资项目所组成的市场投资组合,那么,我们就通过多元化投资的方式分散了大量的风险,这样,投资者唯一需要承担的(也是市场唯一会给予回报的)是我们无法避免的风险部分,即市场整体的系统风险。因此,一项投资的正常投资报酬应当由市场风险溢酬水平和该项投资相对于市场风险的敏感程度所共同决定。

用资本资产定价模型来估算的必要报酬率取决于两个因素的预期水平,预计项目的风险相对于整个市场风险的敏感程度和期望的市场风险溢酬水平。不过,预期值都是不容易取得的,这是贝塔技术需要面对的最大问题。

多因子定价模型

市场被认为是一种风险因子。所谓风险因子,就是能够对所有投资的报酬产生影响的因素,而且它所带来的风险影响是无法通过多元化投资来进行分散的。在资本资产定价模型中,市场是唯一的风险因子,因为该模型认为除此以外的其他风险都是可以通过多元化投资给分散掉的。但是,应用贝塔技术的分析人员还认为,除了市场风险之外,还有一些其他风险因素也是不可忽视的,于是,就有了下面这个多因子定价模型:

必要报酬率(i)
= 无风险报酬率
 $+ [\beta_1(i) \times$ 因子1的风险溢酬$]$
 $+ [\beta_2(i) \times$ 因子2的风险溢酬$] + \cdots$
 $+ [\beta_k(i) \times$ 因子K的风险溢酬$]$

与第k种风险因子相关的风险溢酬,等于该因子能带来的期望报酬率高于无风险报酬率的差额部分。一般情况下,人们总是把市场作为风险因子1,因此,贝塔分析人员还是需要面对资本资产定价模型中的计量问题。此外,他们还需要确认出其他的风险因子,计算它们各自的预期风险溢酬水平,并计算出某个特定的项目关于该风险因子的敏感性程度,即风险贝塔系数。这样的工作任务,就算是真的能够完成,也是主观性相当大的。在本书中,我们对这种标准的贝塔技术是持合理怀疑态度的,因此这要求我们要想其他的办法来处理风险和必要报酬率的问题。

而多因子定价模型(multifactor pricing models)则认为,影响风险溢酬的因素绝不止市场这一个,在阅读材料3-7中,对多因子定价模型也进行了简单的回顾。如果使用这类模型,则需要分别确认相关的风险因子,并估计项目对每个风险因子的贝塔系数。套利定价模型(arbitrage pricing model)就是多因子定价模型的代表,它认为投资项目的报酬率受到一系列宏观经济因素的影响,而且这些影响都无法通过多元化的投资组合予以分散。但是,套利定价模型并没有指出到底是哪些因素在影响资产的定价,也没有指出这些因素到底有多少。资本资产定价模型中的市场因素可以算一个,但还有些其他因素需要在实践中去进行确认。比如,有人认为行业波动的影响应当算一个,通货膨胀率、长期和短期的利率差以及高风险和低风险公司债券的收益率差值⊖等,也可能属于风险因子之一。此外,还有人提出,公司规

⊖ 例如,见 N-F. Chen、R. Roll 和 S. A. Ross,"Economic Forces and the Stock Market",Journal of Business,1986年7月刊,PP393-403。

模和账面价值－市值比也能够说明公司对这些风险因子的暴露程度[⊖]，但这些论断都还欠缺一定的客观性。

玩镜像游戏

显然，资产定价不是那么容易的。我们不仅需要找到难以捉摸的风险因子，还需要度量不可观测的风险溢酬和风险敏感度指标贝塔系数。由于这些困难，我们就像是在玩镜像游戏，却还期待得到经得起检验的结果。即便是对单因素的资本资产定价模型来说，这也是不容易的。使用资本资产定价模型的前提首先是要有贝塔系数，很多商业服务机构都出售贝塔系数，且都声称它们自己的贝塔系数比其他竞争对手的要精确可靠。但实际上，没有人能知道一项投资的真正贝塔值，贝塔值的度量总是存在误差的。而且，即使我们能找到贝塔系数的可靠计量，更麻烦的问题还在于如何确定市场风险溢酬的水平。在阅读材料3-7中，计算耐克公司的股东权益资本成本率时，我们假定市场风险溢酬为5%。但实际上，在各类教材和研究文献中，市场风险溢酬的估计水平分布在3%～9.2%。在这样的不确定性程度下，估计出的必要报酬率水平能在多大程度上可信呢？如果取市场风险溢酬水平为8%，那么计算出耐克公司的权益必要报酬率水平就将为10.7%；如果取市场风险溢酬水平为3%，那么经过同样的计算方法和程序，耐克公司的权益必要报酬率水平就变为了6.2%。所以，用这样的方法要想得到必要报酬率的精确计量是不容易的。事实上，有很多的学术和职业调查都会问"你们采用的市场风险溢酬水平是多少"？在写作本书时（2011年年初期），市场风险溢酬的均值大约为5.5%。读者可浏览本章配套的网页资料，查找市场风险溢酬估计的来源和更新资料。

所以说，在某些情况下使用贝塔技术确实就是在玩镜像游戏。假定在不同的市场风险溢酬水平估计下，耐克公司的资本成本率分布大约在6.2%～10.7%，我们对这样的估计结果是无法放心的。所以，尽管我们很努力地去建立资产定价模型，并经实证检验其有效性，但结果仍然是让人失望的。截至目前，财务和金融研究在这方面的技术还是不那么可靠。简而言之，对大多数公司的资本成本水平，我们确实还不能确知。

如果你对在公司理财课程中所学到的贝塔技术有信心，你当然可以在估值过程中使用它们。但在本书中，由于这样所计算出来的资本成本水平的确定性不高，所以我们对这些计算结果的态度是比较谨慎的。分析工作的目的本身就是为了降低不确定性，要减少对于一项投资的价值估算的不确定性，我们认为最重要的是要预计这项投资能带来的未来收益。有鉴于此，本书将重点放在了基本面分析方面，而不再强调资本成本率的计量问题。当然，我们会想办法处理资本成本率的不确定性问题。事实上，我们将利用基本面分析来估算资本成本率，并建立策略来修正资本成本率计量的精确性问题。你也可以现在就直接跳转到第7章和第19章，看看我们所采用的方法，以及这些方法与标准贝塔技术之间的关系。

[⊖] 参见 E. F. Fama 与 K. R. French，"the Cross-section of Expected Stock Returns"，*Journal of finance*，1992年6月，PP427-465。

第 4 章 现金收付制、权责发生制与贴现现金流估值模型

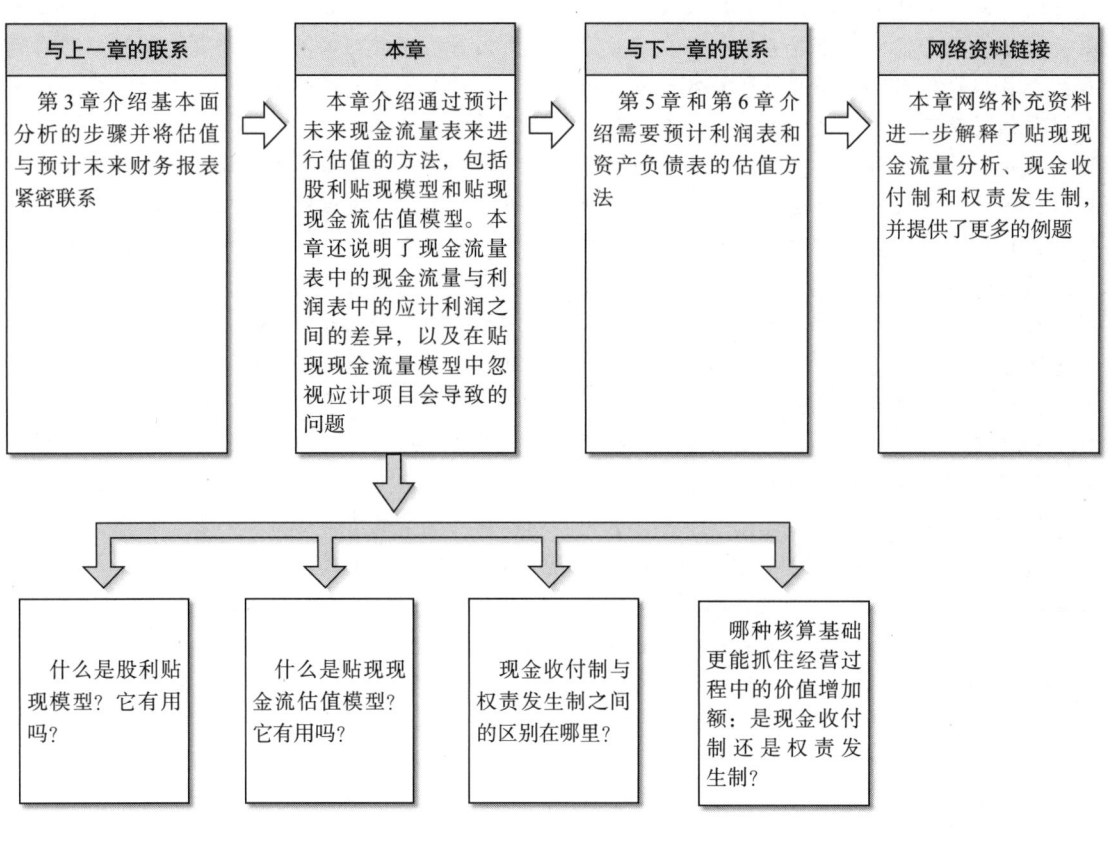

分析师备忘录

学习目标

学习完本章内容后，你应当理解：

- 股利贴现模型的工作原理（或不工作的原理）；
- 常数增长模型的工作原理；
- 经营活动产生的现金流量有何意义；
- 投资活动中使用的现金流量有何意义；
- 自由现金流量的意义；
- 贴现现金流估值模型的工作原理；
- 利用现金流量进行估值的问题；
- 为什么自由现金流量不能计量价值增加额；
- 为什么自由现金流量属于清算概念；
- 贴现现金流估值方法与对经营活动中进行现金收付制核算之间的关联；

- 为什么在按照美国公认会计原则和国际财务报告准则编制的财务报表中，报告的"经营活动产生的现金流量"并不能正确地计量企业在经营活动中产生的现金流量；
- 为什么在按照美国公认会计原则和国际财务报告准则编制的财务报表中，报告的"投资活动产生的现金流量"并不能正确地计量企业在经营活动中的现金投资；
- 采用权责发生制核算的经营活动与采用现金收付制核算的经营活动有什么不同；
- 利润与经营活动产生的现金流量之间的区别；
- 权责发生制对资产负债表和利润表的影响；
- 为什么分析师要预测利润而不是现金流量。

学习能力

完成本章的学习任务后，你应当能够：
- 计算永续年金的价值；
- 计算有增长的永续年金的价值；
- 应用贴现现金流估值模型；
- 根据自由现金流量进行简单的估值；
- 根据现金流量表计算经营活动产生的现金流量；
- 根据现金流量表计算投资活动使用的现金流量；
- 计算自由现金流量；
- 计算税后利息净支付额；
- 计算有杠杆的和无杠杆的经营活动现金流量；
- 根据现金流量表计算应计项目总额；
- 根据现金收入和应收收入计算企业收入总额；
- 根据现金支出和应计支出计算企业费用总额；
- 解释利润和经营活动产生的现金流量之间的差异；
- 解释利润与自由现金流量之间的差异。

在第 3 章中，我们介绍了基本面分析与预计未来财务报表之间的紧密关系，并强调应当关注报表中与投资活动和经营活动相关的事项。那么，一共有四张会计报表，究竟应当预计哪一张？这些报表中的哪些部分与经营活动和投资活动相关呢？

本章主要介绍利用现金流量表中的预计现金流量来进行估值的技术。首先介绍根据预计属于股东的现金流量（股利）来进行估值的方法，称为**股利贴现分析**（dividend discount analysis）；然后介绍根据预计经营活动现金流量和投资活动现金流量来进行估值的方法，称为**贴现现金流量分析**（discounted cash flow analysis），即首先预测经营活动现金流量与投资活动现金流量，然后贴现求现值。但是，由于现金流量并不能反映出企业在经营过程中创造的价值增加额，所以，其实这两种技术的最终效果都不那么令人满意。

作为一名学生，在学习会计学基础课程时，你一定已经学习过现金收付制和权责发生制这两种会计核算基础，以及它们之间的区别了。由于现金流量表上报告的是现金收付制下的企业经营和投资活动，所以，贴现现金流量分析实质上是一种现金收付制下的估值方法。此外，利润表和资产负债表却是按照权责发生制下的会计原则来编制的。本章对现金收付制和权责发生制这两种会计核算基础进行了解释，为后面两章利用权责发生制下的预计利润表和资产负债表来进行估值打下了基础。在解释了权责发生制的工作机理和与现金收付制之间的区别之后，本章接下来讨论了这两者之间的区别对估值的影响。本着选择最好的估值技术这个目的，我们最后提出了两个问题：预计现金流量时会产生什么问题？权责发生制能有助于修正这些问题吗？

4.1 股利贴现模型

很多投资方面的教材在估值这一部分中都会重点讨论股利贴现模型，这个模型初看起来是十分吸引人的。由于股利是股东能够从企业得到的现金流,因此,股权的价值就应当建立在预期股利水平的基础之上。在为债券进行估值时,我们就是通过预计债券能够产生的未来现金流量来实现的,那么,在为股票进行估值时,为什么不去预计股票能够带来的未来现金流量呢?

股利贴现模型可表述如下:

$$股东权益的价值 = 预计未来股利的现值 \qquad (4-1)$$

$$V_0^E = \frac{d_1}{\rho_E} + \frac{d_2}{\rho_E^2} + \frac{d_3}{\rho_E^3} + \frac{d_4}{\rho_E^4} + \cdots$$

公式中的省略号表示应当将股利无限期地预测下去,比如,第 5 期的股利水平、第 6 期的股利水平等。根据这个模型,我们只需要预测出未来的股利水平,然后将这些预计值按"1+股东权益的资本成本率"(即 ρ_E)进行贴现,转换为一个值就可以了。当然,我们也可以假定未来期间的贴现率是会发生变动的,但至少目前我们暂时先将贴现率作为常数处理。股利贴现模型直接将第 3 章中的债券估值模型加以利用,用作对股东权益的估值。但债券估值模型是适用于期限投资的,根据我们在第 3 章章末所提出的实用标准来判断,它能适用于对持续经营的投资项目进行估值吗?

由于持续经营假设,我们会预期企业在将来发放很多期(甚至是无穷期)的股利。但是显然,要对无穷期的情况进行预测是不可能的。那么,我们能否更现实一点,先预测一下有限期的情况,比如,未来 10 年的情况呢?请再看看图 3-3 里所列出股东权益投资的收益分布情况,如果预测期为有限的 T 年,我们也许可以预计出截至第 T 年的股利,但在第 T 年年末的收益中,除了第 T 年的股利以外,还包括了终结期末的转让价格 P_T,因此,还需要再预测这项投资在预测期末能够得到的出售转让价格 P_T 才行。如果只预测股利,就像是预测债券的利息支付但不用管它最后的本金偿还那样;但最后的这一项,终结期末的现金流量,也称**终值/终结价值**(terminal value)仍然是个问题。因此,我们还必须解决终值的计算,使得:

$$股权的价值 = 截至第 T 期全部预期股利的现值 + 第 T 期期末预期终值/终结价值的现值 \qquad (4-2)$$

$$V_0^E = \frac{d_1}{\rho_E} + \frac{d_2}{\rho_E^2} + \frac{d_3}{\rho_E^3} + \cdots + \frac{d_T}{\rho_E^T} + \frac{P_T}{\rho_E^T}$$

从技术层面来讲,这个模型是没有任何问题的,股权的价值就是图 3-3 中所列投资的全部现金流分布的现值。但问题是,公式中的现金流项目之一是这些股份在 T 年后的价值 P_T,于是,这就陷入循环中了——股份在时刻 0 的价值取决于它在未来的预期价值,而未来的预期价值正是我们需要去评价的。要跳出这个死循环,我们必须根据基本面的情况来对价值进行判断。

一个常用的方法是假定股份在预测期外的股利水平(即从 $T+1$ 期开始)会始终保持为一个不变的常数,这样的话,就有:

$$V_0^E = \frac{d_1}{\rho_E} + \frac{d_2}{\rho_E^2} + \frac{d_3}{\rho_E^3} + \cdots + \frac{d_T}{\rho_E^T} + \left(\frac{d_{T+1}}{\rho_E - 1}\right) \bigg/ \rho_E^T \qquad (4-3)$$

其中,括号里的终值是永续年金的价值(value of a perpetuity),它等于将第 $T+1$ 期的股利水平按资本成本率进行资本化⊖的结果。在公式中,需要将这个终值再贴现计算现值。

这里的永续年金假设⊖是非常大胆的,完全是我们的猜测。实际上,我们怎么能保证企业将来会一直保持稳定的股利支付水平而不发生变化呢?只要企业不是将每期的盈利 100% 地都

⊖ 即贴现计算现值。——译者注

⊖ 即假设从第 $T+1$ 期开始,将来每一期的股利水平都保持一致,均为 d_{T+1}。——译者注

用于股利发放，那么，随着留存下来的收益逐渐增长，为企业赚取的盈利也会增长，预期股利是不是也应该增长呢？如果这样的话，在计算股权能带来未来收益的终值/终结价值时，就还应当考虑未来股利的增长因素：

$$V_0^E = \frac{d_1}{\rho_E} + \frac{d_2}{\rho_E^2} + \frac{d_3}{\rho_E^3} + \cdots + \frac{d_T}{\rho_E^T} + \left(\frac{d_{T+1}}{\rho_E - g}\right) \bigg/ \rho_E^T \quad (4-4)$$

其中，g 等于 1 加预期的未来股利增长率之和⊖，而股权的终值/终结价值实际上就是永续增长年金的价值（value of a perpetuity with growth）。如果股利从第 1 期就开始按常数一直增长下去，那么，上式就可以直接简化为 $V_0^E = d_1/(\rho_E - g)$，这就是人们常说的常数增长模型（constant growth model），请见阅读材料 4-1 中的介绍。

阅读材料 4-1

永续年金与永续增长年金的价值

如果知道某个金额在将来的变化规律，那么，就可以简单地计算出它的现值了。比如，永续年金和按常数永续增长的年金就是两个例子。

永续年金的价值

所谓**永续年金**（perpetuity），就是一系列定期发生、金额相等、永远没有到期日的现金流量，其中，我们将每一期的现金流量金额常常称为**年金**（annuity），因此，也可以说永续年金就是没有终止日的年金。求解这种现金流量的价值，我们只需要将它的每年不变的年金额直接进行资本化处理就可以了。如果预期下一年度的股利水平为 d_1，并预计未来的股利金额也将一直保持不变，永远按 d_1 这个水平支付下去，那么，这一系列股利现金流量的价值就等于：

$$V_0^E = \frac{d_1}{\rho_E - 1}$$

因此，假定我们预计某企业每年都会发放 1 美元的股利，且在未来将一直这样持续下去，不会到期，如果投资者对这家企业要求的必要报酬率为每年 10%，那么，这笔永续年金的价值就是 10 美元。

永续增长年金的价值

如果预计某个金额会按照固定的比率不断增长，那么，它的价值就应当用下式来表示：

$$V_0^E = \frac{d_1}{\rho_E - g}$$

其中，g 表示 1 与增长率之和（而 ρ_E 表示 1 与必要报酬率之和）。因此，如果预计某公司下一年度将支付的股利水平为 1 美元，且该公司未来每年的股利都将比上一年度的水平增长 5%，没有到期日，那么，这样的股利现金流在必要报酬率为 10% 的条件下，价值就是 20 美元。请注意，在永续年金和永续增长年金的价值计算公式中，我们所计算的都是在第 1 笔年金开始发放当期期初的价值。比如，如果第 1 笔年金从第 1 年开始发放，那么我们所计算出来的就是全部股利现金流在时刻 0 时的现值。在式（4-3）和式（4-4）中，永续年金是从第 $T+1$ 期开始的，因此

⊖ 为了与之前定义的 ρ_E 等于 1 与必要报酬率之和相对应，这里也用 1 与预期股利增长率之和来表达股利增长的特点；因此，在终值表达项的分母中，资本化率就等于 $(\rho_E-1)-(g-1)$，即必要报酬率与股利增长率之差，也就等于 (ρ_E-g)。令 "$g=1+$ 增长率" 能解决当增长率为负数时的问题（比如，在电子表格计算时），举例来说，如果增长率为 –5%，那么 g 就等于 $1.0 - 0.05 = 0.95$。

> 所计算出来的现金流就是在时刻 T 时的价值（所以在计算现值时，对应的分母应当是 ρ_E^T 而不是 ρ_E^{T+1}）。
>
> **常数增长模型**
>
> 永续增长年金的计算公式有时也被称为常数增长估值模型（constant growth valuation model），因此，上面的股利永续增长模型也可被称为常数增长股利模型（constant growth dividend model），或者有时也被称为戈登增长模型（Gordon growth model）以纪念该模型的作者戈登教授。这个模型非常简单，但只适用于当股利会按固定的比率增长的情形。

如果一家企业预计在将来很长一段时期内都不会发放任何股利，那又该怎么处理呢？或者一家企业突然发放了相当高额的股利，但在未来并不可能按此股利水平持续下去，又该怎么办呢？如果公司通过股份回购来回馈股东（通常，股份回购不会影响股东权益的价值），而不发放股利，又该如何处理呢？

事实是，企业在可预见到的将来预计要发放的股利并不算什么，一些公司会发放很多的股利，而另一些公司则可能一分钱都不发。在短期内，很能赚钱并且价值很高的公司却完全不发放股利，或者只是略微盈利的公司却发放很高的股利，这两种情况都是完全可能的。一般情况下，股利与价值创造的联系并不是那么紧密，公司甚至可以使用借款来发放股利，而这样的股利与能够创造价值的经营活动和投资活动是毫无关系的。股利只是对价值的分配，而不是价值创造。

这进一步印证了我们在第 1 章中所提到的观点：股利与公司价值是无关的。为了模型的实用性，我们必须在有限期内进行预测。根据股利贴现模型[式（4-2）]的要求，我们需要预计预测期内的全部股利和最后的终结价值。但是，股票投资的收益（股利与终结价格）对于股利的组成实际上是不敏感的：如果一只股票支付了较高的股利，那么终结价格就一定会降低；因为如果企业以股利的形式使现金流出，那么，股价就一定会下调相应的幅度以反映企业留存价值的减少。股利的任何变化都会引起股价同步向相反方向变化，最终对公司现值的净影响额为 0。换言之，支付股利是一种净现值为 0 的活动，股利与企业价值是无关的！股利并不能创造价值。如果股利与企业的价值无关，那么，按照股利贴现模型的要求，我们就只需要预计最后的终结价格就可以了，但这个价格正是我们想要求解的东西！在阅读材料 4-2 中，我们对股利贴现模型的优点和不足进行了总结。

> **阅读材料 4-2**
>
> 股利贴现模型
>
> **优点**
>
> 易于理解：股东能够得到的就是股利，因此，可以通过预测股利来估算股票的价值。
>
> 方便预测：在短期内，公司股利一般是比较稳定的，因此方便进行预测（在短期内）。
>
> **不足**
>
> 相关性不足：至少在短期内，股利的支付与公司的价值是无关的。股利预测忽略了股票投资中的资本利得部分。
>
> 预测期：一般需要预测较长时期的股利情况。
>
> **适用情形**
>
> 特别适用于股利的支付与企业的价值创造长期紧密联系在一起的企业，比如，采用固定股利支付率（股利/净利润之比）的企业。

这就是所谓的**股利之谜**（dividend conundrum）：权益的价值取决于未来的股利，但预测一段时期内的股利情况并不能告诉我们企业的价值是多少。按照我们在第3章中所提出的实用性标准，股利贴现模型是无法满足第1条要求的，因此，我们必须要预测其他的能与价值创造紧密相连的东西。从第2条标准（可证实性）来看，股利贴现模型也是不满足的。股利本身在事后是可以观察到的，因此股利预测的准确性是可得到证实的，但实际的股利与预计的股利之差跟企业的股权价值之间却没有关联，差额可以仅受股利支付政策的影响，因此，事后的股利情况并不能用来证实估值的正确与否。

股利贴现模型的失败提示我们，应当关注企业内部那些能够创造价值的东西——投资活动和经营活动的情况。贴现现金流量分析就是这样做的。

4.2 贴现现金流估值模型

在第1章中我们已经说明，企业价值是由负债价值与股权价值之和构成的：$V_0^F = V_0^D + V_0^E$。这里的**企业价值**（value of the firm）是指它的投资与经营活动的价值，分为两个部分——债权人所享有的价值和股东所享有的价值。我们可以通过股利贴现模型直接预测归属于股东的现金流量情况，然后计算出股权的价值。不过，也可以通过预测企业的投资活动和经营活动产生的现金流量（从而求得企业的价值），然后再从中减去企业的债权人对这些现金流量所享有的要求权，从而得到股权的价值。贴现现金流量分析就是这么做的。

通常，我们将投资活动和经营活动简单地统称为**营业活动**（operating activity），即将投资活动蕴藏在经营活动之中。相应地，**营业价值**（value of the operations）是指企业投资活动和经营活动所创造的价值之和，在本书中，营业价值、公司价值和企业价值都指同一个意思。

在第3章中大家已经看到，我们可以通过预测项目的现金流量来为项目进行估值，这是项目估值的标准方法。企业不过是很多个项目的结合体，因此，要了解企业的价值，就可以先计算出企业经营全部项目的预期未来现金流量的现值。我们将所有项目的现金流量总和称为**经营活动产生的现金流量**（cash flow from operations）。由于持续经营假设，新项目总在旧项目快要到期时又开始投资或者建造，而投资是会导致现金流出的，我们将这种投资性质的现金流出称为**资本支出**（capital expenditure）或者（经营活动中的）**现金投资**（cash investment）。

图4-1中列出了一家持续经营的企业在5年内的经营活动现金流量 C_t 与投资活动现金流出量 I_t。在某个特定的年份（比如，第2年）进行了现金投资以后，这项投资所能带来的现金流出就会在其后年份（比如，从第3年开始的将来年份）的经营活动现金流量中体现出来，直到这项投资项目终结为止。在任何一年中的现金流量净额，即当年的经营活动现金流量（来自往年投资的结果）与当年投资新项目导致的现金流出量之差——$C_t - I_t$，被称为**自由现金流量**（free cash flow），因为它是企业的经营活动现金流在满足了新资产投资需求之后的剩余，是可以"自由"使用的[⊖]。

假如我们可以预计出企业的自由现金流量，那么，就可以运用下面的现值公式来计算出企业营业活动的价值了：

⊖ 请注意，在现实生活中，你会碰到很多关于"现金流量"的定义：经营现金流量、自由现金流量、融资现金流量甚至EBITDA（用作替代经营活动产生的"现金流量"）。你需要理解和区分这些术语中"现金流量"的含义。

$$\text{企业的价值} = \text{预计未来自由现金流量的现值} \tag{4-5}$$

$$V_0^F = \frac{C_1 - I_1}{\rho_F} + \frac{C_2 - I_2}{\rho_F^2} + \frac{C_3 - I_3}{\rho_F^3} + \frac{C_4 - I_4}{\rho_F^4} + \frac{C_5 - I_5}{\rho_F^5} + \cdots$$

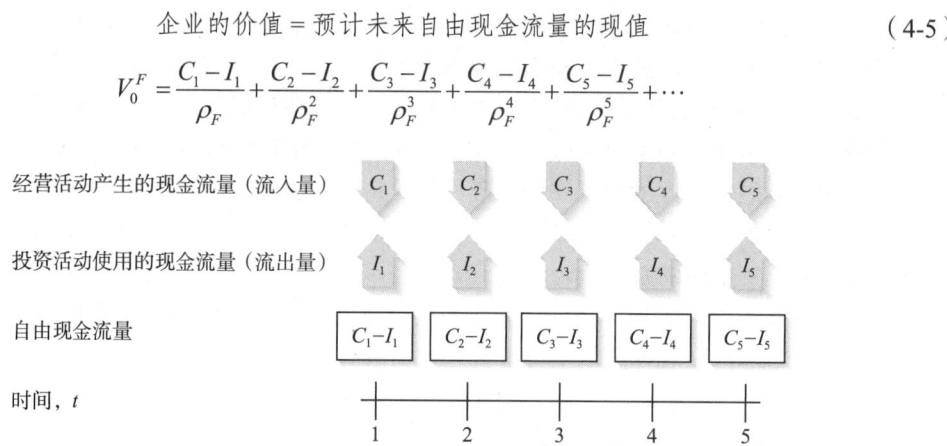

图 4-1　持续经营企业全部项目的现金流量

自由现金流量等于经营活动产生的现金流量扣除在投资活动中使用的现金流量之差额。

这就是一个企业估值模型，叫作**贴现现金流量模型**（discounted cash flow model，DCF）。在这个模型中所使用的贴现率应当是与企业全部项目现金流量风险水平相对应的一个利率，叫作**公司资本成本**（cost of capital for the firm）或者**营业资本成本**（cost of capital for operations）⊖。

由于企业的营业现金流量是由股东与债权人所共同享有的，因此，普通股权益的价值应当等于企业的价值减去企业的负债净值：$V_0^E = V_0^F - V_0^D$。在这里，**负债净值**（net debt）是指企业作为债务人而承担的负债金额与其作为债权人而持有的债权投资金额之间的差额。在第 2 章中大家已经看到，负债在资产负债表中的报告价值通常非常接近其市值，因此，在这个公式中，也可以直接减去负债净值的账面价值。在大多数情况下，企业负债的市值在财务报表附注中都有披露。此外，在对普通股权益进行估值时，需要从企业价值中减去的除了负债以外，还应当包括优先股权益的价值。因为如果站在普通股股东的立场上来看，优先股权益实质上也是一种负债。

你也许已经注意到了，这个模型与股利贴现模型一样，都要求对无限期的现金流量进行预测。如果我们只是（现实一点）预测一段时期内的现金流量情况，就必须将预测期以后的自由现金流量价值附加在预测期内，我们将这个价值称为**持续价值**（continuing value）。比如，如果只预计 T 期内的现金流量情况，那么，企业权益的价值就应当是：

$$V_0^E = \frac{C_1 - I_1}{\rho_F} + \frac{C_2 - I_2}{\rho_F^2} + \frac{C_3 - I_3}{\rho_F^3} + \cdots + \frac{C_T - I_T}{\rho_F^T} + \frac{CV_T}{\rho_F^T} - V_0^D \tag{4-6}$$

持续价值与终结价值是不同的。终结价值是我们预期企业在 T 时刻的价值，即在 T 时刻将企业出售所能得到的收入；而持续价值是因为我们只预测了 T 期的现金流量情况，而没有预测到 "无限期" 而遗漏的价值。因此，持续价值实质上是我们将对无限期的预测问题转化为有限期预测问题的一个解决工具，但这是否能够满足模型实用性标准的第 1 个条件呢？我们能计算出企业在合理的预测期内的持续价值吗？怎样计算持续价值，才能让它代表 T 期以后的全部期望现金流量呢？我们可以沿用在股利贴现模型中所使用的相同方法，假定 T 期以后每期自由现金流量会永远等于某个常数，并一直持续下去，那么，持续价值就可以表示为：

⊖ 在第 14 章中介绍了营业资本成本及其与权益资本成本之间的关系。在公司理财课程中，公司资本成本也常常被称为加权平均资本成本（WACC）。

$$CV_T = \frac{C_{T+1} - I_{T+1}}{\rho_F - 1} \tag{4-7}$$

或者，如果预计 T 期以后的自由现金流量将按照某个常数比率一直增长下去，那么，持续价值就应当表示为：

$$CV_T = \frac{C_{T+1} - I_{T+1}}{\rho_F - g} \tag{4-8}$$

其中，g 等于自由现金流量的预计增长率与 1 之和。请再参考阅读材料 4-1 中的介绍。

表 4-1 报告了可口可乐公司 2000～2004 年的真实现金流量情况。假定你在 1999 年年末时的预测结果就像这里的真实现金流量分布一样——预测得分毫不差。并且，可口可乐公司在 1999 年年末时的每股股价为 57 美元。这张表说明了怎样将这些预测的现金流量转化为估值。根据式（4-6），首先将 2004 年以前的自由现金流量都按必要报酬率 9% 进行贴现，然后，再计算出持续价值的现值，将这两部分现值加总起来，就得到了整个可口可乐公司的价值。其中，持续价值是按照式（4-8）来计算的，假定 2004 年以后的自由现金流量将一直按照 5% 的速度每年增长下去。接下来，再从企业价值中减去负债净值的账面价值，就可以得到可口可乐公司在 1999 年年末的股东权益价值为 100 543 百万美元，即每股 40.67 美元。在本章练习题 4.8 和迷你案例 M4.1 中，还考察了可口可乐公司 2005～2010 年的自由现金流量情况。

表 4-1 对可口可乐公司应用贴现现金流量模型进行估值

（单位：除股份数量和每股金额外，均为百万美元；假定企业必要报酬率为 9%）

	1999 年	2000 年	2001 年	2002 年	2003 年	2004 年
经营活动产生的现金流量		3 657	4 097	4 736	5 457	5 929
现金投资额		947	1 187	1 167	906	618
自由现金流量		2 710	2 910	3 569	4 551	5 311
贴现率 $(1.09)^t$		1.09	1.1881	1.2950	1.4116	1.5386
自由现金流量的现值		2 486	2 449	2 756	3 224	3 452
截至 2004 年的现值合计	14 367					
持续价值 (CV) ①						139 414
持续价值的现值	90 611					
企业价值	104 978					
负债净值的账面价值	4 435					
股东权益的价值 (V^E_{1999})	100 543					
流通在外的股份数量	2 472					
每股价值（美元）	40.67					

① $CV = \dfrac{5\,311 \times 1.05}{1.09 - 1.05} = 139\,414$

持续价值 CV 的现值 = 139 414 / 1.5386 = 90 611

以下是对贴现现金流量估值方法的步骤总结。

（1）预计预测期内每年的自由现金流量；
（2）计算上述自由现金流量的现值；
（3）假定预测期外的自由现金流量会按某个增长率持续增长，计算持续价值；
（4）计算持续价值的现值；

（5）将上述第 2 步和第 4 步所得到的两部分现值相加，得到企业的价值；

（6）从企业价值中减去负债净值，即得到股东权益的价值。

自由现金流与价值增加额

根据上面的计算结果，我们可以得出结论，由于可口可乐公司能够产生巨额的现金流量，所以，它的股票每股价值为 40.67 美元。但现在请你再看看表 4-2 中通用电气公司（General Electric）在这 5 年中的现金流量分布情况，这家公司是 1993～2004 年全美股票报酬率最高的上市公司之一，但它的自由现金流量却年年为负，只有 2003 年的情况例外。

表 4-2　自由现金流量为负的公司：通用电气公司与星巴克

通用电气公司（除每股收益和每股股利信息外，金额单位：百万美元）					
	2000 年	2001 年	2003 年	2003 年	2004 年
经营活动产生的现金流量	30 009	39 398	34 848	36 102	36 484
现金投资额	37 699	40 308	61 227	21 843	38 414
自由现金流量	（7 690）	（910）	（26 739）	14 259	（1 930）
当年净利润	12 735	13 684	14 118	15 002	16 593
每股收益（EPS）	1.29	1.38	1.42	1.50	1.60
每股股利（DPS）	0.57	0.66	0.73	0.77	0.82
星巴克公司（除每股收益外，金额单位：千美元）					
	1996 年	1997 年	1998 年	1999 年	2000 年
经营活动产生的现金流量	135 236	97 075	147 717	224 987	314 080
现金投资额	148 436	206 591	214 707	302 179	363 719
自由现金流量	（13 200）	（109 516）	（66 990）	（77 192）	（49 639）
当年净利润	42 127	57 412	68 372	101 693	94 564
每股收益（EPS）	0.55	0.70	0.78	1.12	1.02

假定现在还是 1999 年年末，你正在考虑是不是要购买通用电气公司的股票。同样，让我们再一次假定你对通用电气公司在未来 5 年中的现金流量情况预测得非常精准，并且你也打算使用贴现现金流量分析来进行估值。现在，除了其中一年以外，全部年份的自由现金流量都是负数，那么自然地，对应的现值也是负数！预测期内最后一年，即 2004 年的现金流量也是负数，因此不能用它来估计公司的持续价值。而且，如果你在 2004 年再回过头去看通用电气公司过去的自由现金流量分布情况，你肯定不会同意这些现金流量能代表企业股票价值的增加情况。

表 4-2 中还列出了星巴克公司（Starbucks）在 1996～2000 年的现金流量情况。这家随处可见的咖啡连锁店一直非常成功，目前已经成为世界品牌，在很多个国家都开有咖啡店。星巴克公司的股票价格在 1996～2000 年翻了一倍有余，但它的自由现金流量却一直是负数。再一次地，假定你现在正身处 1996 年年初，知道了公司的这些（未来）现金流量分布情况，需要对公司进行估值，那么，是不是会感觉特别头痛呢？直到 2000 年，星巴克公司每年的自由现金流量都一直是负数，就算根据事后的股价情况，你知道持续价值应当是当前价值的一倍以上，但你肯定也不知道该怎样去计算它！在这种情况下进行任何计算都是高度不客观的，请参考阅读材料 4-3 中的更多介绍。

阅读材料 4-3

贴现现金流估值与主观猜测

估值需要克服我们对未来进行主观猜测。在选择估值技术时，有两条基本面分析师的信条特别重要："不要混淆你知道的事实和你猜测的情况"和"根据你已知的事实去估计价值，而不要依靠投机"。因此，好的估值方法应当更少地去依赖主观猜测的东西，避免投机式的猜测。相对来说，由于我们对目前和不久的将来所能了解的情况肯定比长时间以后的更清楚，因此，如果某个估值方法可以对我们目前能观察到的情况和近期的预计情况赋予更高的权重，肯定就比严重依赖于对将来长期估测的方法更好。稍微修改一下凯恩斯的那句名言："从长远来看，我们都会离开这个世界。"这句话暗示着我们，好的估值技术应当只需要用到有限期的预测，而且预测期应当越短越好。当然，持续经营是一个长期的概念，因此，对长期的情况进行一定的猜测是不可避免的。但是，由于我们对未来的情况了解不多，所以如果一个估值方法需要严重依赖对长期情况的主观猜测，那么这种估值结果的可靠性必然就值得怀疑。

贴现现金流估值模型就离不开主观的猜测，表 4-2 中的通用电气公司和星巴克公司数据都是很好的例子。如果某位分析人员在 1999 年时希望用贴现现金流估值模型对通用电气公司进行估值，他对于 2000 年、2001 年左右的未来自由现金流量可能还有一定的把握，但实际上，就算他有信心预测出了未来 5 年内，即 2000～2004 年的现金流量分布情况，作用也是不大的。因为这些自由现金流量全是负数！所以，这位分析师将不得不继续预测（这以后的预测将附带越来越大的主观猜测成分）将来若干年后的自由现金流量，直到找到自由现金流量变为正数为止。但是要预测到什么时候才够呢？2010 年？2015 年？还是 2020 年呢？这些现金流量是很难预测的，因为它们的不确定性太大了！并且由于预测期实在太长，一切都变得没有意义了。对星巴克公司来说，情况也会如此。当然，由于这种方法允许你随便拖进任何数据都看似有理，所以银行家和分析师还是会喜欢这种估值方法。但是，严肃的投资者是不会信任这种融合了太多主观猜测信息在其中的方法的。

在对持续价值的计算中，也包含了对长期情况的主观猜测。因此，另一种可以表达估值原则的说法是：如果在某个估值模型中，持续价值的计算所占到的权重越大，那么这个模型就越不那么让人感觉可靠。从通用电气公司和星巴克公司的例子里可以看到，由于预测期内的现金流量基本上都是负数，预测期末的持续价值与股票在此时的价值相比，必然是大于 100% 的。由于我们对近期情况的把握程度远远高于我们对远期情况的了解，所以，依靠近期的预测值来进行估值是可以接受的。但是，根据通用电气公司和星巴克公司的近期现金流量情况，都无法适用贴现现金流估值模型来进行估值。

为什么贴现现金流量分析不能适用于对这些公司的估值呢？简单地说是因为自由现金流量并不能衡量企业经营所创造的价值增加值。经营活动产生的现金流量是由企业通过销售产品而获取的价值，但它会因现金投资而减少。如果一家企业对经营投资所使用的现金大于它从经营活动中所获取的现金，它的自由现金流量就会是负数，即使此时投资项目的净现值是正数（即项目是创造价值的），自由现金流量也是减少的。在这个指标中，投资被当成了"坏事"而不是"好事"。当然，投资的报酬随后会以经营活动现金流量的形式体现出来，但投资的规模越大，投资有效期越长，就需要越长的预测期，才能"捕获"这些现金流量。通用电气公司能不断地找到新的投资机会，所以它的投资额一直大于现金流入量。而星巴克作为一家成长型企业，不断地在新开更多的店面，所以尽管这些投资是能够创造价值的，但大量的投资会使得自由现金流量变为负数。很多成长型的企业都表现为自由现金流量为负，但却创造了不少的价值。本章末的练习题 E4.12 中有另一家非常成功的企业例子——沃尔玛公司，它的自由现金流量也是负的。

一家现金流量为负的企业怎么还可能实现股价翻番呢？事实上，自由现金流量并不能真实地刻画企业在经营活动中所创造的价值增加额。这个概念将投资（及其所创造的价值）与投资收益混为一谈，因此，它只部分属于一个投资概念或者清算概念。企业的自由现金流量会随着投资活动的增加而减少，而收回或者清算投资又会增加企业的自由现金流量。但如果企业的投资是获利的，则只会增加企业的价值，而不会使价值减损。假定一位分析人员预测企业在未来若干年内都只有很少的自由现金流量，或者自由现金流量为负数，我们会认为这家企业是难以成功的吗？通用电气公司在 2003 年的自由现金流量为正数，但实际上这并不是一个好消息，因为这主要是由于公司收回投资所导致的。实际上，表 4-1 中可口可乐公司在 2003 年和 2004 年的现金流量增加也部分是由于企业减少投资规模所造成的。投资规模的缩小意味着企业未来现金流量的减少，那么在持续价值的计算中，还能确保可口可乐公司每年 5% 的增长率吗？在本章练习题 E4.8 中，我们将可口可乐公司的例子延伸到了 2006 年和 2007 年，在那里，你还将看到同样的问题出现。

如果现金收入能够与相关的现金投资支出都发生在同一会计期间内，那么，自由现金流量是可以用来衡量企业在经营活动中所创造的价值的，此时，用收到的现金减去为获取这些收入而付出的现金就是当期所创造的价值。但在贴现现金流量分析中，投资所能创造的现金收入是确认在投资做出后的若干会计期间内的，此时，如果要"捕获"投资所创造出的全部价值，就必须将预测期拉得足够长。所以，贴现现金流量分析方法违背了配比原则（见第 2 章中的阅读材料 2-4）的要求。

要解决通用电气公司和星巴克公司这样的估值问题，就必须有一个足够长的预测期，但这与我们在第 3 章中所建立的模型实用性第 1 条标准是相违背的。如果期限太长，势必就会用到太多的主观猜测和假定，而太过长久的未来是我们所无法确定的。请参考阅读材料 4-3 中的更多介绍。

此外，在阅读材料 4-4 中，我们对贴现现金流估值模型的优点与不足进行了总结。

阅读材料 4-4

贴现现金流量估值

优点

易于理解：现金流量是"真实"的，很容易想到，而且现金流量不受会计核算规则的影响。

概念熟悉：现金流量估值是大家所熟悉的现值技术的直接应用。

不足

概念可疑：自由现金流量并不能计量企业在短期内的价值增加额；企业所赚得的价值与相应所放弃的价值并没有配比。

将投资作为价值的减损处理。

自由现金流量部分属于清算概念；企业

可以通过收回或者削减投资来增加自由现金流量。

预测期：通常，需要较长的预测期才能确认投资所产生的现金流量，尤其是当企业的投资不断增加的时候。在估值中，持续价值所占的权重过大。

与人们的预测不一致：分析师一般预测的是利润，而不是自由现金流量。

适用情形

适用于自由现金流量为正的常数或者按某个常数比率持续增长的投资模式；适用于"现金牛"型的企业。

当权益投资有固定的期限或者投资者需要"变现"其投资的时候，适合采用贴现金流量估值技术。例如，在杠杆收购中，早晚都需要将收购资金偿还给债权人；或者在私募股权投资中，投资人必须在一定期限内收回他的资本并拿到回报。在这样的情形下，企业产生现金的能力就显得特别重要。

4.3 现金流量表

现金流量信息是报告在现金流量表中的，因此，只要编制出未来的预计现金流量表，就可以知道预计现金流量信息了。不过，按照美国公认会计原则或国际财务报告准则所编制的现金流量表并不能完整地提供我们所想要的信息。例如，表4-3就是耐克公司2010财务年度现金流量表中的"经营活动产生的现金流量"和"投资活动使用的现金流量"这两个部分，完全摘录自第2章中表2-1"耐克公司的现金流量表"。耐克公司报告它在2010年度中，经营活动产生的现金流量为3164.2百万美元，投资活动使用的现金流量为1267.5百万美元，因此，该公司在2010年度的自由现金流量就是上述两者之差，为1896.7百万美元。

在现金流量表中，经营活动产生的现金流量是以净利润为出发点，然后对计算净利润时曾经用到但不涉及现金收支的项目进行调整而得到的（这些非现金项目就是应计项目，我们稍后将对此进行讨论）。但是，在净利润中还包括了利息支付，这并不属于经营活动，而是用经营活动所得向债权人进行的现金支付，因此属于融资活动。企业需要在现金流量表补充信息中披露当年用现金支付的利息费用，例如，耐克公司在2010年的利息费用就是4840万美元（见表4-3）。在净利润中，还包括企业将闲置资金临时投资于带息存款或者类似债券这样的有价证券而得到的利息收入，这类投资不属于生产经营类的投资，而是闲置资金的另一种存储投资，以便将来可以用这些资金来投资经营活动或者偿还债务、支付股利等。因此，利息收入也属于融资活动的现金流量。在表4-3的补充信息中，耐克公司披露它在2010年因投资证券而取得的利息收入为4210万美元。

表4-3 耐克公司2010年度现金流量表经营活动与投资活动部分

——摘录自耐克公司2010年度报告

耐克公司 合并现金流量表摘录			
	（金额单位：百万美元）		
	截至5月31日的财务年度		
	2010年	2009年	2008年
经营活动产生的现金流量			
净利润	1 906.7	1 486.7	1 883.4

(续)

	截至 5 月 31 日的财务年度		
	2010 年	2009 年	2008 年
不影响现金的损益调整项目：			
折旧费用	323.7	335.0	303.6
递延所得税影响	8.3	(294.1)	(300.6)
用股份支付的薪酬费用	159.0	170.6	141.0
商誉、无形资产和其他资产减值	—	401.3	—
企业剥离利得	—	—	(60.6)
摊销费用及其他	71.8	48.3	17.9
营运资本与其他资产和负债的变动（不含企业合并与剥离的影响）：			
应收账款的减少（增加）	181.7	(238.0)	(118.3)
存货的减少（增加）	284.6	32.2	(249.8)
预付费用与其他流动资产的减少（增加）	(69.6)	14.1	(11.2)
应付账款、应计负债与应交所得税的增加（减少）	298.0	(220.0)	330.9
经营活动产生的现金流量	3 164.2	1 736.1	1 936.3
投资活动产生的现金流量			
购买短期投资支付的现金	(3 724.4)	(2 908.7)	(1 865.6)
短期投资到期或出售收回的现金	2 787.6	2 390.0	2 246.0
新增不动产、厂房与设备使用的现金	(335.1)	(455.7)	(449.2)
处置不动产、厂房与设备收回的现金	10.1	32.0	1.9
新增其他资产使用的现金，扣除新增其他负债后净值	(11.2)	(47.0)	(21.8)
结算套期工具投资净值	5.5	191.3	(76.0)
购买子公司支付的现金，扣除获得的现金后之净额	—	—	(571.1)
业务剥离所收到的现金	—	—	246.0
投资活动产生的现金流量	(1 267.5)	(798.1)	(489.8)
补充信息			
用现金支付的利息	48.4	46.7	44.1
取得的利息收入	42.1	56.2	121.2

我们将利息支付额与利息收入额之差称为**利息支付净额**（net interest payment）。在美国，利息支付净额是披露在经营活动产生的现金流量当中的[⊖]，因此，在计算真实的经营活动现金流量时，应当从自由现金流量中反加回利息支付净额。不过，利息收入是需要缴纳所得税的，利息支出也可以在所得税前扣除，因此，还需要调整利息支付净额为税后利息支付净额（after-tax net interest payments），即调整利息收入和利息支出的所得税影响，等于利息支付净额 ×（1－所得税税率）。经营活动产生的现金流量应当等于：

经营活动现金流量 = 现金流量表中报告的经营活动现金净流量 + 税后利息支付净额   （4-9）

在阅读材料 4-5 的第一部分中，计算了耐克公司 2010 年的经营活动现金流量。在很多公司中，利息支付金额都是高于利息收入金额的，因此，经营活动现金流量一般都是大于现金流量表中的报告数的。

⊖ 在我国，利息支出是报告在"筹资活动产生的现金流量"类别下的，但银行存款利息收入则是报告在"经营活动产生的现金流量"类别下、"收到的其他与经营活动相关的现金流入"项目中的。因此按照这里的思想，如果应用我国的现金流量表，则应当将式（4-9）更正为：经营活动现金流量 = 现金流量表中报告的经营活动现金流量 － 当期收到的现金利息收入。——译者注

按照美国公认会计原则和国际财务报告准则所编制的现金流量表，都有"投资活动产生的现金流量"这个部分，并且在这个部分中，都会报告企业将多余的现金"投资"于带息证券的金额。但实际上，这种"投资"不属于对企业经营活动的投资，因此：

投资活动现金流量＝现金流量表中报告的投资活动现金净流量＋对带息证券的净投资金额　　（4-10）

其中，对带息证券的净投资金额等于当期新增的带息证券投资额减去当期到期或者处置的带息证券投资额。在阅读材料 4-5 中，按上式重新计算了耐克公司的现金投资额，并完成了自由现金流量的计算。其中，主要涉及的调整项目就是表 4-3 投资活动部分的前面两项。现在，调整后的投资活动现金流量等于企业对不动产、厂房和设备的资本支出净额、企业并购支出和表 4-3 中所列其他投资项目的合计影响数。你会发现，经过调整计算以后的耐克公司自由现金流量和未经调整以前的大有不同。

阅读材料 4-5

根据现金流量表信息计算自由现金流量

（金额单位：百万美元）

耐克公司 2010 财务年度

现金流量表中报告的经营活动现金流量			3 164.2
用现金支付的利息		48.4	
收到的利息收入①		(42.1)	
利息支付净额		6.3	
所得税影响（36.3%）②		2.3	
税后利息支付净额（63.7%）			4.0
经营活动现金流量			3 168.2
现金流量表中报告的投资活动现金流量		1 267.5	
购买带息证券的现金支出	3 724.4		
出售带息证券收到的现金	(2 787.6)	936.8	
投资活动现金流量			330.7
自由现金流量			2 837.5

① 用现金支付的利息在现金流量表补充资料中有披露，但利息现金收入金额常常不能够直接从报表中找到，因此这里使用的是直接从利润表中找到的利息收入金额，这个金额中包含应收未收的利息收入，但与我们需要的利息现金收入金额不会相差太多。

② 耐克公司的法定所得税率（包括联邦所得税和州所得税）为 36.3%，在它的财务报表附注说明中有披露。

经营活动现金流量有时也被称为无杠杆的经营活动现金流量（unlevered cash flow from operations），不过，"无杠杆的"这个定语实际上是比较多余的。现金流量表中所报告的经营活动现金流量有时会被称为有杠杆的经营活动现金流量（levered cash flow from operations），因为它包含了负债融资的利息影响。但有杠杆的经营活动现金流量不是一个很有用的计量指标。股利是企业支付给股东的现金流量，它必须要在企业向债权人还清了到期的本息之后才能向股东进行支付。

4.3.1　国际财务报告准则下的现金流量表

根据国际财务报告准则编制的现金流量表与根据美国公认会计原则编制的现金流量表非常

类似，但在以下几个方面存在着明显的不同。

(1) 根据国际财务报告准则，对于支付的股利和收到的股利，企业可以选择将其报告为一项经营活动或者是一项融资活动。因此，如果企业将其报告为经营活动项目，那么分析人员就应当将它调整到融资活动项目中去：支付股利实质上是将经营活动产生的现金流量分配给股东，而不是在经营活动中使用的现金流量。但是，如果收到的股利收入是由企业所投资的其他企业发放的，而这种投资是属于企业商业计划的一部分，则将这类股利收入报告在经营活动中也是合适的。

(2) 对于支付的利息费用和收到的利息收入，企业可以选择将其报告为一项经营活动项目或者是一项融资活动项目。如果报告在经营活动项目中，那么，分析人员应当如同处理按照美国公认会计原则编制的现金流量表一样[使用式（4-9）和按照阅读材料4-5中的示例]，在经营活动产生的现金流量中调整税后利息支付净额的影响。

(3) 支付的所得税金额是报告在经营活动产生的现金流量中的（与美国企业的相同），但是，如果某项所得税金额与一项融资或者投资活动特别相关，也可以报告为融资活动或者投资活动的现金流量。与美国企业编制的现金流量表一样，购买和出售带息证券也是报告在投资活动产生的现金流量中的，因此，在计算投资活动现金流量时，也需要进行同样的调整[按照式（4-10）和阅读材料4-5中的做法]。

4.3.2 预测自由现金流量

在贴现现金流量分析中，我们需要预测在企业将来现金流量表中会出现的自由现金流量。但是，如果没有首先对未来销售和利润进行预测，直接完成现金流量预测任务是非常困难的。销售收入和利润都是按照权责发生制原则来计算的，因此，要预测未来的自由现金流量，需要首先找到未来利润的预测数，将其转化为经营活动现金流量，然后再从中减去预计的经营投资额。收益（或净利润）与经营活动现金流量之间的差异主要是由利润表中的应计项目（accruals）（即净利润中所包含的非现金项目）所引起的，这些项目在现金流量表中都有披露。以耐克公司2010年度报表信息为例，应计项目的总额为1 257.5百万美元。从净利润中扣除这些应计项目，再调整税后利息费用的影响，就能得到经营活动现金流量的规模。在阅读材料4-6中，说明了耐克公司的利润是怎样被调整为经营活动现金流量的；这一步工作完成后，再减去新增加的经营投资额，就可以得到自由现金流量了。

阅读材料 4-6

将利润转换为自由现金流量

（金额单位：百万美元）

耐克公司 2010 财务年度

根据现金流量表		常用的估计方法		
净利润	1 906.7	息税前利润（EBIT）		2 523.2
应计项目调整	1 257.5	与 EBIT 相关的所得税费用（36.3%）		915.9
有杠杆的经营活动现金流量	3 164.2			1 607.3
支付的利息	48.4	+折旧费用与摊销费用	395.5	
利息收入	(42.1)	+经营性营运资本变动	694.7	1 090.2
利息支付净额	6.3	经营活动现金流量		2 697.5

(续)

耐克公司 2010 财务年度					
根据现金流量表			常用的估计方法		
所得税（36.3%）	2.3	4.0	－现金投资额：		
经营活动现金流量		3 168.2	资本支出	325.0	
投资活动现金流量		330.7	并购支出	—	325.0
自由现金流量		2 837.5	自由现金流量		2 372.5

注：经营性营运资本变动等于扣除现金及其等价物、短期投资和短期借款、递延所得税项目后的流动资产变动额减去流动负债变动额。这里使用的是现金流量表中的金额，折旧费用和摊销费用的金额也取自现金流量表。两种方法计算出来的结果不一致，因为第 2 种方法只是一种近似的估计，它忽略了耐克公司现金流量表中除折旧费用、摊销费用和经营性营运资本变动以外的其他应计项目的影响。请注意在现金投资额中要减去资本支出的金额，并应确保包括并购在内的所有投资支出都已计算在内。

预测未来的应计项目也不是一件简单的事情。通常，人们会先预测出息税前利润（EBIT），然后从中减去相应的所得税费用，再反加回折旧费用和摊销费用（报告在现金流量表中）、调整经营活动中的营运资本项目变动影响，完成对应计项目的调整。但这只是一个大致的估算，并且过程比较烦琐。在第 11 章中，我们将介绍一种更加直接和快速的调整方法。阅读材料 4-6 中使用的是以 EBIT 为起点的估计方法，这是一种在实务中比较常用的方法。

然而，我们必须思考将预计利润转化为预计现金流量是否有用，尤其是如果转换以后出来的自由现金流量为负数。例如，如果像表 4-2 中的通用电气公司和星巴克公司那样的话，应该怎么处理。是否可以跳过这种转换过程，直接根据利润预测而不是现金流量预测来为企业进行估值呢？答案是肯定的，在第 5 章中，我们将向大家说明，去除利润中的应计项目影响实际上会使得估值任务更加复杂，并且使估值结果的客观性更差。

4.4 现金流量、企业盈利与权责发生制会计

分析人员通常会预测企业未来的利润而不是现金流量，股票市场也是按照企业的预计盈利水平来为企业进行估值的：一般情况下，盈利水平未能达到分析师预期范围的企业会遭遇股价下跌，而实现盈利预期的企业则往往会出现股价上涨。所以，简单地说，盈利水平决定着股票价格。

如果我们的目的是估值，那么，就应当有理由去预测未来盈利水平而不是自由现金流量。盈利与经营活动现金流量之差是应计项目，下面我们将说明应计项目是如何"捕获"企业在经营过程中所创造的价值增加额，而现金流量却做不到这一点的。同时，我们还将说明，权责发生制会计和现金收付制会计在对待投资问题上的不一致，以及权责发生制是如何解决我们刚才在预测自由现金流量时所碰到的困难的。

4.4.1 利润与现金流量

表 4-4 中是耐克公司 2010 财务年度的利润表和前期可比数据。如同我们在第 2 章中已经讲过的，利润表将企业通过销售产品而取得的收入视为价值流入，并将因此而发生的费用视为价值流出，收入减去费用后的净值，就是企业的净利润。

表 4-4　耐克公司的利润表　　　　　　　　　（金额单位：百万美元）

耐克公司合并利润表			
	以每年的 5 月 31 日为会计年度截止日		
	2010 年	2009 年	2008 年
收入	19 014.0	19 176.1	18 627.0
销售成本	10 213.6	10 571.7	10 239.6
毛利润	8 800.4	8 604.4	8 387.4
销售与管理费用	6 326.4	6 149.6	5 953.7
重组支出	—	195.0	—
商誉减值损失	—	199.3	—
无形资产与其他资产减值损失	—	202.0	—
利息费用（收入）净额	6.3	（9.5）	（77.1）
其他费用（收益）净额	（49.2）	（88.5）	7.9
税前利润	2 516.9	1 956.5	2 502.9
所得税费用	610.2	469.8	619.5
净利润	1 906.7	1 486.7	1 883.4

关于企业的利润表，有以下三点内容是你必须引起注意的。

（1）股利是不报告在利润表中的。股利是对价值的分配，不属于价值的创造过程，因此，股利是不影响价值增加额的计量指标——利润的。不过，发放股利确实会减少企业的股东财富总额，这会表现在资产负债表中股东权益账面价值的减少上。会计师对此的处理非常合理。

（2）投资活动不是利润表中的减项，因此，与自由现金流量不同，代表价值增加额的利润不受企业投资的影响（不过研究与开发活动是一个例外，研发支出会全额减少利润⊖，因此扭曲了利润作为价值增加额的计量合理性）。

（3）在利润表中，需要将价值的流出（费用）与价值的流入（收入）进行配比。我们在第 2 章中曾经介绍过，会计遵循**配比原则**（matching principle），即费用需要与相关的收入确认在同一会计期间，或者说，为了正确计量企业通过销售产品或者提供服务而创造的价值增加额，需要将企业所放弃的价值与获得的价值进行正确的配比。这样，只有当期已出售商品的存货成本才能确认为出售当期的销货成本（而其余未出售商品的成本，即企业尚未放弃的价值，则应当作为存货记录在企业的资产负债表中）；而由于员工在本期为企业提供了服务，企业需要在将来支付的养老金费用，也应与当期的收入相配比，确认为当期的费用，尽管这些现金流量的支付可能会在多年以后（直到员工退休以后）才发生。

经营活动产生的现金流量能增加价值，并且是通过收入与费用来实现的。但是，由于收入和费用需要配比的影响，会计人员会用应计项目来对经营活动现金流量进行修正。所以，应计项目计量的是企业非现金的价值流。

1. 应计项目

应计项目（accrual）可以分为两类：收入应计项目（revenue accruals）和费用应计项目（expense accruals）。

⊖ 按照美国公认会计原则的要求，除软件开发企业外，不允许将研发支出进行资本化处理。这一点与我国目前的会计实务要求是不一样的，我国允许对研发支出进行有条件的资本化。——译者注

当我们从产品销售中获得价值时，就确认收入。如果此时的收入未能同步伴随现金的流入，那么就应当确认收入应计项目增加；相反，如果流入的现金并非价值增加额，则应当确认收入应计项目的减少。应收账款是最常见的收入应计项目：虽然企业目前并没有收到现金，但赊销也是创造价值的。相应地，预收的销售款则不应当报告为收入，因为虽然款项已经收到，但价值并没有增加：价值的确认被递延了（确认为递延收入或者预收收入），需要等到企业发货给买家，销售完成以后，才能确认收入。

费用应计项目是指企业在创造收入的过程中所放弃的、未同步伴随现金流出的价值。我们通过费用应计项目来修正现金支付金额。企业在创造本期收入的过程中发生的、尚未支付的金额和企业在过去已经支付的、与本期收入相关的费用，都属于费用应计项目。举例来说，养老金就是一种在创造收入的过程中发生的费用，但它是不需要企业在目前就进行支付的。应付薪酬费用也是如此。此外，为将来需要完成的某项工作而预付的薪酬则是用现金预付费用的例子。折旧是由于企业在过去对厂房进行投资时支付了大量的现金，而厂房是早晚会废旧的，因此，在实现当期收入的过程中，应该确认所使用的厂房投资成本，就是当期的厂房折旧费用。再比如，所得税费用中包括当期应付但未付的部分；如果产品尚未卖出，那么，在销货成本中就不应包括在这些产品生产过程中已经支付的现金……

某个会计期间内的应计项目金额等于当期的净利润与现金流量表中报告的经营活动现金流量之差。例如，从阅读材料 4-6 中可以看到，耐克公司在 2010 财务年度的应计项目金额为 1257.5 百万美元。

应计项目使得我们在财务报表中确认价值的时间与现金流的真实发生时间出现了差异。例如，将应收款确认为收入或者将养老金负债的增加确认为费用使得价值的确认在未来现金流量发生之前；而确认递延收入或者折旧则使得价值的确认落后于现金流量的发生。这样做的原因是为了使价值的流入与流出相配比，得到企业通过在市场中销售商品而创造的价值增加额。按照估值分析的第 1 条实用性标准，预测期不能太长。现在，将 30 年后员工退休时才需要支付的养老金费用就逐期进行确认，确实能缩短我们的预测期；下面我们再来看看在现金流量发生之后再递延进行确认是如何缩短预测期的。

2. 投资

在贴现现金流量分析中，业绩指标是自由现金流量而非经营活动产生的现金流量，它等于经营活动产生的现金流量与当期现金投资额之差，即 C-I。但在前面大家已经看到，在贴现现金流量分析的计算中，将投资作为一种价值的减少来看待是有问题的。投资的目的是创造价值，只有当今后企业在经营活动中使用投资所形成的资产时，投资的价值才会减损（以折旧的形式），而且这种价值的减损是落后于相关现金流量的发生时间的。在计算利润时，我们就是这样处理的。因此，为了更正自由现金流量作为价值增加额的计量差错，我们需要在自由现金流量的基础之上，反加回投资的金额：

$$\text{利润} = \text{自由现金流量} - \text{以现金支付的利息净额} + \text{投资} + \text{应计项目} \tag{4-11}$$

在权责发生制下，投资是作为一项资产报告在资产负债表中的，因此投资不影响利润。但在后期赚取收入的过程中，当使用投资所形成的资产时，权责发生制会以折旧（或者摊销等）的形式来确认这些资产的价值减损。阅读材料 4-7 中，以耐克公司为例，说明了现金流量与利润之间的差异。请注意，投资实际上也属于应计项目，因此，应计项目与投资之和有时会被称为应计总额。

阅读材料 4-7

会计关系：利润与现金流量

（金额单位：百万美元）

耐克公司 2010 财务年度

	经营活动产生的现金流量	3 168.2
−	利息支付净额（税后）	（4.0）
+	应计项目	1 257.5
=	净利润	1 906.7
	自由现金流量	2 837.5
−	利息支付净额（税后）	（4.0）
+	应计项目	（1 257.5）
+	投资	330.7
=	净利润	1 906.7

为了真正全面地理解权责发生制的工作原理，你必须掌握很多的细节。在这里，我们只是简单地说明了会计是如何报告价值的流入与流出的，稍后再进行具体的阐述，尤其是在本书第四部分中。现在，我们建议你可以找出过去的财务会计课本，同时参考会计诊所 II 中的信息，将相关会计知识好好复习一下。

会计诊所 II

权责发生制会计的工作原理

本书配套网站上的会计诊所 II 更加详细地介绍了权责发生制会计和现金收付制会计之间的区别。学习这部分资料后，你将懂得权责发生制下收入的确认方法和确认时点，理解报表中确认的收入与企业实际收到的客户付款之间为什么会不一致。你还会理解权责发生制下费用的确认标准。你将看到为了正确地计量价值增加额，我们在第 2 章中所介绍的配比原则在权责发生制下是如何应用的。你还会了解到违背配比原则的一些美国公认会计原则例子，以及权责发生制会计对利润表和资产负债表项目的影响。

这里所给出的利润计算思想只是简单地说明了会计的工作原理，使上述我们关于利润的表达看起来像是一个比较好的价值增加额计量指标。但是，我们无法保证某套具体的会计记账规则（比如美国公认会计原则或者是国际财务报告准则）就是最理想的。比如，折旧确实能使放弃的价值与得到的价值进行配比，但是，是否真正完美地配比，还要取决于折旧的计算是否合理。所有的应计项目都存在这个问题。现金流量是客观的，但应计项目却受限于会计规则的规定，而会计规则的质量各有不同。实际上，以折旧费用为例，企业可以选择各种不同的折旧方法。很多应计项目都是需要估计的，而只要涉及估计就可能会存在误差，所以，应计项目在一定程度上是可以被操控的。再比如，研发支出虽然属于投资，但在发生当时就会作为费用列报在利润表上，这使得净利润并不能完美地计量价值增加额，因此，如果要根据预测盈利来进行估值，就需要对这类计量差错进行处理。实际上，支持贴现现金流量分析的理由之一，就是因为有人认为会计不够客观，必须对利润表中的数字进行加加减减，调整应计项目的影响，以得到"真实的现金流量"。但是,在本章中,我们也看到了这样做会带来的问题。因此,在接下来的两章里,我们将向大家介绍以权责发生制为基础的估值模型是如何对会计计量问题进行修正的。

4.4.2 应计项目、投资与资产负债表

请回看第2章中的表2-1,耐克公司2010财务年度的比较资产负债表数据。耐克公司在这些年中所进行的投资都是报告在那里的(没有报告在利润表上)——存货、土地、建筑物、设备和无形资产等;此外,应计项目也是报告在资产负债表中的。由于股东权益等于资产减去负债之后的余额,因此,如果想要在不影响资产和负债的前提下,通过利润来影响股东权益是不可能的。由于利润是增加股东权益的,所以它同时也会增加资产减去负债以后的余额。赊销是耐克公司利润表中的一个收入应计项目,它会作为应收账款出现在资产负债表中,同时,按赊销金额估计的坏账费用和销售退回则作为应收账款的减项,调减应收账款净额。存货是可以与未来收入进行配比的成本;而耐克公司的不动产、厂房与设备则需要在将来使用这些资产去创造收入时,再将耗用的成本与未来的收入去进行配比。再看负债方,耐克公司的应计负债和应付账款均属于应计项目,比如,应付市场推广费用就是公司在创造收入时已经发生,但还没有来得及支付的费用。

实际上,除现金、利用闲置资金投资形成的有价证券和负债与权益等融资项目外,其他所有资产负债表项目都属于投资或者应计项目。要根据会计关系式[式(4-11)]来对自由现金流量进行调整,就需要用到资产负债表中的这些投资项目和应计项目。

在阅读材料4-8中,给出了一些特殊的应计项目例子,并说明了这些项目是如何同时影响利润表和资产负债表的。

阅读材料 4-8

权责发生制下的会计项目举例

应计项目	对利润表的影响	对资产负债表的影响
在收款前记录的销售	增加"销售收入"	增加"应收账款"
在付现前记录的租金费用	增加"租金费用"	增加"应付租金"
预付租金费用	无影响	增加"预付费用"
在付现前记录工资费用	增加"工资费用"	增加"应付职工薪酬"
记录养老金费用	增加"养老金工资费用"	增加"养老金负债"
预付工资	无影响	增加"预付费用"
购买存货	无影响	增加"存货"
出售存货	增加"销货成本"	减少"存货"
购买厂房和设备	无影响	增加"不动产、厂房与设备"
记录厂房的折旧费用	增加"折旧费用"	减少"不动产、厂房与设备"
记录到期应付未付的利息费用	增加"利息费用"	增加"应付利息"
记录应支付给政府的税收	增加"税收费用"	增加"应付税款"
记录将来需要缴纳,但目前还不需要支付的所得税费用	增加"税收费用"	增加"递延所得税负债"

资产负债表中的投资项目和应计项目,无论是作为一项资产还是一项负债,都各有其意。

所谓资产，就是能够带来未来经济利益流入的资源。比如，应收账款就是将来能够收到的客户付款；存货能够用来出售，并最终在未来表现为现金流入。而所谓负债，就是企业在未来需要放弃价值的义务。比如，应付职工薪酬就是向职工支付工资的义务；养老金负债就是将来向职工支付养老金福利的义务等。不动产、厂房与设备是通过投资所形成的资产，但是，它们需要按照减去累计折旧以后的金额进行列报，以说明这些资产在赚取收入的过程中，已经失去了一部分产生未来现金流入的能力。因此，在确定净资产（资产减去负债之余额）的规模时，我们既需要考虑投资的金额，也需要考虑确认应计项目对价值的影响。

在结束本章内容以前，请回看表 4-2 中通用电气公司和星巴克公司的现金流量情况。当时我们曾经看到，由于这些公司的自由现金流量为负数，因此要按照自由现金流量来对这些公司进行估值是困难的。但表中同时还给出了这些公司的利润情况。现在，大家已经理解了利润与自由现金流量之间的差异主要是由于权责发生制下会计对应计项目和投资的处理不同所造成的。与自由现金流量不同，这些公司的利润都是正数，并且还是按某个相对稳定的比率在增长着的。所以，看起来，利润相对现金流量更适合作为企业估值的基础。在接下来的两章中，我们将说明如何根据企业未来的预计利润来对企业进行估值。

在使用贴现现金流量分析进行估值时，有些人会用自由现金流量除以投资，来解决"维持投资规模不变"或者"投资增长"的问题。维持投资规模不变是指企业的投资刚好够维持当前的经营水平，比如，重置现有的资产；而投资增长则是指投资能够扩大目前的经营规模。这实质上就是一种权责发生制会计的形式，维持投资规模不变部分其实就是当期的折旧费用，需要立即在利润表中费用化处理的，而投资增长部分则是放在资产负债表中的。因此，我们需要思考的是，这样的权责发生制会计处理是合适的吗？在实务中，要区分这两类投资是非常困难的，因为企业的经营投资行为是动态的，不停地出售旧的产品和生产新的产品，投资新的工厂、外包等，从来就不会说经营规模一点都不改变。对基本面投资者来说，是否维持投资规模不变实在是太难以判断了。而且，使用这种（修正的）贴现现金流量分析估值方法的人对于资产负债表中的投资规模增长部分在今后也不计算折旧，这也是不妥当的。

本章小结

所谓估值模型，就是一种思考企业经营过程中是如何创造价值，并将这种思考转化为估值的工具。本章介绍了股利贴现模型和贴现现金流估值模型。这两种模型都需要预测现金流量，前者关注分配给股东的现金流量（股利），而后者关注企业在投资和经营活动中的现金流量，因为价值是通过投资和经营活动来创造的。

不过，本章已经证明，股利和用自由现金流量来表示的投资以及经营活动产生的现金流量，都不能很好地计量价值增加额。实际上，用自由现金流量来表示价值增加额甚至是不恰当的，因为投资本来是创造价值的，但它却会减少企业的自由现金流量。因此，具有投资机会且盈利前景巨大的企业，比如通用电气公司和星巴克公司，都只具有负的自由现金流量。相反，自由现金流量可因企业出售投资而增加。所以，我们更愿意称自由现金流量为一个清算概念而不是增值概念，也正因为如此，通过预测自由现金流量来为企业进行估值是值得质疑的。当然，我们承认，从长期来看，自由现金流量是可以反映价值的。但这与我们的模型实用性标准"较短的预测期"和"避免过多依赖主观的持续价值估值"是相违背的。要预测一家企业在 2030 年会是什么样子并非易事，但更重要的是，无论是从理论还是从实践来看，自由现金流量这个指标都不能代表价值增加额。

应当怎样处理应用现金流量来进行估值中的问题呢？本章对权责发生制下的会计记账原理进行了概要的介绍。在权责发生制下，我们在利润表中报告利润，并同时在资产负债表中报告账面价值。权责发生制所报告的利润在一定程度下修正了自由现金流量作为价值增值计量指标的不足。在权责发生制会计处理下，投资不作为收入的减项（对比在计算自由现金流量时，投资是作为减项的），而是作为一项资产列报在资产负债表中，等待在合适的时候再作为费用确认到利润表中，与收入去进行配比。此外，权责发生制会计处理需要将部分价值增值确认应计项目——非现金价值。相应地，利润作为权责发生制会计的产物，记录了企业从客户那里所收到的价值扣除为赚取收入而放弃的价值之差额，即经营活动中的价值增加额。

分析人员会预测企业未来的利润，而不是现金流量。我们已经说明了这样做的理由。在接下来的两章中，我们将介绍根据预计的盈利和账面价值来进行估值的方法，或者说，基于预计利润表和预计资产负债表，而不是预计现金流量表的估值方法。大家会看到，这类方法相对较少依赖长期的持续价值。这将使投资者感觉更有保障，因为相对来说，这样的估值方法更多依据的是我们"已知的事实"，而不是主观的猜测。

此外，本章中还有一个小问题值得一提。估值模型会说明我们需要预测企业哪些方面的活动，而我们也已达成共识，投资活动和经营活动才创造价值。但此外，估值模型还会说明如何计量这些活动。本章对现金收付制下的投资活动和经营活动进行了探索，但也认为使用权责发生制下的计量指标也是可能的（这是我们在接下来的两章中将要做的主要工作）。因此，在这里值得一提的是：估值模型会告诉我们怎样去解释（account）企业所创造的价值。所谓估值模型，实际上就是一种预计未来的会计处理方法。关于未来的价值，是应当用股利去衡量还是应当用现金流量去衡量？或者，是否应当用权责发生制下的会计指标去衡量？这时你会发现，实际上会计与估值是非常相像的，估值实际上就是针对价值的会计问题。

相应地，对于估值，有好的会计处理方法，也有比较差的会计处理方法。本章说明权责发生制的会计指标应当比现金收付制的更适合用来估值。但是，由美国公认会计原则或者国际财务报告准则所规定的权责发生制会计处理就是一套很好的估值会计方法了吗？在使用监管机构所制定的会计规则时，我们也需要持谨慎的怀疑态度。

关键概念

应计项目（accrual）：指会计报表中所记录的、与其现金流价值不保持同步的项目。

年金（annuity）：指一系列的常数收益流中每年的金额。

持续价值（continuing value）：指预测期末的某个金额，用它来代表预测期外的价值增加额。

股利之谜（dividend conundrum）：指股票的价值取决于预期股利的水平，但是，预期的股利（有限期内）并不能告诉我们股票的价值。

配比原则（matching principle）：会计原则之一，要求将费用与其相关的收入确认在同一会计期间内。

永续年金（perpetuity）：指没有终止期的定期收益支付。

终值/终结价值（terminal value）：指预计一项投资在将来终止时或者被清算时的价值。

分析师工具箱

分析工具	重要指标	应记住的缩写/简称
股利贴现模型[式（4-1）与式（4-2）]	经营活动产生的现金流量	C：经营活动现金流量
股利增长模型[式（4-4）与阅读材料4-1]	投资活动产生的现金流量	CV：持续价值
贴现现金流量模型[式（4-5）与式（4-6）]	持续价值	DCF：贴现现金流量
贴现现金流量估值方法的6个步骤	贴现现金流量	EBIT：息税前利润
税后利息支付净额	自由现金流量	EBITDA：息、税、折旧与摊销前利润
经营活动现金流量计算公式[式（4-9）]	自由现金流量增长率	I：经营活动现金投资额
投资活动现金流量计算公式[式（4-10）]	负债净额	NPV：净现值
利润–自由现金流量关系式[式（4-11）]	永续年金的价值	PPE：不动产、厂房与设备
应计项目	永续增长年金的价值	

连贯案例：金佰利公司

自主练习

现金流量表

在第2章的连贯案例部分，你已经阅读过金佰利公司的现金流量表了。现在，请重新回到这张报表（表2-2），按照本章所介绍的调整方法[式（4-9）]重新计算该公司在2008～2010年的"经营活动现金流量"。该公司的联邦所得税和州所得税税率合计为36.8%。同时，为了得到真实的经营活动投资金额，也请重新计算投资活动现金流量[按照式（4-10）]。最后，再请计算每一年的自由现金流量。下列数据出自该公司年度报告（补充数据）的附注21，可在计算时参考（金额单位：百万美元）。

	以12月31日为截止日的年度		
其他现金流量数据	2010年	2009年	2008年
支付利息	248	290	319
支付所得税	582	764	538
利息费用：			
利息费用总额	255	288	318
大型工程项目资本化利息	(12)	(13)	(14)
利息费用	243	275	304

现金流量与应计项目

请找出现金流量表中报告的应计项目金额。接下来，根据会计关系式（4-11），将你计算的2008～2010年自由现金流量调整为净利润。请找出2010年现金流量表中的应计项目，说说它们会影响资产负债表中的哪些资产或者负债项目？那些报告在现金流量表投资部分的项目会使资产负债表中的哪些项目受到影响？

贴现现金流量估值

假定现在还是2007年年末，你正在对金佰利公司进行估值。假定你刚才所计算的2008～2010年自由现金流量就是你预计的未来情况。请使用贴现现金流量分析方法对金佰利公司的股东权益进行估值，请说明在估值过程中，你觉得最没有把握的是哪一部分数据？金佰利公司在2007年年末流通在外的股份数量一共为406.9百万股，负债净额为5294百万美元，请在该公司2007年的资产负债表中核对上述数据。

在计算中，假定该公司的必要报酬率为8%。

思考题

C4.1. 作为投资股票的回报，投资者能够收到股利。因此，股票的价值应该等于预期股利的贴现值。请问这句话是正确的吗？

C4.2. 一些分析人员强调"现金为王"，他们说，现金是权益分析师最应该关注的基本因素之一。请问，你认为真的是现金至上吗？

C4.3. 你是否同意自由现金流量越高的企业，其价值也就越高？

C4.4. 在经历了连续多年的自由现金流量为负之后，通用电气公司终于在 2003 年报告了正的自由现金流量 142.59 亿美元。请回看表 4-2 中通用电气公司的现金流量情况，你认为该公司在 2003 年终于取得了正的自由现金流量是个好消息吗？

C4.5. 下列两个指标，哪一个更好地计量了销售存货带来的价值增值？①从顾客那里收到的现金减去企业为购买存货而支付的现金；②应计收入减去销货成本。请解释你的选择。

C4.6. 请问经营活动产生的现金流量和净利润之间的差异可以用什么来进行解释？

C4.7. 请问自由现金流量和净利润之间的差异应当用什么来进行解释？

C4.8. 支付的利息费用不应当报告为经营活动产生的现金流量。请解释这是为什么？

C4.9. X 公司的自由现金流量为负，但它的净资产收益率高达 27%，显示很强的盈利能力。请问下面两种说法中，哪一种更可能为真？

　　a. 该公司在非生产性活动方面浪费了现金。

　　b. 该公司进行了大量的投资活动。

C4.10. 2010 年，一家报纸采访了一位自称是基本面投资者代表的货币基金管理员，这位基金管理员是这样描述他的投资哲学的：我要努力寻找能产生巨额现金流量但目前定价过低的公司进行投资。"现金为王"，他说。因此，他的投资对象包括英特尔公司、微软公司、梅西百货公司（Macy's）、杜邦公司（DuPont）、施乐公司和无线电器材公司（Radio Shack），这些公司的共同特点是都拥有巨额的现金。请对他的观点提出批评意见。

练习题

基本练习

E4.1. 贴现现金流量估值（简单）

假定你在 2012 年年末预测某家公司的未来现金流量分布如下，这家公司的负债净额为 7.59 亿美元（金额单位：百万美元）。

	2013 年	2014 年	2015 年
经营活动现金流量	1 450	1 576	1 718
现金投资额	1 020	1 124	1 200

你预计，2015 年后，该公司的自由现金流量将按每年 4% 的速度增长。假定必要报酬率为 10%，请回答下列问题：

a. 计算这家公司在 2012 年年末的企业价值是多少？

b. 计算这家公司在 2012 年年末的股东权益价值是多少？

E4.2. 简单的贴现现金流量估值（简单）

假定现在是 2012 年年末，你预计一家企业在 2013 年度的自由现金流量将为 4.3 亿美元，并且今后将按每年 5% 的速度一直增长下去。请问，这家企业的价值是多少？假定必要报酬率为 10%。

E4.3. 自由现金流量为负情况下的估值（中等）

假定你在 2012 年年末时预计某家企业 2013～2016 年的现金流量分布情况如下（金额单位：百万美元）。

	2013 年	2014 年	2015 年	2016 年
经营活动现金流量	730	932	1 234	1 592
现金投资额	673	1 023	1 352	1 745

如果要按照预计现金流量情况对这家公司进行估值，你感觉最困难的是什么？为什么在这 4 年中，这家公司的自由现金流量一直都在下降呢？

E4.4. 根据现金流量表计算自由现金流量（简单）

以下是某公司现金流量表中的经营活动与投资活动部分（金额单位：百万美元）。

净利润	2 198
净利润中的应计项目	3 072
经营活动产生的现金流量	5 270
投资活动产生的现金流量：	
购买不动产与厂房	2 203
购买短期投资	4 761
出售短期投资	（547） 6 417

报告期内，这家公司一共支付了利息费用1342百万美元，收到投资短期国库券的利息收入876百万美元。该公司适用的所得税税率为35%。要求：请计算这家公司在报告期内的自由现金流量。

E4.5. 应计项目与现金流量的调整（中等）

a. 一家企业报告它的净利润为7.35亿美元，经营活动产生的现金流量为16.23亿美元。请问，在这家企业的现金流量表中，会报告的应计项目总额为多少？

b. 一家负债净额为0的企业在它的现金流量表中报告经营活动产生的现金流量为42.19亿美元，等于其净利润再加上13.89亿美元的应计项目调整。该企业在当期的经营活动现金投资额为26.12亿美元。请问，这家企业在报告期内的自由现金流量和净利润各有多少？

c. 一家企业在利润表中报告它的收入总额为6.23亿美元，期初和期末的应收账款金额分别为2.81亿美元和3.12亿美元。请问，这家企业在报告期内收到客户支付的现金金额为多少？

d. 一家企业在某年中一共支付了1.28亿美元的所得税，当年年初和年末的应付所得税金额分别为6700万美元和2300万美元，没有递延所得税项目。请问，在这家企业当期的利润表上，报告的所得税费用会是多少？

E4.6. 权责发生制会计与现金（中等）

a. 一家企业报告它的销售收入为4.05亿美元，同期应收账款增加了3200万美元，请问，这家企业在当期的现销金额为多少？

b. 一家企业报告它在当期的工资费用为3.35亿美元，当期用现金支付的工资费用为2.9亿美元。请问，这家企业的应付工资项目在当期的变动金额为多少？

c. 一家企业报告它在某年年初和年末的不动产、厂房与设备净值分别为8.73亿美元和9.23亿美元，当年的折旧费用共计1.31亿美元，这家企业在年中未处置任何不动产、厂房与设备。请问，这家企业在当年新增加了多少不动产、厂房与设备？

应用分析

E4.7. 计算可口可乐公司的经营活动现金流量与现金投资额（简单）

可口可乐公司在2007年的现金流量表中报告它的"经营活动产生的现金流量净额"为71.5亿美元，当期支付的利息费用为4.05亿美元，收到利息收入2.36亿美元。该公司适用的所得税税率为36%，请问，可口可乐公司在2007年的经营活动现金流量为多少？

在2007年的现金流量表上，可口可乐公司还报告它的"投资活动使用的现金流量净额"为67.19亿美元，其中包括"购买（带息证券）投资"9900万美元和"处置投资所得"4.48亿美元。请问，可口可乐公司在2007年对经营活动的现金投资额是多少？该公司在2007年的自由现金流量为多少？

E4.8. 将预测自由现金流量转化为估值：可口可乐公司（中等）

请复核表4-1中可口可乐公司的贴现现金流量估值过程，然后再看下表中可口可乐公司报告它在2004～2007年的自由现金流量情况。这些金额都是公司报告的真实现金流量情况，但已经调整了利息费用和对投资计息证券投资的影响（金额单位：百万美元）。

	2004年	2005年	2006年	2007年
经营活动产生的现金流量	5 929	6 421	5 969	7 258
现金投资额	618	1 496	2 258	7 068
自由现金流量	5 311	4 925	3 711	190

假定现在正是2004年年初，你希望利用上面这些预测信息对可口可乐公司进行估值。请问，在这过程中，你会碰到什么样的困难？面对连续4年不断下滑的自由现金流量，你将怎么处理？

E4.9. 现金流量与净利润：金佰利公司（简单）

金佰利公司生产并销售多个品牌的消费用

纸产品,旗下品牌包括舒洁、斯科特、绵柔、万岁、高露洁和劲拭等。金佰利公司在 2004 财务年度中报告了下列信息(金额单位:百万美元)。

净利润(利润表)	1 800.2
经营活动产生的现金流量(现金流量表)	2 969.6
用现金支付的利息(现金流量表附注)	175.3
利息收入(利润表)	17.9

在 2004 年的现金流量表投资活动部分,金佰利公司报告了如下信息。

投资活动:	
资本支出	(535.0)
新增债券投资	(11.5)
出售债券投资所得	38.0
定期存款增加净额	(22.9)
处置不动产所得	30.7
其他经营性投资支出的现金	5.3
在投资活动中使用的现金	(495.4)

金佰利公司的联邦所得税和州所得税合计税率为 35.6%。请计算:

a. 2004 年的自由现金流量;

b. 2004 年净利润中所包含的应计项目金额。

E4.10. 贴现现金流量估值:通用磨坊公司(中等)

通用磨坊公司是一家消费食品企业,一位分析人员在 2006 财务年度年初对该公司在 2006~2009 年度的情况做出了如下预测(金额单位:百万美元)。

	2006 年	2007 年	2008 年	2009 年
经营活动产生的现金流量	2 014	2 057	2 095	2 107
对经营活动的现金投资额	300	380	442	470

根据通用磨坊公司的报告,它在 2005 年年底的短期负债和长期负债合计为 6192 百万美元,只有非常少的带息债券投资。假定必要报酬率为 9%,请计算以下两种长期现金流量分布预测情况下,通用磨坊公司在 2006 年年初的企业价值和股东权益价值。

a. 2009 年以后每年的自由现金流量都保持为 2009 年的水平不变;

b. 2009 年以后每年的自由现金流量都将按 3% 的比率增长。

通用磨坊公司在 2005 年年末一共有 3.69 亿股股票流通在外,每股交易价格为 47 美元。请计算在上述两种假设条件下,通用磨坊公司的每股价值和每股价值-价格比。

E4.11. 通用汽车公司的自由现金流量(中等)

通用汽车公司在 2005 年前 9 个月的现金流量表中报告了下列信息。该公司靠融资机构的支持经营着汽车业务,这两类活动都在现金流量表中有反映。

(金额单位:百万美元)

简化合并现金流量表(未经审计)	截至 9 月 30 日的 9 个月	
	2005 年	2004 年
经营活动产生的现金流量净额	3 676	12 108
投资活动产生的现金流量:		
购买不动产支出	(5 048)	(4 762)
取得有价证券投资支出	(14 473)	(9 503)
处置有价证券投资收到	16 091	10 095
购买或发放抵押贷款服务权限净额	(1 089)	(1 151)
金融应收项目增加额	(15 843)	(31 731)
出售金融应收项目所得	27 802	16 811
取得经营租赁	(12 372)	(10 522)
清算经营租赁	5 029	5 831
对公司的投资支出(扣除获得现金后净额)	1 367	(85)
其他	(1 643)	808
投资活动产生(使用)的现金净额	(179)	(24 209)

通用汽车公司在报告期间（2005年的前9个月）支付的利息费用净额为4059百万美元，上年同期为3010百万美元。该公司适用的所得税率为36%。

一位分析人员计算通用汽车公司在报告期内的自由现金流量情况如下（金额单位：百万美元）。

	2005年	2004年
经营活动产生的现金流量	3 676	12 108
投资活动产生的现金流量	（179）	（24 209）
自由现金流量	3 497	（12 101）

在通用汽车公司第三季度末的财务报告公布后，这位分析人员也写了一份报告，她指出："通用汽车公司的自由现金流量巨幅增加，有鉴于此，我们将上调对这家公司的投资建议，由'建议出售'改为'建议持有'。"

要求：请重新正确地计算通用汽车公司在这两个长度为9个月的会计期间内的自由现金流量。这位分析人员将自由现金流量的增加视为好消息，请问，她犯了怎样的错误？

E4.12. 沃尔玛公司的现金流量（简单）

沃尔玛公司是迄今为止历史上最为成功的零售商。下面这张表报告了沃尔玛公司1988～1996年的现金流量和净利润情况（除每股数据外，金额单位均为百万美元）。

	1988年	1989年	1990年
经营活动产生的现金流量	536	828	968
现金投资额	627	541	894
自由现金流量	（91）	287	74
净利润	628	837	1 076
每股收益	0.28	0.37	0.48
	1991年	1992年	1993年
经营活动产生的现金流量	1 422	1 553	1 540
现金投资额	1 526	2 150	3 506
自由现金流量	（104）	（597）	（1 966）
净利润	1 291	1 608	1 995
每股收益	0.57	0.70	0.87
	1994年	1995年	1996年
经营活动产生的现金流量	2 573	3 410	2 993
现金投资额	4 486	3 792	3 332
自由现金流量	（1 913）	（382）	（339）
净利润	2 333	2 681	2 740
每股收益	1.02	1.17	1.19

上述现金流量均为无杠杆的现金流量。根据上述资料，请回答下列问题。

a. 为什么一个如此盈利的企业，却会出现负的自由现金流量呢？

b. 用什么来解释沃尔玛公司的现金流量和利润之间的差异比较合适呢？

c. 这家企业适合采用贴现现金流量分析来进行估值吗？

E4.13. 百事可乐公司的应计项目与投资（简单）

百事可乐公司（PepsiCo）是一家大型的饮料和食品集团，在2010财务年度中，它实现了净利润6338百万美元，经营活动产生的现金流量8448百万美元。请问，该公司的净利润中，包含的应计项目金额有多少？

在2010年度的现金流量表上，百事公司在投资活动部分报告了如下内容（金额单位：百万美元）。

资本支出额	（3 270）
出售不动产、厂房与设备	81
取得长期股权投资	（4 279）
企业剥离收到的现金	12
短期投资（按到期日分类）	
购买到期日在3个月以上的短期投资	（12）
3个月以上的短期投资到期	29
3个月以内的短期购买（减到期）净额	（229）
投资活动中使用的现金净额	（7 668）

请问：百事可乐公司在2010财务年度中对经营活动的投资金额为多少？

E4.14. 检查收入项目：微软公司（中等）

微软公司报告它在2010财务年度实现收入总额为624.84亿美元，而应收账款扣除坏账准备的净值则从年初的111.92亿美元增长为了年末的130.14亿美元。

此前，微软公司一直被指责存在低报销售收入的问题。与电脑生产商捆绑的软件销售收入一直要等到生产商将电脑售出以后才会确认到利润表中，而其他收入则按与客户的合约期进行确认。这样，微软公司就报告了一项名为"预收账款"的负债，该项目在2009和2010年年末的金额分别为142.84亿美元和148.30亿美元。

请问：微软公司在2010年度的现金销售金额为多少？

迷你案例

M4.1 贴现现金流量估值：可口可乐公司

可口可乐公司是一家非常赚钱的企业，它的股票市盈率、市净率和市销率一直都比较高。本案例要求你使用贴现现金流量分析对可口可乐公司进行估值，并体会其中可能的困难。可参考表4-1作为指南，并不要忘记了表4-2中的教训。

可口可乐公司创办于19世纪，生产并销售知名品牌的非酒精饮料和果汁，经营遍布全球200多个国家和地区。2008年年初，可口可乐公司的股票交易价格为每股62美元，市盈率为23.9，市净率为6.6，按年度销售总额289亿美元计算，市销率为5.0。该公司流通在外的股份总数为23.18亿股，权益的资本化市场价值为1437亿美元，荣登美国市值最高的20家公司榜单。

在表4-5中，列出了可口可乐公司2008～2010年的部分现金流量表数据，以及一些补充信息。

表4-5　可口可乐公司报告的2008～2010年经营活动与投资活动现金流量情况

（金额单位：百万美元）

可口可乐企业集团合并现金流量表			
	以12月31日为年度截止日		
	2010年	2009年	2008年
经营活动			
合并净利润	11 859	6 906	5 874
折旧费用与摊销费用	1 443	1 236	1 228
以股份支付的薪酬费用	380	241	266
递延所得税影响	617	353	(360)
权益法下的投资损失（收益）——扣除股利影响后净额	(671)	(359)	1 128
调整外汇影响	151	61	(42)
出售资产的重大损失（收益）——净额	(645)	(43)	(130)
其他重大损失（收益）——净额	(4 713)	—	—
其他经营性支出	264	134	209
其他项目	477	221	153
经营性资产和负债项目变动净额	370	(564)	(755)
经营活动产生的现金流量净额	9 532	8 186	7 571
投资活动			
购买短期投资	(4 579)	(2 130)	—
处置短期投资所得	4 032	—	—
长期股权投资与并购	(2 511)	(300)	(759)
购买其他经营性投资	(132)	(22)	(240)
处置瓶业公司和其他投资所得	972	240	479
购买不动产、厂房与设备	(2 215)	(1 993)	(1 968)
处置不动产、厂房与设备所得	134	104	129
其他投资活动影响净额	(106)	(48)	(4)
经营活动产生（使用）的现金流量净额	(4 405)	(4 149)	(2 363)
其他信息：			

(续)

	以 12 月 31 日为年度截止日		
	2010 年	2009 年	2008 年
用现金支付的利息	733	355	438
收到利息收入	317	249	333
截至 2007 年年末的借款：	23 417		
截至 2007 年年末的债券投资：	11 182		
法定税率：	35.6%		

资料来源：可口可乐公司 2010 年年度报告。

假定现在只是 2008 年年初，你正在观察该公司的股票价格，以判断是否购入这家公司的股份。再假定你现在已经知道了可口可乐公司在未来 3 年中的现金流量情况（正如表 4-5 中所示），所以对该公司未来的现金流量走势非常有把握。

a. 根据表 4-5 中的信息，计算可口可乐公司在这 3 年中的自由现金流量。

b. 假定可口可乐公司的资本成本率为 9%，请估算这家公司在 2008 年年初的股票价值是多少？

在完成上述工作的同时，请将你所遇到的困难——列出，并讨论你对估值结果的确定程度有多高？

以下是可口可乐公司报告它在 2004～2007 年的自由现金流量情况（金额单位：百万美元），这些数据是根据该公司所报告的现金流量情况，再调整了利息和对带息证券的投资情况影响以后计算得到的。

	2004 年	2005 年	2006 年	2007 年
经营活动产生的现金流量	5 929	6 421	5 969	7 258
现金投资额	618	1 496	2 258	7 068
自由现金流量	5 311	4 925	3 711	190

如果你在 2004 年年初时预测的现金流量未来分布情况恰如上表所示，请问，要使用这样的现金流量分布来为可口可乐公司的股票进行估值，你会碰到什么样的困难？你认为可口可乐公司的自由现金流量在这 4 年中一直下降的原因是什么？

第 5 章 权责发生制与估值：账面价值定价

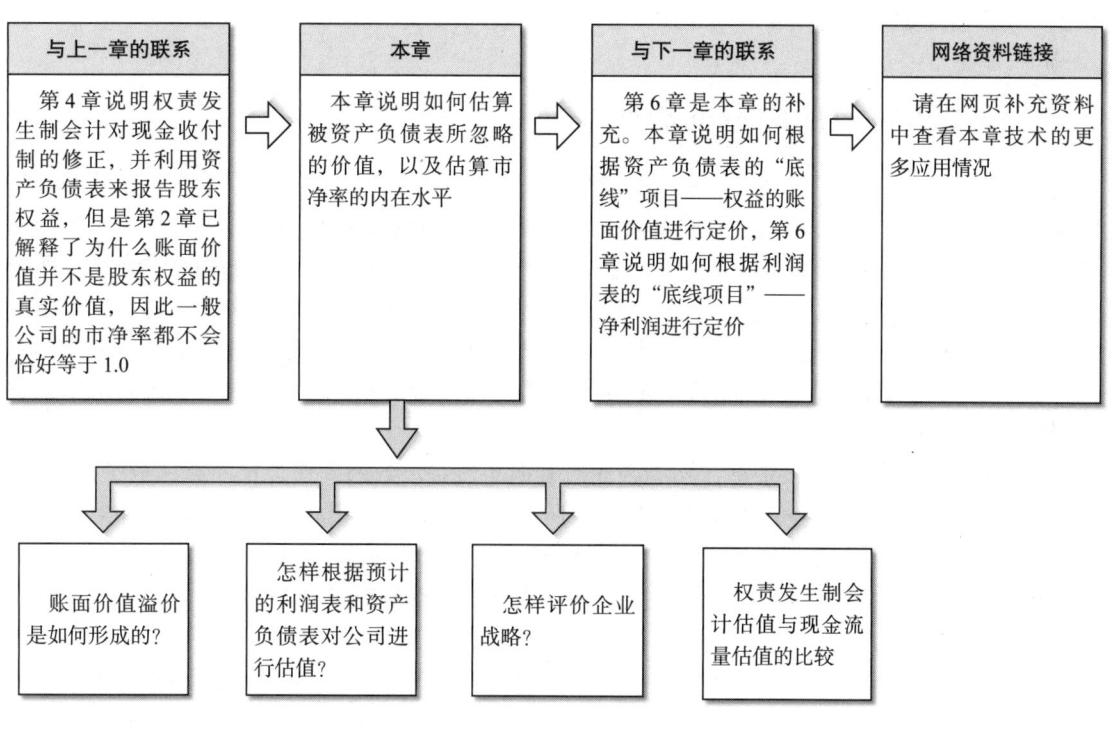

分析师备忘录

学习目标

学习完本章内容后，你应当理解：

- 什么是"剩余收益"；
- 如何预测剩余收益，并计算账面价值溢价和市净率；
- 普通股权益报酬率（ROCE）和账面价值增长率是如何影响剩余收益的；
- 情景 1、情景 2 和情景 3 估值的不同之处；
- 剩余收益模型是如何反映战略所带来的价值增值的；
- 使用剩余收益模型的优势与不足，剩余收益模型与股利贴现模型和贴现现金流量分析之间的比较；
- 剩余收益模型是如何保护投资者，避免为投资所带来的利润而支付过高价格的；
- 剩余收益模型是如何保护投资者，避免为会计方法所创造出的利润而支付过高价格的。

学习能力

- 完成本章的学习任务后，你应当能够：
- 计算剩余收益；
- 通过预测利润和账面价值来计算权益和交易策略的价值；
- 计算企业市净率的内在水平；
- 计算某个交易策略所创造的价值增值；
- 将分析师的盈利预测转化为估值。

公司股票的交易价格通常都不会刚好等于它的账面价值。对此，第 2 章解释了原因：虽然资产负债表中有些资产和负债项目是按市价进行报告的，但还有一些项目仍然是按历史成本报告的，而且还有一些项目则根本没有被报告在资产负债表中。因此，分析人员就需要去估算那些被资产负债表所忽略了的价值。分析人员会问：某只股票的交易溢价要多高才是合适的呢？

本章介绍了一个可以用来估算股票交易溢价和内在价值的估值模型，它用到了战略分析，并为如何发现企业的价值创造源泉指明了分析方向。

5.1 市净率背后所隐藏的思想

股东权益的账面价值代表着股东对企业的投资额。从另一个角度来看，股东权益的账面价值也等于企业的资产减去负债之后的余额，即净资产值。但是，如同我们在第 2 章中所解释过的，一般情况下，账面价值并不能用来计量企业股东所投资的价值。股东投资的价值（也即企业净资产的价值）是由这些投资（或净资产）预期在未来所能赚到的收益来决定的。这就是市净率指标背后所隐藏的思想：账面价值相对于市场价格的高低，取决于企业净资产可能赚得的未来盈利的多少。相应地，市净率的内在水平是由与账面价值相对应的未来预期收益水平来决定的。

这种思想与我们认为股东是在购买企业盈利的想法是一致的。作为市净率的分子，"市场价格"是由投资者所购买的预期未来盈利水平所决定的，因此，预期未来盈利水平相对账面价值越高，市净率的比值就会越大。所以，**账面价值收益率**（rate of return on book value），有时也称**盈利率**（profitability），被认为是决定市净率水平的最重要因素。

本章介绍了一个利用市净率思想来进行估值的正式模型，以及该模型的正确使用机理。模型的正规程序是非常重要的，因为它强迫你在估值时必须非常小心。在评价市净率水平时，我们必须按步骤行事，因为如果一不小心，我们就可能会为企业的盈利而支付过高的价格。

不要为盈利而支付过高的价格

投资的基本规则是，只有当投资所赚得的收益超过了必要报酬水平时，这项投资才是创造价值的。企业的投资规模可能会很大（比如，在疯狂进行并购活动时）。这些投资虽然能为企业带来更多的利润，但实际上，只有当它们所带来的利润超过了投资的必要报酬水平，才能被视为是能够带来增值的投资。这个准则对市净率概念进行了修正：市净率是预期未来收益相对于当前账面价值的倍数，但是，当预期收益恰好等于按账面价值计算的必要报酬水平时，市净率却未能指出合适的定价应当是多少。

本章所介绍的分析是经刻意设计的，旨在帮助你避免为不带来增值的利润去支付价格。在应用本章所介绍的模型和方法时，你会发现，只有当投资的报酬率超过了按账面价值计算的必要报酬率水平时，市净率才是应该上升的。实际上，你可以利用本章介绍的这些工具，去判断市场对企业盈利的定价是否恰当，从而找出市净率偏高或者偏低的公司个案。

5.2 估值的原理

基本面分析以财务报表作为估值的基础，账面价值就是定价依据的出发点。投资者以资产负债表中所确认的价值（账面价值）来作为估值的起点，然后再想办法去估算资产负债表中所没有报告的价值，即超过账面价值的溢价部分：

$$价值 = 账面价值 + 溢价$$

下面用两个例子来向你介绍这种方法。

5.2.1 项目估值

假定有一家企业为某个项目投资了 400 美元，该项目预计将在 1 年后产生收入 440 美元，比如，你可以将此想象为买入一批存货，计划在 1 年后再出售这些存货。从收入中减去这批存货的成本 400 美元，就能得到预计的盈利为 40 美元，因此投资的报酬率为 10%。假定该项目的必要报酬率也是 10%。根据历史成本会计的处理要求，投资所取得的资产（存货）在资产负债表上应当报告的价值为 400 美元。请问，这个项目在账面价值之外带来了多少的价值增值呢？答案理所当然地应当是 0，因为这项资产的预期收益率刚好等于它的资本成本率，这个项目的价值应当等于它的账面价值。

剩余收益（residual earnings）或者**剩余盈利**（residual income）是一个用来度量在账面价值之外的价值增加额的计量指标。对这个只经历了 1 个投资期的项目来说（假定投资的时点为 0 时刻）：

$$剩余收益_1 = 收益_1 - (必要报酬率 \times 投资额_0)$$

当项目收益为 40 美元时，可计算出剩余收益为：

$$剩余收益 = \$40 - (10\% \times \$400) = \$0$$

如果上述项目的收入总额为 448 美元，那么预计盈利就能够达到 48 美元，按投资额 400 美元计算，投资收益率为 12%。此时，剩余收益就等于：

$$剩余收益 = \$48 - (10\% \times \$400) = \$8$$

该项目的必要报酬金额为 $10\% \times \$400 = \$40$，而所谓剩余收益则是实际收益超过项目必要报酬水平的部分。所以，如果项目的收益为 40 美元，那么剩余收益就为 0；如果项目的收益为 48 美元，那么剩余收益就是 8 美元。有时，剩余收益也被称为**超常收益**（abnormal earnings）或者**超额利润**（excess profit）。

利用预计剩余收益来计量价值增值的模型叫作**剩余收益模型**（residual earnings model）：

$$价值 = 账面价值 + 预期剩余收益的现值$$

由于上述项目只有 1 期，在预计收益率为 10% 的情况下，预计的剩余收益为 0。因此，该项目的价值为：

$$价值 = \$400 + \frac{\$0}{1.10} = \$400$$

该项目的价值正好等于它在资产负债表中所报告的历史成本，因此没有任何价值增值出现。但是，如果该项目预计的报酬率为 12%，则可以实现剩余收益 8 美元，那么：

$$价值 = \$400 + \frac{\$8}{1.10} = \$407.27$$

此时，项目的价值就大于它的历史成本账面价值，这是因为它预期能产生正的剩余收益；

或者说，该项目能够实现价值增值，创造出高于账面价值的溢价。

对于有期限的项目来说，其剩余收益价值与使用贴现现金流量方法所计算出的价值总是相等的。比如，当项目能产生448美元的销售收入时，使用贴现现金流量分析进行估值的结果为：

$$价值（DCF）= \frac{\$448}{1.10} = \$407.27$$

5.2.2 储蓄账户估值

现在，让我们再来思考一个简单储蓄账户的价值应该是多少。显然，它的价值应当等于其账面价值，即在银行报表中这个账户的余额。因为这个金额就是，如果你要求支取现金的话，你能够从这个账户中所取出的数额。在这里，账面价值就是清算价值，但也是这个账户持续经营下去的价值。

如果我们在2012年年末将100美元投资到一个储蓄账户中，那么，在两种不同的情况下，该账户在2013~2017年预计的账面价值、收益、股利（取款）和自由现金流量可如表5-1所示。在情景1下，将每年的收益都从这个账户中取出，因此账户的账面价值始终保持不变。假定投资者对这个储蓄账户要求的必要报酬率也是5%，即，这是投资者到街对面的另一家银行，在类似风险的账户中存款能得到的机会成本利率。那么，此时每年的预计剩余收益就是：$5-（5%×$100）= $0。由于该账户预计不能产生剩余收益，因此它的价值也就等于其账面价值，为100美元。

表5-1 2012年年末投资100美元到某储蓄账户，每年收益率为5%时的情景预测

（金额单位：美元）

	2012年	2013年	2014年	2015年	2016年	2017年
			预测年度			
情景1：将每年的收益都取出（全额发放股利）						
收益		5	5	5	5	5
股利		5	5	5	5	5
账面价值	100	100	100	100	100	100
剩余收益		0	0	0	0	0
自由现金流量		5	5	5	5	5
情景2：始终不取款（股利始终为0）						
收益		5	5.25	5.51	5.79	6.08
股利		0	0	0	0	0
账面价值	100	105	110.25	115.76	121.55	127.63
剩余收益		0	0	0	0	0
自由现金流量		0	0	0	0	0

在表5-1所列的情景2下，该账户没有任何取款发生，因此，由于每一年的收益都加入到期末账面价值中进行再投资，账户的收益和账面价值都持续增长（表中金额为将计算结果进行四舍五入处理，保留两位小数的结果）。但是，每年的剩余收益仍然为0。以2013年为例，剩余收益为$5-（5%×$100）= $0；而2014年的剩余收益则为$5.25-（5%×$105）= $0；2015年的剩余收益为$5.5125-（5%×$110.25）= $0，依此类推。所有年份中的账面价值收益率都与必要报酬率相等，期望剩余收益为0，因此，该账户在2012年年末的价值就是它的账面价值，为100美元。

在情景 1 中，预计股利为每年 5 美元，由于没有对该账户追加任何投资，因此每年的自由现金流量也是 5 美元。在情景 2 中，将账户产生的收益再投资到账户中，因此预计股利为 0，自由现金流量（现金流量减去对该账户的再投资金额）也为 0。因此，该储蓄账户在这两种情景下的价值是相同的。

从这个储蓄账户的例子中，可以引申出一些重要的原则，应用到股东权益的估值当中：

（1）只有当一项资产的预计剩余收益不为 0 时，该项资产的价值才会偏离其账面价值，产生溢价或者折价。

（2）剩余收益模型认为，如果收益的增长来自将收益用于再投资而产生的必要报酬，那么这样的收益增长是不创造价值增值的。在储蓄账户这个例子的情景 2 假定下，收益的增长明显快于情景 1，但这种增长是来源于将收益用于再投资，按必要报酬率 5% 所计算的账面价值投资报酬。因此，从投资报酬中扣除按投资规模所计算的必要报酬水平之后，尽管此时每年的利润都是增长的，但剩余收益却没有改变。相应地，这种情景下账户的价值与盈利不增长情景下的账户价值是一样的。

（3）即使某项投资资产不支付股利，也可以用它的账面价值和预计收益来进行估值。在情景 2 下，预计股利为 0，无法利用预计现金流进行估值，但通过预计收益和账面价值来进行估值仍然是可行的。

（4）储蓄账户的估值例题表明，是否发放股利与估值无关。例题中，两种情景下的预计股利是完全不同的，但账户的价值却是相等的：账户的价值取决于投资的账面价值和未来的收益情况，与是否发放股利无关。事实上，如果我们在第 3 章中所讨论过的股利无关论成立，结果就会是这样。

（5）储蓄账户的价值与自由现金流量也是无关的。在例题中的两种情景下，自由现金流量是不同的，但价值却相同。在情景 2 下，通过预计未来 5 年内的自由现金流量是无法对账户进行估值的，因为自由现金流量全部为 0，但是在这种情况下，根据账面价值进行估值却是可行的。

5.2.3　市净率的正常水平

储蓄账户的价值就等于它的账面价值，即它的市净率刚好等于 1.0。1.0 的市净率水平是一个重要的标准值，因为此时资产负债表上所报告的正是它的全部价值。与此同时，账面价值的预计收益率也正好等于投资者所要求的必要报酬率，预计的剩余收益为 0——正如前面的储蓄账户例题和项目投资收益率为 10% 条件下的情景一样。

必要报酬率有时也被称为特定风险水平下的正常投资报酬率。相应地，如果一项投资的市净率为 1.0，则表示它刚好能赚取到正常的报酬水平。所以，人们把 1.0 的市净率水平称为**正常的市净率水平**（normal P/B ratio）。

5.3　锚定账面价值的估值模型

上述例子告诉我们，一项资产的价值可以分解为它的账面价值和通过预计未来剩余收益而计算出的价值增值之和。据此，可将锚定原则表述为：

锚定原则：根据预测，如果一项资产的账面价值收益率刚好等于其必要报酬率，那么这项资产的价值也刚好等于它的账面价值。

相应地，如果有人预计一项资产的账面价值报酬率大于它的必要报酬率，那么，这项资产就能实现正的剩余收益，因此它的价值也就会高于其账面价值；换句话说，在这种情况下，能实现投资增值。在持续经营的条件下，能"捕获"股东权益投资增值的估值模型为：

$$普通股权益的价值\left(V_0^E\right) = B_0 + \frac{RE_1}{\rho_E} + \frac{RE_2}{\rho_E^2} + \frac{RE_3}{\rho_E^3} + \cdots \quad (5\text{-}1)$$

其中，RE 表示股东权益的剩余收益：

剩余收益 = 综合收益 − （股东权益的必要报酬率 × 股东权益的期初账面价值）

剩余收益 RE_t = 收益$_t$ − (ρ_E−1) × 权益账面价值$_{t-1}$

如果用 B_0 表示股东权益在当前资产负债表中的账面价值，未来每一期的剩余收益都等于对应该期间内归属于普通股股东的综合收益减去当期期初普通股权益的账面价值（即 B_{t-1}）与必要报酬率（ρ_E−1）的乘积。权益的必要报酬率也可以称为权益的资本成本率，我们将在第 7 章中再来处理必要报酬率的问题。目前，你可以将它看作利用资本资产定价模型这一类贝塔技术（在第 3 章附录中已有介绍）计算得到的收益率，或者是你自己对投资股票所要求的最低收益率。

在第 2 章中我们已看到，耐克公司报告它在 2010 年实现综合收益 1754 百万美元，对应股东权益的账面价值（资产减去负债后的余值）为 8693 百万美元。这样，如果耐克公司股东所要求的报酬率为 9%，那么它在 2010 年实现的剩余收益就是：$1754−（9%×$8693）=$971.6。这说明，耐克公司在保障了股东投资实现账面价值 9% 的收益率基础之上，还创造了 9.716 亿美元的利润增值。

我们将资产负债表中所报告的当前账面价值与预计未来剩余收益的现值相加，计算得到股东权益的价值。在将预计剩余收益进行贴现计算时，使用的贴现率为 1 与权益资本成本率之和，即 ρ_E。我们将预计剩余收益的现值，即 $V_0^E − B_0$，作为账面价值之外的内在溢价水平。该溢价即为资产负债表所忽略的价值。这样，市净率的内在水平即为 V_0^E/B_0。这说明：如果我们预计一家企业为股东所赚得的利润能够超过按权益的账面价值所计算的必要报酬水平（即剩余收益为正数），那么这家企业的权益价值就会高于其账面价值，出现交易溢价，而且，利润值越大，溢价水平也就会越高（见表 5-2）。

表 5-2 市净率与其后的剩余收益分布情况（1965～1995 年）

平均来看，市净率高的公司产生的剩余收益也高，而市净率低的公司产生的剩余收益也低。当市净率接近 1.0 时（第 14 组和第 15 组），剩余收益也接近 0。

市净率分组	市净率	在（第 0 年）按市净率进行分组，以后每年的剩余收益水平					
		0	1	2	3	4	5
1（高）	6.68	0.181	0.230	0.223	0.221	0.226	0.236
2	3.98	0.134	0.155	0.144	0.154	0.154	0.139
3	3.10	0.109	0.113	0.106	0.101	0.120	0.096
4	2.59	0.090	0.089	0.077	0.093	0.100	0.099
5	2.26	0.076	0.077	0.069	0.068	0.079	0.071
6	2.01	0.066	0.067	0.059	0.057	0.076	0.073
7	1.81	0.057	0.048	0.043	0.052	0.052	0.057
8	1.65	0.042	0.039	0.029	0.039	0.050	0.044
9	1.51	0.043	0.034	0.031	0.038	0.046	0.031

(续)

市净率分组	市净率	在（第 0 年）按市净率进行分组，以后每年的剩余收益水平					
		0	1	2	3	4	5
10	1.39	0.031	0.031	0.028	0.036	0.047	0.028
11	1.30	0.024	0.026	0.023	0.035	0.036	0.030
12	1.21	0.026	0.028	0.023	0.036	0.039	0.038
13	1.12	0.016	0.021	0.012	0.031	0.039	0.026
14	1.05	0.009	0.008	0.009	0.026	0.034	0.032
15	0.97	0.006	0.005	0.011	0.018	0.031	0.017
16	0.89	−0.007	−0.011	−0.004	0.008	0.029	0.015
17	0.80	−0.017	−0.018	−0.004	0.006	0.023	0.008
18	0.70	−0.031	0.030	−0.030	−0.010	0.015	−0.001
19	0.58	−0.052	−0.054	−0.039	−0.015	−0.003	−0.008
20（低）	0.42	−0.090	−0.075	−0.066	−0.037	−0.020	−0.039

资料来源：标准普尔公司 Compustat 数据库。

表 5-2 中的数据说明，根据市净率的高低，能够预测出企业将来的剩余收益水平。这张表格将全部在纽约证券交易所和美国证券交易所上市的公司按市净率水平分成了 20 组，市净率最高的 5% 公司构成了第 1 组，而市净率最低的 5% 公司则构成了第 20 组。从表中"市净率"这一列数据可以看到，第 1 组公司的市净率中位数为 6.68，而相应的第 20 组公司的市净率中位数却只有 0.42。表中给出了每组公司在分组当年（第 0 年）和其后 5 年内的剩余收益中位数水平，这些剩余收益都是用第 0 年公司股东权益的账面价值进行了标准化处理的。可以看出，第 1～5 年的剩余收益平均水平与第 0 年的市净率水平是相关的：平均而言，高市净率的公司产生的剩余收益也高；低市净率的公司产生的剩余收益也低。第 14 组和第 15 组公司在第 0 年时的市净率接近于 1.0（溢价为 0），那么相应地，它们的未来剩余收益回报也接近于 0。市净率大于 1.0 的公司能产生正的剩余收益，而市净率低于 1.0 的公司基本都只对应负的剩余收益。所以，简而言之，真实公司的数据与我们的模型所描绘情形是一模一样的⊖。

当预测期为有限的时候，利用剩余收益模型所得到的估值与根据预计股利来计算的估值总是一样的。这一点很重要，这样能让我们对估值的结果感觉更放心，因为股票的价值是由它预计最终能支付的股利水平来决定的。剩余收益模型用收益和账面价值替代了股利，事实上我们还是在预测股利，只不过公司最终将会支付的股利是用预测期内的预计收益和账面价值来表示的，而且一般情况下，这个预测期比股利贴现模型所要求的预测期要短一些。这正是我们期望一个实用的估值方法能够做到的。储蓄账户的例子已经将这个问题说得很清楚了。在不支付股利的情景下，公司有可能在未来 50 年（假定）都不会支付任何股利，这时，如果要使用股利贴现模型来进行估值的话，就不得不去预测将来很久以后可能的股利水平。但是如果使用剩余收益模型，就可以立即进行估值，因为现时的账面价值是可以用来说明问题的。

5.3.1 剩余收益的来源与价值创造

剩余收益是属于普通股股东的，它表示股东的每 1 元投入所对应的超额收益金额，是一个绝

⊖ 表中对所有公司的股东权益都使用 10% 作为必要报酬率。不过，如果使用按资本资产定价模型计算的资本成本率（即按不同公司的贝塔水平调整它们的必要报酬率），得到的结果也是类似的。

对数，而不是比率形式。对每个收益期间 t，我们都可以重新用下式计算当期的剩余收益金额：

剩余收益＝（普通股权益报酬率－股东权益必要报酬率）× 普通股权益账面价值　　　(5-2)

$$Earn_t - (\rho_E - 1) B_{t-1} = [ROCE_t - (\rho_E - 1)] B_{t-1}$$
　　　　　　　(1)　　　　　　　　　　　　(2)

其中，$ROCE_t = Earn_t / B_{t-1}$，表示普通股权益报酬率。阅读材料 5-1 对普通股权益报酬率的计算方法进行了介绍，因此，剩余收益将普通股权益报酬率 ROCE 与必要报酬率（$\rho_E - 1$）进行比较，然后将两者之差乘以期初的股东权益账面价值，使剩余收益最终表达为多少金额的绝对数形式。以耐克公司为例，该公司在 2010 财务年度的普通股权益（综合）报酬率为 20.18%（计算过程详见阅读材料 5-1），如果耐克公司股东要求的必要报酬率（权益资本成本率）为 9%，那么，该公司在 2010 年的剩余收益就是：（20.18%-9%）× \$8 693 = \$971.6，与我们在前面的计算结果相同（不考虑因四舍五入原因而造成的误差）。如果普通股权益报酬率恰好等于股东的必要报酬率，那么剩余收益就为 0。如果我们预计企业在未来的普通股权益报酬率 ROCE 会一直等于投资人的资本成本率，那么，这家企业的内在价值就将等于它的账面价值。如果我们预计企业的 ROCE 大于投资人的资本成本率，那么这家企业的股份就能溢价出售；如果我们预计企业的 ROCE 低于投资人的资本成本率，那么这家企业的股份就只能折价出售。

阅读材料 5-1

普通股权益报酬率

普通股权益报酬率简写为 ROCE，是某会计期间内归属于普通股东的综合收益与企业净资产期初账面价值之间的比值。比如，第 1 个会计期间内的普通股权益报酬率 $ROCE_1$ 可表示为：

$$ROCE_1 = \frac{\text{第 1 个会计期间内归属于普通股股东的综合收益}}{\text{账面价值}}$$

其中，归属于普通股股东的综合收益是企业的综合收益在扣减了优先股股利之后的剩余，而账面价值当然也是指普通股权益的账面价值。有时，这个指标也被称为权益报酬率（ROE）或者净资产收益率，但在本书中，我们将使用普通股权益报酬率这种说法，以强调这是归属于普通股股东所享有的收益，而我们希望进行估值的目标也正是企业普通股的价值。普通股权益报酬率也被称为**账面收益率**（book rate of return）或者**会计收益率**（accounting rate of return），以便于与因持有股份而获得的市场投资回报率相区分开来。

耐克公司在 2010 财务年度实现综合收益 1754 百万美元，而当年年初的普通股股东权益账面价值为 8693 百万美元。因此，耐克公司在 2010 财务年度的普通股权益报酬率为：\$1754 / \$8693 = 20.18%，相对是比较高的。当然，耐克公司所拥有的很多资产——客户关系、品牌、供应链等，都没有报告在资产负债表中，但这些资产所创造的利润却是被包含在综合收益中的。所以，高出大部分企业平均水平的普通股权益报酬率解释了为什么耐克公司的股票在市场中的市净率也高达 3.67。

在普通股权益报酬率的计算公式中，分子"收益"是一个期间概念，是在整个会计期间内逐渐赚得的。如果企业因新发行股份、进行股票回购或者发放股利等事项导致普通股权益的账面价值发生了变动，相应地，企业赚取收益的能力也会发生变化。但在普通股权益报酬率的计算公式中，分母普通股权益的账面价值却只是一个时点概念。如果会计期间很短，比如只是一个财务季度，这种情况的影响便不会太大。但是如果会计期间较长，比如是整个会计年度，那么就可能会有影响。在这种情况下，某一年的普通股权益报酬率就可以这样来计算：

$$ROCE_1 = \frac{综合收益_1}{\frac{1}{2}(B_0 + B_1)}$$

其中，B 表示普通股权益的账面价值，因此分母为年初和年末普通股权益的账面价值平均数。这样计算得到的也只是一个大致估计值，如果要更严格地计算的话，分母应当采用报告年度内普通股权益账面价值的加权平均数。不过，除非企业恰好在年初或者年末发行了巨额的股份或者进行了巨额的股份回购，否则直接使用上式进行计算的误差也不会特别大。

也可以按每股数据来进行计算，但式中的每股收益（EPS）应当以综合收益为基础：

$$ROCE_1 = \frac{EPS_1}{BPS_0}$$

上式中，分母 BPS 表示每股账面价值，是用普通股权益的账面价值除以流通在外的股份数量得到的（而流通在外的股份数量等于公司发行的股份数量减去库存的股份数量）。而分子 EPS 表示每股收益，在计算 EPS 时，应当用加权平均计算来调整年内新发行股份或者股份回购的影响。这样，计算时分子和分母都具有同样的每股基础。

上述三个公式所计算得到的普通股权益报酬率常常会略有差别，但差异一般都非常小。不过，如果将按每股基础计算的普通股权益报酬率用来进行多期的比较是比较危险的，因为股份发行和股份回购对 EPS 和 BPS 的影响可能是不同的。

剩余收益 RE 由两个因素决定，在式（5-2）中分别用（1）和（2）两部分表示。（1）是普通股权益报酬率，（2）是每期权益投资的账面价值金额（即资产减去负债后的余额，或者说净资产），这两个因素被称为**剩余收益动因**（residual earnings drivers）。企业通过增大它们的普通股权益报酬率，使之超过资本成本率，来提升企业的价值，使企业价值在原账面价值的基础上不断增加。此外，通过普通股权益报酬率实现**账面价值（净资产）增长** [growth in book value (net assets)]，更进一步增加了企业的价值。给定普通股权益报酬率的水平（大于权益的资本成本率），企业的投资规模越大，通过 ROCE 所能增加的价值就越多。事实上，这两个因素有时也被称为**价值驱动动因**（value drivers）。要判断一只股票是应该溢价出售还是折价出售，就需要对这两个因素进行预测。图 5-1 列出了这两个因素的预计值和当前的权益账面价值是如何对股票的现有价值产生影响的，从中你可以看出，剩余收益模型可作为战略分析工具的依据：要提升企业的价值，必须采纳能够提升普通股权益报酬率大于必要报酬率的战略措施，并在 ROCE 高于必要报酬率的前提下，增加权益的账面价值（净资产），而这正是商业经营的全部要诀！这是本书第二部分所介绍的财务报表分析能够去发现商业价值的保障。

以下是一些公司在 2010 年的市净率排名情况、所对应的 2010 年普通股权益报酬率以及当年的账面价值增长率。

	市净率 P/B	普通股权益报酬率 ROCE（%）	账面价值增长率（%）
亨氏集团	6.1	42.3	55
可口可乐公司	5.1	41.9	25
金佰利公司	4.5	32.7	10
戴尔公司	3.8	39.3	38
耐克公司	3.7	20.2	12
埃克森美孚石油公司	2.9	23.4	33
思科系统公司	2.1	17.4	15
梅西百货	1.9	16.6	19
通用电气公司	1.8	10.6	1

(续)

	市净率 P/B	普通股权益报酬率 ROCE（%）	账面价值增长率（%）
卡夫食品公司	1.6	8.1	38
摩根大通集团	1.1	10.2	7
西班牙国际银行	1.0	11.8	10
索尼公司	0.9	3.6	6
松下公司	0.8	−0.9	6
美国银行	0.6	−1.0	−1

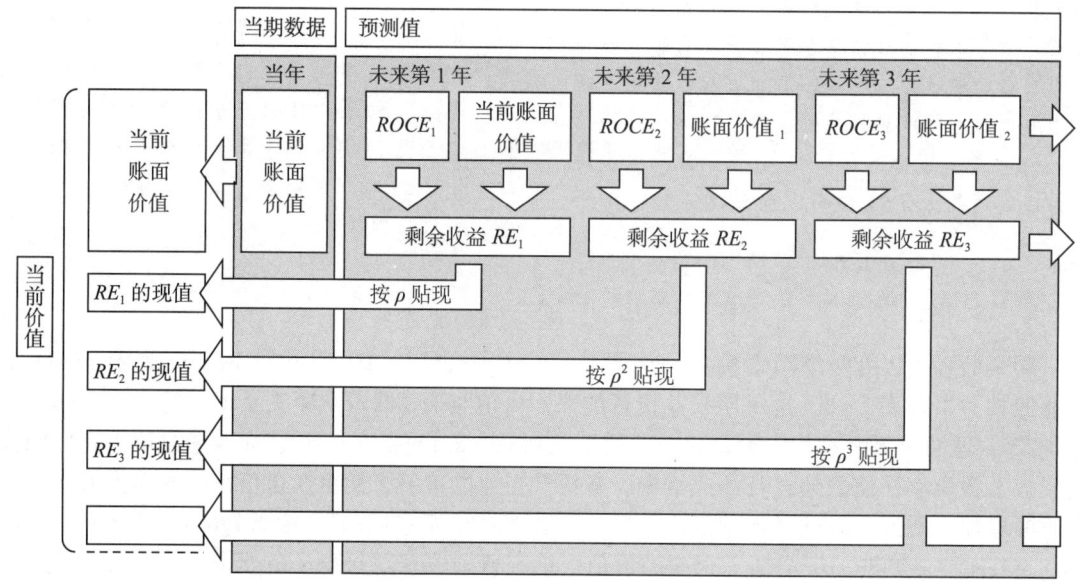

图 5-1 剩余价值动因与股东权益价值的计算

剩余收益由普通股权益报酬率 ROCE 和当期股东投资的账面价值共同决定。在对企业的股份进行估值时，需要预计未来的 ROCE 和企业净资产账面价值的增长情况，然后将未来的剩余收益计算现值，再与当前的普通股权益账面价值相加。

从表中可以看出，市净率与普通股权益报酬率和账面价值的增长情况是相关的。西班牙国际银行公司和摩根大通集团的市净率水平接近 1.0，相应地，它们的普通股权益报酬率 ROCE 分别为 11.8% 和 10.2%，与大家公认的权益资本必要报酬率水平大致相当。因此，这两家公司的剩余收益大致为 0，所以市净率接近正常水平的 1.0 左右。其他很多公司的市净率都非常高，相应地，它们的普通股权益报酬率和账面价值增长率也很高。索尼公司、松下公司和美国银行的市净率是低于 1.0 的，相应地，它们的普通股权益报酬率和账面价值增长率也偏低。现在，请你看看阅读材料 5-2 中的内容。

阅读材料 5-2

保险公司的股份化：这些企业的价值大于它们的账面价值吗

包括恒康人寿保险公司（John Hancock Mutual Life insurance）和大都会人寿保险公司（Metropolitan Life Insurance）在内的很多大型保险公司，目前都已从政策持有人所有的互助保险企业转型为由股东所持有的股份制企业。在这些企业"股份化"的过程中，需要向原政策持有人发行股份和通过初始公开募集向新投资者发行股份。

> 这两家保险企业在进行股份化时,分析师曾经猜想它们会按照账面价值发行股份。当时,这些企业的权益报酬率为9%~12%,并且分析师预测在将来也不会有太大改善。为什么它们可能会按账面价值进行交易呢?这是因为,如果在初次公开募集中购买这些公司股份的投资者要求的必要报酬率也是大约9%~12%,那么这些企业预计就无法利用现有的投资去创造剩余收益了,因此,它们的定价应当等于其账面价值。
>
> 恒康人寿保险公司在2000年1月27日进行了初次公开募集,之后它就变身为恒康金融服务集团(John Hancock Financial Services, Inc.)。该公司的普通股权益报酬率为12%,它一共发行了33 170万股股票,其中22 970万股是给原政策持有人的。这些股票的交易价格为每股17.25美元,比当时的每股账面价值15美元略高一点。

当然,有个别公司也不完全符合上面所讲的情况。所以,请看图5-2。这张图描述了2010年度标准普尔500指数公司的市净率和对应的公司普通股权益报酬率分布情况。图中的拟合回归线表明,平均来讲,公司的市净率水平越高,对应的普通股权益报酬率也就越大。在大多数年份中,这张图的形状都是这样的。当然,也有很多企业并没有落在拟合回归线上,其中的原因正是需要财务分析来进行解释的。是因为第二个动因——账面价值增长率的影响吗?还是因为未来的普通股权益报酬率会在较大程度上偏离现在的水平呢?

利用1963~2010年美国企业的历史数据,图5-3列出了普通股权益报酬率与账面价值增长率之间的对应关系情况。各年的普通股权益报酬率中位数为13.7%,但分布非常不集中。相应地,如第2章中图2-2所指出的,市净率的变化范围也是非常大的。截至2010年,标准普尔500公司在过去30年中的普通股权益报酬率平均值(按股票指数中股票的市值进行加权计算)为18%(对应这些公司的市净率平均水平则为2.5)。

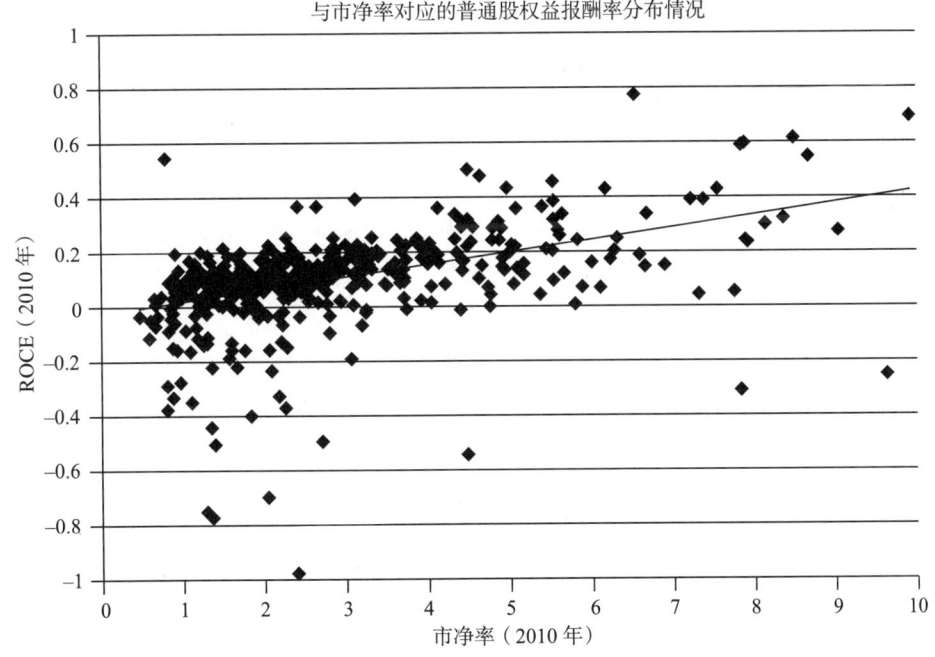

图5-2 标准普尔500公司的市净率与其后的普通股权益报酬率分布

本图是2010年年末公司的市净率和对应的2010年普通股权益报酬率分布情况。图中各分布点之中的直线是普通股权益报酬率和市净率关系的拟合回归线,它表明:普通股权益报酬率与市净率之间存在正相关关系。

资料来源:标准普尔公司COMPUSTAT数据库。

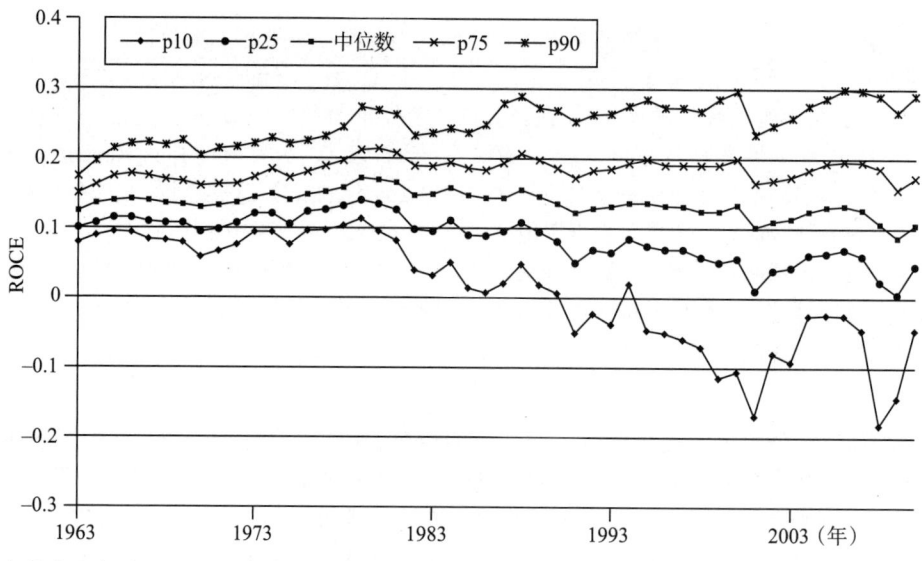

图 5-3 市值在 2 亿美元以上的全部美国上市公司的普通股权益报酬率百分位分布情况（1963～2010年）

注：公司在全部年份中普通股权益报酬率的中位数为 13.7%。
资料来源：标准普尔公司 COMPUSTAT 数据库。

5.3.2 一个简单的示例与估值模型

假定有一家企业在第 0 年年末的股东权益账面价值为 1 亿美元，表 5-3 中列出了它在未来 5 年中的综合收益和股利预计数。假定这家企业的股东权益必要报酬率为 10%，现在我们需要估算它在 0 时刻的价值。

表 5-3 某公司的预计值

（单位：除百分比数据外，均为百万美元；假定必要报酬率为 10%）

	0	预测年度				
		1	2	3	4	5
净利润	12.00	12.36	12.73	13.11	13.51	13.91
股利	9.09	9.36	9.64	9.93	10.23	10.53
股东权益的账面价值	100.0	103.00	106.09	109.27	112.55	115.93
剩余收益（按必要报酬率为 10% 计算）		2.36	2.43	2.50	2.58	2.66
剩余收益增长率（%）			3	3	3	3

表 5-3 中，预测年度股东权益的账面价值是利用第 2 章中的存量和流量公式来计算的：

$$期末账面价值 = 期初账面价值 + 综合收益 - 股利支付净额$$

例如，股东权益在第 1 年年末的账面价值，如果按百万美元为单位来进行计算，就是：$103 = $100 + 12.36 - 9.36。而第 1 年的剩余收益则为：$12.36 - ($10\% \times \$100$) = $2.36。以后各年度的计算原理也是一样的。可以看出，从第 1 年以后开始，每年的预计剩余收益是按 3% 的比例增长的，因此，可以将第 1 年以后的剩余收益看作按常数增长的永续年金，对该企业进行简单的估值如下：

$$V_0^E = B_0 + \frac{RE_1}{\rho_E - g}$$

当 $g = 1.03$ 而 $\rho_E = 1.10$ 时，该企业的估值为：

$$V_0^E = \$100 + \frac{\$2.36}{1.10 - 1.03} = \$133.71$$

而该企业的内在市净率水平则为 $133.71 / $100 = 1.34。这就是**简单估值模型**（simple valuation model）：未来年度的预计值是按常数增长的；此种情况下的预测期非常短，只需要 1 年便可。

这个简单的例子表明，剩余收益模型的估值结果与无限期的股利贴现模型估值结果是相同的。在这个例子中，预计未来的股利将按每年 3% 的速度增长，因此：

$$V_0^E = \frac{d_1}{\rho_E - g} = \frac{\$9.36}{1.10 - 1.03} = \$133.71$$

本例中，股利支付率是固定的，股利的增长率与剩余收益增长率是相同的，因此使用股利贴现模型计算的结果与使用剩余收益模型计算的结果也是相同的。但是，情况并不会总是如此。如同我们在第 4 章中曾经看到的，在不支付任何股利的条件下，储蓄账户的估值就无法适用股利贴现模型了。但是，以权责发生制为基础的估值模型在这种情况下却仍然是适用的。

5.4 应用模型进行权益估值

在持续经营的前提下，式（5-1）所要求的长期（直至永久）预测工作是非常有难度的。在第 3 章中，我们曾经提到，判断估值技术是否实用的标准之一是预测期应当有限，而且越短越好。例如，如果预测期长度为 T 期，那么：

$$V_0^E = B_0 + \frac{RE_1}{\rho_E} + \frac{RE_2}{\rho_E^2} + \frac{RE_3}{\rho_E^3} + \cdots + \frac{RE_T}{\rho_E^T} + \frac{V_T^E - B_T}{\rho_E^T} \tag{5-3}$$

其中，$V_T^E - B_T$ 表示在预测期期末的预计内在溢价水平。

当前的账面价值在当期的资产负债表中肯定是能找到的，那么，要利用式（5-3）进行估值，就只需要预测未来的剩余收益和期末的溢价水平，当然，我们还需要选择预测期。所谓**预测期末的溢价水平**（horizon premium），是指 T 期后股权的预期价值与当时的账面价值之差，这应当是最难预测的。事实上，这个模型是个死循环：要判断当前的溢价水平，需要先估算出未来的溢价水平。溢价水平的计算就是判断预测期末的持续价值问题，在本节中，我们将着重解决这个问题。

以下是应用剩余收益估值模型的步骤：

（1）在最近的资产负债表中找到股东权益的账面价值；
（2）预计预测期内各期的收益与股利情况；
（3）根据当前的股东权益账面价值和你预计出的未来收益与股利情况，预测企业在未来的股东权益账面价值：

期末股东权益账面价值 = 期初股东权益账面价值 + 当期收益 − 股利

（4）根据预计的未来收益与股东权益账面价值情况，计算各期的剩余收益；
（5）将剩余收益贴现，计算得到现值；
（6）计算企业在预测期末的持续价值；
（7）将持续价值贴现，计算得到现值；

（8）将上述第（1）步、第（5）步和第（7）步计算得到的结果相加，得到企业股东权益的价值。

弗拉尼根公司（Flanigan's Enterprises，Inc.）是一家经营连锁餐馆和饮品店的企业，下面，我们将上述步骤应用于该公司的股东权益估值，称为"情景1"。如"情景1"表中所示，前面两行是这家企业在 2000～2003 年的基本每股收益（EPS）和每股股利（DPS）情况。我们将像第 4 章那样，假装我们现在已经通过预测明确知道了该公司未来的盈利和股利情况，需要对公司在 1999 年年末的价值进行估值。根据预计的 EPS 和 DPS，我们可以计算出下一会计期间的每股账面价值 BPS：只需要用当期的 EPS 加上期初的 BPS，再减去当期的 DPS 即可。例如，2001 年年末的公司每股账面价值 BPS 预计值为 4.76，计算过程报告在"情景1"表格中的估值结果之下。

情景 1　弗拉尼根公司

股东权益的必要报酬率为 9%。在本案例中，预计 2003 年以后的剩余收益都为 0。

	1999 年	预测年度			
		2000 年	2001 年	2002 年	2003 年
每股收益 EPS		0.73	0.80	0.71	0.47
每股股利 DPS		0.11	0.24	0.25	0.27
每股账面价值 BPS	3.58	4.20	4.76	5.22	5.42
普通股权益报酬率 ROCE		20.4%	19.0%	14.9%	9.0%
剩余收益 RE（按必要报酬率为 9% 计算）		0.408	0.422	0.282	0.000
贴现率（1.09^t）		1.09	1.188	1.295	1.412
RE 的现值		0.374	0.355	0.217	0.000
截至 2003 年的 RE 现值之和	0.95				
每股价值	4.53				

预测过程（以 2001 年为例）：

预计每股账面价值 BPS		预计剩余收益	
期初 BPS（a）	4.20	预计 ROCE（b/a）	19.05%
预计 EPS（b）	0.80	权益资本成本率	−9.00%
预计 DPS	(0.24)	超额 ROCE（c）	10.05%
期末 BPS	4.76	RE（a×c）	0.422
		或者，	
		RE = 0.80−（9%×4.20）	0.422

有了 EPS 和 BPS 的预计值之后，我们就可以预计企业的剩余收益 RE 了。已知这家企业的权益资本成本率为 9%，因此，2001 年的 RE 应当为：0.80−（9%×4.20）= 0.422；或者也可以通过预计普通股权益报酬率 ROCE 和账面价值来计算 RE：（19.05%−9%）×4.20 = 0.422，计算的具体过程在"情景1"表格中的估值结果之下也有说明。

现在，假定我们想要知道这家企业在 1999 年年末的价值。那么，就需要计算预计未来每年剩余收益 RE 的现值（贴现系数为 1.09^t），然后将它们加总起来，再加上这家企业在 1999 年的账面价值每股 3.58 美元。如表中所示，这样，就得到了企业的每股价值为 4.53 美元。计算得到的溢价水平为：4.53−3.58 = 0.95 美元。这样估值是正确的吗？答案是肯定的，只有当我们预计该企业在 2003 年以后的剩余收益都为 0 的情形下才是正确的。可以看出，弗拉尼根公司的剩余收益的发展趋势是越来越下降并趋向 0。虽然剩余收益的另一个驱动因素账面价值是在不断增加的，但普通股权益报酬率 ROCE 却逐渐下降，到 2003 年，ROCE 为 9%，恰好等于该企业的权益资本成本率。看起来从 2003 年开始，今后的剩余收益 RE 都可能为 0 了。如果事实果然如此的话，那么，估值任务到此也就完成了。我们可以将上述过程写为：

$$V_0^E = B_0 + \frac{RE_1}{\rho_E} + \frac{RE_2}{\rho_E^2} + \frac{RE_3}{\rho_E^3} \qquad 情景1 \qquad (5\text{-}4)$$

在情景 1 中，第 0 年即为 1999 年，而第 T 年（即未来 3 期）即为 2002 年。

将该计算过程与式（5-3）进行比较，这里忽略了预测期末的溢价水平，而这样做的道理是：如果预测期以后的剩余收益 RE 都为 0，那么预测期末的溢价金额显然也为 0，即 $V_T^E - B_T = 0$。

5.4.1 预测期与持续价值的计算

"情景 1"中的估值具有代表性吗？让我们回到通用电气公司的案例中来。在第 4 章中，我们曾经看到，对通用电气公司，贴现现金流量分析是不适用的。现在"情景 2"中列出了与第 4 章中相同的 5 年数据，但这里还给出了每一年的每股收益 EPS、每股股利 DPS 和每股账面价值 BPS。现在，让我们再一次假定这些真实数据均为 1999 年时的预测值，然后计算出预计的剩余收益 RE 和普通股权益报酬率 ROCE。假定通用电气公司的股东所要求的必要报酬率为 10%，那么，截至 2004 年各年的剩余收益 RE 现值之和（每股 3.27 美元）加上通用电气公司在 1999 年的每股账面价值 4.32 美元，得到每股价值的估值为 7.59 美元。但这还不是正确的金额，因为通用电气公司在 2004 年的剩余收益仍然为正数，而且在将来还可能会持续赚到大于 0 的剩余收益。通用电气公司的普通股权益报酬率 ROCE 是呈下降趋势的，但它的股东权益账面价值增长速度更快，所以抵消了 ROCE 下降的影响之后，使公司仍然具有赚取剩余收益的能力。每股 7.59 美元的估值忽视了预测期外的公司持续价值，即式（5-3）中的持续溢价部分。

持续价值是公司在预测期外的剩余收益价值。通过审视通用电气公司截至 2004 年的剩余收益预测值，我们可以发现，这家公司的剩余收益水平大致是稳定的。假定我们预计 2004 年以后，通用电气公司每年的剩余收益规模都将保持 2004 年的水平，即每股 0.882 美元，那么将来的剩余收益现金流就表现为永续年金形式。永续年金的价值等于年金额的资本化金额：0.882 / 10% = 8.82，如"情景 2"表格中，每股价值那一行下面所说明的那样，并且由于这个价值是 2004 年以后每年预计剩余收益的现值，所以它也应当体现在 2004 年年末的预计溢价当中，因此我们可以将式（5-3）改写为：

$$V_0^E = B_0 + \frac{RE_1}{\rho_E} + \frac{RE_2}{\rho_E^2} + \cdots + \frac{RE_T}{\rho_E^T} + \left(\frac{RE_{T+1}}{\rho_E - 1}\right)\bigg/\rho_E^T \qquad 情景2 \qquad (5\text{-}5)$$

用通用电气公司这个案例中的数据来说，T 即为未来第 5 年，因此该公司在 1999 年的每股价值应当为 13.07 = 4.32 + 3.27 + 8.82/1.6105，计算得到的溢价水平为 13.07-4.32 = 8.75。2005 年及以后的剩余收益 RE 预测值决定了 2004 年年末的持续价值 CV，这就是预计的 2004 年溢价水平：$V_5^E - B_5 = 8.82$。

情景 2　通用电气公司

股东权益的必要报酬率为 10%。在本案例中，预计 2004 年以后每年的剩余收益都将保持为一个不变的常数，但不为零。

	1999年	预测年度				
		2000年	2001年	2002年	2003年	2004年
每股收益 EPS		1.29	1.38	1.42	1.50	1.60
每股股利 DPS		0.57	0.66	0.73	0.77	0.82
每股账面价值 BPS	4.32	5.04	5.76	6.45	7.18	7.96
普通股权益报酬率 ROCE（%）		29.9	27.4	24.7	23.3	22.3
剩余收益 RE（按必要报酬率为10%计算）		0.858	0.876	0.844	0.855	0.882
贴现率（1.10^t）		1.100	1.210	1.331	1.464	1.611
RE 的现值		0.780	0.724	0.634	0.584	0.548
截至2004年的 RE 现值之和	3.27					
持续价值 CV						8.82
CV 的现值	5.48					
每股价值	13.07					

持续价值的计算为：

$$CV = \frac{0.882}{0.10} = 8.82$$

因此持续价值的现值 $= \frac{8.82}{1.6105} = 5.48$

注：因四舍五入原因，可能有误差。

我们将预测期外的每年剩余收益保持为某一常数的情况称为"情景2"。你可能会认为"情景1"是具有代表性的：一家企业可能在一段时间内取得正的剩余收益（保持普通股权益报酬率 ROCE 大于权益资本成本率），但是，竞争将最终促使企业的盈利能力下降，到最后，ROCE 恰好等于其权益资本成本率。高额的 ROCE 确实会下降，弗拉尼根公司和通用电气公司的数据都说明了这一点，但是，更为常见的是，企业的普通股权益报酬率 ROCE 和剩余收益 RE 都会保持在某个大于0的水平范围内。这样的话，"情景2"就更加适用了。

现在，虽然通用电气公司的未来预计自由现金流量为负数，我们也能为该公司进行估值了。通过运用权责发生制的会计模型，我们成功地处理了在第4章中曾经困扰我们的问题。章末练习题 E5.11 进一步考察了通用电气公司在2004年的情况。

由于预计在预测期外的剩余收益不会出现增长，我们也可将"情景2"称为无增长条件下的估值，而"情景3"将属于增长条件下的估值，以耐克公司 2006～2011年的数据来进行说明。除了2009年出现商业萧条的情况之外，耐克公司的剩余收益一直是持续增长的，虽然普通股权益报酬率 ROCE 是下滑的，但股东权益的账面价值却一直增长。因此，如果要预计该公司在2011年以后每年的剩余收益 RE 都保持为某个常数或者一直为0，是不太合理的。如果我们预计剩余收益 RE 的增长会一直持续下去，那么，可对持续价值的计算进行适当的修正，增加对增长率的考虑：

$$V_0^E = B_0 + \frac{RE_1}{\rho_E} + \frac{RE_2}{\rho_E^2} + \frac{RE_3}{\rho_E^3} + \cdots + \frac{RE_T}{\rho_E^T} + \left(\frac{RE_{T+1}}{\rho_E - g}\right)\bigg/\rho_E^T \qquad 情景3 \qquad (5-6)$$

其中，g 等于1加预计剩余收益 RE 的增长率之和⊖。耐克公司在2011年的剩余收益增长率

⊖ 预计增长率必须小于权益资本成本率，否则就无法完成终结价值的计算了。预计一家企业的剩余收益 RE 会一直按大于其权益资本成本率的速度增长下去（所以企业的估值为无限大）是不合常理的。在一段时期内，增长也可能是负的（即 g<1）。不过，正的剩余收益逐渐下降为0是最为常见的。

为 2.108/2.017，即增长了 4.5%（$g = 1.045$）。如果预计 2011 年以后剩余收益将一直按这个比率增长下去，那么预计 2012 年的剩余收益就是 $2.108 \times 1.045 = 2.203$。因此，耐克公司在预测期末的持续价值为 48.95，折算为 2006 年年末的价值则为 31.81，计算过程在"情景 3"表格中"每股价值"这一行下面有详细说明。耐克公司在 2006 年年末的每股价值最终为：
$V_0^E = 14.00 + 7.37 + 31.81 = 53.18$。

情景 3　耐克公司

股东权益的必要报酬率为 9%。在本案例中，预计 2011 年以后每年的剩余收益都将按 4.5% 的速度持续增长下去。

		预测年度				
	2006 年	2007 年	2008 年	2009 年	2010 年	2011 年
每股收益 EPS		2.96	3.80	3.07	3.93	4.28
每股股利 DPS		0.71	0.88	0.98	1.06	1.20
每股账面价值 BPS	14.00	16.25	19.17	21.26	24.13	27.21
普通股权益报酬率 ROCE（%）		21.1	23.4	16.0	18.5	17.7
剩余收益 RE（按必要报酬率为 9% 计算）		1.700	2.338	1.345	2.017	2.108
贴现率（1.09^t）		1.090	1.188	1.295	1.412	1.539
RE 的现值		1.560	1.968	1.039	1.429	1.370
截至 2011 年的 RE 现值之和	7.37					
持续价值 CV						48.95
CV 的现值	31.81					
每股价值	53.18					

持续价值的计算为：

$$CV = \frac{2.108 \times 1.045}{1.09 - 1.045} = 48.95$$

因此持续价值的现值 $= \frac{48.95}{1.539} = 31.81$

注：因四舍五入原因，可能有误差。

"情景 3"与"情景 1""情景 2"一起，构成了我们在实务中最可能碰到的几种情况。剩余收益 RE 的长期水平与其增长率有时被称为企业**在稳定状态下的情况**（steady-state condition）。"情景 2"和"情景 3"的主要区别在于剩余收益是否还会继续增长（在"情景 2"中，$g=0$）。请学习阅读材料 5-3，了解在计算持续价值的过程中可能碰到的一些技术问题。

阅读材料 5-3

持续价值的计算

在预测期期末，总是需要计算企业的持续价值 CV。如果假定某企业在预测期后每年的剩余收益都将按比率 g 持续增长下去，那么，该企业在第 T 年年末的持续价值就应当是由预计第 $T+1$ 年的剩余收益水平所决定的：

$$CV_T = \frac{RE_{T+1}}{\rho_E - g}$$

然后，再将这个持续价值按第 T 年对应的贴现率 ρ_E^T 折算为当前价值。

下面两种不同的计算具有相同的结果：

$$V_0^E = B_0 + \frac{RE_1}{\rho_E} + \frac{RE_2}{\rho_E \times (\rho_E - g)} \quad (1)$$

$$V_0^E = B_0 + \frac{RE_1}{\rho_E} + \frac{RE_2}{\rho_E^2} + \frac{RE_2 \times g}{\rho_E^2 \times (\rho_E - g)} \quad (2)$$

计算式（1）根据第 2 年的剩余收益水平和增长率 g，计算出了企业在第 1 年年末的持续价值；计算式（2）根据第 3 年的剩余收益水平和增长率 g，计算出了企业在第 2 年年末的持续价值，但同时，第 3 年年末的剩余收益也是在第 2 年剩余收益的基础上增长 g 的结果。

下面我们用家得宝公司的数据来进行说明（假定该公司的权益资本成本率为 10%，增长率为 4%）。假定仓储式零售商家得宝公司目前的每股账面价值为 12.67 美元，预计将来第 1 年和第 2 年的剩余收益将分别为 1.713 美元和 1.755 美元。那么，应用上述两种计算思路，可有：

$$V_0^E = \$12.67 + \frac{1.713}{1.10} + \frac{1.755}{1.10 \times (1.10 - 1.04)} = \$40.82 \quad (1)$$

$$V_0^E = \$12.67 + \frac{1.713}{1.10} + \frac{1.755}{1.21} + \frac{1.755 \times 1.04}{1.21 \times (1.10 - 1.04)} = \$40.82 \quad (2)$$

5.4.2 不要为增长而支付过高的价格

你也许会觉得判断长期增长率是估值过程中不确定性最强的部分。在前面的例子中，我们是根据预测期内已经知道的情况来倒推增长率的，比如对通用电气公司，由于剩余收益基本接近常数，所以我们判断为无增长；而对耐克公司，则是根据预测期内剩余收益的实际增长情况，判断为正的增长率。预测期内的增长情况能在一定程度上说明长期的增长趋势，但要依此来进行推测却不一定是明智的，这甚至可能跟随便假定一个比率一样的糟糕。相反，我们应当对关于增长率的信息进行仔细的研究与考察，分析与预计增长率的问题将是本书第二部分财务报表分析所关注的重点。

现在，我们最好是再来温故一下第 1 章提出的基本面分析师的信条：当心为增长而支付过高的价格。基本面投资者认为增长是有风险的，除非一家企业具有"进入堡垒"，比如像耐克公司那样的受保护品牌，否则，竞争将很快抹平现有的增长趋势。股票市场总是倾向于对增长前景过于兴奋和激动，在夸张的增长预期面前，堆积了无数的泡沫。所以，基本面投资者对于增长的出价是非常小心谨慎的。在投资中，有一种风险是因为支付价格过高而引起的，而这种情况的出现往往就是因为对增长的预期。在估值公式中加入一个增长率是一件非常容易的事情，但这却有可能是非常危险的。

一旦我们掌握了本章和第 6 章所要介绍的估值框架，我们就将在第 7 章中去应用这个框架，但应用前提是要保护我们避免为增长而支付过高的价格。截至目前，你至少应当感受到这里所介绍的这些方法还是很有用的。在第 4 章中我们看到，在贴现现金流量分析的估值结果中，持续价值的影响比重相当大，而它的计算又是很主观的。以通用电气公司的数据为例，计算的持续价值对该公司估值的影响已经在 100% 以上了。但是相反，在本章"情景 2"对通用电气公司的估值中，估值结果的大部分都依赖于目前的账面价值和我们能够更有信心做出的短期预测值。这就是使用权责发生制会计原理的结果——使用利润表和资产负债表，而不仅仅是现金流量表，因为前者会提前确认一些未来的情况。不过，在剩余收益估值模型中，仍然需要我们去计算持续价值。

5.4.3 将分析师的预测转换为估值

一般情况下，分析师会对未来一两年的情况做出预测，然后再预计一个今后的中期增长率，通常为 3～5 年。在雅虎财经和谷歌财经等网站上，都可以找到这些预测值。一般来说，对最近一两年的预测在某种程度上还是可信的（当然如果你是作为买方的话，仍然需要小心谨慎）；不过，分析师对增长率的预测却常常跟随便的猜测结果差不多。但不管是哪种情况，有了这些预测值，投资者就会提问：怎样才能将这些预测值转换为估值呢？

表 5-4 中给出了分析师对耐克公司的一致预测值，这些预测是在耐克公司刚刚公开了其 2010 财务年度的报表之后做出的。这里的一致预测值，是指关注这只股票的卖方分析师的预测平均值。其中，对 2011 年和 2012 年的预测都属于点估计值，而对 2013～2015 年的预测，则是根据分析师预计该公司的 EPS 在未来 5 年内会按每年 11% 这个中期增长率增长而计算出来的。一般情况下，分析人员并不会预计公司的股利，因此我们通常可以假定目前的股利支付率（即每股股利 DPS/每股收益 EPS）在将来会保持不变。耐克公司在 2010 财务年度中实现每股收益 EPS 为 3.93 美元，发放每股股利 DPS 为 1.06 美元，因此可以计算出它的股利支付率为 27%。从表中可以看出，根据分析人员的预计值所计算出耐克公司的剩余收益在未来是增长的。分析人员不会预计企业长期的盈利情况，但如果我们预计耐克公司在 2015 年以后的剩余收益会按与国内生产总值（GDP）相同的速度进行增长，即增长率为每年 4% 的话，如表中结果所示，我们就可以计算出该公司的持续价值为 70.62 美元。所以，根据分析人员的预测值，可以推算出耐克公司股票的价值是每股 77.24 美元。而在当时，该公司的股票市场交易价格为每股 74 美元。因此，根据这里的计算结果来判断，耐克公司的股票定价是比较合理的。

表 5-4　将分析师的预测值转换为估值：耐克公司

分析师预计了未来两年内耐克公司的每股收益 EPS 情况（2011 年和 2012 年的预测结果分别为 4.29 美元和 4.78 美元），同时还预计在未来 5 年内，EPS 的增长率将为每年 11%。所以，根据 2012 年的预测结果和大家公认的 EPS 增长率，就可以计算出 2013～2015 年的预测值。每股股利 DPS 是按照 2010 年的股利发放率 27% 计算的。必要报酬率为 10%，在年份后，字母 A 表示当年数据为实际数，字母 E 表示当年数据为预计数。

	2010A	2011E	2012E	2013E	2014E	2015E
每股收益 EPS	3.93	4.29	4.78	5.31	5.89	6.54
每股股利 DPS	1.06	1.16	1.29	1.43	1.59	1.77
每股账面价值 BPS	20.15	23.28	26.77	30.65	34.95	39.72
普通股权益报酬率 ROCE（%）		21.3	20.5	19.8	19.2	18.7
剩余收益 RE（按资本成本率 9% 计算）		2.477	2.685	2.901	3.132	3.395
贴现率（1.09^t）		1.090	1.188	1.295	1.412	1.539
RE 的现值		2.272	2.260	2.240	2.218	2.206
截至 2015 年以前的 RE 现值之和	11.20					
持续价值 CV						70.62
CV 的现值	45.89					
每股价值	77.24					

持续价值是按 GDP 增长率来计算的：

$$CV = \frac{3.395 \times 1.04}{1.09 - 1.04} = 70.62$$

注：因四舍五入原因，可能有误差。

在对耐克公司的估值过程中，我们采用 GDP 的历史平均增长率 4% 作为长期增长率。由于上述计算结果每股 77.24 美元与市场价值每股 74 美元非常接近，我们认识到：假定分析人员所做出的预测值是合理的,那么说明市场对耐克公司的定价是按照 GDP 的增长率 4% 作为长期增长期望来进行的。这说明:从长期来看,预计所有公司的剩余收益都会按 GDP 增长率发展。在阅读材料 5-4 中,给出了使用 GDP 增长率,或者至少将其作为首选的更多理由,同时也能让你体会到本章所介绍估值模型的使用效果。

阅读材料 5-4

追踪价值 – 价格比

价值 – 价格比(V/P 比率)是将我们计算得到的股票价值与它目前的市场价格进行对比。如果某家企业的 V/P 比率大于 1,则意味着可以建议买入;相反,如果某家企业的 V/P 比率小于 1,则意味着应当建议卖出。

下图是全部美国上市公司 1975 ~ 2001 年的 V/P 比率中位数变动情况。其中,股票的价值是将分析师对未来两年情况的一致预测数据转换为预计的剩余收益情况(如同表 5-4 那样),然后假定未来的剩余收益都会按照 GDP 增长率 4% 进行增长,从而计算得到的。即

$$V_0^E = B_0 + \frac{RE_1}{\rho} + \frac{RE_2}{\rho^2} + \frac{RE_2 \times g}{\rho^2 \times (\rho - g)}$$

其中,必要报酬率 ρ 等于每年的无风险利率(取 10 年期美国政府债券利率)加上 5% 的风险溢酬构成。这个估值只是对持续价值进行了大致的估计,而且不同公司的必要报酬率实际上是不一样的。

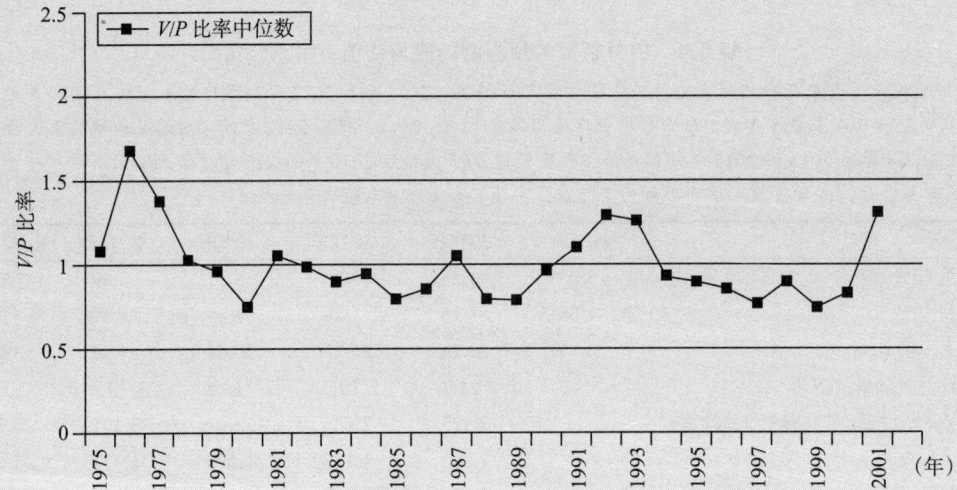

资料来源:价格数据来自标准普尔 COMPUSTAT 数据库,分析师的盈利预测数据来自 THOMSON 的财务 I/B/E/S 数据。

但是,尽管这里的估值只是大致估计,你也能看出 V/P 比率一直都是围绕着 1.0 上下波动的。当 V/P 比率高于 1.0 时(说明市场定价太低了),价格会按基本面信息进行调整,使它回到 1.0 的水平;当 V/P 比率低于 1.0 时(说明市场定价太高了),也会逐渐恢复到 1.0 的水平。这种趋势可能是由于市场风险因素变化导致贴现率发生变动的影响,所以应当特别小心。在计算价值 V 时,我们对所有年份都使用了相同的风险溢酬水平 5%,但实际上,在市场不好的年代,比如 20 世纪 70 年代左右,投资者可能会要求更高的风险溢酬补偿,所以导致价格下降;而在类似于 20 世纪 90 年代那样的繁荣市场中,投资者要求的

风险溢酬下降，因此价格就会上升。这就是"有效市场理论"对这张图的解释。

V/P 比率图还告诉我们，我们在表 5-4 中对耐克公司曾经使用的 GDP 长期增长率对一般企业也是适用的，所以，GDP 增长率可以作为企业增长率的首选参照指标。但是，光凭感觉当然是不足够的，对一般企业适用的东西并不见得对每一家企业都会适用。所以，在估值时，我们还需要确认估值对象相对一般企业是否有更高（或者更低）的增长潜能。在本书第二部分财务报表分析中，将尽力来解决这个问题。

虽然使用 GDP 增长率在一般情况下效果都还是不错的，但也不是适用于所有企业。尽管我们预计全部企业在长期情况下，都会按 GDP 增长率增长，但一些企业（包括耐克公司）在一段时间内是有能力维持更高的增长率的；而另一些企业则可能从来都无法赶超 GDP 增长率。关于增长率的话题，我们还有更多问题需要讨论，这些工作将在第 7 章中再来进行。

5.5 搭建你自己的估值工具

"情景 1"～"情景 3"和表 5-4 中的估值过程，如果用电子表格来进行处理是非常容易的。电子表格会要求下列输入值：①当前的股东权益账面价值；②给定预测期内的预计收益和股利情况；③必要报酬率；④计算持续价值时需要用到的长期增长率。在有了上述变量的前提下，你就可以在电子表格中进行计算，预计未来的股东权益账面价值、剩余收益、持续价值并最终计算出这些预计值的现值。标准的电子表格会预计未来至少两年期的情况（像分析人员通常预测的那样），然后对再后来的年份数据应用增长率来进行计算。更灵活一些的计算方式会允许我们使用不同长短的预测期。

有了这些输入值以后，你就可以通过按键来计算企业股权价值了。此外，为了了解你对估值的确定性程度，电子表格还可以告诉我们在不同的输入变量水平下，估值会出现怎样的变化。比如，你也许喜欢使用你自己的投资必要报酬率 9% 来作为贴现率，但你对长期增长率的水平感觉没有把握。表 5-4 使用了 GDP 增长率来代表长期增长率，但你还想看看如果长期增长率变为 3% 或者 2%，估值的敏感性会怎样：如果长期增长率只有 2%，这只股票的价值会是多少呢？如果你相信 2% 已经足够保守了，而股票目前的交易价格是低于你所计算出的价值的，那么，你也许就会愿意买入这只股票了。此外，你会看到，在电子表格中还可以实验不同的增长率水平所对应的股价价格。如果你发现目前的市场价格意味着增长率将高达 6%，那么你就会判断这只股票可能已经出现定价过高的风险了。

通过实验不同的情景，你会更加集中关注估值最重要问题：了解你自己的把握有多大。在第 7 章中，我们将进一步设计电子表格来完成这个主题。到时候，我们将把电子表格扩展为本书第二部分将要介绍的财务报表分析，然后在此基础上建立全面的分析，并得出估值产品。本书网站上提供的"搭建你自己的分析工具"（BYOAP）将指导你完成这些工作。

你也许很想得到一个现成的电子表格估值模型，这是完全可以实现的——在 BYOAP 产品包中，你就可以找到它！但是，如果想要真正学到东西，我们还是建议你尝试去搭建自己的电子表格，你会为自己的成果而感到骄傲的！用自己开发的成果去对企业进行估值，检验市场定价的合理性，你会感觉更加安全和放心。在这一过程中，你还可以做进一步的改进和完善，而

5.6 将模型应用于项目估值和战略估值

剩余收益模型同样也适用于对公司内部的项目进行估值。本章在开始的时候举了一个简单的单期项目例子。多期项目的价值评估常用现金流量的净现值（NPV）分析，如同第 3 章图 3-4 中那个需要 1200 美元投资额的项目那样。表 5-5 列出了该项目的权责发生制会计信息，其中，收入直接取自经营活动现金流量，从收入中减去每年的折旧费用，即得到该项目每年的净利润；折旧费用是用直线折旧法计算的，即用项目的投资成本减去预计残值得到应计折旧金额，然后将该应计折旧金额平均分摊到 5 年中。项目在每年的账面价值等于它的初始投资成本减去累计折旧额，该账面价值与股东权益的账面价值一样，也遵循存量和流量关系式：

$$\text{账面价值}_t = \text{账面价值}_{t-1} + \text{净利润}_t - \text{现金流量}_t$$

因此，该项目在第 1 年年末的账面价值就是：$1200 + $214 - $430 = $984，以后各年的计算方法均与之类似（其中现金流量就是当年的收入金额）。在第 5 年年末，由于项目资产恰好按预计的残值售出，因此，项目的账面价值变为了 0。这就是标准的权责发生制会计处理结果。

表 5-5 项目估值：剩余收益法

贴现率：12%　　　　　　　　　　　　　　　　　　　　　　　　　　　　　　　（金额单位：美元）

	0	预计年度				
		1	2	3	4	5
收入		430	460	460	380	250
折旧费用		216	216	216	216	216
项目利润		214	244	244	164	34
账面价值	1 200	984	768	552	336	0
账面价值收益率（%）		17.8	24.8	31.8	29.7	10.1
项目剩余收益（按 12% 计算）		70	126	152	98	(6)
贴现率（1.12^t）		1.120	1.254	1.405	1.574	1.762
剩余收益的现值		62.5	100.5	108.5	62.3	(3.4)
剩余收益的现值合计	330					
项目价值	1 530			价值增加额 = 330		

项目的价值等于其账面价值与预计未来剩余收益的现值之和，而预计未来剩余收益则是根据预计净利润和账面价值来计算得到的。表中计算出的项目价值 1530 美元与我们在第 3 章中使用贴现现金流量分析方法的计算结果是一致的。预计的剩余收益金额反映了该项投资在收回成本以后还能实现的价值增加额：预计剩余收益的现值为 330 美元，与我们在第 3 章中计算得到的项目净现值是相同的。

一项战略往往涉及一系列的持续投资。假定有一项战略需要我们每年重复进行上述规模为 1200 美元（这样假设的目的仅为了简化）的项目投资，表 5-6 是对这项战略的估值结果。其中，每年的收入等于当年全部已投资项目的收入总和，比如：第 1 年的收入 430 美元是由第 0 年投资的项目所带来的；第 2 年的收入 890 美元则是第 0 年投资的项目在第 2 年的收入 460 美元与第 1 年投资的项目在第 2 年创造的收入 430 美元之和⋯⋯依此类推。每个项目在每年的折旧费用同前（均为每个项目每年 216 美元），因此，每年的折旧费用总和就是 216 美元乘以当时已投资的项目个数。从第 5 年开始，在该项战略指导下，每年都同时有 5 个项目在开展运营，因此每年的收入都稳定为 1980 美元，而折旧费用也均为 1080 美元。表中，战略账面价值均等于当时的累计投资净额减去累计折旧额之差。

表 5-6 战略估值

贴现率：12%　　　　　　　　　　　　　　　　　　　　　　　　　　　　（金额单位：美元）

	预计年度						
	0	1	2	3	4	5	6…
剩余收益法							
收入		430	890	1 350	1 730	1 980	1 980…
折旧费用		216	432	648	864	1 080	1 080
战略利润		214	458	702	866	900	900…
账面价值	1 200	2 184	2 952	3 504	3 840	3840	3 840…
账面价值收益率（%）		17.8	21.0	23.8	24.7	23.4	23.4
战略剩余收益（按 12% 计算）		70.0	195.9	347.8	445.5	439.2	439.2…
剩余收益的现值		62.5	156.2	247.5	283.0	249.3	
剩余收益的现值合计	999						
持续价值①						3 660	
持续价值的现值	2 077						
战略价值	4 276		价值增加额 = 3 076				
贴现现金流量法							
现金流入量		430	890	1 350	1 730	2 100	2 100…
投资额	（1 200）	（1 200）	（1 200）	（1 200）	（1 200）	（1 200）	（1 200）…
自由现金流量	（1 200）	（770）	（310）	150	530	900	900…
自由现金流量的现值		（687.5）	（247.2）	106.8	336.7	510.7	
自由现金流量的现值合计	20						
持续价值②						7 500	
持续价值的现值	4 256						
战略价值	4 276		净现值：3 076				

① $CV = 439.2/12\% = \$3660$
② $CV = 900/12\% = \$7500$

从表 5-6 中的计算结果可看出，如果必要报酬率为 12%，那么，该项战略在收回了初始投资额 1200 美元之后，还可以创造 3076 美元的价值增值，且该增值额正好等于战略预计剩余收益的现值。从表中第二部分还可以看出，该价值增加额与使用贴现现金流量分析方法所计算出的战略净现值也是相等的。

一些咨询公司所推销的很多战略规划产品，比如经济利润模型、经济增加值模型、价值驱动模型和股东价值增加值模型等，虽然名称各异，但实际上都是由剩余收益模型变化得到的。为指导战略分析，这些模型都对剩余收益和价值增加额的两大影响因素给予了充分的重视：投资报酬率和投资增长率。它们都引导公司管理层要想办法最大化企业的投资报酬率和在确保投资报酬率大于必要报酬率的前提下，不断增加投资规模。此时，这些价值增值指标会反过来，被用来对管理层的战略执行结果进行评价和激励。

5.7 剩余收益估值模型的特点

阅读材料 5-5 中列出了剩余收益估值模型的优势与不足。请将其与第 4 章中介绍的股利贴现模型和贴现现金流量模型小结进行比较。除其中某几项特点会在本书后续部分进行更详细的介绍以外，下面对其他特点予以介绍。

阅读材料 5-5

剩余收益估值模型的特点

优点

注重价值驱动因素：注重价值的驱动因素——股东权益投资的获利能力；将战略思想引导至这些驱动因素方面。

恰当利用财务报表：使用了已在资产负债表中确认的价值（股东权益的账面价值）；然后在这个价值之上，再通过预计利润表来对价值进行补充。利润表指标能比现金流量表指标更好地计量价值增加值。

采用权责发生制会计思想：利用权责发生制会计在现金实际流入以前就确认价值增值的特点，将当期增加的价值与放弃的价值进行配比，并将投资视为资产，而不是价值的损耗。

预测期：预测期可比贴现现金流量分析所要求的预测期更短，且在一般情况下，近期的价值影响比重会更大。

通用性：可适用于各种会计原则（见本书稍后的解释和第 17 章）。

与人们习惯预测的内容一致：分析师一般对利润进行预测（据此可以计算出预计剩余收益）。

保护性：能避免投资者为增长而支付过高的价格。

降低对主观看法的依赖程度：估值较少依赖于不确定的持续价值计算和对长期增长率的猜想。

不足

会计技术复杂：需要理解权责发生制会计的工作原理（参考第 2 章和第 3 章的介绍）。

会计信息的可信程度：依赖于会计数据，而有些会计数据是可疑的（必须同时进行会计信息质量分析，详见第 18 章中的介绍）。

5.7.1 用账面价值表示价值，用剩余收益表示在账面价值之外的价值增值

剩余收益模型利用了权责发生制会计（通常会）提前确认价值的特点，这样，相对贴现现金流量分析方法，能在预测期内确认更多的价值，较少依赖于不确定程度更高的持续价值的计算。

剩余收益模型首先确认资产负债表中所报告的当前股东权益的账面价值；然后，再确认预计未来剩余收益的价值，而预计未来剩余收益所体现的价值往往早于预计自由现金流量所体现的。例如，从我们刚刚研究过的战略估值例子中就可以看出这一点：当第 1 年和第 2 年的预计未来自由现金流量仍然还是负数时，对应年度的预计剩余收益就已经是正数了。在本章开始介绍的储蓄账户例子中，第 2 种情况更为极端：预计自由现金流量还一直为 0，但此时直接根据当时的账面价值，根本不需要再预测任何数据，就可以利用剩余收益模型对账户进行估值了。将本章所介绍的通用电气公司估值例子，与第 4 章中在预计自由现金流量为负的情况下应用贴现现金流量分析对待该公司进行估值时的无助相比，更是说明了这一点。所以简而言之，剩

余收益估值模型更加符合基本面分析师较少依赖主观估测的信条,尤其是在对持续价值的依赖方面。

5.7.2 避免为由投资规模所推动的利润而支付过高的价格

股票市场常常对企业利润的增长而欣喜若狂,并不断赋予高价;分析师也喜欢支持成长的公司;顺势投资者更是会继续推高成长公司的股价,期望它们能继续增长下去。然而,盈利的增长并不必然伴随着价值的增长,企业通过扩大投资规模,也可以促使盈利增长。如果一旦有投资不能实现高于必要报酬率的回报水平,虽然盈利也在增长,但实际上价值却没有同步增长。因此,增长是需要警惕的:投资者不应当为不增值的盈利增长去买单!

举例来说,一家企业通过不断地并购实现了盈利的巨幅增长。股票市场通常将喜欢并购扩张的企业视为成长型企业,对它们赋予很高的市盈率。但是,如果收购方在并购中支付的是公允价值,那么这项投资可能并没有创造价值增值:虽然并购带来了盈利的增长,但该项投资只是赚得了必要报酬率水平而已。或者还有更糟糕的,并购方在并购中支付了过高的价格——企业帝国建造者常常是这样做的,那么,这项并购对企业整体来说,虽然带来了盈利的增加,却反而损害了企业的价值。

20世纪90年代,很多公司都进入并购狂潮中,一些是出于战略原因,而另一些则仅仅是希望通过并购来获得增长。以泰科国际公司(Tyco International)为例,该公司在1996年的资产总值为84.71亿美元,到2001年,这家公司已经迅速成长为总资产高达1112.87亿美元的大型企业集团,业务范围涵盖电子器件、海底电缆、医用器材、火灾扑救设施、安保系统和流体控制产品等,而且还拥有了自己的财务公司。泰科国际成为资本市场中的明星,股票价格从1996年的每股53美元一路高涨为2001年的每股236美元(调整股票分割影响后)。不过,到2002年,这家公司的大部分市值都蒸发了,股价下跌为每股68美元,并购所创造的价值以及它在报告与并购相关的盈利时所采用的会计方法,都受到了质疑。再看另一家公司,世通公司本是密西西比的一家小企业,通过购入MCI公司等企业,后来成为美国第二大通信公司,它的股票价格曾经一度超过了每股60美元。但是到2002年,由于发生了会计丑闻,股价跌为每股25美分,直至最后宣告破产。泰科国际和世通公司的领导人都属于激进的帝国建造者(且后来都在可疑的情况下宣布了辞职),两家公司都为了并购活动而负债累累,并最终因此而陷入经营困境。然而,通用电气公司也曾经多次实施并购,却显著提升了企业的价值。

剩余收益模型具有内在的"安保机制",能避免投资人为盈利的增长而支付过高的价格:只有当投资报酬率大于必要成本率时,才可能创造价值的增值。请看表5-7,这里的情况与表5-3中的简单例子是一样的,只是该公司在第1年中除了发放9.36百万美元的股利以外,还新发行了50百万美元的股份,所以导致第1年的股利支付净额变为了–40.64百万美元,股东权益在第1年年末的账面价值也变为了153百万美元。对比表5-3和表5-7中的数据,可以发现,由于股东投资的报酬率为10%,所以预计在第2年能在原有利润水平的基础之上,再增加利润5百万美元,且第3~5年的利润也会同样增加,但从表中计算结果可以看出,每年预计的剩余收益水平仍然保持不变。根据表5-7中的数据计算出公司股东权益的价值与表5-3中的计算结果仍然保持不变:

$$V_0^E = \$100 + \frac{\$2.36}{1.10 - 1.03} = \$133.71$$

所以,尽管投资利润增加了,但它并没有创造任何价值增值。

表 5-7　某公司增加权益投资后的预计数据

（金额单位：百万美元）

	0	预测年度				
		1	2	3	4	5
净利润	12.00	12.36	17.73	18.61	19.56	20.57
股利	9.09	（40.64）	9.64	9.93	10.23	10.53
股东权益的账面价值	100.0	153.00	161.09	169.77	179.10	189.14
剩余收益（按必要报酬率为10%计算）		2.36	2.43	2.50	2.58	2.66
剩余收益增长率（%）			3	3	3	3

5.7.3　避免为通过会计手法创造的利润而支付过高的价格

权责发生制可以用来粉饰企业的盈利。比如，通过低报当期的利润，就可以将部分盈利转移确认到将来期间。而不知情的投资者因此预计出了更高的未来盈利，就会错误地高估企业的价值，因为依靠会计手段创造出的利润是不能实现价值增值的。

仍然以表 5-3 中的公司为例，我们在表 5-8 中来说明这个问题。假定在第 0 年年末，公司管理层根据存货的成本与市值孰低原则，计提了 8 百万美元的存货跌价准备。那么相应地，第 0 年的利润和股东权益账面价值都应当减少 8 百万美元。而（资产负债表中报告的）存货对应着未来的销售成本，如果这些计提了减值的存货在第 1 年被出售了，那么，第 1 年的销货成本就会比原来减少 8 百万美元，假定在收入不变的情况下，显然，第 1 年的利润就会比原来高出 8 百万美元。现在，第 1 年的预计利润变为了 20.36 百万美元，与表 5-3 中第 1 年的利润预计数 12.36 百万美元比较，可以发现，未来的盈利增加了。如果分析师因为这种情况而调增了预计的未来盈利，我们需要认识到，投资者是不应当为这种盈利去买单的。

表 5-8　计提存货减值准备后的某公司预计数据

（金额单位：百万美元）

	0	预测年度				
		1	2	3	4	5
净利润	4.00	20.36	12.73	13.11	13.51	13.91
股利	9.09	9.36	9.64	9.93	10.23	10.53
股东权益的账面价值	92.0	103.00	106.09	109.27	112.55	115.93
剩余收益（按必要报酬率为10%计算）		11.16	2.43	2.50	2.58	2.66
剩余收益增长率（%）				3	3	3

现在，第 1 年的剩余收益变为了 $20.36-(10\%\times 92.00)=\$11.16$（百万美元），但今后年度的数据则不受影响（仍然按 3% 的比率增长）。公司股东权益的估值为：

$$V_0^E = \$92 + \frac{\$11.16}{1.10} + \left(\frac{2.43}{1.10-1.03}\middle/1.10\right) = \$133.71$$

估值的结果仍然与表 5-3 中的计算结果相同。此时，虽然公司利用会计手法创造了利润，但并没有带来任何价值增值，剩余收益估值模型能保护我们，避免为人为创造的利润去买单。你认为这种内在的保护机制如何呢？由于我们只能通过减少当前的账面价值去实现未来的盈利——这是会计工作的机理，所以当把降低的账面价值（比如，只列报 92 百万美元而不是 100 百万美元）和增加的未来盈利放到一起去时，我们就受到了保护：高报的盈利会自然地被低报的账面价值所抵消。

计提存货跌价准备仅仅只是一种将利润转移到将来的方法，除此之外，还有固定资产的减值与注销（从而降低未来的折旧费用）、企业重组支出和递延收入的确认等。在将来介绍相关会计问题时，我们会对此进行更多的讨论。

5.7.4 抓住了资产负债表外的价值：不受会计核算方法的影响

剩余收益估值模型对会计师没有确认到资产负债表中的价值进行了修正。在第2章中，我们介绍了会计对资产和负债的计量方法，受这些会计规则的影响，财务报表中报告的账面价值往往低于其真实价值，但剩余收益估值模型通过预计这些账面价值可能带来的预计盈利来计算价值溢价，从而补充了不完美资产负债表的缺陷。

相应地，剩余收益估值模型可以适用于采用各种会计方法所编制的资产负债表。比如，根据美国公认会计原则，对于企业发生的研发支出，需要立即费用化处理，而不能作为一项投资确认为资产负债表中的资产（但根据国际财务报告准则，企业可以将"开发"阶段的支出确认在资产负债表上，但"研究"阶段的支出则必须费用化处理）。此外，通过广告和促销支出而进行的品牌投资也必须费用化处理，因此，在资产负债表中是不会报告品牌资产的价值的。但是我们看到，虽然耐克公司在资产负债表中"遗漏"了大量此类"无形资产"的价值（公司的市净率高达3.7），但在"情景3"中，我们照样对该公司进行了估值。没有在资产负债表中报告研发项目或者品牌资产，那么后续年份也就没有相应的摊销费用，所以未来的盈利就会更高。最后，在剩余收益估值模型中体现出来的就是，虽然当前的账面价值低了，但预计将来的剩余收益更高了，正好弥补了当前被会计所低估的账面价值部分，使最终的估值在正确的水平上。从表5-4中可以看出，耐克公司在2011年的预计剩余收益水平为每股2.477美元，普通股权益报酬率也相对较高，为21.3%，显示出公司具有较强的盈利能力。这从另一方面也说明了由于能够为公司带来盈利的品牌资产等一些无形资产没有被确认在当前的资产负债表上，致使当前的股东权益账面价值被低估，而未来的一部分盈利正是来自当前被低估的账面价值。这表明：在其他条件相同的情况下，如果不将某些资产报告在资产负债表上，那么市净率就会更高，而高水平的市净率意味着预计的剩余收益水平会更高。

建立在会计数据基础上的估值方法常常会遭到质疑，所以，一些贴现现金流量分析的拥护者会声称只有现金流量才是"真实"的，不会受到会计核算方法的影响。然而，你应当看出，这里的讨论和表5-8中的数据都说明，剩余收益估值方法能对会计核算结果进行自动调整，所以可以适用于采用各种会计方法而编制的财务报表。这也从另一个方面说明，企业价值取决于它自身的经济状况，而不是由它所采用的会计方法来决定的。当然这里也有一些微妙的地方（企业选用的会计方法可能会影响到预测期的长短），我们将在后续章节中再来讨论这些问题。

5.7.5 剩余收益不受股利、股份发行和股票回购等事件的影响

在第3章中已经说明，如果股票市场是有效的，那么企业发放股利、发行股份和进行股票回购等，在一般情况下是不创造价值的。然而，剩余收益是以账面价值为基础计算得到的，这些发生在企业与股东之间的交易总是影响股东权益的账面价值。那么，剩余收益（以及由此而进行的权益估值）会受到预计股利、预期的股份发行和股份回购计划的影响吗？答案是不会。这一类交易会同时影响到剩余收益估值公式中的收益与账面价值，并最终对剩余收益不造成影响。在本书配套网站补充资料中，你可看到相关的演示说明。

5.7.6 剩余收益估值模型的不足

剩余收益模型认为，企业通过利用股东的投资来销售商品或提供服务，从客户那里赚取利润来创造价值。但我们已经发现，如果企业原有股东能按比其股权公允价值更高的价格发行并出售新的股权，也是可以为企业带来价值的。这种情况可以发生在市场无效或者管理层（代表股东的利益行事）拥有比股票投资者更多的企业价值信息优势时。此外，一部分股东也可以通过股票回购来实现收益：如果能以低于其股份公允价值的价格回购股票，那么，出售股票的股东就会损失部分价值，而未出售股票的股东则可以得到这部分价值。简言之，如果股东买卖股票的价格不公允，也会有价值的改变出现。

在剩余收益估值模型的计算中，预期的股票发行或者回购如果是按公允价值进行的，就不会引起价值改变。但是，如果股票发行或者回购的价格不等于股份的公允价值，那么情况就不会是这样了。因此，剩余收益估值模型无法反映出现有股东的损益。如果一家企业通过发行股份去收购另一家企业，而这些股份的价值是被高估了的，就会出现这样的情况。在第16章中，当我们全方位地应用该模型时，再来讨论如何克服这个缺陷。

本章小结

本章介绍了一个基于权责发生制会计信息的估值模型，可应用于对股票、项目和战略进行定价。该模型利用资产负债表中的信息，并通过预计企业未来的利润和账面价值来弥补企业股东权益的内在价值与资产负债表价值之差。

在这个模型中，最关键的概念是剩余收益。所谓剩余收益，是综合收益与按股东权益的账面价值计算的必要报酬之差，本章介绍了剩余收益的若干特点。剩余收益将投资视为账面价值的一部分，因此如果一项投资的报酬率刚好等于权益的必要报酬率，是无法产生剩余收益的，对我们希望计算的权益价值也无影响。剩余收益不受股利支付的影响，如果按公允价值发行新的股份或者进行回购，也不会影响剩余收益。因此，使用剩余收益估值模型不受企业与股东之间所发生的这类交易的影响。剩余收益是利用权责发生制会计数据计算得到的，比现金流量更能反映价值增值情况。剩余收益估值模型不受各种会计核算方法的约束，并能为投资者提供保护，避免让投资者去为单纯由投资所推动的利润增长和通过会计方法所创造出的利润买单。

综上所述，剩余收益估值模型为我们提供了一种思考商业经营与经营中的价值创造的途径。它告诉我们，要为一家企业进行估值定价，需要预计企业投资的获利水平和增长情况，因为正是这两个因素在驱动着剩余收益的变化。它让企业管理层认识到，只有增加剩余收益才能使企业的价值增加，而要增加剩余收益，就必须提高普通股权益报酬率 ROCE 和不断增大投资规模。此外，剩余收益估值模型还能帮助分析师更好地理解商业运行，并相应地建立他们自己的估值理论。

关键概念

预测期末的溢价水平（horizon premium）：指在预测期末，企业的价值与预计账面价值之间的差额。

正常的市净率水平（normal price-to-book ratio）：即当股票价格正好等于股份的账面价值时的市净率水平，即 1.0。

剩余收益（residual earnings）：指综合收益减去按股东权益的账面价值计算的必要报酬之后的

剩余，也称为**剩余盈利**（residual income）、**超常收益**（abnormal earnings）或者**超额利润**（excess profit）。

剩余收益动因（residual earnings driver）：指剩余收益的影响因素，最主要的两大因素为普通股权益报酬率 ROCE 和股东权益账面价值增长率。

剩余收益模型（residual earnings model）：一种通过预计未来剩余收益来计量账面价值的价值增值额的模型。

在稳定状态下的情况（steady-state condition）：指在计算持续价值时，预计未来金额的一种持续状况。

分析师工具箱

分析工具	重要指标	应记住的缩写/简称
剩余收益估值模型	持续价值 CV	AMEX：美国证券交易所
情景 1	情景 1	BPS：每股账面价值
情景 2	情景 2	CAPM：资本资产定价模型
情景 3	情景 3	CV：持续价值
将分析师的预计值转换为估值	账面价值增长率	DPS：每股股利
用于项目估值的剩余收益模型	市净率（P/B）	EPS：每股收益
用于战略估值的剩余收益模型	普通股权益报酬率	GDP：国内生产总值
价值-价格比率	剩余收益 RE	NYSE：纽约证券交易所
	价值-价格比率	P/B：市净率
		RE：剩余收益
		ROCE：普通股权益报酬率

连贯案例：金佰利公司

自主练习

将分析师的预测结果转换为估值

在第 1 章的表 1-1 中，给出了分析师在 2011 年 3 月对金佰利公司的一致预测值，当时该公司的股票价格为每股 65.24 美元。这些估值包括对金佰利公司 2011 年和 2012 年的盈利预测数据和该公司在未来 5 年内的增长率。请找到表中的这些预测数据，并假定 2011 年的股利水平为每股 2.80 美元。再找到第 2 章表 2-2 中所披露金佰利公司的股东权益账面价值，然后根据上述信息计算金佰利公司在 2011 年 3 月的市净率（P/B）是多少？

利用分析人员对未来 5 年的增长率预测，请计算出分析人员对金佰利公司在 2013～2015 年的每股收益（EPS）预测值。然后，根据这些预测值，再计算出预计每一年的普通股权益报酬率（ROCE）和剩余收益。在计算过程中，你可能会需要用到金佰利公司在 2010 年年末的每股账面价值，你可以参考第 2 章中金佰利公司案例的资产负债表数据，计算出这个指标。在计算剩余收益时，请假定股东权益的必要报酬率为 8%。

现在，请根据上述预测数据对金佰利公司的股票进行估值。假定该公司在未来 5 年以后的剩余收益长期增长率为 4%，与 GDP 平均增长率水平大致相当。请问，该公司内在的市净率水平为多少？根据你的计算结果，该公司的价值-价格比率为多少？在完成此项案例任务时，你还做了哪些保留？

使用电子表格工具

当你使用本书时，你会发现很多分析都可以利用电子表格程序来完成。本书配套网站上的"搭建你自己的分析工具"BYOAP 将向你介绍如果进行具体的相关操作，但你可能需要等到完成第 8 章的学习之后才能对此有更深入的了解。截至目前，你可以像本章所介绍的那样，先搭建自己的估值模块，或者直接利用本章网页补充资料中的电子表格模型进行估值。你只需要在电子表格中输入你对未来的预测值并指定增长率和必要报酬率水平，就可以通过电子表格的自动计算，得到估值结果。通过改变每股收益、增长率和必要报酬率的水平，你还可以看到估值结果对这些变量的敏感性程度有多高。

思考题

C5.1. 假定有信息显示某家公司在将来所有年度中的普通股权益报酬率都大于其权益资本成本率，但这家公司的股票交易价格却还是低于其每股账面价值。那么这说明该公司的股份没有被正确定价。请问这种说法是正确的吗？

C5.2. 捷方公司（Jetform Corporation）的股票在 1999 年 5 月左右的市净率为 1.01，当时它最新披露的普通股权益报酬率 ROCE 为 10.1%，股东权益的必要报酬率为 10%。请问，你预计该公司在下一财务年度中的 ROCE 水平会怎样？

C5.3. 百林通信软件公司（Telesoft Corporation）的股票在 1999 年 5 月的市净率水平为 0.98，当时它刚刚披露的普通股权益报酬率 ROCE 为 52.2%。请问，根据上述信息，你判断股票市场认为该公司的 ROCE 是正常的，还是异常高或者异常低呢？

C5.4. 有一只股票目前的市净率为 0.7，据一位分析师的预计，该股票在今后每年的普通股权益报酬率 ROCE 都能保持在 12% 的水平，而股东权益的必要报酬率为 10%。根据上述信息，这位分析师给出了"持有"该股票的投资建议。请问，他给出的投资建议与他的预计相符合吗？

C5.5. 如果一家企业的普通股权益报酬率 ROCE 总是低于权益资本的必要报酬率，那么这家企业是不可能持续经营下去的。你同意这种说法吗？

C5.6. 请看本章中对于通用电气公司进行估值的"情景 2"部分。请问，为什么在 2000～2004 年，当普通股权益报酬率 ROCE 一直下降时，该公司的剩余收益还能保持大致稳定不变？

C5.7. 一位拥护贴现现金流量分析方法的人说："剩余收益估值模型不适用于对那些拥有巨额品牌资产、研发投入和专有技术资产的公司进行估值，像可口可乐公司、思科系统公司和耐克公司等，因为这些资产都不能确认在公司的账面价值之中。低估账面价值势必会导致估值结果也过低。"请问这种说法正确吗？

C5.8. 分析师所预计的未来盈利水平必须是综合收益水平。为什么？

C5.9. 请对下面这种说法进行评价："ABC 公司目前的自由现金流量是负数，且在可预见到的将来也不会出现改观。因此，那些愿意以比账面价值更高的价格购买该公司股票的人真该好好再想一想哦！"

练习题

基本练习

E5.1. 预测普通股权益报酬率和剩余收益（简单）

假定现在是 2012 年年末，下面是一家企业的未来盈利和股利预测数据，这家企业目前的普通股每股账面价值为 20.00 美元，股权资本的必要报酬率为每年 10%。

	2013 年	2014 年	2015 年
每股收益 EPS	3.00	3.60	4.10
每股股利 DPS	0.25	0.25	0.30

要求：

a. 预计这家企业在 2013～2015 年每一年的普通股权益报酬率 ROCE 和剩余收益 RE 各为多少？

b. 根据你的预测数据，你认为这家企业的价值是高于其账面价值还是低于其账面价值？为什么？

E5.2. 普通股权益报酬率 ROCE 与估值（简单）

以下是在 2010 年年末对一家企业未来的普通股权益报酬率 ROCE 预测值。

	2011 年	2012 年	2013 年
普通股权益报酬率 ROCE	12.0%	12.0%	12.0%

预计在 2013 年后，每年的普通股权益报酬率 ROCE 也将维持同样的水平。这家企业在 2010 年年末的普通股权益账面价值为 32 亿美元，流通在外的股份数量为 5 亿股。如果普通股所要求的必要报酬率为 12%，该企业所发行股份的每股价值为多少？

E5.3. 利用剩余收益估值（简单）

一位分析人员向你提供了下列预计数据（单位：百万美元），均为她对一家企业在 2013～2017 年的盈利和股利的预测情况。她希望你能够根据这些资料，对这家企业在 2012 年年末流通在外的 13.8 亿股股份进行估值，已知该企业在当时的普通股权益账面价值为 4310 百万美元。请假定权益资本的必要报酬率为 10%，然后进行相关的计算。

	盈利	股利
2013 年 E	388.0	115.0
2014 年 E	570.0	160.0
2015 年 E	599.0	349.0
2016 年 E	629.0	367.0
2017 年 E	660.4	385.4

要求：

a. 利用上述数据，预计该企业在 2013～2017 年的账面价值、普通股权益报酬率 ROCE 和剩余收益。

b. 预计该企业在 2014～2017 年的账面价值增长率和剩余收益增长率。

c. 根据上述预测信息，计算该企业的每股价值。你认为此处适用"情景1""情景2"还是"情景3"估值？

d. 根据你的计算，这家企业的股票价值溢价应该是多少？内在市净率（P/B）水平是多少呢？

E5.4. 剩余收益估值与目标价格（中等）

下面是在 2012 年年末对一家企业的未来每股收益和每股股利预计数据，这家企业在当时的账面价值为每股 22.00 美元。

	每股收益 EPS	每股股利 DPS
2013 年 E	3.90	1.00
2014 年 E	3.70	1.00
2015 年 E	3.31	1.00
2016 年 E	3.59	1.00
2017 年 E	3.90	1.00

这家企业的权益资金成本率为每年 12%。

要求：

a. 计算这家企业在 2013～2017 年每年的剩余收益。

b. 根据剩余收益估值模型，这家企业在 2012 年年末的每股权益价值应当为多少？

c. 这家企业在 2017 年年末的预计每股价值为多少？

d. 这家企业在 2017 年的预计溢价水平有多高？

E5.5. 剩余收益估值与普通股权益报酬率（中等）

一家企业的每股账面价值为 15.60 美元，预计它在将来每年的股利支付率都将为 100%，普通股权益报酬率预计也将一直保持在 15% 的水平上。假定这家企业的权益资本成本率为 10%，要求：

a. 计算这家企业的内在市净率水平应当为多少？

b. 假定这家企业宣布将在未来把股利支付率削减为 50%，请问，这对你的市净率计算将有何影响？

E5.6. 利用会计技术来计量项目的价值增加额（中等）

一家企业宣布它将投资 1.5 亿美元到某个项目中，预计该项目在未来 5 年内每年能实现

15%的投资报酬率（按每期期初的账面价值计算）。这类投资项目的必要报酬率一般为12%，该企业按直线法对投资项目计算折旧。要求：

a. 计算该企业从投资项目中能够实现的价值增加额是多少？

b. 预计该项目每年的自由现金流量，该项目现金流量的净现值为多少？

E5.7. 利用会计技术来计量持续经营的价值增加额（中等）

一家新开业的公司宣布它将每年完成1.5亿美元的项目投资，这些项目的投资回报率均为15%（按每期期初的账面价值进行计算），寿命均为5年，项目投资的必要报酬率为12%。假定这家公司对全部投资项目都按直线法计算折旧，要求：

a. 在此项投资战略的指导下，这家公司的价值是多少？你认为这里的估值是属于"情景1""情景2"还是"情景3"？

b. 此项投资战略在初始投资额1.5亿美元之后能实现的价值增加额是多少？

c. 为什么价值增加额大于初始投资额1.5亿美元的15%？

E5.8. 粉饰盈利与为被粉饰的盈利进行估值（中等）

在本章开始的"估值原理"部分，提到了一个单期项目投资的例子，这个项目是按其历史成本400美元记录在账簿中的。现在，假定会计师在期初时便将此项投资的价值减记为360美元，例如，假定此项投资由360美元的设备（记录在资产负债表中）投资和40美元的广告投入（根据美国公认会计原则，不能记录在资产负债表中）所构成。预计该项目在期末能实现收入440美元，项目投资的必要报酬率为10%。要求：

a. 预计该项目当年能实现的利润是多少？

b. 预计该投资项目按账面价值计算的投资报酬率是多少？剩余收益是多少？

c. 该投资项目的价值为多少？

应用分析

E5.9. 剩余收益估值：黑山公司（简单）

黑山公司（Black Hills Corporation）是一家多元化投资的能源企业，属于公用事业类的公众持股公司。下面是该公司在2000～2004年的每股收益和每股股利预测信息。

	每股收益 EPS	每股股利 DPS	每股账面价值 BPS
1999年			9.96
2000年	2.39	1.06	
2001年	3.45	1.12	
2002年	2.28	1.16	
2003年	2.00	1.22	
2004年	1.71	1.24	

假定上面这些信息是在1999年年末交给你的预测数据，如表中所示，当时黑山公司的每股账面价值为9.96美元。假定该公司的权益资本必要报酬率为11%，请完成下列要求：

a. 计算黑山公司在2000～2004年的预计剩余收益和普通股权益报酬率ROCE。

b. 假定黑山公司在2004年以后的ROCE将一直保持与2004年同样的水平，请估算该公司在1999年年末的每股价值是多少？你认为此处适用"情景1""情景2"还是"情景3"估值方法呢？

c. 根据你的分析，黑山公司的股票在2004年年末的目标价格应当是多少？

E5.10. 为戴尔公司估值（简单）

戴尔公司是一家计算机制造商，它的股票在2008年9月的交易价格为每股20.50美元。在当时的最新年度报告中，戴尔公司报告它的权益账面价值为37.35亿美元，流通在外的股份数量为20.6亿股。根据分析师的预测，戴尔公司在2009年和2010年能分别实现每股收益1.47美元和1.77美元，并且不支付任何股利。请根据上述分析师的预测数据，再假定戴尔公司在2010年后的剩余收益增长率将等于预计的GDP年增长率4%，估算戴尔公司的股票在2008年9月时的价值。假定戴尔公司股东权益的必要报酬率为10%。

E5.11. 估值：通用电气公司（中等）

通用电气公司在2004年10月31日的资产负债表中报告它的每股账面价值为10.47美元。一位分析师在2005年年初预计该公司在

2005 年和 2006 年的每股收益将分别为 1.71 美元和 1.96 美元。该公司的股东权益资本成本率为 10%。2005 年的股利支付率预计为 50%。假定该公司在 2006 年以后的剩余收益将按 GDP 的平均增长率 4% 长期增长，请计算通用电气公司的股票在 2005 年年初的价值应当为多少？

E5.12. 估算股利或权益报酬率：通用汽车公司（简单）

通用汽车公司的股票在 2005 年 4 月的交易价格为每股 28 美元，而该公司在当时的每股账面价值是 49 美元。根据分析师当时的预计，该公司在截至 2005 年 12 月的这个财务年度中，将实现每股收益 0.69 美元。通用汽车公司在当时支付的年度股利为每股 2.00 美元。要求：

a. 根据上述信息，计算通用电气公司在 2005 年能实现的预计市净率（P/B）和普通股权益报酬率 ROCE。

b. 根据预计的 ROCE 水平，该公司的市净率合理吗？

c. 一位分析师认为，由于通用汽车公司的股利报酬率这么诱人，所以建议买入该公司的股票（股利报酬率 = 股利 / 价格）。"超过 7% 的股利报酬率，实在是不应该错过！"这位分析师说。请问，你认为对于这家公司，我们是更应当关注普通股权益报酬率 ROCE 还是股利报酬率呢？

E5.13. 将分析师的预测转换为估值：耐克公司（中等）

耐克公司在 2008 财务年度末报告它的每股账面价值为 15.93 美元，根据分析师的预测，该公司在 2009 年和 2010 年将分别实现每股收益 2.90 美元和 4.45 美元，并且预计未来 5 年内，每股收益的增长率将高达 13%。请根据这些预测信息，编制一份 5 年期的预计表格，将这些分析师的预测数据转换为估值。计算过程中，请假定耐克公司在 2013 年后的剩余收益将以 4% 的比率一直增长下去，这个速度与 GDP 的平均增长水平相当；假定股东权益的必要报酬率为 10%。可参考本章表 5-4 中的信息和做法。

耐克公司的股票在当时的交易价格为每股 60 美元。根据你的计算结果，你认为这些股票的定价合理吗？请你分析一下，股票市场对耐克公司的长期增长率预计是多少？

E5.14. 剩余收益估值与会计方法（困难）

请回看练习题 E5.3 中的资料。假定某位分析人员预计某家企业在 2013 年能够实现盈利总额 3.88 亿美元，而这家企业在 2012 年年末的账面价值为 43.1 亿美元，按此计算，这家企业的预计股东权益报酬率为 9%。上述预测是在 2012 年年末根据这家企业的财务预报做出的。

不过，等这家企业真正公布它的 2012 年度报告时，这位分析人员发现，这家企业将它在 2012 年年末的存货价值调减了 1.14 亿美元（根据成本与市价孰低原则）。分析人员认为，这些被计提了减值的存货是可以在 2013 年售出的（因此，减值使当年的销货成本受到影响），于是，这位分析人员修正了她对这家企业的盈利预测数据。在回答下列问题 a 和问题 b 时，可以不考虑所得税的影响。

a. 假定这家企业的销售收入没有任何变化，由于计提存货减值的影响，将使这家企业 2013 年的预计盈利总额变为多少？修正后的 2013 年普通股权益报酬率 ROCE 是多少呢？

b. 请证明，对 2013 年盈利预测的修正将不会影响到这家企业的权益估值。

c. 现在，假定这家企业的所得税率为 35%，请问，你对上述 a 和 b 问题的回答会有所改变吗？

E5.15. 商誉的减值（困难）

一家企业在 2010 年年末进行了一场并购活动，并由此在资产负债表中确认了并购成本 4.28 亿美元，包括有形资产 3.49 亿美元和商誉 7 900 万美元。这家企业对并购类项目使用必要报酬率 10% 作为贴现率，并且在此次并购中，企业的出价是公允的。要求：

a. 预计此次并购能为 2011 年带来的剩余收益是多少？

b. 到 2011 年年末，由于折旧的影响，并购所带来的有形资产账面价值变为 3.01 亿美元。企业管理层认为，此次并购活动在今后能带来的收益为 2011 年权益账面价值的 9%。请问，根据美国公认会计原则和国际会计准则理事会的相关减值要求，此时，应当对商誉项目计提多少的减值？

迷你案例

M5.1 价值增加额的增长？泰科国际有限责任公司和花旗集团

教材中经常提到"投资机会"可以创造价值，但这种说法比较模糊，甚至有点危险：投资真的能创造价值吗？投资者经常说要购买盈利增长的企业，其实这种说法也是很危险的：盈利的增长都能创造价值吗？在本章中，我们介绍了剩余收益的概念，这个概念可以用来计量价值的增加额。下面是泰科国际有限责任公司和花旗集团在它们各自增长时期的数据，这两家企业中，前者是一家国际化的大型综合企业，而后者是一家大型中心银行。请分析这些数据然后再回答：这两家公司创造价值了吗？

泰科国际有限责任公司

泰科国际有限责任公司是全球领先的供应商，产品涉及安防产品和服务、火灾防护产品、阀门和管件以及其他工业制品等。这家公司在20世纪90年代进行了一系列的并购活动，增长十分迅速。泰科国际公司的股东权益（净资产）账面价值从1996年的31亿美元增长为2001年的317亿美元，主要就是受并购活动的影响；与此同时，公司报告的每股收益也从1996年的每股0.08美元增长为2001年的每股7.68美元。以下是该公司自1997年起的部分数据。很明显，市场也因这家公司的迅速发展而受到了震撼，对它的增长给予的回报是：公司股票从1996年的每股53美元迅速上升为2001年年末的每股236美元（该价格调整了后来的股票分割事件影响）。

泰科国际有限责任公司在1997～2005年的盈利、账面价值和股票价格情况

	1997年	1998年	1999年	2000年	2001年	2002年	2003年	2004年	2005年
盈利（亿美元）	（3.9）	11.7	10.2	27.6①	34.6	（91.8）	9.8	28.8	30
每股收益 EPS	（0.96）	2.96	2.48	6.54①	7.68	（18.48）	1.96	5.76	6.04
权益账面价值（亿美元）	34.3	99.0	123.7	170.3	317.3	241.6	264.8	304.0	326.0
每股市价（美元）	90	151	156	222	236	68	106	143	115
市净率 P/B	4.8	6.2	6.1	5.6	3.4	1.4	2.0	2.3	1.8
历史市盈率 P/E	—	53	74	34	31	—	54	24	19
负债净额（亿美元）	27	45	89	103	204	186	174	128	99

① 不含资产处置利得；如果将资产处置利得计算在内，则盈利应为45.2亿美元。括号中的数字表示负数。每股数据均已调整了后来的股票分割影响。

泰科国际有限责任公司被市场定义为成长型的企业，那么，它的增长是值得购买的吗？请使用10%作为资本成本率，计算并回答这个问题。

花旗集团

1998年，旅行家集团（Travelers Group）的桑福德·威尔先生突然萌发了创办"金融超市"的想法：通过将旅行家集团（保险业）、花旗集团（银行业）和所罗门美邦公司（经纪、财富管理与投资银行）全部合并为花旗集团，提供一站式的银行、投资和保险服务。这个想法的结果怎样呢？下面的表格是合并后的企业集团在1996～2008年的一些数据，集团的股票价格从每股15美元上升到了2006年的每股56美元，而每股收益则从1.50美元增长为了每股4.39美元。这场超级并购创造价值了吗？请仍然假定资本成本率为10%，通过计算分析来回答这个问题。

花旗集团在 1996～2008 年的盈利、账面价值和股票价格情况

	1996 年	1998 年	2000 年	2002 年	2004 年	2006 年	2008 年
盈利（亿美元）	76	70	135	153	170	215	（277）
每股收益 EPS	1.50	1.35	2.69	2.99	3.32	4.39	（5.59）
权益账面价值（亿美元）	405	488	645	853	1082	1198	710
每股市价（美元）	15.13	24.85	51.06	35.19	48.18	55.70	6.71
市净率 P/B	1.3	1.7	4.0	2.1	2.3	2.3	0.5

增长与风险

基本面投资者认为增长是有风险的。因此，在对增长进行估值时，要尤其小心不要出价过高。从上面这些数据中，你能看出增长是有风险的吗？从泰科公司的数据中，你还能看出负债也是有风险的吗？

M5.2 分析师的预测与估值：百事公司与可口可乐公司 |

百事公司（股票代码为 PEP）是一家全球食品、快餐与饮料供应商，它在全球超过 200 个国家和地区开展经营，涉及品牌包括桂格燕麦（Quaker Oats）、纯果乐（Tropicana）、佳得乐（Gatorade）、乐氏（Lay's）等，当然，其中还包括百事（Pepsi）品牌。百事公司所生产的产品包括燕麦、大米和谷粒制品、碳酸饮料和非碳酸饮料等。它的几个最大经营分部分别位于北美、墨西哥、俄罗斯和英国。

2011 年 4 月，百事公司的股票价格为每股 67.00 美元，它在 2010 财务年度末的股东权益账面价值为 212.73 亿美元，流通在外股份数量为 15.81 亿股。根据分析师的预测，该公司在截至 2011 年 12 月 31 日和 2012 年 12 月 31 日的财务年度中，将分别实现每股收益 4.48 美元和 4.87 美元。百事公司计划在 2011 年发放每股股利 1.92 美元。市场对百事公司权益投资所要求的报酬率为 9%。

可口可乐公司（股票代码为 KO）也在全球超过 200 多个国家和地区展开经营，并且在碳酸饮料和非碳酸饮料领域同百事公司展开了激烈的市场竞争。可口可乐公司所拥有的市场品牌包括可口可乐（Coke）、健怡可乐（Diet Coke）、芬达（Fanta）和雪碧（Sprite）。

2011 年 4 月，可口可乐公司的股票价格也为每股 67.00 美元，截至 2010 年年末，它的股东权益账面价值为 310.03 亿美元，流通在外的股份数量为 22.92 亿股。根据分析师的预测，可口可乐公司在截至 2011 年 12 月 31 日和 2012 年 12 月 31 日的财务年度中，能分别实现每股收益 3.87 美元和 4.20 美元。该公司在 2011 年拟发放的股利为每股 1.88 美元。股东权益的必要报酬率水平与百事公司的相同。

要求：

a. 对上述两家公司，分别根据分析师的预测数据计算它们在 2011 年的预计普通股权益报酬率 ROCE 和 2012 年的预计剩余收益增长率。

b. 假定上述两家公司在 2012 年的预计剩余收益增长率会一直持续下去，请为这两家公司进行权益估值。

c. 现在，假定上述两家公司在 2012 年以后的剩余收益增长率将与 GDP 的增长水平持平，为每年 4%，请为这两家公司进行权益估值。

d. 为什么你会预计长期增长率低于 2012 年的剩余收益增长水平？

e. 根据分析师的预测数据和市场对这两家公司的股票定价——每股 67 美元，意味着市场认为这两家公司的长期增长率是高于还是低于 4%？

f. 为什么这两家公司的股票定价和它们的市净率这么高？为什么这两家公司能有这么高水平的普通股权益报酬率 ROCE？

g. 如果按每股 67 美元的价格购买这两家公司的股票，你觉得可以接受吗？

M5.3 金佰利公司：买入它的股票吗

2008年4月21日的《巴伦周刊》(Barron's)上刊载了一篇文章说："作为全球最大的浴室纸巾和婴儿尿片生产商，金佰利-克拉克公司对臀部（也指底部）的了解是十分清楚的。尽管它所拥有的舒洁品牌现在已经几乎成了纸巾的同义语了，但最近这家令人尊敬的家居用品生产公司却好像正在经历另一种底部。"

金佰利公司的股票价格在当时的报价为每股63.20美元，从最高的72.79美元开始下滑，几乎已接近最近52周的最低价水平。公司的历史市盈率为15，从历史水平来看，也属于最低值。"这是购买这家公司的股权最便宜的时候了！"一位投资组合经理这样说。2007年，金佰利公司的销售收入增长率为9%，而前期的同比增长率只有5%。在没有将产品提价的前提下，该公司不仅消化了原材料价格的上涨，还使营业利润增长了24.5%。分析师预测公司能在2008年和2009年将上涨的成本转移给消费者，这必将进一步加速盈利的增长。金佰利公司在2005年启动了《主动改善竞争》和《战略成本削减》计划，旨在使公司的营销、制造和管理环节更加合理化，很明显，这两项计划的成果是显著的。与此同时，公司的研发投入使它开发出了诸如安睡护理包（GoodNites Sleep boxers）和安睡训练短裤（Sleepshorts）等新产品。

《巴伦周刊》上的文章最后说，"金佰利公司的股票就像舒洁的纸巾一样：每位投资者都应当卷一点放进口袋里才对"。你是否同意文章中的结论和看法？

当时，金佰利公司披露它在2007年度的每股收益为4.13美元，分析师对该公司在截至2008年12月31日和2009年12月31日的财务年度能实现的每股收益预测值分别为每股4.54美元和每股4.96美元。截至2007年年末，根据金佰利公司的报告，它的股东权益账面价值为52.24亿美元，流通在外的股份数量为4.209亿股。专门提供财务信息和共同基金排名的晨星公司，预计金佰利公司在2008年会支付的股利水平将为每股2.32美元。

要求：

a. 按金佰利公司当前的股票价格，计算该公司的远期市盈率P/E和市净率P/B。

b. 利用分析师的预测数据，并假定金佰利公司在2009年以后的剩余收益将按GDP增长率4%持续增长，股东权益的必要报酬率为9%，请估算金佰利公司的股票价值应当为多少？

c. 假定金佰利在2009年将维持和2008年一样的股利支付率，根据你的计算，请问，预计金佰利公司在2009年年末的目标价格将为多少？

d. 无论经济周期的好坏，消费者都需要使用纸巾、卷筒纸和尿不湿产品，因此，金佰利公司的权益贝塔系数相对比较低，只有0.6。因此，使用9%作为权益资本必要报酬率可能会高了一些。如果市场整体的权益风险溢酬水平为5%，无风险利率为5%，那么，根据资本资产定价模型，在贝塔系数为0.6的情况下，该公司的必要报酬率应当为8%。所以，如果使用8%作为权益资本必要报酬率，你对金佰利公司的股票估值将变为多少呢？同时，也请你试试，如果将权益资本的必要报酬率调整为10%，你的估值敏感性将会如何呢？

e. 由于市场对金佰利公司的股票定价为每股63.20美元，请问，这个价格中所隐含的对金佰利公司在2009年以后的剩余收益增长率预期为多少？请使用9%作为权益资本的必要报酬率。预计该公司在2010年的每股收益增长率会是多少？

f. 你同意《巴伦周刊》上这篇文章的结论吗？对于你的计算结果，你觉得哪一部分是最没有把握的？

第 6 章 权责发生制与估值：收益定价

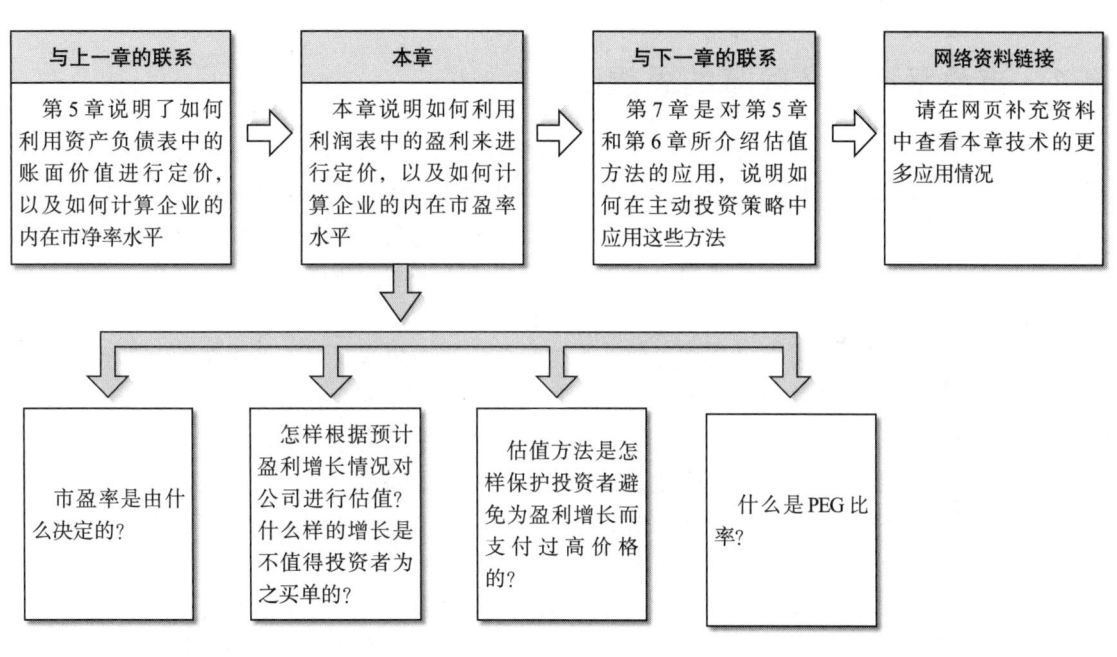

分析师备忘录

学习目标

学习完本章内容后，你应当理解：

- 市盈率（P/E）的含义；
- 什么是"超常收益增长"；
- 预计超常收益增长对内在市盈率水平的影响；
- 正常市盈率水平的含义；
- 除息盈利增长与含息收益增长的区别；
- 超常收益增长估值中，情景1与情景2的区别；
- 为什么说超常收益增长估值模型和剩余收益估值模型都较少依赖于主观性比较强的长期持续价值的计算；
- 超常收益增长模型的优势与不足，以及该模型与剩余收益估值模型之间的异同；
- 超常收益增长模型是如何保护投资者，避免为企业的盈利增长而支付过高价格的。

学习能力

完成本章的学习任务后，你应当能够：

- 计算含息的收益；
- 计算超常收益增长率；
- 根据预计的盈利和股利信息，计算股东权益的价值；
- 计算预计市盈率内在水平与历史市盈率；
- 计算超常收益增长模型中的持续价值；
- 将分析师对每股收益的预计值转换为权益估值；
- 评价 PEG 比率。

第 5 章说明了如何根据资产负债表中报告的权益账面价值来对公司股权进行估值，本章将继续说明如何根据利润表的最后一行项目（净利润）来对公司股权进行估值。当我们以账面价值为基准进行估值时，需要计算市净率（P/B）；如果将估值基准锚定为企业的盈利，那么就需要计算市盈率（P/E）。因此，在第 5 章中我们提问对企业的每一美元账面价值应当支付多少价格才适合，那么在这一章中，我们就应当思考对每一美元企业的盈利，投资者应当支付多少价格才合适。

6.1 市盈率背后所隐藏的思想

市净率不等于 1.0 主要是因为会计人员没有将股东权益的全部价值都确认在资产负债表上，不过，这些没有被确认在报表中的价值，最终是会从这些资产所能创造的企业未来盈利中体现出来的。而且，这些盈利是可以被预计的：市净率是由会计账簿之外的预计盈利水平所决定的，未来的盈利相对于现在的账面价值越高，市净率水平就会越高。在第 5 章中，我们已经通过练习知道了如何估算资产负债表所"遗漏"的价值。

市盈率背后所隐藏的道理也与之类似。由于股票价格中包含了对企业未来盈利的预期，市盈率实质上就是预计的未来盈利价值（分子）与当前的盈利水平（分母）之比。正如市净率是由会计账簿未曾记录的账面价值所对应的预计未来盈利水平来决定的那样，市盈率也是由会计账簿之外的未来盈利水平决定的。因此，如果预计未来的盈利水平远大于目前的盈利水准，那么市盈率就会很高；相反，如果预计未来的盈利水平不及当前的盈利水准，那么市盈率就会较低。所以简单地讲，市盈率就是对盈利增长的定价。

本章所要介绍的估值方法与第 5 章十分类似，但主要强调如何根据盈利而不是账面价值来对企业权益进行估值。本章所介绍的估值模型十分正式，严格遵循了市盈率的理念，并忠实应用了它的工作机理。在应用此模型时，我们需要严格地按步骤行事，以避免一不小心就为企业的盈利增长而支付过高的价格。

6.1.1 不要为盈利增长而支付过高的价格

历史数据表明，高市盈率的股票（也就是所谓的成长股）在泡沫时期的投资回报都相当不错：投资者总是一边在为企业的盈利增长而兴奋不已，一边又将股价推向更高位；在这种上涨动力的推动下，股价越来越高，市盈率也越来越高。不过，历史数据也告诉我们，从整体来看，企业是没有实现增长预期的：高市盈率股票的投资回报率并没有超过低市盈率股票的，更无法战胜大盘指数的回报率水平。第 5 章给我们的忠告是：要小心盈利的增长，所选用的估值模型最好能够避免我们为盈利的增长而付出过高的价格。

这个忠告正是本章的基础：合理的市盈率是对盈利增长的定价，但对于不能带来价值增加的盈利增长，它是不会重视的。本章不仅介绍了一种估值的思路，而且这个模型也较少依赖于主观性较强的长期持续价值的计算。与剩余收益估值模型类似，本章的估值模型也可用于检验市盈率的合理性。

6.1.2 从市净率估值到市盈率估值

因为市净率和市盈率的计算基础都是预期的盈利水平，所以，以盈利为基础的估值方法和以账面价值为基础的估值方法，最后所得到的结果应当是一致的。实际上，我们可以利用第5章中"情景3"耐克公司估值的例子来很快证明这一点。我们把2006年年末按耐克公司预计剩余收益水平所进行的估值结果复制如下，再额外加上一行：每年的预计剩余收益变动情况（2012年的数据是建立在剩余收益增长为4.5%的假设基础之上的，这个假定与剩余收益估值模型中是一样的）。

（单位：美元）

	2006年	预测年度					
		2007年	2008年	2009年	2010年	2011年	2012年
每股收益 EPS		2.96	3.80	3.07	3.93	4.28	4.65
每股股利 DPS		0.71	0.88	0.98	1.06	1.20	1.12
每股账面价值 BPS	14.00	16.25	19.17	21.26	24.13	27.21	30.74
剩余收益 RE（按必要报酬率为9%计算）		1.700	2.338	1.345	2.017	2.108	2.203
剩余收益的变动			0.638	−0.993	0.672	0.091	0.095

现在，我们不再以账面价值为基础，而是以预计每股收益2.96美元为基础来对耐克公司的权益进行估值。由于利润本来就是账面价值的变动原因（当然，在考虑股利影响之前），因此，我们只需要利用预计的未来剩余收益变动额（ΔRE）进行如下调整就可以了：

$$V_0^E = \frac{1}{\rho_E - 1}\left[EPS_1 + \frac{\Delta RE_2}{\rho_E} + \frac{\Delta RE_3}{\rho_E^2} + \frac{\Delta RE_4}{\rho_E^3} + \frac{\Delta RE_5}{\rho_E^4} + \frac{\Delta RE_6}{\rho_E^4(\rho_E - g)}\right] \quad (6-1)$$

将上述耐克公司的预测数据代入该公式，如果必要报酬率为9%，2011年以后剩余收益 RE 增长率为4.5%（同第5章中的假定）的话，耐克公司的每股价值就应当是：

$$V_{2006}^E = \frac{1}{0.09} \times \left[2.96 + \frac{0.638}{1.09} + \frac{-0.993}{1.09^2} + \frac{0.672}{1.09^3} + \frac{0.091}{1.09^4} + \frac{0.095}{1.09^4 \times (1.09 - 1.045)}\right] = \$53.18$$

这与我们在第5章中所得到的估值结果是完全一样的（当然，由于四舍五入的原因会稍有误差）。剩余收益的变动就是剩余收益增长，因此，我们将上一期的收益与本期增长额相加，就可以得到本期的收益预计值。利用上述估值结果，还可以计算出耐克公司的远期内在市盈率水平为：$P/E = \$53.18/\$2.96 = 17.97$。有一点需要特别说明一下：由于未来的盈利是预计数（是由你自己或者分析师通过预测而得到的），因此，此时我们的估值基础是预计值而不是当前的实际值。不过，要预估未来的盈利 EPS_1 也并非难事，比如，也许目前我们已经对今年前3个季度的情况非常清楚，因此只需要预计剩下这一个季度的情况，便有了将来的盈利预测值了。要注意的是，我们必须在一定程度上保障这些预计值的可靠程度（不能单纯地去猜测），如果保障不了的话，可以用过去12个月的实际盈利状况来代替预计的未来盈利值。

将增长理解为剩余收益增长也许有一点奇怪。一般情况下，人们更容易接受的是市盈率表达式中的盈利增长，而不是剩余收益增长。不过，确实是可以这样进行理解的。

6.2 估值的原理

要以盈利而不是账面价值为基础来对股东权益进行估值，需要认识到盈利就是账面价值的变动原因——盈利属于流量概念，而不是存量概念。如果要将流量转化为存量，可以将流量进行资本化处理，即，盈利信息中所暗示的存量价值为：

$$资本化的盈利 = \frac{盈利}{必要报酬率}$$

以盈利为基础来估算权益的价值，思路是：

$$价值 = 资本化的盈利 + 预计盈利增长能带来的额外价值$$

在根据盈利信息进行估值时，我们常常先将当前的盈利进行资本化处理，然后再考虑预期的盈利增长还能再带来多少的价值增量。

由于储蓄账户的估值比较简单，所以，下面我们仍然以储蓄账户这个简单资产为例，来讲解权益估值的原理。表6-1中所列出的储蓄账户与第5章表5-1中的是一样的，即在2012年将100美元投入到该储蓄账户中，该账户从2013年起，每年的收益率为5%。假定有两种股利支付情形：全额支付和零支付。

表6-1 在2012年年末投资100美元到某储蓄账户，每年收益率为5%时的情景预测

（金额单位：美元）

	2012年	预测年度				
		2013年	2014年	2015年	2016年	2017年
情景1：每年的收益都取出（全额发放股利）						
收益		5	5	5	5	5
股利		5	5	5	5	5
账面价值	100	100	100	100	100	100
剩余收益		0	0	0	0	0
收益增长率		0	0	0	0	0
含息收益		5	5.25	5.51	5.79	6.08
含息收益增长率（%）			5	5	5	5
情景2：始终不取款（股利始终为0）						
收益		5	5.25	5.51	5.79	6.08
股利		0	0	0	0	0
账面价值	100	105	110.25	115.76	121.55	127.63
剩余收益		0	0	0	0	0
收益增长率（%）			5	5	5	5
含息收益		5	5.25	5.51	5.79	6.08
含息收益增长率（%）			5	5	5	5

在上述两种股利支付情形下，预期的剩余收益都为0，因此如果使用剩余收益估值模型，该账户在2012年的价值就等于其账面价值100美元。但此外，也可以使用将未来2013年的收益5美元进行资本化处理，来为该账户进行估值：

$$储蓄账户的价值 = \frac{未来收益}{必要报酬率} = \frac{\$5}{0.05} = \$100$$

对该储蓄账户来说，不存在预期收益增长能带来的额外价值。不过，你也许会注意到，虽然在全额支付股利的情形下收益增长率为0，但在不支付任何股利的情形下，收益增长率仍然为每年5%。那为什么两种情形下账户的价值是相同的呢？根据我们的计算，我们没有为这5%的增长买单。这是因为，这5%的增长来自收益的再投资，且再投资的回报率刚好等于我们的

必要报酬率。所以，两种情形下的账户价值是相等的，说明了当投资的报酬率仅仅等于必要报酬率时，我们不必为这样的收益增长而买单，因为这种投资是不能增加企业的价值的。

我们可以通过恰当的形式来抓住这种思想，并防止我们为增长而支付过高的价格。在上述两种情形中，各自的收益增长率看起来是不同的，但实质却是一样的。在全额发放股利的例子中，收益实际上是被低估了的，因为投资人从这个账户中所得到的股利是可以用来再投资的，假定将这些收益再投资到同样的账户中，也可以赚取每年5%的报酬。因此，举例来说，在2013年从这个账户中取出的5美元如果用于再投资，也能赚取每年5%的报酬，因此，这5美元的本金在2014年就能实现报酬0.25美元。那么，该储蓄账户所有人在2014年能得到的预计收益总额就应当是5.25美元，与股利零支付时的账户情形是一样的。某项资产可创造的收益来源于两个部分：该项资产本身可实现的收益和将收益用于再投资可得到的新收益。因此，如果将各年所得到的股利都用于再投资，那么，两种股利支付情形下所能实现的收益就是相同的；在不支付股利的情形中，储蓄账户的收益被再投资到同样的账户中，换言之，我们将收益留存了；在全额发放股利的情形中，收益可被再投资到其他账户中，但两种情形下的投资报酬率都为5%。

两种收益来源所创造的收益总额被称为**含息收益**（cum-dividend earnings），即包括股利再投资收益在内的收益总额。相应地，不包含股利再投资影响的收益就被称为**除息收益/不含息收益**（ex-dividend earnings）。价值是应当根据预计的含息收益来计算的，市盈率也应当根据含息收益的增长率来计算，因为我们必须将投资的全部收益来源都考虑在内。以2014年为例，将以前年度的股利用于再投资所能够得到的收益为：

$$\text{含息收益}_{2014} = \text{收益}_{2014} + (\rho - 1)\text{股利}_{2013}$$

其中，与前面一样，ρ表示1加必要报酬率之和。因此，在全额支付股利的情形下，该储蓄账户在2014年的含息收益金额就应当是：收益$_{2014}$ + (0.05 × 股利$_{2013}$) = \$5 + (0.05 × \$5) = \$5.25。

如表6-1中"含息收益"那一行所示，如果以含息收益为基础来进行计算，那么两种情形下的收益增长率就是相同的，均为每年5%。不过，在上述两种情形下，我们都没有为收益的增长而支付任何价格。只有当收益的增长率大于必要报酬率时，才会有价值的创造，也才需要我们为之去支付价格。按必要报酬率增长的收益被称为**正常收益**（normal earnings），以第t期为例：

$$\text{正常收益}_t = \rho \text{收益}_{t-1}$$

因此，在储蓄账户的例子中，2014年的正常收益 = 1.05 × \$5 = \$5.25，即上年收益按5%的比率增长后的本利和。我们所应当购买的是**超常收益增长**（abnormal earnings growth），即含息收益的增长超出了正常收益增长的部分：

$$\text{超常收益增长}_t = \text{含息收益}_t - \text{正常收益}_t$$
$$= [\text{收益}_t + (\rho - 1)\text{股利}_{t-1}] - \rho \text{收益}_{t-1}$$

按储蓄账户例子中的数据，2014年的含息收益总额为5.25美元，正常收益也为5.25美元，因此超常收益增长刚好等于0。2015年及以后的情形也是这样的。我们不会为这样的增长去支付价格，因为我们所预测的未来增长并不是超常的增长。

有了这些基本的概念之后，我们下面就可以从简单的估值原理过渡到权益证券的估值问题上去了。以下是对这些基本概念的总结：

（1）只有当含息收益的增长率大于必要报酬率时，一项资产的价值才会大于它的收益资本化价值。这一点强调只有能够增加价值的增长，才是值得我们去付出对价购买的。

（2）在预测收益的增长时，我们应当关注的是含息收益的增长，因为除息收益的增长忽视了股利再投资的价值。

（3）股利的发放与估值是无关的，因为无论怎样发放股利，含息收益的增长都不受影响。

在阅读材料 6-1 中，解决了一个有关标准普尔 500 公司的收益增长之谜。

阅读材料 6-1

一 点 疑 惑

标准普尔 500 组合的市盈率与收益增长

从过去的情况来看，标准普尔 500 组合的远期市盈率平均为 15（而历史动态市盈率平均为 16），平均收益增长率为每年 8.5%。如果股票的必要报酬率为 10%，那么远期市盈率的正常水平就应当等于 10。所以，上述这些数据形成了一个谜：如果增长率为 8.5%，低于股东的必要报酬率水平 10%，那么，远期市盈率应当低于正常值 10，而不应当大于 10，达到 15 的水平。

对于这个谜团，可以这样来进行解释。标准普尔 500 组合的公司都会支付股利，实际上，历史的股利支付率大约为每年收益的 45%。上述 8.5% 的收益增长率是除息收益增长率，当股利支付率为 45% 时，含息收益增长率就应当等于 13%。因此，从历史数据来看，标准普尔 500 组合公司每年的含息收益增长率应当等于 13%，高于我们假定的股东必要报酬率 10%。所以，远期市盈率水平才会高于正常值 10，事实上也确实是这样的。

6.2.1 远期市盈率的正常水平

所谓**远期市盈率**（forward P/E），是指股票的价格与预计下一年度的收益之比。以储蓄账户的数据为例，2012 年的远期市盈率就是 $100 / $5 = 20$。这是一个非常特殊的市盈率水平，称为**远期市盈率的正常水平**（normal forward P/E）：

$$\text{远期市盈率的正常水平} = \frac{1}{\text{必要报酬率}}$$

即远期市盈率的正常水平应当等于将 1 美元按必要报酬率进行资本化的金额。以储蓄账户的数据为例，就是 $1/0.05 = 20$。

市盈率的正常水平中包含着一个适用于包括权益证券在内的所有资产的原理：如果预计将来没有超常收益增长（就像投资于储蓄账户一样），那么远期市盈率就应当等于 1/必要报酬率。或者换言之，如果我们预计未来的含息收益增长率刚好等于必要报酬率，那么远期市盈率就刚好处在正常范围水平。这即是说，正常的市盈率水平意味着预计将来的收益增长是正常的。如果一项权益投资的必要（正常）报酬率为 10%，那么远期市盈率的正常水平就是 $1/0.10 = 10$；如果必要报酬率为 12%，那么远期市盈率的正常水平就是 $1/0.12 = 8.33$。如果预计未来的含息收益增长率大于必要报酬率，那么市盈率就一定会超过正常水平，我们就需要为超常的增长支付额外的价格；如果预计未来的含息收益增长低于必要报酬率水平，那么市盈率就必定低于正常水平，我们扣除低速增长的折价。

6.2.2 历史市盈率的正常水平

在第 3 章中，我们区分了历史市盈率和远期市盈率这两个概念，其中前者是指价格相对于企业当前盈利水平的乘数，而后者是指价格相对于预计未来1年盈利水平的乘数。在根据预计的未来收益和收益增长完成了储蓄账户的价值计算之后，要计算历史市盈率水平当然就十分容易了：只需要将计算得到的价值与上期利润表中所报告的收益相比就可以了。不过，还是需要再进行一点调整。

以表 6-1 中的储蓄账户数据为例，历史年度为 2012 年。假定我们在 2012 年年初将 100 美元投入到这个储蓄账户中，投资收益率为 5%，那么 2012 年能得到的收益就是 5 美元。如果将投资收益都以股利的形式发放给投资人，那么该账户在 2012 年年末的价值将仍然为 100 美元。因此，历史市盈率水平应当为 \$100/\$5 = 20，与远期市盈率水平是一样的。但是，这样做是不正确的，已赚取了 1 年收益过后的账户价值怎么还会和 1 年以前是一样的呢？假定在 2012 年我们没有将 5 美元的收益以股利的形式发放出去，那么该储蓄账户在 2012 年年末的价值就会是 105 美元，相应地，市盈率水平也就应当是 \$105/\$5 = 21，后者才是正常的历史市盈率水平。

1 美元收益的价值是多少，即市盈率乘数的水平应当为多少，不应当由股利的水平来决定。储蓄账户所赚到的 5 美元收益使这个账户对于所有人的价值变为了 105 美元——期初的 100 美元本金加上本期的 5 美元收益。如果将这 5 美元继续放在该账户中，那么该账户的所有人就拥有 105 美元；如果将这 5 美元的收益从账户中取出来，账户所有人仍然拥有 105 美元：其中 100 美元在账户中，而另外 5 美元在他的口袋里。所以，历史市盈率水平应当是 21。计算历史市盈率时，应当以含息的价格为基础来进行计算：

$$历史市盈率 = \frac{价格 + 股利}{收益}$$

这个指标就是我们在第 3 章中所介绍的调整股利影响后的市盈率。这里的调整是必要的，因为股利会减少价格（分子）但却不会影响收益（分母）。但在计算远期市盈率时，却不需要进行这样的调整，因为当前发放的股利会同时降低价格和预计的收益水平。在财经出版物中所公布的市盈率水平中，并没有对历史市盈率进行这样的调整。如果股利金额较小，则影响不会很大，但对那些发放高额股利的公司来说，股利和盈利增长的能力都会影响到公布的市盈率水平。

既然远期市盈率的正常水平水平为 1/ 必要报酬率，那么**历史市盈率的正常水平**（normal trailing P/E）就应当是：

$$历史市盈率的正常水平 = \frac{1 + 必要报酬率}{必要报酬率}$$

以储蓄账户的数据为例，正常的历史市盈率为 1.05/0.05 = 21（远期市盈率为 20）。如果必要报酬率为 10%，那么正常的历史市盈率就是 1.10/0.10 = 11（此时远期市盈率为 10）；如果必要报酬率为 12%，那么正常的历史市盈率就是 1.12/0.12 = 9.33（此时远期市盈率为 8.33）。远期市盈率的正常水平和正常的历史市盈率总是相差 1.0，因为当期的 1 美元收益能够以必要报酬率取得多一年的收益。

6.2.3 一个效果不佳的市盈率模型

下面这个根据未来盈利状况来进行权益证券估值的模型是很常见的：

$$权益的价值 = \frac{收益_1}{\rho_E - g}$$

其中，g 表示预计的未来盈利增长率（与 1 之和）；在你所见过的一些模型中，也可能会用字母

γ 取代 ρ 来表示必要报酬率。这个模型看起来是用盈利的增长率在对权益进行估值，它对收益资本化公式（在储蓄账户的例子中）中的增长率进行了修改。实际上，这个公式就是一个增长的永续年金价值计算公式，根据这个公式，可以计算出远期市盈率水平为 $1/(\rho_E - g)$。

这个模型虽然简单，但却是错误的。首先，它使用的是不含息的增长率，而不是含息的增长率。不含息的增长率忽略了股利再投资的影响，因此，股利支付比率越高，使用不含息的增长率进行计算时，被忽略的价值就会越大。其次，当收益增长率大于必要报酬率时，这个公式就会不适用了，因为此时分母为负数。以储蓄账户为例，必要报酬率为 5%，预期的含息增长率也为 5%，因此，该公式的分母将为 0（这样计算出来的储蓄账户价值将为无穷大！）。对权益证券来说，含息股利增长率常常是大于必要报酬率的，这样将导致上式的分母为负数，比如，阅读材料 6-1 中标准普尔 500 组合的情况就是这样的。如果增长率只比必要报酬率低一点，那么，估值出来的结果将非常大，导致你支付非常高的价格——为增长而支付了过高的价格。

因此，这个模型的效果是不好的，它会经常性地让你犯错误。分母问题只是个数学问题，但这个数学问题之后，隐藏的却是原理问题。我们需要一个能够保护我们，避免为增长而支付过高价格的估值模型。

6.3 锚定收益的估值模型

以储蓄账户为例子的估值原理告诉我们：可以将未来的盈利进行资本化。从中，我们也可以推导出锚定原则。

锚定原则：如果预计未来的含息收益增长率恰好等于权益资金的必要报酬率，那么，该项资产的价值也必然恰好等于其收益的资本化价值。

相应地，如果预计含息收益增长率能够大于权益资本必要报酬率，那么，就还能在基本锚定价值之外，再增加额外的价值，即该项资产的价值必然会大于其收益的资本化金额。超常收益增长就是一个与额外价值有关的计量指标，因此，在持续经营的前提下，权益证券的价值可以表达为：

权益的价值 = 将来收益的资本化价值 + 超常的含息收益增长能够带来的额外价值

$$V_0^E = \frac{\text{收益}_1}{\rho_E - 1} + \frac{1}{\rho_E - 1}\left(\frac{AEG_2}{\rho_E} + \frac{AEG_3}{\rho_E^2} + \frac{AEG_4}{\rho_E^3} + \cdots\right)$$

$$= \frac{1}{\rho_E - 1}\left(\text{收益}_1 + \frac{AEG_2}{\rho_E} + \frac{AEG_3}{\rho_E^2} + \frac{AEG_4}{\rho_E^3} + \cdots\right) \quad (6\text{-}2)$$

其中，AEG 表示将来（即第 1 年以后）的每年超常（含息）增长收益（省略号表示预测需要一直持续下去，因为这些权益证券所对应的企业是持续经营的）。你现在所看到这个公式的第一行是一种表达方法，即用超常收益增长的贴现值来表示将来收益的资本化金额之外的额外价值。在计算过程中，首先将第 2 年及以后的收益增长都通过贴现计算转换为在第 1 年年末的价值，然后再将全部的增长价值都进行资本化处理（将价值流量转换为价值存量）。由于增长部分的价值和下一年度收益的价值都需要在最后进行资本化计算，所以，该公式还可以有第二种简化的表达方法，如第 2 行所示。因此，股票的估值需要经过下面这几个步骤：

（1）预计下一年度的收益（第 1 年的）；
（2）预期下一年度以后（即第 2 年及以后）的超常收益增长（AEG）；

(3) 计算下一年度以后预计超常收益增长的现值(即在第 1 年年末的价值);

(4) 将下一年度的收益和超常收益增长的价值相加,合计计算它们的资本化价值。

图 6-1 对这个步骤进行了说明。与剩余收益估值模型一样,这里的收益也必须是综合收益,否则,在计算中就会有价值被遗漏。简单地讲,该模型表明,价值是由未来的收益所决定的,但正常增长情况下的收益是不创造价值的。

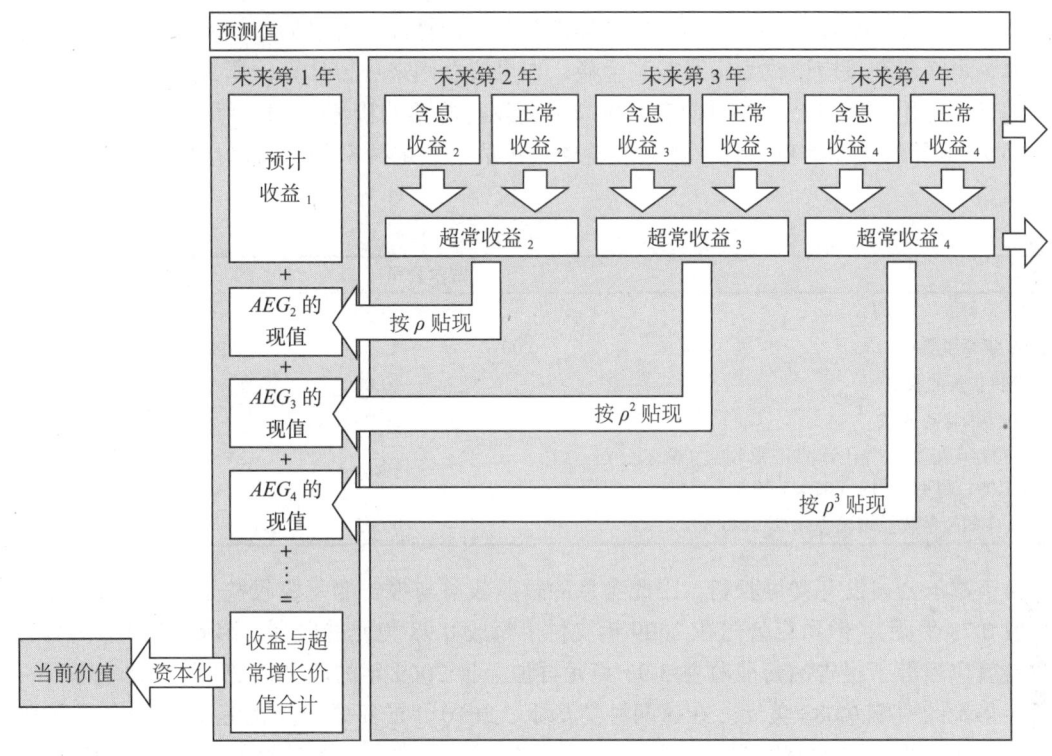

图 6-1 利用超常收益增长模型计算权益证券的价值

超常收益增长等于含息收益与正常收益之差。将第 2 年及以后的超常收益增长的现值与预计第 1 年的收益相加,然后合计进行资本化处理,作为权益证券的价值。

超常收益增长$_t$ = 含息收益$_t$ − 正常收益$_t$

含息收益$_t$ = 收益$_t$ + (ρ_E-1) 股利$_{t-1}$

正常收益$_t$ = ρ_E 收益$_{t-1}$

远期市盈率的内在水平即等于按预计收益计算得到的价值与预计收益之比:V_0^E/ 收益$_1$。如果预计将来没有超常的收益增长,那么:

$$V_0^E = \frac{\text{收益}_1}{\rho_E - 1}$$

此时的市盈率即为正常水平:

$$\frac{V_0^E}{\text{收益}_1} = \frac{1}{\rho_E - 1}$$

这个模型就是**超常收益增长模型**(abnormal earnings growth model),或者,我们也常常用首次提出这个模型的教授名字来命名它——Ohlson-Juettner 模型[⊖]。

⊖ 详见 J. A. Ohlson 和 B. E. Juettner-Nauroth,"Expected EPS and EPS Growth as Determinants of Value," *Review of Accounting Studies*,2005 年 7 ~ 9 月,PP. 349-365。

6.3.1 超常收益增长的计量

在储蓄账户的例子中，我们将超常收益增长（AEG）定义为企业的总收益（包含再投资的股利）减去按必要报酬率增长的收益部分之差：

$$超常收益增长_t = 含息收益_t - 正常收益_t$$
$$= [收益_t + (\rho_E - 1)股利_{t-1}] - \rho_E 收益_{t-1} \quad (6\text{-}3)$$

计算时，无论是按每股为基础来还是都按总额来计算都是可以的。如果按每股为基础来进行计算，那么股利就应该改为每股股利金额；如果按总额来进行计算，那么股利就应当取股利支付净额（股利总额加上股份回购金额再减去新发行股票的价值）。下面我们以戴尔公司和耐克公司2010年的数据为例来计算超常收益增长价值，假定两家公司的权益资本必要报酬率都为9%。

（单位：美元）

	戴尔公司	耐克公司
2010年每股收益 EPS	0.73	3.93
2009年每股股利 DPS	0.00	0.98
股利再投资的收益	0.00	0.088
2010年的含息收益	0.73	4.018
用2009年收益水平计算的正常收益（戴尔公司：1.25×1.09；耐克公司：3.07×1.09）	1.363	3.346
2010年的超常收益增长（AEG）	−0.633	0.672

由于戴尔公司没有支付股利，因此含息的每股收益与报告的每股收益处处都是相同的（都是每股0.73美元），但耐克公司在2009年支付了每股0.98美元的股利，因此2010年的含息每股收益就应当等于报告的每股收益3.93美元再加上将2009年的股利按9%的收益率进行再投资所能得到的报酬0.088美元。在这两种情形下，2010年的正常收益都等于2009年的每股收益按"正常"的9%增长的结果。请注意，戴尔公司的超常收益增长为负数，因为这家公司的收益增长率低于必要报酬率9%。

超常收益增长也可以用增长率与必要报酬率之间的关系来表达：

$$超常收益增长_t = [G_t - \rho_E] \times 收益_{t-1} \quad (6\text{-}3a)$$

其中，G_t 等于1与当期含息收益增长率之和。即，超常收益增长就是上一年度的含息收益增长超出了必要报酬率所对应收益的那一部分。如果 G_t 等于必要报酬率，那么就没有超常收益增长出现。以耐克公司为例，2010年的含息每股收益为4.018美元，因此含息收益增长率为$(4.018-3.07)/3.07 = 30.88\%$（再加上1）。所以，由于必要报酬率仅为9%，耐克公司超常收益增长应为每股$\$3.07 \times (1.3088-1.09) = \$0.672$，与前面的计算结果相同。

6.3.2 一个简单的示例与估值模型

在表6-2中，我们将超常收益增长估值模型应用于第5章估值原理中的公司权益估值。该公司的权益资金必要报酬率为10%，预计每年的收益增长率为3%。看起来，每年3%的收益增长率很低，但这其实是很迷惑人的，因为这家公司的股利支付比率是相当高的（占当年盈利的76%）。

表 6-2 预测一家企业的价值，预计每年收益增长率为 3%

（金额单位：百万美元；必要报酬率为每年 10%）

	\<预测年度\>					
	0	1	2	3	4	5
剩余收益预测：						
收益	12.00	12.36	12.73	13.11	13.51	13.91
股利	9.09	9.36	9.64	9.93	10.23	10.54
账面价值	100.00	103.00	106.09	109.27	112.55	115.92
剩余收益（RE）		2.360	2.431	2.504	2.579	2.656
RE 增长率（%）			3	3	3	3
超常收益增长预测：						
收益	12.00	12.36	12.73	13.11	13.51	13.91
股利	9.09	9.36	9.64	9.93	10.23	10.53
股利再投资的收益		0.909	0.936	0.964	0.993	1.023
含息收益		13.269	13.667	14.077	14.499	14.934
正常收益		13.200	13.596	14.004	14.424	14.857
超常收益增长（AEG）		0.069	0.071	0.073	0.075	0.077
超常收益增长率（%）			3	3	3	3
含息收益增长率（%）			10.57	10.57	10.57	10.57
正常收益增长率（%）			10.0	10.0	10.0	10.0

计算说明：

股利再投资的收益：指上一年度的股利按必要报酬率进行再投资能赚取到的报酬。例如，在第 2 年中，股利再投资收益为：$0.10 \times 9.36 = 0.936$

含息收益：是股利再投资的收益与预计的不含息收益之合计数。例如，第 2 年的含息收益为：$12.73 + (0.10 \times 9.36) = 13.667$

正常收益：是上一年度的收益按必要报酬率所能赚取到的本息合计数。例如，第 2 年的正常收益为：$12.36 \times 1.10 = 13.596$

超常收益增长：等于含息收益减去正常收益后的差额。例如，第 2 年的 AEG 为：$13.667 - 13.596 = 0.071$

超常收益增长同时也等于上一年度的收益乘以含息收益增长率与必要报酬率之差，以第 2 年的数据为例，AEG 为：$(1.1057 - 1.10) \times 12.36 = 0.071$

注：上述数据因四舍五入原因，可能存在误差。

从表 6-2 中可以看出，根据预计的未来收益和股利数据，以及未来的账面价值，预计这家公司的剩余收益每年能增长 3%。因此，我们可以按照第 5 章中"情景 3"的办法，将这家公司未来第 1 年的剩余收益按此增长率进行资本化，利用剩余收益来进行估值：

$$V_0^E = 100 + \frac{2.36}{1.10 - 1.03} = 133.71 \text{（百万美元）}$$

此外，在这张表格中，同样也可以计算得到预计超常收益增长（AEG），因此也可以采用超常收益增长模型来进行估值。每一年，超常收益增长都等于含息收益与正常收益之差。在表 6-2 的下方可以看到超常收益增长是如何计算出来的，我们在计算中同时使用了式（6-3）和式（6-3a）所介绍的两种方法。可以看出，这家企业在第 1 年以后，每年超常收益增长（AEG）也是按 3% 增长的。因此，可以将第 2 年的 AEG 按此增长率进行资本化：

$$V_0^E = \frac{1}{0.10} \times \left(12.36 + \frac{0.071}{1.10 - 1.03}\right) = 133.71 \text{（百万美元）}$$

这就是简化估值模型，适用于从下一年开始每年的增长率都为常量时的情形。此时，远期市盈率为 133.71/12.36 = 10.82，比正常的市盈率水平 10 更高一些。你可能已经注意到了，在表 6-2 的底部，含息收益的增长率为每年 10.57%，高于必要报酬率 10%。所以，该公司的市盈率也高于正常的市盈率水平。你可能也发现了，含息收益增长率远大于我们预计的（不含息）收益增长率 3%⊖。此外，剩余收益估值模型和超常收益增长模型的估值结果相同。

6.3.3 根据当前的收益情况进行估值

在这个例子中，严格地讲，是将估值建立在预计未来盈利，而不是当前财务报表中所披露的收益水平基础之上的。但实际上，我们也可以根据企业当前的（动态）盈利水平来进行估值：将当前的收益进行资本化，然后再加上从第 1 年开始计算的预计超常收益增长的价值；也即，将模型中的期数都减 1。以表 6-2 中的数据为例，有：

$$V_0^E + d_0 = 133.71 + 9.09 = \frac{1.10}{0.10} \times \left(12.00 + \frac{0.069}{1.10-1.03}\right) = 142.80 \text{（百万美元）}$$

这样计算得到的价值是含息的（即等于价格加上股利之和）。历史市盈率水平为 \$142.80/\$12.00 = 11.90，高于历史市盈率的正常水平 11（当必要报酬率为 10% 时）。这里的 12.00 美元就是第 0 年的收益，而 0.069 美元为预计第 1 年的超常收益增长，预计它将按 3% 的比率一直增长下去。资本化率为 1.10/0.10，即历史市盈率的正常水平，而不是 1/0.10，后者是远期市盈率的正常水平。该计算模型的正式表达式应当是：

$$V_0^E + d_0 = \frac{\rho_E}{\rho_E - 1}\left[\text{收益}_0 + \frac{AEG_1}{\rho_E} + \frac{AEG_2}{\rho_E^2} + \frac{AEG_3}{\rho_E^3} + \cdots\right] \tag{6-4}$$

很显然，如果今后的 AEG 为 0 的话，历史市盈率就刚好等于正常水平。

以当前的收益情况为基础来进行估值可以直接使用财务报表中的实际盈利数据，而不依靠对收益的预测。不过，在现实生活中，有很好的理由支撑我们使用未来的收益而不是当前的盈利状况来进行预测。等我们开始分析财务报表的时候，你会看到，当前的盈利数字中包含着很多不可持续的因素——比如，不寻常的事件影响和一次性的项目影响等，这些事件和项目对未来是没有影响的。将当前的盈利水平只作为预测的基础，更多关注未来的盈利状况，我们能有效地利用当前盈利水平中所包含的持续性项目的影响。实际上，在本书第二部分的财务报表分析中，我们就试图确认出盈利中所包含的持续性影响，以用作预计未来的盈利水平。

在本章的配套网站资料中，提供了一份电子表格，能帮助你建立超常收益增长估值模型的预测。

6.4 将模型应用于权益估值

表 6-2 中的例子与我们在估值原理中讲的储蓄账户例子其实十分类似，只是在储蓄账户的例子中，没有超常收益增长，而表 6-2 的企业有超常收益增长。这家企业的简单在于它的超常

⊖ 严格地讲，将来任何一年的含息收益都应当等于当年的收益加上将从第 1 年开始至当年所发放的所有股利用于再投资所能得到的报酬（如表 6-1 中不发放股利时的储蓄账户那样）。因此，在表 6-2 的简单估值中，第 3 年的含息收益就应当等于当年的每股收益 13.11 美元，加上第 2 年的股利再投资 1 年能得到的报酬和第 1 年的股利再投资 2 年所能得到的报酬。不过，由于按必要报酬率计算的股利投资报酬和收益再投资报酬在计算超常收益增长 AEG 时都需要被减去，因此，如果我们仅将前一年的股利再投资报酬考虑到带息收益中，对估值的结果是没有影响的。

收益增长在未来第 1 年以后就是按常数增长的。式（6-2）需要无限的预测期，所以，要对权益证券进行估值，我们就需要计算持续价值，来截短我们的预测期。比如，在这个简单的例子中，只需要预测未来 1 年的数据就可以了。

持续价值的计算有两种类型。第 1 种适用于预测期后的超常收益增长为 0 时；第 2 种适用于预测期以后的超常收益增长不为 0 时。

我们用通用电气公司的数据来说明第 1 种类型情况下的估值（称为"情景 1"），假定必要报酬率为 10%。在"情景 1"中，每股收益 EPS 和每股股利 DPS 数据都是通用电气公司 2000～2004 年的真实数据，与第 5 章中使用剩余收益估值模型对通用电气公司进行估值时的数据是相同的。在第 5 章中，我们假定这些真实数据都是预测值，然后以它们为基础来估算通用电气公司的股票在 1999 年年末的价值。也许你还记得，在第 4 章中，我们也曾经试图使用贴现现金流量估值技术来计算通用电气公司的股票价值，但是却陷入了困境。不过，后来我们发现用剩余收益估值模型可以解决这家公司股票的估值问题了。现在，利用超常收益增长模型来进行估值的结果，也认为该公司的股票价值为每股 13.07 美元，与第 5 章中利用剩余收益估值模型所得到的结果是相同的。

情景 1　通用电气公司

在本例中，预计 2004 年以后的超常收益增长均为 0；权益资本的必要报酬率为 10%。

（金额单位：美元）

	1999 年	预测年度				
		2000 年	2001 年	2002 年	2003 年	2004 年
每股股利 DPS		0.57	0.66	0.73	0.77	0.82
每股收益 EPS		1.29	1.38	1.42	1.50	1.60
股利再投资收益（$0.10 \times DPS_{t-1}$）			0.057	0.066	0.073	0.077
含息收益（EPS+股利再投资收益）			1.437	1.486	1.573	1.677
正常收益（$1.10 \times EPS_{t-1}$）			1.419	1.518	1.562	1.650
超常收益增长 AEG			0.018	−0.032	0.011	0.027
贴现率（1.10^t）			1.100	1.210	1.331	1.464
AEG 在 2000 年年末的现值			0.016	−0.026	0.008	0.018
AEG 现值合计		0.017				
应当资本化的收益总额		1.307				
资本化率		0.10				
每股价值 $\left(\dfrac{1.307}{0.10}\right)$	13.07					

注：因四舍五入原因，可能有误差。

在"情景 1"估值中，假定 2004 年以后通用电气公司的超常收益增长 AEG 将为 0。虽然分析师们预计该公司在 2004 年的超常收益增长是正数，但他们对此有说明，解释说 2001～2004 年的平均超常收益增长是接近于 0 的，因此，预计今后的超常收益增长都将为 0。显然，超常收益增长 AEG 为 0 意味着该公司在 2004 年以后的含息收益增长率都等于权益资本的必要报酬率，就跟储蓄账户中的情况是一样的。那么，将 2001～2004 年的超常收益增长全部贴现到 2000 年年末，得到的合计数为每股 0.017 美元。将这个金额与预计 2000 年的收益每股 1.29 美元相加，得到每股 1.307 美元，再按 10% 的必要报酬率计算其资本化价值，可得到通用电气公司的每股价值为 13.07 美元。现在，请你参考阅读材料 6-2 中的资料。

阅读材料 6-2

以你确知的为准，避免投机

基本面投资者的信条（见第 1 章）强调我们"不要混淆你知道的事实和你猜测的情况"，以及"根据你已知的事实去估计价值，而不要依靠投机"。在为增长进行估值时，这两点是尤其重要的，因为我们对增长的看法都是比较主观的。

第 4 章曾经指出，贴现现金流量分析（DCF）将较大权重的价值放在了持续价值的计算中，这样做是不好的，因为持续价值的计算是整个估值中不确定性最强的部分，是将来长期的事情。以第 4 章中的通用电气公司数据为例，超过 100% 的价值构成都是持续价值。我们所欣赏的估值方法应当更多地依靠现在的价值（即"我们所知道的事实"）或者近期的情况（即我们能够比较自信地去进行预测的情况）。

事实上，在"情景 1"通用电气公司的例子中，预测期末（即 2004 年年末）的持续价值等于 0，而在贴现现金流量分析中，持续价值对股票价值的影响却超过了 100%。我们用未来 5 年内的预测值来对通用电气公司的权益进行估值。对于这些预测值，我们也可能存在着一定的不确定性，也许会更倾向于找到某个估值模型，只需要预测未来 1 年或者 2 年的收益就好了。但是，与完全依靠持续价值的估算来进行估值相比较，这样的估值结果还是比较让人心安的。

当然，贴现现金流量估值与本章所进行的估值之间的主要区别在于会计方面：这是现金收付制会计与权责发生制会计之间的比较。权责发生制会计使我们能及时确认未来的影响，较少依赖未来持续价值的计算。

在第 5 章中，利用剩余收益模型对通用电气公司进行估值时，也是使用的权责发生制下的会计信息，但在当时，"情景 2"估值的持续价值是不为 0 的 [见式（5-5）]。那么，是否可以说超常收益增长估值模型相对剩余收益估值模型也能给我们带来更多的安全感呢？看起来结果是这样的，但事实却并非如此。在预测期相同的情况下，利用剩余收益模型进行估值的结果与利用超常收益增长模型进行估值的结果是一样的。在第 5 章的"情景 2"中，预计预测期后的剩余收益将为常数和这里的预计超常收益增长将为 0 实际上是一回事。因为超常收益增长 AEG 总是等于期末和期初之间的剩余收益变动。预计未来的剩余收益将为一个正的常数，实际上就是承认有些企业价值并没有被报告在资产负债表中，但增长并不会带来价值的增加额。请参考阅读材料 6-3，了解更多的细节。

如储蓄账户例子中的数据告诉我们的，如果预计超常收益增长 AEG = 0，那么，市盈率就将处于正常水平。因此，当我们预计通用电气公司在 2005 年及以后的超常收益增长为 0 时，实际上也就是在预测它的市盈率将处于正常水平（截至 2008 年，通用电气公司的市盈率一直接近于正常水平，详见练习题 E6.10 中的资料）。

下面我们再来看看对耐克公司的估值，我们称之为"情景 2"。你将看到，现在的持续价值中是包含了成长率假定的。在这种情况下，我们将不得不对将来长期的情况做出一些比较主观的假定。但是，我们将这些主观的信息（在持续价值中）与我们更加确信的信息（在近期的预测数据中）是进行了区分的。

我们用耐克公司的数据来讲解"情景 2"情况下的估值，假定权益资本的必要报酬率为 9%。2011 年以前的每股收益 EPS 和每股股利 DPS 数据都与第 5 章中的相同，当时，我们曾经假定该公司 2011 年以后的剩余收益将按 4.5% 的比率每年增长。所以，这里你所看到 2012 年的每股收益 EPS 数据就是按 4.5% 的增长率计算出来的。

情景2　耐克公司

在本例中，预计2011年以后的超常收益将按4.5%的速度增长，必要报酬率为9%。

（金额单位：美元）

	2006年	预测年度					
		2007年	2008年	2009年	2010年	2011年	2012年
每股股利 DPS		0.71	0.88	0.98	1.06	1.20	1.30
每股收益 EPS		2.96	3.80	3.07	3.93	4.28	4.65
股利再投资收益（$0.09 \times DPS_{t-1}$）			0.064	0.079	0.088	0.095	0.110
含息收益			3.864	3.149	4.018	4.375	4.760
正常收益（$1.09 \times EPS_{t-1}$）			3.226	4.142	3.346	4.284	4.665
超常收益增长 AEG			0.638	−0.993	0.672	0.091	0.095
贴现率（1.09^t）			1.090	1.188	1.295	1.412	
AEG 在 2007 年年末的现值			0.585	−0.836	0.519	0.064	
2011 年之前的 AEG 现值合计		0.332					
持续价值 CV						2.111	
CV 的现值		1.495					
应当资本化的收益总额		4.787					
资本化率		0.09					
每股价值（$\frac{4.787}{0.09}$）	53.18						

持续价值：

2011 年的 $CV = \frac{0.095}{1.09-1.045} = 2.111$

CV 的现值 $= \frac{2.111}{1.412} = 1.495$

"情景2"与"情景1"的区别在于预测期后超常收益增长 AEG 的增长情况，在"情景1"中，假定无增长，但在"情景2"中，假定按常数增长。因此，在"情景2"下，计算持续价值时，就需要考虑未来的增长了。由于预计 2012 年的超常收益增长 0.095 美元将按 4.5% 的速度增长，耐克公司在 2011 年的持续价值就是每股 2.111 美元。将该持续价值在 2007 年的现值与 2011 年之前的超常收益增长的现值（每股 0.332 美元）相加，再加上预计 2007 年的收益（每股 2.96 美元），得到每股 4.787 美元；最后，按权益资本的必要报酬率对该现值总额进行资本化处理，得到耐克公司股票的每股价值为 53.18 美元。

这样的估值结果与第 5 章中利用剩余收益估值模型所得到的结果是相同的，与我们在本章中利用式（6-1）根据预计剩余收益的变动来进行估值的结果也是相同的。实际上，你可以看到，耐克公司每年的超常收益增长 AEG 就等于式（6-1）中的剩余收益变动金额。由于都是按预计收益水平来进行的估值，所以两种估值方法的结果一定是一样的。请参考阅读材料 6-3，看看关于 $\Delta RE=AEG$ 的正式证明。

阅读材料 6-3

超常收益增长模型与剩余收益模型的比较

超常收益增长模型与剩余收益模型看似不同，但实质上却是一回事。它们均以预测的未来收益和股利信息为输入变量，只是剩余收益模型还多了一个步骤，需要根据这些预测值再预计未来的权益账面价值。

从结构方面来看，这两个模型是类似的。

剩余收益估值模型以权益的账面价值为起点，然后再将预计收益超出了按必要报酬率计算的账面价值必要报酬的部分作为价值增量。超常收益增长模型以资本化的次年收益作为起点，然后再以预计（含息）收益超出了按必要报酬率计算的上年收益再投资可获得正常报酬的部分作为价值增量，不再考虑账面价值的影响。

两个模型仅仅是在输入值的安排上存在着一点点差别，我们可以用一点点代数知识来对此进行解释。下面，我们用 earn 表示收益，小写字母 d 表示股利，那么，超常收益增长可以用另一种形式表达如下：

$$AEG_t = [earn_t + (\rho_E - 1)d_{t-1}] - \rho_E earn_{t-1}$$
$$= earn_t - earn_{t-1} - (\rho_E - 1)(earn_{t-1} - d_{t-1})$$

接下来，如果用字母 B 表示权益的账面价值，那么，根据存量与流量之间的关系等式（第 2 章），权益的账面价值可表示为：$B_{t-1} = B_{t-2} + earn_{t-1} - d_{t-1}$，因此有：$earn_{t-1} - d_{t-1} = B_{t-1} - B_{t-2}$。所以，如果用 RE 表示剩余收益，那么：

$$AEG_t = earn_t - earn_{t-1} - (\rho_E - 1)(B_{t-1} - B_{t-2})$$
$$= [earn_t - (\rho_E - 1)B_{t-1}] - [earn_{t-1} - (\rho_E - 1)B_{t-2}]$$
$$= RE_t - RE_{t-1}$$

因此，超常收益增长总是恒等于剩余收益的变动额。比如，以表 6-2 中的公司为例，请比较每一年的剩余收益变动额与当年的 AEG 值。

	1	2	3	4	5
剩余收益	2.360	2.431	2.504	2.579	2.656
剩余收益的变动额		0.071	0.073	0.075	0.077
超常收益增长		0.071	0.073	0.075	0.077

在本章"情景2"对耐克公司的估值过程中，也可以看到这种关系的存在。

因此，如果我们预计将来没有超常收益增长，实际上与我们预计将来的剩余收益将没有变动是一回事。或者，由于超常收益增长为0意味着（含息）收益就是按必要报酬率增长的，所以，预计企业会保持正常的增长水平与预计将来剩余收益不会发生变动实际上也是一回事。相应地，预计含息收益的增长水平将超过正常水平，实际上就是预计未来的剩余收益将会不断增长。因此，利用同一套预测值，可以同时根据这两种估值方法来进行估值，"情景2"中对耐克公司的估值结果与第 5 章中我们利用剩余收益模型来进行估值的结果就是一样的。

不过，这两个模型所采用自变量的不同使得估值的基准和我们对价值增量的定义是不同的，但是潜在的估值原理还是一样的。超常收益增长估值模型认为，光是收益的增长是不能保障价值创造的，除非收益的增长速度能够大于股东的必要报酬率水平。只有满足了后面这个条件，收益的增长才能增大企业的市盈率。上面这种说法与"企业必须增加剩余收益，以提高市净率水平"的意思是一致的。即，价值的增加来自投资的报酬率能够高出必要报酬率的部分，它既表现为剩余收益增长，也表现为含息收益的增长率超过了正常的增长率水平。

从某种意义上来说，超常收益增长模型更加方便使用一些，因为我们不需要顾虑账面价值的信息。不过，剩余收益估值模型能使我们更清楚地看到价值的创造过程，因此，在本书第二部分的分析中，会更有用一点。

将分析师的预测转换为估值

在第 5 章中，我们利用剩余收益估值方法将分析师对耐克公司的未来预计值转换为权益估值，现在，我们将对谷歌公司来做同样的事情。谷歌公司是一家网上软件，尤其是网络搜索服务供应商，它的绝大部分收入都来自在线的广告服务。从表6-3中，我们可以看到分析师在2011年年初做出的谷歌公司2011年和2012年的每股收益一致预测值，以及应用每股收益中期（5年）增长率预计值17.4%和2012年的每股收益预测值所计算出的2013～2015年的收益情况。在这张表的最后，根据这些预计值计算出了谷歌公司在2010年的权益价值。

表6-3 将分析师预测值转换为估值：谷歌公司（2010年）

分析师预测了未来两年的每股收益（2011年和2012年分别为33.83美元和39.47美元），并认为5年内每股收益的年增长率将为17.4%。2013～2015年的预测值就是根据这个增长率在2012年数据基础上计算出来的。谷歌公司不发放股利，权益资本的必要报酬率为11%。

（金额单位：美元）

	2010A	2011E	2012E	2013E	2014E	2015E
每股股利 DPS		0.00	0.00	0.00	0.00	0.00
每股收益 EPS		33.83	39.47	46.34	54.40	63.87
股利再投资收益（$0.11 \times DPS_{t-1}$）			0.00	0.00	0.00	0.00
含息收益			39.47	46.34	54.40	63.87
正常收益（$1.11 \times EPS_{t-1}$）			37.55	43.81	51.44	60.38
超常收益增长 AEG			1.92	2.53	2.96	3.49
贴现率（1.11^t）			1.11	1.232	1.368	1.518
AEG 的现值			1.730	2.054	2.164	2.300
2015年以前的 AEG 现值合计		8.25				
持续价值 CV						51.85
持续价值的现值			34.16			
应当资本化的收益总额			76.24			
资本化率			0.11			
每股价值 $\left(\dfrac{76.24}{0.11}\right)$		693.09				

持续价值：

2015年年末的持续价值 = $\dfrac{3.49 \times 1.04}{1.11 - 1.04}$ = 51.85

持续价值的现值 = $\dfrac{51.85}{1.518}$ = 34.16

表6-3中的计算说明，分析师预计谷歌公司在2011年以后还能实现收益的超常增长。但是，由于分析人员通常不会提供5年以上的预测数据，所以，表中的持续价值是以一般情况下GDP的平均增长率4%作为长期增长率来计算的。这样做的目的是为了在估值过程中尽量避免主观的判断，所以采用历史平均值（即"我们所知道的"）。计算结果显示，谷歌公司的每股价值为693.09美元。谷歌公司的股票在当时的交易价格为每股624美元，因此这个估值是大于市场的定价的。原因在哪里呢？分析师对5年内增长率的预测常常是比较乐观的，对这只热门的股票来说，很有可能就是这个原因。或者也可以说，可能是当时的市场定价正处在低位。但会不会是4%的长期增长率假定过于乐观了呢？对谷歌公司来说，要实现比整个经济整体更高的增长率应该是比较容易的。所以，这只股票的价值在当时应当确实是被低估了。在第7章中，当我们将这里的估值技术应用于主动投资策略时，还会回到这个话题上来。

6.5 搭建你自己的估值工具

与剩余收益估值模型一样，"情景1""情景2"和表6-3中的估值都可以通过电子表格来完成。在这种情况下，电子表格程序需要的输入值包括：①给定预测期内的收益与股利情况；②必要报酬率水平；③计算持续价值时需要的长期增长率水平。标准的电子表格程序需要未来至少2年的预测值（可取分析师的预测结果），然后对后续的情况可使用增长率来进行推算，更灵活一些的表格则允许我们改变不同的预测期长短。在本章的相关网站配套资料中，有一些电子表格的样本可供参考。

我们可通过电子表格来计算预测年度之后每一年的超常收益增长，如"情景1"和"情景2"中那样，但是，如果你在第5章已经搭建了自己的分析工具，则可以简单地利用相邻两期剩余收益的变动额作为超常收益增长 AEG。如果在计算持续价值时，你使用的超常收益增长率与剩余收益增长率相同，那么估值的结果也会与使用剩余收益估值方法的结果相同。

现在，我们可以利用这个分析工具，通过改变不同的输入变量取值，来看看你的估值结果的不确定性程度。比如，如果你对必要报酬率的水平没有把握，那么，就可以在电子表格中变换不同的必要报酬率水平，来看看估值结果对此的敏感程度如何。或者，也可以检验估值结果对增长率的敏感性如何。是否在任何合理的增长率水平下，这只股票的价值都被高估或者低估了呢？在表6-3中，我们使用了GDP增长率，但你也许想要知道，如果增长率为3%或者2%，估值会怎样变化呢？如果你认为2%的增长率是非常保守的，而且该股票目前的实际交易价格是低于所计算出的估值结果的，那么，也许你就会非常有信心购入这只股票了。或者，如果你通过换用不同的增长率水平发现，目前的市场价格中所隐含的增长率水平高达6%，那么，你可能就会判断现在的股票价格已经被高估了。

这种电子表格是一种可以很好地将分析师的预测值转换为估值的工具。不过，到最后，你一定会希望利用本书后面部分将要介绍的财务报表分析信息来形成自己的预测值，然后在此基础上再来进行估值。这样做可以进行更多的敏感性分析，直达价值创造的核心问题。在本书的配套网站上，"搭建你自己的分析工具"（BYOAP）将指导你建立整个分析和估值的电子表格程序。

6.6 超常收益增长模型的特点

阅读材料6-4列出了超常收益增长模型的优点与不足。阅读时，请注意与股利贴现模型（第4章）、贴现现金流量模型（第4章）和剩余收益估值模型（第5章）的特点进行比较。

我们已经强调过，超常收益增长估值模型与剩余收益估值模型一样，能够保护我们避免为盈利的增长而支付过高的价格。在本节中，我们将再讨论该模型的其他一些特点。

阅读材料6-4

超常收益增长模型的特点

优点

易于理解：投资者从未来收益和收益增长的角度进行思考；投资者购买的就是盈利。该模型直接关注最通用的乘数指标——市盈率。

采用权责发生制会计思想：嵌入了权责发生制会计的思想，将费用与相关的收入配比，从而计量因产品销售而带来的价值增加额。

通用性：适用于各种会计原则体系（第17章）。

与人们习惯预测的内容一致：分析师会进行收益和收益增长率的预测。

预测期：对预测期的要求比贴现现金流量分析的更短，更多的价值权重体现在不久的将来，对持续价值的依赖性比较低。

保护性：能避免投资者为企业的增长而支付过高的价格。

不足

会计技术复杂：需要使用者事先理解权责发生制会计的工作原理。

概念复杂：需要使用者真正理解含息收益和超常收益增长这两个概念。

对必要报酬率的估值敏感程度高：由于价值完全取决于将预测收益按必要报酬率进行资本化计算的结果，所以估值对必要报酬率水平的敏感性程度较高。而如果利用剩余收益模型进行估值，结果部分是由账面价值决定的，因此对必要报酬率的敏感性程度相对较小一些。

应用于分析：剩余收益估值模型能更好地帮助使用者分析价值的创造过程和增长的驱动因素（见本书第二部分中的分析）。

应用于战略评估：没有能够揭示出收益增长的驱动因素，尤其是资产负债表中的项目与收益的增长有什么关系，因此，不是非常适用于战略分析。

会计信息的可信程度：依赖于会计盈利信息，而这类信息的可靠程度是不确定的。使用该模型时，还应当结合收益质量分析（第18章）。

6.6.1 购买盈利

超常收益增长模型采用了"购买盈利"的观点，它认为，企业的价值是由它所能赚取到的盈利来决定的。由于盈利代表了企业通过出售商品和提供服务所能实现的价值增加额，所以，模型通过将能够从客户那里实现的收入与以费用的形式而放弃的相关价值进行配比，从而预测在与客户的交易中能实现的价值增量。

超常收益增长模型使用了分析人员的专业语言，因为市盈率的使用率远大于市净率。分析师总在不停地谈论盈利和盈利的增长，而不是剩余收益与剩余收益增长。因此，使用超常收益增长模型相对使用剩余收益估值模型来说，能更直接地将分析人员的预测值转换为企业权益估值（不过，华尔街的人一般并不会考虑股利对增长的影响问题。分析人员一般都谈论不含息的收益增长，而不是含息收益的增长）。

6.6.2 超常收益增长模型与剩余收益估值模型

在对价值创造过程的解释这个问题上，超常收益增长模型不如剩余收益模型那么清楚。企业投资于资产，然后通过在经营过程中对这些资产加以利用，从而创造价值。剩余收益估值模型确认了企业对资产的投资，只有当投资的收益率大于必要报酬率时，才确认价值的增加额。因此，剩余收益估值模型能够有利于我们更好地观察企业的价值创造过程，看清楚投资与取得投资回报之间的关系。因此，我们不建议将超常收益增长模型作为战略分析工具来进行使用（但我们认为剩余收益估值模型是适合的），因为战略分析就涉及投资的问题。战略分析的核心是一项投资是否能够创造价值。因此，当我们进入本书第二部分时，我们将更多地使用剩余收益模型，因为它能让我们更清楚地认识企业的价值创造过程。

6.6.3 超常收益增长模型不受股利发放、股份发行和股份回购等事件的影响

在第5章中我们已经看到，剩余收益估值模型对预期的股利发放率、股份发行和股份回购等事件是不敏感的，这一特点同样也是超常收益增长估值模型所具有的。

对于股利，你可以利用表6-2中的数据来进行验证。如果不发放股利，将股利按10%的报

酬率水平再投资到公司中，那么下一期的收益增加额就等于股利的再投资收益。或者，如果发放股利，那么含息收益（即企业所赚取的收益再加上股东将所得到的股利再投资于公司之外的项目）与股东将这些股利再投资到某个个人账户（如表中所示）中的效果是一样的。超常收益增长是不变的，因此估值的结果也是相同的（在储蓄账户的例子中，你也已经看到了）。这与投资者将收到的股利用来购买股票，然后再按必要报酬率水平获得 10% 的报酬率，效果是完全一样的。投资者完全可以在不影响价值的情况下，消除股利发放的影响。如果在表 6-2 中，回报来自股票回购而不是股利，效果也是相同的。企业通过寻找能够产生超常收益增长的投资项目来创造利润，而不是将现金留存在企业内部或者发放出去来实现利润。

6.6.4 会计方法与估值

剩余收益估值模型适用于各种会计原则体系。在第 5 章中我们已经介绍过，这是剩余收益估值模型将账面价值和收益信息捆绑在一起的结果。企业可以通过会计方法的选择去增大将来的收益，但代价是需要调低当前的账面价值。如果（在剩余收益估值模型中）将更高的收益与调低后的账面价值合在一起，那么最终的价值是不受影响的。

乍一看，超常收益增长模型好像不具有这一特点。企业经理可以通过低估当前的账面价值来创造更高的未来收益，而超常收益增长模型是以将来的收益信息作为估值基础的，并没有账面价值这个纠正机制。我们并不希望为不能够带来价值提升的增长去买单，而通过会计方法的选择，确实可以报告出我们所不愿意为之支付价格的收益增长。但实际上，出现这种情况的时候，超常收益增长模型也可以像剩余收益估值模型一样，保护投资者不为会计方法所创造出的收益增长去买单。更多内容请参考阅读材料 6-5 中的解释。

阅读材料 6-5

通过会计方法创造收益时的超常收益增长模型估值

表 6-2 中列出了利用一家公司的预计收益和收益增长信息，来进行权益估值的过程。现在，假定这家公司的经理决定通过计提第 0 年的存货减值 8 美元，在第 1 年中报告更多的利润。这一会计调整将使得一些会计数据发生改变，但对企业的权益价值却没有影响。以下是修订后的预计数：

利用会计方法创造收益：计提存货减值后的表 6-2

	预测年度					
	0	1	2	3	4	5
收益	4.00	20.36	12.73	13.11	13.51	13.91
股利	9.09	9.36	9.64	9.93	10.23	10.54
账面价值	92.00	103.00	106.09	109.27	112.55	115.92
股利再投资收益			0.936	0.964	0.993	1.023
含息收益			13.667	14.077	14.499	14.934
正常收益			22.396	14.004	14.424	14.857
超常收益			(8.729)	0.073	0.075	0.077
超常收益增长率（%）					3	3

对估值的影响

由于在第 0 年计提了 8 美元的存货减值，因此原来在第 0 年的收益 12 美元现在变成了 4 美元（同时账面价值也由 100 美元变成了

92美元）。相应地，由于第1年的销货成本减少了8美元，所以第1年的预计收益能够增加8美元，变为20.36美元。但第2年的含息收益却不受影响，因为按第1年的收益基础20.36美元计算，第2年的正常收益水平就应当是22.396美元了，所以第2年超常收益增长为负的8.729美元。后续年份的数据都同以前一样，不受影响。这样，利用超常收益增长模型，计算出这家企业在第0年年末的价值为：

$$V_0^E = \frac{1}{0.10} \times \left(20.36 - \frac{8.729}{1.10} + \frac{0.073}{1.10-1.03}\bigg/1.10\right)$$
$$= 133.71$$

计算结果与计提存货减值准备之前是相同的。所以，虽然第1年的预计收益增加了，但增加后的收益20.36美元意味着第2年的正常收益水平也上升了，导致超常收益增长变为了负的8.729美元，最后的净影响额为0，估值结果也没有变化。

对市盈率指标的影响

虽然最终的估值结果不受会计方法变动的影响，但市盈率却是会受影响的。该公司的远期市盈率现在变为了 $133.71/$20.36 = 6.57，相比原来10.82的水平下降了。而（调整股利影响后）的历史市盈率变为了（$133.71+$9.09）/$4.00 = 35.70，相比原来11.90的水平上升了。所以，当前的收益转移到未来收益中，将增大历史市盈率水平，因为预期下一年度的收益更多了，而市盈率正是对增长的定价。不过，将收益转移到未来会降低远期的市盈率，因为下一年度以后的增长减少了，而收益的价值（分子）却没有发生变化。

给分析人员的忠告

这里有一个忠告。勤勉的分析人员能够区分出通过会计方法所实现的增长与真正由于企业经营因素所带来的增长。如果增长是由于会计方法所导致的，他会更改他的市盈率乘数，但不会改变估值结果。利用超常收益增长模型（或者剩余收益估值模型），能够保护他不去为单纯由于会计方法所导致的收益增长买单。

在本章一开篇，我们就提出了不应当为不创造价值的增长去买单。如果某个投资项目的报酬率仅仅与必要报酬率水平相当，我们是不希望为这样的收益增长而去支付价格的。但是，如果收益的增长是通过会计方法来创造的，这样的增长也是不值得我们去买单的。利用剩余收益估值模型或者超常收益增长模型，能够在这两方面都为我们提供保护。

请一定要读一下阅读材料6-5中"给分析人员的忠告"这一部分内容。历史市盈率水平说明了预计的未来销售可实现盈利与根据当前销售水平所实现的盈利之比，为计量销售创造的价值增加额，会计需要将费用与相关的收入进行配比。如果在配比过程中，低估当前的费用（比如，通过低估坏账准备的办法），那么当前的收益水平就能更高一些。不过，未来的收益水平就会降低，因为现在的收益是"从将来借入的"。由于当前确认了更多的收益，因此未来的预计收益就减少了（但价值是不受影响的），历史市盈率就会更低。但未来收益的降低将导致远期市盈率上升至更高的水平。同样地，如果企业在当前的收益中确认更高的费用水平，结果也是相同的。

6.7 FED 模型

格林斯潘先生对股票市场的看法一直以"非理性繁荣"的批判性论述而出名。根据《巴伦周刊》的报道，格林斯潘先生会使用收益率来对市场进行筛选和分析，详见阅读材料6-6中的信息。

阅读材料 6-6

FED 模型

摘自《巴伦周刊》，1998 年的一篇报道。

美国联邦储备委员会主席格林斯潘先生在今年还没有对股票市场的情况发表过什么看法，不过，他最喜欢用的估值模型正在给出"卖出"信号。去年夏天，德意志摩根建富公司（Deutsche Morgan Grenfell）的经济学家爱德华·雅尔德尼（Edward Yardeni）将这个隐藏在美联储报告中的模型带到了大众眼前，人们将其称为"格林斯潘模型"（或者 FED 模型）。由于美联储的官员通常不会插手股市，或者发表他们对股票市场的看法，所以，在这样的报告中出现了这样的模型，是非常令人关注的。该模型出现的时点也非常有意思：当时的美国股票市场指数正接近高位，而格林斯潘模型恰好指出市场价格水平已超出了正常水平 20% 以上。

事实证明，该模型给出的警告非常有用。截至 1998 年 10 月，股市价格相对夏季时的高位已经下跌了将近 15%。当然，到当年年末的时候，道琼斯指数又回到了 7900 点左右，但相对当年的高点来说，仍然下跌了 5% 的样子。

现在，道琼斯指数已经超过了 8600 点，格林斯潘模型又一次开始发出了警告。准确地说，这一次，该模型显示股价被高估了 18% 左右。

美联储的这个模型是通过比较 10 年期的国库券收益率和根据未来 12 个月的预计营业收益所计算的标准普尔 500 指数的市盈率来结合判断的。这个模型将股票与债券放在一起，用股票的收益率（earnings yield），即（远期）市盈率的倒数与债券的收益率进行比较。比如，目前 10 年期的国库券收益率为 5.60%，而标准普尔 500 公司的（远期）市盈率水准为 21，那么，对应的收益率就是 4.75%。

从本质上说，美联储的这个模型提出了这样的问题：当我们可以买入收益率为 5.60% 的债券时，为什么还要去买收益率只有 4.75% 的股票呢？

根据 FED 模型，标准普尔指数目前的合理位置应该是在 900 点上下，比当前的实际水平 1070 点低很多。

资料来源："Is Alan Addled? 'Greenspan Modle' Indicates Stocks Today Are Overvalued by About 18%,"《巴伦周刊》，1998 年 3 月 16 日，P21。

"格林斯潘模型"或者"FED 模型"将预计的股票收益率与 10 年期的政府债券收益率进行比较，判断股票价值是否出现了高估。在这个模型中，预计的股票收益率等于将来的收益与当前股票报价之间的比值，相当于远期市盈率的倒数，因此，如果预计收益率为 4.75%（在该媒体报道当时），则意味着远期市盈率等于 21.05。国库券的收益率为 5.60%，那么对应的远期市盈率就是 17.86。根据 FED 模型，如果股票的远期市盈率超过了中长期国库券的市盈率，那么，该股票的价值就被高估了。这种筛选股票的方法是否好用呢？

FED 模型的效果如何呢？由于股票和债券的投资风险不同，因此投资者的必要报酬率也不一样，所以，人们预计它们的远期市盈率应当是有所区别的。当必要报酬率为 5.60% 时，对债券来说，17.86 的远期市盈率水平就是正常的，但股票的投资风险更大一些；如果必要报酬率为 10%，那么正常的市盈率水平也为 10，相比风险更低的政府债券的市盈率来说，低出了很多。但是，增长的情况也会影响到市盈率，而 FED 模型并没有对下一年度以后的增长情况进行任何明确的说明。债券是没有超常收益增长的（类似于储蓄账户），因此正常的市盈率水平就是恰当的。但是对股票来说，当正常的市盈率水平为 10 时，如果预计它在下一年度之后还能实现超常收益增长，那么，要达到 21 的市盈率水平也不是不可能的。但是，由于没有对后续年度的收益预测数据，所以我们无法检验 21 的市盈率水平是否合理。FED 模型提出：当我们可以买入收益率为 5.60% 的债券时，为什么还要去投资收益率仅为 4.75% 的股票呢？事实是，如果投资者预计将来能有增长，那么，他们是可能愿意买入这样的股票的。单纯依靠收益率来筛选可投资的对象显得太过简单了。

在 FED 模型的应用中，出现了两类错误，分别是"忽视了对风险进行区别"和"预计的增长情况"，这两类错误的影响方向恰恰是相反的。由于投资的风险更大，所以股票的市盈率应当更低一些，但是，由于它们可能存在未来的增长潜力，所以市盈率又应当更高一些。FED 模型要求股票的收益率不低于中期国库券的收益率，实际上是认为企业的增长潜力无论如何也不够补偿将股票作为政府债券这一类风险更低的证券所可能导致的误差。

不过，我们必须非常小心，因为更大的增长潜力也意味着更大的风险。我们知道，增长（包含在持续价值的计算中）是估值中不确定性最强的一部分，在估计未来的增长情况时，风险是很高的。至少从平均水平上来看，我们是不可能在不增加风险的情况下去实现更高的增长率的。风险与增长之间的这种内部关系，以及在估值中必要报酬率与增长率之间的这种关系，正是我们在第 7 章中将要关注的问题。截至目前，请留心我们的警告：不要为增长而支付过高的价格。

不过，将股票收益率与政府债券的收益率进行比较，并不意味着股票的收益率和市盈率会随着利率的变动而发生改变，详见阅读材料 6-7 中的内容。

阅读材料 6-7

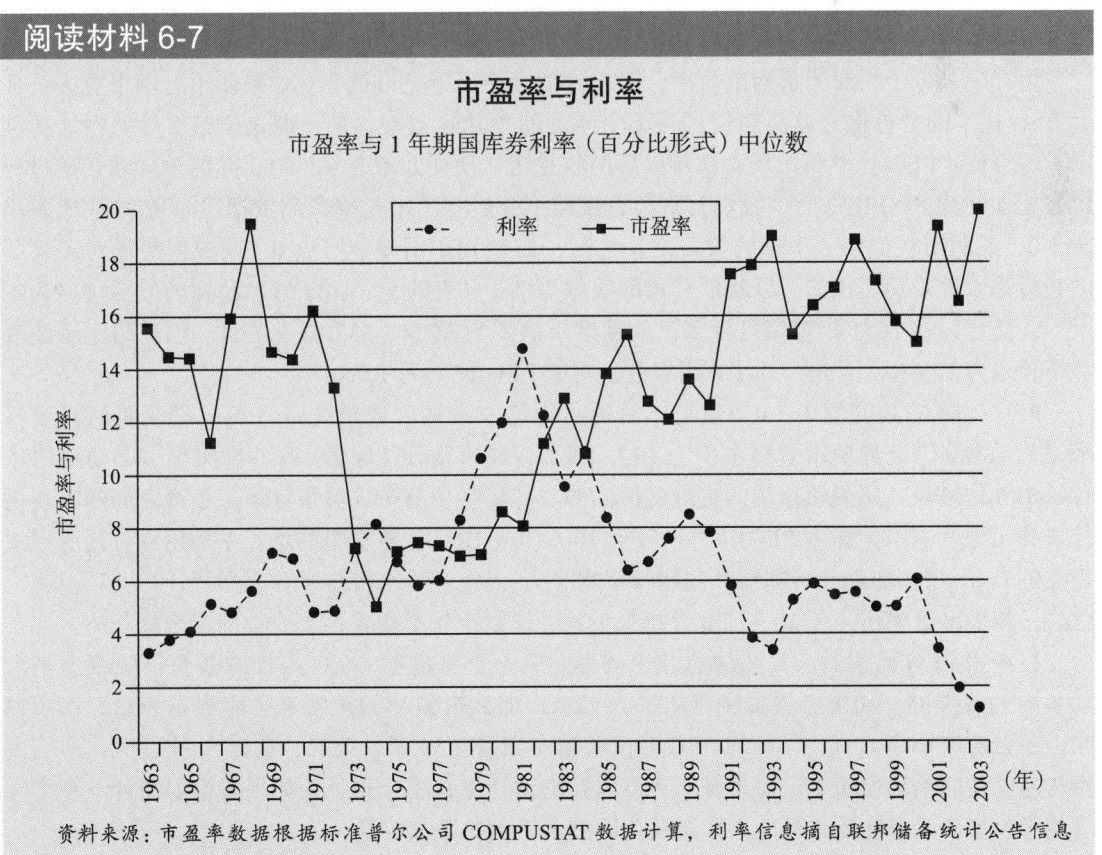

市盈率与利率

市盈率与 1 年期国库券利率（百分比形式）中位数

资料来源：市盈率数据根据标准普尔公司 COMPUSTAT 数据计算，利率信息摘自联邦储备统计公告信息（www.federalreserve.gov）。

> 由于市盈率涉及将收益按权益的必要报酬率进行资本化处理，而必要报酬率又是受利率变动影响的，所以，当利率升高时，市盈率就会更低；而当利率降低时，市盈率就会上升。相应地，在高利率时期，投资收益率就应当更高；而在低利率时期，投资收益率也应当相应降低。上面这张图说明了在过去的这几十年中，市盈率与利率的反向波动关系。
>
> 20世纪七八十年代，当政府债券的利率较高时，市盈率处在低位；到20世纪90年代，当利率相对较低时，市盈率却处在相对高位。但是，市盈率与利率之间的这种反向变动关系并不强，这是因为，未来收益增长的预期对市盈率的影响远大于对利率变动的影响。
>
> 当然，在应用这些解释时，我们必须非常小心，因为市场在对收益进行定价时，并不总是有效率的。20世纪70年代的市盈率太低了吗？90年代的市盈率水平又太高了吗？或者，也可能是在20世纪70年代的时候，市场低估了未来收益的增长，而在90年代的时候，又出现了高估呢？

6.8 PEG 比率

近年来，PEG 比率开始变得越来越引人注目了。PEG 是指市盈率（P/E）与预计下一年度的收益增长率（growth）之间的比值，即

$$PEG \text{ 比率} = \frac{\text{市盈率}}{\text{预计下一年度的收益增长率}}$$

上式中，分子一般为远期市盈率，但有时也会使用历史市盈率。如果使用远期市盈率，那么 PEG 比率的分母最好就应当使用再下一年度的预计收益增长率，即未来第2年的预计盈利增长百分比。PEG 比率将市场对次年以后的收益增长预期即市盈率，与实际的预计增长率进行比较。在计算 PEG 比率时，我们常常会直接使用分析师的增长率预测数据。如果 PEG 比率小于 1.0，说明市场低估了未来的收益增长情况；如果 PEG 比率大于 1.0，则说明市场对未来的增长看法太过乐观。比如，以谷歌公司的数据为例（见表 6-3），由于谷歌公司的股票价格为每股 624 美元，在 2011 年早期可计算出的预期市盈率为 $624 / $33.83 = 18.4，预计两年后的收益增长率为 17.4%，因此，可计算出谷歌公司的 PEG 比率为 1.06。

PEG 比率的基准值为 1.0，这与本章的思想是一致的。如果投资者对一只股票的必要报酬率为 10%（因此远期市盈率水平为 10），那么，如果预计（含息）收益确实也按必要报酬率 10% 的速度增长，则说明市场的定价是恰当的。如果某位分析人员预计下一年度之后的收益增长率确实也为 10%，那么 PEG 比率就等于 10 / 10 = 1.0（注意这里的增长率是用百分比的形式表达的）。不过，如果分析师预计的增长率水平为 15%，那么 PEG 比率就等于 10 / 15 = 0.67，此时，如果市盈率还等于 10，那么分析人员就会质疑市场是否低估了企业的未来增长率。

在应用 PEG 比率时，需要注意几个问题。第一，基准值 1.0 仅是针对必要报酬率水平为 10% 时的条件的。如果必要报酬率水平为 12%，那么市盈率的正常水平应当是 8.33，用 8.33 除以正常的增长率 12%，得到的 PEG 基准值就应当是 0.69 了。第二，在计算 PEG 时，应当使用含息收益的预计增长率，而不是不含息收益的预计增长率。第三，如果只根据预计下一个年度的增长率情况来计算和筛选，会忽视今后更多年度的增长信息。

由于上述第三个问题，一些人在计算 PEG 比率时，在分母中会使用年化的 5 年期增长率。

举例来说，福特汽车公司的股票在 2002 年时的交易价格为每股 7.20 美元，根据分析师的预测，下一年度的每股收益水平为 0.43 美元，因此，可以计算出远期市盈率为 16.7。此外，分析师还预测再下一年度的每股收益水平将为 0.65 美元。由于这家公司在 2002 年的股利发放率为 40%，所以，如果假定必要报酬率为 10%，那么预计再下一年度的含息每股收益水平应当为 0.69 美元。所以，预计再下一年度的含息收益增长率应当是 60.5%，福特公司的 PEG 比率为 16.7/60.5 = 0.28。这个 PEG 比率水平告诉我们，福特公司的股票价格被市场低估了。但是，实际上，再下一年度的收益增长率完全是受到了下一年度的收益状况太差的影响，福特公司是难以在将来保持 60% 的增长率的（事实也是如此）。实际上，在当时，分析师预计福特公司在未来 5 年内的平均增长率只有 5%，如果我们在 PEG 比率计算式的分母中使用这个增长率水平，PEG 比率的水平就是 3.3 了。

本章小结

本章所介绍的估值方法与第 5 章是互成体系的，只是它们可以用来估算内在的市盈率水平而不再是市净率水平。与第 5 章的估值方法需要以权益账面价值作为估值基础不同，本章的方法是以收益水平作为估值基础的。不过，两类估值方法的形式是非常类似的。使用市净率思想进行估值时，我们在账面价值的基础之上，再考虑企业的收益能够超过按必要报酬率计算的账面价值正常收益水准的部分；使用市盈率思想进行估值时，我们在资本化收益的基础之上，再考虑企业的收益能够超过按必要报酬率计算的前期收益的正常再投资报酬部分。

超常收益增长，即收益的增长超出了正常收益增长的部分，是本章所介绍估值方法的核心概念。这个概念反过来要求我们应当懂得分析人员在关注收益的增长问题时，应当关注的是含息收益的增长，因为未来的盈利不仅包括了企业所赚取的盈利，还包括股东将所收到的股利进行再投资所能够得到的回报。

与剩余收益估值模型一样，应用本章所介绍的估值方法，能够保护投资者避免为企业的收益而支付过高的价格。同时，这两类投资方法还可以保护投资者不为会计方法所创造出来的收益去买单。

关键概念

超常收益增长（abnormal earnings growth）：是企业的收益增长超出了按权益资本的必要报酬率所计算的收益增长部分。与正常增长的收益相对应。

含息收益（cum-dividend earnings）：指将前期股利用于再投资的收益也包括在内的收益总额。与不含息收益相对应。

除息收益/不含息收益（ex-dividend earnings）：指没有考虑将前期股利用于再投资所可能获得报酬的收益。与含息收益相对应。

正常增长的收益（normal earnings growth）：指按照权益资金的必要报酬率所计算出来的收益增长额。

远期市盈率的正常水平（normal forward P/E）：是当下一年度之后的企业（含息）收益预计将按权益资本的必要报酬率进行增长时的市盈率；即，预计未来的收益增长将处在正常水平上。

历史市盈率的正常水平（normal trailing P/E）：是从下一年度开始的企业（含息）收益预计将按权益资本的必要报酬率进行增长时的市盈率。

分析师工具箱

分析工具	重要指标	应记住的缩写/简称
超常收益增长模型［式（6-2）］	超常收益增长	AEG：超常收益增长
情景 1	持续价值	EPS：每股收益
情景 2	情景 1	DPS：每股股利
远期市盈率的正常水平	情景 2	GDP：国内生产总值
历史市盈率的正常水平	含息收益	PEG：市盈率 – 增长率倍数
超常收益增长［式（6-3）、式（6-3a）］	股票收益率	RE：剩余收益
历史市盈率模型［式（6-4）］	除息收益 / 不含息收益	
将分析师的预测值转换为估值	远期市盈率	
PEG 比率	正常收益	
	远期市盈率的正常水平	
	历史市盈率的正常水平	
	PEG 比率	

连贯案例：金佰利公司

自主练习

将分析师的预测转换为估值

在第 5 章的金佰利公司案例资料中，要求你用剩余收益估值模型，将分析师对该公司未来的收益预测值转换为估值。现在，你可以用超常收益增长模型再试一次！在第 1 章的表 1-1 中，已经给出了分析师在 2011 年 3 月对该公司所做出的预测值，当时金佰利公司的每股股票价格为 65.24 美元。表中未来盈利预测均为 2011 年度和 2012 年度的点估计值和未来 5 年的预计盈利增长率。金佰利公司在 2010 年支付的每股股利为 2.64 美元，并在 2011 年宣告了每股股利 2.80 美元。

请根据这些资料，计算出金佰利公司的远期市盈率。同时，利用第 2 章表 2-2 财务报表中的信息，计算出 2011 年的历史市盈率。

接下来，利用 5 年期的增长率预期，你可以计算出分析师对金佰利公司 2013～2015 年的盈利预期。请完成这一步工作，并根据这些预测值，推算相应的超常收益增长金额。在计算时，假定金佰利公司的权益资本必要报酬率为 8%。

然后，请根据这些预测值为金佰利公司的股票进行估值。你可以使用本章配套的网络资料中所提供的电子表格程序来完成估值计算。假定 5 年预测期后的长期增长率为每年 4%，与 GDP 平均增长水平大致相当。那么，请问，远期市盈率的内在水平应当是多少？历史市盈率的水平呢？你所得到的估值结果与在第 5 章中利用剩余收益估值模型所得到的结果相同吗？

使用电子表格软件

与第 5 章的连贯案例相同，你可以使用电子表格软件来完成上述的估值过程。请查看本章配套网站上的电子表格程序。当然，如果能开发使用自己的电子表格程序是最好的。

思考题

C6.1. 请解释在企业发放股利的情况下，为什么分析人员所预测的每股收益增长往往比投资者所获得的真正价值低一些？

C6.2. 标准普尔 500 指数公司的历史盈利增长率

为大约8.5%，而股票投资者所要求的增长率水平大约为10%。请问，你能解释这两个数据为什么会不一致吗？

C6.3. 下面这个公式常常被用来对股票进行估值，其中，$earn_1$表示下一年度的收益，r表示资本成本率，g表示预计的收益增长率。

$$股票价值 = \frac{earn_1}{r-g}$$

请解释为什么这个公式会导致估值错误。

C6.4. 某家公司的收益增长率预计与其权益资本的必要报酬率一样，均为12%。请问，该公司的历史市盈率为多少？远期市盈率呢？

C6.5. 远期市盈率的正常水平与历史市盈率的正常水平总是相差1.0。请解释这是为什么？

C6.6. 既然含息收益增长率和估值都不受预期股利的影响，请问为什么在权益估值时，使用的预计收益增长率必须是含息收益增长率？

C6.7. 超常收益增长总是等于剩余收益增长的变动额。请问这句话是正确的吗？

C6.8. 债券的市盈率总是低于股票的市盈率。请问这句话是正确的吗？

C6.9. 在一份权益研究报告中，一位分析人员计算出一只股票的未来获利率为12%，比10年期的政府债券收益率7%高出了许多，于是他给出了"买入"建议。请问，这位分析人员的建议是否有可能出错呢？

C6.10. 请问，你对PEG比率是怎么理解的？

C6.11. 请翻回到第2章的图2-3，看看1963～2010年市盈率的中位数变动情况。请问，为什么在20世纪70年代的市盈率较低，而在60年代和90年代的较高呢？

C6.12. 从20世纪70年代起至90年代后期，标准普尔500指数公司的收益－价格比出现了严重下滑。由于收益－价格比表示每1美元的价格所对应的"投资报酬"，因此一些人认为，该比率的下滑表明权益投资的必要报酬率下降了，并且，正因如此，同时期的股票价格也出现了上升。请问，为什么上面这种说法是站不住脚的？

C6.13. 为什么分析人员经常使用远期市盈率而不是历史市盈率？

C6.14. 请问，企业可以在不影响权益价值的情况下提高它的收益增长率吗？

C6.15. 2008～2012年，股票市场的平均市盈率相对处于低位（大约在11～12），当时的利率水平也处于严重低位（10年期政府债券的收益率已低于3.5%）。请解释为什么可能出现这样的状况？

练习题

基本练习

E6.1. 预计收益增长与超常收益增长（简单）

下面是2010年年末做出的某家企业盈利与股利信息预测。这家企业的权益资本必要报酬率为每年10%。

	2011年	2012年	2013年
每股收益EPS	3.00	3.60	4.10
每股股利DPS	0.25	0.25	0.30

要求：

a. 预计该公司在2012年和2013年的含息收益增长率与除息收益增长率。

b. 预计该公司在2012年和2013年能实现超常收益增长金额为多少？

c. 计算该公司远期市盈率的正常水平。

d. 根据你的预测结果，你认为这家企业的远期市盈率会高于它的正常市盈率水平吗？为什么？

E6.2. 某储蓄账户的市盈率（简单）

假定你有一个储蓄账户，并且这个账户在去年还取得了10美元的收益。在过去的12个月中，你在这个账户中的唯一交易记录是在年末最后一天从账户中取款了3美元。该账户的存款利率为每年4%。要求：

a. 在取款3美元以后，该账户的价值是多少？

b. 该账户的历史市盈率和远期市盈率为多少？

E6.3. 根据预计的超常收益增长进行估值（简单）

假定某位分析人员向你提供了下列预计信息（单位：百万美元），这些信息是他对一家公司在 2013～2017 年的收益和股利预测数据。他希望你能帮忙对这家公司在 2012 年末的 13.8 亿股流通在外的股票进行估值。在计算时，假定这家公司的权益资本必要报酬率为 10%（这些预测数据与练习题 E5.3 中的是一样的，但当时是要求使用剩余收益估值模型进行估值）。

	2013 年	2014 年	2015 年	2016 年	2017 年
盈利	388.0	570.0	599.0	629.0	660.45
股利	115.0	160.0	349.0	367.0	385.40

a. 请预计该公司在 2014～2017 年中每一年的收益增长率和含息收益增长率。

b. 请预计该公司在 2014～2017 年中每一年超常收益增长金额。

c. 请根据上述预测数据计算该公司权益在 2012 年年末的每股价值，你认为这家企业适用超常收益增长估值的情景 1 还是情景 2 呢？

d. 这家企业的远期市盈率是多少？远期市盈率的正常水平是多少？

E6.4. 超常收益增长估值与目标价格（中等）

下列某家企业每股收益和每股股利的预测值是在 2012 年年末做出的。

	每股收益 EPS	每股股利 DPS
2013 年	3.90	1.00
2014 年	3.70	1.00
2015 年	3.31	1.00
2016 年	3.59	1.00
2017 年	3.90	1.00

该公司的权益资本成本率为每年 12%（这些预测数据与练习题 E5.4 中的是一样的，但当时是要求使用剩余收益估值模型进行估值）。

a. 计算该公司在 2014～2017 年每一年超常收益增长金额为多少？

b. 根据超常收益增长估值模型，该公司的权益在 2012 年年末的每股价值为多少？

c. 该公司在 2017 年的预计历史市盈率是多少？

d. 该公司的权益在 2017 年年末的预计每股价值为多少？

E6.5. 股利替代与价值（中等）

公司 A 和公司 B 的经营业务十分类似，它们在 2012 年年末的账面价值均为 100 美元，权益资本成本率也均为 11%，预计在 2013 年，两家公司都能实现收益 16.60 美元。但是，公司 A 的股利支付率为 60%，预计在 2014 年能实现收益 17.80 美元；而公司 B 的股利支付率为 0。

a. 请问，你预计公司 B 在 2014 年能实现的收益为多少？

b. 假定现在还是处在 2012 年，请问，你对公司 B 的股票所愿意付出的价格，会比公司 A 的更高、更低，还是相同呢？

E6.6. 市盈率的正常水平（简单）

请编制一张表格，列出当权益资本成本率分别为 8%、9%、10%、11%、12%、13%、14%、15% 和 16% 时，正常的历史市盈率和远期市盈率水平。

应用分析

E6.7. 计算耐克公司的含息收益增长率（简单）

在 2009 财务年度早期，分析人员预测耐克公司在截至 2009 年 5 月和 2010 年 5 月的财务年度中，能分别实现每股收益 3.90 美元和 4.45 美元，并且预计 2009 年的每股股利为 92 美分。假定权益资本的必要报酬率为 10%，请比较耐克公司在 2010 财务年度的预计含息收益增长率和不含息收益增长率。

E6.8. 计算含息收益：通用磨坊公司（简单）

下面是通用磨坊公司在 2006～2010 年报告的收益信息和支付的股利情况。

	基本每股收益 EPS	每股股利 DPS
2006 年	1.53	0.67
2007 年	1.65	0.72
2008 年	1.93	0.78
2009 年	1.96	0.86
2010 年	2.32	0.96

请计算通用磨坊公司在 2007～2010 年每一年的每股含息收益金额为多少？超常收益增长金额为多少？假定通用磨坊公司股东要求的必要报酬率为 8%。

E6.9. 剩余收益与超常收益增长：IBM 公司（中等）

下面是分析人员在 2011 年年初对 IBM 公司所做的预测信息。

	2011年	2012年	接下来3年中
每股收益 EPS	13.22	14.61	按11%增长
每股股利 DPS	3.00	3.30	按11%增长

IBM 公司的股东权益在 2010 年年末的账面价值为 230 亿美元，或者说每股 18.77 美元。计算时，请假定权益资本的必要报酬率为 10%。

a. 请预测 IBM 公司在 2011～2015 年中，各年的剩余收益将会是多少？

b. 请预测 IBM 公司在 2012～2015 年中，各年超常收益增长金额将会是多少？

c. 请证明在每一年中，超常收益增长恰好等于剩余收益的变动金额。

E6.10. 通用电气公司的市盈率正常水平（简单）

通用电气公司的股票在 2008 年年初的交易价格为每股 26.75 美元。根据分析人员的预测，该公司在 2008 年和 2009 年能分别实现每股收益 2.21 美元和 2.30 美元。通用电气公司在 2008 年已宣告每股股利 1.24 美元。在回答下列问题时，请假定通用电气公司的股东权益必要报酬率为 9%。

a. 通用电气公司的远期市盈率正常水平为多少？按当时的公司股票价格计算，市盈率为多少？

b. 2009 年的超常收益增长预测数表明，通用电气公司的股票将按市盈率的正常水平进行交易。请证明这一点。

E6.11. 用分析师的预测来检验标准普尔 500 指数的点位是否恰当（中等）

标准普尔 500 指数在 2006 年年初为 1271 点，根据分析师对 2006 年度的预测情况，该指数在当时的远期市盈率水平将为 15.0，同时，这些分析师还认为，根据对 2007 年的预测情况，标准普尔 500 组合的 PEG 比率将为 1.47。如果标准普尔 500 组合股票在当时的股利支付率为 27%，10 年期政府债券的收益率为 5%，投资银行普遍认为，如果进行权益投资，那么至少应当在此基础上再要求 5% 的风险溢价。

请问：

a. 请根据上述预测数据，计算 2007 年超常收益增长金额应当为多少？

b. 如果预计在下一年度以后，(含息)收益的增长率将为 10%，那么，标准普尔 500 指数的点位将变为多少？为什么根据分析师的预测所计算出的市盈率会有不同呢？

c. 假定长期超常收益增长率为 4%（即 GDP 的平均增长率），那么，根据分析师的预测值，当时的标准普尔 500 指数是否正好处在一个恰当的点位上呢？

d. 根据本题中的分析，你能得出什么结论？

E6.12. 微软公司的估值（中等）

2010 年，一些基本面投资者认为，微软公司的股票在经历了多年的股票市场价格高估之后，终于值得买入了。微软公司的股票在 2010 年 9 月时的交易价格为每股 24.30 美元，相对其在 2000 年 1 月时的高位每股 60 美元（调整了股票分割影响后的）下降了不少。

分析师一致认为微软公司在 2011 和 2012 财务年度（以 6 月为年度截止）的每股收益将分别为 2.60 美元和 2.77 美元，该公司在 2011 财务年度将发放的每股股利为 0.40 美元。要求：

a. 计算微软公司远期市盈率的正常水平为多少？在 2010 年 9 月时，该公司股票实际的远期市盈率为多少？假定权益资本的必要报酬率为 9%。

b. 假定微软公司在 2012 年以后超常收益增长金额为 0，请根据分析师的预测值，计算该公司股票市盈率的内在水平应当为多少？

c. 如果你预测微软公司在 2012 年后将实现较大幅度的超常收益增长，那么请问，你认为将这只股票的价格设定在每股 24.30 美元是合适的吗？

d. 根据分析师对微软公司在 2011 和 2012 财务年度的收益预测情况，请计算出该公司的 PEG 比率是多少。

E6.13. 用收益增长预测来检验股票价格的合理性：托罗公司（中等）

托罗公司（Toro Company）是一家总部位于美国明尼苏达州的除草剂产品生产商，它的股票在 2002 年 10 月的交易价格为每股 55 美元，该公司在过去 5 年中一直保持每年 20% 的每股收益增长率水平。分析师预测它在截至 2003 年 10 月的这个财务年度中，将实现每股收益 5.30 美元，并且在今后 5 年中将一直保持 12% 的增长率水平。在回答下列问题时，请假定托罗公司的权益资本必要报酬率为 10%。

a. 如果只依据下一年度的收益每股 5.30 美元（不考虑今后的收益增长问题），请问，托罗公司的每股股票价格应当为多少比较合适？

b. 托罗公司的股利发放率一直为 10%，如果预计每股收益的增长率为每年 12%，请预测该公司在 2004～2008 年这 5 年中每年的含息收益将为多少？

c. 预计托罗公司在 2004～2008 年这几年中能实现超常收益增长金额为多少？

d. 根据你的计算结果，托罗公司的股票定价是否合理呢？

E6.14. 超常收益增长模型估值与会计方法（困难）

请回到练习题 E6.3。当时，一位分析人员在 2012 年年末根据企业的初步报告，预计该企业能在 2013 年实现收益为 3.88 亿美元。

不过，当最终的报告公布的时候，分析师发现这家企业在 2012 年年末对存货计提了 1.14 亿美元的减值准备（根据成本与市价孰低原则）。分析人员预计，这批计提了减值准备的存货能在 2013 年全部售出（因此减值会影响到 2013 年的销货成本），于是，他更正了对该企业 2013 年的盈利预测数据。在回答下述问题 a 和问题 b 时，可以不考虑税的影响。

a. 假定销售收入的预测保持不变，请问，计提存货减值准备以后，预计 2013 年的销货成本将变为多少？

b. 请证明，更正 2013 年的盈利水平对企业的权益估值不会产生影响。

c. 现在，假定这家企业的所得税率为 35%，请问，你对上述问题 a 和问题 b 的回答会改变吗？

E6.15. 远期市盈率的正常水平合适吗？美泰克公司（简单）

美泰克公司（Maytag Corporation）是一家电器制造商，它的股票在 2003 年 1 月的交易价格为每股 28.80 美元。分析师预测，该公司在 2003 年和 2004 年能分别实现每股收益 2.94 美元和 3.03 美元，2003 年的每股股利为 0.72 美元；同时，分析师还预测，在 2004 年以后的 3～5 年内，该公司的每股收益能按 3.1% 的速度增长。要求：

a. 如果美泰克公司的权益资本必要报酬率为 10%，请计算该公司远期市盈率的正常水平应当为多少？比较该正常的市盈率水平与当时实际的市盈率水平。

b. 根据 2003 年以后的盈利预测数据，请问，该公司股票在当时市盈率水平是合适的吗？

迷你案例

M6.1 分析师的预测与估值：百事公司与可口可乐公司 II

百事公司（股票代码为 PEP）是一家全球食品、快餐与饮料供应商，它在全球超过 200 个国家和地区开展经营，涉及品牌包括桂格燕麦、纯果乐、佳得乐、乐氏等，当然，其中还包括百事品牌。百事公司所生产的产品包括燕麦、大米和谷粒制品、碳酸饮料和非碳酸饮料等。它的几个最大经营分部分别位于北美、墨西哥、俄罗斯和英国。

2011 年 4 月，百事公司的股票价格为每股 67 美元，远期市盈率为 15.0。根据分析师的预测，该公司在以 12 月 31 日为年度截止日的 2011 年和 2012 年能分别实现每股收益 4.48 美元和 4.87 美元，2011 年已经宣告的股利为每股 1.92 美元。当时，市场对百事公司的权益投资所要求的必要报酬率为 9%。

可口可乐公司（KO）也在超过 200 个国家和地区展开经营，在碳酸饮料和非碳酸饮料市场上，与百事公司展开了激烈的竞争。可口可乐公司旗下的品牌包括可口可乐、健怡可乐、芬达和雪碧。

可口可乐公司的股票在 2011 年 4 月的交易价格也是每股 67 美元，远期市盈率为 17.3。根据分析师的预测，可口可乐公司在以 12 月 31 日为年度截止日的 2011 年和 2012 年中，将分别实现每股收益 3.87 美元和 4.20 美元，该公司在 2011 年已经宣告的每股股利水平为 1.88 美元，权益资本的必要报酬率与百事可乐公司的相同。

要求：

a. 假定在 2012 年以后，两家公司超常收益增长（AEG）都将保持与 2012 年相同的水平，请为这两家公司进行估值。

b. 假定在 2012 年后，两家公司超常收益增长（AEG）都能按 GDP 年增长率 4% 继续增长，请为两家公司进行估值。

c. 假定你接受分析师对两家公司在 2011 年和 2012 年的盈利预测，请问，每股 67 美元的股票价格所暗示的长期 AEG 增长率比 4% 的水平更高还是更低？

d. 计算两家公司的 PEG 比率。你认为这个比率告诉了我们什么？

第 7 章 估值与主动投资

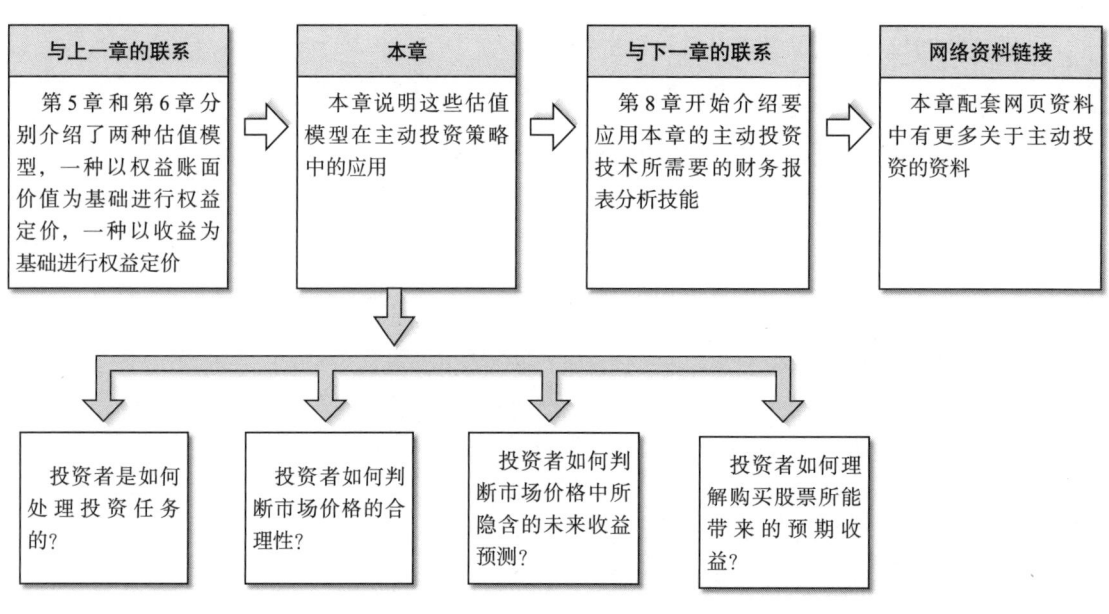

分析师备忘录

学习目标

学习完本章内容后，你应当理解：

- 基本面投资者的工作方式；
- 为什么计算"内在价值"不是必要的；
- 为什么说在估值中使用的增长率是非常主观的；
- 为什么说我们难以求出资本成本；
- 投资者在实践中怎样"区分你知道的事实和你猜测的情况"；
- 投资者在实践中如何检验市场定价的合理性；
- 投资者如何确定市价中所隐含的增长率预期；
- 投资者如何理解按既定价格进行投资时的预期收益。

学习能力

完成本章的学习任务后，你应当能够：

- 根据市场定价去反推市场的盈利预期；
- 找出市价中所隐含的未来公司盈利增长路线；
- 计算如果按当前市价买入股票，能够获得的预期收益；
- 对类似标准普尔 500 这样的市场指数水平进行评价；
- 验证某只股票市场定价的合理性；
- 开始熟悉主动投资策略。

被动投资者认为市场价格是公允的，他们会直接接受市场的定价。与之相对，基本面投资者属于主动投资者，他们认为，我所付出的是价格，我能得到的才是价值。基本面投资者懂得，在投资中，最主要的风险是由购买价格过高（或者出售价格太低）所引起的。所以，基本面投资者会主动去检验市场定价的合理性：定价真的是公允的吗？此外，防御型投资者在担心买价过高时，或者一般投资者在寻找错误定价的机会时，也有可能会这样做。

本章将以第 5 章和第 6 章所介绍的市净率（P/B）和市盈率（P/E）估值模型为基础，向你介绍如何应用主动投资的分析工具。虽然这两个模型只是最基本的框架（随着本书的逐步深入，我们将在此基础上不断加入更多的分析工具），不过，它们已足以用来说明我们的分析方法。怎样将这些模型应用于主动投资策略当中？怎样利用这些模型来检验市场价格的合理性？这便是我们在本章中将要解决的主要问题。

7.1 基本面投资者的工作方式

要回答上面这些问题，我们必须先站在主动投资者的立场上来思考，因此，需要首先澄清一些常见的错误概念。

7.1.1 关于估值的常见误解

标准的估值方法通常假定估值模型所需要的输入变量是已知的，但实际上，估值模型就像是一个"镜像游戏"，基本面投资者是不会去玩这种游戏的。基本面投资者会力争诚实，竭尽全力去区分他们已知的信息和尚不确定的信息。

下面是一些关于估值的常见误解，以及在我们运用估值模型时，需要避免的一些陷阱。为了讲解的方便，我们将以第 5 章中所介绍过的剩余收益估值模型为例，假定我们已经有了对未来两年的预测数据，那么：

$$V_0^E = B_0 + \frac{RE_1}{\rho} + \frac{RE_2}{\rho(\rho-g)} \tag{7-1}$$

"内在价值"这个概念是不实用的。虽然各种估值模型都会通过不同的估值过程，产生一个"价值"金额作为估值结果，但这是否就是真正的"内在价值"却仍然是不得而知的。对此，基本面分析之父格雷厄姆和多德曾经说过：

投资者关注证券的内在价值，更希望能找出内在价值与价格之间的差距。但是，我们必须承认，所谓的内在价值只是一个观念上的东西。通常情况下我们认为，内在价值就是能够被事实最终证实的金额，比如，这些事实可以是资产、盈利、股利、明确的前景等，这与建立在人为操纵或者心理过度扭曲基础之上的市场报价是有区别的。但是，如果认为内在价值与市场价格一样是确切并且可以确定的，那绝对是一个严重的错误。[⊖]

所以，由于内在价值这个概念天生就是不确定的，"发现真正的内在价值"这个命题也就是可疑的，或者说，甚至是误导的。这些模型都告诉我们将一系列的数据放在等式的右边，然后就能从左边得到内在价值（V）了，这完全就是一个奇迹！而且，如果输入变量本身也是不确定的，估值模型就更不能告诉我们所谓的内在价值了［在式（7-1）中，未来两年的］预测

⊖ 本杰明·格雷厄姆与大卫·多德，《证券分析》，纽约：麦格劳-希尔出版公司，1934 年，第 17 页。

数据本身就是估计值，另外两个输入变量——必要报酬率 ρ 和长期增长率 g 也是不确定的。

我们其实并不知道必要报酬率是多少。在标准的估值操作中，总是假定我们已知了必要报酬率，因为通过诸如资本资产定价模型（CAPM）这样的资产定价模型，是可以计算出必要报酬率的。但事实上，在第 3 章附录中我们已讲明，根据这些模型所计算出来的必要报酬率也是高度不确定的，尤其是"市场风险溢酬"这个估值，不同的人完全可能会有不同的看法。通过估值模型计算得到的价值受输入变量必要报酬率的影响非常大，所以实际上，我们是不知道必要报酬率的真实水平的。尽管已经经历了 60 年的专注和努力，现代财务或金融学家仍然未能找到一个恰当的方法来确定必要报酬率的水平。在进行投资决策时，你和我都有自己的必要报酬率，即我们自己的门槛利率，所以，在模型中，我们可以使用这个利率水平来代表。但是，如果认为必要报酬率可以通过客观的计算过程来得到，则是非常不切实际的。利用资本资产定价模型在很大程度上也是在玩"镜像游戏"。

我们也不知道长期增长率的水平。对于估值模型，本杰明·格雷厄姆曾经说：

> 未来前景，尤其是未来持续增长这个概念激励着我们用复杂的数学公式去将那些有利的事件影响拿来贴现。但是，将这些精确的数学公式与高度不确定的假定结合在一起，很容易就会变成一种操纵工具，用来生成某个人想要得到的任何水平的估值，尤其是当有某个特别的事件能提供支持时。⊖

格雷厄姆教授对估值公式在总体上是持怀疑态度的，不过，在上面这段话中，关注的却是长期增长率，即在估算持续价值时所需要的 g 参数，他称之为"持续增长"。我们实际上是不知道长期增长率的水平的，虽然也可以进行估算，但结果的不确定性程度是很高的。格雷厄姆教授指出，卖方投资银行家为了想要承销股票，在"尽职调查"估值过程中，实际上可以选择任何对他有利的增长率（和必要报酬率）。所以，站在买方的基本面投资者应当认识到，长期增长率假定是高度不确定的，因此不能去"假定"这个长期的增长率。基本面投资者不会参与这样的游戏。

从表面上看，估值模型是一种可以在一定程度上向我们确保价值水平的工具，但是从上面几点可以看出，这些模型实际上反而将我们的不确定性更加放大了：如果输入的是无用的东西，那么出来的结果自然也是无用的。你现在肯定想问，用估值模型所得到的价值 V 来检验市场价格 P 的合理性是可行的吗？下面我们将来回答你的这个问题，并向你说明基本面投资者的工作方式，以及他们在估值过程中是如何利用这些估值模型的。

所谓投资，是你与其他投资者之间的博弈。股票投资不是人与自然之间的游戏，而是投资者之间的互相博弈。所以，以为真的存在"内在价值"，并且要运用估值模型去发现"真正的"内在价值的用处并不大。反过来，我们应当利用估值模型去理解投资者与市场上其他投资者之间的不同。所以，我们对模型应当提出的正确问题，不是"真实的"价值应当是多少，而是这个模型是否能够帮助我们认识到其他投资者融入市场价格当中的看法，这样，我们就可以对这些看法进行检验了。用本杰明·格雷厄姆教授的语言来说，投资者都是在与"市场先生进行对话"，在对话过程中，投资者并不需要负责生成一个估值，而是要理解市场先生的估值，然后再来决定接受或者拒绝它的出价。由于估值都是根据预测数据做出的，所以估值模型其实是用来理解市场对未来的预测的：在市场所设定的价格后面，所隐含的预测信息有哪些？这些预测

⊖ 本杰明·格雷厄姆，《聪明的投资者》（第 4 次修订版），纽约：Harper and Row 出版社，1973 年，第 315～316 页。

值是合理的吗？

这种关于投资的认识将我们直接引入到主动投资当中的估值模型应用中。不过，在这个话题开始之前，让我们还是先再回顾一下在第1章中提出的几条基本面投资者的信条。

7.1.2 应用基本面投资信条

在第1章中，提出了12条大家公认的投资者指导原则。我们在这里重复其中的三条：
（1）不要混淆你知道的事实和你猜测的情况。
（2）根据你已知的事实去估计价值，而不要依靠投机。
（3）当心为增长而支付过高的价格。

其中，第1条起因于大家对标准估值方法的诟病：在估值中，不要去猜测必要报酬率或者增长率。我们确实不知道这些数据，所以，就应当注意不能将这类信息与我们所已经确切知道的信息混淆了。在应用估值模型去检验市场价格的合理性时，依据应当是我们已经知道的事实。

上述第2条告诉我们，估值的基础应当是我们已经知道的信息。首先根据我们所确知的信息找到估值的基础——用格雷厄姆的话来说，即"能经得起事实检验的价值"，然后再将主观估测的价值与之相加：

$$价值 = 建立在我们确知信息基础之上的价值 + 主观估测的价值 \quad (7-2)$$
$$\qquad\qquad\qquad (1) \qquad\qquad\qquad\qquad (2)$$

上式将估值分解为了两个部分，（1）是相对"硬"的部分，而（2）由于主观性更强一些，所以属于相对"软"的部分。今后大家将看到，信息分析，尤其对财务报表信息进行分析，能使我们掌握不少的信息。基本面投资者会问：这些基本面信息中所隐含的价值是多少（在考虑任何主观的增长前景价值影响之前）？

第3条说明，不客观较多地集中在增长问题上。从估值模型公式（7-1）中，可以清楚地看到这一点：我们是知道账面价值的——它就报告在资产负债表上，对于下一年度甚至再下一年度的盈利情况，我们可能或多或少地能从企业信息中了解到一些。因此，判断这些数据中所隐含的价值应当是不成问题的。但是，对于增长率g，却集中了最大的不确定性。实际上，在前面一些章节中，我们也曾经指出持续价值的计算（因为依赖于增长率假定）是最不确定的。在式（7-1）中，要随便代入一个主观的增长率数字是容易的，不过，这样很容易会让我们为增长而付出过高的价格。在第1章中我们已经看到，历史上，市场确实对经济繁荣时代的增长而过度兴奋，而对萧条时代的增长又过度悲观。

基本面投资者知道，他必须对市场的投机气氛进行检验，而这些投机大多集中在增长问题上。他们会以自己所确知的信息为基准，然后应用估值模型来进行检验。因此，下面让我们来看看，如何利用我们手中的估值模型，去与其他投资者之间进行博弈。

7.2 检验市场价格中的投机成分

本书下一部分关于财务报表分析的讲解将会有利于我们对企业最近期间的财务状况做出预测，这样，我们就可以将估值建立在账面价值与近期预测数据的基础之上。于是，在估值模型中，就只剩下两个未知数了——增长率和必要报酬率。由于我们是在与其他投资者之间进行博弈，所以，主动投资者并不需要随便在这个估值模型中代入某个ρ和g，假定我们能计算得到所谓的"内在价值"。相反，我们可以将估值模型反转过来，去思考在当前的市场价格中所隐含的增长率或者预期报酬率假定是多少。我们将这种做法称之为**反向推导**（reverse engineering，反推）：放弃在估值公式中随便输入某个变量去计算价值 V 的想法，相反，我们令价值 V 就等于当前的价格 P，然后反过来去思考在当前的市场价格 P 中，所隐含的输入变量究竟是什么样的。

我们首先用上两章中在介绍估值模型时所使用的简单例题来进行讲解。当时，剩余收益估值模型是这样的形式：

$$V_0^E = B_0 + \frac{RE_1}{\rho - g} = \$100 + \frac{2.36}{1.10 - 1.03} = \$133.71$$

即，被估值企业在当前的权益账面价值为 100 美元，预计下一年度能实现的剩余收益等于下一年度的预计盈利 12.36 美元减去按账面价值的 10% 所计算的必要报酬：$RE_1 = \$12.36 - (0.10 \times 100) = \$2.36$。根据标准的估值程序，我们需要首先假定剩余收益能按 3% 的速度增长，那么，该企业的价值就是 133.71 美元，但现在我们将用反向推导的模式来重新应用该估值模型。假定你个人对此项投资所要求的必要报酬率为 10%，目标企业的股票目前在市场上的交易价格恰好为 133.71 美元，那么接下来，我们需要在反向推导模式中，令价值等于当前的价格，于是有：

$$P_0 = \$133.71 = \$100 + \frac{2.36}{1.10 - g}$$

从上式中，我们可以反解出参数 g 来。当价格为 133.71 美元时，对应的 g 等于 1.03，即每年按 3% 的比率增长。如果价格为 147.2 美元，那么 $g = 1.05$，即增长率为每年 5%。这意味着：按当前的账面价值和预期下一年度的盈利状况计算，市场预计目标公司的剩余收益将能按 5% 的速度长期增长下去。这里所计算得到的 5% 就是市场价格所透露出来的**隐含剩余收益增长率**（implied residual earnings growth rate）。

因此，我们不去随便猜测增长率，反过来，是将估值方程进行逆向运算，去理解"市场先生"所相信的增长率是多少。这样做让我们首先做到了"以我们所确知的信息为基础"，如同式（7-2）那样。我们知道权益的账面价值，对于下一年度的盈利状况，我们也可以很好地估测得到，因此我们能够以这两个数据为基础来进行估值。只不过，我们没有随便在估值过程中加入自己对企业未来增长情况的主观猜测，反过来，我们是利用这些估值的基准数据去发现市场先生对企业增长率的预期水平有多高。

同样地，我们还可以利用估值方程逆向求解，去发现市场价格中的**隐含预期收益率**（implied expected return，用 ER 表示）水平。假定增长率为 3%，那么：

$$P_0 = \$133.71 = \$100 + \frac{RE_1}{ER - 1.03}$$

从上式中解出 $ER = 1.10$，即预期收益率为 10%。实际上，预期收益率可以由下面这个简单的公式计算得到：

$$ER = \left(\frac{B_0}{P_0} \times ROCE_1\right) + \left[\left(1 - \frac{B_0}{P_0}\right) \times (g - 1)\right] \tag{7-3}$$

这个公式被称为**加权平均预期收益率公式**（weighted-average expected return formula），它以账面价值和价格之比作为权重（账面价值与价格之比与市净率互为倒数关系），认为预期收益率受企业的预期普通股权益报酬率（ROCE）和增长率的共同影响⊖。当账面价值与价格之比为 $100 / $133.71 = 0.748，而预期下一年度普通股权益报酬率为 $12.36 / $100 = 12.36% 时，有：

$$ER = (0.748 \times 12.36\%) + (0.252 \times 3\%) = 10.0\%$$

请注意，这一点非常重要，这里的 ER 表示按当前的市场价格买入股票时的预期收益率，而不是投资的必要报酬率。如果市场价格为 147.2 美元，那么按这个价格买入股票的预期收益率（当增长率仍然为 3% 时）就是 9.35%。这说明：当未来情况相同时，价格越高，预期能够实现的收益率就越低。

你可以看出，主动投资者可以从两个方面来检验市场价格的合理性。

第一，理解市场对增长的预期，然后思考这样的增长水平是恰当的吗？或者还是太高？太低？要确保你能回答这个问题，还需要进行更多的分析，本书下一部分中将要介绍的财务报表分析对此是非常有帮助的。不过请注意，作为一名投资者，你是没有义务去设定一个增长率（或者估值）的，你只需要选择接受或者拒绝市场对增长率的预期就可以了。在了解了市场对未来增长率的预期之后，你（在更多分析的帮助下）也许会认为，这样的隐含增长率太难以实现了，因此如果买入这只股票就会面临着付出过高价格的风险。此时你不知道股票的内在价值，但实际上也没有必要知道，你只需要评估买入过高的风险有多大就可以了。当市场价格中所隐含的增长率过低时，这样的分析也能帮助你发现赚取超常收益的机会。

第二，投资者可以计算按当前的市场价格购入股票所能实现的预期收益率，然后评估一下买价过高的风险有多大（或者当股票价格很低时，也可能是买价较低的机会）。如果股票价格非常高，那么预期收益率就会很低；相反，如果股票价格比较低，那么预期收益率就会比较高。

在第 3 章中，我们介绍了两种非常简单的股票筛选方法，现在这里的两种检验市场价格合理性的方法实际上是对第 3 章中的筛选方法的改进：我们不再按照市盈率或者市净率来筛选股票，相反，我们按照股票价格中所隐含的增长率或者预期收益率来进行筛选。本书稍后会详细论述改进的过程，不过从这里，你可以看到基本的改进思想。

只是，目前这种价格合理性检验仍然是有问题的。要得到隐含的增长率，就必须先有必要报酬率；或者，要得到预期收益率，就必须先有增长率预期。而我们已经说过，无论是增长率还是必要报酬率，都是我们所难以确知的东西。当然，作为个人投资者，你总是可以使用自己的门槛利率或者最大增长率假定，比如，参考 GDP 的增长率，但这个问题总是需要解决的。在介绍一些更多的分析工具之后，我们将在本书中来处理这个问题。现在，让我们先来看看一些现实生活中的例子。

7.2.1 对标准普尔 500 指数进行反推

2011 年 5 月时，美国标准普尔 500 股票指数位于 1357 点，按当时的账面价值 588 计算，市净率为 2.3。由于该组合成分股的预计下一年度盈利（根据标准普尔网站上披露的信息）为 98.76，因此，下一年度普通股权益报酬率 ROCE 预计为 98.76/588 = 16.8%。那么，当股指水平为 1357 点时，市场对该组合成分公司的预计长期增长率为多少呢？当时，10 年期的无风险短期国库券利率为 3.3%，市场风险溢价水平为 5.7%，因此，令必要报酬率等于 3.3% + 5.7% = 9%，接下来就可以进行反向推导了。由于市场定价为账面价值的 2.3 倍，所以，有下式：

⊖ 该公式只适用于预期普通股权益报酬率大于增长率的情形（通常情况下这一条都是成立的）。

$$2.3 = 1.0 + \frac{(0.168 - 0.09) \times 1.0}{1.09 - g}$$

(分子为 1 美元账面价值的剩余收益。)从上式中可解出 $g = 1.03$，因此增长率为 3%。现在，如果某人认为该企业的剩余收益可以按历史 GDP 增长率 4% 的水平增长，那么，就可以判断当时的标准普尔 500 指数价格被低估了。

有人也许会质疑，按 4% 的 GDP 增长率作为比较标准是否恰当？无论如何，在这个对指数进行反向推导的例题中，平均增长率确实是与 GDP 平均增长率大致相当的，当然也存在着一定的差异。图 7-1 列出了 1982～2008 年每年年末的标准普尔 500 组合公司的市净率，以及对应的隐含增长率情况。其中，隐含增长率的计算过程同上，只是还用到了下一年度的普通股权益报酬率 ROCE 是按分析师对该指数的盈利预测数据。隐含增长率的分布范围从 1982 年的 –11.2% 到 2001 年的 8.0%，但平均为 4.2%，与典型的 GDP 增长率水平相当。隐含增长率会偏离平均值 4.2%，尤其是在 20 世纪 90 年代泡沫时期，但最终还是会回到均值。因此，4% 的增长率应当是一个较好的代表值。

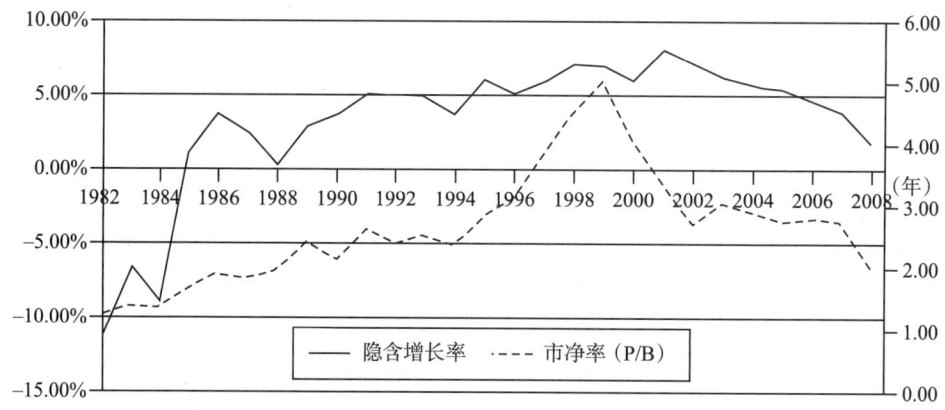

图 7-1　标准普尔 500 指数的市净率（P/B）与隐含的剩余收益增长率（1982～2008 年）

上述指标均为每年 12 月末的值。左边纵轴为隐含的增长率，右边纵轴为市净率。隐含的剩余收益增长率是利用各年年末的标准普尔 500 指数、分析师对下一年度盈利的一致预测，并按必要报酬率为 9% 进行反向推导计算得到的。

资料来源：标准普尔 500 指数取自标准普尔公司的网站；账面价值用 WRDS 取自 COMPUSTAT 数据库；分析师的预测值来自 IBES，也是由 WRDS 提供的。

那么，这种分析方法是否可以发现市场对未来增长情况的高估或者低估呢？如果可以的话，它就可以用来预测未来的收益。请看图 7-2。在图 7-2 中，列出了与图 7-1 中同样的隐含增长率分布情况，但另一条曲线则是下一年度的标准普尔 500 指数收益率。从图中可以看出，隐含的增长率可以预测出指数的收益率，增长率越高，下一年度的收益率就越低，反之亦反。两条曲线的相关系数为 –0.25，而隐含收益率与未来两年和三年收益率的相关系数分别为 –0.26 和 –0.33 ⊖。因此，至少在这段时期中，市场的增长率预测是比较有用的。

如果可以接受使用 GDP 平均增长率来代表预计的长期增长率，那么，就还可以使用另一种逆向反推预期收益率的方法。当 2011 年 5 月时的市净率（市价 – 账面价值之比）水平为 2.3 时，可以计算出，账面价值 – 市价之比为 0.435，根据式（7-3）进行加权平均预期收益率的计

⊖　下一年度的收益率高出 10 年期美国政府债券收益的溢价部分，与增长率的相关系数为 –0.14（使用溢价收益率是为了调整利率变动的影响）。

算,有:

$$ER = (0.435 \times 16.8\%) + (0.565 \times 4\%) = 9.57\%$$

根据上述计算结果,如果投资者对购买这只股票所要求的最低报酬率为9%,那么,投资标准普尔500指数组合就是合理的。

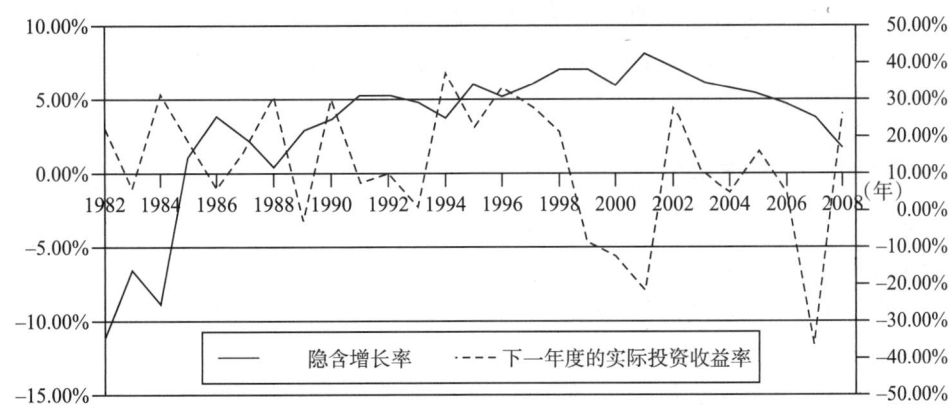

图7-2 标准普尔500指数的隐含收益率与下一年度的收益率关系(1982～2008年)

注:左边纵轴为隐含的增长率,右边纵轴为下一年度的实际投资收益率。

这样的预期收益率能很好地预测出最终的实际收益率情况吗?根据图7-3,确实是可以的。在图7-3中,给出了按GDP增长率4%计算的标准普尔500指数的隐含预期收益率(ER)分布情况。从中可以看出,隐含预期收益率是可以用来预测下一年度的实际收益率的,两条曲线的相关系数为0.29。1982～2008年,预期收益率的平均水平为8.8%,接近9%。在观察期中,也包括20世纪90年代那个泡沫疯涨的时期,由于当时的股价普遍较高,所以预期收益率较低(比如,1998年和1999年的预期收益率分别为6.8%和6.6%)。较低的预期收益率水平警示了随后的实际收益率水平果然比较差。

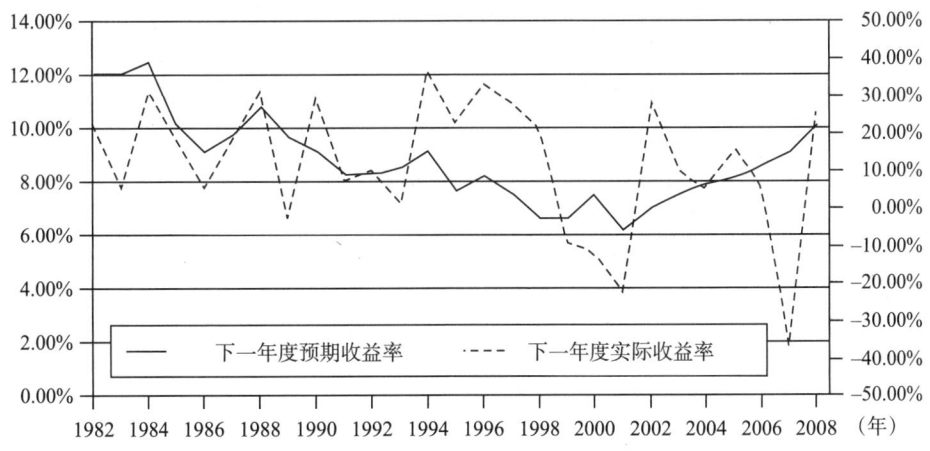

图7-3 标准普尔500组合下一年度的预期收益率与实际收益率(1982～2008年)

预期收益率是以每年12月末的指数水平作为账面价值,结合分析师对下一年度的盈利预测和按GDP增长率4%来计算的。实际收益率则是该组合指数在下一年度的真实收益情况。左边纵轴表示预期收益率,右边纵轴表示实际收益率。

资料来源:标准普尔500指数和股利信息取自标准普尔公司的网站;账面价值用WRDS取自COMPUSTAT数据库;分析师的预测信息也是根据WRDS,取自IBES数据库。

这几张图确实为主动投资提供了支持证据,它们也告诉那些只是单纯地购买市场组合的被动投资者和那些购买指数基金或者交易型开放式指数基金（ETF）的人：投资需要小心，你们也可能会支付过高的价格。

当然，同样地，我们也必须对这种系统性的方案非常小心，它们虽然入手方便和容易，但是用到的信息却非常有限。随着经济走势进入萧条或者陷入金融危机当中，风险也是会随之改变的。由于市场不确定因素的影响，投资者所要求的报酬率也会不时地升高或者降低。在上述例子中，我们一直使用9%的必要报酬率水平，并没有考虑风险变动的情况，但实际上，还有更多的问题是需要考虑的，包括对风险因素进行基本的分析。

7.2.2 检验某只股票定价的合理性

谷歌公司的股票在2011年5月时的交易价格为每股535美元，如果按2010年年末的每股账面价值143.92美元计算，市净率为3.7倍。分析师预测，该公司在2011年和2012年能分别实现每股收益33.94美元和39.55美元。假定我们认为上述近期预测值是比较合理的，那么，下面我们可以将式（7-2）拆分为两个部分：

$$\text{价值} = \text{基于账面价值和近期预测值的价值} + \text{基于主观估计的增长价值}$$
$$\qquad\qquad\qquad（1）\qquad\qquad\qquad\qquad\qquad（2）$$

根据剩余收益模型（假定不考虑增长时），可计算出基准价值为：

$$V_0^E = B_0 + \frac{RE_1}{\rho} + \frac{RE_2}{\rho(\rho-1)} + \text{基于主观估计的增长价值}$$
$$\qquad\qquad\qquad（1）\qquad\qquad\qquad（2）$$

可以看出，其中第（1）部分其实就是在无增长的情况下式（7-1）的估值（即令 g = 1.0 时），而第（2）部分则表示增长所带来的价值，相应地，第（1）部分被称为**无增长条件下的估值**（no-growth valuation）。现在，我们以未来两年的预测值为基准来进行估值，这要求我们应当对预测结果有足够的信心和把握，否则，只用1年（即下一年度的预测值，如标准普尔500指数例题中那样）的数据也是可以的。在本书下一部分财务报表分析中，将介绍预测值的获得方法。

在表7-1中，列出了在无增长条件下，对谷歌公司进行估值的过程。假定投资者的必要报酬率为10%，那么，适用第5章中的情形2，假定未来两年以后的剩余收益将一直保持在稳定的水平上（即无增长）。

表 7-1　无增长条件下的估值：谷歌公司

计算剩余收益时，假定必要报酬率水平为10%。

	2010A	2011E	2012E
每股收益 EPS		33.94	39.55
每股股利 DPS		0.00	0.00
每股账面价值 BPS	143.92	177.86	217.41
剩余收益（按10%计算）		19.548	21.764
剩余收益增长率			11.3%
EPS 的增长率			16.5%
0时刻的权益价值 $= B_0 + \dfrac{\text{收益}_1 - rB_0}{1+r} + \dfrac{\text{收益}_2 - rB_1}{(1+r)\times r} + \text{主观估计的增长价值}$ ⊖			

⊖ 原书为：0时刻的权益价值 $= B_0 + \dfrac{\text{收益}_1 \times rB_0}{1+r} + \dfrac{\text{收益}_2 \times rB_1}{(1+r)\times r} + \text{主观估计的增长价值}$，已与作者确认有误，更正为此。——译者注

	2010A	2011E	2012E
	$=\$143.92+\dfrac{19.548}{1.10}+\dfrac{21.764}{1.10\times 0.10}$ + 主观估计的增长价值		
	$=\$143.92+17.77+197.85$ + 主观估计的增长价值		
	$=\$359.54$ + 主观估计的增长价值		

在不考虑增长预期的情况下，我们解释了市场价格 535 美元中的 359.54 美元，其中，账面价值为 143.92 美元，而近期预测值的价值贡献为 17.77+197.85 = 215.62 美元。因此，市场价格中还有 175.46 美元是未能得到解释的，这就是市场对主观估计的增长价值而做出的定价。

图 7-4 说明了我们是如何将市场价格分解为以下三个部分的：①账面价值；②近期盈利所贡献的价值；③市场对公司的未来后续增长而做出的主观定价价值。这样进行分解有助于我们理解估值过程中的不确定性程度，这三个部分分别是：我们所确知的——账面价值；我们在一定程度上比较了解的——近期盈利的价值；我们不太肯定能知道的——长期增长预期的价值。而后者的不确定性程度是最高的，最有可能导致我们为增长而支付过高代价。面对这张图我们会问自己：我愿意为将来有风险的增长而支付 175.46 美元的价格吗？

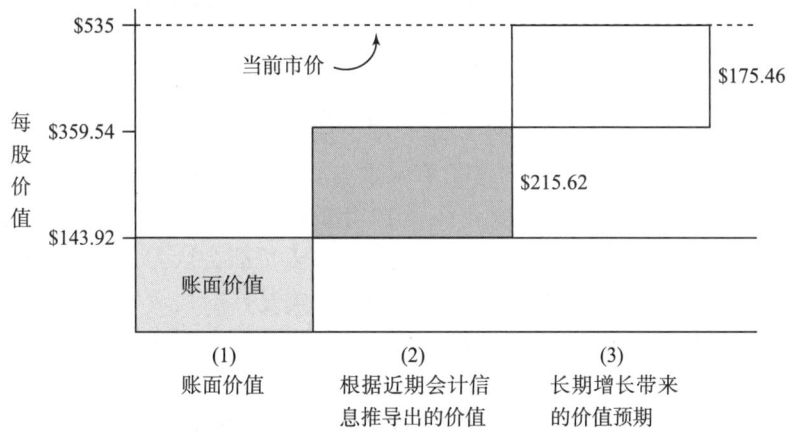

图 7-4　市场对谷歌公司的定价分解（2011 年 5 月）

无增长条件下的估值等于前两项之和，共计 359.54 美元；主观估计的增长价值为第三部分，175.46 美元。

现在，我们需要来看看"市场先生"所使用的增长率到底是多少呢？通过将增长率重新代入到估值公式中，并将股票的价值用当前的价格来表示，然后进行逆向反推，就可以有：

$$0\text{ 时刻的权益价格} = \$535 = \$143.92 + \dfrac{19.548}{1.10} + \dfrac{21.764^{\ominus}}{1.10\times(1.10-g)}$$

如果将价值设定为谷歌公司的市场价格 535 美元，我们可以反解出市场所使用的长期增长率水平：2012 年后谷歌公司的隐含长期增长率为每年 4.7%。

但这里的增长率是剩余收益增长率，也许有一些难以理解，不过我们可以通过剩余收益的计算式反解出**隐含收益增长率**（implied earnings growth rate）水平：

$$\text{预计收益}_t = (\text{账面价值}_{t-1} \times \text{必要报酬率}) + \text{剩余收益}_t \tag{7-4}$$

根据表 7-1 中的计算结果，谷歌公司在两年后（即 2012 年）的剩余收益为每股 21.764 美

⊖ 原书为 21.754，已与作者确认有误，更正为此。——译者注

元，因此按 4.7% 的增长率计算，第 3 年的剩余收益预计为 22.787 美元。于是，当预计谷歌公司在 2012 年年末的账面价值为每股 217.41 美元（见表 7-1）时，预计 2013 年的每股收益为 44.53 美元，相比 2013 年的每股收益水平，能增长 12.6%。照此方法一年一年地往后推，就可以逐步找出市场所预测的企业盈利增长路径，如图 7-5 所示。这条路径曲线将空间分为了"买入区域"和"卖出区域"两个部分：如果分析师认为企业的增长率能够高于这条曲线，那么就可以给出"买入"评级；相反，如果分析师认为企业的增长率将低于这条曲线，那么就可以给出"卖出"建议。

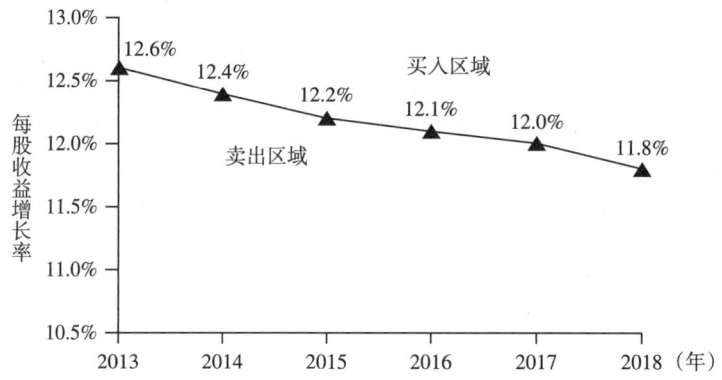

图 7-5　谷歌公司的市价每股 535 美元中所隐含的每股收益增长路径（2012～2018 年）

4.7% 的剩余收益增长率是长期的平均增长率，随着时间的推移，更现实的情况可能会是增长率的逐渐降低。在这里，4.7% 的增长率水平与 GDP 的增长率水平略高，非常接近。根据表 7-1 中的计算，谷歌公司的剩余收益在 2012 年的增长率水平为 11.3%，这说明，该公司的增长率在某些年份中是可以高于 4.7% 的。此外，有人可能会认为，从长期来看，所有企业的增长率都会向 GDP 增长率靠拢，这说明，像谷歌公司这样的超常增长最终是会消逝的。当 2012 年的增长率为 11.3%、长期 GDP 增长率（假定为）4% 时，对它们各自分配权重，并令权重之和为 1，有：

$$2013 \text{ 年的增长率} = (0.8 \times 11.3\%) + (0.2 \times 4\%) = 9.84\%$$

（2013 年以后的情况也可以如此继续计算下去。）2013 年的增长率比 2012 年的 11.3% 更低，因为从长期来看，增长率将下降趋向 4% 的水平。继续沿用这样的权重关系，可以计算出 2014 年的增长率水平为 8.67%，并且以后各年继续逐渐下降，最终降低到 4% 的水平。这样，我们建立起了图 7-6 所列出增长率曲线这样的增长率**衰减模式**（fade pattern），这条曲线最终产生的估值为 570.32 美元。在这张图中，还列出了如果按权重（0.9，0.1）计算出的增长率曲线，这样最终能产生的估值金额为 657.84 美元。计算过程中所使用的权重是比较主观的，不过要检验市场价格 535 美元是否合理，就需要我们选定某一个权重。根据我们所知道的信息，哪一条曲线将最可能是谷歌公司的增长率曲线呢？这取决于谷歌公司的超平均增长率水平能够维持多长的时间，即所谓的可持续竞争优势（sustainable competitive advantage），现在我们需要使用具体的数字来评价企业的可持续竞争优势。

我们可以通过找出市场价格中所隐含的权重比例来检验股票市场定价的合理性。该隐含的权重比例关系为（0.684，0.316），即图 7-6 中的第 3 条曲线所示，这条曲线以更快的速度向 4% 靠拢。根据这里的曲线，可以反过来计算出图 7-2 那样的每股收益 EPS 增长率曲线，即市场认为从长期来看，当谷歌公司的增长率逐步趋向 GDP 增长率时的曲线。这条曲线是合理的吗？

或者分析师认为谷歌公司能够在更长的时间内维持它的竞争优势和超常增长率？对于这样的增长前景，535美元是定价过高还是过低呢？

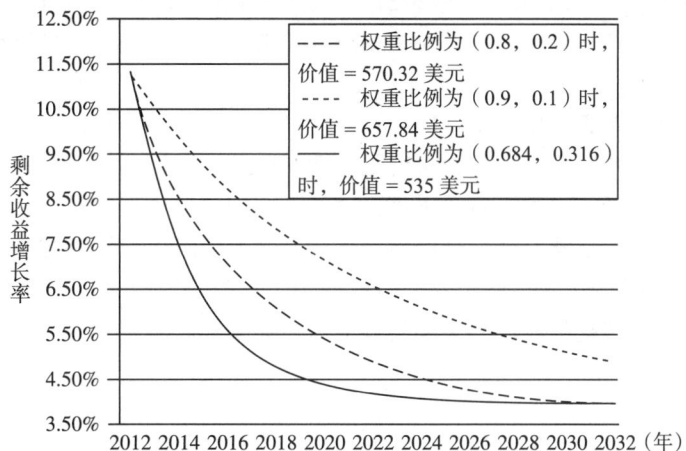

图7-6　对短期和长期增长率赋予不同权重水平下的谷歌公司的剩余收益增长率曲线

市场价格535美元所对应的权重组合为(0.684, 0.316)。

可以看出，我们可以通过这样的分析来检验市场定价的合理性，这一点是通过检验市场对未来增长率曲线的预期来做到的。除此之外，我们还有更多的工作需要做，要建立无增长条件下的基准价值并回答市场对增长率的预期是否合理。不过，我们现在的目标是要与其他投资者博弈，即参与到主动投资策略中去。

此外还有一种方法，即利用加权平均收益率计算公式来计算如果按当前的市场价格买入谷歌公司的股票，那么能实现的预期收益率为多少。练习题 E 7.11 就要求你从这个角度来进行解题。

7.2.3　用超常收益增长率模型进行反推

上面的例题所使用的是第5章中所介绍的剩余收益估值模型，其实，我们还可以利用第6章中所介绍的超常收益增长模型（AEG）来进行这样的分析。当已知未来两年的预测情况时，可有：

$$V_0^E = \frac{1}{\rho - 1}\left(EPS_1 + \frac{AEG_2}{\rho - g}\right) \quad (7\text{-}5)$$

将这个模型分解为两个部分——无增长条件下的估值和增长的价值：

$$V_0^E = \underbrace{\frac{1}{\rho - 1}\left(EPS_1 + \frac{AEG_2}{\rho - 1}\right)}_{(1)} + \underbrace{主观估测的增长价值}_{(2)} \quad (7\text{-}5a)$$

解出式（7-5）中的 g，即可知道隐含的增长率是多少了。这里的 g 表示的是超常收益 AEG 的增长率，不过，可以利用 AEG 计算式进行反推，再求解出收益增长率：

预期收益$_t$ = 预期正常收益$_t$ + AEG_t − 预计将上年度股利进行再投资能实现的收益　　(7-6)

有了这些收益预测值后，就可以画出像图7-5中那样的每股收益 EPS 增长率预期曲线。

7.3 搭建你自己的主动投资分析工具

在第 5 章和第 6 章中，我们鼓励你搭建自己的电子表格，来将账面价值、收益预测、增长率和必要报酬率等指标作为输入变量，对企业进行估值。现在，我们就可以利用这些电子表格来进行主动投资了。

我们可以从两个角度来实现这个目标。首先，可以将当前的价格作为输入变量，然后建立一个程序直接求解隐含增长率。此时，求解隐含期望收益率可以利用加权平均期望收益率的计算式，即式（7-3）。或者，也可以直接利用你已经建立好的电子表格程序，只是令股票的价值等于当前的市场价格，然后看看什么样的增长率或者必要报酬率能够满足这样的要求。无论采用上述哪一种角度，都必须再多一步骤，即根据式（7-4）和式（7-6），将剩余收益增长率或者超常收益增长率最终转化为收益增长率的预测值。如果你会使用图表功能的话，那么你还可以绘制出像图 7-5 和图 7-6 这样的图形。

本章小结

估值模型是一种非常有用的工具，但投资者必须理解怎样才能有效地使用这些工具。我们可以直接使用估值模型，设定一些主观的输入变量，然后得到估值的结果。但此时这种工具本身就已经包含了大量的主观情绪，不再适宜作为一种检验估值客观性的工具了。

本章介绍了如何在主动投资策略中使用估值模型。虽然估值模型并不能够直接告诉我们一个可靠的内在价值，但主动投资策略并不要求我们去发现企业的内在价值，我们所需要做的只是决定接受或者拒绝市场的估值就可以了。要做到这一点，我们可以利用估值模型来进行反向推导，反推市场的增长预期，然后再检验这样的预期是不是合理的。或者，在已有增长预期的情况下，我们也可以利用估值模型来计算出按当前的市场价格买入一只股票所可能获得的预期收益率。

不过，除此之外，要建立一套完整的主动投资工具还有许多工作是需要完成的。其中最重要的，是我们需要分析信息，作为我们在检验市场价格和市价中所隐含的增长率是否合理时的判断基准。这一话题正是本书下一部分的主题㊀。

关键概念

衰减模式（fade pattern）：指从当前或者近期状况发展为相当长时期状况的一种模式。

隐含收益增长率（implied earnings growth rate）：指市场价格中所隐含的预期收益增长率。

隐含预期收益率（implied expected return）：指按当前的市场价格买入，能够获得的预期报酬率。

隐含剩余收益增长率（implied residual earnings growth rate）：指市场价格中所隐含的剩余收益预期增长率。

无增长条件下的估值（no-growth valuation）：指在无增长条件下，按当前或者近期的会计数据所能够得到的企业估值。

反向推导（reverse engineering）：指根据当前的市场价格，利用估值公式反推其他信息的过程。

㊀ 在佩因曼教授的另一本专著《会计估值》（*Accounting for Values*，纽约：哥伦比亚大学出版社，2011）中，有关于本章所提到的主动投资的更多论述。

分析师工具箱

分析工具	重要指标	应记住的缩写 / 简称
反向推导	隐含期望收益率	AEG：超常收益增长
——反推隐含的增长率	隐含收益增长率	B/P：账面价值–市价比率
——反推预期收益率	隐含 AEG 增长率	EPS：每股收益
加权平均期望收益率	隐含剩余收益增长率	ER：期望报酬率
无增长条件下的估值	主观估计的增长价值	ETF：交易型开放式指数基金
估值分解		DPS：每股股利
隐含收益增长率曲线		GDP：国内生产总值
买入/卖出区域		P/E：市盈率
衰减模式		P/B：市净率
		RE：剩余收益
		ROCE：普通股权益报酬率

连贯案例：金佰利公司

自主练习

在第 5 章和第 6 章的金佰利公司（KMB）案例中，我们要求你根据分析师的盈利预测值对该企业进行估值。当时，由于不知道怎样的长期增长率才是恰当的，所以我们建议你使用 GDP 增长率 4% 作为替代。现在，在这个连贯案例中，要求你利用反向推导来理解市场价格中所隐含的增长率预期，并检验市场的定价是否合理。截至目前，你还没有掌握完成这一任务的全部工具，但你会发现，你已经可以着手解决这个问题了。

主动投资策略

在本案例的前面部分，你已经了解了分析师对金佰利公司未来 5 年的收益增长率预期水平，但这些预期值是非常不精确的，所以，现在请抛弃掉它们，因为你是不能以这些值为基准来进行估值的。我们将以 2011 年和 2012 年的每股收益预测值 4.98 美元和 5.35 美元为基准，在这两个预测值被做出的时候，金佰利公司的股票交易价格为每股 65.24 美元。假定你对于投资金佰利公司股票所要求的必要报酬率为 8%，并且你觉得利用未来两年的预测值来进行估值是可以接受的。

理解你的不确定性程度

请比照图 7-4 那样，对金佰利公司的估值进行分解，哪一部分是你认为不确定性程度最高的？市场对该公司未来增长潜力的定价是多少呢？

反向推算

请计算出金佰利公司在无增长条件下的估值价值，然后，再估测一下市场价格中所隐含的该公司在 2012 年以后的增长率是多少。画出类似图 7-5 那样的预期每股收益增长率曲线。你可能会使用剩余收益估值模型，但也可以试试使用超常收益增长估值模型，如式（7-5）和式（7-5a）那样。你还可以试试，如图 7-6 那样，采用不同的衰退率，看增长率是如何降低到（将来很）长期的增长率水平 4% 的。

现在，来看看如果按每股 65.24 美元的价格购入金佰利公司的股票，反向推算一下，市场的预期收益率会是多少呢？利用加权平均预期收益率的计算公式，令增长率等于 GDP 增长率就可以计算出来。请选用不同的增长率水平，再看看预期收益率会怎样变化呢？比如，假定金佰利公司不再继续增长，预期收益率是多少？如果增长率为 5%，那么预期收益率会是多少？

假定你的投资必要报酬率为8%，并且你认为剩余收益增长率不会超过3%，那么，请问，你愿意买入金佰利公司的股票吗？

利用电子表格工具

你可以建立一个电子表格模板来完成反向推导的计算。如果你已经建立了市净率和市盈率估值模型的电子表格模板，那么也可以直接利用这些模板，通过变换不同的输入变量，去发现在什么样的增长率和预期收益率下，金佰利公司的股票价值会恰好等于其市场价格。

思考题

C7.1. 为什么基本面投资者对根据资本资产定价模型（CAPM）计算出来的必要报酬率会持怀疑态度？

C7.2. 为什么估值模型就像是"镜像游戏"一样？

C7.3. "投资不是人与自然之间的博弈，而是与其他投资者之间的博弈。"请问，这句话是什么意思？它暗示了我们在进行权益投资时应注意什么问题？

C7.4. 本杰明·格雷厄姆教授非常关注"企业的未来盈利前景，尤其是未来的持续增长状况"。请问，为什么他会关注这些呢？

C7.5. 增长是有风险的。请解释这句话的意思。

C7.6. 一家企业目前的剩余收益增长率为16%。在未来的5年中，你认为这个增长率是会更高、更低还是维持不变呢？

C7.7. 为什么从长期来说，超常的高增长率会逐步向整体经济的平均增长率靠拢？

C7.8. 一家企业目前的剩余收益增长率为16%，但投资者均认为从长期来看，该企业的增长率会保持跟GDP增长率4%一致。请问，随着时间的推移，增长率由16%逐渐衰减到4%时的速度是由什么因素所决定的？

C7.9. 市盈率高的股票通常都具有较高的盈利增长率预期，你认为这样的股票会不会风险也很高呢？如果应用资本资产定价模型（CAPM），高市盈率股票的贝塔值会不会也很高呢？

C7.10. 某只股票目前的交易价格为每股16.34美元，如果已知该股票在无增长条件下的估值为12.92美元，请问，从上述两个数字之差中你可以得出什么样的结论？

C7.11. 某只股票目前的市净率为0.8，如果按无增长条件下的价值计算，该股票的市净率应当为1.2。请问，比较这两个数字，你能得出什么样的结论？

练习题

基本练习

E7.1. 反推增长率（简单）

a. 某只股票在2012年年末的交易价格为每股26美元，市净率为2.0。分析人员预计该股票在2013年能实现每股收益2.60美元。假定你对权益投资的必要报酬率为10%，请问，按目前的市场价格计算，市场对该公司在2013年以后的剩余收益增长率预期为多少？

b. 一家企业在2012年年末的每股账面价值为27.40美元，预计它能在2013年实现每股收益4.11美元。假定你对投资这家公司股票所要求的必要报酬率为9%，请问，如果按每股市场价格54美元计算，市场对该公司在2013年以后的剩余收益增长率预期为多少？

E7.2. 反推预期报酬率（简单）

a. 某只股票在2012年年末的交易价格为每股26美元，市净率为2.0。根据分析师的预测，该公司在2013年能实现每股收益2.60美元。如果你预计该公司在2013年以后的剩余收益将不再增长，请问，购买这只股票能实现的预期报酬率将为多少？

b. 某家企业在2012年年末的每股账面价值为27.40美元，预计在2013年能实现每股收益4.11美元。假定根据你的预期，这家公司在将来的剩余收益能够每年增长4%,那么,如果按每股54美元的价格买入这只股票,请问,能实现预期报酬率将为多少?

E7.3. 反推预计收益水平（简单）

某家公司在2012年年末的权益交易价格为其账面价值2.39亿美元的2.6倍,假定你的投资必要报酬率为9%,该公司下一年度(即2013年)的盈利预测为0.3346亿美元,不支付任何股利。请问:

a. 根据当前的市场价格,该公司在2013年后能实现的剩余收益增长率为多少?

b. 根据当前的市场价格,隐含的2014年公司盈利预测为多少?

E7.4. 不同增长率条件下的预期报酬率（简单）

某家企业目前的股票交易价格为其账面价值的2.2倍,预计在下一年度能实现的收益为账面价值的15%。请计算当这家企业在下一年度之后的剩余收益增长率为以下水平时,购入该公司的股票能实现的预期报酬率为多少:3%,4%和6%。如果预计该企业在下一年度之后将保持零增长,那么投资该企业的股票能实现的预期报酬率是多少呢?

E7.5. 用超常收益增长模型进行反推（中等）

根据分析人员对一家公司的预计,该公司在未来两年内分别实现每股收益2.11美元和2.67美元,这家公司不发放任何股利。假定投资者的必要报酬率为9%,请问:

a. 如果这家公司目前的股票价格为每股105.69美元,请问,按超常收益增长模型计算,这个价格中所隐含的企业长期增长率为多少?

b. 市场对这家公司在将来第3年的每股收益预期为多少?

应用分析

E7.6. 反推增长率:戴尔电脑公司（简单）

戴尔公司的股票在2008年9月时的交易价格为每股20.50美元。当时,在它最近的一份年度报告中,披露它的账面价值为37.35亿美元,流通在外的股份数量为20.6亿股。分析师预测,戴尔电脑公司在2009年和2010年能分别实现每股收益1.47美元和1.77美元,不支付任何股利。请问:根据分析师的预测,市场价

格中所隐含的戴尔公司在2010年后能实现剩余收益增长率为多少?

E7.7. 估值的分解:通用电气公司（中等）

通用电气公司在2004年12月31日的资产负债表中,报告它的每股账面价值为10.47美元,而分析师在2005年早期预测该公司在2005年和2006年能分别实现每股收益1.71美元和1.96美元。假定你的投资必要报酬率为10%,要求:

a. 假定我们预计通用电气公司在2006年以后的剩余收益每年能按长期的GDP增长率4%增长,请计算该公司在2005年年初的每股价值为多少?

b. 通用电气公司在2005年年初的每股交易价格为36美元,请画一张像图7-4那样的估值分解图,将这个每股36美元的价格分解为账面价值、短期盈利预期的价值和主观估计的长期增长价值三个部分。

c. 当市场价格为每股36美元时,其中所隐含的通用电气公司在2006年以后能实现的剩余收益增长率为多少?

E7.8. 经济繁荣和萧条时期的标准普尔500指数（简单）

a. 2008年年末,标准普尔500指数在当年的金融危机中下跌37%,收盘在903点。根据分析师的预测,按2008年年末的账面价值451计算,标准普尔指数组合在下一年度能实现的收益为73.0。如果权益投资的必要报酬率为9%,请问,指数价格903中所隐含的增长率预期为多少?将这个数据与图7-1中的平均隐含增长率比较,结果如何?

b. 标准普尔500指数在1999年年末收盘于1469点,当时的账面价值为294,按分析师当时的预测,下一年度的收益预计为50.1。请重复回答上面的问题。

E7.9. 市场对耐克公司的增长率预期（简单）

当耐克公司公布2010年度财务报表时,它的股票交易价格为每股74美元。根据资产负债表,该公司在当时的每股账面价值为20.15美元。分析师预测耐克公司在2011年和2012年能分别实现每股收益4.29美元和4.78美元,该

公司在 2011 年的股利为每股 1.16 美元。假定你的投资必要报酬率为 9%，请问：

a. 耐克公司的股票市价中所隐含的该公司在 2012 年以后的剩余收益增长率预计为多少？

b. 根据股票市场的预计，耐克公司在 2013 年和 2014 年能实现每股收益为多少？

E7.10. 投资诺华公司股票的预期收益率（简单）

诺华公司（Novartis）是一家制药企业，它的股票在 2011 年 5 月的市场交易价格大约为其账面价值的 2.1 倍。根据预测，该公司在 2011 年能实现普通股权益报酬率 19%。请问，如果你预计诺华公司的剩余收益在将来能按 4% 的速度每年增长，那么，购买该公司股票的预期收益率将为多少？

E7.11. 投资谷歌公司股票的预期收益率（中等）

表 7-1 中列出了 2011 年 5 月时对谷歌公司做出的一些预计数据，根据表中的数据，请回答下列问题：

a. 只用未来一年（即 2011 年）的每股收益预测数据，假定谷歌公司在 2011 年以后的剩余收益长期增长率为 4%，请计算在当时按每股 535 美元的价格买入该公司股票的预期收益率为多少？如果预期剩余收益长期增长率为 5% 或者 6% 又会怎么样呢？如果预计谷歌公司在 2011 年以后将不再增长，那么，在当时买入该公司股票的预期收益率又是多少呢？

b. 现在，请使用未来两年（即 2011 年和 2012 年）的每股收益预测数据，假定谷歌公司从 2013 年开始的剩余收益长期增长率为上面所列出的各种情况，请重新回答上面的问题。

E7.12. 一只热门股票的增长情况：奈飞公司（简单）

奈飞公司（Netflix）是一家专门为家庭娱乐提供影片服务的企业，它最初通过邮件进行配送，不过将来会主要利用新技术进行电子传输。由于 DVD 租赁商百视达（BLOCKBLSTER）和其他传统零售商的经营失败，奈飞公司在 2011 年成了市场的最爱，股票交易价格达到了每股 157 美元，预期市盈率为 42。分析师认为，如果按奈飞公司在 2010 年年末的每股账面价值 5.50 美元计算，该公司在 2011 年和 2012 年预计能分别实现每股收益 3.71 美元和 4.84 美元。假定奈飞公司不发放任何股利，且你对于投资该公司所要求的报酬率为 11%。因为你认为奈飞公司的股票价格中所隐含的增长率过高，投资风险太大了。请问：

a. 按市场价格每股 157 美元计算，奈飞公司的股票价格中，有多少是市场对该公司的未来增长预期？

b. 按照奈飞公司的股票市场价格，奈飞公司的剩余收益预期增长率为多少？你认为这种增长率是正常的吗？

E7.13. 想投资的塞勒斯（中等）

马克·塞勒斯先生是芝加哥塞勒斯资本对冲基金公司的经理，他在 2006 年 9 月 9 日的《金融时代》（Financial Times）杂志上撰文，提出仓储零售商家得宝公司的股票值每股 50 美元。家得宝公司的股票价格在当时为每股 34 美元，分析师预测，该公司在 2007 年和 2008 年能分别实现每股收益 2.98 美元和 3.26 美元。家得宝公司在 2007 年和 2008 年预计将发放每股股利 0.60 美元和 0.70 美元，然后在将来会一直保持 2008 年的股利发放率不改变。在以 2006 年 1 月为年度截止日的这个财务年度中，家得宝公司报告它的权益账面价值为 269.09 亿美元，流通在外的股票数量为 21.24 亿股。

在回答下列问题时，假定投资者要求的必要报酬率为 10%。

a. 根据分析师的预测值，在塞勒斯先生的估值每股 50 美元当中，所隐含的家得宝公司在 2008 年以后剩余收益增长率为多少？

b. 在塞勒斯先生的估值每股 50 美元中，所隐含的家得宝公司 2009 年度和 2010 年度的每股收益增长率为多少？

E7.14. 反推标准普尔 500 指数中的增长率预期（中等）

标准普尔价格指数在 2006 年早期位于 1270 点，当时，标准普尔 500 组合的股票平均市净率为 2.5。当时，按最近的（即 2005 年）年度收益计算，该组合股票的普通股加权平均收益率为 18%。假定对该"市场组合"，投资者所要求的必要报酬率为 10%。请问：

a. 市场对该组合股票的剩余收益期望增长率为多少？

b. 假定你预计普通股权益报酬率在将来能一直保持在18%的水平，那么，请问按当时的指数水平计算，你预计组合公司的净资产增长率将为多少？

E7.15. 标准普尔500指数的预期收益率（中等）

标准普尔500指数在2008年1月1日收报于1468点，市净率为2.6倍。该指数组合的公司预计能在2008年实现预期收益72.56。这些盈利预测值是根据分析师对构成该500组合的股票盈利预测做出的，与计算指数时所使用的货币单位是一致的。请问：

a. 标准普尔指数在2008年的预计普通股权益报酬率ROCE会是多少？

b. 假如你预计所有公司的剩余收益增长率会与整个经济主体的GDP增长率4%保持一致，那么请问，如果在标准普尔500指数的点位为1468时买入，隐含的期望收益率会是多少？

c. 当时的无风险收益率为4%。如果你对投资权益性证券所要求的风险溢酬水平为5%，请问，你会愿意投资一个跟踪标准普尔500指数变化的指数基金么？

d. 标准普尔500指数的市净率在1999年时更高，为5.4。历史普通股权益报酬率ROCE为23%。请问，如果剩余收益增长率与GDP增长率保持一致，那么，按当时的点位买入标准普尔500指数，预计的收益率会是多少呢？

E7.16. 推算隐含的每股收益增长率：金佰利公司（中等）

2005年3月，金佰利公司宣布它在2004年已实现每股收益3.64美元之后，分析师预测它在以12月31日为财务年度截止日的2005年和2006年中，将分别实现每股收益3.81美元和4.14美元。当时，金佰利公司的股票交易价格为每股64.81美元。该公司在2004年已支付每股股利1.60美元，预计在2005年将支付每股股利1.80美元，并在未来的5年中，按每年9%的速度进行增长。在计算下列题目时，请使用8.9%作为必要报酬率标准。

a. 按金佰利公司在2005年3月的情况，计算历史市盈率和远期市盈率水平，同时计算金佰利公司正常的历史市盈率和远期市盈率水平应当为多少。

b. 按当时的市场价格，计算金佰利公司在2006年以后能实现的超常收益增长速度为多少？

c. 市场对金佰利公司在2007～2010年中能实现的每股收益增长率预期为多少？

d. 分析师预计，金佰利公司在这些年中能实现每股收益按8.0%的速度增长。将这个增长率与你在上述"c"部分中所计算出的答案进行比较，你能得出什么样的结论？

e. 分析师将他们的"购买/持有/卖出"投资建议用数字按"1～5"进行评分（其中"5"表示强烈推荐买入），金佰利公司股票的得分为2.6。请问，这个评分结论与他们的预测结论是一致的吗？

迷你案例

M7.1 检验市场定价的合理性：思科系统公司

思科系统公司专业生产和销售各种数据和音像传输网络通信设备，并提供与这些设备相关的各种服务，产品包括路由转换器、家用与商用网络设备、互联网协议、网络电话、安全与网络管理以及软件服务等。思科系统公司通过自身的积累而发展，同时也在成长过程中兼并和收购了一些其他网络与软件公司，该公司的官方网站地址为：www.cisco.com。

思科系统公司的股票在互联网浪潮中备受关注，它是极少的几家拥有具体产品的互联网企业。该公司的产品对网络时代的基础设施建设发展影响重大，对通信业的扩张也意义非凡。在2000年早期，思科系统公司的股票市值曾经一度超过了微软公司，在5000亿美元之上，市盈率超过了130倍。随着互联网投资热潮的褪去，以及由于通信类企业过度投资而带来的通信业务容量的闲置,思科系统公司的增长开始变得缓慢了。面对销售收入的下滑,首席执行官约翰·钱伯斯(John Chambers)对公司管理部门进行了重整。到 2004 年,思科系统公司的销售收入重新回到了 220 亿美元的水平。

接下来,思科系统公司的销售收入持续增长,到 2008 年,开始达到 395 亿美元之上。公司在国内收购了网络公司灵科(Linksys)和电视机顶盒制造商亚特兰大科学公司(Scientific Atlanta),以及提供网络会议软件服务的网讯公司(WebEx)和视频摄像机 Flip 公司。不过,公司后来的销售收入一直保持平稳,在 2009 年时为 362 亿美元,但从毛利率来看却在下降,并且每股收益从 2008 年的 1.35 美元下降为 2009 年的 1.05 美元。与此同时,竞争对手摩托罗拉公司和杰科网络公司(Juniper Networks)却发展得一直不错。思科系统公司通过并购而进入电视机顶盒和视频会议设备行业的多元化经营战略看起来并不成功,因为有线电视公司大大减少了它们的机顶盒订单,而视频会议设备产品则受到了 SKYPE 和谷歌 TALK 免费通信产品的严重影响。于是,钱伯斯先生对思科系统公司再次进行了整合。

思科系统的股票在 2010 年年初的交易价格为每股 24 美元,按公司财务年度截止日 2009 年 7 月末的账面价值计算,市净率为 3.6 倍。根据分析师预测,思科系统公司在 2010 和 2011 财务年度能分别实现每股收益 1.42 美元和 1.61 美元,远期市盈率为 16.9 倍,意味着对公司的未来还是有一定的增长预期。实际上,预计 2011 年的每股收益相比 2010 年能增长 13.4%。思科系统公司不支付任何股利。

要求:

a. 使用本章所讲过的全部工具,评价思科公司的股票价格是否定价合适?如果不对思科公司的未来盈利情况进行更进一步的预测(但目前你还不能完成该项工作),你是无法解答本问题的。不过,使用分析师对思科系统公司 2010 和 2011 财务年度的预测数据,可以按市场价格 24 美元作为股票价值,推导出其中所隐含的未来收益增长率。然后,利用估值分解的方法找出思科系统股票定价中的主观估测部分。可参考图 7-4 和图 7-5 的做法。

b. 如果通过认真的分析,你认为思科系统公司每年的长期剩余收益增长率可以大于 4%,那么,如果按每股 24 美元的价格买入该公司的股票,预期报酬率会是多少?

c. 思科系统公司在无增长条件下的价值是多少?如果该公司预期未来一直保持无增长状态,请问,按目前的价格买入该公司股票,预期报酬率是多少?请计算在不同的增长率条件下(包括负的增长率),买入该公司股票的预期报酬率。本练习让你体会到了买入思科公司的股票可能实现的各种收益范围了吗?

d. 到 2011 年 8 月,思科系统公司的股票重新下滑到了 1997 年时的水平,每股 15 美元。从思科系统的财富下滑中,你可以总结出什么教训?

你可以选择在后续某个日子,比如,2011 年 8 月,重新做一遍这个练习。你还可以建立一个电子表格程序,对思科系统公司在不同时期的股票价格、账面价值和预期值进行检验。这样的电子表格程序也可以方便地应用到其他公司的估值中。

M7.2 反推谷歌公司的价值:如何理解"市场先生"的预期

滥用估值模型是很危险的:比如,某位分析人员可以将随便某个增长率或者必要报酬率代入估值模型中,然后就得到了他想要的估值水平。实际上,估值模型可以用来作为将我们的主观看法载入估值中的工具:选择某个主观的增长率或者近期预测值,然后就能得到你想要的主观估值水平了。在这种情况下,输入的是垃圾,输出的自然也是垃圾。

请记得基本面投资者的信条:当心为增长而支付过高的价格。因此,我们在应用估值模型时,应当尽量避免对增长进行太过主观的预测。在第 5 章和第 6 章中所介绍的剩余收益估值模型和超常增长模型,都能够保护我们避免为不创造价值的投资而带来的盈利增长去买单;

同时，对单纯由于会计方法的选用而带来的盈利增长，也不用在定价中予以考虑。不过，对于我们自己的愚蠢的主观估测所可能造成的定价失败，这些模型是没有办法防止的。

本杰明·格雷厄姆曾经说过：

> 未来前景，尤其是未来的持续增长这个概念，使我们在通过数学公式来计算现值时，会自觉或者不自觉地选择更有利的因素。将精确的公式与高度不精确的假定结合在一起，可以得出任何人都希望得到的那个价值。⊖

反向推导让我们可以从另一个角度来处理估值模型：不是用模型来计算价值，而是用模型去理解市场定价当中所隐含的各种预期。这与主动投资的思想不谋而合。投资并不是我们与自然之间的游戏，而是我们与其他投资人之间的博弈。对主动投资者来说，"真实"的内在价值是不存在的，他只是在与其他投资者进行相互博弈。如果他能发现其他投资者的预期（隐含在市场定价当中的）与他的分析结论不相一致，那么他就"赢"了。因此，真正的问题不是某个估值模型是否能告诉你"正确的"价值，而是这个估值模型能够帮助你正确地理解市场定价中所包含的各种预期吗？这样，投资者才能将这些预期值与他自己的进行比较。所以，主动投资者不是在比较价格与"真实"的内在价值，而是通过检验其他投资者的预期是否合理来验证市场的定价是否恰当。此时，他们所使用的工具，就是反向推导。

截至目前，你还没有通过分析来建立自己的预期，不过，你已经可以通过反向推导去理解其他投资者的预期了。本案例就要求你以谷歌公司为研究对象来完成这个任务，市场对这家公司的期望值一直非常高。

在2004年8月以不到每股100美元的价格初次公开募集股份之后，到2007年年末，谷歌公司的股票就已经一路高涨到了每股700美元的价格之上。这家公司的收入主要来源于与网络搜索引擎和网络应用产品相关的广告业务，被市场看作是未来的技术先驱。它的收入与盈利一路增长，2004～2007年，收入从32亿美元增加到了166亿美元，而每股收益则从2.07美元增加为13.53美元。你也许会考虑是否买入这只热门的股票。本案例要求你对谷歌公司的股票在2008年中期的价格合理性进行检验，当然，这是通过检验定价当中的预期是否合理这种方式来完成的。请使用超常收益增长估值模型来找出市场定价中所隐含的这些预期。

谷歌公司的股票在2008年中期的交易价格为每股520美元，当时，分析师预计该公司在2008年和2009年能分别实现每股收益19.61美元和24.01美元，因此远期市盈率为26.5。对于谷歌公司在未来5年内的增长率，分析师一致认为可以保持在28%左右。

要求：

a. 根据上述预测值，应用超常收益增长模型（AEG）为谷歌公司的股票进行估值，谷歌公司的贝塔系数大约为2.0左右，因此，假定该公司的投资必要报酬率较高，为12%（当时的无风险利率水平为4%）。

b. 众所周知，分析师的中期预测值（未来5年内的）都是相当乐观的，尤其是对像谷歌公司这样的"热门股票"来说。所以，请只依据2008年和2009年的预测值，利用超常收益增长估值模型（AEG），估算在谷歌公司的股票价格中所隐含的该公司在2009年之后的增长率为多少。根据你的答案，说明分析师的5年期增长率预测做得如何。

c. 请画一张类似本书图7-4那样的估值分解图，并将市场价格中所预计的谷歌公司2010～2012年的每股收益增长率在图中表示出来。

d. 现在请想想，你应当如何去检验谷歌公司的股票每股市价520美元是否合理呢？请计算出谷歌公司的PEG比率，这个指标对你有帮助吗？

e. 假定你认为谷歌公司在将来能保持的最高（AEG）增长率水平为6%（永续的），那么，如果按每股520美元的价格买入这只股票，在这样的增长率水平预期下，你的预期报酬率将会是多少呢？

⊖ 本杰明·格雷厄姆，《聪明的投资者》（第4版修订版），纽约：Harper and Row 出版社，1973年，第315～316页。

第二部分 PART 2

财务报表分析

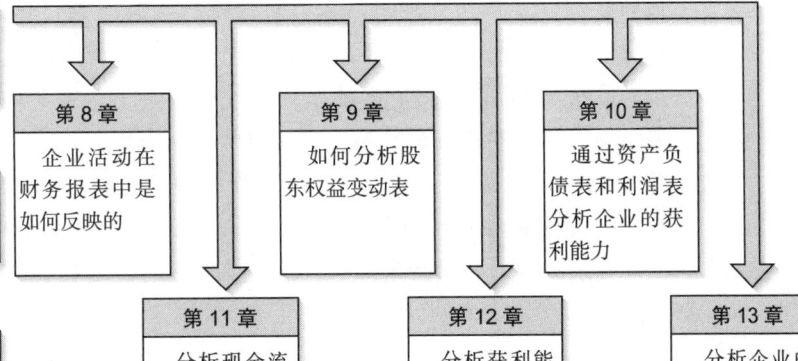

```
┌─────────────────┐
│ 了解企业      1 │
│ • 产品          │
│ • 知识基础      │
│ • 竞争情况      │
│ • 监管约束      │
│ • 管理层        │
└────────┬────────┘
       战略
┌─────────────────┐
│ 分析信息      2 │
│ • 财务报表信息  │
│ • 非财务报表信息│
└─────────────────┘

┌─────────────────┐
│ 预测收益      3 │
│ • 确定收益      │
│ • 预测收益      │
└─────────────────┘

┌─────────────────┐
│ 将预测转化为估值 4│
└─────────────────┘

┌─────────────────┐
│ 根据估值进行交易 5│
│ 外部投资者:     │
│   比较价值与价格│
│   ,决定买入、卖│
│   出或者持有    │
│ 内部投资者:     │
│   比较价值与成本│
│   ,决定接受或者│
│   拒绝某战略    │
└─────────────────┘
```

第8章 企业活动在财务报表中是如何反映的

第9章 如何分析股东权益变动表

第10章 通过资产负债表和利润表分析企业的获利能力

第11章 分析现金流量表,了解企业创造现金的能力

第12章 分析获利能力,了解利润的来源

第13章 分析企业的增长,了解增长的动因

本书第一部分主要讨论了一些概念和如何建立良好的估值思想，在第二部分和第三部分中，我们将把这些优秀的思想应用到现实的分析当中去。

在这里，我们列出了第 3 章中所介绍的估值分析五步骤，其中，第三个步骤"预测"是整个估值分析的核心，本书将在第三部分中主要讨论这个问题。不过，要进行预测，就需要先对第二个步骤中的信息进行分析，因此，本书将在这一部分中主要介绍第二步骤中的财务报表分析，为第三步骤的预测打好基础。

第 5 章和第 6 章中所介绍的估值模型可以用于对预测进行指导。要计算出账面价值之外的价值增加（以判断市净率的合理水平），我们必须先预测未来的剩余收益水平；同样地，要计算出资本化收益之外的价值增值（以判断市盈率的合理水平），我们必须先预测未来的超常收益增长。我们已经知道，剩余收益和超常收益增长实质上是一回事，因此，为预测这两个指标而进行的分析实际上可以是相同的。

相应地，本部分的重点将是对两个价值驱动因素——普通股权益报酬率 ROCE 和超过了普通股权益报酬率的投资规模增长率所进行的分析。通过财务报表分析，我们能找出是什么在驱动着当前的普通股权益报酬率和增长率，然后以这些驱动因素作为起点，来预测未来的普通股权益报酬率和增长率会怎么样。这样，"预测"工作就被我们成功地转化为了回答"当前的普通股权益报酬率和增长率与未来的普通股权益报酬率和增长率会有哪些不同"这个问题。

估值分析的第一步要求分析师在进入第二步以前先"了解企业"。因此，在开始进行财务报表分析之前，分析人员需要先了解财务报表是如何报告企业的各项业务的。第 8 章向我们介绍了能够创造价值的各项企业活动在财务报表中是如何列报的，并说明了如何对公开财务报表进行重构，以突出显示企业的各项活动。这种重构能将企业报表整理成为利于分析的形式。

第 9～11 章主要介绍财务报表分析。其中，第 9 章介绍股东权益变动表，关注综合收益和综合的普通股权益报酬率 ROCE，只有综合收益才能够使我们将分析继续正确地进行下去。第 10 章介绍利润表和资产负债表的分析，强调要区分企业的经营活动和金融活动，并了解这两类活动的获利能力。第 11 章介绍现金流量表分析，帮助大家确认经营活动产生的自由现金流量和筹资活动的相关现金流量。

第 12 章和第 13 章是本书这一部分的关键。这两章对财务报表进行了更进一步的分析，发现企业实现普通股权益报酬率和盈利增长的驱动因素，为后一步的预测工作打下基础。

财务报表的分析是有目标的：即找出财务报表是如何报告那些能够影响企业价值的要素。在过去，你可能曾经做过一些"比率分析"方面的工作，比如，计算流动比率或者存货周转率这样的财务指标，在完成了这些比率的计算之后，你也许曾经疑惑：下一步应该做什么呢？或者说，根据这些比率，我能知道这个企业的价值情况吗？在这一部分中，本书就将向你系统地介绍财务报表分析。

第 8 章 透过财务报表看企业

与前述章节的联系	本章	与后续章节的联系	网络资料链接
第1章介绍了企业的经营、投资和筹资活动;第2章介绍了财务报表;第5章和第6章分别介绍了以财务报表数据为基础的估值模型;最后,第7章则将这些模型应用于主动的投资策略中	本章介绍财务报表是如何报告企业的三大活动的,也介绍如何重构企业的财务报表,以突出这些活动的影响,并为应用第5章和第6章中所介绍的估值模型而编制财务报表	第9～11章根据本章的设计思想对财务报表进行重构	根据本章的内容,建立你自己的财务报表电子模板,在本书配套网站中有帮助信息可供参考

- 现金流量表是如何报告企业的现金流量情况的?
- 经营性资产与负债和金融性资产与负债在资产负债表中是如何进行报告的?
- 经营性利润和金融性利润在利润表中是如何报告的?
- 为正确反映企业的状况,几大财务报表之间是怎样互相联系在一起的?

分析师备忘录

学习目标

学习完本章内容后,你应当理解:

- 企业是如何创立起来并创造价值的;
- 财务报表是如何组织起来为股东报告价值的增加额的;
- 为什么在分析时需要首先对财务报表进行重构;
- 在重构财务报表时,经营活动、投资活动和筹资活动应当各自怎样反映;
- 企业的四类现金流量以及它们彼此之间的关系;
- 重构报表之间的关系以及它们的流量或者存量特征;
- 经营性活动所包含的内容;
- 金融性活动所包含的内容;
- 股利的影响因素有哪些;
- 自由现金流量的影响因素有哪些;
- 自由现金流量的去向;

- 为什么说自由现金流量是经营性活动向金融性活动支付的股利；
- 为什么自由现金流量不会影响价值增加额的会计处理。

学习能力

完成本章的学习任务后，你应当能够：
- 应用财务主管法则；
- 列报重构后的现金流量表、资产负债表和利润表；
- 解释净经营性资产是如何随时间推移而变化的；
- 解释净金融性负债是如何随时间推移而变化的；
- 解释自由现金流量的来源；
- 解释自由现金流量的去向；
- 在你的分析工具中增加新的会计关系等式；
- 根据重构后的财务报表计算净经营性资产报酬率和净借款成本；
- 建立一份初级电子表格，用于分析企业所创造的价值。随着你对本书内容的学习深入，可以对这份表格进行进一步的丰富和完善。

购买股票的实质就是投资企业。在投资企业之前，任何人都应当先对这个企业的经营业务有一定的了解。在第1章中，我们曾经提出基本面投资者信条，要求分析人员应当去调查和了解"这家企业究竟是做什么的"。这一类的工作可以通过实地造访企业的生产经营场所以及与企业管理层进行对话来完成。同时，我们还可以通过财务报表来了解一家企业的情况。财务报表是商业的透镜，因此，我们不仅应当了解目标企业是如何经营运作的，还应当熟悉企业的经营活动在财务报表中是如何被列报的。只有这样，我们才能理解财务报表数字背后的含义。

本章主要建立在第1章对企业经营情况所进行的基本介绍和第2章对财务报表所进行的基本介绍基础之上。在第2章中，我们介绍了财务报表是如何报告"存量"信息和"流量"信息的，以及存量和流量之间的相互关系。在本章中，将继续介绍第1章中所提出的企业三类活动（经营活动、投资活动和筹资活动）是如何在报表中的存量或者流量信息中进行报告的。本章的关键是将报表中的经营活动、投资活动与企业的筹资活动进行了区分，因为在一般情况下，只有经营活动和投资活动才能创造价值，而筹资活动是不创造价值的。

在第2章中，我们所介绍的财务报表完全是按照美国公认会计原则的要求列报的，这种列报形式并不能直接满足我们的估值需求。因此，为了突出重点，我们将在本章中对财务报表进行重构，将报表内容与企业的活动进行对应。重构后的会计报表将更加有利于我们在后续章节中的分析，帮助我们发现企业剩余收益和超常收益增长的影响因素，而这两者正是我们在第5章和第6章中所介绍的主要估值要素。

本章的重点在于设计。对财务报表进行重新设计后，将方便我们通过建立电子表格模板来输入财务报表数据，然后应用于分析。在第2章中，财务报表的形式是由一系列的会计等式来决定的，在这里也一样，我们也会使用一系列的会计等式来重构财务报表。利用这些会计等式，我们就可以建立电子表格程序，并在后续的章节中不断对这些电子表格模板进行丰富和补充，然后用它们来进行财务报表分析，并对企业进行估值。在本章最后，我们将以第2章所给出的耐克公司财务报表为例，指导你设计自己的电子表格模板。

8.1 企业的活动：现金流量

在第1章的图1-1中，我们列出了企业与其股东和债权人之间的交易情况。不过在当时，我们虽然确认了企业的融资活动、投资活动和经营活动，但并没有对企业的情况进行过多的说明。现在，我们将在本章和后续章节中来对此图进行进一步的补充和完善。图 8-1 就是对图 1-1 的完善，后续在图 8-2 和图 8-3 中，我们还将进行更进一步的完善工作。图 8-1 与图 1-1 十分类似，均列出了企业与其债权人和股东之间的现金流动关系，只是在这里，我们将企业与其债权人之间的现金流入和流出情况浓缩为现金流净额，称为**净债务融资现金流**（net debt financing flow），在图中用字母 F 表示，代表企业与它的债券持有人、银行和其他债权人之间的现金净流量，即，以利息和本金偿还方式支付给债权人的现金流量减去企业通过借款等方式从债权人那里所取得的现金流量之净额。同样地，我们用**支付给股东的股利净额**（net dividend to shareholders）来表示以股利和股份回购等方式支付给股东的现金流出量扣除股东在当期对企业的资本投入总额之差，在图中用字母 d 表示。这两类权益要求人与企业之间所发生的交易就是企业的**融资活动**（financing activities）——分别称为债务融资和股权融资，这些交易通常是在资本市场中完成的。

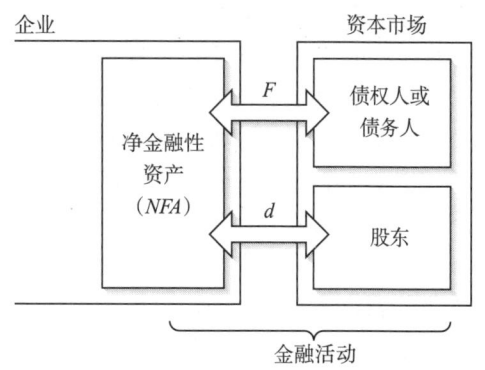

符号含义：F ——与债权人和债务人之间的净现金流量
d ——与股东之间的净现金流量
NFA ——净金融性资产＝金融性资产－金融性负债

图 8-1　企业与资本市场权益要求人之间的现金流量关系

企业将从债权人和股东那里筹集到的现金（临时）投资于金融性资产，或者通过将金融性资产变现来获得现金，用于向债权人和股东进行支付。净金融性资产等于从发行人那里购入的债权投资减去企业自身所发行的债务总额。净金融性资产也可能表现为负数（即此时企业向债权人出售的债务金额大于企业所购入的债权投资额）。

债务融资交易的现金流主要发生在债务的发行人和债权人之间。通常，一家企业的成立总是以股东的现金投入为起点的，但现金本身并不是一项盈利性的资产，需要我们将它投入到企业的商业活动中去。例如，企业可以用现金来投资债权或其他生息的票据、存款等，我们将这类投资对象称为**金融性资产**（financial assets），或者有时也称为**有价证券**（marketable securities）。企业可以通过资本市场从债务发行人手中去购买这类资产，这些债务发行人包括政府部门（短期和中长期的国库券）、银行（计息的存款）或其他企业（公司债券或者商业票据）等。购买金融性资产时，将导致现金流出企业，而企业所拥有的金融性资产增加。债务的发行和债权的购买都属于金融活动，购买债权性投资相当于将自己的资金借给别的主体，而发行债务相当于从别的主体那里借入资金，无论是借入还是借出，相关金额都应当报告为金融活动。如果企业有多余的现金，就可以用来购买其他主体（债务人）所发行的债务，或者，当企业需要资金的时候，也可以（向债权人）发行自身的债务来进行筹资。在前一种情形下，企业就会持有金融性资产，利息和收到的本金偿还都构成企业的现金流入；而在后一种情形下，企业就承担了**融资义务**（financial obligations）或者**金融性负债**（financial liabilities），利息和本金的偿还都表现为企业的现金流出。在前一种情形下，净债务融资额 F 等于企业当期因为购买债权性资产所支付的现金减去当期所收到的利息收入和处置债权性资产所得；而在后一种情形下，净债务融资额 F 则等于当期用现金支付的利息和偿还的本金之合计数减去企业通过发行债务所收到的现金额。因此，可以说，净债务融资额 F 实际上等于企业在某一会计期间内借入的资金与借出的资金之差额。

企业通常会在持有债权性投资的同时也发行债务来进行融资，因此，它们会同时持有金融性资产和承担金融性负债，我们将企业所持有的债权或债务净额称为**净金融性资产**（net financing assets），即金融性资产与金融性负债之差额，如图 8-1 所示。或者，当企业持有的金融性负债金额大于金融性资产金额时，就称为**净金融性负债**（net financing obligations）。相应地，净债务融资现金流量就等于企业借出的资金总额减去企业借入的资金总额之差额。

图 8-2 对企业的现金流量情况进行了完善。一般情况下，企业不会将购买债券作为它的主要经营业务，持有债券只是闲置资金的一种临时投资方式。企业会将资金投资于**经营性资产**（operating assets），比如土地、工厂、存货等，用于生产可供销售的产品。这就是企业的**投资活动**（investing activities），相关的现金流量被称为**现金投资额**（cash investment）或者**投资活动产生的现金流量**（cash flow in investment activities），在图中用字母 I 表示。企业可以通过出售金融性资产，然后将出售所得用于投资经营性资产。在图中，箭头是双向的，因为企业也可以处置经营性资产（比如，出售终止经营业务），然后利用出售所得来购买金融性资产。经营性资产投入运营后，可产生现金净流量（通过出售产品得到的现金流入量减去为支付工资、租金、其他账单而发生的现金流出量之差），称为**经营活动产生的现金流量**（cash flow from operations）。这些现金可用于购买债权性投资，形成金融性资产，也可用来偿还企业过去所发行的债务。经营活动产生的现金流量不会被闲置，它总是会被企业用来投资于金融性资产中，以赚取利息；直到生产经营需要现金投入时，我们就可以通过处置这些金融性资产来获得现金，然后用于经营性的现金投资。请注意，"投资活动"在这里是指对经营所需要资产的投资，而不是对金融性资产的投资。实际上，投资于经营性资产所需要的钱往往需要通过出售净金融性资产才能得到。

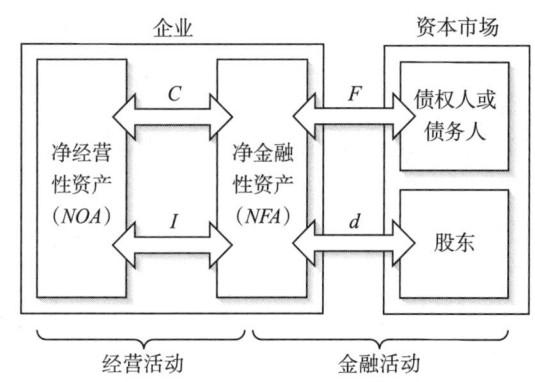

符号含义：F——与债权人或债务人之间的净现金流量
d——与股东之间的净现金流量
C——经营活动产生的现金流量
I——现金投资额
NFA——净金融性资产
NOA——净经营性资产 = 经营性资产 − 经营性负债

图 8-2　企业与权益要求人之间的现金流量和企业内部的现金流量

经营活动产生的现金流量被投资于净金融性资产（即用来购买金融性资产或者偿还金融性负债）。通过减少净金融性资产（即出售金融性资产或者发行金融性负债），企业也可将获得的现金用于经营性投资。经营活动产生的现金流量和现金投资额都可能表现为负数（比如，通过处置变现经营性资产来获得现金，并将处置所得投资于金融性资产）。

在第 4 章中，我们介绍了经营活动产生的现金流量和投资活动产生的现金流量这两个概念。现在，我们将向你介绍一个非常重要的会计等式，即**现金恒等式**（cash conservation equation），或者也称作**现金来源与运用等式**（sources and uses of cash equation）。在图 8-2 中，这四部分现金流量总是遵循这样的关系：

自由现金流量＝向股东支付的股利净额＋向债权人或债务人的支付净额　　（8-1）

或者，用公式表示为：

$$C - I = d + F$$

即，经营活动产生的现金流量扣除对经营活动中的现金投资额后，总是等于当期对债权人（或债务人）和股东的现金支付净流量。在这个公式的左边，$C-I$ 即为**自由现金流量**（free cash flow）。如果经营活动产生的现金流量大于当期的现金投资额，那么自由现金流量就为正；如果当期经营活动产生的现金流量小于当期新增投资所需要的现金额，那么自由现金流量就为负。正的自由现金流量可以用来支付利息净额或购买债权性投资（F），或者也可以用来支付股利净额（d）。而负的自由现金流量则需要企业发行债券（F 为负）或者发行股票（d 为负）去筹措现金，以满足资金需求缺口。由于这个现金关系式在任何情况下都是成立的，所以被称为恒等式。产生的现金与使用的现金总相等，或者说，现金的来源与使用总是相等的。

现在你应该理解为什么一家企业会有金融性负债而不是金融性资产（通常都是这样的情形）了，因为金融性负债就是负的金融性资产。如果自由现金流量为负数，企业就可以通过出售金融性资产来获得现金；如果这些金融性资产都处置完了，而企业又不愿意降低它的股利支付净额，那么，它就可以通过发行债务来筹措现金。此时，企业就变成了一个净债务人而不再是债权人了，因为它持有的是净金融性负债，而不再是净金融性资产。不过不管是净金融性负债还是净金融性资产，这些交易都是在债务市场中完成的。如果自由现金流量为正数，在股利支付净额保持不变的情况下，企业就可以用这些现金去购买其他主体所发行的债券，或者买回自己在过去所发行的债券（赎回债券）。当自由现金流量为负数时，企业就可以出售债券（既可以是自己发行的债券，也可以是企业所持有的其他主体所发行的债券），这就是债务融资活动。债务融资活动可能表现为企业与银行之间的交易（比如，企业向银行申请贷款或者投资于计息的存款），不过你也完全可以将它们想象为债券交易。通过这些债券交易，企业可以实现它想要支付的任何股利支付净额。当然，净现金利息支付也会产生或者使用现金。我们将上面这些内容用**财务主管法则**（treasurer's rule）来总结如下：

如果 $C-I-i > d$，那么借出资金，或者赎回自己的债务；

如果 $C-I-i < d$，那么借入资金，或者出售债权性投资。

其中，小写的字母 i 表示利息支付净额（用现金支付的利息费用减去收到的现金利息收入）。如我们在第 4 章时计算的那样，利息净额应当是税后的，因为企业所承担的现金利息净额应当是扣除了利息费用的税前抵扣金额之后所剩下的部分。请参考阅读材料 8-1 中的介绍。

阅读材料 8-1

应用财务主管法则：以微软公司和通用电气公司为例

微软公司：自由现金流量为正数

微软公司在 2004 年第二季度创造了 40.64 亿美元的自由现金流量，同期因为持有短期有价证券，它收到了 3.38 亿美元的税后利息收入。在该会计期间内，微软公司向股东支付的现金净额为 22.7 亿美元，剩下的 21.32 亿美元则被用来购买短期的计息证券。

在 2005 年第二季度，微软公司创造了 32 亿美元的自由现金流量，同期因为持有短期有价证券而收到的税后利息收入净额为 2.42 亿美元；在这一季度中，该公司向股东支付了一笔巨额的股利，金额高达 336.72 亿美元，导致公司出现了现金短缺。于是，微软公司发行并出售了价值 302.3 亿美元的有价证券，为本次股利的支付提供了现金来源。

对上述交易，公司财务主管的计算过程可表达如下（金额单位：百万美元）。

	2004 年第二季度		2005 年第二季度	
经营活动产生的现金流量		4 236		3 377
经营活动现金投资额		172		177
自由现金流量		4 064		3 200
收到的现金利息收入（税后）		338		242
股东所享有的现金		4 402		3 442
股利支付净额：				
现金股利	1 729		33 498	
股份回购	730		969	
股票发行	(189)	2 270	(795)	33 672
购买（出售）金融性资产净额		2 132		(30 230)

通用电气公司：自由现金流量为负数

通用电气公司在 2002 年创造了超过 348 亿美元的经营活动现金流量，但同期公司在经营活动中的现金投资额也超出 612 亿美元，其中 77 亿美元属于为购建不动产、厂房和设备所支付的资本性支出，216 亿美元为并购支出，还有 181 亿美元为对应收账款的投资支出。于是，该公司在当期的自由现金流量表现为负的 264 亿美元。相应地，通用电气公司在该会计期间内向股东支付了 81 亿美元股利，新增借款 406 亿美元，并支付借款利息 61 亿美元。

对上述债务融资交易，财务主管的计算过程可表示如下（单位：百万美元）。

经营活动产生的现金流量		34 848
经营活动中的现金投资额		61 227
自由现金流量		(26 379)
支付的利息（税后）		6 082
股东所享有的现金		(32 461)
股利支付净额：		
现金股利	7 157	
股份回购	985	8 142
发行债务净额		40 603

由于在当时通用电气公司还有 578 亿美元的债务需要偿还，所以，财务主管一共发行了 984 亿美元的新债务（债务发行净额为 406 亿美元）。

8.1.1 重构现金流量表

会计人员在现金流量表中记录企业的现金流量情况。为了充分反映图 8-2 中的四类现金流，可按如下表格设计现金流量表（括号中的数字表示负数）。

这份重构的现金流量表与第 2 章所介绍的按美国公认会计原则编制的现金流量表略有不同，这份报表与企业负责融资工作的财务主管或者财务总监的思路更加一致，而且，我们希望财务报表能反映出企业各方面的活动情况。请参考阅读材料 8-2 中的介绍。

重构的现金流量表		
经营活动产生的现金流量		C
现金投资额		(I)
自由现金流量		$C-I$
权益融资现金流：		
股利与股份回购	XX	
股票发行	(XX)	d
债务融资现金流：		
金融性资产净购买额	XX	
金融性资产利息收入（税后）	(XX)	
发行债务净额	(XX)	
支付债务利息（税后）	XX	F
融资现金流量合计		$d+F$

> **阅读材料 8-2**
>
> **重构的现金流量表：微软公司与通用电气公司**
>
> 在下面这份重构的现金流量表中，我们汇总了阅读材料 8-1 中的现金流量情况（金额单位：百万美元）。重构的现金流量表区分了经营活动的现金流量与金融活动的现金流量。
>
> 由于自由现金流量总是等于流向股东的现金流量或者流向债务人或债权人的现金净流量的，重构的现金流量表符合现金恒等式：$C-I = d + F$。
>
> | | 微软公司 | | 通用电气公司 |
> | --- | --- | --- | --- |
> | | 2004 年第二季度 | 2005 年第二季度 | 2002 年 |
> | 经营活动产生的现金流量（C） | 4 236 | 3 377 | 34 848 |
> | 现金投资额（I） | （172） | （177） | （61 227） |
> | **自由现金流量（$C-I$）** | 4 064 | 3 200 | （26 379） |
> | **权益融资现金流（d）：** | | | |
> | 股利与股份回购 | 2 459 | 34 467 | 8 142 |
> | 股份发行 | （189）　2 270 | （795）　33 672 | —　8 142 |
> | **债务融资现金流（F）：** | | | |
> | 购买金融性资产净额 | 2 132 | （30 230） | — |
> | 金融性资产利息收入（税后） | （338） | （242） | — |
> | 发行债务净额 | — | — | （40 603） |
> | 支付债务利息（税后） | | | 6 082 |
> | **融资现金流合计（$d + F$）** | 4 064 | 3 200 | （26 379） |

8.1.2 重构资产负债表

图 8-2 中的现金流量都是净资产的流入和流出量。例如，现金投资额就是一种能使净金融性资产存量减少，同时又使经营性资产存量增加的现金流量。金融性资产和金融性负债的存量都记录在资产负债表中，两者之差即为企业的净负债额；同时，经营性资产的存量也记录在资产负债表中。在公开的资产负债表中，资产和负债通常都是分为流动性项目和长期项目来列报的。这种分类对信贷分析（本书第 20 章中将介绍）非常有用，但对权益分析来说，最好是能将公开报表进行重构，分别列报经营性资产与金融性资产、经营性负债与金融性负债。所谓经营性资产和经营性负债，是指企业在向顾客提供产品和服务的过程中会使用到的资产和负债项目；而金融性资产和金融性负债，则是指在企业的金融活动中所产生的资产和负债项目。前者主要产生于企业与其客户和供应商之间的交易，而后者则主要通过资本市场来进行交易。

右面就是一张经重构后的资产负债表格式。

我们在前面已经说过，金融项目有可能表现为资产，也可能表现为负债。但实际上，经营性项目也是这样的，当它们的余额为正数时，就叫作**经营性资产**（operating assets，OA）；当它们的余额为负数时，就叫作**经营性负债**（operating liabilities，OL）。比如，应收账款就是属于一项经营性资产，因为它属于企业在经营活动中因为销售商品而产生的债权；而应付账

资产负债表			
资产		负债	
经营性资产	OA	经营性负债	OL
金融性资产	FA	金融性负债	FO
		普通股权益	CSE
资产合计	OA+FA	权益要求权合计	OL+FO+CSE

款则属于一项经营性负债，因为它是企业在经营活动中由于购买商品或服务而欠下的债务。与应付账款类似的还有应付职工薪酬、养老金负债和其他应计费用项目等。在第10章中，当我们开始分析真实的资产负债表，并将它们进行重构时，将对这些项目分类进行更详细的讨论。

截至目前，请大家理解经营性负债是企业在经营活动中产生的，而金融性负债则是由于企业需要为经营筹资，在融资活动中所产生的。

为了更进一步地区分企业的经营活动与金融活动，可以对资产负债表中的项目进行进一步的重新分类，如右表所示。

重构的资产负债表			
经营性资产		负债	
经营性资产	OA	金融性负债	FO
经营性负债	(OL)	金融性资产	(FA)
		净金融性负债	NFO
		普通股权益	CSE
净经营性资产	NOA		NFO+CSE

请注意下列关系式的存在：

$$净经营性资产（NOA）=经营性资产（OA）-经营性负债（OL）$$
$$净金融性资产（NFA）=金融性资产（FA）-金融性负债（FO）$$
$$普通股权益（CSE）=净经营性资产（NOA）+净金融性资产（NFA）$$

净金融性资产（NFA）通常为负数，表示此时为净金融性负债（NFO）

所以：

$$普通股权益（CSE）=净经营性资产（NOA）-净金融性负债（NFO）$$

即，经营性资产与经营性负债之差为**净经营性资产**（net operating assets，NOA）；金融性资产与金融性负债之差为**净金融性资产**（net financing assets，NFA）。这两个项目位于图 8-2 的两个框中。如果净金融性资产 NFA 为负数，那么就表现为**净金融性负债**（net financial obligations，NFO），如上述模拟资产负债表所示。如果净金融性资产 NFA 为正数，那么就应当列报在资产负债表的左边。普通股权益的账面价值为 CSE，在之前我们是用字母 B 来表示的。在这份模拟资产负债表的最后一行，实质上是标准资产负债表等式（资产 - 负债 = 股东权益）的变形，只不过分别是用经营活动和金融活动的两个存量净值来表示的。股东权益可以视为对企业净经营性资产和净金融性资产的投资，只是对净金融性资产的投资金额也可能出现负数。

8.2 企业的活动：全部存量与流量

图 8-2 仍然还不够完整：怎样才能将利润表也添加进去呢？实际上，企业从资本市场筹集到了资金，用来投资金融性资产，然后再将金融性资产转化为经营性资产，在经营过程中使用。比如，企业需要从供应商（提供人工服务、原材料等资源的主体）那里购买生产要素，然后将这些要素投入到净经营性资产（例如工厂、设备等）中，加工成产品或者服务，然后才能销售给顾客。金融活动主要涉及在资本市场中的交易，而**经营活动**（operating activities）则主要是在产品和要素市场（product and input markets）中与企业的客户和供应商之间的交易。在图 8-3 中，我们完成了全部的图示。

在与供应商进行交易时，企业需要放弃一定资源，我们将这些所放弃资源的价值称为**经营费用**（operating expense，即图中的 OE）。通过发生经营费用而购入的商品与服务是有价值的，因为它们可以与企业的经营性资产结合，用来生产产品或者提供服务。这些产品或者服务出售给客户，则可以获得**经营收入**（operating revenue，即图中的 OR）。经营收入与经营费用之差为**经营利润**（operating income）：经营利润 = 经营收入 - 经营费用（或者用公式表示为 $OI= OR$

$-OE$)。如果一切顺利,那么企业的经营利润会表现为正数,说明企业创造了价值;否则,经营利润表现为负数,说明企业发生了价值减损。

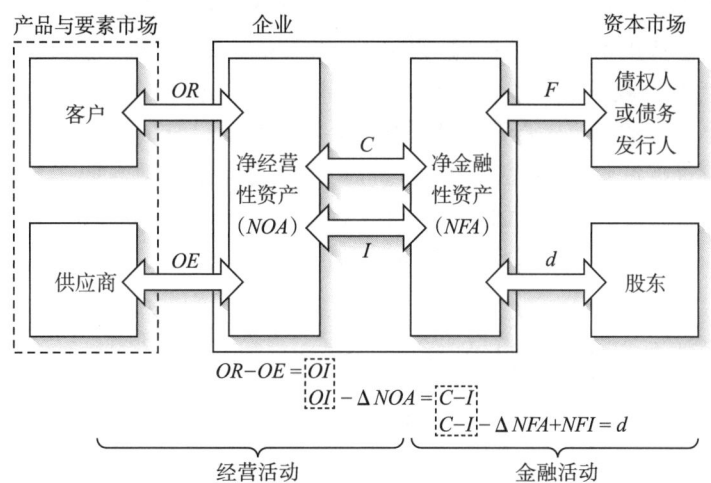

图 8-3 一家企业的全部存量与流量信息

在经营活动中,企业使用净经营性资产来创造经营收入(通过向客户销售产品和提供服务等形式),并发生经营费用(通过向供应商采购生产要素)。Δ 表示变化量。

图 8-3 描述了企业在筹资活动、投资活动与经营活动等三种商业活动中所涉及的全部流量与存量之间的关系。不过,我们在这里将经营活动与(生产性)投资活动都称为经营性活动(见图 8-3),因为生产性投资主要就是购买经营所需要的资产。因此,分析人员需要将企业的经营性活动(包括生产性投资活动在内)与金融活动区分开⊖。

重构利润表

利润表是对企业经营活动结果的总结,在利润表中,我们报告企业的经营利润或者损失。不过,在现在的利润表中,我们将经营利润与企业进行金融活动而获得的损益合并在了一起,构成了股东价值的增加总额,即综合收益或者利润。

右表中,经营利润和融资费用净额(NFE)都是税后金额(在第

重构的利润表	
经营收入	OR
经营费用	(OE)
经营利润	OI
融资费用	XX
金融收益 (XX)	(NFE)
综合收益	CI

⊖ 实际上,这里的思想是将现金流量表中的"投资活动"区分为两类,将对债权性证券的投资(例如购买其他企业所发行的短期债券等)与融资活动放在一起,统称为金融活动;将其他投资(例如购买固定资产、无形资产等)与经营活动划分在一起,统称为经营性活动。——译者注

10 章中，我们将详细介绍如何计算税后金额）。请注意，利润表中的经营收入和经营费用都不是现金流量，而是由企业会计人员判断的价值流入量和价值流出量。我们在第 4 章中曾经介绍过，要得到这些价值变动量，会计人员需要在现金流量的基础上再考虑应计项目的影响。同样地，利息收入和利息费用［以及其他**金融收益**（financing income）与费用］也不必是现金流量。与经营利润一样，利息收入和利息费用也都需要由会计人员根据权责发生制的要求来进行判断。比如，用现金支付的折价债券利息并不代表企业实际的借款成本，会计人员会使用实际利率法来对现金金额进行调整。（因持有金融性资产而确认的）实际利息收入与（因持有金融性负债而确认的）实际利息支出之差被称为**净融资收益**（net financial income，NFI），或者，当利息费用大于利息收入时，则称为**净融资费用**（net financing expense，NFE）。

8.3 重构报表之间的会计关系

现在，我们已经对三张会计报表都进行了重构。在第 2 章中，我们曾经介绍公开披露的会计报表之间存在一定的会计关系式，现在请大家注意，重构的报表之间也受相关的会计关系式制约。现金流量表和利润表都属于一段时期内的流量报表，分别报告经营流量和金融流量，而资产负债表则属于某会计期末的存量报表，分别报告经营存量和金融存量。如前面图中所示，某一会计期间内的流量是在存量之间流入和流出的，因此，存量的变化应当可以通过流量来进行解释。

流量与存量的变动在图 8-3 的底部被联系起来，这就是存量与流量之间的会计关系式。会计关系式不仅决定了会计报表的形式，即不同的项目之间如何彼此互相联系，还决定了每一个项目是受什么驱动，或者由什么因素所决定的。财务分析就是为了回答财务报表的形成原因，或者说，是什么决定了当前的盈利和账面价值。图 8-3 下面的这些会计关系式还决定了我们进行财务报表分析时的电子表格结构，在本章的末尾，我们将指导大家建立一个这样的财务分析电子表格模板。这里所列出的这些会计关系式看起来也许还比较技术化，但随着你在分析和估值中不断地应用它们，将对它们越来越熟悉。请了解掌握这些会计关系式的益处：我们介绍给你的，正是可用于发掘企业价值创造秘密的工具。

8.3.1 自由现金流的来源与去向

自由现金流量等于企业在经营活动中产生的现金流量扣除经营性现金投资额之差，不过，我们也可以用权责发生制下的利润表与资产负债表术语来表达自由现金流量。在图 8-3 中，如果从左边看到右边，就可以知道自由现金流量是这样产生的：

$$自由现金流量 = 经营利润 - 净经营性资产的变动额 \quad (8-2)$$
$$C - I = OI - \Delta NOA$$

其中的希腊字母 Δ 表示变动额。经营活动产生经营利润，而所谓自由现金流量，就是经营利润在满足了对净经营性资产进行再投资之后的剩余。从某种程度上来说，自由现金流量可视为经营活动所创造的股利，因为它是将企业的部分经营利润以资产的形式留存在企业之后的剩余部分利润。

而图 8-3 的右方则解释了自由现金流量的去向：

$$自由现金流量 = 净金融性资产的变动 - 净金融收益 + 股利支付净额 \quad (8\text{-}3a)$$
$$C - I = \Delta NFA - NFI + d$$

这即是说，自由现金流量可以首先被用作支付股利净额，然后剩余的部分再加上当期的融资收益净额，都用作投资净金融性资产。在阅读材料 8-2 中，微软公司在 2004 年就用它的自由现金流量购买了金融性资产（扣除收到的利息收入）和向股东支付了股利。如果企业承担的是净金融性负债，那么，上述公式可改写为：

$$自由现金流量 = 净融资费用 - 净金融性负债的变动 + 股利支付净额 \quad (8\text{-}3b)$$
$$C - I = NFE - \Delta NFO + d$$

即，自由现金流量被用作支付净融资费用、偿还借款净额和支付股利净额了。在阅读材料 8-1 中，通用电气公司的自由现金流量就是负数，因此该公司只能继续增加它的净金融性负债金额。

8.3.2 股利的来源

如果再仔细地将图 8-3 从左边看到右边，你会发现企业在产品和要素市场中所创造的价值是如何记录到会计系统中，并最终以股利的方式流向股东的：经营活动创造的价值（经营利润）被投入到净经营性资产当中；经营活动创造的多余（或"自由"）现金流量则被投资到净金融性资产中，产生利息收入净额；最后，这些金融性资产也被处置掉，并将处置所得用来支付股利。如果企业的经营活动需要现金（自由现金流量为负数），那么企业就可以通过处置金融性资产或者借款增加金融性负债来满足对现金的需求。或者，也可以从股东那里融资（此时股利支付额为负数），并暂时将融资所得投资于金融性资产，用于将来当自由现金流量为负时满足资金需求。

股利产生过程的最后一点，可以用图 8-3 中的右边会计关系式来表述：

$$股利支付净额 = 自由现金流量 + 净金融收益 - 净金融性资产的变动额 \quad (8\text{-}4a)$$
$$d = C - I + NFI - \Delta NFA$$

上式实际上是对自由现金流量关系式［式（8-3a）］的重新整理排列。它说明，用作股利支付的现金流量，可以是自由现金流量，也可以是通过持有金融性资产而赚得的收益，或者是企业出售金融性资产的所得。如果自由现金流量不足以支付股利，那么也可以通过出售金融性资产（或者承担金融性负债）来支付股利。

如果企业表现为净债务人，那么：

$$股利支付净额 = 自由现金流量 - 净融资费用 + 净金融性负债的变动额 \quad (8\text{-}4b)$$
$$d = C - I - NFE + \Delta NFO$$

上式实际上是对自由现金流量关系式［式（8-3b）］的重新整理排列。它说明，股利来源于企业的自由现金流量在扣除了利息费用后的剩余，也可以来源于通过借款而取得的现金。现在，你应当能够了解为什么说股利这个指标不能很好地代表企业的价值创造程度了（至少在短期内）：因为企业是可以通过借款来支付股利的（至少在短期内是这样的）。

在上述公式中所用到的股利都是指股利支付净额，因此，如果自由现金流量扣除利息支付净额后的余额小于当期借款净额，那么，就表示企业的股东在当期对企业投入了更多的现金。

8.3.3 净经营性资产与净金融性负债的影响因素

整理上述会计关系式，我们就可以对资产负债表中的变化情况进行解释了。根据式（8-2）：

$$（期末）净经营性资产 = （期初）净经营性资产 + 经营利润 - 自由现金流量 \quad (8\text{-}5)$$

$$NOA_t = NOA_{t-1} + OI_t - (C_t - I_t)$$

或者：

净经营性资产的变动 = 经营利润 – 自由现金流量

$$\Delta NOA_t = OI_t - (C_t - I_t)$$

经营利润代表着企业经营活动所创造的价值，由于这些价值的实现，企业的净经营性资产才得以增加。举例来说，赊销使得企业的经营收入和应收账款等经营性资产项目同时增加，而赊购原材料或者延期支付职工薪酬则使得企业的经营费用和应付账款或者应付职工薪酬等经营性负债项目同时增加（即会计分录的借方和贷方同时变化）。自由现金流量是从经营活动中取出，进而投资于净金融性资产的现金，因此会减少企业的净经营性资产。或者，如果用净经营性资产的变动额代替净经营性资产来进行解释的话，从表达式 $\Delta NOA_t = OI_t - (C_t - I_t)$ 中可知，经营利润和生产性现金投资额能够增加净经营性资产，而将经营活动产生的现金流量投资于净金融性资产则会减少净经营性资产。

相应地，净金融性资产的变动是由净金融性资产收益、自由现金流量与股利所共同决定的：

（期末）净金融性资产 =（期初）净金融性资产 + 净金融收益 + 自由现金流量 – 股利支付净额

（8-6a）

$$NFA_t = NFA_{t-1} + NFI_t + (C_t - I_t) - d_t$$

或者：

净金融性资产的变动 = 净金融收益 + 自由现金流量 – 股利支付净额

$$\Delta NFA_t = NFI_t + (C_t - I_t) - d_t$$

由于持有净金融性资产而赚取的净金融收益将使企业的资产增加，自由现金流量也使资产增加（因为经营活动产生的现金流量被投入到金融性资产中），而当需要支付股利净额时，就可以将部分资产变现。如果企业持有净金融性负债而非净金融性资产，那么，上述公式就应当改写为：

（期末）净金融性负债 =（期初）净金融性负债 + 净融资费用 – 自由现金流量 + 股利支付净额

（8-6b）

$$NFO_t = NFO_{t-1} + NFE_t - (C_t - I_t) + d_t$$

或者：

净金融性负债的变动 = 净融资费用 – 自由现金流量 + 股利支付净额

$$\Delta NFO_t = NFE_t - (C_t - I_t) + d_t$$

这说明，利息支付义务使企业的负债净额增加，而自由现金流量能减少企业的负债程度，企业则可以通过增加借款来为股利支付净额融资。

请记住，上述这些会计关系式说明了（重构后）财务报表的各方面影响因素。式（8-5）告诉我们，净经营性资产将由于企业经营利润的增加而增加，但随着自由现金流量的增加而减少。或者说，净经营性资产随经营收入的增加而增加，随经营费用的增加而减少；现金投资额能增加净经营性资产，但经营活动产生的现金流量将减少净经营性资产（因为这些现金流量并没有被闲置，而是被投入到了金融性资产中）。式（8-6a）和式（8-6b）则向我们解释了企业的借款水平或者金融性资产的持有规模是由什么所决定的，因此，财务主管法则可被重新表述如下：税后自由现金流量和股利支付净额决定了企业能购买新的债权性投资（并将其报告在资产负债表中）的规模。

8.4 以为股东为中心：是什么在创造价值

图 8-4 说明了重构后的会计报表是如何通过会计关系式而互相关联起来的。它说明了每张财务报表的会计关系式（在每个框中）以及存量与流量之间的关系，用期初存量与当期的流量变化来解释了资产负债表中的期末存量水平。经营利润使当期净经营性资产增加，而净融资费用的发生则使当期净金融性负债额增加。利润表能告诉我们这些流量的来源。自由现金流量使企业的净经营性资产减少，同时也使企业的净金融性负债额减少。现金流量表解释了自由现金流量的来源。股利是通过净金融性负债来支付的——要么变现金融性资产（或获得现金），要么发行新的债务。简而言之，财务报表记录了企业的经营流量与金融流量，并说明了这些流量对企业的净经营性资产存量、净金融性负债存量以及股东权益变动额（股东权益变动额＝净经营性资产的变动－净金融性负债的变动，或 $\Delta CSE = \Delta NOA - \Delta NFO$）的影响。

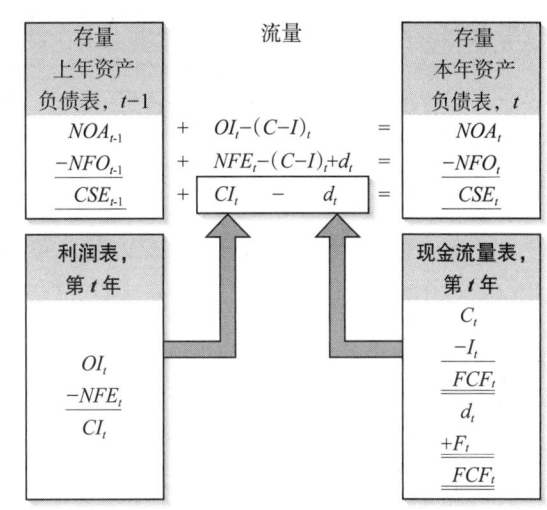

图 8-4 重构后财务报表之间的勾稽关系

本图说明了重构后的利润表、资产负债表和现金流量表是如何报告企业的经营活动与金融活动的，以及这些财务报表是如何确认图 8-3 中的流量与存量的。经营利润的取得能增加净经营性资产，而净融资费用的发生将增加净金融性负债。自由现金流量是从经营活动流向金融活动的"股利"：因为自由现金流量减少了净经营性资产，并同时减少了净金融性负债。企业向股东发放的股利支付净额是从净金融性负债当中所支付的。

注：CI 表示综合收益，其他符号定义同图 8-3。

这里的净经营性资产和净金融性负债（或净金融性资产）之间的存量与流量关系，与我们在第 2 章中所介绍的普通股东权益（CSE）的存量和流量关系在形式上非常类似：

$$普通股东权益_t = 普通股东权益_{t-1} + 综合收益_t - 股利支付净额_t$$

即，普通股东权益是由综合收益（盈利）所驱动的，而股利支付净额将减少普通股东权益。在净经营性资产 NOA 和净金融性负债 NFO 的表达式中［见图 8-4 和式 8-5 与式（8-6b）］，也各有一个驱动因素和股利的影响。经营利润的实现将增加企业的净经营性资产，但投向金融活动的自由现金流量这种"股利"将减少企业的净经营性资产。同样地，从经营活动中流入的自由现金流量、由于持有金融性负债而发生的财务费用，以及向股东支付的股利金额，会影响企业净金融性负债的水平。

会计系统的目标是为股东报告价值创造的源泉。对股东来说，存量与流量之间的这种关系意味着：股东权益是受一个价值增加值计量指标（综合收益）所驱动的，而向所有者的分配净额将减少股东权益。不过，普通股权益同时也表现为资产负债表中的存量净额，即净经营性资产与净金融性负债之差：

$$CSE_t = NOA_t - NFO_t$$

因此，凡是影响净经营性资产 NOA 变动和影响净金融性负债 NFO 变动的因素，也会影响到普通股权益的变动。图 8-5 说明了普通股东权益是如何受到净经营性资产 NOA 和净金融性负债 NFO 的影响的。其中，第 1 行解释了净经营性资产从期初开始所发生的变化，第 2 行解释了净金融性负债的变动，而第 3 行则解释了普通股权益的变动情况（假定企业承担净金融性负债时）。净经营性资产的变动与净金融性负债的变动之差额（即第1行减去第2行的价值）则是普通股权益的变化量。因此，普通股权益在某期的变动既等于当期的综合收益减去股利支付净额之差，也等于当期企业的净经营性资产的变化额与净金融性负债的变化额之差。

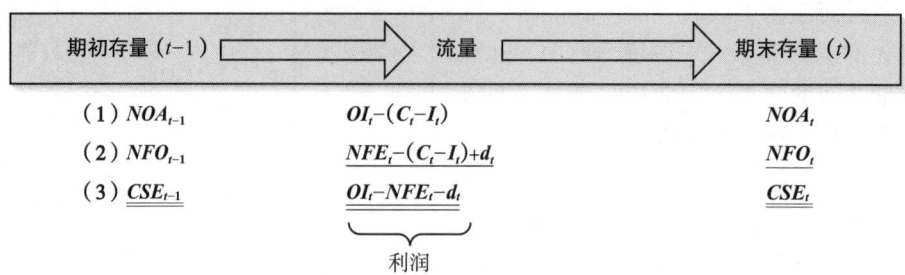

图8-5 普通股权益的变化可以用净经营性资产（NOA）的变化与净金融性负债（NFO）的变化（流量）来解释

从第（1）行中减去第（2）行，你将发现，自由现金流量（C-I）对普通股权益的变化是不产生影响的。

从图8-5中可以看出，虽然自由现金流量会影响净经营性资产和净金融性负债，但它对普通股东权益的变化其实是没有影响的：在从第（1）行中减去第（2）行，从而得到第（3）行的过程中，自由现金流量的影响已经被抵消了。因此，会计告诉我们说，自由现金流量是不会为股东增加价值的。自由现金流量会影响企业的财务状况，但并不影响经营活动，并且，自由现金流量的规模大小与股东权益的价值大小是无关的。此外，经营活动所创造的利润（OI）与金融活动的利润影响额（NFE）都影响着企业的盈利，关系着股东财富的增减问题。所以，自由现金流量只是从经营活动中所多出来，从而流向了金融活动的现金（就像经营活动支付给金融活动的"股利"），而绝对不是企业通过销售商品所创造的价值计量指标。与企业支付给股东的股利一样，自由现金流量与价值的创造也是无关的。

上述结论具有非常重要的意义。在阅读材料8-1和阅读材料8-2中，微软公司与通用电气公司都为股东创造了显赫的价值，但微软的自由现金流量显著为正，而通用电气的自由现金流量却显著为负。所以，自由现金流量与价值是无关的，只有企业的盈利才与价值相关，这再一次证明了权益发生制会计的有用性。

8.5 搭建你自己的分析工具

在本书这一部分中，随着进度的加深，你可以逐步将很多内容嵌入电子表格中，以方便对一家公司进行完整的分析。在本书下一部分对估值的介绍中，你还可以将这些分析电子模板与我们在第5~7章所介绍的估值工具结合起来，生成一份完整的分析与估值电子表格工具，并借助这些工具去检验市场定价的合理性。在本书配套网站上，"搭建你自己的分析工具"（BYOAP）将以耐克公司的数据为例，全面指导你建立最终的分析模板。当然，你可以直接利用耐克公司的分析模板，但如果能自己动手去建立电子表格分析模板的话，我们相信，随着对本书学习内容的逐步深入，你的学习效果还将会得到极大的增强。

图8-4对财务报表分析和估值电子模板中所用到的财务报表数据进行了总结。当然，随着本书所讨论内容的加深，我们还将逐步增加更多的内容，比如各种不同类型的净经营性资产、净金融性负债、经营利润和其他影响最终计数的项目等。不过，图8-4中所总结的内容是最基本的，在这张图中，还给出了每张财务报表所依据的会计关系式，以及不同报表之间的勾稽关

系说明。而这些会计关系式正是我们利用电子表格模板来进行财务分析和估值的基础,在我们的电子表格分析模板中,如果不能保证这些会计关系式成立,那么分析和估值结果就会出现错误。或者,从更积极的一面来讲,如果我们能依据图 8-4 中的这些会计关系式来搭建我们的电子表格分析模板,才能够确保这些表格如实地反映企业价值创造的过程。

当然,在我们开始搭建一份全面的分析与估值模板之前,还有很多细节问题需要进行说明,接下来的几章将逐步引导我们去搭建一份完整、可用的电子表格分析模板。目前我们只是简单介绍了大的分析框架情况,在后续章节中,还将逐步来对这个框架进行完善。不过,阅读材料 8-3 可以作为一个起点。在这份材料中,以我们在第 2 章中用到过的耐克公司财务报表数据为例,按照图 8-4 的框架列出了各项小计金额。在现阶段,请暂时不用过分关注这些数据是怎样得到的,这是我们在接下来三章中所要进行的主要工作,但请将这些数据输入到一份电子表格中,去看看它们相互之间的勾稽关系是怎样的。这样做了之后,你将发现电子表格在分析中的作用。请注意阅读材料 8-3 列出的自由现金流量计算过程(我们并不需要专门去计算自由现金流量),计算自由现金流量是我们在第 4 章所碰到的难题,但是在电子表格中,利用恰当的会计关系式,点一下鼠标就可以得到自由现金流量的规模了。如果我们所搭建的电子表格是完整的,那么随着学习的深入,我们还会碰到其他更多的问题。

阅读材料 8-3

耐克公司的财务报表数据汇总与会计勾稽关系

耐克公司主营运动球鞋,在第 2 章的表 2-1 中,已经给出了这家公司在 2010 年度的财务报表。根据本章所介绍的知识,我们对耐克公司的财务报表进行了重构,具体的重构过程我们将在第 10 章中再来进行详细介绍,下面先给出耐克公司重构后资产负债表和利润表中的一些重要小计数字,这些数字之间的关系是符合图 8-4 以及财务报表之间的勾稽会计关系式要求的。

你可能会疑惑 2646 百万美元的自由现金流量是怎样计算得到的,是取自现金流量表吗?当然,如果按照我们在第 4 章中所介绍的内容对现金流量表略做调整,是可以推导得出这个金额的。但实际上,根据会计关系式 [式 (8-2)],只要知道了经营利润(OI)和净经营性资产(NOA),我们也可以计算得到自由现金流量:

$$C - I = OI - \Delta NOA$$
$$= 1\,814 - (5\,514 - 6\,346)$$
$$= 2\,646$$

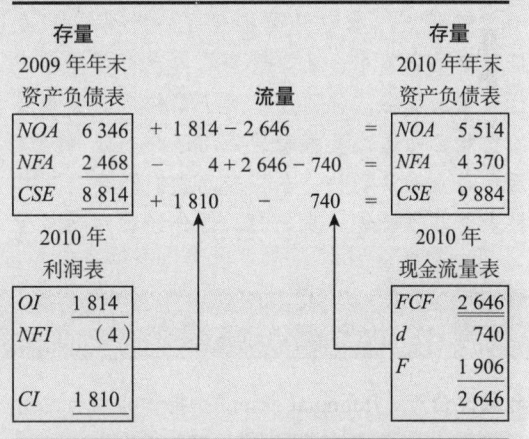

可以看到,将会计关系式作为分析工具的作用是非常大的:一些数据确实需要来源于财务报表,但还有一些数据则只需要应用这些会计关系式就可以求得。在电子表格分析模板中,可能会内嵌了很多这样的分析工具,所以,你一定要确保正确地应用这些会计关系式。

本章小结

本章概要地介绍了企业运营的主线条，以及企业的各种商务活动是如何反映在重构后的财务报表中的。要发掘企业的价值创造秘密，关键是需要区分企业的经营（与投资）活动与金融活动。将这两种活动区分开来以后，可以推导出一系列的会计关系式，利用这些关系式，能确立重构后财务报表的结构，并验证这些报表之间的勾稽关系。在本章稍后所附的分析师工具箱中，已对这些会计关系式进行了总结，我们建议你将这些会计公式记在心中。当然，更重要的是，我们希望你能理解这些会计关系式的意义。从整体上来看，这些会计关系式说明了企业如何通过股票发行等活动从股东那里获得价值，然后再通过增值活动，将这些价值返还给股东。图8-3和图8-4对这些重要的关系式进行了总结，在将来的学习和应用中，我们希望你能牢牢地记住这些会计关系式。

实际上，本章只是提供了一个框架，在接下来的章节中，还有很多的内容需要慢慢进行充填。现在，你已经了解了重构后财务报表的结构，知道这些报表是如何区分企业的经营活动与金融活动的，在将来，我们还要对这些报表结构进行进一步充实。区分经营活动与金融活动是非常重要的，在第3章中大家曾经看到，经营活动才是价值创造的主要源泉，因此，在我们将来分析公司时，会尤其关注这些经营活动的影响［即净经营性资产的投资报酬（RNOA）］。实际上，随着我们对财务报表分析讲解的深入，今后将主要使用重构后的财务报表来进行分析，而不再用按美国公认会计原则所编制的公开财务报表。

主导着重构后财务报表的一系列会计关系式本身也是分析师的工具之一。利用这些关系式，我们可以将财务报表进行拆分，找出其中的重要影响因素。此外，我们还可以利用这些关系式将某个报表项目用其他项目来进行表示。在本章中，这些会计关系式是按严格的技术形式来表达的，但实际上，随着分析的深入，大家会逐步看到这些关系式的生动应用情况。此外，这些会计关系式自成一套体系，可依据它们之间的勾稽关系来建立电子表格分析程序，用以分析重构后的财务报表，并对编报企业进行估值。在将来的学习中，你可能还会时不时地倒回来参考这些会计公式，那时，你就能体会到将财务报表用这些会计关系式来表达是多么有利于我们理解"会计数字背后的故事"了。

关键概念

金融性资产（financial asset）：指作为现金临时存放形式的资产，当需要时，可将其变现换回现金用于经营投资或者支付股利，也被称为**有价证券**（marketable securities）。

融资费用（financial expense）：由于企业承担金融性负债而发生的费用。

金融收益（financial income）：指由于持有金融性资产而赚取的利润。

金融性负债（financial obligation, financial liability）：指企业因为筹集经营所需要的资金或者支付股利所需要的资金而承担的支付义务。

净融资费用（net financial expense）：指融资费用与金融收益之差额。如果金融收益大于融资费用，则被称为**净金融收益**（net financial income）。

经营性资产（operating asset）：指企业在经营（通过出售产品或者服务来创造价值）过程中所使用的资产。

经营费用（operating expense）：指企业（在经营活动中）因出售产品而放弃价值的会计计量值。

经营利润（operating income）：指企业在经营活动中所获得的价值净增加额的会计计量值。

经营性负债（operating liability）：指企业在经营活动（通过销售产品或者服务来创造价值）中承

担的支付义务。

经营收入（operating revenue）：指企业（在经营活动中）因销售产品而获得价值的会计计量值。

分析师工具箱

分析工具	重要指标	应记住的缩写/简称
财务主管法则 　　如果 $C-I-i > d$，借出资金，或赎回自己的债务； 　　如果 $C-I-i < d$，借入资金，或出售债权性投资。 会计关系式 　　现金恒等式 　　$C-I = d + F$ ［式（8-1）］ 　　自由现金流量来源公式 　　$C-I = OI - \Delta NOA$ ［式（8-2）］ 　　自由现金流量去向公式 　　$C-I = \Delta NFA - NFI + d$ ［式（8-3a）］ 　　$C-I = NFE - \Delta NFO + d$ ［式（8-3b）］ 　　股利的影响因素公式 　　$d = C-I + NFI - \Delta NFA$ ［式（8-4a）］ 　　$d = C-I - NFE + \Delta NFO$ ［式（8-4b）］ 　　净经营性资产影响因素公式 　　$NOA_t = NOA_{t-1} + OI_t - (C_t - I_t)$ ［式（8-5）］ 　　净金融性资产（或负债）影响因素公式 　　$NFA_t = NFA_{t-1} + NFI_t + (C_t - I_t) - d_t$ ［式（8-6a）］ 　　$NFO_t = NFO_{t-1} + NFE_t - (C_t - I_t) + d_t$ ［式（8-6b）］	普通股东权益（CSE） 金融性资产（FA） 金融性负债（FO） 自由现金流量 净金融性资产（NFA） 净金融性负债（NFO） 净融资费用（NFE） 净金融收益（NFI） 净经营性资产（NOA） 经营性资产（OA） 经营费用（OE） 经营利润（OI） 经营性负债（OL） 经营收入（OR）	BYOAP：搭建你自己的分析工具 CI：综合收益 CSE：普通股东权益 FA：金融性资产 FO：金融性负债 NFA：净金融性资产 NFE：净融资费用 NFI：净金融收益 NFO：净金融性负债 NOA：净经营性资产 OA：经营性资产 OE：经营费用 OI：经营利润 OL：经营性负债 OR：经营收入

连贯案例：金佰利公司

自主练习

在第2章的连贯案例部分，已经将金佰利公司2010年的财务报表整理在了表2-2中。在接下来的三章中，将要求你根据本章的设计思想对这些报表进行重构。然后，在第12章和第13章中，你就可以利用重构后的财务报表对金佰利公司进行完整的分析，为本书第三部分的公司估值做好准备。本部分的连贯案例将帮助你事先对将来需要完成的工作有一个基本的了解。

仔细研究一下该公司2010年度的完整财务报告是非常有帮助的，你可以在美国证券交易委员会的EDGAR网页上下载该份报告，然后仔细阅读财务报表附注中所披露的信息。在接下来的几章中，你将需要不断参考这些附注信息，因此，先了解一下它们的披露形式和所在位置将会是非常有帮助的。截至目前，附注中所披露的详细内容并不重要，你只需要熟悉一下大致的内容就可以了。在第2章的金佰利公司案例中，已经对如何下载这份报告给出了指引，但如果基于某些方面的原因你不能下载到这些年度报告的话，你也可以在本书配套网站第2章的资源库中找到它。

财务主管法则

请利用第2章表2-2中金佰利公司在2010年度的现金流量表以及其他你可以从该公司的年度报告中找到的信息，像阅读材料8-1那样列出金佰利公司财务主管的债务交易内容。

现在，请利用这些信息，然后按现金流量表汇总的形式（见阅读材料 8-2）来进行报告，并遵循下面这个会计关系式：自由现金流量 = 流向股东的现金流量 + 流向净债务持有人的现金流量。在这一过程中，有一个你需要解决的问题，即如何处理在这一年中现金及现金等价物的增加额 7800 万美元。

确认经营活动

在本章所介绍的重构财务报表中，最关键的问题是需要在报表中区分经营活动与金融活动。通常情况下，价值都是通过经营活动（即企业与顾客和供应商之间的往来交易）来创造的，而金融活动则一般只涉及资金在企业与投资者之间的往来流动。重构财务报表能方便我们考察企业所创造的价值增值。在第 10 章中，我们将要求你对金佰利公司的资产负债表和利润表进行完整的重构，但现在你只需要仔细阅读表 2-2 中的资产负债表和利润表，看看其中哪些项目属于经营活动，哪些项目属于金融活动。如果你愿意尝试的话，还可以继续计算一下金佰利公司的净经营性资产总额、净金融性负债总额、经营利润和净融资费用金额。你还可以像阅读材料 8-3 报告耐克公司的情况那样，画出一份金佰利公司的存量与流量关系图，当然，这些工作最好还是等到你学习完了第 10 章以后再来尝试比较恰当。

思考题

C8.1. 为什么可以将自由现金流量看作一种"股利"，即，是对价值的分配，而不是价值的创造？

C8.2. 一家企业的自由现金流量为正数，且向股东支付的股利净额是小于自由现金流量的。请问，对于自由现金流量超出向股东支付的股利净额部分，这家企业需要怎样处理呢？

C8.3. 请问，当企业的自由现金流量为 0 时，如果又需要支付股利，该怎么办呢？

C8.4. 经营性资产与金融性资产之间的区别是什么？

C8.5. 经营性负债与金融性负债之间的区别是什么？

C8.6. 如果分析人员已经有了重构的资产负债表和利润表，那么，即使没有现金流量表，他也能计算出自由现金流量。请问，这句话正确吗？

C8.7. 自由现金流量的影响因素有哪些？

C8.8. 股利的影响因素有哪些？

C8.9. 净经营性资产的影响因素有哪些？

C8.10. 企业的净金融性负债的影响因素有哪些？

C8.11. 自由现金流量不会影响企业的普通股东权益。请问这句话正确吗？

C8.12. 请解释为什么盈利的企业有时候也会出现负的自由现金流量（如本章所介绍的通用电气公司那样）？

练习题

基本练习

E8.1. 应用现金恒等式（简单）

a. 一家企业在某会计期间的自由现金流量为 14 300 万美元，当期向股东支付的股利净额为 4900 万美元。请问，这家企业在当期向它的债权人支付净额为多少？

b. 一家企业在某会计期间向股东支付了 16 200 万美元的股利，并回购了 5300 万美元的股份。假定该企业在当期没有发行任何新的股份，通过发行债务筹集了 8600 万美元的资金净额。请问，这家企业在该会计期间的自由现金流量为多少？

E8.2. 财务主管需要回答的问题（简单）

一家企业在某会计期间的自由现金流量为

22 000万美元,它在当期支付了现金股利3500万美元,除此以外没有任何新的股份发行或者回购业务发生。这家企业在该会计期间的净利息费用(税后)金额为600万美元。现在,企业老板希望了解剩下的钱到哪里去了,作为这家企业的财务主管,你的回答将是:

a. 难以追踪剩下的钱去了哪里;

b. 剩下的钱必然是用来偿还债务或者购买能带来利息收入的债权性投资了;

c. 用来重新投资到企业的经营活动中去了;

d. 上述b和c答案的综合。

E8.3. 求解向股东的支付净额(简单)

a. 一家企业在某会计期间创造了41 000万美元的自由现金流量,将其中的34 000万美元用作支付利息费用净额和赎回债务净额。请问,这家企业向股东的支付净额为多少?

b. 还是上面这家企业,它在同一会计期间发行了价值5000万美元的股份,没有股份回购发生。请问,这家企业向股东支付的现金股利金额为多少?

E8.4. 应用财务主管法则(中等)

a. 一家企业在某会计期间创造的自由现金流量为234 800万美元,支付的税后利息费用净额为2300万美元。在当期,这家企业支付了1400万美元的股利,发行了价值5400万美元的股份,没有股份回购交易发生。请问,这家企业剩下的自由现金流量为多少?这家企业的财务主管会如何处理这些现金流量呢?

b. 一家企业在某会计期间的自由现金流量为负的185 700万美元,但董事会非常清楚这家企业是盈利的,所以还是对流通在外的84 000万股股份发放了每股1.25美元的股利。这家企业在同一会计期间内支付了3200万美元的净利息费用(税后)。请问,这家企业的财务主管还做了些什么?

E8.5. 资产负债表与利润表(简单)

a. 一家企业持有43 200万美元计息的金融性资产和189 100万美元的金融性负债,并报告它的股东权益总额为59 700万美元。请问,这家企业的净金融性资产为多少?净经营性资产为多少?

b. 还是上面这家企业,它在当期报告了综合收益总额为10 800万美元,税后净融资费用为4700万美元。请问,这家企业的税后经营利润是多少?

E8.6. 利用会计关系式(中等)

以下是将某企业的资料按照本章的模板进行重构后的资产负债表和利润表,不考虑所得税的影响,请回答下列问题:

a. 这家企业在2012年支付的股利净额为多少?

b. 这家企业在2012年实现的自由现金流量为多少?

资产负债表						利润表	
	资产			负债与股东权益		2012年度	
	2012年年末	2011年年末		2012年年末	2011年年末	经营收入	134.5
经营性资产	205.3	189.9	经营性负债	40.6	34.2	经营费用	(112.8)
金融性资产	45.7	42.0	金融性负债	120.4	120.4	经营利润	21.7
			股东权益	90.0	77.3	利息收入	2.5
	251.0	231.9		251.0	231.9	利息费用	(9.6)
						综合收益	14.6

E8.7. 利用会计关系式(中等)

下面是已经根据本章的模板进行重构以后的某企业财务报表,但其中有些项目的金额是缺失的,这些金额在报表中已用相关大写字母代替。请完成下列要求:

a. 利用本章所介绍的会计关系式,计算报表中缺失值的金额应当为多少。

b. 这家企业在2012年上半年中新增经营性应计项目的总额为多少?

c. 在报表所涉及的会计期间内,这家企业新发行的债务净额为多少?

利润表	
2012 年上半年	
收入	A
经营费用	
销售成本	2 453
研究与开发费用	507
销售与管理费用	2 423
包括所得税在内的其他经营费用	2 929 B
税后经营利润	850

(续)

利润表	
2012 年上半年	
收入	A
税后融资费用净额	
利息费用	153
利息收入	C 59
综合收益	791

资产负债表					
2012 年 6 月 30 日					
资产			负债与股东权益		
	2012 年 6 月末	2011 年 12 月末		2012 年 6 月末	2011 年 12 月末
经营性资产	28 631	30 024	经营性负债	G	8 747
金融性资产	D	4 238	金融性负债	7 424	6 971
			股东权益	18 470	H
	33 088	E		33 088	F

现金流量表	
2012 年上半年	
经营活动产生的现金流量	584
现金投资额	I
自由现金流量	J
股利支付净额（股利与股份回购 – 股份发行）	K
支付给债务人的现金净流量	L
金融活动现金流合计	M

E8.8. 利用会计关系式进行推导（困难）

假定有一家企业不持有任何金融性资产或者金融性负债，在 2009 年，它创造的自由现金流量为 840 万美元。这家企业在 2008 年年末和 2009 年年末的市场价值分别为 22 400 万美元和 23 800 万美元，相当于其账面价值的 1.6 倍和 2 倍。请问：

a. 如果购买这家企业的股票，那么在 2009 年能实现的投资收益率会是多少？

b. 这家企业在 2009 年实现的净利润是多少？

应用分析

E8.9. 应用财务主管法则：微软公司（中等）

2008 年 6 月 30 日是微软公司的财务年度截止日，在这一天，该公司持有短期带息投资和现金等价物的金额合计为 237 亿美元，没有任何金融性负债。接下来，在当年的 9 月，微软公司宣布了 400 亿美元的股份回购计划，并计划将该公司的每股股利从 44 美分提高到 52 美分，这样将总计需要股利资金 47 亿美元。

微软公司在 2009 财务年度中能实现经营活动现金流量大约为 234 亿美元，相比 2008 年的 216 亿美元略有上升；预计当年能收到利息收入 70 200 万美元；公司计划的下一年度现金投资水平为 32 亿美元。此外，预期还能通过向员工发行股份收到现金 25 亿美元。微软公司适用的所得税率为 36%。请问：

a. 根据本章所介绍的财务主管法则，请写出微软公司的财务主管应当如何管理公司的现金流量问题。

b. 微软公司正在积极地寻求各种并购机会，以增强它在网络搜索与应用领域的实力。假定该公司决定用 42 亿美元进行现金收购，请问，这对公司财务主管的计划将带来什么样的影响？

c. 多年以来，微软公司一直都没有什么负债支付义务。在宣告股份回购计划时，微软公司同时也宣告董事会已经授权公司可以发行不超过 60 亿美元的债务进行筹资。请问，公司管理层为什么在此时需要向董事会申请债务的发行？

E8.10. 金佰利公司的会计关系式（中等）

以下这些汇总的小计数均摘自金佰利公司重构后的 2006 年和 2007 年资产负债表，以及 2007 年的重构后利润表，金佰利公司是一家纸品企业，下列数字单位均为百万美元。

	2007 年	2006 年
经营性资产	$18 057.0	$16 796.2
经营性负债	6 011.8	5 927.2
金融性资产	382.7	270.8
金融性负债	6 496.4	4 395.4
经营利润（税后）	2 740.1	
净融资费用（税后）	147.1	

根据上述信息，请回答下列问题：

a. 计算金佰利公司在 2007 年和 2006 年的下列数据：

i. 净经营性资产；

ii. 净金融性负债；

iii. 股东权益；

b. 计算 2007 年的自由现金流量；

c. 请用金佰利公司的数据证明净经营性资产的变动额公式是成立的［即本章的式 8-5］；

d. 金佰利公司在 2007 年与股东之间的支付净额（即股利支付净额）为多少？

第 9 章 股东权益变动表分析

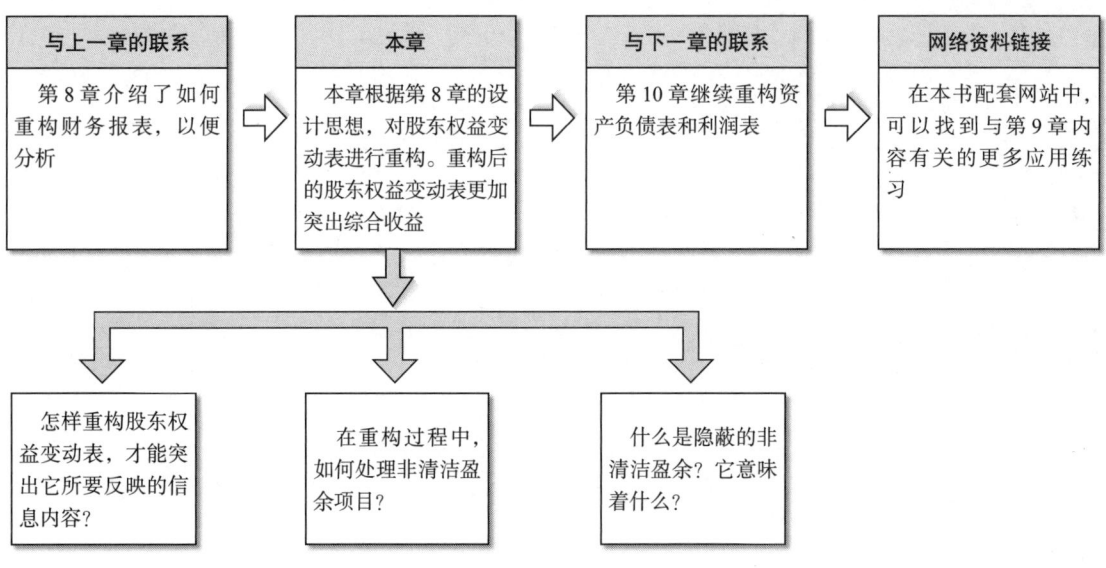

分析师备忘录

学习目标
学习完本章内容后，你应当理解：
- 股东权益变动表的常见格式；
- 为什么需要重构股东权益变动表；
- "其他综合收益"所包含的内容以及列报位置；
- 股东权益变动表中的"非清洁盈余"项目是什么；
- 股票期权如何能使员工受益；
- 股票期权和其他或有的权益要求权如何导致隐性的费用产生；
- 管理层如何通过股份交易为股东创造价值（或者损失）；
- 会计报告是如何隐瞒股份交易损失的。

学习能力
完成本章的学习任务后，你应当能够：
- 重构股东权益变动表；
- 在股东权益变动表中区分价值的创造和价值的分配；
- 计算企业对股东的净支付额；
- 根据股东权益变动表计算综合收益和综合普通股权益报酬率（ROCE）；
- 计算股利支付率和收益留存率；
- 计算执行股票期权的费用；
- 计算看跌期权的损益；
- 计算将其他证券转换为普通股权的损失。

通常，人们不会将股东权益变动表作为最重要的财务报表，所以这张会计报表在分析中常常被人所忽视。但实际上，股东权益变动表是分析人员在开始着手分析其他报表之前，应当最先审视的一张报表。股东权益变动表是一份汇总报表，它将报告期间内所有影响企业股东权益的交易都列报在了一起。只有通过分析股东权益变动表，分析人员在为权益进行定价时，才能确保所有影响企业股东权益的业务都已经被包括在了他的分析当中。

在本书第一部分中，我们曾经强调在估值中使用会计收益数据时，一定要用综合收益这个指标，否则，就会有部分价值被遗漏在计算之外。在第 8 章所介绍的会计关系式中，也只有使用综合收益这个指标来表示会计盈利，才能使那些会计关系式成立。在后续章节中，我们会使用这些会计关系式来进行分析，但这些分析工具也只有在盈利以综合收益为基础的条件下才能发挥真正的作用。不幸的是，在世界上绝大多数国家，利润表中所报告的会计盈余信息都不是综合收益，即使是按照美国公认会计原则和国际财务报告准则所编制的会计报表也是如此。因此，我们需要对股东权益变动表进行分析，才能更正上述会计列报缺陷。

企业为它的权益持有者所创造的价值是通过经营活动来实现的，权益融资活动本身是不创造价值的。在第 3 章中，我们已经证明了在有效的资本市场中，按市场价格去发行或者回购股票是不创造价值的。不过，有时候企业也会通过发行股份来交换经营活动中所需要的商品或者服务，比如，最常见的是用以对员工进行股份支付。不幸的是，美国公认会计原则和国际财务报告准则对这类交易应当判断为金融性质还是经营性质，表态非常含糊。即，这些会计规则混淆了企业通过融资而筹集到的资金与在经营活动中所发生的费用。这时，只有通过分析股东权益变动表，才能帮助我们厘清这类交易的实质。

9.1 重构股东权益变动表

股东权益变动表能告诉我们企业在期初的股东权益项目是如何变化为期末的股东权益项目的，报告的依据是我们在第 2 章介绍过的存量和流量关系式：某期股东权益的变动额等于企业在当期实现的综合收益，加上当期通过出售股份所募集到的新增资本额，再减去当期的现金股利和股份回购金额。不过，按照美国公认会计原则所编制的股东权益变动表通常会比这里所解释的更加复杂且没有必要，因此，我们在分析时的部分任务就需要对此进行简化。下面就是一份简化后的某企业在特定财务年度的股东权益变动表。

重构后的普通股东权益变动表
普通股权益的期初账面价值
+ 当期与普通股股东之间发生交易的净影响额
+ 资本投入（股票发行）
− 股份回购
− 现金股利
= 投入现金净额（负的股利支付净额）
+ 经营活动与非权益类融资活动的影响
+ 净利润（来自利润表）
+ 其他综合收益
− 优先股股利
= 可供普通股东享有的综合收益
普通股权益的期末账面价值

关于这张报表，有以下三点是需要特别说明的：

（1）由于我们的目的是要对普通股权益进行估价，所以，在重构股东权益变动表时，没有考虑优先股东的权益。从普通股东的角度来看，优先股是受偿权比自己更优先的其他权益或者支付义务，就跟负债是一样的，因此，在普通股权益的期初和期末余额中，都需要排除优先股的影响。

（2）与股东之间所发生交易导致普通股权益的净增加额，即负的股利支付净额，不同于企业的其他业务活动所导致的普通股东权益增加额，这两者是有本质区别的。

（3）经营活动和其他非权益类融资活动对普通股东权益的影响合计并不等同于综合收益，它受三方面因素的影响：利润表中所报告的净利润、利润表中所没有报告的其他综合收益和优先股股利。由于站在普通股东的角度来看，优先股实质上就是一种负债，因此，在计算综合收益时，优先股股利也应当如同利息一样，被当作一种"费用"来处理。

9.1.1 以耐克公司的报表数据为例进行分析

在第 2 章的表 2-1 中，已经列出了耐克公司在 2010 财务年度的报表，本章和以后几章的财务报表分析都将以这份报表为例，你将看到我们对该公司所进行的完整分析。在本书的配套网站上，"搭建你自己的分析工具"（BYOAP）对耐克公司以前年度的情况也进行了分析。学习了本书和网站上的这些材料之后，你将对耐克公司在 1996～2010 年这个长达 15 年期间内的情况有一个完整的了解。你可以将本书和 BYOAP 模块中对耐克公司的分析作为可应用于任何一家公司的分析模板，并像 BYOAP 那样建立电子表格分析程序，形成扎实的分析和估值产品。

在第 1 章中，我们曾经强调，分析和估值的第一步首先应当是"了解企业的经营业务"，在阅读材料 2-1 中，也对耐克公司的背景情况进行了介绍。不过，在实务中，要完成一份高质量的分析报告，还需要我们对目标公司有更深入的了解才行。作为起点，可以先从阅读公司年度报告的第一部分"企业经营情况介绍"开始。

9.1.2 报表重构步骤

表 9-1 中列出了耐克公司按照美国公认会计原则所编制的股东权益变动表，以及按照前述重构股东权益变动表形式的列报信息。

表 9-1 耐克公司截至 2010 年 5 月 31 日的年度普通股东权益变动表

（分别按美国公认会计原则规定的格式编制和按重构格式编制）

重构的报表区分了公司与股东之间的交易和综合收益。

耐克公司
按美国公认会计原则编制的股东权益变动表
（单位：除每股数据外，均为百万美元）

	普通股本				股本溢价	累计其他综合收益	留存收益	合计
	A 类		B 类					
	股数	金额	股数	金额				
2009 年 5 月 31 日余额	95.3	0.1	390.2	2.7	2 871.4	367.5	5 451.4	8 693.1
股票期权行权				8.6	379.6			379.6
转换为 B 类普通股	(5.3)		5.3					—
回购 B 类普通股			(11.3)		(6.8)		(747.5)	(754.3)
普通股股利（每股 1.06 美元）							(514.8)	(514.8)

(续)

	普通股本				股本溢价	累计其他综合收益	留存收益	合计
	A类		B类					
	股数	金额	股数	金额				
向员工发行股份			1.3		40.0			40.0
用股份支付的薪酬（附注11）					159.0			159.0
注销的员工股份			(0.1)		(2.6)		(0.3)	(2.9)
综合收益（附注14）：								
净利润							1 906.7	1 906.7
其他综合收益：								
外币汇兑损益与其他（扣除税盾作用$71.8后）						(159.2)		(159.2)
现金流量套期净收益（扣除税收影响$27.8后净额）						87.1		87.1
净投资套期收益（扣除税收影响$21.2后净额）						44.8		44.8
将以前年度的递延套期衍生工具利得重分类到净利润中（扣除税收影响$41.7后净额）						(121.6)		(121.6)
将无效套期利得重分类到净利润中（扣除税收影响$1.4后净额）						(3.8)		(3.8)
综合收益合计						(152.7)	1 906.7	1 754.0
2010年5月31日余额	90.0	$0.1	394.0	$2.7	$3 440.6	$214.8	$6 095.5	$9 753.7

注：根据年报附注信息，耐克公司在2009和2010财务年度末分别有应付股利121.4百万美元和130.7百万美元。

重构的普通股权益变动表		
2009年5月31日余额		8 814.5
与股东之间的交易		
因股票期权发行的股份	379.6	
向员工发行的股份（净额）	37.1	
股份回购	(754.3)	
现金股利	(505.5)	(843.1)
综合收益		
报告的净利润	1 906.7	
汇兑净收益（损失）	(159.2)	
套期净收益（损失）	6.5	1 754.0
用股份支付的薪酬		159.0
2010年5月31日余额		9 884.4

注：在重构的报表中，期初余额是这样计算的：

原报表中报告的余额	8 693.1
应付股利	121.4
	8 814.5
期末余额的计算过程中为：	
原报表中报告的余额	9 753.7
应付股利	130.7
	9 884.4

重构股东权益变动表的过程分为以下三个步骤。

（1）调整当期期初和期末的股东权益项目，使其仅反映普通股东权益。

1）**优先股**。在按照美国公认会计原则所编制的股东权益变动表中，优先股是作为股东权益项目之一列报的，但对普通股东来说，优先股的实质应当是一种负债。因此，应当从原列报金额中将优先股的金额扣除（并且在整个报表重构过程中，都不考虑任何当期优先股交易的影响）。不过，强制**可赎回优先股**（redeemable preferred stock）应当作为一个例外，因为根据美国公认会计原则，可赎回优先股不属于股东权益，在资产负债表中，是报告在股东权益与负债项目之间的"中间过渡"地带。耐克公司的优先股就是可赎回的（在表 2-1 中，是报告在负债与股东权益项目之间的），因此不必进行调整。

2）**少数股东权益**。无论是按照美国公认会计原则还是按照国际财务报告准则，少数股东权益（也称非控股股东权益）都是报告在股东权益下的，但这些项目明显不属于普通股东权益，因此应当从股东权益的期初余额和期末余额中，将少数股东权益的金额减去。

3）**应付股利**。根据美国公认会计原则的规定，应向普通股股东支付的股利需要报告为一项负债。但实际上，股东不可能对自己欠债，而且应付股利也不属于债务融资。所以，应付普通股股利应当是普通股股东对公司权益要求权的一部分，不应当被报告为负债，在重构报表时，应当将这部分金额重新分类到股东权益的余额中去。在表 9-1 重构的耐克公司股东权益变动表附注中，已经列出了相关的计算过程。

（2）计算企业与股东之间的交易净影响额（即股利支付净额，net dividend）。在这一步骤中，需要从当期支付的股利与用于股份回购的现金之和中减去当期通过发行股份所筹集的现金，如表中所计算的那样。其中，这里的股利只能是已经发放的现金股利（计算公式如下），而不应当是已宣告但尚未发放的应付股利：

$$现金股利 = 报告的股利 - 应付股利的变动金额$$

由于耐克公司在 2009 年年末和 2010 年年末的应付股利余额分别为 121.4 百万美元和 130.7 百万美元，因此，该公司在 2010 财务年度中所支付的现金股利应当为：514.8−130.7 + 121.4 = 505.5（百万美元），恰好等于现金流量表中所报告的现金股利额。

（3）计算综合收益。综合收益等于净利润和股东权益变动表中报告的其他综合收益两者的合计。在按照美国公认会计原则所编制的股东权益变动表中，耐克公司除了报告净利润项目外，还报告了外汇折算损益和套期工具实现的损益。在按照美国公认会计原则编制的报表中，可以看到在这些项目之后有一个综合收益的合计金额。我们将除净利润之外的损益称为其他综合收益，因此，综合收益就等于净利润与其他综合收益之和。请注意，每一项其他综合收益项目都是按税后影响净值列报的，即它们本身的金额减去它们所可能带来的所得税影响后的余额[⊖]。此外，在这一过程中，还应当小心有些收益是属于少数股东的。

你也许还会注意到，在重构的股东权益变动表底部，还有一行——"价值 159.0 百万美元用股份支付的薪酬"，该项目既没有被报告在与股东的交易影响中，也没有被包含在综合收益项目中。当企业发行股票期权时，根据美国公认会计原则和国际财务报告准则的（正确）要求，应当按这些期权的价值记录职工薪酬费用的增加，从而使利润表中的薪酬费用增加。但与之同时，会计准则又要求企业按相同的金额贷记股东权益，这就完全抵消了计入净利润中的费用影响（净利润最终也是计入股东权益中的），这样做就不对了！因为这样做完全抹除了增加的职工

⊖ 在股东权益变动表中，有时还有些损益项目是报告在综合收益之外的，例如，以前年度的损益调整项目，这些项目在重构报表时也应当被计算到综合收益当中去。

薪酬费用对企业的股东权益的影响。对企业股东来说，股票期权应当是一种（或有的）负债，而不属于权益。如果期权持有人要求行权，股票的发行价格低于当时的市场价格，现有股东的权益是会受到损失的。因此，增加股东权益 159 百万美元是不恰当的。现行会计对股票期权的处理要求非常混乱，我们将在本章稍后再来梳理这个问题。现在，我们姑且先将这 159 百万美元用股份支付的薪酬暂时单列在重构后的股东权益变动表中。

你也许会注意到，在重构股东权益变动表时，我们没有特意去区分股本的面值与股本溢价，因为对权益分析来说，这种区分是不重要的。可以这么说，知道一家公司的电话号码也绝对比知道它的每股股票面值更加有用！而留存收益项目受累积的盈余、股利、股份回购和股票股利等项目的共同影响，这些项目在重构报表中都已经考虑过了，所以不再需要单独进行分析。将一种类型的普通股份转换为另一种类型的普通股份对权益的账面价值也没有任何影响（耐克公司在报告期内就发生了这样的交易事项），实际上，只要不同类型的普通股份所享受的收益权是一样的，我们甚至不需要对它们进行区分。股票分割和股票股利的影响也是这样的，比如，股票分割改变了股份的数量，但并不能改变某位股东所持有的股票份额比例。

9.2 非清洁盈余会计

所谓**非清洁盈余会计**（dirty-surplus accounting），是指将损益项目绕过利润表，直接报告在股东权益变动表中的会计处理方法。如果在一张股东权益报表上，除了来自利润表中的净利润项目外，不再出现其他任何涉及损益的项目，那么这样的报表就被称为**清洁盈余会计**（clean-surplus accounting）所主张的报表。"非清洁"这种说法似乎带有一定程度的贬义，但却非常贴切。在非清洁盈余会计处理方法下，利润表中所报告的损益是不够完整的，所以被认为是不"干净"的。在美国公认会计原则或者国际财务报告准则中，使用"净"利润或者"净"收益这样的说法，实在有点用词不当。

表 9-2 列出了你在美国公司的报告中可能碰到的"**非清洁项目**"（dirty-suplus items）。在（稍后讨论的）重构利润表时，我们需要将损益项目区分为经营利润或者金融利润（费用）。表中的有些项目可能是不太常见的，不过，下列这三类项目却是最常碰到的：可供出售证券的未实现损益、外币折算损益和某些衍生金融工具的未实现损益。

表 9-2 非清洁盈余会计：美国公认会计原则

所有非清洁盈余项目都是按税后净值报告的。

经营收益项目
或有事项会计处理的变化（财务会计准则委员会第 11 号公告）
额外最低养老金负债（财务会计准则委员会第 87 号公告）
并购中取得亏损额可抵免未来所得税的税收好处（财务会计准则委员会第 109 号公告）
向员工持股计划支付股利而取得的税收好处（财务会计准则委员会公告第 109 号）
可供出售的股票投资的未实现利得和损失（财务会计准则委员会公告第 115 号）
外币折算利得与损失（财务会计准则委员会公告第 52 号）
指定为现金流量套期的衍生工具利得和损失（财务会计准则委员会公告第 133 号）
递延所得税计价准备的某些调整（财务会计准则委员会公告第 109 号）
养老金计划基金状态的变动（财务会计准则委员会公告第 158 号）
由于会计政策变更导致的以前年度损益调整（财务会计准则委员会公告第 154 号）
金融收益（或费用）项目
优先股股利
可供出售债券投资的未实现利得和损失（财务会计准则委员会公告第 115 号）

（1）**可供出售证券投资的未实现利得和损失**。根据财务会计准则委员会颁布的第 115 号公告，证券投资可分为以下三类：

- 交易性证券投资
- 可供出售的证券投资
- 持有至到期的证券投资

交易性证券投资是企业打算积极主动交易的证券组合，这些证券在资产负债表中应当按市值计价，对应由于市值变动而带来的未实现利得和损失需要报告到利润表中。不准备立即卖出但可在到期日之前进行出售的证券被归类为可供出售的证券投资，这类证券同样需要按"公允的"市场价值进行计价，但相关的未实现利得和损失却报告为其他综合收益。对于企业管理层计划将要持有至到期的证券投资，在资产负债表中需要按成本进行列报，因此不涉及未实现损益的报告。无论是哪种类型的证券投资，已实现的投资损益都需要报告到利润表中，作为当期净利润的一个组成部分。上述记账规则对债券和不超过 20% 控制权比例的股票投资都适用。请参考会计诊所Ⅲ中的更多内容。

会计诊所Ⅲ

有价证券的会计处理

在本书配套网站上，会计诊所Ⅲ提供了更多的关于有价证券会计处理的细节问题，详细介绍了公司所持有的债券投资和控制权不超过 20% 的股票投资应当如何进行会计处理。在会计诊所Ⅴ中，还介绍了当控制权比例超过 20% 时的股权投资会计核算问题。

（2）**外币折算利得与损失**。如果企业拥有能够对其实施控制的国外子公司，那么它们的资产和负债项目本来都是用外币金额进行计量的，在合并会计报表时，由于母公司为美国公司，就需要将外币报表折算为用美元表示的金额来进行合并。如果在报告期当中，相关汇率发生了变动，那么相应地，用美元所表示的子公司资产和负债的价值也会发生变动，这样所导致的利得或损失，就是外币折算利得与损失。外币折算利得与损失与外币交易所导致的利得与损失是不同的，后者大部分是报告在净利润中的，而前者则是确认为其他综合收益。

（3）**衍生工具的利得与损失**。根据财务会计准则委员会发布第 133 号公告的要求，绝大多数的衍生工具（无论是作为资产还是作为负债）都需要按公允价值报告在资产负债表中。如果该衍生工具是对某项现有资产、负债或公司承诺所进行的套期保值，则该工具应被确认为**公允价值套期**（fair value hedge），对应的公允价值变动损益应确认到利润表中，影响当期净利润（在某些条件下，相应的损益在利润表中可以与被套期项目的损益互相抵消）。如果该衍生工具是针对将来可能发生某项交易的现金流量结果所进行的套期，那么该工具应被确认为**现金流量套期**（cash flow hedge），相应的公允价值变动损益计入股东权益变动表，直到被套期的交易影响损益、套期失效时，才从股东权益变动表中转出，计入当期净利润中○。

○ 详见 M. A. Trombley 所著的《衍生工具与套期会计》（*Accounting for Derivatives and Hedging*）（纽约：麦格劳-希尔出版社，2003 年）中对衍生工具会计处理的介绍。由于在将来的利润表中，套期工具的损益需要与被套期项目的已实现损益进行配比，因此，将它们划分为资产负债表负债方的递延收益或者资产方的递延费用也许是更恰当的。但在这里，我们仍然将套期工具的未实现损益放在股东权益变动表中，以免影响综合收益的报告金额。但请注意，这些项目所对应的损益在将来套期结束、结算被套期项目的损益时，是会发生反转的。

美国公认会计原则和国际财务报告准则下的综合收益报告

根据财务会计准则委员会第 130 号公告的规定，企业应当在报表中列报综合收益项目。公告要求企业区分净利润和其他综合收益，并将这两个项目的合计称为综合收益。综合收益的列报方式可为下列三种之一：

（1）在股东权益变动表中报告综合收益。综合收益的金额等于净利润与股东权益变动表中所报告的其他综合收益项目之和。

（2）在利润表中进行报告。计算得到净利润后，用净利润加上其他综合收益，就可得到综合收益的金额，然后再将总的综合收益结转到股东权益变动表中。

（3）在利润表之外，再编制一张单独的其他综合收益报表。最后，将利润表所报告的净利润和其他综合收益报表列报的其他综合收益一起结转到股东权益变动表中。

绝大多数企业都像耐克公司那样，采用了第一种做法。因此，在目前的股东权益变动表中，你会看到非清洁的盈余项目被合计报告为"其他综合收益"，然后再将其他综合收益项目与净利润项目相加，构成"综合收益总额"。这样的列报方式非常有利于我们找到企业的综合收益，不过，站在普通股东的角度来看，"综合收益"却是不"综合"的。这是因为，第一，综合收益没有考虑到优先股股利的影响；第二，在综合收益中，还有些隐蔽的项目（我们在本章稍后将讨论这些项目）未被考虑到。

国际财务报告准则下"其他综合收益"项目所包含的内容与美国类似，只不过多了养老金资产的真实损益和资产重估损益两个子项。根据国际会计准则第 1 号（2007 年修订版），企业可以选择单独编制一张综合收益表，或者同时编报经营成果报表和综合收益报表两张表，不能在股东权益变动表中列报综合收益（这在美国公认会计原则下是可以的）。

2011 年 6 月（本版教材写作之时），美国财务会计准则委员会决定自 2012 年 12 月 15 日之后，便与国际财务报告准则的列报要求进行趋同。因此，耐克公司需要将表 9-1 股东权益变动表中的综合收益部分要么附加到它的利润表中，要么在利润表之后单独再编制一张报表进行反映。如果选择第一种做法，综合收益将成为利润表的底线项目，并且综合收益的总额会被结转到股东权益变动表中；如果选择第二种做法，净利润仍将作为利润表的底线项目（与目前保持一致），但同时也会成为独立综合收益报告的第一个项目，与其他综合收益项目相加后，得到综合收益总额（最后被结转到股东权益变动表中）。不过，这些改变对我们的重构股东权益变动表不产生任何影响。在本章相关网页上，给出了国际财务报告准则列报格式的例子和新的美国公认会计原则列报格式的例子。

请注意，美国公认会计原则和国际财务报告准则有时会使用不同的术语。例如，在国际财务报告准则中，会用 stocks 来表示股份（shares），用普通股（common stock）来表示股本（share capital），并将超额缴入股本（additional paid-in capital）称为股本溢价（share premium）。不过，尽管称呼可能不同，这些项目的会计处理原则却是大致相同的。

9.3 比率分析

重构后的股东权益变动表能向我们揭示哪些信息呢？它可以告诉我们企业在一段时期内的股东权益增长情况，并且，严格区分了因新增投资或者所有者抽资而带来的权益变化和因企业经营而带来的权益增减情况。相应地，在重构后的股东权益变动表上，还将价值的创造和价值的分配区分开来。实际上，在重构后的报表中，剩余收益的两个驱动因素——普通股权益报酬率和股东权益增长率都可以很方便地找到。利用这些信息，我们计算出一系列有用的财务比率。

9.3.1 股利发放率和收益留存率

股利发放率和收益留存率可以告诉我们企业股东收回投资的情况。标准的**股利发放率**（dividend payout ratio）等于现金股利占当期盈利的比重：

$$股利发放率 = \frac{股利}{综合收益}$$

我们常见的股利发放率计算都是将股利金额与净利润而不是综合收益相比。股利发放率只考虑了以股利的方式发放的收益，但实际上，公司向股东的**发放总额**（payout）既包括了股利，还包括了股份回购金额。一些公司甚至根本就不发放股利，但会定期进行股份回购，因此，总发放率（total payout ratio）应当是：

$$总发放率 = \frac{股利金额 + 股份回购金额}{综合收益}$$

计算时可直接使用绝对金额，而不用每股金额。上面这个比率与股利发放率之差就是企业以股份回购的方式向股东提供的回报比率。

请注意，在这两个财务比率中，都没有考虑股票股利和股票分割的影响。这两种情况只改变股票的数量，对每位股东所对应的要求权是没有影响的。一些股票分割和股票股利需要减少企业的留存收益，同时增加股本溢价，但这对股东所持有的股票份额和要求权大小仍然是没有影响的。

虽然从表面上看，股利发放率告诉我们股利来自企业盈利，但实际上，股利减少的是股东权益的账面价值和资产的账面价值。即使是一家报告亏损的企业，也是可能宣告股利的，因此，如果要计算企业向股东的发放金额占整个股东权益总额的比重，则可使用下面这个比率：

$$股利占权益账面价值的比重 = \frac{股利}{普通股股东权益的账面价值 + 股利}$$

$$发放总额占权益账面价值的比重 = \frac{股利 + 股份回购}{普通股股东权益的账面价值 + 股利 + 股份回购}$$

在计算这两个比率时，通常分母中普通股股东权益的账面价值使用的是期末数（当然，由于股利是指会计年度内的股利金额，因此，在这里使用普通股股东权益的当期平均数会更恰当）。

收益留存率（retention）强调留存在企业中的利润，而不是发放给股东的利润。**标准的收益留存率**（standard retention ratio）只考虑现金股利的影响（但经过修改，也可以将股份回购的影响考虑进去）：

$$收益留存率 = \frac{综合收益 - 股利}{综合收益} = 1 - 股利发放率$$

9.3.2 股东获利率

根据重构后的股东权益变动表，可以得到普通股权益报酬率这个综合指标，它告诉我们股东的投资在当期的获利情况。同时，普通股权益报酬率也告诉了我们企业经营活动所带来的权益增长情况。以耐克公司 2010 财务年度（使用当年平均股东权益金额计算）的普通股权益报酬率数据为例：

$$普通股权益报酬率_t = \frac{综合收益}{(1/2)(普通股权益_t + 普通股权益_{t-1})}$$

$$= \frac{1\,754.0}{(1/2) \times (8\,814.5 + 9\,884.4)} = 18.8\%$$

如果仅按期初普通股权益的金额计算的话，那么耐克公司的普通股权益报酬率将为 19.9%。

请注意，在这里计算普通股权益报酬率时，甚至都不需要利润表和资产负债表了。当然，如果要对普通股权益报酬率进一步展开分析，还是离不开这两张报表中的信息的。

9.3.3 增长比率

股东权益的增长可以简单地用期末与期初余额之差来进行表示，但增长比率（growth ratios）能更好地从增长率的角度来进行解释。

与股东之间所发生交易而导致的增长率可以用新增投资率来表达：

$$新增投资率 = \frac{与股东之间的交易净额}{普通股东权益的期初余额}$$

以耐克公司的数据为例，该公司的新增投资率为负的 9.6%，因为它表现为现金的净流出，即股东收回投资。由于经营活动所带来的增长率可以用期初普通股权益报酬率来表示，耐克公司为 19.9%。两种驱动因素（股东的新增投资额和企业的经营活动）所共同决定的股东权益增长率为：

$$普通股东权益增长率 = \frac{普通股东权益增长额}{期初普通股东权益}$$

$$= \frac{综合收益 + 与股东之间的交易净额}{期初普通股东权益}$$

以耐克公司的数据为例，该公司在 2009 财务年度的增长率为 10.3%。

如果按期初的普通股东权益来计算普通股权益报酬率，那么：

$$普通股权益增长率 = 普通股权益报酬率 + 新增投资率$$

仍然以耐克公司的数据为例，普通股东权益增长率等于 19.9%−9.6% = 10.3%。

9.4 隐蔽的非清洁盈余

重构后的股东权益变动表将综合收益和企业与股东之间所发生的交易进行了严格区分：前者与企业的价值创造有关，而后者则仅表示企业向股东的筹资或者将价值分配给股东，与价值创造是无关的。不过，这也仅在按市价进行股份交易时才成立，比如，当企业的股份发行价低于当前的市价水平时，股东的价值就会受损。此时，我们会碰到一个问题：在按照美国公认会计原则或者国际财务报告准则所编制的财务报表中，是没有报告这样的价值损失的。

9.4.1 在经营过程中发行股份

如果一家公司按照比当前的市价更低的价格授予员工股份，那么，根据美国公认会计原则和国际财务报告准则的要求，股份的市场价格与发行价格之差需要确认为（递延）职工薪酬，并最终作为一项费用摊销到利润表中去。从会计处理的角度来说，这样做是正确的，因为发行价格低于市场价格的部分，体现为公司对员工的补偿，是一种股东价值的损失。不过，更多的股份并不是直接发行给企业员工的，而是采用了股票期权的形式。企业发行股票期权（stock options），然后当持有人选择行权时，才真正发行股份。但不幸的是，美国公认会计原则和国际财务报告准则在报告股票期权对股东价值的影响方面做得非常不到位。

股票期权有4个重要的时间点：期权的授予、等待期、行权和失效。在授予日，企业员工被授予在将来按照行权价格选择行权的权利；从这一天直到员工可以真正行使期权权利的第一个日子，就是等待期；员工按照行权价格实际行权的日子，称为行权日；而如果员工最终没有选择行权，那么，期权失效的那一天，就是失效日。显然，如果期权在行权日具有实值，即在这一天的股票市场价格如果高于行权价格，那么，员工就会选择行权。

如果在授予日，企业给予员工的**看涨期权**（call option）是处于实值状态的（即设定的将来行权价格低于授予日的市场价格），那么，财务会计会将授予日的市价与行权价格之差确认为员工薪酬，并在等待期内逐步确认到利润表中，与按比市价更低的价格直接奖励员工股票的会计处理是一样的。不过，大部分期权在授予日都是平价（at the money）的，即将来的行权价格直接等于对应股票在授予日的市场价格。如果随着时间的流逝，股价波动使期权逐渐进入到"实值区域"，那么就不需要记录任何额外的薪酬费用，甚至等到将来该期权实际被行权了，也不会影响到薪酬费用的变化。在耐克公司股东权益变动表的第一行中，你就可以看到企业因为员工行权而发行的股份价值。但是，因行权而发行的股份与直接奖励员工股份不一样的地方在于，相关的费用（即股票的市场价格与发行价格之差）在期权形式下是没有记录的。

正确的会计处理应当是按照发行当时的市场价格来记录所发行股份的价值，并将市价与发行价之差确认为一项费用。由于目前的财务会计并没有这样做，导致产生了一项**隐蔽的非清洁费用项目**（hidden dirty-surplus expense）。这项费用甚至都不是直接绕过利润表记录在股东权益变动表中的，而是在目前的财务会计规则体系下，账簿中根本就没有进行任何记录！但事实是，财富确实被分配给了相关员工，而且分配的代价是由股东来承担的：因为企业的股东权益被**稀释**（dilution）了，股东所持有的股份价值就会下降。这种类型的交易既属于融资活动——为企业筹集了新的资金，也属于经营活动——向员工进行支付。美国公认会计原则对这类交易的处理，却仅仅是将它当成了一项融资交易。这种隐蔽的非清洁盈余会计处理导致了一项隐蔽的费用产生。在阅读材料9-1中，我们计算了耐克公司在2010财务年度中因为股票期权的行权而发生的价值损失。

阅读材料 9-1

计量股票期权的行权损失

所谓股票期权的行权损失，是指行权价格与行权日的股票市场交易价格之差，即由于未能按市价发行股份而导致企业股东发生的价值损失金额。要估算股票期权的行权损失，有两种方法可以利用。

方法1

如果该期权是**非法定股票期权**（nonqualifying options）[⊖]，那么，公司是可以就股票的市价与行权价格之差而得到税收减

[⊖] 非法定股票期权也称非标准股票期权，是指那些不符合国内税法优惠规定的股票期权。相对于后文提到的激励性股票期权来说，非标准股票期权无任何法律法规限制，有很大灵活性。——译者注

免的（而员工需要就该差额缴税）。由于企业需要在现金流量表中报告因员工执行期权行权而得到的**税收抵免额**（tax benefit），因此，可利用该金额和企业的对应税率来推算股票期权的行权损失。以耐克公司的情况为例，该公司在财务报表附注中披露它的所得税率为36.3%，在现金流量表（见第2章表2-1）中报告相关的税收抵免额为58.5百万美元，因此，可计算出耐克公司因股票期权行权而承担的损失总额为58.5 / 36.3% = 161.1（百万美元）。由于这种损失费用是可以在税前扣除的，所以，税后的股票期权行权损失可计算如下（单位：百万美元）。

股票期权行权损失	58.5 / 36.3%	161.1
按36.3%计算的税收抵免额		(58.5)
税后股票期权行权损失		102.6

方法2

如果企业并没有报告由于期权行权而得到的税收抵免额，那么，就必须先估计企业股票在行权日的市场价格，然后才能计算得到股票期权的行权损失。耐克公司的股票在2010财务年度的平均价格为每股64美元，当期行权的期权数量为8.6百万份，那么，可计算如下（单位：百万美元）。

所发行股份的估计市场价值	8.6 × $64	550.4
行权（实际发行）价格，来自股东权益变动表（扣除税收抵免额58.5后净额）		321.1
股票期权行权损失（税前）		229.3
按36.3%计算的税收抵免额		83.2
股票期权行权损失（税后）		146.1

这里的计算只是试探性的，如果员工行权时的股票价格低于每股64美元，那么期权行权损失金额就还能更低一些（此处省略了一些税收计算细节）。在本例中，使用方法2计算得到的结果要比方法1的更高一些。

方法2只适用于**激励性期权**（incentive options），在这种情况下，企业得不到任何税收抵免（在股份实际发行以前，员工也不需要就此缴税）。

有些人认为，由于在授予日，期权是处于平价状态的，因此，企业就不应该有费用产生。坚持这种论点的往往都是企业的员工，尤其是那些从员工期权计划中获益颇多的管理层人员。但其实，只有当这项期权不能进入实值状态时，企业才真的没有负担任何费用。这些人还说，行权并不导致企业的任何现金流出，所以，企业没有负担任何费用。但事实是，授予员工股票期权，然后等待他们将来行权，只是直接支付给员工现金的一种替代方式，因此，应当按照股票期权的现金等值金额来记录企业支付给员工的费用：因为实质上这本是企业按市场价格发行了股份，然后承担了市场价格与行权价格之间的现金等值差额，以帮助员工购买公司的股份。站在股东的角度上来看，将他们所放弃的股份支付给员工和直接向员工支付现金应当是没有区别的，现在，股东只是选择了前一种支付方式而已。确认这种费用是权责发生制关于股东价值核算的核心，因为权责发生制会将过去的现金流量视为价值流，把有价值的股份支付给员工与用现金支付的工资是没有差别的。如果你还觉得将股权激励作为费用处理是难以接受的，请想象一下，假如企业的所有经营支出（无论是原材料的购买、广告费用的支付还是固定资产的投资）都是用股票期权来进行支付的，那么是不是就比较容易理解了？（事实上，有些体育明星就要求以股票期权来作为奖励内容！）如果我们不确认这种隐蔽的费用，利润表上就只有收入，而没有相关的费用与之配比。股票期权是通过对员工和管理层进行激励而为股东创造收入和利润的，但目前的美国公认会计原则并没有将期权的成本与它们所能带来的收入与利润去进行配比，因此，价值的增加与价值的损耗是不对应的。

在20世纪90年代，以股份支付为代表的薪酬激励计划开始广为流行，使得这种隐蔽的费用越来越不容忽视，尤其是在高科技类行业的公司中。美国财务会计准则委员会对此问题进行了强调，但在撰写第 123R 号公告时，结果仍然不令人满意。根据这份公告，企业应在授予日按期权定价模型计算出的期权价值去确认薪酬成本，然后在某段员工服务期（通常为等待期）内，再将这种成本逐渐确认到利润表中○，对应的贷方记录为股东权益类账户，就像我们在耐克公司的例子中所看的那样，但这样的处理是不正确的。国际会计准则关于这个问题的规定主要出现在国际财务报告准则第 2 号（IFRS 2）中，要求也是类似的。这种会计处理方法被称为**授予日会计处理**（grant date accounting），但授予期权时所确认的只是可能的行权对应的费用，比如，如果该期权（由于股票价格不能进入实值状态而最终）失效了，那么其实最终是没有费用产生的，但在现行的会计处理要求下，原来所估计的费用仍然会被记录。实际上，只有当期权被执行，即持有人选择行权时，费用才会真正的产生。在行权日，股票的市场价格与期权的执行价格之差才是股东的损失，也即我们应当确认的费用。如同阅读材料 9-1 那样，对这样的费用进行确认，叫作**行权日会计处理**（exercise date accounting）。耐克公司在 2010 财务年度中，根据授予日会计处理的要求，报告了 159 百万美元的税前股票期权费用；而在阅读材料 9-1 中，计算出该公司在 2010 财务年度由于期权被行权而导致的税前费用为 161.1 百万美元。现在，请阅读会计诊所Ⅳ中的内容。

会计诊所Ⅳ

股份支付的会计处理

在美国，公认会计原则对股票期权的核算采用的是授予日会计处理原则；国际会计准则理事会在国际财务报告准则第 2 号中也是要求的授予日会计处理办法。会计诊所Ⅳ介绍了授予日会计处理的要求。

会计诊所Ⅳ也介绍了行权日会计处理的做法，并完整地介绍了行权日会计处理方法是如何计量股票期权对股东的影响的。在授予日，需要先记录员工尚未挣得的薪酬成本，然后再在员工为企业提供服务的一定期间内，将这些成本确认为利润表中的费用。相应地，薪酬成本是与员工所创造的收入相配比的。在授予日之后，随着期权进入实值状态，再确认更多的损失。下面是权责发生制下对股票期权的会计处理步骤。

（1）在授予日，按期权价值确认一项或有负债，同时确认一项递延（未挣得的）薪酬资产；在资产负债表中，可以只报告这两个项目的净额。在授予日，期权的价值等于按美国财务会计准则委员会第 123R 号公告所规定的授予日会计处理所确认的金额。此时，提供给员工期权在授予日的价值是一项薪酬成本，但它是否会真实发生取决于股票期权将来能否进入到实值状态，因此，应当属于一项或有负债。而递延的薪酬资产也与此类似，它只有在企业以低于市价的金额向员工发行股份时才会发生。

（2）将递延薪酬在员工的某段服务期（通常为等待期）内进行分摊。

（3）当股票期权进入实值状态时，按市价调整或有负债的金额，并同时确认一项未实现的期权损失。

（4）在行权日，当企业发行股份时，按市价结清负债账户。如果这些期权最终没有被行权，那么也结清相关负债账户，并同时确认一项意外的股票期权利得。

关于行权日会计处理的更多内容，请参考本章配套网站中的介绍。

特别地，美国国内收入总署（Internal Revenue Service，即美国国税局）认为，相关费用应当确认在期权被行权时，并允许企业就此进行税前抵扣（如果满足特定条件的话）。因此，企

○ 这种薪酬费用是允许在税前予以抵扣的，因此对当期利润的真正影响应当是税后的激励薪酬额。

业会将这种税收好处记录到股东权益当中，作为增加股票发行所得处理。比如，耐克公司（在表 9-1 中）报告股票期权行权所得 379.6 百万美元，实际上就是由股票发行所得 321.1 百万美元和相关费用的税收递减额 58.5 百万美元所共同构成的。因此，现行的会计处理确认了相关费用的税收抵扣额，并相应调增了股东权益，但却并没有记录相关的费用！

表 9-3 是耐克公司重构后的股东权益变动表，在这份报表的综合收益部分，报告了股票期权的行权损失。由于美国公认会计原则是按照授予日会计处理的要求记录费用的，因此，在重构报表时，一定要小心不能重复记录这部分费用。在重构后的股东权益变动表中，可以看到股票期权的税后行权损失金额 102.6 百万美元，但紧接着马上就减去了在授予日会计处理方法下所确认的费用 159.0 百万美元。这个被减去的 159.0 百万美元充分说明了当初我们在表 9-1 中所报告的那个"敞口"金额是不恰当的。将市场价格与行权价格之差 161.1 百万美元与股份发行所得相加，就像这些股份是按市场价格发行的那样（因此没有任何价值增值）。现在，重构后的股东权益变动表就是按市场价值在记录企业与股东之间的交易了，如果企业的实际股份发行价格低于市价，那么，其中的损失都会被恰当地记录在综合收益中。这样的会计处理虽然稍显麻烦，但在当前美国公认会计原则尚不能合理处理这个问题的情况下，也只能这样了。随着期权在授予日之后进入实值状态的价值越大，授予日与行权日的费用差额就会越大⊖。

表 9-3 耐克公司重构后的普通股权益变动表，确认股票期权的行权损失

（单位：百万美元）

2009 年 5 月 31 日余额			8 814.5
与股东之间的交易			
为股票期权发行的股份	（321.1+161.1）	482.2	
向员工发行的股份（净值）		37.1	
股份回购		（754.3）	
现金股利		（505.5）	（740.50）
综合收益			
报告的净利润		1 906.7	
汇兑净损益		（159.2）	
套期保值净损益		6.5	
股票期权的行权损失（税后）	102.6		
减：已记录的股份支付薪酬	159.0	56.4	1 810.4
2010 年 5 月 31 日余额			9 884.4

由于股票期权被行权而发生的当期损失是一项法定损失（legitimate loss），是应当被报告的，但投资者在购买一只股票时，更关心的是他将来可能由于这些金融工具而发生的损失，因此，估值也就更加关注这些期权在将来被行权时而导致的预期损失。这种预期损失被称为**期权沽压**（option overhang）⊜，可用在当前的市价水平下，如果流通在外的股票期权全部选择行权时，将会发生的损失金额来进行计量。以耐克公司的数据为例，该公司在 2010 财务年度末流通在外的股票期权数量为 36 百万份，加权平均行权价格为每份 46.60 美元，当年年末的公司股票市场收盘价为每股 72.38 美元，因此，可估计期权沽压损失额如下（单位：百万美元）。

⊖ 实际上，减去股东权益变动表中报告的"股份支付薪酬"159.0 百万美元是一个不太好的解决方案。这个金额所代表的实际上是一项或有负债，因此是应该报告为或有负债的（见会计诊所Ⅳ中的解释），但是，要违反公认会计原则的规定去确认负债，然后又在行权时再终止确认，几乎是不可能的。

⊜ 沽压原指抛盘可能形成的压力。——译者注

假定行权，需要发行的股份市价	36.0 × 72.38	=	2 606
行权价格	36.0 × 46.60	=	1 678
			928
税收抵减额（税率为36.3%时）			337
或有负债额（期权沽压）			591

如果将该期权沽压额分摊到每股股票（当时流通在外的股票总数为4.84亿股），那么相当于每股应当分摊的金额为1.22美元。请注意，行权时的预计税收抵减额是可以减少这项预期损失负债的。此外，这里所计量的期权沽压金额只是最低估值，未包括期权价值有可能出现的上涨。在第14章中，等正式建立了权益估值中的或有要求权分析框架时，我们将重新回到完整的处理程序中来。

除了职工薪酬之外，企业在支付其他经营费用时也可能使用期权和认股权证。请看阅读材料9-2中的内容。

阅读材料 9-2

用认股权证支付经营许可权：锐步公司

2001年，耐克公司的竞争对手锐步公司（Reebok）与美国国家橄榄球联盟（NFL）签订了10年的许可权协议，根据这份协议，锐步公司独享了设计、开发和销售国家橄榄球联盟的服装、鞋类和其他附属产品的权利，作为交换，锐步公司付出的对价是价值1360万美元的**认股权证**（warrant），这些权证允许国家橄榄球联盟按各种不同的执行价格购买不超过160万股锐步公司普通股的权利，认股权证的有效期直到2012年年末才结束。

对于此项协议，锐步公司确认了一项无形资产（即下述"经营许可权"），然后将这项资产按10年进行摊销。因此，在2003财务年度的报表附注中，锐步公司是这样报告它的无形资产信息的（单位：千美元）：

需要摊销的无形资产：	
经营许可权	13 600
其他无形资产	4 492
	18 092
减：累计摊销额	3 656
	14 436
不需要摊销的无形资产：	
公司商标和商标权	27 860
	42 296

可见，锐步公司将此项经营许可权确认为一项资产，并与其他应摊销的无形资产合并在一起，定期进行摊销，在许可权的有效期内，利润表中的许可权费用与销售国家橄榄球联盟相关品牌产品的收入是相互配比的。这样的会计处理方法是比较合理的。

不过，按照美国公认会计原则的要求，锐步公司所发行的认股权证在2001年的股东权益变动表被报告为当年的股份发行。这样的美国公认会计原则处理要求就是不太恰当的了。因为与股票期权的发行类似，认股权证本身并不属于权益，而只是股东承诺在将来当这些认股权证请求行权时，会提供一定价值的权益"义务"。站在股东的立场上来看，认股权证实质上应当属于一项（或有）负债，因此要正确地反映股东权益的价值，在会计上要将认股权证确认为负债才是合理的。此外，如果这些认股权证在将来被选择行权，那么，当时的市场价格高于行权价的部分，如果大于已经确认的1360万美元的部分，将成为股东的进一步损失。

勤勉的权益分析师会认识到，美国公认会计原则在记录这类交易对股东价值的影响方面是比较失败的。2004年年末，锐步公司的股票交易价格为每股44.00美元，而绝大部分锐步公司认股权证的行权价格为每股27.06美元，因此，这些权证已经处于实值状态，很有可能会被行权。分析人员预计到了持有人选择行权时，股东的价值就会被"侵蚀"，因此在对企业进行估值时，要考虑这一因素的影响。这就是所谓的认股权证沽压（warrant overhang）。如果按2004年年末的股票价格来匡算的话，该认股权证沽压的金额就应当等于这些权证在2004年年末全部行权时，现有股东将不得不放弃的价值，即2004年年末的股票市价与权证行权价格之差，如果按每份权证计算的话，为$44.00-$27.06 = $16.94。在第14章中，我们假定这些权证在2004年还不能被用来认购股票，而需要等到2012年才行，因此对这里的计算结果进行了修正，在这个匡算结果的基础之上，又加上了期权的价值。

9.4.2 在筹资活动中发行股份

其实，不仅只有员工股票期权，全部的**或有权益要求权**（contingent equity claims）在行权时都会带来隐蔽的损失。对企业自身股票的看涨或者看跌期权、认股权证、配股权、可转换债券和可转换优先股等，都属于或有权益要求权，一旦持有人要求行权，都需要企业按照某个不同于市价的标准发行（或者回购）股份，详见阅读材料9-3中的内容。

阅读材料 9-3
隐蔽的损失与看跌期权的会计处理：戴尔公司

在戴尔公司以2002年2月1日为年度截止日的股东权益变动表中，它报告了下面这一行项目（单位：百万）。

	股份数量	金额
回购普通股	68	$3 000

这看起来似乎只是常规的股份回购，但进一步的调查结果却显示不是这样的。用回购金额3000百万美元除以回购数量68百万股，可以算出平均每股回购价格为44.12美元。但实际上在那一年当中，戴尔公司的股票交易价格一直就没有超过每股30美元，当年的平均成交价为每股24美元。根据报表附注中所披露的信息，戴尔公司结果是被迫按照卖出期权（put option）的执行价格每股44美元回购股份的。在早些时候，由于股票价格在泡沫中持续上涨，戴尔公司曾因这些期权而赚了不少。但随着股票市场泡沫的破灭，公司股票价格（从2000年的最高点每股58美元开始）一直下跌，戴尔公司终被这些期权所套牢。按2002年股份回购时的平均价格每股24美元计算，卖出期权的行权为公司所导致的损失金额为（单位：百万美元）：

每股市场价格	
回购股份的价值 $24×68百万股	1 632
为股份回购而支付的金额	（3 000）
卖出期权行权而导致的损失	1 368

（这种损失是不能够在税前予以扣除的。）本来，这种损失应当被报告在综合收益当中，但戴尔公司并没有这样做。按回购前的流通在外股份数量2670百万股计算，每股损失额为0.51美元，与戴尔公司当年报告的每股收益0.48美元比较，这是相当惊人的。戴尔公司的经营业务实际上变成了两个部分，一部分为计算机经营业务，在2002财务年度中，赚得的每股收益为0.48美元；而另一部分则是用自己的股票进行投机活动，结果是当年每股亏损0.51美元。

对投资者来说，应当注意到这种损失在财务报告中是被忽略了的，所以投资者自己必须要非常警醒。如果股票价格下跌，股东本身就会遭受损失；如果此时企业还恰好发行了卖出期权的话，那么，股东的损失就加倍了。也就是说，股票价格下跌所导致的损失被放大了。电子数据系统公司（EDS）在2002年曾宣布由于碰到了一些会计问题，公司的合同收入将不能达到先前的预期。这个坏消息一经公布，该公司的股票价格立即跌去了70%。紧接着，公司又宣布股票价格的下跌引起了卖出期权纷纷要求行权，于是股票价格又进一步地跌去了不少。

卖出期权有时也被称为**认沽权证**（put warrants）。此外，通过发行**远期股份购买协议**（forward share purchase agreements），企业也可能做出类似的股份回购承诺。卖出期权和远期股份购买协议都只需要在财务报告附注中进行披露。作为一名投资者，如果在2002年时正在考虑是否购买戴尔公司的股票，一定要认识到卖出期权沽压的存在，因为在将来如果公司需要回购它的股份时，股东的价值是会受到"侵蚀"的。戴尔公司在2002财务年度末时，还有需要按照每股45美元进行回购的卖出期权沽压51百万美元。2002年9月，当戴尔公司的股票交易价格为每股25美元时，这些期权的每份价值已达到了20美元，总价值为10.20亿美元，意味着如果按当时流通在外的股份数来计算，每股需要承担的损失已高达0.39美元。当时，分析师预测戴尔公司在2003财务年度中能实现每股收益0.80美元，但那只是按美国公认会计原则所计算出来的收益数字而已，实际上，该公司的每股预期综合收益将减少0.39美元，因此预计的每股综合收益实际上只有每股0.41美元。

美国财务会计准则委员会第150号公告

2003年，美国财务会计准则委员会发布了第150号公告，对这类卖出义务的会计处理规范进行了改革。现在，企业如果发行有这类卖出合同，需要按照合同的公允价值确认为一项负债进行报告。相应地，随着股票价格的波动，这类负债需要按照在报告日了结这些支付义务所需要的现金金额进行计量。当然，这就需要我们确认估值变动额，即行权价格与报告日的市场价格之差，按照第150号公告，该变动额需要报告为利润表中的利息费用处理。因此，第150号公告是将卖出期权合约视为借款来进行处理的：企业借入金额等于合约价值的款项，然后在将来需要用现金或者是股份来偿还这笔"借款"；合约所导致的损失额即为"借款"的利息费用。第150号公告有效地将期权沽压所引起的负债确认在了资产负债表中，并且一旦期权进入实值状态（那么企业股东就必须放弃牺牲的价值了），相应的损失额即被确认为利息费用。如果期权始终无法进入实值状态，那么企业也可以确认一项收益。

因此，第150号公告将隐蔽的费用确认在了利润表中，并且同时也将一项隐蔽的（表外）负债确认到了资产负债表中。不过请注意，美国公认会计原则对于买入期权、（看涨的）认股权证和其他可转换证券等，却并没有要求同样的会计处理规范。请参考阅读材料9-2中的内容。

阅读材料9-4介绍了可转换债券和可转换优先股的会计核算思想，并说明了为什么按照美国公认会计原则和国际财务报告准则所进行的会计处理，并不能确认出这些金融工具的全部融资成本。虽然在现行的会计实务中，我们已报告了一个名为"综合收益"的项目，但目前的会计处理确实是不够全面的。

阅读材料 9-4

可转换证券的会计处理

所谓**可转换证券**（convertible securities），是指在满足一定条件的情况下，可以将其转换为普通股份的债券和优先股等。当可转换债券或者优先股实施转换权时，教材通常规定了两种可用的核算方法：

（1）账面价值法（book value method）：按实施转换的债券或者优先股的价值记录所发行的股份，因此，普通股东权益增加，而负债或者优先股东权益减少，由于增减的金额相同，因此不确认任何损益。

（2）市场价值法（market value method）：按转换过程中所发行股份的市场价值进行记账，这样，股份的市场价值与实施转换的证券账面价值之差则被记录为转换损失。

在实务中，一般都使用账面价值法进行核算，这样，便会导致一项隐蔽的非清洁盈余损失，而市场价值法则会报告此项损失。在市场价值法下，对于可转换证券的会计处理思想与不可转换证券的会计处理思想是一致的，因为如果不具有转换权的证券在到期日前需要终止确认，那么，我们需要确认一项损失（或者收益），对可转换证券来说，在这里，同样也需要终止确认，唯一的区别是此时引起终止确认的对价是股份而不是现金而已。无论是否具有转换权，证券的终止确认对现有股东来说，都会有损失发生。

相对不具有转换权的债券来说，可转换债券由于具有转换权，因而通常具有更低的利息率。在美国公认会计原则的要求下，会计只将利息费用确认为融资成本，因此看起来利用可转换债券进行融资是更经济的。但实际上对股东来说，全部融资成本还应当包括将债券转换为普通股份时而可能发生的损失，而这种损失在目前的会计处理中是没有被记录的。

利用可转换优先股进行融资在20世纪90年代非常普遍。在这种融资方式下，只有优先股的股利被确认为融资成本，而转换损失则被忽略了。例如，假定有企业发行了一种不支付股利的可转换优先股，为补偿股东无法得到股利的遗憾，这种可转换优先股向持有人提供了非常有利的转换价格规定。那么，在现有美国公认会计原则的规范下，这样的证券发行看起来将是没有融资成本的。

2008年9月，当华尔街信贷危机正在蔓延之时，高盛集团邀请著名的基本面投资大师沃伦·巴菲特先生向公司注入了非常宝贵的权益资本。从交易内容看来，巴菲特先生的这次投资是非常划算的，他用50亿美元的现金换取了年息率为10%的高盛集团永续优先股（但高盛集团享有赎回权），外加以每股115美元的价格购入4350万美元普通股权益的认股权证（额外价值50亿美元）。每股115美元的行权价格是参考当时的股票价格来制定的，取的是高盛集团的股票在最近三年内的最低价。这场交易结束后，高盛集团的股票在三天之内随即涨到了每股135美元，使巴菲特先生的认股权证立即凸现了价值。

虽然巴菲特先生将在什么价位上选择行权还是个未知数，但在他选择行权时，当时的市场价格与行权价格之差始终是需要公司股东来承担的损失。可是，美国公认会计原则的会计处理却不会记录这种损失。如果按每股135美元的价格来计算的话，潜在的损失，即认股权证沽压幅度将为每股20美元，用这个数去乘以4350万股，那么损失总额将达到8.7亿美元！⊖

⊖ 2011年4月，高盛集团支付55亿美元从巴菲特的伯克希尔公司手中回购了这些优先股，按累计13亿美元的红利计算，这笔交易的优先股部分给伯克希尔公司带来了总计18亿美元的收益。而认股权证部分，按照2013年3月28日高盛集团的股价计算，权证对应的这些股票市值已达64亿美元。根据双方公司达成的协议，巴菲特的公司不必花50亿美元去购买它有权购买的4350万股高盛普通股，相反，高盛集团直接以股票的形式支付给巴菲特先生14亿美元的差价。这样安排之后，巴菲特获得的回报金额是不变的，不过最终持有的高盛公司股权要小得多。因此，巴菲特从这笔对高盛集团历时四年半的长线投资中总计获得了32亿美元的收益，投资回报率高达64%，而同期高盛集团的股价累计涨幅却仅为18%。所以，大师的超额收益与他们擅长使用权证等金融工具是不无关系的。——译者注

9.4.3 稀释的每股收益

企业会报告两个每股收益数字：基本的每股收益和稀释的每股收益。基本的每股收益直接就等于归属于普通股股东的利润（扣除优先股股利之后的）除以企业流通在外股份数后的商；而稀释的每股收益则是假定持有企业股票期权、认股权证、可转换债券和可转换优先股等或有权益要求权的主体都选择了将他们所持有的金融工具转换为普通股，那么每股收益的应有水平。计算稀释的每股收益时，分母应当为企业流通在外的股份数量再加上如果上述或有权益持有人都行权后将增加的股份数量（在本书配套网站的会计诊所Ⅳ中对此有更详细的介绍）。

在处理稀释的每股收益数字时，需要额外小心。虽然稀释的每股收益表示普通股股东财富可能被"冲淡"的程度，但在对普通股股东权益进行估值时，我们并不使用这个数据。稀释的每股收益将当前股东对企业利润的要求权与未来的潜在股东混淆了，当前股东的要求权和潜在未来股东的要求权是很不一样的，虽然一旦这些权证被行权以后，两者都能对企业将来的利润享有要求权，但对于企业当前的利润，毕竟还是只有现有股东才享有要求权的。此外，对于未来的利润，现有股东和未来潜在股东的要求权也是不一样的，当权证持有人行使转换权时，由于股份是按照低于市价的水平进行定价的，因此，现有股东需要承担一定的损失，而这些新股东则能实现一定的收益。这两种收益要求权是不同的，而稀释的每股收益指标并不能反映出两者之间的区别。因此，如果目标是对现有流通在外的股份进行估值，那么，我们就必须关注基本的每股收益，当然，在此基础上，还需要对现行会计所未曾记录的转换损失（由现有股东承担的）进行调整。

9.4.4 无效市场中的股份交易

按市价发行或者回购股票是不创造价值的，这说明在有效市场中，交易双方所进行的是等价交换，双方都各自得到了他们应得的回报。比如，以股份回购为例，在这样的交易中，公司所付出（也即卖方所收回）的现金与它们所获得（也即卖方所付出）股份价值是相等的。

不过通过第3章的学习我们已经知道，如果股票市场是无效的，那么，企业是可以低价买回自己的股份，然后以高于股份价值的价格去发行股份的。此时，交易的另一方（即股份的卖方或者新的股东）就会发生价值损失，而没有参与到此次交易中的现有股东则会获利。这种获利（或者，也可能是损失）在现有的会计账户中，是没有反映出来的。

即使从公开可获取信息的角度来看股票市场是有效的，企业管理层也会由于拥有更多的私有信息而比市场更了解企业股份的价值，因此，他们也可能会按照不同于信息一旦公开以后将可能达成的市场价格去发行或者回购股份。那么，这样的交易也可能为现有的股东创造价值（不过，在美国，对这类交易有法律限制条件的规定）。

对于主动投资者来说，一旦他们认为市场有时候可能是无效的，那么，对于与企业之间所发生的股份交易，这些投资者就会显得非常谨慎。主动投资者在股票市场中进行任何交易前，都会先按自己对企业内在价值的估值判断去检验市场定价的合理程度。当交易的另一方主体直接就是股票的发行企业时，主动投资者会表现得更加小心谨慎，因为对于企业的内在价值，管理层完全有可能比他们拥有更好的判断。

主动投资者了解企业股票的内在价值，也知道股票市场的定价是有可能出现高估或者低估情况的，并且他们还知道，企业的管理层完全有可能会利用市场的错误定价所提供的机会。例如，当企业股票定价被高估时，企业管理层就可能用定价被高估的股份去进行并购交易，以降低并购的成本。实际上，这就是投资者应当购入被高估股票的一个理由，因为用这样的股份去作为并购的支付对价，是可以为企业创造价值的。不过，这种交易很棘手，因为如果投资者对已经被高估的股票继续追涨，那么，就会形成股价泡沫。此时，基本面投资者就需要根据他对企业从事并购行动的可能性和并购策略的判断，来决定他的投资策略。

对企业管理层来说，他们可以利用股票的错误定价机会，利用股份交易来为股东创造价值。如果感觉股票定价"过低"，管理层就可以选择使用债务融资方式来取代权益融资，为经营筹措新的资金。不过，等到企业股票的价格上涨得足够高时，他们也会选择执行他们手中所拥有的期权，这对股东来说，无疑将是双重的打击。此外，管理层也可能误导股东关于股份发行和回购的看法。请参考阅读材料9-5中的内容。

阅读材料9-5
股份回购能够防止根据股票期权计划所发行股份带来的稀释效应吗

戴尔公司将它的卖出期权交易（详见阅读材料9-3中的介绍）解释为"股份回购计划的一部分，以减轻由于根据员工期权计划所发行股份带来的稀释效应影响"。很多公司都是这样解释它们的股份回购计划的：股票期权的持有人选择行权，使流通在外的股份数量增加，于是现有股东所对应的企业价值便被稀释了；而回购则能够减少流通在外的股票数量。但是，股份回购真的能对冲期权行权所带来的稀释效应吗？

答案是否定的。如果按股票的公允价值进行回购，那么，股东权益的每股价值是不受影响的；所以，股东也不可能从通过回购获得额外的价值来补偿他们在员工股票期权计划中所损失的价值。通过股份回购而保持流通在外的股票数量不发生变化，只是消除了稀释效应的表象而已。

在20世纪90年代的股票市场泡沫中，随着公司股票价格的高涨，大量员工都选择了执行他们手中所拥有的股票期权。随后，很多公司都通过股份回购来"管理股份的稀释效应"。但实际上，以泡沫价格（即股票的定价在其内在价值之上）回购股份反而导致了股东的利益损失。股东因此而"受损"了两次：一次是由于员工行使股票期权而带来的，另一次则是由于高价进行股份回购所引起的。有些公司是通过借款来进行股份回购的，这样，随着后来股市泡沫的破裂，这些公司随即陷入了严重的债务危机。

9.5 股东的角度

我们曾经介绍说"财务报表是商业的透镜"，那么，对权益分析来说，就必须站在股东的立场去看这个透镜。美国公认会计原则和国际财务报告准则所规定的会计处理对于权益分析来说还是不充分的，因为他们都不是单纯站在股东的立场看待问题的。这两套准则体系都没有如实地反映股东财富的情况，这一点从股东权益变动表的会计要求上来看，表现得特别明显。

按照国际财务报告准则和美国公认会计原则，优先股东的权益和少数股东的权益都需要报告在企业股东权益表中的普通股东权益部分；当股份的发行价格低于当时的市价时，两套准则体系都没有能报告股东因此而承受的损失。如果股东自己愿意这样做，他们显然是会确认自己的损失的，现在，企业强迫他们接受新股的发行价格低于市价这个事实，他们同样也应当承担了损失。现行的会计处理要求没有能够对企业与股东之间的现金交易（在融资活动中筹集现金或者发放不需要的现金）和嵌入了股份发行的经营活动价值创造（或者损失）业务进行很好的区分。对于可转换债券持有人与普通股股东等权益要求人之间的交易可能导致的普通股股东损失，也未能予以确认。

简而言之，国际财务报告准则和美国公认会计原则的会计处理要求并没有完全体现出普通股股东的产权特征。从表面上看，财务报表名义上是为股东而编制的，公司董事（包括审计委员会）对股东负有受托责任，管理层和审计人员需要在年度股东大会上正式向股东呈报财务报告。但实际上，现有的会计处理方式并没有把股东完全当成企业的所有者。因此，在进行权益分析时，我们必须像本章所讲的这样，对会计报告的结果进行修正，并且，在后续章节中进行估值时，我们也应该这样做。

9.6 搭建你自己的分析工具

要建立一套完整的分析和估值用的电子表格工具，第一步需要做的就是下载企业的股东权益变动表，然后按本章所介绍的方法进行重构。你可以在美国证券交易委员会的 EDGAR 数据网站或者企业的官方网站上去下载 10-K 年度报告⊖，财务报表通常会放在企业官方网站的"投资者关系"栏目下，而且一般都是可以下载的。不过，目前并没有可以自动对报表进行重构的程序，因此报表的重构过程只能依靠分析人员手动来完成。

出于学习的目的，我们建议你首先用本章所使用的耐克公司报表为例，此外，你还可以使用连贯案例中金佰利公司的报表，相关的解答在本书配套网站上已经给出。当然，你还可以直接在本书网站上找到以耐克公司为例的分析与估值产品工具包 BYOAP，然后翻到股东权益变动表那一页。不过，虽然你可以直接使用这些模板，但我们仍然建议你去搭建自己的分析产品，因为在这一过程中，你将会学习到更多有用的东西。

你可以按照表 9-1 的格式来重构股东权益变动表。如果企业没有什么股票期权或者其他或有权益要求权的话，这样做是完全可以的；否则，我们就会建议你采用表 9-3 中的格式。根据阅读材料 9-1 中的指导，你可以计算股票期权的行权损失；查看企业在财务报表附注中关于股份支付的信息披露，你将能了解到更多的有用信息。此外，还请注意在财务报表附注中对股东权益的信息披露，了解企业是否还涉及其他或有要求权。

9.7 会计信息质量观察

随着本书第二部分对财务报表分析介绍的深入，我们将逐步对碰到的会计问题进行强调。本书会对相关的会计工作程序进行大致的讲解，比如，在本章中，我们就介绍了有价证券和员工股票期权计划相关的知识点。接下来，我们会建议你参考本书配套网站上的"会计诊所"栏目，以了解更多的相关细节，比如，在会计诊所Ⅲ和会计诊所Ⅳ中，就对本章涉及的有价证券和股份支付内容进行了更多的介绍。

我们需要理解会计的工作程序，但对于权益分析来说，我们还需要了解会计程序的不足之处。在什么样的情况下，会计信息的质量会对分析师的工作造成困扰？一些信息质量问题产生

⊖ 如需要下载中国上市公司的年度报告，你也可以查阅中国证券监督管理委员会、上海证券交易所或者深圳证券交易所官方网站"信息披露"栏目下的相关信息，或者登录目标公司的官方网站，或者利用中国上市公司资讯网（www.cnlist.com）、巨潮资讯（http://www.cninfo.com.cn）、新浪财经等相关网站中的信息披露内容。——译者注

于会计计量在实践中的应用困难,而另一些信息质量问题则单纯地产生于准则制定者的错误选择,比如,我们在本章中所碰到的一些问题。此外,还有一些信息质量问题则是因为企业滥用了美国公认会计原则所赋予的选择权,对会计信息进行了操纵而引起的。

在阅读材料 9-6 中,列出了本书的第一份"会计信息质量观察"要点,主要是我们在本章所碰到的会计信息质量问题。随着讲解的深入,我们会继续在这份清单上增列新的观察要点。这样,到第 18 章介绍会计信息质量分析时,大家就已经有充分的知识准备了。

阅读材料 9-6

会计信息质量观察:股东权益变动表

在本章中,我们谈到了美国公认会计原则和国际财务报告准则的一些质量缺陷问题。如果站在股东的立场上进行权益分析,分析人员应当尤其注意下列观察要点,这些问题在美国公认会计原则和国际财务报告准则中共同存在。

会计项目	质量问题
应付股利	美国公认会计原则将应付股利报告为一项负债,但实际上,"应付股利"应当属于股东权益的一部分。对于企业已经宣告但尚未支付的股利,股东仍然是享有要求权的,这并不是企业股东欠其他主体的负债。
证券投资的未实现损益	与可供出售的债务和权益证券相关的未实现损益没有被列报在利润表中,而是直接报告为股东权益变动表中的其他综合收益组成部分。因此,利润表中并没有报告出企业投资组合的全部业绩。更糟糕的是,由于已实现的证券投资收益是需要报告在利润表中的,企业就可以通过将已增值的证券出售并继续持有目前处于亏损状态的证券,从而有选择性地将证券投资盈利计入利润表(和每股收益),而将未实现的亏损则报告在股东权益变动表中。
外币汇兑损益	当汇率发生变动时,由于持有外币资产或者负债所引起的折算损益,是不报告在利润表中的(这类损益绕过了利润表,直接计入股东权益变动表)。
优先股股利	优先股股利被当作权益的分配,而没有作为(普通)股东的成本项目。
以权益结算的股份支付中,贷记股东权益的部分	按照美国公认会计原则的要求,对于以权益结算的股份支付,需要在股票期权授予日将递延的薪酬贷记股东权益,这样的会计处理看起来就像是支付员工薪酬还会增加股东权益一样。实际上,这应当是一项负债,因为在员工行权时,股东是会有价值牺牲的,因此,不应当作为权益的增加进行处理。
股票期权的授予日会计处理	按照美国公认会计原则的要求,企业需要在期权授予日确认以权益支付的股票期权费用。然而,(对股东来说)真正的费用发生在行权日,当股份的发行价格低于当时的市场价格时。如果授予员工的期权最后并没有选择行权,那么,按美国公认会计原则的处理结果就会高估企业的薪酬费用;如果这些期权最终被执行了,那么,按美国公认会计原则的处理结果通常是低估了企业的薪酬费用。
对认股权证和期权的会计处理	按照美国公认会计原则的要求,当持有人行使认股权或者(看涨或看跌)期权以及股份的发行或者回购价格不等于当时的市场价格时,是不确认股东的损失的。
可转换债券和可转换优先股的会计处理	按美国公认会计原则的要求,这类要求权是按照账面价值实施转换的,这样,在持有人行使转换权时,也不会确认股东的相关损失。
忽略借款费用	由于非权益融资工具(如可转换公司债券)在转换为权益工具时不确认相关损失,因此,相关的借款费用也被低估了。
忽略(表外)负债	按比市价更低的价格发行股份的义务没有被确认在资产负债表中,比如,与流通在外的股票期权所对应的期权沽压损失额。

本章小结

财务报表中的分类错误会导致不正确的财务报表分析或估值结果,因此,我们需要对报表进行重构,将报表项目进行正确的分类。按照美国公认会计原则所编制的股东权益变动表有时会混淆经营活动的结果与为经营活动而进行的筹资活动。在本章中,我们对股东权益变动表进行了重构,以利于正确地区分价值创造活动和将价值对股东进行分配的活动,后者表现为股利的净支付。在重构过程中,我们需要确认股东权益变动表中的非清洁盈余项目,并计算企业的综合收益和综合普通股权益报酬率ROCE。

相比项目的错误分类来说,在财务报表中直接漏报某些项目的问题更为严重。按照美国公认会计原则或者国际财务报表准则的要求所编制的财务报表中,就忽视了一些或有要求权的行权所可能带来的费用,为此,本章提请分析人员应对此予以充分的重视。如果在预测工作中不考虑这些费用,将导致企业价值被高估。

当然,在分析股东权益变动表时,仍然要求我们具有一定的前瞻性眼光。对那些没有什么非清洁盈余项目,也没有实施股权激励计划的企业来说,可注意的东西并不多。对大多数企业来说,只需要特别小心两个项目——外汇汇兑损益和证券投资所引起的未实现损益,这两个项目都是没有报告在利润表当中的,只是对绝大多数的企业来说,这两个项目的金额也都不大。在美国,我们有时甚至可以只看一眼报表,就直接忽略那些不重要的项目。不过,在其他一些国家,非清洁盈余会计所涉及的项目则有可能变得非常复杂。此外,在职工薪酬构成中使用股权激励方案在美国是非常普遍的。

关键概念

买入期权/看涨期权(call option):指持有人享有按某一特定价格(执行价格)购入某种股份的权利,但并不需要承担必须买入的义务。

清洁盈余会计(clean-surplus accounting):在按照清洁盈余会计要求所编制的股东权益变动表中,只包含净利润(通过利润表转入)和与股东之间的交易两个项目。

或有权益要求权(contingent equity claim):是一种在条件符合时可以转换为普通股权益的要求权。例如,买入期权、卖出期权和可转换证券等,都属于或有权益要求权。

可转换证券(convertible securities):指在符合条件的情况下,可以转换为普通股权的证券(如债券和优先股等),不过这类证券除转换权外,还享有其他的一些要求权。

稀释(dilution):稀释是针对现有股东而言的,指企业以低于市场价值的价格向新股东发行股份。

非清洁项目(dirty-surplus item):指企业的股东权益变动表中,除与股东之间的交易和从利润表转入的净利润之外的其他会计项目。

远期股份购买协议(forward share purchase agreements):指在将来会按照特定价格回购股份的承诺协议。

隐蔽的非清洁费用项目(hidden dirty-surplus expense):指在股份发行中产生的,但没有在财务报表中得到确认的一种费用。

激励性期权(incentive options):是一种员工股票期权,其行权不会成为员工的应税项目,但对发行公司来说,这种期权是不允许在税前予以扣除的。

非法定股票期权(nonqualifying options):是一种员工股票期权,其行权将导致员工产生纳税义务;而对发行公司来说,这种期权则是可以在税前予以扣除的。

期权沽压(option overhang):指还未行权的股票期权价值。

发放总额(payout):指发放给股东的总金额。

该术语有时仅指股利的发放额，但有时也指股利和股份回购的总额。可与留存率进行比较。

卖出期权／认沽期权／看跌期权（put option）：指持有人享有按某一特定价格（执行价格）卖出某种股份的权利，但并不需要承担必须卖出的义务。

可赎回优先股（redeemable preferred stock）：指发行公司在满足特定条件的情况下可以选择将其赎回的优先股。

收益留存率（retention）：指没有将100%的企业收益都发放出去。可与发放额进行比较。

税收抵免额（tax benefit）：指由于特定交易而给予的税收减免或者抵扣额。

认股权证（warrant）：与买入期权十分类似，但通常期限更长。而卖出权证则与卖出期权十分类似。

分析师工具箱

分析工具	重要指标	应记住的缩写／简称
重构的股东权益变动表	综合收益	CSE：普通股东权益
非清洁盈余会计分析	企业与股东之间发生交易的影响净额（股利支付净额）	EPS：每股收益
股东权益变动表的比率分析	其他综合收益	GAAP：美国公认会计原则
发放率分析	外币折算损益	IFRS：国际财务报告准则
职工薪酬费用分析	衍生金融工具损益	ROCE：普通股东权益报酬率
授予日会计处理	基本的每股收益	
行权日会计处理	稀释的每股收益	
权证的会计处理	隐蔽的薪酬费用	
卖出期权会计处理	期权沽压	
账面价值法	权证损失	
市场价值法	卖出期权的损益	
	可转换证券实施转换带来的损失	
	财务比率	
	股利发放率	
	发放总额	
	股利占权益账面价值的比重	
	发放总额占权益账面价值的比重	
	收益留存率	
	新增投资率	
	综合的普通股东权益报酬率	
	普通股东权益增长率	
	因员工股票期权行权而发行股份得到的税收抵免额	
	可供出售证券的未实现损益	

连贯案例：金佰利公司

自主练习

现在，你已经可以开始着手对金佰利公司的财务报表进行分析了，并且，你还可以利用这些分析结果，来对该公司的股票进行估值。

和以前一样，我们将以股东权益变动表为起点。在第2章连贯案例的表2-2中，已经给出了金佰利公司的股东权益变动表，这份报表的格式与本章耐克公司的报表格式非常相像，只是金佰利公司并不存在少数股东的情况。此外，在股东权益变动表之外，金佰利公司还单独报告了一份综合收益表。由于表中并没有给出各行合计数，所以请大家首先确保股东权益变动表中的期初和期末余额合计数与资产负债表股东权益部分的金额是相同的。由于员工选择了行使股票期权，金佰利公司在报告期发行了新的股份；同时，在报告期内，该公司还进行了股份回购活动，并将所回购的股份作为库存股进行管理。

重构报表

现在，请你按照本章中耐克公司的重构报表格式，对金佰利公司2010年的股东权益变动表进行重构。请阅读报表，将企业与股东之间的交易和影响综合收益的项目分别标注出来，然后，请思考该企业是否存在隐蔽的非清洁盈余费用项目。在完成此项案例工作时，你需要首先熟悉金佰利公司年度报告中关于股份支付部分和股东权益部分的附注信息。此外，请注意应付股利是披露在资产负债表（详见第2章的连贯案例部分）中的，金佰利公司适用的所得税税率为36.8%。

比率分析

重构后的股东权益变动表说明了什么问题？请用一两句话予以简短描述。然后，请用比率分析来印证你的描述。为什么你会认为这家企业向股东支付了过多的现金呢？

为金佰利公司搭建你自己的分析工具

你可以将重构后的股东权益变动表输入到电子表格中，并且，等待学习完第10章以后，你还可以继续将资产负债表和利润表信息也录入到电子表格中。然后，在后续章节中，你就可以利用电子表格操作程序来进行报表分析并根据分析结果进行估值了。本书配套网站上的BYOAP模块将为你提供指导。

思考题

C9.1. 为什么我们将资产负债表股东权益部分所报告的盈余项目称为"非清洁盈余"项目？

C9.2. 请问，为什么说如果分析人员直接使用企业所报告的净利润数据，而不使用综合收益数据的话，会造成"价值缺失"？

C9.3. 对股东来说，外币折算损益是真实的损益项目吗？难道它们不单纯是合并用不同货币单位所编制的财务报表时，产生的纯粹会计影响项目吗？

C9.4. 在核算可转换债券实施转换，变为普通股权时，大多数企业都会按债券的账面价值来记录所发行的股份。但实际上，也可以按照转换这些股份当时的市场价值来进行记录，然后将这些股份的市场价值与转换时债券的账面价值之差报告为转换的损失。请问，上述两种会计方法中，哪一种能更好地反映交易对现有股东财富的影响？

C9.5. 在1997年1月14日的《华尔街日报》中，报道了通用磨坊公司负责员工薪酬工作的副总裁是这样看待企业的员工股票期权计划的：由于该计划能削减公司的固定成本，大幅提升利润，因此"深受股东的欢迎"。受员工股权激励计划的影响，通用磨坊公司在1996年包括员工薪酬在内的销售与一般管理费用项目水平下降了22 200万美元，下降幅度为9%；同期持续经营业务的税前利润上升了19 400万美元，上升幅度达34%。当时，这家企业平均每年会向员工配发大约占总股本3%的股份。请问：上面提到的说法或者描述，是不是存在什么问题？

C9.6. 在认识到这种操作的代价太高之前，微软公司（和大量的其他企业）每年都会从市场中回购一些自己的股份，用来满足员工股权计划的行权要求。根据当时的评论，这样做相对重新发行新的股份交给员工来说，可以避免原有股东控制权的被稀释。请问：

　　a. 发行新的股份来满足员工股票期权计划的行权要求，会造成股权的稀释吗？

　　b. 回购股份能防止股权的稀释吗？

　　c. 为什么微软公司后来认识到回购股份的

"代价太高"了?

C9.7. 思科系统公司是一家网络设备企业。在2004财务年度的股东权益变动表中,思科系统公司报告它因员工股票期权计划行权而得到的税收抵免额为53 700万美元,这项税收优惠使得该公司当年的应纳税款相比前一年的水平下降了25%以上。评论人士将这种税收抵免当作公司当年创造股东价值的主要来源。请问,这种说法是正确的吗?

C9.8. 1999年2月,英国领先的药品零售商博姿公司(Boots)宣布将改进它的员工股权激励计划。它说,在将来员工选择行权时,公司将回购自己的股份来提供给这部分员工;对于回购市价与期权发行价格之间的差额,则将做减少利润处理。预计第1年的减少利润额将为6300万英镑(约合10 300万美元)。请问,你对博姿公司的此项计划有何看法?

C9.9. 1999年9月,微软公司同意将用价值12.6亿美元的股份作为对价,买下Visio公司。Visio公司的主要产品为一种非常流行的技术制图软件。当时,微软公司的资产负债表上报告有140亿美元的现金。请问,为什么微软公司在此次企业并购中要用自己的股份作为支付对价,而不直接使用现金呢?

练习题

基本练习

E9.1. 简单计算(简单)

a. 一家企业在它的资产负债表中报告有股东权益总额23 700万美元,其中优先股股东权益为3200万美元。请问,这家企业的普通股股东权益为多少?

b. 根据下列信息,计算企业对股东的股利支付净额和企业的综合收益(单位:百万美元)。

期初普通股东权益	1 081
发行的普通股	230
回购的普通股	45
普通股股利	36
期末普通股东权益	1 292

c. 一家企业在它的股东权益变动表中报告了综合收益6200万美元,但在它的利润表中,报告的净利润却有8700万美元。请问,应当如何解释这两个数据之间的差异呢?

E9.2. 根据股东权益变动表计算普通股东权益报酬率(简单)

请根据下述信息,计算这家企业在2012年度的普通股东权益报酬率(金额单位:百万美元)。这家企业在相应会计期间内没有进行任何股份回购。

普通股东权益,2011年12月31日	174.8
向普通股股东支付的股利	8.3
2012年12月31日发行的股份	34.4
普通股东权益,2012年12月31日	226.2

E9.3. 简单的股东权益变动表重构(简单)

请根据下述信息,编制一份重构的2012年度普通股东权益变动表(金额单位:百万美元)。

2011年12月31日余额	1 206
净利润	241
外币折算差额	(11)
持有债券的未实现利得	24
发行股份	45
支付的普通股股利	(94)
支付的优先股股利	(15)
2012年12月31日余额	1 396

在上表中的期初和期末余额中,均包含了优先股的余额200百万美元。

E9.4. 利用股东权益变动表中的会计关系式(中等)

以下是一张缺失了部分数据的普通股东权益变动表(金额单位:百万美元)。

2011年12月31日余额	?
净利润	?

	（续）
支付的普通股股利	（132）
支付的优先股股利	（30）
新发行的普通股股份	155
可供出售证券的未实现利得	13
外币折算损失	（9）
2012年12月31日余额	?

请问：

a. 上述公司股份在2011年12月31日和2012年12月31日的市场价值分别为4500百万美元和5580百万美元。在这两个日子，公司权益的交易价格都比普通股权益的账面价值高出了大约2100百万美元。请问，这家企业在2012年实现了多少净利润？

b. 请填写股东权益变动表中缺失的数据，然后对该报表进行重构，计算该企业在2012年中归属于普通股股东的综合收益金额为多少？

E9.5. 计算期权行权带给股东的损失（简单）

假定某位雇员在2007年被授予了一家企业的305份股票期权，期权合同中设定的执行价格为每股20美元。到2012年，等待期过后，这位雇员在股票价格达到每股35美元时选择了行权。这家企业的所得税税率为36%，请问：对这家企业的股东来说，向这位员工给予股份支付所承担的税后成本是多少？

E9.6. 存在员工股票期权计划的条件下，重构股东权益变动表（中等）

请重构下面这份股东权益变动表，这家企业对应的所得税税率为35%。

2011 财务年度末的余额	1 430
员工股票期权计划行权时发行的股份	810
回购2400万股股票	（720）
用现金支付的股利	（180）
员工股票期权计划行权带来的税收抵免额	12
债权投资的未实现利得	50
净利润	468
2012 财务年度末的余额	1 870

应用分析

E9.7. 简单重构：彭尼百货公司（简单）

以下是彭尼百货公司（J. C. Penney）的股东权益变动表，请重构该报表。在该公司支付的股利中，包含24百万美元的优先股股利和225百万美元的普通股股利。

（单位：百万美元）

彭尼百货集团合并股东权益变动表					
	普通股	优先股	留存收益	累计其他综合收益（损失）	股东权益合计
2000年1月29日，余额	3 266	446	3 590	（74）	7 228
净亏损			（705）		（705）
投资未实现损益净额				2	2
外币折算差额				（14）	（14）
终止经营业务对其他综合收益的影响				16	16
综合收益（损失）总额			（705）	4	（701）
股利总额			（249）		（249）
新发行的普通股	28				28
作废的优先股		（47）			（47）
2001年1月27日，余额	3 294	399	2 636	（70）	6 259

E9.8. 重构股东权益变动表与股票期权行权的会计处理：星巴克公司（困难）

以下是咖啡零售商星巴克公司（Starbucks Corporation）的股东权益变动表，报告期为2007财务年度，同时假定星巴克公司当年法定税率为38.4%。

（金额单位：千美元）

	普通股		股本溢价	其他资本公积	留存收益	累计其他综合收益（损失）	合计
	数量	金额					
2006年10月1日，余额	756 602 071	756	39 393	2 151 084	37 273		2 228 506

	普通股		股本溢价	其他资本公积	留存收益	累计其他综合收益（损失）	合计
	数量	金额					
净利润					672 638		672 638
未实现持有损失，净额						（20 380）	（20 380）
外币折算调整额，税后影响						37 727	37 727
综合收益							689 985
以权益结算的股份支付薪酬费用			106 373				106 373
股票期权行权影响，包括相关税收抵减额 $95 276	12 744 226	13	225 233				225 246
发行普通股，包含税收准备金 $139	1 908 407	2	46 826				46 828
回购普通股	（32 969 419）	（33）	（378 432）		（634 356）		（1 012 821）
2007年9月30日，余额	738 285 285	738	0	39 393	2 189 366	54 620	2 284 117

要求：

a. 对上述报表进行重构，区分综合收益项目和企业与股东之间所发生交易的影响。

b. 计算当年因为员工股票期权行权而给公司股东造成的净损失额。

c. 下面是星巴克公司在2007年的年度报告中，对股东权益项目在报告附注中所披露的信息。

	与股票期权计划相关的股票数量	每股加权平均执行价格（$）	加权平均剩余合约年限（年）
2006年10月1日，流通在外	69 419 871	16.83	6.2
已授予	12 298 465	36.04	
已执行	（12 744 226）	10.23	
已取消/已作废	（3 458 007）	30.92	
2007年9月30日，流通在外	65 516 103	20.97	6.2
2007年9月30日，可执行的	40 438 082	14.65	5.0
2007年9月30日，已执行和预期将执行的	63 681 867	20.60	6.2

星巴克公司的股票在2007年资产负债表日的交易价格为每股28.57美元。请估算在这一天的期权沽压金额为多少？

E9.9. 优先股实施转换的损失：微软公司（简单）

微软公司在1996年发行了12 500万份可转换优先股，这些优先股的股息率为2.75%，通过此次发行，共募集了9.8亿美元。这些优先股在1999年12月被转换为了普通股，每份优先股可转换得到的普通股股数为1.1273股。在转换时，微软公司的普通股股票交易价格为每股88美元。请问，微软公司的普通股股东在此次转换中承担的损失金额为多少？

E9.10. 认股权证的执行：沃伦·巴菲特先生与高盛集团（简单）

2008年9月，在华尔街信贷危机期间，高盛集团邀请具有传奇色彩的基本面投资者沃伦·巴菲特先生在关键时刻认购了公司的权益资本。看起来，巴菲特先生在这场交易中获利不少。他向高盛集团投入了50亿美元现金，换回了股息率为10%（但可由高盛集团提前赎回的）永续优先股股本和可以按每股115美元的价格购入4350万普通股的认股权证（如果选择执行的话，买价合计恰好又是50亿美元）。权证中规定的认股价格每股115美元是根据交易当时的股价来决定的,为当时最近三年中高盛集团股票的最低价。2011年6月,高盛集团的股票价格达到了每股136美元。请问,如果巴菲特先生此时按合同价格执行认股权证的话,高盛集团的股东需要承担的损失金额将为多少?

E9.11. 重构存在隐蔽损失问题的股东权益变动表:戴尔公司(困难)

以下是戴尔公司的简化股东权益变动表,编报期间是以2003年1月31日为年度截止日的财务年度(单位:百万美元)。

2002年2月1日余额	4 694
净利润	2 122
债权投资的未实现利得	26
衍生金融工具的未实现损失	(101)
外币折算利得	4
综合收益	2 051
因股票期权行权而发行的股份,包含相关税收抵减额的影响$260	418
回购50百万股普通股	(2 290)
2003年1月31日余额	4 873

其他信息:

(1)戴尔公司适用的所得税税率为35%。

(2)回购股份时,公司股票的交易价格为每股28美元。

请问:

a. 股票期权的行权给公司股东造成的损失金额是多少?

b. 为戴尔公司编制一份2003财务年度的重构股东权益变动表,在重构的报表中,应当区分综合收益项目,并包括所有的隐蔽项目。

E9.12. 股东权益变动表的比率分析:耐克公司(简单)

利用表9-3中的股东权益变动表进行财务比率分析,对耐克公司在这份报表中所反映出的问题进行说明。

E9.13. 卖出期权导致的损失:家庭国际公司(困难)

家庭国际公司(Household International,2003年已被汇丰银行收购,现名汇丰融资公司)是美国最大的消费融资服务提供者之一,它专长提供汽车贷款、信用卡贷款和其他无抵押贷款。2002年9月,家庭国际公司通过发行1870万股股票筹集了大约4亿美元的资金。此次股票发行,再加上公司决定出售75亿美元的应收账款和存单,使得分析人员非常担心公司作为次级信贷供应商的流动性和信用评级问题。

然而,进一步的调查结果显示,家庭国际公司此次募集的用途仅仅是为了支持它的股份回购计划,因为这家企业不仅在按照每股21.40美元的价格发行股份,几乎同时,还按照每股53.88美元的平均价格回购了210万股股份。此次股份回购是按照远期股份购买协议的安排进行的,回购当时,公司股份的市场价格为每股27美元。

请问:

a. 根据远期股份购买协议而进行的股份回购使公司股东承担了多少的损失?

b. 在2002年的第三季度末,家庭国际公司的股票价格为每股28.31美元。按照协议要求,公司当时需要按照每股加权平均价格为52.99美元的要求回购490万股股票。请大概计算一下当时公司股东必须面对的期权沽压金额为多少?

c. 为什么说将按照某个价格发行股份而筹集到的资金,用来按某个更高的价格去回购股份,会使得股东的价值遭受损失?

迷你案例

M9.1 分析股东权益变动表、隐蔽损失与表外负债:微软公司

毫无疑问,微软公司是迄今为止经营最为成功的软件公司。1994~2000年,微软公司的销售收入从28亿美元增长到了230亿美元,利润也从7.08亿美元增长为94亿美元。1998~2000年,微软公司的股票价格从每股36美元上涨到了接近每股120美元,使得历史

市盈率达到了66，并且，在股票市场泡沫巅峰时期，微软公司的市值超过了5000亿美元！到2005年，微软公司的股票价格为每股40元（按向前复权的价格计算），市值为2750亿美元，市盈率为25。

微软公司的成功归因于过硬的产品、市场地位和创新性的研发与营销工作。用当时的流行语来说，微软公司拥有了重要的"知识资本"、主导型的市场地位和网络外部效应。由于这些无形资产都没有被列报在它的资产负债表上，因此，在2000年时，这家公司的市净率已超过了12。但是，为了开发和维持它的知识资本，微软公司必须用诱人的股票期权激励安排来吸引领先的技术专家为公司工作，而这些安排的后续成本都是由企业的股东来买单的。不幸的是，美国公认会计原则并不会报告这种为获取知识而付出的成本，也不会报告为了得到这些知识，企业所承担的巨额表外负债。与知识资产一样，知识负债也是不被资产负债表所承认的。

本案例要求你去找出知识成本和相关的负债，并处理股东权益变动表中的其他问题。

下面是微软公司在截至2000年6月30日的这个财务年度中前9个月的利润表，以及同期的股东权益变动表和对股东权益的附注披露信息。当时，微软公司的股票交易价格为每股90美元。请对股东权益变动表进行重构，然后回答下面的问题。

微软公司利润表
（报告单位：除每股收益外，均为百万美元）
（未经审计）

	截至2000年3月31日的9个月
收入	17 152
经营费用	
销售成本	2 220
研究与开发费用	2 735
营销费用	2 972
管理费用	825
其他费用（收益）	（13）
经营费用总额	8 739
营业利润	8 413
投资收益	2 055
出售利得	156
所得税前利润	10 624

（续）

	截至2000年3月31日的9个月
所得税费用	3 612
净利润	7 012
每股收益：	
基本的每股收益	1.35
稀释的每股收益	1.27

股东权益变动表
（报告单位：百万美元；报表未经审计）

	截至2000年3月31日的9个月
普通股与投入资本	
期初余额	13 844
新发行的普通股	2 843
回购的普通股	（186）
出售认沽权证所得	472
股票期权计划带来的税收抵减额	4 002
期末余额	20 975
留存收益	
期初余额	13 614
净利润	7 012
未实现投资利得净额	2 724
外币折算调整和其他	166
综合收益	9 902
优先股股利	（13）
回购普通股	（4 686）
期末余额	18 817
股东权益总额	**39 792**

以下信息摘录自财务报表附注。

股东权益

在2000财务年度的前9个月中，本公司通过公开市场操作回购了5470万股微软公司的普通股。在2000年1月，本公司宣布终止了股份回购计划。

为增强股份回购计划，微软公司向独立第三方发行了认沽权证。这些认沽权证的持有人可以在特定的日子按设定价格向本公司出售他们持有的微软公司普通股。截至2000年3月31日，流通在外的认沽权证共有16 300万份，执行价格的范围为每股69～78美元。这些认沽权证将陆续在2000年6月～2002年12月失效。按照协议，公司可选择用股份净额来结算这些流通在外的认沽权证，因此不会导致在资产负债表中确认认沽权证负债。

微软公司在1996年发行了1 250万股、股息率为2.75%的可转换并可交换保本优先股,发行净所得为98 000万美元。本公司将此次发行所得主要用于回购普通股。本公司的可转换优先股在1999年12月15日到期,每份优先股转换为1.1273股普通股。

案例要求:

a. 在这9个月中,微软公司向股东支付的现金净额为多少?

b. 微软公司在这9个月中的综合收益为多少?

c. 你认为对于"出售认沽权证所得"47 200万美元应该如何进行处理比较恰当?请进行讨论。微软公司为什么要发行认沽权证呢?美国公认会计原则对于认沽权证、卖出期权和未来股份购买协议的会计处理是如何要求的?

d. 如果这些认沽权证在失效前被行权,按照美国公认会计原则的要求,应当如何对此项交易进行会计处理和报告?此项交易对股东价值的影响又如何呢?

e. 股东权益变动表中的信息显示,微软公司在这9个月当中回购了共计价值48.72亿美元的普通股。该公司有一项政策,要求在员工股票期权计划要求行权时,需要回购足额的股份,以"消除股权稀释的影响"——如果引用公司自己的话来讲的话。但是,从股东权益变动表的附注中可以看出,这项政策在2000财务年度已经被取消了。请问,回购真的能消除股东权益被稀释的影响吗?站在股东的立场上来看,按照2000财务年度中的股票价格来进行回购,真的对公司有利吗?

f. 请计算出在这9个月,由于员工股票期权计划选择行权而给股东造成的损失金额有多少?微软公司的联邦所得税和州所得税税率合计为37.5%。

g. 下面是微软公司在9个月中现金流量表中的融资活动部分(单位:百万美元)。

融资活动	截至3月31日的9个月	
	1999年	2000年
新发行普通股	1 102	1 750

(续)

融资活动	截至3月31日的9个月	
	1999年	2000年
回购普通股	(1 527)	(4 872)
发行认沽权证所得	757	472
支付优先股股利	(21)	(13)
股票期权计划带来的税收抵减额	2 238	4 002
融资活动产生的现金净流量	2 549	1 339

请注意,微软公司将股票期权行权带来的税收抵减好处报告为融资活动产生的现金流量。但实际上,美国财务会计准则委员会(FASB)下属的紧急问题处理小组(EITF)在2000年下半年却要求企业将这类税收好处报告在现金流量表的经营活动部分。请问,你认为哪种会计处理方式更合理一些?

h. 在利润表中,微软公司报告了税前利润10 624百万美元,相应的所得税费用为3612百万美元。不过,根据媒体相关报告,微软公司在当时却并没有支付任何所得税。为什么?这么高的利润却可以不用支付所得税,那么,你认为微软公司报告的利润质量会如何呢?

l. 请再细看资料中关于股东权益的报表附注信息。在对微软公司的股票进行估值时,你认为附注信息中有些什么内容是必须考虑的呢?

在微软公司截至2000年5月31日的年度报告中,关于股票期权计划的附注信息是这样披露的:

股票期权计划

截至2000年6月30日,流通在外的股票期权信息如下。

执行价格范围(美元)	流通在外的股票期权		
	股份数量	剩余年限	加权平均价格(美元)
0.56 ~ 5.97	133	2.1	4.57
5.98 ~ 13.62	104	3.0	10.89
13.63 ~ 29.80	135	3.7	14.99
29.81 ~ 43.62	96	4.5	32.08
43.63 ~ 83.28	198	7.3	63.19
83.29 ~ 119.13	166	8.6	89.91

根据布莱克-斯科尔斯期权定价模型，公司在 1998、1999 和 2000 财务年度中根据股份支付计划授予的期权加权平均价值分别为 11.81 美元、20.90 美元和 36.67 美元。在估算上述价值时，我们假定 1998 财务年度所授予期权的加权平均寿命还有 5.3 年，1999 财务年度所授予期权的加权平均寿命还有 5.0 年，而 2000 财务年度所授予期权的加权平均寿命为 6.2 年；假定公司不支付股利；1998、1999 和 2000 财务年度中的价格波动水平分别为 0.32、0.32 和 0.33，而这三个财务年度的无风险利率则分别为 5.7%、4.9% 和 6.2%。

请问，通过上述附注信息，你可以推算出微软公司表外的期权沽压水平为多少？你能估算出这种负债的规模大小吗？

微软公司从来不使用借款，但在 2010 年 10 月，该公司宣布它将按非常低的利率（低于每年 1% 的水平）立即借入 50 亿美元。微软公司的自由现金流量非常强大，在当时的资产负债表上，它持有 368 亿美元的现金和短期投资。当时，评论人士曾猜测微软公司此次借款很可能是在为进行股份回购而筹资，但根据当时它所持有的现金头寸，显然不存在借款的必要。该公司的股票在当时的交易价格为每股 24 美元，借款公告一经宣布，立即又上涨了 5.3%。请问，你能解释为什么股票市场会对微软公司的借款公告做出如此积极的反应吗？

第 10 章　资产负债表与利润表分析

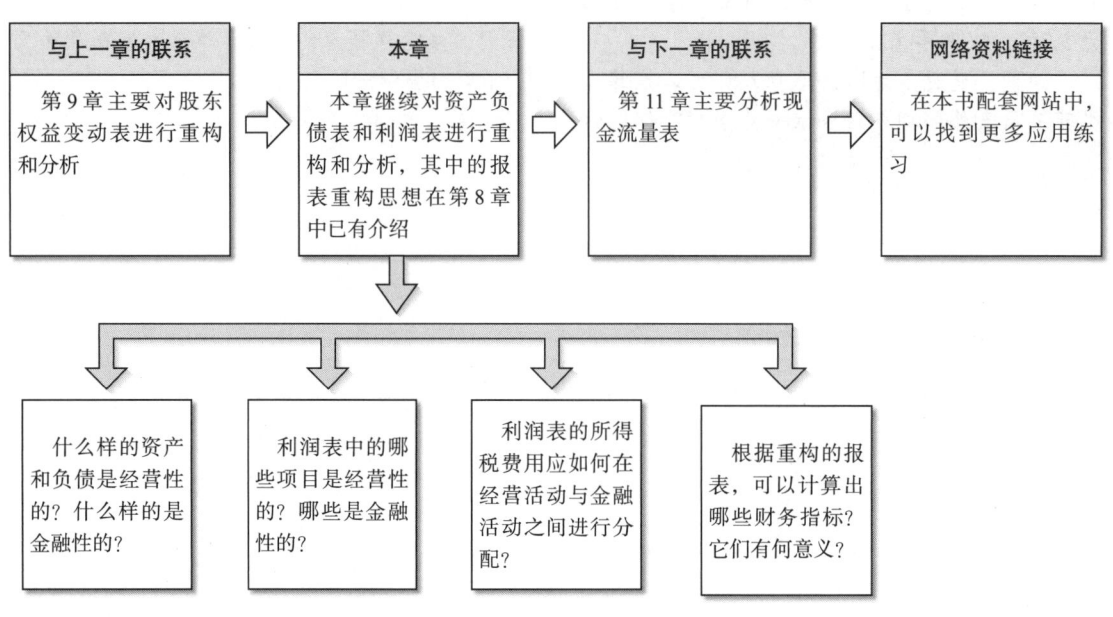

分析师备忘录

学习目标
　　学习完本章内容后，你应当理解：
- 为什么分析人员需要对利润表和资产负债表进行重构？
- 怎样区分资产负债表和利润表中的经营项目与金融项目？
- 常见的经营项目和金融项目各自包括哪些具体资产或负债项目？
- 为什么要将利润表中的所得税费用分配给不同性质的利润表项目？
- 资产负债表和利润表财务比率能说明哪些问题？
- 如何通过重构后的财务报表去了解一家企业的战略？
- 企业是如何管理它的"现金"的？

学习能力
　　完成本章的学习任务后，你应当能够：
- 重构利润表和资产负债表；
- 为重构后的报表添加附注信息；
- 按综合收益来编制重构利润表；
- 将所得税费用在经营收益与金融收益（或费用）之间进行分配；
- 计算企业经营活动的实际税率；
- 编制共同比报表并能进行解释和比较分析；

- 编制趋势分析报表，并能进行解释；
- 计算利润表财务比率，包括能够反映企业销售获利能力的比率；
- 计算资产负债表财务比率，包括金融杠杆率和经营性负债杠杆比率。

在第 9 章中，重构后的股东权益变动表可以告诉我们企业的整体盈利情况，通过普通股东权益的综合收益指标和该指标的增长情况，就可以得到剩余收益和企业的价值估值。在资产负债表和利润表中，报告关于企业的获利能力和增长能力方面的更多细节信息。因此，本章将主要向你介绍如何对这两张报表进行重构，为第 12 章和第 13 章的获利能力分析与增长分析做好准备。

所谓获利能力，是指企业通过经营业务而创造价值的能力。因此，分析企业的获利能力时，需要按照第 8 章的分析模式要求，先对报表进行重构，以区分经营活动的影响和金融活动的影响。只有先了解了企业的业务，才可能对一家企业去进行估值——在这里，对报表进行重构正是这一原则的应用，因为我们只有确认了企业的经营范围和经营内容，才可能对这家企业的经营活动和金融活动进行区分。而且，在区分财务报表中的经营项目和金融项目时，还要求我们要了解企业的营业活动中每一个报表项目的作用，以及该项目对企业获利能力的贡献。财务报表是企业的透镜，对财务报表进行重构，能使目标企业的活动呈现在更清晰的视野范围内，重构后的财务报表能帮助我们了解这家企业的经营情况、发展战略和它所创造的价值。在正式开始学习本章以前，建议你将第 8 章中的图 8-4 放在面前，作为你的学习指南。

不过，对资产负债表和利润表进行重构的主要目的，是希望能借以发现影响企业普通股权益报酬率 ROCE 和增长能力的驱动因素，以进一步为将来的预测和估值工作做好准备。这一步工作主要是通过比率分析来完成的，当然，这一切都需要建立在我们对企业的业务经营有全面了解的基础之上。本章将介绍根据这两张报表中的信息可计算出的财务比率，而这里所介绍的部分比率将成为第 12 章和第 13 章获利能力与增长能力综合分析的部分内容。

10.1 重构资产负债表

在传统的资产负债表中，资产和负债项目通常被分为流动的和非流动的（长期的）两大类，其中，对资产项目来说，这种划分的依据是项目的流动性；对负债项目来说，则是依据它们的到期时间来进行划分。这样的项目分类有助于我们了解企业的短期偿债能力，第 20 章信用分析部分使用的就是这种报表项目分类。但是在第 8 章中，我们使用了另一种报表项目分类方式，即把报表项目区分为经营性的和金融性的，以方便确认企业盈利的来源。要了解一家企业创造利润的能力，我们需要对它的资产负债表进行重构，将资产和负债项目分别区分为经营性的和金融性的。按照第 8 章所介绍的模板，我们将经营性资产和经营性负债整理为**净经营性资产**（net operating assets，NOA），有时也称为**企业资产**（enterprise asset）；将金融性资产和金融性负债整理为**净金融性资产或净金融性负债**（net financial assets, or obligations），有时也称为净负债。

表 10-1 是一张典型的资产负债表，它列出了你在任何公开的财务报表中能找到的标准小计项目。当然，特定公司的资产负债表并不一定会包含全部这些项目，而且，还有一些项目常被合计归类报告为"其他资产"或者"其他负债"。此外，在某些行业的资产负债表中，你可

能还会看到某些这里并没有列出的特别项目。

表 10-1 典型的资产负债表

资产	负债与股东权益
流动资产：	短期负债：
货币资金	应付账款
现金等价物	应计费用
短期投资（有价证券）	递延（预收）收入
定期存款与预付款	预收账款
应收账款（扣除相关坏账准备后净值）	产品责任保障负债
短期应收票据	短期应付票据
其他应收款	短期借款
存货	递延所得税负债（流动部分）
预付费用	一年内到期的长期负债
递延所得税资产（流动部分）	
长期资产：	长期负债：
长期应收款	长期借款
长期债权投资	应付公司债券
长期权益性投资——控制权比例低于20%时	长期应付票据
长期权益性投资——权益法核算	应付租赁款
不动产、厂房与设备（减累计折旧）	承诺与或有负债
土地	递延所得税负债（非流动部分）
建筑物	养老金负债
设备	员工离职后福利
融资租入的资产	
租入资产改良	可赎回优先股
在建工程	
无形资产	股东权益：
专利权	少数股东权益
经营许可、特许权与经营权	优先股权益
版权与商号权	普通股权益
商誉	
软件开发成本	
递延所得税资产（非流动部分）	
长期待摊费用	

　　根据第 8 章所学的知识，你也许还记得，所谓的经营性资产和经营性负债，是指企业在营业过程，即销售产品和提供服务的过程中所涉及的相关资产与负债项目；而所谓金融性资产和金融性负债，则是指企业为经营而筹集资金或将经营过程中的多余现金投放出去的活动。在进行报表重构工作以前，请一定要先确保你能回答下面这个问题：这个企业是做什么的？因为，只有这个问题的答案能帮助我们正确地定义什么是经营性资产和经营性负债。此外，还请记住在利润表中，也需要进行平行的分类（具体问题稍后讨论）：经营性资产和经营性负债创造的是经营利润，而金融性资产和金融性负债产生融资收益或者发生融资费用。请参阅阅读材料 10-1 以了解更多内容。

阅读材料 10-1

了解企业的经营：它来自什么行业

重构资产负债表时，需要对资产和负债项目进行区分，划分为企业在经营活动（即企业从哪里赚取盈利）中所使用的资产和负债项目，与企业在金融活动（即为经营而筹集资金和暂时储备经营活动中的多余现金）中所使用的资产和负债项目。企业是通过向客户销售商品或者提供服务来赚取利润的，因此，要确认哪些项目属于经营性资产或经营性负债，需要我们事先了解这家企业向客户所提供的商品或者服务究竟是什么。

在资产负债表中具有相似名称的资产或负债项目，对一家企业来说可能是金融项目，但对另一家企业来说却有可能属于经营项目。比如，考虑下面这几个例子。

银行

银行通常持有大量（从表面上看起来很像）金融性资产和金融性负债项目，其表现形式包括客户存款、公司债券和贷款等，但银行是通过赚取它们为金融性负债所支付的利息费用与从金融性资产中所赚取的利息收入之差而取得盈利的，因此对银行来说，这些看起来明显属于金融性资产或金融性负债的项目，却应该被归类为经营性资产或经营性负债项目。

专设金融子公司（captive financial subsidiaries）

在通用汽车公司和克莱斯勒汽车公司（Chrysler）等这样的汽车制造企业财务报表中，都合并有金融子公司。这些金融子公司都持有（从表面看起来很像）金融性资产和金融性负债的项目。但实际上，这些项目都是用来支持客户购买公司的汽车产品的，所谓的信贷条款也只是产品促销中有效的价格减少而已。这些金融子公司属于企业经营整体的一部分，因此，它们所持有的资产和负债也应当按企业整体的属性来进行分类，例如，金融子公司从客户融资活动所赚取的利息收益，就应当划分为经营收益。

提供信用服务的零售商

零售企业一般通过销售商品来赚取利润，但在特殊情况下，也可能通过向客户提供信用来赚取利润。相应地，这些企业从所发行的信用卡或其他信用服务中所赚取的利息收益，应该归类为经营收益，同时，创造此类收益的融资性应收款也应被划分为经营性资产。

10.1.1 重构资产负债表时应注意的问题

表 10-2 是将一份非金融企业按美国公认会计原则编制的典型资产负债表重新分类为经营项目和金融项目以后的重构报表，报表形式服从第 8 章中的模板要求。在报表重构过程中，产生了下列问题，可利用报表附注信息予以解决。

表 10-2 非金融企业资产负债表中经营项目和金融项目的划分

重构后的资产负债表	
资产	负债与股东权益
金融性资产：	金融性负债：
现金等价物	短期借款
短期投资	1 年内到期的长期负债
短期应收票据（？）	短期应付票据（？）
长期债权投资	长期借款（含银行借款、应付债券和应付票据等）

重构后的资产负债表	
资产	负债与股东权益
	应付融资租赁款
	优先股
经营性资产:	经营性负债:
所有其他项目	所有其他项目
	少数股东权益
	普通股权益

- **货币资金**。企业营运所使用的货币资金，或者称**经营现金**（operating cash），是账单到期时的支付储备，因此属于经营性资产。这类货币资金不计息，表现为库存现金或者银行存款。正如企业为了经营需要投资于厂房和设备那样，对于营运所需要的货币资金，也是需要投资的。不过，那些带息的现金等价物（指3个月内到期的投资）或者投资于短期证券的现金，则属于金融性资产——它们是利用超出了流动性需求之后的现金所进行的投资。一般情况下，企业是将各类现金和现金等价物合并在一起进行报告的，因此要确认和仔细辨别经营现金是比较困难的。如果分析人员对目标企业的经营业务十分了解，那么他就可以对企业的经营现金必要水平进行估算（例如，按销售收入的0.5%来推算），但是，由于很多企业每天都会将部分现金存入带息的账户中，因此，将全部货币资金都归类为金融性资产也许更加安全。

- **短期应收票据**。在商品交易中，客户收货后可能会签发票据，这些票据可能带息也可能不带息；企业的债务人也可能会因为借款而签发票据，这些票据大多是带息的。因此，如果这些票据仅仅是企业对多余现金所做的临时投资，那么，应将它们划分为金融性资产，但如果这些票据属于商业交易中所使用的票据，那么应将它们划分为经营性资产。如果商业票据是按市场利率计息的，那么，也应当划分为金融性资产，因为在这种情况下，商业应收账款已经被转换为一种金融要求权了。但如果企业是使用信用销售在吸引客户，那么这些票据应当被划分为经营性资产，因为此时企业只是通过提供较低的融资利率在进行促销，跟通过较低的价格进行商品促销是一样的性质。相应地，对应的利息收益也应当被划分为经营收益，因为它们是企业通过提供有吸引力的信用条款而销售商品所赚取的收益整体的一部分。融资性应收款（由于提供融资性产品销售而产生的）也是一样，请再看看阅读材料10-1中的介绍。

- **债权投资**。对非金融企业来说，债券投资和对其他生息资产的投资都属于金融性资产。根据美国财务会计准则委员会第115号公告，无论投资是长期的还是短期的，只要是可供销售的，就应当采用盯市价值（即在资产负债表中按市场价值进行计价），但是，如果企业打算将投资持有至到期，则应当按成本进行计价（对证券投资的会计处理在第9章的会计诊所Ⅲ中已有介绍）。在企业的财务报表附注中，会有所有证券的历史成本和公允价值信息，还有相关的未实现损益信息，这些未实现损益会影响到企业的综合收益。对金融企业，比如银行来说，是靠赚取存贷价差来牟利的，因此，对银行业来说，债权投资和相关债务都应当属于经营项目。

- **长期权益性投资**。长期股权投资（即投资于其他公司所发行的股份）是指企业对其他企业的经营所进行的投资，因此，应当被划分为经营性资产。如果投资企业持有被投资企业的股权比例低于20%，那么在资产负债表中，这类投资按报告日市价被报告为"可供出售的证券"或者"交易性金融资产"。如果投资企业持有被投资企业的股权比例在20%~50%，则应当使用**权益法**（equity method）来核算这些股权投资。在权益法下，股权投资的价值应当等于投资成本加上投资企业在被投资企业盈利中所享有的份额，再减去被投资企业已经支付过的股利和任何被注销的购买商誉。如果投资企业持有被投资企业的股权比例超过了50%，那么，**合并会计**（consolidation accounting）要求我们以相关个别企业的财务报表为基础，编制一套完整的合并财务报表，因此，这一类股权投资在合并财务报表中是看不到的。请参考**会计诊所Ⅴ**中的介绍。

对被投资企业的股权投资中，包含了投资企业所享有被投资企业净金融性资产的份额。因此，这类资产既属于对被投资企业的金融性资产或者负债项目的投资，也属于投资企业自身的经营性资产。如果可以的话，我们可以研究和追溯被投资企业的财务报表，分析它的经营活动与金融活动，然后再将投资企业的股权投资进行适当的划分。不过，如果被投资企业并不是一家公众持股的公司，这样做将是十分困难的。因此，为方便起见，我们可以将整项投资都视为对经营性子公司的投资。

- **短期权益性投资**。权益性投资一般都属于经营性资产，但短期股票投资是一个例外。如果短期股票投资属于某个交易组合的一部分，那么可被归类为经营性资产，但是，如果短期股票投资只是闲余现金的暂时运用，那么，就应当被归类为金融性资产。这一类别的投资都是按市价进行计价的。

- **短期应付票据**。企业可以通过开出短期票据来代替现金的支付，此时，这类票据应当属于金融性负债。然而，企业也可能会因为商业支付需要而开出票据，例如，在购买存货时。此时，如果这些票据是不计息的，或者利率远低于同种类别信贷融资的市场利率，那么，就可以判断为经营性负债，但是如果这些票据是按市场利率计息的，则应当视为金融性负债。因此，如果由于经营活动产生的商业支付义务导致企业开出了票据，而这些票据又是按市场利率进行计息的，那么，此时的经营性负债（应付账款）就已经被有效地转换为金融性负债（应付票据）了。

- **应计费用**。应计费用包括企业应付的租金、保险费、职工薪酬和应交税费等各种经营费用的支付义务。应计费用应当属于经营性负债，但因金融性负债而产生的应付利息则属于金融项目。

- **递延收入（未赚取收入）**。递延收入主要是指企业已经从客户那里预收，但（由于企业尚未完成实现销售所需要完成的相关义务而）尚未确认为收入的项目，还包括产品质量保证金和担保责任金等一类的支付义务。这一类项目应当被划分为经营性负债处理。

- **租赁**。在资产负债表中，对融资租赁租入的项目，是按照租赁协议所规定的预期付款额现值报告在资产方的，该租入资产属于经营性资产。同时，相应的租赁付款义务也是报告在负债方的，但在重构的报告中，租赁付款义务应当被划分为一项金融性负债。根据租赁协议所计算的利息费用报告在利润表的其他利息费用项目下。这种被资本化处理且报告在资产负债表中的租赁，被称为**融资租赁**（capital leases）。融资租赁允许其承租人在资产寿命期内的绝大部分时间都有权使用被租赁的资产，其实质与购买无疑。因此，如果一项资产虽然符合租赁标准，但实质上与购买无疑，该被租入的资产将与其他不动产、厂房和设备一样进行会计处理，而与该资产的租赁服务相关的付款义务，也应当视同企业为购买资产而承担的借款一样处理：租赁付款义务实质上是企业为购买而承担的借款。此外，与购买有着本质不同的租赁被称为**经营租赁**（operating leases），对这一类租赁，并不报告在资产负债表中，相关的租金支付义务也只报告在利润表中的租赁费用里。

- **递延所得税资产和递延所得税负债**。递延所得税的产生原因几乎都是应税利润与会计利润中关于营业利润的组成项目差异，因此，应将递延所得税资产和递延所得税负债分别作为经营性资产和经营性负债处理。
- **应付股利**。在第9章中我们已经解释过，应付股利项目应作为股东权益项目处理，不应作为负债。
- **优先股**。站在普通股股东的角度来看，优先股应当属于金融性负债。
- **"其他"项目**。资产负债表上，通常有一行"其他资产"或"其他负债"，它们所报告的具体内容可以从财务报表附注中得知，或者有时候也可以从年度报告"管理层讨论与分析"（MD&A）部分找到答案。如果在上述两个地方都找不到解释，那么，可直接将这类项目划分为经营项目。不过，如果其他负债中包含了任意重大金额的项目，都是企业必须进行详细披露的。
- **少数股东权益**。站在普通股股东的立场上来看，合并范围内子公司的少数股东权益就好像是一种金融性负债，但实际上，**少数股东权益**（minority interest，或者也称非控股股东权益，noncontrolling interest）与普通的负债并不相同，因为普通负债都是需要用企业的自由现金流量来进行偿付的，而少数股东权益实际上只是对合作经营成果的一种权益分享。因此，在重构的报表中，我们将少数股东权益单独报告为一行，表示它将与普通股东权益共同分享企业的经营性资产和金融性资产，承担经营性负债和金融性负债。如果一家企业拥有少数股东权益，那么，在重构的报表中，会计平衡等式就会是这样的：净经营性资产 NOA - 净金融性负债 NFO = 普通股权益 CSE + 少数股东权益。

会计诊所 V

长期股权投资与企业合并的会计核算

在会计诊所 III 中，我们介绍了债权投资和持股比例在20%以下的股权投资的会计核算问题。会计诊所 V 主要介绍持股比例在20%~50%，即适用权益法进行会计核算的股权投资，以及能够实施控制（拥有超过50%的投票权比例），即适用合并会计的股权投资。

在并购活动中，一家企业可能获得另一家企业的股份控制权。会计诊所 V 也涉及了企业合并的会计处理问题和企业合并所产生商誉的确认、摊销与减值问题的会计处理。

有些人很难接受将经营性负债作为经营项目的一部分，而不作为金融性负债处理。实际上，在其他一些教科书中，你可能会见到这些项目都被报告在负债中，而且在计算负债比例时，也被作为负债处理。从需要向债权人偿付的义务这个角度来看，经营性负债当然属于负债，如果我们现在的目的是要评估一家企业的信贷风险，或者偿债能力，那么显然这些经营性负债项目是应当被包括在相关财务比率的计算之中的（如第20章所介绍的那样）。可是，我们现在的目的是想要了解一家企业利用净资产去实现经营获利的能力，那么，只要这家企业承担有经营性负债，就能减少它对经营的净投资额，即降低它的净经营性资产的水平。举例来说，如果企业能说服供应商提供采购信用，那么就可以减少股东所需要承担的投资额。请看下面这

几个例子。

- 戴尔公司在电脑商务领域以按需定制系统而闻名,这套系统极大地减少了它对存货的投资。在戴尔公司 2011 财务年度的资产负债表中,报告它的存货为 13.01 亿美元,仅占当期销售额的 2.1%。同时,戴尔公司还报告它的应付账款为 112.93 亿美元。因此,戴尔公司想法从供应商那里获取信用,为它的存货(以及其他物料)进行"融资",所以,它对存货的投资额实际上是负数!这样做使得戴尔公司为它的股东创造了价值,因为它不需要占用股东的资金去购买存货。实际上,戴尔公司的债权人所提供的资金不仅支持了存货,还支持了其他经营性资产的融资,而且股东还不需要对这种融资来源支付任何的利息费用!
- 甲骨文公司(Oracle Corporation)是一家大型软件与信息管理企业,在它 2011 财务年度的资产负债表中,报告了价值 68.02 亿美元的递延收入。这些递延收入实际上是客户已经提前支付给甲骨文公司的现金,需要该公司在将来提供相应的服务来进行偿还。这样的递延收入是能够为股东创造价值的,因为企业可以利用这些客户预付款去购买经营性资产,从而节约了股东的资金,或者从而可以将股东的自有资金投资于别处。
- 惠而浦公司(Whirlpool Corporation)是一家家电制造企业,在它 2010 财务年度的资金负债表中,报告有销售质量保证金 2.17 亿美元。这些列报在负债方的销售质量保证金有效地"对冲"了列报在资产方的销售应收款水平,或者说,由于预期在将来可能会因为销售保障条款而支出金额,有效地减少了企业的应收实际水平。

表 10-3 是耐克公司 2008～2010 财务年度按美国公认会计原则编制的资产负债表和重构后的资产负债表。

表 10-3　按美国公认会计原则编制的资产负债表和重构后的资产负债表：

耐克公司（2008～2010 财务年度）

在重构的资产负债表中,将按美国公认会计原则编制的报表项目重新整理为净经营性资产(经营性资产减经营性负债)、净金融性资产(金融性资产减金融性负债)和普通股东权益(净经营性资产加净金融性资产)。在重构的资产负债表中,最右侧括号中的数字与本书中对重构报表的说明步骤是相对应的。

耐克公司合并资产负债表

（单位：百万美元）

资产	5月31日		
	2010年	2009年	2008年
流动资产：			
现金及现金等价物	3 079.1	2 291.1	2 133.9
短期投资（附注6）	2 066.8	1 164.0	642.2
应收账款净值（附注1）	2 649.8	2 883.9	2 795.3
存货（附注1和附注2）	2 040.8	2 357.0	2 438.4
递延所得税（附注9）	248.8	272.4	227.2
预付费用与其他流动资产	873.9	765.6	602.3
流动资产合计	10 959.2	9 734.0	8 839.3
不动产、厂房与设备,净值（附注3）	1 931.9	1 957.7	1 891.1
可辨认的无形资产,净值（附注4）	467.0	467.4	743.1
商誉（附注4）	187.6	193.5	448.8
递延所得税与其他资产（附注9与附注18）	873.6	897.0	520.4
资产总计	14 419.3	13 249.6	12 442.7

(续)

负债与股东权益			
短期负债：			
一年内到期的长期负债（附注8）	7.4	32.0	6.3
应付票据（附注7）	138.6	342.9	177.7
应付账款（附注7）	1 254.5	1 031.9	1 287.6
应计负债（附注5和附注18）	1 904.4	1 783.9	1 761.9
应交所得税（附注9）	59.3	86.3	88.0
短期负债合计	3 364.2	3 277.0	3 321.5
长期负债（附注8）	445.8	437.2	441.1
递延所得税与其他负债（附注9和附注18）	855.3	842.0	854.5
承诺与或有事项（附注15）	—	—	—
可赎回优先股（附注10）	0.3	0.3	0.3
股东权益：			
普通股面值（附注11）：			
可转换的类别A——流通在外的股份数量为90.0和95.3	0.1	0.1	0.1
类别B——流通在外的股份数量为394.0和390.2	2.7	2.7	2.7
股本溢价	3 440.6	2 871.4	2 497.8
累计其他综合收益（附注14）	214.8	367.5	251.4
留存收益	6 095.5	5 451.4	5 073.3
股东权益总额	9 753.7	8 693.1	7 825.3
负债和股东权益总额	14 419.3	13 249.3	12 442.7

注：附注是指公开财务报表的附注。请参考耐克公司的2010年度报告。

重构资产负债表（单位：百万美元）						
	2010年度		2009年度		2008年度	
净经营性资产						
经营性资产						
营运现金①	95.1		95.9		93.1	（4）
应收账款，减坏账准备后余额	2 649.8		2 883.9		2 795.3	
存货	2 040.8		2 357.0		2 438.4	
预付费用与其他流动资产	873.9		765.6		602.3	
不动产、厂房与设备（净值）	1 931.9		1 957.7		1 891.1	
商誉	187.6		193.5		448.8	
可辨认的无形资产	467.0		467.4		743.1	
递延所得税与其他资产	1 122.4		1 169.4		747.6	
经营性资产合计	9 368.5		9 890.4		9 759.7	
经营性负债						
应付账款——不计息部分②	1 166.3		953.4		1 221.7	（7）
应计负债③	1 773.7		1 662.5		1 790.0	（6）
应交所得税	59.3		86.3		88.0	
递延所得税与其他负债	855.3	3 854.6	842.0	3 544.2	854.5	3 954.2
净经营性资产		5 513.9		6 346.2		5 805.5 （2）
净金融性资产						
金融性资产						

(续)

	重构资产负债表（单位：百万美元）						
	2010 年度		2009 年度		2008 年度		
现金等价物①	2 984.0		2 195.2		2 040.8		(4)
短期投资	2 066.8		1 164.0		642.2		
金融性资产合计	5 050.8		3 359.2		2 683.0		
金融性负债							
一年内到期的长期负债	7.4		32.0		6.3		
应付票据④	138.6		342.9		177.7		
应付账款——带息部分②	88.2		78.5		65.9		(7)
长期负债	445.8		437.2		441.1		
可赎回的优先股	0.3		0.3		0.3		(5)
金融性负债合计	680.3	4 370.5	890.9	2 468.3	691.3	1 991.7	(3)
普通股权益③		9 884.4		8 814.5		7 797.3	(1)(6)

① 现金和现金等价物被分为营运现金和现金投资两个部分。假定营运现金为销售收入的 0.5%。
② 将计息的应付账款划分为金融性负债。
③ 应计负债中不含应付股利，后者在股东权益中报告。
④ 这里的应付票据均为计息的。

在表 10-1 中，我们复制了耐克公司 2008～2010 财务年度的比较资产负债表，并对这些报表进行了重构。我们在第 2 章中曾经介绍了耐克公司，并在第 9 章中对它的股东权益变动表进行了重构和分析。在重构的报表中，有以下事项是需要注意的（下面的序号与重构报表最右侧的标号是相对应的）。

（1）重构并没有打破资产负债表平衡等式：普通股东权益 CSE = 净经营性资产 NOA − 净金融性负债 NFO。普通股东权益的余额与第 9 章中重构后的股东权益变动表中的相关数字也是一致的。

（2）净经营性资产（NOA）是指经营性资产与经营性负债之差。

（3）净金融性资产（NFA）是指金融性资产与金融性负债之差。

（4）现金与现金等价物被分为营运现金和金融性资产两个部分，其中，假定营运现金等于当期销售收入的 0.5%。

（5）可赎回优先股作为金融性负债处理。

（6）"应付股利"在按照美国公认会计原则编制的报表中是作为一项应计负债报告的，但在重构的资产负债表中，应作为一项股东权益项目（与第 9 章中的重构股东权益变动表保持一致）。

（7）勤勉的分析人员会认真阅读企业的财务报表附注，从而将更多的信息引入重构的报表中，尤其是关于"其他资产"和"其他负债"项目的附注信息和关于"应计负债"项目的附注信息。如果企业报告有长期投资，那么，也请查看相关的附注信息，以了解这些投资是权益性投资（属于经营性资产）还是债权性投资（属于金融性资产）。

10.1.2　战略资产负债表

重构的资产负债表可以让我们了解一家企业是如何组织它的经营活动的。实质上，也许我们应当将重构的资产负债表称为**战略资产负债表**（strategic balance sheet）。

耐克公司重构后的资产负债表告诉我们，该公司将股东的投资用于满足净经营性资产的需求，并将剩余的股东投资用在了净金融性资产中。这份报表让我们了解了净经营性资产项目和净金融性资产项目的构成，以及各项目与上一年相比的变动额大小。由于净金融性资产项目为正数，向我们揭示了这家企业当前的融资策略为：与其利用借款来为经营活动融资，耐克公司更多地使用了股权资金，因此实际上在资本市场中，耐克公司更多地表现为一位资金净贷出者，而不是净借入者。在经营性资产栏目下，列出了企业为维持运营所投资的各种资产项目；同时，在经营性负债栏目下，也列出了供应商为企业所提供的信用融资水平。这些经营性的负债项目不属于金融性负债，因为它们来源于企业正常的经营活动，事实上，经营性负债的水平正是耐克公司避免通过承担金融性负债的方式来为企业经营所获取的筹资额。经营性负债也不属于企业股东所提供的资金，实质上，耐克公司能够拥有巨额的金融性资产以支持它支付股利或者进行股份回购的原因，正是部分来源于这些供应商所提供的信用。

表 10-4 和表 10-5 列出了戴尔公司和通用磨坊公司的战略资产负债表。让我们来看看，这两份报表分别揭示了这两家企业的哪些战略特征呢？

表 10-4　戴尔公司 2011 财务年度重构后的战略资产负债表

戴尔公司比较战略资产负债表，2011 财务年度末
（单位：百万美元）

	2011 财务年度		2010 财务年度	
经营性资产				
营运现金	40		40	
应收账款	6 493		5 837	
融资性应收款	4 442		3 038	
存货	1 301		1 051	
不动产、厂房与设备	1 953		2 181	
商誉	4 365		4 074	
无形资产	1 495		1 694	
其他资产	3 481		3 988	
	23 570		21 903	
经营性负债				
应付账款	11 293		11 373	
应计负债	4 181		3 884	
递延服务收入	6 676		6 069	
其他负债	2 686	24 836	2 605	23 931
净经营性资产		（1 266）		（2 028）
净金融性资产				
现金等价物	13 873		10 595	
短期投资	452		373	
长期投资	704		781	
	15 029		11 749	
短期借款	（851）		（663）	
长期负债	（5 146）		（3 417）	
		9 032		7 669
普通股东权益		7 766		5 641

表 10-5 通用磨坊公司 2010 财务年度重构后的战略资产负债表

通用磨坊公司比较战略资产负债表，2010 财务年度末
（单位：百万美元）

	2010 财务年度		2009 财务年度	
经营性资产				
营运现金		60		60
应收账款		1 042		953
存货		1 344		1 347
预付费用		379		469
土地、建筑物与设备		3 128		3 035
商誉		6 593		6 663
无形资产		3 715		3 747
递延所得税资产		43		16
其他资产		762		895
		17 066		17 185
经营性负债				
应付账款	850		803	
递延所得税负债	875		1 165	
其他负债	3 880	5 605	3 414	5 382
净经营性资产		11 461		11 803
净金融性负债				
一年内到期的债务	107		509	
应付票据	1 050		813	
长期负债	5 269		5 754	
现金等价物	（613）	5 813	（690）	6 386
		5 648		5 417
少数股东权益		245		244
普通股东权益		5 403		5 173

1. 戴尔公司

戴尔公司拥有巨额的金融性资产和极少的负债。因此，与耐克公司类似，这家企业偏好净金融性资产大于净金融性负债，它能够创造大量的现金流量，并将这些现金投资于计息证券。不过，戴尔公司的战略资产负债表所揭示出这家公司最不可忽视的特征在于，它的净经营性资产表现为负数：以 2011 年度的股东权益项目来看，其中 9032 百万美元表现为对金融性资产的净投资，而对经营项目的净投资则表现为负的 1266 百万美元。这种特征对一家制造业的企业来说，是非常罕见的。那么，这究竟是怎么回事呢？事实上，这恰恰反映出了戴尔公司的战略：通过及时制存货系统保持最低量的经营性资产；在发货给零售客户前，先要求信用卡付款（由此使得应收账款水平较低）；将生产过程外包（减少对厂房和设备的投资）；对服务合同要求预付现金（由此导致了巨额的递延收入），并且，最重要的是，要求供应商提供商业信用，使戴尔公司的应付账款成为经营性的融资来源。上述战略措施的实施结果，使得股东对企业经营活动的实际投资额变为了负数，这意味着，他们可以将企业的钱投资到别处，比如企业所进行的股份回购活动中。简而言之，戴尔公司的股东充分地利用了资金的浮游量，而这一举措为企业创造了价值增值，这在将来我们为戴尔公司进行估值时能进一步体现出来。截至目前，你应当认识到的是，重构后的资产负债表，或者说，战略资产负债表，是如何为我们提供价值创造信息的。

保险公司也是利用资金浮游量来创造价值的。迷你案例10-2就提供了一家财险公司的战略资产负债表，我们将会以这张报表为基础，进行企业的估值。

2. 通用磨坊公司

耐克公司和戴尔公司的净金融性资产都为正数（或者说拥有负的净金融性负债），不过，表10-5所反映的通用磨坊公司也许更具有代表性一些，表现为所使用的金融性负债金额超过了持有的金融性资产金额。通用磨坊公司的净金融性负债水平为5813百万美元，表现为资金净借入者：它的融资策略是通过借款来进行杠杆经营。这家企业持有17 066百万美元的经营性资产，其中大量投资表现为土地、建筑物、设备和无形资产［这些都是它在购买品食乐（Pillsbury）、普罗格雷索（Progresso）、绿巨人（Green Giant）、欧帕（Old El Paso）、哈根达斯（Häagen-Dazs）和托比叔叔（Uncle Tobys）等品牌时所做出的投资］，同时，它还大量投资于企业并购，如表10-5中的数据所示，通用磨坊公司拥有的商誉高达6593百万美元。由于这家企业的经营性负债水平为5605百万美元，因此净经营性资产水平为11 461百万美元，其中大约有一半净经营性资产是靠借款支持的，还有另一半则依赖于普通股股东和少量的子公司少数股东所提供的权益资金。请注意，子公司的少数股东权益并不属于金融性负债，而是属于权益资本，因为他们与通用磨坊公司的普通股股东一起，共同拥有这些子公司。

净金融性资产（"货币资金"）同时也属于战略性资产，阅读材料10-2对此进行了解释。

阅读材料 10-2

战略性货币资金

金融性资产（表现形式为现金及其等价物、短期和长期的债权性投资）有时被直接称为"货币资金"。将这些金融性资产确认出来以后，分析人员要问：企业持有这些"货币资金"的目的是什么？因为作为一个基本的常识，企业选择持有现金而不将它们发放给股东，一定是有目的的：现金属于零剩余收益的资产（即不创造任何价值），股东投资一家企业的目的，绝不会是让企业去持有现金，因为股东完全可以通过自己的个人账户来持有现金；事实上，股东个人可能还会有其他使用现金的投资机会。因此，企业通常会因为下列这些（融资、投资与经营）目的而持有金融性资产：

（1）为近期向股东支付现金而做准备（以股利和股份回购的形式）；

（2）为清偿将于近期到期的债务做准备（这种债务的清偿对企业的净金融性资产水平是没有影响的）；

（3）为近期的资本支出或者企业并购活动做准备；

（4）作为一种经营储备，以应对不时之需：如果现金流出量大于现金流入量，企业可利用金融性资产来缓解现金的周转不灵。

其中，第一个目的，"为近期向股东支付现金而做准备"是默认的。耐克公司在其2008财务年度末的资产负债表中报告了巨额的金融性资产之后，随即宣布了一直持续到2010财务年度的股份回购计划。同样持有大量金融性资产的戴尔公司，也有持续的股份回购计划。该公司虽然也有一些企业并购活动正在进行，但这些并购对象都不存在大量的债务需要进行偿还。如果现金的持有目的是为了进行经营性的投资，那么分析人员就一定会发现相应的投资策略。

金融性资产的第四个持有目的是最具有

争议的。在经营出现困难的时候，如果企业具有价值，可以选择借款来渡过难关；如果企业已不再具有价值，那么对股东来说，最好的选择就应当是将企业清算，因此，早日将企业金融性资产变现支付给股东是最安全的。有人抱怨说，金融性资产缓解的是管理层的危机，而不是股东的危机。不过，在经营出现困难的时候，借款是非常不容易的，尤其是在整个经济都出现信贷危机状况时，例如2008年的金融危机时期。因此，企业可以通过持有现金来作为一种保护性措施。美国的一些汽车公司，比如，通用汽车公司、福特公司和克莱斯勒公司等，就习惯性地经常持有高额的货币资金，为此，愤怒的股东常常会对此进行抗议，而这些企业的解释往往也是"这些货币资金是用来为将来可能发生的坏日子做准备的"。通用汽车公司在2005年年末持有的货币资金水平为526亿美元，不过，随着企业经营出现巨额的损失，这些货币资金很快就被"烧光"了，截至2008年年末，几乎所剩无几，最后企业不得不申请破产。如果我们打算在经营过程中这样使用金融性资产，那么，这些资产就应当报告为经营性资产，并且在对企业进行估值时，应当按必要（风险）报酬率作为它们的持有成本，因为这些货币资金被投入到了有风险的经营过程中。

此外，还有另一个原因可以解释为什么在美国企业的资产负债表上，我们可能看到巨额的货币资金。根据美国的税收法律制度，美国公司的海外子公司所实现的利润是可以不用计算缴纳所得税的，除非这些利润已经以现金的形式流回到了美国境内。所以，企业的海外子公司宁可持有大量的现金，以避免交税。如果这些企业在海外找不到更多合适的投资机会，那么，这些现金就会始终累积在那里，并出现在美国投资企业的合并资产负债表中。美国在2004年曾经宣布了为期1年的"免税假期"，允许对流回国内的现金只征收极低的所得税率。

将金融性资产水平作为估值底限

本杰明·格雷厄姆先生在20世纪30年代经济大萧条最严重的时候曾经提出，那些市场价格已经低于其货币资金价值的企业（与目前相比，这种现象在当时非常普遍）是值得买入的。因此，确认净金融性资产和净经营性资产后，我们可以这样来对普通股东权益进行估值：

普通股东权益的价值
= 净经营性资产的价值 + 净金融性资产的价值

如果某家企业的权益市价已经低于了其净金融性资产的价值，就意味着市场认为这家企业的经营价值已经成为负数。所以，在正常情况下，企业的权益价值至少是大于等于其净金融性资产价值的，于是，可将企业的货币资金水平作为估值的底限（即不考虑任何经营价值的条件下的企业价值）。举例来说，戴尔公司的股票在2011年2月的交易价格为每股14.25美元，在它的战略资产负债表中，净金融性资产为90.32亿美元，流通在外的股份数量为19.18亿股，因此，该公司的每股最低价值为4.71美元，这说明，市场对戴尔公司的经营估值为每股9.54美元。

10.2 重构利润表

利润表报告企业因持有净经营性资产和净金融性资产所创造的利润或者损失。按照美国公认会计原则或者国际财务报告准则所编制的利润表格式虽然各有差异，但都有一些共通性的列报项目，在表10-6中已经列出。

在重构利润表时，需要将这些项目重新分组为经营性的和金融性的两类。并且，在重构利润表时，需要以综合收益为基础，因此，有必要纳入原来报告在股东权益变动表中的一些非清洁盈余项目。表 10-7 就是重构后的利润表格式，其中包括了第 8 章中的两大项目组成——**经营利润**（operating income）和**净融资费用**（net financial expense），也包括了在重构股东权益变动表中出现的非清洁盈余或费用项目。经营利润也被称为**企业利润**（enterprise income）或**税后净经营利润**（net operating profit after tax，NOPAT），在该项目下，又进行了进一步的细分。为了解企业与客户进行交易的获利能力，首先将经营利润区分为销售活动带来的经营利润和非销售活动带来的经营利润。举例来说，比如使用权益法核算时，所确认在被投资企业中实现的投资收益，就只是一个收益净额——等于被投资企业的相关销售收入扣除相关经营费用后的差额，与投资企业在利润表首行所报告的销售收入是无关的。再比如，并购支出、资产处置损益等，都属于非销售活动带来的经营利润。最后，在重构利润表时，还需要将所得税费用在不同项目间进行分配，这样，重构利润表中每一部分的利润数就都是税后净影响额了。

表 10-6 典型的利润表格式

销售收入净额（销售收入减折扣与折让）
+ 其他收入（特许权收入、租金收入、许可权收入等）
− 销货成本
= 毛利润

− 营销与广告费用
− 一般性费用
− 管理费用
± 特殊项目与一次性项目
  重组支出
  并购费用
  资产处置利得与损失
  资产减值
  诉讼费用
  环境保护支出
− 研究与开发费用
+ 利息收入
− 利息费用
± 证券投资已实现得或损失
± 交易性证券的未实现得或损失
+ 权益法下的投资收益

= 税前利润
− 所得税

= 扣除非经常项目和终止经营项目前的利润
± 终止经营项目影响
± 非经常项目影响
  非经常性损益
= 净利润或净亏损
− 少数股东本期收益
= **属于普通股东的净利润或亏损额**

表 10-7 重构后的综合收益表

（1）分别列报经营项目与金融项目；（2）分别列报销售活动带来的经营利润和其他经营利润；（3）将所得税费用分配到表中各项目中，但本身就已经按税后金额列报的项目不受影响。

重构后的综合收益表

销售收入净额
− 为获取销售收入而发生的各种费用
销售活动带来的经营利润（税前）
− 与销售活动带来的经营利润相关的所得税费用
 + 报告的所得税费用
 + 净融资费用带来的税收抵减额
 − 分配给其他经营利润项目的所得税费用
销售活动带来的经营利润（税后）
± 其他需要承担所得税费用的经营利润（费用）
  重组支出与资产减值损失
  并购费用
  资产处置损益
  证券投资交易损益
− 与其他经营利润相关的所得税费用
± 税后经营项目
  按权益法核算的投资收益
  经营性的非经常收益
  表 9-2 中的经营性非清洁项目
  隐蔽的经营性非清洁项目
经营利润（税后）
− 税后净融资费用
 + 利息费用
 − 利息收入
 ± 金融性资产的已实现损益
 = 应税的净融资费用
 − 净融资费用带来的税收抵减额
 = 税后的净融资费用
 ± 债务清偿损益
 ± 表 9-2 中的非清洁金融项目（包括优先股股利）
 ± 隐蔽的非清洁金融项目
− 少数股东本期损益
= **属于普通股股东的综合收益**

10.2.1 税费分配

所得税费用的报告有两种方式：利润表中的所得税费用主要针对这一行之上的税前利润项目；此外，企业也可能因所得税费用项目之下的其他项目——包括股东权益变动表中的一些损益项目而缴纳所得税。不过，在所得税费用项目下的非经常项目和其他项目都是按税后净值进行报告的⊖，非清洁盈余项目也是报告的税后净值，因此，对这些项目来说，不存在税费的分配问题。这些按税后净值报告的项目都列报于利润表中的"所得税费用"项目之下，表 10-7 中的经营项目部分和金融项目部分都是如此。

利润的两大组成项目（经营利润和融资收益）都属于企业所得税的应税项目，但在传统的利润表中，却只报告了一个所得税费用数字，因此，必须想办法将这个所得税费用在经营利润与融资收益这两大项目间进行分配，以得到税后影响额。我们将这一步骤称为**税费分配**（tax allocation）。在进行税费分配时，首先应按照相关的税法规定，计算出负债的净利息费用可带来的税收抵减额，然后再将这个税收抵减金额分配给经营利润。负债能够带来的税收抵减额[有时也称为负债的**税盾**（tax shield）]是这样计算的：

$$税收抵减额 = 净利息费用 \times 所得税税率$$

因此，税后净利息费用就等于：

$$税后净利息费用 = 净利息费用 \times (1 - 所得税税率)$$

在美国，企业的所得税税率随它们的利润水平而变化，因此在上述公式中，应当使用的是所得税**边际税率**（marginal tax rate）⊖，即利润水平所对应的最高税率，因为利息费用是按照这个税率来减少企业的所得税负担的。请注意不要将这里的边际所得税税率与**实际税率**（effective tax rate）相混淆了，后者仅仅是企业的所得税费用与利润表中报告的税前利润之比值。实际税率在企业的财务报表附注中有披露，但在税费分配过程中，我们不会使用到这个税率。由于美国税率的层次区别并不大，边际税率常常就等于联邦所得税和州所得税合计的最高**法定税率**（statutory tax rate）。这些税率一般在财务报告的税收附注信息中会有披露，或者根据企业所披露的附注信息，是可以推导出来的。

扣除了负债所能带来的税收抵免好处之后，与经营利润相关的所得税费用往往会更高一些，因此，应当将原来减少净利息费用的税收抵减金额分配给经营利润，从而得到与经营利润相关的所得税费用为：

$$与经营利润相关的所得税费用 = 报告的所得税费用 + 净利息费用 \times 所得税税率$$

如果企业实现的是净利息收入（即金融性资产大于金融性负债），则说明这家企业的金融活动需要承担所得税，而不再是减少所得税。这样，将减少企业与经营利润相关的所得税费用金额。在上述两种情况下，税后经营利润的计算思路都是一样的：如果这家企业没有任何金融活动的话，税后的经营利润应当是多少呢？这提示我们，可以通过考虑企业开展经营活动的税后影响，来判断它的经营获利能力。

不过，如果从税法的角度来看企业发生了亏损，那么，就无从通过承担利息费用来获得税收减免的好处，在这种情况下，上述税费分配的思路就无效了。因为当发生这种情况时，企业的边际所得税税率为 0。不过，这种情况在美国并不常见，因为在计算美国企业的所得税时，

⊖ 截至目前，我国并未对经常项目和非经常项目分别计算所得税，因此此处的内容与我国的报表实务稍有区别。——译者注

⊖ 与美国企业的超额累进所得税税率不同，正常情况下，我国企业的所得税税率通常为固定的 25%。——译者注

净经营损失（NOL）是可用来抵减过去两年的应税利润，或者用未来 20 年的利润来进行税前弥补的[⊖]。因此，只有在亏损不能用过去或者未来的应税利润进行弥补的期间，企业才可能失去利息费用的税收抵减机会。

一般情况下，在计算所得税时，优先股股利是不允许在税前予以扣除的，因此，不存在相关的税收抵减好处。不过，有一种情况例外，那就是按员工持股计划的安排所支付的优先股股利，与之相关的税收抵减金额是确认为非清洁的盈余项目，需要列报在利润表中。近年来，还有一种金融创新，即企业可以先通过一个全资控制的信托基金来发行优先股，然后再由企业出面，向该信托基金借入它通过发行优先股所募集到的资金。这样，从合并会计报表的角度来看，企业可因向信托基金支付利息而获得相关的税收抵减额，同时也可确认该信托基金支付的优先股股利。在这种方式下，企业也因支付优先股股利而获得了实质上的税收抵减优惠。

回到表 10-7 中，你会发现我们已经计算了金融活动中会影响所得税费用项目的税收因素，但对于不产生所得税影响的项目（例如优先股股利）和本身就已经按税后影响净额报告的项目，则不必再进行任何计算或调整。接下来，将金融活动所提供的税收抵减金额与报表中本身已报告的所得税费用相加，就能得到与经营利润相关的所得税费用。然后，再将这个与经营利润相关的所得税费用分为与销售活动带来的经营利润相关的所得税费用和其他经营利润的所得税费用。这样，企业的所得税费用就被分配到了利润表的每个利润项目中；如果某个利润表项目是可以抵减所得税的，那么就分配一个负的所得税费用给它。阅读材料 10-3 给出了一个简单的实例，并对上面所提到的这种自上而下法和自下而上法进行了比较。

阅读材料 10-3

税费分配的自上而下法和自下而上法

下表中最左边是一份简单的利润表，右边两栏则分别使用自上而下法和自下而上法对企业的所得税费用进行了分配，以计算得到报告企业税后的经营利润水平。假定案例中企业的法定税率为 35%（单位：美元）。

按公认会计准则编报的利润表		自上而下对所得税费用进行分配		自下而上对所得税费用进行分配		
销售收入	4 000	销售收入	4 000	净利润		350
经营费用	(3 400)	经营费用	(3 400)	利息费用	100	
利息费用	(100)	税前经营利润	600	利息费用带来的所得税抵减	35	65
税前利润	500	所得税费用：		税后经营利润		415
所得税费用	(150)	报告额	150			
净利润	350	利息费用带来的抵减额（$100×35%）	35	(185)		
		税后经营利润		415		

自上而下法用与融资活动的影响来调整企业报告的所得税费用，而自下而上法则直接以利润表的底线项目——净利润为起点，然后用它加回税后利息费用，从而得到税后经营利润。

本例中，企业经营利润的实际税率为 185/600 = 30.8%，低于它的法定税率 35%，为什么呢？这是因为企业在经营过程中获得

⊖ 我国的税前补亏年限最多为过去 5 年。——译者注

了税收的优惠，比如，研究与开发费用可能获得税收抵免额，或者，面向某个行业或者领域进行投资可以获得税收减免等，这些都会造成企业实际税率的降低。这一类税收优惠来源于企业的经营活动，因此也应当分配给经营活动。金融活动中并没有此类税收优惠，所以金融收益的适用税率与法定税率是一样的。

进行税费分配后，能得到经营活动的实际所得税率为：

经营活动的实际所得税税率 =

$$\frac{与经营利润相关的所得税费用}{扣除所得税费用、按权益法确认的投资收益、非经营性损益与非清洁的盈余项目前的利润}$$

企业进行税收筹划（例如，利用某种投资项目的所得税优惠与减免、在低税率地区进行经营活动等）所能获得的税收优惠均来源于经营活动，上面这个经营活动的实际所得税税率就是这类税收优惠程度的一个计量指标。由于按权益法确认的投资收益、非经营性项目损益和非清洁盈余项目都是按税后净额报告的，因此，在这个指标的分母中，未将这些损益项目的影响包括在内。会计诊所VI专门介绍了企业所得税费用的会计处理问题。

会计诊所VI

所得税会计

记录所得税费用时，需要将这些费用与相关的利润进行配比，这样，分析人员才能了解企业盈利（或者亏损）的税后影响额。由于某些利润项目的计税时间（应列报在企业纳税申报表中的时间）与它的报告时间（应列报在利润表中的时间）可能并不在同一会计期间，所以，按上述要求进行配比就会导致递延所得税资产和递延所得税负债的产生。

会计诊所VI对有关递延所得税会计处理的问题进行了详细介绍，并涉及了经营亏损的税前弥补和递延所得税资产的估值准备等其他税务问题。同时，还对如何将所得税费用在财务报表的不同损益项目间进行分配进行了详细的介绍。

在继续深入学习之前，请先看看阅读材料10-4中的内容。

阅读材料10-4

谨慎使用"经营利润"这个术语

经营利润（operating income）这个术语在不同的语言环境下，含义是有差别的。

（1）虽然在美国公认会计原则中，并没有对"经营利润"进行特别的定义，但在很多企业的利润表中，经常都可以看到"经营利润"（或者营业利润）这个项目。然而，分析人员需要特别小心，因为在利润表报告的经营利润项目中，通常都包含了企业因持有金融性资产而实现的利息收入，并排除了某些与企业的经营活动相关的费用项目。

（2）（华尔街）分析人员经常也使用"经营利润"这个术语，用来表示经常性的利润，或者说，调整了重组支出、资产处置损益等一次性支出以后的盈利项目。

（3）企业在媒介宣传中也常使用"经营利润"或者"预计利润"这种说法，以示与按照美国公认会计原则所计算出来的利润不同。在这种情况下，应当尤其小心，因为这样的预计利润数字经常是没有考虑某些重要费用项目的。

(4) 在本章中，对"经营利润"也有专门的定义。此种情况下的经营利润也被称为**税后净经营利润**（net operating profit after tax, NOPAT），有时也被称为**企业利润**（enterprise income）。

10.2.2 重构利润表时应注意的问题

除了税费分配以外，利润表的重构与资产负债表的重构一样，也是一种机械的重新分类过程。不过，与重构资产负债表的前提一样，分析人员必须对企业的业务事先有比较深入的了解。一般情况下，利息收益通常是由金融性资产所创造的，但是，企业也可能会向客户提供具有融资性质的消费信用，而这种融资性质的应收款所产生的利息收益却被报告为经营利润。因此，在重构利润表的过程中，需要注意下面这几个问题。

- 披露不够充分是非常普遍的：
  - 按权益法确认企业对被投资企业的利润所享有的份额时，被投资企业的利润通常同时包含金融收益与经营利润，但一般情况下，这两部分的收益难以区分。由于在资产负债表中，对被投资企业的投资列报为一项经营项目，因此，在利润表中，相应的投资收益也应作为经营利润来处理。
  - 一些费用的明细问题也非常令人头痛，尤其是"销售与日常管理费用"项目，通常就只报告一个金额不小的总额，在附注信息中也没有多少明细解释。
  - 有些企业的利息收入是与经营活动的"其他收入"项目合计在一起进行报告的。碰到这种情况的话，只有通过相关利率与当期金融性资产平均余额之乘积来估算利息收入的规模。如果该企业持有的金融性资产都属于流动资产，那么，在估算时就可以使用短期利率。
- 根据美国公认会计原则，与建造工程融资相关的利息费用可以进行资本化，计入资产负债表中相关建造工程的成本。因此，这类利息费用与相关的人工和材料费用一样，是被作为建造成本处理，最终计入资产价值中的。这种会计处理实务实质上混淆了企业的经营活动与金融活动，因为相关的人工和材料费用属于企业对资产的投资，而利息费用则属于对该项资产进行融资的成本。将利息费用进行资本化的结果，是针对资产负债表中所报告的负债，只有很少量的利息费用会被列报在利润表中。要将已经被资本化的利息费用恢复回来是非常困难的，因为它们与其他建造成本一起，会在建造完工后被确认为资产成本，然后按期计算折旧，再确认到各使用期间的利润表中，很难进行追溯。由于包含了资本化利息在其中的折旧费用属于经营费用，这种会计处理实务实质上扭曲了企业经营活动的获利能力。
- 根据企业在财务报告附注中披露的明细信息，可以按照不同的企业分部来重构报表，以反映更多的经营活动信息。

重构利润表的前提是先对股东权益变动表进行分析，因为在股东权益变动表中报告的一些非清洁盈余项目是需要被计入重构的利润表中的。表10-8列出了耐克公司重构后的股东权益变动表，表中所列出的综合收益金额与重构后利润表中的综合收益总额是相等的。

表10-9是耐克公司按照美国公认会计原则编报的2010财务年度比较利润表，以及重构后的利润表。在重构后的报表中，有以下这几个问题需要特别注意（序号与表中最末一列的注释

号是相对应的)。

表 10-8　耐克公司的重构股东权益变动表

该报表确认耐克公司在报告期间实现的综合收益为1810.4百万美元。　　　　　　(单位：百万美元)

2009年5月31日余额			8 814.5
与股东之间的交易情况			
按照股票期权计划发行的股份		482.2	
向员工发行的股份(净值)		37.1	
回购的股份		(754.3)	
支付的现金股利		(505.5)	(740.5)
综合收益			
报告的净利润		1 906.7	
外币折算净损益		(159.2)	
套期保值净损益		6.5	
股票期权行权损失(税后)	102.6		
减：已列报在净利润中、以股份结算的股份支付税后薪酬费用	159.0	56.4	1 810.4
2010年5月31日余额			9 884.4

(1) 该报表中包含了非清洁盈余项目，因此，重构后的利润表的最后一行为表10-8中所计算得到的综合收益(2009和2008财务年度的报表数字也是如此)。

(2) 在重构后的利润表中，区分了来自销售活动的经营利润和其他经营利润，这样进行区分使我们可以更好地计算企业的销售利润率和经营活动利润的实际税率。按税后净值列报的经营利润项目则是单独进行报告的。

(3) 在税费分配过程中，使用了联邦和州的法定所得税税率，即35%的联邦所得税率再加上1.3%的州所得税率。这些税率在耐克公司的年报附注信息中是可以找到的。在2010财务年度中，耐克公司来自销售活动的经营利润所对应的实际税率为24.19%(612.5/2532.2 = 24.19%)，比法定的税率水平低，这主要是因为耐克公司的某些经营活动享受了税收减免优惠政策。

(4) 各种费用的明细信息在耐克公司的年报附注中是有披露的。比如，在重构后的报表中，我们就列出了原来报告在销售与管理费用中的广告费用。不过，实际上管理费用和一般费用的金额更大，但却没有更多的明细信息。这种披露不够充分的情况是你今后会常常遇到的。

表 10-9　按美国公认会计原则编制的合并利润表与重构后的利润表：耐克公司(2008~2010财务年度)

重构的利润表将按照美国公认会计原则编制的利润表项目分为经营利润(经营收入减经营费用)与净金融收益(金融收益减融资费用)两个部分，然后加上非清洁盈余项目的影响，调整相应的税费分配。在重构的利润表中，最右侧的数字与本书的解释序号相对应。

耐克公司按美国公认会计原则编报的利润表
(单位：除每股数据外，均为百万美元)

	财务年度截止日：5月31日		
	2010年	2009年	2008年
收入	19 014.0	19 176.1	18 627.0
销售成本	10 213.6	10 571.7	10 239.6
毛利润	8 800.4	8 604.4	8 387.4
销售与管理费用	6 326.4	6 149.6	5 953.7
重组支出(附注16)	—	195.0	

(续)

	财务年度截止日：5月31日		
	2010年	2009年	2008年
商誉减值损失（附注4）	—	199.3	—
无形资产与其他资产减值损失（附注4）	—	202.0	—
利息费用（收益），净值（附注6～附注8）	6.3	（9.5）	（77.1）
其他费用（收益），净值（附注17、附注18）	（49.2）	（88.5）	（7.9）
税前利润	2 516.9	1 956.5	2 502.9
所得税费用（附注9）	610.2	469.8	619.5
净利润	1 906.7	1 486.7	1 883.4
基本的每股收益（附注1和附注12）	3.93	3.07	3.80
稀释的每股收益（附注1和附注12）	3.86	3.03	3.74
已宣告的普通股每股股利	1.06	0.98	0.875

括号中的附注对应的是耐克公司在2010年度报告中的附注信息。

重构后的利润表						
（单位：百万美元）						
	2010 财务年度		2009 财务年度		2008 财务年度	
经营收入	19 014.0		19 176.1		18 627.0	
销售成本	10 213.6		10 571.7		10 239.6	
毛利润	8 800.4		8 604.4		8 387.4	
经营费用						
管理费用	3 970.0		3 798.3		3 645.4	（4）
广告费用①	2 356.4		2 351.3		2 308.3	（4）
其他费用（收益）②	（49.2）		（88.5）		68.5	（4）
销售活动创造的经营利润（税前）	2 523.2		2 543.3		2 365.2	
所得税费用						
报告的所得税费用	610.2		469.8		619.5	
与金融项目和其他经营利润相关的所得税费用	2.3	612.5	213.1	682.9	（50.2）	569.3	（3）
销售活动创造的经营利润（税后）		1 910.7		1 860.4		1 795.9	（2）
其他经营利润（税前）						
企业剥离利得②					60.6	
重组支出	（195.0）					
商誉减值损失			（199.3）			
无形资产减值损失			（202.0）			
			596.3			
与其他经营利润相关的所得税费用		216.5	（379.8）	22.1	38.5	（2）（3）
其他经营利润（税后）						
外币折算利得（损失）④		（159.2）		（335.3）		165.6	（1）（2）
套期保值利得（损失）与其他④		6.5		451.4		（117.3）	（1）（2）
股票期权行权的影响		56.4		126.4		30.9	
经营利润（税后）		1 814.4		1 723.1		1 913.6	
金融收益（融资费用）						
利息收入⑤		30.1		49.7		115.8	（4）

(续)

	2010 财务年度	2009 财务年度	2008 财务年度	
利息费用	36.4	40.2	38.7	
净利息收益（费用），税前	（6.3）	9.5	77.1	
所得税影响（按 36.3% 计算）③	2.3	3.4	28.1	（3）
净利息收益（费用），税后	（4.0）	6.1	49.0	
优先股股利⑥	0.0	0.0	0.0	
净金融收益（费用）	（4.0）	6.1	49.0	
综合收益	1 810.4	1 729.2	1 962.6	（1）

注：因四舍五入原因，表中有些栏的数据加总数可能会略有差异。
① 从原来的"销售与管理费用"中分离出来的。
② 在按照美国公认会计原则编制的 2008 财务年度利润表中，"其他费用"中包含了业务剥离利得。
③ 耐克公司的法定税率为 36.3%，包含联邦所得税和州所得税。详见年度报告附注中的披露信息。
④ 这些项目都是原来披露在股东权益变动表中的非清洁盈余项目。
⑤ 这里的利息收入需要与按照美国公认会计原则所报告的利息费用进行抵减。
⑥ 优先股股利均不超过 50 万美元。

在本书配套网站上"搭建你自己的分析工具"（BYOAP）中，你还可以找到耐克公司以前年度的重构后利润表。请看阅读材料 10-5 中的信息。

阅读材料 10-5

耐克公司 2004～2010 财务年度情况

在本书配套网站上，"搭建你自己的分析工具"（BYOAP）中，对这里耐克公司 2008～2010 财务年度的重构利润表进一步进行了延伸。利用下面这些数据，你可以在更长的时期内追踪耐克公司的经营数据，让你在对该公司 2010 财务年度的情况进行估值时，能了解更多的信息。下面这些汇总数据取自 BYOAP 重构后的报表中（单位：百万美元）。

	2010 年	2009 年	2008 年	2007 年	2006 年	2005 年	2004 年
销售收入	19 014	19 176	18 627	16 326	14 955	13 740	12 253
经营利润（税后）	1 814⊖	1 723⊖	1 914⊖	1 502	1 323	1 264	1 035
综合收益	1 810	1 729	1 963	1 544	1 346	1 261	1 019
净经营性资产	5 514	6 346	5 806	4 939	4 916	4 782	4 551
净金融性资产	4 370	2 468	1 992	2 179	1 499	939	289
普通股东权益	9 884	8 814	7 797	7 118	6 364	5 721	4 840

10.2.3 战略资产负债表中的价值增加

重构后的利润表报告利润的方式与战略资产负债表是对应的：经营利润表示企业因持有净经营性资产而赚取的利润，而净金融收益（或净融资费用）则表示企业因持有净金融性资产（或承担净金融性负债）而对应的损益。

表 10-10 和表 10-11 分别列报了戴尔公司和通用磨坊公司的重构后的利润表。其中，戴尔

⊖ 原书数据有误，与作者确认后以此为准。——译者注

公司在战略资产负债表中报告了净金融性资产，因而实现了净金融收益；而通用磨坊公司在战略资产负债表中报告了巨额的净金融性负债，因而发生了净融资费用。虽然戴尔公司的净金融性资产水平很高，但它在利润表中仍然报告了净利息费用，这主要是因为在当时的报告期内，金融性资产所能赚取的利息率非常低。这两家公司都是将因持有净经营性资产而实现的经营利润与金融收益分开列报的，并且，也都将经营利润分解为来自销售活动的经营利润和其他经营利润两个部分。戴尔公司的其他经营利润项目都只报告了税后净值，但在通用磨坊公司的报表中，却需要将相关的所得税费分配给税前的其他经营利润项目：重组支出是可以在税前扣除的，因此可以减少企业的所得税负担；而业务剥离利得则会增加企业的所得税负担。

表 10-10　戴尔公司重构后的利润表（2011 财务年度）

戴尔公司的综合收益由来自客户收入、其他经营利润和因持有净金融性资产而实现的净金融收益所构成。在利润表中，上述三个部分都已被分配了对应的所得税费用。

戴尔公司重构后的比较利润表（2011 财务年度）				
（单位：百万美元）				
	财务年度截止日：2月1日			
	2011 年		2010 年	
经营收入		61 494		52 902
销售成本		50 098		43 641
毛利润		11 396		9 261
经营费用				
日常管理费用		6 572		5 846
广告费用		730		619
研究与开发费用		661		624
销售活动创造的经营利润（税前）		3 433		2 172
所得税费用				
报告的所得税费用	715		591	
净融资费用带来的税收抵减	29	744	52	643
销售活动创造的经营利润（税后）		2 689		1 529
其他经营利润（均为税后净值）				
外币折算利得（损失）		79		（29）
衍生工具的未实现利得（损失）		（112）		（323）
经营利润（税后）		2 656		1 177
金融收益（融资费用）				
利息收入		116		71
利息费用		199		219
净利息费用		83		148
所得税影响（按 35% 计算）		29		52
税后净利息费用		54		96
金融性资产的未实现利得（损失）		（2）		6
税后净融资费用		56		90
综合收益		2 600		1 087

表 10-11 通用磨坊公司重构后的利润表（2010 财务年度）

通用磨坊公司的综合收益影响因素主要包括来自客户的销售收入、税前和税后的其他经营利润，以及因承担净金融性负债而支付的净利息费用。

通用磨坊公司重构后的比较利润表（2010 财务年度）
（单位：百万美元）

	年度截止日：5 月 25 日			
	2010 年		2009 年	
经营收入		14 797		14 691
销售成本		8 923		9 458
毛利润		5 874		5 233
日常管理费用		2 109		2 012
广告费用		909		732
研究与开发支出		219		207
销售活动创造的经营利润（税前）		2 637		2 282
所得税费用				
报告的所得税费用	771		720	
与其他经营利润相关的所得税费用	12		（16）	
净利息费用带来的税收抵减	151	934	144	848
销售活动创造的经营利润（税后）		1 703		1 434
其他经营利润（按税前金额列报的项目）				
业务剥离利得（重组支出）	（31）		43	
所得税影响额（按 37.5% 计算）	12	（19）	16	27
其他经营利润（按税后净额列报的项目）				
来自合作企业的收益		102		92
外币折算利得（损失）		（163）		（288）
套期工具或证券的利得（损失）		14		（3）
养老金支出		（460）		（761）
经营利润（税后）		1 177		501
净融资费用				
利息费用		409		405
利息收入		7		22
净利息费用		402		383
所得税影响（按 37.5% 计算）		（151）		（144）
税后净利息费用		251		239
少数股东本期收益		5		9
综合收益		921		253

10.2.4 来自经营活动的剩余收益

重构资产负债表和利润表的目的是找出战略资产负债表的价值增加来源，重点关注的是企业的经营活动，因为只有经营活动才是企业与客户和供应商进行交易，创造价值的源泉。在第 5 章中，我们曾经计算过股东权益的剩余收益，现在，我们可以想办法去计算因经营活动而带来的股东权益剩余收益了。在这里，我们用**剩余经营利润**（residual operating income，ReOI）这个指标来表示价值增加额，这个指标的计算过程为：

$$剩余经营利润_t = 经营利润_t - （必要报酬率 \times 净经营性资产_{t-1}）$$

或者：

$$ReOI_t = OI_t - (\rho-1) NOA_{t-1}$$

在这里，OI 表示重构利润表中所报告的经营利润，而 NOA_{t-1} 则表示当年期初的净经营性资产水平。假定股东对通用磨坊公司所要求的必要报酬率为8%，那么，该公司在2010财务年度的剩余经营利润为：1177-（8%×11 803）= 232.8（百万美元）。这说明通用磨坊公司在报告期所创造的价值，比按照当期经营规模账面价值正常水平所计算的经营利润还要高出232.8百万美元。

戴尔公司的案例数据是非常具有启发性的，它说明了重构后的战略资产负债表和利润表是如何找到企业的价值创造源泉的。在讨论战略资产负债表时，我们曾经指出，戴尔公司的净经营性资产是负数，意味着该公司股东对公司经营的投资为负，进一步地，说明戴尔公司的股东可以从企业的经营活动中取得现金，然后再将这些现金投资于别处！如果假定股东对戴尔公司所要求的必要报酬率为9%，那么，该公司在2011财务年度中的剩余经营利润为：

$$ReOI_{2011} = 2656 - 9\% \times (-2028) = 2839（百万美元）$$

戴尔公司的经营活动所实现的剩余经营利润甚至比它的经营利润本身还高！怎么会这样呢？这实际上是因为，净经营性资产为负意味着戴尔公司实际上是依靠资金流的浮游量来运营的，股东可以按9%的报酬率将这些资金浮游量投资于别的地方，并且，所实现的相关收益在计算剩余经营利润时是应当被加上的。在重构后的报表中，分别列报了剩余经营利润的两个驱动因素：企业通过与客户进行交易而赚取的经营利润，以及战略性的经营结构带来的资金浮游量所实现的价值。在对戴尔公司进行估值时，我们需要牢记这两个驱动因素：戴尔公司可以通过增加销售收入和提高利润率来创造利润表中的经营利润，也可以通过资产管理、客户关系管理与供应商关系管理来扩大资金的浮游量，这两者都可以提高公司的剩余经营利润。现在如果让我们回首再看，戴尔公司的股票价格在近年来的下跌就可以被归因于销售增长的放缓、利润率的下降和资金浮游水平的下滑。

10.3 资产负债表和利润表的比较分析

要判断一家企业经营业绩的好坏，分析人员需要先找到合适的比较基准。这些比较基准可以选用其他企业（通常为同一行业的）的参考值，或者本企业的历史值。将本企业的数据与其他企业的数据进行比较，称为**横向分析**（cross-sectional analysis）；将本期的数据与自己以前的历史数据进行比较，称为**时间序列分析**（time-series analysis）。我们可以按照共同比分析技术的要求来整理财务报表，以方便进行横向分析；也可以利用趋势分析技术来比较一家企业在不同时期的财务状况。

10.3.1 共同比分析

共同比分析（common-size analysis）需要对报表中每一个行项目进行标准化处理，以消除企业不同规模的影响。在共同比分析中，我们将每一个行项目的金额都用某个共同指标的百分比来表示，就可以反映出该项目在企业经营规模中的地位。而且，如果该共同指标是经过了谨慎选择的，并且如果我们使用的是重构后的财务报表，那么，这些共同比指标还可为我们揭示出企业经营的相关特点。如果将不同企业的共同指标进行比较，或者将同一企业在不同历史时期的共同比指标进行比较，共同比分析还可以帮助我们快速定位出需要进一步深入调查的企业异常变化。

1. 共同比利润表

表 10-12 是耐克公司和通用磨坊公司重构后的共同比利润表，表中所有项目的数值，包括收入、费用、综合收益净额等，都是用该项目的绝对值占销售收入绝对值的百分比来表达的。

表 10-12　耐克公司和通用磨坊公司的比较共同比利润表（2010 财务年度）

（单位：绝对值数字表示百万美元，共同比数字表示该项目的绝对值占销售收入总额绝对值的百分比）

共同比利润表反映了企业的销售获利能力和每一费用项目对销售获利能力的影响。

	耐克公司		通用磨坊公司	
	绝对值	共同比（%）	绝对值	共同比（%）
收入	19 014	100.0	14 797	100.0
销售成本	10 214	53.7	8 923	60.3
毛利润	8 800	46.3	5 874	39.7
经营费用				
管理费用	3 970	20.9	2 109	14.3
广告费用	2 356	12.4	909	6.1
其他费用（收益）	(49)	(0.3)	219	1.5
销售活动创造的经营利润（税前）	2 523	13.3	2 637	17.8
与销货活动所创造利润相关的所得税费用	612	3.2	934	6.3
销货活动创造的经营利润（税后）	1 911	10.0	1 703	11.5
其他经营利润（费用）	(96)⊖	(0.8)	(526)	(3.6)
经营利润合计（税后）	1 814⊖	9.2	1 177	7.9
净金融收益（费用）	(4)	0.0	(256)	(1.7)
归属于普通股股东的综合收益	1 810⊖	9.2	921	6.2

注：因四舍五入原因，表中计算结果略有差异。

比较这两家公司的共同比报表，可以了解以下两方面的问题。

- 不同的企业是怎样开展业务并且导致它们的收入和费用结构出现了怎样的差异？比如，这两家企业的成本构成项目是类似的，但耐克公司的单位销售收入所对应的成本占比（53.7%）更低，因此，能获得更高的毛利率（46.3%）。通用磨坊公司的管理费用占比（14.3%）和广告费用占比（6.1%）则相对耐克公司来说，控制得更好一些。
- 单位销售收入的经营获利能力。由于共同比报表中的每一个经营项目都是用占销售收入的百分比来表示的，因此，这些共同比数字表明了每一项目在单位美元销售收入中的占比情况。比如，某经营费用的共同比就表示该经营费用项目所"消耗"的销售收入百分比，而某经营利润的共同比则表示该项目对企业的销售利润贡献率。后者尤其重要，可表示如下：

　　按销售收入计算的经营利润率 = 由销售活动所创造的经营利润（税后）/ 销售收入

　　◆ 耐克公司的销售利润率（税后）为 10%，而通用磨坊公司的销售利润率（税后）则为 11.5%。并且，如表 10-12 中所示，我们也可以计算税前的经营利润率和总的经营利润率。从各个费用项目的共同比情况来看，我们可以发现，尽管耐克公司具有较高的

⊖ 原书数据有误，与作者确认后以此为准。——译者注

毛利率，但如果与通用磨坊公司比较的话，它的销售利润率却是较低的，其主要原因，就在于耐克公司的管理费用水平和广告费用水平相对太高了。

最后一行中的"综合收益"也是用占销售收入的百分比来表达的，该百分比被称为（综合）**净利润率**（net profit margin）。将这个百分比与经营利润率进行比较，可以发现企业的金融活动对利润的影响。耐克公司的综合收益占销售收入的百分比为9.2%，而通用磨坊公司的综合收益占销售收入的比重则只有6.2%。

2. 共同比资产负债表

共同比资产负债表通常以资产总额作为比较基准，但如果使用重构后的资产负债表，我们则可以针对具体的资产负债表项目，使用经营性资产总额或经营性负债总额作为比较基准，以得到更有用的信息。表10-13列出了耐克公司和通用磨坊公司比较共同比资产负债表的经营活动部分，其中的百分比数据分别说明了各项目在经营活动中所具有的相对比例。按这种形式来列报资产负债表，可以帮助你非常容易地找到两个企业之间的差别。比如，请试着看看这两家企业对应收账款、存货、不动产、厂房和设备等项目的投资比重，你发现差异了吗？

表10-13　耐克公司和通用磨坊公司的比较共同比资产负债表（2010财务年度）

（单位：绝对值数字的报告单位为百万美元，共同比数字表示该项目的绝对值占经营性资产总额或者经营性负债总额绝对值的百分比）

共同比资产负债表反映了各个项目占经营性资产总额或经营性负债总额的百分比。

	耐克公司		通用磨坊公司	
	绝对值	百分比（%）	绝对值	百分比（%）
经营性资产				
营运现金	95	1.0	60	0.4
应收账款	2 650	28.3	1 042	6.1
存货	2 041	21.8	1 344	7.9
预付费用	874	9.3	379	2.2
不动产、厂房与设备	1 932	20.6	3 128	18.3
商誉	188	2.0	6 593	38.6
可辨认的无形资产	467	5.0	3 715	21.8
递延所得税资产与其他资产	1 122	12.0	805	4.7
	9 369	100.0	17 066	100.0
经营性负债				
应付账款	1 166	30.2	850	15.2
应计负债	1 774	46.0	3 880	69.2
应交所得税	59	1.5	—	—
递延所得税负债与其他负债	855	22.2	875	15.6
	3 855	100.0	5 605	100.0
净经营性资产	5 514		11 461	

10.3.2　趋势分析

表10-14列出了耐克公司2006～2010财务年度的趋势数据，这些数据的计算基础在本教材配套网站上"搭建你自己的分析工具"（BYOAP）中有提供，请参考阅读材料10-5中的内容。进行**趋势分析**（trend analysis）的前提是首先要选择一个比较的基准年度，然后，再将财务报

表中每一个项目的数据都表示为该数据相对于基准年度该项目数值的百分比。以耐克公司的报表数据为例,假定选择2005财务年度作为比较的基准年度,那么,2005财务年度中每一报表项目的趋势百分比就都被设定为100%。

表10-14 耐克公司部分财务报表项目的趋势分析(2006~2010财务年度)
(以2005财务年度为基准年度,基准百分比数为100%)

趋势分析反映了财务报表项目随着时间的推移而增减变化的情况。

	2010 (%)	2009 (%)	2008 (%)	2007 (%)	2006 (%)	基准年度2005 (百万美元)
利润表						
销售收入	138.4	139.6	135.6	118.8	108.8	13 740
销货成本	134.0	138.7	134.3	120.2	109.8	7 625
毛利润	143.9	140.7	137.2	117.1	107.7	6 115
经营费用	147.7	142.6	138.8	118.3	105.5	4 250
销售活动创造的经营利润(税前)	135.3	136.4	126.8	114.4	112.9	1 865
销售活动创造的经营利润(税后)	157.3	153.1	147.8	119.3	112.9	1 215
经营利润	139.0	131.4	147.3	118.8	104.7	1 264
属于普通股股东的综合收益	139.0	132.2	151.5	122.4	106.7	1 261
资产负债表						
经营性资产	132.9	140.3	138.5	112.4	108.5	7 049
经营性负债	171.0	156.9	168.2	131.6	120.2	2 267
净经营性资产	114.8	132.4	124.4	103.3	102.9	4 782
净金融性资产	467.8	264.2	212.1	232.1	154.3	939
普通股股东权益	172.8	154.1	138.8	124.4	111.3	5 721

趋势分析可以让我们了解财务报表项目随时间发展变化的情况。例如,净经营性资产的趋势百分比可以告诉我们企业在比较期间内对净经营性资产的投资规模是在增加还是在减少,以及增减的速度如何;再比如,普通股股东权益项目的趋势百分比可以让我们知道所有者对企业的投资规模在分析期间内是在增长还是在下降;而净金融性负债的趋势百分比则可以告诉我们企业的净负债项目变动情况。类似地,利润表中的趋势百分比可以告诉我们利润和影响利润的各个要素的变化趋势,其中,销售收入、销售活动所创造的经营利润以及综合收益项目的趋势百分比分布情况,尤其值得分析人员重点关注。

以耐克公司的数据为例,该公司的销售收入在这5年中持续增长,使得2010财务年度"销售活动创造的经营利润(税后)"相比2005基准财务年度的水平增长了57.3%,同期"综合收益"项目也增长了39%。特定项目的趋势百分比可以告诉我们该项目在分析期间内的总体增长情况,而分析年与年之间所发生的变动情况则可以帮助我们找到该项目增长最为显著的时期。对耐克公司来说,销货成本的增长速度慢于销售收入的增长速度,相应地,该公司毛利润的增长速度比销售收入的增长速度略快。根据资产负债表中的趋势百分比分布情况,我们可以看到,净经营性资产的增长慢于销售收入的增长,说明随着时间的推移,单位投入资产所争取到的销售收入水平更高了。

相邻两年之间的趋势百分比的变化率代表该项目的年度增长率。举例来说,耐克公司在2009财务年度中的销售收入增长率为2.9%,即(139.6-135.6)/135.6;而在2008财务年度,销售收入的增长率却高达14.1%,即(135.6-118.8)/118.8。对分析人员来说,比较增长率是非常有意义的。比如，耐克公司在 2009 财务年度的销售收入增长率为 2.9%，但同期净经营性资产的增长率却较高，为 6.4%。为什么会这样呢？要回答这个问题，需要我们细看资产负债表，了解净经营性资产的项目构成情况。是积压了存货吗？还是新投资了厂房？为什么净经营性资产在 2010 财务年度中又出现了下降呢？为什么在 2010 财务年度中，经营费用的增长速度比销售收入的增长速度更快呢？这些问题都可以引导分析人员去进行进一步的调查。

通过以共同比为基础编制趋势分析报表，可以将趋势分析与共同比分析结合起来，这样可以方便我们将目标分析企业的发展趋势与可比企业的情况展开比较。

10.4 比率分析

根据重构后的财务报表，我们可以计算出两个刻画企业经营活动获利能力和金融活动获利能力的财务指标：净经营性资产报酬率（return on net operating assets，RNOA）和净借款成本率（net borrowing cost，NBC）。前者等于税后经营利润与净经营性资产之比值，而后者则等于税后净融资费用与净金融性负债之比值。如果某家企业（比如耐克公司）在金融活动中表现为持有净金融性资产（而不是承担净金融性负债），那么，金融活动的获利能力则可以用净金融性资产报酬率（return on net financial assets，RNFA）来进行衡量。

以耐克公司为例[⊖]，该公司在 2010 财务年度中的净经营性资产报酬率为：

$$净经营性资产报酬率 = \frac{1814}{(1/2) \times (5514 + 6346)} = 30.6\%$$

如果按销售活动创造的经营利润来计算，耐克公司在 2010 财务年度的净经营性资产报酬率则为 32.2%。

在 2008 财务年度，耐克公司的净金融性资产报酬率为：

$$净金融性资产报酬率 = \frac{49}{(1/2) \times (1992 + 2179)} = 2.3\%$$

对通用磨坊公司来说，它在 2010 财务年度的净经营性资产报酬率为：

$$净经营性资产报酬率 = \frac{1177}{(1/2) \times (11\,461 + 11\,803)} = 10.1\%$$

而如果按销售活动所创造的经营利润来计算，通用磨坊公司在 2010 财务年度的净经营性资产报酬率则为 14.6%。此外，在 2010 财务年度，通用磨坊公司的净借款成本率为：

$$净借款成本率 = \frac{251}{(1/2) \times (5813 + 6386)} = 4.1\%$$

当然，这些报酬率都是税后的（并且考虑了负债成本的税收抵减影响）。在计算过程中，分母使用的是期初数和期末数的平均余额，这样，如果企业的资产负债表项目在年中发生了较大的变动，计算的精确性就有可能受到影响。净借款成本率对企业负债发生重大变化的时间特别敏感，因此，请一定记得将你所计算出来的净借款成本率与企业在负债项目的附注信息中所披露的负债成本去比较一下，以互相核查。

在第 12 章中，我们会对这些获利能力指标进行详细的分析，到时候，还会用到很多共同比分析报表中所提供的指标。我们在阅读材料 10-6 和阅读材料 10-7 中对这些财务比率进行了总结。

⊖ 可参考阅读材料 10-5 中的数据和表 10-9 中的数据。——译者注

阅读材料 10-6

利润表比率

利润率

所谓**利润率**（profit margins），是指单位销售收入所能创造的利润百分比：

$$\text{经营利润率} = \frac{\text{经营利润（税后）}}{\text{销售收入}}$$

计算利润率时，分子所使用的是经营利润总额，即在重构后的利润表中，位于金融项目之上的最后一个经营项目。经营利润率可被分解为销售活动所创造的经营利润率和其他经营利润率：

销售活动创造的经营利润率

$$= \frac{\text{销售活动创造的经营利润（税后）}}{\text{销售收入}}$$

$$\text{其他经营利润率} = \frac{\text{其他经营利润（税后）}}{\text{销售收入}}$$

上述两个利润率之和应当恰好等于经营利润率。"权益法下确认的投资收益（亏损）"是一个比较常见的其他经营项目，它来源于被投资企业所报告的销售业绩，而不是投资企业的利润表。在分析投资企业的销售获利能力时，如果将这个项目包含进去，会导致我们对投资企业的销售活动经营利润率做出错误的评价。根据表 10-12 中的数据，耐克公司销售活动所创造的经营利润率为 10.0%，而其他经营利润率则为 -0.5%，因此，它的总经营利润率为 9.5%。[注]

如果按重构后的利润表的最后一个行项目（综合收益）来计算利润率，那么，净综合收益利润率的计算公式应当为：

$$\text{净（综合收益）利润率} = \frac{\text{综合收益}}{\text{销售收入}}$$

耐克公司的净综合收益利润率为 9.2%。

费用率

费用率是指单位销售收入中，被费用"消耗"部分所占的百分比。费用率的表达形式为：

$$\text{费用率} = \frac{\text{费用额}}{\text{销售收入}}$$

我们可以计算出能影响"销售活动所创造经营利润"的各种费用所占比率，因此，可以有：

1 − 销售活动所创造的经营利润率
= 各种费用率之和

在表 10-12 中，可以看到耐克公司的各项费用率，其中，销货成本"吸收"了 53.7% 的销售收入；公司各种费用率的总和为 86.8%（税前）或者 90.0%（税后），留下剩余 10.0% 的销售收入成为税后的经营利润。

阅读材料 10-7

资产负债表比率

结构比率

共同比资产负债表（见表 10-13）中的百分比都属于结构比率：

$$\text{经营性资产结构比率} = \frac{\text{某经营性资产}}{\text{经营性资产合计}}$$

$$\text{经营性负债结构比率} = \frac{\text{某经营性负债}}{\text{经营性负债合计}}$$

在经营性资产（负债）项目内部，各项目的经营性资产（负债）结构比率之和应当刚好等于 100%。

[注] 原书数据有误，已与作者确认并更正。——译者注

经营性负债杠杆率

将经营性负债与净经营性资产进行比较，有利于我们了解净经营性资产的构成：

$$经营性负债杠杆率 = \frac{经营性负债}{净经营性资产}$$

经营性负债杠杆率（operating liability leverage）指标可让我们了解在企业对净经营性资产的投资中，经营性负债所发挥作用的程度。这个指标之所以被称为杠杆比率，是因为它可以通过降低分母的水平来提高企业的净经营性资产报酬率。以耐克公司为例，它在2010财务年度末的经营性负债杠杆率为69.9%，而同期通用磨坊公司的经营性负债杠杆率却只有48.9%。结合各个经营性负债结构比率，我们还可以了解哪些经营性负债项目对经营性负债杠杆率的影响最大。

金融杠杆率

另一类杠杆比率告诉我们净金融性资产或者净金融性负债组成项目之间的相对规模。在2010财务年度，通用磨坊公司承担了净负债，而耐克公司则持有净金融性资产。两公司之间的差异可用净金融性资产总额或净金融性负债总额与股东权益之间的比值来表达。

这一类比率包括：

$$资本化率 = \frac{净经营性资产}{普通股东权益}$$

和

$$金融杠杆率 = \frac{净金融性负债}{普通股东权益}$$

若企业的金融性资产大于金融性负债，即表现为正的净金融性资产，那么，金融杠杆率就会是负数。**金融杠杆率**（financial leverage）能告诉我们企业的净经营性资产中，有多大程度来自股东权益。下面这个关系式在任何情况下都是成立的：

$$资本化率 - 金融杠杆率 = 1.0$$

因此，通过这两个比率中的任意一个，都可以了解到股东权益或者净金融性负债对企业的净经营性资产的支撑程度，不过，相对来说，金融杠杆率还是要应用得更广一些。这个比率之所以被称为杠杆比率，是因为在第12章中你可以看到，借款能使企业的普通股东权益报酬率放大或者缩小。

通用磨坊公司在2010财务年度末的资本化率和金融杠杆率分别为2.03和1.03；而耐克公司在2010财务年度末的金融杠杆率为-0.44，资本化率为0.56，属于负杠杆公司。

与第9章一样，在阅读材料10-8中，我们总结了与本章知识要点相关的会计信息质量观察重点。

阅读材料 10-8

会计信息质量观察

在这里，我们接着第9章阅读材料9-6中的介绍，继续我们的会计信息质量观察总结。以下列出了一系列资产负债表中的信息质量观察要点。如下所述，资产负债表中的信息质量同时也会影响利润表中的信息质量。

在第11章中，我们还会继续讨论现金流量表中的信息质量问题，而在第13章中对可持续盈利问题进行讨论时，我们还会讨论更深入的盈余质量问题。

会计项目	质量问题
资产	
持有至到期的债权投资	持有至到期的债权投资（一般被归类为金融性资产）是按摊余成本计价的，请注意摊余成本并非它们的"现金价值"。如果可能的话，在财务报表附注中，也许可以找到这些投资的市场价值（我们经常也会用历史成本作为市场价值的合理估计）。

(续)

会计项目	质量问题
持有至到期的权益性投资	"持有至到期"的权益性投资（永久性投资）如果在被投资企业的股权比例中所占份额低于20%，则是按历史成本计价（见会计诊所Ⅲ中的介绍）。因此，在资产负债表中，实际上并不能看到这些投资的价值。利润表也是如此，只有被投资企业已宣告发放股利后，才能在利润表中报告投资收益，而股利显然并不能代表价值。分析人员需要找出这些证券的市场价值（如果这些证券是在公开市场中进行交易的）或者按权益法那样，确认持股份额内的投资收益。
可供出售并按市价进行计量的权益性投资	按市价对权益性投资进行计量解决了按摊余成本进行计量时无法确认价值的问题，但是又会导致新的问题产生。首先，按市价进行计量时，会产生未实现损益，这些未实现损益只在股东权益变动表中出现，并不会被报告在利润表中。这样进行会计处理不仅会扭曲利润表中企业进行股权投资的业绩，还给公司留下了利润操纵的空间，因为它允许公司选择在市价高时出售证券，从而在利润表中确认收益；而在市价低时则继续持有证券，从而将未实现的损失只报告在股东权益变动表中（以综合收益为编报基础对利润表进行重构可以解决这个问题）。其次，证券的市场价格中可能包含着泡沫，这样进行会计处理会使我们将泡沫也确认到财务报表中去（同理，在非流动的市场中，也可能发生价格的畸形低估）。最后，公允价值会计处理允许我们在无法获得市价时对市场价格去进行合理的估计，即所谓的第3层级公允价值估计值，而这种估计有可能是靠不住的。
坏账准备	企业的坏账准备有可能是不公允的，少提坏账准备可以提高盈利（因为确认的坏账费用相对也低了），而多提坏账准备则可以降低盈利。事实上，其他资产项目的准备金也存在同样的问题，比如，银行的贷款准备金。
递延所得税资产	由于相关的税收抵减机会有可能并不会出现，所以，我们需要计提递延所得税资产准备。通过计提不同的递延所得税资产准备，企业所报告的盈利水平当然也是不同的。需要注意的是，在这一准备的计提过程中，企业所使用到的估计是非常不可靠的。请参考递延所得税资产的相关报表附注信息，了解此项估值准备的明细内容。
商誉	当企业在并购中的出价超出了所取得可辨认资产（即有形的和无形的资产）的公允价值时，多出的部分就是商誉。由于这些有形和无形的资产逐渐都将通过折旧或者摊销等形式将价值转移到利润表中，因此，企业有可能会故意虚报商誉的价值（因此这种商誉是不需要定期摊销的，在出现减值迹象时确认减值即可）。
负债	
递延收入（预收收入）	只有商品已经发出或者服务已经完成以后，企业才能确认收入。对于跨期的合同，企业会将提前收到的相关收入递延到将来的会计期间，等待销售工作实际完成以后才确认收入，这样，就会产生"递延收入"这个负债项目，但递延的金额是需要我们进行判断的：企业有可能只递延很少的一部分（即采用激进的收入确认政策），也可能递延很高的金额（即采用保守的收入确认政策）。无论是上述哪一种做法，这样的企业所报告的当期收入都不能用来很好地预测未来的收入规模。
应计费用	应计费用都是很容易被操纵的估计值，因此，应当对企业估计的产品质量保证金负债（对售后服务和产品质量的担保）和预计重组支出等项目尤其小心。
应付租金	因融资租赁合同而确认的应付租金是需要列报在资产负债表中的，但经营租赁的应付租金却不需要在资产负债表中进行列报。因此，应当仔细阅读财务报表附注，了解资产负债表外的应付租金规模。
养老金负债	养老金负债涉及很多的精算假定和贴现率的选择问题，因此属于所谓的"软"数据。一旦这些假定发生变动，必然会导致预计的负债金额也发生变化，这样，企业在利润表中报告的养老金费用也会受到影响。
应付股利	严格地讲，应付股利应当被归类为股东权益类项目，而不应当作为一项负债。
或有负债	请仔细阅读财务报表相关附注，了解是否存在任何表外的或有负债（例如，因产品责任或者环境问题而涉及的法律诉讼等）。
其他负债	仔细阅读财务报表附注，看看其他负债都包含哪些内容。
优先股	按照美国公认会计原则的要求，优先股是作为权益项目来进行报告的（或者，如果是可赎回优先股，则需要报告在负债与权益项目之间），但实际上，如果站在普通股东的立场上来看，优先股实质为一项负债。

10.5 搭建你自己的分析工具

如果你已经按照第8章的要求建立了分析用的电子表格,那么,你一定也将耐克公司的相关财务报表数据输入到了这些电子表格中,并了解了这些数据之间的相互联系。现在,让我们通过这些电子表格去发掘更多的信息。本章所提供的耐克公司重构后的资产负债表和利润表可作为你的参考,当然,你也可以使用通用磨坊公司的数据或者本章章末的连贯案例中所提供的金佰利公司的数据(在本书的配套网站上,已给出连贯案例的解答参考)。

你应当从这些公司的年度报告中下载到它们的财务报表,然后,仔细阅读财务报表的附注信息,以发现更多的细节,并将它们补充到财务报表中。当前,并不存在任何电子程序可以自动地对这些报表进行重构,你只有在理解了企业的经营业务,并且能判断出某个项目究竟是属于经营活动还是金融活动的基础上,手动完成报表的重构。因此,你只能靠自己来完成这里所需的分析和判断工作!当然,企业年度报告中的业务介绍部分和管理层讨论与分析部分是可以为你的分析和判断提供帮助的。

在对资产负债表、利润表和第9章中所介绍的股东权益变动表进行了重构之后,你现在就已经拥有了一套可以用来进行完整财务报表分析的报表产品了。如果你在建立这些财务报表时遇到了任何困难,可随时参考本书配套网站上的"搭建你自己的分析工具"(BYOAP)。

本章小结

在这里,我们将列出企业财务报表分析的八个步骤,其中就概括了本章中所涉及的主要内容:

1. 以综合收益为基础,重构股东权益变动表。
2. 计算普通股东权益的综合收益报酬率,并且,根据重构的普通股东权益变动表计算股东权益增长率。
3. 重构资产负债表,区分经营性资产项目与金融性资产项目,以及经营性负债项目与金融性负债项目。
4. 以综合收益为基础,重构利润表,区分经营利润与金融收益,并注意应将所得税费用在相关项目间进行分配。
5. 通过共同比分析和趋势分析,将目标企业的重构后资产负债表和利润表与可比企业的进行比较。
6. 重构现金流量表。
7. 进行普通股东权益报酬率分析。
8. 进行增长情况分析。

上述八个步骤中,第1步和第2步在第9章中进行了介绍,本章主要涉及第3~5步,第11章涉及第6步,而最后的普通股东权益报酬率分析和普通股东权益增长情况分析则将在第12章和第13章中去完成。

重构利润表和重构资产负债表是正确计算财务比率、衡量企业运营成果的前提。如果将金融项目与经营项目混为一谈,则难以得到正确的经营获利能力财务指标(净经营性资产报酬率)和金融活动获利能力指标(净借款成本率或净金融性资产报酬率)。本章向你介绍了如何进行报表的重构。从表面上看,报表的重构是非常机械的,但实际上,它要求我们对企业的业务有深入的了解和认识,必须清楚目标企业是通过什么来赚取盈利的。实际上,通过财务报表的重构,能使分析人员更好地理解企业的经营业务,因为在报表重构的过程中,分析人员需要深入挖掘财务报表的附注信息、管理层讨论与分析等年报内容,在完全理解按照美国公认会计原则所编制的财务报表的基础上,为重构的报表注入更多更明细的信息。有了一套充分编制的重构财务报表之后,再结合比较共同比报表和趋势分析报表,分析人员便能够开始继续进行获利能力分析和增长能力分析,这两部分内容将主要在第12章和第13章中进行介绍。

有时你会发现，由于企业的信息披露不够充分，要将某个报表项目直接认定为经营项目或是金融项目是十分困难的。如果某家企业的利润构成中，按照权益法确认的在被投资企业享有的投资收益（当企业持有被投资企业的股权比例不足50%时）占比很高时，则这个问题会更加严重。此时，重新编制合并报表，或者按分部来编制财务报表，也许能对解决这个问题略有帮助。不过在信息披露不够充分有效的前提下，获利能力计量指标的准确性肯定是会受到影响的。不过，如果考虑另一种极端情况，假如企业的信息披露十分充分，比如，已按分部披露了各个经营板块的经营获利情况，那么，此时分析的质量必然也能得到提高。

关键概念

融资租赁（capital leases）：是一种资产租赁形式，其租赁期往往占到了该项资产可供使用寿命的绝大部分。在融资租赁这种租赁形式下，被租赁的资产和相应的负债都应列报在承租人的资产负债表中。

共同比分析（common-size analysis）：共同比分析将财务报表中的项目均与某个财务报表合计数进行比较，以去除规模的影响，并突出显示财务报表中各个项目之间的比例结构关系。

合并会计（consolidation accounting）：指将企业的财务报表与一个或者更多相关企业的财务报表合并成一套财务报表的会计处理过程。

实际税率（effective tax rate）：指企业利润被征收的平均税率。

企业资产（enterprise assets）：指企业在经营活动中所使用的净资产，也称为净经营性资产（net operating assets, NOA）。

企业利润（enterprise income）：指企业经营活动所创造的利润，也被称为经营利润（operating income）或税后净经营利润（net operating profit after tax, NOPAT）。

金融杠杆率（financial leverage）：指企业的净经营性资产中，有多少是由净金融性负债来提供支持的。

边际税率（marginal tax rate）：是企业所赚得的最后一美元利润所适用的所得税税率。

少数股东权益（minority interest）：指在企业所投资的子公司普通股东权益中，除母公司所拥有的权益份额之外的其他股东权益，也称非控股股东权益（noncontrolling interest）。

净金融性资产/负债（net financial assets/obligations）：指企业在金融活动中所适用的净资产，需要与净经营性资产相区分。

净融资费用（net financial expense）：指企业在非权益性融资的金融活动中所发生的费用。

净经营性资产（net operating assets, NOA）：指企业在经营活动中所使用的净资产，也称为企业资产（enterprise assets），需要与净金融性资产（负债）相区分。

税后净经营利润（net operating profit after tax, NOPAT）：指企业通过经营活动所取得净利润，也称为企业利润（enterprise income）。

非控股股东权益（noncontrolling interest）：同少数股东权益。

经营现金（operating cash）：指企业在经营活动中所使用的现金（与投入到金融性资产中的现金相对）。

经营利润（operating income）：指企业通过销售商品或者提供服务等经营活动而获得的利润，也被称为企业利润（enterprise income），或税后净经营利润（net operating profit after tax, NOPAT）。

经营租赁（operating lease）：是一种资产租赁形式，在这种方式下，承租人可使用租赁资产的时间与该资产本身的有效使用寿命相比非常短，因此，承租人不需要在其资产负债表中确认该项租赁资产和相关的租赁负债。

经营性负债杠杆率（operating liability leverage）：指企业对净经营性资产的投资中，有多大程度是由经营活动中的债权人来提供的。

剩余经营利润（residual operating income，ReOI）：指企业的经营利润超出了按必要报酬率计算的净经营性资产应得收益的部分。

法定税率（statutory tax rate）：指根据法律规定，企业利润所适用的所得税税率。

战略资产负债表（strategic balance sheet）：是一种经过重构的资产负债表，战略资产负债表能让我们了解到企业是如何组织它的运营的。

税费分配（tax allocation）：指将所得税费用在各个应税的利润组成项目之间进行分配。

税盾（tax shield）：指可以在税前扣除负债的利息，从而减少企业所得税费用的一种作用。

趋势分析（trend analysis）：将财务报表各个项目的水平全部表示为某个基准比较年度水平的百分比。

分析师工具箱

分析工具	重要指标	应记住的缩写/简称
重构后的资产负债表	经营活动的实际税率	CSE：普通股东权益
重构后的利润表	税后净金融收益（或净融资费用）	FLEV：金融杠杆
税费分配	税后经营利润（OI）	NBC：净融资成本率
——自上而下法	财务比率	NFA：净金融性资产
——自下而上法	利润表比率	NFE：净融资费用
共同比分析	经营利润率	NFO：净金融性负债
趋势分析	销售活动创造的经营利润率	NOL：净经营损失
利润表和资产负债表的比率分析	其他经营项目利润率	NOA：净经营性资产
	综合收益净利率	NOPAT：税后净经营利润
	费用率	OI：经营利润
	资产负债表比率	OLLEV：经营性负债杠杆
	经营性负债杠杆（OLLEV）	PM：经营利润率
	资本化率	ReOI：剩余经营利润
	剩余经营利润	RNFA：净金融性资产报酬率
		RNOA：净经营性资产报酬率
		ROCE：普通股东权益报酬率

连贯案例：金佰利公司

自主练习

在第9章中，你已经对金佰利公司2010财务年度的股东权益变动表进行了重构，现在你可以继续重构该公司的资产负债表和利润表了。在第2章的连贯案例表2-2中，你可以找到这些报表。同时，要完成这个任务，你还需要有重构后的股东权益变动表（在本书配套网站上，第9章的案例解答部分已有提供），因为影响综合收益的全部项目都列报在这张报表中，而这些项目都是你在重构利润表时需要用到的。

到这一步时，对目标企业的完整年度报告事先进行深入的阅读是非常有必要的。其中，在年度报告的"管理层讨论与分析"和"财务数据摘要"这两个部分中，含有大量有价值的信息，可帮助你判断金佰利公司财务报表中的某个项目到底应该属于经营活动项目还是金融活动项目。如果你还没有下载好的年度报告，请现在立即去完成，或者，也可以在本书配套网站第2章的补充材料中去复制一份。

重构报表

你的任务是需要对金佰利公司在 2008、2009 和 2010 财务年度末的资产负债表和 2009、2010 财务年度的利润表去进行重构,完成此项工作时,可参考本章中耐克公司、戴尔公司和通用磨坊公司的重构报表格式。请在金佰利公司 2008 财务年度的年度报告中找到它的 2008 财务年度末资产负债表,阅读这份报表,并判断哪些项目属于经营活动项目,而哪些项目属于金融活动项目。在阅读年度报告的过程中,请注意寻找任何可列报于重构报表的细节信息,使重构的报表更加具有信息含量。比如,你可能会发现,在 2008、2009 和 2010 财务年度中,广告费用分别为 5.12 亿美元、5.59 亿美元和 6.98 亿美元,而同期的研究与开发支出则分别为 2.97 亿美元、3.01 亿美元和 3.17 亿美元。

为得到 2009 财务年度重构后的综合收益,你需要先检查 2009 财务年度的股东权益变动表,确认出其他综合收益项目。为简化你的工作,下面已经列出了金佰利公司在 2009 财务年度的综合收益,其中还包含了股票期权计划行权的影响。

2009 财务年度综合收益(百万美元)	
净利润	1 884
外币折算利得	619
养老金负债调整	(32)
现金流量套期损失	3
股票期权计划行权的影响净额(税后)	67
综合收益	2 541

重构资产负债表时,请令每年的营运现金等于 5000 万美元(大约为销售收入的 0.25%)。资产负债表中的应收票据属于一家融资子公司的应收款,这些应收款在 2009 财务年度和 2010 财务年度产生的利息分别为 800 万美元和 1400 万美元,均已列报在利润表的"利息收益"项目中。请确保你已确认出利润表中的全部相关部分,正确区分了销售活动创造的经营利润和其他经营利润,并对所得税费用进行了恰当的分配。金佰利公司的法定适用税率为 36.8%。

比率分析

请用两三句话说明你所重构的财务报表都表达了什么内容,然后计算金佰利公司在 2010 和 2009 财务年度的净经营性资产报酬率和净借款成本率。对利润表进行共同比分析,了解企业的经营获利能力。同时,请计算这家公司的金融杠杆和经营性负债杠杆。

为金佰利公司搭建你自己的分析工具

你可以在第 9 章所建立的电子表格中插入你重构后的财务报表,将来,等我们学习第 12 章和第 13 章时,你就可以利用这些报表资料在电子表格中进行分析了。在完成这一部分内容时,本书配套网站上的"搭建你自己的分析工具"(BYOAP)可做参考。

思考题

C10.1. 为什么重构报表对了解一家企业的经营获利能力是非常必要的?

C10.2. 请确认下列项目是属于金融性资产还是经营性资产:
 a. 存放在支票账户中的现金,主要用于平时支付账单。
 b. 应收账款。
 c. 一家汽车公司的融资性应收款。
 d. 90 天期的计息定期存款(现金等价物)。
 e. 持有至到期的债权投资。
 f. 短期股权投资。
 g. 打算永久持有的长期权益性投资。
 h. 商誉。
 i. 租赁资产。
 j. 递延薪酬。

C10.3. 请指出下列项目是属于金融性负债还是

经营性负债，抑或两者都不是？
  a. 应付职工薪酬。
  b. 递延收入。
  c. 优先股股本。
  d. 递延所得税负债。
  e. 租赁负债。
  f. 需要付息的应付票据。

C10.4. 站在普通股股东的立场上来看，少数股东权益应当是一项金融性负债。你认为这种说法正确吗？

C10.5. 有人说，负债能为企业提供税盾。请问，这句话是什么意思？

C10.6. 在什么样的情况下，企业可能会无法得到负债带来的税收抵减作用？

C10.7. 经营利润率能告诉我们什么信息？

C10.8. 如果一家企业的杠杆为负，这是什么意思？

练习题

基本练习

E10.1. 基本计算（简单）

a. 下列数据取自一家企业的资产负债表（单位：百万美元）。

经营性资产	547
金融性资产	145
负债总额	322

其中，在负债总额中，有 1.9 亿美元属于金融性负债。请根据上述信息，编制一张重构后的资产负债表，区分经营活动项目和金融活动项目的影响。

b. 在一份利润表中，报告了下列项目（单位：百万美元）。

销售收入	4 356
销货成本	3 487
经营费用	428
利息收益	56
利息费用	132

这张利润表的编报主体并不需要缴纳所得税。请根据上述信息，编制一份重构后的利润表，区分经营活动项目和金融活动项目的影响。

E10.2. 税费分配（简单）

一家企业在利润表中报告它的净利润为 8.18 亿美元，其中，包含了 1.4 亿美元的净融资费用和 4.02 亿美元的所得税费用。请计算这家企业的税后经营利润和税后净融资费用，假定这家企业的法定税率为 35%。

E10.3. 实际税率（中等）

请阅读下面这张简短的利润表（单位：百万美元）。

税前经营利润	100
税前利息费用	10
所得税费用	25
净利润	65

这家企业的法定税率为 35%。请问，按税前利润计算的实际税率为多少？按经营利润计算的实际税率为多少？

E10.4. 税费分配：自上而下法与自下而上法（简单）

根据下面这张利润表中的信息（单位：百万美元），用自上而下法和自下而上法计算这家企业的税后经营利润，假定该企业的税率为 37%。

销售收入	6 450
销货成本	(3 870)
经营费用	(1 843)
利息费用	(135)
所得税费用	(181)
净利润	421

E10.5. 重构资产负债表和利润表（简单）

下面是一家制造企业的资产负债表和利润表，请对这两张报表进行重构。表中数据单位均为百万美元，编报企业适用的法定所得税税率为 36%。

资产负债表				利润表	
资产		负债与股东权益			
营运现金	23	应付账款	1 245	销售收入	7 493
现金等价物	435	应计费用	1 549	经营费用	6 321
应收账款	1 827	递延所得税负债	712	利息费用	221
存货	2 876	长期负债	3 678	税前利润	951
不动产、厂房与设备	3 567	优先股东权益	432	所得税费用	295
		普通股东权益	1 112	净利润	656
资产合计	8 728	负债与股东权益合计	8 728	优先股股利	26
				归属于普通股股东的净利润	630

E10.6. 重构资产负债表、利润表和股东权益变动表（中等）

以下是一家企业在 2012 财务年度的相关会计报表（单位：百万美元）。

	资产负债表					股东权益变动表	
	2012 年	2011 年		2012 年	2011 年	2011 财务年度末余额	1 430
营运现金	60	50	应付账款	1 200	1 040	发行股份	822
短期投资（市值）	550	500	应计负债	390	450	回购股份 2 400 万股	(720)
应收账款	940	790	长期负债	1 840	1 970	支付现金股利	(180)
存货	910	840	普通股权益	1 870	1 430	债权投资的未实现利得	50
不动产与厂房	2 840	2 710				净利润	468
	5 300	4 890		5 300	4 890	2012 财务年度末余额	1 870

这家企业的所得税税率为 35%，它在 2012 财务年度中报告了利息收益 15 百万美元，利息费用 98 百万美元，销售收入 3726 百万美元。请完成下列要求：

a. 对这家企业在 2012 财务年度末的资产负债表进行重构，区分经营活动和金融活动的影响。同时，对股东权益变动表也进行重构。

b. 编制一份重构后的综合收益报表。

E10.7. 检验重构后的利润表中的关系（中等）

在下面这份重构后的利润表中，有一些数值是用大写字母代替的，请写出这些字母所表示的缺失值。报表中的金额单位为百万美元，这家企业适用的边际税率为 35%。

经营收入		5 523
销售成本	3 121	
其他经营费用	1 429	
税前经营利润		A
报告的所得税费用	B	
利息费用带来的税收抵减	C	

		（续）
税后经营利润		D
税前利息费用	E	
税收抵减额	(F)	
税后利息费用		42
综合收益		610

请问，这家企业经营利润的实际税率为多少？

应用分析

E10.8."现金"的价格与经营活动的价格：Realnetworks 公司⊖**（简单）**

Realnetworks 公司的股票在 2008 年 10 月左右的市场交易价格为每股 3.976 美元，当时，该公司共有 1.425 62 亿股股票流通在外。在最近的一份季度资产负债表中，该公司报告了 4.54 亿美元的净金融性资产和 8.76 亿美元的普通股东权益。请回答下列问题：

a. 这家公司的股东权益市净率为多少？

b. 这家公司的净经营性资产账面价值为

⊖ Realnetworks 公司是著名的 RealPlayer 播放器的制造商，公司总部设在美国华盛顿州的西雅图。——译者注

多少?

c. 根据市场定价,这家公司经营业务的市场估值为多少?

E10.9. 分析利润表:百事可乐公司(简单)

百事可乐公司在它 1999 年的利润表中报告了下列信息(单位:百万美元)。

销售收入净额	20 367
经营费用	(17 484)
重组支出	(65)
经营利润	2 818
资产处置利得	1 083
利息费用	(363)
利息收益	118
	3 656
所得税费用	1 606
净利润	2 050

请完成下列要求:

a. 将这份利润表进行重构,在重构的报表中,请区分经营项目与金融项目,区分销售活动创造的经营利润与其他经营利润。请问,该公司在报告年度的税后经营利润为多少?假定这家公司适用的法定税率为 36.1%。

b. 计算百事可乐公司销售活动所创造经营利润的实际税率为多少?

E10.10. 咖啡时间:重构星巴克公司的财务报表(中等)

(这道练习题建立在第 9 章的练习题 E9.8 的基础上,但也可以独立完成。)

下面列出了咖啡零售商星巴克公司为截至 2007 年 9 月 30 日的财务年度所编制的比较利润表和资产负债表,以及当期的股东权益变动表。请仔细阅读这些报表和报表下面的附注信息,然后回答下列问题:

a. 为星巴克公司编制一份 2007 财务年度的重构股东权益变动表,在表中分别列报公司与股东之间的交易和综合收益。

b. 为星巴克公司编制一份 2007 财务年度的重构综合收益表,以及 2006 和 2007 财务年度的重构资产负债表。

c. 计算星巴克公司在 2007 财务年度中的下列项目:普通股权益报酬率、净经营性资产报酬率、和净融资成本率。用资产负债表中的期初数作为这些比率的分母。同时,还请计算出星巴克公司在 2007 财务年度初的金融杠杆率。

星巴克公司合并利润表		
(除每股收益外,其他金额单位均为千美元)		
	财务年度截止日	
	2007 年 9 月 30 日	2006 年 10 月 1 日
销售收入净额:		
公司直营的零售店	7 998 265	6 583 098
授权经营店:		
许可权	1 026 338	860 676
食品服务与其他	386 894	343 168
授权经营收入合计	1 413 232	1 203 844
销售收入净额总计	9 411 497	7 786 942
包含店面租金在内的销售成本	3 999 124	3 178 791
店面经营费用	3 215 889	2 687 815
其他经营费用	294 136	253 724
折旧与摊销费用	467 160	387 211
日常管理费用	489 249	479 386
经营费用合计	8 465 558	6 986 927
按权益法确认的投资收益	108 006	93 937

(续)

	财务年度截止日	
	2007年9月30日	2006年10月1日
经营利润	1 053 945	893 952
利息与其他收益净额	2 419	12 291
所得税前利润	1 056 364	906 243
所得税费用	383 726	324 770
扣除会计政策变更累计影响前的利润	672 638	581 473
FIN 47 会计变更的累计影响:		
税后影响净额		17 214
净利润	672 638	564 259
普通股每股:		
扣除会计政策变更累计影响前的利润——基本的	0.90	0.76
FIN 47 会计变更的累计影响（税后额）		0.02
净收益——基本的	0.90	0.74
扣除会计政策变更累计影响前的利润——稀释的	0.87	0.73
FIN 47 会计变更的累计影响（税后额）		0.02
净收益——稀释的	0.87	0.71
加权平均流通在外的股份数量		
基本的	749 763	766 114
稀释的	770 091	792 556

星巴克公司合并资产负债表
（除股份数量数据外，其他金额单位均为千美元）

	财务年度截止日	
	2007年9月30日	2006年10月1日
	资产	
流动资产:		
现金与现金等价物	281 261	312 606
短期投资——可供出售的证券	83 845	87 542
短期投资——交易性证券	73 588	53 496
应收账款（净值）	287 925	224 271
存货	691 658	636 222
预付费用与其他流动资产	148 757	126 874
递延所得税资产（净值）	129 453	88 777
流动资产合计	1 696 487	1 529 788
长期投资——可供出售的证券	21 022	5 811
长期股权与其他投资	258 846	219 093
不动产、厂房与设备（净值）	2 890 433	2 287 899
其他资产	219 422	186 917
其他无形资产	42 043	37 955
商誉	215 625	161 478
资产总计	5 343 878	4 428 941

	财务年度截止日	
	2007年9月30日	2006年10月1日
	负债与股东权益	
流动负债：		
商业票据与短期借款	710 248	700 000
应付账款	390 836	340 937
应付职工薪酬与相关费用	332 331	288 963
应付店面租金	74 591	54 868
应交税金	92 516	94 010
其他应计费用	257 369	224 154
递延收入	296 900	231 926
一年内到期的长期负债	775	762
流动负债合计	2 155 566	1 935 620
长期债务	550 121	1 958
其他长期负债	354 074	262 857
负债合计	3 059 761	2 200 435
股东权益：		
普通股（每股面值0.001美元）——已核准12亿股，发行并流通在外的股份分别为738 285 285股和756 602 071股（两期均包括342.044 8万普通股单元）	738	756
其他资本公积	39 393	39 393
留存收益	2 189 366	2 151 084
累计其他综合收益	54 620	37 273
股东权益合计	2 284 117	2 228 506
负债与股东权益总计	5 343 878	4 428 941

星巴克公司合并股东权益变动表

（除每股数据外，编报金额单位均为千美元）

	普通股		股本溢价	其他资本公积	留存收益	累计其他综合收益/损失	合计
	数量	金额					
2006年10月1日（余额）	756 602 071	$756	$	$39 393	$2 151 084	$37 273	$2 228 056
净利润					672 638		672 638
未实现持有损失（净值）						(20 380)	(20 380)
外币折算调整（税后）						37 727	37 727
综合收益							689 985
以股份支付的薪酬费用			106 373				106 373
股票期权行权影响，包含相关税收抵减额 $95 276	12 744 226	13	225 233				225 246
出售普通股，包括相关税的影响 $139	1 908 407	2	46 826				46 828
回购普通股	(32 969 419)	(33)	(378 432)		(634 356)		(1 012 821)

（续）

	普通股		股本溢价	其他资本公积	留存收益	累计其他综合收益/损失	合计
	数量	金额					
2007年9月30日余额	738 285 285	$738	$0	$39 393	$2 189 366	$54 620	$2 284 117

附注：

1. 可供出售的短期投资和长期投资，都是债权性的投资。
2. 列报为交易性证券的短期投资，是对一个权益共同基金的投资，该项投资是员工养老金设定提存计划的一部分。与之对应的递延薪酬负债（2007年为86 400千美元）报告在"应付职工薪酬与相关费用"项目内。
3. 在2006年和2007年的现金和现金等价物中，有价值40 000千美元均属于经营活动中须用的营运现金。
4. 在2007年的利润表中，报告的利息与其他收益净额包括下列内容（单位：千美元）。

利息收入	19 700
利息费用	(38 200)
可供出售投资的已实现收益	3 800
资产处置利得	26 032
其他经营支出	(8 913)
	2 419

5. "按权益法确认的投资收益"是按税后值列报的。
6. 该企业使用的联邦所得税和州所得税法定税率合计为38.4%。
7. 在综合收益中列报的未实现持有损失是由可供出售的债券所引起的。

E10.11. 咬一口苹果：苹果公司（中等）

苹果公司在史蒂芬·乔布斯先生的领导下，在过去几年中经营得十分成功，它们推出一系列新产品，比如iPhone和iPad，受到了顾客的极大推崇。这家公司的股票价格在2009年年初还只是每股91美元，到2011年中旬，就已经上涨到了每股超过350美元。下面列出了苹果公司在2011年第一季度的利润表和资产负债表，这家公司适用的法定税率为37%。要求：

a. 重构苹果公司在2011财务年度第一季度的财务报表，说明这家公司是如果创造价值增值的。在公司原来的报表中，"长期有价证券"都是债券投资，利润表中的"其他收益与费用"多为金融性资产所实现的收益。

b. 你也许会注意到，苹果公司在它的资产负债表中报告了金额不菲的"货币资金"，这些钱被大量投资于政府债券、公司债券和商业票据。从第一季度来看，这类投资所赚取的收益平均只有0.75%（年化的税前收益率）。如果按照苹果公司在截至2011年9月的这个财务年度中能实现的自由现金流量总额146亿美元来计算，这个金额可能还会更高一些。此外，苹果公司并没有向股东支付股利。请问，为什么苹果公司要持有这么多的货币资金呢？

c. 为什么苹果公司没有任何金融债务？

d. 在重构报表的过程中，你会发现苹果公司的净经营性资产是负数。从这一现象中，你可以推断出什么结论？请计算苹果公司在这一季度中实现的剩余经营利润来证明你的观点（可以大致估计一个必要报酬率）。

苹果公司的简化合并利润表（未经审计的）
（股票数量的单位为千股，此外除每股数据以外，均为百万美元）

	3个月的截止日		6个月的截止日	
	2011年3月26日	2010年3月27日	2011年3月26日	2010年3月27日
销售收入净额	24 667	13 499	51 408	29 182
销货成本	14 449	7 874	30 892	17 146
毛利润	10 218	5 625	20 516	12 036

(续)

	3个月的截止日		6个月的截止日	
	2011年 3月26日	2010年 3月27日	2011年 3月26日	2010年 3月27日
经营费用：				
研究与开发费用	581	426	1 156	824
销售与日常管理费用	1 763	1 220	3 659	2 508
经营费用合计	2 344	1 646	4 815	3 332
经营利润	7 874	3 979	15 701	8 704
其他收益与费用	26	50	162	83
所得税前利润	7 900	4 029	15 863	8 787
所得税费用	1 913	955	3 872	2 335
净利润	5 987	3 074	11 991	6 452
普通股每股收益：				
基本的	6.49	3.39	13.02	7.12
稀释的	6.40	3.33	12.83	7.00
计算每股收益时使用的股份数量：				
基本的	923 196	907 548	921 245	905 545
稀释的	935 944	922 878	934 549	921 331

苹果公司的简化合并资产负债表
（除股份数量外，其他数据单位均为百万美元）

	2011年3月26日	2010年9月25日
资产		
流动资产：		
现金与现金等价物	15 978	11 261
短期有价证券	13 256	14 359
应收账款（净值）（坏账准备分别为 $57 和 $55）	5 798	5 510
存货	930	1 051
递延所得税资产	1 683	1 636
非商业的供应商应收款	5 297	4 414
其他流动资产	4 055	3 447
流动资产合计	46 997	41 678
长期有价证券	36 533	25 391
不动产、厂房与设备（净值）	6 241	4 768
商誉	741	741
购入的无形资产（净值）	507	342
其他资产	3 885	2 263
资产总计	94 904	75 183
负债与股东权益		
短期负债：		
应付账款	13 714	12 015
应计费用	7 022	5 723
递延收入	3 591	2 984
短期负债合计	24 327	20 722

（续）

负债与股东权益		
递延收入——长期部分	1 230	1 139
其他长期负债	7 870	5 531
负债合计	33 427	27 392
承诺与或有负债		
股东权益		
普通股，无面值；核准发行18亿股；已发行并流通在外数量分别为 924 674 079 和 915 970 050	12 326	10 668
留存收益	49 025	37 169
累计其他综合收益（损失）	126	（46）
股东权益合计	61 477	47 791
负债与股东权益合计	94 904	75 183

迷你案例

M10.1 财务报表分析：宝洁公司 I

宝洁公司由威廉姆·普克特（William Procter）和詹姆斯·甘布尔（James Gamble）在1837年创立，当时只是一个很小的家族式企业，经营香皂和蜡烛等产品。现在，宝洁公司已成为全球领先的消费者产品公司，年销售收入已超过830亿美元。它的总部坐落于美国俄亥俄州的辛辛那提市，产品遍布全球超过180个国家。

宝洁公司的产品覆盖范围包括洗衣液、牙膏、婴儿纸尿裤、卷筒纸、美容护肤品、洗发香波、零食和宠物食品等，拥有大量家喻户晓的品牌，比如：魅力（纸巾品牌Charmin）、帮宝适（尿不湿品牌Pampers）、邦蒂（纸巾品牌Bounty）、汰渍（洗衣液品牌Tide）、多丽（衣物柔顺剂品牌Downy）、卡斯卡特（洗碗机用清洁剂品牌Cascade）、玉兰油（护肤品牌Olay）、丹碧丝（妇女卫生用品品牌Tampax）、佳洁士（口腔卫生护理品牌Crest）、海飞丝（护发产品品牌Head and Shoulders）、品客（零食品牌Pringles）等。这些品牌的维护、创新的包装以及零售供应链的有效配送等，是这家公司经营成功的关键。产品创新、市场营销以及流水化的生产与配送推动着这家公司的成长。不过，宝洁公司也通过并购其他公司买入了不少新的品牌，比如，它在2006财务年度中，以534亿美元的价格买下了吉利公司，将该公司的刮胡刀、男士护理用品以及金霸王电池全部纳入自己的产品范围内。

消费者产品的品牌竞争一直十分激烈，宝洁公司的竞争对手包括联合利华（Unilever）、雅芳、高乐氏（Clorox）、金佰利－克拉克、欧莱雅（L'Oreal）、劲量（Energizer）和高露洁等。与这些公司一样，持续不断的创新是宝洁公司获得长久盈利的保证。因此，宝洁公司对包括市场研究在内的研究与开发项目的支出一直非常大方，也投入了大量的钱用在广告和品牌促销方面。

打开宝洁公司的官方网站www.pg.com，你可以了解到更多这家企业的信息。请点开"投资者关系"栏目，下载这家企业的年度报告，阅读由公司管理层撰写的"致股东的信"和"管理层讨论与分析"。同时，请在美国证券交易委员会的EDGAR电子资料库中查找宝洁公司的年度报告。虽然只是简单地看一看，但管理层沟通信息对帮助我们理解公司的战略，以及管理层是如何执行这些战略的，是非常有帮助的。从宝洁公司管理层的"致股东的信"中，可以明显地看到品牌创新与研究的压力。

了解这家企业的背景之后,请打开它的财务报表和报表附注,这些是我们将在财务报表分析中所要关注的重点。请看看管理层关于公司财务报表和内部控制所做出的保证,确保在公司的审计报告中不存在任何异常的东西。将报表附注涉及的内容,整理成一份清单,这样,当你想查阅某方面的明细信息时,便于查找。

现在你可以开始准备进行分析了。从这一章开始,直到第16章,我们将在一系列的迷你案例中使用宝洁公司的资料。我们会逐步为财务分析加入新的内容,这样到第13章章末,你将会有一套分析透彻的报告,可用来辅助你对这家公司进行估值了。第14~16章的迷你案例就是利用这些分析结果,对宝洁公司进行了完整的估值尝试。

现在,你首先需要对宝洁公司的利润表和资产负债表进行重构,为分析做好准备。表10-15列出了这家公司在2008~2010财务年度的公开利润表和股东权益变动表,以及在2007~2010财务年度的资产负债表。报表之后的其他信息对你的工作也会非常有帮助。由于对宝洁公司来说,广告费用和研究与开发支出是非常重要的,因此,请在重构的报表中,将这些项目单独作为一行予以报告。

如果你擅长使用电子表格来进行分析,则可将重构后的报表输入到电子表格中,这样在后续的章节中,当我们进行财务报表分析时就可以直接调用电子表格中的数据了。在电子表格中,你还可以为2010财务年度以后的年报数据留下空间,等待这些数据可以获得后再一一填入,这样做便于你对这家公司进行长期的追踪。本书配套网站上的"搭建你自己的分析工具"(BYOAP)将会指导你完成此项任务。

完成财务报表的重构工作之后,请将这些报表与表10-5和表10-11中通用磨坊公司的相关报表进行比较。虽然通用磨坊公司更多的是做包装食品,但与宝洁公司相比,它们的共同点在于都属于品牌营销商。因此,请看看这两家公司的财务报表所揭示的企业组织相同吗?区别主要在哪些地方呢?

接下来,再将宝洁公司的财务报表与耐克公司的(参考表10-3和表10-9)和戴尔公司的(参考表10-4和表10-10)相关报表进行比较。你发现了哪些差异呢?不同公司的企业经营各有什么特点呢?

最后,请完成下列案例要求:

a. 计算宝洁公司2008~2010财务年度中的普通股权益报酬率。

b. 计算同期的净经营性资产报酬率。

c. 宝洁公司在这几年中,每年的销售收入经营利润率为多少?

d. 计算在这几年中,宝洁公司每一年的广告费用和研究与开发费用占销售收入的百分比(费用率),你发现什么趋势了吗?

e. 计算宝洁公司在2009和2010财务年度的销售收入增长率,以及经营利润占销售收入比重的增长率。

f. 计算宝洁公司在2008~2010财务年度中净经营性资产的增长率。根据计算结果,你能发现什么趋势吗?是否有资产负债表项目对这个增长率的影响尤其大?

g. 计算宝洁公司在2010财务年度末的金融杠杆率。

h. 请对你认为宝洁公司财务报表中的任何不寻常现象做出评论。

表 10-15 宝洁公司 2010 财务年度比较财务报表

相关财务报表附注是财务报表不可或缺的部分。

合并利润表			
(除每股数据外,单位均为百万美元;每年的财务年度截止日均为 6 月 30 日)			
	2010 年	2009 年	2008 年
销售收入净额	78 938	76 694	79 257
产品销售成本	37 919	38 690	39 261
销售与日常管理费用	24 998	22 630	24 017

(续)

合并利润表
(除每股数据外,单位均为百万美元;每年的财务年度截止日均为 6 月 30 日)

	2010 年	2009 年	2008 年
经营利润	16 021	15 374	15 979
利息费用	946	1 358	1 467
其他非经营利润(费用)(净值)	(28)	397	373
持续经营的税前利润	15 047	14 413	14 885
持续经营业务的所得税费用	4 101	3 733	3 594
持续经营的净利润	10 946	10 680	11 291
终止经营项目的净利润	1 790	2 756	784
净利润	12 736	13 436	12 075
基本的普通股每股净收益:			
持续经营的收益	3.70	3.55	3.61
终止经营的收益	0.62	0.94	0.25
普通股每股净收益	4.32	4.49	3.86
稀释的普通股每股净收益:			
持续经营的收益	3.53	3.39	3.40
稀释经营的收益	0.58	0.87	0.24
稀释的普通股每股净收益	4.11	4.26	3.64
普通股每股股利	1.80	1.64	1.45

合并资产负债表
(编报日为每年的 6 月 30 日;单位为百万美元)

	2010 年	2009 年	2008 年	2007 年
流动资产				
现金与现金等价物	2 879	4 781	3 313	5 354
证券类投资	—	—	228	202
应收账款	5 335	5 836	6 761	6 629
存货				
原料与物料	1 692	1 557	2 262	1 590
在产品	604	672	765	444
完工产品	4 088	4 651	5 389	4 785
存货合计	6 384	6 880	8 416	6 819
递延所得税	990	1 209	2 012	1 727
预付费用与其他流动资产	3 194	3 199	3 785	3 300
流动资产合计	18 782	21 905	24 515	24 031
不动产、厂房与设备				
建筑大楼	6 868	6 724	7 052	6 380
机器与设备	29 294	29 042	30 145	27 492
土地	850	885	889	849
不动产、厂房与设备合计	37 012	36 651	38 086	34 721
累计折旧	(17 768)	(17 189)	(17 446)	(15 181)
不动产、厂房与设备净值	19 244	19 462	20 640	19 540
商誉与其他无形资产				

(续)

合并利润表			
（除每股数据外，单位均为百万美元；每年的财务年度截止日均为 6 月 30 日）			
	2010 年	2009 年	2008 年
商誉	54 012	56 512	59 767	56 552
商标与其他无形资产（净值）	31 636	32 606	34 233	33 626
商誉与其他无形资产净值	85 648	89 118	94 000	90 178
其他非流动资产	4 498	4 348	4 837	4 265
资产总计	128 172	134 833	143 992	138 014
短期负债				
应付账款	7 251	5 980	6 775	5 710
应计负债与其他	8 559	8 601	10 154	9 586
应交税金	—	—	945	3 382
1 年内到期的长期债务	8 472	16 320	13 084	12 039
短期负债合计	24 282	30 901	30 958	30 717
长期负债	21 360	20 652	23 581	23 375
递延所得税负债	10 902	10 752	11 805	12 015
其他长期负债	10 189	9 146	8 154	5 147
负债总额	66 733	71 451	74 498	71 254
股东权益				
可转换优先股，类别 A，设定价值每股 1 美元（已核准 6 亿股）	1 277	1 324	1 366	1 406
无表决权优先股，类别 B，设定价值每股 1 美元（已核准 2 亿股）	—	—	—	—
普通股，设定价值每股 1 美元（已核准 100 亿股，已发行：2010 年度——40.076 亿股；2009 年度——40.073 亿股）	4 008	4 007	4 002	3 990
股本溢价	61 697	61 118	60 307	59 030
员工持股计划债务退出准备	(1 350)	(1 340)	(1 325)	(1 308)
累计其他综合收益	(7 822)	(3 358)	3 746	617
库存股，按成本计价（持有股数：2010 年度——11.641 亿股；2009 年度——10.903 亿股）	(61 309)	(55 961)	(47 588)	(38 772)
留存收益	64 614	57 309	48 986	41 797
少数股东权益	324	283	—	—
股东权益合计	61 439	63 382	69 494	66 760
负债与股东权益总计	128 172	134 833	143 992	138 041

注：在 2007 和 2008 财务年度末的资产负债表中，没有单独披露少数股东权益。

合并股东权益变动表

（金额单位：百万美元；股份数量单位：千股）

	流通在外的普通股数量	普通股	优先股	股本溢价	员工持股计划偿债准备	累计其他综合收益	少数股东权益	库存股	留存收益	合计
2007年6月30日余额	3 131 946	$3 990	$1 406	$59 030	$(1 308)	$617	$252	$(38 772)	$41 797	$67 012
净利润									12 075	12 075
其他综合收益：										
财务报表折算差额						6 543				6 543
套期与证券投资未实现损益，扣除所得税影响$1 664后净额						(2 906)				(2 906)
设定收益退休后福利，扣除$120所得税影响后净额						(508)				(508)
综合收益合计										15 204
采用新会计政策的累计影响①									(232)	(232)
向股东宣告的股利：										
普通股									(4 479)	(4 479)
优先股，扣除所得税影响后净额									(176)	(176)
回购库存股	(148 121)								(10 047)	(10 047)
按员工持股计划发行的股票	43 910	12		1 272				1 196		2 480
优先股转换为普通股	4 982		(40)	5				35		—
员工持股计划债务影响					(17)				1	(16)
少数股东权益							38			38
2008年6月30日余额	3 032 717	4 002	1 366	60 307	(1 325)	3 746	290	(47 588)	48 986	69 784
净利润									13 436	13 436
其他综合收益：										
财务报表折算差额						(6 151)				(6 151)
套期与证券投资未实现损益，扣除所得税影响$452后净额						748				748
设定收益退休后福利，扣除$879所得税影响后净额						(1 701)				(1 701)

（续）

(续)

合并股东权益变动表

(金额单位：百万美元；股份数量单位：千股)

	流通在外的普通股股数	普通股	优先股	股本溢价	员工持股计划偿债准备	累计其他综合收益	少数股东权益	库存股	留存收益	合计
综合收益总额										6 332
采用新会计政策的累计影响									(84)	(84)
向股东宣告的股利：										
普通股									(4 852)	(4 852)
优先股，扣除所得税影响后净额									(192)	(192)
回购库存股	(98 862)							(6 370)		(6 370)
按员工持股计划发行的股票	16 841	5		804				428		1 237
优先股转换为普通股	4 992		(42)	7				35		—
提供给福杰仕咖啡子公司的股份	(38 653)							(2 466)		(2 466)
员工持股计划债务影响					(15)				15	—
少数股东权益							(7)			(7)
2009年6月30日余额	2 917 035	4 007	1 324	61 118	(1 340)	(3 358)	283	(55 961)	57 309	63 382
净利润									12 736	12 736
其他综合收益：										
财务报表折算差额						(4 194)				(4 194)
套期与证券投资未实现损益，扣除所得税影响$520后净额						867				867
设定收益退休后福利，扣除$465所得税影响后净额						(1 137)				(1 137)
综合收益合计										8 272
采用新会计政策影响									27	27
向股东宣告的股利：										
普通股									(5 239)	(5 239)
优先股，扣除所得税影响后净额									(219)	(219)
回购库存股	(96 759)							(6 004)		(6 004)
按员工持股计划发行的股票	17 616	1		574				616		1 191

项目									
优先股转换为普通股	5 579								
员工持股计划债务影响			7	(10)					
少数股东权益		(47)				41	40	27	17
2010年6月30日余额	2 843 471	$4 008	(2)	$1 277	$61 697	$324	$(1 350)	$(7 822)	$(61 309)	$64 614	$61 439

注：

1. 2008～2010财务年度的广告费用和研究与开发费用明细如下（单位：百万美元）。

	2010 年	2009 年	2008 年
广告费用	8 567	7 519	8 520
研究与开发费用	1 950	1 864	1 946

2. 利润表中的"其他非经营利润"项目明细如下。

	2010 年	2009 年	2008 年
长期股权投资收益	(110)	(86)	(78)
利息收入	12	14	17
资产处置利得	70	469	434
	(28)	397	373

3. "应计负债与其他"和"其他长期负债"主要为养老金负债和员工退休后福利负债所组成。

4. 联邦、州和地方的法定所得税率合计为38%。

5. 终止经营的利润主要来自2009财务年度全球制药经营业务的剥离和2008财务年度福杰斯咖啡业务分部的出让。因剥离上述业务所实现的利得报告在终止经营项目中。

M10.2 根据重构的财务报表理解企业的经营业务：丘博公司

丘博公司（Chubb Corporation）是一家财险控股公司，它的分支机构遍布美国、加拿大、欧洲和部分拉丁美洲与亚洲国家，旗下拥有联邦保险（Federal）、思危保险（Vigilant）、太平洋保险（Pacific indemnity）、大北保险（Great Northern）、丘博国际（Chubb National）、丘博保险（Chubb Indemnity）和得克萨斯太平洋保险公司（Texas Pacific Indemnity insurance company）等多个子公司。

公司的保险业务运作主要分为三个部分。丘博商业保险（Chubb Commercial Insurane）面向商业用户提供全方位的产品服务，包括综合保险、意外险、员工薪酬和财产与海上保险等，主要通过代理商和经理人为各类商业组织提供各种不同的保险政策。丘博专业保险（Chubb Specialty Insurance）主要为私有和公众持股公司、金融机构、专业公司以及健康护理组织提供各种专业的要员保护和职业责任险产品，同时也从事担保、意外险和再保险服务。丘博个人保险（Chubb Personal Insurance）则主要面向个人提供住房、汽车、其他财产等保险产品，并提供高于一般保险政策的保险范围选择和更高的保险限额服务。

表 10-16 列出了丘博公司 2009 和 2010 财务年度末的资产负债表、2010 财务年度的比较利润表和综合收益表（该公司向公众同时提供股东权益表和利润表）。请你对这些报表进行重构，以反映出丘博公司是如何从事业务经营的，并揭示出不同经营部门的获利能力。丘博公司适用的法定所得税税率为 35%，但请注意，"投资收益"项目的实际税率只有 19.1%，因为大部分投资收益都来自免息债券投资的利息收入。

表 10-16　丘博公司 2010 财务年度的资产负债表、利润表和综合收益表

丘博公司资产负债表
（单位：百万美元）

	12月31日	
	2010年	2009年
资产		
投资性资产		
短期投资	1 905	1 918
固定到期日投资		
免税投资（成本分别为 $19 072 和 $18 720）	19 774	19 587
应税投资（成本分别为 $15 989 和 $16 470）	16 745	16 991
股票投资（成本分别为 $1 285 和 $1 215）	1 550	1 433
其他投资性资产	2 239	2 075
投资性资产合计	42 213	42 004
现金	70	51
应计投资收益	447	460
应收保费	2 098	2 101
再保险可收回的未付损失与损失费用	1 817	2 053
预付再保险保费	325	308
递延保险取得成本	1 562	1 533
递延所得税资产	98	272
商誉	467	467
其他资产	1 152	1 200
资产总计	$50 249	$50 449

(续)

	负 债		
未付损失与损失费用		22 718	22 839
预收保费		6 189	6 153
长期负债		3 975	3 975
应付股利		112	118
应计费用与其他负债		1 725	1 730
负债合计		34 719	34 815
承诺与或有负债（附注 6 和附注 13）		—	—
股东权益			
优先股——已核准 800 万股，每股面值 1 美元，已发行数为零。		—	—
普通股——已核准 12 亿股，每股面值 1 美元，已发行数为 371 980 460 股		372	372
股本溢价		208	224
留存收益		17 943	16 235
累计其他综合收益		790	720
库存股，成本——分别为 74 707 547 股和 39 972 796 万股		（3 783）	（1 917）
股东权益合计		15 530	15 634
负债与股东权益总计		50 249	50 449

合并利润表
（单位：百万美元）

	年度截止日为 12 月 31 日		
	2010 年	2009 年	2008 年
收入			
保费收入	11 215	11 331	11 828
投资收益	1 665	1 649	1 732
其他收入	13	13	32
已实现的投资利得（损失）(净值)			
投资的非暂时性减值损失	（6）	（132）	（446）
在其他综合收益中确认的投资的暂时性减值损失	（5）	20	—
其他已实现的投资利得（净值）	437	135	75
已实现的投资利得（损失）净值	426	23	（371）
收益合计	13 319	13 016	13 221
损失与费用			
损失与损失费用	6 499	6 268	6 898
递延保险产品取得成本摊销	3 067	3 021	3 123
其他保险经营成本与费用	425	416	441
投资费用	35	39	32
其他费用	15	16	36
公司费用	290	294	284
损失与费用合计	10 331	10 054	10 814
扣除所得税前的利润	2 988	2 962	2 407

(续)

合并利润表
（单位：百万美元）

	年度截止日为 12 月 31 日		
	2010 年	2009 年	2008 年
联邦与国外所得税费用	814	779	603
净利润	2 174	2 183	1 804
每股净利润			
基本的每股净利润	6.81	6.24	5.00
稀释的每股净利润	6.76	6.18	4.92

合并综合收益表
（单位：百万美元）

	年度截止日为 12 月 31 日		
	2010 年	2009 年	2008 年
净利润	2 174	2 183	1 804
其他综合收益（损失），税后影响净额			
投资的未实现增值或减值变动	69	1 223	（669）
投资的非暂时性未实现减值变动	7	（6）	—
外币报表折算利得（损失）	（18）	170	（226）
尚未确认到利润表中的离职后福利成本变动	12	98	（284）
	70	1 485	（1 179）
综合收益	2 244	3 668	625

　　首先，你需要先了解保险公司的"赚钱"原理。保险公司主要提供承保服务，它们制定保险政策，然后针对这些保险政策下的保险索赔要求进行处理和支付。保险公司也涉及投资业务，利用保险业务中的大量"资金浮游量"去进行投资。因此，在保险公司的资产负债表中，你会看到投资性的资产和负债，也会看到与保险业务相关的资产与负债；在利润表中，你也会同时看到这两类业务的收入与费用。在重构报表时，你应当对保险业务和投资业务进行单独区分，确保不混淆两类业务的影响。

　　完成了报表的重构工作以后，请你再回答下列问题：

　　a. 请问，为什么资产负债表中的有些投资项目是按市场价值列报的，而有些投资项目则是按照成本列报的？

　　b. 为什么保险业务下的净经营性资产会是负数？这说明了什么？

　　c. 为什么需要区分保险收益和投资收益？

　　d. 为什么要将承包人实现的利润以综合收益为基础来进行报告？

　　e. 请大致估算一下，丘博公司的投资业务价值为多少？

　　f. 根据这些重构的报表，说明了丘博公司经营业务的哪些特点？

　　（注：在迷你案例 M14.1 中，会延伸利用本案例的资料进行企业估值。）

第 11 章 现金流量表分析

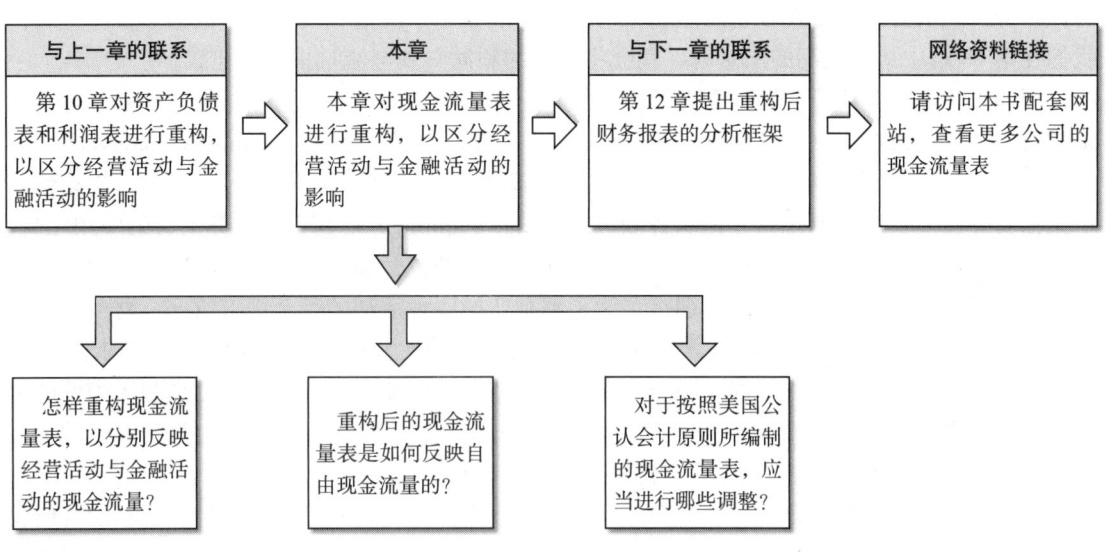

分析师备忘录

学习目标
学习完本章内容后，你应当理解：
- 在不使用现金流量表的情况下，如何根据重构的利润表和资产负债表计算自由现金流量；
- 现金恒等式是如何与现金流量表相联系，方便我们找出自由现金流量和金融活动现金流量的；
- 计算经营活动产生的现金流量时，使用直接法和间接法的区别何在；
- 分析按照美国公认会计原则所编制的现金流量表时，会出现哪些问题；
- 重构的现金流量表可以告诉我们哪些内容；
- 如何检验企业所报告现金流量的质量。

学习能力
完成本章的学习任务后，你应当能够：
- 根据重构后的利润表和资产负债表计算企业的自由现金流量；
- 通过对按照美国公认会计原则编制的现金流量表进行调整，计算自由现金流量；
- 对按照美国公认会计原则编制的现金流量表进行重构，以明确区分经营活动、投资活动和筹资活动产生的现金流量；
- 将根据美国公认会计原则编制报表所得到的自由现金流量，调整为根据重构后的利润表和资产负债表计算的自由现金流量。

本章通过对现金流量表进行重构来完善财务报表分析的准备工作。现金流量表反映了企业是如何创造现金的，而重构后的现金流量表将重点突出那些对分析影响重大的现金流量。

如果权益分析人员打算使用贴现现金流量法（DCF，见第4章中的介绍）来进行分析，那么，现金流量表就将是他所要关注的重点，因为他必须首先对自由现金流量进行预测。但是，要完成这一任务，分析人员必须首先对现金流量的产生和现金流量表有充分的了解。

如果权益分析人员打算采用权责发生制下的会计估值原理（详见第5章和第6章中的介绍），那么，它对企业获利能力的关注将大于对现金流量的关注，因此，分析人员会将主要注意力集中在资产负债表与利润表上。但是，现金流量表也是不容忽视的，因为权益估值依赖于权责发生制下所报告的会计数据，但这些数据有可能是会被扭曲的。按照权责发生制所报告的利润与企业的经营现金流量之间会出现差异，而这种差异可能就是企业利润被操纵的"信号"。因此，分析人员必须和重视权责发生制下的会计利润数字一样重视现金流量数据。实际上，当我们在第18章中讨论利润的质量时，就会将企业的利润与现金流量去进行比较。

即使不考虑权益估值问题，现金流量表对于企业的流动性分析和财务计划工作来说也是非常重要的，我们将在本书第五部分中专门讨论这些问题。**流动性分析**（liquidity analysis）主要是对负债的风险进行评价，因为债务的了结最终离不开流动性（货币资金）。因此，流动性分析是信贷分析人员的重要工具。**财务计划**（financial planning）则是企业财务主管的应用工具，作为一家企业财务工作的主要负责人，他必须保证资金到位，满足企业的投资活动、股利支付和债务清偿等事件对现金的需求。那么，为了解企业的各种活动的现金需求情况，财务主管就必须先分析企业产生现金的能力。与估值分析相同，流动性分析和财务计划都是面向未来的：信贷分析人员和企业财务主管都关心企业在未来创造现金的能力，所以，他们会利用当前的财务报表去预测企业未来的现金流量表。与其他报表分析一样，这里的分析，也是为未来的预测工作做准备的。在第20章中，我们将会完成这一任务要求。

不幸的是，按照美国公认会计原则或国际财务报告准则所编制的现金流量表还不能方便我们直接得到在这些分析中所需要的现金流量数据，而且，它们对一些现金流量的分类是不正确的，经营活动产生的现金流量常常与融资活动的现金流量相混淆。因此，在本章中，我们将对现金流量表进行重构，以正确地区分不同类别的现金流量。

在本章中，你将学习到一个重要的结论，那就是：最好是通过重构的利润表和资产负债表来预测现金流量，而不要通过现金流量表。当然，我们也可以去预测现金流量表，但是，如果没有首先对经营成果进行预测、理解重构后的利润表和资产负债表，这项工作是很难完成的。一旦得到了预测的利润表和资产负债表，就可以马上计算出预计的自由现金流量，如11.1中的内容所示。

11.1 计算自由现金流量

自由现金流量被定义为经营活动产生的现金流量与对经营活动的现金投资额之差，是整个贴现现金流量（DCF）分析、流动性分析与财务计划工作的核心。自由现金流量是企业在经营活动中所产生的净现金流（扣除了现金投资额之后的），它决定着企业偿还债务和回报股东的能力大小。

如果分析人员已经按照第10章所讲述的要求对资产负债表和利润表进行了详细分析，那么，即使不需要现金流量表，它也能计算出企业的自由现金流量。如果正确地重构了资产负债表和利润表，那么是可以很快计算出自由现金流量的。在第 8 章中，我们有：

$$自由现金流量 = 经营利润 - 净经营性资产的变动额 \quad (11-1)$$
$$C - I = OI - \Delta NOA$$

即，自由现金流量等于经营利润（重构后的利润表中所报告的）减去资产负债表中净经营性资产的变动额。

要让这个快速计算式发挥作用，当然，必须要保障其中的经营利润为综合经营收益才行。正如综合收益和股东权益账面价值的变动额可以用来解释企业向股东的股利支付净额一样，综合的经营利润与净经营性资产账面价值的变动额也可以用来解释经营活动向金融活动所支付的"股利"，即自由现金流量。

阅读材料 11-1

计算自由现金流量：耐克公司

（单位：百万美元）

方法 1：

$C - I = OI - \Delta NOA$

经营利润	2010 年		1 814
净经营性资产	2010 年年末	5 514	
净经营性资产	2009 年年末	6 346	832
自由现金流量	2010 年		2 646

方法 2：

$C - I = \Delta NFA - NFI + d$

净金融收益	2010 年		4
净金融性资产	2010 年年末	4 370	
净金融性资产	2009 年年末	2 468	1 902
股利支付净额	2010 年		740
自由现金流量	2010 年		2 646

在第 10 章的表 10-3 和表 10-9 中，披露了耐克公司的经营利润与净经营性资产等数据，现在我们将它们整理并列报在阅读材料 11-1 中，并且，利用这些数据计算出了自由现金流量，列报在"方法 1"栏目下。耐克公司创造的经营活动利润为 1814 百万美元，而且在编报期间，耐克公司从对净经营性资产的投资中又收回了 832 百万美元，所以，自由现金流量合计为 2646 百万美元。

此外，还有另一种可以根据重构的财务报表来计算自由现金流量的方法。在第 8 章中，我们还讲过可以这样来表达自由现金流量：

$$自由现金流量 = 净融资费用 - 净金融性负债的变动 + 股利支付净额 \quad (11-2)$$
$$C - I = NFE - \Delta NFO + d$$

即，自由现金流量是用来支付净融资费用、偿还负债和支付股利的。如果涉及少数股东权益，那么上述计算式还应略做修改为：

$$C - I = NFE - \Delta NFO + d + 少数股东本期收益 - \Delta 少数股东权益的变动额 \quad (11-2a)$$

同样地，上述公式中的净融资费用也必须是综合的（比如，应当包括金融性资产的未实现损益和利息费用的所得税抵减额的）。在阅读材料 11-1 的"方法 2"栏目下，我们按照第二个公式计算了耐克公司的自由现金流量，其中的股利支付净额取自第 9 章中的表 9-2。由于耐克公司持有净金融性资产（而不是承担净金融性负债），在计算时需要改变下符号，即将式（11-2）变为：

$$\text{自由现金流量} = \text{净金融性资产的变动} - \text{净金融收益} + \text{股利支付净额} \qquad (11\text{-}2b)$$
$$C - I = \Delta NFA - NFI + d$$

在对企业的资产负债表和利润表都进行了重构以后，上述计算是非常方便而直接的。你一定也会同意，这两种计算自由现金流量的方法比起第 4 章中所介绍的方法，要简单得多。当然，你也可能会问："那我难道不可以直接采用企业在现金流量表中所披露的数据吗？"答案是，这个问题完全不是你所想象的那样简单。

11.2 按美国公认会计原则编制的现金流量表与重构的现金流量表

从预测现金流量的角度来说，我们需要严格地区分企业经营活动所创造的现金流量净额（自由现金流量）与支付给企业权益要求人的各种现金流量。如果经营活动消耗现金（即自由现金流量为负），我们也需要将负的自由现金流量与企业各类权益要求人向企业所提供的现金区分开来，后者向企业提供现金流量的目的是弥补自由现金流量的不足。如果分析人员需要预测企业的自由现金流量，以便在贴现现金流量分析中使用，那么一定要注意不能混淆自由现金流量与融资现金流量。而企业财务主管在预测企业对现金的需求时，也需要严格区分现金的盈余或短缺与相关的融资现金流，后者只是企业处置现金盈余或者弥补现金短缺的一种途径。

有了利润表和资产负债表，就可以按照第 8 章中的模板来重构现金流量表了。在正式开始学习下面的内容以前，请先复习一下第 8 章的内容，重点看看图 8-3 "一家企业的全部存量与流量信息"中的四类现金流量。其中，有两类现金流量是企业内部经营活动所产生的：经营活动产生的现金流量（C）和对经营活动的现金投资额（I）；还有两类现金流量产生于企业与它的外部权益要求人之间的金融活动：向股东支付的股利净额（d）和向债权人的净支付额（F）。在重构的现金流量表中，应当给出这四类现金流量的明细信息。

在第 8 章中，我们介绍过，这四类现金流量是通过现金恒等式联系在一起的：

$$\text{自由现金流量} = \text{向股东的支付净额} + \text{向债权人的支付净额}$$
$$C - I = d + F$$

即，经营活动所产生的自由现金流量（等式左边）等于（等式右边）在金融活动中向股东支付的净额（股利净额，d）与向债权人支付的净额（利息与本金，F）之和。自由现金流量也可能表现为负数，在这种情况下，等式右边的融资现金流量至少有一个也会是负数，表示企业通过发行股份或者债务筹集了现金，或者通过出售金融性资产换回了现金。

从表面上看，按照美国公认会计原则编制的现金流量表也给了我们自由现金流量和融资活动的现金流量金额，但实际上，它对这两类现金流量的分类是比较混淆的。以下列出了按照美国公认会计原则所编制的现金流量表格式，以及根据现金恒等式而重构的现金流量表的格式。

按照美国公认会计原则编制的现金流量表
经营活动产生的现金流量
− 投资活动中使用的现金流量
+ 筹资活动中取得的现金流量
= 现金及现金等价物变动额
重构的现金流量表
经营活动产生的现金流量
− 现金投资额
= <u>经营活动创造的自由现金流量</u>
支付给股东的现金流量
+ 支付给债权人的现金流量
= <u>在金融/筹资活动中支付的现金流量</u>

按照美国公认会计原则所编制的现金流量表有两种格式,一种使用直接法编制,另一种使用间接法编制。阅读材料 11-2 对直接法和间接法这两种列报方式的差异进行了解释。按照国际财务报告准则所编制的现金流量表也是非常类似的,与按照美国会计准则所编制的现金流量表只在某些细节上存在差异。具体的对比可参考本书配套网站中的内容。

阅读材料 11-2

直接法编制的现金流量表与间接法编制的现金流量表

直接法编制的现金流量表和间接法编制的现金流量表,只在经营活动产生的现金流量部分存在列报的差异。

直接法

直接法按下面这样的形式单独列出每一种渠道的现金流入量和现金流出量:

现金流入量
来自销售活动的现金流入
来自租金收入的现金流入
来自特许权使用费的现金流入
收到的现金利息收入
现金流出量
支付给供应商的现金流出
支付给员工的现金流出
为其他经营活动支付的现金流量
用现金支付的利息费用
用现金缴纳的所得税

在上表中,现金流入量与现金流出量之差,就是经营活动产生的现金流量。

诺斯洛普·格鲁门安防公司(Northrop-Grumman Corp.)的 2010 财务年度比较现金流量表,就是使用直接法来编制的。

年度截止日为 12 月 31 日		
(单位:百万美元)		
	2010 年	2009 年
经营活动		
现金流入情况		
客户支付的现金		
分期预付工程款	6 401	8 561
按账单收款	28 140	25 161
经营活动中流入的现金流量	34 541	33 722

(续)

	2010 年	2009 年
现金流出情况		
支付给供应商和员工的现金	29 775	29 250
支付的利息	280	269
支付的所得税	1 071	774
其他现金支出	962	1 398
经营活动中流出的现金流量	32 088	31 691
经营活动产生的现金净流量	2 453	2 031

间接法

间接法以净利润为起点,通过对应计(非现金)项目进行加减调整,来计算经营活动产生的现金流量:

净利润
− 应计项目
= 经营活动产生的现金流量

表 11-1 中的现金流量表就是用间接法来编制的。

间接法的特点是需要确认出计算净利润时的应计项目,然后将净利润调整为经营活动产生的现金流量。由于间接法能将影响现金净流量的各个因素一一列出,因此能提供关于现金来源的更多信息(如果使用直接法编制现金流量表,那么在财务报表附注中也必须提供将净利润调整为经营活动产生的现金流量信息⊖)。在美国,几乎所有的公司都采用间接法来编制现金流量表。

⊖ 在我国,现金流量表的正表要求用直接法编制,但附表要求用间接法将净利润调整为经营活动产生的现金流量。——译者注

11.2.1 对现金交易进行重新分类

表 11-1 中列出了耐克公司 2010 财务年度的比较现金流量表，该报表是用间接法编制的。耐克公司报告它经营活动产生的现金流量为 3164.2 百万美元，并且在 2010 财务年度中，在投资活动中使用了 1267.5 百万美元现金。因此，有人可能会认为自由现金流量就等于上述两者之差，即 1896.7 百万美元。这和我们之前在阅读材料 11-1 中计算得到的自由现金流量 2646 百万美元相比，明显是不同的。那么，哪一个数据才是正确的呢？

表 11-1 耐克公司按美国公认会计原则编制的合并现金流量表（2008～2010 年）

最右侧括号中的数字与文本中的调整说明番号是相对应的。

耐克公司按美国公认会计原则编制的现金流量表 （编报单位：百万美元）				
	以 5 月 31 日为年度截止日			
	2010 年	2009 年	2008 年	
经营活动产生的现金流量：				
净利润	1 906.7	1 486.7	1 883.4	
净利润中包含的不影响现金流量的项目：				
折旧费用	323.7	335.0	303.6	
递延所得税	8.3	(294.1)	(300.6)	
以股票结算的员工薪酬（附注 11）	159.0	170.6	141.0	
商誉、无形资产与其他资产的减值损失（附注 4）	—	401.3	—	
企业剥离利得（附注 17）	—	—	(60.6)	
摊销费用与其他	71.8	48.3	17.9	
除企业并购与剥离影响外的营运资本与其他资产和负债项目变动：				
应收账款的减少（增加）	181.7	(238.0)	(118.3)	
存货的减少（增加）	284.6	32.2	(249.8)	
预付费用与其他流动资产的减少（增加）	(69.6)	14.1	(11.2)	
应付账款、应计负债与应交所得税的增加（减少）	298.0	(220.0)	330.9	
经营活动产生的现金流量	3 164.2	1 736.1	1 936.3	(3)(4)
投资活动使用的现金流量：				
购买短期投资使用的现金	(3 724.4)	(2 908.7)	(1 865.6)	(2)
短期投资处置或到期收到的现金	2 787.6	2 390.0	2 246.0	(2)
新增不动产、厂房和设备使用的现金	(335.1)	(455.7)	(449.2)	
处置不动产、厂房和设备收到的现金	10.1	32.0	1.9	
其他资产（扣除其他负债）的净增加额	(11.2)	(47.0)	(21.8)	
套期工具投资清算净额	5.5	191.3	(76.0)	
购买其他公司使用的现金，扣除获得的现金净额（附注 4）	—	—	(571.1)	
企业剥离收到的现金（附注 17）	—	—	246.0	
投资活动使用的现金	(1 267.5)	(798.1)	(489.8)	
融资活动使用的现金：				
偿还长期负债（包括 1 年内到期的长期负债）使用的现金	(32.2)	(6.8)	(35.2)	
票据借款的增加（减少）	(205.4)	177.1	63.7	
股票期权行权时其他股票发行筹集的现金	364.5	186.6	343.3	

(续)

	以5月31日为年度截止日		
	2010年	2009年	2008年
用股份结算的薪酬支付所获得的税收好处	58.5	25.1	63.0
回购普通股使用的现金	(741.2)	(649.2)	(1 248.0)
股利——普通股与优先股	(505.4)	(466.7)	(412.9)
融资活动使用的现金	(1 061.2)	(733.9)	(1 226.1)
汇率变动的影响	(47.5)	(46.9)	56.8
现金及现金等价物净增加额	788.0	157.2	277.2 (1)
现金及现金等价物（期初余额）	2 291.1	2 133.9	1 856.7
现金及现金等价物（期末余额）	3 079.1	2 291.1	2 133.9
补充披露的现金流量信息：			
年内支付的现金：			
利息（资本化利息的净额）	48.4	46.7	44.1
所得税费用	537.2	765.2	717.5
已宣告但尚未发放的股利	130.7	121.4	112.9

按照美国公认会计原则编制的现金流量表在多个方面是不利于权益分析的，它在某些方面明显地对现金流量进行了错误的分类。下面这几个问题是按照美国公认会计原则所编制的现金流量表来计算自由现金流量时常遇到的⊖，在对应标号的阅读材料中，我们还给出了相应的例证。其中有几个问题是我们在第4章中就遇到过的。

（1）**现金及现金等价物的变动额**。按照美国公认会计原则所编制的现金流量表，目的是解释现金及现金等价物的变化原因（在耐克公司的报表中标示为1）。但是，企业所创造的现金不可能凭空消失，而是需要将它用到某个地方。经营活动所需现金（营运资金）的任何变动都是与企业对经营性资产投资行为分不开的，因此，应当算到现金投资额中。而对于那些能够滋生利息的现金等价物来说，它们发生变动的原因是企业将多余的现金（超出了经营需求的）投资到了金融性资产，因此应当被归类到债务融资部分中去。

阅读材料1

现金变动额：耐克公司

耐克公司的现金及现金等价物在2010财务年度中上升了788百万美元。在表10-3重构的资产负债表中，我们认为，这一增加额是由于企业对现金等价物的投资（金融性资产）增加了788.8百万美元⊜和营运现金减少了0.8百万美元所引起的。因此，我们将现金及现金等价物的增加重新分类为对经营活动的现金投资增加0.8百万美元，以及通过购买金融性资产而实现的债务融资现金流788.8百万美元⊜。

⊖ 在下面这篇文章中，可看到更多论述细节：H. Nurnberg," Perspectives on The Cash Flow Statement under FASB Statement No.95"，非期刊论文，卓越会计与证券分析中心，哥伦比亚商学院，2006年9月。下载地址：www.gsb.columbia.edu/ceasa/reserach/papers/occasional_papers。

⊜ 原书有误，已与作者确认更正为正确数据。——译者注

⊜ 原书有误，已与作者确认更正为正确数据。——译者注

（2）金融性资产交易。在按照美国公认会计原则或国际财务报告准则所编制的现金流量表中，短期有价证券和长期债券投资等金融性资产投资被列报在投资活动部分，而不是融资（金融）活动部分。表11-1已经标注了耐克公司购买和处置金融性资产所引起的现金流量变化额。实际上，这一类投资是对自由现金流量的一种应用，并非一种减少自由现金流量的活动。如果某企业将经营活动所产生的（多余）自由现金流量用来购买金融性资产，按美国公认会计原则编制的现金流量表会将它报告为投资活动，并认为这样的行为减少了企业的自由现金流量。同样地，如果企业处置金融性资产，将取得的现金流量用作经营活动（或者用作支付股利），会被按照美国公认会计原则编制的现金流量表报告为投资的减少，而不是一种金融活动的现金流量。但是，这种靠出售金融性资产取得的现金流量只是弥补了自由现金流量的短缺，并没有创造出任何的自由现金流量。在这种情况下，按美国公认会计原则编制的财务报表会让人对企业的流动性产生误解。请参考阅读材料2中关于朗讯科技公司（Lucent Technologies）的例子，将有助于更加深入地理解这一点。耐克公司的金融性资产表现为净买入（买入减去卖出）936.8百万美元，这表示，在按照美国公认会计原则编制的现金流量表中，投资活动的现金流量被虚增了936.8百万美元。

阅读材料2

金融性资产交易——朗讯科技公司

朗讯科技公司是1996年从AT&T集团剥离出来的一家通信网络供应商，它的研发中心实质上就是以前的贝尔实验室（Bell Laboratories）。该公司在通信业备受追捧的20世纪90年代后期由于巨额的网络投资而成为一只"热门股票"，其在1999年年末的股价高达每股60美元，市盈率为52。朗讯科技公司是分析人员的心头所爱，但其中也有一些分析人员注意到了这家公司的经营活动产生的现金流量在下降。下面是朗讯公司在1997～1999年的净利润和经营活动产生的现金流量分布情况，以及它的现金流量表投资活动部分内容（单位：百万美元）。

	财务年度截止日为9月30日		
	1999年	1998年	1997年
净利润	4 766	1 035	449
应计项目	(5 042)	825	1 680
经营活动产生的现金流量	(276)	1 860	2 129
投资活动中使用的现金：			
资本支出	(2 215)	(1 791)	(1 744)
处置不动产、厂房和设备收到的现金	97	57	108
购买长期股东投资使用的现金	(307)	(212)	(149)
处置股权投资收到的现金	156	71	12
购买投资性证券支付的现金	(450)	(1 082)	(483)
投资性证券处置或到期收到的现金	1 132	686	356
终止经营业务收到的现金	72	329	181
购买企业使用的现金——扣除取得的现金后支付净额	(264)	(1 078)	(1 584)
并购中取得的现金	61	—	—
其他投资活动影响——净额	(69)	(80)	(68)
在投资活动中使用的现金净额	(1 787)	(3 100)	(3 371)

从上述数据可以看出，在这三年报告期中，朗讯科技公司每年的利润是上升的，但自由现金流量（经营活动产生的现金流量与投资活动使用的现金流量之差）却均为负数。对于那些不断在扩大投资，希望创造更多未来利润的公司来说，这是很正常的。但是，在 1999 财务年度，朗讯科技公司在扣除投资活动使用的现金流量前，经营活动所产生的现金流量就已经为负的 276 百万美元了（即使加回税后利息支付净额，现金流量也仍然短缺 191 百万美元）。同时，1999 财务年度的现金投资额也在下降，但 1787 百万美元这个数字是比较误导人的。如上表中所示，这个 1787 百万美元是考虑了计息投资到期或者处置影响 1132 百万美元以后的金额。由于公司在同一报告期内还购买了 450 百万美元的投资性证券，所以，实际上处置投资性证券的影响净额为 682 百万美元。因此朗讯科技公司在 1999 财务年度中对公司经营活动的实际投资额应当是 1787 百万美元 + 682 百万美元 = 2469 百万美元，而不是 1787 百万美元。所以，经营活动所产生的现金流量与现金投资额之间的差异实际上高达 2745 百万美元。

根据美国公认会计原则所编制财务报表中的数据来计算出的自由现金流量是很容易引起误会的。像朗讯科技这样的公司在产生了多余现金时，是可以将它们转换为投资证券来进行储存，然后在出现现金短缺时，又可以通过出售这些证券来换回现金的。但在按照美国公认会计原则所编制的财务报表中，出售证券所取得的现金看起来就像是公司的自由现金流量增加了一样，使得问题的真正严重性被掩盖了。换句话说，在美国公认会计原则报告方式下，未能将现金流赤字与企业处理现金流赤字的方式相区分开来。

后续：朗讯科技公司在 1999 财务年度出现的负现金流量已经预示了未来的事态发展。随着后来的通信业投资泡沫的坍塌，朗讯公司的股票价格到 2003 年时，已经跌破了每股 2 美元，并且，公司的会计账务也出现了问题。请参考第 18 章中的迷你案例 M18.2，在那里，我们利用与上面相同的现金流量表数据研究了该公司的会计问题。

（3）**用现金支付的利息净额**。在按照美国公认会计原则所编制的现金流量表中，企业在金融（融资）活动中用现金支付（或者以现金的形式收到）的利息报告为经营活动产生的现金流量，而不是融资活动产生的现金流量⊖。请参考下面的第 4 点中，耐克公司的相关调整数据和相应的税收影响调整。同时，在阅读材料 3 中，我们还列举其他一些更为极端的例子。请注意，如果企业根据国际财务报告准则的要求来编制现金流量表，则可以选择将相关的利息支付净额报告为经营活动或者是筹资活动。

阅读材料 3

利息支付——西屋电气公司和特纳广播系统有限公司

从西屋电气公司（Westhouse）1991 财务年度的现金流量表中，就可以看到因利息支付而严重扭曲经营活动产生的现金流量的情况。在这份现金流量表中，报告经营活动产生的现金净流量为 7.03 亿美元，但实际上，这个 7.03 亿美元是扣除了支付的利息费用 10.06 亿美元之后的余额。也就是说，如果将利息的支付重新分类为筹资活动的现金流出量的话，西屋电气公司当年经营活动产生的现金流量净额（税前）应当高达 17.09 亿美元，或者说，是它原来所报告的现金净流量的 243%！

⊖ 在美国公司的现金流量表中，利息费用报告为经营活动产生的现金流出，但在按照中国会计准则编制的会计编表中，利息费用报告为"筹资活动产生的现金流出量"。——译者注

如果要求企业将利息的支付报告为经营活动的现金流出量,那么,当企业发行零息债券或者深度折价债券进行融资时,就会出现很奇怪的问题。此时,按面值偿还的本金属于融资活动,但美国公认会计原则又要求将面值与发行所得(发行折扣价)之差作为债务到期时的经营活动现金流量处理,而不视为本金的偿还,那么,偿还这类债务时,经营活动的现金流量就会减少。比如,在特纳广播系统有限公司(Turner Broadcasting System)1990财务年度的报表中,就将2.061亿美元的高级零息票据发行折扣在偿还票据时报告为经营活动的现金流出量,导致经营活动的现金净流量仅为2580万美元。这样的会计处理是完全符合美国公认会计原则的要求的,但在这样的会计处理下,所报告的经营活动现金流量却比实际的数值2.319亿美元低了89%!

将利息支付净额报告在经营活动中的一种例外情况是建造工程的资本化利息。美国公认会计原则错误地将建造合同的资本化利息当成了企业对所建造资产的一种现金投资额(详见表11-1耐克公司的现金流量表底部对利息支付信息的解释),因为与建造工程相关的融资利息并不属于建造的成本,而实质上应当是一种筹资活动的现金流量。但不幸的是,如果仅凭公开披露的会计信息,是很难将这部分内容整理出来进行重新调整的。

(4)与利息净额相关的所得税。与利息收入和利息费用被错分为经营活动现金流量一样,与金融(筹资)活动利润和经营活动利润相关的所得税费用也被错分了。在按照美国公认会计原则所编制的报表中,全部所得税费用都是报告为经营活动现金流量的,但实际上,有些所得税费用是因金融收益而征收的,或者是由于融资费用而得到了抵减。我们希望能够区分税后的经营活动现金流量和税后的金融活动现金流量,但在按照美国公认会计原则所编制的报表中,这两者的区分是非常困难的。在阅读材料4中,我们试着计算了耐克公司的税后利息支付净额,然后用它来对按照美国公认会计原则所计算出来的经营活动现金流量进行调整。

按照规定,企业必须在财务报表附注中披露用现金支付的利息费用:在表11-1耐克公司的现金流量表底部,可以找到该公司所披露的利息支付信息。我们可以将这些利息支付额按边际税率转换为税后利息支付额。一般来说,企业不会报告它们以现金形式收到的利息收入金额,此时,通常可以用利润表中的利息收入额来进行代替,但这样做的准确性只有在相关的应计利息项目的期初额和期末额相差不大时,才能得到足够的保证。

阅读材料4

与利息支付净额相关的所得税——耐克公司

耐克公司在2010财务年度中的税后利息支付净额可计算如下(金额单位:百万美元)。

利息收入	42.1
利息支付	48.4
税前利息支付净额	6.3
所得税影响(36.3%)	2.3
税后利息支付净额	4.0

在重构现金流量表时,应将该税后利息支付净额400万美元反加回经营活动产生的现金流量中⊖,消除美国公认会计原则下分类不当的影响,然后重新将它分类到融资活动的现金流量中。

请注意,在计算过程中使用的利息收入和利息费用金额与同期利润表中报告的利息

⊖ 因为在按照美国公认会计原则所编制的现金流量表中,当期支付的利息费用被报告为一项经营活动的现金流出了。——译者注

收入和利息费用是不相等的（利润表中的金额是包含了应计项目影响的）。当期实际支付的利息在现金流量表附注或者财务报表附注中是能找到的（但当期实际收到的利息收入信息通常难以找到）。

（5）**非现金交易**。耐克公司在2010财务年度中并没有发生什么非现金交易，但它在2000财务年度确实是报告了非现金交易的，具体请参考阅读材料5中的信息。所谓"**非现金交易**"（noncash transaction），是指企业通过承担负债（比如开出票据）或者发行股票的方式来换取一项资产或者支付费用。比如，发行自己的股票作为对价，取得另一家企业的控制权，就是一项非现金交易；在融资租赁中，我们同时记录资产和负债的增加，没有涉及任何资产购买的现金流量，因此融资租赁也属于一项非现金交易。非现金交易可能表现为资产交换（以一项资产作为对价换回另一项资产）或者负债交换，也可能表现为将负债转换为权益，或者权益转换为负债等。不过，如果资产或者负债的交易发生在经营活动和融资活动的事项之间，那么，这类非现金交易是会影响方法1或者方法2下的自由现金流量计算结果的，因为它们对净经营性资产或者净金融性负债是会产生影响的。我们可以将这类交易解释为企业通过出售某项资产取得了现金，然后立即又用这些现金购买了其他资产。在按照美国公认会计原则所编制的财务报表中，这些交易都是作为不涉及现金流量的事项处理的。我们认为，这样做当然是绝对正确的，但是，这类交易模糊了企业的投资活动与融资活动，只有通过分析"隐含"的现金流量，才能把交易的实质给挖掘出来。请参考下面这几个例子。

阅读材料5

非现金交易——耐克公司

在耐克公司2000财务年度现金流量表的附注中，它披露了如下信息（单位百万美元）：

为获取不动产、厂房与设备而承担的长期债务　　　　　　　　　　　　　108.9

这一类型的交易在按照美国公认会计原则所编制的现金流量表中是不需要在表内进行披露的。因此，在重构现金流量表时，应当将这108.9百万美元反加回现金投资额中，同时在融资活动中增加"发行债务所取得的现金"108.9百万美元。因为这笔交易实质上就相当于企业通过发行债务取得了现金，然后立即又用这些现金去购置了不动产、厂房和设备。

- 在按照美国公认会计原则所编制的现金流量表中，如果企业将负债转换为了股权，是不会报告为（筹资活动部分的）负债的偿还的。但实际上，企业在过去取得该笔负债时，融资所取得的金额确实是被报告为筹资活动的现金流入量。这样，就会使得好像借款从来就没有被归还一样。
- 如果企业通过承担一项负债的方式来取得某项资产，那么，在将来企业归还这笔负债时，相关的现金流出会被报告为融资活动的现金流出，但实际上，所归还这笔负债的本金却根本就没有被报告在现金流量表上（对所取得资产的投资也没有被报告在现金流量表上）。
- 对融资租赁业务来说，按照美国公认会计原则的要求，在取得租赁资产时，企业没有记录任何现金流量，但后续所支付的租金却被分为了利息和本金两个部分，分别报告在经营活动和筹资活动的现金流中⊖。这样，看起来就好像是企业在还一笔无头之债一样。
- 在现行的会计处理方式下，当企业采用分期付款方式购买厂房一类的资产时，只有首期付款会被作为投资活动的现金流量，后续付款都会被报告为筹资活动的现金流量。然后，当企业同样以分期收款的形式出售一项资产时，所有的收款都会被报告为处置资产而带来的投资活动现金流入量。

上面这几种情况都说明，在按照美国公认会计原则所编制的财务报表中，我们难以看清楚企业投资活动和融资活动的全部交易内容。由于非现金交易一般都是报告在补充披露信息中的，因此，我们可以考虑为它们重新构建"隐含"的现金流量。

11.2.2 综述

在阅读材料11-3中，我们总结了对于按照美国公认会计原则所编制的现金流量表所必须进行的调整要点，并按照这些要点以耐克公司的报表为例，进行了相应的调整。各项目旁边所标注的数字分别对应上述五点调整内容。

阅读材料11-3

调整按照美国公认会计原则编制的现金流量表：总结与例题

重构按照美国公认会计原则编制的现金流量表	
根据美国公认会计原则下现金流量表信息计算出的自由现金流量	
－营运现金的增加	1
＋新购买的金融性资产	2
－处置的金融性资产	2
＋用现金支付的利息净额（税后）	3，4
－非现金的投资	5
＝自由现金流量	
根据美国公认会计原则所编制现金流量表中的融资活动现金流量	
＋现金等价物的增加额	1
＋新购买的金融性资产	2
－处置的金融性资产	2
＋用现金支付的利息净额（税后）	3，4
－非现金的融资金额	5
＝金融（或融资）活动现金流量	

耐克公司2010财务年度重构的现金流量表
（单位：百万美元）

	自由现金流量	
	报告的经营活动现金流量	3 164
3，4	利息支付净额（税后）	4
		3 168

⊖ 与美国公认会计原则规定有所不同，按我国现行准则规定，融资租赁所支付的租金在现金流量表中都被报告为"支付的其他与筹资活动相关的现金"。——译者注

(续)

耐克公司 2010 财务年度重构的现金流量表
（单位：百万美元）

	报告的现金投资额	1 268	
1	对营运现金的投资	1	
2	对金融性资产投资净额	（937）	332
	自由现金流量		2 836
	流向权益要求人的金融现金流		
	债务融资：		
	应付票据的减少	205	
	长期负债的减少	32	
2	金融性资产净购买额	937	
3，4	支付的利息净额（税后）	4	
1	现金等价物投资（扣除汇率变动影响后的净额）	835	2 013
	股权融资：		
	发行股份收到的现金	（423）	
	股份回购使用的现金	741	
	支付股利使用的现金	505	823
	金融活动现金流合计		2 836

在耐克公司的重构现金流量表中，自由现金流量为2836百万美元，与我们在阅读材料11-1中使用方法1和方法2所计算出的自由现金流量金额2646百万美元略有差别，这种情况是很常见的（有时候两者的差额甚至还会更大一些），因为企业并没有披露完整的会计信息，因此，要让现金流量表中的数据与根据利润表和资产负债表信息调整计算得到的数据保持精确一致，几乎是不可能的。导致计算差异的原因可能包括以下几点。

- 资产负债表中的"其他资产"和"其他负债"项目不能被准确地划分为经营活动或者金融活动。特别地，如果应收利息和应付利息（金融项目）也被报告在"其他"类别中，那么是无法与其他经营项目区分开来的。
- 如果用"现金支付的股利"（在现金流量表中）与重构后股东权益变动表中披露的股利金额是不相等的，则说明会有"应付股利"的存在（但这个项目有时会被一并报告在"其他负债"项目中）。
- "发行股份所取得的现金"或"在股份回购中使用的现金"（在现金流量表中）与股东权益变动表中的相关金额会不一致，比如耐克公司的情况就是这样的。这种情况的出现往往是因为还存在应收款（比如已发行股份但相关的现金还未收到）或者应付款，而这些应收应付项目并没有在资产负债表中予以单独列出。
- 对上一部分中需要进行调整的第3、4、5点内容，相关的细节可能难以获得。比如非现金交易，尤其是当企业以股份而不是现金为支付对价，去收购另一家企业时。
- 美国公认会计原则没有能够正确处理员工股票期权计划行权，以及行权所带来的税收影响（在现金流量表中，员工按期权计划选择行权被报告为一项融资活动，而不是经营活动），因此也会导致差异的产生。详见第9章中的内容。

如果企业拥有国外子公司，那么，这些国外子公司的资产负债表项目需要按照期初和期末的汇率折算为美元金额进行报告，而现金流量表项目则是按照报告期的平均汇率进行折算的。这样，就会导致资产负债表项目的变动额与对应的现金流量表项目金额之间的不一致。

不过，我们不能只见树木而不见森林。将这些计算细节问题放到一边，现在的情况究竟是怎样的呢？由于在报告期内的现金投资额是小于经营活动所产生的现金流量的，耐克公司的经营活动创造了 2836 百万美元的自由现金流量。利用这些现金流量，公司向股东支付了 823 百万美元，并与债权人之间发生了交易净额 2013 百万美元。

如果随着本书的进度一直在搭建电子分析表格的话，你可能已经意识到目前我们所能做的也就只有这么多了。如果你已经按上两章的要求建立好了重构的股东权益变动表、资产负债表和利润表，那么，现在你就可以按照阅读材料 11-1 中的方法 1 和方法 2，利用相关会计关系式来计算自由现金流量了。

11.3 经营活动产生的现金流量

我们可以利用方法 1 和方法 2 计算出自由现金流量，但这个自由现金流量数据并不能帮助我们认识到经营活动产生的现金流量和现金投资额各是多少，因此，还是需要用到现金流量表。但是，再一次地，我们知道按照美国公认会计原则所编制的现金流量表是有问题的，因为比如，有些我们认为属于投资活动的现金流量，可能是被报告在经营活动当中的。例如，企业对研究与开发活动的投入，就是被报告为经营活动的现金流出量，而不是投资活动的现金流量；对短期资产的投资也是被报告在经营活动部分的，例如企业购买存货所流出的现金。要保证企业经营的正常完成，对存货的投资与对厂房和设备的投资是一样重要的，但是，在美国公认会计原则的报告要求下，购买存货是不被当作投资活动的。企业在存货储备方面所流出的现金，会导致美国公认会计原则下经营活动产生现金流量的减少，正如已售存货的现金支出是一样的。

不过，我们还可以对经营活动现金流量中所包含的这些投资项目进行进一步的调整，但这种调整一定是在有明确目的的时候才进行。对大多数分析任务来说，所需要的就是自由现金流量，在这种情况下，如果将投资活动的现金流出错分为了经营活动的现金流出，对自由现金流量的金额是不会造成影响的。比如研发支出，这本是一项长期投资，在按照美国公认会计原则所编制的会计报表中，会被报告为一项经营活动的现金流出。因此，在计算经营活动的真正现金流量时，是应当将研发支出加回的。但是，这种类别的错分并不会影响到自由现金流量的计算。企业通过广告活动对品牌建设所进行的投资也非常类似，它同样会减少美国公认会计原则下经营活动产生的现金流量，但是否对其进行调整，并不会影响到自由现金流量的最终计算结果。

经营活动产生的现金流量被视为是对权责发生制会计信息质量进行诊断的最佳工具，我们将在第 18 章中再来学习这一部分的内容。显然，分析人员必须非常小心地对待"经营活动产生的现金流量"。在阅读材料 11-4 中，我们继续列出了以现金流量为主要关注对象的会计信息质量观察要点。

阅读材料 11-4

会计信息质量观察

在这里，我们将接着第 9 章阅读材料 9-6 和第 10 章阅读材料 10-8 的会计信息质量观察要点，继续列出在阅读企业的现金流量表时，对现金流量项目的质量问题应当注意的观察要点。下面列出的三个项目在本章中都有涉及，然后，我们将对经营活动产生的现金流量数据和它在分析中的应用进行更多的讨论和分析。

会计项目	质量问题
经营活动产生的现金流量	按照美国公认会计原则所计算的经营活动现金流量中，包括了利息的收支⊖，但实际上，利息的收支并不属于经营活动现金流量，而应当属于融资活动（国际财务报告准则允许企业自行选择将利息的收支报告为经营活动还是融资活动）。
与利息支付净额相关的所得税费用	这些所得税影响额与利息支付净额一起，被报告在经营活动产生的现金流量中。应当将它们重新分类到现金流量表的筹资活动部分。
涉及金融性资产的交易	购买和处置金融资产"投资"被错误分类为经营活动中的现金投资净额（美国公认会计原则和国际财务报告准则都是这样要求的），但实际上，它们应当属于金融（融资）活动的现金流量。

经营活动产生现金流量的质量

评论人士有时会用"经营活动产生的现金流量"来判断一家企业经营业绩的好坏，但基本面分析师绝不会这样做。原因如下：

1. 现金流量与非付现支出

经营活动产生的现金流量通常都比净利润更好看，因为它不受折旧费用这一类非付现支出影响。分析人员一般认为，非付现支出是由于"记账规则"而产生的，并不影响现金的生成。但实际上，忽视折旧费用是非常危险的。折旧并不表现为当期的现金流量，但它很显然是由于企业在过去做出的投资而带来的，表现为过去真实的现金流出额，而且，这种投资对维持企业经营活动产生现金流量的能力是非常必需的。当人们使用现金流量而不是净利润时，他说的一定是现金净流量（经营活动产生的现金流量减去为保证经营活动产生现金流量的能力而进行的必要投资额），即自由现金流量。

美国的卡特彼勒公司（Caterpillar）是一家建筑与采矿设备供应商，它在 2007 财务年度报告"经营活动产生的现金流量"为 79.35 亿美元，而同期该公司报告的净利润只有 35.41 亿美元。不过，这个现金流量数据是在净利润的基础之上，反加回了 17.97 亿美元的厂房与设备折旧费用得到的。在这家公司现金流量表的投资活动部分，分析人员可以找到该公司在报告当期对厂房与设备的投资额为 30.4 亿美元，这些投资是公司创造未来经营活动现金流量的保障。所以，如果光看经营活动产生的现金流量，而不看企业为了得到这些现金流量而发生的现金支出额（或者折旧额），是会对企业创造经营活动现金流量的能力产生错误认识的。

2. 延期的支付

企业可以轻松地通过延期支付应付账款和其他经营性负债，在不影响利润的情况下增加它的现金流量。例如，仓储式零售商家得宝公司报告它在 2002 财务年度的经营活动现金流量为 59.42 亿美元，比上一年度的 29.77 亿美元有了很大的提升。但实际上，在 2002 财务年度的经营活动现金流量中，有 16.43 亿美元都是来自应付账款和应付税金的增加。

3. 广告与研发支出的影响

由于按照美国公认会计原则的要求，广告支出和研发支出被报告为经营活动的现金流量，而非现金投资额。因此很显然，削减这些支出就可以增加企业的经营活动现金流量（当然，在将来再增大这类支出，将导致相反的效果）。

4. 将应收款的收现提前

企业可以通过出售应收账款或者将应收账款证券化处理来增加现金流量，但是，这

⊖ 再一次地，这个问题在中国企业的现金流量表中并不存在。——译者注

种现金流量的增加与企业通过销售商品来创造现金流入的能力是无关的。以美国的汤普森-拉莫-伍尔德里奇公司（TRW Inc.）为例，该公司在2000财务年度实现盈利4.38亿美元，到2001财务年度，盈利水平相对上一年度下降了6800万美元。但是，同期的现金流量相对上一年的水平却上升了3.38亿美元，究其原因，绝大部分是因为该公司在报告期间内因出售应收账款取得了3.27亿美元（在该公司的附注中有披露这一信息）。

5. 非现金交易的影响

企业可以通过用债务或者股份作为支付条件，去换取相关的服务，从而增加经营活动产生的现金流量。与延期支付的薪酬和养老金承诺等一样，用股票期权来进行"支付"的薪酬费用也能增加企业的现金流量。

6. 结构化融资

如果能够得到银行等金融机构的友好支持，企业可以通过取得结构化的借款来将融资活动的现金流量"伪装"成经营活动的现金流量。事实上，安然公司就是这样做的：它通过表外工具的应用，将实质为贷款的业务伪装成安然公司与相关银行之间所进行的天然气交易，这样，通过贷款所得到的现金就被报告为经营活动的现金流入。

7. 资本化政策也会影响经营活动的现金流量

如果一笔现金流出被确认为一项投资，并且在资产负债表中进行了资本化处理，那么，这笔现金流出在现金流量表中就应当报告在投资活动部分，而不是经营活动部分了。因此，如果一家企业将本来应当作为经营成本处理的项目"激进地"进行了资本化处理，那么，它的经营活动现金流量当然就会得以增加。比如，一些企业有可能将固定资产的日常维护费用资本化为不动产、厂房和设备。

8. 错误的配比

经营活动现金流量的一个基本问题就在于它的流入量和流出量之间不能很好地进行配比。在前面卡特彼勒公司的例子中，你已经看到了这一点。在这里我们还可以再举一个例子，比如一家企业通过进行并购活动而获得了新的客户，这样，该企业的经营活动现金流量自然也就能得以增加。但是，在这种情况下，取得这些现金流量的成本却并没有被完全报告在现金流量表的经营活动部分。

本章小结

分析人员通过阅读现金流量表来评价企业创造现金的能力，此时，尤其应当关注的是自由现金流量，因为它对于我们预测企业未来的流动能力和融资需求是非常有帮助的。而且，如果分析人员后续在估值工作中要使用贴现现金流量分析技术的话，本身也需要预测自由现金流量。在后续章节中介绍现金流量的预测时，还会用到本章所介绍的分析技术。

然而，按照美国公认会计原则所编制出的现金流量表是有些混乱的。不过，只要我们正确地对利润表和资产负债表进行了重构，那么，按照本章所介绍的方法1或者方法2，就可以正确地计算出自由现金流量。因此，在本书后面将要介绍的预测部分你将看到，只要预测出了企业的（重构）利润表和资产负债表，根据这些报表，就可以很简单地一步计算出预测的自由现金流量。在不考虑未来销售情况、概率分布和投资情况的前提下，要预测自由现金流量是不可能的，因此，自由现金流量的预测必须以预计的利润表和预计的现金流量表为前提基础。而且，如果这些预测报表本身就是按重构报表的形式编制的，那么根据它们来计算自由现金流量就会非常容易了。掌握了这一点，对我们继续往下深入学习将是非常有帮助的。

本章介绍了从按照美国公认会计原则所编制的现金流量表中获得自由现金流量信息所必需的调整步骤，这些调整对现金流量在报表中的列报重新进行了正确的分类，能方便我们确认出自由现金流量，并且能与同期金融活动的现金流量之间进行相互印证。

关键概念

财务计划（financial planning）：是指能够满足企业未来的现金流量需求的融资安排计划。

流动性分析（liquidity analysis）：指分析企业当前和未来的现金状况是否能够满足相应的现金要求权。

非现金交易（noncash transaction）：指企业通过承担一项负债或者发行股份的办法来获取一项资产或支付一笔费用，在这一过程中不涉及现金交易。

分析师工具箱

分析工具	重要指标
计算自由现金流量的方法 1 [式 (11-1)]	经营活动产生的现金流量
计算自由现金流量的方法 2 [式 (11-2)]	筹资活动产生的现金流量
用直接法计算经营活动产生的现金流量	投资活动产生的现金流量
用间接法计算经营活动产生的现金流量	自由现金流量
重构的现金流量表	用现金支付的利息净额
	与利息支付净额相关的所得税影响

连贯案例：金佰利公司

自主练习

在第 9 章和第 10 章中，我们已经重构了股东权益变动表、资产负债表和利润表，现在，就需要对现金流量表进行重构了。

根据资产负债表和利润表计算自由现金流量

在重构现金流量表以前，请先根据你在第 10 章中已经重构好的资产负债表和综合利润表计算金佰利公司在 2009 和 2010 财务年度的自由现金流量。请使用方法 1 和方法 2 来完成计算。

重构现金流量表

现在，请对表 2-2 中列出的金佰利公司按照美国公认会计原则所编制的 2010 财务年度的现金流量表进行重构。重构时，可部分利用你在第 4 章的连贯案例中所完成的工作，请注意当时所给出的该公司在 2010 财务年度中所支付利息的相关信息和税率信息。

你从重构后的现金流量表中可以得到的自由现金流量数据与你根据资产负债表和利润表信息所计算的数据会有所不同，请问，你认为这是为什么呢？请仔细阅读公司的年度报告，寻找可能的解释原因。

请用几句话说明重构的现金流量表告诉了我们哪些信息？最基本的信息是哪些？

思考题

C11.1. 请问，现金流量分析对公司估值来说重要吗？

C11.2. 在什么样的情况下，预测现金流量会成为一种分析工具？

C11.3. 对一家纯粹的权益性公司（即没有承担任何负债的企业），自由现金流量流向哪里？

C11.4. 企业在进行了现金流量表中所披露的那些融资活动后，可以将多余的现金投资于短期证券，作为消化闲余现金的一种方式。上述这种说法哪里存在着问题？

C11.5. 关于经营活动现金流量的列报方法，你认为直接法能比间接法提供更多的信息吗？

C11.6. 在按照美国公认会计原则编制的现金流量表中，在建工程的资本化利息被报告为投资活动的现金流量，你认为这样正确吗？

C11.7. 为什么自由现金流量有时候会被认为是一个可以用来衡量企业流动性的概念？

C11.8. 为什么在预测企业的未来自由现金流量时，分析人员不能对企业当前的自由现金流量赋予过大的权重？

C11.9. 下面这几句话出自李尔公司⊖的财务总监（见2002年5月8日的《华尔街日报》）："应收账款的出售与经营活动产生的现金流量完全是独立的两个事件。我们认为，出售应收账款是一种低成本的融资方法；应收账款的出售并不会为企业创造经营活动的现金流量。"请问，你同意这段论述中的观点吗？

C11.10. 请解释为什么有时非常赚钱的公司却会发生自由现金流量为负的情况？

练习题

基本练习

E11.1. 现金流量的分类（简单）

请说出下列各项交易对"经营活动产生的现金流量""自由现金流量""金融活动现金流量"是否会产生影响。

a. 收回客户原欠的应收账款；
b. 向某位客户提供赊销；
c. 厂房建设支出；
d. 研究与开发活动支出；
e. 支付借款利息；
f. 用闲余资金购买短期投资；
g. 出售应收账款。

E11.2. 根据资产负债表和利润表计算自由现金流量（简单）

某家企业报告它在2012财务年度中实现综合收益为376百万美元，其中，营业利润（税后）为500百万美元，融资费用（税后）为124百万美元。在比较资产负债表中，这家企业还报告了下列信息（单位：百万美元）。

资产负债表					
	2012年	2011年		2012年	2011年
营运现金	60	50	应付账款	1 200	1 040
短期投资（市价）	550	500	应计负债	390	450
应收账款	940	790	长期负债	1 840	1 970
存货	910	840			
不动产与厂房	2 840	2 710	普通股权益	1 870	1 430
	5 300	4 890		5 300	4 890

要求：请根据上述信息，使用方法1和方法2计算这家企业的自由现金流量。

E11.3. 分析现金流量（中等）

下面是丽奎德蒂公司（Liquidity Company）的比较资产负债表信息（单位：美元）。

	12月31日	
	2012年	2011年
营运现金	435 000	50 000

（续）

	12月31日	
	2012年	2011年
应收账款	40 000	-0-
存货	100 000	-0-
土地（未摊销的成本）	400 000	800 000
厂房资产	200 000	200 000
减：累计折旧	(100 000)	-0-

⊖ 李尔公司在1917年创立于美国底特律，是世界上最大的轿车零部件厂家之一。——译者注

	12月31日	
	2012年	2011年
	1 075 000	1 050 000
应付账款	25 000	-0-
股东资本	1 050 000	1 050 000
	1 075 000	1 050 000

该公司在2012财务年度中支付了150 000美元的股利，此外，没有其他股本投入或者股份回购事项发生。要求：

a. 计算该公司在2012财务年度的自由现金流量。

b. 请问，是什么原因导致该公司的现金增加？

c. 如果这家公司将本来用于支付股利的钱用于进行短期存款投资，请问，你在a部分的计算结果会有什么变化吗？

E11.4. 纯粹权益公司的自由现金流量（简单）

下面的信息摘自一家纯粹权益公司（即该公司没有任何的负债）的财务报告（单位：百万美元）。

普通股东权益，2011年12月31日	174.8
普通股股利，在2012年12月已支付	8.3
在2012年12月31日发行的普通股股份	34.4
普通股东权益，2012年12月31日	226.2

上述公司在2012财务年度中没有股份回购行为。

请计算该公司在2012财务年度的自由现金流量。

E11.5. 净债务人的自由现金流量（简单）

下面的信息摘自一家公司的财务报告，从资产负债表上的项目来看，这家公司所拥有的债务是大于债权的（单位：百万美元）。

普通股东权益，2011年12月31日	174.8
普通股股利，在2012年12月已支付	8.3
在2012年12月31日发行的普通股股份	34.4
普通股东权益，2012年12月31日	226.2
净债务额，2011年12月31日	54.3
净债务额，2012年12月31日	37.4

上述公司在2012财务年度中没有股份回购行为，在2012财务年度的利润表中，该公司报告它的税后利息支付净额为4百万美元，均已用现金支付。

请计算这家公司在2012财务年度中的自由现金流量。

E11.6. 应用现金流量关系式（简单）

一家企业报告它的自由现金流量为4.3亿美元，经营利润为3.9亿美元。

a. 请问，这家企业的净经营性资产在报告期间内发生了怎样的变动？

b. 在报告期内，这家企业对净经营性资产进行了2900万美元的现金投资，请问，它的经营性应计项目金额为多少？

c. 在报告期内，这家企业发生了税后净融资费用4300万美元，支付股利2000万美元，并通过发行新的股份又筹集了3300万美元。请问，这家企业在报告期内的净债务头寸变动为多少？

E11.7. 应用现金流量关系式（中等）

下面是一位分析人员编制好的某公司2012和2011财务年度重构资产负债表（单位：百万美元）。

	2012年	2011年
经营性资产	640	590
金融性资产	250	110
	890	700
金融性负债	170	130
经营性负债	20	30
普通股东权益	700	540
	890	700

该公司报告它在2012财务年度实现综合收益100百万美元，并且没有净金融收益或者融资费用产生。要求：

a. 计算该公司在2012财务年度的自由现金流量。

b. 这些自由现金流量都流向了哪里？

c. 请问，这家企业既有金融性资产也有金融性负债，怎么会没有净金融收益或者净融资费用产生呢？

应用分析

E11.8. 自由现金流量与融资活动：通用电气公司（简单）

下面是通用电气公司在2000~2004财务年度的汇总自由现金流量信息（单位：百万美元）。

	2000年	2001年	2002年	2003年	2004年
经营活动产生的现金	30 009	39 398	34 848	36 102	36 484
现金投资额	37 699	40 308	61 227	21 843	38 414
自由现金流量	(7 690)	(910)	(26 379)	14 259	(1 930)

要求：

a. 请解释为什么像通用电气这样盈利丰厚的公司也会出现负的自由现金流量？

b. 通用电气公司在2005年宣布将较大幅度地放缓它对经营业务的投资。请问，这对公司的自由现金流量将产生怎样的影响？该公司的金融活动将可能发生怎样的变化？由于自由现金流量将发生的改变，公司可以有哪些金融活动选项？

E11.9. 用方法1计算通用磨坊公司的自由现金流量（简单）

请参考第10章中通用磨坊公司的重构资产负债表（表10-5）和重构利润表（表10-11），根据表中信息计算该公司在2010财务年度的自由现金流量。

E11.10. 金佰利公司的自由现金流量（中等）

下面这些汇总数据出自金佰利纸品公司2006和2007财务年度末的重构资产负债表和2007财务年度的重构利润表（单位：百万美元）。

	2007年	2006年
经营性资产	18 057.0	16 796.2
经营性负债	6 011.8	5 927.2
金融性资产	382.7	270.8
金融性负债	6 496.4	4 395.4
经营利润（税后）	2 740.1	
净融资费用（税后）	147.1	

要求：

a. 金佰利公司在2007财务年度中向股东的支付净额（即发放股利金额与股份回购金额之和，再减去通过发行股份所筹集资金之差）为3 405.9百万美元。请用方法1和方法2计算该公司在2007财务年度的自由现金流量。

b. 在2007财务年度的现金流量表中，金佰利公司报告它实现了经营活动产生的现金流量2 429百万美元，利息支付净额为142.4百万美元，用于投资活动的现金总额为898百万美元，但其中包括了一项出售短期计息证券所得56百万美元。金佰利公司的法定税率为36.6%，请根据这些报告数据计算该公司在2007财务年度的自由现金流量。

E11.11. 利用现金流量表信息进行报表重构：微软公司（中等）

多年以来，微软公司创造了非常可观的自由现金流量。在2004财务年度中，该公司没有支付任何股利，也没有偿还任何债务，因此，公司的现金都被用于投资带息的证券。它的2005财务年度截止日为6月30日，在这个年度的第二季度末（即2004年12月31日）资产负债表中，它在流动资产栏目下报告了下列项目（单位：百万美元）。

	2004年 6月30日	2004年 12月31日
现金及现金等价物	15 982	4 556
短期投资	44 610	29 948

从上述数据中可以看出，微软公司的现金和短期投资在这半年中都出现了巨幅减少。在第二季度中，微软公司决定以大额特别股利的方式向股东支付首次股利，表11-2是该公司在这个季度中的现金流量表，以及关于上述投资所收到利息收入的明细注释。该公司的所得税率为37.5%。

请回答下面这几个关于微软公司在截至2004年12月31日的这个季度中的问题。

a. 公司在该季度中向普通股股东所支付的现金股利金额为多少？

b. 在这个季度中，微软公司的股利支付净额为多少？

c. 计算微软公司在这个季度中经营活动产生的（实体）现金流量为多少？

d. 计算微软公司在这个季度中发生的经营活动现金投资额。

e. 计算微软公司在这个季度中的自由现金流量。

f. 为什么微软公司在2004年最后3个月中

"投资活动的现金流量净额"与 2003 年同期的数据差异巨大？这种巨大的差异是由于该公司对经营活动的投资变化所引起的吗？

g. 微软公司维持了 60 百万美元的营运现金，请问，它在该季度中对金融性资产的净投资额为多少（不考虑汇率变动的影响）？

回答了上述问题之后，你就已经具备了重构现金流量表的条件了，请为微软公司编制一份重构的现金流量表。

表 11-2 微软公司 2005 财务年度第二季度的现金流量表

现金流量表
（未经审计，单位为百万美元）

	以 12 月 31 日为截止日的 3 个月	
	2003 年	2004 年
经营活动		
净利润	1 549	3 463
折旧费用与摊销费用	300	108
用股份支付的薪酬费用	3 232	551
已确认的投资净损益	（321）	74
股票期权带来的所得税抵减金额	148	99
递延所得税	（985）	68
预收收入的变动	2 774	3 354
已确认的预收收入变动	（3 166）	（3 166）
应收账款的变动	（1 004）	（1 398）
其他流动资产变动	607	373
其他长期资产变动	55	7
其他短期负债变动	1 256	17
其他长期负债变动	129	69
经营活动产生的现金流量净额	4 574	3 619
融资活动		
发行普通股筹集的现金	189	795
回购普通股使用的现金	（730）	（969）
支付普通股股利	（1 729）	（33 498）
融资活动产生的现金净流量	（2 270）	（33 672）
投资活动		
新增不动产与厂房	（172）	（176）
企业并购支出（扣除在并购中取得的现金）	—	（1）
购买投资使用的现金	（22 377）	（16 013）
投资到期取得的现金	825	19 536
出售投资取得的现金	19 775	20 068
投资活动产生的现金净流量	（1 949）	23 414
现金及现金等价物变动净额	355	（6 639）
汇率变动对现金及现金等价物的影响	26	54
现金及现金等价物，期初余额	5 768	11 141
现金及现金等价物（期末余额）	6 149	4 556

注：微软公司没有任何债务，因此在这 3 个月中也没有支付任何利息；在报告期内，因为投资计息证券而收到的利息为 378 百万美元。

迷你案例

M11.1 分析现金流量：宝洁公司 II

表 11-3 中是宝洁公司（P&G）在 2010 财务年度的比较现金流量表。如果你完成了第 10 章中的宝洁公司案例（迷你案例 M10.1），那么你现在对这家公司一定不再陌生了。完成迷你案例 M10.1 的要求，能让你更快地熟悉本案例的数据，但无论你是否已经按要求完成了上一个案例，在本案例中，你都需要用到该公司的财务报表数据（详见表 10-15）。宝洁公司适用的法定税率为 38%。

要求：

a. 用方法 1 计算宝洁公司在 2010 财务年度的自由现金流量，然后再对表 11-3 中的现金流量表数据调整错误分类的影响，再次计算自由现金流量。这两个自由现金流量的金额一致吗？为什么它们可能会出现差异呢？

b. 用方法 2 计算宝洁公司在 2010 财务年度的自由现金流量，你能找出宝洁公司在报告期内向股东的净支付额是多少吗？

c. 根据现金流量表数据计算宝洁公司在报告期内对股东的净支付额。这个金额与你在"b"部分中计算得到的答案一致吗？与宝洁公司在它的股东权益变动表中所披露的相关数据一致吗？

d. 在宝洁公司现金流量表底部所披露的补充信息有什么作用？

e. 请对宝洁公司的现金流量表进行重构。

f. 请简要说明重构后的现金流量表告诉了我们哪些信息？

表 11-3 宝洁公司 2010 财务年度的比较现金流量表

	以每年的 6 月 30 日为财务年度截止日		
	（单位：百万美元）		
	2010 年	2009 年	2008 年
现金与现金等价物（年初余额）	4 781	3 313	5 354
经营活动			
净利润	12 736	13 436	12 075
折旧费用与摊销费用	3 108	3 082	3 166
以股份支付的员工薪酬	453	516	555
递延所得税	36	596	1 214
业务处置收益	(2 670)	(2 377)	(284)
应收账款的变动	(14)	415	432
存货的变动	86	721	(1 050)
应付账款、应计负债与其他负债的变动	2 446	(742)	297
其他经营性资产和经营性负债的变动	(305)	(758)	(1 270)
其他	196	30	(127)
经营活动现金流量合计	16 072	14 919	15 008
投资活动			
资本支出	(3 067)	(3 238)	(3 046)
资产处置所得	3 068	1 087	928
企业并购支出，扣除并购中取得的现金	(425)	(368)	(381)
投资变动净额	(173)	166	(50)
投资活动现金流量合计	(597)	(2 353)	(2 549)
融资活动			
向股东支付的股利	(5 458)	(5 044)	(4 655)

（续）

| | 以每年的 6 月 30 日为财务年度截止日 | | |
| | （单位：百万美元） | | |
	2010 年	2009 年	2008 年
短期借款的变动额	（1 798）	（2 420）	2 650
新增加的长期借款	3 830	4 926	7 088
长期借款的减少额	（8 546）	（2 587）	（11 747）
购买库存股使用的现金	（6 004）	（6 370）	（10 047）
股票期权计划和其他的影响	721	681	1 867
融资活动现金流量合计	（17 255）	（10 814）	（14 844）
汇率变动对现金和现金等价物的影响	（122）	（284）	344
现金与现金等价物变动净额	（1 902）	1 468	（2 041）
现金与现金等价物（年末余额）	2 879	4 781	3 313
补充披露信息：			
用现金支付的			
利息	1 184	1 226	1 373
所得税	4 175	3 248	3 499
通过非付现的资本租赁取得的资产金额	20	8	13
剥离咖啡业务换回的宝洁公司股权	—	2 466	—

第 12 章　获利能力分析

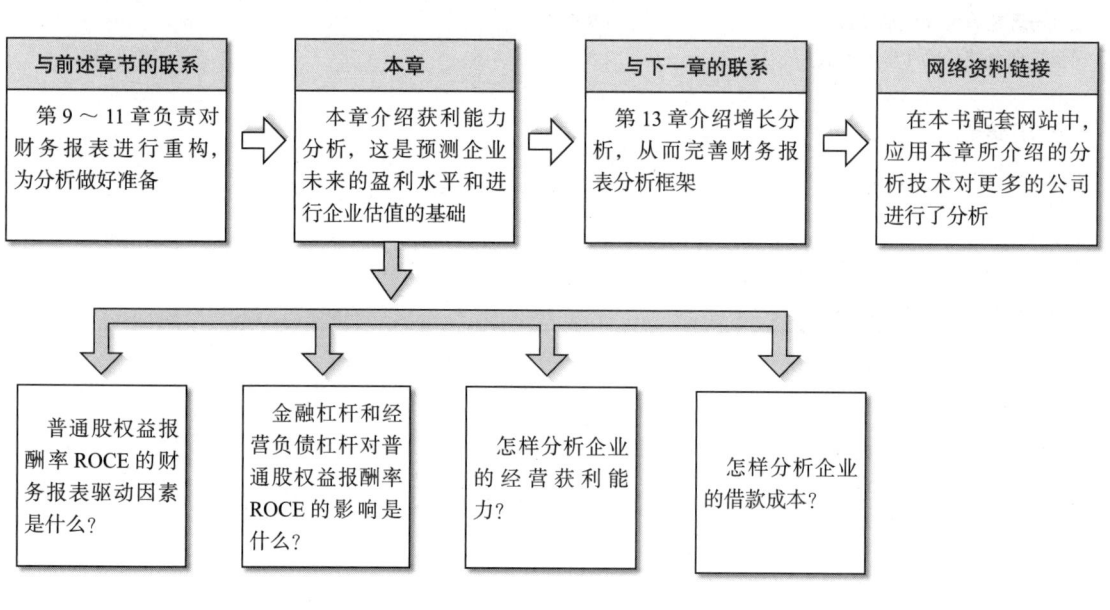

分析师备忘录

学习目标
学习完本章内容后，你应当理解：
- 各种不同的财务比率是怎样综合起来，对普通股权益报酬率ROCE进行解释的；
- 金融杠杆对普通股权益报酬率ROCE的影响；
- 经营性负债杠杆对普通股权益报酬率ROCE的影响；
- 净经营性资产报酬率RNOA和总资产报酬率ROA之间的差别；
- 销售利润率、资产周转率和它们的分解因素是如何影响净经营性资产报酬率RNOA的；
- 如何分析企业的借款成本；
- 如何利用获利能力分析去更深刻地认识企业的活动。

学习能力
完成本章的学习任务后，你应当能够：
- 计算会影响到普通股权益报酬率ROCE的各种财务比率；
- 说明各种不同的财务比率是如何联合起来，共同决定普通股权益报酬率ROCE的；
- 根据重构后的财务报表进行完整的获利能力分析；
- 根据本章的设计建立相应的电子表格分析

程序，详见本书配套网站上的 BYOAP 模块介绍。

- 应用本章所介绍的分析方法回答关于一家公司"如果……就会……"的问题。

根据第 5 章中介绍的市净率估值模型，要对股票进行估值，必须先预测企业未来的剩余收益水平；而根据第 6 章中介绍的市盈率估值模型，则需要先预测企业的超常收益增长水平，或者说，剩余收益增长水平。由于企业的剩余收益取决于股东投资的获利能力，即普通股权益报酬率 ROCE，以及投资的增长情况，因此，预测企业未来的剩余收益水平，实际上就是需要预测企业未来的获利能力和增长能力。在进行预测时，我们必须要知道是什么在影响着企业的盈利和增长，因此，我们将普通股权益报酬率 ROCE 的影响因素分析称为**获利能力分析**（profitability analysis），而将企业投资规模增长的影响因素分析称为**增长能力分析**（growth analysis）。在本章中，我们先讨论获利能力分析，然后在第 13 章中，再讨论增长能力分析。

在前几章中，我们已经对企业的财务报表进行重构，为分析做好了准备。因此在本章和第 13 章中，我们将完成企业的财务报表分析工作。

获利能力分析能让我们清楚企业现在所处的状况，找到当前的普通股权益报酬率 ROCE 的影响因素。有了这点认识之后，分析人员就会通过思考未来的 ROCE 与当前的 ROCE 将会出现哪些不一样来进行预测。要做到这一点，分析人员需要预测我们在这一章中将会介绍的 ROCE 驱动因素，最后，再通过这些预测值来判断企业股票的价值。正因如此，本章所介绍的这些获利能力驱动因素有时也会被称为**价值驱动因素**（value drivers）。本书的第三部分就会将本章所介绍的内容再应用到预测与估值工作当中。

当然，价值是由经济要素所创造的，但会计指标是对这些要素的一种计量值。在确认企业的获利能力影响因素时，有一个很重要的前提：理解企业的商业运作原理。获利能力分析的程序本身可以是非常机械的，我们甚至可以将它做成一张电子表格自动分析程序，只需要引用重构财务报表中的数据，然后就可以计算出若干的财务比率。但是，进行获利能力分析的真正目标是要确认出企业价值创造的源泉。因此，在学习分析程序时，需要不断地思考是什么样的企业活动造就了这样的财务比率。只有企业的商业运作才是获利能力分析的聚焦点。

基于上述认识，获利能力分析已经成为一种管理计划、战略分析、决策和权益估值的工具，企业管理层均认同更高的获利能力能为企业创造更多的价值，所以他们会问："企业的获利能力来自哪里？"他们会主动去思考某个特定的决策对企业的获利能力会产生怎样的影响，这种影响对为股东创造的价值又会带来什么样的变化。比如，如果一位零售商决定削减广告支出并同时开展"常客"计划，这种改变对企业的普通股权益报酬率 ROCE 和权益估值会造成怎样的影响？再比如，如果扩张零售楼层空间，又会带来什么样的影响？如果并购其他的企业，影响又会如何呢？

本章的分析目标就是获得上述这类问题的答案，因此，你会在本章中发现很多"如果……就会……"的问题，并且你还会看到我们是如何通过分析来找到这类问题的答案的。

12.1 分解普通股权益报酬率

我们曾经介绍过，普通股东权益报酬率是这样计算得到的：

$$普通股权益报酬率 ROCE = \frac{综合收益}{平均普通股东权益}$$

在第 10 章中，我们还介绍过如何根据重构的报表计算一家企业经营活动的获利能力指标——净经营性资产报酬率 RNOA，以及金融活动的获利能力指标——净借款成本 NBC 或净金融性资产报酬率 RNFA。这些指标都是普通股权益报酬率 ROCE 的影响因素。

图 12-1 说明了普通股权益报酬率 ROCE 是如何被分解为上述影响因素的，因此，我们将按照这幅图来完成本章中的分析。这里的分析分为三个层次：首先，分析企业的经营活动影响和金融活动影响；其次，分析经营利润率和总资产周转率对经营获利能力的影响；最后，再分析经营利润率和总资产周转率各自的子影响因素并计算净借款成本的最低水平。在本章的讲解中，会用到一些字母缩写或者简称，你可以在本章章末的分析师工具箱中，找到这些缩写或者简称的详细说明。

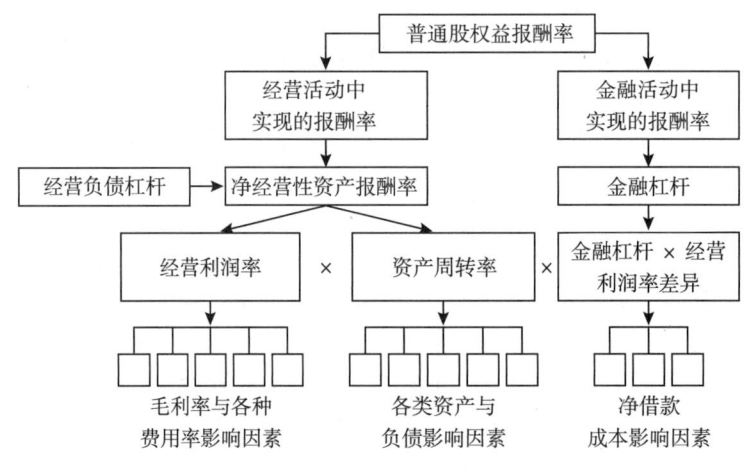

图 12-1 获利能力分析

将普通股权益报酬率 ROCE 按影响因素进行分解。

12.2 第一层分解：区分金融活动与经营活动，识别杠杆影响

对普通股权益报酬率的第一层分解，需要区分经营活动和金融活动的不同贡献。在这一层分解中，需要识别杠杆的影响，即通过负债来扩大或者缩小企业的普通股权益报酬率 ROCE。这里的杠杆有时也被称为"传导效应"(gearing)。

12.2.1 金融杠杆

金融杠杆⊖是指企业的净经营性资产 NFA 中，有多大程度是通过借入净金融性负债 NFO 来提供融资的。在第 10 章中，我们介绍的财务指标 FLEV= 净金融性负债 NFO/ 普通股东权益

⊖ financial leverage 通常译为财务杠杆，但在我国常用的相关教材中，财务杠杆被定义为"息税前利润 EBIT 的单位变动所对应的每股收益 EPS 的变动程度"，常用计算式为"息税前利润 EBIT/（息税前利润 EBIT– 利息费用 I）"，与本书中 financial leverage 的含义是不同的。本书中的 financial leverage 是指需要计息的负债与企业的股东权益之比值，即我国常用财务比率中的"有息负债权益比"。为表示这两个概念之间的区别，故在本书中，将 financial leverage 翻译为了"金融杠杆"。——译者注

CSE，刻画的就是企业的金融杠杆程度。如果企业的净经营性资产由不同程度的净金融性负债来提供融资，而不是完全依赖于股东的投入，那么，企业的权益报酬率肯定就会受到影响。平均来说，企业的金融杠杆典型值为 0.4，但在不同的企业之间，金融杠杆水平是存在巨大差异的。

金融杠杆对普通股权益报酬率 ROCE 的影响如下（详见阅读材料 12-1）：

$$\text{普通股权益报酬率} = \text{净经营性资产报酬率} + (\text{金融杠杆} \times \text{经营利润率差异}) \qquad (12\text{-}1)$$

即

$$ROCE = RNOA + [FLEV \times (RNOA - NBC)]$$

该普通股权益报酬率 ROCE 的表达式说明，ROCE 受下列三个影响因素的共同作用：

（1）净经营性资产报酬率（$RNOA$ = 经营利润 OI/净经营性资产 NOA）

（2）金融杠杆（$FLEV$ = 净金融性负债 NFO/普通股东权益 CSE）

（3）净经营性资产报酬率与净借款成本率之差（经营利润率差异 $SPREAD$ = 净经营性资产报酬率 $RNOA$ − 净借款成本率 NBC）

其中，经营利润 OI 和净融资费用都应当是税后的，并且按综合收益来计算，取自第 10 章中重构后的利润表，否则，这里的分解将是无效的。

根据这个公式，如果企业拥有金融杠杆，且经营报酬率大于借款成本率，那么，就可以将普通股权益报酬率 ROCE 提升至经营报酬率之上。换句话说，只要企业的净经营性资产报酬率 RNOA 大于净借款成本率 NBC，那么，就可以通过使用净负债来为净经营性资产提供融资，从而提高股东权益的报酬率。

阅读材料 12-1

普通股权益报酬率 ROCE 由企业的经营获利能力、金融杠杆水平和经营利润率差异所共同决定

$$\text{普通股权益报酬率 } ROCE = \frac{\text{综合收益}}{\text{平均普通股东权益}}$$

在普通股权益报酬率 ROCE 的计算式中，分子"综合收益"既包括了经营利润，也包括了净融资费用，如重构后的利润表所示；而分母"平均普通股东权益"则等于净经营性资产与净金融性负债之差。因此，可有：

$$\text{普通股权益报酬率 } ROCE = \frac{\text{经营利润 } OI - \text{净融资费用 } NFE}{\text{净经营性资产 } NOA - \text{净金融性负债 } NFO}$$

（其中，资产负债表数据应取报告期平均值。）

经营利润 OI 是由净经营性资产 NOA 所创造的，我们用经营获利能力指标"净经营性资产报酬率 RNOA"来表示净经营性资产能实现的报酬百分比。净融资费用 NFE 是由净金融性负债 NFO 所产生的，我们用净借款成本率 NBC 来表示净融资费用占净金融性负债的百分比。因此，普通股权益报酬率 ROCE 的计算式又可写作：

$$\text{普通股权益报酬率 } ROCE = \left(\frac{\text{净经营性资产 } NOA}{\text{普通股东权益 } CSE} \times \text{净经营性资产报酬率 } RNOA \right) - \left(\frac{\text{净金融性负债 } NFO}{\text{普通股东权益 } CSE} \times \text{净借款成本率 } NBC \right)$$

请注意，在上式中，净经营性资产报酬率 $RNOA$ = 经营利润 OI/净经营性资产 NOA，而净借款成本率 NBC = 净融资费用/净金融性负债 NFO。这个表达式说明，普通股权益报酬率 ROCE 实际上是企业的经营活动报酬率与（负的）金融活动报酬率之加权平均值。

将上述这个表达式重新整理一下,能得到下面这种表达形式,从中可以得出更有意义的信息:

$$\text{普通股权益报酬率 ROCE}$$
$$= \text{净经营性资产报酬率 RNOA}$$
$$+ \left[\frac{\text{净金融性负债 NFO}}{\text{普通股东权益 CSE}} \times (\text{净经营性资产报酬率 RNOA} - \text{净借款成本率 NBC}) \right]$$
$$= \text{净经营性资产报酬率 RNOA} + (\text{金融杠杆水平} \times \text{经营利润率差异})$$

如果仅用字母简写表达,则公式为: $ROCE = RNOA + (FLEV \times SPREAD)$

图12-2说明了根据该公式,普通股权益报酬率ROCE和净经营性资产报酬率RNOA之差是如何随企业金融杠杆水平的不同而发生变化的。如果一家企业的金融杠杆水平为0,根据式(12-1),那么普通股权益报酬率ROCE就等于净经营性资产报酬率RNOA。但是,如果企业的金融杠杆水平大于0,那么,普通股权益报酬率ROCE与净经营性资产报酬率RNOA之差就受制于企业的杠杆水平和**经营利润率差异**(operating spread,即净经营性资产报酬率与净借款成本率之差)。在后文中,我们将企业的经营利润率差异简称为**经营利差**(spread)。如果一家企业的净经

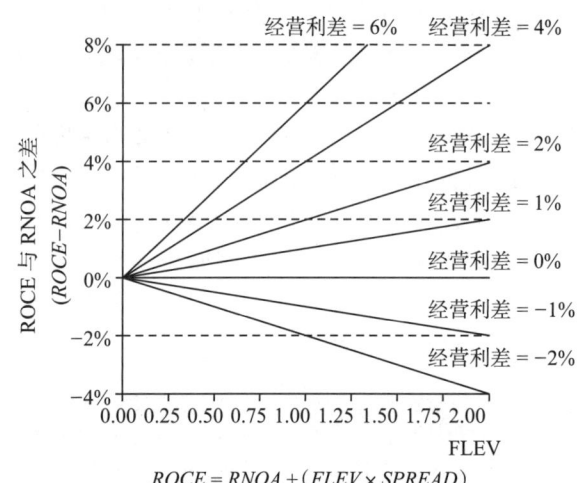

图12-2 不同经营利润率差异下,金融杠杆对普通股权益报酬率ROCE与净经营性资产报酬率RNOA之差的影响

图中,FLEV表示金融杠杆水平,而经营利差则定义为净经营性资产报酬率RNOA与借款净成本率NBC之间的差异。

营性资产报酬率RNOA大于它的税后净借款成本率NBC,那么我们就说这家企业拥有**有利的金融杠杆**(favorable financial leverage)或者**有利的债务传导效应**(favorable gearing):因为净经营性资产报酬率被"抬高"了,使得企业可以实现更高的普通股权益报酬率ROCE。如果企业的经营利差SPREAD为负数,那么,杠杆将带来不利的影响。阅读材料12-2中通用磨坊公司的例子就说明了这一点。学习这个例子时,可同时参考第10章的表10-5,即该公司重构后的资产负债表。这个例子充分说明了金融杠杆的"好消息/坏消息"性质:当企业的净经营性资产报酬率RNOA能够高于净借款成本率NBC时,利用金融杠杆,就可以为股东创造更高的报酬率。但是,当企业的净经营性资产报酬率RNOA低于净借款成本率NBC时,使用金融杠杆,反而会使股东的利益受损。因此相应地,杠杆水平除了会影响企业的获利能力以外,它还是一个能代表股东权益风险水平的财务指标,我们在第14章中会再对此进行讨论。在第14章中,我们将思考的问题包括:企业可以利用金融杠杆提升它的普通股权益报酬率ROCE,从而增大它的权益价值吗?或者,由于使用负债而使风险增加了,权益价值会不会因此而受损呢?

阅读材料 12-2

金融杠杆的影响：通用磨坊公司

通用磨坊公司是一家大型的包装食品制造企业，由于它在过去多年中进行了大量的股份回购活动，导致杠杆水平相对较高。从第 10 章的表 10-5 中你可以看到，该公司在 2010 财务年度的平均股东权益为 5533 百万美元，平均净金融性负债水平为 6100 百万美元。因此，根据这些资产负债表金额的平均数可以计算出，该公司的平均金融杠杆水平为 1.102。

通用磨坊公司在 2010 财务年度的普通股权益报酬率 ROCE 为 16.7%，通过进一步的分析可知，这样的普通股权益报酬率主要是受高负债水平所推动的：

普通股权益报酬率 ROCE
= 净经营性资产报酬率 RNOA
+ [金融杠杆水平 FLEV × (净经营性资产报酬率 RNOA − 净借款成本率 NBC)]

即

$16.7\% = 10.1\% + [1.102 \times (10.1\% - 4.1\%)]$

因此，普通股权益报酬率 ROCE 在企业潜在的经营获利能力基础上被放大了：本来公司的净经营性资产报酬率 RNOA 只有 10.1%，但由于金融杠杆水平较高，以及较低的净借款成本率 4.1% 所带来的经营利润率差异，导致企业的普通股权益报酬率 ROCE 被提高了。所以，当一家企业自诩它的普通股权益报酬率 ROCE 较高时，分析人员应当自问：这种高水平的 ROCE 是由于金融杠杆所放大得到的，还是来自企业本身的经营业务呢？

一个"如果……就会……"的问题

如果通用磨坊公司的净经营性资产报酬率 RNOA 下降为 2%，会发生什么样的情况呢？普通股权益报酬率 ROCE 会因此而受到怎样的影响呢？

答案是，普通股权益报酬率将变为负数：

$-0.3\% = 2.0\% + [1.102 \times (2.0\% - 4.1\%)]$

因此，即使企业的净经营性资产报酬率为正，如果使用了不利的杠杆，也可能导致普通股权益报酬率变为负数，使股东蒙受损失。这即是杠杆"坏消息"影响的一面。

通用磨坊公司在资产负债表中报告了少数股东权益，这使得普通股权益报酬率 ROCE 的计算更加复杂化了，请参考阅读材料 12-5 中的说明。

如果一家企业像耐克公司那样拥有净金融性资产 NFA 而不是净金融性负债 NFO，我们的分析应当如何进行呢？在这种情况下，通常企业能实现的金融收益将大于同期的融资费用，因此能实现大于 0 的金融活动报酬率 RNFA，而不再是净借款成本率 NBC。此时普通股权益报酬率 ROCE 与净经营性资产报酬率 RNOA 之间的关系将变为：

$$\text{普通股权益报酬率 } ROCE = \text{净经营性资产报酬率 } RNOA - \left[\frac{\text{净金融性资产 } NFA}{\text{普通股东权益 } CSE} \times (\text{净经营性资产报酬率 } RNOA - \text{净金融资产报酬率 } RNFA)\right] \quad (12\text{-}2)$$

其中，净金融性资产报酬率 RNFA = 净金融收益 / 净金融性资产，表示净金融性资产在当期所实现的投资收益水平。此时，如果经营利差为正数，则普通股权益报酬率 ROCE 将被降低：部分股东投入的资本被用于投资金融性资产，而如果金融性资产的投资收益率低于经营性资产的投资报酬率，那么，普通股权益报酬率 ROCE 反而将低于净经营性资产报酬率 RNOA。阅读材料 12-3 以耐克公司为例说明了这一点。

> **阅读材料 12-3**
>
> **金融杠杆为负的影响：耐克公司**
>
> 耐克公司是非常赚钱的。在 2008 财务年度中，该公司报告它有平均普通股权益 74.58 亿美元，当年的普通股权益报酬率 ROCE 为 25.9%。不过，由于它的经营活动所创造现金的影响，耐克公司在当年持有相当巨额的金融性资产，平均水平为 20.86 亿美元，导致该公司的平均金融杠杆表现为负数：−0.280。该公司的平均净金融性资产报酬率为 2.3%。
>
> 因此，普通股权益报酬率 ROCE 掩盖了耐克公司高达 35% 的经营获利率水平：
>
> 普通股权益报酬率 ROCE
> = 净经营性资产报酬率 RNOA
> − [净金融性资产 NFA / 普通股东权益 CSE
> × (净经营性资产报酬率 RNOA
> − 净金融资产报酬率 RNFA)]
> 即
> 25.9% = 35.0% − [0.280 × (35.0% − 2.3%)]
>
> 所以，耐克公司的净经营性资产报酬率本为 35%，但是受金融活动的报酬率较低的影响，最后经加权计算得到的普通股权益报酬率 ROCE 反而被拉低了。
>
> **一个"如果……就会……"的问题**
>
> 如果耐克公司动用 10 亿美元的金融性资产来向股东支付一笔特殊股利，会出现什么样的状况呢？这样做对公司的普通股权益报酬率 ROCE 又会造成怎样的影响呢？
>
> 答案是，如果企业的平均金融性资产和普通股权益同时减少 10 亿美元，那么，平均金融杠杆水平就将从 −0.280 变为 −0.168，而普通股权益报酬率 ROCE 则将变为：
>
> 29.5% = 35.0% − [0.168 × (35.0% − 2.3%)]
>
> 注意：支付股利（以及进行股份回购）是可以增大企业的普通股权益报酬率 ROCE 的。

12.2.2 经营性负债杠杆

正如金融性负债可以提升普通股权益报酬率 ROCE 一样，经营性负债也可以提升企业的净经营性资产报酬率。所谓经营性负债，是企业在经营过程中产生的负债支付义务，与在为经营活动提供融资的金融活动中产生的金融性负债是不同的。在第 10 章中，我们曾经介绍过这样一个财务指标来衡量企业的经营性负债杠杆水平，即企业的经营性负债在整个净经营性资产中占到了多大的比重：

$$经营性负债杠杆（OLLEV）= \frac{经营性负债\ OL}{净经营性资产\ NOA}$$

一般企业的经营性负债杠杆水平为 0.4 左右。承担经营性负债可以降低企业的净经营性资产水平，从而提高净经营性资产报酬率。只要企业能在不付出显性利息的条件下在经营活动中获得更多的信用，就可以减少它对净经营性资产的投资规模，从而提升企业的净经营性资产报酬率，但是信用的取得都是有代价的。相对于立即付现的交易来说，供应商在向企业提供免息信用的同时，对相关的商品和服务必然也会要求相对更高的交易价格。因此，与金融杠杆一样，经营性负债杠杆对企业的影响也同时具有有利的一面和不利的一面。

要计算经营性负债杠杆的影响，首先需要估计供应商所提供信用的隐含利息水平，通常可借助短期金融借款的利率来进行估计：

$$经营性负债的隐含利息 = 短期借款利率（税后）\times 经营性负债水平$$

接下来，再假定企业没有任何经营性负债，计算企业的经营性资产报酬率ROOA：

$$经营性资产报酬率\ ROOA = \frac{经营利润\ OI + 隐含利息（税后）}{经营性资产}$$

最后，可得到经营性负债杠杆水平对净经营性资产报酬率RNOA的影响如下：

净经营性资产报酬率 $RNOA$ = 经营性资产报酬率 + （经营性负债杠杆水平 × 经营性负债杠杆差异率）

（12-3）

将上式用公式表达为：

$$RNOA = ROOA + (OLLEV \times OLSPREAD)$$

其中，OLSPREAD 表示**经营性负债杠杆差异率**（operating liability leverage spread），即经营性资产报酬率与企业的税后短期借款成本率之差：

经营性负债杠杆差异率 $OLSPREAD$ = 经营性资产报酬率 $ROOA$ − 短期借款成本率（税后）

这个净经营性资产报酬率的杠杆表达式看起来与式（12-1）普通股权益报酬率的金融杠杆表达式非常相像：净经营性资产报酬率RNOA首先受经营性资产报酬率ROOA的影响，即使企业没有承担任何经营性负债时也是如此；然后，在经营性负债杠杆水平OLLEV和经营性负债杠杆差异率OLSPREAD的共同作用下，还会产生杠杆溢价，并对净经营性资产报酬率也造成影响。最终的影响结果可能表现为**有利的经营性负债杠杆**（favorable operating liability leverage）[如果经营性资产报酬率ROOA大于企业的短期借款成本率的话]；也可能表现为不利的经营性负债杠杆（如果经营性资产报酬率ROOA小于企业的短期借款利率的话）。请参考阅读材料12-4中对通用磨坊公司的经营性负债杠杆分析。

阅读材料 12-4

经营性负债杠杆的影响：通用磨坊公司

在2010财务年度中，通用磨坊公司的平均净经营性资产为116.32亿美元，其中，包含了54.94亿美元的经营性负债。因此，该公司的经营性负债杠杆水平为0.472⊖。通用磨坊公司的短期应付票据借款利率为1.1%，换算成税后借款成本率则为0.7%。通用磨坊公司报告它的经营利润为11.77亿美元，如果按税后短期借款成本率乘以经营性负债水平之积来计算的话，公司的经营性负债所对应的隐形税后利息费用应为3800万美元⊜。因此，当通用磨坊公司的平均经营性资产水平为171.26亿美元时，以百万美元为单位进行计算，经营性资产报酬率ROOA应为：

$$经营性资产报酬率\ ROOA = \frac{1\ 777 + 38}{17\ 126} = 7.09\%$$

经营性负债杠杆对该公司的影响是有利的：

净经营性资产报酬率 $RNOA = 10.1\% = 7.09\% + [0.472 \times (7.09\% - 0.7\%)]$

一个"如果……就会……"的问题

如果通用磨坊公司的供应商要求对它们所提供的信用融资按1.1%的利率计算利息支出，情况会发生怎样的变化呢？通用磨坊公司的价值会因此而受到怎样的影响呢？

答案是可能不存在影响。利息支出将成为公司的一项额外费用，但通常为了保持竞

⊖ 0.472 = 54.94 / 116.32。——译者注

⊜ 3800万 = 0.7% × 54.94亿。——译者注

> 争力，供应商会通过适当地降低产品价格来保证向通用磨坊公司收取的全部款项（包括隐性和显性的利息费用）维持在某个固定的水平上。不过，供应商市场可能并不会像我们所想象的那样有效率，因此，企业可以在有能力掌控供应商时，利用更多的经营性负债杠杆影响。比如戴尔公司，它就可以通过与供应商之间的良好关系来为企业增加价值，或者说，利用好经营性负债杠杆的影响。关于这一点，可重新再阅读第10章中关于戴尔公司的讨论。

经营性负债杠杆可以为股东增加价值，因此，如果分析人员想要找出企业价值创造的源泉，那么，确认经营性负债杠杆是非常必要的一步。假定一家企业拥有价值4亿美元的存货，同时还有价值4亿美元的应付供应商存货款，那么，这家企业对存货的净投资额就相当于0。在这种情况下，供应商承担了企业存货的实际投资，意味着股东就可以不再对这类经营业务进行投资了（而且，股东还可以将相关的资金投资到别处，创造其他收益）。在第10章的表10-4和表10-10中，我们列出了戴尔公司重构后的资产负债表和利润表，戴尔公司就是一家利用了经营性负债杠杆的典范企业。实际上，戴尔公司的经营性负债水平相当高，以至于公司的净经营性资产已经成为负数。请回看这些报表前后对戴尔公司的讨论内容，看看它的巨额经营性负债是如何提升股东的财富价值的：经营性负债杠杆所创造的经营活动剩余收益甚至比公司的经营利润还要高！

12.2.3 金融杠杆与经营性负债杠杆对股东权益获利能力的综合影响

股东权益的获利能力指标——普通股权益报酬率ROCE同时受金融杠杆和经营性负债杠杆的影响，离开了其中任意一种杠杆作用，普通股权益报酬率ROCE就只能等于企业的经营性资产报酬率ROOA。经营性负债杠杆在给定经营性资产报酬率ROOA的基础上能提升净经营性资产报酬率RNOA，而金融杠杆则能在给定净经营性资产报酬率RNOA的基础上再提升企业的普通股权益报酬率ROCE：

$$普通股权益报酬率 ROCE = 经营性资产报酬率 ROOA$$
$$+ (净经营性资产报酬率 RNOA - 经营性资产报酬率 ROOA)$$
$$+ (普通股权益报酬率 ROCE - 净经营性资产报酬率 RNOA)$$

因此，以阅读材料12-2和阅读材料12-4中通用磨坊公司的数据为例，该公司的普通股权益益报酬率16.7%是这样得到的：

$$普通股权益报酬率 ROCE = 7.1\% + (10.1\% - 7.1\%) + (16.7\% - 10.1\%)$$
$$= 7.1\% + 3.0\% + 6.6\%$$
$$= 16.7\%$$

在分析杠杆水平的影响时，会碰到一些较为复杂的问题。首先，如果所分析的企业存在少数股东权益，则需要略做调整，请参考阅读材料12-5中的内容。其次，如果企业的净借款额接近于0，或者借款成本率远高于存款利率，则有可能会出现企业在利润表中报告了净利息费用（即当期利息费用大于当期利息收益），但在资产负债表却报告平均持有净金融性资产（或者反之亦反），就像耐克公司在2010财务年度中的表现那样。同时，由于平均净金融性负债（分母）很少，可能就会计算得到一个相当高的净借款成本率。这种问题之所以会产生，是因为严格地说，平均借款额应当是每日借款余额的平均值，而不应当只是简单的期初与期末余额之和再除以 2 以后所得到的商。但分析人员一般是无法获得企业的每日数据的,不过如果能从季度报告中取数来计算的话,这个问题也能得以减轻。在关于企业负债的报表附注中,我们总是能找到关于借款成本的披露信息。

阅读材料 12-5

少数股东权益的处理

如果企业存在少数股东(非控股股东)权益,则需要将金融杠杆的影响计算式稍作修改。与债权人权益不同,少数股东权益对权益资金的整体获利能力、杠杆水平或经营利润率差异均不产生影响,它影响的仅是不同权益要求人之间的利益分配。少数股东与占多数持股比例的普通股股东一样,都需要共享杠杆的成本与收益。因此,对于少数股东权益(minority interest,用 MI 表示),我们只需要找出合并报表中由全体普通股股东所共享的 ROCE,然后将归属于母公司(多数)普通股股东的部分划分出来,就可以了:

普通股权益报酬率 ROCE
= 扣除少数股东权益之前的 ROCE
  ×(1− 少数股东持股比例)

上式中,等式左边的"普通股权益报酬率 ROCE"是指母公司(多数)普通股股东所享有的 ROCE,且

$$扣除少数股东权益之前的 ROCE = \frac{CI/扣除少数股东本期收益前的综合收益}{普通股权益 CSE + 少数股东权益 MI}$$

$$少数股东分享比率 = \frac{扣除少数股东本期收益前的综合收益}{普通股权益 CSE/(普通股权益 CSE + 少数股东权益 MI)}$$

上面这两个比率中,第 1 个比率告诉我们全部股东(少数股东和控股股东)的报酬率高低,而第 2 个比率则告诉我们少数股东所分享的报酬率比例。在应用金融杠杆式(12-1)时,请使用扣除少数股东权益之前的 ROCE,就像我们在阅读材料 12-2 中对通用磨坊公司所计算的那样。

这些计算是非常烦琐的。一般情况下,美国企业的少数股东权益比率都不高,因此我们可以(近似地)将少数股东在本期的收益或者少数股东权益视为合并经营利润和净经营性资产的减项。

12.2.4 净经营性资产报酬率与总资产报酬率

总资产报酬率(return on assets,ROA)是一个常用的、可用来衡量企业经营获利能力的财务指标:

$$总资产报酬率 ROA = \frac{净利润 + 利息费用(税后)}{平均总资产}$$

(上式中,如果企业存在少数股东本期收益,则应当将其反加回分子中。)

在总资产报酬率中,分子中的净利润通常都不是综合收益。即使不考虑这个问题,总资产报酬率 ROA 的计算也混淆了企业的经营活动影响与金融活动影响。因为在总资产报酬率的分子中,包含了当期的利息收益,但这显然应当是企业金融活动的结果;而分母中的总资产,既包括了经营性资产,也包括了金融性资产,所以也是不清楚的。因此,总资产报酬率 ROA 将企业的经营活动报酬率与将闲余资金投资于金融性资产所赚取的报酬率(通常要比经营报酬率更低一些)相混淆了。而且,在总资产报酬率 ROA 的计算式中,并没有考虑经营性负债的影

响,所以,在这个财务指标的分子中,已经包含了经营性负债的成本(表现形式为信用采购价格通常会更高),但在分母中,却没有考虑经营性负债杠杆所能带来的好处的影响。只有净经营性资产报酬率 RNOA 这个指标才比较恰当地区分了经营活动项目与金融活动项目。由于计息的金融性资产就是负的金融性负债,对企业的经营报酬率是不产生影响的。而承担经营性负债能降低企业对经营性资产的投资需求,提供经营性负债杠杆,因此在净经营性资产报酬率 RNOA 的分母中,需要将它减去。

所以,总资产报酬率 ROA 一般都比相同企业同一时期的净经营性资产报酬率 RNOA 要低一些。美国非金融企业在 1963～2010 年的总资产报酬率 ROA 中位数为 7.1%,低于我们对风险业务投资的预期报酬率,看起来更像是债券投资的收益率。这些企业在同期的净经营性资产收益率 RNOA 中位数为 10.5%,更加符合我们对企业经营报酬率的典型预期。在衡量企业的经营获利能力方面,总资产报酬率 ROA 的表现是不够好的。

表 12-1 比较了几家公司在 2007 年的总资产报酬率 ROA 和净经营性资产报酬率 RNOA,从中可以看出,总资产报酬率 ROA 是低估了企业的经营获利能力的,从耐克公司和通用磨坊公司的数据中,尤其可以看出这一点。根据净经营性资产报酬率 RNOA 的情况,可以判断微软公司、基因科技公司和思科系统公司具有超常的盈利能力,与事实相符。

表 12-1　几家公司在 2007 年的净经营性资产报酬率 RNOA 与总资产报酬率 ROA 比较

由于没有考虑经营性负债杠杆的影响且又将金融性资产的获利水平计算在内,总资产报酬率 ROA 通常都会低估企业的经营获利能力。

行业与公司	RNOA(%)	ROA(%)	经营性负债杠杆(OLLEV)	金融性资产/总资产(%)
生物科技行业				
基因科技公司	40.4	20.9	0.44	30.2
安进公司	15.3	9.9	0.25	19.6
高科技行业				
微软公司	134.3	21.2	2.86	43.4
甲骨文公司	27.8	14.1	0.59	23.0
思科系统公司	49.1	14.8	1.02	41.4
零售业				
沃尔玛	14.4	8.9	0.50	4.2
GAP 服饰	25.5	11.1	1.12	27.9
石油制造与精炼行业				
埃克森美孚公司	41.4	17.7	0.95	14.6
雪佛龙石油	26.0	13.4	0.82	6.9
耐克公司与通用磨坊公司				
耐克公司	35.0	16.5	0.65	23.6
通用磨坊公司	15.1	8.5	0.44	2.5

净经营性资产报酬率 RNOA 与总资产报酬率 ROA 之间的差异可以用经营性负债杠杆 OLLEV 和金融性资产占企业总资产的比重来进行解释。如表 12-1 中的数据所示,净经营性资产报酬率 RNOA 与总资产报酬率 ROA 之间的差异越大的公司,这两个指标的数值也就越高。微软公司在 2007 年的净经营性资产报酬率 RNOA 为 134.3%,但考虑了金融性资产(占总资产的 43.4%)的影响和忽视了经营性负债杠杆 2.86 的影响水平之后,总资产报酬率 ROA 这个指标就被降低到只有 21.2% 了。

上述观察结论强调了两点,那就是,要想有效地分析一家企业的获利能力,必须做到:

(1)以综合收益(清洁盈余)为基础来计算企业的利润或收益。

(2)在利润表和资产负债表中,必须对企业的经营项目和金融项目进行严格而清楚的界定和区分。

只有做到了上述两点,你所得到的财务指标才是"干净"(clean)的,在本章和以后的章节中,你将看到这样做的好处。

12.2.5 金融杠杆与负债权益比

负债权益比(debt-to-equity ratio)是一个被经常用来描述企业金融杠杆程度的计量指标,它等于企业的负债总额与权益总额之商。这个指标在信用分析中非常有用,但并不适合用在获利能力分析中,因为它混淆了经营性负债(产生经营性负债杠杆)和金融性负债(产生金融杠杆)的影响。而且,根据常规的定义,在计算负债权益比这个指标时,并没有将金融性负债从金融性资产中减去。

在同一报告期内,同一企业的金融杠杆水平和负债权益比之间的差异可能是非常大的:美国的企业在1963~2004年的负债权益比中位数为1.22,而同期金融杠杆FLEV水平的中位数却只有0.43。微软公司在2007年年末的总资产中,有43.4%表现为金融性资产,没有任何金融性负债,经营性负债杠杆水平为2.86;由此可以计算出它的负债权益比为1.02,但在这个负债权益比指标中,所有的负债都是经营性负债。因此,如果使用负债权益比这个指标来判断企业的金融杠杆水平的话,是会带来错误结论的:微软公司的金融杠杆FLEV(将金融性资产作为负的负债看待)水平为0.619。

12.3 第二层分解:经营获利能力的影响因素

在第一层分解中,我们分离出了普通股权益报酬率ROCE的一个重要驱动因素——净经营性资产报酬率RNOA。按照图12-1中的思路,净经营性资产报酬率RNOA还可以被进一步分解:

  普通股权益报酬率ROCE

 =净经营性资产报酬率RNOA

  +[金融杠杆FLEV×(净经营性资产报酬率RNOA-净借款成本率NBC)]

 =(经营利润率PM×净经营性资产周转率ATO)

  +[金融杠杆FLEV×(净经营性资产报酬率RNOA-净借款成本率NBC)] (12-4)

因此,净经营性资产报酬率RNOA的两个驱动因素为:

(1)经营利润率PM:

$$经营利润率\ PM = 经营利润\ OI(税后)/销售收入\ S$$

在第10章中计算共同比财务指标时,我们曾经计算过经营利润率。这个指标能向我们揭示企业每单位美元的销售收入所能实现的经营利润大小。

(2)净经营性资产周转率ATO:

$$净经营性资产周转率\ ATO = 销售收入\ S/净经营性资产\ NOA$$

净经营性资产周转率ATO衡量了企业每单位美元的净经营性资产投入在当期所能实现的

销售收入水平，它刻画了企业利用净经营性资产去创造销售收入的能力。有时，我们也会使用这个指标的倒数，即 1/净经营性资产周转率 ATO = 净经营性资产 NOA / 销售收入 S，说明要实现 1 美元的销售收入所需要的净经营性资产水平。比如，如果某企业的净经营性资产周转率 ATO 为 2.0，说明它要实现 1 美元的销售收入，只需要使用 50 美分的净经营性资产投入就可以了。

以耐克公司为例，由于它在 2010 财务年度的经营利润为 1814 百万美元，平均净经营性资产余额为 5930 百万美元，因此，它当期的净经营性资产报酬率 RNOA 为 30.6%。由于销售收入总额为 19 014 百万美元，所以，经营利润率 PM 就是 9.54%（= 1814/19014 × 100%），而净经营性资产周转率 ATO 则为 3.21（= 19014/5930）。因此，净经营性资产报酬率 $RNOA$ = 经营利润率 PM × 净经营性资产周转率 ATO = 9.54% × 3.21 = 30.6%。

再来看通用磨坊公司的情况，该公司在报告期内的销售收入为 147.97 亿美元，在平均净经营性资产水平为 116.32 亿美元的基础之上，实现了经营利润 11.77 亿美元。因此，通用磨坊公司在该报告期内的净经营性资产报酬率 RNOA 为 10.1%，由 7.95% 的经营利润率 PM 与 1.27 的净经营性资产周转率 ATO 所共同作用而成。可以看出，耐克公司的净经营性资产报酬率 RNOA 之所以比较高，是因为它的经营利润率 PM 和净经营性资产周转率 ATO 均较高而造成的：耐克公司从每单位美元销售收入中所赚取的利润更多，同时，它的每单位美元净经营性资产还能创造出更高的销售收入。为实现 1 美元的销售收入，耐克公司只需要对净经营性资产投资 31.2 美分，而通用磨坊公司在同样的情况下则需要投资 78.7 美分才行。

这种对企业的经营获利能力进行分解的方法被称为**杜邦模型**（DuPont Model），该模型认为，一家企业的经营获利能力来自两个方面：首先，如果每单位美元的销售收入中，有更大的比例能够留下成为企业的利润，那么，净经营性资产报酬率 RNOA 就会更高；其次，在特定的净经营性资产规模范围内，如果企业能够实现更高的销售收入，那么净经营性资产报酬率 RNOA 也会更高。其中，第一方面描述的是企业的获利能力，而第二方面描述的则是企业的经营效率。因此，企业可以通过提高经营利润率来增强它的获利能力，还可以通过更有效地使用经营性资产和经营性负债，以实现更高的销售收入来提升它的盈利水平。

从平均水平来看，一般企业的（税后）经营利润率为 5.3% 左右，而净经营性资产周转率大约在 2.0 上下。不过很显然，要实现特定水平的净经营性资产报酬率 RNOA，企业既可以通过较高的经营利润率和较低的周转率组合，也可以通过相对较低的经营利润率和较高的周转率组合来实现。图 12-3 给出了各个行业在 1963～2000 年的经营利润率 PM 中位数分布和净经营性资产周转率 ATO 分布情况。从图中可以看出，资产周转率较低的行业通常都有较高的利润率水平，而资产周转率较高的行业通常只具有较低的利润率水平。在图中有一条朝右倾斜向下的曲线，它将所有净经营性资产报酬率都等于 14% 的点连接了起来，但每个点却都对应的是不同的经营利润率 PM 和资产周转率 ATO 水平。比如供水行业，它的经营利润率 PM 为 30%，净经营性资产周转率 ATO 为 0.47，净经营性资产报酬率是 14%；同样地，像杂货店类企业，它的净经营性资产报酬率也是 14%，但经营利润率却只有 2%，而净经营性资产周转率却高达 7.0。

表 12-2 中给出了一系列行业的净经营性资产报酬率 RNOA、经营利润率 PM 和净经营性资产周转率 ATO 的中位数分布情况，它将各个行业按其普通股权益报酬率 ROCE 中位数从高到低进行了排序，并给出了各行业的金融杠杆水平 FLEV 和经营性负债杠杆水平 OLLEV 的中位数。从这张表中，我们可以感受到这些财务指标的典型取值范围，比如，各行业的普通股权

益报酬率 ROCE 中位数为 12.2%，而净经营性资产报酬率 RNOA 的中位数则为 10.3%，两者之间的差异主要是由于不同的金融杠杆水平和大于零的经营利润差异率所造成的。全部行业的金融杠杆水平 FLEV 中位数为 0.403，但这个指标在不同行业之间的取值差别非常显著。可以看到，一些行业，比如管道运输业、公用事业单位和旅店业等，通过较高的金融杠杆水平，成功地提升了它们的普通股权益报酬率 ROCE；而另一些行业，例如印刷与出版业和化工行业等，则只使用了很少的负债，却仍然实现了较高的普通股权益报酬率 ROCE。包括商业服务业在内的一些行业，会使用经营性负债杠杆，而不是金融杠杆，去撬动普通股权益报酬率 ROCE；而另一些行业，比如卡车运输业和航空业，则会同时利用这两种杠杆。

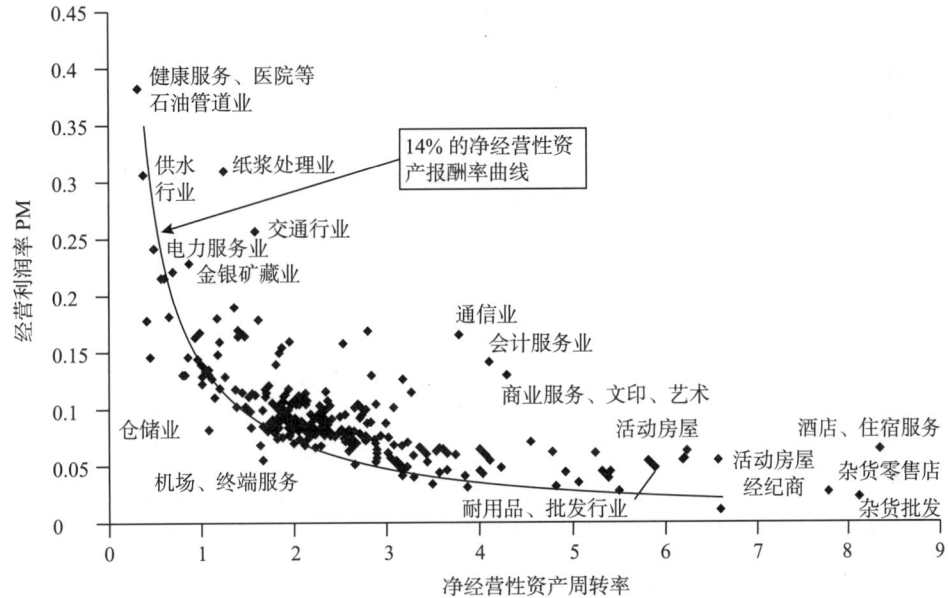

图 12-3 各个行业的经营利润率与资产周转率分布情况（1963～2000 年）

一般看来，经营利润率高的行业通常具有较低的资产周转率，而经营利润率低的行业则通常具有较高的资产周转率。

资料来源：M. Soliman, "Using Industry-Adjusted DuPont Analysis to Predict Future Profitability," working paper, 斯坦福大学，2003 年。

表 12-2 特定行业的普通股权益报酬率（ROCE）、金融杠杆（FLEV）、经营性负债杠杆（OLLEV）、净经营性资产报酬率（RNOA）、经营利润率（PM）和净经营性资产周转率（ATO）的中位数分布情况（1963～2000 年）

行业	普通股权益报酬率 ROCE（%）	金融杠杆 FLEV	经营性负债杠杆 OLLEV	净经营性资产报酬率 RNOA（%）	经营利润率 PM（%）	净经营性资产周转率 ATO
管道运输业	17.1	1.093	0.154	12.0	27.8	0.40
烟草业	15.8	0.307	0.272	14.0	9.3	1.70
餐饮业	15.6	0.313	0.306	14.2	5.0	2.83
印刷与出版业	14.6	0.154	0.374	13.6	6.5	2.20
商业服务业	14.6	0.056	0.488	13.5	5.2	2.95
化工业	14.3	0.198	0.352	13.4	7.1	1.91
食品商店	13.8	0.364	0.559	12.0	1.7	7.39

(续)

行业	普通股权益报酬率 ROCE（%）	金融杠杆 FLEV	经营性负债杠杆 OLLEV	净经营性资产报酬率 RNOA（%）	经营利润率 PM（%）	净经营性资产周转率 ATO
卡车运输业	13.8	0.641	0.419	10.1	3.8	2.88
食品产品业	13.7	0.414	0.350	12.1	4.4	2.74
通信行业	13.4	0.743	0.284	9.1	12.5	0.76
百货商店业	13.2	0.389	0.457	11.3	3.5	3.55
石油精炼业	12.6	0.359	0.487	11.2	6.0	1.96
运输设备业	12.5	0.369	0.422	11.2	4.5	2.47
航空业	12.4	0.841	0.516	9.0	4.3	1.99
公用事业	12.4	1.434	0.272	8.2	14.5	0.59
易耗商品批发业	12.2	0.584	0.461	10.2	2.3	3.72
纸制品行业	11.8	0.436	0.296	10.2	5.9	1.74
伐木业	11.7	0.312	0.384	10.4	4.0	2.60
服装业	11.6	0.408	0.317	10.1	4.0	2.55
旅店业	11.5	1.054	0.201	8.5	8.2	1.04
船舶业	11.4	0.793	0.205	9.1	12.6	0.61
娱乐业	11.4	0.598	0.203	10.1	9.5	1.10
建筑业	11.4	0.439	0.409	10.6	4.5	2.06
耐用商品批发业	11.2	0.448	0.354	9.9	3.4	2.84
纺织业	10.4	0.423	0.266	9.3	4.3	2.09
原生金属业	9.9	0.424	0.338	9.4	5.0	1.80
石油天然气开采业	9.1	0.395	0.263	8.3	13.0	0.57
铁路业	7.3	0.556	0.362	7.1	9.7	0.78

资料来源：Standard & Poor's Compustat® data.

从表中可以看出，经营利润率和净经营性资产周转率之间的此消彼长关系十分明显。以印刷与出版业和化工行业为代表的一些行业，由于经营利润率和资产周转率都很高，故而拥有高于平均值的净经营性资产报酬率 RNOA。但可以看出，在经营利润率较高的行业中，净经营性资产周转率一般都比较低；反过来，在经营利润率较低的行业中，净经营性资产周转率一般也比较高。请比较管道运输业和食品商店的数据：这两个行业的净经营性资产报酬率 RNOA 十分类似，但是经营利润率和净经营性资产周转率的差别却非常大。在资本集中的行业中，比如管道运输业、船舶业、公用事业和通信行业，净经营性资产周转率普遍偏低，但经营利润率普遍偏高。在竞争性商业中，比如食品商店、批发业、服饰业和百货零售业中，经营利润率普遍偏低，这些行业的净经营性资产报酬率 RNOA 主要靠较高的资产周转率来实现。

利润率和周转率反映出了企业所提供产品的科技水平。对于那些需要高额资本投资的行业，比如通信业，周转率普遍偏低而利润率普遍偏高；对于那些通过广告来吸引顾客的企业，比如服装业，经营利润率普遍不高（扣除了广告费用之后），但由于广告的作用，周转率普遍能上去。利润率和周转率对企业的竞争关系也能带来影响。如果在某行业中能实现高额的周转率，比如食品商店，能在单位零售面积上创造很多的销售收入，那么，这个行业必然就会吸引竞争者的加入。如果这个行业几乎不存在什么进入障碍的话，那么，为了维持周转水平，销售价格就必然会下降，最后的结果就是，越来越激烈的竞争终于拉低了行业的利润率（比如食品商店就是如此）。

12.4 第三层分解

12.4.1 经营利润率的影响因素

我们现在来看图 12-1 中的最后一步分解,即分解经营利润率和资产周转率的影响因素。在第 10 章关于利润表的共同比分析部分,我们曾经将经营利润率这样分解为两个部分:

$$经营利润率\ PM = 销售活动实现的利润率 + 其他项目创造的利润率 \quad (12\text{-}5)$$

在利润表中,其他项目包括来自被投资企业的投资收益、特殊项目和资产处置损益等。这些收益来源与企业利润表首行所报告的销售收入无关,因此在计算经营利润率 PM 时,如果将这些项目的影响也包括进来,会扭曲企业的销货获利能力。销售活动实现的利润率应当按照扣除其他项目影响前的经营利润来计算,只考虑企业为实现销售收入而发生的相关费用情况,因此,单纯地只反映企业的销售获利能力。

此外,还有更多的因素在影响着经营利润率的两个驱动因子:

$$\begin{aligned}销售活动实现的利润率 &= 毛利率 - 费用率 \\ &= \frac{毛利润}{销售收入} - \frac{管理费用}{销售收入} - \frac{销售费用}{销售收入} - \frac{研发费用}{销售收入} \\ &\quad - \frac{与经营活动相关的所得税费用}{销售收入}\end{aligned} \quad (12\text{-}6)$$

$$\begin{aligned}其他项目创造的利润率 &= \frac{被投资企业投资收益}{销售收入} + \frac{其他权益性收益}{销售收入} \\ &\quad + \frac{特别项目影响}{销售收入} + \frac{其他损益}{销售收入}\end{aligned} \quad (12\text{-}7)$$

我们将这些财务指标统称为**经营利润率影响因素**(profit margin drivers)。如果企业披露了分部信息,则还可以按照企业不同业务分部的情况对这些指标进行更加深入的分析。很显然,如果企业能够增加毛利率(降低销售成本)、增加其他项目收益或者降低每单位销售收入的费用占比,都是可以提高经营利润率的。

12.4.2 周转率的影响因素

净经营性资产受很多个别经营性资产和经营性负债项目的共同影响,因此,可将净经营性资产周转率 ATO 分解为不同的单项资产和负债项目周转率:

$$\begin{aligned}\frac{1}{净经营性资产周转率\ ATO} &= \frac{现金}{销售收入} + \frac{应收账款}{销售收入} + \frac{存货}{销售收入} + \cdots + \frac{不动产、厂房与设备}{销售收入} + \cdots \\ &\quad - \frac{应付账款}{销售收入} - \frac{养老金负债}{销售收入} - \cdots\end{aligned} \quad (12\text{-}8)$$

同样地,在上式中,对于资产负债表项目应当使用当期的平均数。在这里,周转率是用净经营性资产周转率 ATO 的倒数来表示的,即要实现每单位美元的销售收入所需的净经营性资产金额,每一个个别项目的周转率也是这样用倒数的形式来表示的,因为这样更加便于我们将每一个个别项目的周转率相加起来(比如,在电子表格操作程序中),以得到总的周转率大小。不过,在习惯上,我们还是喜欢将个别项目的周转率表示为每单位美元的资产投资所能实现的销售收入金额，比如：

$$应收账款周转率 = \frac{销售收入}{应收账款（净值）}$$

以及

$$不动产、厂房与设备周转率 = \frac{销售收入}{不动产、厂房与设备（净值）}$$

［不动产、厂房与设备周转率有时也被称为**固定资产周转率**（fixed asset turnover）］。

在保障销售收入的前提下，企业可以通过将经营性资产控制在最低范围内来提高它的周转率（从而提高净经营性资产报酬率 RNOA）。不过，净经营性资产周转率 ATO 同时也会受经营性负债周转率的影响，后者从某种程度上也反映了企业的经营性负债杠杆水平：经营性负债杠杆能增大企业的净经营性资产周转率 ATO，并且，如果经营性负债杠杆是有利的话，同时还能增大企业的净经营性资产报酬率 RNOA。

周转比率有时也被称为**经营比率**（activity ratios）或者**资产利用效率指标**（asset utilization ratios），有些经营比率具有不同的计算形式，但基本的计算思想都是一致的。比如：

$$应收账款周转天数 = \frac{365}{应收账款周转率}$$

［有时也被称为**平均收账期**（days sales outstanding）。］这个指标能告诉我们企业以现金方式收到销售款项所需要花费的典型时间，它强调只有企业尽早收到销售的款项，销售才是有效的。所以，这个指标常常被用作收款部门的评价依据之一。应收账款周转天数的一个代表性取值为 35 天，但是在不同的行业中，这个指标的变化差异非常大。比如，百货商店和旅店业的应收账款周转天数可能会低于 15 天，但是制药企业的应收账款周转天数却可能在 50 天以上。耐克公司的应收账款周转率为 6.85，因此换算为应收账款周转天数就是 53 天；而通用磨坊公司的应收账款周转率为 15.15，换算成应收账款周转天数为 24 天。

存货周转率指标的计量形式为：

$$存货周转率 = \frac{销货成本}{存货}$$

我们并没有采用"销售收入/存货"的形式来计算存货周转率，因为这样能保证这个指标不受经营利润率的影响。根据这样的定义，有时我们也可以使用存货周转天数这个指标衡量企业的存货管理效率：

$$存货周转天数 = \frac{365}{存货周转率}$$

如果企业由于销售放缓而导致存货堆积，那么存货周转率就会下降。因此，存货周转率常常会被作为产品需求下降的一个警示指标。不过，如果企业预期到未来会有更大的销售增长而储备更多的存货的话，存货周转率也会出现下降。存货周转率或存货周转天数指标被广泛应用于批发业和零售业，因为它们基本上只有一种类型的存货——库存商品。在制造企业中，存货还包括了原材料和在产品，而且要将这些存货加工成产成品所需要的时间各不相同。在企业的财务报表附注中，常常会分别披露库存商品和其他存货的信息，在这样的情况下，还可以计算得到关于企业库存商品存货的更多内容。广告费用和促销费用的发生会缩短企业的存货周转所需要的时间，不过，也会引发额外的费用发生，从而导致企业利润率的下降。因此，企业管理层需要关注的是决策对净经营性资产报酬率 RNOA 的净影响。

此外，还有一个财务指标可以衡量企业从供应商那里获取信用融资、利用经营性负债杠杆的能力，即

$$应付账款周转天数 = \frac{365 \times 应付账款}{当期采购额}$$

其中：

$$当期采购额 = 当期销货成本 + 当期存货的变动额$$

不过需要注意，利用供应商的信用也是有代价的：供应商可能会通过提高销售价格来进行变相的补偿。因此，企业管理层必须认真思考这样的经营性负债杠杆是否真的对企业是有利的。

表 12-3 列出了耐克公司和通用磨坊公司的经营利润率和资产周转率，以及它们的各个影响因素。经营利润率的各个影响因素合计刚好等于企业整体的经营利润率 PM，而如果对各个周转率影响因素的和取倒数的话，也刚好等于企业的净经营性资产周转率的倒数。

表 12-3 第二层和第三层分解：耐克公司和通用磨坊公司（2009～2010 年）

	耐克公司		通用磨坊公司	
	2010 年	2009 年	2010 年	2009 年
第二层分解				
RNOA（%）	30.6	28.4	10.1	4.1
经营利润率（%）	9.54	8.99	7.95	3.41
净经营性资产周转率	3.21	3.16	1.27	1.19
第三层分解				
经营利润率影响因素				
毛利率（%）	46.3	44.9	39.7	35.6
管理费用率（%）	（20.9）	（19.8）	（14.3）	（13.7）
广告费用率（%）	（12.4）	（12.3）	（6.1）	（5.0）
其他费用率（%）	0.3	0.5	（1.5）	（1.4）
销售活动实现的利润率（税前）(%)	13.3	13.3	17.8	15.5
所得税费用率（%）	（3.2）	（3.6）	（6.3）	（5.8）
销售活动实现的利润率（%）	10.0	9.7	11.5	9.8
其他项目创造的利润率（%）	（0.5） 9.5	（0.7） 9.0	（3.6） 7.9	（6.4） 3.4
资产周转率影响因素（倒数）				
现金周转率	0.005	0.005	0.004	0.004
应收账款周转率	0.146	0.148	0.066	0.069
存货周转率	0.116	0.125	0.090	0.093
预付账款周转率	0.043	0.036	0.029	0.033
固定资产周转率	0.102	0.101	0.208	0.209
商誉与无形资产周转率	0.036	0.048	0.700	0.715
其他资产周转率	0.060	0.050	0.058	0.091
经营性资产周转率	0.506	0.512	1.157	1.212
应付账款周转率	（0.056）	（0.057）	（0.056）	（0.059）
应计费用周转率	（0.090）	（0.090）	—	—
应交税费周转率	（0.004）	（0.005）	—	—
其他负债周转率	（0.045） 0.311	（0.044） 0.316	（0.314） 0.787	（0.314） 0.839

注：因四舍五入原因，各栏数据相加结果可能不十分精确。

表 12-3 中的明细信息让我们对企业的获利能力有了更深入的认识。对分析人员来说，年

度间的指标变化趋势对预测未来的情况是非常有用的，因为它能告诉我们净经营性资产报酬率 RNOA 的演变路径和未来的可能发展方向（当然，要看清楚趋势，我们可能会需要不止两年的数据）。根据表 12-3，耐克公司在 2010 财务年度中之所以能比通用磨坊公司的盈利能力更强，是因为它的产品销售毛利率更高，当然，除此之外，它的广告费用率和管理费用率也比通用磨坊公司的高，导致公司的整体利润率又略微被拉低了一些。毛利率反映出企业在成本方面的差异。为维持目前的销售状况，通用磨坊公司只需要较低的应收账款和存货就可以了，但相应地需要将更多资金投资于不动产、厂房和设备。为了保障销售增长，通用磨坊公司对企业并购（商誉）和品牌（无形资产）的投资拉低了它的周转率，而耐克公司则主要通过广告活动来维护它的品牌价值。耐克公司的净经营性资产报酬率 RNOA 出现增长，主要原因在于毛利率的加强，虽然公司目前的销售态势还比较平稳，但这对公司未来的发展仍十分有利。除此以外，耐克公司其他影响因素的变化都还比较稳定。通用磨坊公司的净经营性资产报酬率 RNOA 在 2009～2010 财务年度出现了显著的增强，同样也是在销售增长并不十分强劲的情况下，通过提高公司的毛利率和稳定资产周转率来实现的。除此之外，此次增长与公司在 2009 财务年度发生的养老金计划支出和汇率损失（报告在其他项目中）也是不无关系的。

12.4.3　关键影响因素

对上述两家公司来说，都存在着一个大问题：它们能在改善毛利率的同时提升销售收入吗？在不显著增加广告费用率的前提下，能做到这一点吗？能在不进行巨额投资，从而保持正常的资产周转率情况下做到这一点吗？这几个问题和我们在这里将要进行的分析涉及三个关键影响因素：销售收入、经营利润率和资产周转率。简单地说，企业可以通过扩大销售收入、从每一美元销售收入中赚取更多的利润（经营利润率 PM）和在不影响销售收入的前提下，保持尽量低的净经营性资产来实现价值的提升（净经营性资产周转率 ATO）。相应地，等我们进入到本书第三部分关于公司估值的讨论时，这三个关键因素将会经常被提到。

财务分析不能以计算出比率作为结束，事实上，比率计算只是分析的工具而已。有了这些工具以后，分析人员需要学习提出"如果……就会……"的问题，然后尝试着去寻找问题的答案。请参考阅读材料 12-6 中的介绍。在本书的配套网站上，"搭建你自己的分析工具"（BYOAP）继续对耐克公司的获利能力进行了分析。阅读材料 12-7 对耐克公司在 2000～2008 财务年度相关财务指标的情况进行了总结。

阅读材料 12-6

"如果……就会……"的提问：耐克公司和通用磨坊公司

如果耐克公司将它的应收账款周转率从 6.85 提高到通用磨坊公司的水平 15.15，同时还维持现有的销售水平不变，情况会怎么样呢？公司的净经营性资产周转率 RNOA 会出现怎样的变化？

回答：应收账款周转率的提高能将公司的平均应收账款余额从 27.67 亿美元降低到 12.55 亿美元，使总资产周转率从 3.21 提高到 4.19，同时，净经营性资产报酬率 RNOA 将从 29.6% 上升到 40.0%。不过，这只能是在客户付款条件的改变不会对公司的销售收入和利润率产生影响的前提下才可能出现的结果。我们可以通过完整的敏感性分析来追踪这一政策改变对所有净经营性资产报酬率 RNOA 的影响因素的作用变化：公司的销售收入情况、利润率情况和资产周转率情况将会是怎样的？

如果由于生产成本的提高，耐克公司在 2010 财务年度的毛利率从 46.3% 跌回 2009 财务年度的水平，即 44.9%，情况会出现什么样的变化？

回答：按耐克公司 36.3% 的所得税税率计算，1.4% 的毛利率水平下降意味着公司税后的利润率将下降 0.89%，这将导致公司的总（税后）经营利润率从 9.54% 下跌为 8.65%，而净经营性资产报酬率则将从 30.6% 下跌为 27.8%。

如果通用磨坊公司再增加 2 亿美元的广告费用支出，从而使年度广告费用总额提高到 11.09 亿美元，在保持销售毛利率不变的前提下，如果此举能为公司额外再带来 12 亿美元的销售收入，情况会怎样？

回答：按当前的毛利率 39.7% 计算，广告费用支出的增加将为公司额外带来 4.76 亿美元的毛利润，扣除增加的 2 亿美元广告费用影响后，公司税前利润将增加 2.76 亿美元，税后利润将增加 1.73 亿美元。相应地，公司的经营利润率指标将增加为 8.4%。假定为了支持销售收入的增长，公司的应收账款、存货和其他净资产项目都按比例增加的话，净经营性资产周转率 ATO 仍将保持不变，因此，净经营性资产报酬率 RNOA 将增加为 $8.4\% \times 1.27 = 10.7\%$。很明显，如果由于增加广告投放而带来的新增销售将降低公司的销售利润率的话，那么，净经营性资产报酬率 RNOA 也就无法达到 10.7% 的水平了。

阅读材料 12-7

耐克公司的获利能力指标变化趋势（2000～2008 财务年度）

在本书配套网站上"搭建你自己的分析工具"(BYOAP) 中，利用耐克公司在 2000～2010 财务年度的数据，对该公司的获利能力进行了持续分析。下面是截至 2008 年的一些重要数据。

	2008年	2007年	2006年	2005年	2004年	2003年	2002年	2001年	2000年
销售收入（亿美元）	186	163	150	138	123	107	99	95	90
获利能力：									
普通股权益报酬率（%）	25.9	25.1	24.1	26.1	23.0	10.3	17.0	16.5	16.6
净经营性资产报酬率（%）	35.0	33.5	29.5	29.4	23.3	9.6	14.4	12.9	13.3
经营利润率	10.1	10.1	9.6	10.0	8.4	4.0	6.5	6.1	6.2
净经营性资产周转率	3.5	3.3	3.1	3.0	2.8	2.4	2.2	2.1	2.1
杠杆比率：									
金融杠杆	−0.280	−0.269	−0.198	−0.116	−0.160	0.116	0.216	0.342	0.295
经营性负债杠杆	0.646	0.579	0.515	0.479	0.462	0.383	0.283	0.258	0.290

可以看出，虽然耐克公司在这些年中的金融杠杆水平一直呈下降趋势，但公司的普通股权益报酬率 ROCE 却是持续上升的：在 2000 财务年度，耐克公司的杠杆系数还是大于 0 的，但到了 2004 财务年度，该公司就从净金融性负债持有人转变为净金融性资产持有人了。普通股权益报酬率 ROCE 的上升主要受益于公司的经营活动：净经营性资产报酬率 RNOA 在 2000 财务年度时还只有 13.3%，但到了 2008 财务年度，就上升到了 35.0%（不过如之前的报表中所揭示的，到 2010 财务年度，又跌回到 30.6% 了）。在这些年中，公司不仅是利润率在上升，随着经营性负债杠杆水平的增加，公司的资产周转率也在上升。这主要是得益于在销售收入快速增长的同时，公司对净经营性资产的投资

反而减少了。

这些财务指标是公司增长的动力,我们还可以像表12-3那样对各个指标的影响因素进行更深入的分析。在第13章中,我们将正式开始对公司的增长能力进行分析。

12.4.4　借款成本的影响因素

在普通股权益报酬率ROCE的分解式中,最后一个影响项目是经营利润率差异SPREAD,即净经营性资产报酬率RNOA与净借款成本率NBC之差。净经营性资产报酬率RNOA的影响因素在前面我们已经分析过了,因此,下面我们来分析净借款成本率,或者说,如果企业持有的是净金融性资产的话,则表现为净金融性资产收益率。

所谓净借款成本率,是企业使用各种融资渠道所筹集到的资金净额中,各融资成本的加权平均数,计算过程可表达如下:

$$净借款成本率\ NBC = \frac{金融性负债}{净金融性负债} \times \frac{金融性负债的税后利息}{金融性负债}$$

$$- \frac{金融性资产}{净金融性负债} \times \frac{金融性资产的税后利息}{金融性资产}$$

$$- \frac{金融性资产}{净金融性负债} \times \frac{金融性资产的未实现收益}{金融性资产}$$

$$+ \frac{优先股}{净金融性负债} \times \frac{优先股股利}{优先股} + \cdots$$

通用磨坊公司在2010财务年度的税后净借款成本率为4.1%,这是受税后利息费用与利息收入的共同影响结果,加权计算的过程如下(相关数据参考表10-5和表10-11中的重构报表):

$$净借款成本率\ NBC = \frac{6752}{6100} \times \frac{256}{6752} - \frac{652}{6100} \times \frac{5}{652}$$

$$= 1.11 \times 3.79\% - 0.11 \times 0.77\%$$

$$= 4.1\%(四舍五入后)$$

在上述计算过程中,对于资产负债表中的数据采用的是平均值。通过这一计算步骤,将金融性负债的税后借款成本(3.79%)和金融性资产实现的收益率(0.77%)单独区分开来了。

由于金融性资产的收益率低于金融性负债的借款成本率,增大了在净借款成本率中金融性负债成本的影响。上述两者之间的差异被称为**借贷利差**(spread between lending and borrowing rates,此处为 -3.02%)。银行就是通过收取比存款利率更高的贷款利率来获取利润的,这样(如果成功的话),它们的净金融性资产回报率就会高于借款利率。通用磨坊公司的借贷利差是小于0的,这对于非金融企业来说是很典型的。

完成了全部计算过程之后,还应当检查这些数据的合理性。在财务报表附注中,有时会披露一些借款利率作为比较标准,如果你计算出的借款利率看起来已经"远离了标准",那么有可能是你对经营项目和金融项目的分类出现了错误(这意味着你的净经营性资产报酬率RNOA也是不正确的)。出现这类错误的原因有可能是我们赖以区分经营项目和金融项目的信息披露还不够充分,如果缺失某些重要的信息,不仅会导致净借款成本率的计算错误,还会导致金融杠杆和经营性负债杠杆的计算失误。此外,难以找到资本化的利息金额也会导致此类错误的发生,并且,如果资产负债表金额的平均数无法真正代表报告期内的平均水平,那么计算结果也可能是不准确的。

12.5 搭建你自己的分析工具

现在，你已经可以按照本章的思路来搭建你自己的财务报表分析工具了。你的电子表格应当以重构的股东权益变动表（见第9章）为起点，首先分离出综合收益；然后是重构的利润表和资产负债表，对经营活动和金融活动的结果进行分离（见第10章）。如果你还希望将现金流量表也纳入进来，请别忘了我们在第11章中强调过的：只要你已经正确地重构了利润表和资产负债表，自由现金流量的计算就是非常简单的一件事情了。对于现金流量表中的融资活动部分，只要从股东权益变动表中找到企业当期对股东的支付净额，并将自由现金流量扣除当期对股东的支付净额之后所剩余的部分作为当期对债权人的支付净额就可以了。

将重构后的利润表和资产负债表导入电子表格以后，即可以将相关的计算模板定义好，然后，只需要点几下鼠标，就可以将普通股权益报酬率ROCE分解为若干影响因素了。如果你在电子表格中输入了企业在若干年份的重构财务报表，那么，你就可以对企业的获利能力和各个获利能力的影响因子在这些年中的发展变化进行更详细的分析了。请尤其注意那几个关键影响因素：销售收入、经营利润率和资产周转率。

将电子表格搭建好了之后，你还可以试着进行敏感性分析，即假定出现各种可能的情景，然后尝试着去提出"如果……就会……"的问题，如阅读材料12-6那样。请注意观察当某个影响因素变化时，企业的净经营性资产报酬率RNOA和股东权益报酬率ROCE会出现怎样的变动。随着学习的深入，你将发现这类练习能帮助你认识到各种风险，因为风险分析就需要理解在不同的情形下可能出现的各种结果。你还会体会到，敏感性分析就像是在模拟经营管理企业那样（虽然你只是坐在写字桌边工作而已），你会问：还可能用一些什么不一样的方法来管理这家企业？这样进行管理对企业的获利能力和它的各个影响因子会造成什么样的影响呢？

请注意在图12-1中，有一个非常重要的结构特点：各个计量指标之间是相互联系在一起的，因此，分析系统中任意一个指标的变动，都可以直接追溯到普通股权益报酬率ROCE上面去。比如，如果你的电子表格是严格按照图中的结构来搭建的，那么，当经营利润率变为最低水平时，这套分析系统会很自然地告诉我们企业的普通股权益报酬率ROCE将受到怎样的影响，而普通股权益报酬率ROCE又是剩余收益和价值的驱动因素——我们在后续将继续讨论这个话题。

有了这个分析工具以后，你就可以开始进行预测和企业估值的工作了。在最后，我们需要将估值工具（第5章和第6章）与分析工具结合起来，使你拥有一套完整的分析和估值产品，这是本书第三部分将要完成的工作内容。

本章小结

本章着重介绍企业的获利能力分析，图12-1总结了获利能力分析的思维框架。这一套分析思路是非常有序的，从较高层次的财务指标逐级分解到较低层次的财务指标，因此，将底部的指标影响合计起来，就能得到顶部的普通股权益报酬率ROCE，非常适用于程序化的计算。只要将重构后的利润表和资产负债表输入到电子表格程序中，然后按照图12-1中的分析思维模式，相关的指标计算工作自动就可以完成了。

获利能力分析框架揭示了普通股权益报酬率的财务报表影响因素，但这些因素各自对应着企业某一方面的业务或者活动。所以，这里所介绍的分析方法实际上是一种如何利用财务报表来观察企业活动的方法，也是一种将你的商业知识组织起来，理解商业活动对价值的影响的好方法。理解商业活动对财务报表的影响，意味着分析人员应懂得不同的商业活动是如何影响普通股权益报酬率ROCE的，以及进一步地，对企业的剩余收益和企业价值又产生了怎样的作用效果。例如，分析人员可以懂得经营利润率的变动或者资产周转率的变动对企业剩余收益的影响，并且，分析人员或者企业的管理者能够思考在不同的假设情景下，当利润率或者周转率出现意料中的或者意料之外的某种变动时，企业的普通股权益报酬率ROCE和企业的价值相应地会受到怎样的影响。

关键概念

有利的金融杠杆（favorable financial leverage，或有利的债务传导效应，favorable gearing）：指通过引入负债，使普通股权益报酬率ROCE的增长大于企业净经营性资产报酬率RNOA的增长。

有利的经营性负债杠杆（favorable operating liability leverage）：指由于使用了经营性负债，使企业净经营性资产报酬率RNOA的增长能大于经营性资产报酬率ROOA的增长。

增长分析（growth analysis）：即针对企业剩余收益增长影响因素而展开的分析。

经营性负债杠杆差异率（operating liability leverage spread）：指企业经营性资产报酬率与隐含的经营性负债借款成本率之差。

经营利润率差异（operating spread）：指企业的经营利润率与净借款成本率之差。

获利能力分析（profitability analysis）：即针对普通股权益报酬率ROCE的影响因素而展开的分析。

经营利差（spread）：指两个报酬率之间的差异，比如经营利润率差异、经营性负债杠杆差异率和借贷利差等。

借贷利差（spread between borrowing and lending rates）：指企业的金融性负债所承担的利息率与金融性资产所赚取的收益率之间的差异。

分析师工具箱

分析工具	重要指标	应记住的缩写/简称
金融杠杆分析公式 ［式（12-1），式（12-2）］	普通股权益报酬率 ROCE 净经营性资产报酬率 RNOA	ATO：净经营性资产周转率 = 销售收入 / 净经营性资产
经营性负债杠杆分析 ［式（12-3）］	净借款成本率 NBC 净金融性资产收益率 RNFA	CSE：普通股东权益 FLEV：金融杠杆 = 净金融性负债 / 普通股东权益
净经营性资产报酬率的杜邦分析 ［式（12-4）］	经营性负债杠杆 OLLEV 经营利润率差异 SPREAD	NBC：净借款成本率 = 净融资费用 / 净金融性负债
经营利润率分析 ［式（12-6），式（12-7）］	经营性负债杠杆差异 OLSPREAD 经营性资产报酬率 ROOA	NFA：净金融性资产
资产周转率分析 ［式（12-8）］	少数股东权益占比 经营利润率 PM	NFE：净融资费用 NFI：净金融收益
借款成本率分析 "如果……就会……"分析	净经营性资产周转率 ATO 销售活动创造的利润率 其他经营项目实现的利润率 毛利率 费用率 单项资产周转率 应收账款周转天数 存货周转天数	NOA：净经营性资产 OA：经营性资产 OI：经营利润 OL：经营性负债 OLLEV：经营性负债杠杆 = 经营性负债 / 净经营性资产 OLSPREAD：经营性负债杠杆差异率 = 经营性资产报酬率 – 短期借款成本率

应付账款周转天数
借款成本影响因素
借贷利差

PM：经营利润率 = 经营利润/销售收入
PPE：不动产、厂房与设备
RNFA：净金融性资产收益率 = 净金融收益/净金融性资产
RNOA：净经营性资产报酬率 = 经营利润/净经营性资产
ROA：资产周转率 =（净利润+税后利息费用）/总资产
ROOA：经营性资产报酬率 =（经营利润+经营性负债的隐含利息）/经营性资产
SPREAD：经营利差 = 净经营性资产报酬率 - 净借款成本率

连贯案例：金佰利公司

自主练习

在第 10 章的连贯案例部分，你已经对金佰利公司的资产负债表和利润表进行了重构，在重构报表的基础之上，就可以开始进行财务报表的分析了，这就是我们在这里需要完成的工作。

金佰利公司的获利能力分析

请对金佰利公司在 2009 和 2010 财务年度的综合获利能力展开分析。在分析中，可利用本章的图 12-1 作为指导框架，将分析工作按三个层次展开。请一定要注意区分企业的经营获利能力与相关金融活动的影响，然后再对经营活动展开细致的分析。请说明金融杠杆和经营性负债杠杆公式对金佰利公司的适用性。在计算经营性负债杠杆时，请将税前的短期借款利率设定为 1.2%。

分析结果

完成了相关计算工作后，请用语言说明这些指标的含义。假定你是一位正在与客户谈话的分析人员，你会怎样评价金佰利公司的业绩呢？

敏感性分析：如果……就会……

在你完成了获利能力分析之后，请提出一些"如果……就会……"的问题，然后尝试着自己去回答这些问题。请重点关注利润率和周转率变动对企业获利能力的影响。如果企业的毛利率下降，会怎么样呢？如果广告费用支出的效果变得糟糕了，会怎么样呢？如果某单项资产的周转率发生了变化，会怎么样呢？

为金佰利公司搭建你自己的分析工具

如果你在第 10 章时已经将金佰利公司重构后的财务报表输入到了电子表格中，那么现在就可以在这份电子表格中增加获利能力分析部分了。本书配套网站上的"搭建你自己的分析工具"（BYOAP）将会指导你完成这部分工作，同时，请看看本章配套网页中提供的获利能力分析工具部分。一旦设置好了自动分析过程，你就可以开始进行敏感性分析了，用敏感性分析来回答你可能提出的各种"如果……就会……"的问题。你只需要改变相关的输入变量（即重构报表中的数据），然后电子表格程序就会自动计算出答案了。

思考题

C12.1. 在什么样的情形下，一家企业的普通股权益报酬率 ROCE 会等于它的净经营性资产报酬率 RNOA？

C12.2. 在什么样的情形下，一家企业的净经营性资产报酬率 RNOA 会等于它的经营性资产报酬率 ROOA？

C12.3. 请说明下列各财务指标对普通股权益报酬率 ROCE 的影响是正向的、反向的，还是需要视具体情形而定的？
  a. 毛利率
  b. 广告费用率
  c. 净借款成本率
  d. 经营性负债杠杆
  e. 经营性负债杠杆差异率
  f. 金融杠杆
  g. 存货周转率

C12.4. 请解释为什么使用借款可能提升企业的普通股权益报酬率？

C12.5. 请解释为什么使用经营性负债以后，可能提升企业的净经营性资产报酬率？

C12.6. 企业应当总是赊购各种存货，而不应当支付现金去购买。这句话正确吗？

C12.7. 如果可以降低企业的广告费用率，就能够提升企业的普通股权益报酬率和股票价值。这句话正确吗？

C12.8. 一家企业说，它的目标之一是要赚取 17%～20% 的普通股权益报酬率。用普通股权益报酬率这种形式来设定企业目标有什么问题？

C12.9. 为什么企业发生经营损失，将有可能会增大企业的税后借款成本？

C12.10. 一些零售业的分析人员会使用一个被称为"存货收益率"的财务指标，即企业的毛利润与存货余额之比。请问，你认为这个指标的意义是什么？

C12.11. 总资产收益率 ROA 是关于企业获利能力的一个常用财务指标，它的历史平均值大约在 7.0% 左右。对比公司债券的历史收益率大约为 6.6%，请问，为什么总资产收益率 ROA 会这么低呢？难道对于风险更高的商业投资来说，投资者所要求的报酬率只比债券投资报酬率高出 0.4% 就够了吗？

C12.12. 经营利润率低总是预示着企业的净经营性资产报酬率也很低。这句话正确吗？

C12.13. 一家企业没有任何金融性负债，不过持有短期政府债券投资作为它的金融性资产。请回答：

  a. 假定这家企业的净经营性资产报酬率 RNOA 高于普通股权益报酬率 ROCE，请解释这种现象的出现与企业的金融性资产有什么关系？

  b. 现在，重新假定这家企业的普通股权益报酬率 ROCE 高于净经营性资产报酬率 RNOA，请解释在这家企业中怎么可能发生这样的情况？

  c. 在 2011 年 3 月，美国苹果公司没有任何金融性负债，但持有价值 688 亿美元的金融性资产。请问，它属于上述 a 种情况还是 b 种情况呢？

练习题

基本练习

E12.1. 应用杠杆公式（简单）

下列信息取自一家企业的重构后财务报表中（单位：百万美元）。

	2012 年	2011 年
经营性资产	2 700	2 000
短期债券投资	100	400
经营性负债	（300）	（100）
应付债券	（1 300）	（1 400）
股东权益账面价值	1 200	900

（续）

	2012 年	2011 年
销售收入	2 100	
经营费用	（1 677）	
利息收入	27	
利息费用	（137）	
所得税费用（税率=34%）	（106）	
净利润	207	

请根据上述信息，完成下列要求：

a.（1）计算该公司在 2012 年发放的股利扣

除股东资本缴款后的净额。

（2）计算该公司在2012年的普通股权益报酬率ROCE；计算时，请用当期平均股东权益的账面价值作为分母。

（3）计算该公司在2012年的净经营性资产报酬率RNOA；计算时，请用当期平均净经营性资产作为分母。

（4）对这家公司而言，下面这个公式中的各个数值是多少？

普通股权益报酬率ROCE
= 经营利润率PM × 净经营性资产周转率ATO
+ [金融杠杆FLEV
× （净经营性资产报酬率RNOA
− 净借款成本率NBC）]

b. 假定这家企业的税后短期借款成本率为4.5%，下面这个公式中的各个数值是多少？

净经营性资产报酬率
= 经营性资产报酬率
+ （经营性负债杠杆水平
× 经营性负债杠杆差异率）

c. 请根据下列信息或数据，将a中的要求再做一遍（金额单位：百万美元）。

	2012年	2011年
经营性资产	2 700	2 000
短期债券投资	1 000	800
经营性负债	(300)	(100)

（续）

	2012年	2011年
股东权益账面价值	3 400	2 700
销售收入	2 100	
经营费用	(1 677)	
利息收入	90	
所得税费用（税率=34%）	(174)	
净利润	339	

E12.2. 对财务报表进行第一层分析（简单）

假定一家企业的股票市净率（即股价/权益的账面价值）在2012年12月31日为3，下面是这家企业在当年年末的相关财务报表数据，金额单位均为百万美元。这家企业的边际所得税税率为33%，在它的股东权益变动表中（见下表），不存在任何非清洁的损益项目。

a. 这家企业在2012财务年度中没有支付任何股利，也没有发行任何股份，但进行过股份回购。请计算出它的股份回购金额是多少。

b. 请计算这家企业在当期的下列财务指标：
普通股权益报酬率ROCE；
净经营性资产报酬率RNOA；
金融杠杆水平FLEV；
经营利润率差异SPREAD；
自由现金流量。

c. 请问，你认为这家企业的股份按其账面价值的3倍进行交易是合理的吗？

资产负债表（2012年12月31日）					
资产	2012年	2011年	负债与股东权益	2012年	2011年
营运现金	50	20	应付账款	215	205
短期投资	150	150	长期负债	450	450
应收账款	300	250			
存货	420	470	股东权益	1 095	1 025
固定资产（净值）	840	790			
	1 760	1 680		1 760	1 680
利润表（以2012年12月31日为报告年度截止日）					
销售收入					3 295
利息收益					9
经营费用				3 048	
利息费用				36	
所得税费用				61	(3 145)
净利润					159

E12.3. 财务报表的重构与分析（中等）

本练习是第10章中的练习题E10.6的后续。某企业在2012财务年度中的财务报表如下（单位：百万美元）。

资产负债表

资产	2012年	2011年	负债与股东权益	2012年	2011年
营运现金	60	50	应付账款	1 200	1 040
短期投资（市值）	550	500	应计负债	390	450
应收账款	940	790	长期负债	1 840	1 970
存货	910	840			
固定资产（净值）	2 840	2 710	股东权益	1 870	1 430
	5 300	4 890		5 300	4 890

股东权益变动表

2011财务年度末余额	1 430
发行股份	822
股份回购（2400万股）	（720）
支付现金股利	（180）
债券投资的未实现收益	50
净利润	468
2012财务年度末余额	1 870

这家企业的所得税税率为35%。根据财务报告，这家企业在2012财务年度中实现了15百万美元的利息收益，发生了98百万美元的利息费用，当期的销售收入为3726百万美元。请完成下列要求：

a. 编制重构后的资产负债表和综合收益报表（如练习题E10.6中的要求）。

b. 计算该企业在2012财务年度的自由现金流量为多少？

c. 计算该企业在2012财务年度的经营利润率、资产周转率和净经营性资产报酬率（为简化起见，计算时，分母可直接使用期初资产负债表金额）。

d. 计算该企业各单项资产的周转率，并验证各单项资产的周转率之和是否等于企业的总资产周转率。

e. 请验证下列这个金融杠杆公式对该企业是成立的：

普通股权益报酬率
= 净经营性资产报酬率
　+（金融杠杆
　× 经营利润率差异）

f. 计算该企业的税后净借款成本率。如果将来该企业的税后净借款成本率仍保持该水平不变，那么，当企业的净经营性资产报酬率RNOA下跌到6%并且金融杠杆水平也减小为0.8时，请问，普通股权益报酬率ROCE将变为多少？

g. 假定应付账款和应计负债项目的隐含利息率为3%（税后），请验证下面这个杠杆等式对该企业是成立的：

净经营性资产报酬率
= 经营性资产报酬率
　+ [经营杠杆水平
　× (经营性资产报酬率 −3%)]

E12.4. 收益率与杠杆水平的关系（中等）

a. 一家企业的普通股权益报酬率ROCE为13.4%，税后净借款成本率为4.5%，净经营性资产报酬率为11.2%，净经营性资产余额为4.05亿美元。请问，这家企业的金融杠杆水平为多少？

b. 还是这家企业，它的短期税后借款成本率为4.0%，经营性资产报酬率为8.5%，请问，这家企业的经营性负债杠杆水平为多少？

c. 这家企业报告它的总资产为7.15亿美元。请为这家企业编制一份资产负债表，并在报表中分别报告企业的经营性资产与金融性资产、经营性负债与金融性负债。

E12.5. 利润率、资产周转率与净经营性资产报酬率：一个"如果……就会……"的问题（中等）

一家企业的经营利润率为3.8%，当期销售收入总额为4.35亿美元，占用的净经营性资产水平为1.5亿美元。这家企业希望增加另一条产品线，预计这条产品线的经营利润率将为4.8%，净经营性资产周转率为2.3。

请问，如果增加这条新的产品线，对企业的整体净经营性资产报酬率将会带来怎样的影响？

应用分析

E12.6. 金佰利公司的获利能力指标（简单）

金佰利公司是一家纸制品企业，下面这些汇总数据取自它在2007和2006财务年度的重构资产负债表和 2007 财务年度的重构利润表（单位：百万美元）。

	2007 年	2006 年
经营性资产	18 057.0	16 796.2
经营性负债	6 011.8	5 927.2
金融性资产	382.7	270.5
金融性负债	6 496.4	4 395.4
经营利润（税后）	2 740.1	
净融资费用（税后）	147.1	

a. 请计算该公司在 2007 和 2006 财务年度中的下列指标：

（1）净经营性资产

（2）净金融性负债

（3）股东权益

b. 计算该公司在 2007 财务年度的普通股权益报酬率 ROCE、净经营性资产报酬率 RNOA、金融杠杆水平 FLEV 和净借款成本率 NBC。计算时，分母中可直接使用资产负债表期初数。

c. 用你的计算结果证明金融杠杆等式对这家公司是成立的。

d. 计算金佰利公司在 2007 财务年度的经营利润率 PM 和净经营性资产周转率 ATO，并验证"净经营性资产报酬率 $RNOA$ = 经营利润率 PM× 净经营性资产报酬率 ATO"是否成立。金佰利公司在 2007 财务年度的销售收入为 18 266 百万美元。

E12.7. 获利能力分析：可口可乐公司（简单）

下面是可口可乐公司在 2007 财务年度的重构利润表（单位：百万美元）。

销售收入	28 857
销货成本	10 406
毛利润	18 451
广告费用	2 800
日常管理费用	8 145
其他费用（净值）	81
销售活动创造的经营利润（税前）	7 425
所得税费用	1 972
销售活动创造的经营利润（税后）	5 453
本期享有瓶业子公司投资收益（税后）	668
经营利润	6 121
净融资费用（税后）	140
净利润	5 981

此外，可口可乐公司在 2007 和 2006 财务年度中的资产负债表汇总信息如下（单位：百万美元）。

	2007 年	2006 年
净经营性资产	26 858	18 952
净金融性负债	5 114	2 032
普通股权益	21 744	16 920

在回答下列问题时，对资产负债表项目请使用平均余额来进行计算：

a. 请计算可口可乐公司在 2007 财务年度的净经营性资产报酬率 RNOA 和净借款成本率 NBC。

b. 请计算可口可乐公司的金融杠杆水平 FLEV。

c. 请用金融杠杆等式来解释可口可乐公司的普通股权益报酬率 ROCE 水平，并验证这个等式适用于该公司的情况。

d. 请计算可口可乐公司在 2007 财务年度的经营利润率 PM 和净经营性资产周转率 ATO，并验证"净经营性资产报酬率 $RNOA$ = 经营利润率 PM× 净经营性资产报酬率 ATO"。

e. 请计算可口可乐公司的毛利率、销售活动创造的经营利润率和经营利润率。

E12.8. 一个"如果……就会……"的问题：杂货零售商（中等）

20 世纪 90 年代末，很多百货超市商店都从传统的经营销售方式开始转型，推广附有折扣和积分制度的会员销售制。这种会员销售制与航空公司的常旅客计划非常类似。

当时，有一家超市连锁店的年销售收入为 1.2 亿美元，年资产周转率为 6，也在考虑是否引入客户会员制度。这家公司在当时的销货利润率为 1.6%。市场研究表明，如果推广客户会员制度，预计每年能增加销售收入 2500 万美元，同时，公司对存货也需要增加额外的投资 200 万美元，但目前的零售店面空间仍然可以不受影响。引入和维持会员制度将导致新的成本产生，包括向会员客户提供的折扣等在内的这些成本项目将使得公司的利润率下降为 1.5%。

请问，如果引入客户会员制度，对这家公

司的净经营性资产报酬率 RNOA 将产生怎样的影响？

E12.9. 星巴克公司的财务报表重构与获利能力分析（中等）

请参考在第 10 章练习题 E10.10 中提供的咖啡零售商星巴克公司的财务报表，请尤其注意要阅读那些财务报表之后的附注披露信息。

a. 为星巴克公司编制它在 2007 财务年度的重构利润表和 2007 与 2006 财务年度末的重构资产负债表，请注意区分经营项目与金融项目，并将所得税费用在不同的收益项目之间进行恰当的分配。

b. 请计算星巴克公司在 2007 财务年度中的下列财务指标：普通股权益报酬率 ROCE、净经营性资产报酬率 RNOA 和净借款成本率 NBC。其中，对分母中需要的资产负债表数据，可直接使用年初数来进行计算。

c. 请计算星巴克公司在 2007 年年初的金融杠杆系数 FLEV，并验证下面这个杠杆等式在星巴克公司的 2007 财务年度中是成立的：

普通股权益报酬率
= 净经营性资产报酬率
  + [金融杠杆水平
  × (净经营性资产报酬率
  − 净借款成本率)]

d. 计算星巴克公司的经营利润率 PM 和净经营性资产周转率 ATO，以及销售活动创造的经营利润率。

e. 计算星巴克公司在 2007 财务年度初的经营性负债杠杆水平。

f. 假定星巴克公司的短期商业票据借款利率为 5.5%，或者，如果按税后金额计算的话，为 3.6%。请说明星巴克公司通过使用经营性负债杠杆，最终提升了它的净经营性资产报酬率。

迷你案例

M12.1 财务报表分析：宝洁公司 III

第 10 章的表 10-15 已列出了宝洁公司的相关财务报表。如果你已经完成了迷你案例 10.1 中的要求，那么你应该已经编制好了该公司的重构财务报表，可以着手进行分析了。不过如果现在你还没有完成该案例要求的话，请你先进行重构财务报表的编制工作。

下面，你需要按照本章所提出的分析框架，对宝洁公司在 2008～2010 财务年度的情况进行综合的获利能力分析，你可以参考图 12-1 中的分析结构作为指导。如果你已经将宝洁公司的重构财务报表输入到电子表格中了，那么，你就可以直接在电子表格中加入获利能力分析部分了。本书配套网站上的 BYOAP 模块将会指导你完成这一步（在配套网站上也有一份本章的分析性的电子表格）。你还可以将分析延伸到期后的很多年，逐渐等待可获得的数据，然后追踪宝洁公司的获利能力和各相关影响因素的变化。在配套网站上的本章内容中，还提供了宝洁公司在 2005～2008 财务年度的财务报表，既有原始格式的，也有重构以后的，以方便你能使用到更长期的数据。

你的分析应当包括下面这些项目：

a. 从普通股权益报酬率中区分该公司的经营获利能力，应用金融杠杆等式来凸显上述两者之间的差别。宝洁公司的金融性负债程度如何？它所使用的杠杆是对公司有利的吗？

b. 区分销售活动所创造的经营利润和其他经营利润。用总经营利润去计算净经营性资产报酬率 RNOA，然后再用销售活动创造的经营利润来计算净经营性资产报酬率 RNOA。

c. 对宝洁公司的经营性负债杠杆情况进行分析。根据该公司财务报表附注的披露信息，它的短期借款利率平均为 1.8%（税前）。该公司的联邦、州和地方法定税率合计为 38%。

d. 对宝洁公司的利润率和周转率情况进行综合分析。

完成了上述各步骤中的计算以后，再回头看看计算结果，思考这些结果都揭示了什么样的信息？在你对这些计算结果进行解释以前，请先参考一下迷你案例10.1中宝洁公司的背景信息。你可以使用本章中通用磨坊公司的相关财务指标值去与宝洁公司的财务指标值进行比较。作为一家包装食品企业，通用磨坊公司与宝洁公司的可比性并不十分强，不过，与宝洁公司类似的是，通用磨坊公司也是一家大型的品牌管理运作商。

请对宝洁公司在2008～2010财务年度中获利能力的变化进行评价。

现在，再来进行敏感性分析，去提一些"如果……就会……"这样的问题。比如，如果宝洁公司的经营获利能力下降了，对普通股权益报酬率ROCE会带来怎样的影响？如果公司的利润率发生了改变，对净经营性资产报酬率会造成怎样的影响？如果资产周转率变化了呢？如果广告支出增加了，对公司的获利能力会有什么影响？如果你是利用电子表格程序来进行分析的，那么，回答上面这些问题会非常轻松。

最后，请回答，对这家品牌经营公司来说，如果将经营利润中非销售活动盈利的影响去除，那么，公司的净经营性资产报酬率将变得非常低，为什么？

第 13 章　增长与盈利的可持续性分析

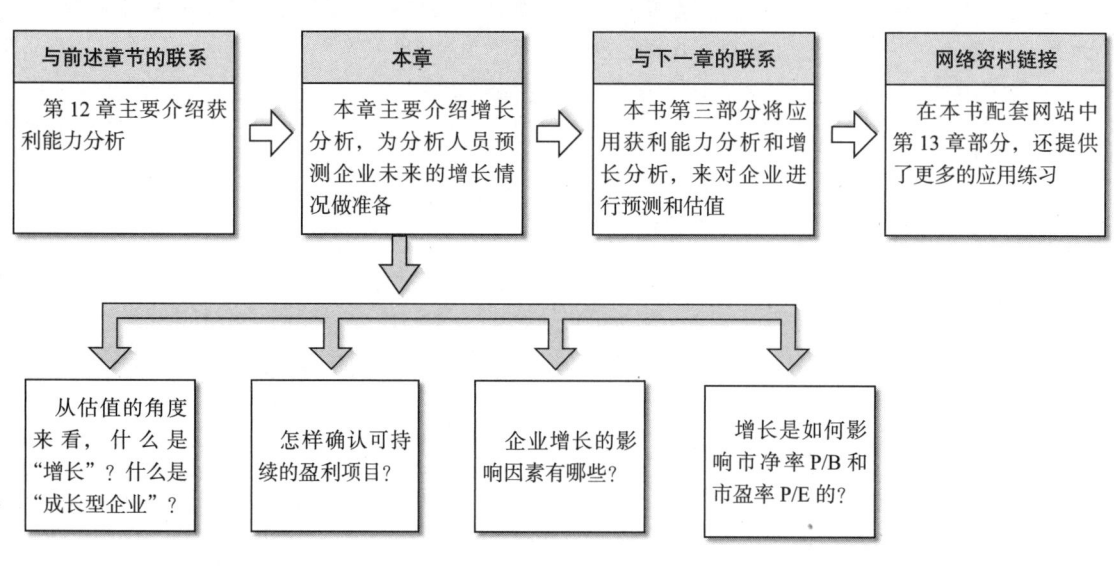

分析师备忘录

学习目标

学习完本章内容后，你应当理解：
- 为什么增长分析关注的是剩余收益增长和超常收益增长，而不是简单的利润增长；
- 什么是成长型企业；
- 持续性收益的组成；
- 什么是暂时性盈利；
- 怎样分析企业的持续获利能力；
- 持续盈利和增长分析对企业长期竞争优势的影响；
- 普通股东权益增长的影响因素是什么；
- 市盈率与市净率之间的关系。

学习能力

完成本章的学习任务后，你应当能够：
- 完成净经营性资产报酬率 RNOA 的变动分析；
- 完成投资增长分析；
- 完成剩余收益增长分析；
- 确认利润表中的核心盈利或者持续性盈利项目；
- 确认利润表中的暂时性盈利或者非经常项目的影响。

对第 5 章中介绍的依据市净率 P/B 估值和第 6 章中介绍的依据市盈率 P/E 估值来说，有一个很重要的前提，就是需要对企业在未来的增长情况进行预测。在整个企业估值问题中，增长预测可能是不确定性最强的一部分内容。在第 7 章中，我们确认了这个问题，然后将它变化为：首先要理解市场定价中所隐含的增长预期，然后再用你自己的增长预测去检验市场预测的合理性。在本章中，我们就来讨论如何建立自己的增长预测。

分析人员所讨论的增长，通常是指一家企业的利润增长能力。本章首先会提醒你，从估值的角度来说，利润增长并不是一个恰当的增长概念，因为在第 5 章和第 6 章中我们解释过，当企业的利润出现增长时，价值并不一定也在同时增加。因此，剩余收益增长和超常收益增长才是我们所讲的增长概念。其中，剩余收益增长是评价企业市净率 P/B 指标合理性的关注核心，而超常收益增长则是评价企业市盈率 P/E 指标合理性的关注核心，这两个指标的目的是相同的：发掘企业因利润增长而带来的价值增加。

保持剩余收益增长能力是一家企业能够具有持久竞争优势的关键：企业能守住它的剩余收益并保持增长吗？所以，在本章中，我们也会讨论企业收益的持续性问题。

13.1 什么是增长

增长（或成长，growth）这个术语经常被提及，它拥有许多含义。人们会谈论"成长型企业"，并愿意为一家成长型企业支付更高的价格，但事实上，他们对成长的定义也是不确切的。有时，这里的成长是指企业销售收入的增长，有时又指盈利的增长，或者资产总额的增长。一般情况下，我们都将增长视为好事，认为它象征着企业能够创造价值的能力。但是，究竟什么是增长？什么样的企业才能被称为"**成长型企业**"（growth firm）呢？

第 5 章和第 6 章的估值模型对这个问题给出了答案。

第 5 章告诉我们，人们会根据企业赚取剩余收益 RE 的能力大小，在企业账面价值的基础之上支付一定的溢价。在这里，剩余收益被定义为企业的当期盈利与按账面价值计算的必要报酬之差，以第 t 年的数据为例，有：

$$剩余收益\ RE_t = 收益_t - [(\rho_E - 1) \times 普通股权益账面价值_{t-1}]$$

其中，$\rho_E - 1$ 表示权益资本所要求的必要报酬率。股东投资于企业，他们的投资额可以用股东权益的账面价值（即企业的净资产）来表示。企业随即将这些净资产投资到经营运作当中，努力为股东创造价值。所谓剩余收益，就是企业账面价值的增加额超出了必要的权益资本成本的那一部分。因此，从价值创造的观点来看，所谓增长，是指剩余收益增长；所谓成长型企业，就是能够实现剩余收益增长的企业。

第 6 章告诉我们，人们会根据企业创造超常收益增长 AEG 的能力，在正常的市盈率 P/E 基础之上，再支付更高的价格。在这里，超常收益增长被定义为含息收益与按上年收益和必要报酬率计算的正常收益之差，以第 t 年的数据为例，有：

$$超常收益增长\ AEG_t = [收益_t + (\rho_E - 1) d_{t-1}] - \rho_E 收益_{t-1}$$

其中，d_{t-1} 表示企业在上一年度支付的股利净额。如果企业的收益增长速度不能超过必要的增长率，那么，它的市盈率 P/E 是不可能超过平均水平的。只有当它的收益增长速度大于股东所要求的必要报酬率，即能创造超常收益增长时，才能够实现价值的增加。因此，从价值创造的角度出发，另一种看待增长的观点，就是将增长定义为一家企业是否具有实现超常收益增长的能力。

在第 5 章和第 6 章中，我们都提醒过大家不应为收益的增长而支付过高的价格。我们强调，单纯的收益增长并不是一个好的增长指标，因为这种收益增长有可能是由于投资增大而推动的（这是不创造价值的），也有可能是由于会计方法所创造出来的（这也是不创造价值的）。我们已经证明了剩余收益和超常收益增长可以很好地区分能带来价值增值的收益增长和不能带来价值增值的收益增长。从企业的收益中扣除相关的必要收益（对剩余收益来说，这个必要收益是按账面价值来计算的；对超常收益增长来说，这个必要收益则是按企业在上年度的盈利来计算的）能够保护投资者，避免为投资和会计方法所推动或创造的收益增长去支付过高的价格。简而言之，如果我们想要正确地进行估值，那么，剩余收益增长和超常收益增长才是我们所必须关心的指标。

在评价企业的市净率 P/B 指标时，应当使用的相关增长指标是剩余收益增长；在评价市盈率 P/E 指标时，应当使用的相关增长指标是超常收益增长。不过，在第 6 章中我们已经证明（见阅读材料 6-3），这两个指标实际上就是一件事物的两个方面：超常收益增长实际就等于剩余收益的变动情况。如果一家企业没有任何剩余收益增长，那么它的超常收益增长也一定为 0，这家企业就是一家"非成长型"企业。如果一家企业的剩余收益是增长的，那么它就一定具有超常收益增长：这家企业就是一家"成长型"企业。在本章的大部分篇幅中，我们会分析剩余收益增长，因为促使剩余收益增长的因素也就是促使超常收益增长的因素。剩余收益增长同时涉及资产负债表和利润表数据，因此，分析剩余收益增长可以帮助我们更好地理解增长的影响因素。

在阅读材料 13-1 中，提供了一些增长和非增长的案例，注意在每一个案例中，超常收益增长都等于剩余收益的变动额。

阅读材料 13-1

成长型企业与非成长型企业

成长型企业：通用电气公司（1993～2000 年）　　（金额单位：百万美元）

	2000 年	1999 年	1998 年	1997 年	1996 年	1995 年	1994 年	1993 年
销售收入	129 853	111 630	100 469	90 840	79 179	70 028	60 109	55 701
销售收入增长率	16.3%	11.1%	10.6%	14.7%	13.1%	16.5%	7.9%	5.0%
普通股权益	50 492	42 557	38 880	34 438	31 125	29 609	25 387	25 824
净利润	12 735	10 717	9 296	8 203	7 280	6 573	4 726	4 315
普通股权益报酬率 ROCE	29.9%	27.6%	26.2%	27.2%	22.5%	23.9%	18.5%	17.5%
剩余收益	7 628	6 065	5 221	4 994	3 190	3 273	1 653	1 358
超常收益增长	1 563	844	227	1 804	（83）	1 620	295	—

在 2000 年以前，通用电气公司一直维持着较高的销售收入和净利润增长率，使它的普通股权益报酬率 ROCE 和股东权益投资额一直持续增加。相应地，剩余收益（按必要报酬率 12% 计算）持续增长，超常收益增长也（主要）为正数。

非成长型企业：通用电气公司（2001～2010 年）　　（金额单位：百万美元）

	2010 年	2009 年	2008 年	2007 年	2006 年	2005 年	2004 年	2003 年	2002 年	2001 年
销售收入	150 211	150 278	181 581	172 488	151 586	149 702	152 363	134 187	131 698	125 913
销售收入增长率	0.0%	−17.2%	5.3%	13.8%	1.3%	−1.7%	13.5%	1.9%	4.6%	−3.0%

（续）

	2010年	2009年	2008年	2007年	2006年	2005年	2004年	2003年	2002年	2001年
普通股权益	118 936	117 291	104 665	115 559	111 509	108 633	110 181	79 180	63 706	54 824
净利润	11 644	11 025	17 410	22 208	20 742	16 720	16 593	15 589	14 118	13 684
普通股权益报酬率ROCE	9.9%	9.9%	15.6%	19.6%	18.8%	15.3%	17.5%	21.8%	25.8%	27.1%
剩余收益	(2 463)	(2 198)	4 160	8 475	7 387	3 636	4 355	6 243	7 539	7 625
超常收益增长	(265)	(6 358)	(4 315)	1 088	3 751	(719)	(1 888)	(1 296)	(86)	(3)

在2000年以后，通用电气公司没有能够维持20世纪90年代的剩余收益增长势头。销售收入仍然在持续增长，不过增长率已经放缓，受此影响，利润增长率也放缓了。由于权益资本投资增长的速度下降，普通股权益报酬率ROCE出现了下滑，导致剩余收益不断降低，而超常收益增长变为了负数。由于公司的财务分部在金融危机中遭受重创，剩余收益从2009年开始已经变为负数。于是，20世纪90年代的成长型企业现在变为了一个非成长型企业，甚至是一个正在损耗价值的企业。它的股票价格在2000年时还是每股52美元，到2010年，已经跌成了每股14美元。

成长型企业：耐克公司（2001～2010年） （金额单位：百万美元）

	2010年	2009年	2008年	2007年	2006年	2005年	2004年	2003年	2002年	2001年
销售收入	19 014	19 176	18 627	16 326	14 955	13 740	12 253	10 697	9 893	9 489
销售收入增长率（%）	-0.8	2.9	14.1	9.2	8.8	12.1	14.6	8.1%	4.3	5.5
普通股权益	9 884	8 815	7 797	7 118	6 365	5 721	4 840	4 028	3 839	3 495
净利润	1 753	1 667	1 911	1 695	1 452	1 433	1 019	406	599	495
普通股权益报酬率ROCE（%）	18.9	20.1	25.6	25.1	24.0	27.1	23.0	10.3	19.1	18.8
剩余收益	739	756	1 089	951	786	850	479	(31)	280	241
超常收益增长	(17)	(333)	138	165	(64)	371	510	(311)	39	31

在这10年中，除了最后几年的经营不太景气之外，耐克公司的销售收入一直在增长，赚取了较高的普通股权益报酬率ROCE，股东投资额增加，剩余收益也不断增加，超常收益增长一直为正数。耐克公司在未来还能继续保持这种增长势头吗？

关于增长的忠告

阅读材料13-1中的历史数据对于我们推测企业的未来是非常有帮助的，尤其是等我们找出了增长的影响因素以后。从这些案例中，我们还可以总结出下列经验教训。

（1）**增长是不易维持的**。通用电气公司在2000年以前的增长一直非常显著，表现为它的剩余收益持续增加。事实上，通用电气公司已经成为20世纪下半期增长最为显著的公司之一，但是从阅读材料13-1中可以看出，这家公司在21世纪的头10年中，却呈现出了不一样的画面。这里的教训是：增长是不易维持的。除非一家企业具有非常明确的、可持续的竞争优势，否则，市场力量最终会消灭公司的增长潜力。这里的竞争优势可能表现为技术优势，比如微软公司和思科系统公司在它们初创期时所表现出来的那样；也可能表现为占有某种先机，比如谷歌公司；还可能表现为品牌优势，比如耐克公司。但即使是这些企业也会受到挑战，比如今天的微软公司和思科系统公司。城堡外的护城河总有一天会被攻破的。

（2）**增长是有风险的**。如果购买一家公司时，在市场定价中包含了大量的增长预期是很危险的。因为增长能力可能会被将来的竞争所削弱，也可能会碰到不利于实现增长的时代。前者比如耐克公司的剩余收益在 2008~2010 年出现了下滑；而后者比如通用电气公司，它的大部分增长都来自其财务分部，在金融危机时期遭受重创，致使公司的剩余收益呈现负数。

出于上面这两个原因，我们在第 7 章中曾经小心地确认了市场先生的增长预期，并将我们的估值建立在非增长假设的基础之上。然后我们建议大家思考：我愿意为这家企业的未来增长买单吗？要回答这个问题，我们就必须理解是什么在驱动着企业的增长。

13.2 直达核心：可持续盈利

增长分析的起点是确认在一家企业的盈利中，有哪些部分是可能继续增长的。比如，一次性的特别合同所带来的盈利是不具有持续增长可能的；受罢工影响而下降的盈利不应当作为持续增长预测的基础；资产处置或者重组所带来的利得在未来多半不会重现。在未来可能重现并实现增长的盈利，被称为**可持续盈利**（sustainable earnings）、**永久性收益**（persistent earnings）、**核心盈利**（core earnings）或者**潜在盈利**（underlying earnings），我们会较多使用核心盈利或核心利润这个术语。建立在临时性因素的基础上所实现的盈利，被称为**暂时性盈利**（transitory earnings）或者**非经常项目的损益**（unusual items）。

由于核心盈利才是增长的基础，因此，我们对增长的分析要以区分核心盈利和暂时性盈利为起点。企业的盈利由来自商业活动的经营利润和净融资费用所共同组成，因此，我们需要确认出核心经营利润与核心净借款成本。确认核心盈利的过程有时也被称为"**盈利正常化**"（normalizing earnings）过程，因为它保证了"正常"的持续盈利不受偶然的、一次性因素的影响。

确认这两种核心（可持续的）盈利不仅是评价企业增长能力的起点，也是回答下面这个问题的关键：这家企业具有长久的竞争优势吗？

13.2.1 核心经营利润

经营利润由核心（可持续的）经营利润和非经常（暂时性的）项目所组成：

$$经营利润 = 核心经营利润 + 非经常项目的影响$$

如果再考虑区分销售活动所创造的经营利润与其他经营利润项目（详见第 10 章），那么可有：

$$经营利润 = 销售活动创造的核心经营利润 + 其他核心经营利润 + 非经常项目的影响$$

即

$$经营利润 \, OI = 来自销售的核心 \, OI + 其他核心 \, OI + 非经常项目的影响 \, UI$$

表 13-1 在第 10 章重构利润表的思路框架中，增加了一个部分，用以区分企业的核心（可持续）经营利润和非经常的经营利润。表中列出了一些常见的典型非经常项目，但并不能涵盖全部。在标准的利润表中所报告的"非经常项目"当然是属于非常规的，但在利润表的"非经常项目"之上，往往还存在着一些非常规的项目，你需要仔细阅读报表附注和管理层讨论与分析，以寻找线索。你对企业了解得越透彻，就越容易确认和区分这些项目。请看阅读材料 13-2 中的介绍。

表 13-1　重构利润表的经营利润部分，区分核心经营利润与非经常项目的影响

核心经营利润等于销售活动创造的核心利润与其他核心经营利润之和，已将所得税分配到每一个利润构成项目中。

重构的经营利润
核心经营利润
核心销售收入
－ 核心销售成本
＝ 核心毛利润
－ 核心经营费用
＝ 销售活动创造的税前核心经营利润
－ 与销售活动创造的核心经营利润相关的所得税
＋ 报告的所得税
＋ 净融资费用带来的税收抵减额
－ 分配给其他核心经营利润的所得税
－ 分配给非经常项目影响的所得税
＝ 销售活动创造的核心经营利润
＋ 其他核心经营利润
＋ 权益性股权投资收益
＋ 养老金资产收益
＋ 其他非销售活动带来的持续性收益
－ 与其他核心经营利润相关的所得税
＝ 核心经营利润
± 非经常项目的影响
－ 特别支出
－ 特殊应计负债项目
± 一次性项目的影响
－ 注销的资产
± 会计估计值的变动
－ 摊销的开办费用
± 资产处置损益
－ 重组支出
± 终止经营项目损益
± 特别经营项目的影响
± 会计政策变更的影响
± 股权投资的未实现损益
± 控股公司的股票发行利得
± 外币汇率变动的影响
± 衍生金融工具的损益（经营活动）
－ 分配给非经常项目的所得税费用
＝ 综合经营利润

阅读材料 13-2

了解企业的核心经营战略

与所有的其他分析一样，了解企业的经营业务对确认它的核心盈利是非常关键的。企业的核心业务是由它的经营战略来决定的，因此，在对利润表中的项目进行区分以前，分析人员必须先了解企业的商业模式。

对新近成立的企业来说，相关开办费用需要作为一次性的支出，在利润表中进行费用化处理。但是，对服饰连锁零售企业 GAP 或者是咖啡零售商星巴克这样的公司来说，它们不断地在开发新店，已经将开店作为它

们的经营战略之一,因此,开办费用的影响就是持续的。

某个特殊项目的研发支出可能会被认为是一次性的费用开支,但是如果作为一个持续的研发计划下的研发支出,比如像制药企业默克公司（Merck & Co.）那样,就属于持续性的支出。

研发支出分析：默克公司

（金额单位：10亿美元）	2010年	2009年	2008年
销售收入	46.0	27.4	23.8
研发支出	11.0	5.8	4.8
研发支出/销售收入	23.9%	21.2%	20.2%

默克公司对研究与开发项目的支出是持续且增长的,其占销售收入的百分比也是在不断加大的。分析人员应将该公司的研发支出作为核心费用项目处理,但是将研发支出占销售收入的百分比呈现增长趋势作为一个红色警示。默克公司在2010年的研发支出占销售收入比重在将来还能回到2010年以前的水平吗？2010年的研发支出占销售收入比重是否预示着该公司对新产品的研究开始变得越来越吃力了呢？

广告费用分析：可口可乐公司

对品牌企业的核心战略来说,市场营销是很重要的一个部分。像可口可乐这样的公司每年会在广告方面花很多的钱,以维护公司的品牌名声。一次性的营销活动也许应当属于暂时性项目,但是像可口可乐公司这样不断进行的广告活动,却应当属于持续性的。

（金额单位：10亿美元）	2010年	2009年	2008年
销售收入	35.1	31.0	31.9
销货成本	12.7	11.1	11.4
毛利润	22.4	19.9	20.5
销售与日常管理作用	14.0	11.7	12.1
经营利润（税前）	8.4	8.2	8.4
广告费用	2.9	2.8	3.0
广告费用/销售收入	8.3%	9.0%	9.4%

可口可乐公司的利润表数字大多是汇总的,只报告了两个经营费用项目。其中,广告费用是被包含在"日常管理费用"项目中的,不过相关的明细信息在报表附注中可以找到。与研发支出一样,分析人员必须关注广告费用占销售收入比重的变化。广告费用占比在2010年度出现的下滑是暂时性的吗？是由于广告支出减少引起的,还是由于销售收入增长加快引起的呢？公司利用广告投入所赚取到的收入更多了吗？

出于预测的目的,我们需要去除那些与企业的未来关系不大的项目。因此,所谓非经常项目,不仅应当包括在未来不会重复发生的项目,还应当包括那些虽然每期都会发生,但我们无法预测其发生额的项目。比如,对一家制造企业来说,外币汇兑损益和衍生工具交易的损益就属于这种情况。这些项目在企业每期经营中似乎都会正常出现,但我们就是无法预测它们的金额：这些项目将来肯定会出现损益,但我们没法进行预测,因此,姑且就当它们的期望值为0吧。外币汇兑损益是暂时性的,我们并不期望它会持续下去。所以,对那些只是由于要在资产负债表中报告市场价值而产生的利润表项目,都应当作为非经常项目处理,因为一般情况下,市场价格的变动都是无法预测的。这些项目的损益需要与当前的核心盈利区分开来,否则,核心盈利就会受那些不能代表未来的项目的影响。只有这样,我们才能找出核心经营利润,并以它作为预测企业未来经营利润的基础。

13.2.2 确认核心经营利润时应注意的问题

在确认可持续的经营利润时,需要注意下面这几个问题。

（1）**预收（尚未赚取到的）收入**。一般情况下，企业应在商品已经发出或者服务已经提供的情况下才确认收入。如果一份销售合同涵盖了若干年（比如，一份销售计算机硬件并提供后续服务、咨询和软件升级服务的合同），那么，与这份合同相关的收入就会被递延（作为尚未赚取的收入），直到企业已经提供了相关的商品或服务之前，这些收入都会被报告为一项负债，称为预收收入。在这一过程中，因为需要用到估计判断，所以企业的会计做法有可能会非常激进（在当期利润表中记录较多的收入），也可能会非常保守（将大部分收入都递延到将来再确认）。无论是哪一种做法，对企业利润的可持续性都是有影响的，且后者实际上更为常见：将当前的收入递延，然后在将来的利润表中再将其确认为收入，看起来就像是企业实现了增长那样。

微软公司的预收收入金额很高。在 2010 财务年度末，它报告的"预收账款负债"金额高达 14 830 百万美元，相比同期在利润表上报告的收入为 62 484 百万美元。在现金流量表的应计项目部分（即净利润与经营活动产生的现金流量之间的调整项目），微软公司报告了下列信息（单位：百万美元）。

	2010 年	2009 年	2008 年
递延的预收账款	29 374	24 409	24 532
由预收账款"释放"出的收入	（28 813）	（25 426）	（21 944）

上表括号中的数字就表示以前确认的预收账款在当期被"释放"出来，从而被报告为当期收入的部分，它意味着企业当期所报告的收入金额中，来自以前期间预收账款的贡献。如果企业在当期所签订的销售合同也在增长，那么当期"释放"为收入的预收账款金额可能会小于当期"储备"的预收账款金额。所以，如果企业报告了销售增长，但绝大部分的增长都来自过去的预收账款所"释放"出来的收入，那么，这样的增长将是难以持续的。预收收入有时会被称为企业的"甜点罐"：当企业在利润表中需要报告更多的盈利时，就可以考虑到"甜点罐"里去取点。

像微软公司这样分两行来分别报告"预收账款"的增加和减少金额是非常有帮助的，它有助于我们了解到更多的细节信息。但是，很多公司并不会像这样报告明细信息，因此，对于那些签订有多年收入合同的公司，要小心阅读它们在附注信息中所披露的收入确认信息。

（2）**重组支出、资产减值损失和特别支出**。这几个项目通常都属于非经常项目，不过请注意，企业也可能不断会有重组支出发生。例如，为了调整相关技术以迎接数码时代的到来，胶片企业伊士曼柯达公司在 1992～2003 年，每年都报告有重组支出，并且，该公司在 2004 年时还宣布在 2004～2006 年，还将发生超过 15 亿美元的类似支出。

处理重组支出和资产减值损失时必须非常小心，因为它们所能带来的影响可能并非是暂时的。如果一家企业对它的存货计提了减值准备，那么，等将来这些存货被售出的时候，未来的销货成本就会降低。如果一家企业对不动产、厂房和设备计提了减值准备，那么，未来的折旧费用也会下降。在这几种情况下，费用的降低都意味着未来可以有更高的核心利润。谨慎的分析人员必须认识到这一类问题，并相应调整他们对未来的预测情况。最糟糕的是，如果一家企业故意高估它的重组支出，那么，这些被高估的部分支出最终都会"流回"到企业未来的收益当中去，为未来的盈利做出贡献。请参考阅读材料 13-3 中的内容。

阅读材料 13-3

回流的重组支出

当企业决定进行重组时，通常会在重组行动真正开始前就提前预计相关的重组费用，一方面确认到当期利润表中抵减盈利,另一方面在资产负债表中确认为某个负债项目,比如,称为"重组准备金";等到重组活动真正开始后,再随着相关成本费用的发生而逐渐减少计提的"重组准备金"。如果企业到以后才发现它在过去曾经高估了重组的支出,那么,就需要进行更正,导致最终会调高发现当期的净利润。与预收账款会"释放"收入这种情况类似,我们将这种情况称为利润的**回流**(bleeding back)。

在20世纪90年代早期,IBM公司为了将它的业务从计算机硬件转向信息技术,曾经利用重组支出冲销了大量的盈利:1991~1993年,分别为37亿美元、116亿美元和89亿美元,合计242亿美元!但是,如果细看该公司在后续年份中的现金流量表,你就能发现在将净利润调整为经营活动的现金流量过程中,有这样一个项目(单位:百万美元):

	1994年	1995年	1996年	1997年	1998年
重组支出的影响	(2 772)	(2 119)	(1 491)	(445)	(355)

表中的这些金额都是负数,即表示要得到经营活动产生的现金流量,需要从企业的净利润中减去的金额。所以,这个项目对利润的影响本来是正的:如果没有这些金额的计入,企业的净利润本来应当更低一些。这引起了需要我们调查的另一个问题:如果IBM公司在1991~1993年高估了重组支出,那么,后续的盈利与经营活动产生的现金流量之差可能部分就是来自这批被高估重组支出的"转回"! IBM公司是否在将早期的重组支出"回流",以增加它的经营利润呢?请参考迷你案例M13.3,寻找相关的解答。

当一家企业迎来新的管理团队,这些管理团队往往会试图通过计提重组支出来显示他们的与众不同,因为市场通常都将重组看作好事。如果新的管理团队高估未来的重组支出,那么,他们还可以得到额外的福利:这些被高估的重组支出可以在将来重新"回流"到利润中,以显示企业在新团队的管理下有了改善的盈利。这是一种使企业收益增长的伎俩,勤勉的分析人员一定要小心这些手段。

美国财务会计准则委员会在2002年发布了第146号公告,对企业利用重组支出来操纵利润的行为进行了限制。根据这个公告,企业只能在需要支付重组费用等相关的负债义务发生时确认重组负债,而不能在计划重组时就开始确认。

此外,对于企业的并购支出也应特别予以注意。企业是否将经营费用计入了这类支出中?企业是否会为了增加将来的利润而故意高估这类支出呢?

(3)**研究与开发支出**。研发支出的下降会增加企业当期的盈利,但对企业未来的盈利能力可能会造成不良影响。因此,要调查企业的研发支出变化是否只是暂时性的。请参考阅读材料13-2中的资料。

(4)**广告费用**。广告支出的下降会增加企业当期的盈利,但对企业未来的盈利能力可能会造成不良影响。因此,也要调查企业的广告支出变动是否只是暂时性的。请参考阅读材料13-2中的资料。

(5)**养老金费用**。对于设定受益养老金计划的成本,企业可以在利润表的经营费用项目下进行报告。然而,养老金费用是一个很复杂的数字,分析人员需要小心注意它的各个项目组成。比如,下面就是IBM公司在2001~2004年的财务报表附注信息中披露的养老金费用。

(单位：百万美元)

国际商业机器公司（IBM）养老金费用构成项目（2001～2004年）				
	2004年	2003年	2002年	2001年
服务成本	1 263	1 113	1 155	1 076
利息费用	4 071	3 995	3 861	3 774
养老金计划资产的预期收益	(5 987)	(5 931)	(6 253)	(6 264)
过渡性资产的摊销	(82)	(159)	(156)	(153)
前期服务成本的摊销	66	78	89	80
精算损失（收益）	764	101	105	(24)
养老金费用净额	95	(803)	(1 199)	(1 511)

养老金费用通常有六个组成项目，在IBM公司的披露中，你已经见到了全部这六项内容。

- **服务成本**：由于员工在今天提供了服务而可以享受未来养老金精算成本的现值。该项成本等于员工退休后按养老金受益计划能取得的薪酬成本。
- **利息费用**：指养老金福利负债的利息费用，即将来需要支付的养老金负债在目前的时间价值影响，随着支付时间的临近，养老金负债的净现值会增加。确认利息费用是因为养老金是在将来才需要支付的，因此企业应当承担的是带息的薪酬。
- **养老金计划资产的预期收益**：养老基金资产的预期收益可以降低雇主企业的养老金计划成本，该收益是按养老金资产的市场价值乘以预期收益率来计算的。为了让财务报表中报告的养老金费用尽量保持稳定，在计算养老金费用时，我们需要减去的是养老金资产的预期收益，而不是实际的养老金资产投资损益。如果累计的实际损益与预期损益之间相差超过了一定的幅度，再将两者的差异通过摊销的方式计入养老金费用中（在IBM公司的养老金费用中，并未出现这种情况）。此外，预期收益与实际收益之差还需要在其他综合收益中进行报告。
- **前期服务成本的摊销**：指在企业执行养老金计划之前，员工所提供服务对应养老金成本的摊销，摊销期为在养老金计划变动时，员工的预计剩余服务年数。
- **过渡性资产或负债的摊销**：指在初次采用养老金会计核算时，初始养老金资产或负债的摊销金额。
- **精算损益**：指由于员工的服务期和离职率等精算假定发生改变，而引起的养老金负债变化额。

上述六项养老金费用组成项目中，服务成本应当属于企业向员工支付的核心成本。此外，利息费用也属于核心成本，因为它也是企业实际支付给员工的，但是员工只能在将来以养老金的形式得到这部分薪酬，而不是现在就可以得到，所以，利息费用算是对将来才能得到的薪酬的补偿。与服务成本一样，利息费用也是会重复发生的。前期服务成本的摊销和过渡性资产与负债的摊销是这些项目的平滑，随着它们最终会消失，但由于摊销涉及的时期非常长，因此也应被视为持续项目，而不是非常规项目。精算损益也是属于平滑性项目，但它们的波动性可能会比较大。

不过，对养老金计划资产的预期收益，就必须小心处理了。你会发现，IBM公司2001～2003年的养老金费用净额都是负数（即表现为收益），主要就是由这个项目所带来的。这些养老金资产所实现的收益降低了IBM公司在员工退休后需要提供的义务金额，因此，理应属于企业收益的一部分。但是，它们并不属于企业从核心业务（即以IBM公司为例，指出售计算机和相关技术的业务）中所赚取的收益，因此分析人员必须将这些收益找出来，并将它们归类为养老基金的收益而不是企业经营的收益。正是由于这一点，在表13-1中，没有将养老金资产的预期收益归类到销售活动创造的核心利润中。此外，在养老金费用中，还有一些其他的问题，请参考阅读材料13-4中的信息。

阅读材料 13-4

谨慎对待养老金资产的投资收益

在养老金费用的构成项目中，有一项是养老金计划的预期收益，对这一项目，分析人员特别需要谨慎对待。下面是三点相关的提示。

1. 养老基金的投资收益对当期盈利的影响可能极大

养老基金的投资收益可以降低当期的养老金费用，而预期收益当然是按照养老金基金目前的资产规模来估算的。养老基金是可以用来投资股市的，在20世纪90年代的牛市中，各种股票的市场价格都飙升了不少，导致相关养老基金的资产规模和预期收益都一致膨胀起来。由于养老基金的预期收益增长会直接导致企业当期养老金费用的降低，在当时的一些企业中，这一收益对当期的利润影响是非常大的。比如下面这几家公司。

通用电气公司

通用电气公司为它的员工设立了一系列的养老金计划。在2001年关于养老金的财务报表附注信息中，该公司报告它的服务成本为8.84亿美元，同时还报告了养老基金资产的预期投资收益43.27亿美元和养老金负债的利息费用20.65亿美元。这样，该公司的养老金费用净额（考虑了其他所有影响项目之后的）最终体现为收益20.95亿美元，这一收益直接抵消了企业利润表中的其他费用影响。事实上，养老金资产的预期收益43.27亿美元已经占到了通用电气公司当前税前利润的22%。

IBM公司

IBM公司在1998年报告它的养老金服务成本为9.31亿美元，同时，还报告了养老金资产的预期收益48.62亿美元和相关负债的利息费用34.74亿美元。在这一年中，养老金资产的预收收益已经占到了IBM公司税前经营利润的53.1%。事实上，在1999～2001年这三年当中，养老金资产的预收收益占IBM公司税前利润的比例分别为45.9%、51.5%和57.2%。

养老金资产的收益实际上是运营养老基金所得到的经营利润，而不是企业通过产品的销售或者服务的提供而得到的盈利。在这些情况下，只有像表13-1那样，将养老金资产的预期收益与企业的核心盈利区分开来，单独进行报告，才能使企业的利润率不受该项目的影响。

通用汽车公司

通用汽车公司在2009年曾经申请破产保护，在此前的很多年中，从这家公司的财务报告上看，它都是盈利的。但实际上，当时它的大部分利润都来自养老金资产的预期收益。仔细考察通用汽车公司在当时的利润表可以发现，这家公司靠生产汽车就没有赚到多少钱。在2002年时，公司的养老基金还呈现不足，缺口超过了700亿美元，那么，它要怎样才能在主业并不赚钱的情况下弥补这个资金缺口呢？但是如果看它的利润表，养老金资产的预期收益已经使得这家公司看起来是一家有盈利的企业了。

2. 养老金资产的收益能产生"连锁信"效应

请考虑下面这样的情形。当股票市场正在热火朝天的时候，养老基金的资产价值也会跟着膨胀，高于它们本身的内在价值。相应地，由于养老基金资产的预计收益提高，作为员工养老基金缴款人的企业一方，其当期的养老金费用就会降低，从而使得企业的利润也增加。分析人员看到了企业利润的增加，就会调高对企业股票价值的判断，结果，推动股票价格更加走高。这就是"连锁信"效应。

作为一种极端情形，假定有一家公司将它的养老基金完全投资于本公司的股票（这样可以更加方便员工分享企业的成功经营），然后，恰逢当时的股票市场正处在泡沫充斥时期。那么，得益于公司股票价格的上涨，养老基金资产的预期收益增加，使得企业的当期利润也被"吹大"。分析人员会根据企业的盈利情况来判断企业的股票定价是否合理，但是，现在在企业盈利中，却包含了股票的市场价格影响，那么，他们所做的定价分析（如果不是特别谨慎认真的话），就会是无限循环影响下去的。所以，良好的分析需要对企业的盈利来源进行识别和区分，并坚持将股票价格建立在企业通过它们的核心经营业务赚取盈利的能力上，而不能将股票定价建立在股票价格的增值方面。

在美国，只允许不超过10%的企业养老金资产投资于本公司的股票，但对于剩余的养老金资产，仍然可以投资于那些与雇主企业的风险和收益高度相关的其他公司股票，所以，上述影响仍然是可能存在的。

3. 谨慎看待养老金资产的预期报酬率

养老金资产的预期报酬等于某个预期报酬率与养老金资产市值的乘积，其中，所使用的预期报酬率是由企业来估计的，因此会存在被操纵的嫌疑。实际上，在20世纪90年代，企业所使用的预期报酬率大多为10%或者更高，远高于80年代早期大家习惯使用的报酬率水平7%。埃克森石油公司在1975年所使用的预期报酬率为7%，但在2000年时，这个预期报酬率已经变为了9.5%。通用汽车公司的预期报酬率也从6%涨到了10%，通用电气公司和IBM公司则分别从6%和4.8%涨到了9.5%和10%。而在同一时期，长期国库券的投资收益率却从8%下降为5.5%。到2000年，这个"高调"的预期收益率（也许是受20世纪90年代疯涨的泡沫回报率所影响）直接增大了养老金资产的价值，使养老金收益对企业盈利的贡献越来越大。

后来的股市泡沫坍塌带来了较低的收益率（实际上，很多收益率都已经转变为负数），企业纷纷开始向下更正它们的预期收益率。结果导致在2002年的企业利润中，养老金收益所占的比重下降了，部分原因来自资产价格的下调，还有部分原因则来自预期收益率的下降。实际上，很多执行设定受益计划的企业都发现他们的养老金负债出现了资金不足的情况，回顾过去才知道，原来在过去的盈利中，包含了太多被高估的养老金收益。只有理解了养老金的基本会计核算原理，分析人员才能够在泡沫时期清醒地认识到这种情况的出现。

会计诊所Ⅶ介绍了养老金的会计处理。

会计诊所Ⅶ

养老金的会计核算问题

在本书的配套网站上，"会计诊所Ⅶ"对员工养老金的会计核算问题进行了更加细致和全面的介绍。我们解释了养老金计划的运作原理和设定受益计划与设定提存计划之间的区别，介绍了资产负债表中报告的养老金负债的计算原理和过程，并对利润表中报告的养老金费用进行了详细的解释。在本章的配套网上的内容中，以波音公司为例对养老金费用的核算进行了详细介绍。

（6）**会计估计值的变动**。利润表中的有些费用是通过会计估值得到的，例如坏账费用、产品质量保证费用、折旧费用和其他应计费用等。如果发现过去年份中的会计估计出现了错误，那么，就需要在当年进行相关的更正。例如，一般我们会按应收账款的一定百分比来估计坏账费用，假定现在我们发现去年所估计的坏账费用太高了（真正发生的坏账损失远低于我们过去的预计水平），那么，我们就需要在今天的坏账费用中来更正这个错误。这样，在利润表中报告的费用金额就不能代表与当期销售收入所对应的信用成本。此外，企业还会更改对剩余应收租金的估计水平等。这些会计估计值的变动都应当被视为是非常规的，因为只有核心的费用才能反映出企业在当前的经营水平。但不幸的是，在公开披露的财务报表中，通常并没有给出必要的细节信息来帮助我们进行区分。恶意的会计估计变动也可能发生在重组支出方面，请参考阅读材料 13-3。

（7）**已实现的损益**。很多已实现的损益（比如资产处置损益）在利润表中都没有披露明细信息，但在现金流量表将净利润调整为经营活动产生的现金流量部分，我们可以找到这些信息。请注意在企业报告的已实现损益中，有可能会存在"择优出售"现象，参考阅读材料 13-5 中的例子。

阅读材料 13-5

资产处置损益

英特尔公司

在 20 世纪 90 年代股票价格飙升的日子里，各个企业所持有的权益性证券都增值了，于是，有时候仅仅通过出售股份就能为企业带来巨额的盈利。

在英特尔公司 1999 年第三季度的报告中，它披露了净利润 14.58 亿美元，但并未说明其中非经常项目的影响有多大。不过，在现金流量表中将净利润调整为经营活动的现金净流量部分，可以看到 5.56 亿美元的投资处置收益和 1.61 亿美元的厂房处置损失。

达美航空公司

达美航空公司（Delta Air Lines）在它 1999 年第三季度的财务报表中报告了税前经营利润 3.5 亿美元，但是，根据报表附注信息，该税前利润中实际还包括了该公司出售对新加坡航空公司（Singapore Airlines）和折扣票在线网公司（priceline.com）的权益投资收益 2.52 亿美元。

IBM 公司

IBM 公司在它以 1999 年 6 月末为截止日的季度报告中，披露它的税前经营利润为 40.85 亿美元。然而，根据报表附注信息，该税前利润中有 34.3 亿美元都是将 IBM 的全球网络分部（Global Network）出售给 AT&T 公司所获收益，这项收益极大地抵消了公司利润表中销售与日常管理费用的影响。

你会发现，与这类收益相关的信息常常都是不透明的，所以，分析人员需要自己动手小心地去寻找这类收益，比如在现金流量表中，或者在附注信息里，然后再将这类收益从企业通过核心业务的经营所获得的核心利润相区分开。对于那些拥有大量权益性证券投资组合的公司，要特别谨慎。比如，微软公司在 2002 年拥有 90 亿美元的权益性投资，那么，一旦公司在其他方面的经营获利能力出现了下降，它就可以通过出售这些投资来将收益变现。

与养老金计划资产的收益一样，股份增值所带来的收益也会导致错误的定价，甚至引起股价泡沫的产生。企业可以在它认为市场高估了它所持有的股份价值时，选择将这些股份出售。如果此时分析人员错误地将企业的这种盈利理解为持续性经营利润的话，就会高估对企业的定价。如果所出售股份的盈利本身就来自被高估的股价，分析人员就会错得更加离谱。因此，定价的错误会不断往复。

小心"择优出售"行为

如果持有可供出售的权益性证券，那么，在这些证券的市场价格发生波动时，企业就需要在股东权益变动表的综合收益项目确认相关的未实现损益。但是，如果企业在报告期内将所持有的股份对外出售了，那么对于已实现的损益，就需要报告在利润表中。可回看会计诊所Ⅲ中的相关介绍内容。因此，企业就有可能（尤其是在盈利下降的年份中）将所持有的股份中那些价值增值的部分证券出售掉，这样就可以在利润表中报告收益了；同时对于那些购入以后价格反而下跌了的股份，则选择继续持有，相关的未实现损失只需要报告在股东权益变动表中就可以了。我们将这样的做法称之为"择优出售"（cherry picking）。对那些持有较大比重投资组合的企业，比如微软公司和英特尔公司，要尤其小心这一点。此外，对于持有大量投资组合的保险公司，也要小心这种"择优出售"行为。

这种现象给我们的提示是相当明白的：对于企业所持有的投资组合，只能从综合收益的角度进行评价，因为这样才能将相关的收益（可能是通过"择优出售"得到的）与损失互相抵消，对投资组合的业绩进行全面的评价。在重构利润表时，如果能进行恰当的处理，是可以解决这个问题的。

（8）**股权投资的未实现损益**。这种情况产生于当企业持有另一家企业的权益性股份在被投资企业的总股本中占比小于20%时，在这种情况下，我们需要在资产负债表中按市价来报告这类持股的价值。市价表明了这些股权投资的价值，但市价的变动却不是那么有意义的。股票的市场价格是"随机游走"的，因此当前市场价格的波动并不预示着未来市场价格的波动。所以，应将这类未实现损益作为暂时性的项目处理。

（9）**由于应用公允价值会计计量而引起的未实现损益**。根据美国财务会计准则委员会发布的第159号公告或国际会计准则第9号，企业可以对某些资产和负债项目应用"公允价值计量选择权"进行重估。那么，除非重估所导致的暂时性损益与某项核心利润之间具有直接关联，否则，由于重估所导致的未实现损益都应作为暂时性的。

（10）**所得税费用**。在关于税收项目的财务报表附注信息中，可以找到与偶然事件或留待今后税前弥补的亏损等相关的非常所得税项目影响。

（11）**其他收益**。如果企业在财务报表附注中披露了"其他收益"项目的明细信息，请对此进行复核。例如，企业经常会将利息收益报告在经营利润栏目下的"其他收益"项目中。

报告在"其他综合收益"栏目下的大多数经营项目都是非常规的，不能被划分为企业的核心盈利。因此，我们费力地将这些项目调整到重构的利润表中，现在又需要将它们与企业的核心盈利项目区分开来，看起来完全是多此一举。但事实上，至少有4个理由支持着我们应当这样去做。第一，将企业盈利的全部来源一一确认出来是非常重要的，如果不这样做的话，就会遗漏掉一些盈利的来源。比如，在对企业管理层的业绩进行全面的评价时，就不应当遗忘那些隐藏的非清洁费用项目；再比如，只有以综合收益为基础来报告企业盈利时，才可能确认出"择优出售"行为的影响（详见阅读材料13-5）。第二，财务报表分析所依赖的会计关系式只有在以综合收益为基础来报告企业盈利时才会成立。例如，在第12章中所介绍的杠杆关系式中，就需要用综合收益来表示企业的盈利；再比如，在第11章所介绍的自由现金流量简捷计算公式（自由现金流量 = 经营利润 OI – 净经营性资产的变动额 ΔNOA）中，也需要以综合收益为基础来计算经营利润。第三，其他综合收益项目反映出了企业所承担的风险大小。比如，外币汇兑损益就说明了企业在汇率变动中可能受到的影响。第四，在本书第三部分关于预测的讲解中，我们将看到，预测步骤的完整性完全依赖于以综合收益为基础而编制的（重构后的）财务报表。事实上，像 BYOAP 模块中那样的分析和估值表格，如果不按综合收益为基础来编制，是完全不可行的。

对很多公司来说，将经营利润区分为销售活动所创造的经营利润和其他经营利润（详见第 10 章关于利润表的重构部分）以后，很容易就能区分企业的核心利润、非经常或偶然项目的影响了。销售活动所创造的经营利润属于核心利润，而其他经营利润项目则可以被确认为非经常项目。这种简单区分方法对耐克公司（见表 10-9）和戴尔公司（见表 10-10）都是适用的。

但是，这种方法对表 10-11 中的通用磨坊公司就行不通了。通用磨坊公司报告了它所享有的合作企业的收益，这些收益显然不来自利润表第一行所报告的销售收入，因此属于其他经营利润。但是，这种收益应当是属于核心盈利项目的，因为这种企业合作在未来仍然会持续下去。此外，通用磨坊公司还有一份设定受益养老金计划，该计划资产的预期收益是报告在销售活动所创造的经营利润当中的，但是，这显然是不恰当的。在表 13-2 中列出的通用磨坊公司的重构报表中，已经将来自合作企业的投资收益报告在核心盈利项目下（但不属于销售活动所创造的核心盈利），然后将养老金资产的相关收益从销售活动所创造的利润中移除。养老金资产的收益本身是持续的（因此应当是核心的），但将它移除到销售活动所创造的利润之外，可以使销售活动的核心利润率不受养老金资产投资收益的影响⊖。此外，一次性的养老金支出则明显属于非经常项目。

表 13-2 区分通用磨坊公司的核心经营利润与非经常项目影响（2009～2010 财务年度）

核心经营利润是可以持续取得的，而非经常项目的影响通常只是一次性的。此外，还需要区分销售活动创造的核心利润和非销售活动创造的核心利润。以下所有利润项目都是按税后金额报告的（单位：百万美元）。

	以 5 月 25 日为财务年度截止日			
	2010 年		2009 年	
核心经营收入	14 797		14 691	
销售成本	8 923		9 458	
毛利润	5 874		5 233	
管理费用	2 109		2 012	
广告费用	909		732	
研究与开发费用	219		207	
	2 637		2 282	
养老金资产的期望收益	（429）		（416）	
销售活动创造的核心经营利润（税前）	2 208		1 866	
所得税				
报告的所得税总额	771		720	
与养老金收益有关的所得税影响	（161）		（156）	
企业剥离利得带来的税收抵减	12		（16）	
净融资费用带来的税收抵减	151	773	144	692
销售活动创造的核心经营利润（税后）		1 435		1 174
其他核心经营利润				

⊖ 在重构利润表中，将养老金资产收益从销售活动创造的核心利润中减掉了，然后单独报告在其他核心经营利润中。根据美国公认会计原则，养老金资产的收益可以报告在很多项目中，具体依据养老金成本是记录在哪里的而定，但企业一般是不会披露这些明细信息的。

	以5月25日为财务年度截止日			
	2010年		2009年	
养老金资产的预期收益	429		416	
相关所得税影响（按37.5%计算）	161	268	156	260
来自合作企业的投资收益（税后）		102		92
核心经营利润		1 805		1 526
非经营项目的影响				
企业剥离利得（重组支出）	（31）		43	
相关所得税影响	12	（19）	16	27
外币汇兑收益（损失）		（163）		（288）
衍生工具和证券的损益		14		（3）
养老金支出		（460）		（761）
经营利润（税后）		1 177		501
净融资费用				
利息费用		409		405
利息收益		7		22
净融资费用		402		383
相关所得税影响（按37.5%计算）		（151）		（144）
税后净融资费用		251		239
少数股东本期收益		5		9
综合收益		921		253

为了能够对利润表中各个部分的盈利能力进行有效的评价，还需要将所得税费用在相关利润组成项目之间进行分配，详见表13-1和表13-2中的内容。所得税费用不仅应当在经营项目和金融项目之间进行分配，在经营项目的各个组成部分之间，也应进行再次分配。请参考阅读材料13-6。

阅读材料 13-6

综合的所得税费用分配

在我们对利润表进行重构，区分不同来源的利润项目时，对每一个利润项目，都应分配它相应的所得税费用影响，这样才能得到每种不同来源渠道的税后利润贡献。假定下面这家企业的法定所得税税率为35%，对按照美国公认会计原则编制的利润表，可以这样进行重构（单位：美元）：

按照美国公认会计原则要求编制的利润表		重构后的报表		
销售收入	4 000	核心销售收入		4 000
经营费用	（3 400）	核心经营费用		（3 400）
重组支出	（300）	税前核心经营利润		600
利息费用	（100）	所得税:		
税前利润	200	报告的所得税费用	45	
所得税费用	45	利息费用带来的所得税抵减额	35	
净利润	155	非经常项目的所得税影响	105	185

按照美国公认会计原则要求编制的利润表	重构后的报表	（续）
税后核心经营利润		415
非经常项目：		
重组支出	300	
非经常项目的所得税影响	（105）	195
经营利润		220
利息费用	100	
利息费用的所得税影响额	（35）	65
净利润		155

当然，在所得税费用被分配到各个利润组成项目之前和之后，企业的净利润都是一样的。与利息费用一样，企业的重组支出是可以在税前予以扣除的，因此，税后的非经常项目影响就是 195 美元。与利息费用一样，在计算经营利润的所得税影响时，需要从企业报告的所得税费用总额中，调整出重组支出所带来的所得税抵减额。这样，就可以得到与经营利润相关的所得税费用为 185 美元，即，如果这家企业没有发生重组支出和利息费用，需要缴纳的所得税费用金额。在表 13-2 通用磨坊公司的利润表中，我们用同样的方法将相关所得税费用分配给了养老金基金的预期收益。

13.2.3 核心经营业务的获利能力

确认出核心经营利润项目之后，分析人员就可以从净经营性资产报酬率 RNOA 中将暂时性项目的影响去除，得到净经营性资产的核心报酬率（core RNOA）：

净经营性资产报酬率 RNOA = 净经营性资产的核心报酬率
　　　　　　　　　　　　＋非经常项目对净经营性资产报酬率的影响

即

$$\text{净经营性资产报酬率} \ RNOA = \frac{\text{核心经营利润}}{\text{净经营性资产}} + \frac{\text{非经常项目损益}}{\text{净经营性资产}}$$

接下来，再将核心经营利润区分为销售活动创造的利润和其他经营利润，有：

$$\text{净经营性资产报酬率} \ RNOA$$
$$= \frac{\text{销售活动创造的核心经营利润}}{\text{净经营性资产}} + \frac{\text{其他核心经营利润}}{\text{净经营性资产}} + \frac{\text{非经常项目损益}}{\text{净经营性资产}}$$

如果一家企业的净经营性资产报酬率 RNOA 主要是由非经常的、暂时性项目所贡献的，那么我们就说这家企业的盈利是"低质量的"，因为这样的盈利是难以持续的。

通用磨坊公司在 2010 财务年度的平均净经营性资产水平为 11 632 百万美元，因此，它在当年实现的净经营性资产报酬率 RNOA 为 10.1%。利用表 13-2 中各利润组成项目的金额可以知道，该净经营性资产报酬率是由销售活动创造的核心经营利润率 12.3%（税后）加上其他核心经营利润率 3.2%，再减去非经常项目的影响 5.4% 得到的。该公司的净经营性资产核心报酬率为 15.5%，明显高于公司的综合净经营性资产报酬率 10.1%。

找到了净经营性资产核心报酬率后，再将它分解为利润率与周转率的乘积：

$$\text{净经营性资产报酬率 } RNOA$$
$$= (\text{销售活动创造的核心利润率} \times \text{净经营性资产周转率}) + \frac{\text{其他核心经营利润}}{\text{净经营性资产}}$$
$$+ \frac{\text{非经常项目损益}}{\text{净经营性资产}}$$

其中:
$$\text{销售活动创造的核心利润率} = \frac{\text{销售活动创造的核心经营利润}}{\text{销售收入}}$$

该销售活动创造的核心利润率代表了不受其他盈利项目或非经常项目影响的利润率,因此,能"直达核心地"反映出一家企业通过它的销售活动来创造利润的能力。在通用磨坊公司,销售活动创造的核心利润率为9.7%,而净经营性资产周转率为1.27,这两个指标共同解释了为什么该公司的净经营性资产核心报酬率为12.3%。

13.2.4 核心借款成本

对利润表中的净融资费用部分,也可以将其分解为核心融资费用和暂时性影响两个部分,这样就可以得到企业的核心借款成本率,用以预测企业未来的借款成本:

$$\text{净借款成本} = \text{核心净借款成本} + \text{非经常项目的借款成本}$$
$$\text{净借款成本率 } NBC = \frac{\text{核心净融资费用}}{\text{净金融性负债}} + \frac{\text{非经常财务支出}}{\text{净金融性负债}}$$

在这里,我们需要首先将那些在将来很难重复发生,或者即使重复也非常难以预测的金融项目,定义为非经常性金融项目;接下来,与非经常性金融项目相关的财务收支,就叫作非经常性财务支出,包括这些金融项目的已实现和未实现损益以及非常的利息收益或者利息支出等。税前的核心净借款成本率应当与企业在报表附注中披露的借款成本率大致相当。核心净借款成本率能反映出相关利率的变化情况,而且,由于这些利率都是税后值,这一变化也就包括了税率变动的影响。如果企业持有的是净金融性资产,分析思路也是一样的。

13.3 增长分析

有了可持续的获利能力作为基础之后,我们就可以开始进行增长分析了。增长所关注的焦点是剩余收益,而剩余收益主要是由企业的普通股权益报酬率ROCE和普通股权益本身的绝对水平所驱动的:

$$\text{剩余收益 } RE_t = (\text{普通股权益报酬率 } ROCE_t - \text{权益资本成本率}) \times \text{普通股权益}_{t-1}$$

因此,剩余收益增长是由普通股权益报酬率ROCE的增长和普通股权益的水平增长所推动的。我们接下来将分别从这两个方面来进行讨论。

13.3.1 通过获利实现的增长

第12章中的金融杠杆公式告诉我们,企业的普通股权益报酬率ROCE的水平高低主要由以下三个因素所决定:净经营性资产报酬率RNOA、金融杠杆水平FLEV和企业的经营获利能力与净借款成本率NBC之间的差异:

普通股权益报酬率 ROCE=

净经营性资产报酬率 RNOA+

[金融杠杆 FLEV × (净经营性资产报酬率 RNOA − 净借款成本率 NBC)]

图 13-1 将可持续盈利的思想加入到了这个普通股权益报酬率 ROCE 的分解式中，并进一步地将分解落实到了企业的各个获利能力影响因素。这样，分析人员就可以思考这些影响因素在将来可能发生怎样的变化，比如，企业的核心盈利能力能得到提高吗？还是会被竞争所"抹平"？核心业务的利润率与资产周转率在将来可能发生怎样的变化？在思考一家企业是否能够具有持久的竞争优势时，这些问题都是我们所必须考虑的。

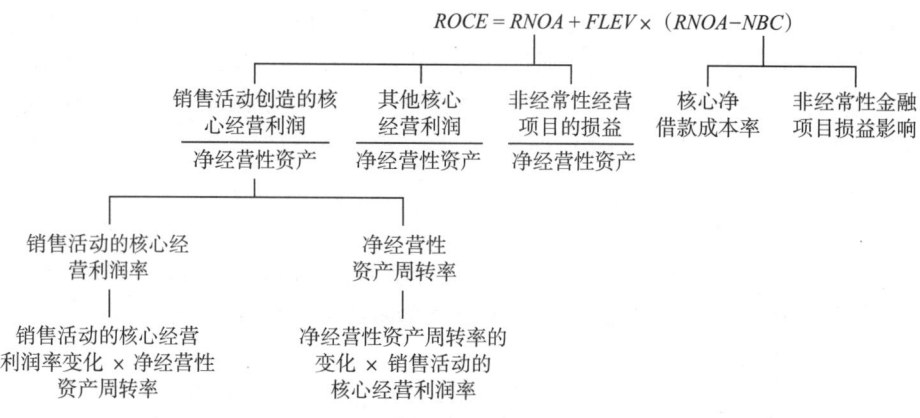

图 13-1　普通股权益报酬率 ROCE 的可持续影响因素

普通股权益报酬率受企业的核心获利能力、金融杠杆水平和净借款成本率的影响，而代表经营获利能力的指标——净经营性资产报酬率 RNOA 则受核心（可持续的）经营获利能力和偶尔、非经常性经营项目的影响；净借款成本率 NBC 受核心借款成本率和偶然、非经常性金融项目的影响。

为了理解这些指标在未来的发展情况，分析人员要首先观察企业获利能力在当期的变化，截至目前，最重要的问题是要对企业当期核心获利能力的变化给出解释。在阅读材料 13-7 中，我们根据图 13-1 的框架思路，对在第 12 章分析过的耐克公司和通用磨坊公司又进行了分析。请注意在阅读材料 13-7 中一开始就出现的公式（这些公式在图 13-1 中也有列出）。在计算销售活动创造的核心利润率的变动时，假定了上一年度的资产周转率会保持不变；同样，在计算净经营性资产周转率的变动时，也假定上一年度的经营利润率会在本年度仍然保持不变，不发生改变。从阅读材料 13-7 中可以看出，耐克公司的经营获利能力主要受到了核心经营利润率的上涨和资产周转率的加快两个方面因素的共同推动，其中，核心经营利润率的上涨又受销售活动创造的核心经营利润率上涨的影响。通用磨坊公司获利能力的改善也主要受益于其核心获利能力的变化，该公司的核心经营利润率较上期增加了 2%，同时，净经营性资产周转率也增强了 0.7%。不过，公司整体净经营性资产报酬率的巨幅增加则主要应当归因于非经常项目的影响。

阅读材料 13-7

净经营性资产报酬率的变化分析：耐克公司与通用磨坊公司

净经营性资产报酬率 RNOA 的变动 = 按上年资产周转率水平计算的销售活动核心利润率的变动 + 资产周转率变动的影响 + 其他经营利润变动的影响 + 非经常项目变动的影响

$$\Delta RNOA_{2010} = (\Delta \text{销售活动创造的核心经营利润率}_{2010} \times \text{净经营性资产周转率}_{2009})$$
$$+ (\Delta \text{净经营性资产周转率}_{2010} \times \text{销售活动创造的核心经营利润率}_{2010})$$
$$+ \Delta\left(\frac{\text{其他核心经营利润}}{\text{净经营性资产}}\right) + \Delta\left(\frac{\text{非经常项目损益}}{\text{净经营性资产}}\right)$$

第12章的表12-3报告了耐克公司和通用磨坊公司在2010和2009财务年度的净经营性资产报酬率RNOA、经营利润率和资产周转率分布情况。下面我们来分析这些指标的年度变化情况。对耐克公司来说，核心经营利润与销售活动创造的经营利润是相等的，因为它并没有任何其他的核心利润项目，而通用磨坊公司的核心经营利润则在表13-2中已有区分。

耐克公司

耐克公司的净经营性资产报酬率RNOA在2009财务年度为28.4%，到2010财务年度，增加为30.6%，增加了2.2%，原因是：

$$\Delta RNOA_{2010} = 2.2\%$$
$$= (0.35\% \times 3.16) + (0.05 \times 10.0\%) + 0$$
$$+ (-1.62\% + 2.26\%)$$

（上述计算结果受四舍五入影响，略有误差。）可以看到，由于耐克公司的核心经营利润率增长了0.35%，从而使公司的净经营性资产报酬率RNOA增大了1.1%（=0.35%×3.16）；净经营性资产周转率增加了0.05，从而使公司的净经营性资产报酬率RNOA增大了0.5%（=0.05×10.0%）。这两个因素的共同影响，使公司的核心获利能力提高了1.6%，剩余0.6%[=(-1.62%)+2.26%]净经营性资产报酬率RNOA的改善则主要由非经常性项目的影响来予以解释了。

通用磨坊公司

通用磨坊公司的净经营性资产报酬率RNOA从4.1%增长为10.1%，原因如下：

$$\Delta RNOA_{2010} = 6.0\%$$
$$= (1.71\% \times 1.19) + (0.07 \times 9.70)$$
$$+ (3.18\% - 2.85\%) + (-5.40\% + 8.30\%)$$

净经营性资产报酬率RNOA之所以能增长6.0%，主要是由于非经常性项目的影响贡献了其中的2.9%（=-5.40%+8.30%）、销售活动以外的其他经营活动利润贡献了0.33%（=3.18%-2.85%）和销售活动创造的核心利润增长贡献了2.73%[=(1.71%×1.19)+(0.07×9.7%)]。而在销售活动创造的核心利润增长中，有2.04%（=1.71%×1.19）来自核心经营利润率的改善，剩余0.68%（=0.07×9.7%）则来自净经营性资产周转率的增强。

13.3.2 经营杠杆的影响

企业的成本变动与销售变动之间的关系，决定了销售活动所创造核心利润率的变动。在企业中，一些成本属于**固定成本**（fixed costs），其特点是不随销售的变化而波动；还有一些成本则属于**变动成本**（variable costs），会随着销售的变化而发生相应的变动。典型的固定成本项目包括折旧费用、摊销费用和很多管理费用项目，而包含在销售成本中的大部分人工费用和材料支出等，都属于变动成本项目。我们将企业的销售收入与变动成本之差称为**边际贡献**（contribution margin），因为企业只能指望它的贡献来收回全部的固定成本并提供利润。因此，可以有：

$$\text{销售活动创造的经营利润率} = \frac{\text{销售收入} - \text{变动成本} - \text{固定成本}}{\text{销售收入}}$$
$$= \frac{\text{边际贡献}}{\text{销售收入}} - \frac{\text{固定成本}}{\text{销售收入}}$$

上式中，第一项被称为**边际贡献率**（contribution margin ratio），也可以这样来计算企业的边际贡献率：

$$边际贡献率 = 1 - \frac{变动成本}{销售收入} = \frac{边际贡献}{销售收入}$$

边际贡献率刻画了销售收入每变动 1 美元，企业盈利会发生的变动情况。假定一家企业的变动成本占销售收入比重为 75%，那么，它的边际贡献率就是 25%，说明对这家企业来说，它只要每多卖出 1 美元的货品，就能多赚取 25 美分的盈利（固定成本不会对利润率的变动产生影响）。

我们将企业的利润变动相对于销售变动的敏感程度称为**经营杠杆** [operating leverage，请注意不要将这个概念与"经营性负债杠杆"（operating liability leverage）相混淆了]。经营杠杆也可以用固定成本与变动成本之比来表达，或者使用下式：

$$经营杠杆\ OLEV = \frac{边际贡献}{经营利润} = \frac{边际贡献率}{经营利润率}$$

（再次提醒，请不要混淆经营杠杆 OLEV 与经营性负债杠杆 OLLEV，这是两个不同的概念！）如果你正在分析核心利润，那么在上面这个计算式中，就只应考虑核心项目的影响。如果企业存在固定的经营成本，那么，它的经营杠杆 OLEV 就会大于 1。企业的经营杠杆水平不是固定不变的，相反，它会随着销售水平的变化而发生变动。然后，在任意销售收入下，找出销售收入的变动对经营利润变动的影响都是非常有用的。如果只考虑企业的核心经营业务，那么有：

$$核心经营利润的变动\% = 经营杠杆 \times 核心销售收入的变动\%$$

对企业内部的分析人员来说，要找出企业经营过程中的固定成本项目金额和变动成本项目金额是比较容易的。但是，对于普通的企业年度财务报表使用者来说，这个任务就显得比较困难了。只有折旧费用和摊销费用这两个项目是企业必须在年度报告中披露的固定成本，在现金流量表中可以找到这两个项目的金额。但对于其他的固定成本项目（比如固定的薪酬、租金费用、管理费用等）都是报告在利润表中的不同行次里，并与变动成本相混淆了，因此很难单独辨认出来。

13.3.3 融资变化分析

净经营性资产报酬率的变动情况只能解释普通股权益报酬率的部分变化，余下部分还需要由企业的金融活动来进行解释。图 13-1 上部的杠杆公式说明普通股权益报酬率 ROCE 所受到的杠杆影响主要来自两个方面：金融杠杆水平（FLEV）的变动和企业的净借款成本率。

阅读材料 13-8 说明了杠杆的变化是如何对普通股权益报酬率 ROCE 带来影响的，这份阅读材料带给我们的启示是：按市场价格发行债务来增大企业的金融杠杆，是不会为企业带来价值增值的，但是，这样做对企业的普通股权益报酬率 ROCE 确实会有很大影响。由于杠杆变化所导致的普通股权益报酬率 ROCE 变动会将企业的经营获利能力贡献掩饰成价值创造的影响，但实际上，只有企业的经营活动才会带来价值增值。我们将在第 14 章中继续讨论这个问题。

阅读材料 13-8

融资活动对普通股权益报酬率 ROCE 的变化影响分析及启示

1996 年，锐步公司的融资活动发生了很大的变化，它借入了大约 6 亿美元的资金用来回购自己的股份。下面这份简要的重构后的资产负债表显示，锐步公司的净金融性负债在这一年中大幅度增加，而股东权益则相应地减少，这使得该公司的金融杠杆水平增加显著，从0.187上升为0.515（根据资产负债表平均数计算的）。

(单位：百万美元)

锐步国际有限公司重构后的资产负债表汇总		
	1996年	1995年
净经营性资产	1 135	1 220
净金融性负债	720	287
普通股东权益	415	933
普通股权益报酬率ROCE（%）	18.9	19.2
净经营性资产报酬率RNOA（%）	14.1	16.9
净借款成本率NBC（%）	4.9	4.8
金融杠杆水平FLEV	0.515	0.187

锐步公司的普通股权益报酬率ROCE在1996年只下降了0.3%，使得该公司的净经营性资产报酬率RNOA出现的相对较大幅度（2.8%）下降几乎被掩盖了。事实上，这就是当期所增加借款的影响。如果锐步公司在1996年时仍然保持它在1995年时的金融杠杆水平0.187不变的话，当净经营性资产报酬率RNOA只有14.1%时，普通股权益报酬率ROCE将只能达到15.8%，即

普通股权益报酬率ROCE
= 净经营性资产报酬率RNOA
+（金融杠杆FLEV
× 经营利润率差异SPREAD）

普通股权益报酬率$ROCE_{1996}$
= 14.1% + [0.187×(14.1%−4.9%)] = 15.8%

但实际上，锐步公司当年报告的普通股权益报酬率ROCE为18.9%。

对绝大多数公司来说，发行债务是不能够创造价值的，因为债务的买和卖都是按公允价值成交的。价值的增长最终还是要靠企业的经营活动。不过，由于金融杠杆作用的影响，能使企业的普通股权益报酬率ROCE提升至净经营性资产报酬率RNOA之上。因此相应地，企业是可以通过发行债务来提高它的普通股权益报酬率ROCE的。当我们发现一家企业的普通股权益报酬率ROCE有所增加时，需要谨慎地分析是什么原因所导致

的增加，要对企业的获利能力变动进行分析，看看普通股权益报酬率的增加究竟是核心经营业务的改善所引起的，还是杠杆水平的改变而带来的。

企业常常说，它们的目的是要提高普通股权益报酬率，但普通股权益报酬率的最大化其实并不是完全令人满意的。最大化净经营性资产报酬率RNOA是很好的，通过改善经营活动的获利能力来提高普通股权益报酬率ROCE也是很好的，在企业的资本成本能够得到补偿的前提下，努力增大普通股权益报酬率ROCE当然可行。但是，如果将企业管理团队的奖金与普通股权益报酬率ROCE捆绑联系起来则是错误的，因为这样会激励管理团队通过发行债务去提高他们自己的薪酬。

如前所述，只有剩余收益增长才能带来价值的创造，而剩余收益是受普通股权益报酬率ROCE所直接影响的，后者又可以通过增加借款（借款本身并不创造价值）来得到提高。看起来这里好像存在着矛盾，我们将在第14章再来揭开这个谜底。

注意金融性资产的流动性

与增加借款可以提高企业的普通股权益报酬率水平一样，出售金融性资产也具有同样的效果。金融资产相当于负的债务，因此，清算金融性资产也会增大企业的金融杠杆水平。不过，如果以（公允的）市价出售短期国库券并不会带来企业价值的增加。分析人员应特别留心那些净经营性资产报酬率RNOA在下降，同时又在出售金融性资产的企业，因为它们很可能是在掩饰企业经营获利能力的降低。在按照美国公认会计原则所编制的现金流量表中，由于美国公认会计原则将出售金融性资产所取得的现金报告为经营投资额的减少，这样的企业看起来还会表现为自由现金流量在增加。我们在第11章中介绍过的朗讯科技公司就是这样的情况。

当然，出售金融性资产所带来的整体影响取决于企业对出售所得的用途安排。如果企业将出售所得用作投资于经营性资产，那么企业

> 的获利能力可能会得到很大的改善，但这种获利能力的改善也是来自经营活动，而不是金融活动。如果企业将出售所得用作偿还债务，那么，企业的杠杆水平就没有受到影响。如果企业将出售所得用作向股东支付股利，那么，就会增大企业的金融杠杆水平。

13.3.4 股东权益增长分析

企业的剩余收益不仅受普通股权益报酬率ROCE的影响，还受普通股东权益水平本身的影响。

股东对企业的投资规模是由企业的净经营性资产投资需求来推动的，不过，如果企业可以利用负债来为净经营性资产提供融资支持，那么，股东的投资额就可以相应减少：

$$\Delta 普通股东权益 CSE = \Delta 净经营性资产 - \Delta 净金融性负债$$

由于企业投资净经营性资产的目的是为了争取销售收入，因此，销售规模的大小应当是企业净经营性资产水平的重要决定因素，相应地，销售规模的大小也影响着企业所需要的股东投资额的多少。我们曾经将为支持特定水平销售收入的净经营性资产额定义为"净经营性资产周转率ATO"，即净经营性资产周转率ATO = 销售收入sales / 净经营性资产NOA。因此，有：

$$净经营性资产 NOA = 销售收入 sales \times \frac{1}{净经营性资产周转率 ATO}$$

因此：

$$\Delta 普通股东权益 CSE = \Delta \left(销售收入 sales \times \frac{1}{净经营性资产周转率 ATO} \right) - \Delta 净金融性负债$$

销售收入的取得需要以企业对净经营性资产的投资为前提，而净经营性资产周转率的倒数——1/净经营性资产周转率ATO，表示为取得1美元的销售收入，所需要的净经营性资产规模。耐克公司在2010财务年度的净经营性资产周转率ATO为3.21，因此由"1/3.21"可知，为了得到1美元的销售收入，耐克公司需要对净经营性资产投资31.2美分。普通股东权益水平的变化主要受下列三个因素的影响：

（1）销售收入的增长情况；

（2）为获取1美元的销售收入，所需要净经营性资产投资规模的变化；

（3）净经营性资产的变化中，来自净债务融资（而不是依靠股东进行投资）的支持金额变动。

其中，销售增长是最主要的驱动因素，只是销售的增长离不开更大规模的净经营性资产投资水平支持，而后者要么来自净债务融资，要么则来自股东的投资。

耐克公司的普通股东权益在2009年98.844亿美元水平的基础上，在2010财务年度中又增加了10.699亿美元。不过这主要归因于企业的净金融性资产增长，而不是经营活动的结果。公司的净经营性资产规模实际上降低了8.323亿美元，因为当期的销售收入相对上期下降了1.621亿美元，而每1美元销售收入所需要的净经营性资产投资也略有下降，从2009财务年度的31.7美分变为了2010财务年度的31.2美分。

13.4 增长、可持续盈利与市净率和市盈率评价

为了对企业的市盈率和市净率指标进行评价，我们需要分析企业过去和现在的增长情况，

以预测它在未来的增长潜力。本书下一部分就是主要关于预测的。有两个指标可以作为我们进行权益定价的基础：市净率 P/B 与市盈率 P/E。在开始预测与估值的话题之前，你应当理解这两个指标之间的相互关系，以及它们各自与企业增长之间的关联。在本小节中，我们着重考察市净率指标与企业的历史市盈率指标之间的关系，并将从两者的比较中得出一些有益的结论。

请记住，如果一家企业的超常收益增长 AEG 为 0，那么，说明这家企业的剩余收益 RE 是没有增长的；如果超常收益增长 AEG 大于 0，那么，说明这家企业的剩余收益 RE 实现了正向增长。为了强调这一点，在阅读材料 13-9 中，给出了惠而浦公司按正常的远期市盈率和历史市盈率进行估值的情况，这个正常的市盈率定价估值，既可以通过假定超常收益增长 AEG 为 0 得到，也可以通过假定剩余收益在未来无增长得到。

阅读材料 13-9

惠而浦公司：按正常市盈率水平进行的分析师预测

下表是一位分析人员对惠而浦公司做出的 1995 年、1996 年和 1997 年收益预测，根据分析人员的收益预测值，我们计算出了预计的剩余收益水平。这些预测是在 1994 年年末时做出的。

惠而浦公司的分析师预测，1994 年 12 月（均按每股价值报告）假定必要报酬率为 10%					
	1993A	1994A	1995E	1996E	1997E
每股收益 EPS		4.43	4.75	5.08	5.45
每股股利 DPS		1.22	1.28	1.34	1.41
每股账面价值 BPS	22.85	25.83	29.30	33.04	37.07
每股剩余收益 RE		2.15	2.17	2.15	2.15
含息收益			4.87	5.21	5.58
正常收益			4.87	5.23	5.58
剩余收益变动 ΔRE			0.02	(0.02)	0.00
超常收益增长 AEG			0.02	(0.02)	0.00

以未来的剩余收益为基础，进行剩余收益估值

由于 1995 年的剩余收益预测值与后续年份的相差不大，所以可以假定以后每一年的剩余收益都与 1995 年的剩余收益预测值保持一致，按资本成本率 10% 应用永续年金的现值计算对惠而浦公司进行估值，可得到该公司的资本化价值为每股 47.53 美元：

$$V_{1994}^E = 普通股东权益\ CSE_{1994} + \frac{剩余收益\ RE_{1995}}{\rho_E - 1} = \$25.83 + \frac{\$2.17}{10\%}$$

$$= \$47.53$$

这个价值与惠而浦公司的股票市价每股 47.25 美元非常接近。

按未来的收益水平进行估值

根据预计值，从未来第一年，即 1995 年开始，惠而浦公司的剩余收益就没有出现增长，这意味着如表中预计数据所示，该公司的超常收益也为 0（大致上）。在这样的预期值基础上，可将该公司的预期收益进行资本化处理来进行估值。同时，远期的市盈率水平必然等于 10，因为这是当必要报酬率为

⊖ 年份之后标注的字母 "A"，表示本列数据均为实际数；字母 "E" 表示本列数据均为预计数。——译者注

$$V^E_{1994} = \frac{\$4.75}{0.10} = \$47.50$$

或者也可以用 10 乘以未来收益水平 4.75 美元得到。

按当前（历史）剩余收益，进行剩余收益估值

惠而浦公司在 1994 年的实际剩余收益为 $\$4.43 - (10\% \times \$22.85) = \$2.15$，与未来的预测剩余收益水平相当。因此，既然根据预测，未来的剩余收益没有出现增长，我们也可以直接将当年即 1994 年的剩余收益进行资本化处理，对该公司进行估值：

$$V^E_{1994} = \$25.83 + \frac{\$2.15}{10\%} = \$47.33$$

按历史收益水平进行估值

由于从当前年度开始，惠而浦公司的剩余收益都没有出现什么增长，因此超常收益增长为 0，所以也可以直接将历史收益进行资本化处理，而（含息的）历史市盈率水平将为 11，因为这是在必要报酬率为 10% 的条件下所对应的正常市盈率水平：

$$V^E_{1994} + d_{1994} = 11 \times \$4.43 = \$48.73$$

由于 1994 年时的每股股利为 1.22 美元，因此除息后的股票价值应为每股 47.51 美元（近似估计值）。

这就是当一家公司具有正常的历史市盈率和远期市盈率，但非正常的市净率时的估值案例。

13.4.1 市净率与历史市盈率

惠而浦公司的例子是一种市盈率 P/E 正常但市净率 P/B 非正常的情形。为说明市净率与市盈率指标之间的关系，请考虑下面这个问题：一家市净率很高的企业，市盈率是不是必然也很高呢？高市净率的公司是不是也有可能是低市盈率的公司呢？

为了理解市净率与市盈率这两个指标之间的实证关系，在表 13-3 中，我们将美国的企业按它们在 1963～2001 年的（历史）市盈率水平和市净率水平进行了分类，统计了这些企业同时具有高市净率（高于全部企业的中位数水平）和高市盈率（高于全部企业的中位数水平）的次数，低市净率（低于全部企业的中位数水平）和低市盈率（低于全部企业的中位数水平）的次数，等等。可以看出，市净率与市盈率之间是正相关的：市净率高的企业通常也具有较高的市盈率，同时，市净率低的企业通常也只具有较低的市盈率。实际上，有 2/3 的企业都落在了（高，高）组合和（低，低）组合这两个类别中，但还有 1/3 的企业落在了另两个组合类别中：企业也可能同时具有高市净率与低市盈率特征，或者低市净率与高市盈率特征。那么，是什么在决定着一家企业会成为哪一个组合类别中的公司呢？

要回答这个问题，让我们来看看表 13-4 中市净率和市盈率的高、正常和低组合。请注意，正常的市净率水平为 1.0，而正常的历史市盈率水平等于 $\rho_E / (\rho_E - 1)$。在这个表中，一共有 9 个单元格，

表 13-3 市净率和市盈率的高低组合分布情况（1963～2001 年）

市盈率	市净率	
	高	低
高	23 146 34.0%	10 848 16.0%
低	10 849 16.0%	23 147 34.1%

表 13-4 用单元格分析市净率与市盈率之间的关系

市盈率	市净率		
	高	正常	低
高	A	B	C
正常	D	E	F
低	G	H	I

分别用字母 A 至 I 表示,我们下面来看看在什么样的条件下,企业会落入某一个具体的单元格中。与玩井字棋游戏一样,我们从最中间的单元格,即单元格 E 开始。我们知道,由于在这个单元格中,市净率是处在正常水平的,因此,企业的预期未来剩余收益一定是等于 0 的;此外,又由于这个单元格中的市盈率也是处在正常水平的,因此企业的预期未来剩余收益也一定与当前的剩余收益水平是一致的,从而预计的超常收益增长也必然为 0。如果我们用符号 $\overline{RE}$ 来表示预期未来的一系列剩余收益(以示简化),并将当前的剩余收益水平用 RE_0 来表示,那么,对落入这个单元格中的企业来说,$\overline{RE} = RE_0 = 0$ 一定是成立的。即,如果一家企业的市净率和市盈率都处于正常水平,那么这家企业当前的剩余收益水平和预期未来的剩余收益水平都必然为 0(因此当前和未来的普通股权益报酬率 ROCE 都等于企业的资本成本率)。我们将这一条件输入表 13-5 的单元格 E 中,作为解答。

表 13-5 用单元格分析市净率与市盈率之间的关系:填入条件

市盈率	市净率		
	高 ($\overline{RE} > 0$)	正常 ($\overline{RE} = 0$)	低 ($\overline{RE} < 0$)
高	A $\overline{RE} > RE_0$	B $\overline{RE} > RE_0$ $RE_0 < 0$	C $\overline{RE} > RE_0$ $RE_0 < 0$
正常	D $\overline{RE} = RE_0$ $RE_0 > 0$	E $\overline{RE} = RE_0$ $RE_0 = 0$	F $\overline{RE} = RE_0$ $RE_0 < 0$
低	G $\overline{RE} < RE_0$ $RE_0 > 0$	H $\overline{RE} = RE_0$ $RE_0 > 0$	I $\overline{RE} < RE_0$

注:$\overline{RE}$ 表示预期未来的剩余收益;RE_0 表示当前的剩余收益水平。

现在,让我们再来看看市净率为正常水平的其他两个单元格的情况,即单元格 B 和单元格 H。在这两个单元格中,预计的未来剩余收益也必然为 0,但是,对于有着较高市盈率的单元格 B 中的企业来说,预计的未来剩余收益必然会高于当前的剩余收益水平(即预计的超常收益增长为正)。所以,在这个单元格中的 RE_0 必然是小于 0 的(且目前的普通股权益报酬率 ROCE 低于企业的资本成本率)。相应地,在单元格 H 中的企业有着正常的市净率但较低的市盈率水平,这些企业目前的剩余收益是大于 0 的(且目前的普通股权益报酬率 ROCE 大于企业的资本成本率)。对于有着正常市盈率水平的其他两个单元格,即单元格 D 和单元格 F 来说,企业的预期未来剩余收益一定会等于当前的剩余收益水平,但是,由于这些企业的市净率不一定处于正常水平,所以有可能目前和未来的剩余收益都大于 0(单元格 D),或者目前和未来的剩余收益都小于 0(单元格 F)。惠而浦公司就属于单元格 D 中的企业。

对于落入四个角中的单元格企业来说,分析逻辑也是一样的。要想同时得到很高的市盈率和市净率(单元格 A),那么这些企业的预计未来剩余收益必然要大于 0,并且还要大于企业当前的剩余收益水平。也有些企业会同时出现高市净率但低市盈率,即单元格 G 中的情形。在这个单元格中的企业,具有大于 0 的预期未来剩余收益,但是,却无法高出现有的剩余收益水平。而对于落入单元格 C 中的企业,即同时具有较高的市盈率但较低的市净率特征的企业来说,我们预期它在未来的剩余收益是比较低的(而且为负数),但是毕竟还是高于它目前的剩余收益水平。最后,对于单元格 I 中的企业,不仅预计的未来剩余收益水平很低,且为负数,而且,从长期来看,未来的剩余收益都低于现有的剩余收益水平。

我们可以用一句话来进行总结:市净率是由企业未来的剩余收益状况所决定的,而市盈率则取决于当前的剩余收益水平与预计未来的剩余收益水平之差,即,按当前水平计算的剩余收益增长情况。

在阅读材料 13-10 中,给出了各个单元格中的企业例子。看起来这些企业都已经被市场区分到了恰当的单元格中。我们可以利用这种分析来对公司进行筛选,从而找出被错误定价的企业，根据企业的市盈率和市净率组合情况，以及这家企业目前和未来预计的剩余收益情况，就可以进行判断了，这样可以帮助我们找出市场的错误定价。如果一家企业报告了很高的普通股权益报酬率 ROCE 和剩余收益 RE，而根据可靠的分析人员预测数据显示，这家企业未来的剩余收益是大于 0 的，那么，我们就可以预期这家公司的股票市净率是应当大于 1.0 的。如果根据分析人员的预计数据，企业当前的剩余收益水平特别高，将来的剩余收益水平肯定会比现在的水平低，那么，我们就会预期这家企业的股票市盈率会低于正常水平，从而将这家企业归入到单元格 G 中。而如果此时市场对这家公司的定价却导致它同时具有了高市净率和高市盈率（即落入到了单元格 A 中），那么我们就可以判断这家公司可能被错误定价了（当然，市场在对公司进行定价时，所看到的收益肯定比分析人员的预测期长）。

阅读材料 13-10

单元格分类举例

A. 高市净率 – 高市盈率组合

耐克公司。根据市场对耐克公司的股票定价，该公司在 2005 年的市净率为 4.1，市盈率为 21，相对这两个指标的正常水平来说，都比较高。耐克公司在当期的剩余收益为 6.42 亿美元，根据分析人员对该公司未来收益的预测，未来的剩余收益也很高（因此超常收益增长为正）。所以，耐克公司应当被归类为单元格 A 中的企业。

B. 正常市净率 – 高市盈率组合

西部公司。西部公司是一家金融服务控股企业，它在 1998 年的每股收益为 0.65 美元，普通股权益报酬率 ROCE 为 5.4%。当时，分析人员预测该公司在 1999 年和 2000 年能分别实现每股收益 1.72 美元和 2.00 美元，如果换算成普通股权益报酬率 ROCE 的话，则分别为 13.6% 和 14.1%。由于该公司的预计普通股权益报酬率 ROCE 比当前的水平更高，但是恰好大约等于（假定的）公司资本成本率，因此，这家公司属于单元格 B 中的企业。根据市场对这家公司定价给出的市净率为 1.10，市盈率为 24。

C. 低市净率 – 高市盈率组合

洛奇鞋业公司。洛奇鞋业公司（Rocky Shoes & Boots）与耐克公司一样，是一家鞋业制造商，它在 1998 年的每股收益为 0.21 美元，当期报告的普通股权益报酬率为 1.8%。根据当时分析人员的预测，该公司在 1999 年和 2000 年能实现的每股收益分别为 0.72 美元和 0.95 美元，预计未来两年的普通股权益报酬率则分别为 6.2% 和 7.8%。该公司在当时的市净率为 0.6，市盈率为 33，这样的定价对一家预计普通股权益报酬率 ROCE 低于（假定的）资本成本率，但仍然有可能出现增长的企业来说是比较恰当的。

D. 高市净率 – 正常市盈率组合

惠而浦公司。1994 年，惠而浦公司的剩余收益是大于 0 的，并且预计将一直保持不变。这是一家单元格 D 中的企业。在阅读材料 13-9 中我们已经看到，惠而浦公司的股票市场定价等于该公司盈利（含息）的 11 倍，相当于股东权益账面价值的 1.8 倍。

E. 正常市净率 – 正常市盈率组合

地平线金融公司。地平线金融公司（Horizon Financial Corp）是一家银行控股企业，它在 1999 财务年度中报告的普通股权益报酬率 ROCE 为 10.3%。当时分析人员预测，该公司在 2000 年及以后的普通股权益报酬率预计将为 10.6%，与现在的水平大致相当。如果假定权益资本成本率为 10% 的话，那么这家企业的市净率和市盈率都应当处于正常水平。事实上，该公司股票在当时的市盈率为 11，市净率为 1.0。

F. 低市净率 – 正常市盈率组合

雨林咖啡公司。雨林咖啡公司（Rainforest Café Inc.）是一家主题餐馆，根据分析人员的预测，它在 1999 年和 2000 年能实现的每股收益分别为 0.62 美元和 0.71 美元，普通股权益报酬率 ROCE 预计分别为 6.8% 和 7.2%。该公司的股票在当时的市净率为 0.6，反映出市场对这家公司未来的普通股权益报酬率已经不太看好。雨林咖啡公司在 1998 年已实现的普通股权益报酬率为 6.5%，因此，公司未来的获利能力与当前的状况实质上大致相当，所以这家公司的市盈率应当处于正常水平。事实证明果然如此：在进行上述预测时，雨林咖啡公司的股票市盈率为 11。

G. 高市净率－低市盈率组合

全美航空公司。 全美航空公司（US Airways）报告它在 1998 年实现普通股权益报酬率 ROCE 为 81%。分析人员认为，该公司在 1998 年的表现特别突出，预计在 1999 年和 2000 年，全美航空公司还能实现普通股权益报酬率 29% 和 33%。该公司的股票在当时的市净率为 12.6，与预计的未来高普通股权益报酬率特征相一致，但是市盈率却只有 4。

H. 正常市净率－低市盈率组合

美国西部控股集团。 美国西部控股集团（America West Holdings）是美国西部航空公司（America West Airlines）的母公司，它在 1998 年实现的普通股权益报酬率 ROCE 为 15.0%。分析人员在 1999 年年初预测，该公司的普通股权益报酬率在 2000 年前会下降到 11.7%。根据市场在 1999 年对美国西部控股集团的股票定价，该公司的市净率为 1.0，这和预计的未来普通股权益报酬率与资本成本率是相当一致的。公司股票在当时的市盈率为 7，与预期未来普通股权益报酬率 ROCE 会出现下降也是一致的。

I. 低市净率－低市盈率组合

联合航空控股公司。 联合航空控股公司（UAL Corporation）是联合航空公司（United Airlines）的母公司，在 1999 年中期时它的股票的市净率为 0.7，市盈率为 6。该公司在 1998 年报告的普通股权益报酬率为 29.2%，但是根据分析人员预测，未来的普通股权益报酬率（扣除特别收益项目前）将出现下滑，预计在 1999 年和 2000 年能分别实现普通股权益报酬率 10.6% 和 9.1%。

我们可以这样来总结权益分析，并根据分析结果来进行决策：根据企业的预计剩余收益情况判断它应该是属于哪一个单元格的，然后，再将你对这家企业的分类判断与市场的分类判断进行比较。在 20 世纪 90 年代末期，市场将很多公司都放入了单元格 A 中。但一些人站出来说，当时企业的收益已经非常高了，这是完全不可持续的，因此他们认为很多公司其实是应该被归类到单元格 G 中的。那么，谁是正确的呢？历史告诉我们，对很多公司来说，后者才是正确的。

13.4.2 历史市盈率与暂时性盈利

历史市盈率表明了企业现在的盈利能力与未来盈利之间的差异程度，因此，它会受企业当前获利能力的影响。如果一家企业在今年的业绩出奇的好，那么，尽管它今后的预计普通股权益报酬率也非常棒，但也只能得到较低的市盈率，并且落入单元格 G 中，比如 1998 年的全美航空公司就是这样。相反，如果一家企业当前的收益状况暂时非常低迷，那么，即使人们对它的未来并不是特别看好，它也可能会落入单元格 C 中，具有较高的市盈率，比如美国的洛奇鞋业公司。这是因为，异常高调的收益状况或者暂时低迷的收益状况都会受到暂时性盈利或者非经常损益的影响。

暂时性盈利对企业市盈率的这种影响在历史上被称为**马洛多夫斯基效应**（Molodovsky effect），这是以分析师尼古拉斯·马洛多夫斯基的名字命名的，因为他在 20 世纪 50 年代强调了这种现象。表13-6中给出了三个不同的市盈率分组公司在1968～2004年的历史市盈率与收益增长率之间的关系，表中的数据说明，在现实生活中，马洛多夫斯基效应确实是存在的。"高市盈率"组、"中市盈率"组和"低市盈率"组的企业的平均市盈率水平分别为49.8、13.1和6.5。表中给出了三个市盈率分组企业的年度含息每股收益增长率的中位数，从这家企业被划分到该市盈率分组的那一年（即第0年）开始计算，一共是连续5年的数据。在"中市盈率"组中，这些企业从第0年开始，在未来4年中每年的收益率增长都在13%～15%；而在"高市盈率"组中，这些企业在第0年后的收益增长率确实很高，"低市盈率"组中的企业确实也出现了相对较低的收益增长率。因此，这些数据证实，市盈率的高低确实指明了企业未来盈利增长潜力的大小。

现在，请看第0年，即目前的增长率情况。我们发现，尽管市盈率与企业的未来盈利增长预期是正相关的，但与当前的盈利增长情况却是负相关的。高市盈率组的企业一般都表现为当前的盈利状况不太好，但是在未来会有很好盈利预期的公司；而表中低市盈率组的企业在当期的盈利增长幅度都比较大，但是未来的增长持续性却相对较差。简而言之，历史市盈率水平受企业当前盈利中的暂时性盈利的影响。实际上，正因为这种影响，一家公司的市盈率有可能会很高，但等我们将暂时性盈利的影响排除之后，剩余的盈利增长率也就不突出了。

表13-6　不同市盈率水平分组下的后续盈利增长情况（1968～2004年）

在当前年度（第0年）被划分到高市盈率组的企业相对低市盈率组的企业来说，在后续年份中具有更高的含息收益增长率。但是，市盈率与当前年度的盈利增长率却表现出负相关关系。

市盈率水平分组	平均市盈率	后续年份（以第0年为基年）				
		0	1	2	3	4
不同市盈率分组水平下的每股含息收益增长率						
高	49.8	-35.8%	54.1%	16.6%	19.1%	17.2%
中	13.1	18.4%	14.8%	13.1%	14.8%	15.6%
低	6.5	23.9%	2.2%	7.1%	11.5%	14.4%

注：表中的收益增长率等于每股收益的年度变动额除以上年的每股收益（绝对值）。其中，每股收益都经过了上年已付股利的调整，因此均为含息的每股收益，假定股利的再投资收益率为10%。

资料来源：Standard & Poor's Compustat® data.

13.4.3　市盈率与盈利的可持续性分析

本章所介绍的可持续盈利分析可以帮助我们识别企业当期报告盈利中的暂时性成分，从而确定马洛多夫斯基效应对市盈率的影响。如果当期的收益正处于暂时性的高位（是不可能持续的），那么我们对每一美元收益应支付的价格就应当适当低一些，即调低它的市盈率。此外，如果企业当前的盈利水平是可以持续的（或者说，企业目前的业绩不佳仅是暂时的，在未来是可以实现增长的），那么，我们就可以适当支付更高一些的乘数。盈利的可持续性分析关注的是未来（因为投资者所购入的是企业未来的收益），所以可以帮助投资者对非持续的盈利进行合理的定价。

由于投资者购买的是企业未来的盈利，因此在利用市盈率进行估值时，也应当使用远期市盈率，借此对企业下一年度的盈利水平和今后的增长情况进行合理的定价。相对来说，企业的远期盈利状况受非经常项目的影响要小很多，对企业的长期增长不产生影响。在确定远期市盈率时，我们需要根据当前的盈利状况来预期未来的影响状况，此时，盈利的可持续性分析的作用非常大，因为我们需要借助它来找出在将来还能持续的核心盈利项目。

13.4.4 市净率与增长

在实务中，很多人会将市净率高的股票称为成长股。实际上，华尔街就经常将高市净率的股票称为"成长股"，而将低市净率的股票称为"价值股"，但这种情况实际上并不是必然的。表 13-3 中的数据表明，市净率高的股票大多同时也具有较高的市盈率（成长空间大），而市净率低的股票大多也同时具有较低的市盈率（成长空间小），但仍然还有大约 1/3 的企业落在了此条经验规律之外。我们已经见过了有高市净率的公司股票落入到单元格 G（表示这些企业的预计未来剩余收益水平会下滑）中的，也有低市净率的公司股票落入到单元格 C（表示这些企业的预计未来剩余收益水平会上涨）中的。一家市净率很高的制药企业（因为它们的研究与开发支出所形成的资产不能被确认到资产负债表中）也可能出现负增长（即剩余收益水平不断下降）。因此，市净率并不是增长的核心，市盈率才是（尤其是远期市盈率，因为这样可以避免暂时性盈利的影响）。

本章小结

企业是随着时间的变迁而发生变化的，相应地，企业的财务报表也在发生着变化。本章介绍了对财务报表变动额的分析框架，这对预测企业未来的增长情况来说是尤其相关的。本章的关注重点是两个能够促进剩余收益增长和超常收益增长的因素：普通股权益报酬率 ROCE 的变动与股东权益投资的增长。

对于普通股权益报酬率 ROCE 所发生的变动，需要区分它是因为企业的经营获利能力变化所引起的（即净经营性资产报酬率 RNOA 的变动），还是企业的金融活动所引起的。无论是哪方面的变化原因，都需要进一步区分能够对企业未来获利能力产生影响的核心利润项目（或可持续盈利项目）和以后难以重复发生的暂时性盈利项目（或非经常性项目）的影响。因此，分析人员需要"直达核心"地找出企业未来获利能力的影响因素。股东权益投资的增长与普通股权益报酬率 ROCE 一起作用，推动着企业剩余收益增长。其中，股东权益投资的增长主要受销售增长的影响，同时也与特定销售水平下需要的净经营性资产投资规模和融资结构相关。

通过这些分析，现在我们就可以来回答本章一开始所提出的问题了：什么样的企业才是成长型企业？所谓成长型企业，一定是可以不断提高它的剩余收益水平的企业。为做到这一点，成长型企业必须具备下列特征：

（1）具有可持续的、不断增长的销售收入；

（2）具有较高的，或不断提升的核心经营利润率；

（3）具有较高的，或不断改善的净经营性资产周转率。

此外，本章也对主要由金融杠杆变动而促进的增长提出了警示。在第 14 章中，我们还会扩大对这一话题的讨论。

长久的竞争优势是企业估值考虑中的一个重要方面。本章所介绍的盈利可持续性分析和增长分析有助于我们判断一家企业是否具有这样的优势。如果一家企业具有可持续的、较高水平的核心经营利润率，说明它掌握了竞争优势。由于销售增长和较高的核心经营利润率而带来的剩余收益不断增加，也说明它掌握了竞争优势。由于所需要的股东投资额减少了，在较高水平的核心经营利润率和资产周转率条件下，销售收入的增长能直接促进剩余收益的增加。

企业估值离不开对这家企业未来剩余收益情况的预期，因此，本章所介绍的分析方法可以作为一种预测的工具。未来的情况与现在相比会有多大不同？在本章介绍的分析中，列出了会导致未来发生变动的各个因素，因此可以将这种分析方法作为一种预测工具、战略分析工具和本书下一部分将要介绍的估值分析工具。

我们从第 9 章开始总结会计信息质量观察的要点，并在财务报表分析部分的每一章都进行了类似的梳理，最后一部分会计信息质量观察要点总结在阅读材料 13-11 中。

阅读材料 13-11

会计信息质量观察

本章提醒分析人员要注意在确认企业的可持续盈利时会碰到的一系列会计问题，这些问题都与会计信息质量有关，因为它们可能导致企业报告"质量不好"的收益，并对未来收益的预测产生影响。因此，我们将这些问题也归纳到了"会计信息质量观察"栏目中。我们从第 9 章开始总结"会计信息质量观察"要点，并在第 10 章和第 11 章中继续这样做。现在，你已经有了一份有关会计信息质量问题的完整清单，可以为学习第 18 章中正式的会计信息质量分析做好准备了。

会计项目	质量问题
预收账款／递延收入	企业有可能会将较多的收益进行递延处理，这样就可以创造出较高的收益增长。或者反过来，也可以将本该递延确认的收益确认在当期，导致在当期报告较多的不可持续收益
重组支出	企业可在某一年中计提大量的重组支出，然后再在未来某年中将这些重组支出"回流"到利润中，粉饰成企业利润增长的样子。美国财务会计准则委员会第 146 号公告已对此种做法进行了限制
销售与日常管理费用	销售与日常管理费用只是一个简单的合计报告数，也可能掩饰着很多的细小问题，所以需要详细调查它的各个项目组成
资产处置损益	资产处置损益的影响金额经常会隐蔽在销售与日常管理费用中，而这个项目很明显不属于企业的核心业务
研发支出与广告费用	企业可以通过暂时削减研发支出与广告支出来提升当期盈利。这样做不仅会增大当期的盈利，而且由于这类支出在将来总会发生，所以还会损伤企业将来的盈利水平
养老金会计核算	养老金的会计核算会将股票价格的波动带入到利润表中，从而使企业报告的盈利中可能包含了价格泡沫。由于养老金计划资产的收益与企业的核心经营利润混合在一起进行报告，使得企业的经营利润率不再反映"纯净"的经营业务影响。此外，养老基金计划资产的预期收益有可能被高估
择优出售	企业可能会有选择性地将目前赚钱的投资出售，以在利润表中确认已实现收益；对于目前亏损着的投资则选择继续持有，相关的未实现亏损只需要报告在股东权益变动表中。因此，最好是能够将企业的利润表重新以综合收益为基础来进行编制
会计估计变更	企业可以通过会计估计变更（例如变更坏账的计提政策、产品质量保证金和其他应计费用等）来对当期的盈利施加影响

关键概念

（利润的）回流（bleeding back）：指将以前年度确认的支出转回，以增大利润的做法。

固定成本（fixed cost）：指不随销售情况而发生变动的成本，与变动成本相对。

成长型企业（growth firm）：指能够不断增大其剩余收益的企业（即，这样的企业具有超常收益增长）。

马洛多夫斯基效应（Molodovsky effect）：指暂

时性盈利对企业市盈率的影响效应。

盈利正常化（normalizing earnings）：指从现有盈利中排除暂时性的、非正常的损益影响这个过程。

可持续盈利[sustainable earnings，也称**永久性收益**（persistent earnings）、**核心盈利**（core earnings）或者**潜在盈利**（underlying earnings）]：指当前的盈利中，能够在将来继续保持住的部分，与暂时性盈利相对。

暂时性盈利（transitory earnings，或称**非经常项目的损益**（unusual items））：指当前的盈利中，预期在将来很难重复发生的部分，与可持续盈利（sustainable earnings）相对。

变动成本（variable costs）：指会随着销售情况而发生变动的成本，与固定成本相对。

分析师工具箱

分析工具	重要指标	应记住的缩写/简称
广告费用分析	边际贡献率	OLEV：经营杠杆
融资变动情况分析	核心净借款成本率	UI：非经常项目
净经营性资产报酬率 RNOA 的变动原因分析	核心经营利润	
股东权益的变动情况分析	销售活动创造的核心经营利润	
"择优出售"行为分析	核心净经营性资产报酬率	
核心净经营性资产报酬率分析	核心销售利润率	
预收收入分析	固定资本	
资产处置损益分析	剩余收益增长	
经营杠杆分析	经营杠杆（OLEV）	
养老金费用分析	非经常项目（UI）	
研发支出分析	变动成本	
重组支出分析		
盈利的可持续性分析		
根据市净率和市盈率进行单元格分析		

连贯案例：金佰利公司

自主练习

在第 12 章的连贯案例中，你已经根据在第 10 章编制的金佰利公司 2010 和 2009 财务年度的重构财务报表，对这家公司进行了综合的获利能力分析。现在，让我们来对这两年的获利情况进行比较。

金佰利公司获利能力变化分析

请以本章的图 13-1 和表 13-1 为指引，区分金佰利公司的核心利润，然后分析是什么原因导致该公司的获利能力在 2009～2010 年发生了变化？表 13-1 实际上只比你在第 10 章中的报表重构多了一步，即将经营利润进一步区分为了核心经营利润和其他经营利润。从前面的重构过程中，可以很轻松地判断出一些非核心的盈利项目，还有一些非核心盈利项目则可以从现金流量表中将净利润调整为经营活动产生的现金流量部分去找到。下面还有一些补充信息，可以帮助你将这个分析做得更好。

组织优化计划

在财务报表附注第 5 条中，对金佰利公司从 2009 年开始的组织优化计划进行了更多的介绍，该项计划的目的是在全球范围内减少用工数量。此项计划使公司利润表中的税前支出增加了 1.28 亿美元，其中 4400 万美元计入了销货成本中，8400万美元计入了销售费用中。

设定受益的养老金计划

下列信息摘录自公司财务报表中对养老金信息的补充披露，这些信息解释了公司利润表中净养老金费用的构成情况（单位：百万美元）。金佰利公司使用的养老金计划资产的预期收益率为7.9%。

	2010年	2009年	2008年
服务成本	70	82	88
利息费用	353	357	373
养老金计划资产的预期收益	(336)	(269)	(370)
前期服务成本摊销	5	5	8
已确认的净精算损失（收益）	100	111	57
其他	3	28	7
当期养老金计划成本净额	195	314	163

思考题

C13.1. 什么样的企业才是"成长型"的？

C13.2. 在分析增长问题时，分析人员应当关注的是剩余收益，还是超常收益增长，还是两者都必须共同关注呢？

C13.3. 你可以根据什么指标来判断一家企业属于"非成长型"企业？

C13.4. 如果要将一家企业判断为成长型企业，你需要看财务报表中的哪些指标才行？

C13.5. 为什么分析人员希望能找出企业盈利中的可持续部分？

C13.6. 什么是暂时性盈利？请举例说明。

C13.7. 金融性资产的未实现损益是属于持续性的损益还是暂时性的？

C13.8. 请解释经营杠杆和经营性负债杠杆有什么区别。

C13.9. 一家企业的边际贡献率越高，那么它能从销售增长中得到的杠杆作用就越大。这句话正确吗？

C13.10. 你认为对一家杂货零售店来说，像6%这么高的经营利润率是可持续的吗？

C13.11. 是什么在决定着一家企业股东权益投资额的增长？

C13.12. 一家历史市盈率很高的企业，未来的预期收益增长率却非常低，请问是这样的吗？

C13.13. 对一家历史市盈率处于正常水平的企业来说，预期未来的剩余收益必然与现在的剩余收益水平相当。这句话正确吗？

C13.14. 一家企业可能同时具有高市盈率但低市净率的特征吗？你认为对这样的企业来说，未来的增长特点是怎样的呢？

C13.15. 如果企业拥有巨额的不可持续盈利，那么它的历史市盈率必然不可能太高。这句话正确吗？

C13.16. 为什么我们会预期一家在当期注销了大量资产的企业，会拥有比较高的历史市盈率？

练习题

基本练习

E13.1. 确认暂时性项目（简单）

请区分下列项目是属于核心利润的组成部分还是非经常（暂时性）损益项目。

a. 折旧费用；

b. 权益性证券的未实现利得；

c. 权益性证券的已实现利得；

d. 不动产处置收益；

e. 按权益法确认的被投资企业投资收益；

f. 研究与开发支出；

g. 养老金计划资产的预期收益。

E13.2. 根据核心利润进行预测（中等）

一家企业报告的利润表信息如下（单位：百万美元）。

销售收入净额	496
销货成本	240

	（续）
销售与管理费用	48
重组支出	12
资产处置损失	18
经营利润	178
利息费用	18
税前利润	160
所得税费用	40
净利润	120

这家企业适用的所得税税率为35%。请你根据这些信息，对这家企业的未来核心经营利润率（税后）进行预测，你的最佳估计值会是多少？

E13.3. 分析核心经营获利能力的变化（简单）

下面这些数据是根据一家企业在2012和2011财务年度的报表信息计算得到的。

	2012年	2011年
核心经营利润率	4.7%	5.1%
净经营性资产周转率	2.4	2.5

要求：请计算出这家企业的核心净经营性资产报酬率（核心RNOA），并说明这个指标在2011～2012财务年度所发生的变动中，有多少是受经营利润率变动的影响，有多少是受资产周转率变动的影响，可使用阅读材料13-7中的分析作为参考。

注意：练习题E13.3～E13.5是相关的，可以当作一个练习题来使用。

E13.4. 分析普通股权益报酬率的变动（简单）

下面这些数据是根据一家企业在2012和2011财务年度的报表信息计算得到的。

	2012年	2011年
普通股权益报酬率ROCE（%）	15.2	13.3
净经营性资产报酬率RNOA（%）	11.28	12.75
净借款成本率NBC（%）	2.9	3.2
平均净金融性负债（百万美元）	2 225	241
平均普通股权益（百万美元）	4 756	4 173

要求：请说明这家企业的普通股权益报酬率ROCE在2011～2012财务年度所发生的变动中，有多少是由企业的经营活动变化所引起的，有多少是由企业的金融活动变动所引起的，可使用阅读材料13-8中的分析作为参考。

E13.5. 分析股东权益的增长情况（简单）

下面这些数据是根据一家企业在2012和2011财务年度的报表信息计算得到的。

	2012年	2011年
普通股权益报酬率ROCE（%）	15.2	13.3
净经营性资产报酬率RNOA（%）	11.28	12.75
销售收入（百万美元）	16 754	11 035
平均净经营性资产（百万美元）	6 981	4 414
平均净金融性负债（百万美元）	2 225	241
平均股东权益（百万美元）	4 756	4 173

要求：请解释这家企业的股东权益在2011～2012财务年度所发生的变动中，由销售增长所引起、由为支持销售而需要的净经营性资产投资额变动所引起和由借款变化所引起的变动各有多少？

E13.6. 计算核心经营利润率（简单）

一家企业在利润表中报告它的销售收入为6.673亿美元，税前经营利润为7340万美元。在扣除净利息费用的影响2050万美元和所得税费用影响1830万美元以后，这家企业的净利润为3460万美元。在这家企业的经营利润构成中，包括了下面这些项目的影响（单位：万美元）。

新店面的开办费用	430
与并购相关的支出	1 340
不动产处置收益	390

同时，在综合收益项目中，这家企业还报告了外币汇兑收益890万美元。

要求：这家企业的边际税率为39%，请计算它在本报告期的核心经营利润（税后）和核心经营利润率各为多少。

E13.7. 解释获利能力的变化（中等）

请考虑下列财务信息（单位：百万美元）。

12月31日的简要资产负债表			
	2009年	2008年	2007年
货币资金	100	100	120
短期投资	300	300	330

(续)

12月31日的简要资产负债表			
	2009年	2008年	2007年
应收账款	900	1 000	1 250
存货	2 000	1 900	1 850
不动产、厂房与设备（净值）	8 200	9 000	10 500
资产合计	11 500	12 300	14 050
应计负债	600	500	550
应付账款	900	1 000	1 100
银行贷款	0	0	3 210
应付债券	4 300	4 300	1 000
递延所得税负债	490	500	600
负债合计	6 290	6 300	6 460
优先股（股息率8%）	1 000	1 000	1 000
普通股	1 400	2 000	2 000
留存收益	2 810	3 000	4 590
股东权益合计	5 210	6 000	7 590

简要利润表		
	2009年	2008年
销售收入	22 000	24 000
销货成本	(13 000)	(13 100)
销售与管理费用	(8 000)	(8 250)
重组支出	(190)	0
利息收益	24	25
利息费用	(430)	(430)
扣除所得税与非经常项目影响前的利润	404	2 245
所得税费用	(134)	(675)
扣除非经常项目影响前的利润	270	1 570
债券赎回的税后净收益	0	100
净利润	270	1 670

要求：请编制一份简洁的分析表，对该企业的普通股权益报酬率在2008～2009会计期间所发生的变动原因进行解释。该企业适用的边际税率为34%，企业支付的优先股股利不能在所得税前予以扣除。

应用分析

E13.8. 确认星巴克公司的核心经营利润和经营利润率（中等）

在第10章的练习题E10.10中，已经给出了星巴克公司在2007年的合并利润表，该公司的法定税率为38.4%。在财务报表附注中，第4条关于"利息与其他收益净额"的注释给出了利润的一些组成项目明细情况。请根据这些信息，找出该公司在2007财务年度中的下列信息：

a. 销售活动创造的核心经营利润；
b. 其他核心经营利润；
c. 销售活动创造的核心经营利润率；
d. 非经常项目的损益影响；

E13.9. 根据核心利润进行预测：通用磨坊公司（中等）

下列信息摘录自通用磨坊公司2008和2007财务年度的利润表（单位：百万美元）。

	2008 年	2007 年
销售收入	13 652	12 441
经营利润	2 228	2 058
利息费用（净额）	422	427
税前利润	1 806	1 631
所得税费用	622	560
合作企业投资收益	111	73
净利润	1 295	1 144

通用磨坊公司在当时的法定税率为 38.5%。对该公司的财务数据进行进一步调查后得知，在 2008 和 2007 财务年度所报告的经营利润中，分别包括了重组支出 21 百万美元和 39 百万美元。请完成要求：

a. 计算通用磨坊公司在这两个财务年度中，由销售活动创造的核心利润和核心利润总额。

b. 已知通用磨坊公司在 2008 财务年度中的净经营性资产水平为 12 572 百万美元，请问，该公司在 2008 财务年度的核心净经营性资产报酬率 RNOA 为多少？

c. 根据上述信息，你预计通用磨坊公司在 2009 财务年度能实现的经营利润率和核心净经营性资产报酬率为多少？

d. 为什么在利润表中，"合作企业投资收益"要报告在"所得税费用"项目之后？

迷你案例

M13.1　财务报表分析：宝洁公司 IV

我们从迷你案例 M10.1 中开始关注宝洁公司，并在迷你案例 M11.1 和 M12.1 中不断深化了对该公司的分析，本案例在上述工作的基础上，继续进行财务报表分析，在这里我们要关注的重点是核心盈利问题。

第 10 章的表 10-15 列出了宝洁公司的相关财务报表。如果你已经完成了迷你案例 M10.1 的要求，那么，你应该已经对该公司的利润表和资产负债表进行了重构，区分出了经营活动和金融活动的不同影响。本案例需要我们进行进一步的报表重构工作，以找出该公司的核心和可持续的盈利项目。如果你已经完成了迷你案例 M12.1 的要求，那么你已经对该公司进行过获利能力分析了。在本案例中，我们将继续进行增长分析。

作为开始，请计算出宝洁公司在 2008～2010 财务年度的剩余收益，并关注这个指标在这几年中的变化趋势。计算时，假定必要报酬率为 8%。当时的无风险利率水平 3.8%，因此，8% 的必要报酬率意味着 4.2% 的风险溢酬率，这对一家贝塔系数低于 1.0 的企业来说，是比较合适的。请问，你所观察到的剩余收益发展趋势是怎样的？你认为宝洁公司是一家成长型企业吗？请对宝洁公司在 2008～2010 财务年度的剩余收益水平和变动趋势进行简要的评价。

在估值中，我们更关注企业在未来能够实现的剩余收益（增长），而这些过去的剩余收益数据是受到暂时性盈利项目影响的，这些项目在未来很难重现。因此，请直达核心：对利润表进行进一步的重构，找出核心（可持续）的利润项目。对宝洁公司来说，要完成这一任务并不复杂，只是，该公司的设定受益养老金计划的会计处理还有点麻烦。你可以借助本案例最后所给出的一些信息来完成这一工作任务。

找出了可持续盈利项目后，请计算宝洁公司的核心经营利润率，然后进行核心获利能力（核心净经营性资产报酬率）分析。请解释宝洁公司的核心获利能力在这些年间发生了怎样的变化，导致该公司的剩余收益在 2008～2010 财务年度期间发生变动的主要影响因素是什么？

最后，请根据你的分析预测宝洁公司在 2011 年能实现的经营利润和利润总额各为多少？你预测该公司在 2011 年的净经营性资产报酬率 RNOA 将为多少？剩余收益呢？

下面这些信息将有助于你确认核心利润项目：

（1）在表 10-15 的财务报表中所披露的相关信息；

（2）下面这些信息摘录自宝洁公司的养老金信息附注，这些信息解释了企业利润中所包含的养老金净成本的组成，以及企业对养老金资产的预期投资收益率。

每年的养老金计划成本。每年的养老金计划成本由下列项目所组成（单位：百万美元）。

	以6月30日为财务年度截止日					
	2010年	2009年	2008年	2010年	2009年	2008年
	养老金福利			其他离职后福利		
服务成本	218	214	263	103	91	95
利息费用	579	551	539	253	243	226
养老金资产的预期收益	（437）	（473）	（557）	（429）	（444）	（429）
前期服务成本（福利）摊销	15	14	14	（21）	（23）	（21）
精算损失摊销净额	91	29	9	20	2	7
提前处置收益	3	6	（36）	14	—	（1）
福利成本（收益）总额	469	341	232	（60）	（131）	（123）
员工持股计划优先股股利	—	—	—	（83）	（86）	（95）
年度福利成本（收益）净额	469	341	232	（143）	（217）	（218）

在计算每年的养老金计划成本时所使用的假定：

	以6月30日为年度截止日			
	2010年	2009年	2010年	2009年
	养老金福利（%）		其他离职后福利（%）	
贴现率	5.0	6.0	5.4	6.4
养老金计划资产的预期收益率	7.1	7.4	9.1	9.3
薪酬上涨率	3.5	3.7	—	—

在关于养老金的附注信息披露中，还有下列描述：

养老金计划资产的长期预期收益率估计受较多因素的影响。对设定受益的养老金计划，这些因素包括广义股票和债券的历史投资回报率以及养老金投资顾问提供的预计长期收益率。养老金计划资产的预计长期收益率为8%～9%（股票投资）和5%～6%（债券投资）。对其他离职后福利，由于相关的资产主要由本公司股票所构成，所以预计长期收益率应当反映这一事实。本公司股票的预计长期收益率是以长期收益率9.5%为基础，并考虑了收益率的历史波动影响后得到的。

请问：根据这段解释，宝洁公司的这种做法会引起什么问题？

M13.2 增长的问题：微软公司

截至2005年，微软公司——这个计算机时代的优秀软件企业，已经成长为一家稳定的公司。不过，成熟通常意味着增长的放缓。不少观察者都指出，微软公司已经开始显露出了这方面的症状。在以Windows操作系统和微软Office等应用软件为核心的业务经营之外，微软公司也努力想在新产品和服务方面施加影响。特别地，一些基于互联网的服务是可以创造订阅量、广告收入和交易收入的，微软公司在这些方面已经落后于它的竞争对手谷歌公司与雅虎公司了。苹果公司在iPod方面取得的成功和最近发布的iTunes音乐服务，更是显示出微软公司已经过气了。

2005年7月28日，在与分析师一起召开的年度大会上，微软公司的主席比尔·盖茨先生承认微软正在"搜索服务方面努力地追赶",他补充说,微软公司将在三年之内超越现有技术局限,取得显著成效。首席执行官史蒂夫·鲍尔默先生宣布将把扩大互联网服务作为新的增长点。他说,软件行业正在从"比特传输转变为比特与服务传输""互联网对软件业的变革性影响才刚刚开始"。从软件开发上升到软件服务被当作是一项可以带来增长的新商业模式,新的领域包括通信、网络存储和提供能使劳动者更好地合作的工具。对此,分析师建议谨慎行事。在此次大会上,并没有公布多少新计划的细节信息,微软公司以前强调的互联网服务计划也战绩不佳。

尽管对微软公司继续增长的能力表示怀疑,媒体随之公布的微软公司2005财务年度业绩却并不逊色。"在刚刚过去的这个财务年度中,我们第4个季度强劲的收入增长已经创下了纪录,这主要是由各类客户的健康需求所推动的,我们的客户来自各个部门、各种渠道,具有广泛的基础,"微软公司的财务总监克里斯·里德尔说,"在对经营业务进行持续投资的同时,在本年度中,我们还通过股份回购和发放股利的方式,向股东净支付了440亿美元。这些业绩是我们将要信心满满地走向2006财务年度的坚实基础,未来的一年将以强劲的增长和投资为特点。我们预计在下一年度中,销售收入能实现两位数的增长率,迎接公司历史上最强大的产品规划蓝图。"

表13-7中给出了微软公司在2002～2005财务年度的利润表和2001～2005财务年度末的资产负债表汇总数据。利润表之后还补充了股东权益变动表中披露的其他综合收益细节信息。请对这些财务报表进行重构,区分经营活动的影响和金融活动的影响,并且,在经营活动内部,将微软公司的核心软件业务利润与它从投资组合中所取得的利润进行进一步的区分。微软公司的法定税率为37%。

请对下列问题进行讨论,如果在计算过程中需要使用必要报酬率的话,请假定必要报酬率为9%。

a. 如果以权益估值为目的,那么,你在评价微软公司2002～2005财务年度的增长情况时,会重点关注哪些财务指标?请关注微软公司的核心业务而不是投资收益。你认为微软公司是一家成长型企业吗?有什么迹象表明这家公司的增长放缓了吗?

b. 请对微软公司的普通股权益报酬率ROCE在2004～2005财务年度所发生的变动进行解释。

c. 微软公司在2005财务年度中对股东的净支出为440亿美元,其中包括一笔特别股利335亿美元。请解释这样向股东进行巨额的支付对普通股权益报酬率ROCE会有怎样的影响?如果微软公司在2004财务年度中的金融杠杆水平与它在2005财务年度末时的一样,请问,它在2004财务年度的普通股权益报酬率ROCE会是多少?有人说,企业只要出售它们所持有的短期国库券,就可以增大普通股权益报酬率ROCE了。请问这种说法对吗?

d. 微软公司拥有数量不菲的预收账款(尚未赚取的销售收入),分析人员担心该公司可能会利用这些递延的收入来实现盈利的增长。请问,这种情况是怎么发生的?

e. 请仔细看看微软公司的投资收益项目,该公司存在"择优出售"的现象吗?

表13-7 微软公司2001～2005财务年度简要财务报表(以6月30日为每年的财务年度截止日)

| | 年度利润表 | | | |
| | (单位:10亿美元) | | | |
	2005年	2004年	2003年	2002年
销售收入	39.79	36.83	32.19	28.36
经营费用:				
销售成本	6.20	6.72	6.06	5.70
研究与开发支出	6.18	7.78	6.60	6.30
市场营销费用	8.68	8.30	7.55	6.25

(续)

年度利润表
(单位: 10亿美元)

	2005年	2004年	2003年	2002年
日常管理费用	4.17	5.00	2.43	1.84
	25.23	27.80	22.64	20.09
经营利润	14.56	9.03	9.55	8.27
投资收益	2.07	3.17	1.50	(0.40)
税前利润	16.63	12.2	11.05	7.87
所得税费用	4.38	4.03	3.52	2.51
净利润	12.25	8.17	7.53	5.36
投资收益的构成如下:				
利息收入	1.27	1.67	1.70	1.76
股利收入	0.19	0.20	0.18	0.27
投资处置损益	0.61	1.30	(0.38)	(2.43)
	2.07	3.17	1.50	(0.40)
其他综合收益(摘自股东权益变动表)				
衍生金融工具损益	(0.06)	0.10	(0.10)	(0.09)
未实现投资损益	0.37	(0.87)	1.24	0.01
汇率调整影响	0.0	0.05	0.12	0.08
	0.31	(0.72)	1.26	0.00

年末资产负债表
(单位: 10亿美元)

	2005年	2004年	2003年	2002年	2001年
现金及现金等价物	4.85	15.98	6.44	3.02	3.92
短期投资	32.90	44.61	42.61	35.64	27.68
应收账款	7.18	5.89	5.20	5.13	3.67
存货	0.49	0.42	0.64	0.67	0.08
递延所得税资产	1.70	2.10	2.51	2.11	1.52
其他项目	1.62	1.57	1.57	2.01	2.34
流动资产合计	48.74	70.57	58.97	48.58	39.21
不动产与设备	2.35	2.33	2.22	2.27	2.31
股票投资	10.10	10.73	11.83	12.19	12.70
债券投资	0.90	1.48	1.86	2.00	1.66
商誉	3.31	3.12	3.13	1.43	1.51
无形资产	0.50	0.57	0.38	0.24	0.40
递延所得税	3.62	1.83	2.16	—	—
其他长期资产	1.30	1.76	1.18	0.94	1.04
资产总计	70.82	92.39	81.73	67.65	58.83
应付账款	2.09	1.72	1.57	1.21	1.19
应付职工薪酬	1.66	1.34	1.42	1.15	0.74
应交所得税	2.02	3.48	2.04	2.02	1.47
短期预收账款	7.50	6.51	7.23	5.92	4.40
其他负债	3.61	1.92	1.71	2.45	1.45

(续)

	年末资产负债表 (单位：10亿美元)				
	2005年	2004年	2003年	2002年	2001年
短期负债合计	16.88	14.97	13.97	12.75	9.25
长期预收收入	1.67	1.66	1.79	1.82	1.22
其他长期负债	4.15	0.93	1.06	0.90	1.07
	22.70	17.56	16.82	15.47	11.54
股东权益	48.12	74.83	64.91	52.18	47.29
	70.82	92.39	81.73	67.65	58.83

注：2001财务年度和2002财务年度的递延所得税表现为净负债，报告在其他负债项目中。

M13.3　可持续增长分析：IBM公司

国际商用机器公司（International Business Machines Corporation，简称IBM公司）曾经是全球最有名的计算机制造商，它从20世纪60年代到80年代，一直就是一家领先的成长型企业。实际上，在那段时间里，IBM公司已经成为成长型公司的象征和代表。但是，随着20世纪80年代以后分散计算和个人电脑时代的到来，IBM公司的增长开始放缓。在路易斯·郭士纳（Louis Gerstner Jr.）先生的领导下，这家公司在20世纪90年代早期成功地由大型计算机制造商转变为一家信息技术公司，主要提供技术、系统软件、服务和金融产品。郭士纳先生在2002年出版了他的著作《谁说大象不能跳舞？》，该书详细地讲述了当时的一些故事。IBM公司的年度销售收入在1991年时为648亿美元，到2000年，已经上升为884亿美元。

在20世纪90年代早期，为了企业的转型，IBM公司发生了大量的重组支出，并计入了当时的损益，导致该公司在1991～1993财务年度分别发生了净损失28.61亿美元、49.65亿美元和81.01亿美元。紧接着，公司的盈利开始了一年一年的增长，在表13-8的利润表底部你可以看到，每股收益从1996年的2.56美元上升为2000年的4.58美元。

在本章中讲述盈利的可持续性时，曾以IBM公司为例，对它的盈利组成项目进行了分析。根据下面这些从IBM公司的财务报表附注中摘录的信息，请对表13-8中IBM公司在1996～2000年度的利润表进行重构，确认该公司通过向客户销售产品而取得的核心经营利润。这些附注信息是从IBM公司1999年的年度报告中摘取的，你也可以自行下载其他年份的附注信息查看相关内容。此外，表13-8中还有一些信息是从IBM公司的现金流量表中摘录的，这些信息也有助于你完成案例中的任务要求。

请问，你认为在20世纪90年代的后半叶中，IBM公司的利润增长情况与该公司的每股收益增长所暗示的情形是一致的吗？

表13-8　IBM公司利润表与部分现金流量表项目（1996～2000年）

	IBM集团公司合并利润表 (除每股数据外，其他金额均为百万美元)				
	财务年度截止日为12月31日				
	2000年	1999年	1998年	1997年	1996年
销售收入	88 396	87 548	81 667	78 508	75 947
销售成本	55 972	55 619	50 795	47 899	45 408
毛利润	32 424	31 929	30 872	30 609	30 539
经营费用					
销售与日常管理费用	15 639	14 729	16 662	16 634	16 854

(续)

IBM 集团公司合并利润表
(除每股数据外，其他金额均为百万美元)

	财务年度截止日为 12 月 31 日				
	2000 年	1999 年	1998 年	1997 年	1996 年
研发与工程费用	5 151	5 273	5 046	4 877	5 089
经营费用合计	20 790	20 002	21 708	21 511	21 943
经营利润	11 634	11 927	9 164	9 098	8 596
其他收益（主要为利息）	617	557	589	657	707
利息费用	717	727	713	728	716
税前利润	11 534	11 757	9 040	9 027	8 587
所得税费用	3 441	4 045	2 712	2 934	3 158
净利润	8 093	7 712	6 328	6 093	5 429
优先股股利	20	20	20	20	20
归属于普通股股东的净利润	8 073	7 692	6 308	6 073	5 409
普通股每股收益：					
稀释的	4.44	4.12	3.29	3.00	2.51
基本的	4.58	4.25	3.38	3.09	2.56

现金流量表的经营与投资活动部分
(单位：百万美元)

	财务年度截止日为 12 月 31 日				
	2000 年	1999 年	1998 年	1997 年	1996 年
经营活动产生的现金流量：					
净利润	8 093	7 712	6 328	6 093	5 429
将净利润调整为经营活动产生的现金流量：					
折旧费用	4 513	6 159	4 475	4 018	3 676
软件摊销费用	482	426	517	983	1 336
重组支出的影响			(355)	(445)	(1 491)
递延所得税	29	(713)	(606)	358	11
固定资产和其他资产处置损益	(792)	(4 791)	(261)	(273)	(300)
与现金流量相关的其他项目变动					
应收账款	(4 720)	(1 677)	(2 736)	(3 727)	(650)
存货	(55)	301	73	432	196
其他资产	(643)	(130)	219	(1 087)	(545)
应付账款	2 245	(3)	362	699	319
其他负债	122	2 817	1 257	1 814	2 294
经营活动产生的现金净流量	9 274	10 111	9 273	8 865	10 275
投资活动产生的现金流量					
购买厂房、租赁机器和其他不动产	(5 616)	(5 959)	(6 520)	(6 793)	(6 599)
处置厂房、租赁机器和其他不动产	1 619	1 207	905	1 130	1 314
软件投资	(565)	(464)	(250)	(314)	(295)
购买有价证券和其他投资	(1 079)	(3 949)	(4 211)	(1 617)	(1 613)
处置有价证券和其他投资	1 393	2 616	3 945	1 439	1 470
处置全球网络业务所得		4 880			
投资活动使用的现金净流量	(4 248)	(1 669)	(6 131)	(6 155)	(5 723)

1999年财务报告附注摘录
D. 企业并购与剥离

1998年12月,本公司宣布拟将全球网络业务出售给AT&T公司。1999年,本公司与AT&T公司之间已完成了此次交易,共计取得出售所得49.91亿美元。由于此次出售的业务涉及71个国家,超过5300名员工加入了AT&T公司。本公司因此项交易确认税前收益40.57亿美元(税后24.95亿美元,或者说对稀释的普通股每股收益影响为1.33美元)。净收益中包含了厂房、租赁机器和其他不动产的处置收益4.1亿美元,其他资产处置收益1.82亿美元和合约债务处置收益3.42亿美元。

M. 其他负债

其他负债项目(1999年为119.28亿美元)主要包括美国员工的其他离职后福利(63.92亿美元)和非美国员工的其他离职后福利、补偿与装修计划准备金(10.28亿美元)。

此外,与基础设施缩减和重组行动相关的长期负债也报告在其他负债项目中,此项行动计划是从1993年就开始实施的。其他负债中还包括6.59亿美元的应付在职期间福利和5.03亿美元的应付公司占用空间租赁费(扣除转租收入后的净额)。

P. 税

下列资产负债表项目引起了递延所得税资产和负债的产生。

	递延所得税资产 (单位:百万美元)		
	12月31日		
	1999年	1998年	1997年
员工福利	3 737	3 909	3 707
可用的最低税收抵减额	1 244	1 169	1 092
坏账、存货与产品质量保证准备	1 093	1 249	1 027
基础设施缩减支出	918	863	1 163
资本化的研发支出	880	913	1 196
递延收益	870	686	893
一般商业信用	605	555	492
国外损失税前递延额	406	304	202
权益合作投资	377	387	378
折旧费用	326	201	132
经营损失的州和地方税前递延额	227	212	203
公司内部销售与服务	153	182	235
其他项目	2 763	2 614	2 507
递延所得税资产总额	13 599	13 244	13 227
减:估值准备	647	488	2 163
递延所得税资产净额	12 952	12 756	11 064

	递延所得税负债 (单位:百万美元)		
	12月31日		
	1999年	1998年	1997年
离职后福利	3 092	2 775	2 147
销售型租赁	2 914	3 433	3 147
折旧费用	1 237	1 505	1 556
递延的软件成本	250	287	420
其他项目	2 058	1 841	1 413
递延所得税负债总额	9 551	9 841	8 683

1999年12月31日的递延所得税资产估值准备主要来自某些州、地方和国外的经营损失税前递延额,公司管理层认为,这些允许在税前扣除的前期损失额很有可能在公司有机会使用它们以前就失效。

由于实施全球战略的一部分工作涉及将某些制造业务进行重新布局,本公司在1998年12月将一些知识产权转移到了一些非美国子公司处。由于包括这次转移在内的这些战略预期能使公司利用美国的联邦所得税前递延扣除项目,本公司在本期减少了部分前期计提的递延所得税资产估值准备。

下表是公司的实际税率与法定美国联邦所得税率之间差异项目。

	12月31日		
	1999年	1998年	1997年
法定税率	35%	35%	35%
国外税收差异	(2)	(6)	(3)
州和地方所得税	1	1	1
相关项目估值准备		(1)	
其他项目影响		1	
实际税率	34%	30%	33%

依照税法规定,本公司有大约19.19亿美元可留待今后抵扣的税收优惠事项,并且其中有12.44亿美元是没有抵扣期限制的,有1.99亿美元会在2004年到期,剩余部分也将逐渐到期。本公司还有可留待今后在缴纳州、地方和国外所得税时可予以税前扣除的经营损失,涉及的税收影响额为6.33亿美元。大部分的损失可用于抵扣今后10年内的应纳税所得额,或者拥有无限的抵扣期间。

Q. 销售与广告费用

销售与广告费用计入发生当期的损益。包括媒体、代理商和促销费用在内的广告费用在1999年、1998年和1997年分别为17.58亿美元、16.81亿美元和17.08亿美元。

S. 研发与工程费用

1999年、1998年和1997年的研发与工程费用分别为52.73亿美元、50.46亿美元和48.77亿美元,其中,包含与产品有关的工程费用金额分别为6.98亿美元、5.80亿美元和5.7亿美元。

本公司在1999年、1998年和1997年分别支出了45.75亿美元、44.66亿美元和43.07亿美元用于基础科学研究与新产品的开发和对现有产品的改良等用途,在这些金额当中,包含与软件相关的费用在这三年中分别为20.36亿美元、20.86亿美元和20.16亿美元。在这些金额中,还包括了公司购入的各种进行中的研发项目成本。

1996～2000年财务报表附注信息摘录

退休金计划 (单位:百万美元)

	设定受益计划的成本				
	财务年度截止日为12月31日				
	2000年	1999年	1998年	1997年	1996年
服务成本	1 008	1 041	931	763	96
利息成本	3 787	3 686	3 474	3 397	3 427
计划资金的预期收益	(5 944)	(5 400)	(4 862)	(4 364)	(4 186)
未确认的精算收益净额、转型资产净值与前期服务成本摊销净额	(117)	(126)	(93)	(173)	(196)
每期养老金成本(收益)	(1 266)	(799)	(550)	(377)	(159)
计划资产的预期收益(%)	10.0	9.5	9.5	9.5	9.25
应用于负债计算的贴现率(%)	7.25	7.75	6.5	7.0	7.75

第三部分

预测与估值分析

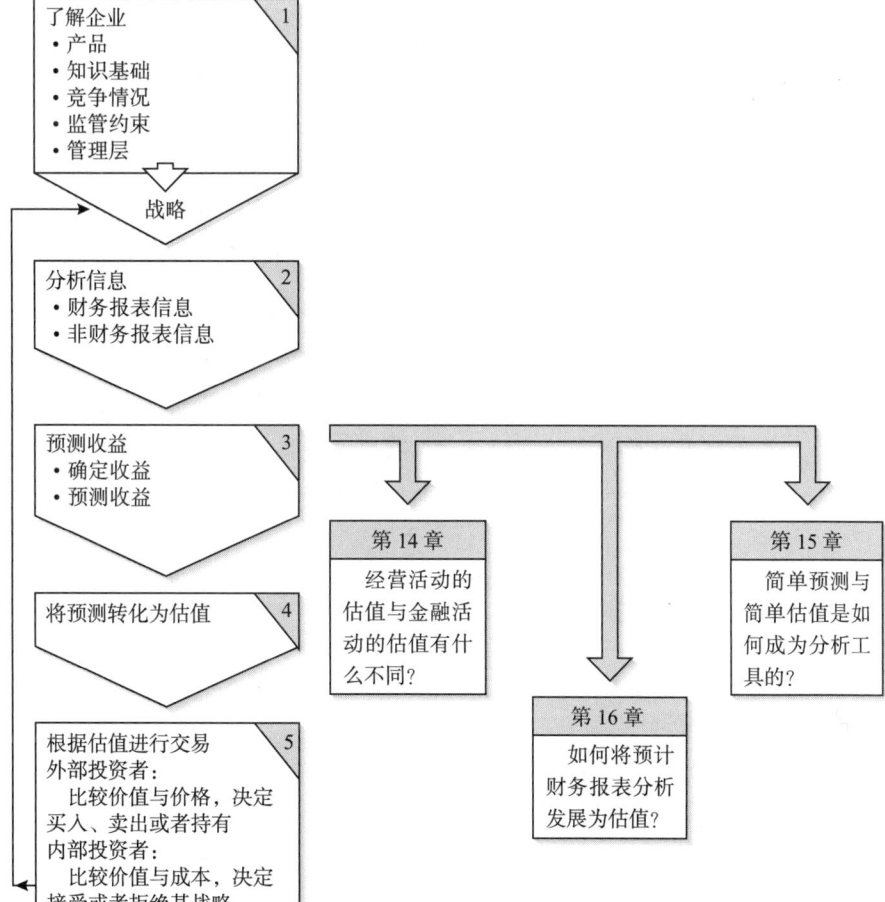

本书第二部分主要介绍财务报表分析，为预测做好了准备。在本部分中，我们将介绍怎样进行预测，并在预测的基础上对企业、企业的股东权益和企业战略进行估值，即基本面分析的第 3 步和第 4 步内容。

为保障你能清楚地理解每一步内容，我们是逐步展开预测介绍的。首先，介绍简单预测模型，使你能容易理解和接受。在第 14 章中我们指出，如果在资产负债表中，企业的净金融性负债是按市价进行报告的，那么，就可以直接忽略企业的金融活动，从而简化预测工作。这样做除了能够简化预测工作程序外，在实务中还有很多其他好处：如果可以忽略金融杠杆的影响，那么，对由于杠杆水平变动而导致的权益资本成本的持续变化，分析人员也可以不再理会了。在这种情况下，分析人员只需要关注企业的经营活动和经营风险，直接对经营活动的市净率和市盈率进行评价就可以了，无须再为企业股东权益的市净率和市盈率是否合理而费脑筋。

分析人员在开始烦琐的细节性工作以前，会想办法寻找较好并且比较容易得到的替代指标。在第 15 章中，介绍了如何仅仅根据当期财务报表，对企业经营活动进行分析，从而完成简单预测工作。不过，根据简单预测结果而进行的简单估值虽然常常是估值的第一步，但它毕竟只是一个大致的水平估计。对于很多"如果……就会……"的问题来说，如果结合应用第 7 章介绍的反向推导方法，简单预测和简单估值也可以成为一种很好的分析性工具，借助这种工具，可以帮助分析人员找到更多的信息，从而进行更好的预测和估值。

在第 16 章中，我们利用分析人员所了解的全部商业知识，介绍了一个综合的预测、估值和战略分析框架。这些商业知识是内嵌在一整套对于未来的预计财务报表之中的，非常方便转换为估值。我们以模板的形式介绍了这个分析框架的每个模块，非常方便应用到标准的电子表格分析中。

本书第二部分所介绍的财务报表分析主要关注企业目前是什么样子的，而预测所需要做的则是编制预计财务报表，去描述企业的未来发展前景。所以，在预测中需要思考的是：将来的剩余收益和收益增长的各个影响因素与现在的水平相比，会有哪些不同？

第 14 章　经营价值与市净率和市盈率评价

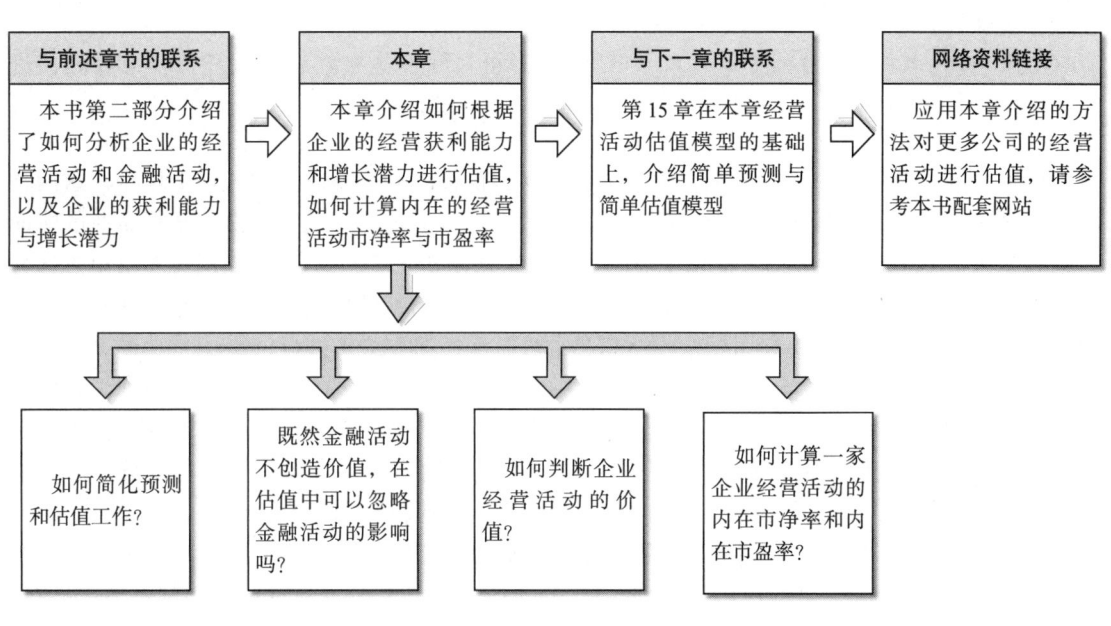

分析师备忘录

学习目标

学习完本章内容后，你应当理解：

- 为什么对在资产负债表中按公允市场价值进行列报的资产来说，它们的预期未来剩余收益必然为 0；
- 根据预计剩余经营性收益所做的估值与根据预计综合收益总额所做的剩余收益估值之间有什么不同；
- 为什么金融性资产和金融性负债的预计剩余收益（或费用）通常都等于 0；
- 净经营性资产报酬率和净经营性资产的增长是如何影响剩余经营利润的；
- 根据预计超常增长的经营性收益所进行的估值与根据超常收益增长 AEG 所进行的估值有什么不同；
- 经营活动的必要报酬率与股东权益的必要报酬率之间存在怎样的关系；
- 金融杠杆是如何影响企业的普通股权益报酬率 ROCE、盈利增长和股东权益的必要报酬率的；
- 金融杠杆对估值有什么影响；
- 为什么由于杠杆增大而带来的盈利增长是不创造价值的；
- 股份回购对企业价值的影响；
- 企业（无杠杆的）价格乘数与杠杆价格乘数之间的区别。

学习能力

完成本章的学习任务后，你应当能够：

- 计算剩余经营性收益；
- 计算超常增长的经营性收益；
- 用剩余经营性收益模型和超常增长的经营性收益模型对企业进行估值；
- 辨别剩余经营性收益的影响因素；
- 利用重构后的资产负债表为企业的融资活动进行估值；
- 分析金融杠杆变动对企业价值的影响；
- 分析金融杠杆对企业的普通股权益报酬率ROCE、盈利增长、权益的资本成本、市净率和市盈率的影响；
- 用负债与股东权益的市场价值作为权数，计算企业的加权平均资本成本；
- 根据经营活动的资本成本和负债的资本成本，计算股东权益的资本成本；
- 解释杠杆市净率和无杠杆市净率之间的区别；
- 解释杠杆市盈率和无杠杆市盈率之间的区别；
- 用剩余经营性收益模型计算无杠杆市净率；
- 根据超常增长的经营性收益模型计算无杠杆市盈率；
- 在杠杆价格乘数和无杠杆价格乘数之间进行换算。

我们在第 5 章和第 6 章中分别介绍了剩余收益估值模型和超常收益增长估值模型，这两种模型教会了我们两种根据企业的财务报表信息来对企业权益进行估值的方法：根据企业的账面价值来定价（市净率定价）或者根据企业的利润水平来定价（市盈率定价）。通过本书第二部分介绍的财务报表分析，你已经理解了剩余收益和超常收益增长的影响因素。现在，让我们应用第二部分介绍的分析工具，利用剩余收益和超常收益增长的方法来进行估值。

为了估值，我们需要首先预计企业经营中的价值创造因素。在本书第二部分中，我们认识到真正能够创造价值的是企业的经营活动，然后在区分经营活动与金融活动方面费了不少力气。在本章中，我们将说明如何在为估值进行的预测准备中，也进行这样的区分。本章说明，如果企业的净金融性负债在资产负债表中是按其市场价值报告的，那么，在预测工作中，就可以忽略金融活动的影响。你会发现，这样可极大地简化我们的预测工作。因为一旦忽略金融活动的影响，那么金融杠杆对剩余收益、超常收益增长和资本成本的影响都将不再存在。你还会发现，这样做能保护你避免为企业盈利的增长而付出过高的价格，因为企业的盈利增长是可以通过加大杠杆来实现的，但这种情况下的盈利增长是不带来价值增值的。这样进行简化以后，我们就只需要关注经营活动产生的利润，而不再是利润表的最底线项目——净利润了；同样，在资产负债表中，我们也只需要关注净经营性资产，而不再是整个普通股权益项目了。

由于需要关注的是经营活动，所以，我们现在应当更加重视企业市净率或无杠杆（unlevered）市净率，以及企业市盈率或无杠杆市盈率，而不再只关注传统的杠杆（levered）市净率和杠杆市盈率了。如果在企业的资产负债表上，金融性资产和金融性负债是按照市场价值报告的，那么，它们就不可能具有高于账面价值的溢价产生，因此，能够产生溢价的，就只有净经营性资产了。所以，以企业的净经营性资产为定价基础而计算的（无杠杆）市净率就能更好地计量出被资产负债表所忽略的那些价值，如果我们能够计算出这些价值，将它们与账面价值相加，就可以得到整个企业的价值了。类似地，由于能够促进增长的价值来自企业的经营活动，以企业的经营利润为定价基础而计算出的（无杠杆）市盈率能够更好地表示出一家企业通过盈利增长而创造价值增值的能力。

14.1 剩余收益预测的修正：剩余经营性收益

让我们来回顾一下剩余收益权益估值模型：

$$V_0^E = 普通股权益\ CSE_0 + 预计剩余收益的现值$$

$$= CSE_0 + \frac{RE_1}{\rho_E} + \frac{RE_2}{\rho_E^2} + \frac{RE_3}{\rho_E^3} + \cdots \tag{14-1}$$

其中，RE 表示剩余收益，RE = 当期盈利 − 按股东权益的账面价值计算的必要报酬；CSE 表示普通股东权益；RE_t = 收益$_t$ − $(\rho_E-1)\ CSE_{t-1}$。

这个剩余收益估值模型告诉我们，在对股东权益进行估值时，可以锚定股东权益的账面价值作为基础，然后再在这个基础上，增加预计未来收益与按股东权益的账面价值计算的必要报酬之差；其中的必要报酬率应当等于权益资本的成本率，用 (ρ_E-1) 表示。

根据这个模型，如果某项资产能实现的投资报酬率恰好等于必要报酬率，那么预计的剩余收益就等于 0，该资产的价值就是它的账面价值。相应地，如果某项资产的账面价值刚好等于它的内在价值，就说明这项资产预计能够产生的剩余收益为 0。在对权益进行估值时，我们可以利用这些特点。如果在企业的资产负债表上，某些资产是按市场价值报告的，并且假定这些资产的内在价值刚好也等于它们的市场价值，那么，我们就不必再去预测这些资产在未来可能创造的剩余收益了，因为它们的预计剩余收益将始终为 0。我们只需要想办法预计那些没有按市场价值进行报告的资产可能实现的剩余收益，然后，这样来计算企业的权益价值：

$$V_0^E = CSE_0 + 未按公允市价列报的净资产预计能实现剩余收益的现值$$

要使上式可行，我们必须要能够区分按市价进行列报的资产和负债所创造的收益和未按市价进行列报的资产和负债所能创造的收益。由于经营性资产创造的收益通常都是通过这些资产的共同使用而实现的，因此，要单独确认某项资产所创造的收益几乎是不可能的。不过，我们已经试过将经营利润（由净经营性资产所创造）与净融资费用（由净金融性负债所产生）相分离，而净金融性负债在企业的资产负债表中的报告价值通常都是非常接近其市价的。

表 14-1 列出了我们在本书第二部分重构的财务报表中确认的利润两大组成部分，以及能够产生这两大利润项目的对应资产负债表项目。在每个组成项目旁边，给出了相应的剩余收益计量指标。要得到这些剩余收益计量指标，需要首先找到相关的利润组成项目和对应的资产负债表组成项目，然后从相关的利润中扣除按必要报酬率（资本成本率）计算的必要投资报酬。对于资本成本率，我们将在下一部分再来讨论，目前，暂时先按各种活动的风险程度来确定不同来源利润所对应的必要报酬。请注意，ρ_D 表示 1 与企业的净负债资本成本率（或者，也可能是净金融性资产的必要报酬率）之和，而 ρ_F 表示 1 与企业的经营活动资本成本率之和。在任何一种情况下，都是按照资产负债表中相关的资产（或负债）和这些资产（或负债）所对应的资本成本率，先计算必要的报酬，然后，再用对应的收益计量指标减去相应的必要报酬，得到剩余收益的计量值。

表 14-1 利润和账面价值的组成项目及对应的剩余收益计量指标

利润项目	账面价值项目	剩余收益计量指标
经营利润（OI）	净经营性资产（NOA）	剩余经营收益： $OI_t - (\rho_F-1)\ NOA_{t-1}$
净融资费用（NFE）	净金融性负债（NFO）	剩余净融资费用： $NFE_t - (\rho_D-1)\ NFO_{t-1}$
利润（$earn$）	普通股东权益（CSE）	剩余收益： $earn_t - (\rho_E-1)\ CSE_{t-1}$

由净经营性资产产生的剩余收益被称为**剩余经营性收益**（residual operating income），记作 ReOI：

剩余经营性收益 = 经营利润（税后）− 与净经营性资产相关的必要报酬

$$ReOI_t = OI_t - (\rho_F - 1) NOA_{t-1}$$

剩余经营性收益等于从企业的经营利润中扣除因使用净经营性资产而应当支付的必要报酬之后的剩余，也被称为"经济利润"或"经济增加值"，一些咨询公司甚至将这类术语作为它们估值产品的标识。以耐克公司为例，该公司在 2010 财务年度实现了税后经营利润 1814 百万美元，当年年初的净经营性资产为 6346 百万美元，因此，如果必要报酬率为 9.1% 的话，那么，耐克公司在 2010 财务年度的剩余经营性收益 $ReOI_{2010}$ = 1814 −（9.1% × 6346）= 1236.5（百万美元）。

类似地，由企业的净金融性负债所产生的剩余收益被称为**剩余净融资费用**（residual net financing expense），其计算式为：

剩余净融资费用$_t$ = 净融资费用 NFE_t − (ρ_D−1) 净金融负债 NFO_{t-1}

或者，如果企业拥有的是净金融性资产，那么则称为剩余净金融收益（residual net financial income）。因此，剩余净融资费用等于净融资费用扣除了企业负债净额所要求的必要成本之后的剩余。

如果有了剩余净经营性收益 ReOI 和剩余净融资费用的预计值，我们就可以对企业的净经营性资产 NOA 和净金融性负债 NFO 进行估值了。不过，如果企业的净金融性负债本身就是按市价进行报告的，那么相关的剩余净融资费用预计值就必然为 0。比如，当利率为 5%，负债规模为 1 亿美元时，相关的利息费用就是 500 万美元，那么，剩余净融资费用 = 500 万美元 −（5% × 10 000 万美元）= 0。因此，净金融性负债的价值为 V_0^{NFO} = NFO，也即，这些净金融性负债的价值就等于它们的账面价值。

而**净经营性资产的价值**（value of the net operating assets）V_0^{NFA} 则为：

经营业务的价值 = 净经营性资产 + 预计剩余经营性收益的现值

即

$$V_0^{NOA} = NOA_0 + \frac{ReOI_1}{\rho_F} + \frac{ReOI_2}{\rho_F^2} + \frac{ReOI_3}{\rho_F^3} + \cdots + \frac{ReOI_T}{\rho_F^T} + \frac{CV_T}{\rho_F^T} \quad (14\text{-}2)$$

这即是说，企业经营业务的价值等于它所拥有的净经营性资产的账面价值，再加上在预测期内利用这些资产可创造预计剩余经营性收益的现值，以及预测期以后的预计剩余经营性收益的价值（即持续价值）的现值。该模型与式（14-1）中的剩余收益模型形式完全一致，只是它的使用对象不再是企业的普通股东权益，而只是净经营性资产。

与第 5 章所介绍的三种情景相一致，在剩余经营性收益估值模型中，持续价值也可能出现如下三种形式：

情景 1：$CV_T = 0$

情景 2：$CV_T = \dfrac{ReOI_{T+1}}{\rho_F - 1}$

情景 3：$CV_T = \dfrac{ReOI_{T+1}}{\rho_F - g}$

在情景 1 下，由于我们预计未来净经营性资产的报酬率恰好等于资本成本率，所以预期在预测期后的剩余经营性收益 ReOI 会等于 0。在情景 2 下，预期在预测期后的剩余经营性收益始终保持为某个常数，稳定不变；在情景 3 下，预期预测期后的剩余经营性收益将按比率 g 保持恒定增长。这样，留给分析人员的问题，就只剩下预计预测期内剩余经营性收益的水平和增长情况了。

经营活动的价值也被称为**企业价值**（value of the firm 或 enterprise value），它与企业股东权益的价值 V_0^E 之间的关系为：$V_0^E = V_0^{NOA} - V_0^{NFO}$。因此，如果企业的净金融性负债在资产负债表中是按市场价值进行列报的（即，预计的未来剩余净融资费用为 0），那么，（由于净经营性资产 NOA − 净金融性负债 NFO = 普通股东权益 CSE）股东权益的价值就应当为：

普通股东权益的价值 = 普通股东权益的账面价值 + 预计剩余经营性收益的现值

即

$$V_0^E = CSE_0 + \frac{ReOI_1}{\rho_F} + \frac{ReOI_2}{\rho_F^2} + \frac{ReOI_3}{\rho_F^3} + \cdots + \frac{ReOI_T}{\rho_F^T} + \frac{CV_T}{\rho_F^T} \qquad (14\text{-}3)$$

上面这个模型称为**剩余经营性收益模型**（residual operating income model）。

我们用这个模型对耐克公司进行了估值，其过程和结果可如表 14-2 所示。表中的预测值为经营利润和净经营性资产，而不是总的净利润和普通股权益总额；利润表和资产负债表中的金融活动部分被省略了。预测结果显示，耐克公司的净经营性资产报酬率 RNOA 数据表明该公司的获利能力在 2014 年以前都呈下降趋势。在这张表底部列出了剩余经营性收益的计算过程，预计耐克公司的剩余经营性收益在 2014 年以后将按平均 GDP 增长率水平 4% 进行增长。根据这样的增长率，可以计算出耐克公司的经营业务在预测期外的持续价值。所以，耐克公司的经营业务在 2010 年的价值（即企业价值）为 32 273 百万美元，而股东权益的价值（即将耐克公司在 2010 年的净金融性资产价值也计算进来后）为 36 644 百万美元，或者说，每股 75.71 美元。耐克公司的股票在当时的交易价格为每股 74 美元，因此，可以认为，我们在这里所做的预计结果与市场价格中所包含的公司未来预期是（大致）一致的。接下来，我们可能会问，这些预计数据（与当前市场价格中所包含的信息一致的数据）是合理的吗？如果通过分析，我们预计企业在将来能够实现较高的剩余经营性收益，而且，9.1% 的必要报酬率水平也是非常合理的，那么，就可以认为耐克公司的股票价值被市场所低估了。

表 14-2　应用剩余经营性收益模型对耐克公司进行估值

经营业务的必要报酬率为 9.1%（除每股数据外，其他金额单位均为百万美元）。

	2010A	2011E	2012E	2013E	2014E
经营利润 OI		1 950	2 042	2 102	2 146
净经营性资产 NOA	5 514	6 287	6 549	6 814	7 089
净经营性资产报酬率 RNOA（%）		35.4	32.5	32.1	31.5
剩余经营性利润 ReOI		1 448	1 470	1 506	1 526
贴现率（1.091^t）		1.091	1.190	1.299	1.417
剩余经营性收益 ReOI 的现值		1 327	1 235	1 159	1 077
剩余经营性收益 ReOI 的现值合计	4 798				
持续价值 CV					31 118
持续价值 CV 的现值	21 961				
企业价值	32 273				
净金融性资产的账面价值	4 371				
普通股权益的价值	36 644				

(续)

	2010A	2011E	2012E	2013E	2014E
每股价值（按 484 百万股计算）	75.71				

持续价值的计算如下：

$$\text{持续价值 } CV = \frac{1\,526 \times 1.04}{1.091 - 1.04} = 31\,118$$

$$\text{持续价值 } CV \text{ 的现值} = \frac{31\,118}{1.417} = 21\,961$$

剩余经营性收益：$ReOI = OI_t - (\rho_F - 1) NOA_{t-1}$

因此，以 2012 年为例：

$ReOI_{2012} = 2\,042 - (9.1\% \times 6\,287) = 1\,470$

注：因四舍五入原因，表中数据存在少许误差。

剩余经营性收益估值模型是非常有道理的。如果负债和金融性资产不能创造剩余收益，那么它们在账面价值之外也就不会再有任何增值。这样，我们就可以只通过对能够带来价值增值的未来经营获利指标进行预测，来进行估值。此外，这个模型还简化了我们的预测工作。使用剩余经营性收益估值模型，只需要预计企业将来的经营利润和净经营性资产水平就可以了，不再需要去预计将来的净融资费用和净金融性负债的金额。当然，如果这些金融项目在资产负债表中不是按市值进行报告的，就只能使用式（14-1）中的剩余收益估值模型了。不过，如果这些金融项目的市场价值是可以获得的，那么，我们也可以先用金融项目的市值取代它们的账面价值，然后再利用剩余经营性收益估值模型进行估值。事实上，很多金融项目的公允价值是可以在财务报表附注中找到的（不过不管在什么情况下，账面价值常常都可以作为市场价值的一个合理替代值）。如果在企业的财务报表中，根本无法区分经营活动和金融活动的影响，那么，就只能使用剩余收益估值模型了。

请注意，对金融机构来说，计息的金融性资产和金融性负债实质上应当属于经营性资产和经营性负债，因为金融机构本身就是依靠金融性资产和金融性负债来赚取利润的。在一般情况下，这些资产和负债的市场价值可以反映出它们的价值，但是并不能反映出将这些资产和负债应用于某个特定的企业之后能得到的价值。所以，在分析这类金融机构时，分析人员必须探索企业是如何通过这些金融项目来赚取利润的，并且预计这些资产和负债所能创造的剩余经营性收益是多少。

最后，还有一个警示是需要大家注意的：只有在市场有效的条件下，资产负债表中报告的资产和负债的市场价值才能被认为是公允列报的。请参考阅读材料 14-1 中的内容。

阅读材料 14-1

检验按市价进行列报的资产

如果一家企业对另一家企业进行股权投资，所持有的股权比例占被投资企业的股本份额低于 20%，那么，这样的投资就是"可供出售"的，在资产负债表中应当按市价进行列报。此外，即使某些股权投资属于"持有至到期"类别，在资产负债表中需要按成本进行列报，在相关的财务报表附注中，也会披露这些投资的市场价值。

在 1999 财务年度的资产负债表中，微软公司披露它持有下列权益性投资。

(单位：百万美元)

权益性证券	成本	已确认收益	市场价值
按市价报告在资产负债表中			
Comcast 公司——普通股	500	1 394	1 894
MCI 世界通信公司——普通股	14	1 088	1 102
其他	849	1 102	1 951
未实现的套期损失		（785）	（785）
按成本报告在资产负债表中	3 845	—	6 100
	5 208		10 262

分析人员可能会将这些权益证券的市场价值作为它们的公允价值，因为这样能极大地简化估值工作。

但是，如果市场对于这些证券的定价是不合理的，会怎么样呢？在 1999 年的股市泡沫中，微软公司的投资都属于"热门"的科技股和通信类股票。那么，这些科技类公司的股票价格会不会已经被高估了呢？如果确实是这样的话，以这些证券的市场价格为基础去估算微软公司的内在价值，就会导致微软公司的股票价值再一次出现高估：因为我们在估值中引用了泡沫价格。实际上，微软公司在科技股泡沫破裂后，对这些投资组合一共报告了价值 17.43 亿美元的损失，完全冲销了它在 1999 财务年度的收益影响。再看英特尔公司，它在 1999 财务年度中因用市场价值报告其所持有的技术类股票，确认了 31.88 亿美元的未实现收益，但紧接着，在 2000 财务年度，同样还是这些投资，英特尔公司却确认了 35.96 亿美元的损失。同期，思科系统公司在账上确认了 32.40 亿美元的收益，紧接着却又报告了 38.12 亿美元的损失。

这些情况的出现要求分析人员要对权益类证券市场价格背后所隐藏的价值去进行调查，就像分析人员需要通过基本面分析去检验市场对微软公司股票的定价是否合理一样，他们同样需要通过对微软公司所持有的投资进行基本面分析，去验证市场对微软公司的股票定价是否合理。

"盯市会计"将价格引入到了财务报表当中。因此，我们必须再一次敲响基本面分析人员的警钟：在通过分析来确认定价是否合理时，一定要注意不能用价格来计算价格！在 2005～2007 年的房地产市场泡沫中，银行在它们的资产负债表中，也选择了用市场价值来报告房屋抵押贷款，结果，在后来的金融危机中，这些账面上的资产价值很快就蒸发不见了。

剩余经营性收益的影响因素

在第 5 章中，我们已经看到剩余收益可以被分解为两个部分：

剩余收益 =（普通股权益报酬率 − 权益资本的必要报酬率）× 普通股东权益

即

$$RE_t = [ROCE_t - (\rho_E - 1)] \times CSE_{t-1}$$
$$\quad\quad\quad\quad (1) \quad\quad\quad\quad\quad (2)$$

我们将这两个部分——普通股权益报酬率 ROCE 和普通股权益的账面价值 CSE 称为剩余收益的驱动影响因素：剩余收益的大小由股东投资规模和股东投资所赚取的报酬率与权益资本成本率之间的关系所决定。沿此思路，我们也可将剩余经营性收益分解为两个部分：

剩余经营性收益 ReOI =（净经营性资产报酬率 RNOA − 经营业务的必要报酬率）× 净经营性资产

即

$$ReOI_t = [\underbrace{RNOA_t - (\rho_F - 1)}_{(1)}] \times \underbrace{NOA_{t-1}}_{(2)}$$

这两个部分分别是净经营性资产报酬率 RNOA 和净经营性资产，相应地，我们将它们也称为**剩余经营性收益的影响因素**（residual operating income drivers）：剩余经营性收益 ReOI 由企业所投入的净经营性资产规模和这些资产的获利率与相关资本成本率之间的关系所决定。

只有经营活动才能在账面价值基础之上实现增值，上述分解结果告诉我们，这种增值是通过使净经营性资产报酬率 RNOA 高于经营业务的资本成本率，以及对净经营性资产进行投资来实现的。正是这两个因素的共同作用，促进了企业剩余经营性收益的增长。因此，在预测和估值工作中，我们需要预计企业未来的净经营性资产报酬率 RNOA 的水平和净经营性资产 NOA 的规模。在后面两章中，将着重介绍如何对这两个因素进行预测。

14.2 超常收益增长预测的修正：经营性收益的超常增长

现在我们再来回顾一下权益估值的超常收益增长模型：

$$V_0^E = 资本化[下期收益 + 超常收益增长的现值]$$

$$= \frac{1}{\rho_E - 1}\left(earn_1 + \frac{AEG_2}{\rho_E} + \frac{AEG_3}{\rho_E^2} + \frac{AEG_4}{\rho_E^3} + \cdots\right) \quad (14\text{-}4)$$

其中，earn 表示收益（利润，或盈利），AEG 表示超常收益增长，且

$$\text{超常收益增长 } AEG_t = 含息收益_t - 正常收益_t$$
$$= [earn_t + (\rho_E - 1)d_{t-1}] - \rho_E \times earn_{t-1}$$
$$= (G_t - \rho_E) \times earn_{t-1}$$

其中 G_t 表示第 t 期含息收益的增长率。根据超常收益增长模型，要知道企业在目前的价值，我们需要预测它在下一期（即 1 年以后）能够实现的收益水平，然后再将今后各期的预计含息收益能超过按必要报酬率增长的正常收益的部分所对应的价值加上去。从这个模型中可知，收益增长本身是不创造价值的，只有超出了必要增长之后的超常收益增长才创造价值。如果预计一家企业的超常收益增长为 0，那么这家企业的权益价值就只等于它能实现下期收益的资本化价值。

现在，让我们来思考一下，企业能够实现超常增长的动力是什么？金融活动是不可能贡献超常增长的。负债的预期报酬（或者预期成本率）总是等于它的必要报酬率，因此，金融活动能够创造的剩余收益预期总是等于 0。相应地，这些剩余收益的变动，即相邻两期之间的剩余收益之差，也是预期等于 0 的。而所谓超常收益增长，总是等于剩余收益的变动额，因此，与金融活动相关的超常收益增长总是为 0。

超常收益增长是由经营活动所贡献的，这再一次说明，只有经营活动才是创造价值的。由于金融活动无助于保障使企业按高于必要报酬率的速度增长，所以，我们下面将重点关注经营利润的超常增长问题。

14.2.1 经营性收益的超常增长与来自经营活动的"红利"

在第 6 章中介绍收益增长时，我们强调（不含息）收益的增长（即分析人员通常预测的增长）并不是我们应当关注的增长。如果企业支付较多的股利，收益增长率就会降低，但股东得

到更多的回报后，可以通过将股利进行再投资而赚取更多，所以对增长也是有贡献的。因此，凡是增长方面的分析，都应当关注含息收益的增长。现在，我们要关注企业收益的一个组成部分（经营利润）的增长，同样也不能只看经营利润，而忽视了本来可以再投资于经营活动，结果却被用于经营活动之外的现金。股利是企业从利润中取出，用于对股东的净支付（股东得到股利后，可以用于再投资）；那么，那些从企业经营活动中取出的现金（这些现金可被再投资到其他地方）又是什么呢？什么又是经营活动的"红利"呢？

第8章对商业活动的描述可以回答上面这个问题。请看图8-3中对企业活动的描述和图8-4中这些活动在重构财务报表中的列报。股利支付净额 d 表示企业在金融活动中向股东发放的股利；与债权人和债务人的净往来金额 F 表示企业在金融活动中对债权人和债务人的"股利"。而经营活动流向金融活动的"股利"，则是自由现金流量。所以，企业运作实际上是这样的：经营活动向金融活动派发"红利"（形式是自由现金流量），而金融活动又利用这些现金向外部权益要求人派发"红利"。事实上，重构后的现金流量表就报告了经营活动所产生的现金"股利"（自由现金流量），以及这些"红利"是如何在金融活动中被分为流向债权人的现金和流向股东的现金的：$C - I = d + F$。

相应地，**超常增长的经营性收益**（abnormal operating income growth）可计算如下：

$$超常增长的经营性收益 AOIG_t = 含息经营性收益_t - 正常经营性收益_t$$
$$= [经营利润_t + (\rho_F - 1) FCF_{t-1}] - \rho_F \times 经营利润_{t-1}$$

其中，FCF 表示自由现金流量，它等于经营活动产生的现金流量 C 与当期的现金投资额 I 之差（即 $C-I$）。请将上面这个计量指标与超常收益增长 AEG 的计算式进行比较：我们用经营利润取代了当期收益，用自由现金流量取代了股利，并且，由于现在只考察经营利润，因此代表正常增长的必要报酬也用经营活动的必要报酬来表示了。所以，如果一家企业的经营利润（即考虑了将自由现金流量用于再投资影响后的含息股利）增长大于按经营业务必要报酬率计算的正常增长，那么，这家企业就能实现超常增长的经营性收益。请注意，正如超常收益增长 AEG 等于剩余收益 RE 的变动额一样，超常增长的经营收益 $AOIG$ 也就等于剩余经营性收益 $ReOI$ 的变动额。

同样，超常收益增长可以用含息增长率与必要报酬率之差的函数关系来表示，超常增长的经营性收益也可以这样计算：

$$超常增长的经营性收益 AOIG_t = (G_t - \rho_F) \times 经营利润_{t-1}$$

其中，G_t 表示含息经营利润的增长率。

与表14-1中对剩余收益的分解类似，表14-3列出了与经营利润和金融活动损益相关的超常收益增长计量指标。为了表示完整，在表中也列出了净融资费用的超常增长计算式，但（与剩余净融资费用一样）由于它的期望值为0，所以实际上我们不会用到它（请注意，为了表达的完整，表中债务融资的"股利"实质上是指流向债权人的现金流量，即 F）。

理解了经营性收益的超常增长之后，我们就可以利用**经营性收益的超常增长模型**（abnormal

表14-3 利润组成项目与相应的超常收益增长计量指标

利润项目	超常收益增长计量指标
经营利润（OI）	超常增长的经营利润： $[OI_t + (\rho_F - 1) FCF_{t-1}] - \rho_F \times OI_{t-1}$ $(G_t - \rho_F) \times OI_{t-1}$
净融资费用（NFE）	超常增长的净融资费用： $[NFE_t + (\rho_D - 1) F_{t-1}] - \rho_D \times NFE_{t-1}$
利润（earn）	超常收益增长： $[earn_t + (\rho_E - 1) d_{t-1}] - \rho_E \times earn_{t-1}$ $(G_t^E - \rho_E) \times earn_{t-1}$

operating income growth model）来为企业的经营业务和权益进行估值了。就如同用预测剩余经

营性收益来估算经营业务的价值一样，我们也可以通过预测超常增长的经营性利润，来估算经营业务的价值：

净经营性资产的价值＝资本化［下期经营利润＋超常增长经营性收益的现值］

即

$$V_0^{NOA} = \frac{1}{\rho_F - 1}\left(OI_1 + \frac{AOIG_2}{\rho_F} + \frac{AOIG_3}{\rho_F^2} + \frac{AOIG_4}{\rho_F^3} + \cdots\right) \quad (14-5)$$

经营业务的价值等于企业权益资本的价值减去净金融性负债的价值。从上面这个公式中可以看出，这个公式的形式与超常收益增长 AEG 模型［式（14-4）］的形式是一样的，只是用经营利润替代了收益总额，用经营业务的资本成本替代了权益资本成本而成。与剩余经营性收益 ReOI 模型一样，该超常增长的经营性收益模型简化了我们的估值任务，因为我们现在只需要预测企业未来的经营利润就可以了，对于金融活动对企业未来盈利的影响，则可以予以忽略。由于这个模型是对整个企业所进行的估值，还没有扣除净金融性负债的影响，因此，这个模型（与剩余经营性收益 ReOI 估值模型一样）也被称为**企业估值模型**（enterprise valuation model 或 valuation model for the firm）。

同表 14-2 一样，在表 14-4 中，应用经营性收益的超常增长模型对耐克公司进行了估值，这个表格的形式与第 6 章中的超常收益增长模型估值是一样的。与应用剩余经营性收益模型进行估值时一样，我们预测了耐克公司的经营利润和净经营性资产，只是接下来再利用净经营性资产的预测值计算出了预计的自由现金流量：$C-I = OI - \Delta NOA$，做法与第 11 章中的方法 1 是一样的。在整个过程中，并不需要专门去预测未来的自由现金流量，因为这个指标是可以根据其他预测值直接计算得到的。接下来，根据经营利润和自由现金流量的预测值，可以计算出超常增长的经营性收益，如表中底部计算过程所示。最后，就可以应用模型进行估值了。请注意，超常增长的经营性收益 AOIG 就等于剩余经营性收益 ReOI 在相邻两期之中的变动额（见表 14-2）。最后的估值结果与我们用剩余经营性收益模型进行估值所得到的是相同的。

表 14-4　对耐克公司使用超常增长的经营性收益模型进行估值

经营活动的必要报酬率为 9.1%（除每股数据外，金额单位均为百万美元）。

	2010A	2011E	2012E	2013E	2014E
经营利润（OI）		1 950	2 042	2 102	2 146
净经营性资产（NOA）	5 514	6 287	6 549	6 814	7 089
自由现金流量（$C-I = OI - \Delta NOA$）		1 177	1 780	1 837	1 871
自由现金流量再投资收益（按 9.1% 计算）			107.1	162.0	167.2
含息经营利润			2 149.1	2 264.0	2 313.2
正常经营利润			2 127.5	2 227.8	2 293.3
超常增长的经营性收益（AOIG）			21.6	36.2	19.9
贴现系数			1.091	1.190	1.299
AOIG 的现值			19.8	30.4	15.3
AOIG 的现值合计		65.5			
持续价值（CV）					1 197
持续价值的现值		921.4			
2011 年度的预计经营利润		1 950.0			
		2 936.9			

	2010A	2011E	2012E	2013E	2014E
资本化率		9.190			
企业价值	32 273				
净金融性资产的账面价值	4 371				
普通股权益的价值	36 644				
每股价值（按 484 百万股计算）	75.71				
经营利润的含息增长率（%）			10.2	10.9	10.0

持续价值的计算：

$$持续价值\ CV = \frac{61.0}{1.091-1.04} = 1\ 196.9$$

$$持续价值的现值 = \frac{1\ 196.9}{1.299} = 921.4$$

在持续价值的计算式中，2015 年超常增长的经营性收益 AOIG 预测值为 61.0，等于 2014 年的剩余经营性收益 1526 百万美元按 GDP 增长率 4% 增长后的结果（与表 14-2 中剩余经营性收益的估值保持一致）

自由现金流量再投资收益等于上一年度的自由现金流量按必要报酬率 9.1% 进行投资的结果。以 2012 财务年度为例，自由现金流量的再投资收益为：9.1%×1 177 = 107.1。

含息经营利润等于当年的经营利润加上自由现金流量再投资收益，以 2012 财务年度为例，含息经营利润为：2 042 + 107.1 = 2 149.1

正常经营利润等于上年度的经营利润按必要报酬率进行增长后的结果，以 2012 财务年度为例，正常经营利润为：1 950×（1+9.1%）= 2 127.5

超常增长的经营性收益（AOIG）等于含息经营利润减去正常经营利润之差，以 2012 财务年度为例，当年超常增长的经营性收益 $AOIG$ = 2 149.1−2 127.5 = 21.6。或者，也可按公式 $(G_t - \rho_F) \times OI_{t-1}$ 来进行计算，仍以 2012 年数据为例，有：(1.102 − 1.091)×1 950 = 21.6

注：因四舍五入原因，计算中存在误差。

14.2.2 关注未来：可持续的盈利

出于估值的目的，我们对未来的剩余经营性收益和超常增长的经营性收益会特别关注，能够对未来产生影响的项目，应当是核心（可持续的）经营利润：

$$核心\ ReOI_t = 核心\ OI_t - (\rho_F - 1) NOA_{t-1}$$

核心经营利润排除了重构利润表中其他非正常的、临时性项目的影响（当然，是用税后金额表示的）。在耐克公司 2010 财务年度的报表中，披露它的核心经营利润为 1910.7 百万美元，因此，耐克公司在 2010 财务年度中的核心剩余经营性收益为：1910.7−（9.1%×6346）= 1333.2 百万美元。**核心剩余经营性收益**（core residual operating income）是由核心净经营性资产报酬率（核心 RNOA，在第 13 章中有介绍）所推动的，这就是我们预测的基础：耐克公司能够使它的核心剩余经营性收益增长吗？

14.3 资本成本与估值

估值离不开预测，而预测需要计算现值，因此又离不开资本成本率。前面介绍的这些模型说明了如何进行预测和估值，但现在，我们已经遇到了三个不同的资本成本指标：权益资本成本率 ρ_E；负债资本成本率 ρ_D 和经营活动的资本成本率 ρ_F。那么，现在我们需要来解释一下，这三个不同的资本成本计量指标有什么联系和区别呢？共同点是：它们都是利用贝塔技术（在本书第 3 章的附录中和相关财务管理教材中对此有所介绍）计算得到的，但这里的问题是，基本面分析师应当如何掌握和对待这三个不同的概念。首先，还是先让我们确保大家已经对这几个概念有所理解。

14.3.1 经营活动的资本成本

剩余收益是股东权益投资人可以享有的，因此在计算和贴现时，需要使用权益资本成本率 ρ_E。剩余经营性收益是企业营业活动所得利润，因此在计算和贴现时使用经营活动的资本成本率 ρ_F。也就是说，在将收益进行贴现时，需要使用与该收益的风险相对应的贴现率。企业在经营活动中所承担的风险，叫作**经营风险**（operational risk），或者**企业风险**（firm risk 或 enterprise risk），是由可能损伤经营利润的各种因素所带来的，比如，销售收入和经营费用对经济萧条和其他突发事件的敏感性等，都会影响企业的经营风险。举例来说，航空公司的经营风险相对较高，因为在经济萧条时期，人们会较少选择乘坐飞机出门；同时，燃料成本对石油价格的变动非常敏感。为了补偿经营风险而要求的必要报酬，称为**经营活动的资本成本**（cost of capital for operations），或**企业资本成本**（cost of capital for the firm），用符号 ρ_F 所表示（这里的 F 表示企业——firm）。

如果你在此之前学过公司理财课程，其实你对这个概念一定不会感到陌生。由于下面这个关系式的存在，经营活动的资本成本有时又被称为**加权平均资本成本**（weighted-average cost of capital，WACC）：

经营活动的资本成本 = 权益资本成本和净负债成本的加权平均值

$$= \left(\frac{\text{股东权益的价值}}{\text{经营活动的价值}} \times \text{权益的资本成本} \right)$$

$$+ \left(\frac{\text{负债的价值}}{\text{经营活动的价值}} \times \text{负债的资本成本} \right)$$

即

$$\rho_F = \frac{V_0^E}{V_0^{NOA}} \times \rho_E + \frac{V_0^D}{V_0^{NOA}} \times \rho_D \tag{14-6}$$

换句话说，对经营活动进行投资的必要报酬，等于股东所要求的必要报酬与净金融性负债所要求的必要报酬之加权平均数，而权重则由权益资金和负债资金在企业价值中所占的比重来决定。请参考阅读材料 14-2，学习相关的计算例题。

阅读材料 14-2

经营活动的资本成本计算：耐克公司、通用磨坊公司、戴尔公司和 IBM 公司

计算企业经营活动的资本成本（也称企业资本成本），需要取这家企业的权益资本成本和（税后）负债净额（净金融性负债）资本成本的加权平均值，所以，这个指标也常常被称为加权平均资本成本（WACC）。具体计算需要分以下两步完成。

（1）应用某个资产定价模型，例如资本资产定价模型（CPAM），估算企业的权益资本成本。如果使用资本资产定价模型的话，需要的输入变量包括无风险利率、企业的权益贝塔系数和市场风险溢酬。详见第 3 章附录中的介绍。

（2）应用加权平均资本成本的计算式[式（14-6）]，将权益资本成本转换为经营活动的资本成本。计算时，权重由企业经营活动的（内在）价值和净金融性负债的价值所决定。由于此时权益的价值还是未知的，一般可直接使用权益的市场价值来代替，而净金融性负债的价值一般与它们的账面价值是非常接近的。

下面，我们以四家企业为例，计算了它们在 2010 财务年度的 WACC，这四家企业分别为耐克公司、通用磨坊公司、戴尔公司、IBM 公司。计算中，取 10 年期政府债券的收益率 3.6% 为无风险利率，并假定市场风险溢酬为 5%；各家公司的股东权益贝塔系数由相关的贝塔数据服务公司所提供。负债的资本成本本身也是一个加权平均值，它等于企业负债净额各组成部分的利率按该项负债价值占负债净额总值的比重加权后的结果，相关的数据从企业报表附注关于负债的披露信息和关于金融性资产的收益率披露信息中取得。其中，戴尔公司和耐克公司的利率为它们所持有净金融性资产的收益率。经营活动的市场价值等于权益的市场价值与净金融性负债的账面价值之和（市场价值的单位均为百万美元）。

	耐克公司	通用磨坊公司	戴尔公司	IBM 公司
股东权益贝塔系数	0.9	0.4	1.4	0.7
权益资本成本率（%）	8.1	5.6	10.6	7.1
负债的资本成本率（税后）（%）	1.2	3.3	1.0	3.1
权益的市场价值	35 816	23 634	30 688	193 600
净金融性负债的价值	（4 371）	5 813	（9 032）	17 973
经营活动的市场价值	31 445	29 447	21 656	211 573
经营活动的资本成本率（%）	9.1	5.1	14.6	6.8

对通用磨坊公司和 IBM 公司来说，它们持有净金融性负债，因此经营活动的资本成本是小于权益资本成本的，但对耐克公司和戴尔公司来说，它们持有的是净金融性资产，因此经营活动的资本成本是大于权益资本成本的。当企业的经营风险一定时，相对使用借款来说，持有（低风险的）金融性资产是可以降低权益资本成本的。

以通用磨坊公司的数据为例，WACC 的计算如下：

$$\left(\frac{23\,634}{29\,447}\times 5.6\%\right)+\left(\frac{5\,813}{29\,447}\times 3.3\%\right)=5.1\%$$

而如果以耐克公司的数据为例，由于它持有的是净金融性资产，所以，应当把金融性资产当作"负的负债"来处理：

$$\left(\frac{35\,816}{31\,445}\times 8.1\%\right)+\left(\frac{-4\,371}{31\,445}\times 1.2\%\right)=9.1\%$$

这个计算结果为我们提出了一个警示，请参考阅读材料 14-3 中的资料。

阅读材料 14-3

关于资本成本的思考

一则基本面分析者的信条（在第 1 章中已介绍）指出，分析人员必须小心地区分他真正知道的和他猜测估算的。基本面分析的目的是为了检验股票定价的合理性，因此，在分析计算过程中，必须避免引入投机猜测部分。但不幸的是，标准的资本成本计量指标都是靠估算得到的，因此必须非常小心地进行处理。在第 3 章的附录中已经解释过，对于资本成本，除了我们手边的资产定价模型之外，目前还真找不到一个更好的方法来估算它。

关于权益风险溢价的思考

利用资本资产定价模型计算资本成本率时，需要首先估算市场风险溢酬水平。在阅读材料14-2中的例子中，我们使用的是5%。但在各种教材和学术研究中，市场风险溢酬的估值范围涵盖了3%～9.2%这个区间。按这样的估值范围进行计算，戴尔公司的权益资本成本（当贝塔系数为1.4时）将可能在7.8%～16.5%。

事实真相是，市场风险溢酬水平只是我们猜测出来的，它并不是一个客观的数据。此外，真实的贝塔系数事实上也是未知的，这更增加了估值的不确定性，使得资本成本成为一个高度不客观的数据。将这样不客观的数据带入到估值中，就会使得我们的估值结果也不够客观。

将含有投机成分的价格应用到加权平均资本成本的计算中

我们已经提醒过大家，不要将股票价格引入到估值过程中去（因为股价中有可能含有投机成分），比如，在讨论第13章中利润里所包含的养老基金投资收益和本章阅读材料14-1时，我们都提醒大家不要依赖企业资产负债表中所报告的权益投资价格和银行按"盯市会计"处理原则报告的抵押贷款金额。

在关于加权平均资本成本的计算公式［式（14-6）］中，需要按负债和权益资本的（内在）价值占比作为权重，对负债和权益的个别资本成本进行加权处理。在计算过程中，一般的做法是取市场价值来代表内在价值，计算出权重比例，如同阅读材料14-2中的计算示例那样。但这样做的前提是假定市价是有效的，而我们进行基本面估值的目的，恰恰是想要检验市场价格是不是真的有效。如果我们在计算过程中使用了可能含有投机成分的价格作为参数，那么，我们对价格的检验能力必然就会打上折扣。

实际上，你可以看出，加权平均资本成本WACC的计算是一个循环：我们本来是希望估算出资本成本水平，然后利用资本成本来估算权益的价值，但要估算出资本成本，却要求我们已经知道了权益的价值！所以，我们需要有什么方法能帮助我们打破这个循环——不再引用可能含有投机成分的市场价格。在第19章中，我们将重新回到这个问题上来。

14.3.2 负债的资本成本

负债的资本成本等于各金融性负债组成项目（包括优先股和金融性资产在内）各自成本的加权平均数，我们习惯说负债的资本成本，但实际上，将它理解为全部净金融性负债项目的资本成本会更好一点。

在第10章中，我们将企业的所得税费用在利润表中的经营活动项目和金融活动项目间进行了分配，从而对净融资费用按税后净值在重构报表中进行列报。因此，在这里，对负债净额的成本也需要按税后基础进行计算，计算式为：

$$\text{负债净额的税后成本} = \text{负债净额的名义成本} \times (1-t)$$

其中，t 表示我们在第10章中使用过的边际所得税税率。（阅读材料14-2中的）IBM公司在它的财务报表附注中披露，它在2010财务年度的平均借款成本率为每年4.8%，按所得税税率36%计算，税后负债成本就是3.1%。与净融资费用NFE被称为实际融资费用一样，负债的税后成本率有时也被称为**实际债务成本**（effective cost of debt），因为企业真正承担的利息费用实际上并不是名义上的利息金额，而是名义利息扣除利息抵税部分后的差额。因此，我们用符号 ρ_D 来表示负债的资本成本，请一定记住，ρ_D 表示净金融性负债的实际成本率。

14.3.3 经营风险、财务风险与权益资本成本

WACC 的计算公式让人有一些容易产生误导，因为如果单从式（14-6）来看，似乎一家企业经营活动的资本成本是由它的权益资本成本和负债资本成本所决定的。但其实是企业的经营活动有着其内在的风险，这是由企业的风险性质所决定的，而不取决于企业的融资结构。因此，在公司财务中有一种标准的说法［这是我们接触的另一个莫迪利亚尼与米勒（Modigliani and Miller）概念］认为企业的资本成本不受它的经营性资产融资方式影响，即无论企业使用多少的负债资金或者权益资金，它的资本成本都是不变的。并不是经营活动的必要报酬率由权益资本成本和负债资本成本所决定，反过来，是企业的风险性质决定了它的权益投资人和债权人可以要求的报酬率。企业的经营有着其内在的风险，这是它的权益投资人和债权人所必须接受的。因此，正确理解这个问题的方式是接受权益资本成本是由下面这个公式来决定的。这个公式只是对 WACC 计算式［式（14-6）］的一个变形整理，将权益的资本成本从等式的右边移动到了左边而已：

权益资本的必要报酬率 = 经营活动的必要报酬率 +（市场杠杆水平 × 必要报酬率之差）　　（14-7）

即

$$\rho_E = \rho_F + \frac{V_0^D}{V_0^E}(\rho_F - \rho_D)$$

（1）　　（2）

以 IBM 公司为例（相关数据见阅读材料 14-2），该公司的权益资本为 6.8% + [17 973/193 600 ×(6.8% − 3.1%)] = 7.1%。与股东所得的报酬包括两个方面的内容（经营活动所带来的和金融活动所带来的）一样，投资的必要报酬也受两个方面的影响，①**经营风险**（operating risk）；②**财务风险**（financing risk）。其中，第一方面的影响是股东所承担的经营风险，由于承担了经营风险而要求的必要报酬就是经营活动的资本成本。如果一家企业的净负债额为 0，那么，这家企业的权益资本成本就等于经营活动的资本成本，即 $\rho_E = \rho_F$。例如，假定 IBM 公司的净负债额为 0，那么根据资本资产定价模型，股东就会要求至少 6.8% 的报酬。像这样的企业我们有时会将它称为**纯权益公司**（pure equity firm）。但是，如果企业有金融活动，那么就一定会有第二方面的影响：即由于承担了财务风险，权益投资人会要求的额外报酬。你可以看到，与财务风险相关的溢酬水平取决于企业的负债水平与权益水平之间的相对比重（金融杠杆），以及经营活动的资本成本与负债资本成本之间的差额（必要报酬率之差），这是非常有道理的。财务风险是由于企业使用了负债和负债可能带来的不利影响而产生的。如果经营活动能够产生的报酬低于负债的成本，负债就会带来不利的影响。因此，如果企业的负债水平越高、经营活动的报酬率与负债成本率之间的差距越小，权益资本的风险就会越大。在阅读材料 14-2 中，从资本资产定价模型计算出的经营活动必要报酬率来看，IBM 的水平是低于戴尔公司的，但因为 IBM 公司的杠杆水平更高，所以，IBM 公司的权益投资者所要求的财务风险溢酬相对戴尔公司来说更高。具体来看，IBM 公司股东所要求的财务风险溢酬水平为 0.3%（= 7.1%-6.8%），而戴尔公司由于杠杆水平为负，因此为 −4.0%（= 10.6%-14.6%）。

在这里，杠杆水平是用负债的价值与权益的价值之比来衡量的，为了与我们在第 12 章中所讨论过的**账面价值杠杆**（book leverage，FLEV）相区分开来，我们将它称为**市场杠杆**（market leverage）。

对于这些计算过程，你愿意在多大程度上去信赖它们呢？在阅读材料 14-3 中，对于在基

本面分析中使用的资本成本估值提出了警告。我们必须要修正这个问题，不过将留到第 19 章再次回到主动投资这个论题中时再来解决。目前，请你先记住第 7 章中的思想：关注按当前市价买入可以得到的预期报酬，而不是具有投机可能的"资本成本"。

14.4 财务风险、收益与权益估值

14.4.1 杠杆与剩余收益估值模型

你应该已经注意到了，权益资本的必要报酬率表达式[式（14-7）]与第 12 章中普通股权益报酬率 ROCE 的影响因素表达式在形式上十分类似。下面是这两个公式，请你进行比较：

普通股权益报酬率 = 净经营性资产报酬率 + [金融杠杆（账面价值）× 经营利润率差异]　（14-8）

即

普通股权益报酬率 $ROCE$ = 净经营性资产报酬率 $RNOA$

$$+\left[\frac{净金融性负债\ NFO}{普通股东权益\ CSE} \times (净经营性资产报酬率\ RNOA \right.$$
$$\left. - 净借款成本率\ NBC)\right]$$

与：

权益资本的必要报酬率 = 经营活动的必要报酬率 +（市场杠杆 × 必要报酬率之差）

即

$$\rho_E = \rho_F + \frac{V_0^D}{V_0^E}(\rho_F - \rho_D)^{\ominus}$$

在这两个表达式下，权益资本的报酬率都受经营活动的报酬率和融资活动带来的溢酬这两个因素的共同影响，而融资活动带来的溢酬则由金融杠杆水平和两个报酬率之间的差异所决定。两个公式之间的唯一差别在于，第二个公式计算的是必要报酬率，而不是会计报酬率；另外，在计算杠杆水平时，第二个公式使用的是市场杠杆，而不是账面价值杠杆。

这样进行比较是非常有意义的。在第 12 章中我们已经看到，如果经营利润率差异为正，那么，增大杠杆水平就可以提高企业的普通股权益报酬率 ROCE（以及剩余收益），这是使用负债能带来的"好消息"方面。但是与此同时，当杠杆水平增加时，如果经营利润率差异为负，那么普通股权益报酬率 ROCE 反而会更低的风险也增加了，因此，权益资本所要求的报酬率就会更高，这是使用负债可能带来的"坏消息"方面。"风险越大，回报越多"这句老话讲的就是你在这里体会到的这种情况，并且，在剩余收益估值模型中，你会看到这句话所描述的情况是确实存在的：权益的价值取决于预期的剩余收益水平和将剩余收益贴现计算现值时所使用的利率，而剩余收益的水平又是受普通股权益报酬率 ROCE 影响的。假定一家企业的净经营性资产报酬率 RNOA 是大于其净借款成本率 NBC 的，那么，使用杠杆能产生更高的普通股权益报酬率 ROCE 和更高的剩余收益 RE，这对现值的影响来说，是好的一面。但同时，为反映财务风险的加大，贴现率也会增加，这对现值的影响来说，是不利的一面。那么，对最终计算结果来说，净影响额是怎样的呢？

$\ominus$　原书公式有误，以此为准。——译者注

在公司财务中，有一种标准的说法认为这两种杠杆的影响是可以互相抵消的，因此，杠杆对权益的价值最终是不会产生影响的。对此，我们在表14-5中进行了说明。首先，估值（A）假定一家企业在未来每一年都能实现预计经营利润135百万美元，并且净经营性资产水平也一直保持不变，那么，每年的预计剩余经营性收益ReOI就是18百万美元，将这个永续年金按经营活动的资本成本率9%进行资本化处理，得到的估值结果为每股2.00美元（假定一共有600百万股）。接下来，我们利用剩余收益估值模型进行了权益估值，即估值（B）。在计算剩余收益和进行资本化处理时，使用的是权益资本成本率10%，而不再是经营活动的资本成本率9%，但最终的估值结果是相同的。在支付了利息之后，剩余的自由现金流量都用于支付股利了，因此，为简化起见，用自由现金流量偿还债务不会引起杠杆水平的变化。但是，在最终的估值，即估值（C）中，杠杆水平是发生了变化的，这是对同一家企业，在发生了债务和股权互换之后重新资本化处理的剩余收益估值。在这次互换交易中，企业按每股2.00美元的价格回购了200百万股股份，导致权益资本减少了400百万美元，而负债同时增大了400百万美元（净经营性资产水平保持不变）。结果由于杠杆水平发生了变化，股东为了补偿他们所额外承担的财务风险，所要求的必要报酬率从10%上升为12.5%。此次交易同时使这家企业的普通股权益报酬率从12%上升为16.7%，剩余收益从2000万美元上升为2500万美元。但是，每股权益资本的价值仍然是保持不变的。

在第13章中（阅读材料13-8）我们看到，锐步公司在1996年的剩余收益变动和普通股权益报酬率变动主要就是由于公司金融杠杆的巨大变化所引起的。现在请你看看阅读材料14-4，在这份资料中，分析了锐步公司进行巨额的股份回购对企业价值和权益价值的影响。你将发现，经过此笔交易之后，企业杠杆水平发生了巨大变化，导致普通股权益报酬率ROCE的大幅上升。所以，企业是可以通过加大杠杆来增大它的普通股权益报酬率的，但是，在这种情况下，普通股权益报酬率的增加对企业的价值是没有影响的。

阅读材料14-4

锐步国际公司：股份回购和借款对企业价值和权益价值的影响

在锐步公司1996年的财务报表附注2中，披露了如下信息。

2. 荷兰式拍卖要约收购的股份回购

1996年7月28日，董事会授权本公司以荷兰式拍卖要约收购的方式回购本公司不超过2400万股股份，回购出价为现金买入价在每股30.00～36.00美元，回购计划的执行期间从1996年7月30日起，至1996年8月27日止。结果，本公司以每股36.00美元的价格一共回购了1700万股股份。在此次回购计划执行前，本公司共有7250万股股份流通在外；截至1996年12月31日，此次要约收购的股份回购计划完成之后，流通在外的本公司股份还有5580万股。为了完成此次股份回购，如附注6和附注8中所披露的那样，本公司与由几大银行组成的辛迪加财团签订了新的信贷协议。

按每股买价36.00美元计算，为了完成1670万份股票回购，锐步公司一共支出了6.012亿美元，这笔钱是按当时的市场借款利率借入的。回购计划完成以后，锐步公司的股东权益减少而负债增加，杠杆水平大幅度上涨。下面我们将锐步公司1996年的资产负债表和金融杠杆水平与假定该公司没有进行回购和借款的情形来进行比较（单位：百万美元）。

	股份回购后 （1996年实际 的资产负债表）	假定没有进行股 份回购的情况下 （1996年的 资产负债表）
净经营性资产	1 135	1 135
净金融性负债	720	119
股东权益合计	415	1 016
少数股东权益	34	34
普通股东权益	381	982
金融杠杆（FLEV）	1.73	0.12

注：金融杠杆（FLEV）是按当年的平均净金融性负债与平均股东权益来计算的，而不是按期末值计算的。

下面是根据1997年年初，分析师对锐步公司每股收益的一致预测值——每股2.56美元而编制的预计1997年利润表。我们将这些数据与"如果公司不进行股份回购"状态下的模拟数据进行了比较，说明如果没有此项资本交易，公司的预计财务报表将是什么样子的（除每股价值单位为美元外，其他金额单位均为百万美元）。

	股份回购后 （1997年的预计 利润表）
经营利润	187
净融资费用（净金融性负债的4%）	(29)
少数股东本期收益	(15)
预计实现盈利	143
流通在外的股份数量（百万股）	55.840
预计每股收益	2.56
预计1997年的：	
净经营性资产报酬率RNOA	16.5%
经营利润率差异SPREAD	12.5%
普通股权益报酬率ROCE	37.5%

	假定没有进行股 份回购的情况下 （1997年的预计 利润表）
经营利润	187
净融资费用（净金融性负债的4%）	(5)
少数股东本期收益	(15)
预计实现盈利	167
流通在外的股份数量（百万股）	72.540
预计每股收益	2.30

（续）

	假定没有进行股 份回购的情况下 （1997年的预计 利润表）
预计1997年的：	
净经营性资产报酬率RNOA	16.5%
经营利润率差异SPREAD	12.5%
普通股权益报酬率ROCE	17.0%

由于净经营性资产并没有任何影响，因此，杠杆水平的变动并不会影响经营利润的预测值。预计的净经营性资产报酬率RNOA和经营利润率差异SPREAD仍然保持不变，但是，杠杆水平的变动确实使锐步公司的预计普通股权益报酬率ROCE出现了较大幅度的变化。

因此可以看出，只要简单地增加一些负债，一家企业就可以实现更高的普通股权益报酬率（前提是经营利润率差异要为正）。但是，这与企业潜在的经营活动获利能力毫无关系，这种融资交易对价值创造是没有影响的。在这里，我们比较了锐步公司的权益估值25.42亿美元与如果不进行此项交易，并且杠杆水平仍保持不变的情况下，锐步公司原有7254万股股份的估值（除每股价值单位为美元外，其他金额单位均为百万美元）。

	股份回购后 锐步公司的 权益估值	如果没有进 行股份回购 的锐步公司 权益估值
净经营性资产的价值	3 472	3 472
净金融性负债的账面价值	720	119
权益估值	2 752	3 353
少数股东权益的估值	210	210
普通股权益的估值	2 542	3 143
每股价值	45.52	43.33

经营活动并不会受到此次融资交易的影响，因此，经营活动的价值是保持不变的。不过，从上面的比较中可以看出，看起来通过股份回购交易，每股价值是增加的。但每股45.52美元的估值是建立在分析人员在1996年年末所做出的预测基础之上的，大致

等于做出预测当时锐步公司股票的市场价格。然而，股份回购发生在1996年的8月，回购价格为每股36美元。如果这1670万股股票是按照每股43.33美元（这个价格中反映出了后来的分析人员预计价值）的价格来进行回购的，那么，在股份回购前后的估值情况就应该是这样的（除每股价值单位为美元外，其他金额单位均为美元）：

	按每股43.33美元的价格进行股份回购后锐步公司的权益估值	不进行股份回购的锐步公司权益估值
净经营性资产的价值	3 472	3 472
净金融性负债的账面价值	843	119
权益估值	2 629	3 353
少数股东权益的估值	210	210
普通股权益的估值	2 419	3 143
每股价值	43.33	43.33

所以，不进行回购情况下的权益估值与1996年年末的权益估值是相等的，就像没有发生股份回购交易一样。在股份回购发生后的权益估值中，反映出权益资本共计减少了：43.33元/股×1670万股＝724（百万美元），而负债则增加了相同的金额。在第3章中我们看到，按市场价值发行或者回购股份对每股价格是不会产生影响的，在这里，又一次验证了这个道理。将来大家还会看到，按市场价值发行负债也不会对每股价值43.33美元产生影响。此外，这个例子还说明了金融杠杆水平的变化是不会影响每股价值的。

当然，在股份回购事件过去以后，那些并没有参与股份回购的股东是从中受益了的。回购价格每股36.00美元也许是比较公允的，但股票价格后来又继续上涨了：我们计算出的价值是每股45.52美元，接近1997年年初锐步公司的市场价格。如果没有此次股份回购交易，那么，根据分析人员的预测值修订计算，每股价值将从36.00美元上涨为每股43.33美元。但每股价值现在变为了45.52美元，差额每股2.19美元正是那些没有参与股份回购的股东所得到的每股利得，因为他们在8月时的机会成本只是每股36.00美元，而不是更高的价格。这也是那些参与回购的股东所遭受的损失（将股票按每股36.00美元卖出，而不是按每股42.22美元卖出）总额除以剩余股份数量的结果。

锐步公司进行此次巨额股份回购的原因是分析显示它的股份价值被低估了吗？该公司的股票价格从1996年8月时的回购价格每股36美元上涨为1997年年初的每股43美元，因此，从事后来看，参与股份回购的股东遭受了损失而没有被回购的股东则得到了收益。锐步公司的管理层是在感觉到本公司股票价格太低时才决定进行此次股份回购的吗？（锐步公司的股票价格后来发生了大幅度地下跌）再一次地，当股份回购发生时，要小心决定你是否参与回购。

在表14-5中，估值A、估值B和估值C的最后结果都是相同的，说明在对权益进行估值时，我们既可以使用预计的剩余收益，也可以使用预计的剩余经营性收益。不过，利用剩余收益进行估值的复杂性更大一些。在这些例题中，只考虑了一次杠杆水平的变化，但在现实生活中，预计的杠杆水平在每期都会发生变动，因为企业实现盈利、发放股利、发行债务或者债务到期，都会影响到权益资本与债务资本之间的比例关系。因此，我们必须在每个期间都对贴现率进行调整，这种枯燥的过程要求的工作量很大，但对最终的价值计算结果是没有影响的。不过，如果我们应用剩余经营性收益估值模型，就可以不用管企业金融活动的影响了，所以，利用经营利润来进行计算的效率会更高一些，它不仅将净金融性资产的预计剩余收益设定为0，而且还认为由于杠杆水平的变化而导致的剩余收益变动和权益资本成本变动对估值是没有影响的。相应地，这些与价值创造无关的金融活动可以被忽略，使我们能集中注意力到价值创造的源泉（企业的经营活动）中去。

表 14-5　杠杆水平对权益估值的影响：剩余收益估值模型

	0	1	2	3
A. 某企业的经营活动资本成本率为9%，税后负债成本率为5%，应用剩余经营性收益模型对其进行估值				
净经营性资产	1 300	1 300	1 300	1 300 →
净金融性负债	300	300	300	300 →
普通股东权益	1 000	1 000	1 000	1 000 →
经营利润		135	135	135 →
净融资费用（300×5%）		15	15	15 →
当期盈利		120	120	120 →
剩余经营性收益 $ReOI$ [135−（9%×1 300）]		18	18	18 →
剩余经营性收益的现值（18/9%）	200			
普通股权益的价值	1 200			
每股价值（按600百万股计算）	2.00			
市净率 P/B = 1 200 / 1 000 = 1.2				
B. 应用剩余收益模型对同一企业进行估值：权益资本成本率 = 9.0% + [300/1 200 ×（9.0%−5.0%）] = 10.0%				
净经营性资产	1 300	1 300	1 300	1 300 →
净金融性负债	300	300	300	300
普通股东权益	1 000	1 000	1 000	1 000
当期盈利		120	120	120
普通股权益报酬率 ROCE		12%	12%	12% →
剩余收益 RE [120−（10%×1 000）]		20	20	20 →
剩余收益的现值（20 / 10%）	200			
普通股权益的价值	1 200			
每股价值（600百万股）	2.00			
市净率 P/B = 1 200 / 1 000 = 1.2				
C. 应用剩余收益模型对同一家企业在利用负债资金进行股份回购后进行估值：权益资本成本 = 9% + [700/800 ×（9%−5%）] = 12.5%				
净经营性资产	1 300	1 300	1 300	1 300 →
净金融性负债	700	700	700	700 →
普通股东权益	600	600	600	600 →
经营利润		135	135	135 →
净融资费用（700×5%）		35	35	35 →
当期盈利		100	100	100 →
普通股东权益报酬率 ROCE		16.7%	16.7%	16.7% →
剩余收益 RE [100−（12.5%×600）]		25	25	25 →
剩余收益的现值（25 / 12.5%）	200			
普通股东权益的价值	800			
每股价值（按400百万股计算）	2.00			
市净率 P/B = 800/600 = 1.33				

14.4.2　杠杆与超常收益增长估值模型

你会发现，由于锐步公司回购股份导致金融杠杆加大，预计公司未来的每股收益也相应增加了——从回购前的每股2.30美元变为了回购后的2.56美元。与金融杠杆能增加普通股权益报酬率 ROCE（当然，前提是经营利润率差异为正）一样，金融杠杆同时也能增加企业的每股收益，如果在进行股份回购时加大企业的杠杆水平，还能使每股收益增加更多。在使用超常收益增长估值模型时，我们曾经说，对收益的增长应当支付更高的价格，但现在，我们应当为由于杠杆水平的增加而带来的每股收益增长也支付价格吗？表 14-6 中的数据告诉我们：不能。

表 14-6　杠杆水平对权益估值的影响：超常收益增长模型

	0	1	2	3
A. 某企业的经营活动资本成本率为 9%，税后负债成本率为 5%，应用超常增长的经营性收益模型对其进行估值				
经营利润		135	135	135 →
净融资费用（300 × 5%）		15	15	15 →
当期盈利		120	120	120 →
每股收益（按 600 百万股计算）		0.20	0.20	0.20 →
自由现金流量（$C-I = OI - \Delta NOA$）		135	135	135 →
自由现金流量再投资收益（按 9% 计算）			12	12 →
含息经营利润			147	147 →
正常经营利润			147	147 →
超常增长的经营性收益 AOIG			0	0 →
经营活动的价值（135 / 9%）	1 500			
净金融性负债	300			
股东权益的价值	1 200			
每股价值（按 600 百万股计算）	2.00			
远期市盈率 = 2.00 / 0.20 = 10				
B. 应用超常收益增长模型对同一企业进行估值：权益资本成本率 = 9.0% + [300/1 200 ×（9.0% − 5.0%）] = 10.0%				
经营利润		135	135	135 →
净融资费用（300 × 5%）		15	15	15 →
当期盈利		120	120	120 →
每股收益（按 600 百万股计算）		0.20	0.20	0.20 →
股利（d = 当期盈利 − Δ 普通股东权益）		120	120	120 →
股利再投资收益（按 10% 计算）			12	12
含息收益			132	132 →
正常收益（按 10% 计算）			132	132 →
超常收益增长 AEG			0	0 →
股东权益的价值（120 /10%）	1 200			
每股价值（按 600 百万股计算）	2.00			
远期市盈率 = 2.00/0.20 = 10				
C. 应用超常收益增长模型对同一家企业在利用负债资金进行股份回购后进行估值：				
权益资本成本 = 9% + [700/800 ×（9% − 5%）] = 12.5%				
经营利润		135	135	135 →
净融资费用（700 × 5%）		35	35	35 →
当期盈利		100	100	100 →
每股收益（按 400 百万股计算）		0.25	0.25	0.25 →
股利（d = 当期盈利 − Δ 普通股东权益）		100	100	100 →
股利再投资收益（按 12.5% 计算）			12.5	12.5 →
含息收益			112.5	112.5 →
正常收益			112.5	112.5 →
超常收益增长 AEG			0	0 →

(续)

	0	1	2	3
权益资本的价值（100/12.5%）	800			
每股价值（按 400 百万股计算）	2.00			
远期市盈率 = 2.00/0.25 = 8				

在这个表中，应用超常收益增长模型对表 14-5 中的同一家公司进行了估值。首先，估值 A 部分应用的是本章介绍的超常增长的经营性收益 AOIG 模型。由于净经营性资产是不变的，因此预计经营利润和含息经营利润（指包含将自由现金流量再投资收益后的）都等于正常经营利润，每年的自由现金流量也是一样的。第 2 年以后，超常增长的经营性收益预计为 0，相应地，经营活动的价值就等于下一年的经营利润（135 百万美元）按经营活动的必要报酬率 9% 进行资本化的结果，即 1500 百万美元。在扣除了净金融性负债的价值之后，权益的价值就是 1200 百万美元，即每股 2.00 美元，与运用剩余经营性收益 ReOI 模型进行估值的结果相同。

估值 B 部分应用的是超常收益增长模型，而不再是超常增长的经营性收益模型，因此，在这一部分中，应当关注企业的当期盈利和股利的再投资，而不再是经营利润和自由现金流量。由于盈利完全用于股利发放，因此股利是等于当期盈利的。不过，现在，权益资本的成本率变为 10.0%，所以第 1 年后的超常收益增长预计为 0。这样，权益的价值就等于下一年度的盈利 120 百万美元按 10% 进行资本化处理的结果，即 1200 百万美元，或每股价值 2.00 美元，也是下一年度的每股收益 0.20 美元按 10% 进行资本化处理的结果。

估值 C 部分与表 14-5 中的情形一样，假定企业利用负债资金进行了股份回购。结果，杠杆水平的改变使得当期盈利水平下降（因为在经营利润不变的情况下，利息费用增加了），但每股收益却增加为 0.25 美元。估值结果显示，每股收益的增大并没有改变权益资本的每股价值，因为随着杠杆水平的提高，权益资金的资本成本也增加为 12.5%，所以抵消了每股收益增加的影响。权益资本的价值——用下一年的每股收益预期值 0.25 美元按权益资本成本率 12.5% 进行资本化计算，为每股 2.00 美元，仍然是保持不变的。

这个例子证实，对收益的增长进行定价时，使用超常收益增长 AEG 模型或者使用超常增长的经营性收益 AOIG 模型，结果都是一样的。不过，如果可以，最好能够使用超常增长的经营性收益估值模型，因为这样只需要关注经营业务的增长就可以了。在实务中，杠杆水平在每个会计期间都是不停变化的，因此，如果我们要使用超常收益增长 AEG 模型的话，就需要在每个会计期间都换用不同的权益资本成本率。所以，如果可以忽略杠杆水平的影响，只关注经营活动的话，估值工作将能够更简单一些。实际上，金融活动并不能创造超常收益增长，因此，既然杠杆水平对超常收益增长没有贡献，为什么还要把估值问题搞得这么复杂呢（随着杠杆水平的改变而不停地变化资本成本率）？

如果你理解一家企业是不可能通过按公允的市场价值发行债券来赚钱的，那么，在分析中省略金融活动的影响就是有意义的：因为这些交易的净现值 NPV 贡献都为 0（剩余收益也为 0）。如果你预计一家企业在未来会通过发行债券来改变它的杠杆水平，而此次债券发行对净现值 NPV 的影响为 0 的话，那么，企业当前的价值就不可能受到任何影响。类似地，如果企业通过新增负债筹得资金来进行股份回购，且回购价格也是在公允的市场价值基础上达成的，那么，企业的价值也不会受此次交易的影响。

14.4.3 促进收益增长的杠杆

在表 14-6 中,杠杆水平的增加导致每股收益从 0.20 美元上升到 0.25 美元,但同时企业的每股价值仍然保持不变。这个例子提醒我们:应当小心由杠杆水平所推动的收益增长。加大负债杠杆可以促进收益增长,但并不能影响企业的超常收益增长,所以,由杠杆水平增加而推动的收益增长是不创造价值的。这一点与另一个贯穿本书的观点是一致的,即增长是有风险的。阅读材料 14-5 中对此有完整的解释。

阅读材料 14-5

小心对待由杠杆水平所促进的盈利增长

第 5 章和第 6 章在介绍市净率估值模型和市盈率估值模型时,曾经提醒我们小心不要为收益和收益的增长而支付过高的价格;不要为单纯由于投资规模的扩大而带来的盈利去买单,因为投资也许能增大盈利,但并不能使价值增加;不要为由于会计方法的操纵所创造出来的盈利去买单,因为会计核算方法是不创造价值的。现在,我们需要向大家再提出另一个警告:不要为由于金融杠杆的加大而推进的盈利增长去买单。下面是完整的警示内容:

- 对于由于投资规模的扩大而带来的盈利增长,要特别小心;
- 对于由于会计方法的选用而报告出的盈利增长,要特别小心;
- 对于由于金融杠杆的加大而带来的盈利增长,要特别小心。

与估值模型能够保护投资者,避免为由于上述前两种来源的盈利增长而付出过高的价格一样,如果正确地运用模型,也可以保护投资者不为由于杠杆水平的变化而带来的盈利增长去买单。

表 14-5 和表 14-6 中的例子就对杠杆水平变化所造成的影响进行了考察。不过,杠杆水平其实每期都在发生变化,如果每一期的杠杆水平都在上升(假定都是有利杠杆),那么预计的企业盈利和每股收益就会持续增长。但这种增长并不是我们想要支付价格去购买的增长。下面我们对两家企业的盈利增长和价值进行的比较,这两家企业的营业状况完全相同,但其中一家企业使用了负债杠杆,而另一家则没有。对有负债的这家企业来说,它有着更高一些的预计收益增长率,但是它的每股权益价值却与无负债的企业仍然是相同的。

无负债公司的收益增长

下面这张表格中给出了一家纯权益企业(金融杠杆为 0)的预计盈利和每股收益增长数据,这家企业一共有 1000 万股股份流通在外,这些预测数据是在第 0 年年末做出的。假定这家公司不支付任何股利,经营活动的必要报酬率为 10%(由于这家企业没有任何负债,因此权益资本的必要报酬率也等于 10%)(表中除每股数据外,其他金额单位均为百万美元)。

	0	1	2	3	4
净经营性资产	100.00	110.00	121.00	133.10	146.41
普通股权益	100.00	110.00	121.00	133.10	146.41
经营利润(等于综合收益)		10.00	11.00	12.10	13.31
每股收益(按 10 百万股计算)		1.00	1.10	1.21	1.33
每股收益增长率(%)			10	10	10
净经营性资产报酬率 RNOA (%)		10	10	10	10
普通股权益报酬率 ROCE (%)		10	10	10	10

	0	1	2	3	4
剩余经营性收益		0	0	0	0
自由现金流量（= OI−ΔNOA）		0	0	0	0
含息经营利润			11.00	12.10	13.31
正常经营利润			11.00	12.10	13.31
超常增长的经营利润			0	0	0
股东权益的价值	100.00				
每股权益价值（按10百万股计算）	10.00				
远期市盈率	10.0				
市净率	1.0				

由于预计净经营性资产报酬率RNOA也为10%，所以剩余经营性收益为0；由于预计剩余收益为0，因此在第0年，股东权益的价值也就等于它的账面价值100百万美元，而每股价值则为10美元，企业的市净率为1.0，属于正常的市净率水平。

预计的经营利润和自由现金流量水平使得预计的超常增长经营性收益也等于0，因此这家企业的价值（和企业股东权益的价值）就等于将下一年度的经营利润按10%的必要报酬率进行资本化处理的结果，即100百万美元，或每股10美元。远期的市盈率为10.0，按资本成本率10%的水平来看的话，属于正常的市盈率水平。

假定这家企业的盈利和每股收益预计都能够按10%的速度增长，相应地，由于必要报酬率也等于10%，因此预计超常收益增长为0。

有负债公司的收益增长

下面是另一家经营状况与无负债公司完全一样，但是使用了负债融资的公司数据。这家公司在第0年时的经营性资产中，有5000万美元来自负债，另5000万美元来自股东权益（现在流通在外的股份数量为500万股）。负债资金的税后资本成本率为5%。这种杠杆水平的变化也可以理解为是上面那家无负债公司在后来发生了负债和权益的互换或者用负债资金去进行了股份回购而引起的。

	0	1	2	3	4
净经营性资产	100.00	110.00	121.00	133.10	146.41
净金融性负债	50.00	52.50	55.12	57.88	60.77
普通股权益	50.00	57.50	65.88	75.22	85.64
经营利润		10.00	11.00	12.10	13.31
净融资费用		2.50	2.63	2.76	2.89
综合收益		7.50	8.37	9.34	10.42
每股收益（按5百万股计算）		1.50	1.68	1.87	2.08
每股收益增长率（%）			11.67	11.57	11.48
净经营性资产报酬率RNOA（%）		10	10	10	10
普通股权益报酬率ROCE（%）		15.0	14.6	14.2	13.9
剩余经营性收益		0	0	0	0
自由现金流量（= OI−ΔNOA）		0	0	0	0
含息经营利润			11.00	12.10	13.31
正常经营利润			11.00	12.10	13.31
超常增长的经营利润			0	0	0

	0	1	2	3	4
股东权益的价值	50.00				
每股权益价值（按 5 百万股计算）	10.00				
远期市盈率	6.67				
市净率	1.00				

你将注意到，相对无杠杆的状况下，虽然企业的盈利水平（综合收益）降低了，但每股收益、收益增长率和每股收益增长率都变得更高了。当分析人员预测这家企业的增长率在 11% 以上时，或许就会认为这家公司的估值比增长率为 10% 的纯权益公司更高，但这是不对的。无论是应用剩余经营性收益估值还是应用超常增长的经营性收益来进行估值，这家企业的每股价值都是 10 美元，与无杠杆公司的估值水平是一样的。与较高的普通股权益报酬率经过贴现后仍然得到正常的估值一样，较高的收益增长率也是这样的。因此，在为企业的增长而支付价格时，应当尤其小心。

虽然企业的估值不因杠杆水平而变化，但市盈率确实改变了。现在，虽然有杠杆公司的超常收益增长预计为 0，但它的远期市盈率为 6.67，而不再是 10.0 了。这其中的变化原因需要等到你学习下一部分知识后才能理解，但这里可以稍微提示一下：市盈率不仅仅取决于企业的增长潜力，还会受资本成本的影响，当金融杠杆水平增加以后，股东权益的资本成本也增加了。练习题 E14.10 对本例进行了进一步的扩展。

关于杠杆水平与企业的盈利增长，实际上存在着下面这个正式的会计关系：

收益增长率$_t$ = 经营利润增长率$_t$ + [盈利杠杆系数$_{t-1}$ × （经营利润增长率$_t$ – 净融资费用增长率$_t$）]

即

$$g_t^{earn} = g_t^{OI} + ELEV_{t-1}\left(g_t^{OI} - g_t^{NFE}\right)$$

这里的盈利杠杆（$ELEV_{t-1}$）存在于上一年度的利润表中，用"净融资费用/当期盈利"来表示，即净融资费用对盈利的影响程度。一般情况下，经营利润增长率 g_t^{OI} > 净融资费用增长率 g_t^{NFE}，因此，盈利杠杆对盈利增长的影响是"有利"的。可用上面的例子来验证这个公式的存在。

在 20 世纪 90 年代，很多企业都通过增大负债进行了巨额的股份回购，结果导致企业的每股收益增加。下面就是 IBM 公司的一些数据。

国际商用机器公司（IBM）					
股份回购与金融杠杆（1995 ~ 2000 年）					
	2000 年	1999 年	1998 年	1997 年	1996 年	1995 年
股份回购，净值（10 亿美元）	6.1	6.6	6.3	6.3	5.0	4.7
负债净额增加（10 亿美元）	2.4	1.2	4.4	4.6	0.8	2.3
金融杠杆（FLEV）	1.21	1.10	1.22	0.98	0.68	0.62
每股收益	4.58	4.25	3.38	3.09	2.56	1.81

可以看出，在 20 世纪 90 年代里，IBM 公司的每股收益增长非常显著。在第 13 章我们已经看到，这其中很大的功劳来自养老基金所创造的收益、资产处置和重组支出的"回流"，接下来，巨额的股份回购和金融杠杆的加大也促进了每股收益的增长，使得 IBM 公司的每股收益增长质量问题让人担忧。

在 20 世纪 90 年代，公司负债的增加对强劲的收益增长贡献很大，而市场对这种收益增长赋予了很高的盈利乘数。图 14-1 追踪了美国企业从 1963～2010 年的金融杠杆（FLEV）情况。对 IBM 公司来说，结果是有利的，因为它有能力使自己处于杠杆的有利方。但是负债也是有风险的，这种风险的加大使得企业的必要报酬率也增加：一旦杠杆带来了不利影响，企业的收益就会下降，甚至陡然地下降。对一些企业来说，这种负债的不利影响在 2000 年以后开始变得非常明显，它们拼命地想办法完成债务契约，导致股东价值出现了较大损失。比如当时的威望迪集团（Vivendi）、奎斯特公司（Quest，以及很多其他的通信类企业）、美联航（United Airlines，以及很多其他航空运输企业）等。你可以看到，在图 14-1 中，2000 年以后企业的负债水平大幅下降，并且这种情形在 2008 年信贷危机之后再次重现，一些高负债的金融企业更是如此。在很多情况下，企业所发行的债务都用在了不确定的企业并购方面，这当然也能促进盈利的增长。分析人员在对待由于企业合并所带来的盈利增长时，需要非常谨慎，尤其是这种增长还是使用的负债资金时。对于股份回购交易，也存在着类似的提醒，因为股份回购总是会导致杠杆水平的增加：股份回购的资金要么来自借款，要么就需要处置金融性资产才能得到。请参考阅读材料 14-6 中的内容。

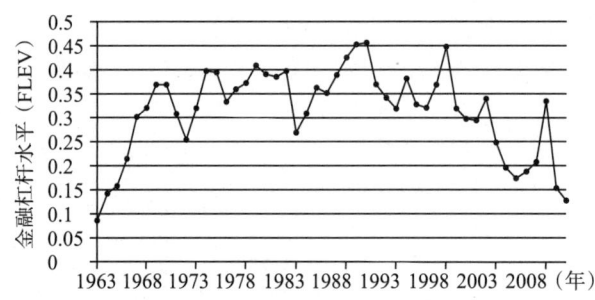

图 14-1　美国企业金融杠杆水平中位数分布（1963～2010 年）

金融杠杆（FLEV）用净金融性负债与普通股权益之比来衡量。这些中位数以市值大于 2 亿美元的上市公司为样本得到。

资料来源：Standard & Poor's Compustat® data.

阅读材料 14-6

为什么企业会进行股份回购

企业有很好的理由去进行股份回购：这是一种可以将现金支付给股东的方式。如果一家企业持有大量的金融性资产，一时又找不到合适的现金投资机会，那么，就应当将现金发放给股东，因为也许股东能找到较好的投资机会。或者至少股东不会让情况变得更糟，企业可以将现金投资于生息的金融性资产，股东最差也可以将这些现金投资于与企业可选的投资对象类似的资产上面去。

然而，在评价股份回购行为时，必须非常谨慎。如果将按公允价值出售金融性资产所得到的资金又用来按公允价值进行股份回购，是不创造价值的；或者，如果按公允价值发行债务，然后将筹得的资金用来进行股份回购，也是不创造价值的。不过，除了将闲置的现金转移给股东之外，支持企业管理层进行股份回购的，还有其他的理由。

（1）在 2003 年对企业管理人员所进行的一次调查⊖中，76% 的被调查者都认为提高每股收益是一个能影响他们进行股份回购的重

⊖ A. Brav, J. Graham, C. Harvey, and R. Michaely, "*Payout Policy in the 21st Century*," *Journal of Financial Economics*, 2005, pp. 483-527.

要因素。股份回购确实能增大企业的每股收益,但通过股份回购而增长的每股收益是不创造价值的。如果企业管理人员的奖金是与每股收益水平挂钩的,那么我们显然就能明白为什么他们会喜欢进行股份回购了。

(2)在同一次调查中,68%的被调查者同意股份回购能够抵消由于执行员工股票期权计划所产生的股权稀释影响。但实际上,股份回购是不能抵消股权的稀释效应的,这一点我们在第9章的阅读材料9-5中已经讨论过了。

(3)有时,企业进行股份回购的原因仅仅是因为经营的成功为企业带来了大量的现金,这时往往还会同时伴随企业的股票价格被定位得很高。在这种情况下进行股份回购虽然可以提高企业的每股收益,但从市场中买回被高估的股票显然也会损伤股东的财富。实际上,如果股票价格是受每股收益推动的,那么管理人员就可能会决定买回被高估的股票,以继续保持每股收益的增长。如此循环和互相影响,导致泡沫的产生。

(4)或者,企业管理人员也可以通过主动掌握市场交易时机来为股东创造价值:"低位买入"不仅适用于普通投资者,也适用于企业购买本公司的股份。相应地,企业管理人员在股份回购(或者股份发行)时,需要留心这些股份的内在价值。在2003年对管理人员所进行的调查中发现,有86.4%的管理人员认为他们是在认为公司股票具有很好的投资价值时才进行股份回购的。

如果公司管理人员使用公司股东权益资金来回购股票,那么,请查看他们向美国证券交易委员会(SEC)所提交的内部交易报告:他们自己是在买入还是在卖出股票呢?当你判断公司股票已经被市场高估时,请尤其要谨慎对待。

在20世纪90年代末期,微软公司进行了一系列的股份回购,当时该公司的股票价格高达每股60美元左右(调整股票分割影响后的价格)。市场评论人士质疑微软公司是否正在买入"被高估的股票",在第9章的阅读材料9-5中对此有介绍。2008年9月,微软在它的股票价格下降到每股25美元时宣布将进行400亿美元的股份回购,这会不会是因为微软公司认为当时的股票价格被低估了呢?

2010年9月,微软公司宣布将以非常低的利率(不到1%)借入50亿美元,但在这以前,微软公司从来都没有主动借过债。这家公司有着强大的自由现金流量,在它的资产负债表中,当时还报告有368亿美元的现金和短期投资。评论人士认为,微软公司计划了股份回购,但是根据公司当时的现金状况,是根本不需要借款就能够完成回购的,那么,微软公司到底想做什么呢?答案之一是:微软公司认为当时的股票价格(每股24美元)太低了,因此正是回购的好时机,而且他们还可能同时认为,既然利率正处于市场低位,当时也正是借款的好时机。用低成本的负债资金来为股份回购提供融资,是一种纯粹的财务套利策略。对此,股票市场的反应是:在股份回购的公告宣布以后,股票价格上升了5.3个百分点。

14.4.4 负债与税

有人认为,公司所支付的利息是可以在税前扣除的,但股东个人支付的利息却不能在税前予以扣除,因此,企业借款是可以节税的。股东可以通过个人借款来提升他们的权益报酬率,也可以通过所投资的公司借款来实现同样的目的。如果采用后一种方式的话,就可以因为相关利息成本能够在税前予以扣除而增加企业价值。

这种说法是有争议的。第一,(在美国)股东个人的纳税申报单中,如果利息能够与相关的投资收益配比,是可以在税前予以扣除的。第二,对公司来说,可以在税前扣除的利息费用,属于收到这些利息费用的相关债权人的应税收益,因此,为了弥补他们所要缴纳的税费,债权人必然就会要求更高的借款利率来进行补偿,这样就减轻了企业借债所可能带来的纳税好处。免税负债(例如市政债券)与公司负债之间的利率差便是证明。第三,自由现金流量的去向要么是减少企业的负债净额,要么就只能发放给股东:$C-I = d+F$。这两种去向都存在税务方面的影响。如果将自由现金流量用于减少企业的负债,那么股东就会失去对应负债能够带来的所谓税收好处;而如果企业希望维持负债水平不变,那么就只能将自由现金流量发放给股东,但股东在收到现金股利时必然又要缴纳相关的税费。所以,无论用于哪一种用途,自由现金流量都是要被征税的,股东不可能在避免缴纳个人所得税的同时还享受到企业负债的税后优惠。

你可以在公司理财课程中再来钻研这些问题。如果你坚信负债能够创造增值,那么,你可以在掌握个人所得税税率和公司所得税税率之后,通过计算税收优惠的现值来修正这里的价值计算。不过,考虑到股东的立场,请不要只意识到负债所能带来的税收好处,而忽视了向股东发放股利和对债权人进行支付的税收影响。

在阅读材料14-7中,考虑了企业可能通过负债来为股东创造价值的其他两种方式。

阅读材料 14-7

利用负债创造价值

一般情况下,人们认为,企业是不可能通过发行负债来创造价值的:如果负债是按市场公允价值发行的,那么这项交易的净现值为0,或者说,这项交易的剩余净融资费用为0。银行和其他金融机构从借贷利差中获利,可以算是一个利用负债来赚钱的例子。债券交易人如果发现了债券的错误定价,也可以通过债务的交易来创造价值。但是对利用负债来进行融资的企业来说,负债交易确实是不创造价值的。

不过凡事总有例外。比如:

(1)考虑下面这样的情形。某家有着特殊风险特征的企业正在发行一种评级为AA的债券,到期收益率为6%。筹得资金后,这家企业进行了风险更大的经营活动,导致债券的评级相应下降为BBB。债券价格的下跌使得它的必要报酬率变为9%,以补偿增加的风险。于是,这家企业赎回了这些债券,然后在账面上确认了收益。

企业可以通过上面这种方式,将价值从债权人那里转移给股东。所以,作为债权人需要注意:要小心可能出现的这种情况,并在签订债务协议时加入条款以避免出现这样的情况。作为股东也需要注意:这种方式是可以用来"欺负"债权人的。对于估值分析人员来说也要小心:企业可以通过这种方式来为股东创造价值。应用剩余收益估值技术时,也会包含这一部分价值。如果预期会有这样的情形发生,那么分析人员会预测到企业可以通过赎回债券来报告已实现收益,相应地,剩余净融资费用也为负数(即从债券中得到了剩余收益)。

(2)与管理人员可能会择时进行股票发行或者进行股份回购一样,他们也可能会操纵债务发行和赎回的时间。如果管理人员认为企业的债券价格被高估了(比如,由于市场低估了企业的违约概率),那么,他们可能就会在此时发行债券以利用这种错误的定价。反过来,当债券价格被低估的时候,企业正好可以回购自己所发行的债务。此外,当管理人员认为利率目前正处于低位,并且预计将来会上涨的时候,就可能做出债券发行决策。如果你所投资的企业拥有低利率的债务,那么这家企业的价值在利率上涨时期肯定会上升,因为它过去购入的负债成本非常低。2010~2011年,美联储将利率保持在低位的时候,企业发行了大量的债务,预期在将来通货膨胀发生时(根据美联储的宽松货币政策)利率就会上涨。请参考阅读材料14-6中微软公司的例子。

在公司理财课程中，总是把市场理解为有效的，因此企业买卖债券和股票时，都是按照公允的市场价值成交的。如果真是这样的话，金融活动确实是创造不了价值的。但是，如果有人发现了市场的错误定价，公司理财课程的另一个观点就会出现：与普通的投资者一样，企业也会在价格便宜时买回自己的债务和股票，在价格被高估时再来发行这些证券（当然，发行需要有经营活动投资需求的配合）。或者至少，企业会像防御型的被动投资者那样，避免在错误的价位上去进行交易。相应地，资本结构（即企业融资来源中负债与权益资金的比例关系）对价值的影响并不是无差异的或者无关的，而是企业在资本市场中采用主动策略的结果。不过，要参与资本市场交易，管理人员至少要对企业的价值有一个基本的理解。

了解了经营活动的价值之后，主动投资者也可能会利用负债来创造杠杆效应。投资者发现了价值被低估的股票之后，也许就会借款去买入，因为他认为低价买入必有收益。不过此外，投资者也许确实被一家经营价值被低估的公司所吸引，不过这家企业本身的负债程度可能就已经非常高了，所以收益中本身就已经包含了杠杆效应。再一次地，股东可以通过自己借债来实现杠杆效应，企业本身也可以使用杠杆效应。不过在投资中使用杠杆这种想法是非常危险的，并且绝大多数的基本面投资者都会避免使用高杠杆，因为负债最终是有风险的。在增加借款以前，我们必须对价格被低估这个判断非常有信心。对防御型投资者来说，这个警告应该换一种说法：如果只有哪怕一丝一毫的怀疑认为某只股票的价格被高估了，在使用负债的情况下，请一定避免买入这样的股票，因为万一怀疑变成了现实，那么杠杆只会增加到时候的痛苦。基本面分析人员相信一点：先弄清楚企业在无杠杆情况下的价值，然后才能正确评价杠杆增加的影响。本章所介绍的企业估值技术就是这么做的。

14.5 盯市会计：在股票期权估值中引入负债的工具

经营活动与金融活动之间的区别告诉我们，要进行企业估值，有两种途径。一是预计一项资产或者负债能实现的未来收益（然后将预计剩余收益的现值与它的账面价值相加），二是直接用市场价格来报告资产或者负债的价值。其中，"盯准市场价格"（简称"盯市"）是非常有吸引力的，因为这样就可以将我们从预测工作中解放出来了。不过，也只有在市价确实能够可靠地反映出公允价值时，我们才可能使用盯市会计报告。一般情况下，金融性资产和金融性负债的市场价值是符合这一标准的，因此，我们才可以不用去预测金融活动的收益与费用。

在第9章中，解释了当员工执行作为薪酬的一部分而支付给他们的股票期权时，股东实际上是承担了损失的。而且，目前的美国公认会计原则对这种损失是不确认的。当时，我们曾经演示了如何计算行权可能导致的损失金额，但这件事情其实还没有结束。虽然确认了行权对当期利润的影响，但对于那些仍然流通在外的期权来说，将来它们被行权时对未来的影响还没有考虑到，而这些期权一旦被行权，也是会减少未来综合收益的。所以，如果根据按照美国公认会计原则计算出来的预计经营利润去进行估值，必然会高估企业的价值，将买价过高的风险留给投资者去承担。对此，分析人员必须调整相关的影响。有人也许认为，解决方法肯定是用预计未来的期权行权损失去调低美国公认会计原则下的预计利润，确实，这是一种解决方案。不过，预计未来的损失并不是件容易事：因为损失等于行权日的市场价格与行权价格之差，所以，我们不仅需要预计行权日，还需要预计公司股份在行权日的市场价格！

所以，另一种解决方案是盯市会计处理——用它来替代我们的预测工作。我们可以利用期权定价模型，在合理的准确度范围内，去估算出流通在外期权的公允价值。在第 9 章中，我们关注过耐克公司，根据它在财务报表附注中关于股票期权信息的披露，截至 2010 财务年度末，耐克公司流通在外的股票期权有 36.0 百万份，加权平均的行权价格为每份 46.60 美元。按耐克公司在当年年末的股票市价每股 72.38 美元计算，当时大部分流通在外的股票期权都处于实值状态。这些期权的价值（期权沽压）对股东来说构成了一项或有负债，因为企业需要按低于市价的金额发行股份，这与产品质量保证金和环境破坏诉讼一样，都属于或有负债的范畴。在计算股东权益价值时，或有负债也是需要（与其他负债项目一起，从企业的总价值中予以）扣除的。

这种或有负债的价值可以按流通在外的期权数量，用期权估价模型去进行估算，然后，用这个价值去调低表 14-2 和表 14-4 中按美国公认会计原则计算的预计盈利水平，如下所示（单位：百万美元）。

扣除期权沽压前的权益价值（根据表 14-2 和表 14-4）		36 644
因期权沽压引起的负债额：		
按布莱克－斯科尔斯模型对流通在外的期权进行估值：36.0 × $41.50	1 494	
可抵扣的税额（按 36.3% 计算）	（542）	
期权负债（税后）		952
股东权益价值		35 692
按 484 百万股计算的每股价值		73.74

这里的期权沽压金额是按照全部流通在外期权的加权平均价值来计算的，即每份期权 41.50 美元。由于期权行权所导致的损失是可以在所得税前予以扣除的，因此真正的沽压金额应当再扣除相应的税收抵扣金额。确认期权沽压金额后，耐克公司的股票价值从表 14-2 和表 14-4 中的每股 75.71 美元，下降为每股 73.74 美元。

这里所进行的调整只是一个大致数。首先，利用布莱克－斯科尔斯期权估值模型本身只能得到大致的估值。由于员工期权与标准的交易期权还是有着不同的特征（比如，可能不需要等待期，或者在到期前就行权），所以常常需要做一定的修正。其次，由于美国公认会计原则和国际财务报告准则要求在期权授予日就确认部分期权价值（这种做法被称为"授予日会计处理"），因此，这里所计算出的金额是有一定的高估的。理想的状况本应该是将已确认的平值期权价值从中扣除，只确认处于实值状态中的期权所增加的这部分负债。然而，要做到这一步实在是太困难了。最后，只有当价格确实能代表价值时，以股票的市场价格为基础计算出的期权价值才是可行的。分析人员希望能够找到独立于市场价格之外的内在价值，而这个价值却又依赖于流通在外的期权价值。不过，期权价值和股权价值是联系在一起的，所以就出现了问题。这时我们可以应用迭代的方法：首先，以未考虑期权影响之前的权益内在价值为期权估值的起点（即每股 75.71 美元），然后，不断地改变和迭代权益与期权的价值，直到两者相等为止。认股权证的定价模型也可以解决这个问题[⊖]。与期权定价模型应用于（未稀释）交易期权不同，认股权证定价模型能确认员工期权的稀释影响。认识到了这几个问题之后，我们必须要着眼大局，问自己：这个问题重大吗？

盯市会计处理方法实质上已经将资产负债表中的账面价值所忽略的负债进行了重述，这种方法也可以应用于其他或有负债。在估值中，以上程序也可应用于流通在外的看跌期权、认股

⊖ 请参考 F. Li 和 M. Wong, "Employee Stock Options, Equity Valuation, and the Valuation of Option Grants Using a Warrant-Pricing Model," *Journal of Accounting Research*, March 2005，pp. 97-131。

权证和其他可转换证券。例如，对于与法律诉讼相关的或有负债，可减去将发生的预计损失的现值。在财务报表附注信息披露中，有关于这些或有负债的更多信息提供。

14.6 企业估值乘数

在表 14-5 金融杠杆影响的例题中，你也许已经发现，随着杠杆程度的增加，市净率也增大了，从 1.2 变为了 1.33。而在表 14-6 中，你可能还注意到，随着杠杆水平的增大，市盈率指标却下降了，从 10 变成了 8。不过，在这两种情况下，权益的价值都没有发生改变。这意味着，我们最好要排除杠杆的影响来考察市净率和市盈率。

14.6.1 企业市净率

股东权益的价值等于经营活动的价值减去净金融性负债的价值，因此，内在的市净率指标可以表达为：

$$\frac{V_0^E}{CSE_0} = \frac{V_0^{NOA} - V_0^{NFO}}{NOA - NFO}$$

如果净金融性负债是按市场价值进行报告的，那么它们对账面价值之外的溢价就是没有贡献的；价格与账面价值之差起源于企业的净经营性资产没有按市场价值进行报告。然后，这个表达式告诉我们，当净金融性负债相对净经营性资产的金额发生变动时，市净率也会变动，即市净率是受杠杆水平影响的。因此，即使金融项目的定价就等于其账面价值，不同企业之间的市净率差异也与它们的融资结构有关。

为避免由于不同企业的融资结构不同而对市净率造成的影响，我们应当关注企业经营活动的价值与其账面价值之比，我们将净经营性资产的价值与其账面价值之比称为**企业市净率**（enterprise P/B ratio）或**无杠杆市净率**（unlevered P/B ratio）：

$$企业市净率 = \frac{净经营性资产的价值}{净经营性资产的账面价值}$$

$$= \frac{V_0^{NOA}}{NOA_0}$$

当然，净经营性资产的价值应当等于股东权益的价值加上净金融性负债的价值。因此，要计算市场的（交易的）企业市净率，只需要将净金融性负债的价值与股东权益的市场价值相加，然后再按上式进行计算就可以了。

标准的股东权益市净率被称为**杠杆市净率**（levered P/B ratio），这两个市净率之间的关系如下：

$$杠杆市净率 = 企业市净率 + [金融杠杆 \times (企业市净率 - 1)]$$

即

$$\frac{V_0^E}{CSE_0} = \frac{V_0^{NOA}}{NOA_0} + FLEV \left(\frac{V_0^{NOA}}{NOA_0} - 1 \right) \quad (14-9)$$

其中，与前面一样，FLEV 表示账面价值杠杆（即净金融性负债/普通股东权益）。这个表达式同样也适用于市场市净率，只需要用市场价格（P）替代公式中的价值（V）就可以了。这两个市净率之差随着杠杆水平的增加而增加，也随着无杠杆市净率偏离正常市净率 1.0 的差距而增加。例如，假定无杠杆市净率为 1.0，那么无论杠杆水平为多少，杠杆市净率也为 1.0。图 14-2 说明了在六种不同的杠杆水平下，杠杆市净率是如何随着无杠杆市净率变化而变化的。

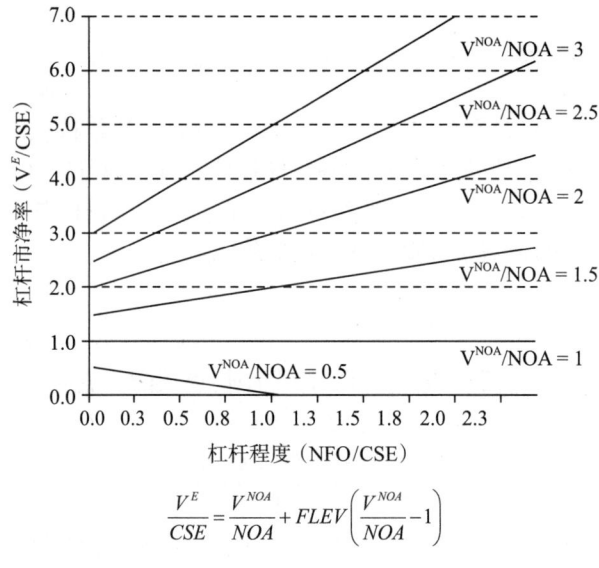

$$\frac{V^E}{CSE} = \frac{V^{NOA}}{NOA} + FLEV\left(\frac{V^{NOA}}{NOA} - 1\right)$$

图 14-2　杠杆市净率与杠杆水平

本图说明了在不同的无杠杆市净率水平下，杠杆市净率（V^E/CSE）是如何随杠杆水平（V^{NOA}/NOA）而发生变动的。

我们通常所说的市净率是指杠杆市净率，但我们所应当关注的却是企业市净率。锐步公司在进行大规模的股份回购从而显著改变其杠杆水平前，杠杆市净率为 3.3（详见阅读材料 14-4），但在那次股份回购之后，就变成了 6.3。这种市净率的变化并没有反映出企业经营获利能力的预期改变，或者人们对企业经营所愿意支付的溢价改变，而是主要受到了杠杆水平变化的影响：锐步公司的企业市净率一直保持为 3.0 不变，并且股票价格也维持在大约每股 36 美元没有变化。这笔回购和融资交易对锐步公司的股东权益每股价值并没有产生影响，它的企业市净率没有发生变动也说明了这一点。

图 14-3 中列出了 1963～2010 年，美国企业的杠杆市净率和无杠杆市净率的中位数。可以看到，在 20 世纪 70 年代中期，当无杠杆市净率为 1.0 左右时，杠杆市净率也大约在那个水平上。但是当无杠杆市净率大于 1.0 后，杠杆市净率总是比无杠杆市净率更高，且无杠杆市净率偏离 1.0 越远，它与杠杆市净率之间的差距就越大。

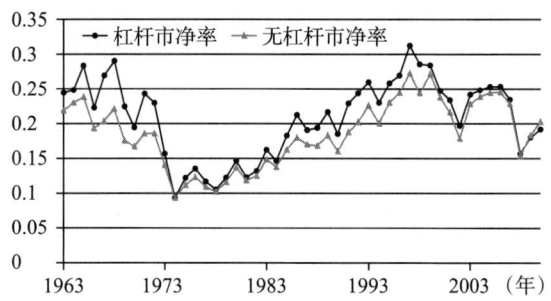

图 14-3　杠杆市净率与无杠杆市净率的中位数趋势：美国市值在 2 亿美元以上的上市公司（1963～2010 年）

资料来源：Standard & Poor's Compustat® data.

14.6.2　企业市盈率

我们一般说的市盈率是指股票价格相对扣除了净融资费用之后盈利的乘数，因此属于**杠杆市盈率**（levered P/E）。杠杆市盈率中包含了对收益增长的预期，不过，收益能否增长是受杠杆水平影响的,并且,由杠杆所推动的增长是不应当被定价考虑的,因为它对超常收益增长没有贡献。因此,有必要构造一个用经营活动的收益增长率来表达的市盈率概念,这就是**企业市盈率**(enterprise P/E ratio)或者**无杠杆市盈率**(unlevered P/E ratio),它以预期的经营利润增长为基础来对经营利润进行定价。

远期企业市盈率(forward enterprise P/E)等于经营活动的价值与预计下一年度经营利润之间的比值:

$$\text{远期企业市盈率} = \frac{\text{经营活动的价值}}{\text{预计下期经营利润}} = \frac{V_0^{NOA}}{OI_1}$$

其中,经营活动的价值等于股东权益的价值加上净金融性负债的价值。以表 14-6 中的数据为例,远期企业市盈率等于经营活动所得价值 1500 百万美元与第 1 年的经营利润 135 百万美元之比,即 11.11。在表 14-6 中,杠杆水平的增加并没有改变这个企业市盈率水平,反过来,虽然经营利润增长一点变化也没有发生,但杠杆市盈率却从 10 下降为了 8。杠杆市盈率的下降反映出了必要报酬率由于杠杆的加大而上升。锐步公司进行股份回购以后,预计下一年的收益从 2.30 变为了 2.56(见阅读材料 14-4),而远期杠杆市盈率则从 18.8 下降为了 17.8,但每股价值却不受影响,而企业市盈率也不受影响。

历史企业市盈率(trailing enterprise P/E)是将企业经营活动的价值与企业当前的经营利润水平相比较后所得到的乘数。不过,还需要做一点调整。正如计算杠杆历史市盈率需要使用含息价格(即在分子中应当加上当期发放的股利)一样的道理,在计算无杠杆市盈率时,也需要调整当期发放股利的影响。经营活动的"红利"就是自由现金流量,因此:

$$\text{历史企业市盈率} = \frac{\text{经营活动的价值} + \text{自由现金流量}}{\text{当期经营利润}} = \frac{V_0^{NOA} + FCF_0}{OI_0}$$

自由现金流量会减少经营活动的价值(因为自由现金流量是流向金融活动的"红利"),因此,由于经营利润的价值与对外支付的现金是无关的,所以在分子中必须加回自由现金流量的影响。

远期杠杆市盈率与远期无杠杆市盈率之间的关系如下:

远期杠杆市盈率 = 远期无杠杆市盈率 + [盈利杠杆系数 × (无杠杆市盈率 - 1 / 净借款成本率)]

即

$$\frac{V_0^E}{earn_1} = \frac{V_0^{NOA}}{OI_1} + ELEV_1 \times \left(\frac{V_0^{NOA}}{OI_1} - \frac{1}{NBC_1} \right) \tag{14-10}$$

公式中的**盈利杠杆系数**(earnings leverage,ELEV)代表净融资费用对当期盈利的影响程度,$ELEV$ = 净融资费用 / 当期盈利,而 NBC 则表示净借款成本率。将括号中的项目取倒数,就是经营利润率和净借款成本率。如果经营利润率 OI_1/V_0^{NOA} 高于借款成本率,那么,杠杆市盈率就会低于无杠杆市盈率,两者之差取决于盈利杠杆系数 $ELEV$ 的大小。当经营利润率等于净借款成本率时,杠杆市盈率和无杠杆市盈率就是相等的。如果无杠杆市盈率特别高(因为预计将来的经营利润会出现巨幅增长),那么杠杆市盈率的水平就会比无杠杆市盈率更高。

考虑了杠杆影响以后的收益 – 价格比(即市盈率指标的倒数,市盈率为 P/E,收益 – 价格比为 E/P)与未考虑杠杆影响的收益 – 价格比之间的关系也与上面的表达式类似:

$$\frac{earn_1}{V_0^E} = \frac{OI_1}{V_0^{NOA}} + \frac{NFO_0}{V_0^E} \times \left(\frac{OI_1}{V_0^{NOA}} - NBC_1 \right) \tag{14-11}$$

对于上面这些表达式，都可以用市场价格（P）取代价值（V），这样，将等式变为企业市盈率与权益市盈率之间的关系。

历史杠杆市盈率与历史无杠杆市盈率之间的关系表达式也非常类似：

$$\frac{V_0^E + d_0}{earn_0} = \frac{V_0^{NOA} + FCF_0}{OI_0} + ELEV_0 \times \left(\frac{V_0^{NOA} + FCF_0}{OI_0} - \frac{1}{NBC_0} - 1 \right) \quad (14-12)$$

当借款成本一定时，你可以建立一个类似图 14-1、图 14-2 中企业市净率与杠杆市净率对应关系那样的图表。图 14-4 列出了美国企业在 1963～2003 年的历史杠杆市盈率和历史企业市净率的中位数分布情况。一般情况下，杠杆市盈率都低于企业市盈率，不过，当企业市盈率处于非常高位时（比如在 20 世纪 90 年代末期），也有相反情况出现。

杠杆市净率与无杠杆市净率之间的关系与杠杆市盈率和无杠杆市盈率之间的关系非常相像：杠杆值都等于无杠杆值加上由杠杆程度和收益成本差所决定的杠杆溢价。在杠杆和无杠杆的会计收益率与必要报酬率之间，我们也可以看到这一关系的存在。最后，我们在表 14-7 中总结了本章所讨论过的杠杆影响。

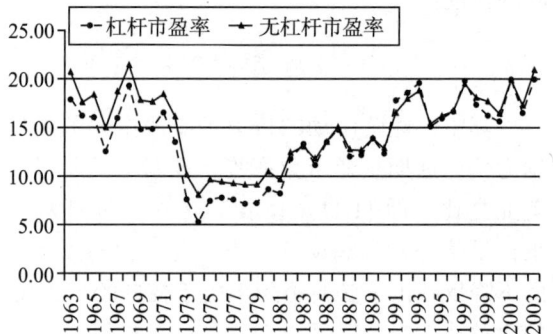

图 14-4　美国企业的历史杠杆市盈率和历史无杠杆市盈率的中位数分布情况（1963～2003 年）

资料来源：Standard & Poor's Compustat® data.

表 14-7　杠杆指标与无杠杆指标之间的关系

概念	杠杆指标	无杠杆指标	关系式
获利能力	ROCE	RNOA	$ROCE = RNOA + FLEV \times (RNOA - NBC)$
资本成本	ρ_E	ρ_F	$\rho_E = \rho_F + \frac{V_0^D}{V_0^E} \times (\rho_F - \rho_D)$
市净率	V_0^E / CSE_0	V_0^{NOA} / NOA_0	$\frac{V_0^E}{CSE_0} = \frac{V_0^{NOA}}{NOA_0} + \frac{NFO_0}{CSE_0} \times \left(\frac{V_0^{NOA}}{NOA_0} - 1 \right)$
远期市盈率	$V_0^E / earn_1$	V_0^{NOA} / OI_1	$\frac{V_0^E}{earn_1} = \frac{V_0^{NOA}}{OI_1} + ELEV_1 \times \left(\frac{V_0^{NOA}}{OI_1} - \frac{1}{NBC_1} \right)$
历史市盈率	$\frac{V_0^E + d_0}{earn_0}$	$\frac{V_0^{NOA} + FCF_0}{OI_0}$	$\frac{V_0^E + d_0}{earn_0} = \frac{V_0^{NOA} + FCF_0}{OI_0} + ELEV_0 \times \left(\frac{V_0^{NOA} + FCF_0}{OI_0} - \frac{1}{NBC_0} - 1 \right)$
未来收益率	$\frac{earn_1}{V_0^E}$	$\frac{OI_1}{V_0^{NOA}}$	$\frac{earn_1}{V_0^E} = \frac{OI_1}{V_0^{NOA}} + \frac{NFO_0}{V_0^E} \times \left(\frac{OI_1}{V_0^{NOA}} - NBC_1 \right)$

本章小结

如果会计人员编制的资产负债表是完全没有问题的，那么，分析人员就没有必要再来进行估值了。如果考虑最完美的情形，资产负债表是没有缺憾的（能直接报告出股东权益的价值），那么分析人员就可以歇业了，因为会计人员已经完成估值的工作了！但资产负债表通常都不是完美的，所以，分析人员必须通过预测去找出缺失值。如果资产负债表已经给出了这些价值，那么分析人员就可以不需要进行预测工作了。

本章介绍的估值方法认为，净金融项目的资产负债表价值接近它们的市场价值，不过，净经营性资产的资产负债表价值一般并不等于它们的真实价值。相应地，我们可以根据预计的经营活动剩余收益或者超常增长的经营性收益来进行估值，但这种估值给出的是企业经营活动的价值，而股东权益的价值等于经营活动的价值减去负债净额的账面价值（或者负债净额的公允价值，在财务报表附注中有披露）。

如果资产负债表中报告的负债净额价值接近它们的公允价值，那么，账面价值乘数的最好形式就是无杠杆市净率或者企业市净率，即，对净经营性资产而不是股东权益进行的定价。本章介绍了企业市净率的计算方法，并说明了企业市净率与杠杆水平和杠杆市净率之间的关系。

本章还介绍了企业市盈率概念。标准的市盈率（杠杆市盈率）是建立在对未来收益增长的预期基础上的，而未来收益的增长必然会受杠杆水平的影响。可是，由杠杆水平所推动的增长却是不创造价值的。即使金融杠杆对权益价值没有影响，杠杆市盈率也会随着杠杆水平的变化而变化。因此，分析人员会使用企业市盈率或者无杠杆市盈率，对经营活动的增长情况进行定价，这样才能避免投资者为收益的增长而支付过高的价格。

我们总是希望能够有效地进行估值。剩余经营性收益估值模型和超常增长的经营收益估值模型都能够帮助我们减轻预测任务，这一点在后续两章中大家就能体会到。现在，需要预测的内容只有综合收益中包含的经营活动部分影响和资产负债表中的净经营性资产部分。此外，在利用必要报酬率将预测结果转换为估值时，我们还可以忽略由于金融杠杆变动而引起的必要报酬率变化。

关键概念

账面价值杠杆（book leverage）：指净金融性负债的账面价值与普通股权益的账面价值之比值。

核心剩余经营收益（core residual operating income）：指排除了偶然的、非持续性利润之后的剩余经营性收益，也称可持续的剩余经营利润（sustainable residual operating income）。

实际债务成本（effective cost of debt）：指税后的借款成本。

企业价值（enterprise value）：指企业经营活动的价值。

融资风险／财务风险（financing risk）：指股东在资金借贷活动中可能蒙受损失的风险。

杠杆市盈率（levered price-earnings ratio）：指以企业的（净）利润为基础来计算的价格乘数，与无杠杆市盈率相对。

杠杆市净率（levered price-to-book ratio）：指以企业的股东权益账面价值为基础来计算的价格乘数，与无杠杆市净率相对。

市场杠杆（market leverage）：指用净金融性负债的价值与普通股权益的价值之比来计量的金融杠杆。

经营风险（operating risk）：指股东和债权人在企业经营中可能蒙受的价值损失风险。

纯权益公司（pure equity firm）：指净负债额为 0 的公司。

无杠杆市盈率（unlevered price-earnings ratio）或**企业市盈率**（enterprise price-earnings ratio）：指以企业的经营利润为基础来计算的价格乘数，与杠杆市盈率相对。

无杠杆市净率（unlevered price-to-book ratio）或**企业市净率**（enterprise price-to-book ratio）：指以企业的净经营性资产为基础来计算的价格乘数，与杠杆市净率相对。

分析师工具箱

分析工具	重要指标	应记住的缩写/简称
剩余经营性收益估值模型［式（14-4）］	超常增长的经营性收益 AOIG	AOIG：超常增长的经营性收益
超常增长的经营性收益估值模型［式（14-5）］	负债的税后资本成本	CAPM：资本资产定价模型
加权平均资本成本（WACC）［式（14-6）］	盈利杠杆系数 ELEV	CSE：普通股东权益
负债的实际利率	杠杆市盈率	CV：持续价值
权益资本成本［式（14-7）］	杠杆市净率	ELEV：盈利杠杆系数
估值与杠杆水平的关系	市场杠杆	FA：金融性资产
估值与股份回购的关系	剩余经营性收益 ReOI	FCF：自由现金流量
估值与股票期权的关系	无杠杆市净率	FLEV：金融杠杆系数
杠杆市净率与无杠杆市净率	无杠杆市盈率	NBC：净借款成本
杠杆市盈率与无杠杆市盈率	加权平均资本成本 WACC	NFE：净融资费用
		NFO：净金融性负债
		NOA：净经营性资产
		OI：经营利润
		P/B：市净率
		RE：剩余收益
		ReOI：剩余经营性收益
		RNOA：净经营性资产报酬率
		ROCE：普通股权益报酬率
		WACC：加权平均资本成本

连贯案例：金佰利公司

自主练习

从第15章开始，你将根据截至目前完成的分析工作，建立对金佰利公司股份的估值了。现在，你的任务是根据你所编制的重构报表，确认出公司的剩余经营性收益。你应当找到经营利润总额和核心（可持续）经营利润，因为只有核心经营利润才会在将来一直持续下去。根据你在前面章节中完成的重构报表，你现在只能找到2009年和2010年的数据。如果你愿意的话，可以自己找出金佰利公司在2006~2008年的年度报告，然后按前述章节连贯案例的要求完成同样的工作，这样，你就能有5年的数据了，这对于我们的预测工作会更有帮助一些，而且还有利于你在更长的时期内追踪剩余经营性收益的增长情况。

经营活动的资本成本

在计算剩余收益时，你需要估算经营活动的资本成本。请遵照阅读材料14-2中的程序来完成。严格地说，每一年都应当重新计算资本成本，不过，由于金佰利公司是一家发展非常稳定的企业，因此只计算2010年的资本成本就可以了，然后将这个资本成本应用到所有年份中。请根据2011年年初金佰利公司的每股价格65.24美元为基础，计算该公司的权益市场价值。在第3章的连贯案例中，我们曾经将贝塔系数设定为0.8，计算出了权益资本的成本。该公司在财务报表关于负债部分的附注中，披露它的加权平均借款成本为5.2%（税前）。请仔细完成这些计算，可参考阅读材料14-3。

追踪剩余经营性收益的影响因素

剩余经营性收益在这些年中的变动总额中，有多少是由于金佰利公司的盈利能力（净经营性资产报酬率RNOA）变化而带来的，有多少是由于净经营性资产增长而推动的？请考察公司销售增长的影响。经营利润的增长中,有多少是来自核心经营盈利?请比较核心经营利润的增长情况和每股收益的增长情况,为什么两者会出现差异呢?

2010 年的股份回购

金佰利公司在 2010 年回购了 1295.4 万股股份,共计用去 8.09 亿美元。请问,此次股份回购对公司未来的经营获利能力、普通股权益报酬率和每股收益增长情况会有什么样的影响呢?对每股价值会带来什么样的影响呢?

期权沽压

金佰利公司在年报附注中披露,截至 2010 年年末,公司共有 2 579.3 万份员工股票期权流通在外,加权平均行权价格为每份 61.62 美元。根据估测,这些期权的加权平均价值为每份 5.70 美元。请计算税后的期权沽压金额。

企业市净率与企业市盈率

金佰利公司的股票在 2011 年年初的价格为每股 65.24 美元,请计算公司在当时的杠杆市净率和企业市净率,以及历史杠杆市盈率和企业市盈率(金佰利公司在 2010 年发放的股利为每股 2.64 美元)。请验证杠杆乘数与无杠杆乘数之间的关系是否符合我们的标准公式。

思考题

C14.1. 如果资产是按它们的公允(内在)价值计量的,分析人员预测这些资产能够产生的剩余收益必然就会等于 0。这种说法正确吗?

C14.2. 假定有一种纯投资基金,只投资于权益性证券,为什么说被投资证券的市场价值并不能代表该投资基金的(内在)价值呢?

C14.3. 能够推动剩余经营性收益增长的因素有哪些?

C14.4. 在股东权益资本成本计算式中,融资风险溢价是指什么?在什么样的情况下,融资风险溢价会表现为负数?

C14.5. 如果一家企业的净金融性资产大于零,那么它的权益资本必要报酬率通常会大于经营活动必要报酬率,这种说法正确吗?

C14.6. 如果将管理人员的薪酬与企业的每股收益挂钩,有什么问题?你认为用什么指标来衡量管理人员的工作业绩比较好呢?

C14.7. 如果一家企业的员工奖金是与普通股权益报酬率挂钩的,现在这家企业的管理人员回购了部分公司流通在外的股份。这笔交易对企业股东财富有什么影响?

C14.8. 加大企业的金融杠杆能提升其普通股权益报酬率(在经营利润率差异为正的前提下)并提高其剩余收益水平,而权益资本的价值是建立在预计剩余收益水平基础上的。但是,有人却说,权益资本的价值不受金融杠杆水平变动的影响。怎样解释这种看似矛盾的说法?

C14.9. 杠杆市净率总是高于无杠杆市净率。这种说法正确吗?

C14.10. 在 20 世纪 90 年代和 21 世纪初,很多企业都通过借钱来回购自己的股份。这种股份回购对企业每股收益增长和普通股权益报酬率通常会产生怎样的影响?请预测在当时进行了大幅度股份回购的企业在 2008 年经济下行时会出现怎样的情况?

C14.11. 如果增加金融杠杆程度,(杠杆)市盈率会增加还是下降?

C14.12. 某位在一家主流华尔街公司工作的权益战略分析师注意到在 2009~2010 年发生了大量的公司股份回购事件,于是他预测企业的每股收益将会出现增长,并说:"我们将见证企业市盈率的上浮。"这位分析师的说法正确吗?

C14.13. 另一位华尔街分析人员在 2010 年预测,继很多企业在金融危机中大量减债之后,企业将开始新一轮的借款以增加杠杆水平。"这些企业必须要'保卫'它们的权益资本报酬率。"他说，"投资者可以预期企业未来的股利会上升和发生股份回购事件，企业的市盈率也会上调。可以看好股票市场的业绩表现。"这位分析人员的说法正确吗？

练习题

基本练习

E14.1. 剩余收益与剩余经营性收益（简单）

以下是一家企业的简要财务报表（单位：百万美元）。

2012 年利润表		2011 年年末资产负债表	
经营利润	1 400	净经营性资产	10 000
利息费用	500	金融性负债	5 000
净利润	900	普通股权益	5 000

这家企业的权益资本必要报酬率为12%，经营活动的必要报酬率为11%，负债的必要报酬率为10%，并且，这是一家享受免税待遇的企业。

要求：请计算这家企业在2012年的剩余收益、剩余经营性利润和来自金融活动的剩余收益。

E14.2. 计算剩余经营性收益及其影响因素（简单）

以下是一家企业财务报表中的汇总数据（单位：百万美元）。

	2007 年	2008 年	2009 年	2010 年
经营利润	187.00	200.09	214.10	229.08
净经营性资产	1 214.45	1 299.46	1 390.42	1 487.75

这家企业的经营活动必要报酬率为10.1%。

要求：请计算这家企业2008～2010年各年的剩余经营性收益、净经营性资产报酬率和净经营性资产增长率。

E14.3. 计算超常增长的经营性收益（简单）

以下是一家企业财务报表中的汇总数据（单位：百万美元）。

	2007 年	2008 年	2009 年	2010 年
经营利润	187.00	200.09	214.10	229.08
净经营性资产	1 214.45	1 299.46	1 390.42	1 487.75

这家企业的经营活动必要报酬率为10.1%。

要求：请计算这家企业2008～2010年各年超常增长的经营性收益为多少？

E14.4. 剩余经营性收益与超常增长的经营性收益（简单）

以下是一家企业的财务报表（单位：百万美元）。

利润表		
	2012 年	2011 年
经营利润	2 700	2 300
利息费用	800	500
净利润	1 900	1 800

年末资产负债表		
	2011 年	2010 年
净经营性资产	20 000	18 500
金融性负债	10 000	6 250
普通股权益	10 000	12 250

该公司的经营活动必要报酬率为10%。

要求：请使用年初资产负债表数据，计算该公司在2012年和2011年的剩余经营性收益，然后再计算该公司在2012年超常增长的经营性收益。

E14.5. 计算资本成本（简单）

请根据下列数据，计算经营活动的资本成本（WACC）。请使用资本资产定价模型估算权益资本的成本。

美国政府长期国库券利率	4.3%
市场风险溢酬率	5.0%
权益贝塔系数	1.3
每股市场价格（美元）	40.70
流通在外的股份数量（百万股）	58
资产负债表上的净金融性负债（百万美元）	1 750
加权平均借款成本率	7.5%
法定税率	36.0%

请解释为什么经营活动的资本成本与股东权益的资本成本之间会出现差异？

E14.6. 计算股东权益的必要报酬率（中等）

某家企业的经营活动必要报酬率为10%，负债的账面价值为24.5亿美元，借款成本率为8%，所得税率为37%。这家企业的股东权益价值为82.8亿美元。它的股东权益资本成本率为多少？

E14.7. 剩余经营性收益估值（简单）

下面是2012年年末对某家企业做出的一些预测数据，这家企业的净经营性资产为1135百万美元，净金融性负债为720百万美元（单位：百万美元）。

	2013E	2014E	2015E	2016E
经营利润	187.00	200.09	214.10	229.08
净经营性资产	1 214.45	1 299.46	1 390.42	1 487.75

这家企业的经营活动必要报酬率为10.1%。请预计这家企业在上述各年份中能实现的剩余经营性收益，并根据你的预测结果，对这家企业的经营活动和股东权益进行估值。

E14.8. 超常增长的经营性收益估值（简单）

请利用练习题E14.7中的预测数据，预计这家企业超常增长的经营性收益，并根据你的预测结果对这家企业的经营活动和股东权益进行估值。这家企业经营活动的必要报酬率为10.1%。

E14.9. 金融杠杆与盈利增长（中等）

在本章阅读材料14-5底部，有一个公式说明了杠杆水平对收益增长速度的影响。请应用这个公式解释在这个公式上面的例题中，杠杆水平的增加是如何使收益增长率在第2年从10%增加为11.67%的。

E14.10. 增长、资本成本与正常的市盈率水平（困难）

本章阅读材料14-5说明了杠杆水平的增加是如何促进企业的每股收益增长的。假定某家企业的杠杆水平发生变动的主要原因是这家企业利用借款资金进行了股份回购，请回答关于股份回购影响的问题：

a. 为什么股份回购对股东权益每股价值没有影响？

b. 为什么第1年的预计盈利从10.00百万美元下降为7.5百万美元？

c. 为什么当预计收益下降时，预计第1年的每股收益却反而增长了？

d. 在股份回购实施前，必要报酬率为10%。那么，在股份回购之后，必要报酬率变成了多少？

e. 在股份回购事件之后，（权益资本）在第1年的预计剩余收益为多少？

f. 请分别预计在无杠杆和有杠杆的情形下，第1年年末的权益资本价值是多少？

g. 请分别预计在无杠杆和有杠杆的情形下，第1年年末的市盈率为多少？为什么两者会出现差别？

E14.11. 杠杆市净率与无杠杆市净率、杠杆市盈率与无杠杆市盈率（简单）

以下是一家企业的汇总资产负债表和利润表信息（单位：百万美元）。

净经营性资产	469
净金融性负债	236
普通股权益	233
经营利润	70
净融资费用	14
利润额	56

这家企业在这一整年中一直持有相同数额的净金融性负债，其所发行股票的市净率为2.9，在报告年度中，未支付股利。要求：

a. 计算这家企业的历史杠杆市盈率。

b. 计算这家企业的无杠杆市净率和无杠杆市盈率。

E14.12. 杠杆市盈率与无杠杆市盈率（中等）

以下是一家企业在2009年年末编制的预计财务报表（单位：百万美元）。

	2009A	2010E	2011E	2012E
净经营性资产	1 300	1 300	1 300	1 300
净金融性负债	300	300	300	300
普通股东权益	1 000	1 000	1 000	1 000
经营利润		135	135	135
净融资费用		15	15	15
利润		120	120	120

这家企业的经营活动必要报酬率为9%，税后负债成本为5%。预计该企业在2012年后的财务情况将与2012年保持一致。要求：

a. 预计这家企业在2010～2012年每一年年末的经营活动价值和股东权益价值。

b. 预计这家企业在2010～2012年每一年年末的杠杆市盈率和无杠杆市盈率。请同时计算预计的历史市盈率和远期市盈率。

c. 你能根据杠杆市盈率的大小推导出这家企业股东权益的必要报酬率是多少吗？

这个练习题是建立在表 14-5 和表 14-6 中的例题基础上的。

应用分析

E14.13. 权益性投资账面价值的质量：太阳信托银行公司（简单）

位于美国亚特兰大的太阳信托银行公司（SunTrust Bank）在 1993 年的资产负债表中报告它持有投资性证券共计 106.44 亿美元，相对 1992 年的金额 87.15 亿美元来说上涨了不少。根据报表附注中的信息披露，太阳信托银行所持有的这些证券大部分都是带息的债券，不过，在 1993 年所持有的投资性证券中，有价值 10.77 亿美元的证券都是对可口可乐公司的股权投资，并且这些投资是按市场价值进行报告的。而在 1992 年的资产负债表中，这部分对可口可乐公司的股票投资是按历史成本 1.1 亿美元计量的。

你认为这两个可口可乐公司股票的账面价值数字，哪一个的质量更高一些？是历史成本还是账面价值？

E14.14. IBM 公司的企业乘数（简单）

当 IBM 公司公布 2010 财务年度报表的时候，它共有 12.28 亿股股票流通在外，交易价格为每股 165 美元。公司报表显示，普通股权益价值为 230.46 亿美元，净金融性负债为 179.73 亿美元。在财务报表附注信息中，还披露 IBM 公司的净借款成本率（税后）为 13.1%。

要求：

a. 计算 IBM 公司在当时的杠杆市净率和企业市净率，并解释这两个价格乘数之间为什么会出现差异？

b. 根据分析人员在当时做出的预测，IBM 公司在 2011 年度能实现每股收益 13.22 美元。请计算 IBM 公司的远期杠杆市盈率和远期企业市盈率。

E14.15. 剩余经营性收益与企业乘数：通用磨坊公司（简单）

在第 10 章的表 10-5 和表 10-11 中，分别列出了通用磨坊公司在 2010 财务年度的重构资产负债表和重构利润表。当该公司的 2010 年度报表公布的时候，流通在外的股份数量为 6.565 亿股，每股交易价格为 36 美元。请根据通用磨坊公司的财务报表信息，计算该公司在 2010 财务年度中的下列指标：

a. 自由现金流量。

b. 根据资产负债表中的年初数，计算通用磨坊公司的剩余经营性收益。请使用经营活动要求的必要报酬率 5.1%（详见阅读材料 14-2）。

c. 企业市净率。

你认为使用阅读材料 14-2 中所提供的必要报酬率 5.1% 恰当吗？

E14.16. 计算剩余经营性收益：戴尔公司（中等）

戴尔公司报告它在 2008 财务年度中实现税后经营利润 26.18 亿美元。当年年初，戴尔公司拥有的经营性资产和经营性负债分别为 132.3 亿美元和 204.39 亿美元。

假定戴尔公司的经营活动资本成本率为 12%，请计算该公司在当年的剩余经营性收益，并用文字说明戴尔公司在这一年中创造价值的情况。

E14.17. 剩余经营性收益估值：耐克公司，2004 年（中等）

耐克公司在 2004 财务年度末拥有流通在外的股票数量为 263.1 百万股，交易价格为每股 75 美元。下面是摘自耐克公司 2004 年度报告中的一些汇总数据（单位：百万美元）。

资产负债表		
	2004 年	2003 年
净经营性资产	4 551	4 330
净金融性资产	289	（302）
利润表		
		2004 年
经营利润		961
净融资费用		16

要求：

a. 计算耐克公司在 2004 财务年度末的杠杆市净率和无杠杆（企业）市净率。

b. 使用年初资产负债表数据，计算耐克公司在 2004 年的剩余经营性收益。假定经营活动要求的必要报酬率为 8.6%。

c. 计算耐克公司在 2004 财务年度中的净经营性资产报酬率 RNOA。

d. 根据耐克公司在 2004 财务年度的净经营性资产报酬率，预测该公司在 2005 财务年度能实现的经营利润和剩余经营性收益。

e. 如果在你预计耐克公司 2005 财务年度剩余经营性收益的基础之上，今后该公司的剩余经营性收益还能按每年 4% 的速度增长，请计算耐克公司的股票价值应当为多少？

E14.18. 股份回购：智游网公司（中等）

网络旅游公司智游网（Expedia, Inc）在 2007 年 6 月宣布，它将回购不超过 42% 的公司股份，回购所需资金通过新增加负债筹得。

请问：

a. 这种股份回购对公司的每股收益和每股收益增长率可能会产生什么样的影响？

b. 这种股份回购对股东所承担的风险会有什么影响？

c. 股份回购能为股东创造价值增加吗？在回答这个问题时，可假定按当时公司的股票价格和分析人员对下一财务年度的盈利预期来计算的价格乘数为 26 倍。

d. 智游网公司的股东委托声明书上说，公司管理人员的薪酬是与包括公司的每股收益在内的一些指标挂钩的。你认为这种股份回购是公司奖励管理人员的好途径吗？

迷你案例

M14.1 对一家财产保险公司的经营和投资进行估值：丘博公司

丘博公司是一家财险控股公司，它的分支机构遍布美国、加拿大、欧洲和部分拉丁美洲与亚洲国家，旗下拥有联邦保险、思危保险、太平洋保险、大北保险、丘博国际、丘博保险和得克萨斯太平洋保险公司等多个子公司。

公司的保险业务运作主要分为三个部分。丘博商业保险面向商业用户提供全方位的产品服务，包括综合保险、意外险、员工薪酬险和财产与海上保险等，它主要通过代理商和经理人为各类商业组织提供各种不同的保险政策。丘博专业保险主要为私有和公众持股公司、金融机构、专业公司以及健康护理组织提供各种专业的要员保护和职业责任险产品，同时也从事担保、意外险和再保险服务。丘博个人保险则主要面向个人提供住房、汽车、其他财产等保险产品，并提供高于一般保险政策的保险范围选择和更高的保险限额服务。

在继续这个案例以前，你应当首先理解保险公司是靠什么来"获利"的。保险公司经营的承保业务主要通过制定保险政策，然后根据保险政策处理和支付赔偿要求。由于所收到的保险费和需要支付的赔偿款之间总是存在着时差，会产生"资金浮游量"，所以，保险公司也会开展投资经营业务，将"浮游"的资金用于投资并进行投资管理。相应地，你在资产负债表中能看到与投资项目相关的资产和负债，也能看到与保险项目相关的资产和负债。在利润表中，你也能看到与上述两项业务相关的收入和费用。

对财产和意外伤害保险公司来说，一个常用的业绩计量指标是合并损失与费用率，即损失和损失调整费用与所赚保费之比（损失比率），再加上承保费用与承保收入之比（费用比率）。其中，在计算这两个比率时，保费收入中都应扣除支付给投保人的红利。当合并损失与费用率低于 100% 时，一般我们就认为承保业务是盈利的；当合并损失与费用率高于 100% 时，我们就认为承保业务是亏损的。

下面列出了丘博公司在 2003～2010 年的各种比率。在讨论丘博公司 2010 年度的经营成果时，管理人员注意到，公司的承保业务在 2008～2010 年是"高度获利"的。2005 年的损失比率主要受卡特里娜飓风（Hurricane Katrina）的灾难性影响；而 2003 年的不佳业绩则主要归因于巨额的石棉毒害物索赔事件影响。不过，即使排除了这一事件影响，2003 年的合并损失与费用率也将达到 97.5%。2002 年和 2001 年的合并损失与费用率分别高达 206.7% 和 113.4%，主要受发生在纽约的"9·11"袭击事件和与安然公司破产相关的担保债券损失影响。

	2010 年	2009 年	2008 年	2007 年
损失比率（%）	58.1	55.4	58.5	52.8
费用比率（%）	31.2	30.6	30.2	30.1
合并比率（%）	89.3	86.0	88.7	82.9
	2006 年	2005 年	2004 年	2003 年
损失比率（%）	55.2	64.3	63.1	67.6
费用比率（%）	29.0	28.0	29.2	30.4
合并比率（%）	84.2	92.3	92.3	98.0

上述这些指标可以方便我们了解保险经营业务的获利情况，但如果要进行估值，还需要各项指标的绝对金额才行。此外，上述指标并没有说明投资经营业务的业绩情况。在第 10 章迷你案例 M10.2 的表 10-16 中，给出了丘博公司在 2010 年和 2009 年的资产负债表、2010 年度的利润表和综合收益表。丘博公司本身就同时对外公布了股东权益变动表和利润表。如果你已经完成了迷你案例 M10.2 中的要求，那么你就已经对报表完成重构了。如果你还没有完成迷你案例 10.2 中的要求，那么在继续本案例前，请你先完成相关要求。重构过程应当突出显示丘博公司是如何展开业务经营的，记住我们的目的是对经营业务的获利能力展开分析。特别地，请确保你正确区分了承保业务和投资业务。此外，丘博公司还有占比相对较小的房地产经营业务，可将它归入承保业务中。丘博公司的法定所得税率为 35%，但请注意，由于该公司所投资的很多证券都是免税的，因此，丘博公司的投资收益所负担的实际税率只有 19.1%。

从丘博公司的损失比率和费用比率来看，2010 年是非常不错的年份。该公司的股票代码为 CB，由于这样的经营成果，股票价格曾经上涨到每股 58 美元。请你进行必要的分析，以验证这个股票价格的合理性。现在，你可能会不具备完成预测工作所需要的全部信息，不过你完全能够以财务报表信息为基础来简化工作。

请你一步一步地完成下面这些要求：

a. 分别计算承保业务和投资业务的剩余收益，请思考在估值时怎样利用这两个数据。对承保业务和投资业务，请分别使用 9% 和 6% 为必要报酬率。想想为什么这两种业务的必要报酬率会有所不同？

b. 请解释你在估值时会怎样处理下面这几个项目？

1. 投资收益；
2. 已实现投资利得；
3. 未实现的投资增值或者损失；
4. 投资的账面价值；
5. 权益性投资；
6. 净经营性资产；
7. 所得税费用的分配。

c. 保险公司很有可能会对它的投资进行"择优出售"，你打算怎样处理这种情况呢？

d. 在根据财务报表进行估值时，丘博公司的哪些会计特点（以及作为保险公司的一般特点）会让你认为是比较特殊的？

第 15 章　锚定财务报表：简单预测与估值

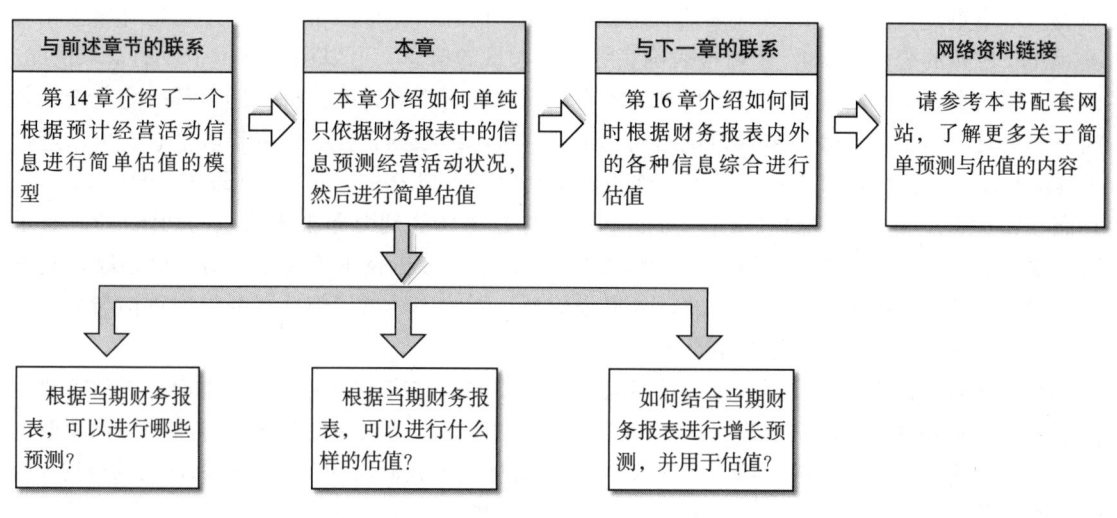

分析师备忘录

学习目标

学习完本章内容后，你应当理解：

- 简单预测如何给出简单但有用的估值；
- 如何根据当期财务报表建立简单预测；
- 销售预测结合财务报表信息，是如何为简单预测提供信息的；
- 在什么样的情形下，适用简单预测和简单估值；
- 在敏感性分析中，怎样将简单预测作为一种分析工具；
- 如何在反向推导中利用简单估值模型，检验市场定价的合理性；
- 简单估值模型是如何增强筛选分析效果的。

学习能力

完成本章的学习任务后，你应当能够：

- 根据财务报表信息进行简单预测；
- 将销售预测与简单预测相结合；
- 根据简单预测信息进行简单估值计算；
- 根据简单预测信息计算企业市净率与企业市盈率；
- 在敏感性分析中使用简单预测；
- 将简单估值模型应用于反向推导，检验市场定价的合理性；
- 使用简单估值模型来筛选股票。

在估值工作中，分析人员要追求简洁。他们会略去与价值创造无关的企业经营特点，而且，如果某些特点相对重要而另一些特点不那么重要的话，分析人员就会将他们的注意力集中在那些重要的特点上面。在实现更完整但是更复杂的估值以前，他们会想办法寻找有用的代理变量来作为估值的基准。正是本着这样的精神，在第14章中，我们才忽略了预测金融活动的影响，从而简化了估值工作。

追求简化不仅只需要预测较少的影响因素，而且也包括在预测中使用较少的信息。在预测工作中，涉及了大量潜在的信息，比如企业的战略计划、市场研究、产品成本分析和研究与开发能力评估等。如果我们能够只利用少量有限的信息，但抓住这些大量信息的特征，获得合理的价值代理变量，就可以大大节省劳力。

本章作为第16章的前奏，主要介绍简单估值问题，而在第16章中，将使用全部信息进行预测。本章重点关注企业财务报表所提供的（有限）信息。在很多情况下（尤其是对那些相对发展比较成熟的公司来说），企业报表确实综合了大量的信息，可以用来预示企业的未来情况。比如，根据企业当期财务报表可以得到的核心利润率和资产周转率指标，通常都是企业未来利润率和周转率的很好代表。本章讨论的问题是：如果单纯根据企业的财务报表信息，可以进行怎样的预测和估值？通过本章的学习，你将懂得历史财务报表并不是"面向过去"的，实际上，它们在很大程度上也是"面对将来"的（同时，你也将体会到财务报表信息的局限性）。有了这一点认识之后，我们就利用15.2节所介绍的财务报表分析技术（重点强调以核心经营利润作为预测基础）来获取预测所需要的财务报表信息。因此，经过仔细地财务报表重构与分析之后，我们现在将要好好利用这些信息了。

在基本面分析中，关注财务报表信息是尤其重要的。你应当还记得，基本面分析师需要将他已知的事实和他猜测的情况进行严格的区分。预测工作涉及大量的推测，尤其是当预测期为"长期"时（比如，预测持续价值时），而财务报表信息代表我们所知道的现在和过去的情况（当然，受会计信息质量的约束）。将这种可靠性更高一些的信息单独"分离"出来使用，可以确保我们不将这类信息与那些推测性更强的"软"信息相混淆。

在第7章中我们看到，要检验市场价格的合理性，关键就是要区分财务报表中的"硬"信息和那些通过推测才得到的信息。由于各种推测信息包围了企业的增长率，因此，我们小心地区分了财务报表所隐含的价值与根据长期增长率所推测的价值。通过锚定财务报表信息，我们才能判断"市场先生"对增长率的预期水平，然后再检验它的合理性。在本章中，我们将进一步根据财务报表来进行预测，理解报表所揭示的价值，以加强我们对市场定价的检验力度。

15.1 简单预测与估值

简单预测（simple forecasts）建立在本书第二部分所讲的财务报表分析的基础之上。在分析中，首先确认价值影响因素，然后计算出这些因素的当前状态，再通过思考未来与现在会有哪些不同来进行预测。不过，当前的情况指示着未来的状态，并提供了预测的基准，我们接下来可以继续利用财务报表之外的信息在这个基础上再来进行加强。由于表外信息的推测性更强，所以在进行预测时，主要以财务报表信息为准：如果预测到未来会与现在有很大不同，那么，必须要有很好的理由支持这种看法才行。简单预测将我们的推测建立在财务报表中"我们已知"的信息之上。

简单预测的结果通过下面这个公式的转换，就可以得到简单估值结果了，这个公式就是我们在第 14 章所介绍过的剩余经营性收益估值模型：

$$股东权益价值\ V_0^E = 股东权益账面价值\ CSE_0 + \frac{剩余经营性收益\ ReOI_1}{经营活动的必要报酬率\ \rho_F - 增长率\ g}$$

即，**简单估值**（simple valuation）是建立在预计下一年度能实现的剩余经营性收益及其增长率的基础之上的，这两个指标——下一年度的预测值和增长率都来自企业的财务报表。这个模型可以有多种变形，比如，有人自信能预测到未来两年内的情况和两年后开始的增长率（如我们在第 7 章中检验市场定价合理性时所做的那样），此外，我们也可以应用超常收益增长模型（应用于经营活动层面）来进行估值，在本章稍后我们就将这么做。

下一年度的剩余经营性收益满足：

$$剩余经营性收益\ ReOI_1 = 经营利润\ OI_1 - (\rho_F - 1) \times 净经营性资产\ NOA_0$$

在这个式子中，当期的净经营性资产 NOA_0 可以直接从重构后的资产负债表中得到，因此，现在只需要预测下一年度的经营利润 OI_1 和增长率 g 了。在简单估值中，这两个值也可以从财务报表中获得，在说明具体的操作程序以前，先让我们来看一个例题背景介绍。

15.1.1 PPE 公司简介

我们将以对两家公司的分析为例来进行介绍，其中一家公司为 PPE 公司，这是一个虚拟的公司，我们这样称呼它，是因为它只有一项资产——不动产、厂房和设备⊖，这样能方便我们完全看清它的情况。另一家公司是贯穿本书例题的主体——耐克公司。我们将在本章和第 16 章中都使用 PPE 公司作为研究对象，只不过在第 16 章中，我们还要增加一些表外信息，以方便大家对 PPE 公司进行完全信息估值。

下面列出了 PPE 公司重构后的财务报表，我们的兴趣将主要集中在资产负债表和利润表，但现金流量表也一并予以提供。实际上，我们可以通过利润表推导出现金流量表，请确保你有能力完成这项工作⊖！在资产负债表中，报告负债金额为 7.7，而利润表则表明这些负债的利息费用率为 4%。

PPE 公司资产负债表 第 0 年 12 月 31 日					
资产	第 0 年	上年年末	负债与权益	第 0 年	上年年末
不动产、厂房与设备（原值减去累计折旧后的净值）	74.4	69.9	长期负债 NFO	7.7	7.4
			普通股东权益	66.7	62.5
净经营性资产 NOA	74.4	69.9		74.4	69.9
利润表，第 0 年					
经营利润					
产品销售收入				124.9	
销货成本（含折旧费用 21.4）				(114.6)	
				10.3	
其他经营费用				(0.5)	

⊖ 即 property, plants and equipments，英文缩写为 PPE。——译者注

⊖ 自由现金流量 = 经营利润 *OI* – 净经营性资产变动 ΔNOA = 9.8 – 4.5 = 5.3，而股利支付净额则可以利用清洁盈余关系式并根据股东权益的当前变动情况求得：股利 *d* = 当期盈利 *earnings* – 普通股东权益的当期变动额 ΔCSE = 5.3。请注意，由于在没有融资活动现金流量的情况下，资产负债表中的负债出现了增加，因此这些负债必然为高折扣（零息）负债（或没有支付利息的负债）。

	利润表，第 0 年	
		9.8
净融资费用：4% × 7.4		(0.3)
当期盈利		9.5
	现金流量表，第 0 年	
经营活动产生的现金流量		
经营利润	9.8	
折旧	21.4	31.2
投资活动产生的现金流量		
固定资产投资（21.4+4.5）		(25.9)
自由现金流量		5.3
融资活动产生的现金流量		
股利支付净额		5.3

这些报表信息就是预测的基础。比如，本期股东权益的账面价值 CSE_0 为 66.7，本期净经营性资产 NOA_0 为 74.4，这些数据都是我们在进行杠杆估值和无杠杆（企业）估值时可以锚定的资产负债表信息。此外，根据这些报表，还可以计算出核心经营利润：在没有非经常项目影响的情况下，核心经营利润为 9.8，因此核心净经营性资产报酬率 =9.8 / 69.9=14.02%（为简化起见，我们在计算中使用的是净经营性资产的期初数）。假定 PPE 公司的经营活动必要报酬率为 10%，因此当期的核心剩余经营性收益 $ReOI_0$=9.8-（10%×69.9）=2.81。

15.1.2　无增长条件下的预测与估值

如果预计未来不会出现增长，那么下一年度的剩余经营性收益就会与本年度的相等，即 $ReOI_1=ReOI_0$=2.81。这样，在无增长条件下，PPE 公司的权益估值为（假定在下一年度以后不出现增长）：

$$V_0^E = 66.7 + \frac{2.81}{10\%} = 94.8 \tag{15-1}$$

而经营活动的价值，即企业价值则为：

$$V_0^{NOA} = 74.4 + \frac{2.81}{10\%} = 102.5$$

这两个估值结果之差，当然就是资产负债表中的负债金额，即 7.7。此时，PPE 公司的杠杆市净率为 1.42，无杠杆（企业）市净率为 1.38。

无增长预期意味着下一年度的经营利润预测比较特殊。你也许会认为，无增长预期就表示预计下一年度的经营利润会等于当年的核心经营利润，即 9.8。但这样就会太简单了：这意味着企业每年都会增加资产，而这些资产又能够赚到更多的利润。无增长预期意味着：

$$OI_1 = OI_0 + (\rho_F - 1) \times \Delta NOA_0$$

即，预计下一年度的经营利润等于当年的经营利润加上当年新增资产按必要报酬率计算所创造的额外利润。以 PPE 公司为例，OI_1=9.8+（10%×4.5）=10.25（应该说明的是，如果新增加的资产投资报酬率只能等于必要报酬率，那么下一年度的剩余利润就会与本年度的相同）。

无增长条件下的企业价值也等于资本化的下一年度经营利润：

$$V_0^{NOA} = \frac{OI_1}{\rho_F - 1} = \frac{10.25}{10\%} = 102.5$$

远期企业市盈率=102.5 / 10.25=10，正好等于当必要报酬率为 10% 时的正常市盈率水平。这就是在无增长条件下的超常增长的经营性收益 AOIG 估值，其结果与剩余收益估值模型的结果是一样的：当剩余收益为常数时，即意味着没有超常收益增长。

阅读材料 15-1 以耐克公司为例进行了无增长条件下的预测和估值，得到无增长条件下的每股价值为 50.69 美元。由于耐克公司的股票在当时的交易价格为每股 74 美元，因此这说明股票市场是预期该公司会实现增长的。我们想要检验的正是市场对公司增长能力的判断，因此，下面让我们来看看企业财务报表所暗示的增长估值。不过请注意，无增长条件下的估值结果就是我们估值的底线：耐克公司的股票至少每股价值 50.19 美元。现在，我们再来思考：你愿意为公司将来的增长额外再支付多少价钱？

阅读材料 15-1
无增长假定下的耐克公司估值

耐克公司（除每股价值和百分数外，其他金额单位均为百万美元）

经营活动必要报酬率		9.1%
核心经营利润	2010 年	1 911
净经营性资产	2009 年	6 346
	2010 年	5 514
剩余核心经营利润	2010 年：1 911−（9.1%×6 346）	1 333
无增长假定下的预期经营利润	2011 年：1 911＋9.1%×（−832）	1 835
无增长假定下的预期剩余经营性收益	2011 年：1 835−（9.1%×5 514）	1 333
无增长假定下的预计超常增长的经营性收益（AOIG，即剩余经营性收益的变动额）	2010 年⊖	0

普通股权益的价值

$V_{2010}^E = CSE_{2010} + \dfrac{ReOI_{2011}}{9.1\%} = 9\,884 + \dfrac{1333}{9.1\%}$ 　　24 532

按 484 百万股计算的每股价值为（24 532÷484）　　50.69 美元

用剩余经营性收益模型对企业进行估值：

$V_{2010}^{NOA} = V_{2010}^E - NFA_{2010} = 24\,532 - 4\,370$　　20 162

$V_{2010}^{NOA} = NOA_{2010} + \dfrac{ReOI_{2011}}{9.1\%} = 5\,514 + \dfrac{1333}{9.1\%}$　　20 162

用超常增长的经营性收益模型对企业进行估值：

$V_{2010}^{NOA} = \dfrac{OI_{2011}}{9.1\%} = \dfrac{1835}{9.1\%}$　　20 162

当耐克公司公布 2010 财务年度经营成果时，其股票市价为每股 74 美元

15.1.3　增长条件下的预测与估值

在无增长条件下进行预测时，认为新增加的资产所能赚得的收益率恰好等于必要报酬率，

⊖ 原书为 2012 年，有误，更正为此，已与作者确认。——译者注

即投资的增加不带来任何额外的价值。这种预测是非常保守的，不过，我们都需要尊重这种谨慎的预测态度。事实上，在第 7 章中检验市场定价的合理性时，我们正是以无增长条件下的估值为判断基础的，只不过当时我们考虑了未来两年的盈利情况。此外，财务报表信息可能会告诉我们，企业的现有资产所赚取的收益率为净经营性资产报酬率，与企业的必要报酬率是不相等的。以 PPE 公司的数据为例，它的核心净经营性资产收益率为 14.02%，是高于其必要报酬率水平的。因此，另一种预测思路会假定企业当期的全部净经营性资产 NOA_0（包括新增加的部分）都可以赚到等同于企业核心净经营性资产报酬率的收益率：

$$OI_1 = NOA_0 \times 核心 RNOA_0$$

以 PPE 公司的数据为例，$OI_1 = 74.4 \times 14.02\% = 10.43$。相应地，下一年度的剩余经营性收益为：$ReOI_1 = 10.43 - (10\% \times 74.4) = 2.99$。相对本期的剩余经营性收益 $ReOI_0$ 只有 2.81 来说，是实现了增长的，增长率为 6.44%。

那么，这种增长是从哪里来的呢？剩余经营性收益 ReOI 取决于净经营性资产报酬率 RNOA 和净经营性资产的规模：$ReOI_1 = [RNOA_1 - (\rho_F - 1)] \times NOA_0$。由于预计下一年度的净经营性资产报酬率 $RNOA_1$ 与本年度相同，因此，增长应当是由净经营性资产的规模增长所推动的。这从下式中很容易看出来：

$$ReOI_1 \text{ 所含的增长率} = \frac{[RNOA_1 - (\rho_F - 1)] \times NOA_0}{[RNOA_0 - (\rho_F - 1)] \times NOA_{-1}}$$

当预计 $RNOA_1 = RNOA_0$ 时，剩余经营性收益的增长率就将变为：

$$ReOI_1 \text{ 所含的增长率} = \frac{NOA_0}{NOA_{-1}}$$

即，预计下一年度剩余经营性收益的增长率由企业当前的净经营性资产增长率所决定。增长预测是由资产负债表中的增长情况所决定的，由 74.4 / 69.9 = 1.0644 可知，该增长率为 6.44%。

现在，假定我们将这个预测结果应用于未来所有期间，即，预计未来各期的净经营性资产报酬率 RNOA 都与本期核心净经营性资产报酬率水平保持一致，但净经营性资产的投资规模会按本期的增长率水平一直增长下去。在这样的情况下，剩余经营性收益也会一直按这个速度增长下去，所以，利用增长年金的现值计算公式，将第 1 年的剩余经营性收益进行资本化处理，就可以得到增长条件下的简单估值：

$$V_0^E = CSE_0 + \frac{[core\ RNOA_0 - (\rho_F - 1)] \times NOA_0}{\rho_F - g} \tag{15-2}$$

其中，$core\ RNOA_0$ 表示当期的核心净经营性资产报酬率水平，增长率 g 表示从第 1 年开始计算的剩余经营性收益增长率，不过在本例中，它等于本期的预计净经营性资产增长率，即 NOA_0 / NOA_{-1}。以 PPE 公司的数据为例，当期的核心净经营性资产报酬率为 14.02%，且本期的净经营性资产相对上期水平的比率为 1.0644。

所以，股东权益的价值为：

$$V_0^E = 66.7 + \frac{(14.02\% - 10\%) \times 74.4}{1.10 - 1.0644} = 150.71$$

此时分子即为 $ReOI_1 = 2.99$。

企业经营活动的价值为：

$$V_0^{NOA} = NOA_0 + \frac{[core\ RNOA_0 - (\rho_F - 1)] \times NOA_0}{\rho_F - g} \tag{15-2a}$$

稍做整理，可变为：

$$V_0^{NOA} = NOA_0 \times \frac{core\,RNOA_0 - (g-1)}{\rho_F - g} \quad (15\text{-}2b)$$

以 PPE 公司的数据为例，用这两个公式计算 PPE 公司的企业价值就是：

$$V_0^{NOA} = 74.4 + \frac{(14.02\% - 10\%) \times 74.4}{1.10 - 1.0644} = 158.41$$

$$V_0^{NOA} = 74.4 \times \frac{14.02\% - 6.44\%}{1.10 - 1.0644} = 74.4 \times 2.13 = 158.41$$

式（15-2b）中的乘数就是**企业市净率**（enterprise price-to-book ratio，对 PPE 公司来说，就是 2.13）。这个乘数即为净经营性资产报酬率 RNOA 与增长率之差（即分子）和必要报酬率与增长率之差（即分母）的比值。从这里，你可以看到剩余经营性收益 ReOI 的两个驱动影响因素（净经营性资产报酬率 RNOA 和净经营性资产的规模 NOA）共同发挥着作用。请记住 g 是等于 1 与增长率之和的，因此（g-1）就表示增长率。如果企业的净经营性资产报酬率 RNOA 大于经营活动的必要报酬率，那么，两者之间的差异越大，在账面价值之外的增值就会越多。此外，增长率同时也有贡献：给定净经营性资产报酬率 RNOA 的水平（假定是高于经营活动的必要报酬率的），增长率越高，那么价值增值就越多。如果净经营性资产报酬率 RNOA 刚好等于必要报酬率，那么企业市净率就正好处于正常水平。不过请注意，这个用乘数形式表达的公式［即式（15-2b）］只适用于当净经营性资产报酬率 RNOA 大于增长率的时候（通常这一条都是满足的）。

企业各年之间的净经营性资产增长可能是不均衡的，因此直接应用最近年度的净经营性资产增长率可能不太具有代表性。所以，最好能够使用最近 3～5 年的平均增长率（前提是在这段时期内不能有像并购这样的特殊事件发生），即将资产增长率进行正常化。

阅读材料 15-2 使用平均净经营性资产增长率 4.6% 对耐克公司进行了增长假定下的简单估值，根据财务报表分析结果所得出的价值为每股 73.59 美元，接近当时的市场价格每股 74 美元。从这样的市场定价水平中，我们可以知道：股票市场对耐克公司的定价与它的财务报表所反映出的价值是基本相同的，这说明市场对耐克公司的预期与我们从财务报表分析中所得到的结论是一致的。此外，根据财务报表分析的结果还可以知道，如果我们打算对耐克公司股票的出价超过每股 74 美元，那么一定是我们相信它的增长率能够超过 4.6%，这要么需要耐克公司的核心获利能力提高到 30.1% 之上，要么需要新增加能够赚取 30.1% 报酬率的净经营性资产。

阅读材料 15-2

增长假定下的耐克公司估值

耐克公司（除每股价值和百分数外，其他金额单位均为百万美元）

经营活动必要报酬率		9.1%
核心净经营性资产报酬率	2010 年	30.1%
5 年平均净经营性资产增长率	2006～2010 年	4.6%
净经营性资产	2010 年	5 514
增长条件下的预计经营利润	2011 年：5 514×30.1%	1 660
增长条件下的预计剩余经营性收益	2011 年：(30.1%-9.1%)×5 514	1 158

普通股权益的价值

$$V_{2010}^E = CSE_{2010} + \frac{ReOI_{2011}}{1.091-1.046} = 9\,884 + \frac{1\,158}{4.5\%} \quad\quad 35\,616$$

按 484 百万股计算的每股价值为　　　　　　　　　　　　　　　　73.59 美元

用剩余经营性收益模型对企业进行估值：

$$V_{2010}^{NOA} = V_{2010}^E - NFA_{2010} = 35\,616 - 4\,370 \quad\quad 31\,246$$

$$V_{2010}^{NOA} = NOA_{2010} + \frac{(RNOA_{2010} - 9.1\%) \times NOA_{2010}}{1.091 - 1.046}$$

$$= 5\,514 + \frac{(30.1\% - 9.1\%) \times 5\,514}{4.5\%} \quad\quad 31\,246$$

$$V_{2010}^{NOA} = NOA_{2010} \times \frac{RNOA_{2010} - (g-1)}{1.091 - 1.046}$$

$$= 5\,514 \times \frac{30.1\% - 4.6}{4.5\%}\% \quad\quad 31\,246$$

远期企业市盈率为 5.67

当耐克公司公布 2010 财务年度经营成果时，其股票市价为每股 74 美元。

同样地，对于超常增长的经营性收益（AOIG）估值模型，也可以使用预计下一年度经营利润与增长乘数的积来表示：

$$V_0^{NOA} = OI_1 \times \frac{1}{\rho_F - 1}\left(1 + \frac{G_2 - \rho_F}{\rho_F - g}\right) \quad\quad (15\text{-}3)$$

其中，G_2 表示第 2 年以后的含息经营利润增长率与 1 相加之和，而 g 仍然表示净经营性资产的增长率。这个公式中的乘数就是**远期企业市盈率**（forward enterprise P/E ratio）。在配套网站上的本章资料部分，提供了一个 PPE 公司的例子。最后，我们将无增长假定下和增长假定下的简单估值在表 15-1 中进行了总结。

表 15-1　简单预测与简单估值模型

简单预测假定	股东权益的简单估值	经营活动的简单估值
无增长假定	$V_0^E = CSE_0 + \dfrac{core\ ReOI_0}{\rho_F - 1}$	$V_0^{NOA} = NOA_0 + \dfrac{core\ ReOI_0}{\rho_F - 1}$
		$= \dfrac{OI_1}{\rho_F - 1}$
增长假定	$V_0^E = CSE_0 + \dfrac{[core\ RNOA_0 - (\rho_F - 1)]NOA_0}{\rho_F - g}$	$V_0^{NOA} = NOA_0 + \dfrac{[core\ RNOA_0 - (\rho_F - 1)]NOA_0}{\rho_F - g}$
		$= NOA_0 \times \dfrac{core\ RNOA_0 - (g-1)}{\rho_F - g}$
		$V_0^{NOA} = OI_1 \times \dfrac{1}{\rho_F - 1}\left[1 + \dfrac{G_2 - \rho_F}{\rho_F - g}\right]$

15.2　简单预测：添加信息到财务报表中

15.1 节中的估值完全只依据财务报表中的信息，这些信息都是（一般被假定为）可靠的信息（不过在第 18 章中，我们将进行会计信息质量分析来挑战这一假定），但是所用到的信息数量确实非常有限。有人可能会要求更多，因为这些只是简单估值，对一些公司来说可能考虑会不太周全。简单估值只适用于那些相对成熟的企业，因为这些企业的过去能够合理地反映出将来。简单估值不太适合于初创期的企业，这类企业通常盈利很少（甚至出现亏损），发展前景的不确定性程度较高。事实上，对这种不确定性程度较高的企业，财务报表能提供的估值信息是非常少的。

对这一类企业进行估值时，分析师可以了解它们的未来与现在可能出现哪些区别，然后增加这一类信息。下面我们用两个例子来说明如何对简单估值进行调整。

15.2.1 增长率的加权平均预测水平

如果企业当期的核心净经营性资产报酬率高于必要报酬率水平，那么无增长假定的预测就会显得比较保守，因为它默认企业新增加的净经营性资产所能赚取的报酬率只等于经营活动的必要报酬率而不是当期的净经营性资产报酬率。如果是增长假定下的预测，则会比较乐观：它默认企业的净经营性资产报酬率都会不低于当期的净经营性资产报酬率水平，并且现在的净经营性资产报酬率和净经营性资产增长率在未来都会一直得到保持。历史经验告诉我们，超常的获利能力优势总是会下降的：竞争会逐渐"抹平"企业的获利能力，因此净经营性资产报酬率是会随着时间的流逝而逐渐减弱的。耐克公司在未来仍然还能将它的核心净经营性资产报酬率保持在 30.1% 的水平上吗？同样，高速度的资产增长也是难以一直持续下去的。当然，这是一个竞争优势的持久性问题，耐克公司已证明了它的获利能力是经得起考验的。

竞争优势的持续性问题是我们在第 16 章进行完全信息预测时所不可忽视的。不过，对于企业的获利能力长期倾向于下降这一历史经验，是可以考虑进简单预测与估值模型中的，毕竟，这也属于是"我们已知"的信息。

现在，假定我们预期企业的增长率在长期终将回到与 GDP 一致的增长水平，那么，就可以在计算剩余经营性收益时，对高增长率进行适当的加权，将 GDP 的增长率 4% 也考虑进去：

加权平均剩余经营性收益增长率 =（0.7× 当期剩余经营性收益增长率）+（0.3×4%）（15-4）

在阅读材料 15-2 增长假定下的耐克公司估值中，根据财务报表信息得出的增长率为 4.6%，与 4% 的 GDP 增长率按上述公式进行加权计算，可以得到加权平均的增长率水平为 4.42%，如果使用这个增长率水平的话，那么耐克公司的估值将为每股 71.54 美元。对耐克公司来说，这里所进行的调整所导致的差异并不大，因为我们的增长率水平 4.6% 本身与 GDP 增长率 4% 就是非常接近的。但是，如果是针对一家有着极高的剩余经营性收益增长率的公司进行估值，那么，这样的调整对最终估值结果的影响就显得很大了⊖。

15.2.2 已知短期和长期增长率条件下的简单估值

从长期来看，增长率会下降这一事实也可以通过超常增长的经营性收益（AOIG）这一估值模型来进行修正，将这个模型用乘数形式表达就是：

$$V_0^{NOA} = OI_1 \times \frac{1}{\rho_F - 1}\left[\frac{G_2 - G_{长期}}{\rho_F - G_{长期}}\right] \quad (15\text{-}5)$$

⊖ 如果假定在长期中，未来的增长率水平是逐渐衰减到 GDP 增长率水平的，将更能增强分析的效果。详见佩因曼教授的著作 *Accounting for Value*（纽约：哥伦比亚大学出版社，2011），第 3 章。

其中，OI_1 表示预计下一年度的经营利润，它的乘数受两个增长率的共同影响。其中，G_2 是未来两年以后的预计含息经营利润增长率（与1之和），而 $G_{长期}$ 顾名思义则表示长期的增长率水平，通常设定为 GDP 的增长率[⊖]。这个模型假定增长率会随着时间的推移逐渐从短期水平（呈几何速度地）下降为长期水平。在这个模型中，我们的基准是短期预测值和 GDP 的增长率，这两个因素都是我们相对比较自信的。这个模型能适用的前提，是短期增长率必须大于长期增长率（这个条件通常是满足的）。阅读材料 15-3 将这个两阶段模型应用到了耐克公司的估值上。

阅读材料 15-3

耐克公司的两阶段增长估值

在 2011 财务年度早期，追踪分析耐克公司的分析师预计耐克公司在 2010 财务年度实现每股收益 3.93 美元的基础之上，在未来两个财务年度中还能分别再实现每股收益 4.39 美元和 4.64 美元。调整预计的利息收益净额影响后，耐克公司在未来两年中的预计经营利润将分别达到 2033 百万美元和 2140 百万美元。如果预计耐克公司在 2011 财务年度资产负债表中的净经营性资产能达到 5768 百万美元，那么，就可以得到下面这些两年期的预计数据（单位：百万美元）。

	2010 年	2011 年	2012 年
经营利润		2 033	2 140
净经营性资产	5 514	5 768	
自由现金流量（$OI-\Delta NOA$）		1 779	
自由现金流量再投资收益（按 9.1% 计算）			162
含息经营利润			2 302
含息经营利润增长率：$[(2\,302/2\,033)-1]$			13.2%

因此，可有估值需要的参数如下：

$G_2 = 1.132$

$G_{长期} = 1.04$（即 GDP 增长率）

$\rho_F = 1.091$

故，经营活动的价值为：

$$V_{2010}^{NOA} = 2\,033 \times \frac{1}{9.1\%} \times \left(\frac{1.132-1.04}{1.091-1.04}\right) = 40\,301$$

$$V_{2010}^{E} = V_{2010}^{NOA} + NFA = 40\,301 + 4\,370 = 44\,671$$

按流通在外的股份数量 484 百万股计算，每股价值为 92.30 美元。

耐克公司股票在当时的市场价格为每股 74 美元，因此，我们可以判断，要么当时的市场定价过低了，要么就是分析师的预测太过乐观了，或者，是长期增长率的水平被设定得过高了。在此例中，分析师的预测水平相对我们从财务报表信息中得到的经营利润增长率来说，确实是显得太高了。这究竟是因为表外的信息给了分析师足够的信息，还是因为分析师确实是太过于乐观了呢？

15.2.3 将销售增长率作为简单预测的增长率

增长模型式（15-2）、式（15-2a）和式（15-2b），将过去的净经营性资产增长率作为未来的预计增长率。其实，还有另外一种做法，即可以将预计销售增长率作为预计的未来净经营性

⊖ 这个两阶段的增长率模型是由 Ohlson 和 Juettner-Nauroth 共同提出的。请参考 Ohlson and B. Juettner-Nauroth,"Expected EPS and EPS Growth as Determinants of Value," *Review of Accounting Studies*, July-September 2005, pp. 347-364。

资产增长率。净经营性资产的规模是受销售水平和资产周转率所共同影响的：NOA= 销售收入 ×1/ 净经营性资产周转率 ATO。因此，如果假定净经营性资产周转率 ATO 在未来仍然保持不变，那么，预计销售收入的增长率就与预计净经营性资产的增长率是一致的。销售收入的预测要比净经营性资产规模的预测容易得多，对此你一定也是赞同的，并且，净经营性资产周转率 ATO 在一般情况下确实变动较少，所以，可以假定增长率就等于销售收入的增长率。

由于净经营性资产报酬率 RNOA = 销售利润率 × 净经营性资产周转率 ATO，因此，如果我们预计净经营性资产周转率 ATO 为常数，并且销售利润率也保持不变，那么，预计的净经营性资产报酬率 RNOA 也将为常数。所以可以看出，增长假定下的简单估值模型特别适用于那些具有相对稳定的销售利润率和周转率，同时销售收入又能稳定增长的企业。很多零售企业都具有这种特征：只要知道它们当期的净经营性资产报酬率 RNOA 和预计的未来销售增长情况，就能对它们的价值做出相对准确的判断。请看看阅读材料 15-4 中对可口可乐公司的估值例子。此外，对那些改变了经营业务类型（从而导致销售增长率、销售利润率和资产周转率也都变化了）的企业来说，增长假定下的简单估值模型就不太适用了。对此，（在第 16 章中）我们将进行更多的分析。

阅读材料 15-4

用简单估值模型检验股票价格的合理性：可口可乐公司

当可口可乐公司公布它的 2007 财务年度报告时，该公司流通在外的 2318 百万股股票的市场交易价格刚好是每股 60 美元。根据该公司早期的财务报表数据及分析，可以得到下面这些历史信息（金额单位：百万美元）。

	2007 年	2006 年	2005 年	2004 年	2003 年	2002 年
核心利润率	20.7%	20.4%	21.4%	22.4%	21.3%	22.1%
净经营性资产周转率	1.30	1.32	1.36	1.32	1.32	1.35
核心净经营性资产报酬率	26.9%	26.9%	29.1%	29.6%	28.1%	29.8%
净经营性资产		26 858				
净金融性负债		5 144				
普通股权益		21 714				

从某种程度上来看，可口可乐公司的核心利润率在这些年中是下滑的，但它的资产周转率一直比较稳定，这意味着企业的净经营性资产增长速度与销售收入的增长速度是基本同步的。截至 2007 年的 5 年期平均销售收入增长率为 5.4%（扣除 2007 年因企业并购带来的影响之后的），与分析人员所预测的未来增长率比较一致。以这个比率作为净经营性资产的增长率，再结合 2007 年的核心净经营性资产报酬率水平，当必要报酬率为 9% 时，可以计算出可口可乐公司的价值如下。

$V_{2007}^{NOA} = 26\,858 + \dfrac{(26.9\% - 9\%) \times 26\,858}{1.09 - 1.054}$ =	160 402	百万美元
负债净额	5 144	
V_{2007}^{E}	155 258	百万美元
按 2318 百万股计算的每股价值	66.98	

虽然只是一个简单估值，但根据估值结果每股 66.98 美元判断，当时的可口可乐公司

股票市场定价是比较低的。请注意，一旦对报表进行了重构和分析，突出相关价值创造因素的影响后，我们就只需要关注几个变量了。同时，还应注意，当资产周转率相对稳定时，历史的销售收入增长情况就只是作为一个输入变量了。给定一家企业具有稳定的资产周转率，分析人员在估值时就只需要考虑未来的销售利润率和销售增长率与过去的趋势会有哪些不同就可以了。

现在，你已经看到了如何利用简单估值来检验市场对一只股票的定价是否合理。除此之外，在这个例题中还有另外一点需要提醒你注意。可口可乐公司拥有巨额的品牌资产，而这一项目是没有被包含在它的资产负债表中的。有人认为，因为会计人员并没有记录品牌资产，所以对这样的公司进行估值会非常困难，但其实不是这样的。估值需要同时用到资产负债表和利润表信息，从这个例子中你也可以看到，同时利用这两方面信息所进行的估值看起来确实是更合理的。简单估值可能确实比较容易，但你会发现，即使在资产负债表有一定缺陷的前提下，用更好的关于未来净经营性资产报酬率和增长率的信息去对简单估值模型进行修正后，我们仍然能够得到明智的估值结果。

15.2.4 分析师预测报告中包含的信息

分析人员往往被认为是行业专家，因此，可以利用分析人员的一致预测值来对我们的简单预测结果进行检验。如果两者不一致，那一定是由于分析人员所掌握的财务报表之外的信息所引起的。不过这里有一个问题：大量研究结果表明，依据财务报表分析所做出的预测结果常常比分析人员的预测结果具有更好的预见性（在本章的配套网站资料上对此有详细介绍）。分析人员在市场好的时候（尤其是泡沫时期）会倾向于过度乐观，而在市场交投冷淡的时候又常常显得太过悲观。沃伦·巴菲特曾说，发生在20世纪90年代的股票市场泡沫就是一场连锁信游戏，而邮递员就是那些投资银行家，还包括那些将股票吹得天花乱坠的分析师。在分析人员的预测结果中，可能包括了财务报表之外的信息，还可能包括了不少推测、投机的成分。他们所做出的未来两年期预测是非常值得怀疑的，每股收益的中期增长率更是如此。在阅读材料15-3对耐克公司的估值中，就是以分析人员的预测结果为基准，得到的估值结果为每股92.30美元，远高于当时的市场定价每股74美元和我们的简单预测结果。有人也许会用简单预测的结果来检验分析人员的预测值：为什么他们的预测结果会与我们从财务报表中看到的情况出现差别呢？在他们的研究报告、公司和行业分析中，有什么可靠的理由来解释两者的差别吗？或者，他们的预测结果是为了迎合市场定价中的投机气氛吗？我们可以使用财务报表来检验市场定价的合理性，也可以利用它们来检验我们的分析人员。

15.3 将简单估值作为一个分析工具

简单估值模型除了可以给我们一个大致的估值结果，还可以作为一种分析工具来使用。

15.3.1 敏感性分析

在对耐克公司进行增长假定下的简单估值时，我们假定企业的核心净经营性资产报酬率等于它在2010财务年度的水平，即30.1%，而增长率则等于净经营性资产的历史增长水平4.6%。但实际上，在简单估值模型中，输入任何值进去都是可以的，因此，我们可以利用这一点来探索在不同的未来获利能力和增长水平条件下,企业的估值结果会是什么样子的。

对同一变量进行不同的赋值,叫作**敏感性分析**(sensitivity analysis)。敏感性分析的目的在于测试当模型中的某个输入变量的值发生变动时,最终的估值结果会出现怎样的变动,即估值结果对不同的未来预测值的敏感程度。简单估值模型的形式非常适合进行敏感性分析。

进行敏感性分析时,需要变化净经营性资产报酬率和增长水平的预测值,观察它们对估值结果的影响。比如,在阅读材料15-2中,如果我们预计未来的净经营性资产报酬率RNOA将会是25%,而不是30.1%时,耐克公司的估值水平将会是多少?或者,如果我们预计增长率是3%而不是4.6%,那么耐克公司的估值水平会如何?我们可以建立一个估值表格,来计算当这两个影响因素处于不同水平时,耐克公司的每股价值。

耐克公司估值表格,2010年;经营活动的必要报酬率水平为9.1%

NOA 增长率 \ RNOA	25%	30%	33%	36%
0	40.33	46.59	50.34	54.10
3%	50.12	59.46	65.06	70.66
4%	55.94	67.11	73.82	80.51
5%	64.60	78.50	86.83	95.17
6%	78.85	97.23	108.25	119.28

如果再引入不同的必要报酬率估计水平,还可以把这个估值表格变成三维的。在上面这个二维的估值表格中,给出了在不同的净经营性资产报酬率和净经营性资产增长率组合情况下的每股价值。如果预计企业的资产周转率保持为常数,那么,也可以用销售收入增长率来代替净经营性资产增长率。

与回答"如果……就会……"类的问题一样,估值表格也表达了我们对估值结果的不确定程度。我们对于耐克公司在未来的获利能力可能会不太肯定,因此才在估值表格中列出了各种不确定情况下的估值结果:在某种合理的情形下,价值会下降,或者增加到什么样的程度?

此外,估值表格还可以告诉我们当前的市场价格对应着什么样的净经营性资产报酬率和净经营性资产增长率组合。比如,当市场价格为每股74美元时,需要对应30%的净经营性资产报酬率和4.6%的增长率;或者,25%的净经营性资产报酬率和5.5%的增长率。如果我们认为5.5%的增长率太高是不可能实现的,那么,要达到每股74美元的估值水平,耐克公司就必须努力提高它的净经营性资产报酬率到25%之上才行。

15.3.2 反向挑战市场价格

在第7章中,我们应用估值模型去检验了市场定价的合理性,并将这种技术称为反向推导。反向推导的使用方式之一是利用估值模型去找出市场定价中所隐含的增长率,另一种方式则是假定按市场定价购入,计算可能获得的期望报酬率。

很显然,我们也可以利用简单估值模型来进行反向推导:给定当前的市场价格、当期账面价值和近期的简单预测值,市场所预测的增长率是多少?与第7章的唯一区别是,现在我们使用的是无杠杆的企业估值模型,而不再是第7章中的杠杆估值模型版本。由于只有经营活动的增长才是创造价值的,所以这样的增长预测才是有意义的。

在第19章中,我们还会回到主动的、反向推导技术中来。截至目前,你可以提出的问题是:如果市场定价是合理的,那么我们能看到的增长率是多少?在仔细核查了我们的财务报表分析结果之后，你还可以再问：这样的增长率是合理的吗？阅读材料 15-5 以耐克公司为例，进行了这样的分析。

阅读材料 15-5

市场对耐克公司的增长预期

我们可以利用简单估值模型来进行反向推导，找出市场定价中所包含的增长率预期。下面即是简单的企业价值估值模型：

$$V_0^{NOA} = NOA_0 + \frac{ReOI_1}{\rho_F - g}$$

令公式中的价值等于耐克公司的企业市场价值，代入净经营性资产 NOA 和预计下一年度的剩余经营性收益 $ReOI_1$，即可以计算出增长率 g：

企业的市价 = 股东权益的市价 − 净金融性资产

$= (484 \times 74) - 4\ 370$

$= 31\ 446$（百万美元）

净经营性资产 $(NOA_0) = 5\ 514$（百万美元）

下年度剩余经营性收益 $(ReOI_1)$

$= 1\ 158$（百万美元）

经营活动的必要报酬率

$= 9.1\%$

利用估值模型进行反向推导，可有：

$$31\ 446 = 5\ 514 + \frac{1\ 158}{1.091 - g}$$

从上述方程中解出 g 等于 1.046，即增长率为 4.6%。所以，市场所预计的增长率与增长假定下的简单估值所使用的增长率是一致的。按照第 7 章中所介绍的程序，还可以将剩余经营性收益的增长率转换为经营利润的增长率。

本章小结

本章介绍了如何根据本期和过去期间的财务报表，利用本书第二部分所介绍的财务报表分析技术来进行简单预测。确定企业的核心获利能力后，便可以假定该核心获利能力是能够持续的，并再考虑增长因素，然后分析人员就可以进行简单预测了。通过简单预测的结果进行简单估值，使分析人员能对企业的估值和企业市净率与企业市盈率指标有一个初步和快速的了解。

但分析人员是需要为忽略信息而负担风险的。当财务报表之外的信息表明企业的未来获利能力和增长潜力会与当前的状况有较大不同时，简单估值就是不适用的。分析人员可以将所计算的简单估值结果作为一个起点，然后再转向全面信息预测（在第 16 章中介绍）。

尽管如此，简单估值技术还可以作为一种分析工具，用来检验企业估值对未来不同的获利能力与增长潜力组合状况的敏感程度，类似我们提出的"如果……就会……"的问题。此外，还可以利用简单估值模型来进行反向推导，去找出市场定价中所包含的获利能力和增长预期。不过最重要的是，当分析人员对未来进行估测时，可以将简单估值结果作为一个比较的基准，如果估测的结果与简单估值结果有偏差，那么必须要有足够的理由来解释为什么未来的情况会与过去的状况出现差别。

关键概念

敏感性分析（sensitivity analysis）：指在不同的未来预测值或者不同的必要报酬率计量指标下，

对价值变动情况的一种测试分析。

简单预测（simple forecasts）：指根据当期财务报表信息所进行的预测。

简单估值（simple valuations）：指根据简单预测的结果所进行的估值。

分析师工具箱

分析工具	重要指标	应记住的缩写/简称
简单预测	核心剩余经营性收益	AOIG：超常增长的经营性收益
无增长假定下的预测	核心净经营性资产报酬率	CSE：普通股东权益
增长假定下的预测	含息经营利润增长率（G）	G：含息经营利润的增长率（与1之和）
无增长假定下的简单估值 [式（15-1）]	净经营性资产的增长率	NOA：净经营性资产
增长假定下的简单估值 [式（15-2）]	增长条件下的预计剩余经营性收益	OI：经营利润
企业市净率乘数 [式（15-2b）]	无增长条件下的预计剩余经营性收益	ReOI：剩余经营性收益
企业市盈率乘数 [式（15-3）]		RNOA：净经营性资产报酬率
加权平均预测值		
将销售预测结合到简单预测中		
两阶段增长预测 [式（15-5）]		
估值表格		

连贯案例：金佰利公司

自主练习

现在，你终于可以开始为金佰利公司的股票进行估值了。在本章中，你需要进行简单估值，即将估值的变量只限制在你已经认真分析过的财务报表上。然后我们在第16章中再来进行完全信息条件下的预测分析和估值。

简单估值

在进行简单估值以前，请使用你在前面计算出的经营活动必要报酬率。请将你的信息局限在你在当期和往期财务报表中发现的数据之上，根据这些信息，计算出金佰利公司的企业市净率和企业市盈率。根据这些信息，金佰利公司的股票价格在2010年年末应当为多少？在计算过程中，请记得要减去你在第14章中所计算出的期权沽压金额。金佰利公司的股票在2011年3月时的交易价格为每股65.24美元，请比较你的计算结果与这里的市场定价，两者之间有差距吗？

反向推导和敏感性分析

在市场定价中，包含着它对企业未来增长的预期。假定金佰利公司在未来的经营获利能力能够保持当期的核心净经营性资产报酬率之上，请问，市场所期望的该公司未来剩余经营性收益增长率为多少？根据过去的历史情况，你认为这样的预期是合理的吗？如果想要有更深入的了解，你会选择使用什么工具呢？

现在来开始试验。你认为现在这样的市场定价符合什么样的未来情景？这些情景是合理的吗？什么样的情景会让你认为股票价值被高估或者低估了？这些推测与你从历史财务报表中所得到的信息是一致的吗？

思考题

C15.1. 估值时，如果只是将下一年度的预计经营利润简单地进行资本化处理，意味着估值假定为这家企业的剩余经营性收益会像企业年金一样一直持续下去。这种说法是正确的吗?

C15.2. 一位分析人员预测某家企业在下一年度的核心经营利润将与本年度的核心经营利润相等。在什么样的情况下做出这样的预测才是合适的?

C15.3. 在什么时候预计剩余经营性收益的增长率会与预计销售收入增长率相等?

C15.4. 如果一家企业预计会有很高的销售收入增长率,你会认为这家企业是一家成长型企业吗?

C15.5. 与预计净经营性资产增长率相比,预计净经营性资产报酬率越高,就意味着企业的无杠杆市净率会越高。这种说法是正确的吗?

C15.6. 在其他条件保持不变的情况下,增大企业的净经营性资产周转率对企业市净率的影响是什么?

练习题

基本练习

E15.1. 无增长假定下的预测与简单估值(简单)

假定经营活动的必要报酬率为10%,一位分析人员根据财务报表计算出某企业在2012年度的剩余经营性收益为3570万美元。根据他的预计,按2012年年末的净经营性资产125 700万美元来计算的话,这家企业在2013年及以后的剩余经营性收益也将保持在这个水平上。

要求:

a. 这位分析人员预计2013年的经营利润将为多少?

b. 根据这些预测结果,这家企业的经营活动价值为多少?

c. 这些预测值中所隐含的远期企业市盈率为多少?

E15.2. 增长假定下的简单预测与估值(简单)

某位分析人员编制了如下重构后的资产负债表(单位:百万美元)。

	2012年	2011年
净经营性资产	9 682	9 400
净金融性负债	1 987	1 876
普通股东权益	7 695	7 524

假定编报企业在2012财务年度的核心经营利润(税后)为990百万美元,经营活动的必要报酬率为9%。为简化起见,在计算过程相关步骤中,请使用资产负债表期初数。

要求:

a. 这家企业在2012年的核心净经营性资产报酬率为多少?

b. 根据财务报表信息,请预测在增长假定下,这家企业在2013年能实现的经营利润和剩余经营性收益。

c. 根据这些信息对这家企业的股东权益进行估值。

d. 这家企业的内在企业市净率为多少?

E15.3. 增长假定下的两阶段估值(中等)

一位分析人员在2012年年末为某家企业进行了如下预测,他假定这家企业的经营活动必要报酬率为9%(单位:百万美元)。

	2012A	2013E	2014E
经营利润		782	868
净经营性资产	6 400	6 848	7 190
净金融性负债	756		
普通股东权益	5 644		

要求:

a. 预测这家企业在2014年能实现的含息经营利润增长率。

b. 使用式(15-5)中的两阶段增长模型,假定长期增长率为4%,请为这家企业的股东权益进行估值。

c. 估值中所隐含的远期企业市盈率是多少?

E15.4. 用销售增长率进行简单估值(中等)

某企业当期的核心净经营性资产报酬率为15.5%,一位分析人员预计,该企业在将来每年的销售收入都能增长5%,而净经营性资产周转率将始终保持目前的水平 2.2 不变。假定这家企业经营活动的必要报酬率为 9%，请计算它的企业市净率水平应当为多少？

E15.5. 简单预测与估值（中等）

假定现在是 2012 年年末，一位分析人员正在利用下列资产负债表汇总数据来为一家企业进行估值（单位：百万美元）。

	2012 年	2013 年
净经营性资产	4 572	3 941
净金融性负债	1 243	1 014
普通股东权益	3 329	2 927

这位分析人员预测这家企业在 2013 年能实现 12% 的净经营性资产报酬率 RNOA 和 91.4 百万美元的剩余经营性收益。请回答：

a. 这位分析人员在预测该企业的剩余经营性收益时，使用的经营活动必要报酬率假定为多少？

b. 根据这位分析人员的预测，这家企业在今后年份中的剩余经营性收益都将保持在 2013 年的水平上不变，请问，这意味着这家企业的股东权益价值为多少？

c. 计算在这些预测值中所隐含的 2013 年（普通股东可享有的）剩余收益为多少？这家企业的税后负债资本成本为 6%。

应用分析

E15.6. 通用磨坊公司的简单估值（简单）

下面是通用磨坊公司的财务报表信息（单位：百万美元）。

	2008 年	2007 年
净经营性资产	12 847	12 297
普通股东权益	6 216	5 319
核心经营利润（税后）	1 560	

通用磨坊公司在 2008 财务年度末时，共有 337.5 百万股股票流通在外，交易市价为每股 60 美元。在回答下列问题时，请假定该公司的经营活动必要报酬率为 8%。

a. 在无增长假定下，通用磨坊公司的每股价值为多少？

b. 根据这些数据，在增长假定下，通用磨坊公司的每股价值会是多少？

E15.7. 可口可乐公司的简单估值（中等）

可口可乐公司在 2006 年年初共有 2 369 百万股股票流通在外，交易市价为每股 48.91 美元。根据分析师对 2007 年每股收益的一致预测，可口可乐公司的市净率为 6.3，远期市盈率为 19.3。一位分析人员从可口可乐公司的财务报表中摘取了下列数据（单位：百万美元）。

	2005 年	2004 年
销售收入	23 104	21 742
核心经营利润（税后）	4 944	4 870
净经营性资产（年度平均值）	17 184	16 563
	2003 年	2002 年
销售收入	20 857	19 564
核心经营利润（税后）	4 443	4 324
净经营性资产（年度平均值）	15 735	14 932

a. 请计算可口可乐公司在 2002～2005 年，各年的核心经营利润率和净经营性资产周转率。

b. 请计算可口可乐公司在 2003～2005 年的平均销售收入增长率。

c. 可口可乐公司报告它在 2005 年年末的普通股东权益和净金融性负债分别为 16 945 百万美元和 1 010 百万美元。请根据你计算得到的数据，估可口可乐公司在 2005 年年末的企业价值和每股价值各为多少？假定经营活动的必要报酬率为 10%。完成本题时，可参考阅读材料 15-4 中的信息。

E15.8. 对星巴克公司进行反向推导（中等）

星巴克公司在 2008 年 1 月时，共有流通在外的股票数量为 738.3 百万股，每股交易市价为 20 美元。对于以 2008 年 9 月 30 日为年度截止日的这个财务年度，分析师给出的每股收益一致预测为每股 1.03 美元，按此计算的远期市盈率为 19.4。星巴克公司在 2006 和 2007 财务年度分别实现每股收益 0.74 美元和 0.90 美元。

下面这些信息均出自星巴克公司的财务报表（单位：百万美元）。

	2007 年	2006 年
销售收入	9 412	7 787
核心经营利润（税后）	671	
净经营性资产	3 093	2 565
净金融性负债	915	337
普通股东权益	2 178	2 228

a. 根据这些报表数据，计算星巴克公司在 2007 财务年度的下列指标（必要的时候请使用资产负债表中的项目期初数来代表全年水平）：

（1）核心经营利润率；

（2）核心净经营性资产报酬率；

（3）净经营性资产周转率

（4）净经营性资产增长率。

b. 假定必要报酬率为 9%，根据上面这些数据，请预测星巴克公司在 2008 财务年度能实现的剩余经营性收益 ReOI 会是多少？

c. 股票市场对星巴克公司在 2008 年以后的剩余经营性收益增长率预期为多少？

E15.9. 简单估值与反向推导：IBM 公司（中等）

下面是 IBM 公司 2004 年度报表中的一些关键数据。

净经营性资产（年末数）	42 104 百万美元
净金融性负债（年末数）	12 357 百万美元
普通股东权益（年末数）	29 747 百万美元
流通在外的普通股数量（年末数）	1 645.6 百万股
核心净经营性资产报酬率	18.8%
销售收入增长率	8.8%

当 IBM 公司公布 2004 年经营成果时，它的股票每股交易价格正好为 95 美元。在回答下列问题时，请假定经营活动的必要报酬率为 12.3%：

a. 假定 IBM 公司在 2005 年仍能保持与 2004 年同样的核心净经营性资产报酬率，请预测它在 2005 年能实现的经营利润和剩余经营性收益会是多少？

b. 如果 IBM 公司在未来仍然能保持当前的获利能力，并且剩余收益将按与 2004 年的销售收入增长率同样的速度保持增长，请计算 IBM 公司股票的每股价值。同时，计算其中隐含的远期企业市盈率和企业市净率是多少？

c. 如果你认为 12.3% 的必要报酬率水平是合适的，从当时的股票定价来看，市场所预期的 IBM 公司剩余经营性收益增长率是多少？

E15.10. 巴菲特收购 BNSF 铁路公司（中等）

2009 年，沃伦·巴菲特先生宣布伯克希尔·哈撒韦公司（Berkshire Hathaway）将收购美国伯灵顿北圣太菲（Burlington Northern Santa Fe）铁路公司（简称 BNSF 公司）流通在外的全部 341 百万股股份，收购价为每股 100 美元，远高于当时的股票市价。在距当时最近的一份年度报告中，BNSF 公司报告它的股东权益价值 127.98 亿美元，净金融性负债 91.35 亿美元将一并由巴菲特所管理的公司承担。在上一年度，这两个项目的金额分别为 111.31 亿美元和 91.55 亿美元。在当年的利润表中，BNSF 公司报告了销售收入 140.16 亿美元，税后核心经营利润 21.13 亿美元。请回答下列问题：

a. 根据当期数字，你认为每股 100 美元的出价合理吗？这个出价中所隐含的增长率是多少？（请估计巴菲特先生的"合理"必要报酬率水平，然后进行实验。）

b. 巴菲特先生为什么愿意支付每股 100 美元的价格呢？（思考：净经营性资产周转率。）

E15.11. 比较简单预测与分析师的预测：家得宝公司（中等）

家得宝公司是一家仓储零售企业，在其 2005 年的财务报表公布时，该公司的股票每股成交价格为 42 美元。根据分析师的预计，家得宝公司在 2006 年和 2007 年能分别实现每股收益 2.59 美元和 2.93 美元。当时，该公司流通在外的股票数量为 2185 百万股。下面是家得宝公司在 2003～2005 年度的利润表和资产负债表信息摘录，家得宝公司的联邦所得税和州所得税法定税率合计为 37.7%。

请根据这些财务报表预测家得宝公司在 2006 年和 2007 年能实现的收益，并看看你的预测结果与分析师的预测结果有多接近？

家得宝集团合并利润表			
（除每股数据外，其他单位均为百万美元）			
		财务年度截止日	
	2005 年 6 月 30 日	2004 年 2 月 1 日	2003 年 2 月 2 日
销售收入净额	73 094	64 816	58 247

(续)

	家得宝集团合并利润表		
	（除每股数据外，其他单位均为百万美元）		
	财务年度截止日		
	2005年6月30日	2004年2月1日	2003年2月2日
商品销售成本	48 664	44 236	40 139
毛利润	24 430	20 580	18 108
营业费用：			
销售与店面营业费用	15 105	12 588	11 276
日常管理费用	1 399	1 146	1 002
营业费用总额	16 504	13 734	12 278
经营利润	7 926	6 846	5 830
利息收入（费用）：			
利息与投资收益	56	59	79
利息费用	（70）	（62）	（37）
利息净额	（14）	（3）	42
扣除所得税费用前的利润	7 912	6 843	5 872
所得税费用	2 911	2 539	2 208
净利润	5 001	4 304	3 664
加权平均普通股股数	2 207	2 283	2 336
基本的每股收益	2.27	1.88	1.57
稀释的加权平均普通股股数	2 216	2 289	2 344
稀释的每股收益	2.26	1.88	1.56

资产负债表信息摘录（单位：百万美元）

	2005年	2004年	2003年	2002年
净经营性资产	23 833	20 886	18 820	16 753
净金融性资产	325	1 521	982	1 329
普通股东权益	24 158	22 407	19 802	18 082

E15.12. 估值表格与反向推导：家得宝公司（中等）

a. 如果家得宝公司的股票每股市价为42美元，请根据练习题E15.11中的信息，计算该价格中所隐含的剩余经营性收益增长率为多少？

b. 如果你预计家得宝公司在2006年以后的剩余利润增长率将与GDP增长率4%持平，如果按每股42美元的价格买入家得宝公司的股票，预期收益率将为多少？

c. 请编制一份估值表格，列出在不同的净经营性资产报酬率和净经营性资产增长率预期水平下，家得宝公司的股票价值将会是多少。

迷你案例

M15.1　简单预测与估值：宝洁公司 V

本章是宝洁公司财务报表分析案例的后续。我们从迷你案例M10.1起开始关注宝洁公司，并在迷你案例M11.1、M12.1和M13.1中对该公司进入了深入分析，本案例是第五部分，重点在于预测与估值，在第16章的迷你案例M16.1中，我们还会继续深入这个案例。

宝洁公司的财务报表已经列报在第 10 章的表 10-15 中了。如果你已经完成了迷你案例 M10.1 的要求，那么就已经拥有该公司的重构利润表和重构资产负债表，并区分了经营活动和金融活动的不同影响了。如果你还完成了迷你案例 M12.1 和 M13.1，那么你对宝洁公司的核心获利能力和获利能力的驱动影响因素也已经心中有数了。如果你还没有完成上述工作的话，那么请你现在完成。

作为起点，请你计算宝洁公司在 2008～2010 年各年的核心剩余经营性收益，并注意它随时间而变化的趋势。假定权益资本的必要报酬率为 8%，不过你还需要将它转换为无杠杆的必要报酬率（即经营活动的必要报酬率）。宝洁公司在 2010 年 7 月底（也即它的财务年度末）共有流通在外的股票数量为 28.44 亿股，在当时的每股交易价格为 62 美元。请问，宝洁公司的剩余经营性收益发展趋势是什么？你认为这是一家成长型企业吗？这样的发展趋势是受哪些因素影响而形成的？

a. 请单纯依据财务报表中的信息，预测宝洁公司在 2011 年能实现的剩余经营性收益和在这之后的增长率。你的分析应当包括无增长假定下的预测和增长假定下的预测两种情况。在预测时，请考虑使用加权平均技术，将长期的 GDP 增长率也考虑在内。你认为你的预测结果能适用于宝洁公司吗？请编制一份估值表格，通过敏感性分析来说明当输入变量改变时，对估值结果的影响。

b. 分析师预测宝洁公司在 2011 财务年度中能实现每股收益 3.93 美元。请将你的预测结果与分析师的预测结果进行比较。

c. 请计算宝洁公司的（市场）企业市净率，并将它调整为杠杆市净率。然后，利用本章介绍的式（15-2b）计算企业市净率的内在水平。请问，你认为每股 62 美元的价格对宝洁公司的股票来说是合理的吗？

M15.2 思科公司的简单估值、反推价格的合理性与敏感性分析

思科系统公司专业生产和销售各种用于数据、声音和视频传输的网络与通信设备，并提供与这类设备相关的专业服务。它的产品包括路由器与转换器、家用和办公用网络设备，以及包括互联网协议、语音通话、安防、网络管理等在内的各种软件服务。该公司逐渐发展到今天，在发展过程中，也通过资本运作手段兼并了一些其他的网络和软件企业。思科公司的官方网站地址为：www.cisco.com。

无论从哪一方面来看，思科公司都是一家增长强劲的企业。它是 20 世纪 90 年代末期互联网泡沫风暴中的耀眼明星，因为在那个时代，能够同时将互联网和通信事业都发展红火的技术公司可是不多见的。互联网基础设施的建设离不开思科公司的产品，当时，很多互联网和通信类的企业都奋斗、挣扎，然后最终失败了，但它们的供应商——思科公司，却在新技术时代成为明星。思科公司在 2000 年左右的市场资本化价值已经超过了 5000 亿美元，成为当时历史上市值最高的企业。思科公司的股票市盈率超过了 130，股价从 1995 年的每股 10 美元上涨为 2000 年左右的每股 77 美元，而公司销售规模也从 1995 年的 20 亿美元上升为 2000 年的 189 亿美元。

然而，随着后来技术类股票泡沫的破裂以及一批电信类企业，比如世通公司、奎斯特通信公司以及 AT&T 公司的垮塌，思科公司的增长速度也严重放缓了。销售收入在 2001 财务年度达到顶峰 223 亿美元之后，到 2003 年，很快又下跌到了 189 亿美元，到 2004 年时，才又恢复到 2001 年时的水平。思科公司的股票价格也出现了巨大的波动，由于该公司在 2002 年报告了净亏损，股价在 2002 年后期到达了最低谷，每股价格只有 8 美元多一点，到 2004 年时，才又重新恢复到了每股 24 美元左右的水平。

但接下来，思科公司的销售收入继续出现了增长，到 2008 年时，达到了年度销售收入 395 亿美元。不过，在 2008～2010 年，销售一直比较平稳，2010 年的销售收入为 400.4 亿美元。销售利润率也出现了下滑，2010 年的每

股收益为1.36美元，相对2008年时的1.35美元，几乎没有发生什么变化。与此同时，思科公司的竞争对手摩托罗拉公司和瞻博网络公司（Juniper Networks）正在慢慢崛起。思科公司通过企业并购展开了经营的多元化，但机顶盒业务和视频会议设备业务均不太成功，有线公司削减了机顶盒订单，而用户也开始选用免费的Skype或谷歌Talk产品。更糟糕的是，受政府部门削减预算的影响，思科公司在2010年的政府订单数量大幅度下滑，使公司受累不少。

但是，思科公司共有56.55亿股股票流通在外，这些股票在2010年年末时每股交易价格为20美元，但到2011年6月，很快便跌成了每股15美元。在本案例之后，还提供了一些从该公司2008～2010年财务报表中摘录的数据。

假定思科公司的经营活动必要报酬率为9%，请根据相关财务报表信息进行简单估值。接下来，请考虑在未来不同情形下的公司价值会如何变化，比如，变换销售增长假定和公司的获利能力水平，以检验当时的股票价格是否合理，以及在合理的假定范围内，是否能支撑更高的股票价格。你还可以考察估值结果对必要报酬率的敏感程度，同时，采用反向推导技术去回答：市场所预期的增长率是多少？

a. 你愿意为思科公司的股票支付每股15美元的价格吗？

b. 根据你的看法，思科公司的股票价格在2000～2002年一路下跌，你认为这与公司的经营有关吗？

c. 很显然，伟大的思科公司在当时受到了挑战。请讨论这其中有什么教训是我们可以汲取的。

d. 思科公司在2010年宣布它将首次向股东派发股利，规模为每股0.24美元。为什么思科公司会这样做？你认为宣告股利对股票价格的影响是什么？

e. 思科公司在2010年借入了大约50亿美元，但实际上，该公司的资产负债表上有着巨额的金融性资产，那么为什么它还会选择借款呢？

f. 受兼并活动的影响，思科公司在2010年的资产负债表中报告了商誉价值为166.74亿美元，相对2007年的121.21亿美元来说，规模上升了不少。但是，这些公司并购活动并不太成功，你认为这对公司未来的商誉账面价值将产生什么样的影响？

思科系统公司重构后的汇总利润表
（除每股数据外，其他单位均为百万美元）

	2010年	2009年	2008年
销售收入	40 040	36 117	39 540
销货成本	14 397	13 023	14 194
毛利润	25 643	23 094	25 346
经营费用	16 479	15 772	15 904
税前核心经营利润	9 164	7 332	9 442
与经营利润相关的所得税	1 557	1 424	1 907
税后核心经营利润	7 607	5 898	7 535
税后净利息收益	160	236	517
净利润	7 767	6 134	8 052
每股收益	1.36	1.05	1.35

思科系统公司重构后的资产负债表汇总数据
（单位：百万美元）

	2010年	2009年	2008年	2007年
净经营性资产	18 708	13 971	15 011	15 622
净金融性资产	25 577	24 706	19 342	15 858
普通股东权益	44 285	38 677	34 353	31 480

第 16 章 全面预测、估值与商业战略分析

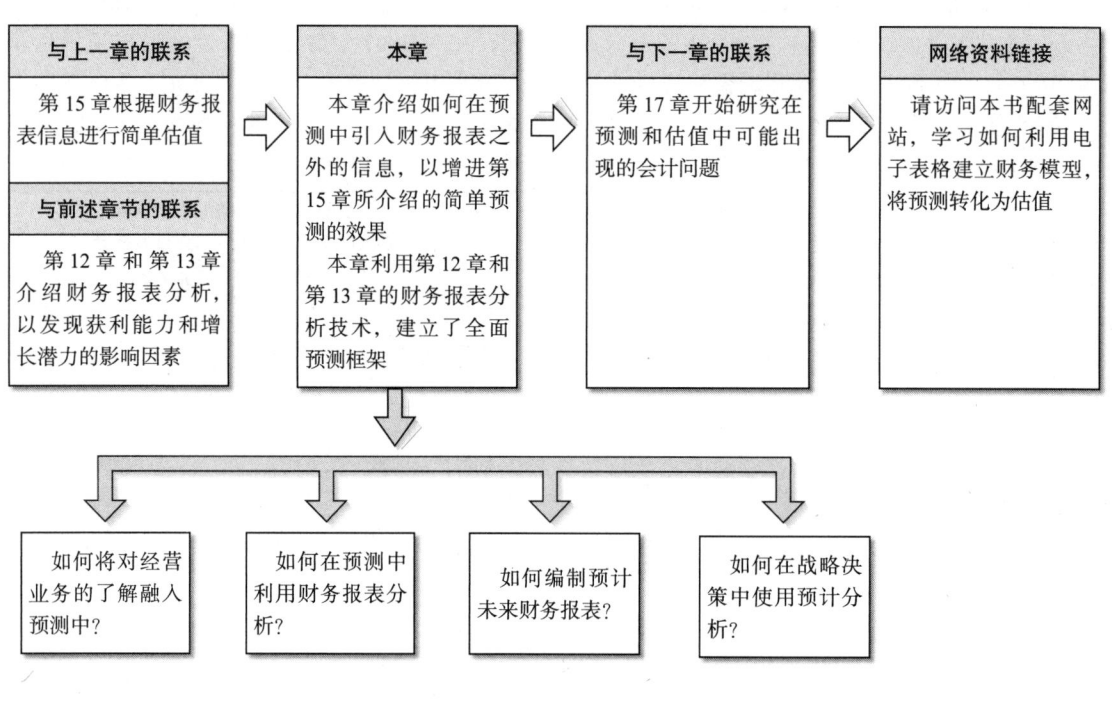

分析师备忘录

学习目标

学习完本章内容后,你应当理解:

- 为什么说预测就是面向未来的财务报表分析;
- 财务报表项目怎样将各种经济因素转换为估值;
- 怎样确认关键影响因素;
- 怎样进行全面预计分析;
- 预计分析的 15 个步骤;
- 预测剩余经营性收益和超常增长经营性收益的 7 个步骤;
- 怎样评价企业合并与收购;
- 怎样将预计分析作为一种工具应用在战略分析中。

学习能力

完成本章的学习任务后,你应当能够:

- 编制未来的预计利润表和预计资产负债表;
- 根据预计财务报表,预测企业未来的剩余经营性收益、超常增长的经营性收益和自由现金流量;

- 根据预计财务报表进行估值；
- 说明预计某个关键影响因素的变化对预计财务报表和估值的影响；
- 将预计分析应用于敏感性分析；
- 计算企业并购计划对每股价值的影响；
- 将预计分析应用于战略情形的评估。

第 15 章所介绍的简单预测已经为我们提供了估值所需要的全部要素，但是，简单预测并没有利用到全部的信息，因此会让分析人员对估值结果感觉不够安全。简单预测重点关注企业经营活动的获利能力和增长能力，但只局限于从财务报表中了解到的信息。而全面预测则会考虑更多，它将所有可获得的信息都考虑到预测中，得出未来的剩余收益和超常收益增长预测结果，然后再根据这种预测结果来进行估值。

在第 12 章和第 13 章中，已经给出了我们从财务报表中能够获取到的企业获利能力和增长潜力影响因素，由于这些因素同样也影响着企业未来的获利能力和增长潜力，因此，在本章中，对这些影响因素的分析也为我们提供了一个预测框架：分析人员首先预测这些影响因素，例如未来的销售状况、核心销售利润率、资产周转率等，然后再来进行预测。财务报表分析针对过去的状况展开，为我们提供可用于预测未来的信息。不过，在本章中你将看到，预测应当是**未来的财务报表分析**（financial statement analysis of the future），本章中的大部分分析都来自第 12 章和第 13 章的思想，只不过是采用了面向未来的视角。

企业获利能力和增长潜力的影响因素本身也是受商业"真实"的经济因素所驱动的，因此，对全面预测来说，"了解企业"是帮助我们发掘各种信息的第一步。在本章中，你将看到财务报表分析是如何以一种能够应用于预测的方式来对各种维度的商业活动进行解释的。同时，了解企业战略也是预测的先决条件，本章将向你介绍如何应用财务报表分析来解释企业战略。此外，你还会看到对企业管理人员来说，本章所介绍的这些预测方法同样也适用于他们用来对不同的企业战略进行评价。

本章建立了一个正式的预测框架，这个框架能够保证将与企业相关的所有因素都考虑进来，而将那些不相关的因素都予以忽略。由于这套框架是综合而有序的，因此不会遗漏任何应当考虑的因素。此外，这套框架还通过强迫分析人员有序地进行预测，而使那些投机的倾向得到抑制。

全面预测以我们在第 15 章中所介绍的简单预测为起点。简单预测建立在企业当期的获利能力和净经营性资产增长情况基础之上，而全面预测则将未来与当前的情况进行比较，考虑企业的获利能力和增长潜力会发生怎样的变化。如果通过对其他信息进行分析以后，我们确信企业未来的获利能力与增长潜力会发生变化，那么就需要对简单预测和简单估值的结果进行改进。不过在这一过程中，我们必须意识到这些改进都是在增加预测和估值结果中的主观成分，因此，在整个过程中都必须保持应有的谨慎和冷静。

16.1 财务报表分析：关注商业的透镜

我们已经一再强调，在没有深入了解企业以前，是无法为这家企业进行估值的；了解企业是估值和战略分析的先决条件——基本面分析的第一大步骤。在学习本章内容之前，请先回顾一下第 1 章中"商业分析"部分的内容，在那里，我们讨论了是哪些主要的因素在决定着企业经营的成功与否。作为一名分析人员，必须先了解企业的商业模式和其他可选的战略举措，熟悉企业的产品、营销和生产方法，以及与产品相关的知识背景；对于与企业相关的法律、监管和政治限制，分析人员也必须谙熟于心。此外，还需要对企业的管理层进行评价。另外最重要的是，分析人员需要对企业有无竞争优势以及竞争优势的持续性有一个清醒的认识。

理解这些经济因素是进行预测的先决条件，此外，还需要将这些因素转化为能够方便计量的指标，这样才能应用于决策。比如，我们需要了解企业的产品、行业竞争情况和产品创新能力等，然后还需要用某种方式来解释我们所了解到的情况，这样才能将它们应用到估值当中。这些经济因素大多是以定性的方式来表达的，虽然有用但并不能够立即被转化为确定的货币金额。比如，我们可能会认为一家企业是具有"市场引导力量"的，但这对企业的估值能带来什么样的影响呢？又比如，我们可能发现另一家企业"处于竞争威胁之中"，但这对它的估值又意味着什么呢？像"增长机会"这样的特质，在估值中应该如何处理呢？

以会计为基础的估值模型和我们先前介绍的财务报表分析技术为这种从定性信息到定量信息的转换提供了可能。比如，市场力量可以用销售收入和更高的利润率来表达，而竞争则会削弱这两个指标；资产周转率可以反映出企业创造收入的技术和能力……而销售收入、利润率和周转率等指标，又都是企业获利能力的影响因素，是我们赖以进行企业估值的基础。财务报表分析的结构就是我们表达对企业经营看法的方式，因为财务报表就是聚焦商业的透镜。如果单纯依赖像"市场力量""竞争优势"和"突破技术"等这样的定性标签，而不去具体分析这些标签对估值的意义，是很危险的。因为投资者会很容易就受这些名词所鼓舞，一味地追高股价。只有在财务报表分析框架的范围内进行预测，才能控制投资者的激动或悲观情绪，把那些对未来一味看好或者一味不看好的投资者都引导回到基本面上来。

将企业活动转换为估值时，需要注意以下四个方面的问题。

16.1.1 关注剩余经营性收益及其影响因素

在对企业经营活动进行估值时，市净率估值应关注的重点是剩余经营性收益 ReOI，而市盈率估值应关注的重点则是超常增长的经营性收益 AOIG。不过，由于超常增长的经营性收益实质上就是剩余经营性收益的变动额，因此对各种商业活动，都可以用它们对企业剩余经营性收益的影响来进行解释。剩余经营性收益是由企业的净经营性资产报酬率 RNOA 和净经营性资产增长率所共同决定的，而净经营性资产报酬率又受四个因素的共同影响：

$$净经营性资产报酬率 = (核心销售利润率 \times 净经营性资产周转率) + \frac{其他核心经营利润}{净经营性资产} + \frac{非经常性损益}{净经营性资产}$$

将这几个净经营性资产报酬率的影响因素与净经营性资产本身的增长情况相结合，我们可以同时将这五个因素放在一个表达式中，描述它们对剩余经营性收益的影响：

$$剩余经营性收益 = 销售收入 \times \left(核心销售利润率 - \frac{经营活动必要报酬率}{净经营性资产周转率}\right) +$$

$$其他核心经营利润 + 非经常性损益 \tag{16-1}$$

（非经常性损益的未来预期值总是等于 0。）式（16-1）中，净经营性资产周转率表示每单位美元净经营性资产能够实现的销售收入，因此经营活动必要报酬率与净经营性资产周转率的比值是对企业经营效率的一种计量，它衡量了净经营性资产所实现的销售收入与这些资产所要求的报酬之间的关系。净经营性资产报酬率 RNOA 的影响因素——核心销售利润率、净经营性资产周转率、其他核心利润和非经营性损益都出现在了这个公式中,而且净经营性资产的增长率也可以通过这些影响因素体现出来:既然企业为了实现销售收入而需要投入净经营性资产,那么净经营性资产的规模大小就由销售规模和净经营性资产周转率的倒数来决定,即,销售收入的金额和为了实现每一美元的销售收入所需要的净经营性资产规模这两个因素共同决定了企业的净经营性资产规模大小。

要预测企业的剩余经营性收益,就需要我们预测出这几个影响因素。所以,如果想做好估值,就需要将我们所观察到的企业情况转换为对以下五个影响因素的预测:

(1)销售收入;
(2)核心销售利润率;
(3)净经营性资产周转率;
(4)其他核心经营利润;
(5)非经常性损益。

其中,销售收入属于主要影响因素,因为如果没有客户和销售收入,经营活动就不可能实现价值增值。我们所了解到的绝大多数企业信息(比如,产品、营销情况、研发项目、品牌管理状况等),都是用作销售收入预测的。如同每一门基本的经济学课程所教授给我们的,企业的销售收入总额等于销售单价与销售数量之乘积,所以我们需要分析消费者的喜好、消费需求的价格弹性、替代产品的情况、技术发展路径、行业竞争情况和政府管制状况等各方面的综合情况,以对企业未来的销售价格和数量做出判断。不过式(16-1)告诉我们,只有当利润率为正时,销售收入对剩余经营性收益才有正的贡献,即只有当销售利润率大于经营活动必要报酬率与净经营性资产周转率之比值时,销售规模的增加才能带来剩余经营性收益的增加。

作为将你所掌握的各种商业知识组织起来的第一步,你应当将各种经济因素的影响与剩余经营性收益的影响因素挂钩。比如,哪些因素会影响产品价格和产品数量(从而影响销售收入)?答案可能有竞争情况、替代产品情况、品牌关联和专利保护等。再比如,哪些因素会影响企业的利润率?答案可能包括生产技术、经济规模与学习规模,以及劳动力竞争情况和上游市场的竞争情况等。

16.1.2 关注变动情况

我们可以通过财务报表将各种影响企业当前情况的因素找出来,但预测需要的是未来的影响因素,因此,应当重点关注那些可能使剩余经营性收益偏离当前水平的经营活动。对各种影响因素的变化进行分析实质上关注的是盈利的持续性问题,或者更严格地说,是**剩余经营性收益的持续性**(ReOI sustainability)问题。对变动情况进行分析需要遵循以下三个步骤。

步骤 A. 理解该行业的典型影响模式

在图 16-1 和图 16-2 中,列出了主要影响因素的历史变化模式。这两幅图是按照真实的数据绘制的,说明了各个剩余经营性收益的影响因素从各自的初始值(即第 0 年水平)开始,在后续 5 年内的变动情况。结果表明,全部影响因素都表现出了**均值回归**(mean reversion)的特性:随着时间的推移,各个价值影响因素都倾向于向平均值靠拢。(例如,以核心净经营性资产报酬率这个因素为例)。高水平值倾向于变低,而低水平值倾向于升高。

这些价值影响因素变化模式(driver pattern)由以下两类特征所决定:

(1)该影响因素的当期水平相对于一系列可比公司一般水平(中位数)之间的关系;

（2）趋于长期水平的速度。

其中，上述第一点可通过对当期财务报表进行分析而获得，第二点则需要我们进行预测。趋向长期水平的速度有时也被称为**收敛率**（fade rate）或**持久率**（persistence rate），因此这类图示也常被称为**收敛图表**（fade diagrams）。一些分析人员于是也将他们的权益研究报告称为收敛率分析，即这些报告主要回答某特定的剩余经营性收益或者特定的剩余经营性收益的影响因素在多长时间之后将会逐渐收敛到长期平均水平范围；或者，某个特定的因素水平能够持续多久。

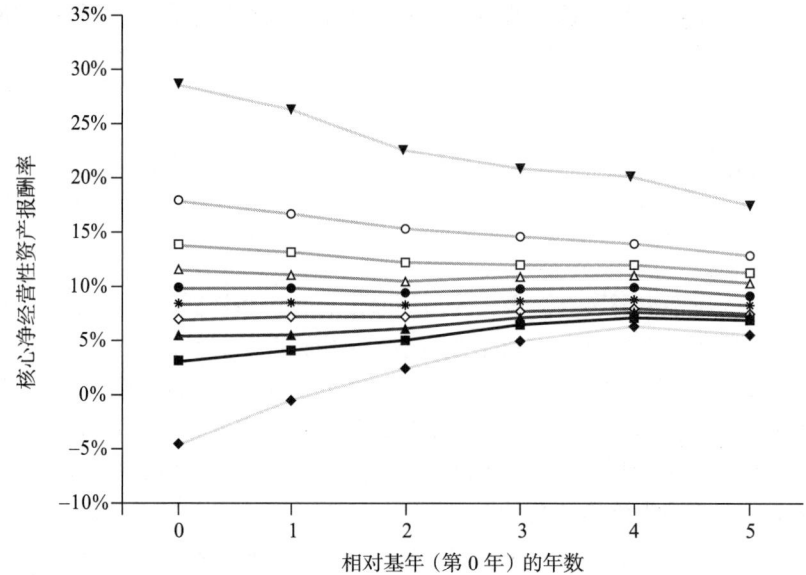

a）核心净经营性资产报酬率。在基期具有较高核心净经营性资产报酬率的企业（位于上方的分组内）在未来的获利能力逐渐下降；而具有较低核心净经营性资产报酬率的企业（位于下方的分组内）在未来的获利能力逐渐增强。

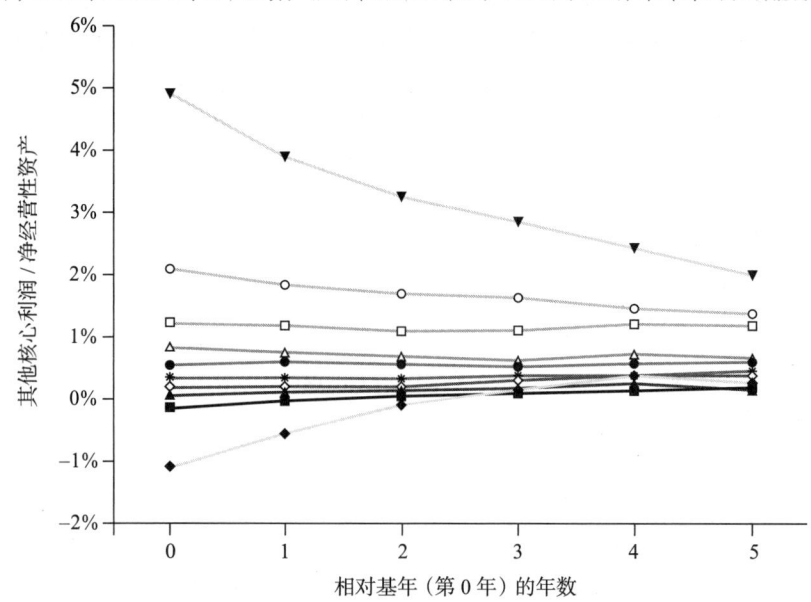

b）其他核心利润/净经营性资产。观察其他核心利润与净经营性资产的百分比，该指标较高的企业（位于图中上方的分组内）在后续年份中的指标值会逐渐下降，而该指标较低的企业（位于图中下方的分组内）在后续年份中的指标值会逐渐上升。

图16-1　核心净经营性资产报酬率、其他核心利润和非经常性经营项目损益等影响因素的变化趋势：纽约证交所与美国证交所上市公司（1964～1999年）

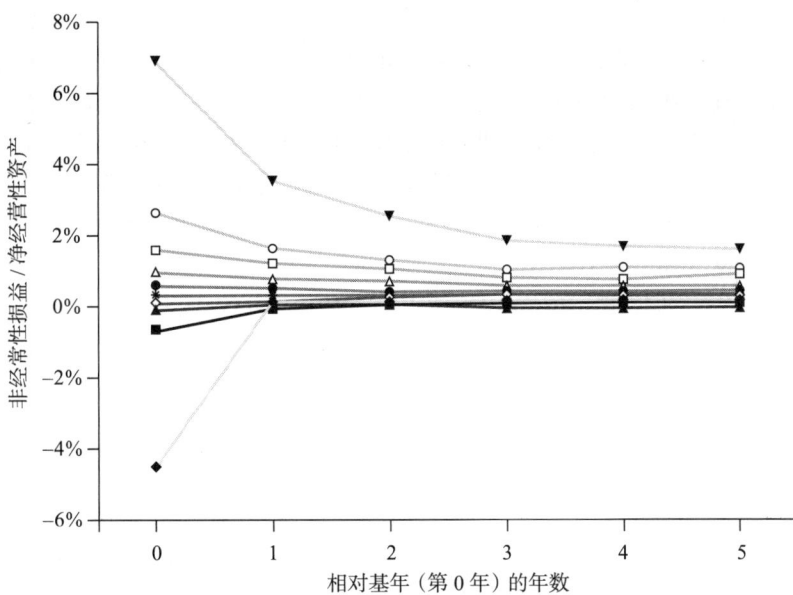

c）非经常性经营活动损益/净经营性资产。非经常性损益项目以非常快的速度消失了，正如我们对暂时性项目的影响预期那样。

图 16-1 （续）

在该图中，根据企业在第 0 年的指标值将它们分成了 10 组，然后追踪了各组企业在未来 5 年内的指标中位数变动趋势。最上方曲线所代表的分组是在基期（第 0 年）具有最高指标值的，而最下方曲线所代表的分组是在基期具有最低指标取值的。

资料来源：D. Nissim and S. Penman, "Ratio Analysis and Equity Valuation: From Research to Practice," *Review of Accounting Studies*, March 2001, pp. 109–154. Based on Standard & Poor's COMPUSTAT data.

各种经济因素的影响方式在同一行业内部常常是类似的，因此，最好是区分行业来绘制收敛图表。一般情况下，我们是按企业向市场提供的产品来定义它的行业属性的，此外，也有一些标准的行业分类方法，例如，美国标准产业分类代码（SIC）就使用 4 位数的行业代码来对企业进行分类。在同一行业内部，企业之间随着时间的推移会变得越来越相似，否则，它们就将无法继续生存下去。因此，分析人员所说的剩余经营性收益及其影响因素会逐渐趋向某个水平，就是指该行业的典型水平。与别的企业相比，一些企业或许会暂时拥有某些优势，如新的想法、创意等，但是市场竞争力量、现有能力和新进入企业的模仿等，会逐渐抹平这些暂时的优势。由于竞争优势的衰减速度主要是受竞争影响的，一些分析人员就将某影响因素从现有水平逐步衰减到行业代表性水平所需要的时间称为**竞争优势期**（competitive advantage period）。

图 16-1 中列出了核心净经营性资产报酬率因子和其他核心利润、非经常性损益（都除以净经营性资产 NOA）因子的历史变化趋势⊖。研究者按企业在基年（第 0 年）的各影响因素水平将它们分成 10 组，然后追踪各影响因素在后续年份中的变化，其中，最高的一组为某影响因素在基年的水平占全部样本值前 10% 的企业，而最低的一组则为某影响因素在基年的水平占全部样本值最后 10% 的企业。正如你可能会预计到的那样，非经常性损益（见图 16-1c）衰减得最快——完全只具有暂时性的影响，核心净经营性资产报酬率 RNOA（见图 16-1a）和其他核心利润（见图 16-1b）也逐渐向中值靠拢，表现为高获利能力（位于上方的分组）在逐渐下降而

⊖ 图中的变化趋势轨迹是这样得到的：将公司在 1964 年、1969 年、1974 年、1979 年、1984 年、1989 年和 1994 年按影响因素水平进行分类，然后追踪它们在后续年份中的变化趋势，再取平均值。

低获利能力（位于下方的分组）逐渐得到了增强。这个图示表明，竞争力量确实发挥了作用，使各个企业的核心净经营性资产报酬率逐渐向共同水平靠拢。对在基年中具有最高核心净经营性资产报酬率的前 10% 企业来说，它们的净经营性资产报酬率中位数为 29%，但在 5 年后，下降为 18%。不过，核心净经营性资产报酬率的长期差异还是存在的：当前具有较高核心净经营性资产报酬率的企业，在今后仍将保持较高的核心净经营性资产报酬率，只是随着时间的推移，核心净经营性资产报酬率的组间差异会逐渐减小。在本书第四部分中，我们将从会计角度对这些永久性差异进行部分解释。

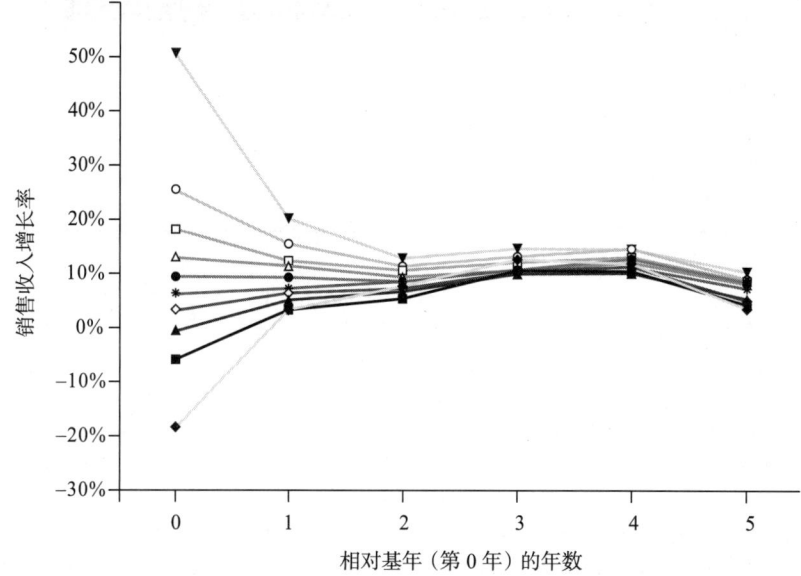

a）销售收入增长率。销售收入增长率的收敛非常快：当期销售收入增长率高的企业（位于上方的分组内）在后续年份中的销售收入增长率降低了；而在当期销售收入增长率较低的企业（位于下方的分组内）在后续年份中的销售收入增长率增加了。

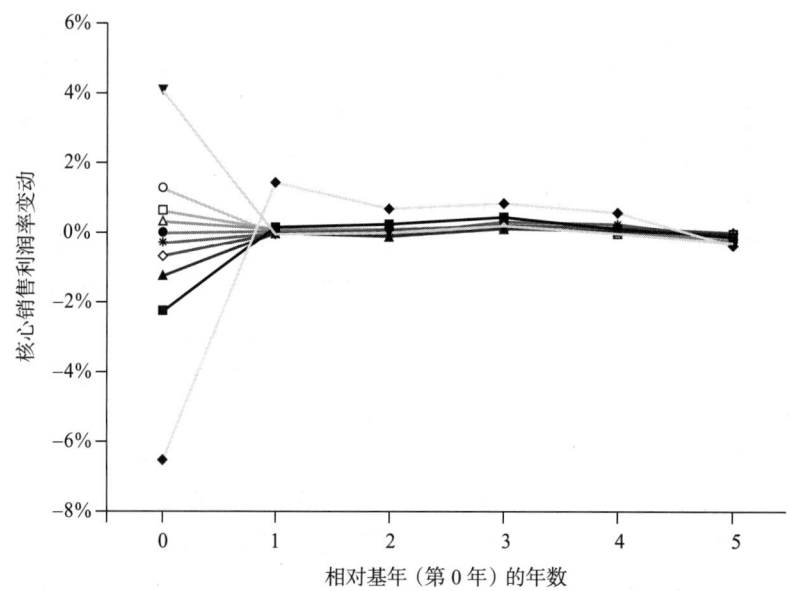

b）核心销售利润率的变动。核心销售利润率迅速向一般水平靠拢，而一般水平本身是接近于 0 的。

图 16-2　销售收入增长率、核心销售利润率变动和净经营性资产周转率变动的发展趋势：纽约证交所与美国证交所上市公司（1964～1999 年）

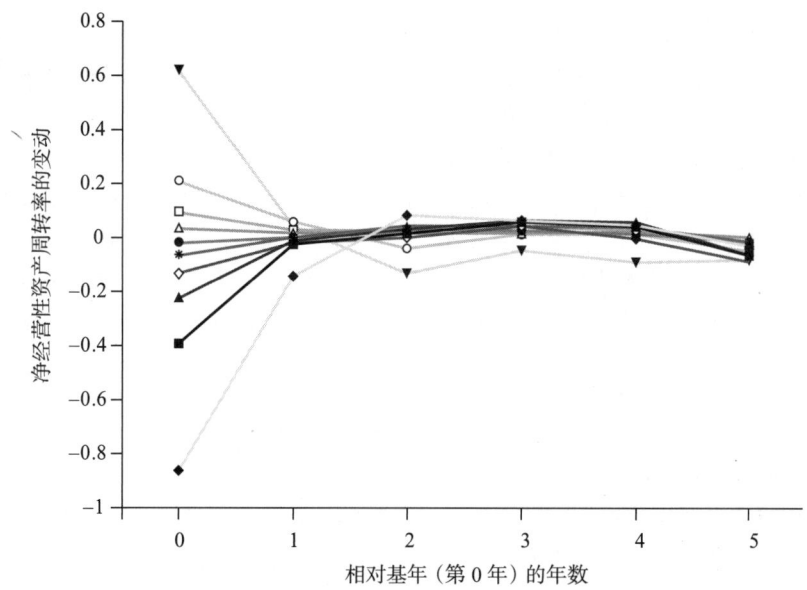

c) 净经营性资产周转率的变动。净经营性资产周转率具有迅速向一般水平靠拢的趋势。资产周转率的显著增加（上方分组所表现出的）是暂时的，显著下降（下方分组所表现出的）也只是暂时的。

图 16-2 （续）

资料来源：D. Nissim and S. Penman, "Ratio Analysis and Equity Valuation: From Research to Practice," *Review of Accounting Studies*, March 2001, pp. 109–154. Based on Standard & Poor's COMPUSTAT data.

评价净经营性资产报酬率在长期是否会收敛到同一水平时，要注意避免一个常识性的错误。很多估值教材都说"从长期来看，报酬率会逐渐下降到必要报酬率水平"。这种说法是不正确的，阅读材料 16-1 对此进行了解释。

阅读材料 16-1

长期报酬率：一个常见的谬误

在一些关于企业估值方面的教材中，经常可以看到"只要时期足够长，报酬率最终会等于必要报酬率"这样的论断，并将其应用在预测和估值中：如果必要报酬率为 10%，那么预测企业的净经营性资产报酬率在预测期内最终会下降到 10%。这一论断的拥护者认为，这种说法是得到了经济理论支持的：随着竞争的加剧，超常的获利能力最终会被"抹平"，因此从长期来看，所有企业都只能赚得与它们的风险水平相当的必要报酬率。只要行业内部存在着竞争，这种说法作为一种经济原则就是合理的。

但是，净经营性资产报酬率（以及其他报酬率计量指标）是一个会计指标，因此它的属性是由会计来定义的。按照美国公认会计原则和国际财务报告准则所规定的会计处理要求，总是有一部分资产是存在于资产负债表之外的，因此，即使当企业在未来只能赚取到竞争条件下的"经济报酬率"时，企业的报酬率水平也可能是高于必要报酬率的。因为即便当利润（即报酬率计算式中的分子）表现为竞争性利润时，如果创造该利润的各种资产并没有被全部包括到分母中，那么计算出的报酬率都会比实际水平更高一些。举例来说，在一家制药企业的资产负债表上，是看不到它的绝大多数研究与开发资产投入的，那么，这家企业的净经营性资产报酬率 RNOA 就会总是表现得比较高（除非它经历了异常的灾难性事项)。再比如,在可口可乐公司的资产负债表上,是没有报告它的品牌价值这项资产的,所以,它的净经营性资产报酬率 RNOA 也总是处于比较高的水平。除此之外,微软公司、思科系统公司和其他科技类企业都是这样的。在第 17 章中,我们将说明会计导致企业的报酬率增大的原因之一。

有人也许会建议我们应当关注"经济报酬率",但"经济报酬率"只是一个从理论中游离出来的概念,是没有确指的。事实上,指标只是指标,关键是我们如何定义和计量它,在会计上如何核算它。不要着急去建立经济收益与经济报酬这样的东西——在这一过程中会存在着大量的推测和投机判断,而本身我们也不需要这样去做。在第 5 章中,我们已经发现可以用剩余收益方法来对会计结果进行调整了:如果账面价值被低估了(因为在资产负债表中遗漏了一些资产项目),那么净经营性资产报酬率就会比实际的水平表现得更高一些。而且,更重要的是,剩余收益也就会相应地更高一些,因此将被高估的剩余经营性收益 ReOI 与被低报的账面价值相加,两者的计量偏差就会被互相抵消,从而得到正确的估值结果。不要去调整净经营性资产报酬率 RNOA,这样只会导致错误的估值。如果所估值的企业来自充满竞争的行业,当它应当有一个较高的净经营性资产报酬率 RNOA 时,也不必将该企业的长期净经营性资产报酬率设定到必要报酬率水平(比如,10%),这样做只会导致估值错误。

图 16-2 给出了企业的销售收入增长率、核心销售利润率变动和净经营性资产周转率变动的历史变化趋势,这些变化趋势告诉我们,各影响因素的增加或者减少是具有持续性的。销售收入增长率(见图 16-2a)具有很强的均值回归特性:销售增长特别显著的企业在未来的销售增长情况是比较低的。此外,核心销售利润率(见图 16-2b)和净经营性资产周转率(见图 16-2c)的大幅度增加或者减少都是暂时的,这两个指标的变动平均值(第 0 年自上往下数第 5 组企业来代表)是接近于 0 的,且随着时间的推移,各组指标水平都朝着这个平均值在靠拢。

逆向股票筛选策略(见第 3 章)就是将目前销售收入和利润都呈现高增长的企业卖出,同时买进低增长的企业。支持这种操作策略的人头脑里都有这样的变化趋势图,且他们认为市场是不了解这种趋势的:市场对收入和利润的高增长会兴奋过头,相信这种增长还会持续下去而看不到衰减的到来;同时,市场还无法理解企业销售和利润的下滑通常都只是暂时的。

步骤 B. 在预测时,根据经济和行业情况对典型的影响因素变动模式进行修正

如果未来的状况与过去将十分相似,那么,以行业历史模式来作为预测未来的起点是非常好的。不过,企业都有一些各自特殊的情况,使得它们的各个价值影响因素可能会与行业的典型模式有所不同。因此,在进行全面信息预测时,需要考虑企业的未来价值影响因素会与行业的典型模式有何不同。

影响各个指标收敛速度的主要因素是竞争以及企业对竞争的反应。竞争会使超常的净经营性资产报酬率逐渐衰减,而企业应对竞争的能力又会使净经营性资产报酬率始终保持在行业均值之上。因此,企业在创造竞争力量的同时也在对竞争力量展开反击,下面就是一些企业可用于向其他企业进行挑战的方式(以及特定的企业或者行业例子):

- 降低产品价格(沃尔玛、家得宝公司和其他折扣零售商)。
- 实现产品创新(软件开发商、制药公司)。
- 产品配送创新(戴尔公司、亚马逊网站和电子商务)。
- 降低生产成本(制造企业将生产转移到人工成本低的国家)。

- 模仿成功企业（个人电脑克隆企业模仿 IBM 公司；学习戴尔公司的存货与配送系统）。
- 进入能够赚取超额利润的行业（软件业、生物工程）。

接下来则是企业可用于对抗竞争力量的方式（以及特定的企业或者行业例子）：

- 品牌的打造与维护；授予特许经营权（可口可乐公司、麦当劳公司）。
- 创造专有知识，争取专利保护（制药企业）。
- 管理消费者的期望（啤酒与酒类营销）。
- 与其他竞争者、供应商和使用相关技术的企业形成联盟或者达成协议（航空联盟、电信联盟）。
- 利用先行者优势（沃尔玛、谷歌公司、互联网门户先驱）。
- 公司并购（银行、金融服务业）。
- 创造超强的生产和营销技术（戴尔公司）。
- 站在技术知识与生产学习曲线的前列（英特尔公司）。
- 创造难以被复制的规模经济效应（通信网络、银行网点等）。
- 创造专有的技术标准或消费者网络，使其他企业难以轻松进入（微软公司）。
- 政府保护或政府许可的特权（农业、媒体行业）。

在预测各个价值影响因素的收敛速度时，理解竞争力量及其反作用力是非常关键的。企业所采取的很多挑战和还击竞争的行为都能为企业带来暂时的优势，但随着时间的推移，这些优势总是会慢慢地失去。产品创新确实能够吸引顾客，但是如果没有专利保护限制的话，这些创新产品很快就会被模仿和山寨。除非企业所在的行业享有天然的或者是由政府力量所创造的进入障碍，否则，成功的经营将很快招来模仿者。这些因素将导致企业的收益率逐渐下降（用经济学家的术语来讲）。各个企业都在奋力维持现有收益率水平的前提下，希望再进一步提升自己的获利能力。比如，如果一家企业能够成为技术性标准（比如微软公司的 Windows 操作系统）的创造人，那么，由于客户已经被锁定，企业就可以享受稳定的，甚至持续增长的剩余经营性收益。再比如，如果一家制药企业所生产的专利产品在市场中面临着强烈的需求（比如基因泰克公司），或者能够通过强势的品牌名称创造消费者的需求（比如可口可乐公司），那么也可以将竞争优势保持得持久一些。

各国政府会制定一些政策来平衡竞争的力量，因此，我们必须理解政府的政策。政府愿意接受自由贸易和竞争吗？还是倾向于保护？政府所制定的政策具有政治性偏向吗？是否制定有反垄断法？相关的贸易法规和国际贸易协定是怎样的？

根据价值影响因素的变化趋势图，从长期来看，不光高额的获利能力会逐渐下降，较低的获利能力同时也会缓慢地得到改善。当企业刚刚进入一个新的行业，或者正在建立某些新的产品时，就有可能表现出获利能力比较低下，但这种初始的获利能力不佳能够逐渐得到改善。因此在预测时，就需要我们对企业的新产品或创新的成功可能性做出评价。此外，如果一家企业由于产品转型、竞争影响或者劳动力罢工等原因而暂时表现出核心盈利能力不佳，那么它们的各个价值影响因素在将来也可能逐渐得到改善，这就需要我们在预测时仔细地去辨别哪些较低的获利能力只是暂时的（在将来是可以得到改善的），而哪些则可能是永久的。前面这些图示都是根据实际数据描绘出来的，因此只有在基年以后的各个年份中依然生存着的企业才能提供这些数据，让我们来研究各个价值因素的变动趋势⊖。对这些获利能力相对比较低下的企业来说，

⊖ 请了解"幸存者偏差"（survivorship bias）的影响。——译者注

预测它们是否能够继续生存并扭转格局的可能性是非常重要的，因为竞争的力量会将那些在长期不能维持稳定剩余经营性收益的企业驱逐出去。在本书第 20 章中，我们就将讨论破产预测的问题。

（向上或者向下进行）收敛是典型的价值影响因素变化模式，不过除此以外，还存在着一些其他可能的影响因素变化模式。比如，一种不太常见的模式是由于企业对净经营性资产的投资持续增长，导致净经营性资产报酬率会持续保持在较高水平，从不衰减，剩余经营性收益也持续增长。这些企业就是在竞争环境下也经营得十分成功的范例，比如耐克公司通过品牌管理，它的核心净经营性资产报酬率一直保持稳定，而剩余经营性收益则持续增长。再如可口可乐公司，曾经它的剩余经营性收益也能不断增长，但在 21 世纪初，却只能维持剩余经营性收益水平尽量不下降。请参考阅读材料 16-2 中的内容。

阅读材料 16-2

耐克公司与可口可乐公司：品牌企业的价值影响因素历史水平分布

耐克公司

面临着来自阿迪达斯、锐步和彪马等品牌的激烈竞争，耐克公司依然能够不断提升它的销售收入，增进销售核心利润率，并在保持净经营性资产规模不断壮大的基础上，提高它的核心净经营性资产报酬率。相应地，耐克公司的剩余经营性收益 ReOI 不仅得到了维持，而且还实现了增长。

	2008 年	2007 年	2006 年	2005 年	2004 年	2003 年
销售收入（10 亿美元）	18.6	16.3	15.0	13.8	12.3	10.7
销售收入增长率（%）	14.1	9.2	8.8	2.1	14.5	8.1
销售核心利润率（%）	9.6	8.9	9.2	9.3	7.9	7.1
资产周转率	3.47	3.31	3.09	2.95	2.76	2.43
核心净经营性资产报酬率（%）	33.4	29.4	28.3	27.4	21.7	17.3
平均净经营性资产规模（10 亿美元）	5.4	4.9	4.8	4.7	4.4	4.4
剩余经营性收益（10 亿美元）	1.37	1.03	0.95	0.88	0.58	0.38

可口可乐公司

可口可乐公司的管理层在年度报告中说："我们的目标是要利用本公司的资产（我们的品牌、财务力量、无与伦比的配送系统、全球布点与人力资源，以及对管理层与合作伙伴的强有力承诺）使本公司更加富有竞争力并加速成长，为我们的股东创造价值。"截至 2000 年，可口可乐公司在销售收入的强劲增长和稳定的核心净经营性资产报酬率影响下，一直保持着剩余经营性收益的持续增长。但在 2000～2007 年，可口可乐公司的剩余经营性收益虽然一直保持稳定，却没有多大的增长。由于该公司的净经营性资产周转率也一直稳定不下滑，所以收入增长的放缓伴随着销售核心利润率也轻微下滑。

	2007 年	2006 年	2005 年	2004 年	2003 年	2002 年
销售收入（10 亿美元）	28.9	24.1	23.1	21.7	20.9	19.6
销售收入增长率（%）	19.8	4.3	6.3	4.2	6.6	11.5
销售核心利润率（%）	20.7	20.4	21.4	22.4	21.3	22.1
资产周转率	1.30	1.32	1.36	1.32	1.32	1.35
核心净经营性资产报酬率（%）	26.9	26.9	29.1	29.6	28.1	29.8

(续)

	2007年	2006年	2005年	2004年	2003年	2002年
平均净经营性资产规模（10亿美元）	23.0	18.4	17.2	16.6	15.7	14.9
剩余经营性收益（10亿美元）	4.1	3.3	3.5	3.4	3.0	3.1

注：2007年的销售收入增长中包含了企业合并的影响。

16.1.3 关注重要影响因素

对一些企业来说，有些价值影响因素会比其他因素显得更加重要。比如，很多价值影响因素可能都出现了轻微的变动，但其中有一两个因素的变动特别显著。我们将需要特别关注的影响因素称为**重要影响因素**（key drivers）。以可口可乐公司为例（见阅读材料16-2），销售收入和利润率就是它的重要影响因素。对非重要影响因素，也许进行简单预测就够了，但如果是重要影响因素，则需要我们对它的影响因子进行细致的调查。在零售业中，销售利润率通常都是相对稳定的，因此对这类企业进行预测时，重点就应当关注不确定性更大的销售收入和净经营性资产周转率因素。由于销售收入和净经营性资产周转率都是受单位面积销售额影响的，因此，专注于零售业的分析人员首先关注的就是这个指标。

在阅读材料16-3中，列出了一些行业的重要经济影响因素，以及相关的剩余经营性收益影响指标，同时，还对航空业的重要影响因素进行了分析。

阅读材料 16-3

重要影响因素

特定行业的重要影响因素

行业	重要经济因素	重要剩余经营性收益影响因素
汽车行业	模型设计与生产效率	销售收入与利润率
饮料行业	品牌管理与产品创新	销售收入
移动电话	人口覆盖率与客户流失率	销售收入与资产周转率
商业地产	占地面积、单位面积租金与入住率	销售收入与资产周转率
计算机行业	技术发展路径与竞争	销售收入与利润率
时尚服饰业	品牌管理与设计	销售收入、单位销售收入广告费用率
电子商务	每小时点击率	销售收入与资产周转率
非时尚服饰业	生产效率	利润率
制药业	研究与开发	销售收入
零售业	零售空间与单位面积销售收入	销售收入与资产周转率

航空业

航空公司一般都有固定的飞行机队和指定的机场登机门，或者至少在短期内是这样的。由于飞行行程是固定的，所以，大部分成本都是固定成本，对获利能力影响最大的是这些公司的销售收入。下面是美国10家最大的航空运输企业在1994～1996年的一些统计数据。

美国行业统计数据	1994年	变动率(%)	1995年	变动率(%)	1996年	变动率(%)
座位里程收入（RMS，千）	499 715	4.34	512 612	2.58	546 896	6.69
有效座位里程（ASM，千）	752 841	1.16	762 550	1.29	784 502	2.88
载客率（%）	66.38	3.14	67.22	1.27	69.71	3.70
收益率（每座位里程收入多少美分）	12.47	−1.88	12.84	2.93	13.08	1.90
收入（百万美元）						
载客收入	62 332	2.38	65 816	5.59	71 553	8.72
货运和其他收入	7 572	−0.88	7 653	1.07	7 767	1.49
合计	69 904	2.02	73 469	5.10	79 320	7.96
成本（百万美元）						
人工成本	24 171	2.36	24 093	−0.32	25 507	5.87
燃油成本	8 099	−8.35	8 193	1.16	10 275	25.41
佣金	6 386	−0.05	6 308	−1.22	6 307	−0.02
租金与着陆费用	7 501	1.54	7 824	4.31	7 739	−1.09
维修费用	3 210	4.36	2 989	−6.88	3 485	16.59
折旧与摊销	3 840	1.61	3 791	−1.28	3 825	0.09
其他费用	14 741	3.92	15 061	2.17	15 767	4.69
成本合计	67 948	1.01	68 259	0.46	72 905	6.81
佣金比率（%）	10.2	−2.86	9.6	−5.88	8.8	−8.33
燃油价格/加仑（美元）	56.7	−8.55	57.4	1.23	70	21.95
平均薪酬（百万美元）	58 147	6.47	59 849	2.93	61 773	3.21
人工效率[①]	1 811	5.22	1 894	4.59	1 900	0.30
单位人工成本/有效座位里程	3.21	1.19	3.16	−1.59	3.25	2.91

① 可用座位里程/员工人数，以千为单位。

注：该行业公司包括阿拉斯加航空公司、美国西部航空公司、美国航空、大陆航空、达美航空、西北航空、西南航空、美国环球航空公司、联合航空公司和全美航空公司。

机队的规模和登机口分配决定了该行业的所谓有效座位里程数（ASM），而载客率则决定了座位里程收入（RMS），客票售价决定着每座位里程收入的收益率。该收益率与座位里程收入都是收入的影响因素，因此，在有效座位里程数一定的情况下，载客率和收益率都属于航空公司的重要影响因素。分析人员会重点关注这些影响因素，但同时也会对因开辟新航线或者增加新的登机口而带来的有效座位里程数变动而保持敏感。此外，对于其他影响因素，比如人工效率、人工成本、向旅游公司支付的佣金比率和每英里[⊖]燃油成本（在上表中均有列出）等，也应予以监控。

酒店与度假公司

像希尔顿（Hilton）、万豪（Marriott）和喜达屋（Starwood）这样的酒店和度假公司，经营成本由高额的设施固定成本和附加的（包含固定的和变动的）人工成本所构成。入住率是这类企业的重要影响因素，但入住率又受单间房屋价格的影响。所以，我们可以用一个复合的影响因素（单位可用房间收入）来抓住这两个因素的共同影响，从而对这类企业的获利能力进行分析。影响这类企业获利能力的因素包括：

- 现有物业的单位可用房间收入（REVPAR），

⊖ 1英里=1609.344米。——译者注

等于入住率与平均每日房费的乘积。
- 开建的新酒店数量和处置经营业绩不佳的酒店数量。
- 新签订的酒店管理合同或者授权经营的酒店数量。
- 使经营流程合理化和能降低成本的技术增强情况。

喜达屋度假酒店集团[管理着包含威斯丁（Westin）、喜来登（Sheraton）、W 酒店和圣瑞吉斯（St. Regis）酒店在内的众多品牌]报告它在 2001～2004 年中的现有物业单位可用房间收入如下。

	2004 年	2003 年	2002 年	2001 年
全球（138 家酒店共计大约 49 000 间房）				
单位可用房间收入（$）	110.81	98.03	95.46	101.44
平均每日房费（$）	161.74	151.49	150.42	155.77
入住率（%）	68.5	64.7	63.5	65.1
北美（93 家酒店共计大约 36 000 间房）				
单位可用房间收入（$）	110.13	98.21	94.40	100.42
平均每日房费（$）	156.65	147.15	145.61	152.39
入住率（%）	70.3	66.7	64.8	65.9
国际（45 家酒店共计大约 13 000 间房）				
单位可用房间收入（$）	112.72	97.52	98.65	104.55
平均每日房费（$）	177.57	165.37	166.35	166.55
入住率（%）	63.5	59.0	59.3	62.8
年末股票价格（$）	59.50	37.60	26.01	30.59

可以看出，股票价格是反映单位可用房间收入这个指标的变化趋势的。"9·11"事件过后，北美酒店的入住率显著下滑，同样，在 2003 年 SARS 疾病肆虐期间，国际范围内的酒店经营都陷入了困境。

有时，分析人员会根据企业的重要影响因素来对企业进行**价值分类**（value types）。比如，可口可乐公司的价值是通过树立品牌来建立的，因此，该公司被认为属于**品牌管理企业**（brand management firm）。如果一家企业的利润率和资产周转率很快就趋向行业典型水平，那么这种公司就被称为**平均型企业**（company of averages）；而如果一家企业通过销售收入和净经营性资产的持续增长能保持稳定的净经营性资产报酬率，那么这样的企业被称为**成长型企业**（growth firm）。如果一家企业有巨额的固定成本需要进行分摊，而销售收入一旦弥补了固定成本之后，就几乎都成为利润，如电信业，那么这样的企业就被称为**销售驱动型企业**（sales driven）（随着销售收入的增长，这种类型企业的资产周转率也会不停增长）。如果一家企业的产品定义尚不清晰，比如一些初创的生物技术研究公司，就被称为**投机型企业**（speculative）。这些名称有助于我们找到分析的重点，但常常显得过于简化。此外，在对一家企业进行分类时，要注意不能做过多的前提假设。

16.1.4　关注其他选项和条件

经济因素和剩余经营性收益影响因素的变化存在着两种情形，要么由企业身处的环境变动引起，要么则由企业管理层的决策所引起。比如，政府管制和税率等因素就属于企业外部因素（虽然很多企业也试图去对政府管制政策施加影响），产品定价通常是由市场来决定的，行业内部的竞争程度一般都不是企业管理层可以控制的等,对于这些因素,我们将其称为企业经营所离不开的**商业条件**(business conditions)。此外,还有一些其他因素则属于企业管理层进行**战略选择**(strategic choices)的结果。比如,管理层决定企业应当生产和提供什么样的产品,决定生产的选址和生产过程的形式,制定所生产产品的质量标准,决定对企业研发项目的投入,是否与其他企业结成联盟等,这些选择合计为一个整体,就是企业的**战略**(strategy)。

理解企业拥有的商业条件和企业战略,是进行高质量的预测和估值工作的重要前提。在预测时,分析人员要思考企业所处的商业条件可能发生什么样的变化,而企业管理层的经营战略相应会出现怎样的改变。战略是选择的结果,它本身也是估值分析的主题。

16.2 完全信息预测与预计分析

根据各影响因素的预测结果建立预计未来财务报表,就是**完全信息预测**(full-information forecasting)。为保证每一个影响因素都被考虑到,完全信息预测需要按照一定的步骤来有序地进行。

这一预测系统的运作机理是非常直观的:首先,以销售收入预测为起点,然后结合预计销售利润率,得到预计的经营利润;接下来,根据预计的净经营性资产周转率和销售收入,得到预计的净经营性资产规模,这样,就可以计算出企业的剩余经营性收益了。

下面以 PPE 公司为例来说明怎样进行完全信息预测。在第 15 章中,我们曾经为这家商业公司进行过简单预测。右面是 PPE 公司在第 0 年的相关数据(单位:百万美元)。

销售收入	124.90
经营利润	9.80
净经营性资产	74.42

根据这些数据,可以计算出 PPE 公司在第 0 年的销售利润率为 7.85%,净经营性资产周转率为 1.68。假定根据市场分析,我们预测 PPE 公司的销售收入每年能增长 5%,同时,假定 PPE 公司现在和将来都不存在其他经营利润或非经营性损益项目,预计该公司在未来的核心利润率能与当前水平(7.85%)保持一致。为保障收入的增长,在每年年初必须保障净经营性资产的投资规模达到按每单位美元销售收入对应 56.75 美分的标准(更多的不动产、厂房与设备),实际上,这只是预计净经营性资产周转率的倒数,因此预计未来的净经营性资产周转率应当为 1.762。

根据这些预测值,我们可以编制出表 16-1 这样的预计报表。从表中可以看出,PPE 公司的销售收入是按预测的年增长率 5% 持续增加的。用预计的销售利润率乘以每年的预计销售收入,就可以得到每年的经营利润:经营利润 = 销售收入 × 销售利润率。用预计的净经营性资产周转率与销售收入相乘,可得到每年年初的预计净经营性资产规模:净经营性资产 = 销售收入 ÷ 净经营性资产周转率。这样,我们就得到了计算剩余经营性收益所必需的两个因子:经营利润与净经营性资产(请注意表中的计算结果存在着因四舍五入而引起的偏差)。这样,在表 16-1 底部,给出了预计的剩余经营性收益,该指标的年增长率也是 5%。由于 PPE 公司的经营活动必要报酬率为 10%,所以,该公司的权益价值为:

$$V_0^E = CSE_0 + \frac{ReOI_1}{\rho_F - g} = 66.72 + \frac{2.853}{1.10 - 1.05} = 123.78 \text{(百万美元)}$$

而内在杠杆市净率为 1.86。PPE 公司经营活动的价值为 131.48 百万美元,无杠杆市净率为 1.77。按 100 百万股流通在外的股份数量计算,PPE 公司的每股价值为 1.24 美元。

表 16-1　PPE 公司预计财务报表（经营活动）

（单位：百万美元；经营活动的必要报酬率为 10%）

	第 -1 年	第 0 年	第 1 年⊖	第 2 年	第 3 年	第 4 年	第 5 年
利润表							
销售收入		124.90	131.15	137.70	144.59	151.82	159.41
核心经营费用		115.10	120.86	126.89	133.24	139.90	146.89
核心经营利润		9.80	10.29	10.81	11.35	11.92	12.51
金融收益（费用）		(0.30)					
利润		9.50					
资产负债表							
净经营性资产	69.90	74.42	78.14	82.05	86.15	90.46	94.98
净金融性资产	(7.40)	(7.70)					
普通股东权益	62.50	66.72					
（流通在外股份数量为 100 百万股）							
现金流量表							
经营利润		9.80	10.29	10.81	11.35	11.92	12.51
净经营性资产的变动		4.52	3.72	3.91	4.10	4.31	4.52
自由现金流量		5.28	6.57	6.90	7.25	7.61	7.99
净经营性资产报酬率 RNOA（%）		14.02	13.83	13.83	13.83	13.83	13.83
利润率（%）		7.85	7.85	7.85	7.85	7.85	7.85
净经营性资产周转率		1.787	1.762	1.762	1.762	1.762	1.762
净经营性资产增长率（%）		6.5	5.0	5.0	5.0	5.0	5.0
剩余经营性收益		2.81	2.853	2.995	3.144	3.301	3.467
剩余经营性收益的增长比率（%）				5.0	5.0	5.0	5.0
超常增长的经营收益				0.142	0.149	0.157	0.165
超常增长经营性收益的增长比率（%）					5.0	5.0	5.0

注：由于四舍五入原因，数据有偏差。

在预计报表中，列出了剩余经营性收益的影响因素。其中，每年的净经营性资产报酬率 RNOA 都与第 1 年的预测水平相同，因为它本身的影响因子销售利润率和净经营性资产周转率都是假定保持不变的：这家企业属于获利能力稳定而对净经营性资产的投资不断增大的类型。

在预计报表中，还预测了未来年度超常增长的经营性收益（AOIG）。由于超常增长的经营性收益实际上只是剩余经营性收益的变动额，因此，计算这个指标时，可以不用再去预计未来的含息经营利润和自由现金流量。由于我们预计超常增长的经营性收益每年也会按 5% 的速度进行增长，因此如果应用超常增长的经营性收益估值模型来对 PPE 公司的权益进行估值，则可有：

$$V_0^{CSE} = \frac{1}{10\%} \times \left(10.295 + \frac{0.142}{1.10 - 1.05}\right) - 7.70 = 123.78（百万美元）$$

如果用每股价值来表达的话，则为每股 1.24 美元（存在四舍五入偏差）。即，权益价值等于经营活动的价值减去净金融性负债的价值。

由于自由现金流量是由经营利润和净经营性资产变动额所决定的（$C - I = OI - \Delta NOA$），

⊖ 原书中第 1 年数据的最后一个值 5.0 应删除，已与作者证实。——译者注

因此，接下来我们很快就可以知道预计的现金流量表情况。在本例中，我们将根据这些自由现金流量的预测值，利用贴现现金流量分析技术，来为企业进行估值。由于我们预计第1年以后的自由现金流量将会按每年5%的速度进行增长，因此，PPE公司的权益价值为：

$$V_0^E = \frac{自由现金流量_1}{\rho_F - g} - NFO_0 = \frac{6.574}{1.10 - 1.05} - 7.70 = 123.78(百万美元)$$

当然，表16-1只是简单情形下的预计报表，但它突出显示了我们需要进行预测的主要内容。根据当期水平计算出的资产周转率变动和净经营性资产的增长可能会伴随着销售利润率也发生变动，但决定企业未来净经营性资产报酬率RNOA和净经营性资产规模增长的总是这三个预测值（销售收入、销售利润率和净经营性资产周转率）再加上其他经营利润和非经营性损益的影响；而一旦确定了净经营性资产报酬率和净经营性资产的规模增长情况，就可以得到企业未来的剩余经营性收益和超常增长的经营性收益了。你可以将这个PPE公司的例题放入你的电子表格程序中，然后观察在不同的影响因素预测水平下，企业的估值是如何发生变化的。

这里的预计财务报表还是不完整的，不过再加上两个预测值，我们就可以将剩余的部分给填写出来了，这就是股利支付净额和借款成本。由于在前面已经预测得到了自由现金流量（$C-I$），因此，如果我们再预测出股利支付净额（d）和借款成本率（ρ_D），那么就可以预测出净金融性负债（NFO）和净融资费用（NFE），从而将预计利润表和预计资产负债表补充完整了：

$$NFO_t = NFO_{t-1} - (C-I)_t + NFE_t + d_t \text{ 并且 } NFE_t = (\rho_D - 1)NFO_{t-1}$$

在这里，假定PPE公司的借款成本率为4%，该公司在未来会将净利润的40%用于股利支付（股利支付率为40%），那么，就可以得到表16-2这样的预计报表了。

表16-2　PPE公司预计财务报表（全部活动）　　　　　　　　　　（单位：百万美元）

	第-1年	第0年	第1年	第2年	第3年	第4年	第5年
利润表							
销售收入		124.90	131.15	137.70	144.59	151.82	159.41
核心经营费用		115.10	120.86	126.89	133.24	139.90	146.89
核心经营利润		9.80	10.29	10.81	11.35	11.92	12.51
金融收益（费用）		（0.30）	（0.31）	（0.22）	（0.12）	（0.01）	0.10
利润		9.50	9.98	10.59	11.23	11.91	12.61
资产负债表							
净经营性资产		69.90	74.42	78.14	82.05	86.15	90.46	94.98
净金融性资产		（7.40）⊖	（7.70）	（5.43）	（2.97）	（0.33）	2.51	5.56
普通股东权益		62.50	66.72	72.71	79.08	85.82	92.97	100.54
（流通在外股份数量为100百万股）								
现金流量表							
经营利润			9.80	10.29	10.81	11.35	11.92	12.51
净经营性资产的变动			4.52	3.72	3.91	4.10	4.31	4.52
自由现金流量			5.28	6.57	6.90	7.25	7.61	7.99
股利（股利支付率为40%）			5.28	3.99	4.22	4.49	4.76	5.04
债务融资额			0.00	2.58	2.68	2.76	2.85	2.95
融资活动现金流量总额			5.28	6.57	6.90	7.25	7.61	7.99

注：由于四舍五入原因，数据有偏差。

⊖ 原书有误，应为此。——译者注

在利润表中，利息总是等于期初金融性负债与利率4%的乘积，而净金融性负债的变动额总是取决于财务主管法则：当自由现金流量不足以支付利息和股利净额时，就出售债务。在本例中，由预计现金流量表中的债务融资现金流情况可知，自由现金流量是足以涵盖本期的利息和股利支付的，因此企业可以将多余的自由现金流量用于购买债券。首先，在第3年以前，先逐步购买企业自己发行在外的债券；然后，在第3年以后，再开始购买其他公司发行的债券，从而由承担净金融性负债状态变为持有净金融性资产状态。举例来说，在第2年中，净金融性负债2.97就等于第1年的净金融性负债额5.43加上第2年的利息0.22，再减去自由现金流量6.90用于支付股利4.22之后的剩余2.68。这样，预测出净经营性资产NOA和净金融性负债NFO之后，就可以得到预计普通股东权益CSE了：普通股东权益 $CSE=$ 净经营性资产 $NOA-$ 净金融性负债 NFO。

整个预测过程中，所预测的内容还可以更加明细，只不过需要在预计财务报表中增加更多的行来报告这些明细内容。比如，除了预测销售利润率之外，还可以进一步预测毛利率和费用率，从而在预计利润表中增加更多的报告行。再比如，除了预计（总）资产周转率之外，还可以再进一步预测各单项资产和负债的周转率情况，从而在预计资产负债表中增加更多的行项目。具体需要将信息明细到哪一种程度，由预测人来进行把握，只是在这一过程中一定要注意成本-效益原则。阅读材料16-4是关于耐克公司的详细预测信息。

阅读材料 16-4

完全信息预测：耐克公司

在对耐克公司2004财务年度的会计报表进行了重构以后，一位分析人员编制了一份预测表，以期对耐克公司的股票进行估值。这位分析人员对耐克公司的经营业务、客户、时尚运动鞋的发展前景等，都有着深入的了解，在这样的知识背景下，他首先编制了一份销售收入预测。接下来，这位分析人员又了解了耐克公司的生产过程和销货成本的构成，对耐克公司的销售毛利率做出了预测。在预测过程中，他考虑了各种费用比率（尤其是最重要的一个影响因素：销售费用占销售收入的比重）。这位分析人员最终编制出了预计利润表，得到了预计的经营利润指标。最后，根据他对各种资产周转率的评估，这位分析人员接着预测出了耐克公司将来的应收账款、存货、固定资产和其他净经营性资产的规模。下面是他所得出的预测数据。

利润表预测值：

（1）预计2005年和2006年的销售收入将分别为13 500百万美元和14 600百万美元；预计在2007～2009财务年度，耐克公司的销售收入将按每年9%的比率持续增长。

（2）受益于海外制造战略，预计在2005年和2006年中，耐克公司的销售毛利率将从2004年42.9%的水平上升至44.5%，不过由于人工成本的上升和成本更高的高端鞋品的面市，预计销售毛利率在2007年将下降到42%的水平，并在今后保持为41%。

（3）在2004年时，广告费用占销售收入的比重为11.25%，为支撑销售收入的增长，预计这个比率今后将上升为11.6%。为提升品牌知名度，签约新的明星也会使广告成本增加。

（4）预计其他税前费用占销售收入的比重将为19.6%，与2004年的水平保持不变。

（5）预计未来的实际税率将为营业利润的34.6%。

（6）预计将来没有非经营性损益发生，或者说，这些项目的期望值为0。

资产负债表预测值：

（1）为支撑销售，每单位美元的销售收入需要有12.38美分的存货账面价值相对应

(即应当将存货周转率保持为 8.08)。

(2) 预计每单位美元的销售收入会对应 16.5 美分的应收账款(即应收账款周转率为 6.06)。

(3) 由于现有设备还能创造更多的销售收入,估计在 2005 年和 2006 年,每单位美元销售收入所需要的固定资产将由 2004 年的 13.1 美分下降为 12.8 美分。不过,为支持销售规模的继续扩大,在这以后还需要新的生产设施,并且将来的设备建造成本会更高一些。预计每单位美元的销售收入所需要的固定资产将达到 13.9 美分(即固定资产周转率为 7.19)。

(4) 预计企业持有的其他净经营性资产项目,将以经营性负债为主,占销售收入的比重为 -6.0%。

(5) 估计期权沽压造成的或有负债金额规模为 452 百万美元。

根据上述预测结果,可得到下面的预计财务报表与估值情况(单位:百万美元)。

	2004A	2005E	2006E	2007E	2008E	2009E
利润表						
销售收入	12 253	13 500	14 600	15 914	17 346	18 907
销售成本	7 001	7 492	8 103	9 230	10 234	11 155
毛利润	5 252	6 008	6 497	6 684	7 112	7 752
广告费用	1 378	1 566	1 694	1 846	2 012	2 193
营业费用	2 400	2 646	2 862	3 119	3 400	3 706
税前经营利润	1 474	1 796	1 941	1 719	1 700	1 853
按 34.6% 计算的所得税费用	513	621	672	595	588	641
税后经营利润	961	1 175	1 269	1 124	1 112	1 212
核心销售利润率	7.84%	8.69%	8.69%	7.06%	6.41%	6.41%
资产负债表						
应收账款	2 120	2 228	2 409	2 626	2 862	3 120
存货	1 634	1 671	1 807	1 970	2 147	2 341
固定资产	1 587	1 728	1 869	2 212	2 411	2 628
其他净经营性资产	(790)	(810)	(876)	(955)	(1 041)	(1 134)
净经营性资产	4 551	4 817	5 209	5 853	6 379	6 955
净经营性资产周转率 (ATO)		2.803	2.803	2.719	2.719	2.719
经营利润		1 175	1 269	1 124	1 112	1 212
净经营性资产变动额		266	392	644	526	576
自由现金流量		909	877	480	586	636
净经营性资产报酬率(按年初净经营性资产规模计算)		25.82%	26.34%	21.58%	19.00%	19.00%
剩余经营性收益(按必要报酬率 8.6% 计算)		783.6	854.7	676.0	608.6	663.4
剩余经营性收益的现值		721.5	724.7	527.8	437.5	439.2
截至 2009 年的现值合计	2 851					
持续价值①	12 809					19 349
企业价值	20 211					
净金融性资产	289					
	20 500					
期权沽压	452					
普通股权益的价值	20 048					

（续）

	2004A	2005E	2006E	2007E	2008E	2009E
按 263.1 百万股计算的每股价值：$76.20						

① 持续价值 $= \dfrac{663.4 \times 1.05}{1.086 - 1.05} = 19\,349$

分析人员对未来5年的预测都是有信心的，不过对于长期增长率却觉得不太有把握。考虑到耐克公司是一家难得的长期发展潜力不错的企业，这位分析人员将长期增长率设定为5%，比GDP平均增长率还高一些，但仍然有所保留。在这样的增长率假定下，得到耐克公司股票的每股价值为76.20美元，与当时的市场价格每股75美元相比略高。考虑到利率正处于上升空间（因此企业的经营活动必要报酬率必然也会比这里所用到的8.6%更高一些），这位分析人员最终决定对这只股票给出了"轻微看跌"的投资建议。

这位分析人员随后将耐克公司的数据和模型都输入电子表格程序中，这样，当将来更新的信息到来时，就可以非常方便地对预计和估值进行调整。当耐克公司实际宣布它在2005财务年度的经营成果——税后经营利润达到1209百万美元，远高于这位分析人员在当时做出的预测水平时，他对后续年份中的预测随即进行了修正，这样，重新得到耐克公司的股票估值为每股82美元，而当时的耐克公司股票市价已经上涨为每股87美元。就这样，这位分析人员随着时间的推移，将他的分析不断地进行调整。

此外，分析人员还可以通过变更一些数据预测值，来查验他的估值结果对未来可能发生的不同情形的敏感程度，即，他可以利用敏感性分析这个工具。分析人员还可以进行风险分析，具体内容请见第19章中的介绍。学习本阅读材料时，可同时访问本书配套网站上"搭建你自己的分析工具"（BYOAP）栏目下耐克公司的数据。

16.2.1 预测模板

我们可以将全部预测内容分为以下这几个步骤来进行。

第1步：销售收入预测。

销售收入预测作为起点，通常需要大量的调研工作。对未来的销售收入增长率进行简单推断是一种可行的方式，但完整的分析通常离不开对企业经营业务的深入理解。下面这些问题都是我们在进行销售收入预测时所必须考虑的。

（1）企业的战略。该企业主要涉入的是什么经营业务？有什么新产品即将上线吗？产品质量战略是什么？该企业正处在产品生命周期的哪一环节上？企业的兼并与收购战略如何？

（2）产品市场。该企业的消费者行为将来会发生什么样的变化？产品需求弹性如何？有什么替代品出现吗？

（3）企业的营销计划。有没有新开发的市场？企业的定价计划是什么样的？产品促销与广告计划是怎么样的？企业有能力开发和维持它的品牌吗？

第2步：预测净经营性资产周转率并计算净经营性资产规模。

根据预计的净经营性资产周转率和销售收入，就可以得到预计净经营性资产的规模：净经营性资产＝销售收入/净经营性资产周转率。要得到整体净经营性资产周转率的水平，需要先预测它的各个组成部分：应收账款周转率、存货周转率、固定资产周转率等。相应地，我们就可以在预计资产负债表中计算得到应收账款、存货、固定资产等项目的规模了，而这些项目的合计数就是企业的预计净经营性资产规模。

预测净经营性资产周转率时需要考虑的是：为确保实现预计的销售收入，企业需要再投入多大规模的资产？要回答这个问题，需要我们对企业的生产技术有一定的了解：为了能够实现预计销售收入，企业需要建造怎样的厂房，储存多大规模的存货和持有多少应收账款？此外，还需要我们对成本也做出预测：厂房的建造成本会是多少？是建在美国呢，还是建在亚洲？或者欧洲？

对 PPE 公司来说，我们假定它所需要投入的资产数量是与销售规模成比例的。但是，这样的假定在实务中却是不现实的，因为生产车间的产能并不总是在同一水平上，即使生产技术不发生变化，利用现有的生产厂房和设施能够创造出更多的销售收入，或者由于预计未来产品需求的下降会导致剩余生产能力的出现，企业的净经营性资产周转率也是会发生变化的。所以，预测未来的净经营性资产周转率需要我们对闲置产能的成本（价值损失）和利用现有产能所创造出销售的价值都有所了解。如果企业的产能已经满负荷了，那么就需要投建新的厂房和设备，但这样可能又会导致新的闲置产能开始出现。在阅读材料 16-4 中，耐克公司由于产能已被耗用完而导致固定资产周转率增高，但很快又由于新厂房的开建而导致固定资产周转率降低了。

第 3 步：对销售预测进行修订。

销售规模是受产能约束的。通过预计的净经营性资产周转率，我们知道了要支撑未来计划销售规模所需要的净经营性资产规模。如果实际上企业无法投入这样的净经营性资产规模，那么，原来计划的销售规模就难以实现，因此，在这种情况下，就必须对销售预测进行修订。

第 4 步：预计销售收入核心利润率。

由于"销售活动产生的核心经营利润 = 销售收入 × 销售收入核心利润率"，因此，接下来需要预测企业的销售收入核心利润率。要完成这一步骤，需要对销售毛利率和各种费用率都做出预测，这就需要我们对企业的经营业务有深入的了解。该企业的生产成本包含哪些内容？生产存在学习曲线吗？技术创新会带来成本的降低吗？与该企业相关的人工成本和材料价格在将来会变化吗？企业的广告预算是怎样的呢？在每 1 美元销售收入中，企业愿意花多少在研究与开发项目方面呢……

如果企业运用了经营杠杆，那么与资产周转率一样，销售利润率和各种费用比率与销售收入之间的关系可能就不是呈比例变化的。变动成本可能会随着销售收入的变动成同比变动，但如果有些成本项目在一定的预计销售收入范围内是固定的，那么随着销售收入在那个范围内逐渐增长，销售利润率就会慢慢上升。当然，如果销售规模一直持续上升，那么所有成本项目都会变为变动项目，这是因为，为了保障销售收入的增加，企业将不得不再继续投入新的固定成本。只不过，这类固定成本的增加并不是连续的，而是间断增加的。

第 5 步：预计其他经营利润。

在其他经营利润中，最主要的项目是企业在被投资单位中应当享有的利润份额，要预测这个数据，需要了解企业的被投资单位情况，并对其收益情况做出预测。

第 6 步：预计非经常性项目的损益。

非经常性项目的损益通常是难以预测的（一般将它们预测为 0）。但是，如果分析人员能预料到未来将会发生企业重组或者特别支出，那么，也应当从核心经营利润中扣除这些项目的预计影响，然后才能得到经营利润总额。

第 7 步：计算剩余经营性收益和超常增长的经营性收益。

有了经营利润和净经营性资产,以及经营活动的资本成本等数据之后,就可以计算企业的剩余经营性收益 ReOI 了:$ReOI_t=OI_t-(\rho_F-1) \times NOA_{t-1}$。不过请记得还有一种更简单的计算方法:

$$ReOI = 销售收入 \times \left(销售收入核心利润率 - \frac{经营活动必要报酬率}{净经营性资产周转率}\right)$$
$$+ 其他核心经营利润 + 非经常性损益$$

超常增长的经营收益则等于本期相对于上期的剩余经营性收益变动额。

现在就可以进行估值了。在 PPE 公司这个例子中,我们预计资本成本率会与目前的水平保持相当,不过,在预测和估值实务中,如果预知未来的资本成本会发生变动,也可以对不同的会计期间应用不同的资本成本率。

第 8 步:计算自由现金流量。

这一步其实很简单,只要根据其他预计结果直接进行计算就可以了:

$$C-I=OI-\Delta NOA$$

第 9 步:预测股利支付净额。

企业的股利支付政策是怎样的呢?预期将来会发生股份回购吗?会通过发行股份新募集多少资金呢?请记住,股利支付净额等于企业所发放的股利金额减去通过发行股份而筹集到的资金净额。

第 10 步:预测融资费用或者金融收益。

在每年年初金融性负债净额 NFO 的预计基础上,再结合预计的借款利率 (ρ_D-1),就可以得到当年度的预计融资费用净额 NFE 了:$NFE_t=(\rho_D-1)NFO_{t-1}$;如果企业持有的是净金融性资产,则也可以根据类似的原理计算出金融收益。请记住,这里的净融资费用 NFE 和债务的资本成本 ρ_D 都应当是扣除了所得税影响之后的净额。

第 11 步:计算净金融性负债或者净金融性资产的规模。

这一步也是通过计算得到的:$\Delta NFO_t=NFE_t-(C_t-I_t)+d_t$。在这一步骤的计算中,股利支付净额 d 是关键,因为它可能会导致借款需求的增加。相应地,如果企业通过发行股票筹集了资金,那么借款需求就可以降低。净金融性负债 NFO 的规模完全可能受企业政策的影响,因为一些企业设定有目标的负债水平。如果是这样的话,那么股利支付净额 d 就取决于企业的负债政策了。

第 12 步:计算综合收益。

根据公式:收益 earnings = 经营利润 OI - 净融资费用 NFE。

第 13 步:计算普通股东权益 CSE。

根据公式:$CSE_t=NOA_t-NFO_t=CSE_{t-1}+earnings_t-d_t$

第 14 步:调整股票期权沽压对估值的影响。

请参考第 14 章中计算期权沽压部分的内容。

第 15 步:调整少数股东权益对估值的影响。

在第 14 步中,计算得到的是整个股东权益的价值,需要在普通股东权益和非全资控股的子公司少数股东权益之间进行分配。如果要做得比较精确的话,在这一步骤中需要对子公司的价值进行评估,然后再减去少数股东在子公司中所享有的份额。但是,由于一般情况下少数股东权益涉及的金额都不大,因此也可以只进行简单的估算。一种计算办法是:从在第 14 步中所得到的权益价值中,减去少数股东本期收益(报告在利润表中的)与你所计算得到的内在市盈率之乘积。此外，还有另一种计算办法，即减去资产负债表中报告的少数股东权益与你所计算出的市净率之乘积。

在上述步骤中，第 1～6 步以及第 9 步和第 10 步都涉及了预测工作，而在第 14 步之前的其他步骤则都只需要根据预测的结果，利用会计关系式进行计算就可以了。这些相关的会计关系式我们在第 8 章中都已经进行了学习（第 7 步还需要对可能的经营活动资本成本率变动做出预测）。只有第 1～7 步是估值所必需的步骤（在调整股票期权和少数股东权益影响之前）。是的，只需要 7 个步骤！

此外，分析人员还可以采取一些额外的步骤，对预计财务报表的正确性进行验证：

（1）确保在第 13 步中计算得到的普通股东权益 CSE 是符合资产负债表平衡式的，这验证了预计财务报表的平衡关系。否则，就说明我们在这一过程中，可能遗漏了某些应当考虑的要素。

（2）对预计财务报表进行共同比分析，将计算得到的共同比与行业均值进行比较，判断它们的合理性。这些数值与你对这家企业和行业的长期收敛率判断是一致的吗？

（3）留心有没有出现**金融性资产积累**（financial asset buildup）。如果预计企业的经营活动能一直创造出正的自由现金流量，那么，企业的金融性负债就可以不断减少，并且最终会像 PPE 公司这样，产生金融性资产。但这一过程不可能无限地持续下去，因此这将导致金融性资产的不断积累。因此，分析人员必须思考：企业会如何处理这些金融性资产呢？是会以股利的形式最终发放出去，还是企业管理层已经有了预期的新投资战略，但我却没有考虑到这一点？这些问题将我们拉回到在预测工作开始前就应当思考的问题上面去：企业的战略是什么？在发现预计金融性资产积累问题后，对战略问题进行重新思考，能帮助我们的预计财务报表进行合理的修订。

现在，你已经掌握了搭建你自己的分析与估值产品所需要的全部工具了。请参考阅读材料 16-5 中的内容。

阅读材料 16-5

搭建你自己的分析工具（BYOAP）

学习完本书第二部分介绍的财务报表分析和第三部分介绍的预测与估值分析内容之后，你就已经掌握了建立综合分析与估值工具所需要的全部技能了。本章中 PPE 公司的例子为你提供了一个可以作为预测用途的电子表格模板，不过，这个模板还只是一个概要的形式。要建立一份完整的预计财务报表系统，还需要我们增加更多的利润表和资产负债表项目行次，对模板中的汇总数据进行明细说明。将这种预计分析的内容加入到你先前建立的电子表格程序中，你就拥有一个完整的分析与估值产品了。在本书配套网站上的 BYOAP 部分，将引导你按步骤完成这一操作过程。

你将发现，能开发出一件产品来是非常快乐的事情。只要你愿意去使用它们，本书中所讲的这些概念和工具都可以在现实生活中得到应用，而且在这一过程中，你对这些概念和工具的理解将更加深入，并欣赏它们的作用。能够使用一种完整的、与坚实的基本面分析原则一致的分析工具是令人满足的，并且，这一工具严格遵循了会计等式的要求，使我们能避免错误的发生。相应地，在权益投资中，你能够得到一些额外的安全保护，避免为某些股票去支付过高的价格。请将这个产品带到你的职业生涯中去，或者应用于你自己的投资活动中，并且，随着你所学知识的深入，还可以在这个基础上增加更多的内容。

16.2.3 会计估值模型的特点

通过预计财务报表分析，可以发现利用预计剩余经营性收益来进行权益估值的一些重要特征如下。

（1）该方法是有效的，它只要求对几个影响因素进行预测：销售收入、销售利润率、净经营性资产周转率以及它们各自的组成部分。

（2）重点关注的是经营活动。该方法重点关注能够为企业带来价值增值的业务，即经营活动。

（3）股利是不相关的。估值结果对股利支付率是不相关的，这与我们在第3章中所讨论的股利不相关理论是相吻合的。在对PPE公司所进行的估值中，我们也没有对股利去进行预测。股利的预测出现在第7步之后，而在第7步中，估值工作就已经完成了。实际上，如果改变例题中的股利支付率，你会发现最终的估值结果仍然保持不变。根据财务主管法则，股利支付率高只是意味着企业可用作购买债券投资的现金被减少了而已。相应地，只有净金融性资产会受到影响，而经营性资产和经营利润都不受股利支付率的影响。或者换句话说，无论是剩余经营性收益还是超常增长的经营性收益，都不受股利支付率的影响。

（4）融资或者金融活动是不相关的。估值结果对企业的融资或者金融活动是不敏感的，无论是债务的买卖还是与债务相关的利息，对企业的经营利润或者净经营性资产都没有影响。我们可以预计PPE公司在将来会发行股票，并假定它会利用发行所得去偿还负债或者购买金融性资产，但这对估值的结果是不会造成影响的。这正好印证了上述第2点内容，即只有能够带来价值增值的活动才是被重点关注的，估值不需要考虑金融活动的影响，因为它们的剩余收益为0 $^{\ominus}$。

（5）如果投资不能带来任何价值增值，那么它对估值结果也不会产生影响。为说明这一点，我们将PPE公司例子中的净经营性资产预计数进行一下调整，假定预计PPE公司在第2年年末会额外再对经营活动进行50百万美元的投资，投资资金来自债务发行所得。假定这一投资的预计报酬率与资本成本率10%相当，因此，会使第3年及以后各年的经营利润预计数都增加5百万美元。在这样的假定下，PPE公司的剩余经营性收益当然不会受新增负债或者与新增负债相关的利息影响，不仅如此，也不会受此项投资的影响。预计此项投资能使第3年的剩余经营性收益增加 $5-(10\%\times50)=0$；对超常增长的经营性收益（即剩余经营性收益的变动额）影响也为0。在投资有效期内的各个年度中，影响都是如此。相应地，由于企业的价值等于剩余经营性收益的现值，因此，也不会受到此项新增投资的影响。在贴现现金流量分析中，这种项目被称为净现值为0的投资，在这里，我们也将它称为剩余经营性收益为0的投资。只有当投资所赚得的报酬率与资本成本率不相等，从而能够增加（或者减少）价值时，预计的剩余经营性收益才会受到投资的影响。

（6）能够找出创造价值的投资项目有哪些，能够确认出价值创造的来源。与第5点理由相同，通过预计分析，可以帮助我们发现投资项目的剩余经营性收益是正数还是负数，从而了解这些项目是创造价值还是减损价值的。此外，预计分析还能揭示出价值影响的原因——是在销售利润率方面还是在资产周转率方面。假定我们预计企业管理层在第1年将会投资一个新的项目，使企业的销售收入实现增长。预计由于这个项目的影响，企业的净经营性资产周转率会下

$\ominus$ 如果你认为公司负债能够带来纳税好处，或者支付股利会加重税务负担，则可以用这些税收影响的现值来对估值的最终结果进行调整。

降,净经营性资产报酬率和剩余经营性收益也会下降。相应地,该项目对估值的影响就是负面的:我们发现了一个价值创造为负的项目。当然,这种情况在现实中并不常见,但是,比如公司购买的商务飞机投资可能就会是这一类项目的代表。人们认为,在企业的自由现金流量和金融性资产积累到一定程度后,管理人员常常会热衷于进行这一类价值创造为负的投资项目。这种现象被称为管理层行为的**自由现金流量假说**(free cash flow hypothesis):企业管理层往往会在他们拥有大量自由现金流量的时候做出糟糕的投资决策。对这种现象,显然应当进行监督,而预计分析正好能够为我们预警未来金融性资产积累。

(7)在应用贴现率时,我们只能关注一个贴现率,即经营活动的资本成本率。根据表 16-2 中的完全信息预计报表,我们其实也可以根据预计的利润和普通股东权益计算出企业未来的剩余收益与超常收益增长,并根据未来剩余收益和超常收益增长而不是剩余经营性收益和超常增长的经营性收益来对 PPE 公司进行估值,但如果这样做的话,就需要我们先计算权益资本的成本,而这个指标又是受企业的融资风险影响的,所以随着企业金融杠杆的变化,必须在每个会计期间重新进行一次计算。相比之下,经营活动的资本成本也会随着企业的经营变化而产生波动,但预测经营活动的资本成本率作为贴现率的工作量显然要小得多。鉴于估算贴现率的困难,经营活动贴现率的变动程度通常比较小而且也不是那么计量精确,所以,除非企业的经营性质出现了重大变化,否则,可以一直使用一个恒定的贴现率水平。

(8)当"盯市会计"处理可以得到充分应用时,可以不用通过预测而直接进行估值,例如对企业金融活动的估值和对流通在外股票期权的估值。

16.3 股份交易中所创造的价值

在第 5 章中介绍剩余收益估值模型时,我们曾经强调,这个估值模型并没有抓住企业股份交易中创造或者损失的价值。如果预计企业在未来不会发行新的股份或者没有股份回购计划,或者,虽然预计到有这一类交易产生,但这些交易都是按公允价值进行计价的,那么,使用剩余收益模型进行估值是没有问题的。但是,如果一家企业能够按高于公允价值的价格发行股份,或者按低于公允价值的价格回购股份,那么,这种交易所导致的收益在企业的利润或者剩余收益中就没有被反映出来,并且,在贴现现金流量估值模型中也无法反映出来。在实务中,有两类特别的公司交易会涉及这类损益:合并(merger or acquisition)与收购(buyouts)[⊖]。

⊖ 请参考关于"合并"和"收购"这两个词的理解(以下文字主要摘自"知乎",作者为 Raymond Wang 律师)。在通常用法中,"合并"和"收购"的区别并没有那么大,"合并"听起来比较"平等",没有"大买下小"的意思。在媒体报道中,可以体会出"合并"和"收购"存在着如下细微区别:①在敌意收购(即管理层不合作)时,不会称双方是"合并";②两家公司强弱分明,一般不会称双方是"合并";比如 Google 收购 Youtube,不会有人说两家公司合并;③小公司"蛇吞象",利用杠杆收购大公司,即 leveraged buyout,一般也不称作"合并";④两家公司规模相近,使用换股手段合为一家时,一般称为"合并";事实上,被称作"合并"的交易往往都涉及换股;⑤吸收合并的情况一般称作"收购"(继续存续的企业 A 收购被注销的企业 B);新设合并的情况一般称作"合并"(企业 A 和企业 B 均不再存续,都并入新设的企业 C);控股式合并(企业 B 成为企业 A 的子公司)则称作"合并"和"收购"均可。

另外,"合并"和"收购"在中国《公司法》和《证券法》中有特定含义:

《公司法》第一百七十三条 公司合并可以采取吸收合并或者新设合并。一个公司吸收其他公司为吸收合并,被吸收的公司解散。两个以上公司合并设立一个新的公司为新设合并,合并各方解散。

《证券法》第八十五条 投资者可以采取要约收购、协议收购及其他合法方式收购上市公司。

根据上下文,本书中的"收购"更多特指企业(或企业员工)大量购入本公司所发行的股份。——译者注

16.3.1 企业合并

在企业合并中，通常都涉及股份的发行：合并方企业发行自己的股份交给被合并方企业的股东（以交换他们所持有被合并方企业的股份），或者在有些情况下，双方企业的股东都会收到一家新企业的股份。在这种情况下，合并方企业可以通过以下三种方式来创造价值：

（1）以低于公允价值的价格买入被合并方的股份；
（2）用被价值高估了的自己的股份作为对价，便宜地买入被合并方企业的股份；
（3）通过将两家企业的经营活动合并——创造协同效应，来实现价值创造。

剩余收益分析技术可以通过预计分析预见被合并企业的价值和协同效应能带来的增值，但是，却无法捕获发生在合并方企业与被合并方企业股东之间的价值分布情况。双方企业的股东都持有被合并方企业的股份，但他们之间的相对股份价值却取决于股份交易的具体条件。第1点和第2点决定了交易的条件，而这些条件又决定了第3点中的协同效应是如何分配的。由于上述第1点或者第2点原因，合并方低价买入被合并企业，如果它只发行了少量的股份便换入了被合并方企业的股份，那么合并方企业的股东就能得到这次企业合并协同效应中的更大价值份额。

阅读材料 16-6 从合并方企业股东的立场出发，解决了合并中的价值分配问题。如果被合并方企业的股东希望对未来合并中的企业进行估值，也可以使用与这里相同的分析原则和方法。分析的重点在于合并对流通在外股份的每股价值影响。

阅读材料 16-6

对未来并购项目的估值：PPE 公司

PPE 公司预计可以在第 1 年年末通过增发 50 百万股股份作为支付对价，与另一家企业进行合并。分析人员根据按照下面的步骤进行了分析：

（1）为合并后的企业编制了第 1 年年末的合并资产负债表。
（2）根据预计资产负债表中的价值和预计企业在资产负债表日后能够实现的剩余经营性收益，对合并后企业在第 1 年年末的价值进行了预测。
（3）用预计合并后企业的价值除以合并后新企业发行在外的股份数量，计算出合并后的企业在合并日（即第 1 年年末）的预计每股价值。
（4）将该每股价值转换为在第 0 年的现值。
（5）在上述现值基础上，再加上预计 PPE 公司在合并日之前可能发放每股股利的现值。

假定通过预计分析，分析人员已经计算出合并后企业在第 1 年年末的价值为 280 百万美元，由于流通在外的股份数量为 150 百万股（其中 100 百万股由 PPE 公司原来的股东持有，另 50 百万股则发行给被合并企业原来的股东），因此每股价值就是 1.87 美元。每股价值受公司在合并中所发行股份的数量影响，而股份数量又取决于 PPE 公司股份的相对价格：如果 PPE 公司的股票价值被高估了，或者被合并企业的股票价值被低估了，那么，PPE 公司只需要发行数量较少的股份就可以完成合并。PPE 公司原有 100 百万股股票在第 0 年的每股价值为：

第 1 年年末每股价值的现值（即在第 0 年时的价值）：	
$\dfrac{1.87}{1.10}$	\$1.70
第 1 年每股股利的现值为：	
$\dfrac{0.04}{1.10}$	0.036
PPE 公司的每股价值	\$1.736

> 由于在考虑未来的合并影响前，PPE公司的每股价值只有1.24美元，因此上述计算结果表明，合并能够为现有股东创造价值的增值。

当企业管理人员需要对潜在的企业合并进行评价时，也可以使用同样的分析方法：此项交易对股票的每股价值影响是怎样的？这个问题的回答取决于上述第1、第2和第3点。如果此次合并的企业是"便宜买入的"，那么每股价值必然会增加。如果合并方企业付出的合并对价过高（可能由于为被合并方的股份支付了过高的价格或者所发行的自身股份价值被低估了所引起），那么每股价值必然会受到损失。如果合并存在协同效应并且用股份交易的术语来讲，合并方企业的股东分享了这些协同效应，那么每股价值必然会增加。阅读材料16-6中的分析说明，预计PPE公司将要实施的企业合并是能够创造价值的，预计每股价值将从合并前的估计值1.24美元上升为合并后的估计值1.736美元。

从历史经验来讲，实证研究表明，企业合并中所创造的大部分价值都被被合并方的股东所拿走了。当宣告合并时，往往是被合并方企业的股票价格会上升（而且往往升幅还不小），而合并方企业的股票价格却不太受影响，甚至还会出现下跌。这种现象告诉我们，被合并方得到了企业合并中的大部分价值，而合并方企业的股票价格之所以会出现下跌，往往是因为市场认为它为此次合并支付的买价过高了。不过，也有可能是市场将企业合并事件的宣告作为了合并方企业的股票被高估的信号，所以才会出现合并方企业股价的下跌。

16.3.2 股份回购与股票收购

如果企业管理层认为公司的股票价值被市场低估了，那么，他们就可以通过买回公司过去所发行的股份来为股东创造价值，即，提升公司股票的每股价值。正是这个原因，股份回购计划往往会被人视作股票价值被低估的信号，一旦公告，就会引起股票价格的上涨。研究表明，市场对股份回购计划的公告反应速度较慢，因此，如果在公告日购入拟实施回购公司的股票，那么，随着市场逐渐认识到公司股票的价值确实被低估了这一事实，就能够享受到将来的股票价格超常增长。

不过，投资者必须非常小心。实施股份回购的企业实质上也可能只是在发放股利，将越积越多的金融性资产（即投资所不需要用到的现金）分配给自己的股东。所以实际上，股份回购公告也可能意味着实施回购的企业在目前找不到更好的投资机会了。

对分析人员来说，如果需要在股市大热的时候解释股份回购的影响，也应当非常小心，因为回购企业有可能会为自己的股票而支付过高的价格，因此分析人员需要对公司股票的内在价值进行分析。在20世纪90年代末期的牛市中，很多股份回购事件最终都没有伴随股票价格的上涨。在第14章中，阅读材料14-6也介绍了股份回购的影响，你现在也可以倒回去重新看看。

相对来说，**股票收购**（buyout）是指更大规模意义上的股份回购，并且此时股票收购的资金通常来源于负债[这样的收购因此就被称为**杠杆收购**（leveraged buyout，LBO）]。如果企业管理层也参与了企业权益资本的获得，那么这种收购就被称为**管理层收购**（management buyout）。参与管理层收购的管理人员如果旨在为企业经营活动创造更多的价值，那么这类交易通常可以增加企业的每股价值。此外，如果股东将这种收购行为理解为企业股票价值已被低估的信号，那么管理层收购也能带来价值增值。

基于这个原因，很多企业都将股票收购当作能为股东创造价值的一系列工具之一。在经历了 1987 年的股票市场暴跌之后，股票收购曾经一度变得很流行。此外，在 20 世纪 90 年代末期，股票收购也一度被当作提升传统企业股票价格的良方。当时，投资者对科技类股票赋予了非常高的价格乘数，而传统企业的价格乘数则相对较低。传统企业的管理层认为自己公司的股票价值被低估了，于是就提出了股票收购计划。在那段时期内，航空公司的股票市盈率都在 10 以下，《华尔街日报》（2000 年 3 月 10 日，第 1 版）报道大陆航空公司（Continental Airlines）的总裁说："如果市场认为我们的公司就只值这么点钱的话，我们显然就应当自己出钱把公司买下来。"

16.4　财务报表指标与警示信号

在判断未来的经营利润在多大程度上会偏离当前企业的核心经营利润时，我们所需要的大部分信息都来自财务报表之外。不过，如果当前的盈利水平并不能代表未来的情况，财务报表自身也能为我们提供这方面的信息。阅读材料 16-7 列出了值得我们注意的一些财务报表特征，其中每一条信息都在提示我们企业的核心盈利或者净经营性资产项目可能存在一些异常。对此，分析人员需要进行仔细的调查，以判断这些指标是否代表暂时性的盈利，或者表示相关影响因素已经上升到了一个新的永久性水平。

阅读材料 16-7

财务报表警示信号

以下每一条财务报表特征都可能意味着企业的当期经营性盈利在未来将难以持续，因此，应当将它们作为分析人员的警示信号，一旦发现这些警示，分析人员就应当仔细调查相关情况的出现原因，并判断这些原因是否会导致企业当期的盈利水平与未来的盈利水平出现较大差异。

- 销售收入增长率异常的高。收敛趋势图告诉我们，正常情况下，销售收入增长率是不可能持续维持在高位的。
- 核心净经营性资产报酬率发生了异常大的变动。收敛趋势图告诉我们，一般情况下，企业的核心净经营性资产报酬率是不可能持续大幅度增长的。
- 净经营性资产报酬率的影响因素发生了异常变动。

销售利润率的影响因素包括：
　销售毛利率；
　广告费用占销售收入的比重；
　管理费用占销售收入的比重；
　研发费用占销售收入的比重。

资产周转率的影响因素包括：
　存货与销售收入的比值；
　应收账款与销售收入的比值；
　坏账占销售收入的比重；
　其他资产与销售收入的比值；
　经营性负债与销售收入的比值。

- 净经营性资产报酬率严重偏离行业均值。正常情况下，企业的经营获利能力会靠近行业均值。
- 净经营性资产报酬率的各影响因素严重偏离行业均值。
- 净经营性资产报酬率各影响因素的变动情况与行业平均水平存在较大偏差。
- 净经营性资产的变动情况与行业平均水平相比存在较大偏差。
- 实际税率很低。如果企业的经营利润所对应的实际税率很低，往往是由于一些暂时性的税收优惠或者让步政策所导致的：从长期来看，企业的所得税率应当向接近法定税率的某个普遍水平靠拢。

此外，在企业的财务报表附注和管理

层讨论与分析部分，往往也有一些警示信号。下列事项就是需要分析人员进行进一步调查的。

- 订单积压。

  累计的积压订单说明企业的产品需求还不能确定。在计算机与科技类企业中，会使用订货-发货比率（book-to-bill ratio）（即未完成的销售订单与已完成的销售定单之比）来作为分析指标。
- 企业管理层对盈利的预测和对未来销售收入的预测。
- 产品销售单价的变动情况。
- 企业的投资计划。
- 企业的经营计划。
- 企业用工情况的变化。
- 企业的或有负债情况。
- 可税前抵扣亏损的到期情况。

  此外，由于有些信号象征着情形的恶化甚至困境的出现，因此被称为**红旗警示信号**（red-flag indicators）：
- 销售收入增长放缓；
- 销售订单的下滑；
- 销售退回的增加。

  这种情况有可能表明相关产品的客户满意度在下降。
- 应收账款占销售收入的比重持续上升。

  这种情况说明客户出现了信用问题或者企业的产品销售出现了困难。
- 存货占销售收入的比重持续增加。

  这种情况可能意味着由于销售的困难，存货出现了积压，但也可能是企业预见到将来会出现更高的销售增长，所以生产了大量的产品。
- 销售毛利率下降。

  分析人员对这个比率应当特别关注，因为毛利率的小额变动都有可能对企业的经营利润造成很大的影响。
- 广告费用占费用总额的比重增加。

  这个比率上升说明广告对促进销售的作用下降了，但是，也可能说明企业对广告进行了更多的投资，那么预期将来可以实现更高的销售收入。
- 研发费用占销售收入的比重增加。

  如果企业的研发费用占销售收入比重持续增加，那么说明该企业通过产品创新实现新的销售收入的希望可能就较小。
- 销售与管理费用占销售收入的比重增加。

  如果有部分费用属于固定成本，那么，当企业销售下滑时，这个比率就会增加。要注意观察由于变动成本引起的这个比率增加。在企业的销售收入增长的前提下，如果这个比率也在增长，就需要对此进行进一步的调查。由于固定成本的影响，如果销售收入增长，这个比率预期是应当出现下降的。

16.5　商业战略分析与预计财务报表分析

我们已经知道，如果不了解企业的战略，那么就无从进行预计分析和估值。其实，预计分析同时也是一种对企业战略进行评价的方式。预计分析能够发现价值的创造，因此，它也可以适用于调查什么样的管理战略才能创造出价值。

对剩余经营性收益进行预计分析可以取代贴现现金流量分析。由于投资会减少企业的自由现金流量，因此，对那些坚持将增值投资计划作为伟大战略来实施的企业而言，甚至会出现自由现金流量为负的情况！对希望能够实现企业价值最大化的管理者来说，剩余经营性收益的现值最大化应当取代现金流量的净现值最大化。预计剩余经营性收益直达价值创造的核心，它对经营获利能力的影响因素进行预测，使管理层的选择判断直接与价值相挂钩。因此，我们在本书中为外部股东所建立的大部分分析框架都是战略分析的框架。

战略始于想法，而好的战略则来自创新性的构想。在企业战略教材中，讲述了应当如何以一种引导出创新性构想的方式来思考战略。然后，就可以使用预计分析来将这些构想转换为具体的数字，使我们可以对这些构想进行估值。不过，预测工作并不仅仅是一种分析方法，它是我们看待商业经营的一种方式，只不过它简化了其中的一些问题。企业的管理人员非常清楚，要创造价值，就必须关注各种影响因素：销售收入、销售利润率和资产周转率等。

他会选择资产周转率和销售利润率都比较高的投资项目，促进销售收入的增长。为了使销售利润率最大，他会努力控制各种费用比率，将管理工作直达企业净经营性资产报酬率的各个影响因素。

管理人员理解各种经济因素以及这些因素对剩余经营性收益驱动因子的影响，他们会辨别哪些因素属于商业条件，而哪些因素则是他们可以进行选择的。管理人员的关注点是变动情况，他们会利用预计分析来考察商业条件变动的影响，思考如何应对这些变动的出现。管理人员了解对企业经营影响最大的关键影响因素，他们所采取的策略总是为了维持企业的剩余经营性收益在一个较高的水平或者继续增长。他们了解将会导致企业的剩余经营性收益出现衰退的各种竞争力量影响，并且知道如何对抗这些竞争力量，将剩余经营性收益仍然维持在较高位。

16.5.1 模糊战略

在 20 世纪 90 年代的股市泡沫时期，很多人都拒绝将财务分析作为战略分析的核心。一些人声称财务模型会限制思维，从而导致分析机构的档次降低。新兴的战略学家说，好的想法是难以描述的，应当用"非线性的思考"代替"线性思考"，用"智力资本模型"取代建立在资产负债表和利润表基础之上的财务模型，因此，知识资产将取代有形资产作为价值创造的源泉。企业必须以一种能够提升创造能力和适应变化的方式来进行组织，而不是将重点放在报表底线项目上。

这些想法是非常鼓舞人心的！它们认识到了现代经济体制下的价值创造源泉，即人力资本、适应能力和发明创造能力能够带来的价值。但是，拒绝对这些想法进行财务分析将会带来很多的困扰。因为企业最终还是需要通过销售来创造价值增值的，无论这些销售收入是由对实物资产的投资所带来的，还是由对人力资本或者知识资产的投资所带来的。这些销售收入必须具有正的利润率，而企业的净经营性资产报酬率也必须足够高，才能弥补投资者所要求的必要报酬率。所以，我们还是必须对企业未来的利润表和资产负债表有个大概的了解才行。新兴的想法还是必须与财务模型相结合，才能让我们对这些想法的效果进行测试，避免我们对这些想法过度乐观甚至产生投机心态。

不过，在某些层次的战略分析方面，是比较难以插入财务分析的。战略性的想法刚开始可能只是泛泛而言的，只有当这些想法被付诸实施时，才能逐渐变得成熟并具体。举例来说，一家企业可能会采取对基础研究与开发项目进行投资的战略，以期能够开发出有价值的产品。此时，由于大家都还不知道这些产品会是什么样的（更不要说相关的销售收入和利润率情况了），所以要进行财务分析就是非常受限的。因此，如果要对一家正处于初创期的生物科技公司进行估值，首先就应当学习生物化学。再比如，一家企业很可能会花钱对自己的组织形式进行重组，以期能够获得更大的灵活性，促进创造性的思维并发展企业的人力资本和知识性资产，在这种情况下，这类投资的回报形式也是非常不明确的。

上述战略被称为**模糊战略**（unarticulated strategies）。战略的清晰度越低，就越不适用于财务分析。对模糊战略所进行的投资具有高度的不确定性，几乎接近于纯粹的赌博。在降低战略的不确定性方面，财务信息几乎没有什么作用，倒是技术类的信息还能有一些用处。正是由于这样的原因，在选择对初创期的企业进行资助时，资本多会通过风险投资的形式（风险资本家更专注于技术方面的信息），而不会通过公开的股票交易市场，因为上市股票都是需要经历财务分析的。

无论如何，投资者需要理解一个好的战略始终是需要给企业"带来利润"的。在初始阶段，战略性的构思可能还不适用于财务分析，但它最终一定要经得起财务分析的检验。相应地，对战略进行财务分析的需求会约束我们的战略性思考，即使在最模糊的战略阶段也是如此。在这样的压力下，战略思想家才会进一步去发展他的想法，改善这些想法，直到这些战略想法可以用财务分析来进行检验。只有这样，模糊的战略才会渐渐变得清晰，直到可以用语言来进行描述，并且，通过财务分析这个透镜，这些战略构思所创造的价值才变得越来越透明，同时也能减少投资项目的投机性。

16.5.2　情景分析

为 PPE 公司编制的预计财务报表（表 16-1 和表 16-2）和阅读材料 16-4 为耐克公司编制的财务报表都只对应于一种特定的情形。情景的选定是非常重要的，因为它决定了我们的预计期望结果，而且我们的估值完全建立在这些预计结果的基础之上。然而，预期值实际上是一系列可能值范围的平均水平，而预计分析则完全适用于对所有可能的结果进行处理。比如，如果销售收入的增长率为 4% 而不是 5%，那么各个指标的预期值（以及最终的估值结果）会是什么样的呢？如果预计销售利润率会下降到 6%，那么影响会如何呢？我们将每一种条件下的预计情况都称为一种情景，这样，对未来每一种可能出现的情景都重复进行预计分析，就称为**情景分析**（scenario analysis）。完全信息预测条件下的情景分析实质上就等同于我们在第 15 章中进行的简单预测条件下的估值表格分析。

如果你已经将预计分析的框架建立在电子表格分析程序中了（按照 BYOAP 的建议程序），那么进行情景分析就是非常容易的一件事情了。在情景分析时，你需要理解可能出现的结果范围，观察潜在投资项目的上限值和下限值。相应地，情景分析是我们评估基本面风险的一种重要工具——在第 19 章中，当我们处理风险和必要报酬率的问题时，你就将体会到这一点。

本章小结

本章说明了如何将我们对商业知识的了解转化为估值，即利用好预计财务报表分析这种工具。预计分析用它对估值的影响来解释企业的商业活动，并且为我们提供了如何建立预测并将预测结果转换为估值的分析框架。

本章所提供的预测模板需要按照一系列的步骤来进行预测和估值，请确保你真正理解了这些步骤，并懂得在预测中如何对财务报表加以应用。

由于估值涉及预测企业未来的财务报表，你可以将估值与会计看作是同一件事情，估值实际上就是核算企业的未来。会计经常被认为是一种记录现在的方法，但实际上，会计是一个有助于我们有序地思考未来的系统，它指导着我们如何将对投资回报的预测结果转换为估值。

会计的规范结构对估值非常有用。我们经常对企业的活动情况只有一个模糊的概念，要得到相关的价值数据是非常困难的。我们可能会认为一家企业"很值钱"，但到底值多少钱却说不清楚。会计迫使我们用具体的术语（比如利润率和周转率等）去解释这些不明确的称谓，从而使估值成为可能。比如，将"竞争优势"

表达为在保持销售利润率较高水平的前提下还能实现销售增长；将"战略地位"表达为能保持较高的利润率和周转率；将"技术优势"表达为较低的费用占比等。再比如，用预期将出现利润率的下降和计算出价值损失来表示某行业内的竞争将更加激烈；"闲置产能的成本"可以用资产周转率来表达，用该资产周转率的价值计算结果来进行计量。这样的例子还有很多。此外，会计关系式的作用也非常大，这些关系式将各种预计结果互相联系在一起，使各部分预测结果能够互相印证，确保我们没有遗漏价值创造的任何一个部分。最重要的是，这样的分析能够约束我们的投机心理。

不过，也不能过于乐观。分析质量的好坏还取决于对长期增长假定的处理是否恰当。当我们对一家企业的价值感觉来自科技发展或者消费者行为变化所带来的"战略平衡"时，要选择出合理的长期增长率假定不是那么容易的。由于不了解未来的变化具体是怎样的，所以在预计分析中要计量出这些变化所能够带来的好处也就是比较困难的。我们可能会觉得一家企业具有"超强的管理团队"，能够为企业创造价值，但这支管理团队究竟会怎样做，能够创造出怎样的价值，都是不明确的。企业正在进行的研发项目可能会带来新的产品，但到底会是什么样的新产品也是不确定的，更不用说与这些新产品相关的利润率和周转率等财务指标了。从企业现在所处的情况来看，它可能会去收购其他企业，但具体的收购对象是谁以及在什么时候去进行收购是不明确的。预计分析的目的是要降低我们的不确定性程度，可用来对我们的不确定性进行模型化处理（例如通过情景分析），但是，预计分析本身并不能消除我们的不确定性。权益投资本身就是有风险的。

关键概念

商业条件（business condition）：指企业管理层无法影响或者改变的某种经济因素，与战略选择相对。

竞争优势期（competitive advantage period）：指企业的超高获利能力回归到正常水平所需要的时间。

变化模式（driver pattern）：指某影响因素在一段时期内的行为模式。

收敛率（fade rate）：指某个影响因素回归到正常水平的速度，也称持久率（persistence rate）。

金融性资产积累（financial asset buildup）：指企业的金融性资产不断增长的过程（增长动力来自实现的自由现金流量在扣除了股利支付净额之后的剩余）。

未来的财务报表分析（financial statement analysis of the future）：指应用于预测的财务报表分析结构。

竞争力量（forces of competition）：指各种经济因素会迫使（价值驱动）影响因素回归正常水平的趋势。

完全信息预测（full-information forecasting）：指以影响企业的全部经济因素信息为基础而进行的预测，与简单预测相对。

重要影响因素（key driver）：指对一家企业的价值创造影响特别重要的因素。

均值回归（mean reversion）：指随着时间的推移，某个计量指标会逐渐向它的均值或者正常水平靠近的趋势。

红旗警示信号（red-flag indicator）：指显示出某企业的获利能力恶化的信息指标。

战略选择（strategic choice）或**战略计划**（strategic plan）：指对某个经济因素进行判断的决策，与商业条件相对。

模糊战略（unarticulated strategy）：指还不够具体，不能够用预计分析来进行评价的战略。

价值分类（value type）：指按照关键驱动因素对企业所进行的分类。

分析师工具箱

分析工具	重要指标	应记住的缩写/简称
剩余经营性收益的影响因素计算[式（16-1）]	收敛率	AOIG：超常增长的经营性收益
收敛图表	财务报表警示信号	ATO：资产周转率
预计分析	红旗警示信号	CSE：普通股东权益
预测模板		DCF：贴现现金流量
估值的7个步骤		LBO：杠杆收购
企业合并估值		NFE：净融资费用
战略计划分析		NFO：净金融性负债
情景分析		NOA：净经营性资产
		NPV：净现值
		OI：经营利润
		PM：销售利润率
		R&D：研究与开发项目
		ReOI：剩余经营性收益
		RNOA：净经营性资产报酬率
		UI：非经常性项目

连贯案例：金佰利公司

自主练习

在第15章的连贯案例中，你所进行的敏感性分析一定让你对金佰利公司的股票定价感觉良好。预计分析能够增强敏感性分析的效果，因为它允许考虑各种各样的情景，包括财务报表信息，也包括会影响企业估值的其他信息。

电子表格分析与初始化

如果你还没有做好这一步，请先将金佰利公司的数据输入到一份电子表格文件中，你可以参考本书配套网站上"搭建你自己的分析工具"（BYOAP）所提供的模板来完成。这一步完成以后，计算就会变得非常简单了。要引入一种新的情景，你只需要改变输入变量的赋值，剩下的分析与估值过程将由电子表格程序自动完成。

将第15章连贯案例中通过简单预测所得到的结果输入预计分析电子表格中，作为一种基准情景。请记住，我们要预测的关键项目是经营利润和净经营性资产，有了这两个汇总性的指标，你就可以计算出未来每个会计期间的剩余经营性收益ReOI（和超常增长的经营性收益AOIG），然后直接进行估值了。输入预测结果并计算出剩余经营性收益后，请确保它们符合本章的剩余经营性收益计算式[式（16-1）]。一份完整的预计分析应当包括这两个汇总性指标的每个影响因素，因此，你的电子表格应当包括企业重构利润表和重构资产负债表中的每一个行项目。

现在你可以开始动手试试了，请尝试未来可能出现各种不同的情景，观察在每一种情景下金佰利公司的获利能力、增长能力、现金流量和每股价值会发生怎样的变化。

继续这个连贯案例的研究

到此，这个连贯案例在本书中就结束了。不过，你会发现当你学习到第19章和第20章时，可能还想回到这些电子表格中，建立风险价值估值模型，尝试去理解企业的流动性和信贷风险。请将这些章节中的内容也嵌入你的电子表格中，你一定会为自己所建立起来的分析产品感到骄傲。此外，还可以再问问自己，我还可以给这份产品再附加一点什么东西，以增强它的使用效果吗？

思考题

C16.1. 为什么说在对一家企业进行估值以前，首先理解"商业概念"是非常重要的？

C16.2. 请解释为什么收敛图表有助于预测？

C16.3. 是什么因素决定了企业的高额经营获利能力在长期范围内的下降速度？

C16.4. 在预计分析中，"完整性"意味着什么？

C16.5. 预计的未来股利会影响预计股东权益，但并不影响我们根据预计财务报表分析所计算得到的估值，这是为什么？

C16.6. 什么是红旗警示信号？

C16.7. 什么是模糊战略？

C16.8. 为什么我们必须以每股价值为基础来考察企业合并对股东价值的影响？

C16.9. 一家企业的管理层在什么时候会考虑对企业进行杠杆收购？

C16.10. 为什么当企业合并公告宣布后，合并方企业的股票价格会出现下跌？

练习题

基本练习

E16.1. 一步式预测剩余经营性收益（简单）

一位分析人员通过预测得出了下列信息：

（1）销售收入将达到 127 600 万美元；

（2）核心销售利润率为 5%；

（3）净经营性资产周转率为 2.2；

（4）其他核心经营利润和非经常性项目损益均为 0。

这家企业的经营活动必要报酬率为 9%。

要求：

a. 根据上述预测结果，应用式（16-1）计算这家企业的剩余经营性收益 ReOI。

b. 如果这位分析人员将他对核心销售利润率的预测值调低为 4.5%，那么这家企业的核心剩余经营性收益将变为多少？

c. 如果预计销售利润率为 5%，那么，当资产周转率达到什么水平时，这家企业的剩余经营性收益将变为负数？

E16.2. 修正后的估值：PPE 公司（简单）

请参考表 16-1 中 PPE 公司的预计信息，如果将预测结果按下述方案进行修正，请重新完成预测分析：

（1）预计销售收入将在第 0 年 1.249 亿美元的基础上，增长 6%；

（2）预计核心销售利润率为 7%；

（3）预计资产周转率（按年初净经营性资产规模计算）为 1.9。

接下来请回答下列问题：

a. 在重新编制了预计分析报表后，请计算 PPE 公司的每股价值，假定流通在外的股份数量为 1 亿股。

b. 如果预计每年的股利支付率都为当年盈利的 40%，那么，你预期这家企业在第 3 年年末的净金融性负债状况会怎么样？

E16.3. 预计自由现金流量和剩余经营性收益，并对企业进行估值（中等）

下面是在 2012 年对一家企业所做的预测信息，这家企业的经营活动资本成本率为 12%（单位：百万美元）。

年份	2013E	2014E	2015E	2016E	2017E
股利	70	75	75	75	75
负债净额	0	0	0	0	0
投资支出	80	89	94	95	95
普通股东权益	635	665	689	703	712

这家企业在 2012 年年末的普通股东权益为 596 百万美元，且负债净额也为 0。要求：

a. 预测这家企业在这 5 年当中每一年的经营活动产生的现金流量净额和自由现金流量。

b. 用剩余经营性收益估值技术对这家企业进行估值。

c. 使用贴现现金流量分析对这家企业进行估值。你所得到的结果与 b 中的答案是一致的吗？

E16.4. 分析价值增加额（中等）

下面是一家企业的汇总资产负债表信息（单位：百万美元）。

净经营性资产	441
净金融性负债	52
普通股东权益	389

这家企业目前的净经营性资产报酬率为14%，销售收入规模为857百万美元，税后经营利润为60百万美元，经营活动的必要报酬率为10%。预计这家企业在将来的净经营性资产报酬率还能维持当前的水平，而销售收入每年能增长3%，为了维持销售收入的增长，净经营性资产每年也会增长。

这家企业的管理层正在考虑引入一项新产品，采纳这项计划后，预计能使企业每年的销售收入增长率上升为4%，而维持当前的销售利润率7%不变。但这项计划的实施需要额外投资净经营性资产，从而使企业的净经营性资产周转率下降为1.67。

请问，这项新产品引进计划对企业价值的影响是怎样的？

E16.5. 对一项销售计划进行评价（中等）

一家企业当前的净经营性资产报酬率为15%，预计在当前净经营性资产规模为4.98亿美元的基础上，将来能实现销售收入每年增长6%。预计这家企业在将来的税后利润率为销售收入的7.5%，而净经营性资产报酬率则与目前的水平保持一致，为15%。要求：

a. 假定经营活动的必要报酬率为11%，请估计这家企业经营活动的价值是多少？

b. 企业营销团队认为，如果可以允许客户延期付款，那么企业每年的销售收入增长率将达到6.25%，而销售利润率将保持不变。但是，由于应收账款规模的加大，企业的净经营性资产周转率将下降为1.9。请问，企业应当采纳这项销售计划吗？

E16.6. 预测与估值（中等）

下面是一家企业在2012财务年度的重构资产负债表和利润表（单位：百万美元）。

综合收益表		
销售收入		3 726
经营费用		（3 204）
扣除以股份支付的职工薪酬之前的经营利润		522
以股份支付的职工薪酬		（22）
经营利润		500
利息费用	98	
利息收入	（15）	
	83	
所得税抵减额	29	
	54	
与投资相关的未实现利得	（50）	
看跌期权的损失	120	（124）
综合收益		376

资产负债表		
	2012年	2011年
净经营性资产	3 160	2 900
净金融性负债	1 290	1 470
普通股东权益	1 870	1 430

根据分析人员在2012年年末做出的预测，这家企业的销售收入预计将按每年6%的速度增长，而资产周转率将保持1.25不变。预计每年的（税后）经营利润率为14%，企业所得税率为35%。要求：

a. 预计这家企业在2013年的净经营性资产报酬率为多少？

b. 预计这家企业在2013年的剩余经营利润为多少？假定经营活动的必要报酬率为9%。

c. 用剩余收益估值模型估算这家企业在2012年年末的股东权益价值为多少？

d. 预计这家企业在2013年能实现超常增长的经营收益为多少？

e. 利用超常增长的经营收益模型，估算这家企业在2012年年末的股东权益价值为多少？

f. 在阅读了这家企业的股票期权附注信息之后，你注意到这家企业在2012年年末共有流通在外的员工股票期权数量为28百万份，用修正的布莱克－斯科尔斯估值模型对这些股票期权进行估值，得到的结果为每份价值15美元。这一信息对你的估值结果会有什么影响？

g. 请预计这家企业在 2013 年能实现多少（净）综合收益？

E16.7. 为一家财险公司进行估值（困难）

下面是一家财险公司的汇总资产负债表和利润表（单位：百万美元）。

资产负债表		
	2012 年	2011 年
与承保业务相关的经营性资产	2 450	2 300
未付赔款与预收保费	5 300	5 600
承保业务的净经营性资产	(2 850)	(3 300)
债券与股票投资（市价）	6 050	5 940
普通股东权益	3 200	2 640

这家企业在 2012 年度实现净利润 848 百万美元，相关所得税费用的分配结果如下（单位：百万美元）。

承保业务损失（税后）	43
投资收益与已实现投资利得（税后）	891

除了利润表中报告的净利润外，在这家公司的股东权益变动表其他综合收益部分，还报告了可供出售金融性资产的未实现损失 124 百万美元。要求：

a. 计算这家保险公司在 2012 年度通过承保业务赚得的剩余收益为多少？在计算中，请使用资产负债表中的期初数代替存量指标的平均数，并假设必要报酬率为 9%。

b. 如果预计这家公司承保业务的剩余收益能够按每年 2% 的速度增长，请估计这家公司

的权益价值为多少？

E16.8. 整合预计数据（困难）

下面是一位分析人员编制的一系列预计财务报表，他准备使用这些数据作为估值的输入变量（单位：百万美元）。

	2012A	2013E	2014E	2015E
销售收入		454.0	481.2	510.1
经营费用		408.6	433.1	459.1
经营利润		45.4	48.1	51.0
净融资费用		6.4	10.5	12.9
综合收益		39.0	37.6	38.1
净经营性资产	227.0	240.6	255.1	270.4
净金融性负债	130.0	130.0	130.0	130.0
普通股东权益	97.0	110.6	125.1	140.4
股利支付净额		25.0	25.0	25.0
自由现金流量		(19.0)	28.0	29.6

要求：

a. 指出上述预计报表中的错误。

b. 根据上述预计信息，这位分析人员预测企业的剩余经营性收益将每年增长 8%。这个预测结果符合上述预测报表数据的特征吗？

E16.9. 综合分析与估值（困难）

本练习分为两个部分，第一部分需要对一套财务报表进行分析，而第二部分则根据上述报表进行预测和估值。

第一部分

下面是一家企业的比较资产负债表（单位：百万美元）。

	2012 年	2011 年		2012 年	2011 年
营业现金	60	50	应付账款	1 200	1 040
短期投资（市值）	550	500	应计负债	390	450
应收账款	940	790	长期负债	1 840	1 970
存货	910	840			
不动产与厂房	2 840	2 710	普通股东权益	1 870	1 430
	5 300	4 890		5 300	4 890

下面是这家企业的普通股东权益变动表。

			（续）
2011 财务年度末余额	1 430	投资的未实现利得	50
员工股票期权行权而发行的股份	810	净利润	468
回购 2 400 万股股份	(720)	2012 财务年度末余额	1 870
现金股利	(180)		
员工股票期权行权带来的税收抵减额	12		

这家企业的所得税税率为 35%，在 2012 财务年度中，这家企业报告了利息收益 15 百万

美元和利息费用 98 百万美元。它在当年度实现的销售收入为 3 726 百万美元。

要求：

a. 请计算由于员工股票期权行权而导致的股东损失为多少？

b. 企业回购的股份被用作期货购买协定中的支付对价。在回购当时，企业股份的市场价值为每股 25 美元，请问，该项交易对股东收益的影响如何？

c. 编制一份综合收益表，将税后经营利润与融资收益和融资费用进行分开列报，并在该综合收益表中列出上述 a 和 b 交易中的利得或损失。

d. 编制一份重构的比较资产负债表，将企业在经营活动中使用的资产和负债与在金融活动中使用的资产和负债分别进行列报。请计算这家企业在 2012 年年末的金融杠杆与经营性负债杠杆。

e. 请计算这家企业在 2012 财务年度的自由现金流量。

第二部分

假定这家企业经营活动的资本成本为 9%，如果预计这家企业在未来每年能按 6% 的速度增加其销售收入，而资产周转率则始终保持为 1.25，且预计在每年的销售收入中，经营利润始终能占到 14% 的水平。请完成下列要求：

a. 预计这家企业在 2013 年的净经营性资产报酬率为多少？

b. 预计这家企业在 2013 年的剩余经营利润为多少？

c. 利用剩余收益估值模型，判断这家企业在 2012 财务年度末的股东权益价值为多少？

d. 预计这家企业在 2014 年能实现超常增长的经营性收益为多少？

e. 利用超常收益增长模型，判断这家企业在 2012 财务年度末的股东权益价值为多少？

f. 假定在阅读了这家企业报表附注中对股份支付的说明之后，你注意到，这家企业在 2012 财务年度末，共有 28 百万份员工股票期权流通在外，这些期权都要等到 2014 年及以后才能被行权。根据修正的布莱克－斯科尔斯估值模型，这些期权的估值结果为每份 15 美元。请问，这些信息会对你的估值带来怎样的影响？

g. 预测这家企业在 2013 财务年度能实现的（净）综合收益为多少？

应用分析

E16.10. 为通用磨坊公司进行预测与估值（简单）

下列信息出自通用磨坊公司的财务报表（单位：百万美元）。

	2010 年	2009 年
净经营性资产	11 461	11 803
普通股股东权益	5 403	5 173
销售收入	14 797	
核心经营利润（税后）	1 805	

通用磨坊公司在 2010 财务年度末共有流通在外的股票数量 656.5 百万股，当时的交易价格为每股 60 美元。下面是未来的预计情况。

销售收入增长率（2011～2012 财务年度）	每年 7%
销售收入增长率（2013～2014 财务年度）	每年 6%
销售收入增长率（2014 财务年度以后）	每年 4%

假定在 2011～2014 财务年度中，公司的核心利润率和资产周转率都将保持在 2010 财务年度的水平，请编制 2011～2014 年度的预计报表。假定通用磨坊公司在 2014 财务年度后的剩余经营性收益增长与销售收入的增长保持同步，请计算出通用磨坊公司在 2010 财务年度末的每股价值。计算中，假定经营活动的必要报酬率为 8%。

E16.11. 预计分析与估值：耐克公司（中等）

耐克公司报告它在 2008 财务年度末的净经营性资产和普通股股东权益分别为 5 806 百万美元和 7 797 百万美元，请使用下列 2008 财务年度末的预测值对耐克公司进行预计分析和估值，然后计算出该公司在 2008 财务年度末的每股价值。耐克公司在 2008 财务年度末时，共有流通在外的股份数量为 491.1 百万股，假定经营活动的必要报酬率为 8.6%，预计在 2012 年以后的剩余经营性收益将每年增长 4%。耐克公司在 2008 财务年度的销售收入为 18 627 百万美元。

预测值	2009E	2010E	2011E	2012E
销售收入增长率	10.0%	9.0%	8.0%	7.0%
核心利润率	9.0%	8.5%	8.0%	7.5%
净经营性资产周转率		3.4	3.5	3.6

（完成本练习以后，你可以在本书配套网站上找到"搭建你自己的分析工具"（BYOAP）然后利用那里所提供的技术，重新对耐克公司进行预测和估值。）

E16.12. 一步式剩余经营性收益计算：可口可乐公司（简单）

可口可乐公司报告它在 2006 财务年度实现销售收入 240.88 亿美元，税后销售利润率为 20.0%，同年实现其他核心利润 1.02 亿美元，主要来自对可口可乐瓶业公司的股权投资收益。对该公司财务报表进行进一步分析显示，该公司的资产周转率（按净经营性资产计算的）为 1.32。可口可乐公司对经营活动投资时使用的贴现率为 9%。请问：

a. 可口可乐公司在 2006 年的剩余经营性收益为多少？

b. 如果可口可乐公司的资产周转率提高到 1.7，那么它的剩余经营性收益将为多少？

E16.13. 根据经营性收益增长预测进行估值：耐克公司（中等）

在本章的阅读材料 16-4 中，使用剩余经营性收益模型对耐克公司的股份进行了估值。接下来，请完成下列要求：

a. 对阅读材料 16-4 中的预计数据进行修正，计算预计超常增长的经营性收益为多少，然后再对耐克公司的股份进行估值。

b. 同时考虑短期和长期的增长率情况，应用简单估值模型[式（15-5）]对耐克公司的股份进行估值，可参考阅读材料 15-4 中的内容。

E16.14. 对公司合并进行评价：PPE 公司（困难）

PPE 公司正在考虑进行一项企业合并。这项合并工作预计将在 1 年之内完成，完成后，被合并企业就将被并入 PPE 公司的资产负债表。PPE 公司的管理人员已经按照这项合并将在第 1 年年末完成这个假定编制了下述预计信息。这些预计信息是在本章对 PPE 公司进行估值的例题基础上改编而成的，当时我们并没有考虑此次合并的情况（单位：百万美元）。

	第 -1 年	第 0 年	第 1 年	第 2 年	第 3 年	第 4 年	第 5 年	第 6 年
利润表								
销售收入		124.90	131.15	189.00	200.34	212.36	225.10	238.61
核心经营费用		115.10	120.86	168.87	179.00	189.74	201.13	213.19
商誉的摊销费用				11.00	11.00	11.00	0.00	0.00
经营利润		9.80	10.29	9.13	10.34	11.62	23.97	25.42
资产负债表								
除商誉以外的其他净经营性资产	69.90	74.42	94.50	100.17	106.18	112.55	119.30	126.46
商誉			33.00	22.00	11.00	0.00	0.00	0.00
净经营性资产	69.90	74.42	127.50	122.17	117.18	112.55	119.30	126.46
净金融性负债	7.40	7.70	5.71					
普通股东权益	62.50	66.72	121.79					

在第 1 年年末合并后企业的预计资产负债表中，包含了两家企业的净经营性资产和合并产生的商誉，预计该商誉将在合并后按 3 年进行摊销。第 1 年以后的合并企业预计销售收入和经营费用已经给出，合并后企业的预计经营活动必要报酬率为 11%。

根据企业管理人员的估计，要完成此次企业合并，预计 PPE 公司需要发行 120 百万股股份来作为合并支付对价。PPE 公司目前共有 100 百万股流通在外的股份，根据课本中的预计数据，预期 PPE 公司将在第 1 年年末支付每股 3.99 美分的股利。要求：

a. 复核表 16-1 中没有考虑并购影响时的预计数据，并将其与这里的预计情况进行比较。这项企业合并能为 PPE 公司的股东创造价值吗？

b. 在美国财务会计准则委员会发布第142号公告并自2002年开始正式实施以前,对于企业在合并过程中所取得的商誉,是按照这里的摊销方式进行处理的。但第142号公告并不要求将商誉进行摊销,而是一直报告在资产负债表中,除非出现了商誉减值,才需要确认商誉减值损失。请不摊销商誉,重新编制上述预计数据。

c. 请证明,根据你修正后的预计数据对PPE公司的权益进行估值,所得到的结果还是一样的。

迷你案例

M16.1　全面预测与估值:宝洁公司Ⅵ

这是宝洁公司系列案例的最后一部分了。我们在第10章的迷你案例M10.1中对宝洁公司的财务报表进行了重构,然后在迷你案例M11.1、M12.1和M13.1中又对这些报表进行了持续的分析。在迷你案例M15.1中,我们仅靠报表分析所得出的信息对宝洁公司进行了估值。现在,在最后这一部分中,我们将应用全面预计分析来对这家企业进行预测和估值。

2010年7月,即宝洁公司的2010财务年度末刚刚过去时,该公司共有28.44亿股股份发行在外,每股交易价格为62美元。根据分析人员的预测,宝洁公司在2011财务年度能实现每股收益3.93美元,远期市盈率为15.8。分析人员一致认为宝洁公司在2012财务年度的每股收益将达到4.26美元。根据对公司在未来5年的盈利增长情况预测,分析人员预测宝洁公司的PEG比率将为1.75。

a. 请对宝洁公司在2010财务年度的重构报表进行初始化处理,假定宝洁公司在过去报告的利润率和资产周转率仍将保持不变,请建立一份预计分析报表,证明市场定价的合理性。要证明当前市场定价的合理性,公司的未来与当前的情况会有多大的差异?在分析中,请假定权益资金的必要报酬率为8%,但你需要将它转化为无杠杆的必要报酬率(即经营活动的必要报酬率)然后再进行分析。你可以使用电子表格来进行分析,就像本书配套网站上"搭建你自己的分析工具"(BYOAP)部分那样。

b. 请进行敏感性分析,验证在你认为合理的不同预测结果下,宝洁公司的每股价值将如何变化?

M16.2　戴尔公司的股票价格合理吗

在戴尔公司2008财务年度的年度报告中,开篇是这样介绍这家企业并对企业的商业模式主要特点进行说明的:

戴尔公司倾听顾客的需求,提供顾客信赖和重视的创新性技术与服务。作为一家领先的技术企业,我们向顾客提供多种产品类别,包括台式电脑、服务器与网络产品、存储器、移动产品、软件与周边设备以及服务等。根据互联网数据中心所提供的信息,我们是美国国内排名第一的个人电脑系统供应商,位居全球第二。

本公司位于美国特拉华州,由迈克尔·戴尔先生在1984年成立,初衷很简单:向客户直接销售和提供电脑系统,因为我们能理解客户的需求,并能有效地提供最具效率的计算方案来满足客户的需求。我们的公司总部坐落于得克萨斯州的圆石市(Round Rock),经营业务分支遍布全球。在本报告中,所谓的我们公司和公司业务是指戴尔集团合并报告主体的业务和活动。我们的经营主要集中于一个行业,三大地理区域:美国分部;欧洲、中东与非洲分部;亚太和日本分部。

我们承诺将在全球负责并可持续地管理和经营我们的业务,包括履行本公司业务所有领域内的环境保护责任。2007年6月,我们宣布了伟大的长期目标为"做星球上最环保的技术公司",并已付出多种努力,在产品生命周期中的每一阶段都考虑了环保问题。此外,我们还关注对环保问题的强有力控制,实施高标准的责任规范和财务报告的整体维持问题。

经营战略

本公司的核心经营战略是围绕用户直达模式,建立相关的技术与解决方案,以及高效的制造与物流;我们正在通过增加新的配送渠道进行扩张,以期能面向全球更多的商业客户与个人用户。在这一经营战略的指导下,我们力求通过提供超值的产品和服务,带给用户最好的体验。我们的相关技术质量过关,系统与服务均可实现用户定制,服务与支持强大,并提供各种方便购买和使用的区别化产品与服务。从历史数据来看,本公司的增长主要是受核心业务的发展所推动的。但最近本公司也开始推行目标收购战略,以期能够增强某些业务领域,丰富我们的产品、服务与技术,为客户创造更多的价值。比如,我们在最近并购了高效存储领域的网络解决方案供应商EqualLogic公司,并对戴尔合作伙伴计划进行了扩张,这样将有利于为客户提供更容易、性价比更高的数据储存与处理解决方案。

本公司的核心价值包括:

- 我们为客户简化信息技术。戴尔公司的特点是为客户提供性价比高的个人电脑、服务器、数据储存与服务。我们着力于为全球上百万的客户提供高性价比的信息技术。作为我们与客户保持直接联系或者"亲密客户"的结果,我们能够帮助客户简化他们的信息科技应用与维护流程,并为客户的商业或者家庭提供定制化的硬件、服务与软件解决方案。
- 我们为客户提供多种选项。客户可以通过电话或者越来越多的零售店购买戴尔公司的系统和服务;或者也可以直接通过我们的网站www.dell.com来实施订购,在这个网站上,客户可以对我们的整个产品线进行浏览、配置和价格选择,然后在线订购,跟踪订单中产品的制造直至发货的全部流程。通过我们网站上的戴尔创意风暴(Dell Idea Storm)交互式系统,客户可以对戴尔公司现在或者未来的产品和服务提出建议。商业客户还可以与专业的服务团队进行交流。本公司计划通过开辟新的配送渠道去开发新的客户,并通过全球的零售合作伙伴和增值经销商开发中小企业客户。
- 客户能够购买定制产品与定制服务。从历史上看,本公司灵活、根据订单定制的制造过程使我们能够快速周转存货,从而降低库存水平,并快速将最新的技术带给我们的客户。全球IT产业的发展和本公司的竞争互相推动,我们坚持扩大利用原始设计制造商,制造外包关系和新的配送策略,以更好地满足客户需求和降低产品周转时间。我们的目标是更快引入最新的相关技术,快速与全球更多的客户分享原料的成本节约。
- 我们承诺在经营各个领域承担起环保责任。我们在戴尔产品生命周期的每一个阶段都考虑了环保的问题,无论是开发与设计节能产品,还是减少制造与经营的环节,抑或是客户使用与产品恢复,本公司都注重了环保问题。

产品开发

我们注重开发标准化的技术,以具有竞争力的价格提供客户喜欢并适用性强的产品。我们使用了开放式的产品设计与开发方法,公司工程人员在客户的直接需求下设计创新的解决方案。本公司与全球多个技术公司进行合作,建造新的系统设计,对未来开发方向施加影响,并将新技术融入公司产品中。通过这种以客户为中心的合作方式,本公司能够快速和高效地向市场配送新兴的相关产品与服务。本公司在2006～2008财务年度发生的研究、开发与工程费用分别为4.58亿美元、4.98亿美元和6.93亿美元,其中,在2008财务年度的数据中,还包括了在相关并购中取得的开发过程中的研发项目8300万美元。

产品与服务

本公司设计、开发、制造、营销和支持一系列的产品,在大多数情况下,这些产品都是按客户的个别需求定制的。我们的产品类别包括台式电脑、服务器与网络产品、存储器、移动产品、软件与周边设备等，此外，我们还提供广泛的服务。

- 台式电脑——戴尔 XPS 和 Alienware 产品线瞄准寻求最佳体验与设计的客户，从多媒体的适应性到最佳游戏性能都有照顾。OptiPlex 产品线主要针对商业、政府和机构客户，以可控的总成本向这些客户提供安全、可管理且寿命稳定的产品组合。Inspiron 产品线主要为台式电脑，针对主流个人电脑使用者设计，他们通常希望最新的产品特性和满足娱乐需求。本公司在 2007 年 7 月推出了 Vostro 产品线，为具有特殊需求的小型企业提供技术和服务。

  戴尔 Precision 工作站主要面向专业客户，他们需要最佳硬件平台以保障出色的工作效率，并需要运行各种复杂的应用程序，例如 3D 计算机辅助设计、数维内容创作、地理信息系统、电脑卡通制作、软件开发、计算机辅助工程、游戏开发与财务分析等。

- 服务器与网络——我们的标准 PowerEdge 服务器产品线主要旨在为客户提供性价合理的工作效率、可靠度和可扩展性。可选择的产品包括为企业用户提供的高效机柜、刀片式服务器和塔式服务器，以及为小型组织、网络和远程办公服务、定价较高的塔式服务器。此外，本公司还为超大型数据中心用户提供定制的戴尔服务器解决方案。

  本公司的 PowerConnect 转换器主要用于在中小型网络中连接计算机与服务器，该系列产品以较低的成本为用户提供企业级别的服务与可靠性。

- 存储——我们提供各种先进的存储方案组合，包括网络存储、附网存储、直连存储、磁盘与磁带备份系统和移动硬盘备份等。在为主流用户提供先进存储方案的同时，我们还在为客户降低企业复杂性的同时提供功能与价值服务。我们的存储系统易于配置、管理和维护。戴尔 PoweVault、戴尔 EqualLogic 和戴尔 EMB 存储系统的灵活和可扩展性能帮助企业在不同环境和不同需求下优化存储空间。

- 移动性能——XPS 和 Alienware 笔记本电脑产品线以寻求最佳体验的用户为服务目标，产品设计追求光滑、优雅和轻薄，同时配备高效的游戏系统。在 2008 财务年度中，我们推出了 XPS M1330 产品，这是一款创新性的移动平台，配备 13.3 英寸高分辨率的显示器和超轻薄的外观，独特的设计为它迎来了大奖。Inspiron 笔记本电脑产品线主要针对寻求最新科技和高效现代与经济组合的用户。而 Latitude 产品线则针对企业、政府和机构用户，从产品寿命到最新的效率、安全与通信功能入手，帮助这些用户管理好它们的使用总成本。在 2007 年 7 月推出的 Vostro 产品线针对定制技术、服务和专家，以满足小企业的特别需求为服务对象。Precision 移动工作站产品线则针对专业用户，满足他们运行复杂应用程序的特别效率需求。

- 软件与周边设施——我们提供戴尔品牌的打印机、显示器以及各种定价富有竞争力的第三方生产周边产品，包括各种软件、打印机、显示器、笔记本附件、网络和无线产品、数码相机、电源、扫描仪以及其他产品等。

  ♦ 软件。我们销售各种第三方软件产品，包括操作系统、商业与办公应用软件、防毒软件和相关的安全软件、娱乐软件以及各种其他类别软件等。我们在 2008 财务年度第四季度完成了对 ASAP 软件快递公司的收购，这是一家领先的软件方案与授权服务提供商。此次合并所带来的结果之一，就是我们现在可提供超过 2000 家软件发布商的产品。

  ♦ 打印机。我们提供一系列戴尔品牌的打印机，从产品设计适用于普通客户的喷墨一体式打印机到适用于公司工作组的大型多功能设施等。我们的全部打印机都使用戴尔墨盒和墨粉管理系统,通过在每个打印工作状态窗口显示墨水或者墨粉量来简化购买耗材的程序,主动提醒用户直接向戴尔公司订购替换墨盒。

- ◆ 显示器。我们提供各种品牌和非品牌的显示器产品,包括平面直角显示器和投影仪等。在 2008 财务年度中,我们延伸了消费者显示器阵容,引入诸如"真实生活"这样的新型产品,并将摄像头与麦克风整合到了部分显示器中。在现有投影仪产品组合中,我们又增加了 1201MP 投影仪。在显示器与投影仪产品线领域,我们持续获得了质量、效率与价值的产品称号。

- 服务——我们的全球服务业务针对商业客户和渠道合作伙伴,向他们提供计划、实施和管理 IT 操作服务,针对普通用户提供安装、保护和维护他们的个人电脑与附件的服务。我们的服务方案帮助客户简化信息技术,最大化提高效率和可靠性,提供符合成本-效益原则的 IT 操作。在 2008 财务年度中,我们通过对一些公司的战略并购,取得了一系列的服务技术与才能,用作打造本公司自己的服务团队。

一方面,戴尔公司为自己向客户所提供的服务而感到骄傲,另一方面,它对股东的回报也相当不错,经常位于为股东创造价值增值的公司排名前列。如果你在 1988 年投资 1000 美元于该公司,那么到 1998 年,这份投资的总值将达到 351 356 美元,平均年复利率为 79.7%。1998~2000 年,公司的股票价格从每股 20 美元上涨到每股 58 美元(已调整股票分割的影响)。

但不幸的是,虽然公司的销售收入显著增长,盈利能力也持续增强,但戴尔公司的股票价格在 2000 年以后却表现欠佳。结果表明,每股 58 美元的价格(意味着市盈率为 88)是含有水分的。在 2008 财务年度的报表公布时,公司的股票价格只有每股 20 美元。

但是,并不能将股票价格下跌全部归因于股票市场泡沫的破裂。随着公司销售收入增长率的下滑和用户电脑产品利润率的挤压,公司业绩确实也出现了轻微下滑。截至 2011 财务年度,戴尔公司的股票在到达近期低位每股 11.50 美元之后,重新站上了每股 16.00 美元的价位。戴尔公司试图通过转向商务市场,向商业用户提供"企业解决方案(服务器、网络、存储与 IT 服务)"来稳住企业的发展。不过,在这个领域中,来自 IBM 公司、惠普公司和甲骨文公司(仅举几例)的竞争太过激烈。戴尔公司增大了供应商融资,又收购了几家操作系统和数据管理领域的企业,将企业组织重新分为大型企业分部、公众(政府)分部、中小企业分部和个人用户分部。在 2008 年的经营战略报表中,戴尔公司仍然维持着它的基本用户与供应链模式。到 2011 年,戴尔公司将迎来它承诺的转折点时刻。

在截至 2011 年 1 月的这个财务年度中,戴尔公司的每股收益为 1.36 美元;根据分析人员的预测,它在 2012 财务年度将实现每股收益 1.91 美元;而对 2013 财务年度,分析人员的预测值只增加了 2 美分,预计每股收益将为 1.93 美元。很显然,分析人员对 1 年后的增长情况并不看好。根据分析人员对未来 5 年的预测值所计算出的 PEG 比率为 1.53。

现在,请你评价戴尔公司在这一转折点时刻的情况,这家企业在 2011 年有能力实现每股 16.00 美元以上的股票价格吗?计算时,请假定必要报酬率为 9%。下面提供了戴尔公司在 2008 年和 2007 年的重构财务报表,以及 2011 年和 2010 年的报表情况,首先考虑如下问题,然后再完成你的案例任务:

a. 戴尔公司是如何创造价值的?它最主要的价值驱动因素是什么?

b. 在过去这些年份中,这些价值影响因素发生了什么样的变化?

c. 市场定价中所隐含的增长前景如何?市场过于乐观了吗?

d. 考虑一些能够带来更高股票价格的情形,你认为这些情形可能实现吗?

戴尔公司
重构的 2008 财务年度比较利润表
（单位：百万美元）

	以 2 月 1 日为财务年度截止日			
		2008 年		2007 年
经营性收入		61 133		57 420
相关成本		49 462		47 904
毛利润		11 671		9 516
经营性费用				
日常管理费用		6 595		5 112
广告费用		943		836
研究与开发费用		693		498
销售活动提供的经营利润（税前）		3 440		3 070
所得税				
报告的所得税费用	880		762	
与净金融收益相关的所得税	（135）	745	（96）	666
销售活动产生的经营利润（税后）		2 695		2 404
其他经营利润（全部为税后）				
外币折算利得（损失）		17		（11）
衍生工具的未实现利得（损失）		（38）		30
其他		（56）		23
经营利润（税后）		2 618		2 446
金融收益（费用）				
利息收入		410		302
利息费用		23		27
净利息收益		387		275
所得税影响（35%）		135		96
税后净金融收益		252		179
金融性资产的未实现利得（损失）		56		31
税后净金融收益		308		210
综合收益		2 926		2 656

戴尔公司
战略性比较资产负债表，2008 财务年度末
（单位：百万美元）

	2008 年	2007 年
经营性资产		
营运现金	40	40
应收账款	5 961	4 622
融资性应收款	2 139	1 853
存货	1 180	660
不动产、厂房与设备	2 668	2 409
商誉	1 648	110
无形资产	780	45
其他资产	3 653	3 491
	18 069	13 230

	2008 年		2007 年	
经营性负债				
应付账款	11 492		10 430	
应计负债	4 323		5 141	
递延服务费收入	5 260		4 221	
其他负债	2 070	23 145	647	20 439
净经营性资产		(5 076)		(7 209)
净金融性资产				
现金等价物	7 724		9 506	
短期投资	208		752	
长期投资	1 560		2 147	
	9 492		12 405	
短期借款	(225)		(188)	
长期负债	(362)		(569)	
可赎回股票	(94)	8 811	(111)	11 537
普通股东权益		3 735		4 328

戴尔公司

重构的 2011 财务年度比较利润表

（单位：百万美元）

	以 2 月 1 日为财务年度截止日			
	2011 年		2010 年	
经营性收入		61 494		52 902
相关成本		50 098		43 641
毛利润		11 396		9 261
经营性费用				
日常管理费用		6 572		5 846
广告费用		730		619
研究与开发费用		661		624
销售活动提供的经营利润（税前）		3 433		2 172
所得税				
报告的所得税费用	715		591	
与净金融收益相关的所得税	29	744	52	643
销售活动产生的经营利润（税后）		2 689		1 529
其他经营利润（全部为税后）				
外币折算利得（损失）		79		(29)
衍生工具的未实现利得（损失）		(112)		(323)
经营利润（税后）		2 656		1 177
金融收益（费用）				
利息收入		116		71
利息费用		199		219
净利息费用		83		148
所得税影响（35%）		29		52
税后净利息费用		54		96
金融性资产的未实现利得（损失）		(2)		6
税后净融资费用		56		90
综合收益		2 600		1 087

(续)

	戴尔公司	
	战略性比较资产负债表，2011 财务年度末	
	（单位：百万美元）	
	2011 年	2010 年
经营性资产		
营运现金	40	40
应收账款	6 493	5 837
融资性应收款	4 442	3 038
存货	1 301	1 051
不动产、厂房与设备	1 953	2 181
商誉	4 365	4 074
无形资产	1 495	1 694
其他资产	3 481	3 988
	23 570	21 903
经营性负债		
应付账款	11 293	11 373
应计负债	4 181	3 884
递延服务费收入	6 676	6 069
其他负债	2 686 24 836	2 605 23 931
净经营性资产	（1 266）	（2 028）
净金融性资产		
现金等价物	13 873	10 595
短期投资	452	373
长期投资	704	781
	15 029	11 749
短期借款	（851）	（663）
长期负债	（5 146） 9 032	（3 417） 7 669
普通股东权益	7 766	5 641

M16.3 美泰克公司之战：并购分析

2005 年 5 月 19 日，家电制造商美泰克公司（Maytag Corporation，MYG）同意被里普尔伍德控股集团（Ripplewood Holdings）以 11.3 亿美元现金收购，收购价格相当于每股 14 美元，相对前一日股票收盘价每股 11.56 美元还溢价了 21%。

美泰克公司是一家家电生产企业，主要制造洗衣机、烘干机、洗碗机和其他家用电器，包括著名的胡佛牌（Hoover）吸尘器。除了美泰克和胡佛这两个品牌之外，尊爵（Jenn-Air）、阿曼娜（Amana）也为这家企业所有。如果追溯历史的话，这家企业是由 F. L. 美泰克先生创立的，最初生产的是农场用具，后在 1907 年生产出了它的第一台木制洗衣机，后来发展成为了我们的家电必需品之一。里普尔伍德控股集团是一家私人权益公司，在 20 世纪 90 年代以投资陷入低潮的日本企业而闻名。

美泰克公司繁荣了很多年，但仍然不能阻挡白色家电业的竞争变得越来越激烈。在 20 世纪 90 年代，当惠而浦和通用电气这样的竞争对手纷纷将生产转移至亚洲这样的低成本地区时，美泰克公司的生产基地仍然保持在北美等高成本区域。2004 年，美泰克公司宣布进行重组，裁掉了 20% 的员工，关闭了位于伊利诺伊州盖尔斯堡（Galesburg）的一座大型冰箱生产厂，同时在墨西哥新开了一家工厂，并开始与工会协商降低其他工厂的成本。然后，在2005年4月，美泰克公司的债券同时被三大评级机构降级，调整成为垃圾债券级别，同时公司还削减了一半的股利。美泰克公司的股票价格在2004年4月时大约在每股30美元上下，但1年后却跌为每股10美元左右。

里普尔伍德控股集团的创始人和首席执行官蒂莫西·科林斯（Timothy Collins）说，他旨在"采取行动将美泰克公司改造为一家低成本制造企业，同时将通过引入创新性的产品、扩张国际市场和选择性地实施并购来加速企业的成长"（《2005年5月20日《金融时报》》）。

2004年6月，中国家电制造商海尔代表一家投资者财团对美泰克公司开出了每股16美元的收购价。接下来，在7月18日，美泰克公司的竞争对手惠而浦公司也加入了竞标，开出每股17美元的价格。两天后，海尔公司退出了，只留下里普尔伍德控股集团和惠而浦公司还在互相竞争。美泰克公司的董事会担心如果接受惠而浦公司的出价，那么由于两家企业的合并而降低了市场竞争，可能会触发反垄断组织的干预。此外，惠而浦公司的支付对价部分是股权，而不全是现金收购。但惠而浦公司非常坚持，将它的出价调高到了每股21美元，总价值高达16.8亿美元。

请你根据美泰克公司的合理未来情形，为当时的美泰克公司进行估值。如果反垄断组织不对此次合并案例进行干预的话，美泰克公司的价值很可能会超过惠而浦公司。里普尔伍德控股集团所说的战略选择对惠而浦公司应该也是适用的。此外，通过工厂的合并以及联合采购和营销系统的力量，惠而浦公司还可以生产出更加具有成本效率的产品来。进一步地，与新兴的亚洲竞争对手比如LG电气集团等相比较，合并后的研发部门也是非常具有竞争优势的。对于这些协同效应，你可能不一定能估计得非常准确，但你可以尝试从里普尔伍德控股集团的角度来为此次企业并购建立模型。考虑使用预计分析，在什么样的情形下，美泰克公司的价值会符合每股14美元的出价？每股14美元的出价与每股21美元的惠而浦公司出价之差，可能会被视作两家经营主体合并所带来的价值增值，因为这样的话美泰克公司就不用单独再跟惠而浦公司去竞争了。或者，会不会是惠而浦公司出价过高了呢？

下面是一些与美泰克公司的问题相关的财务数据（除每股数据外，单位均为千美元）。

	2004年	2003年	2002年	2001年	2000年
销售收入净额	4 721 538	4 791 866	4 666 031	4 185 051	3 891 500
毛利润	660 219	859 531	1 004 602	864 842	985 481
毛利率（%）	14.0	17.9	21.5	20.7	25.3
经营利润	40 348	228 293	359 495	289 152	439 715
经营利润率（%）	0.9	4.8	7.7	6.9	11.3
持续经营业务利润（损失）	(9 345)	114 378	191 401	162 367	216 367
持续经营业务利润占销售收入百分比（%）	-0.2	2.4	4.1	3.9	5.6
基本收益（损失）					
每股——持续经营	(0.12)	1.46	2.46	2.12	2.78
每股股利	0.72	0.72	0.72	0.72	0.72
资产总额	3 020 024	3 024 140	3 104 249	3 131 051	2 647 461
借款与长期负债总额	978 611	970 826	1 112 638	1 213 898	808 436
现金与现金等价物	164 276	6 756	8 106	109 370	6 073

不过，要处理这个问题，你需要到美国证券交易委员会的网站，在EDGAR数据库中下载美泰克公司2004年的年度报告，并仔细研究其中的细节。美泰克公司2004年度的财务报表

在本章的网络资源里也有提供。在开始预计分析时，请对2004年的利润表和资产负债表进行重构，然后开始预测工作。你可以一行一行地，通过"最佳估计"情形来完成你的预测，然后，通过改变你的预测值来检验估值的敏感程度，看看你是否能够得到每股14美元的报价，或者每股21美元的报价，然后观察在什么样的可能情形下才能得到这样的估值结果。假定美泰克公司经营活动的必要报酬率为10%，这是私人权益投资者要求的最低报酬率了。

后续：美泰克公司的董事会在2005年8月22日接受了惠而浦公司的出价，并向里普尔伍德控股集团支付了4000万美元的违约金。

第四部分
PART 4

会计分析与估值

```
┌─────────────────┐
│ 了解企业      1 │
│ • 产品          │
│ • 知识基础      │
│ • 竞争情况      │
│ • 监管约束      │
│ • 管理层        │
└────────┬────────┘
         ▼ 战略
┌─────────────────┐
│ 分析信息      2 │
│ • 财务报表信息  │
│ • 非财务报表信息│
└────────┬────────┘
         │
┌─────────────────┐
│ 预测收益      3 │
│ • 确定收益      │
│ • 预测收益      │
└────────┬────────┘
         │
┌─────────────────┐
│ 将预测转化为估值 4│
└────────┬────────┘
         │
┌─────────────────┐
│ 根据估值进行交易 5│
│ 外部投资者：    │
│   比较价值与价格，│
│ 决定买入、卖出或者持有│
│ 内部投资者：    │
│   比较价值与成本，│
│ 决定接受或者拒绝某战略│
└─────────────────┘
```

第 17 章	第 18 章
会计核算方法是如何影响企业获利能力、增长和剩余收益计量指标的？会计核算方法是如何影响企业估值的？	公司怎样通过会计方法的选用暂时改变它们的报告盈利？怎样发现这种盈利操纵行为？

估值的质量取决于生成估值所依赖预测数据的质量。本书中的估值分析是以未来财务报表中的盈利预测和账面价值预测数据为基础的。但实际上,盈利和账面价值大部分取决于相关会计方法的选择。因此,这就出现了一个显而易见的问题:如果估值是建立在会计数据的基础之上的,那么,不同的会计核算方法对估值结果有没有影响呢?一家企业采用加速折旧法或者直线折旧法,对它的估值结果有影响吗?或者,采用先进先出法对发出存货进行计价的企业和采用后进先出法进行发出存货计价的企业,在估值方面会有差别吗?对于企业的研发项目投入,可以在利润表中进行费用化处理,也可以先确认为资产负债表中的资产,然后对未来的盈利产生影响,那么,分析人员需要如何对这些不同的会计处理方法进行调整呢?需要去更正会计处理数据吗?在本书这一部分中,我们将讨论在估值分析中可能出现的会计影响,然后再回答上面这类问题,并说明如何对不同的会计处理方法进行调整。

如前一页图中指出的,基本面分析的第 3 步包含两个方面的内容。首先,分析人员要确定需要预测的指标,明白这个指标的计量方法以及它是如何"捕获"企业价值的。然后在此基础上,再利用在第 2 步中所分析的信息来完成预测任务。相应地,会计问题对估值分析的影响可能有两种形式。第一是选用什么样的会计方法来计量未来的预测盈利,使分析人员所预测的剩余收益和超常收益增长能够反映出企业价值的增加,从而使估值结果可靠。如果我们按照美国公认会计原则来计算预测的盈利,能反映出价值的变化情况吗?分析人员需要对美国公认会计原则进行一定的调整吗?而第二方面则是分析人员在当期财务报表(在第 2 步中)中所选用的会计方法,因为方法会影响报表数据,而报表数据正是分析人员预测未来剩余收益的基础。分析人员通过财务报表分析去发现企业的核心盈利能力,作为预测企业未来盈利能力的基础,但实际上,这些核心盈利能力指标都受相关会计方法选择的影响。这些会计方法的选用都是恰当的吗?有没有存在误导的情况呢?因此,上述第一个方面的问题会影响预测会计信息的质量,而第二个方面的问题则直接关系当前会计信息的质量。我们将在第 17 章中讨论第一个问题,然后再在第 18 章中处理第二个问题。

如果你已经具有一定的会计基础知识,那么对于本书这一部分的学习一定会比较轻松。不过,尤其对于估值而言,理解会计工作的原理远比掌握会计规则的细节性问题要重要得多。因此,本部分的重点将在于解释会计的结构和它对估值分析的帮助或者阻碍。如果你对一些会计方法的细节感觉不太确定,请随时参考中级或者高级财务会计的相关教材,本书配套网站上的"会计诊所"栏目也会对你有所帮助。

第 17 章 创造会计价值和创造经济价值

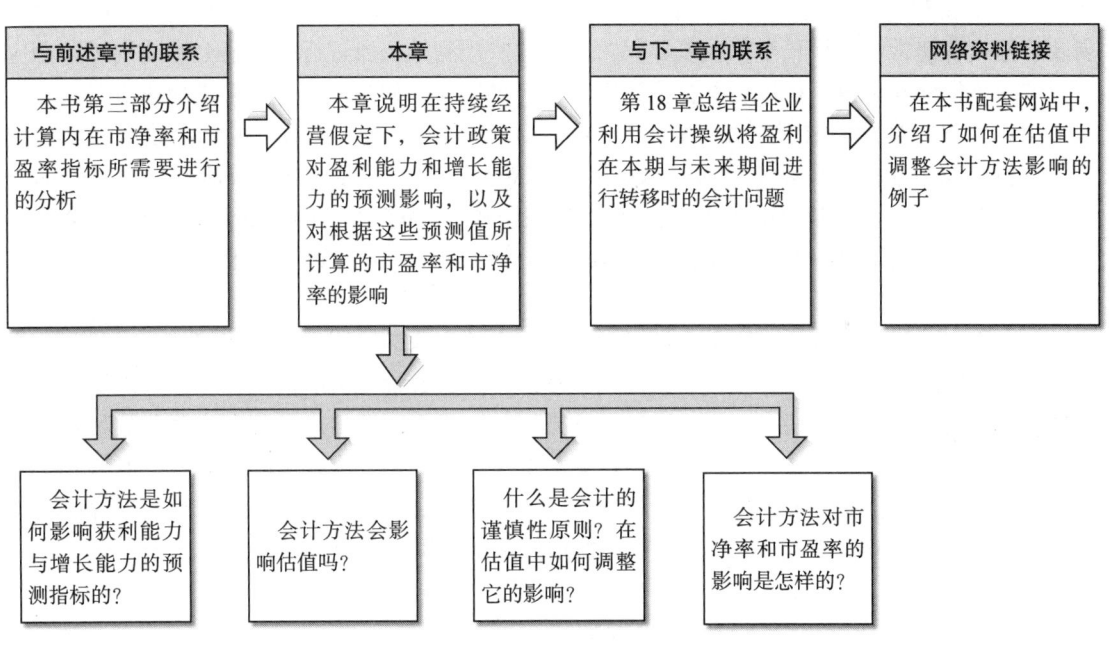

分析师备忘录

学习目标

学习完本章内容后，你应当理解：

- 会计核算方法对会计收益率和剩余收益指标的影响；
- 会计核算方法对盈利增长、剩余收益增长和超常收益增长的影响；
- 经济增加值与会计增加值的区别；
- 利用恰当的估值技术所得到的估值是如何避免会计核算方法影响的；
- 市净率指标是如何受会计核算方法影响的；
- 市盈率指标是如何受会计核算方法影响的；
- "谨慎性会计处理"的含义以及它对企业获利能力分析、增长与估值的影响；
- 企业是如何计提秘密准备以及通过释放秘密准备来增加盈利的。

学习能力

完成本章的学习任务后，你应当能够：

- 在考虑会计核算方法差别的前提下对企业进行估值；
- 用不同的会计方法预测企业的盈利能力和增长潜力；
- 在了解会计核算方法差别的前提下，计算企业的内在市净率；
- 在了解会计核算方法差别的前提下，计算

企业的内在市盈率；
- 识别企业是否应用了谨慎性会计处理。

在本章中，我们将试图回答一个看似矛盾的问题：价值是通过预测的未来盈利数字计算得到的，而盈利又是根据会计方法计算得到的，但是，企业的价值是不受它所选用会计方法的影响的。

美国公认会计原则约束着企业的会计核算，不过，在这套准则体系下，企业仍然享有一定的会计政策选择权，在不同的会计政策选择下，企业所报告的账面价值和盈利数值是会存在差别的。此外，会计政策选择还会影响到我们在估值中所必需的预测未来盈利和账面价值数据。在本章中，我们将研究在持续经营会计假定下，不同的会计政策选择对预测和估值的影响。比如，一家企业对它的存货发出计量采用了后进先出法而不是先进先出法，那么，我们预测的剩余收益或者超常收益增长会存在差异吗？根据这些预测结果所进行的估值会有差别吗？相应地，市净率指标和市盈率指标会不会受到影响呢？再比如，如果一家企业采用加速折旧法，对租赁采用资本化处理，或者对无形资产成本进行费用化，那么，这对它的剩余收益、盈利增长、估值以及市净率和市盈率会有什么样的影响呢？正是由于会计方法可能会扭曲估值的结果，才有了贴现现金流量分析来避免会计方法的影响（因为它关注的是现金流量）。但会计方法真的会扭曲估值结果吗？在开始估值工作前，分析人员真的必须调整企业的盈利数据，以去除不同会计方法的影响吗？

在本章中，我们将看到一家企业可以怎样通过会计方法的选用来提高它的收益率和剩余收益：企业可以美化自己的盈利能力。我们还将看到，通过会计方法的选用，企业可以报告出更高的盈利增长。不过，我们将证明，通过会计方法的选用而创造出来的剩余收益和盈利增长是不会影响到企业估值的。真实的因素和会计方法都会影响到剩余收益和盈利增长，但只有受真实因素影响的部分，才会带来经济价值的增加。恰当选用的估值方法能够区别真实的价值增加和由会计方法所创造出来的价值增加，从而使估值结果只反映真实因素的影响。

17.1 价值创造与剩余收益创造

假定有这样一个项目，需要在 2010 年年末投资 400 美元，2 年期，根据预计，该项目能在 2011 年和 2012 年各实现销售收入 240 美元和 220 美元。假定各年的投资必要报酬率均为 10%，唯一的费用只有折旧或者摊销费用。表 17-1 对这个项目使用了两种不同的会计处理方法。在会计处理方法 1 中，按直线法对该投资项目计算折旧，因此每年的折旧额为 200 美元，因此在扣除折旧费用后，这个项目在这两年中的盈利分别为 40 美元和 20 美元，而在扣除折旧费用后，项目的账面价值（即该项目的净经营性资产规模 NOA）在 2011 年年末将下降为 200 美元，所以每年的预期净经营性资产报酬率 RNOA 就是 10%，刚好等于投资的必要报酬率。相应地，在这两年中，各年的剩余经营性收益 ReOI 预计都为 0。因此，这个项目并不能创造出投资成本之外的价值增值，它的价值就是它在 2010 年的账面价值，即 400 美元。如果将这个项目的自由现金流量（等于经营利润减去净经营性资产的变动额）按 10% 进行贴现，你将发现，这个项目的净现值为 0。

表 17-1 某两年期项目的会计处理（各年的必要报酬率均为 10%，初始投资成本为 400 美元）

	2010 年	2011 年	2012 年
会计处理方法 1			
销售收入		240	220
折旧费用		200	200
经营利润		40	20
净经营性资产	400	200	0
自由现金流量		240	220
净经营性资产报酬率 RNOA		10%	10%
剩余经营收益 ReOI（10%）		0	0
剩余经营收益的现值		0	0
剩余经营收益的现值合计	0		
项目估值	400		
会计处理方法 2			
销售收入		240	220
启动成本与折旧费用	40	180	180
经营利润	(40)	60	40
净经营性资产	360	180	0
自由现金流量		240	220
净经营性资产报酬率 RNOA		16.7%	22.2%
剩余经营收益 ReOI（10%）		24	22
剩余经营收益的现值		21.82	18.18
剩余经营收益的现值合计	40		
项目估值	400		

而使用会计处理方法 2 来记账的这位会计人员非常保守。请注意，这里的"保守"（conservative）并不是说这位会计人员的穿着、发型或者政治信仰等，而是说他在编制资产负债表时，倾向于不高估资产和不低估负债。因此，这位会计人员在 2010 年时转销了部分项目价值，报告账面价值为 360 美元。由于 2010 年的账面价值已经被调低，因此，在使用直线法计算 2011 年和 2012 年的折旧费用时，相应的金额也降低了。在 2010 年度被转销的 40 美元可能表现为项目的启动成本（如表 17-1 所示，或称开办费），或者是这 400 美元投资中所包含的项目发布广告费用。无论是上述哪一种开支，都属于能使企业的未来受益的支出，所以可以被看作一项资产，但是，按照美国公认会计原则的要求，上述支出都应当进行费用化处理。因此，在表中，给出了在 2010 年度就将这 40 美元费用化处理后该项目的未来剩余经营收益预测值，以及根据这些预测值所做出的估值结果。

比较这两种会计处理方法，有两个问题是需要引起我们注意的，在阅读材料 17-1 中，我们将它们分别总结为"会计影响"和"估值影响"。其中，"会计影响"强调了会计核算跨越多个期间的特点，因此，调低本期的账面价值也就意味着降低未来的费用（在本例中，即折旧费用），从而增加未来的盈利。由于经营利润增加了，而净经营性资产的账面价值却降低了，两者相除，得到的未来净经营性资产报酬率也就更高了。同时，由于是用更高的利润去跟较低的账面价值相比（扣除资本成本的影响），因此剩余收益也更高了，那么未来的剩余经营性利润也被调高了。

> **阅读材料 17-1**
>
> ## 项目会计核算方法的影响
>
> **会计影响**
>
> 通过会计方法的选用，可以创造出剩余收益和净经营性资产报酬率。在会计处理方法 1 下，2011 年和 2012 年的预计净经营性资产报酬率都是 10%，但在会计处理方法 2 下，这两年的净经营性资产报酬率分别为 16.7% 和 22.2%。在这两年中，会计处理方法 1 下的预计剩余经营收益都为 0，但在会计处理方法 2 下，未来两年的预计剩余经营收益却分别为 24 美元和 22 美元。
>
> **估值影响**
>
> 由于会计方法的选用而创造出来的剩余收益对估值无法产生影响：在两种不同的会计处理方法下，项目的估值都是 400 美元。而且，两种方法下的估值都说明该投资项目不能带来价值增值。剩余收益估值技术能对不同的会计处理方法进行调整，因此，依靠会计方法的选用而创造出的剩余收益对最终计算出的价值是没有影响的。

在实务中，当企业对研发项目的投资都被费用化处理以后，资产的账面价值就变得更低了；当能够创造品牌声誉的产品促销与广告支出被费用化处理后，资产的账面价值也变得更低了；当我们大量减记资产的价值时，资产的账面价值也变得更低了。此外，企业还可以通过对固定资产采用加速折旧方法、对无形资产采用加速摊销等方法和对应收账款计提较高的坏账准备等手段，来将资产的账面价值降低。再比如，如果我们对预收收入、应计费用和养老金负债等，应用比较高的估计程度，那么负债就可能会被高估。这些实践处理都会使得企业将来的收益率被高估。所以，拥有大量成功研发项目的企业等到将来这些研发项目开始产生回报时，将这些研发项目所创造的盈利与较低的账面价值相比，在后续年份中就能报告出很高的净经营性资产报酬率 RNOA 和普通股权益报酬率 ROCE 来。比如制药企业，它们通常都有高额的研发项目开支，你会发现，这类企业的净经营性资产报酬率一般都在 30% 以上。再比如可口可乐公司，由于它的品牌资产没有在资产负债表上确认和列报，因此净经营性资产报酬率在 28% 左右，也属于较高水平。

这种低估账面价值的会计实践，被称为**谨慎性会计处理**（conservative accounting，或称稳健性会计处理）。不过，正如减记净资产可以提高未来的净经营性资产报酬率和普通股权益报酬率，我们也可以通过增记资产来降低未来的净经营性资产报酬率和普通股权益报酬率。增记资产（或在资产已经出现减值时不及时地减记资产）的会计实务被称为**自由会计处理**（liberal accounting）。在采用国际会计准则以前，英国和澳大利亚的企业都会定期对有形资产进行估值，记录增值的部分，这样，便使得这两国企业的净经营性资产报酬率和普通股权益报酬率与美国可比企业的相比，要低很多。

自由会计有时也用来表示会计处理不够谨慎或者稳健。比如，如果一家企业将软件开发成本进行资本化处理，而其他研究与开发费用则进行费用化处理，那么这家企业与那些将全部研究与开发费用都费用化处理的企业（例如甲骨文公司和微软公司）相比，会计处理风格就显得更"自由"一些。但实际上，这两类企业都应用了谨慎性会计处理原则。介于谨慎性会计处理与自由会计处理之间的是**中性会计**（neutral accounting），在这种会计处理态度下，对那些不能创造价值增值的投资项目来说，预期的权益资本报酬率将恰好等于权益资本成本率，所以剩余收益为 0。会计处理方法 1 就是应用中性会计进行处理的例子。而谨慎性会计处理和自由会计处理则恰好相反，在这两种会计处理态度下，当实际上并没有价值创造产生时，所得到的获利能力指标也是不等于必要报酬率的。谨慎性会计处理下报告的未来获利能力会高于必要报酬率，而自由会计处理下报告的未来收益能力会低于必要报酬率。

所以，现在你知道**经济增加值**（economic value added）和**会计增加值**（accounting value added）这两个概念之间的区别了吧？较高的净经营性资产报酬率和剩余收益并不一定意味着有价值增值产生，因此，对那些把会计指标当作经济增加值计量指标的人来说，要特别小心；对于投资顾问所推荐的经济增加值计量指标产品，也要小心地对待。实际上，这些指标都部分采用了会计指标的形式，在用这些指标来衡量经济增加值时，要特别考虑它的会计形式影响。

不同的会计核算方法对估值的影响（见阅读材料 17-1）遵循**价值不变原则**（value conservation principle）：使用剩余收益估值技术所得到的估值是不受企业当前的账面价值会计处理影响的。因为估值等于当前的账面价值与预计未来剩余收益的现值之和，某种会计方法如果能够改变当前的账面价值，那么一定也会改变未来的剩余收益。由于剩余收益现值的变动方向与当前账面价值的变动方向恰好相反，因此，最终计算得到的估值结果是不受影响的。所以，将研究与开发支出全部费用化会导致较高的未来剩余收益，但同时也降低了当前的账面价值，最终的估值结果不受影响。只有由真实经济获利能力改变所带来的剩余收益才会影响估值，而会计方法所导致的获利能力变化对估值结果不产生影响。

17.2 会计方法、市净率、市盈率与持续经营估值

17.1 节中的例子只涉及一个简单项目的估值，但其实，如果一家持续经营的企业总是坚持将它的账面价值保持在较低（或较高）水平，也能观察到类似的结果。本书再一次强调估值是不受会计方法的选择影响的，但是，市净率和市盈率却会受到影响，且受影响的程度将取决于投资规模的增长速度。下面我们首先考察在投资无增长情况下的估值，然后在考察当企业加大投资规模情况下的估值问题。

17.2.1 投资规模既定水平下的会计方法影响

持续经营假定意味着我们需要不断重复地进行投资。表 17-2 是一套由五份表格所组成系列表格中的第一份，说明了一家企业在 2010 年投资 400 美元到一个价值增加值为 0 的项目中（与 17.1 节中的例题相同），不过根据预计，这家企业在今后每一年中，都还会继续投资 400 美元到这种价值增加值为 0 的项目中。在这份表格中，给出了这家企业的预计经营利润和净经营性资产，并根据这些预计结果和利润率、资产周转率以及各种周转影响因素的情况，计算出了预计的净经营性资产报酬率 RNOA、剩余经营收益 ReOI 和超常增长的经营收益 AOIG。与 17.1 节中的例题相同，这个项目在第 1 年和第 2 年分别实现了 240 美元和 220 美元的销售收入，项目的投资成本也是按直线法在两年内进行摊销。2011 年后，各年的经营利润总额应当等于前两年所投资项目在当年实现的盈利之和，而净经营性资产应当等于当年投资的项目规模（400 美元）加上往年投资的项目账面价值（已部分计算折旧）之和。

表 17-2　中性会计处理：一家每年进行 400 美元投资且价值增值为 0 的企业（必要报酬率为 10%）

	2010 年	2011 年	2012 年	2013 年	2014 年
销售收入					
来自 2010 年的投资		240	220		
来自 2011 年的投资			240	220	
来自 2012 年的投资				240	220
来自 2013 年的投资					240
		240	460	460	460
经营费用（折旧）					
来自 2010 年的投资		200	200		
来自 2011 年的投资			200	200	
来自 2012 年的投资				200	200
来自 2013 年的投资					200
		200	400	400	400
经营利润		40	60	60	60
净经营性资产（NOA）					
2010 年的投资	400	200			
2011 年的投资		400	200		
2012 年的投资			400	200	
2013 年的投资				400	200
2014 年的投资					400
	400	600	600	600	600
投资	400	400	400	400	400
自由现金流量	(400)	(160)	60	60	60
净经营性资产报酬率（%）		10.0	10.0	10.0	10.0
利润率（%）		16.7	13.0	13.0	13.0
净经营性资产周转率		0.60	0.77	0.77	0.77
净经营性资产增长率（%）		50	0	0	0
剩余经营收益 ReOI（0.10）		0	0	0	0
超常增长的经营性收益 AOIG（0.10）			0	0	0
企业价值	400	600	600	600	600
高于账面价值的溢价	0	0	0	0	0
市净率 P/B	1.0	1.0	1.0	1.0	1.0
历史市盈率 P/E		11.0	11.0	11.0	11.0
远期市盈率 P/E	10.0	10.0	10.0	10.0	10.0

用剩余经营收益估计的企业价值 = 账面价值 = 400

用超常增长的经营收益估计的企业价值 = 下一年度盈利的资本化价值 = $\dfrac{40}{10\%}$ = 400

表 17-2～表 17-5 和表 17-7 中所指的价值均为 2010 年的投资价值按资本成本率 10% 进行增长，再减去流出企业的自由现金流量后的价值。因此，预计 2011 年年末的价值为（400×1.10）+160 = 600，而 2012 年年末的价值则为（600×1.10）−60 = 600。表中的市净率是指无杠杆市净率（即企业市净率，当企业没有使用债务融资时，也等于杠杆市净率）。由于溢价不受融资方式的影响，因此既指企业溢价，也指权益资本的溢价。市盈率也是指无杠杆市盈率，在第 14 章中介绍过，每一年度的市盈率都等于（企业价值 + 自由现金流量）/ 经营利润。杠杆市盈率所受到的影响也是类似的。如果该企业的负债净额为 0 且自由现金流量等于股利的话，那么这里的市盈率也就等于杠杆市盈率。

可以发现，一旦企业的净经营性资产规模达到了稳定的规模 600 美元之后，经营利润也就稳定在了每年 60 美元的水平上。相应地，可以预计每一年的净经营性资产报酬率都等于 10%，刚好等于企业的资本成本率；而预计剩余经营性收益则等于 0，企业的价值仍然为 400 美元，即它在 2010 年时的账面价值。在下一年度（即 2011 年）之后的超常增长的经营收益预计值仍然为 0，因此企业的价值 400 美元也等于将下一年度的经营利润进行资本化的结果。这就是中性会计的处理结果：企业并没有为它的投资创造价值增值（同前面那个项目一样），由于收益率等于资本成本率，且超常收益增长为 0，会计核算结果也证实了这一点。对价值增加值为 0 的企业来说，在中性的会计处理方法下，企业的内在市净率正常值为 1.0，而历史和远期市盈率的正常水平则如表中最末尾两行所示。正是出于这样的原因，中性会计也可以被称为**正常会计**（normal accounting）。

现在请看表 17-3。在这里，企业每年的投资和销售规模都与表 17-2 中的一样，只是现在使用了更加富于谨慎性的会计核算方法。会计人员在投资当年就注销了 10%（或者说 40 美元）的投资成本，计入当期损益中。你可以把这 10% 理解为项目中的研发支出或者促销成本等，即根据目前美国公认会计原则所规定的核算要求，需要立即进行费用化处理的项目。比较表 17-2 和表 17-3，你就能发现谨慎性会计处理与中性会计处理相比，在会计影响和估值影响方面的异同。如果应用自由会计处理方法，影响也是一样的，只不过是朝着相反的方向而已。这家企业每年都重复相同规模的投资，在阅读材料 17-2 中，列出了如果应用谨慎性会计处理，将带来的会计影响和估值影响。

表 17-3 谨慎性会计处理：一家每年进行 400 美元投资且价值增值为 0 的企业；其中 10% 的投资额在投资当期即被费用化处理（必要报酬率为 10%）

	2010 年	2011 年	2012 年	2013 年	2014 年
销售收入					
来自 2010 年的投资		240	220		
来自 2011 年的投资			240	220	
来自 2012 年的投资				240	220
来自 2013 年的投资					240
		240	460	460	460
经营费用（折旧）					
来自 2010 年的投资	40	180	180		
来自 2011 年的投资		40	180	180	
来自 2012 年的投资			40	180	180
来自 2013 年的投资				40	180
来自 2014 年的投资					40
	40	220	400	400	400
经营利润	(40)	20	60	60	60
净经营性资产（NOA）					
2010 年的投资	360	180			
2011 年的投资		360	180		
2012 年的投资			360	180	
2013 年的投资				360	180
2014 年的投资					360
	360	540	540	540	540

(续)

	2010 年	2011 年	2012 年	2013 年	2014 年
投资	400	400	400	400	400
自由现金流量	（400）	（160）	60	60	60
净经营性资产报酬率（%）		5.6	11.1	11.1	11.1
利润率（%）		8.3	13.0	13.0	13.0
净经营性资产周转率		0.67	0.85	0.85	0.85
净经营性资产增长率（%）		50	0	0	0
剩余经营收益 ReOI（0.10）		（16）	6	6	6
超常增长的经营性收益 AOIG（0.10）			22	0	0
企业价值	400	600	600	600	600
高于账面价值的溢价		60	60	60	60
市净率 P/B	1.11	1.11	1.11	1.11	1.11
历史市盈率 P/E		22.0	11.0	11.0	11.0
远期市盈率 P/E	20	10.0	10.0	10.0	10.0

用剩余经营收益估计的企业价值 $= 360 - \frac{16}{1.10} + \left(\frac{6}{0.10}\right) / 1.10 = 400$（情景 2 估值）

用超常增长的经营收益估计的企业价值 $= \frac{1}{0.10} \times \left(20 + \frac{22}{1.10}\right) = 400$

阅读材料 17-2

谨慎性会计处理的影响：投资规模无增长条件下的持续经营

会计影响

（1）当投资水平持续稳定以后，经营利润便不再受谨慎性会计处理的影响了。在投资规模还在加大期间（2011 年），使用谨慎性会计处理能低报利润，不过，在 2011 年以后，即使采用谨慎性会计处理，报告的利润也与中性会计处理方法下的一样，为 60 美元。这是会计的一个特点：只要投资规模不变，那么，无论是否采用谨慎的会计处理，由于收入和费用都是一样的，因此不能通过会计方法的选用来对企业的盈利造成影响。

（2）虽然净经营性资产也是稳定的，但在谨慎性会计处理方式下，净经营性资产的规模较小，并且一直都是如此。以该项目为例，会计方法的选用会影响项目的账面价值，并且一直都是如此。

（3）在谨慎性会计处理方法下，相比中性会计处理来说，总是能报告出更高的净经营性资产报酬率和剩余经营收益（普通股东权益报酬率和剩余收益也更高一些）。

（4）一旦投资水平稳定不变以后，谨慎性会计处理对超常增长的经营性收益也没有影响。

估值影响

（1）估值不受会计方法的影响。以例题中的单个项目为例，利用会计方法所创造出来的剩余收益对最后计算出的估值是没有影响的。

（2）市净率偏离了正常水平（大于 1）。谨慎性会计处理会降低账面价值，从而导致账面价值之外的溢价产生，并且，不仅当期产生了溢价，对后续期间的溢价也有持续影响。

（3）一旦投资规模达到了稳定水平，市盈率指标就不受会计方法的影响了：企业的盈利和价值都不受会计的影响。

表 17-3 中的企业估值为 400 美元,与采用中性会计处理方法下的企业估值相同。这再一次说明了会计核算方法是不影响企业估值的。不过请注意,由于账面价值变低了,所以现在和将来,企业的内在市净率都更高了。内在历史市盈率和远期市盈率暂时也受到了影响(因为盈利是暂时性的),不过一旦投资规模达到了稳定水平,就不再受影响了,因为此时企业的盈利水平已经不再受会计核算方法的影响了(当然,企业价值也不会受此影响)。预期超常增长的经营性收益为 0,因此市盈率处在正常水平。研发项目较多和品牌价值较高的企业通常都具有比较高的净经营性资产报酬率和剩余收益,因此它们一般都具有较高的市净率,但这并不表示这些公司的市盈率也一定很高。

对于采用谨慎性会计处理的企业来说,估值的形式与采用中性会计处理的企业会有所不同。由于预计剩余经营性收益会一直大于 0,因此此时的剩余经营性收益估值属于情景 2 下的估值(详见第 5 章中的介绍),如表 17-3 底部所示:剩余经营性收益符合永续年金的特点,因此可以直接按必要报酬率计算它的资本化价值。有时人们认为,应当在未来某个时点上,当预期报酬率等于资本成本率时,再来计算企业的持续价值。因为竞争会迫使企业的超额利润趋向于 0,所以报酬率会逐渐趋向正常收益率水平。确实,超常的经济利润会随着竞争的加剧而逐渐消失,但这并不代表获利能力会计指标(净经营性资产报酬率 RNOA)也会下降到必要报酬率的水平,因为由于谨慎性会计处理原则的影响,即使在没有真实的价值创造产生时,企业的净经营性资产报酬率也大于必要报酬率。因此,举例来说,对于研发项目较多的企业,情景 1 估值(即预期剩余经营收益为 0 情况下的估值)通常都是不适用的。

17.2.2 投资规模变动水平下的会计方法影响

表 17-2 和表 17-3 都假定企业的投资在某个时候会达到稳定水平。但是,如果预期企业的投资规模会发生变动,那么,情况就会有所不同了。表 17-4 中的企业与表 17-2 中的企业在其他方面都相同,只是它的投资规模预期会按每年 5% 进行增长,仍然采用直线法计算折旧。假定这家企业的单位美元投资预期能够带来的销售收入仍然与前面的企业相同,只是现在投资规模在不停地增长,因此企业的销售收入、经营利润和含息经营利润也是在不断增长的。由于这家企业采用的是中性会计处理方法,虽然预计它的经营利润和净经营性资产都会持续增长,但预计净经营性资产报酬率仍然为 10%,而剩余经营性收益仍然为 0。在这样的情况下,这家企业的价值仍然为 400 美元:不断扩大的投资和不断增长的盈利仍然没有创造价值增值。

表 17-4 中性会计处理:企业的投资规模每年都按 5% 的速度增长,但价值增值为 0(必要报酬率为 10%)

	2010 年	2011 年	2012 年	2013 年	2014 年
销售收入					
来自 2010 年的投资		240.0	220.0		
来自 2011 年的投资			252.0	231.0	
来自 2012 年的投资				264.6	242.6
来自 2013 年的投资				——	277.8
		240.0	472.0	495.6	520.4
经营费用(折旧)					
来自 2010 年的投资		200.0	200.0		
来自 2011 年的投资			210.0	210.0	
来自 2012 年的投资				220.5	220.5
来自 2013 年的投资					231.5

(续)

	2010年	2011年	2012年	2013年	2014年
来自2014年的投资		—	410.0	430.5	452.0
		200.0			
经营利润		40.0	62.0	65.1	68.4
净经营性资产（NOA）					
2010年的投资	400.0	200.0			
2011年的投资		420.0	210.0		
2012年的投资			441.0	220.5	
2013年的投资				463.1	231.5
2014年的投资					486.2
	400.0	620.0	651.0	683.6	717.7
投资	400	420	441	463.1	486.2
自由现金流量	（400）	（180）	31	32.5	34.4
净经营性资产报酬率（%）		10.0	10.0	10.0	10.0
利润率（%）		16.7	13.1	13.1	13.1
净经营性资产周转率		0.60	0.76	0.76	0.76
净经营性资产增长率（%）		55	5	5	5
剩余经营收益 ReOI（0.10）		0	0	0	0
剩余经营收益的增长率（%）		—	0	0	0
含息经营利润的增长率（%）		—	10	10	10
超常增长的经营性收益 AOIG（0.10）			0	0	0
企业价值	400	620.0	651.0	683.6	717.7
高于账面价值的溢价	0	0	0	0	0
市净率 P/B	1.0	1.0	1.0	1.0	1.0
历史市盈率 P/E		11.0	11.0	11.0	11.0
远期市盈率 P/E	10.0	10.0	10.0	10.0	10.0

用剩余经营收益估计的企业价值 = 400

用超常增长的经营收益估计的企业价值 = $\frac{40}{0.10}$ = 400

其中，"含息经营利润的增长"中的"含息经营利润"是指经营利润加上将自由现金流量按必要报酬率10%进行再投资所获收益之和，因为自由现金流量相当于经营活动所发放的"股利"。

请再看表17-5，这张表格所反映的企业采用了谨慎性会计处理方式，它将每年投资额的10%都当作研发费用和促销支出等予以费用化处理了。与前面的情况相似，这导致企业有了正的剩余收益，而市净率也偏离了正常水平，不过，除此之外还有额外的影响。每年的预计经营利润都出现了持续增长，但是，由于每年费用化的初始投资额也按5%的速度在增长，因此，相比表17-4中的经营利润水平来说，这里的经营利润水平是偏低的。但含息的经营利润（即考虑将自由现金流量"股利"按资本成本进行再投资的影响之后的）的增长速度大于资本成本率，而在表17-4中，这一项指标却只有10%⊖。此外，剩余经营收益和超常增长的经营收益也按5%的速度增长，而不再保持为稳定的常数。实际上，与表17-4所反映的情形比较，表17-4和表17-5的背景资料是完全一样的，唯一的区别就是两家企业所使用的会计核算方法。在谨

⊖ 报告利润（不含息的）的增长速度更低一些，这是因为这里并没有包括股利再投资的收益。自由现金流量就是来自经营活动的"股利"，在含息经营利润的增长中，包含了将自由现金流量按10%的报酬率进行再投资的收益。

慎性会计处理方式下，经营利润是增长的，剩余经营收益是增长的，超常收益增长也是增长的：企业的净经营性资产报酬率大于必要报酬率，净经营性资产规模的不断扩大使得剩余经营收益也出现了增长，而剩余经营收益的增长则意味着超常收益增长。

表 17-5 谨慎性会计处理：企业的投资规模每年都按 5% 的速度增长，但价值增值为 0；其中 10% 的投资额在当年就予以费用化处理（必要报酬率为 10%）

	2010 年	2011 年	2012 年	2013 年	2014 年
销售收入					
来自 2010 年的投资		240.0	220.0		
来自 2011 年的投资			252.0	231.0	
来自 2012 年的投资				264.6	242.6
来自 2013 年的投资					277.8
		240.0	472.0	495.6	520.4
经营费用（折旧）					
来自 2010 年的投资	40.0	180.0	180.0		
来自 2011 年的投资		42.0	189.0	189.0	
来自 2012 年的投资			44.1	198.5	198.5
来自 2013 年的投资				46.3	208.4
来自 2014 年的投资					48.6
	40.0	222.0	413.1	433.8	455.5
经营利润	(40.0)	18.0	58.9	61.8	64.9
净经营性资产（NOA）					
2010 年的投资	360.0	180.0			
2011 年的投资		378.0	189.0		
2012 年的投资			396.9	198.5	
2013 年的投资				416.8	208.4
2014 年的投资					437.6
	360.0	558.0	585.9	615.2	646.0
投资	400	420	441	463.1	486.2
自由现金流量	(400)	(180)	31	32.5	34.2
净经营性资产报酬率（%）		5.0	10.6	10.6	10.6
利润率（%）		7.5	12.5	12.5	12.5
净经营性资产周转率		0.67	0.85	0.85	0.85
净经营性资产增长率（%）		55	5	5	5
剩余经营收益 ReOI(0.10)		(18.0)	3.10	3.26	3.42
剩余经营收益的增长率（%）		—	—	5	5
含息经营利润的增长率（%）		—	127	10.3	10.3
超常增长的经营性收益 AOIG(0.10)			21.10	0.155	0.163
超常增长的经营性收益增长率（%）			—	—	5
企业价值	400.0	620.0	651.0	683.6	717.7
高于账面价值的溢价		62.0	65.1	68.4	71.8
市净率 P/B	1.11	1.11	1.11	1.11	1.11
历史市盈率 P/E		24.4	11.6	11.6	11.6
远期市盈率 P/E	22.2	10.5	10.5	10.5	10.5

(续)

	2010 年	2011 年	2012 年	2013 年	2014 年

用剩余经营收益估计的企业价值 = $360 - \dfrac{18}{1.10} + \left(\dfrac{3.1}{1.10 - 1.05}\right) / 1.10 = 400$（情景 3 估值）

用超常增长的经营收益估计的企业价值 = $\dfrac{1}{0.10} \times \left[18 + \dfrac{21.10}{1.10} + \left(\dfrac{0.155}{1.10 - 1.05} / 1.10\right) = 400 \right]$

注：由于四舍五入原因，部分数字的相加结果存在误差。

由于剩余经营收益的增长仅仅只是一种会计影响，因此，它对估值的最终结果 400 美元不产生影响，这家企业所创造的价值增值额也等于 0。不过请注意，用剩余经营收益估计企业价值（如表 17-5 底部所示）时，现在应当应用情景 3 下的企业估值了，因为需要对持续增长的剩余经营收益做出调整：将剩余经营收益按 5% 的增长率进行资本化处理。用超常增长的经营收益进行估值时，也是按照增长率为 5% 来处理的，但企业价值仍然为 400 美元，与无增长条件下的企业估值结果相同。

阅读材料 17-3 总结了当投资规模不断增长，但价值增值仍然为 0 的时候，应用谨慎性会计处理带来的会计影响和估值影响。如果应用自由的会计处理方法，则影响方向恰好相反。

阅读材料 17-3

谨慎性会计处理的影响：投资规模增长条件下的持续经营

会计影响

（1）如果资产保持增长，那么在谨慎性会计处理方式下，经营利润会更低。

（2）与前面相同，在谨慎性会计处理方式下，净经营性资产报酬率和剩余经营利润会更高。虽然利润的绝对值（即净经营性资产报酬率的分子）也会受到影响，但分母所受到的影响更大。不过，由于分子中利润指标所受到的影响，报酬率和剩余收益相比在投资规模保持不变的情况下，还是要低一些。

（3）当资产规模保持增长时，在谨慎性会计处理方式下，收益也不断增长。

（4）当资产规模保持增长时，在谨慎性会计处理方式下，剩余经营利润也不断增长。

（5）当资产规模保持增长时，在谨慎性会计处理方式下，会产生超常收益增长。

估值影响

（1）估值结果仍然不受会计处理方法选择的影响。

（2）在谨慎性会计处理方式下，市净率更高一些，但与投资规模无增长条件下相比，又相对低一些。不过在投资规模增长的条件下，谨慎性会计处理方式会导致企业溢价随时间推移而增加，这是剩余收益增长的结果。由于分子和分母都同比例增长，所以，与投资规模无增长条件下相比，市净率并没有发生变化。

（3）与投资规模无增长条件下相比，市盈率相对更高一些：会计处理方式虽然并不影响企业的估值，但谨慎性会计处理方式下报告的利润水平更低。市盈率水平升高反映了在谨慎性会计处理方式下，预期未来的超常增长经营利润更高。

表 17-6 总结了我们所观察到的谨慎性会计处理和自由会计处理对经营利润、剩余经营性收益、剩余经营性收益的增长、超常增长的经营性收益、市净率和市盈率等指标的影响。会计处理方式对企业的盈利和剩余收益的影响方向是相同的，只不过由于金融杠杆的作用，影响程

度有所不同而已。在第 14 章中对金融杠杆的影响已有介绍。此外，这里列出的是会计处理方式对未创造价值的企业部分财务指标的影响，并列出了中性会计处理方式下的结果作为比较参照标准。表 17-6 中同时给出了企业投资规模扩大和缩小条件下会计处理方式对相关财务指标的影响，可以看出，在中性会计处理方式下，市净率和市盈率指标在各种情况下（投资规模稳定、增长或下降）都处于正常水平。谨慎性会计处理方式和自由会计处理方式的影响方向是恰好相反的，只是部分影响方向取决于企业投资规模的变化（请注意，投资规模的下降不可能是无限的）。在投资规模增长的前提下，如果使用谨慎性会计处理方式，将使企业的市净率高于正常水平，但与在投资规模稳定的前提下使用谨慎性会计处理方式的市净率水平相比无差异。不过，在投资规模增长前提下的市盈率却高于投资规模无变化前提下的市盈率水平（且都高于正常市盈率水平），这是因为谨慎性会计处理使报告盈利更低（而估值却不受影响）的结果。当然，市盈率出现增高是合理的：如果预期未来会出现大于 0 的超常增长的经营性收益，那么市盈率就会高于其正常水平，而谨慎的会计处理会促进超常增长的经营性收益。

表 17-6 会计处理方法对一家无价值增值企业的影响

会计方法	投资模式	净经营性资产收益率	剩余经营性收益		超常增长的经营性收益		市净率	市盈率
			水平	模式	水平	模式		
中性	稳定	正常	0	稳定	0	稳定	正常	正常
谨慎性	稳定	大于正常水平	大于 0	稳定	0	稳定	大于正常水平	正常
自由	稳定	小于正常水平	小于 0	稳定	0	稳定	小于正常水平	正常
中性	增长	正常	0	稳定	0	稳定	正常	正常
谨慎性	增长	大于正常水平	大于 0	增长	大于 0	增长	大于正常水平	大于正常水平
自由	增长	小于正常水平	小于 0	下降	小于 0	下降	小于正常水平	小于正常水平
中性	下降	正常	0	稳定	0	稳定	正常	正常
谨慎性	下降	大于正常水平	大于 0	下降	小于 0	下降	大于正常水平	低于正常水平
自由	下降	小于正常水平	小于 0	增长	大于 0	增长	小于正常水平	大于正常水平

净经营性资产报酬率的正常水平等于经营活动的必要报酬率；市净率的正常水平为 1.0；市盈率正常水平为（1+必要报酬率）/ 必要报酬率；远期市盈率的正常水平等于（1/ 必要报酬率）。

在前面的章节中，我们已经注意到了，市盈率和市净率指标常常都在其正常水平之上，这为我们的分析提供了启示。在实务中，谨慎性会计处理方式是非常普遍的，因此，企业的市净率在通常情况下都是大于其正常水平的。此外，企业的资产规模常常也是在持续增长的，因此，谨慎性会计处理使得市盈率更高了。

在上面所讨论的例题中，我们都假定这家企业是不创造价值增值的。这样做的目的是想让大家看清会计是如何制造出企业价值增加的假象的。在将能够创造价值增值的各种经济影响因素考虑进来之后，企业的预计剩余经营性收益和超常增长的经营性收益必然会比这里单纯只考虑了会计核算方法影响的结果更高，因此，最终超过账面价值的估值溢价和市盈率也将更高。剩余经营性收益和超常增长的经营性收益总是同时受真实经济因素和会计核算方法两方面的共同影响。

由于会计核算方法对估值结果最终是没有影响的，因此，我们就不必再为区分企业的真实获利能力和会计获利能力而烦恼。不过，这里有一个前提，即我们所预测的收益必须是综合收益。如果在预测时遗漏了任何收益成分，那么根据这种预测结果所计算出的估值都是不全面的。

17.2.3 例外：后进先出法会计处理

关于会计方法本身并不创造价值这个定律，有一点例外。这就是，如果要求企业在财务报告中和纳税申报表中使用相同的会计方法，那么，选用不同的会计方法进行核算就会对估值产生影响。举例来说，假定企业通过会计方法的选用降低了税额或者将纳税义务往将来期间推迟，那么，企业的估值就会更高一些。在一些国家中，计税规定和财务报告准则之间是有关联的，不过在美国，这种关联只体现在一个方面，即后进先出法（LIFO）存货发出计价中，如果企业想在纳税申报表中使用后进先出法，那么，在财务报告中，也必须使用后进先出法来进行存货的发出计价。

在存货规模和采购成本不断上升的前提下，后进先出法是一种谨慎性会计处理方法。在这种方法下，资产负债表中报告的期末存货金额由早期采购的较低成本金额所组成，而当期的销货成本则由近期较高的采购价格所计算得到。这种低账面价值会导致更高的存货周转率、资产周转率、利润率和市净率，也有人说后进先出法的应用会降低报告的利润水平。不过，这倒不一定必然如此。因为某期的销货成本等于当期的采购金额减去期末和期初的存货水平变动额，因此，如果每期资产负债表中报告的期末存货水平都是固定不变的，那么，无论是应用先进先出法还是后进先出法，当期的销货成本（和利润）都等于当期的采购金额。这是另一个可以得到表17-3报告结果的例子：当净经营性资产（在这里即存货）保持稳定的时候，会计方法的改变是不会影响利润的。但是，如果企业的存货规模是增长的（或者存货的价值是增加的），那么，就会出现表17-5那样的报告结果：后进先出法将导致更高的销货成本，从而降低毛利率、销售利润率和当期利润，并导致更高的市净率和市盈率水平。

如果预期企业的存货数量和成本将会增长，那么，使用后进先出法会因为能报告出更高的销货成本而为企业节约未来的所得税费用。因此，企业就会在纳税申报表和会计账簿中选择使用后进先出法对发出存货进行计价，从而为企业创造价值。对此，我们应当进行怎样的调整，才能消除这种因为使用后进先出法而带来的价值增值呢？回答是：不需要。因为这种更高的估值来自预期的剩余收益。由于预期将来的税费可以降低，因此预计的税后利润率和净经营性资产报酬率都会升高，相应地，预计剩余收益也会更高，那么预计剩余收益的现值自然也会更高了。

17.3 秘密准备与利润"创造"

刚才我们看到，当企业的投资规模增长时，采用谨慎性会计处理会低报盈余和销售利润率，但能提高企业的剩余收益和超常收益增长。不过，如果后续的投资速度放缓，谨慎性会计处理也会导致更高利润和销售利润率，以及更高的剩余收益和超常收益增长。

请看表17-7。在这个例子中，截至2014年的投资计划都与表17-5中的相同，但是，预计2015年的投资规模将保持与2014年的水平相当，而不再增长5%。于是，预计2016年的销售收入和费用都与这个投资水平相适应，导致企业的经营利润稳定为72.9美元。不过，由于折旧费用占销售收入的比重下降，使企业的销售利润率提高，因此，到2016年，净经营性资产报酬率将从10.6%上升为11.1%，与表17-3投资规模无增长前提下的企业净经营性资产报酬率水平相同。由于净经营性资产报酬率提高了，企业的剩余经营性收益也增大了，并且，与表17-3中的结果相同，预计将保持稳定。增长速度的放缓使得企业的销售利润率、周转率、净经营性资产报酬率、剩余经营性收益和（暂时的）超常增长的经营性收益都增大了。

表 17-7 谨慎性会计处理方法下秘密准备的产生与释放：企业投资规模最初每年增长 5%，然后持平，无价值增值；将每年投资成本的 10% 立即费用化处理（必要报酬率为 10%）

	2010 年	2011 年	2012 年	2013 年	2014 年	2015 年	2016 年	2017 年
销售收入								
来自 2010 年的投资		240.0	220.0					
来自 2011 年的投资			252.0	231.0				
来自 2012 年的投资				264.6	242.6			
来自 2013 年的投资					277.8	254.7		
来自 2014 年的投资						291.7	267.4	
来自 2015 年的投资							291.7	267.4
来自 2016 年的投资								291.7
		240.0	472.0	495.6	520.4	546.4	559.1	559.1
经营费用								
来自 2010 年的投资	40.0	180.0	180.0					
来自 2011 年的投资		42.0	189.0	189.0				
来自 2012 年的投资			44.1	198.5	198.5			
来自 2013 年的投资				46.3	208.4	208.4		
来自 2014 年的投资					48.6	218.8	218.8	
来自 2015 年的投资						48.6	218.8	218.8
来自 2016 年的投资							48.6	218.8
来自 2017 年的投资								48.6
	40.0	222.0	413.1	433.8	455.5	475.8	486.2	486.2
经营利润（OI）	(40.0)	18.0	58.9	61.8	64.9	70.6	72.9	72.9
净经营性资产								
来自 2010 年的投资	360.0	180.0						
来自 2011 年的投资		378.0	189.0					
来自 2012 年的投资			396.9	198.5				
来自 2013 年的投资				416.8	208.4			
来自 2014 年的投资					437.6	218.8		
来自 2015 年的投资						437.6	218.8	
来自 2016 年的投资							437.6	218.8
来自 2017 年的投资								437.6
	360.0	558.0	585.9	615.2	646.0	656.4	656.4	656.4
投资	400	420	441	463.1	486.2	486.2	486.2	486.2
自由现金流量	(400)	(180)	31	32.5	34.2	60.2	72.9	72.9
净经营性资产报酬率 RNOA（%）		5.0	10.6	10.6	10.6	10.9	11.1	11.1
销售利润率（%）		7.5	12.5	12.5	12.5	12.9	13.0	13.0
资产周转率		0.67	0.85	0.85	0.85	0.85	0.85	0.85
净经营性资产增长率（%）		55	5	5	5	1.6	0.0	0.0
剩余经营性收益（0.10）		(18.0)	3.10	3.26	3.42	6.02	7.29	7.29
剩余经营性收益增长率（%）		—	—	5	5	76	21	0
含息经营收益增长率（%）		—	127	10.3	10.3	14.0	11.8	10.0
超常增长的经营性收益（0.10）			21.10	0.155	0.163	2.602	1.270	0.0
按剩余经营性收益模型对企业估值	400.0	620.0	651.0	683.6	717.7	729.3	729.3	729.3
超出账面价值的溢价		62.0	65.1	68.4	71.7	72.9	72.9	72.9

(续)

	2010年	2011年	2012年	2013年	2014年	2015年	2016年	2017年
市净率	1.11	1.11	1.11	1.11	1.11	1.11	1.11	1.11
历史市盈率		24.4	11.6	11.6	11.6	11.2	11.0	11.0
远期市盈率	22.2	10.5	10.5	10.5	10.2	10.0	10.0	10.0

$$\text{按剩余经营性收益模型对企业估值} = 360 - \frac{18}{1.10} + \frac{3.1}{1.21} + \frac{3.25}{1.331} + \frac{3.42}{1.464} + \frac{6.02}{1.611} + \frac{7.29}{0.10} \bigg/ 1.611 = 400$$

注：由于四舍五入原因，部分数字的相加结果存在误差。

这个例子说明了秘密准备和秘密准备的释放问题。所谓**秘密准备**（hidden reserves），是指由于应用了谨慎性会计处理方法，而没有在当期报告利润的一种利润储备。在投资规模增长的前提下，应用谨慎性会计处理方法，由于确认更高的费用而导致报告利润的降低。然而，这些通过确认更高的费用而建立起来的秘密利润储备，在企业投资规模放缓时就会被"释放"出来。说这种储备是"秘密"的，是因为由于谨慎性会计处理方法的应用，这些储备的账面价值在企业的资产负债表中是看不到的：低报利润意味着企业的资产（以及股东权益）也必然被少计相同的金额⊖。如果不使用谨慎性会计处理方法，那么企业的净经营性资产价值必然就会更高一些。如果企业的投资规模增长放缓、趋平，或者下降，那么就能报告出更多的利润，这种现象被称为**秘密准备释放**（liquidating hidden reserves）。这看起来确实非常奇怪！企业可以通过降低投资规模来增加利润！表17-5说明了计提秘密准备的影响（减少企业的盈利），而表17-7则说明了释放秘密准备的影响（增加企业的盈利）。

后进先出法的使用就是这样一种情况。如果实际存货和存货成本是上升的，那么，在后进先出法下，将报告更高的销货成本和较低的利润，从而产生秘密准备。这种秘密准备反映在资产负债表中的存货成本相对于先进先出法下的会更低。美国公认会计原则将这种秘密准备称为**后进先出法储备**（LIFO reserve），要求企业报告其金额大小。对此，大部分企业都会在财务报表附注中进行披露。这里的后进先出法储备就是，企业使用先进先出法的话，在过去就会报告的累计盈利金额，它满足：

后进先出法下的存货价值 = 先进先出法下的存货价值 — 后进先出法储备

因此，根据上面这个关系式，我们总是可以自行计算出如果企业使用先进先出法将会报告的存货价值。并且，对任意财务期间，总存在着：

后进先出法下的销货成本 = 先进先出法下的销货成本 + 后进先出法储备的当期变动额

先进先出法下的税后经营利润与后进先出法下的税后经营利润之差，即等于当期后进先出法储备的变动额与所得税税率之乘积。如果你需要对后进先出法企业和先进先出法企业的销售利润率、资产周转率和净经营性资产报酬率等指标进行比较，就可以利用这些关系式来进行数据调整。

表17-8以1976～2004年在纽约证券交易所和美国证券交易所上市且使用后进先出法进行会计核算的企业为研究对象，在表中列出了这些企业的后进先出法储备占股东权益的百分比中位数，以及四分之一分位数和四分之三分位数。可以看出，后进先出法储备占股东权益之比

⊖ "秘密准备"这个词有时也用来指称高估的准备和负债，因此，多提的坏账准备和多估计的未实现收入（预收账款）都会导致秘密准备。这种秘密准备只是谨慎性会计处理的一种特例。低估甚至忽略资产，或者高估负债，都会产生秘密准备。

的中位数分布范围在 1980 年的高位 13.5% 到 2004 年的低位 3.0% 之间。因此，这样的中位水平说明，如果这些企业使用先进先出法进行会计核算的话，它们在 1980 年的股东权益平均要比原来的报告值高出 13.5%，而 2004 年的则平均要高出 3.0%。当存货成本上升时，企业的后进先出法储备会增加，并且，根据表中报告的消费者价格指数（CPI）的变动情况可知，1980 年是一个高通胀的年份，由于受社会经济通货膨胀的影响，后进先出法储备一路降低，直到 2004 年。在这份表格中，同时还报告了后进先出法储备的变动占销售收入百分比的情况。后进先出法储备的变动等于后进先出法下报告的销货成本与先进先出法下报告的销货成本之差，因此，由于在表中列出的是该变动额占销售收入的比重情况，可将表中数据理解为后进先出法相对先进先出法对企业销售毛利率和利润率的税前影响。以中位数为例，它们占销售收入的百分比分布范围为 1979 年的 1.06% 至 1985 年和 1986 年的 -0.1% 之间。

表 17-8　纽约交易所和美国证券交易所上市公司的后进先出法储备与后进先出法储备的变动情况（1976～2004 年）

年份	消费者价格指数的变动百分比	后进先出法储备 / 股东权益（%）			后进先出法储备变动额 / 收入（%）		
		四分之三分位数	中位数	四分之一分位数	四分之三分位数	中位数	四分之一分位数
1976	4.86	14.96	10.07	5.13	0.88	0.39	0.12
1977	6.70	15.48	10.20	4.98	0.93	0.49	0.16
1978	9.02	16.72	10.70	5.36	1.04	0.55	0.23
1979	13.29	20.93	12.85	6.52	1.84	1.06	0.51
1980	12.52	22.63	13.49	6.65	1.50	0.75	0.29
1981	8.92	21.46	12.72	6.35	1.10	0.53	0.12
1982	3.83	20.10	11.57	5.24	0.28	-0.03	-0.50
1983	3.79	18.14	10.40	4.72	0.19	-0.04	-0.43
1984	3.95	16.48	9.48	4.12	0.25	0.02	-0.24
1985	3.80	14.89	7.98	3.23	0.08	-0.10	-0.47
1986	1.10	12.65	6.18	2.27	0.08	-0.10	-0.51
1987	4.43	12.60	6.16	2.35	0.35	0.11	-0.09
1988	4.42	13.37	6.31	2.33	0.56	0.25	0.05
1989	4.65	12.98	6.04	2.32	0.38	0.13	-0.05
1990	6.11	13.30	6.08	2.05	0.32	0.08	-0.09
1991	3.06	12.01	5.42	1.86	0.12	-0.03	-0.27
1992	2.90	12.15	5.28	1.73	0.09	-0.03	-0.21
1993	2.75	10.71	4.52	1.41	0.06	-0.05	-0.30
1994	2.67	10.15	4.41	1.65	0.26	0.07	-0.05
1995	2.54	9.80	4.50	1.94	0.32	0.10	-0.02
1996	3.32	8.49	3.96	1.53	0.11	-0.02	-0.22
1997	1.70	7.61	3.31	1.29	0.06	-0.03	-0.19
1998	1.61	6.37	2.85	1.09	0.01	-0.08	-0.27
1999	2.68	6.42	2.64	0.93	0.07	-0.03	-0.16
2000	3.39	6.56	2.90	1.09	0.16	0.03	-0.07
2001	1.55	6.37	2.52	0.83	0.06	-0.05	-0.22
2002	2.38	7.42	2.99	0.88	0.12	0.00	-0.10
2003	1.88	6.70	2.90	0.79	0.15	0.01	-0.06

(续)

年份	消费者价格指数的变动百分比	后进先出法储备／股东权益（%）			后进先出法储备变动额／收入（%）		
		四分之三分位数	中位数	四分之一分位数	四分之三分位数	中位数	四分之一分位数
2004	3.26	8.75	3.00	0.96	0.48	0.11	0.00
合计		14.05	6.50	2.45	0.40	0.06	−0.13

表中给出了后进先出法储备的金额（占股东权益的百分比形式）和后进先出法储备的变动额（占销售收入的百分比形式）。后进先出法储备等于后进先出法下的存货和如果采用先进先出法会报告的存货账面价值之差，后进先出法储备的变动等于后进先出法下报告的销货成本与先进先出法下报告的销货成本之差。

资料来源：会计数据来自标准普尔公司的 COMPUSTAT 数据文件；消费者价格指数（CPI）取自美国人力资源部的统计数据。

正如在存货增长的前提下使用后进先出法进行会计核算会减少利润并增大（秘密）后进先出法储备那样，当存货水平下降时，如果使用后进先出法则会由于后进先出法储备的释放而增大利润的报告值，因为此时销货成本中包含了早期购入的、成本较低的存货价值，所以相对使用先进先出法对发出存货进行计价来说，会报告出更高的利润。这种多报告出来的盈利被称为**后进先出法清算利润**（LIFO liquidation profit）（在存货增长期间因使用后进先出法而产生的递延所得税此时也将应用于清算利润中）。表 17-8 中的数据表明，有 12 年的后进先出法储备变动值中位数是小于 0 的；如果看四分之一分位数的话，1982～2003 年，除 1988 年以外的每一年中，后进先出法储备都是持续下降的。这说明，有超过 25% 的使用后进先出法的公司所报告的利润都比使用先进先出法所报告的利润值更高。

如果存货成本是上涨的，存货数量的下降也会降低后进先出法储备。即使存货成本是下降的，后进先出法储备也可能会下降，因为在后进先出法下所报告的销货成本（基于最近的、更低的价格）相对会比先进先出法下的更低（此时先进先出法下所报告的销货成本是按照早期采购的、更高的价格来计算的）。受产品需求下降的影响，通常，存货数量和价格会同时下降。有些公司会在财务报表附注中分别披露因存货清算而导致的后进先出法储备下降和因价格下跌而导致的后进先出法储备下降。

任何谨慎性会计方法的应用都可能产生秘密准备。比如，有些厂房和设备的折旧非常快，降低对这类固定资产的投资就可以创造出利润。如果企业习惯高估产品质量保修责任或者坏账准备，那么，在销售收入增长期过后，销售水平一旦稳定甚至出现下降时，也会释放出利润。

有些分析人员特别关注秘密准备的确认，并会在估值时将秘密准备的价值也考虑进来。比如，有人说，根据美国公认会计原则，企业必须报告它的后进先出法储备（通常在财务报表附注中），因此可以将后进先出法储备视为企业的一项资产，并将其价值与账面价值相加，对账面价值进行更正。不过，我们必须非常小心。秘密准备是一种会计现象，而会计本身是不能创造价值的。请观察表 17-7 底部的估值过程，这家企业与前述表格中的是一样的，都没有创造任何价值增值。应用剩余收益估值技术（现在将预测起点设定为企业进入稳定年份的 2006 年年初），我们所得到的估值仍然为 400 美元，与前面的估值结果是相同的（当然，你也可以使用超常增长的经营性收益来进行估值）。在表 17-5 中，列出未实现的秘密准备并没有导致估值错误。只要我们根据预测出的剩余经营性收益进入了稳定水平，从而判断出企业的投资变化路径，就不再需要关注秘密准备问题了。永续增长（即表 17-5 中的估值）意味着我们了解秘密准备是永远都无法变现的。不过，只要能预计出秘密准备在将来的释放（如表 17-7 那样），估值结果也不会受到影响，因为预计更高的剩余经营性收益（见表 17-7）将完全被预计更低的剩余经营性收益增长所抵消。

现在，你应当已经认识到在对会计数据进行解释时，可能出现很多的错误，这些错误经常会导致错报（无论是在新闻媒体中还是在分析人员的报告中），因此将这些容易犯错的地方标识出来是很有必要的。阅读材料 17-4 列出了在会计数据与价值之间的关系方面常常出现的理解性谬误。对每一种说法来说，如果会计所描述的是真实现象，那么，每一种说法都可能是正确的，通常情况下的事实也确实如此。不过，在这份材料中所列出的每一点也完全可能只是由于会计方法的选用而引起的。大多数错误的产生原因在于人们只简单关注利润增长或者收益率，却忽视了利润增长和收益率是受会计工作所影响的。因此，在剩余收益估值思想下，必须结合预计剩余收益与当前的账面价值一起来进行解释；或者，在超常增长的经营性收益估值思想下，需要将利润的增长与必要报酬的增长进行比较。不要一看到利润的增长、剩余收益增长或者较高的收益率就开始激动，请先判断这些情况的出现是真实经济因素影响的结果还是单纯会计方法作用的结果，然后再做决策。

阅读材料 17-4

常见估值谬误

下面这些表述并不一定总是正确的：

- 如果预计某企业的利润将在未来出现较大增长，那么该企业具有更高的价值。

  反驳：利润增长是可以通过会计核算方法（和金融杠杆）的选用来实现的，并不是只有经济因素才影响利润增长。

- 如果预计某企业的股东权益报酬率较高，那么该企业具有更高的价值。

  反驳：股东权益报酬率高意味着账面价值之外的溢价大，但并不一定对应着价值就高；会计方法的选用（和金融杠杆）也是可以对普通股权益报酬率产生影响的。

- 如果某企业的剩余收益持续增加，说明该企业不停地在创造越来越多的价值。

  反驳：这种情况是可能的，但剩余收益增长也有可能是应用了谨慎性会计方法而引起的。

- 如果一家企业的净经营性资产报酬率高于它的资本成本率，那么，它就可以通过扩大投资来创造价值增值。

  反驳：企业可以通过会计方法的选用来提高它的净经营性资产报酬率，在这种情况下，即使扩大投资也不会带来价值增值。

- 如果净经营性资产报酬率大于资本成本率，那么投资规模的下降（或者投资规模增长率的放缓）将减少企业的剩余收益。

  反驳：如果企业通过应用谨慎性会计处理方法而制造了秘密准备，那么，投资规模的下降反而会创造出剩余收益。

- 如果一家企业的销售利润率较低，说明该企业通过销售活动能够创造的价值非常有限。

  反驳：当净资产增长时，由于谨慎性会计处理方法会低报利润，所以就会造成较低的销售利润率。

- 如果一家企业的资产周转率较高，说明该企业能非常有效率地创造销售收入。

  反驳：通过使用谨慎性会计处理方法，低估企业的资产价值，也能制造出较高的资产周转率假象。

- 谨慎性会计处理会降低企业的利润，并导致更高的市盈率。

  反驳：并不总是这样的，只有在企业投资规模增长的前提下才会如此。

如果要对企业利润的增长进行解释，现在，你需要注意的有三点。在第 5 章和第 6 章中，我们说明了企业可以通过扩大投资规模来实现利润增长，但在这样的情形下，是没有价值增值产生的；在第 14 章中，我们说明了企业可以通过加大金融杠杆来实现利润增长，在这样的情形下，也是没有价值增值产生的；然后我们又说明了谨慎性会计核算方法的使用也可以创造出利润增长，并且同样，这样的利润增长与价值增值并不相关。在以上各种情形下，只有选用了恰当的估值方法或技术，才能正确地判断出增长是否会带来价值增加；也只有这样的估值技术，才能保护我们不要为利润的增长而支付过高的价格。

17.4　实务中的谨慎性与自由会计

尽管有些会计方法重点关注的是企业的利润，但实际上各类会计方法都会同时影响企业的利润和账面价值，因为这其实就是会计的借方和贷方：没有什么事项能在不影响资产负债表的前提下，去影响利润。因此，我们可以利用各种会计方法对账面价值、会计收益率、剩余收益和市净率的影响来进行分析，但只有在投资规模发生改变的时候，才能通过利润、利润率和市盈率所受到的影响来考察这些会计方法。所以，首先应当考察的是会计方法对账面价值的影响。举例来说，"加速折旧"将导致不动产、厂房和设备的账面价值更低；提高坏账准备的估计率将降低应收账款净额的账面价值；而应用后进先出法对发出存货进行计价将导致存货价值的降低（在存货价格上升时期）。这些谨慎性会计方法的应用将增大企业的市净率。但与此同时，只有在企业的不动产、厂房和设备、应收账款以及存货的规模扩大的时候，这些方法的应用才会导致利润的低报和市盈率的提高。

世界上绝大多数国家的会计实践都是比较谨慎的。有时，一些人会认为谨慎性的会计核算方法会低报利润和收益率，使企业看起来比较"稳健"。请不要被这样的说法所迷惑。只有在企业投资规模增长的前提下，谨慎的会计政策才会低报利润。应用谨慎性的会计方法，总是会报告出较高的报酬率，以及表面上看起来较强的获利能力。并且，当企业的投资规模增长时，应用谨慎性会计处理方法，还将导致剩余收益增长和更高的利润增长率。谨慎性的会计方法（本意是应当报告出更加稳健的资产负债表）实际上却报告出了更高的获利能力，而这并不是一个稳健的报告视角。

阅读材料 17-5 列出了会影响企业账面价值和会计报酬率的一些常见会计做法，我们将这些做法分类为谨慎性会计处理和自由会计处理两类，但实际上，如果往相反的方向去进行应用，很多谨慎性会计处理方法也可以是自由的（并且，很多自由的会计处理方法也可以是谨慎性的）。举例来说，加速折旧和摊销方法会降低账面价值并提高报酬率，因此被认为是谨慎性会计处理方法；而将资产折旧或摊销的速度严重降低，则被认为是自由的会计处理方法，正如对资产进行重新估值那样。

阅读材料 17-5

典型的会计实务方法

谨慎性会计处理方法

下面这些会计做法会降低账面价值：
- 对有形资产进行加速折旧；
- 对专利权和版权这样的无形资产进行加速摊销；
- 对存货使用后进先出法进行计价；

- 低估：
    应收账款净值（高估坏账准备）；
    应收租金（低估残值）；
    资产减值后的净值（高估资产减值准备）；
- 高估：
    养老金和退休后福利负债；
    产品质量保证金负债；
    重组与其他未来事项准备金；
    递延收入；
    应计费用负债。

下面这些会计实务方法根本不确认账面价值：
- 对研发支出进行费用化处理；
- 将广告支出全部费用化处理；
- 对智力和人力资本的投资全部费用化处理。

自由的会计处理方法

下面这些会计实务方法会增大账面价值：
- 对有形资产的价值进行重估，确认重估增值；
- 确认品牌资产的价值；
- 不进行折旧处理（英国的一些企业）；
- 通过低估估值准备来高估递延所得税资产（美国企业）。

下面的会计实务方法根本不记录任何账面价值：
- 不记录环境破坏损失、法律诉讼、将来用股票期权支付的薪酬等或有负债的价值。

本章余下部分将通过举例来对会计方法的影响进行具体说明。

17.4.1 后进先出法与先进先出法比较

1997年，耐克公司的净经营性资产报酬率RNOA为25.7%，比锐步公司的16.0%高出不少。不过，耐克公司对它的美国国内存货使用的是后进先出法进行计价，而锐步公司使用的是先进先出法。表17-9列出了这两家公司在1996年和1997年的一些计量指标，反映出了它们在存货会计核算方面的差别。

表17-9　耐克与锐步公司：后进先出法与先进先出法报告结果的比较

	1997年		1996年	
	耐克公司	锐步公司	耐克公司	锐步公司
净经营性资产报酬率RNOA（%）	25.7	16.0	22.6	14.1
净经营性资产周转率	3.0	3.2	2.7	2.9
存货周转率	8.1	6.6	8.3	5.8
销售毛利率（%）	40.1	37.0	36.9	38.4
销售利润率（%）	8.7	4.9	8.5	4.8
存货（千美元）	1 338 640	563 735	931 151	544 522
存货增长率（%）	43.8	3.5	47.8	-14.2
后进先出法储备（千美元）	20 716	—	16 023	—

耐克公司的存货周转率比锐步公司高，部分原因就在于该公司采用后进先出法计价的存货价值被低估了，同样的原因也导致了它的净经营性资产报酬率较高。由于耐克公司的存货大规模增长，在后进先出法下，报告了较高的销货成本，因此降低了销售利润率；不过，利润率的降低对净经营性资产报酬率的影响没有资产周转率的影响大，因此，相对使用先进先出法进行存货计价来说，耐克公司最终报告的净经营性资产报酬率就更高一些。利用后进先出法储备的金额（取自表17-9的末行信息），我们可以计算出耐克公司在1997年使用先进先出法对存货

进行计价可得到的净经营性资产报酬率水平。在先进先出法下，耐克公司的存货价值将等于目前的报告价值再加上后进先出法储备的金额，因此，净经营性资产报酬率的分母"净经营性资产"也应当增大这么多。分子中的"经营利润"也应当增加，增加额等于后进先出法储备在1996～1997年的变动额，即税前469.3万美元，或者按照耐克公司的适用税率38.5%进行换算的话，税后288.6万美元。调整后的净经营性资产报酬率（分母按"平均净经营性资产"计算）为25.6%，与后进先出法下的净经营性资产报酬率水平相比，略有不同。可以看出，耐克公司的存货在当期增幅不小，但相对存货的增长额来说，后进先出法储备却只有小额的增长，因此，当期制造存货的成本增幅并不是很大。

在我们将不同企业之间的财务比率进行比较时，进行这类调整是很有帮助的。不过，对以估值为目的的分析来说，这是不必要的：我们可以无视耐克公司和锐步公司之间的会计核算方法差异，直接通过预测它们各自的净经营性资产报酬率来完成估值工作。不过，在不考虑其他影响因素的前提下，后进先出法会低报耐克公司的净经营性资产价值，使得它的内在市净率水平（略）高于锐步公司，并且，由于存货不断增长会使得当期的利润金额也被低报，所以耐克公司的内在市盈率水平也将略高于锐步公司。

17.4.2 制药行业的研发支出

表17-10是根据一家企业的研发项目进行模拟后，得到的普通股权益报酬率ROCE、市净率和盈利/价格比（即市盈率的倒数）。在这里，假定一家企业每年都会投入一定的金额进行基础研发工作，在一定的成功概率支持下，对一系列药物的开发进行研究。如果对某种药物的研究取得了成功，那么这家企业就会继续投资进行临床测试和实验，这一步也受成功概率的影响。对测试成功的药物，将估算它的收入、生产成本和营销费用，并最终进行商业发布。在制药行业中，全部的估算值，包括研究与开发项目的成功概率等，都依赖于行业经验的判断，因此非常务实。

表17-10 使用不同会计方法对某研发项目进行核算，得到的各种模拟财务指标

从研发项目开始时计算的年数	普通股权益报酬率 ROCE (%)			市净率			盈利/价格比		
	费用化	全部成本化	成功法	费用化	全部成本化	成功法	费用化	全部成本化	成功法
14	−92.3	−3.4	−15.2	17.9	2.7	4.5	−0.043	−0.012	−0.035
20	8.1	10.7	11.0	11.4	2.9	5.2	0.016	0.029	0.018
26	54.8	27.8	39.6	7.3	2.7	4.5	0.098	0.101	0.098
32	54.0	26.4	39.3	7.4	2.6	4.5	0.096	0.097	0.096

该表说明了在不同谨慎程度的会计核算方法下，研发项目的成熟程度对普通股权益报酬率、市盈率和盈利/价格比的影响。将研发支出全部费用化处理是谨慎性会计处理方法，而全部资本化处理则是稳健程度最低的会计核算方法。假定由于研发费用大于相关的收入，该研发项目在第14年以前都是亏损的（在三种核算方法下都是如此）。直到第14年时，才开始报告正的利润率，不过会计核算方法越谨慎，利润率就会越高。

资料来源：P. Healy, S. Myers and C. Howe, "R&D Accounting and the Relevance-Objectivity tradeoff: A Simulatioin Using Data from the Phamaceutical Industry," Sloan School Management, MIT, 1998。也可参见相同作者的论文，"R&D Accounting and the Tradeoff between Relevance and Objectivity," *Journal of Accounting Research*, June 2002, PP. 677-710。

表17-10中的数字是多次模拟实验结果的平均值。在实验中，假定这家企业从第1年开始对研发计划进行投资，在刚开始几年，由于药物开发还没有转入商业运作，因此没有任何收入。药物的开发期耗时非常久，直到从第14年起，终于有了收入。表17-10中给出了这家企

业在第 14 年、第 20 年、第 26 年和第 32 年的普通股权益报酬率 ROCE、市净率和盈利 / 价格比。假定这家企业并没有使用负债融资，因此它的普通股权益报酬率 ROCE 与净经营性资产报酬率 RNOA 是相等的。表中列出了在三种不同的会计核算方法下，上述三个会计指标的模拟结果平均值。其中，在"费用化"方法下，对全部药物开发成本都在发生时就进行费用化处理，与目前的美国公认会计原则要求是一致的；而"全部成本化"方法则将所有研发支出都资本化处理，然后等待从药物进入商业化运作的那一年开始，再按 10 年进行平均摊销；"成功法"则先将全部研发支出都资本化，然后将不能进入下一阶段的失败项目成本注销，而成功项目的成本则自进入商业运作之后按 10 年进行摊销。在模拟过程中，计算盈利 / 价格比和市净率比率时，所用的"价格"都是通过预计现金流量计算得到的内在价格。

在上述三种会计处理方法中，"费用化"是最谨慎的一种，而"全部成本化"则是谨慎性最差的一种。从第 26 年开始，项目进入到了稳定状态，可以看出，此时"费用化"下得到的普通股权益报酬是最高的，而"全部成本化"下得到的普通股权益报酬率则是最低的。相应地，"费用化"方法下的市净率也是最高的，而"全部成本化"方法下的市净率也是最低的。由于这家企业每年投入的研发支出金额都是相同的，因此一旦进入稳定状态，就变成了无增长条件下的投资项目，于是，正如前面表 17-3 中的例子那样，企业的利润与普通股权益报酬率都不再发生变化。无论采用什么会计核算方法，盈利 / 价格比和市净率指标也不再出现波动，这一点也与表 17-3 中的结果一致。并且，盈利 / 价格比看起来很正常：由于普通股权益报酬率和支出额都没有增长（由此利润或账面价值也没有增长），企业的剩余收益就是常数，因此市盈率也就处于正常水平范围。

对一家成熟的研发企业来说，当它的研发项目不再继续增长时，表格中稳定状态下的财务比率水平就是非常有代表性的。当研发项目继续增长时，稳定状态下的普通股权益报酬率就还会更低一些而市盈率就会更高一些。这时的稳定状态就会更加类似表 17-5 中的情况，而不是表 17-3 中的情况。对研发型初创企业来说，在达到稳定状态前的"费用化"方法下财务指标则非常具有代表性，在还没有收入进账的时候，将研发支出都费用化处理了，因此企业报告出来的获利能力就很差。

17.4.3 商誉与研发支出的费用化处理

表 17-11 中的第一行是英国大型制药企业葛兰素威康公司（Glaxo Wellcome）报告它自 1991 年开始到 1996 年期间的盈利能力情况。葛兰素公司在 1995 年购买了威康公司，因此，在此之前的数据为并购前的（这家企业现在已是葛兰素史克公司的一部分了）。葛兰素威康公司将它的研发支出都费用化处理。表 17-11 中第二行报告了如果将这家企业的研发支出都进行资本化处理，然后按 25% 的比率进行余额递减法摊销的话，这家企业将会报告的盈利能力情况。在这段时期内，公司对研发项目的投资规模持续增长，这样，在费用化的会计处理方式下，就会降低分子中经营利润的金额。但是与"先资本化然后再进行摊销"的会计处理方法相比，"费用化"这种谨慎性会计处理方法所带来的总体影响是增大了企业的经营性资产报酬率。

表 17-11 葛兰素威康公司：将研发支出进行费用化处理的影响

经营活动报酬率（%）	1991 年	1992 年	1993 年	1994 年	1995 年	1996 年
报告值	50.6	54.2	51.5	55.5	75.5	96.4
将研发费用资本化处理假定下的报告值	39.8	41.2	39.4	39.4	50.5	55.0

资料来源：C. Higson，"Value Metrics in Equity Analysis，"伦敦商学院财务与会计研究所，1998 年。

对于商誉，英国企业在 1998 年以前都在购买当年全部费用化处理，作为直接计入所有者权益的非清洁盈余项目（现在则先资本化处理，然后在必要时再计提资产减值）。这种会计处理方法是非常谨慎的。你可以看到，1995 年注销因并购威康公司而产生的商誉，导致公司在 1996 年报告的经营活动报酬率高达 96.4%。当将商誉资本化处理的时候，1996 年的报酬率下跌为 38.6%；如果将研发支出与商誉同时资本化处理，则 1996 年的报酬率就只有 31.5% 了。

17.4.4　自由会计：20 世纪 90 年代酿酒业与酒店业的获利能力

英国的很多酿酒企业、旅店和娱乐公司都会定期重估资产的价值并确认增值，同时只记录很少的折旧。它们认为，资产价值是在上升而不是在下跌的，而定期的维护可以减缓资产的经济折旧程度。因此，这类企业的会计报酬率和市净率都比较低。表 17-12 比较了英国酒店与餐馆连锁企业福特集团（Forte PLC.，在这家企业于 1996 年被 Granada 集团收购以前）和美国连锁酒店希尔顿集团（Hilton Hotels）的财务指标。这两家企业都有巨额的应计折旧资产（酒店），但福特集团的单位销售收入折旧费用相对希尔顿集团的要低出不少，而在福特集团的账面价值中，有很大一部分则来自资产的重估增值（这种做法在美国是不被允许的）。相应地，这种自由的会计处理方法导致英国企业的普通股权益报酬率和市净率都相对偏低。福特集团的市净率低于 1.0，于是未来的剩余收益为负数；而希尔顿集团的市净率则预示着未来的剩余收益为正数。

表 17-12　福特集团与希尔顿集团：自由会计处理与谨慎性会计处理结果比较

	1991 年	1992 年	1993 年	1994 年	1995 年
福特集团					
普通股权益报酬率 ROCE（%）	1.2	1.2	4.1	2.4	3.8
折旧费用/销售收入（%）	3.0	3.3	3.6	4.6	4.9
重估值准备/股东权益（%）	69.8	71.0	67.5	73.9	70.9
市净率	0.58	0.61	0.58	1.03	0.94
希尔顿集团					
普通股权益报酬率（%）	9.0	10.6	10.3	11.1	14.5
折旧费用/销售收入（%）	9.1	8.9	8.5	8.9	8.6
市净率	2.01	2.06	2.75	2.90	2.37

17.4.5　20 世纪 90 年代的企业获利能力

在 20 世纪 90 年代中后期，很多企业都报告了相当不错的获利能力，但在 20 世纪 90 年代初期，同样是这些企业，报告的获利能力却比较差。当时的企业获利能力不佳部分是因为经济萧条的影响，但同时也受重大企业重组和要确认员工福利负债的影响。一些人认为，虽然这些企业毫无疑问在后来的高获利能力和盈利增长都受益于重组带来的成本效应影响，但也有部分原因来自注销资产和确认新负债项目带来的净经营性资产账面价值降低的影响。相应地，在 20 世纪 90 年代后期，企业的市盈率普遍偏高，部分原因也在于它们的会计处理开始变得越来越谨慎。

从表 17-13 中你可以看到，在 20 世纪 80 年代后期，通用汽车公司的股票交易价格已经低于其账面价值，相应地，它的账面价值报酬率也非常低。在经历了 20 世纪 90 年代早期相当低的获利能力时期之后，这家公司的盈利能力在 1994 年和 1995 年开始恢复到高位，交易价格也开始高于其账面价值，原因主要在于企业重组和确认退休后福利负债的影响。核心利润率虽然恢复了，但1988年和1989年的净经营性资产报酬率升高主要是受资产周转率提高的影响。而资产周转率的提高反映出企业的资产使用效率确实得到了提升，同时也是公司在1990～1992年所采用的会计处理结果，并且，较高的市净率反映出了企业在当时的净经营性资产账面价值较低。

表17-13 通用汽车公司：低报账面价值的影响

	1988年	1989年	1990年	1991年	1992年	1993年	1994年	1995年	1996年
无杠杆市净率	0.7	0.8	0.7	0.7	1.2	1.5	1.3	1.2	1.2
净经营性资产报酬率（%）	9.7	7.2	2.5	0.0	−20.8	6.3	11.1	11.0	7.5
核心销售利润率（%）	6.7	6.9	4.1	1.5	1.8	4.2	5.0	5.5	3.8
净经营性资产周转率	1.5	1.0	1.0	1.0	1.3	1.9	2.2	1.9	1.7
净经营性资产（10亿美元）	118.3	125.1	124.1	118.4	81.8	63.3	76.7	96.2	95.3

17.4.6 经济增加值计量指标

近年来，一些咨询机构开发出了剩余收益计量指标，对按照美国公认会计原则所报告的会计指标进行调整，用以计量企业的"经济增加值"或"经济利润"。将这类产品用作价值管理工具是很好的（它鼓励将股东价值最大化作为对管理层进行业绩激励的基准），不过，在将这些指标用于估值目的时，则需要非常小心。这类计量指标实际上不过是会计工作的重复，而会计方法对估值是不应当产生影响的。在计算这类指标时，一般都不要求发挥会计的谨慎性（比如，对于研发支出和广告费用，都是先资本化处理然后再考虑逐步摊销），而我们已经证明了，在估值工作中是没必要去进行这些调整的。实际上，"先资本化然后将来再进行摊销"这种做法反而需要我们去估计摊销率，以准确计量相关无形资产经济价值的下降幅度，这样反而会带来更多的麻烦。

17.5 会计方法与预测基准

本章所进行的分析说明，在估值中，没有必要去区分由真实的经济因素所带来的盈利与单纯由于会计方法的选用而报告的盈利，因为会计方法对估值的最终结果是没有影响的。虽然一些管理咨询公司声称它们的产品能够计量企业的"经济利润"或者"经济增加值"，但实际上，对于企业真实的经济获利能力，我们是无法观察到的。虽然目前会计师和管理咨询顾问都在努力对计量指标进行改进，但我们现在能够利用到的计量指标还是有缺陷的。不过，只有在下面这两个前提得到满足的条件下，我们的结论才是成立的：

（1）在预测时，收益指标必须是综合收益。如果在预测中遗漏了任何一部分的收益组成因素，那么，就不能计算得到完整的价值。

（2）只有在预测期处于稳定状态时，估值结果才不受会计核算方法的影响。在不同的会计核算方法下，企业在稳定状态下的获利能力表现是不一样的（情景1、情景2或情景3），一旦我们确认了长期获利能力的差异，估值结果就会相同了。但是，如果估值对象在预测期内还没有进入稳定状态，那么在不同的会计核算方法下，估值结果就会是不一样的。

上述这两个前提当中，其中第（1）点是本书贯穿始终一直强调的，而第（2）点只要通过比较表17-4和表17-5的估值结果便可以得出。在中性会计处理方法（表17-4）下，预测期非常短，1年后便进入到了稳定状态；而在谨慎性会计处理方法（表17-5）下，预测期则相对更长一些，要等到未来第2年以后才能进入稳定状态。在表17-10制药行业的例子中，会计师用了很长的时间才报告出上市药品所带来的盈利，而（非常谨慎的）美国公认会计原则要求在相关研发支出发生时就立即进行费用化处理，因此所需要的时间就会更长。

这些现象能让你认识到另一个与估值相关的会计特点。估值是不确定的，并且预测期越长，它的不确定性程度就越高。在其他条件相同的情况下，我们宁可通过短期预测来进行估值，因为能够较早确认价值增值的会计方法比需要我们去预测未来的会计方法更好。第15章中的简单估值就只用了非常短的预测期。确实，预测范围应当是即时的，因为即时的预测指标只需要依赖当期的财务报表；只有当目前会计信息的长期预测价值能够得到保障时，长期估值才是可靠的。

从表面上来看，本章所介绍的中性会计处理是十分理想的，因为它既解释了企业的经济获利能力，也是短期预测的产物。那些所谓接近理想的会计处理方法，必须是在保障了信息可靠性的前提下，才可能对长期预测有用。如果会计人员在短期计量指标中加入了过多的主观因素，那么我们便会站不住脚，将我们所知的东西和不知的东西完全混淆起来了。那些使用"经济增加值"的管理顾问通常都会将研发支出资本化处理，确认为资产负债表中的一项资产，然后再逐期摊销进入成本中，去减少未来的利润。但是，如果研发项目的结果是高度不确定的，那么，相应的资本化资产账面价值也就是高度不确定的。此外，如果对未来资本化资产摊销率的判断也存在高度的不确定性，那么，企业所报告的利润指标也就必然受到了会计人员对未来主观猜测的影响。本来我们了解企业当前的获利能力，并且还可以利用这种了解去预测企业未来的获利能力，但现在由于利润指标中已经混入了很多不确定的主观猜测，反而会使信息的有用性降低。而谨慎性会计处理（比如，将研发支出立即费用化处理）能将这些主观的猜测都排除在外，迫使我们去对更远的预测期间进行主观判断。基本面分析师希望将主观的猜测工作留给他们自己来做，而不是放在会计处理过程中。这样，当存在不确定性时，谨慎性会计处理方法正好能满足基本面分析师的要求。

17.5.1 现金收付制与贴现现金流量分析的质量

这里的讨论将使我们回到最初提出权责发生制估值模型的时候（第4章）。由于现金收付制会计处理（以及贴现现金流量分析）需要很长的预测期才能找出估值对象的潜在价值，尤其是当短期内的自由现金流量为负数的时候。所以，我们提出了权责发生制的估值模型。因此，对于估值来说，自由现金流量似乎并不是一种很好的会计指标。

贴现现金流量分析需要首先对现金流量进行预测，由于它使用的数据可靠，所以这种方法看起来非常不错。人们普遍认为，现金流量是"真实"的，不受权责发生制会计处理规则和估计的影响。"现金为王"，所以，应当对现金流量进行预测。从应用的角度来说，预测现金流量在反映价值方面要比预测盈利具有更好的质量。不过，在本书前面部分的内容中，我们已经看到，将自由现金流量作为价值增加值的计量指标是有问题的。自由现金流量实质上是来自经营活动的"股利"，而不是经营活动所创造的价值。而且，在长期的预测中，自由现金流量是有悖常理的：投资会减少企业的自由现金流量，但创造更高的未来现金流量；因此，现在的自由现金流量越低，将来的自由现金流量就可能会越高。

为再一次帮助大家认识到这一点，表17-14列出了星巴克公司在1994～1997年增长期中的自由现金流量分布情况。由于 $C-I=OI-\Delta NOA$，所以表中前两行列出了星巴克公司在各年中的经营利润与净经营性资产规模。可以看到，该公司的自由现金流量都是负数。星巴克公司的价值在这段时期内发生损失了吗？假定我们现在还是处于1993年，这些数据都是对未来1994～1997年的短期预测值，如果根据这些数据来对星巴克公司进行估值，这些指标能作为企业未来获利能力的良好计量指标吗？这些都是"真实"的现金流量指标，但却不适合用来对企业进行估值。

表17-14　星巴克公司：自由现金流量与权责发生制下的计量指标（1994～1997年）

（金额单位：千美元）

	1993年	1994年	1995年	1996年	1997年
经营利润		15 051	24 406	31 081	53 252
净经营性资产	93 589	191 416	342 648	412 958	578 237
自由现金流量（C−I）	—	（82 776）	（126 826）	（39 229）	（112 027）
核心利润率（%）		5.3	5.2	4.5	5.6
资产周转率		2.00	1.74	1.84	1.95
净经营性资产核心利润率（%）		10.6	9.0	8.3	10.9
净经营性资产增长率（%）		104.5	80.5	20.6	40.0

相反，表17-14中所列出的星巴克公司在权责发生制下的会计数据——核心利润率、资产周转率、净经营性资产报酬率和净经营性资产增长率等，却能从某种程度上说明这家企业的获利能力。它们并没有很好地表达出企业的长期获利能力，但对于说明这家企业是如何为未来的盈利和增长创造价值的，这些指标则是一个很好的起点。我们首先确认企业当前的获利能力和增长情况，接下来，再结合有关企业商业计划、产品需求等其他信息，对未来进行预测。而如果只看自由现金流量，则是不起作用的。相对每年的经营活动现金流量来说，星巴克公司每年的新增投资额都是很大的，因此预计的未来自由现金流量都是负数。随着这家企业在欧洲和亚太地区的不断扩张，投资急速增长，预测自由现金流量甚至在1997年以后的很长时间内都是负数。因此，如果想要通过现金流量来对这样的企业进行估值，那么，预测期就必须非常长才行。

在实务中，分析人员在使用贴现现金流量分析技术时，为了保障预测信息的质量，常常会对预计的现金流量进行一定的调整。比如，他们会确认养老金成本与递延所得税负债，调整他们认为对维持现金流量没有必要的投资影响，因为这样才能得到正常的折旧水平。不过，对现金流量所进行的任何调整都是为了得到质量更高的价值增加额计量指标，这些调整都是利用某种应计方法将相关会计问题重新进行有效处理。最后，预测值的质量就取决于所增加应计项目的质量，因此，最终引起的问题就是：什么是好的权责发生制会计处理方法，而什么是不好的权责发生制会计处理方法？

此外，也可以直接以美国公认会计原则下的利润预测值为起点，在这个指标中，已经包含了很多我们想要的应计项目。分析人员也可能不信任权责发生制下的估计值，因此想将它们全都排除在外。但如果这样做的话，他就必须考虑最后的数字（自由现金流量）是否真的是一个高质量的数据。所以，最好还是使用权责发生制下的会计信息，当然，前提是先对这些信息按照第18章将会介绍的要点进行质量分析。

如果预测期足够长，贴现现金流量分析的结果常常与剩余收益估值技术所能得到的估值结果是相同的。如果有人预测出企业的自由现金流量将进入稳定状态，那么他的估值结果多半都是有保障的。再次说明，问题的关键在于应当选择合理的预测期。不过，在相同的预测期内，也有人使用贴现现金流量进行估值得到了与剩余收益估值相同的结果。在本章的配套网页上，列出了这些情形，并将贴现现金流量估值技术与剩余收益估值技术的其他方面进行了对比。

17.5.2　增长、风险与估值

在本章中大家已经看到，当企业的投资规模增长时，使用谨慎性会计处理会引起未来增长问题。简单地说，就是会计将收益的确认递延到了将来。比如，对于研发项目的投资支出，会计将它们在发生时就立即费用化进行处理，这样做降低了当期的利润，但却增加了未来的预计收益，而更高的未来收益与较低的当期收益相比，就是收益的增长。

顾名思义，谨慎性会计处理意味着稳健而小心。但实际上，谨慎性会计处理是对风险的一种反应，因此，这种会计处理方法常常被应用在投资项目风险很大的时候。当投资结果存在不确定时，审慎的会计人员会将相关收益的确认递延到将来。研发支出的会计处理就是一个很好的例子，因为研发项目投资确实是高风险的；以增加未来收入为目的的广告支出（立即费用化处理）也是一个很好的例子，因为这类投资的收益并不明确；此外，对任何资产项目的加速折旧或者加速费用化实际上也是对风险性投资的一种反应：在确认利润时，要稳健而谨慎。但正如我们已经说明的那样，谨慎性会计处理将导致盈利的增长。（与公允价值会计相比较）历史成本会计实际上就是谨慎性会计处理的一种形式：除非企业已经与客户签订了合同，即除非将产品销售出去的不确定性问题已经解决了，否则，就不能够确认收益。这样，就将利润"挤"到了未来，造成了收益的增长。另一方面，公允价值会计会立即确认未来销售收入的（现时）价值，为资产负债表中的项目增加了不少的风险（比如，在金融危机时期，将企业持有的房屋抵押贷款按"公允"价值进行计价，就是十分痛苦的）。

现在，让我们再来看看基本面投资者的信条：不要为增长而支付过高的价格，因为增长是有风险的。可以看出，正如基本面投资者所希望的那样，审慎的会计师会将收益的确认递延到未来，并由此报告出有风险的增长机会。这一部分增长将成为企业长期增长的一部分，并进而影响估值，并且这部分影响注定是主观的和有风险的。相应地，企业短期利润却是谨慎的，是我们可以在一定程度上确保的。与公允价值会计处理下的风险资产负债表相比较，这样的报表才是更可靠的，是我们在估值过程中可以依赖的。

我们的估值模型已经自动调整了谨慎性会计处理方法对估值的影响，因此，在应用这些估值模型时，就可以当作会计处理方法对估值根本没有影响一样。不过，谨慎性会计处理这种说法和它所导致的增长现象与另一现象的相关风险却不谋而合：如果在某个估值过程中，未来增长所占的比重过高，那么，由于增长是有风险的，投资者就会要求更高的报酬率。增长率越高，投资者所要求的报酬率也就会越高，因此在估值中指定要求更高的报酬率，可以保护我们不要为增长而去支付过高的价格。在第 7 章中我们曾经提到过这一点，将来在第 19 章中讨论主动投资策略时，我们还会回到这一点。不过截至目前，你需要理解会计所做的工作是为了指明企业的增长机会与风险所在。谨慎性会计处理能避免我们为增长而支付过高的价格，当然，前提是我们能够看清增长的风险所在。

本章小结

剩余收益和超常收益增长都属于会计计量指标，管理咨询顾问所标榜的"经济利润""经济增加值"等概念，也属于会计计量指标。这类指标并不一定能够计量（真实的）价值增加额，它们既受真实经济因素的影响，也受我们在计算过程中所选用会计核算方法的影响。

本章通过一系列的例题说明了会计是如何报告利润、获利能力指标和剩余收益的，并且还说明了会计如何"创造"出盈利增长和剩余收益增长的假象，甚至进一步影响企业的市净率和市盈率指标。为了说明各种会计核算方法的影响，本章以一家投资不创造价值的企业作为基本分析对象，说明它所受到的会计核算影响。总体来说，会计核算方法和能够创造价值的真实经济因素都会对企业的获利能力与增长能力产生影响。

本章说明了我们应当从各种会计核算方法对账面价值的影响来看待这些方法，因为正是对账面价值所进行的会计核算，创造出了更高的获利能力和增长空间。因此，我们根据各种会计方法对账面价值的影响，将它们分别归类为"谨慎的""自由的"和"中性的"会计核算方法。实际上，虽然人们想到的是各种会计核算方法对企业盈利的影响，但本章的分析已经说明，如果企业的投资规模能保持稳定，那么，不同的会计核算对企业的利润或市盈率是没有影响的。不过，在这种情况下，利润率指标、剩余收益指标和市净率指标等，确实会受到会计核算方法的影响。只有在企业的投资规模保持增长的前提下，不同的会计核算方法才会对利润和市盈率产生影响，并且，在这种情况下，即使不断增长的投资并不创造任何价值，也可以利用会计核算方法的选用来创造出企业的盈利增长和剩余收益增长。

尽管账面价值和利润都是同时受经济因素和会计因素影响的，本章向你确保，我们的权责发生制会计估值模型是可以用来对企业进行估值的。前提是对由于使用谨慎性会计处理方法所报告出来的增长，应当使用一个更高的贴现率，因为增长都是有风险的。此外，本章还重新讨论了去除权责发生制会计核算的影响，直接使用贴现现金流量分析技术来进行估值，并再次证明了利用现金收付制的会计信息所进行的估值，质量是没有保障的。

关键概念

会计增加值（accounting value added）：指（会计）利润超过股东权益的账面价值与必要报酬率之乘积的部分。与**经济增加值**（economic value added）相对。

谨慎性会计处理/稳健性会计处理（conservative accounting）：指在企业的资产负债表中，不高估资产、不低估负债的一种会计处理方式。

经济增加值（economic value added）：指投资所创造的价值超出了按必要报酬率计算的投资补偿之后的剩余。与**会计增加值**（accounting value added）相对。

秘密准备（hidden reserve）：指由于在过去采用稳健性会计处理而没有被确认的盈利。也可以说是由于企业采用了稳健性会计处理，而没有在资产负债表中确认的净资产金额。比如，后进先出法储备就是一种秘密准备。

自由会计处理（liberal accounting）：是指在资产负债表中会高估（相对高报一些）资产或低估负债的一种会计处理方式。与**谨慎性会计处理**（conservative accounting）相对。

秘密准备释放（liquidation of hidden reserve）：指过去按稳健性会计处理所计量的资产投资减慢时，所导致的利润增长。

中性会计（neutral accounting）或**正常会计**（normal accounting）：指能使会计报酬率等于投资必要报酬率的一种会计处理方式，在这种会计处理方式下，没有（经济）价值增值产生。

价值不变原则（value conservation principle）：根据价值不变原则，价值与处理账面价值所用的会计方法是无关的：不同的会计方法可能影响剩余收益的预测值，但由于它对账面价值的反向影响，所以对总价值是没有影响的。

分析师工具箱

分析工具	重要指标	应记住的缩写/简称
获利能力与会计方法分析	后进先出法清算利润	AOIG：超常增长的经营收益
增长潜力与会计方法分析	后进先出法储备	ATO：净经营性资产周转率
谨慎性会计处理的影响和自由会计处理的影响		CV：持续价值
后进先出法与先进先出法的关系		E/P：市盈率的倒数，盈利/价格比
后进先出法对企业获利能力的影响		FIFO：先进先出法
研发支出与获利能力的分析		LIFO：后进先出法
		NOA：净经营性资产
		OI：经营利润/经营性收益
		P/B：市净率
		P/E：市盈率
		PM：销售利润率
		PV：现值
		R&D：研究与开发活动
		RE：剩余收益
		ReOI：剩余经营性收益
		RNOA：净经营性资产报酬率
		ROCE：普通股权益报酬率

思考题

C17.1. 如果一家企业的净经营性资产报酬率高于它的经营活动必要报酬率，那么说明这家企业的投资活动是增值的，因此它的价值应当高于其账面价值。这种说法正确吗？

C17.2. 为什么说后进先出法和将研发支出费用化等会计处理属于谨慎性的会计政策呢？

C17.3. 请解释谨慎性会计处理方法（例如，将研发支出全部费用化处理）是如何对企业的内在市净率指标产生影响的？

C17.4. 在谨慎性会计处理方法下，企业的会计收益率会偏高还是偏低？

C17.5. 请解释谨慎性会计处理方法（例如，将研发支出全部费用化处理）是如何对企业的内在市盈率指标产生影响的？

C17.6. 管理咨询机构经常谈到"经济利润"或"经济增加值"指标，请问，这些指标的性质是什么？它们可以被直接观察到吗？

C17.7. 为什么说会计政策会影响剩余收益的计量，但利用剩余收益计算得到的企业价值却不一定会受到会计政策的影响？

C17.8. 假定有一家企业采用后进先出法对发出存货进行计价，那么，在存货成本上升时期，这家企业报告的销售利润率总是比其他条件相同，但采用先进先出法对发出存货计价企业的销售利润率低。请问这种说法正确吗？

C17.9. 相对于使用先进先出法对发出存货进行计价的企业来说，采用后进先出法的企业常常具有较低的存货周转率。这种说法正确吗？

C17.10. 如果预期未来的每股收益能够增长，那么企业的价值就会更高。这种说法总是正确的吗？

C17.11. 什么是"秘密准备"？"释放秘密准备"又是什么意思呢？

C17.12. 什么叫作达到了"稳定状态"？

C17.13. 在英国，企业可以对有形资产的价值进行重估，并确认价值增值，并且还可以将品牌价值也确认到资产负债表中。而在美国，这种会计做法是不允许的。请问，你认为在这两个国家中，哪一国企业的平均普通股权益报酬率会更高一些？

C17.14. 1999 年 1 月 29 日，《华尔街日报》报道"西尔斯百货公司正在向其他信用卡发行者学习，采用更为谨慎的会计处理方法。由于这种会计方法的采用，将在未来 5 个季度中使公司增大价值 2 亿美元的贷款损失"。请问，这项新的会计政策对公司未来的净经营性资产报酬率会有什么影响？

C17.15. 将研究与开发支出费用化处理所引起的会计信息质量问题与现金收付制会计所引起的会计信息质量问题相似。请解释这句话的含义。

练习题

基本练习

E17.1. 一个简单的示例，说明会计核算方法对价值的影响（简单）

假定你（在 0 时刻）将 100 美元用于投资，预期将在 1 年后收回 115 美元现金，你所要求的必要报酬率为 9%。请完成下列要求：

a. 使用贴现现金流量分析技术，计算你的投资在 0 时刻的价值是多少。

b. 使用剩余收益估值技术，计算你的投资在 0 时刻的价值是多少？

c. 假定根据你的会计师要求，有 20 美元在投资当时就必须进行费用化，因此 0 时刻投资的账面价值将只有 80 美元。请计算在这样的会计处理方法下，你的此项投资具有多少价值？

E17.2. 不同会计核算方法下的某项目估值（简单）

下面是某个两年期投资项目的相关信息，假定该项目的必要报酬率为每年 9%，表中数据单位均为百万美元。

对设备的初始投资	1 500
初始广告投资	700
总投资成本	2 200
第 1 年预期收入	1 540
第 2 年预期收入	1 540

上述全部收入均为现金收入，假定采用直线法对上述投资计算折旧。请完成下列问题：

a. 用贴现现金流量法为该项目进行估值，并计算该项目所创造的价值增值。

b. 假定该项目的全部投资成本都可以资本化报告在资产负债表中，采用剩余收益估值技术为该项目进行估值。同时，请计算该项目在每一期中的期望净经营性资产报酬率。

c. 假定第 1 年的折旧费用为 1300 百万美元，请重复上述"b"中的要求，并解释为什么答案会出现变化。投资项目的价值是如何发生变化的？

d. 仍然采用直线折旧法，但假定按照美国公认会计原则的要求，初始投资中所包含的广告费用在发生时即被确认为了费用，请重新对该项目进行估值。

e. 比较在对广告投资的不同会计处理方法下，该项目的市净率和远期市盈率有什么不同？

E17.3. 不同会计核算方法下对持续经营企业的估值（中等）

某企业主开发了一项商业计划，该计划要求的初始投资额为 22 亿美元，然后在今后每年再继续投入 22 亿美元。预计每笔投资能在今后两年内每年带来相当于投资额 70% 的销售收入。按照相关会计规定，这类投资需要在两年内使用直线法计算折旧。现在，这位企业经理找到了你，问你是否有兴趣加入此项投资业务中。假定你对这类投资所要求的必要报酬率为每年 9%。请完成下列要求：

a. 编制一份报表来辅导你的估值决策，并根据预计报表中的信息计算该项投资的价值。这项投资计划的市净率和远期市盈率各为多少？

b. 假定在与你的会计师进行了相关讨论之后，你发现美国公认会计原则要求对这类投资应将其投资额的20%在投资当年就立即费用化处理。请对你的预计报表进行修正,并说说你的估值结果会发生怎样的变化?

c. 假定在这项商业计划中,预计每年的投资额还会增长5%,请重复上述a和b中的要求,看看你的估值结果会发生怎样的变化。

应用分析

E17.4. 存货会计、市净率与市盈率:福特汽车公司(中等)

福特汽车公司对汽车部门的绝大部分存货都采用后进先出法进行会计核算,下面是该公司在1999年的财务报表附注中披露的后进先出法储备金额:

	1999年	1998年
后进先出法储备(亿美元)	11	12

根据报告,福特公司在1999年年末和1998年年末的股东权益总额分别为275.37亿美元和234.09亿美元,并在1999年实现利润72.37亿美元。该公司在1999年年末共有流通在外的股份数量12.1亿股,每股交易价格为53美元。此外,福特汽车公司适用的所得税税率为36%。请回答:

a. 如果福特汽车公司采用先进先出法来核算发出的存货的话,请问,该公司在1999年和1998年年末各自应当报告的股东权益为多少金额?

b. 如果福特汽车公司采用先进先出法的话,它在1999年的普通股权益报酬率将为多少?

c. 请比较在后进先出法下和先进先出法下,福特公司在1999年年末的市净率指标会有什么不同,并对两者的差异进行解释。

d. 请比较在后进先出法下和先进先出法下,福特公司的市盈率指标会有什么不同,并对两者的差异进行解释。

E17.5. 研发支出的会计处理与经济利润指标(中等)

很多管理咨询顾问都认为,将企业对研发活动的投资支出进行费用化处理会扭曲这家企业或企业管理层的业绩,因为如果这样做的话,企业投资研发活动的直接后果就是利润的下降。因此,这些管理咨询顾问都会对按照美国公认会计原则所报告的会计信息进行调整,将研发支出进行资本化处理,然后再将相关资本化的金额在这类支出能够创造的收入年限内进行摊销。

a. 下面是一家企业研发计划中2009~2014年的预计研发活动支出(报告单位为百万美元)。该项研发计划始于2008年,初始投资额100百万美元。此外,下面还给出了这家企业的预计净经营性资产(不包含研发支出所形成的净资产影响)规模。假定每1美元的研发支出预计能在未来5年内每年创造1.60美元的收入,预计除研发费用之外的其他费用为当年销售收入的80%。

	2008A	2009E	2010E	2011E	2012E	2013E	2014E
研发支出	100	100	100	100	100	100	100
净经营性资产	80	80	80	80	80	80	80

请根据上述资料,计算这家企业在2009~2014年这段时期中,根据美国公认会计原则将会报告的每一年预计经营利润、净经营性资产报酬率RNOA和剩余经营性收益(美国公认会计原则要求将研发支出全部费用化处理。)假定经营活动的必要报酬率为10%。

b. 假定将该企业的研发支出都进行资本化处理,并在支出后未来5年内平均摊销,请重新计算在各年中的净经营性资产报酬率RNOA和剩余经营性收益。

c. 比较上述两种会计方法下的净经营性资产报酬率和剩余经营性收益,解释为什么这些指标会出现差异。

d. 预计在上述两种会计处理方法下,企业在2015年的净经营性资产报酬率和剩余经营性收益,并说明为什么这两个预测值会出现差异。

e. 请计算在这两种不同的会计处理方法下,该公司在2008年年末的价值。这两个估值是一样的吗?为什么?

f. 如果你想只利用2011年以前的预测数据

来进行估值，请问，在这两种不同的会计核算方法下，你所面临的主要困难是什么？

E17.6. 折旧方法、获利能力与估值（困难）

一家创业企业在2009年开始一项投资计划，制造和销售一种在通信活动中使用的新型转换器。该项投资计划需要的初始厂房和设备投资额为600百万美元，然后在未来2013年之前的4年中，每年再增加投资100百万美元，并且以后每年都持续需要1000百万美元的投资。

这家企业的创始人希望公司能在2014年初期通过IPO公开上市，因此，他们特别希望企业到那时具有良好的获利能力。在向新聘任的首席财务官提供了股票期权奖励之后，该企业的创始人要求首席财务官编制一份企业的预计利润和投资报酬表。于是，市场经理向首席财务官提供了下列销售预测数据（单位为百万美元）。此外，经过市场经理和生产经理的共同估计，扣除折旧费用前的经营费用会占到企业销售收入的70%。

	2010E	2011E	2012E	2013E
销售收入	250	1 530	3 540	4 295
	2014E	2015E	2016E	
销售收入	4 305	4 410	4 500	

预计2016年后的销售收入水平将保持与2016年的情况相当。

这位首席财务官知道，由于预期技术进步的快速发展，这家企业的资产预计使用年限是非常不确定的，因此他打算将厂房和设备的预计使用年限估计为3年或者5年。于是，这位首席财务官编制了两套预计报表，其中一套报表中的厂房与设备投资是按3年使用直线法进行折旧的，而另一套报表则是按5年进行折旧的。要求：

a. 不考虑所得税的影响，请编制在这两种不同的折旧方案下，预计利润表和预计资产负债表中的经营活动部分。

b. 到2013年，即企业打算进行公开募资之前，哪套报表所报告的企业盈利能力更强一些？为什么？

c. 这位首席财务官想让企业管理层了解折旧方法对企业IPO时的内在价值是没有影响的，请帮助他进行相关的计算对此进行说明，计算时的贴现率请使用企业创始人对该项投资所要求的报酬率10%。

d. 尽管你拿出了相关的计算结果，但企业创始人还是相信如果企业能在IPO之前报告出更高的盈利，才能得到更高的定价。你应当如何回答他们呢？

e. 首席财务官向企业创始人指出，他们所拥有的股票期权都需要等到2018年以后才能开始行权，而不是在2014年企业IPO的时候。因此，这位首席财务官向企业创始人建议，大家应当关注企业在2018年时的预期利润情况。那么，要决定这两种折旧方案的优劣，我们应当注意什么问题？

E17.7. 自由现金流量与剩余经营性收益的质量：可口可乐公司（简单）

可口可乐公司曾经报告过一个被称为"经济利润"的数据，该数据的定义十分类似于本书中的剩余经营性收益。此外，在年度财务数据摘要信息部分，该公司还报告了自由现金流量的情况。下面给出了可口可乐公司在1992～1999年的相关数据（单位为百万美元），以及该公司所称的"总资本"（类似于我们的净经营性资产）和"总资产报酬率"（类似于净经营性资产收益率）信息。

	1992年	1993年	1994年	1995年
经济利润	1 300	1 549	1 896	2 291
自由现金流量	873	1 623	2 146	2 102
总资本	7 095	7 684	8 744	9 456
总资产报酬率	29.4%	31.2%	32.7%	34.9%
	1996年	1997年	1998年	1999年
经济利润	2 718	3 325	2 480	1 128
自由现金流量	2 413	3 533	1 876	2 332
总资本	10 669	11 186	13 552	15 740
总资产报酬率	36.7%	39.4%	30.2%	18.2%

a. 在绝大多数年份，经济利润和自由现金流量都非常接近，而且它们的增长模式也非常相似，请问这是为什么？

b. 根据这些历史信息，如果要对可口可乐公司进行估值，你觉得是使用贴现现金流量法好，还是使用剩余经营性收益法更好？

E17.8. 研发支出与估值（中等）

一家新制药企业拥有一项专利技术，它承诺将根据这项技术，在以后5年内每年支出3.5亿美元，以期能够开发出更多的产品。该计划目前将投入3.5亿美元到研发活动中，预计创造出10亿美元的收入，但在扣除了研发支出、生产与销售费用和相关税费之后，估计将发生损失1.5亿美元。不过，在未来5年中，通过此项研发活动所实现的收入预计将每年增长5亿美元，最后达到35亿美元的规模。在此之后，预计每年的销售收入将按5%的速度增长，而相关的研发活动支出也将每年增长5%，以支持未来销售的增长。生产和广告费用占销售收入的比重预计仍将与目前的水平保持相当。该企业所需要的净经营性资产投资额需要将净经营性资产周转率维持在1.4的水平上，而当前的净经营性资产规模为7.14亿美元。

a. 假定经营活动的必要报酬率为10%，请为这家企业进行估值。

b. 假定我们将利用这家企业在未来3年内的预计利润情况来进行估值，请问这样的估值质量如何？

c. 计算未来5年内，每年的预计研发支出占销售收入的比重。请解释为什么说这个指标能说明未来预计利润的质量？

E17.9. 预计剩余经营性收益与自由现金流量的质量（中等）

一家在2012年刚刚创业的公司对厂房与设备投资了400百万美元，预计今后每年还将再增加40百万美元的投资，且没有明确的终止日。公司对此类投资按直线法在两年内进行折旧。根据预计，这项投资能在未来5年内为公司创造如下收入（单位为百万美元）。

	2012A	2013E	2014E
销售收入		240	484
投资总额	400	440	480
	2015E	2016E	2017E
销售收入	530	576	622
投资总额	520	560	600

要求：

a. 编制一份表格，列出该公司此项投资计划在2013～2017年各年中的预计经营利润、净经营性资产报酬率（RNOA）、剩余经营性收益和净经营性资产，假定折旧费用为此项投资计划的唯一的经营费用项目，假定该公司对此类投资活动要求的报酬率为10%。请用剩余经营性收益估值模型计算这家企业的价值。

b. 预计这家企业在2013～2017年的自由现金流量分布情况。请问，你认为预计自由现金流量是一个好的估值基础吗？在你的表格中，预计自由现金流量与预计剩余经营性收益的变化模式有什么不一样？

迷你案例

M17.1 广告营销、低质量会计信息与估值：电子交易公司

新企业的创立是需要时间的，这对20世纪90年代后期的新兴互联网公司来说也不例外。由于对未来能够实现巨额盈利的预期，互联网门户企业和电子商务企业的股票市销率都非常高，但实际上，大部分这类企业从销售收入中留下的都只是亏损。

这类企业在对媒体的解释中都坚持说，它们的"商业模式"决定了它们在实现未来盈利之前都必然会经历巨额的亏损，因为在前期对基础设施所进行的投资是必需的。比如，要建立客户基础和确立品牌地位，就注定了企业在广告投放和促销支出方面会花费大量的金钱。因此，这类企业劝说它们的投资者，请不要过多考虑利润，而应当关注它们实现收入的能力。相应地，市价–销售收入比率（即市销率）就变成了投资者在评价这类企业时常用的一个乘数指标，而在评价市销率是否合理时，分析人员还会参考诸如"点击率"和"浏览量"（对互联

网企业来说）这样的其他指标。

互联网企业家认为，企业所报告的损失绝不能代表这种商业模式的价值，他们说，企业目前不得不采用美国公认会计原则进行会计报告，但按这样的标准所报告出来的东西质量是很差的。不过很显然，投资者必须想清楚，这些企业最终是否会开始盈利，并且利润的规模是否能够支撑住目前的股价高位呢？此时，投资者就需要寻求财务分析的实质性帮助，而不能只依靠粗糙的像"点击率"这样的指标来进行评价了。

在线交易公司

1999年，选择通过互联网在线进行股票交易的投资者突然出现了迅速增长。电子交易公司（E*Trade）、宏达证券（TD Waterhouse）、国家折扣经纪公司（National Discount Broker）及其他在线交易企业与传统的折扣经纪商嘉信理财（Charles Schwab）之间展开了市场份额的抢夺战。1999年下半年，传统的经纪商摩根士丹利添惠公司（Morgan Stanley Dean Witter）也开始通过它的"发现"（Discover）业务提供股票的在线交易，进入到这场市场份额争夺战中，平均每次交易收取佣金29.95美元。

下面列出了部分提供在线交易服务的企业在1999年9月时的一些数据，其中，利润和销售收入都是截至1999年6月30日的12个月滚动数（M表示百万美元，B表示十亿美元）。

	销售收入	每股收益	市场价值	市盈率	市净率	市销率
电子交易公司	464M	-0.23	5.75B	—	5.5	12.4
宏达证券	896M	0.25	5.13B	47	2.6	5.7
国家折扣经纪公司	250M	1.28	458.6M	20	2.6	1.8
美国交易公司	274M	0.15	3.28B	119	9.2	12.0
嘉信理财公司	3.361B	4.11	27.6B	56	14.4	8.2

上述企业在1999年秋季开始了广告营销大战。在这个行业中，市场份额被称为"发言权份额"。这个行业的客户都是黏性比较大的，甚至有人说：客户总是喜欢跟他原来的经纪人打交道，因此，要吸引客户（要通过树立品牌来吸引客户），这是证券交易公司能否取得最终成功的关键因素。

远在在线交易出现之前，嘉信理财公司的折扣经纪业务份额较大，在网上拥有的舆论份额为25%。但在1999年年初，电子交易公司通过在《甜心俏佳人》（Ally McBeal）、《急症室》（E.R.）等电视剧黄金时段和"超级碗"（Super Bowl）直播时段投放大量广告而取得了巨大的成功，使该公司的市场份额上升到了14%。于是，其他公司纷纷开始了仿效。据传，截至1999年年末，这些企业在18个月中一共投放了总值约为15亿美元的广告⊖，这一金额相当于可口可乐公司一年的广告支出预算额度。

尽管估计值各有不同，但行业分析师普遍认为，在完全竞争的在线交易市场中，要吸引一位新客户签约，大约需要400~500美元的广告支出，而要维持品牌的价值并留住这位客户，还需要再重复大约100美元的广告支出。

电子交易公司

电子交易公司是首批提供在线交易业务，并向嘉信理财公司和其他传统经纪商提出挑战的企业之一。在截至1999年9月30日的这个财务年度中，电子交易公司在销售推广方面花费了32 200万美元，使公司交易开户数从100万户增长为155万户，实现年销售收入65 700万美元。如果根据它在2000财务年度第一季度的营销费用来进行推算的话，该公司的年度广告费用预算为54 000万美元。

表17-15列出了电子交易业务的运营方——电子交易公司在截至1999年9月这个财

⊖ 出自Joseph Kahn的文章《媒体经营：广告：在线经纪公司的战争》（见1999年10月4日，《纽约时报》C1版）。

务年度中的财务报表汇总数据。根据这些资料，请回答下列问题：

a. 为什么新成立的创业企业所报告的利润数据会被认为是"低质量"的信息呢？

b. 为什么投资者在使用市销率这个指标时必须非常小心？为什么投资者对点击率和网站浏览量等数据需要保持谨慎怀疑的态度？

c. 根据本案例中提供的市场营销信息，对电子交易公司的商业模式进行分析。

d. 电子交易公司的股票在1999年9月末时的交易价格为每股25美元，按此价格计算的市销率为10.5。根据你在上述"c"部分中的分析，你认为该公司在当时的股票定价是合理的吗？

e. 你认为电子交易公司还可以采取那些战略来创造价值增值？

f. 截至2000年年初，提供在线交易的经纪公司数量已经突破了140家，竞争愈演愈烈。有人说，为解决供过于求的市场状况，这个行业已经开始出现了并购机会。请问，你认为电子交易公司应当考虑通过企业并购来保持它目前的领导地位，并且更有效率地与嘉信理财公司展开竞争吗？在本案例所提供的第一份表格中，所列出大型在线交易企业的每一位客户账户的市值大约为3000美元。

表 17-15　电子交易公司 1999 财务年度汇总财务报表

电子交易公司合并资产负债表
（除每股金额外，单位均为千美元）

	9月30日	
	1999年	1998年
资产		
现金及现金等价物	124 801	71 317
根据联邦法律或其他监管规定需要单独列报的现金及现金等价物	104 500	7 400
应收经纪款（净值）	2 912 581	1 365 247
抵押债券投资	1 426 053	1 012 163
应收贷款（净值）	2 154 509	904 854
投资	830 329	812 093
不动产与设备	178 854	54 805
商誉与其他无形资产	17 211	19 672
其他资产	159 386	101 372
资产总计	7 908 224	4 348 923
负债与股东权益		
负债		
应付经纪款	2 824 212	1 244 513
吸收银行存款	2 162 682	1 209 470
向支行借款	1 267 474	876 935
应付次级票据	0	29 855
应付账款、应计费用与其他负债	203 971	101 920
负债合计	6 458 339	3 462 693
公司可强制赎回优先证券	30 584	38 385
股东权益		
（1999年流通在外的股份数量为27 500万股）	1 419 301	847 845
负债与股东权益总计	7 908 224	4 348 923

(续)

合并利润表

（除每股金额外，单位均为千美元）

	以 9 月 30 日为年度截止日	
	1999 年	1998 年
收入		
交易收入	355 830	162 097
利息收入	368 053	185 804
全球与其他机构收入	110 959	95 829
其他收入	40 543	28 163
收入合计	875 385	471 893
利息费用	（215 452）	（120 334）
贷款损失准备	（2 783）	（905）
收入净额	657 150	350 654
服务成本	292 910	145 018
经营费用		
市场营销费用	321 620	124 408
技术开发费用	76 878	33 926
日常管理费用	102 138	50 067
并购相关支出	7 174	1 167
经营费用合计	507 810	209 568
服务成本与经营费用总额	800 720	354 586
经营利润（损失）	（143 570）	（3 932）
非经营性收益（费用）		
公司利息收益（净值）	19 639	11 036
处置投资利得	54 093	0
按权益法确认的投资收益（损失）	（8 838）	531
其他	（71）	（1 098）
非经营性收益合计	64 823	10 469
税前利润（损失）	（78 747）	6 537
所得税费用（收益）	（31 306）	1 873
少数股东本期收益	2 197	1 362
扣除会计变更与非正常损失累计影响前的利润（损失）	（49 638）	3 302
会计变更的累计影响（税后净值）	（469）	0
提前偿还次级债务的非常损失（税后净值）	（1 985）	0
净利润（损失）	（52 092）	3 302
优先股股利	222	2 352
可供普通股股东享有的利润（损失）	（52 314）	950
扣除会计变更和非常损失前的每股收益（损失）：		
基本每股收益	（0.19）	0.00
稀释每股收益	（0.19）	0.00
每股收益：		
基本每股收益	（0.20）	0.00
稀释每股收益	（0.20）	0.00

第 18 章 分析财务报表的质量

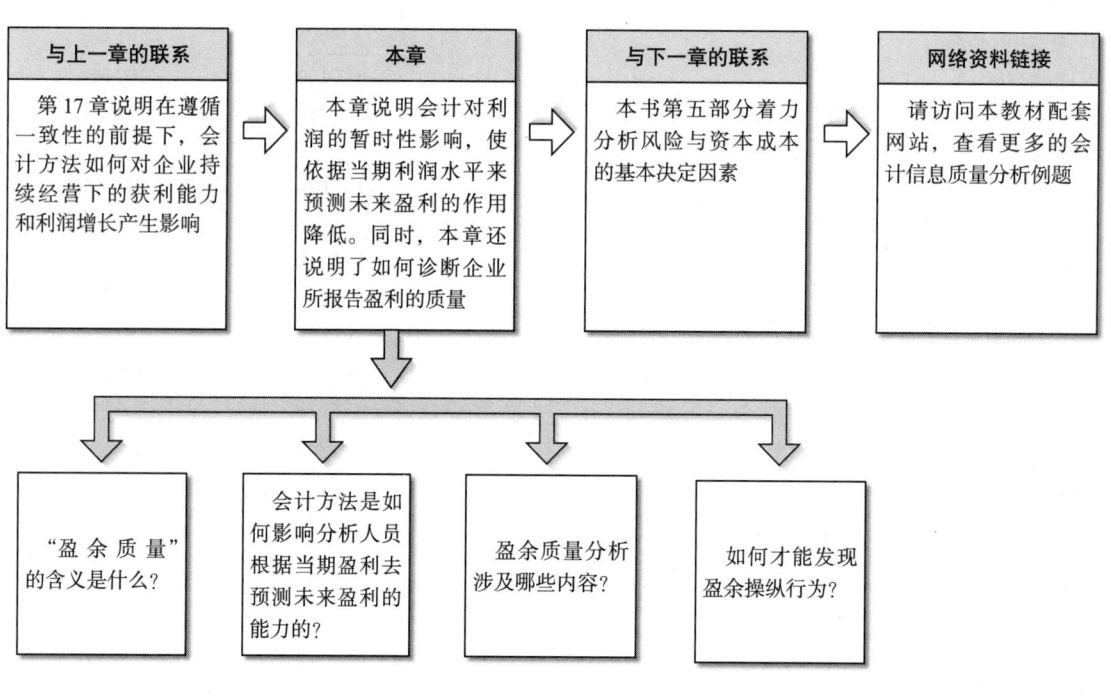

分析师备忘录

学习目标

学习完本章内容后,你应当理解:

- 会计政策和会计估值如何影响企业盈利的持续性;
- "盈余质量"的含义;
- 管理层在操纵利润时可使用的会计手段;
- 企业如何择时安排交易,以便能够对利润产生影响;
- 披露质量的含义;
- 很可能存在会计操纵的情形类别;
- 为什么净经营性资产的变动是质量分析的关键;
- 怎样开发相关诊断方法,用以发现财务报表中的操纵行为;
- 质量评分的工作原理。

学习能力

完成本章的学习任务后,你应当能够:

- 对一套财务报表进行完整的会计信息质量分析;
- 辨别财务报表中很可能存在操纵行为的敏

感情形；
- 掌握一套诊断指标，并能应用这些指标对财务报表中的会计信息质量进行提问；
- 将会计信息质量分析、财务报表分析与本书稍前部分介绍过的红旗警示分析相结合，对企业盈利的持续性进行评价；
- 对会计信息进行质量评分。

基本面分析师非常重视企业的财务报表。他们会依据财务报表信息去验证市场定价的合理性；他们会通过研究企业的财务报表，找出价值驱动因素，并应用于预测；此外，他们还会根据企业当前的财务报表信息去进行全面的预计分析。因此，对基本面分析师来说，他们必须确保财务报表信息的质量过关，否则，上述工作的基础就会是不可靠的。

有些分析人员特别擅长诊断企业财务报告中的会计信息质量问题，这些信息质量分析人员会就会计信息是否能够完整地代表编报企业的潜在业绩而向他们的客户提供建议，这其中，有些客户本身甚至也是擅长其他方面的分析人员。通过特意地选用或者操纵某些会计方法，是可以对一家企业进行财务"包装"，从而使编报企业的情况看起来更好看一些。而会计信息质量分析人员的工作就是要去除掉这些包装，并就不明晰的信息发出警告。本章将向你介绍如何进行会计信息质量分析。

分析人员所发出的会计信息质量警告和美国证券交易委员会所发布的调查公告往往都是新闻头条，导致相关股票价格的急速下跌。由于股票分析人员需要尽量避免此类突发事件的影响，因此，如果能够提前感知企业的会计信息出了问题，那么就将获得非常大的优势。

在2001年爆发的股票市场泡沫当中，很多公司都出现了会计信息质量问题。对一些企业来说，由于需要报告盈利的压力非常大，使得它们不得不通过采取各种会计"手段"来实现利润的增长。但是，这类会计方法所创造出的增长表象只具有短期效应，当泡沫破裂时，像施乐公司、安然公司、泰科电子、朗讯科技公司、世通公司、百时美施贵宝公司（Bristol-Myers Squibb）、奎斯特公司、卡卡圈坊公司（Krispy Kreme）和皇家阿霍得公司（Royal Ahold）等，都发现它们的会计出了问题，并且，对大部分这样的企业来说，其股票价格都受到了灾难性的影响。再看近一些的情况，在房地产价格泡沫时期，由于在资产负债表中按"公允价值"报告抵押资产，银行的报表质量问题也开始出现在我们的面前。

18.1 什么是会计信息质量

由于我们的最终目的是为了估值，因此，会对企业未来的盈利水平特别关心；事实上，在本书所有关注的问题中，"购买未来盈利"一直是我们所遵循的投资者信条。我们利用企业当前的盈利信息和全部财务报表来帮助我们对企业的未来盈利水平进行预测。不过，如果当前的财务报表质量不好，就会误导我们的预测工作。因此，如果当期盈利不能很好地预示未来的盈利水平，投资者就会认为这样的**盈余质量**（earnings quality）是糟糕的。举例来说，如果在企业所报告的利润中，包含了偶然的，或者非经常性的项目，那么分析人员就会认为这样的盈余质量是不好的，因此，在分析和预测工作中就应当去选用质量更好的数据——例如核心盈利信息，我们在第13章中就是这样做的。不过，如果企业运用会计手段降低了核心盈利对企业未来盈利的预测能力，那么，核心盈利指标的信息质量也是堪忧的。所以举例来说，如果一家企业故意低估它的坏账损失、产品质量保证金负债、预收收入或者折旧费用，那么，它就可以报告出更高一些的利润，但同时也意味着这家企业将来的利润水平被降低了。因此，在核心盈利分析中，我们增加了会计信息质量分析部分，重点关注利润生成过程中的信息质量问题。

由于**会计信息反转特性**（reversal property of accounting）（即通过会计手段创造出的利润在将来总是会反转回来），会计信息的质量分析就会显得特别重要。因为，如果企业在当期估计的坏账费用特别低（相应地，当期利润就被高估了），那么未来的坏账费用就会特别高（相应地，未来利润就会降低）；如果当期计提的折旧费用特别少，那么未来的折旧费用就会很高，或者企业在未来就需要计提资产减值损失，再或者在将来处置这些资产时，企业将不得不报告损失。如我们在第13章中看到的那样，如果企业在当期报告了过高的重组支出，那么在将来这些多报的支出还可以再转回，增加将来的利润。实际上，正是会计信息的这种反转特性决定了盈利的质量：质量良好的盈利信息，是那些在将来不会发生反转的盈利信息。

如果我们判断企业当期的盈利质量较差，那么就可以相应地对预测值进行适当的调整，以对未来的盈利反转做出反应。反过来，如果未能对盈利质量做出正确的判断，那么，在低质量的会计信息基础上，必然只能得到低质量的预测值和低质量的估值结果。不能发现低质量的会计信息，将使投资者暴露于投资"鱼雷"面前，面临股票价格急速下跌的风险——不仅仅在分析人员或者执法机构揭露相关会计舞弊的时候，更有可能在企业将来报告反转过后的惊人盈利信息时。

一般情况下，我们将企业的盈利操纵行为（礼貌地）称之为**盈余管理**（earnings management），并将其中虚增当期盈利的操纵行为称之为**借取未来利润**（borrowing income from the future）。借取未来利润总是通过增加销售收入或者减少当期费用来实现的，但这种操纵手段对未来会带来反转影响。此外，利润操纵的方向也不一定总是向上的，我们将低报当期经营利润的操纵手段称为**储蓄**（saving）或者**储备未来利润**（banking income for the future）。储备未来利润的手段要么表现为低报当期收入，要么表现为虚增当期的费用，同样地，这样的操纵手段对未来是会带来反转影响的。借取未来利润的动机非常明显：管理层希望企业目前的盈利能力看起来能比实际的情况更好一些；而储备未来利润则可能发生在企业管理层的奖酬与企业未来利润水平挂钩的时候。**"洗大澡"会计处理**（big-bath accounting）就是储备未来利润的一种极端方式：新上任的管理层会通过计提大量的费用，低报企业当期的盈利水平（或者进一步恶化亏损程度），并将原因归因于它的上一任管理层；然后在将来的会计期间里，再来报告较高的盈利，使自己得到奖酬。

由于利润的跨期报告特点，使得利润操纵不仅影响当年企业的盈余质量，而且当企业采用了"借取未来利润"或者"储备未来利润"的操纵手段时，未来期间的盈利质量也会受到影响。有人说，在20世纪90年代中，很多企业都由于大量发生的重组活动而报告了过高的重组支出，使得这些企业在90年代后期都报告了较高的利润。市场对当时企业的高额盈利水平兴奋不已，于是对这些企业的股票给出了很高的估值倍数。但实际上，在这种高水平的盈利中，有一部分只是由于企业在前期计提的重组支出过多，于是产生回流所造成的。

请注意，不要将本章的会计问题与第17章的混淆了。在第17章中，我们所讨论的是在持续经营假定下，应用一致的会计方法，比如，对研发支出和广告费用，总是费用化处理；或者总是采用加速折旧方法；或者总是采用后进先出法进行发出存货的计价等。如果一直坚持使用这些谨慎性会计处理方法，就会一直产生较高的会计收益率和盈利增长率；而如果一直坚持使用自由的会计处理方法，则会产生相反的影响。但在本章中，我们讨论的是暂时性的会计影响，正是由于这种影响的存在，使当期收益对未来盈利水平的预示作用降低了。如果有一家企业总是高估它的坏账损失（因此总是"谨慎的"），那么它会一直报告较高的净经营性资产报酬率。但是，如果这家企业只是通过暂时地高估或者低估它的坏账损失估计值来影响当期的企业盈利，那么，利用它当期的净经营性资产报酬率去预测未来的盈利水平，可靠性就会大幅度降低。相应地，我们用"**激进会计**"（aggressive accounting，区别于"自由会计"）这个术语来描述暂时提高盈利的利润操纵手法，而用"洗大澡"（区别于"谨慎性会计"）这个术语来描述暂时低报盈利的利润操纵手法。不过，当企业的利润水平出现了大幅度下滑时，人们也常常习惯说这是"洗大澡"。

18.1.1 会计信息质量观察

显然，我们在本书中所讨论的绝大部分话题都涉及盈利质量分析。例如，若能识别隐蔽费用（第9章），必然能提高盈利的质量；再比如，区分经营活动项目和金融活动项目（第10章）的不同影响，能帮助我们将经营利润从净利润中分离出来，因为经营利润与预测更加相关，对估值的影响也更为重要；在第13章的财务报表分析中，更是要求我们要排除经营利润中所包含非经常性项目的影响，直达可持续的核心经营利润和核心利润率，后者在预测未来方面显然具有更高的质量标准。此外，在第16章中，我们还专门介绍了一些会计信息质量的红旗警示指标。

为了进行盈利质量分析，我们在本书中还专门开设了"会计信息质量观察"栏目，用来总结相关的会计信息质量问题。通过学习第9章中的阅读材料9-6、第10章中的阅读材料10-8、第11章中的阅读材料11-4和第13章中的阅读材料13-11，你能对会计信息质量问题有更深入的了解。

但是，要完成盈利质量分析，我们还需要继续深入另一个问题。核心经营利润及其各个影响因素都会受不同的会计核算方法影响，因此，我们还必须对核心经营利润的质量进行分析，了解会计核算方法的影响。这就是所谓的会计信息质量问题。

18.1.2 关于会计信息质量的五个问题

在分析会计信息质量时，分析人员需要回答下面这五个问题。

（1）**美国公认会计原则的质量**（GAAP quality）：美国公认会计原则本身是有缺陷的吗？如果我们利用按照美国公认会计原则编制的会计报表来进行预测，而美国公认会计原则又未能抓住与企业价值相关的全部信息，那么，最后的估值结果就会是有缺陷的。在第9章中我们已经看到，美国公认会计原则未能全面地反映出股份支付的费用；而在第13章中我们也看到，按照美国公认会计原则所报告的盈利中包含了股票市场的泡沫收益。

（2）**审计质量**（audit quality）：编报企业是否违反了美国公认会计原则的要求，或者，实施了财务舞弊？就算美国公认会计原则本身不存在缺陷，企业也完全可能不遵照美国公认会计原则来编制其会计报表。比如，在没有取得客户付款承诺的情况下就确认应收账款；或者，不按要求确认相关费用或负债；再或者，使用了未经美国公认会计原则许可的会计核算方法等。要判断是否存在上面这些问题，我们必须要非常了解和熟悉编报企业的经营活动。审计质量是由企业的审计师和董事会下属的审计委员会来负责的，美国证券交易委员会（SEC）和公众公司会计监督委员会（PCAOB）也对企业的审计质量负有执法责任。在一般情况下，分析人员是可以依赖审计结果的，不过，也需要对审计失败的可能性和审计师由于利益冲突的原因而在某些灰色领域为企业管理层大开方便之门这种可能性保持警惕。此外，关于审计质量，在美国还存在一个问题：审计师所遵循的美国公认会计原则可能会出现形式重于实质（我们在将来会看到）的情况，而不完全是"真实而公允"地表达企业的经济状况。

（3）**美国公认会计原则的应用质量**（GAPP application quality）：企业是否有利用美国公认会计原则允许的会计处理方法来操纵财务报告呢？美国公认会计原则对企业可使用的会计方法进行了一定的限制，但在某些情况下，也仍然允许企业在不同的会计方法之间进行选择。于是，这种会计政策的选择权就像是财务操纵的通行证一样，企业可以根据自己希望实现的财务效果来选择会计方法，而审计师也不会对此进行干涉。在涉及会计估计应用时——例如，坏账水平的估计、固定资产有效使用年限的估计、产品保修责任的估计、养老金成本的估计和重组支出的估计等，这种情况会显得特别突出。所以，企业管理层不仅管理着企业，实际上他们还管理着企业的利润。

（4）**交易质量**（transaction quality）：企业是否通过业务操控来配合会计报告？即使是一家完全遵循美国公认会计原则进行编报的企业，也可能根据会计需要来安排交易，从而实现想要的结果。虽然这种业务操纵并不涉及会计违规，但它确实利用了会计的特点。通常情况下，业务操纵的形式有以下两种。

a. **安排交易时间**（transaction timing）：通过控制交易时间来影响损益报告。这种情况既可能涉及**收入确认时间**（revenue timing），也可能涉及**费用支出时间**（expenditure time）。操纵收入确认时间，有时也被称为**填塞分销渠道**（channel stuffing），即根据收入确认规则来安排交易的时间。根据美国公认会计原则，在通常情况下，企业应当在将商品或者服务已经提供给客户之后才确认销售收入。于是，一些企业就可能会在会计截止期末以前大量发货，以增加当期的利润；或者延迟发货，以便将相关收益递延到下一会计期间再来予以确认。而操控费用支出时间则是指企业为了操纵利润，直接控制与当期利润相关的费用发生情况，例如，为增大本期收益，可将本期的研究与开发费用或者广告支出推迟到下一会计期间再予以确认；或者，为了降低本期利润，也可能将下一期间的这些费用提前到本期来予以确认。

b. **安排交易结构**（transaction structuring）：通过交易结构的安排，使得交易的形式与实质出现不一致。例如，为了能按某种会计方法进行处理，故意将交易形式安排成某种样子，但如果深入调查，就可以发现其实交易的实质与其形式是不相符合的。

（5）**披露质量**（disclosure quality）：在对企业经营情况进行分析时，有足够的披露信息可以利用吗？在企业的财务报表、报表附注和管理层讨论与分析部分，都可以找到相关披露信息；此外，在分析人员见面会中，企业管理层也会发布一些额外的评论信息。良好的信息披露有助于我们的财务报表分析工作，帮助我们理解企业的经营情况，并了解这些情况在企业的财务报表中是如何反映的。对估值来说，以下四类信息披露尤其重要：

a. 有助于我们对财务报表中的经营项目和金融项目进行区分的信息；

b. 有助于我们区分企业的核心经营获利能力与非经营性项目获利能力的信息；

c. 能够揭示企业核心获利能力影响因素的相关信息；

d. 对企业所采用的会计核算方法进行解释说明的相关信息，分析人员可以利用这些信息来判断企业应用美国公认会计原则的质量。

如果信息披露不够充分，就难以找出企业当期核心经营利润的有效度量，从而使预测产生困难；因此，如果信息披露的质量无法得到保障，估值的结果也难以质量良好。

要确保会计信息的质量，就必须同时回答上述五个方面的问题。其中，美国公认会计原则的质量（问题1）在本书中已经多次提到，尤其是在第2章、第9章和第13章中，但审计质量（问题2）则与审计准则相关，因此我们将这个问题留待审计教材来进行解释。在本章中，我们将讨论企业在应用美国公认会计原则时的盈利操纵（问题3）和交易时间与交易结构的安排（问题4），不过，我们也会多次提及披露质量（问题5）话题，因为如果信息披露的质量不能得到保证，就难以得出令人信服的分析结果。

18.2 直达会计的核心：找出虚增的盈利

利用会计政策或者会计估计来进行的利润操纵行为通常都是有迹可循的，因为根据会计复式记账原理，利润表和资产负债表之间是互相有关联的。举例来说，如果企业的收入增加，往往意味着应收账款项目（一项资产）也应该增大或者预收账款项目（一项负债）应当减少；而如果企业故意低报某项费用，则意味着相关预付费用项目（一项资产）将会被高估，或者相关应计费用项目（一项负债）就会被低估。因此，观察资产负债表项目的变动情况，就可以找到分析线索。从估值的角度来看，我们最关心企业的经营利润以及与之相对应的净经营性资产规模，因此，净经营性资产的变动额就应当是我们关注的重点。

图18-1说明了对会计数字进行利润操纵所可能产生的影响。在图中，我们考虑了在企业的净经营性资产水平保持不变和保持增长这两种情况下，企业的自由现金流量、净经营性资产（NOA）、经营利润和净经营性资产报酬率（RNOA）的分布情况；然后，再分别区分在每种情况下，进行利润操纵和不进行利润操纵条件下的会计数据。其中，情形A表示企业的净经营性资产水平保持不变，且该企业未进行任何增大盈利的利润操纵行为。此时，该企业每年的净经营性资产规模都是100，而每年的自由现金流量和经营利润均为12，由于净经营性资产总是保持固定的水平，因此企业的净经营性资产报酬率RNOA也稳定为每年12%保持不变。在情形B中，企业管理层决定将当期（即第0年）的经营利润增大10，即增加为22。但要想在做到这一点的同时还不影响资产负债表是完全不可能的：这家企业的净经营性资产也必然会增加10，即上升到110的水平。该利润操纵的结果，导致企业在第0年的净经营性资产报酬率RNOA变成了22%。如果分析人员不够谨慎，对此没有加以注意的话，就会将这个净经营性资产报酬率水平当成是企业未来盈利能力的基础。然而实际上，这家企业的经营利润在第1年将会下降为2，而相应地，这一年的净经营性资产报酬率就只有1.82%了。

从刚才这个例子中，你已经看到了被操纵的盈利增长和其后的转回：在第0年多计10的利润，则意味着第1年的利润就将减少10。会计并不能改变一段时期内各年的利润总和，它只能在不同的报告期之间"转移"利润。不过，从这个例子中你也可以看到，增大利润后，第0年的净经营性资产规模也增加了，这就是利润操纵所留下的痕迹。

但是，分析人员还是会有问题，因为随着企业经营规模的正常增长，净经营性资产也是会增长的。在图18-1中，情形C，即净经营性资产规模保持增长且没有进行利润操纵时，企业的净经营性资产就是每年都增长5%，自由现金流量和经营利润也同步增长。不过，此时企业的净经营性资产报酬率仍然保持为12%。在情形D中，我们引入了利润操纵行为，使第0年的经营利润增加了10，在这种情况下，企业当年的净经营性资产报酬率就变为21.52%。但是，经营状况在后续时期中出现的反转是非常明显的，到第1年，企业的经营利润下降为3.23，而净经营性资产报酬率也只有2.69%了。与情形B相比，唯一的区别是损益反转的程度减缓了；

事实上,对那些进行夸大利润的盈利操纵管理人员来说,他们就常常希望企业将来的增长能够掩饰损益的反转,从而使企业的情况看起来不至于太糟糕。

图18-1告诉我们两点内容。首先,净经营性资产的变动(即利润操纵所留下的痕迹)应当是我们进行会计信息质量分析的关注重点。其次,由于存在正常的企业增长,分析任务将变得更加复杂,因此在针对企业净经营性资产的异常变动时,还需要排除企业正常的规模增长影响。

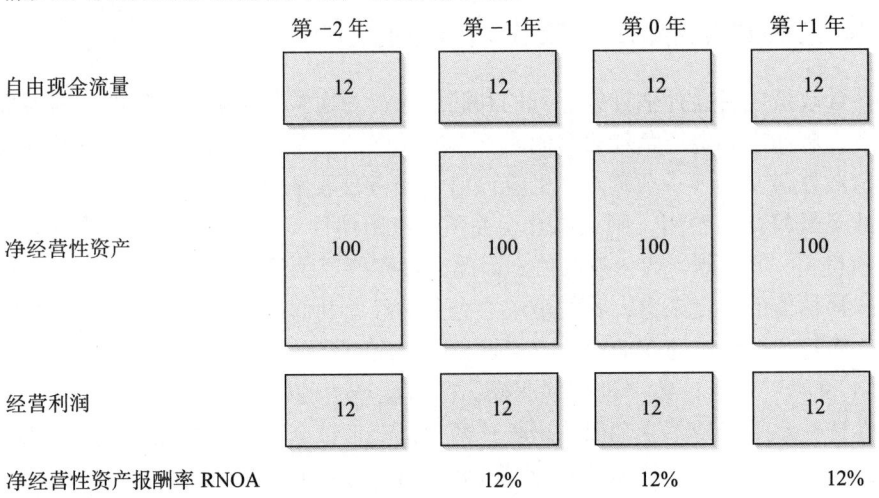

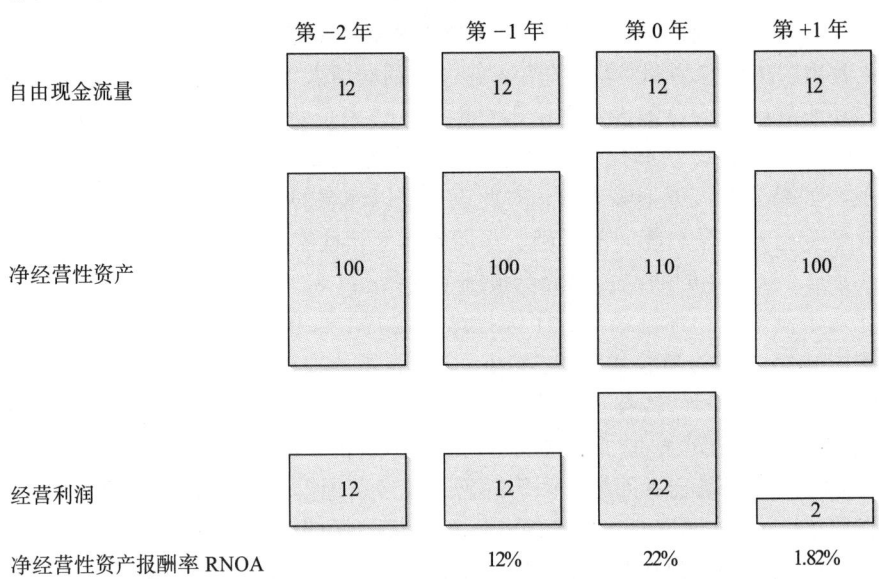

图18-1 会计数字操纵在资产负债表中所留下的痕迹:四种不同的情形

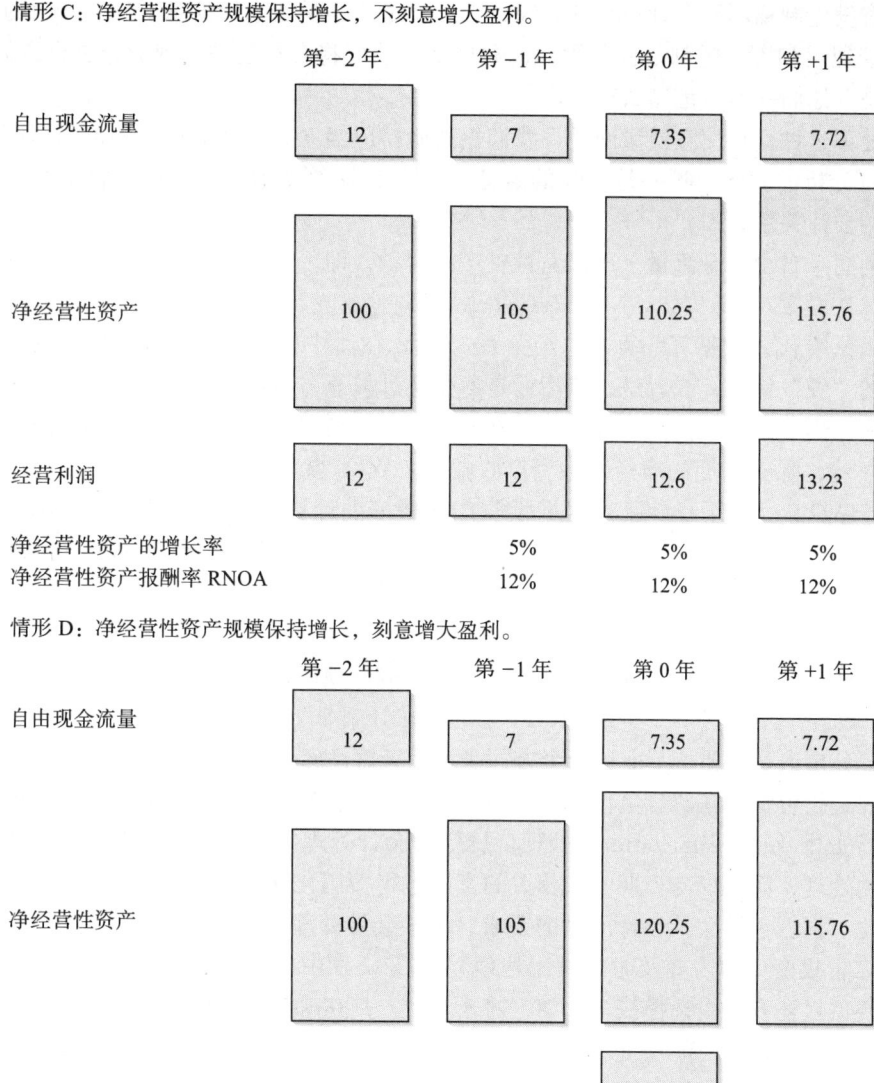

图 18-1（续）

18.2.1 区分已知的信息和推测的信息

从第 1 章开始，我们就在分析人员应当遵守的信条中提出应当对我们已知的信息和推测的信息进行区分。我们认为，财务报表信息是"硬"信息（即我们确知的信息），相对来说，受人们主观猜测的影响较少。但实际上，财务报表离不开会计估计，而只要是会计估计，就会涉及主观的判断。虽然根据会计学的可靠性原则，会计估计必须以确定的证据为基础，但估计终究是估计。在会计中，存在着这样一种矛盾：为了弥补现金收付制的不足，我们引入了权责发生制,而权责发生制离不开会计估计和判断,因此,最终还是使会计信息增加了主观的成分。如果企业的管理层和审计师都是公正无偏的,那么,他们将会对这种主观成分进行限制和约束,但不幸的是,他们并不总是那么靠得住的。

为了处理这种会计信息质量问题,我们仍然坚持应当区分已知的信息和推测的信息。在刚刚开始进行分析的时候,哪些是已知的信息呢?图18-1简要地应用了我们自第8章以后已经非常熟悉的会计关系式:

经营利润 = 自由现金流量 + 净经营性资产的变动,即

$$OI=C-I+\Delta NOA \tag{18-1}$$

你可以试着代入数据算一算,这个关系式在图18-1中始终存在。自由现金流量是相对比较靠得住的"硬"信息,或者说,该指标是不受会计核算方法影响的,这一点从图中的数据也可以看出来。影响经营利润的"软"信息在于净经营性资产变动额 ΔNOA。如果净经营性资产增加更多一些,那么当期的净经营性资产收益率 $RNOA_0$ 就可以更高一些,但升高后的当期净经营性资产 NOA_0 又是下一年度净经营性资产报酬率的计算基础:$RNOA_1=OI_1/NOA_0$。所以相应地,如果当期的净经营性资产 NOA_0 规模增大了,那么下一期的净经营性资产报酬率 $RNOA_1$ 就会下降。

另一个会计关系式能够带给我们更多的帮助:

净经营性资产的变动额 = 现金投资额 + 经营性应计项目,即

$$\Delta NOA=I+ 经营性应计项目 \tag{18-2}$$

因此,分析人员需要从下面这两个方面来着手考察净经营性资产的变动。

(1)现金投资情况在资产负债表中的记录合理吗?在资产负债表中记录投资有时也被称为将支出进行资本化(capitalization)处理。良好的会计处理要求我们将与未来收入相关的支出进行资本化处理,而将仅与当期收入相关的支出进行费用化处理。这样,收入与费用才能很好地进行配比。根据美国公认会计原则的要求,某些会计处理是不符合配比原则的(比如,对研发支出和广告投资,都需要及时费用化处理),在第2章中曾经讨论过这些问题。此外,企业对其他一些项目还有自由选择权。比如,对不动产、厂房和设备的投资,是记录在资产负债表中的(这是正确的会计处理),但如果企业将定期的固定资产维护与修理费也进行资本化处理,确认在资产负债表中,就可以增大当期利润;同时,由于将来的折旧费用也增加了,那么将来的盈利水平就会降低。如果企业确认过高的预付费用,分配过多的成本给存货项目,将产品促销费用或者发展客户的费用也进行资本化处理,那么也会产生类似的效果。

(2)应计项目合理吗?在企业的报表中,有很多应计项目,比如,坏账准备、估计销售退回、预收收入、产品质量保证金、应计费用、养老金负债等。这些应计项目所报告的金额都属于"软"信息,在应用权责发生制会计原理报告这些项目时,都离不开会计估计和判断,而会计估计可能是有偏的。

由于我们要重点关注的是净经营性资产的变动情况,即 ΔNOA,表18-1列出了容易受到操控的一些典型资产负债表项目,以及常见的操控行为可能产生的利润表影响。当然,对希望进行盈余管理的企业管理层来说,这张表也可以是一份操作指南(勉强提供)。不过,对想要调查企业盈余管理程度的分析人员来说,这张表也是一份难得的参考资料。表中最后一栏为分析人员指出了在什么样的情形下最容易发生此类盈余操纵行为。需要说明的是,表中的盈余管理行为都是向着增大利润的方向进行的,所以,如果想要降低企业的当期利润,则可以朝着相反的方向去进行盈余管理。举例来说,如果企业没有对过时的存货计提减值,那么,就会低估

当期的资产减值损失①，从而高估利润；相反，如果对存货计提过多的减值准备，则会高估当期的资产减值损失，从而低估利润（但同时也降低了未来的资产减值损失）。

表 18-1　如何管理特定的资产负债表项目，以增加利润

资产负债表项目	盈余管理	对利润的影响	需特别关注的易受操纵点
资产			
应收款总额	在满足销售确认条件之前提前确认收入	确认更高的收入额	一揽子交易合同；长期合同；销售给关联方企业等
应收款净值	低估坏账准备和销售退回准备	报告更高的收入或较低的销售费用	关注应收账款的信用程度是否低下；银行的贷款损失准备
应收租赁款	夸大租赁期终止时的估计残值金额	确认更高的租金收入	飞机租赁合同；计算机租赁合同；设备租赁合同
存货	将非存货成本项目计入存货价值；不计提存货减值	低估销货成本或资产减值损失②	关注容易导致存货过时的技术变化；关注存货价格的下跌情况
预付费用	高估预付费用的金额	降低本期销售与管理费用	大额的预付费用项目
不动产、厂房与设备	将维护保养费资本化计入固定资产价值；增大固定资产的预计使用年限或预计残值；记录过量的减值损失	降低各期的折旧费用，反映在利润表从销货成本开始的各个项目中	资本密集型制造企业
无形资产	将不合理费用资本化为无形资产；故意使用较低的摊销率	在销售及管理费用中报告较低的无形资产摊销费用	知识型企业；资本化的软件开发成本
递延支出	将过多的当期费用确认为递延费用	降低销售及管理费用	递延所得税资产的估值；资本化的争取客户成本
负债			
递延收入③	低报递延收入的金额	报告更高的当期收入	对于签订有一揽子销售合同的企业，关注它们的递延收入项目
产品质量保证金负债	降低产品质量保证金准备	降低当期销售费用	对产品提供了产品质量责任保证的企业
应计费用	降低应计费用的金额	低报当期费用——可涉及所有费用项目	本条可发生于所有企业
养老金负债	通过改变精算假定与贴现率来低报养老金负债	降低当期的养老金费用	设定受益计划的养老金核算
未支付的索赔准备金	低报准备金	降低当期的赔偿费用	保险公司的此类项目

注：如果目的是为了减少利润，则改变操纵方向就可以了。

18.2.2　质量分析的前奏

在开始进行会计信息质量调查之前，分析人员需要事先深刻理解以下四个方面的问题：
（1）企业的经营业务；
（2）会计政策；

---

① 原书此处为"就会降低当期的产品销售成本"，由于我国的利润表中有单列"资产减值损失"项目，因此此处翻译为"资产减值损失"。——译者注

② 原文为"低估销货成本或销售与管理费用"，由于在我国利润表中有单列"资产减值损失"项目，这里根据我国利润表的实际情况，翻译为"低估销货成本或资产减值损失"。——译者注

③ 在我国的资产负债表中，与"递延收入"对应的项目叫作"预收账款"。——译者注

（3）会计信息质量最可能存疑的业务领域；

（4）企业管理层最可能实施操纵的情形。

关于第 1 点，了解企业的经营业务有助于我们确定该类企业适用的会计方法，比如，对这种类型的企业来说，通常的坏账比率会是多少？目前企业的坏账准备水平正常吗？再比如，对这类企业来说，应计折旧资产的标准预计使用年限为多少？

关于第 2 点，只有了解了企业所使用的会计政策，才能建立标准，并据此来判断企业在实际应用会计政策时有没有发生偏离。我们可以从企业的会计报表附注（通常在附注的初始部分）中了解企业所使用的会计政策说明，这些政策可能是谨慎的、中立的或者自由的。正是由于这些会计政策的运用，才决定了企业当前和未来的净经营性资产报酬率水平。不过，正如我们在第 17 章中已经证明的那样，尽管会计政策对净经营性资产报酬率等指标有着持续的影响，但对最终的估值是不会带来影响的。但是，如果对会计政策进行不当应用，则可能意味着会计操纵。所以，如果有某家企业选用了不同于同行业中绝大多数企业选择的会计政策，就应当尤其小心；如果某些企业在过去所进行的会计估计是不正确的，也应当对这类企业保持谨慎；如果某些企业经常确认高额的资产处置利得，那么说明它们平时可能估计了较高的折旧费用；相反，如果某些企业经常报告资产处置损失或重组支出，那么说明它们平时所计提的折旧费用可能不足。

关于第 3 点，在某些行业中，存在着最容易出现会计操纵的业务领域。比如，设备租赁业的租赁资产残值预计和违约准备；再比如，计算机制造业的销售退回预计等。后者在发货给零售商时就确认了收入，但实际上，它们是允许销售退回的。因为在这一行业中，产品的更新换代非常快，所以计算机制造企业常常需要向经销商保障它们的表外存货⊖。因此，该行业的销售收入质量就值得我们去推敲。阅读材料 18-1 列出了一些行业的典型会计操纵点。

阅读材料 18-1

容易发生利润操纵的敏感区域

行业	需特别关注的易受操纵点
银行	信贷损失：贷款损失准备的质量
计算机硬件	收入确认：递延收入与产品质量保证负债的质量
计算机软件	产品的销售可能：资本化研发支出的质量 服务合同的收入确认：应收款与递延收入的质量
零售业	信用损失：应收款净值的质量 销售返现计划：确认供应商返现的数量
制造业	产品质量保证负债：产品质量保证负债的质量 产品责任：估计负债的质量
汽车业	产能过剩：折旧计算的质量
电信业	技术变化：折旧计算的质量与存货的账面价值
设备租赁业	租赁价值：租赁物账面价值，尤其是预计残值的质量
烟草业	吸烟对健康的影响的负债：预计负债的质量
制药业	研发支出：研发的质量 产品责任：预计负债的质量
房地产业	不动产价值：房地产价值的质量
航空船舶业	收入确认：完工百分比法和完工进度法下的会计估计质量

⊖ 即，向经销商保障存货的供应，但同时这些存货又可以不出现在经销商的资产负债表中。——译者注

(续)

行业	需特别关注的易受操纵点
订户服务业	客户开发：资本化促销成本的质量； 预付订购款：递延收入的质量

关于第 4 点，某些情形会非常诱惑企业管理层去进行利润操纵，比如我们在阅读材料 18-2 中列出的这些情况。会计信息质量分析人员需要注意这些易受操纵点，以在容易出现利润操纵的情形下仍然保持职业谨慎。

阅读材料 18-2

很可能会发生会计操纵的情形

制度环境情形：

- 企业正在筹措资本或者重新谈判借款问题，正在公开募集股份的企业；
- 快要违反债务契约的时候；
- 管理层发生变动时；
- 更换审计师时；
- 管理层的报酬（例如奖励）与企业的盈利挂钩时；
- 内部交易集中为买入或者卖出等同一方向时；
- 管理层对管理人员股票期权计划进行重新定价时；
- 公司治理结构薄弱时：董事会由内部管理层所控制；审计委员会力量薄弱或者根本不存在审计委员会；
- 可能违反监管要求（例如银行和保险公司的资本比率限制）时；
- 交易发生在关联企业之间，而非公平交易时；
- 工会谈判和代理权争夺等特殊事件出现时；
- 当企业作为收购对象时；
- 盈利水平刚好勉强符合分析师预期时；
- 企业涉及诸如表外特殊目的实体和程序化的衍生合同交易时。

会计与财务报表情形：

- 会计政策或会计估计发生变更时；
- 企业盈利水平超出预期时；
- 在经历了一段时期的盈利能力较佳状态之后，突然出现的盈利能力下滑；
- 销售水平总是保持不变或者持续下滑；
- 盈利增长速度大于销售增长速度；
- 利润水平刚好略为正（这意味着如果不进行操纵的话，就可能会报告亏损）；
- 利润率略增长或者零增长（这意味着如果不进行操纵的话，就可能出现利润率下降）；
- 税务报告和财务报告中的费用出现较大差异；
- 当财务报告信息需要被用作其他用途时，例如，用在税务报告或工会谈判中；
- 在本年最后一个季度刚调整了会计政策时。

买者自慎：从企业手中直接购买股票时，尤其需要当心

购买股票需要谨慎，尤其是当我们直接从发行公司手中买入股票时。众所周知，在 IPO 市场购入股票的回报率一直就不是特别好。实际上，平均来看，在经历了 IPO 看起来很"火爆"的一段时期之后，IPO 之后的风险调整股票回报率是小于 0 的。请参考下面表格中的诊断数据，这些都是 1980～1990 年 1682 家 IPO 公司的财务指标中位数。可以看到，这些企业的净利润－销售收入比率在它们刚刚上市的时候是比较高的，但很快就开始呈现下降趋势。这是否说明企业管理层对会计数据曾经进行了操纵，以便在公司 IPO 时具有较好的盈利能力呢？请看表中的"超常应计项"指标，这是公司的应计项目实际金额大于根据当年的销售收入和资本投资规模估算的应计项目金额之差（在表中是用该差额占企业账面价值的百分比来表示的）。可以看出，这个指标在公司 IPO 当年特别高，增大了企业的利润，但在 IPO 年度之后，便出现了显著降低。实际上，这个指标出现了反转，因为没过多久，它就变成了负数。此外，在 IPO 当年，企业的坏账准备规模是比较低的，但 IPO 完成之后，坏账准备规模便开始上升。按照常规，分析人员应当追究这些现象出现的原因，看看这是属于正常的企业经营现象，还是单纯由于会计操纵所带来的。

那么，在 IPO 时所购买股票的低回报率，是否就是由于这些企业的会计操纵行为所引起的呢？也许，市场的确是被 IPO 公司所报告的良好业绩给欺骗了，因此对这些公司的估值才会出现普遍偏高。这样，当这些公司开始报告下滑的盈利水平时，市场才开始意识到这些企业先前的盈利质量不高，因此开始价格的下调。事实上，已经有证据表明，根据这种隐蔽的会计操纵规模，是可以预测出股票在 IPO 之后的投资回报的。⊖如果这一条果真成立的话，那么，发现了公司会计信息质量问题的分析人员就能够利用这一点，去赚取超常的投资报酬。

公司在进行首次公开募股（IPO）前后的会计数据

诊断指标（%）	IPO 当年	IPO 之后的年数					
		1	2	3	4	5	6
净利润 / 销售收入	4.6	2.8	2.1	1.6	1.3	1.3	1.8
超常应计项 / 账面价值	5.5	1.6	−0.4	−0.8	−2.0	−1.4	−2.7
坏账准备 / 应收账款总额	2.91	3.32	3.46	3.62	3.81	3.77	3.85

资料来源：S. Teoh, T. Wong and G. Rao, "Are Accruals During Initial Public Offerings Opportunistic？" *Review of Accounting Studies*, 1998, PP.175-208.

18.2.3 质量诊断

追踪企业净经营性资产的变化原因并没有那么容易，只有在企业披露充分并且分析人员工作勤勉的前提下，才有可能做到。但不幸的是，企业的信息披露常常都是不够充分的。因此，分析人员建立了一套**质量诊断程序**（quality diagnostics）来帮助我们发现问题。

质量诊断程序仅能向我们揭示红旗警示信号（red flags），即能帮助我们提出会计信息质量方面的问题，但并不能帮助我们解决这些问题，而且，每一种诊断症状都可能是由于正常原因所导致的，所以需要质量分析人员去做进一步的判断，看看引起这些症状的原因究竟是真实的经营活动还是会计方法的滥用。从这一方面来看，企业信息披露的质量，尤其是关于所用会计政策与方法的披露，是非常重要的。如果披露不够充分，质量分析人员就只能定位出可能存在的警示问题，但却无法找出导致这些症状出现的真正原因。在操作实务中，红旗警示信号在很多情况下都可以用正常的经营原因来进行解释。

图 18-2 对应用质量诊断技术进行的质量分析做了总结。其中，很多诊断程序都用到了会计比率。与其他财务报表比率一样，对这些会计比率，也应当将它们的目前水平与过去水平（纵向比较）或可比公司水平（横向比较）进行比较，关注它们与过去水平或其他公司水平之间

⊖ 见 S. Teoh, I. Welch and T. Wong, "Earnings Management and the Long-Run Market Performance of Initial Public Offerings," *Journal of Finance*, December 1998, PP.1935-1974。

的差异，并对它们的历史水平变化与可比公司的同期变化进行比较。

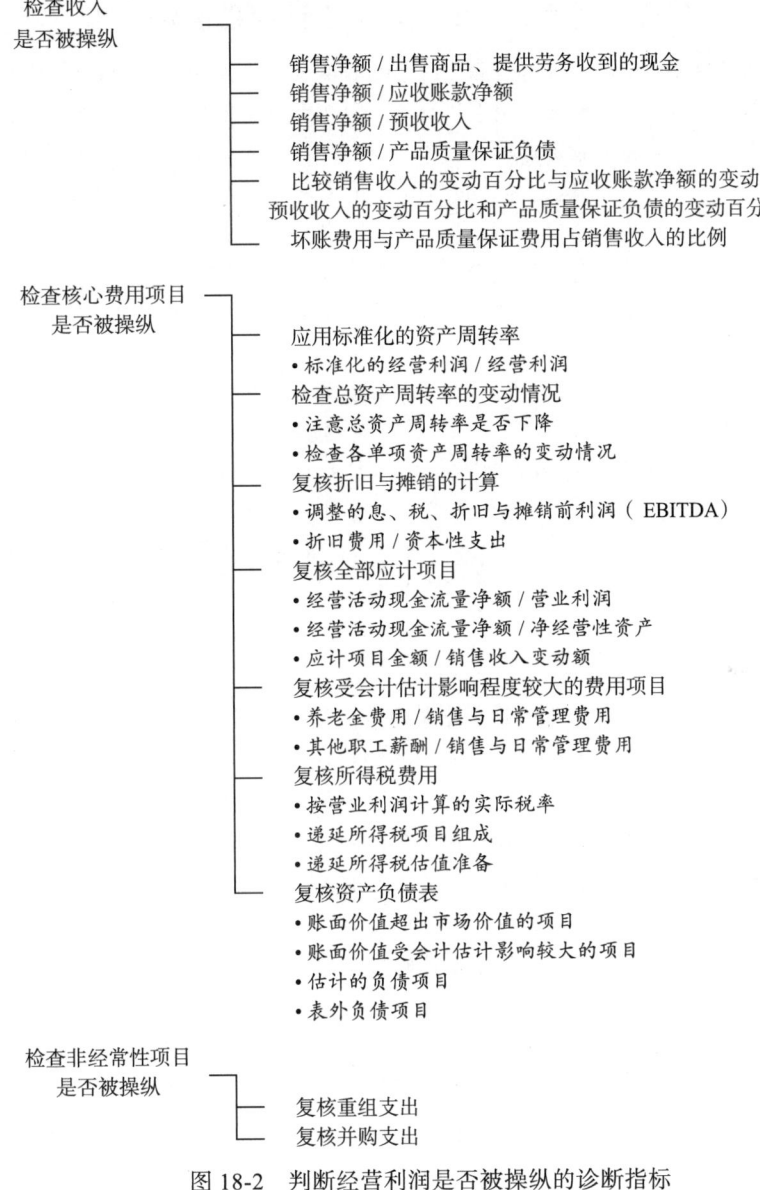

图 18-2　判断经营利润是否被操纵的诊断指标

首先了解销售收入的质量，然后检查核心费用项目的质量，最后再调查非经常性项目。

根据式（18-2），要想了解企业净经营性资产的变动，需要从调查企业的现金投资额和经营性应计项目这两个方面入手。因此，作为起点，你应当将现金流量表在你面前铺开，在这张报表的投资活动部分，可以找到现金投资详细情况；同时，在经营活动部分⊖，可以看到引起净利润与经营活动现金流量之间出现差异的各种应计项目。请参考阅读材料 18-3 中的内容。

⊖ 若是我国的现金流量表，则在附表中找到"将净利润调整为经营活动的现金流量"部分。——译者注

> **阅读材料 18-3**
>
> ### 现金流量表为我们提供的应计项目信息
>
> 会计信息质量分析的焦点是区分"硬"数据与"软"数据，前者伴随着现金流量，而后者则被称为应计项，受会计估计的影响。现金流量表帮助我们将"硬"的现金流量信息（来自经营活动和投资活动的）与单纯的会计应计项目进行了区分。
>
> 在用间接法编制的现金流量表中，净利润与经营活动产生的现金流量金额之差，就是会计应计项。在会计信息质量诊断中，可以这样使用这些应计项：
>
> - 比较应收账款净额的变动幅度与销售收入的变动幅度之间的关系，用以判断企业销售收入的质量；
> - 比较预收收入的变动幅度、产品质量保证金负债的变动幅度，与销售收入变动幅度之间的关系，用以判断企业销售收入质量；
> - 用折旧与摊销数据计算息、税、折旧与摊销前利润（EBITDA），判断企业的折旧与摊销处理是否恰当；
> - 比较预付费用的变动幅度与销售收入的变动幅度之间的关系；
> - 比较应计费用的变动幅度与销售收入的变动幅度之间的关系；
> - 利用递延所得税数据分析递延所得税的合理性；
> - 追踪重组支出并观察是否出现反转。

18.2.4 判断销售收入的真实性

如果销售收入的金额等于这些销售所能带来现金流量的无偏估计，那么，我们就说这种销售收入信息的质量是可靠的。企业在账簿中记录的销售收入，实际上还存在着销售退货，或者销售所对应的货款最终不能收回等可能；此外，相比未来可能确认的收入（即当期的预收收入）而言，企业在当期确认的收入也可能过多或者过少。所以，应当关注的是在扣除了预计销售退回、信用损失以及预收收入之后的企业收入净额：

销售收入净额＝销售商品、提供劳务所收到的现金＋
应收账款净额的变动—预计销售退回与折让的变动—预收收入的变动

由于"销售商品、提供劳务所收到的现金"是不受会计方法选择所影响的，因此，收入的质量问题主要存在于会对应收账款净额（即扣除了坏账准备之后的应收账款）的变动、销售退回与折让的变动和预收收入的变动产生影响的应计项目当中。在判断是否存在会计操纵问题时，应当观察销售收入与销售现金流之比的变动情况，以及销售收入与用以创造销售收入的净经营性资产的变动幅度之比的变动情况：

诊断指标：销售收入净额/销售商品、提供劳务所收到的现金
诊断指标：销售收入净额/应收账款净值
诊断指标：销售收入净额/预计销售退回与折让
诊断指标：销售收入净额/预收收入

在美国公司年度报告 10-K 的第二部分中，会报告预计的销售退回和折让项目，以及坏账准备的情况。在递延所得税的附注披露信息中，也会披露在纳税申报时不允许在税前扣除的各种计提准备金。不过，如果企业的信息披露不够充分，就会使上述指标的计算陷入困境。如果不能按上面的公式计算出销售收入净额，也可以直接使用按照美国公认会计原则报告的销售净额，即销售收入减去预计销售退回与折让之差。

如果企业在确认收入时比较激进，或者低估了可能发生的销售退回与信用损失（于是能以现金的形式收回的应收账款就会低于应收账款的实际报告价值），那么，上述第1个比率就会上升而第2个比率则会下降。如果销售收入净额的增加是由于预收（递延）收入的释放而引起的，那么上述最后一个比率就会上升。分析人员应当对这些比率的变动情况进行逐期观察。此外，还可以将销售收入净额的变动百分比与应收账款净额的变动百分比和预收收入的变动百分比进行比较，也可以说明问题，对由于预收收入下降而带来的销售收入增长，应当特别留意。

当然，导致诊断指标发生变动的原因也可能是非常合理的，比如，超常的信用销售增长或者客户延长了付款的时间等。如果企业将应收账款进行证券化处理或者用来出售，也会导致应收账款项目金额下降。因此，这些判断指标也可能是企业经营状况的警示信号，比如，说明客户对企业产品的兴趣在下降，或者企业不得不降低产品价格才能吸引客户来购买等。这些问题会影响企业利润的整体质量水平，但并不属于单纯由于会计核算而引起的质量问题。

对于坏账损失费用，可以用以下三个诊断指标来进行判断：

诊断指标：当期计提的坏账费用 / 当期实际的信用损失

诊断指标：坏账准备规模 / 应收账款总额

诊断指标：当期计提的坏账费用 / 当期销售收入

警示案例

2000年，个人电脑制造商盖特威公司（Gateway）决定向被那些外部金融公司都拒绝的高风险客户提供融资销售服务。当年，该公司在扣除了相关坏账准备之后的融资应收款规模从销售收入的3.3%上升为7.3%。紧接着，在2001年的第一季度中，有1亿美元的这类应收款被注销为坏账。

警示案例

1999年年末，美洲银行（Bank of America）拥有流通在外的贷款总额为3707亿美元，而贷款信用损失准备占贷款总额的比重为1.84%。在此前三年中，贷款信用损失准备占贷款总额的比重一直都在1.98%以上。然而，到2000年年末，即使是当年实际注销的坏账比率已经从贷款总额的0.55%上升为0.61%，美洲银行所计提的贷款信用损失准备占贷款总额的比重也继续下降至1.75%。

警示案例

施乐公司通过销售型租赁（sales-type lease）的方式向客户出售复印机。当租赁协议达成后，它就会计算预计未来租赁收款额与预计设备残值之和的现值，然后加以记录，一方面确认收入的增加，另一方面则确认为应收租赁款。1999年，由于很多客户转向了施乐公司还不太擅长的数字化技术设施，该公司的应收款总额从161.39亿美元下降为146.66亿美元。然而，同期预计租赁设备的残值占租赁总金额的比重却从4.33%上升为5.13%（即使是在这些设备陈旧过时的可能性增大的情况下）。施乐公司的股票价格接下来出现了显著下滑，紧接着，美国证券交易委员会也展开了对该公司的调查。

隐形杀手案例

2000年3月，由于被指对软件合同的收入确认政策太过激进，微策略软件公司（MicroStrategy）的股票价格从每股227美元下降到了每股87美元（市值损失高达60亿美元）。而导致本次股价下跌的原因，竟然是该公司对于需要跨越多年才能完成的合同，没有将相关收款记录为预收账款，而是直接在合同开始的第1个年度就全部确认为收入。

18.2.5 判断核心费用的真实性

在记录费用的过程中，也可能存在着会计操纵。下面是判断企业的费用记录真实性的办法。

1. 利用标准化的资产周转率来检查净经营性资产的变动

前面已经说明，对营业利润进行会计操纵总是会留下痕迹的：当营业利润发生变动时，净经营性资产项目也总是会发生变动。不过，我们知道，正常的企业增长也会导致企业的净经营性资产项目发生变化。因此，需要首先控制企业正常增长的影响。

在第13章中曾经介绍过，净经营性资产的规模取决于企业的销售规模和净经营性资产周转率的共同作用：NOA=销售收入/净经营性资产周转率。因此，在销售水平既定的前提下，净经营性资产的规模就完全取决于企业净经营性资产周转率的正常水平，并且，由于当期的销售水平变动而引起的净经营性资产规模变动 ΔNOA 也由企业的净经营性资产周转率正常水平所决定。所以，如果实际的净经营性资产规模变动高于根据当期销售水平变动所能推出的预期值，那么，就应当怀疑企业当期的费用项目是不是受到了会计操纵。

如果你已经认可了企业的销售收入水平（根据前面所讲的判断方法），那么，就可计算：

标准化的经营利润 = 自由现金流量 + 标准化净经营性资产的变动额
= 自由现金流量 + 销售收入变动额/净经营性资产周转率正常水平

显然，上面这个式子就是将式（18-1）进行标准化处理的结果。其中，净经营性资产周转率正常水平可以取企业在过去几年内的净经营性资产周转率平均水平，也可以取与企业有着类似经营业务和采用相同会计政策的可比企业的数据。

下面这个诊断指标可以帮助我们判断是否存在会计操纵：

诊断指标：标准化的经营利润/经营利润

如果这个财务指标不等于1，那么，就需要引起警示了。

警示案例

计算机制造商盖特威公司的资产周转率水平一直都比较高。以1999年为例，当年该公司的销售水平为89.65亿美元，对应的净经营性资产周转率为13.2；而在此之前的几个年度中，净经营性资产周转率的水平更高。2000年，盖特威公司的销售收入又增长了6.36亿美元，共计达到96.01亿美元的水平，取得税后营业利润2.31亿美元。然而，该公司的净经营性资产增长规模比销售收入的增长规模更大，同期增长了10.86亿美元，导致当期的自由现金流量变成了负的8.55亿美元。造成这种情况的主要原因是盖特威公司加快了对新店面和存货的投资、放宽了客户信用销售从而造成应计项目增加，而当期销售的增长并不突出。该公司的标准化经营利润为：-8.55亿 +（6.36亿/13.2）= -8.07亿美元，与该公司报告的经营利润水平相比，低了很多。接下来，在2001年，盖特威公司注销了8.76亿美元的净经营性资产，同时还报告了税后经营净损失9.83亿美元。

2. 了解资产周转率的变化情况

在管理层操纵经营性费用的同时，企业的销售利润率 PM 和净经营性资产周转率 ATO 也会受到影响，但受影响的方向却是相反的：压低费用会提高销售利润率，但是，由于压低费用会导致净经营性资产被高估，因此，销售收入与净经营性资产之比（即净经营性资产周转率 ATO）就会被低估。所以，观察净经营性资产周转率的变动，就有可能找到会计操纵行为的痕迹。如果企业利用会计操纵来增大或者保持当期的销售利润率，那么，就可以从净经营性资产周转率 ATO 下降中，看见未来期间销售利润率的下滑趋势，因为会计操纵的影响迟早是会发生反转的。

表 18-2 将企业按它们在 1978～1996 年的核心净经营性资产（税前）报酬率 RNOA（第 0 年的）进行了分组，其中，第 1 组企业的 RNOA 水平最高，而第 10 组企业的 RNOA 水平最低。表中每一列的标题即为各组企业的分组编号，紧接其下的是该组企业在第 0 年的平均 RNOA 水平。接下来，在该表中，给出了各组企业在下一年度（第 1 年）中 RNOA 变动和销售利润率变动的中位数，具体再分别按各组中净经营性资产周转率变动水平（ΔATO）最高的前 1/3 企业的中位数（高 ΔATO 类）和 ΔATO 最低的后 1/3 企业（低 ΔATO 类）的中位数分别计算。可以看出，在全部 10 个分组中，都是净经营性资产周转率的当期变动水平较低的企业（即低 ΔATO 类）在下一年度中具有较低的 RNOA 波动水平；除 1 个组的水平较为相当外，在其余 9 个组中，也都是净经营性资产周转率的当期变动水平较低的企业（即低 ΔATO 类）在下一年度中具有较低的销售利润率变动水平。而且，当期的净经营性资产报酬率 RNOA 水平越高，低 ΔATO 类企业的指标波动水平与高 ΔATO 类企业的指标波动水平之间的差距就越大：当期 RNOA 水平高的企业在下一年度中出现 RNOA 水平下降的可能性更大，并且，如果企业的净经营性资产周转率同期波动幅度小的话，RNOA 下降的程度会更大。

表 18-2 不同资产周转率（ATO）变动水平下的净经营性资产报酬率（RNOA）变动与销售利润率（PM）变动情况

组号，第 0 年	1(最高)	2	3	4	5	6	7	8	9	10(最低)
核心净经营性资产报酬率（%）	57.4	35.5	28.3	23.8	20.2	17.3	14.2	11.3	8.2	3.9
下一年度的净经营性资产报酬率变动，第 1 年（%）										
高 ΔATO 类企业	-6.72	-0.77	-0.18	-0.61	0.12	0.35	0.74	0.69	0.97	1.49
低 ΔATO 类企业	-12.57	-4.90	-2.92	-2.54	-1.41	-0.13	-0.63	-0.45	0.12	0.59
下一年度的销售利润率变动，第 1 年（%）										
高 ΔATO 类企业	-1.14	-0.32	-0.04	-0.13	-0.15	-0.08	-0.31	0.06	0.32	0.88
低 ΔATO 类企业	-2.74	-1.68	-0.94	-1.07	-0.54	-0.51	-0.32	-0.14	0.04	0.29

资料来源：P. Fairfield and T. Yohn, "Using Asset Turnover and Profit Margin to Forecast Changes in Profitability"，未发表论文，乔治城大学工商管理学院，1999 年。本论文在 2001 年也发表在 *Review of Accounting Studies* 杂志上（PP.371-385），但在发表版本中，没有包括此表。

上述财务指标之间所存在的关系并不一定是由会计操纵所引起的，但一定与企业的盈余质量相关。因此，我们不应当忽视对企业净经营性资产周转率的变动情况（ΔATO）去进行分析，将销售收入的变动与净经营性资产周转率的变动进行比较。当资产周转率出现下降而销售利润率反而上升或者保持不变时，尤其应当予以注意，这很有可能是一个利润率正在下降但是又刻意希望维持之前的利润率和净经营性资产报酬率水平的企业。此外，如果企业的净经营性资产出现了大幅度上升，而净经营性资产周转率的波动却非常小甚至为负，也应当予以关注。

在分析是否存在会计操纵行为时，可以进一步对各单项资产的周转率情况进行调查，对那些涉及会计估计的周转率指标，可特别予以关注，例如，应收账款周转率、固定资产周转率、递延资产周转率、养老金负债周转率和其他估计负债周转率等。如果这些周转率指标出现了下降（或者这些项目相对企业销售收入的比重出现了较大变化），就要注意这些变化是否能得到合理理由的支持。

> **警示案例**
>
> 思科系统公司为各类互联网企业提供基础设备。截至2001年，该公司都在较低库存的前提下保持了快速的收入增长，例如，在2000财务年度的四个季度中，该公司的存货占销售收入的比重分别为16.9%、16.0%、17.8%和21.3%，但到了2001财务年度的第二个季度，该比率上升为37.5%。紧接着，该公司在2001财务年度的第三季度中，注销了超过22亿美元的存货，并且其后的销售收入和利润都急剧下降。原来，随着互联网泡沫的坍塌，思科系统公司的存货销量下降，因而出现了因滞销而造成的存货积压。

> **隐形杀手案例**
>
> 家用电器制造商尚彬公司（Sunbeam）在1996年引入了新的管理团队，以改善经营困境。在一次大规模的企业重组之后，该公司的销售收入上升了18.7%，最终经营成果从1996年的亏损2.28亿美元转为盈利1.09亿美元，股票价格也随之上升了将近50%。然而，该公司同期的应收账款和存货项目也分别增长了38.5%和57.9%，应收账款占销售收入的比重从21.7%上升为25.3%，而存货占销售收入的比重也从16.5%上升为21.9%。美国证券交易委员会随后对尚彬公司展开了调查，导致该公司不得不重述其财务报表，并最终破产。

3. 直接对报表"行项目"展开调查

（1）**检查折旧费用和摊销费用的计算情况**。折旧或摊销费用过低，往往意味着将来可能会出现资产价值的注销，例如，通过重组支出或者资产处置损失体现出来。如果折旧或摊销费用过高，则容易导致未来出现资产处置利得。

通用汽车公司在1988年曾经报告了49亿美元的利润。分析人员指出，在当年的公司净利中，至少有7.9亿美元是通过将固定资产的预计使用年限从35年延长为45年，从而减少了折旧费用而得到的；此外，还有2.7亿美元来自变更租赁汽车的预计残值估计。这样的会计处理实务持续了好几年，直到20世纪90年代早期，终于迎来了大笔的重组支出。通用汽车公司宣告，这些支出部分就是缘于对过去折旧计提不足的更正。实际上，通用汽车公司在20世纪90年代发生了很多次重组支出，导致专业分析人员都宣称很难判断通用汽车公司的真正盈利情况。

要判断企业的折旧与摊销费用计算是否合理，可以在利息、所得税、折旧与摊销前利润（EBITDA）的基础上，调整正常的资本支出水平：

调整后的 *EBITDA*= 经营利润（税前）+ 折旧费用与摊销费用 − 正常的资本支出水平

诊断时，需要将该调整后的 EBITDA 与根据企业报告的折旧与摊销费用水平计算得到的税前经营利润（EBIT）进行比较：

诊断指标：调整后的 *EBITDA / EBIT*

正常的资本支出水平可用企业在过去若干年中的平均资本支出水平表示，或者，如果要顾及企业增长影响的话，也可以用企业在过去若干年中的折旧与摊销费用占销售收入的百分比来表示，计算式为：

诊断指标：折旧费用 / 资本支出

如果这个比率小于 1.0 的话，说明企业未来的折旧费用很可能会上升。

警示案例

电子数据系统公司在过去几年中发生了多次重组支出。这些重组支出的部分原因就在于公司过去所计提的折旧费用不足够。2001 年第三季度，电子数据系统公司（在现金流量表中）所报告的折旧与摊销费用大约为其收入规模的 6.6%，与 2000 年 7.2% 的水平相比较而言，出现了下降。在这一会计期间里，大约有一半的经营利润增长都是由于减少折旧与摊销费用带来的。因此，财务分析人员开始发问：折旧与摊销费用下降的原因真的是公司的资产利用效率提高了吗？还是说，这预示着公司在未来会出现大笔的重组支出呢？

警示案例

AMR 公司是美国航空公司（American Airlines）的母公司，它在 2000 财务年度中报告的税前经营利润水平为 13.81 亿美元，相比 1999 财务年度的 11.56 亿美元增幅不小。在该公司的财务报表附注信息中可以发现，该公司在当年将航空飞行器的估计使用年限从 20 年变更为 25 年，而原来预计的飞行器残值占成本的 5%，也变更为 10%。这样一来，公司当年的折旧费用就减少了 1.58 亿美元，提高了税后净利润 9 900 万美元，公司当年扣除终止经营影响前的利润增加额中，有 80% 都可归因于此次会计估计变更的影响。请问，你认为公司管理层所宣称的此次会计变更"能够更准确地反映航空飞行器的预计使用年限"恰当吗？

一些分析师在估计折旧费用的必要水平时，会使用更具有前瞻性的模型。这类模型假定恰当的折旧规模能使企业在未来不发生资产减值或产生资产处置损益，于是，就可以利用预计未来的资产减值和处置损益规模，来判断企业当前的折旧费用是否过高或者过低。举例来说，假定在某行业中还存在闲置的产能——就像 20 世纪 90 年代的汽车制造业和电信业那样，那么，这类模型认为，除非企业当前的折旧水平能够反映出过度产能投资的成本，否则，该行业中的企业在将来就必然会需要注销多余的生产设施。或者，如果已经预见到未来技术的发展将会逐渐淘汰当前的生产设施，那么，企业就必须通过调整当前的折旧费用将这一事实反映出来。这些模型还试图计算要维持特定的销售收入水平所需要的折旧费用规模，并常以设备更新所必需的年度资本支出水平来表示。当能够替代当前生产设施的新设备采购成本预期会上涨，而新设备并不能带来新的销售收入增长时，这样的模型假定就是非常适合的。此外，如果由于技术的进步，需要我们对生产设施进行升级才能满足销售需求时，也需要我们考虑这样的模型。经过如此调整以后的折旧规模，能够更好地用来预测将来的折旧情况，是一个质量更好的数据信息。在电子通信行业，技术进步发展得非常迅速，因此也就特别需要这类方法。请参考阅读材料18-4中的介绍。

阅读材料 18-4

AT&T 公司对 TCI 公司的出价：按 EBITDA 的倍数定价

1988 年 6 月，美国最大的电信集团 AT&T 公司对本国最大的有线电视供应商电信公司（TCI）开出了 455 亿美元的要约收购价，意图通过此次并购建成电话、电视和互联网一体的家庭综合服务系统，实现公司战略，以挫败小贝尔公司（Baby Bells，一家地方性的电话公司）。

当时的媒体报道认为，此次公司收购价格相当于 TCI 公司 1997 年扣除利息、所得税、折旧和摊销费用前利润的 14 倍，实在是有些高了。事实上，AT&T 公司的股票在发出此次收购要约之后的两周内也下降了 15%。先不论这样的出价是否合理，在科学技术快速发展的前提下，由于企业所报告的折旧费用水平有可能会偏低，因此，按照 EBITDA 的倍数来进行定价在这样的行业并购中是非常正常的。在这个行业中，实际上当时有很多重组支出部分是由于过去的折旧费用计提不足而带来的。此外，收购完成后，要维持在竞争环境下的经营业务，AT&T 公司还必须花大价钱对 TCI 公司的网络进行升级。

只有按照扣除折旧与摊销费用前盈利水平来决定收购报价，分析师才能为未来的技术变革和预期的资本支出留足空间，从而才能估计出为维持将来的经营所必需的正常折旧水平。

一些对折旧费用与摊销费用非常谨慎的分析人员，会在对企业进行获利能力分析时将折旧与摊销费用反加回经营利润中，以 EBITDA 作为企业的盈利指标。这样做其实并不好。与工资费用一样，折旧费用也只是企业在创造收入的过程中所发生的成本项目之一。由于厂房与设施会生锈、损耗并过时，并由此造成价值的流失，因此我们才需要用折旧来对此进行记录。所以，用 EBITDA 这个指标是不能很好地表示价值增加情况的。如果分析人员对企业的折旧与摊销费用质量有疑问，建议使用经正常的资本支出水平调整后的 EBITDA 指标。

（2）检查应计项目总额。我们已经看到，经营活动产生的现金流量 = 经营利润 – 新增经营活动应计项目，因此，可计算出：

诊断指标：经营产生的现金流量/经营利润

既然会计方法并不能影响企业经营活动产生的现金流量，那么，通过不合理的应计项目来操纵经营利润时，这个指标就会受到影响。此外，还可以再计算：

诊断指标：经营活动产生的现金流量/平均净经营性资产

如果企业通过会计操纵增大了净经营性资产，那么，上述指标分母中的净经营性资产平均值就必然会受到影响。不过，对现金流量指标也不能够掉以轻心，经营活动产生的现金流量本身也可能是被操纵了的，第 11 章中的阅读材料 11-4 就介绍了这个问题。然而，以安然公司和世通公司为例，在破产以前，经营活动产生的现金流量远比经营利润下降得厉害。

隐形杀手案例

在新的管理团队到任后，尚彬公司（Sunbeam）在1997年报告的盈利水平为1.09亿美元，相对上一年度的亏损2.28亿美元窘境来说，经营情况看似好转不少。然而，这家公司在1997年和1998年的经营活动现金流量净额分别为-820万美元和1420万美元。造成这种情况的部分原因，已在前一个"隐形杀手案例"中给出，同时在练习题18.2中，你还能了解到更多的相关信息。尚彬公司的销售收入是通过"开票却不发货"手段来实现的，即，通过提供高额的折扣和非常宽松的信用销售条件，向并不着急订购公司产品的客户开出销售发票，而相关的产品却仍然停留在公司自己的仓库之中。后来，美国证券交易委员会要求公司将其1997年的利润调低了7100万美元。

（3）**检查各项具体应计项目**。针对现金流量表"将净利润调整为经营活动产生的现金流量"部分所列出的每一个具体应计项目进行调查，比如，了解预付费用的变动情况，分析预收账款的变化，复核应计费用的变动等。对于除折旧费用与摊销费用以外的每一个具体应计项目，请检查：

诊断指标：应计项目/销售收入变动额

举例来说，如果应计费用的变动额（这是现金流量表中列出的应计项目之一）下降了，则可能意味着企业在当期确认的费用不足。对于那些能够增大企业盈利的应计项目，应当尤其小心，特别是当企业的销售收入变动额接近于0、低于过往水平或者为负数的时候（如果销售收入变动额为0或者负数，那么就不能使用上面这种比率形式的诊断指标了，不过，对应计项目与销售收入的变动额直接进行比较仍然是可以的）。

警示案例

医疗分享系统公司（Shared Medical Systems）是一家面向医院和诊所的信息系统供应商，它在1999年第一季度报告的盈利总额为1830万美元，与前一季度几乎持平。然而，这家企业在同期的销售收入却从3.3931亿美元下降到2871万美元。在销售收入下滑时期，利润却能够保持不变甚至增长往往是需要我们警惕的。在公司的现金流量表中，揭示了更多的信息：同期应计费用从8650万美元下降为6150万美元，而在资产负债表中资本化处理的计算机软件金额则从7570万美元上升到8110万美元。这样的会计处理是合理的还是具有操纵意图的呢？让我们从后续年度的情况中来寻找答案。在下一年度中，医疗分享系统公司的销售收入增长，全年的盈利都显著增加，因此，没有明显的操纵"反转"现象出现。

提醒案例

微软公司将软件开发合同作为一揽子销售合同处理，因此，将这类合同所涉及的绝大部分收入都确认为预收账款。在2005财务年度末，该公司的预收账款（递延收入）规模已高达91.7亿美元，占销售收入的比重为23.0%。由于这些预收账款早晚都会变为利润表中的收入项目，因此，分析人员对微软公司十分关注。根据2005年度的利润表，微软公司在当年新增加了125亿美元的预收账款，而从该项目中释放到利润表中的收入金额约为113亿美元。没有证据能够支持该公司过度释放了它的预收账款。

> **警示案例**
>
> 由于向客户提供了升级和附加服务的承诺，微软公司在过去一直将不超过25%的Windows操作系统销售收入递延到售后3~4年内才予以确认。2008年，在VISTA系统问世后，微软公司改变了它的收入确认政策，将绝大部分的软件销售收入直接确认在销售当期。该公司在2008年第三季度报告的盈利增长了65%，但实际上，增长的原因除了新的VISTA项目销售业绩之外，还有加快收入确认的功劳。

> **警示案例**
>
> 思科系统公司在2002年第二季度报告的销售收入为48.16亿美元，相比上一季度44.48亿美元的水平上升不少，超过了此前的预期。思科系统公司在2001年各季度的平均收入水平为60亿美元，因此，从表面上来看，该公司似乎已经走出了收入下滑的阴影。但实际上，该公司的财务报告表明，预收账款项目在历史上首次出现了反转：以前期间预收的有条件发货合同收入中，有非常大的一笔金额都在本期被确认为销售收入。

（4）检查受会计估计影响的其他费用项目。

诊断指标：养老金费用／经营费用总额

诊断指标：其他离职后福利费用／经营费用总额

通过变更预计支出的精算假定和相关负债的贴现率，或者改变养老金计划资产的预期收益率，可以轻松实现操纵养老金费用与其他员工费用的目的。因此，在阅读企业年度报告时，请一定认真研读养老金费用的附注说明，并对养老金负债的各个组成项目进行调查（详见第13章）。此外，根据披露允许的程度，对其他管理费用和销售费用项目也应当进行调查，这两个项目对利润表的影响往往比较大。

（5）检查所得税费用。 随着时间的推移，企业的实际税率往往会向法定税率逐渐靠拢，因此，应调查：

诊断指标：与经营活动相关的所得税费用／税前经营利润

如果这个指标计算出来后是低于法定所得税率的，那么，就应当了解企业所享受的税收优惠到期时间。此外，对于受会计估计影响的所得税费用部分（即递延所得税）也应展开调查。在阅读企业的年度报告时，要关注所得税的附注披露信息，并对递延所得税资产和递延所得税负债的变动原因进行分析。如果这些项目的变动幅度背离了销售收入的变动幅度，那么，就应当引起注意了。

所谓递延所得税，是企业在财务报告中所报告的利润（按照美国公认会计原则所计算得到的，称为会计利润）与在纳税申报表中所报告的利润（按照相关税收规则所计算得到的，称为应税所得）之差所引起的所得税影响。如果企业利用会计估计报告了更高的会计利润，那么就必然会导致它确认更多的递延所得税。因此，我们应调查递延所得税在企业的所得税费用中占到的比例，并对递延所得税的各个明细项目（在所得税信息的附注披露中）进行分析。对由于折旧方法不同所引起的递延所得税，我们应当尤其予以关注：如果由于折旧政策所导致的递延所得税规模过高（与类似企业进行比较）或者相对投资增长的速度来说，递延所得税项目的增长过快，就说明该企业在计算会计利润时，可能通过延长资产使用年限等会计估计，故意报告了较低的折旧费用，从而夸大了企业的会计利润水平。对由于坏账估计、预收账款和产品质量保证金费用等项目所引起的递延所得税，也应当一一进行调查。举例来说，如果一家企业通过降低估计坏账比例抬高了它的会计利润水平，那么，由于在纳税申报表中，坏账是按现金收付制基础进行申报的，因此，企业就会确认更多的递延所得税影响。在销售型的租赁核算中，由于计算会计利润时需要对资产残值应用会计估计，因此也会导致递延所得税产生。对此，分析人员也应当予以关注。

如果一家企业报告有递延所得税资产，那么，以下项目就一定需要你特别注意：递延所得税资产估值准备。由于递延所得税资产是企业当期的会计利润低于应税所得引起的，因此，当过去被认为"很可能"会发生的相关税收优惠在将来已经不可能再实现时，就需要用递延所得税资产估值准备来对递延所得税资产项目进行调整。但是，完全可以看出，递延所得税估值准备是一个完全主观的数据。

4. 对各个资产负债表项目直接展开调查

如果我们判断在企业的资产负债表中，一些经营性资产项目的账面价值过高，那么说明这些项目在将来会因为发生减值而需要注销，从而降低企业的净经营性资产报酬率 RNOA。下面这些项目是需要特别关注的：

- 账面价值高于其市场价值的资产项目：这些项目是很可能会发生减值的（当然，也有可能难以确定这些资产的市场价值）。
- 由于将费用进行资本化处理而确认的资产项目，比如企业的开办费、广告与促销费用、客户取得成本与产品开发费用和软件开发费用等。对于这些项目，要关注它们相对企业经营性资产总额的比重及其变动趋势。请参考阅读材料 18-5 中的内容。
- 账面价值和摊销比率都受会计估计影响的无形资产项目，比如软件开发成本⊖和通过并购获得的无形资产。
- 按公允价值记录的资产项目。"公允价值"通常都是估计得到的，因此确定性程度较低并且受主观影响较大。而如果相关公允价值直接取自市场报价，又容易将价格泡沫带入财务报表中，例如，像在 2005～2007 年度的房地产与融资泡沫中，银行等金融企业资产负债表中所报告的可供出售抵押贷款的盯市价值那样，详见阅读材料 18-6 中的信息。因此，分析人员需要仔细阅读企业财务报表附注中的公允价值信息，对于那些对某些资产和负债项目应用了"公允价值计量选择权"的企业，尤其应当予以关注。如果银行对相关负债采用公允价值进行报告，那么，在金融危机中，随着债务信用等级的下降，它们就可以报告出收益（因为负债的价值变低了），但当条件改善了以后，它们反而会确认损失。

阅读材料 18-5

美国在线公司：资本化的营销成本

在 1996 年以前，美国在线公司对它在开发用户基础时所发生的营销成本，是先作为一项资产确认在资产负债表中（资本化会计处理），然后再在两年之内逐渐摊销为费用处理的。这家公司的股票一直非常抢手，股票价格从 1995 年年初的每股 10 美元一路上涨至 1996 年 4 月时的每股 35 美元。但是，在 1996 年，终于有人开始关注这家企业的营销

⊖ 由于在美国只允许对相关软件开发成本进行资本化，因此这里只列出了软件开发成本，但目前在我国，对于符合条件的内部研发项目在开发阶段的支出，都是允许资本化处理的。——译者注

成本资本化问题了，到1996年10月，这家公司的股票价格已经基本跌回了每股10美元的境地。分析人员开始质疑用户是否真的会续订美国在线的服务。作为回应，美国在线公司在它1997财务年度的第一个季度里（该季度的截止日为1996年9月末）注销了3.85亿美元的资本化营销成本，导致该季度的经营成果变成了每股亏损3.80美元。与1996财务年度的每股收益14美分相比，1997年，公司的每股收益变成了负的2.61美元。可以说，美国在线公司1996年的利润质量是很差的（因为没能反映出与经营成果相对应的市场营销费用来），这种低质量的盈余数据进一步影响了未来盈余的质量。因此，在评价美国在线公司这类资产的质量问题时，我们应当考虑公司持续留住新客户的可能性有多大，这是一位质量分析师所不应忽略的。

阅读材料 18-6

警惕公允价值会计

很多金融机构都会按"公允价值"来报告它们的资产或者负债。在写作本书的时候，美国财务会计准则委员会正在提议按公允价值对全部金融工具进行计量。此外，根据美国公认会计原则和国际财务报告准则，企业还可以选择对更大范围内的资产和负债项目，包括企业本身的负债项目，应用公允价值进行计量。根据定义，公允价值属于"脱手价值"，即处置一项资产所能收到的价款或要了结一项负债所需要支付的价款。对基本面投资者来说，除金融性资产和某些价值直接由市场价格所决定的项目（比如活跃市场中交易的证券）之外，公允价值实际上是没有什么意思的。因为一项资产的价值，取决于它对企业的应用意义，而不是它的出售价格，而脱手价值属于清算价值范畴。

根据财务会计准则委员会颁布的第157号公告，在判断公允价值时，存在如下三个层级：

- 层级1：在流动性市场中可公开获取的价格；
- 层级2：虽不能直接获得报价，但可取得某些"市场输入值"（如可比价格等）；
- 层级3：难以获得市场报价。

层级1的公允价值计量直接将价格引入了财务报表，这实际上是违反基本面投资者的信条的：在通过计算价值来检验价格的合理性时，应避免在计算过程中循环引用价格。这样做会引起矛盾，因为我们本来打算根据会计数据来判断价格是否合理，在会计数据中直接引用市场报价，会使我们的比较基准发生偏移。

盯准市场价格的会计应用甚至会促进泡沫的生长：当财务报告中的账面价值升高以后，投资者会据此判断更高的价格，而价格反过来又继续抬高会计账面价值。于是，会计就成了促使价格不断自我膨胀的工具。在21世纪初期的房地产市场泡沫中，抵押贷款和相关证券的市场价值就涨到了非常夸张的水平，于是，应用盯市原则对抵押贷款资产进行会计计量的银行在它们的资产负债表中报告了这些投机味道十足的价格，资本比率提高，鼓励着银行记录更多的可疑贷款，以实现更高的公允价值利得。像这样的资产负债表，是不能够作为估值基准的，因为这种价格泡沫早晚会破裂。果然，金融危机的结果告诉我们，价格出现了直线下跌。公允价值会计不仅未能帮助我们剔除价格中的泡沫成分，反而成为促进泡沫生长和支撑顺势投资理论的工具。作为一名基本面投资者，要始终小心：你所支付的是价格，而你所得到的是价值。

层级2和层级3的公允价值计量都离不开会计估计，尤其是层级3。在判断层级3的公允价值时,需要"盯准估值模型",而从本书中,大家已经了解依靠估值模型所得到的数据存在多大的不确定性。在选择估值模型中需要的必要报酬率和增长率时,公司管理层具有极大的自主权,完全可以通过这一点来实现他们的个人目的。因此,增加了管理层通过会计手段来达到自我目的的可能性,会让基本面投资者对企业的财务报告更加不放心。对基本面投资者来说,企业的会计报告不仅仅应当独立于价格,也应当不受公司管理层的影响。

警示案例

能源企业安然公司的破产同时也导致了它的审计机构——当时全球五大审计师事务所之一的安达信会计师事务所的清算。在此之前,这家企业对它的能源合同和其他投资项目大量应用了公允价值计量选择权。这些能源合同的交易市场十分狭窄,甚至有些交易市场直接就是由安然公司负责组织,因此,在合同的公允价值中,涉及大量的会计估计判断。在这家企业被宣布破产以前,由于按公允价值对这些合同进行计价而报告的未实现收益占到了公司1999年税前利润的1/3;而到了2000年,公司所报告的税前利润14.1亿美元中,有超过一半以上的贡献都来自这种由于合同的公允价值波动而导致的未实现收益。随着这些"公允"的价值在后来被证明是虚构的,企业的利润也随之蒸发了,堂堂的安然公司一下子变成了一家毫无价值的企业。

对于经营性负债项目的账面价值,也应当予以调查,重点关注:

- 金额需要应用会计估计进行判断的负债项目,比如养老金负债、其他员工福利负债与预收账款负债等。请注意这些负债项目的规模相对经营性负债总额的变化趋势。对产品质量保证金负债中所涉及的会计估计,应进行进一步的调查。正常情况下,企业应当根据它在产品质量保障实践中的经验,来对产品质量保证金负债项目中所应用到的估计进行调整。

    诊断指标:产品质量保证金费用[⊖]/实际的产品质量保证支出
    诊断指标:产品质量保证金费用/销售收入

    此外,对于与客户积分计划和零售业信用卡积分奖励计划等销售返现项目相关的估计负债,也应当予以复核。

- 表外负债项目,比如贷款担保、有追索权的应收款或负债转让、购货承诺、法律诉讼引起的或有负债、监管处罚金和与表外特别目的实体相关的或有负债等。这类负债项目通常都只在财务报表附注中提及,因此,在阅读企业年度报告时,应当仔细研究附注信息,避免将来出现坦然的或有支出。此外,环境保护负债(对污染结果的清理)也不容忽视。

尽管上述分析的重点是资产负债表,但该分析仍然属于盈余质量分析,因为如果资产负债表中的资产或者负债账面价值被扭曲了,或者将或有负债项目都确认到资产负债表中,那么利润最终会受到影响。忽视资产向费用的转移会导致盈余质量的低下,并带来未来的未预期盈余。

⊖ 在我国企业的利润表中,并没有单列"产品质量保证金费用",该项目是被归并到"销售费用"项目下的。——译者注

18.2.6 判断非经常项目的真实性

为保证企业盈余的质量,在利润表中,非经常项目与核心盈利项目是分开进行报告的。从盈余质量的观点来看,非经常项目的损益是质量低下的,因此,在预测未来时,不应当参考当前非经常项目损益影响。不过,分析人员确实需要关注企业的非经常项目,以确保它们对企业的未来不产生影响。

如果非经常项目涉及会计估计,就会引起质量问题。比如,一个臭名昭著的例子就是重组支出与减值的估计。企业可能会决定在将来进行重组,于是在当期利润表中,就会报告一项估计的未来重组支出,同时在资产负债表中确认相应的估计负债。不过,它们可能会高估此项支出和负债的金额,"洗大澡",然后当未来真实的重组支出小于过去预计值时,再将相关的利润"反转回流"到利润表中。

阅读材料18-7就介绍了这样一个例子。伯顿公司的重组费用案例引出了另一个关于估计费用的问题。根据美国证券交易委员会的调查意见,伯顿公司在1992财务年度的报告中,将14 550万美元的核心经营费用报告为重组支出,这样就虚增了当年的核心收益。因此,为避免这种情况的出现,分析人员需要对支出的各个项目展开明细调查。

阅读材料 18-7

伯顿公司:重组支出的反转与重分类

食品与化学企业伯顿公司在1992年报告了价值6.42亿美元的特别重组支出,导致该公司在当年报告净损失4.396亿美元。1993年,迫于美国证券交易委员会所施加的压力,伯顿公司又反向调整价值1.193亿美元的重组支出,调增1992年的利润但减少1993年的利润。此外,伯顿公司还被要求将1.455亿美元的重组支出重新进行分类,这些项目主要为"包装改进"支出和营销支出等日常经营费用支出。

在1993年第四季度,考虑到未来的部门处置计划会产生损失,伯顿公司又确认了价值6.374亿美元的重组支出,且此项支出与过去的重组项目无关,但在1994年第三季度中,该公司又因为在1993年高估了损失金额,转回了价值5000万美元的重组支出。

预计的并购成本也是分析人员应当关注的,因为企业可能会高估这类成本,然后在将来再将高估的部分转回,以增大未来期间的利润。这样将使并购项目看起来比其真实的情况更加有利可图。

当然,既然特别支出可以被高估,那么同样地,它也可能会被低估。对那些本来应该予以确认但实际上却没有被报告出来的支出项目,分析人员应当尤其小心。AT&T公司在1986～1993年曾经四次计提了大规模的特殊支出。平均而言,该公司在这段时间内扣除特别支出之前的利润增长率为10%左右,其中,1995年和1996年扣除特别支出之前的利润分别为每股1.21美元和每股3.13美元。但是,在这段时期内,这家企业报告的重组支出总额却高达142亿美元,甚至超出了同期报告的净利润总额103亿美元。AT&T公司宣称,这些资产被注销都是日新月异的技术进步的结果,公司在此前对此完全没有预料。但是,质量分析人员却提出了问题:是不是这家公司在扣除重组支出前的利润已被高估,在将来也是需要被注销的呢?在这段时期内,AT&T公司真正能赚钱的项目是什么?分析人员能否通过"标准化的折旧费用"来对这种低质量的利润进行调整呢?在这种情况下,我们应当注意正常的核心经营利润与报告的核心经营利润之间的关系，如果这个比率很低而其他成本占销售收入的比重却比较高，那应当引起特别的重视。这很可能是企业将会发生重组的信号。

从 AT&T 公司的案例来看，在发现它将重组支出归类为非经常性项目时，应当尤其小心谨慎。因为这些支出有可能是会不断出现的，尤其是在技术更新和组织结构变革频繁发生的时代。举例来讲，在银行业变革时代，花旗集团在 1988～1993 年连续六年计提过重组支出。柯达公司在 1989～1994 这六年中，也连续五次采取了同样的举措。吉百利公司（Cadbury Schweppes）在它 1996 年的年报中披露"在主流的食品制造企业中，如今大笔的重组支出已经被广泛地作为一项会重复发生的项目来进行报告了；根据分析人士的估算，在将来很长的一段时期内，重组支出的规模将占到食品制造企业销售收入的 0.5%"。在这种情况下，我们在计算企业的潜在（核心）盈利时，就不能不考虑这类支出项目了。

> **警示案例**
>
> 思科系统公司在 2002 财务年度的第二个季度中，报告它的销售收入在经历了多期下滑之后，终于出现了增长。毛利润也从上一季度的 26.92 亿美元上升为本季度的 29.7 亿美元，毛利率大约为 62%，与思科系统公司在电信泡沫时代取得收入最高峰时期的水平几乎相当。不过，思科系统公司在 2001 财务年度的第三季度中，曾经注销了超过 22 亿美元的存货。对此，分析人员要予以警惕和注意（见前面的警示案例），并且应当预测到，当期存货水平的降低，意味着将来结转的销货成本也会降低，因此毛利率才能保持不变甚至升高。到 2002 年，毛利率再次向我们发出警示：等这些计提过减值的存货都销售出去以后，思科系统公司还能维持这样的利润率吗？

18.3　找出被操控的交易

截至目前，我们所讨论的诊断指标都适用于企业通过选用会计方法或操纵会计估计来影响利润，因此属于我们在前面所讲过的五个会计质量问题中的第三个：美国公认会计原则的应用质量。而第四个问题（交易的质量）则涉及企业对交易的时间或者结构进行安排，以操纵报告的盈利。一般情况下，除非进行财务舞弊，否则，企业对会计方法和会计估计的选择是受美国公认会计原则约束的。但当美国公认会计原则允许灵活发挥时，企业也可以通过对经营业务进行安排而在不违背美国公认会计原则要求的前提下，实现自己的目的。

18.3.1　核心收入的确认时点

为了正确地计算利润，收入的确认与商品的发出本应在同一财务年度中。然而，除非我们知道企业每个月发货的明细信息，否则，类似"填塞分销渠道"这种事情是很难被识别出来的。因此，在阅读财务报告时，对最后一个季度的意外发货信息和销售收入的增减情况应当尤其予以关注。

18.3.2　核心收入的结构

有很多技术可以应用于对收入项目进行操纵，然而，这些技术都非常复杂，在这一方面，投资者往往只能选择信任审计师的判断。

- 关联方交易与非公平交易：比如，将某项设备发货给并不需要使用此类设备的关联企业，收货人将此记录为设备，而发货人则可以就此报告收入；再比如，在委托代销方式或有退货要求权的销售方式下，在发出货物时就立即确认收入等。对这类情况，要特别留意年度报告中的关联方交易信息披露。
- 对租赁交易进行结构安排，将其伪装成符合销售型的租赁方式。
- 将销售佣金一并报告在利润表第一行的销售收入项目中。
- 在非货币性资产交换中对存货进行对换。

警示案例

卡卡圈坊公司是从地区性的甜甜圈制造商逐渐发展成为一家全国性的美味食品供应商的，它在 2000 年成功地通过 IPO 募集股份，变为了一只"热门股"。不过，随着收入增长放缓，这家企业开始向它的特许权经销商发出利润率非常高的甜甜圈制作设备，并且发货时间远远提前于这些经销商需要使用这些设备的时间。一旦这些设备被装上了由该公司本身所控制的运货卡车之后，卡卡圈坊公司便开始记录销售收入了。在这家公司的历史上，甚至还出现过向一家特许权经销商出售设备并记录收入的时间早于买卖双方达成特许经营许可权的时间！2005 年，这家企业被迫对 2000 年以来的财务报表都进行了重述，调低税前利润的金额超过了 2500 万美元。而它的股票曾经一度达到每股 49.37 美元的高点，但到 2005 年，等这家公司对它的会计政策进行了说明之后，市场交易价格便下降为只有每股 7.30 美元。

警示案例

美国环球电讯公司（Global Crossing）以签订长期合同的形式向电信企业出售它的电信网络带宽。在一种被称为带宽互换（capacity sway）的交易中，美国环球电讯公司将它"出售"的带宽记录为收入，但对于它所"换入"的带宽，却记录为资产。在 2001 年与奎斯特通信公司发生的交易中，美国环球电讯公司签下了价值 1 亿美元的带宽供应合同，但目的仅仅是为了"回笼"它从奎斯特公司购买类似价值带宽服务的资金，可美国环球电讯公司却确认了收入。这两家企业后来都遭到了监管部门的调查，并且美国环球电讯公司也在随后申请了破产。

18.3.3 核心费用的确认时点

企业可以安排支出的发生时间，如果这些支出都需要立即确认为费用，那么，就意味着企业可以通过操控支出的发生时间来影响利润。因此，我们尤其需要对企业所发生的研究与开发费用、广告费用予以关注，注意了解：

诊断指标：研究与开发支出[⊖]/销售收入

诊断指标：广告费用/销售收入

如果上述比率的比值偏低，则说明企业有可能为了增大当期的盈利而将支出推迟到将来期间。

[⊖] 按照美国公认会计原则的要求，除软件开发支出以外，其他研究与开发支出都只能在发生当期立即费用化处理；而依照国际财务报告准则或者说在我国，符合资本化条件的开发支出是允许资本化处理的。——译者注

由于广告支出和研发支出都是可能创造未来利润的，因此比较符合资产的特征。但是（按照当前的会计处理规定，这类支出都只能在发生当期立即确认为费用），增加这类支出只会降低企业的本期利润，但使未来期间的盈利受益。要判断这些支出在将来是否确实能为企业带来盈利，需要我们对相关的技术和产品市场有一定的了解。同时，还可以关注上述比率在一定时期内的变化趋势，如果在某一会计期间内，研发支出或广告费用出现了下降，那么，对当期的盈利就尤其应当注意。因为当期的这类支出下降，有可能会对企业未来的盈利产生不利影响，因此，当期的盈利质量可能就会不佳。

18.3.4 释放秘密准备

如果企业的会计处理方法比较谨慎（由于会计政策的原因），那么，就会产生秘密准备，这在第 17 章（表 17-7）中已说明。一旦企业的投资增长放缓，秘密准备就会被释放出来，增大企业的利润。因此，企业可以通过暂时放慢投资速度来临时增加利润。这种会计处理实务被称为**饼干罐会计**（cookie-jar accounting），想要利润的时候，只需要伸手到（秘密准备的）饼干罐里去就行了。我们曾经以研发支出为例（即谨慎性会计处理的极端情况），介绍过这种会计处理实务的影响，但实际上，饼干罐会计还适用于在企业的资产负债表中应用了谨慎计量的资产。因此，一旦你确认一家企业应用的是谨慎的会计政策，就需要特别当心，注意对这些企业的存货、固定资产和无形资产等变动情况进行调查。

下面以使用后进先出法对发出存货进行计价的企业为例来进行讲解。当企业存货规模降低时，随着秘密准备的释放，就能实现后进先出法清算利润。在第 17 章的表 17-8 中，我们已经看到，有超过 25% 的纽约证券交易所和美国证券交易所上市公司在 1982～2003 年报告了后进先出法清算利润。这就是所谓的**后进先出法储备释放**（LIFO dipping）。由于按照美国证券交易委员会的要求，企业必须在其财务报告的存货附注信息中，披露后进先出法储备的规模和由于释放后进先出法储备对当期损益的影响，因此，阅读附注信息将是十分有用的。不过，释放后进先出法储备的影响只是暂时的吗？确实，企业可以暂时通过释放后进先出法储备来增大当期的利润，但实际上，后进先出法储备的清算影响也可能是市场对企业产品的需求将会长期下降的一种先兆。并且，随着后进先出法储备的下降，紧接着就会是价格的下跌，而不会是存货的售空，这才是更可能的长期影响方向。

相对来说，用先进先出法对发出存货进行计价就没有那么好操纵了。不过，在先进先出法下，由于销货成本是由早期存货的成本决定的（资产负债表中报告的存货账面价值则更加靠近最近的存货成本），因此在存货成本持续上涨的情况下，按先进先出法报告的销货成本和利润都可能被认为是质量低下的：此种情况下的销货成本完全不能代表企业目前或者在将来需要为这些存货所支付的价格。不过，如果存货的周转特别快的话，这种影响就不会特别大。

> **警示案例**
>
> 通用汽车公司在 2003 年报告它在持续经营业务中实现了 36 亿美元的税前利润，业绩极为良好。在财务报告附注中，该公司披露，由于后进先出法存货清算的影响，导致当期销货成本下降了 2 亿美元。在此次释放了后进先出法储备以后，预计公司将来的销货成本将会上升，并且，如果存货的价格持续上涨，企业需要以更高的价格来周转库存的话，销货成本的上升将更为明显，因为在后进先出法下，最先进入销货成本中的价格是最近期的采购价格（采购单价更高）。

18.3.5 其他核心收益的确认时点

以下是可口可乐公司在 2001 ~ 2004 年报告的数据（单位：百万美元）。

	2004 年	2003 年	2002 年	2001 年
经营利润	5 698	5 221	5 458	5 352
按权益法确认的投资收益	621	406	384	152
其他收益（损失）	（82）	（138）	（353）	39
被投资企业的股票发行利得	24	8	—	91

正如我们所知，可口可乐公司是一家非常赚钱的企业。但是，在它的盈利中，有很重要的一部分是母公司确认的子公司股份发行利得，而其中有些股份发行交易甚至就发生在一家子公司和另一家子公司之间！很显然，可口可乐公司对这些股份发行交易是具有"重大影响"的，因此能够通过对这些股份发行交易进行安排，来控制将这种利得确认在自己报表中的时点。可口可乐公司可能会坚持说，这样的会计处理才能揭示出子公司的真实获利能力，但其实，这也是一种可用于会计操纵的手段。由于这种利得是因为股份发行，而不是经营活动而带来的，所以，它们是低质量的盈余。

18.3.6 非经常损益的确认时点

企业可以对资产处置的时间进行安排，从而通过处置损益的确认来增加或者减少当期净利润。将类似资产处置损益这样的利得或者损失归类为非经常性项目进行报告，正是出于会计信息质量方面的考虑，不过，对于通过出售优质业务来影响盈余的业务，应当尤其小心。企业确实可以通过把那些账面价值相对市场价值远远偏低的资产进行出售，从而确认利得并影响当期利润，但如果真这样做的话，必然会由于处置盈利性资产而损伤企业未来的获利能力。

18.3.7 组织的操纵：表外经营

有时，企业可以通过对事项进行安排而避免让它们出现在企业的账簿记录中，这些表外的经营业务被称为"**壳业务**"（shells），而对壳业务的设计则被称为"**壳游戏**"（shell game）。

1. 合作研发项目

研发支出是会减少企业利润的[⊖]。因此，有些企业会独自，或与其他合作伙伴共同创办一家壳公司，让壳公司来专门从事研发活动。真正的研发活动其实可能是由原来的公司来负责进行的，但相关的研发支出却由合作研发项目这个壳企业来进行承担，并让它用自己的收入来弥补研发支出。一旦研发项目不成功，企业对合作研发这个壳公司的投资就必须予以注销，那么，企业过去从合作研发项目中所确认的收入就会是不真实的。

2. 养老基金

养老基金的状态可能是过剩的，比如在 20 世纪 90 年代的股票市场大牛市中，养老基金就因股票投资的收益而出现了过剩状态。从技术上来说，这种多出来的基金本是属于全体员工的财产，但企业却总可以找到各种方式来使用这些钱，用于支付经营费用。比如，用于提前退休

⊖ 再次强调一下，美国只允许对部分软件开发成本进行资本化处理，其余研发支出都只能在发生当期确认为费用。但在我国，符合资本化条件的开发支出是允许进行资本化处理的，而研究阶段的支出和不符合条件的开发支出，则应当费用化处理。——译者注

计划、离职人员的健康福利计划和并购融资项目等。而如果没有养老基金的支撑，这些项目的成本则应当被确认在利润表中。

3. 特别目的实体（SPE）

所谓特别目的实体，是经专门设计用来持有某些资产，比如，租赁资产和已被证券化的资产等，使这些资产可以不在企业的资产负债表上报告的实体。尽管企业对这些特别目的实体可能并没有控制权（因此这些实体不在企业的合并会计报表范围内），但对于特别目的实体的负债，企业却可能需要承担附有追索权的义务。

18.4 是否为合法操纵

据称，可口可乐公司报告子公司在股份发行交易中所实现的利得是为了揭示子公司的潜在获利能力，否则，投资者可能根本不会关注到这一方面。通用电气公司之所以会"平滑"它的盈利，据称也是为了让公司的利润增长显得更有规律和可预测（但该公司本身并不承认这一点）。

企业管理层通过将未来的利润提前确认到当期，或者将当期的利润转移到未来期间来平滑收益。如果当年效益不好，则借入将来的利润；反过来，如果当年的效益很好，则可以将一部分盈利先储藏起来。如果管理层能够确保效益不好的年头过去以后，情况就会逐渐变得好起来的话，那么一切都好说。实际上，通过收益平滑以后，利用当年的利润水平来推断未来的盈利水平反而变得更容易了，因此，收益平滑对预测反而是有帮助的。有人甚至认为，经过收益平滑以后，利润的质量反而更好了（从预测的角度来看）！

但是，如果万一坏年头之后紧接着的还是坏年头该怎么办呢？这样的话，当期的利润质量就是值得怀疑的了，因为它们已经被虚增了。这时，很难再对收益平滑技术进行评价，如果仍然要认为被平滑以后的收益是高质量的，那么前提是分析人员必须要对企业未来长期的盈利潜力有足够的信心。只有当企业确实有足够的获利能力能够维持将来的净经营性资产报酬率水平保持不恶化时，我们才能接受较高水平的、被操纵过的净经营性资产报酬率。在可口可乐公司的案例中，如果企业的获利能力下降，子公司再也不能通过发行股票取得的利得来贡献给公司，那该怎么办呢？

18.5 披露质量

新闻集团（News Corporation，主席为鲁伯特·默多克）主要从事出版、娱乐、电视和体育特许经营。在1998年以前，它有遍布多个国家的上百家公司在共同开展经营，因此，它的合并会计报表非常复杂，很难看懂。分析人员则总是要求新闻集团公司提供更透明的信息，因为他们很难确定这家公司的利润来源渠道究竟是什么，并且，虽然新闻集团的很大一部分收入和利润来自美国国内的电影、电视和体育业务，但从这家公司股票的估值情况来看，市场更多的是将它看作一家出版公司，而不是娱乐企业。它在1998年的股票定价是其1998年预计利润的8.5倍，而竞争对手迪士尼公司（Disney）、维亚康姆公司（Viacom）和时代华纳公司（Time Warner）的股票市盈率通常为16或者更高。公司主席默多克先生在1998年6月宣布，拟将包括20世纪福克斯（20th Century Fox）、福克斯电视网络（Fox television network）、洛杉矶道奇队（Los Angeles Dodgers）等美国国内娱乐业资产和新闻集团所持有的对纽约尼克斯队和格拉斯哥队（New York Knicks and Rangers）20%的权益整合为一家独立的公司——福克斯集团（Fox Group），并将该集团20%的股权公开出售。此条业务剥离的消息一经公开，新闻集团公司的股票价格立即就上涨了12%。这是信息披露所带来的回报吗？虽然其他因素也起到了一定的作用，但是分析人员对披露透明度的增加一直欢呼，并且这也导致了新闻集团市盈率的再次提高。将公司的某一个分部单独挂牌上市，就像通用汽车公司下属的休斯电子部门（Hughes Electronics）那样，也具有同样的效果（这样也能分离出部分收益流，这正是部分投资者所期望的），只是股东对此通常没有投票权。

新闻集团的剥离案例告诉我们，质量不好的信息披露导致较低的估值：如果没有足够的信息，投资者就会出于风险考虑而对股票价格打折扣。有时，也可以用资本成本来解释低质量披露的价格效应：低质量的信息披露加大了投资者的风险，因此，他们就会要求更高的必要报酬率来予以补偿。

会计信息披露问题渗透到了财务分析的各个方面，截至目前，你已经遇到了一系列与信息披露相关的问题，至少包括下面这些（还会有更多）：

- 合并会计报表常常使我们更加难以确认企业的获利来源；
- 业务分部报告和地区分部报告常常都缺少细节信息；
- 有些被投资企业不在投资企业的合并范围内，因此很难对投资企业的盈利能力进行全面分析（想象一下，假定有一家企业的利润全部来自对被投资企业的投资收益，而它对这些企业的持股比例都低于50%，那么显然，这家企业的核心利润率就是不透明的）；
- 企业所披露的信息不足以支持我们将现金流量表中的自由现金流量调整为根据利润表和资产负债表信息计算的自由现金流量（即经营利润与净经营性资产的变动额之差：$OI-\Delta NOA$）。其中，有些问题来自难以判断一些项目是否属于经营利润项目或者净经营性资产项目；
- 计算股票期权沽压时所需要的信息披露不足；
- 销售费用与管理费用的明细信息常常披露不足。

18.6 会计信息质量评分

前面所介绍的一系列诊断指标是非常有用的，但是，是否可以只用一个综合性的指标来表征会计信息质量呢？我们将这样的综合性指标称为**综合质量评分**（composite quality score），如下所示，综合质量评分等于一系列诊断指标的加权平均数：

$$综合质量评分 = w_1D_1 + w_2D_2 + w_3D_3 + \cdots + w_nD_n$$

其中，D 表示某个诊断指标的得分，而 w 则表示在这个综合质量评分指标中，每个诊断指标被赋予的权重。

要构建这个综合质量评分指标，我们首先需要确定关注会计信息质量的哪几个方面，涉及哪几个诊断指标，以及如何对这些指标进行赋权。关于收益质量，第一个问题很好回答：我们希望能够预测出利润的反转，因此，我们需要能够较好地预测利润反转的诊断指标。比如，可以开发一个特别的计分卡，将数值设定为 1~10，根据一系列在预测利润反转方面比较重要的诊断指标取值来进行评分；再比如，也可以开发一个专家系统，根据会计信息质量分析人员的长期经验来进行打分等。不过通常情况下，诊断指标和权重的选择都是由数据来决定的：从历史情况来看，哪些诊断指标能够预测利润的反转？怎样的权重赋值才能让预测结果最佳？可使用标准的统计学方法来根据数据求估计值，比如，最小二乘回归拟合法就是其中的一种方法（也许不一定是最好的方法）。

根据数据来估计会计信息质量得分可以减少所需诊断指标的数量，数据可以让我们知道有些诊断指标之间本身就是相关的（它们传达的信息是基本一致的），因此，并不需要将全部的诊断指标都用上。不过，还有另一个质量分析问题也是不容忽视的。正如我们所指出的，诊断指标只是一种警示信号，完全有可能出现某个指标认为企业的会计信息质量是有问题的，但实际上这样的指标状态却是由于正常的企业经营活动所造成的。因此，光凭指标状态是不能马上就下结论的。盈余质量分析实际上是一种概率判断，数据会告诉我们使用这些诊断指标犯错误的可能性会有多大。错误有两种类型，第一类错误是将一家存在会计信息质量问题的企业判断为没有问题的，而第二类错误则是将一家没有会计信息质量问题的企业判断为有问题的。数据会告诉我们犯每一类错误的概率有多高。

在过去若干年中，人们开发出了很多质量评分工具。下面是常见的五种（在本章的配套网站资料中还提供了更多的质量评分工具）：

- M计分值（M-scores）：用于检查可能招致美国证券交易委员会调查的会计操纵行为：M. Beneish, "The Detection of Earnings Manipulation," *Financial Analysts Journal*, 1999, PP. 24-36。
- F计分值（F-scores）：用于识别低市净率公司的财务健康状况：J. Piotroski, "Value Investing: The Use of Historical Financial Statement Information to Separate Winners from Losers," *Journal of Accounting Research*, Supplement 2000, PP. 1-41.
- Q计分值（Q-scores）：在企业使用稳健性会计政策的前提下，用该评分工具来计量秘密准备的释放对利润的影响：S. Penman and X. Zhang, "Accounting Conservatism, the Quality of Earnings, and Stock Returns," *The Accounting Review*, April 2002, PP. 237-264.
- S计分值（S-scores）：是一个复合计分指标，用于判断企业的经营利润是可持续的还是会发生反转的：S. Penman and X. Zhang, "Moldeling Sustainable Earnings and P/E Ratios Using Financial Statement Information," 2005。该文可在下述网址下载得到：papers.ssrn.com/sol3/papers.cfm?abstract_id=318967。
- 异常应计项计分值：建立这类模型，目的是估计企业报告的应计项目中，有多大比例是属于异常的。比如：J. Jones, "Earnings Management During Import Relief Investigations," *Journal of Accounting Research*, Autumn 1991, PP. 193-223 和 P. Dechow, R. Sloan and Sweeney, "Detecting Earnings Management," *The Accounting Review*, April 1995, PP. 193-225。

图18-3报告了这些评分工具的评价效果，它主要是依据一个收益持续性评分指标——S计分值来进行计算的。S计分值在计算过程中所依赖的质量诊断指标都可以根据财务报表数据直接得到，主要用来预测企业目前的净经营性资产报酬率RNOA在将来是会保持稳定、增长还是下降（请回看图18-1，复习盈余管理对净经营性资产报酬率的影响）。在该分析中，使用了1979～2002年美国全部上市公司的可用数据。可以看出，如果将计算S计分值的当年表示为第0年，那么，S计分值最高的前1/3企业相对后1/3企业相比，前者在计算S计分值的次年具有明显偏高的净经营性资产报酬率RNOA，哪怕在第0年中，两组企业具有相同的净经营性资产报酬率时也是如此。两类企业之间的净经营性资产报酬率差异程度是完全不容忽视的——在计分的次年，分别为12.8%和8.8%。

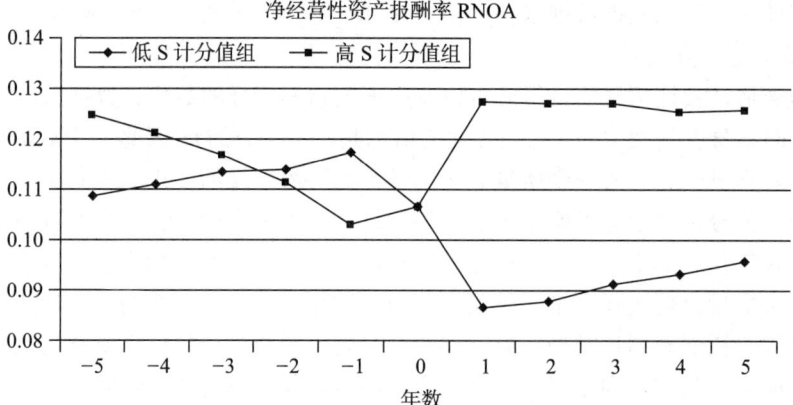

图 18-3 净经营性资产报酬率比较：S 计分值高的企业与 S 计分值低的企业对比（1979～2002 年）

注：S 计分值的分布范围为 0～1。当 S 计分值为 0.5 时，表示企业当期的净经营性资产报酬率能够在将来保持稳定；当 S 计分值大于 0.5 时，表示企业将来的净经营性资产报酬率会高于目前的水平；而 S 计分值小于 0.5 则表示企业将来的净经营性资产报酬率会低于目前的水平。图中标出了 S 计分值最高的前 1/3 企业（高 S 计分值组）和最低的后 1/3 企业（低 S 计分值组）的平均净经营性资产报酬率水平。假定将计算 S 计分值的当年定义为第 0 年，那么，两组企业在第 0 年的净经营性资产报酬率水平是相等的，但在后续年份中，净经营性资产报酬率的走势出现了显著差异。

资料来源：S. Penman and X. Zhang. 2005. Modeling Sustainable Earnings and P/E ratios Using Financial Statement Information. 此文可通过下述网络链接地址获得：http://papers.ssrn.com/sol3/papers.cfm?abstract_id=318967。

18.7　质量分析中的超常收益

很多分析人员认为，市场是被企业报告的收益水平"锁定"了的。市场将企业的盈利水平看为"面值"，于是，管理人员才总是想要通过操纵企业的盈利去影响股票价格。有些人相信市场是有效率的，他们坚持认为，市场能够看穿企业的会计伎俩，识别企业的真实获利能力。但对于会计信息质量分析人员来说，他们相信通过识别企业的会计操纵手段可以发现错误的定价，从而获得超常的投资回报。

请看图 18-4，它报告了在 1979～2002 年，每年都对高 S 计分值的企业进行做多并同时对低 S 计分值的企业进行做空的投资组合年度收益率。（在不考虑交易成本的条件下）由于做空组合和做多组合完全对冲，投资的总成本为 0，因此，如果做多组合和做空组合的风险相似的话，投资的总回报应当是预期为 0 的。但事实却是，除了 4 个年份以外，所有年份的组合投资收益率均为正数，且水平较高——在多数年份中，都为 10% 或更高。如果按应计项目的金额与现金流量的比值或其他会计信息质量诊断指标来构建交易策略，所得到的收益率分布特征也与此类似⊖。当然，股票交易员已越来越多地开始利用会计信息质量分析了，因此未来的投资收益率分布不一定还会符合这些历史收益率分布特征。

⊖ 例如，见 R. Sloan，"Do Stock Prices Fully Reflect Information in Accruals and Cash Flows about Future Earnings？" *The Accounting Review*，1996 年 7 月，第 289～315 页，也可参见本章配套的网页资料。

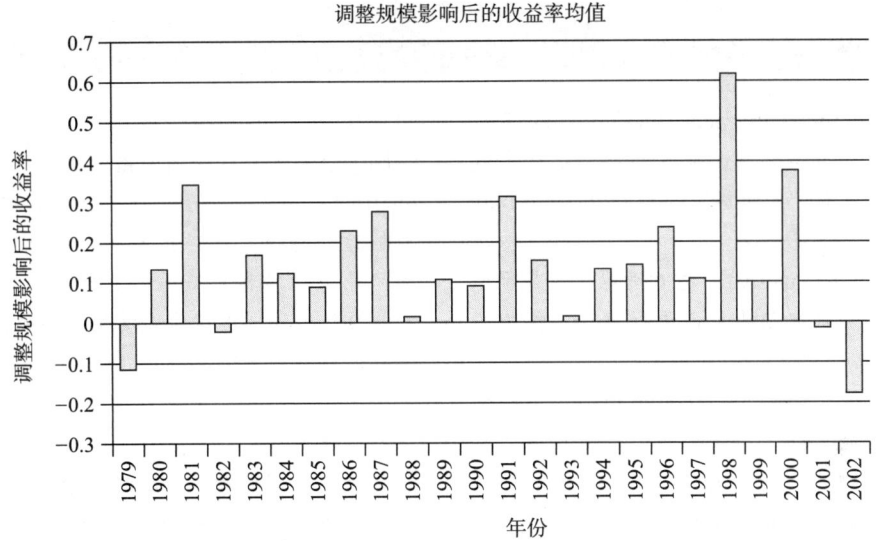

图 18-4 按日历年度计算的投资收益率（买入 S 计分值最高的 10% 股票，同时卖出 S 计分值最低的 10% 股票，1979～2002 年）

图中的收益率是调整了规模影响的，即减去了与公司规模相关的风险报酬率后的剩余，或者说，每家公司的收益率都等于其实际收益率减去与它同规模的其他公司的投资收益率平均水平之差。构建多-空组合所需要的投资为零。从图中可以看出，除 4 个年份以外，在其他全部年份中，该零投资的组合收益率都是正数。

资料来源：S. Penman and X. Zhang. 2005. Modeling Sustainable Earnings and P/E Ratios Using Financial Statement Information. 此文可通过下述网络链接地址获得：http://papers.ssrn.com/sol3/papers.cfm?abstract_id=318967。

为什么按照盈利的可持续性来构建的交易策略会是有用的呢？实际上，图 18-4 是给了我们线索的。假定投资者整体是不了解企业的盈利质量的，那么，当将来的净经营性资产收益率被披露出来以后，他们一定就会感到惊讶，而合格的会计信息质量分析人员会根据判断结果来选择恰当的买卖头寸，并从投资者的惊讶中获利。

本章小结

在根据当期财务报表进行预测时，分析人员必须关注报表数据的会计信息质量。如果相关的会计政策或会计估计使企业当期的获利能力暂时被增大或者减小，分析人员需要意识到，这些会计操纵的影响在将来是会发生反转的。

本章建立了一系列的诊断指标，用于对会计信息进行质量分析。这些指标仅是一种建议或者警示，提醒大家对相关会计数据保持怀疑和谨慎。对于发现的问题，应当进行进一步的调查，咨询企业管理部门，解决这些诊断指标所提示的疑惑。为了对企业的会计信息质量做出整体判断，分析人员需要明白在什么样的情形下最容易产生会计舞弊行为，并了解不同行业可能存在的敏感问题。本章已列出了分析人员应当特别关注的会计信息质量领域和事项。

会计信息质量分析属于广义收益持续性分析的一部分。因此，应当将本章的知识与第 13 章收益的持续性分析相结合来进行学习，并运用第 16 章的警示分析技术，对企业在将来能够维持现有获利水平的能力提出更多的问题。

关键概念

激进会计（aggressive accounting）：指在多种可选的会计处理方式中，能在当期确认更多利润的方式。可与"洗大澡"会计处理（big-bath accounting）相比较。

审计质量（audit quality）：指对确保企业是否坚持美国公认会计原则要求而进行审计工作的诚信和完整性。

储备未来利润（banking or saving income for the future）：指故意降低当期利润，将盈利推迟到未来再予以确认的会计做法。与借取未来利润（borrowing income from future）相对。

"洗大澡"会计处理（big-bath accounting）：指故意减少当期利润（通常低报的金额很高）的会计做法。可与**激进会计**（aggressive accounting）相比较。

借取未来利润（borrowing income from future）：指将本应确认在未来的利润在当期进行确认的（激进会计）做法。与**储备未来利润**（banking or saving income for the future）相对。

填塞分销渠道（channel Stuffing）⊖：是一种将收入提前确认在当期，以报告更高当期利润的做法。

披露质量（disclosure quality）：指企业的财务报表及其相关附注所提供的细节能够满足分析需求的程度。

盈余管理（earnings management）：指在不同的会计期间安排报告盈余的一种会计手段。

盈余质量（earnings quality）：指用当期的盈余信息来预测未来盈余信息的能力。高质量的盈余在未来不会发生反转。

择时支出（expenditure timing）：指人为选择支出发生的会计期间的做法。

美国公认会计原则应用质量（GAAP application quality）：指企业采用美国公认会计原则，对企业的活动进行"真实和公允"报告的程度；因为企业也可以利用美国公认会计原则许可范围内的会计方法，去扭曲地反映企业的活动。

美国公认会计原则的质量（GAAP quality）：指美国公认会计原则对影响企业估值的相关交易的反映程度。

后进先出法储备释放（LIFO dipping）：指通过释放后进先出法储备，减少后进先出法下的存货，同时增大当期利润的做法。

质量诊断程序（quality diagnostics）：指发现企业财务报表中的质量问题。

择时确认收入（revenue timing）：指人为选择收入确认期间的会计做法。

会计信息反转特性（reversal property of accounting）：指在当期确认较高（低）的收益，就会导致将来的收益较低（高）的特点。

壳业务/表外业务（shell）：是企业经营的一部分，但通过组织安排，可以使这些经营活动不需要在资产负债表中进行反映。

交易质量（transaction quality）：在判断报告利润时，通过择时交易（transaction timing）所影响到的数量金额。

安排交易结构（transaction structuring）：指为了实现想要的会计效果，而对交易所进行的故意安排。

择时交易（transaction timing）：指为了将某项交易的影响确认在特定会计期间，而围绕会计准则去安排企业业务的做法。

分析师工具箱

分析工具	重要指标	应记住的缩写/简称
关于会计信息质量的五个问题	诊断指标	ATO：（净经营）资产周转率

⊖ 填塞分销渠道是一种提前确认收入的恶性促销手段。卖方通过向买方（通常是分销商）提供优厚的商业刺激，诱使买方提前购货，从而在短期内实现销售收入大幅增长，达到美化其财务业绩的目的。

质量分析的前奏

用以发现会计是否被操纵的诊断指标：

    销售收入

    核心费用

    非常项目

用以发现是否择时交易的诊断指标：

    核心收入的确认时点

    核心费用的确认时点

    其他核心收益的确认时点

    非常收益的确认时点

    组织的操纵

销售收入净额 / 销售商品、提供劳务流入的现金

销售收入净额 / 应收账款净值

销售收入净额 / 预收收入

坏账比率

产品质量保证金费用比率

标准化的经营利润 / 经营利润

资产周转率的变动

调整后的扣除利息、所得税、折扣券与摊销前利润 / 息税前利润

折旧费用 / 资本支出额

经营活动产生的现金流量 / 经营利润

经营活动产生的现金流量 / 平均净经营性资产

应计费用诊断指标

经营活动的实际税率

研究与开发费用 / 销售收入

广告费用 / 销售收入

综合质量评分

CFO：经营活动产生的现金流量

EBIT：息税前利润

EBITDA：扣除利息、所得税、折旧与摊销费用前的利润

FIFO：先进先出法

IPO：初次公开募集

LIFO：后进先出法

NOA：净经营性资产

OI：经营利润

PM：销售利润率

R&D：研究与开发

RNOA：净经营性资产报酬率

SEC：美国证券交易委员会

SG&A：销售与日常管理费用

思考题

C18.1. 企业可以通过暂时增大它在本期的坏账准备来为未来储备盈利。这种说法正确吗？

C18.2. 如果本期的折旧费用较低，则意味着将来的利润会受到不良影响。这种说法正确吗？

C18.3. 产品质量保证金负债的减少会增加企业的销售净额。这种说法正确吗？

C18.4. 通过低估费用的做法来增大企业的销售利润率，会使企业的净经营性资产受到影响。这种说法正确吗？

C18.5. 为什么说可以根据企业资产周转率的变动来预测它的未来获利能力？

C18.6. 为什么分析人员在评价企业的收益质量时，需要将经营活动产生的现金流量与利润进行比较？

C18.7. 为什么对分析人员来说，如果企业报告了大笔的并购支出，是需要引起质疑的？

C18.8. 为什么对分析人员来说，由于坏账准备原因而导致的递延所得税增加是值得质疑的？

C18.9. IBM 公司在 2000 年第一季度报告它的利润增长了 3%，实现了分析人员在此前所做出的预期。但同时，该公司的收入却出现了下滑。财务报告一经公布之后，该公司的股票价格随即出现了下跌。

你认为为什么在企业利润增长的前提下，股票价格还会下跌呢？

请你预测一下，在该季度中，IBM 公司的资产周转率出现了怎样的变化？

C18.10. 伊珂赛特公司（Excite）与网景公司（Netscape）在 1999 年签了一项协议，根据协议，伊珂赛特公司支付 8610 万美元，与网景公司共同分享两家企业联名的搜索引擎服务。在协议签订之后，伊珂赛特公司立即在利润表中注销了 2/3 的成本——总计约 5680 万美元。对此，分析人员提出了反对意

见。为什么他们会反对？

C18.11. 美国必能宝公司（Pitney Bowes）公布它在1999年第三季度的持续经营活动每股收益为0.70美元，相对上年同期每股0.49美元有所增长；与此同时，公司的收入也增长了8%。但在该公告发布以后，必能宝公司的股票价格却立即下跌了10%。

分析人员担心的是该公司的收益质量，他们指出，公司的实际税率出现了下滑。分析人员为什么会关注企业的实际税率呢？

C18.12. 假定你发现有一家企业由于折旧费用的影响而导致递延所得税负债显著增加，你会得出什么样的结论？

C18.13. 一家企业连续3年的资本支出与当期折旧费用比值都为1.6。你从这个比率的情况能推断出什么结论？

C18.14. 一些企业建议投资者关注它们的"预计"盈利而不是当前的报告盈利。在计算预计盈利时，通常都不考虑无形资产的摊销和应分摊的被投资企业投资损失。这样的建议有道理吗？

C18.15. 时任美国联邦储备委员会主席格林斯潘先生在1999年7月曾说，美国企业的利润都是被低估了的，尤其科技类企业更是如此。你认为格林斯潘先生指的是什么？

C18.16. 根据实现原则，我们应在销售完成时才确认销售收入。有人说，这样的收入确认要求能够增进会计报告的质量。因为企业是无法估计它们的未来收入的，相反，在确认收入之前，必须先明确客户才行。请问，你认为实现原则是一项必需的会计原则吗？

C18.17. 人们普遍认为，将成本费用与收入进行配比（即所谓的"配比原则"）有助于报告出"更高质量的"利润。请解释为什么。

练习题

基本练习

E18.1. 追踪痕迹：分辨利润中的"经得起检验的部分"与"掺水的部分"（简单）

一家企业报告它的税后经营利润为12.98亿美元，根据它的现金流量表，可计算出的自由现金流量为2.34亿美元。要求：

a. 分辨这家企业的利润中，有多少是"经得起检验的"，有多少是"掺水的"。

b. 在计算自由现金流量时，减去了6.87亿美元的现金投资额。这家企业在当年的经营性应计项目金额为多少？

E18.2. 利润转移与净经营性资产（简单）

一家企业的财务总监向首席执行官递交的一套财务报表显示，该企业的税后经营利润为22.34亿美元。根据该数据和这家企业的年初净经营性资产，可计算出其净经营性资产报酬率为9%。首席执行官对这个指标不是十分满意，认为它低于企业管理层曾经承诺的目标净经营性资产报酬率水平12%。于是，他问财务总监，有没有什么"会计技巧"可以帮助企业达到该目标值？要求：

a. 如果要通过操纵利润来实现目标净经营性资产报酬率，财务总监必须增加多少利润才行？

b. 如果进行了这样的盈余管理，对该企业在下一年度的净经营性资产报酬率会带来怎样的影响？

E18.3. 追踪至资产负债表（中等）

如果企业实施下列盈余管理行为，请指出资产负债表中的哪些项目会因此而受到影响？

a. 增加销售收入总额；

b. 减少坏账费用；

c. 降低折旧费用；

d. 降低销售费用；

e. 减少软件开发费用。

E18.4. 解读诊断指标（简单）

下面列出了一系列的财务比率和这些比率过去三年的比值水平。对每一比率进行分析，指出根据该诊断指标的当前取值，企业在下一年度的净经营性资产报酬率会升高还是降低？

诊断指标	当前水平	过去三年的平均水平
坏账费用/销售收入	2.34%	4.12%
产品质量保证金费用/销售收入	3.59%	2.30%
销售收入净额/应收账款	7.34	5.88
存货/销售收入	0.23	0.12
折旧费用/资本支出	1.3	1.5
预收收入/销售收入	0.9	0.25

E18.5. 标准化的资产周转率（中等）

一家企业报告它的税后经营利润为1.36亿美元，较上年1.2亿美元的水平有所增长；同期销售收入也从51.06亿美元上升为57.51亿美元，而净经营性资产则从23.21亿美元上升为了26.14亿美元。假定这家企业在过去三年中的平均资产周转率为2.2。要求：

计算这家企业当年的自由现金流量为多少？标准化的经营利润为多少？根据你的计算结果，你认为这家企业报告的经营利润1.36亿美元质量如何？

E18.6. 资产周转率的变动与盈利质量（中等）

一家企业报告它的净经营性资产报酬率为19%。这时，有一位分析人员注意到，这家企业的资产周转率在当期已从2.2下降为1.9。要求：

a. 计算这家企业在当年的销售利润率为多少？

b. 根据资产周转率的下降，你认为这家企业在将来还能维持19%的净经营性资产报酬率水平吗？

E18.7. 现金流量表中的警示信号（中等）

请指出以下现金流量表中存在的会计信息质量警示信号。该报告主体在2012年实现销售收入4.01亿美元，相对2011年4.56亿美元的水平，出现下降（单位：百万美元）。

	2012年	2011年
净利润	36.5	28.3
折旧费用	46.0	63.0
应收账款净值的变动额	(33.3)	12.2
应计费用的变动额	12.4	(5.2)
预收账款的变动额	(22.5)	12.3
估计重组支出的变动额	(22.0)	—
经营活动产生的现金流量	17.1	110.6
投资活动现金流量：		
资本支出	61.0	58.0

应用分析

E18.8. 收入的质量：博士伦公司（简单）

博士伦公司（Bausch and Lomb, Inc.）是一家光学产品企业，它在1990～1993年的销售收入与应收账款数据如下（单位：百万美元）。

	1990年	1991年	1992年	1993年
销售收入净额	1 368.6	1 520.1	1 709.1	1 872.2
商业应收账款，扣除坏账准备后的净值	203.0	205.3	277.3	385.0

博士伦公司在随后不久被发现没有正确地记录它的销售收入，引起了美国证券交易委员会的调查。根据上面所列出的这些数据，你能发现博士伦公司所报告收入的疑点吗？

E18.9. 毛利率的质量：威帝斯半导体公司（简单）

威帝斯半导体公司（Vitesse Semiconductor Corp.）报告它在2001～2003年的销售收入与产品销售成本信息如下（单位：千美元）。

	2003年	2002年	2001年
销售收入	156 371	151 738	383 905
产品销售成本	73 163	110 155	201 536

根据上述材料，请计算威帝斯公司每年的销售毛利率（＝毛利润/销售收入）各为多少？该公司在2001年因存货发生减值而注销了价值4650万美元的存货，然后在2002年又注销了3050万美元的存货。请解释这两次存货的注销对上述三年销售毛利率的影响是什么。

E18.10. 美国证券交易委员会与微软公司（简单）

a. 1999年，微软公司宣布美国证券交易委员会正在对它的一些会计处理问题进行调查。表18-3列出了微软公司2000财务年度第一季度末比较资产负债表中的短期负债部分。你能从中看出证券交易委员会要调查微软公司的原因吗？

表 18-3

微软公司资产负债表信息摘录
(单位：百万美元)

	1999年9月30日	1999年6月30日
流动负债		
应付账款	997	874
应付职工薪酬	313	396
应交所得税	1 136	1 607
预收收入	4 129	4 239
其他流动负债	1 757	1 602
流动负债合计	8 332	8 718

现金流量表信息摘录
(单位：百万美元)

	截至9月30日的季度	
	1999年	1998年
经营活动		
净利润	2 191	1 683
折旧费用	440	179
资产处置利得	(156)	(160)
预收收入	1 253	1 010

(续)

	截至9月30日的季度	
	1999年	1998年
将以前期间预收收入确认为收入	(1 363)	(765)
其他短期负债	(345)	360
应收账款	64	341
其他流动资产	(94)	(64)
经营活动产生的现金流量净额	1 990	2 584

b. 表18-1中还给出了微软公司在同期的经营活动现金流量信息。该公司在截至1999年9月30日和1998年9月30日的这两个季度中，报告的销售收入分别为5384百万美元和4193百万美元，对此你能提出什么问题？

E18.11. 找出现金流量表中的警示信号：电子数据系统公司和塞纳公司（中等）

下面是电子数据系统公司和塞纳公司（Cerner Corporation）的现金流量表信息摘录，请找出其中的警示信号。

电子数据系统公司
(单位：百万美元)

	以12月31日为会计年度截止日		
	2001年	2000年	1999年
经营活动产生的现金流量			
净利润	1 363	1 143	421
将净利润调整为经营活动产生的现金流量：			
折旧与摊销费用	1 482	1 431	1 436
递延薪酬	98	101	113
资产（包括购入正在进行中的研发项目）的注销	91	43	129
其他	(340)	(187)	(229)
经营性资产和负债项目的变动，扣除购入企业的影响之后的净额：			
应收账款与未开票的收入	(882)	(386)	(185)
预付费用及其他	202	(87)	90
应付账款与应计负债	(481)	(305)	368
预收收入	(138)	(156)	162
应交所得税	327	(38)	(369)
调整项合计	359	416	1 515
经营活动产生的现金流量净额	1 722	1 559	1 936

塞纳公司
（单位：千美元）

	报告期长度为 6 个月，截止日分别为	
	2002 年 6 月 29 日	2001 年 6 月 30 日
经营活动产生的现金流量：		
净利润（亏损）	24 310	（62 655）
将净利润（亏损）调整为经营活动产生的现金净流量：		
折旧与摊销费用	27 168	23 580
出售软件许可换取的普通股投资	—	（750）
注销的商誉减值	1 272	—
处置投资利得	（4 308）	—
处置股票的已实现损失	—	385
注销的投资	—	127 616
处置软件许可利得	—	（7 580）
股权激励费用	34	56
分担关联企业投资损失	—	1 093
递延所得税准备	（29 627）	（44 801）
资产与负债项目的变动（扣除购入企业影响后的净额）：		
应收账款（净额）	（28 817）	（4 582）
存货	（1 406）	1 166
预付费用及其他	（4 400）	（5 601）
应付账款	4 895	6 644
应交所得税	35 413	5 958
预收账款	（12 641）	（8 304）
其他应计负债	（3 443）	1 160
调整项合计	（15 860）	96 040
经营活动产生的现金流量净额	8 450	33 385
投资活动产生的现金流量：		
购买资本性设备	（21 493）	（8 150）
购买土地、建筑物与改良支出	（5 484）	（4 356）
业务购并	（13 429）	—
对被投资企业的投资	—	（1 292）
处置可供出售的证券所得	90 119	1 572
签发应收票据⊖	—	（100）
收回应收票据	—	89
资本化的软件开发成本	（22 915）	（18 179）
投资活动产生（使用）的现金净流量	26 798	（30 416）

E18.12. 追踪净经营性资产与资产周转率的变化：女王公司（中等）

（根据乔治城大学 Patricia Fairfield 教授提供的分析资料编写。）

女王公司（Regina Company）曾经销售过一款很受市场欢迎的吸尘器，但这家公司很快就遇到了经营困难然后破产了。从下面所提供的利润表中你可以看出，这家公司在20世纪80年代中的销售收入增长非常惊人。

利用下面的利润表和资产负债表，追踪女

⊖ 塞纳公司将应收票据的取得和偿付报告为投资活动了。——译者注

王公司在各年当中的经营利润（税后）、自由现金流量、净经营性资产的变动和资产周转率。假定该公司的所得税税率为39%。

要求：

a. 根据1988年的数据，计算女王公司在当年标准化的经营利润是多少？根据这一指标，你认为女王公司在1988年的利润质量如何？

b. 请观察女王公司资产周转率的变化情况，根据这一信息，你认为女王公司在这些年当中的利润质量如何？

c. 在这份报表中，还有哪些细节信息提示了更进一步的警示信号？

女王公司1985～1988年比较利润表
（单位：千美元）

	以每年6月30日为年度截止日			
	1985年	1986年	1987年	1988年
销售收入净额	67 654	76 144	128 234	181 123
经营成本与费用				
销货成本	43 988	46 213	70 756	94 934
销售、配送与管理费用	9 121	10 366	14 621	21 870
广告费用	9 416	8 557	26 449	39 992
研究与开发支出	673	1 182	1 530	2 423
经营成本合计	63 198	66 318	113 356	159 219
经营利润	4 456	9 826	14 878	21 904
利息费用	2 930	1 930	1 584	3 189
税前利润	1 526	7 896	13 294	18 715
所得税费用	405	3 807	6 189	7 761
净利润	1 121	4 089	7 105	10 954

1984～1988年比较资产负债表
（单位：千美元）

	以每年的6月30日为年度截止日				
	1984年	1985年	1986年	1987年	1988年
资产					
流动资产：					
货币资金	328	36	63	514	885
应收账款，净值	8 551	11 719	14 402	27 801	51 076
存货	11 109	6 325	9 762	19 577	39 135
其他	6	475	708	1 449	3 015
流动资产合计	19 994	18 555	24 935	49 341	94 111
不动产、厂房与设备原值	17 219	18 486	19 523	19 736	27 884
减：累计折旧	0	(1 304)	(3 140)	(4 948)	(6 336)
其他资产	1 118	1 775	1 884	1 112	2 481
资产总计	38 331	37 513	43 202	65 241	118 140
负债与股东权益					
短期负债：					
短期借款	7 500	3 732	2 707	0	0
一年内到期的长期借款	1 400	1 400	0	900	1 250
应付账款	3 082	4 724	7 344	15 072	13 288
应计费用	3 800	3 091	3 127	5 468	4 710

(续)

	以每年的6月30日为年度截止日				
	1984年	1985年	1986年	1987年	1988年
应交所得税	2 349	1 145	1 554	2 619	3 782
短期负债合计	18 131	14 092	14 732	24 059	23 030
长期负债:					
分期偿还贷款	12 600	0	0	0	0
工业收益债券	0	14 800	14 800	13 900	12 650
次级长期票据	5 000	5 000	0	0	0
银行借款	0	0	0	5 941	47 432
密西西比州负债	0	0	0	0	1 975
长期负债合计	17 600	19 800	14 800	19 841	62 057
递延所得税	0	118	685	1 254	1 881
股东权益					
普通股,每股面值$0.0001	1	1	1	1	1
普通股认股权证	1 100	1 100	0	0	0
股本溢价	1 499	1 473	8 010	8 018	8 149
留存收益	0	1 121	5 210	12 315	23 269
减:库存股,成本	0	(192)	(236)	(247)	(247)
股东权益合计	2 600	3 503	12 985	20 087	31 172
负债与股东权益总计	38 331	37 513	43 202	65 241	118 140

E18.13. 质量诊断指标:盖特威公司(中等)

计算机生产商盖特威公司是20世纪90年代的一家快速成长企业,它的收入和利润都持续增长,赢得了分析人员的青睐。然而,到2000年,盖特威公司的收入增长开始放缓,尽管公司在当年新开了超过800家新的零售网点,但相比1999年89.65亿美元的收入水平,2000年的销售收入却只有96.01亿美元。经营利润也出现了下降,相比1999年4.03亿美元的税后经营利润,2000年只有2.31亿美元。公司声称这主要是由于零售网点扩张所带来的影响,这样的解释让分析人员十分满意,于是,盖特威公司的股票价格一直维持在大约每股60美元的高位。但是,到2001年,突然晴天霹雳:盖特威公司发生了高达8.76亿美元的重组支出,导致它的税后经营利润变成了负的9.83亿美元!公司股票价格很快便跌为每股20美元。

下面是盖特威公司在2000年度报告中披露的一些数据。请认真研读这些数据,用相关诊断指标说明该公司在2001年的盈利会发生恶化。

	2000年	1999年
	(单位:千美元)	
应收账款,净值:		
应收账款,原值	557 479	662 811
坏账准备	(12 724)	(16 472)
	544 755	646 339
存货:		
原材料与配件	252 085	183 321
产成品	62 984	8 849
	315 069	191 870
不动产、厂房与设备	1 308 696	1 092 004
累计折旧与摊销	(411 282)	(346 344)
	897 414	745 660
其他资产:		
融资性应收款,扣除坏账准备后净值	701 659	295 812
长期投资	339 143	212 865
递延所得税资产	290 596	211 921
其他	283 924	261 548
	1 615 322	982 146
应计负债:		
预提产品质量保证金(短期部分)	127 770	142 729

	（续）	
	2000 年	1999 年
	（单位：千美元）	
其他	428 553	466 403
	556 323	609 132
其他短期负债：		
预收收入（短期部分）	116 089	108 603
其他	34 831	39 699
	150 920	148 302
其他长期负债：		
预收收入（长期部分）	62 673	61 200
预提产品质量保证金（长期部分）	54 910	47 246
其他	23 588	19 414
	141 171	127 860
净经营性资产合计	1 767 000	681 000

E18.14. 一份重述的财务报表：阳光公司（困难）

在20世纪90年代中期之前，一度闻名的家用品制造商阳光公司（Sunbeam Corporation）所报告的销售和盈利都毫不打眼。1996年，新上任的公司管理层为扭转格局，对公司进行了大规模的重组安排，提高了公司的销售水平和获利能力。由于预期得到了证实，阳光公司的股票价格在1997年的上涨幅度高达50%。

但在1998年，阳光公司却对它在1997年和1998年的年度报告进行了重述，它披露：

在公布了本公司1997年和1996年的合并财务报表之后（报表截止日分别为1997年12月28日和1996年的12月29日），我们发现，公司1997年的经营成果被夸大了，且多计的盈利是以低估1996年的利润为代价的。

在这份重述声明公布之后，阳光公司的股票价格一下子便从每股50美元跌为每股10美元。

重述报表的部分原因在于销售收入的确认不合理。重述后，1997年的销售收入从1168百万美元降为1073百万美元，而1996年的收入水平则保持不变，并且，这两年中的费用总额都没有变动。表18-4和表18-5中分别提供了阳光公司重述前和重述后的经营活动现金流量情况，请仔细阅读后再回答：在原始的报表中，必须予以重述的是哪一部分？

表 18-4　重述前现金流量表信息摘录

（单位：百万美元）

阳光公司

	1997 年	1996 年
经营活动		
净利润（亏损）	109 415	(228 262)
将净利润调整为经营活动产生的现金净流量：		
折旧与摊销费用	38 577	47 429
重组支出、资产减值与其他费用	—	154 869
其他非现金的特别支出	—	128 800
处置终止经营项目损失，税后影响净额	13 713	32 430
递延所得税影响	57 783	(77 828)
营运资本变动导致的现金增加（减少）：		
应收账款（净值）	(84 576)	(13 829)
存货	(100 810)	(11 651)
应付账款	(1 585)	14 735
应付重组支出	(43 378)	—
预付费用与其他流动资产和负债变动	(9 004)	2 737
应交所得税	52 844	(21 942)
偿还其他长期和非经营性负债	(14 682)	(27 089)
其他项目的影响（净值）	(26 546)	13 764
经营活动产生（使用）的现金流量净额	(8 249)	14 163

表 18-5　重述后现金流量表信息摘录

（单位：百万美元）

阳光公司

	1997 年重述	1996 年重述
经营活动		
净利润（亏损）	38 301	(208 481)
将净利润调整为经营活动产生的现金净流量：		
折旧与摊销费用	39 757	47 429
重组支出、资产减值与其他费用	(14 582)	110 122
其他非现金的特别支出	—	70 847
处置终止经营项目损失，税后影响净额	14 017	39 140
递延所得税影响	38 824	(69 206)
营运资本变动导致的现金增加（减少）：		

（续）		
阳光公司		
	1997年重述	1996年重述
应收账款（净值）	(57 843)	(845)
应收账款证券化收到的现金	58 887	—
存货	(140 555)	11 289
应付账款	4 261	11 029
应付重组支出	(31 957)	—
预付费用与其他流动资产和负债变动	(16 092)	39 657
应交所得税	52 052	(21 942)
偿还其他长期和非经营性负债	(1 401)	(27 089)
其他项目的影响（净值）	10 288	12 213
经营活动产生（使用）的现金流量净额	(6 043)	14 163

E18.15. 股票市场对盈利公告的反应：伊斯曼柯达公司与英特尔公司（中等）

1998年9月，图像产品制造商伊斯曼柯达公司（Eastman Kodak）报告它在当季实现净利润3.98亿美元，较上年同期水平上涨了72%，并实现了分析师的预期。然而，公司在同期的销售收入却相对下降了10%，只有34亿美元。柯达公司的股票价格随即下降了13%。

在同一报告季度中，全球最大的计算机芯片制造商英特尔公司报告它的净利润为16亿美元，与上年同期水平相当，但销售收入却上涨了9%，达到67亿美元。季度报告一经公布后，英特尔公司的股票价格立即上涨了8%。

要求：

a. 计算上述两家公司在截至1998年9月的这个季度中，相对上年同期的销售净利润率变动幅度有多大？然后解释为什么股票价格会对这两家公司的盈利公告做出如此不同的反应？

b. 下面是伊斯曼柯达公司在1998年和1997年前三个季度的经营活动产生现金流量情况，在1998年和1997年的前三季度中，该公司分别实现了销售收入98.43亿美元和107.59亿美元。请仔细阅读下面的报表，根据报表所提供的信息对柯达公司的盈余质量进行判断。

伊斯曼柯达公司现金流量表信息摘要		
（单位：百万美元）		
	前三季度	
	1998年	1997年
经营活动产生的现金流量		
净利润	1 118	749
将上述利润调整为经营活动产生的现金流量，但不包括初次纳入合并范围内的被并购公司影响		
折旧费用与摊销费用	619	600
购入的研究与开发项目	—	186
递延所得税	(63)	(76)
业务部门、投资项目和其他财产处置损失（收益）	(107)	1
应收款的增加	(216)	(57)
存货的增加	(334)	(156)
除借款外的负债减少	(553)	(285)
其他项目，净值	(26)	(97)
调整项合计	(680)	116
经营活动产生的现金流量净额	438	865

迷你案例

M18.1 质量分析：施乐公司

施乐公司已成立多年，它通过大量研发项目开发了复制技术，制造并营销各种文件处理类的产品，以至于人们会用它的品牌名称来指代文件的复制过程。施乐公司的大部分销售收入都是通过它在美国的施乐信用公司和海外的其他子公司以租赁融资协议的方式达成的。这家企业的传统黑白镜头复印机（其销售额占公司1999年总销售收入的40%）在20世纪90年代末期受到了新数字技术的挑战，作为回应，施乐公司开发了数字复印机、打印机和生产发布机等新产品。

施乐公司在1998年对它的经营活动进行了一次较大的重组改革，并在改革中遇到了一些困难。1999年，公司的销售收入总额为192亿美元，相对1998年194亿美元的水平下降了1%。1999年10月，公司发布公告说，预计当年无法实现预期销售目标，结果导致公司股票价格立即下跌了24%。施乐公司的股票在1999年从每股59美元下降为每股24美元。不过，该公司在1999年全年实现持续经营业务利润14.3亿美元，相对1998年5.85亿美元的水平上升了不少。

表18-6给出了施乐公司在1997年、1998年和1999年的利润表，以及相应会计期间的现金流量表部分信息，同时，还有一些摘录自施乐公司1999年年报附注中的信息。

要求： 根据这些报表和附注信息，你认为施乐公司在1998和1999年报告的盈利质量存在哪些问题？

表 18-6

施乐公司利润表

（单位：除每股数据外，均为百万美元）

	年度截止日为12月31日		
	1999年	1998年	1997年
收入			
销售收入	10 346	10 696	9 881
服务费与租金收入	7 856	7 678	7 257
融资收益	1 026	1 073	1 006
收入总额	19 228	19 447	18 144
成本与费用			
销售成本	5 744	5 662	5 330
服务与租赁成本	4 481	4 205	3 778
存货支出	0	113	0
设备融资利息	547	570	520
研究与开发支出	979	1 040	1 065
销售与日常管理费用	5 144	5 321	5 212
重组支出与资产减值损失	0	1 531	0
其他（净值）	297	242	98
成本与费用合计	17 192	18 684	16 003
考虑所得税、投资收益与少数股东本期收益前的利润	2 036	763	2 141
所得税费用	631	207	728
在未纳入合并范围的被投资企业中享有的投资收益	68	74	127
少数股东本期收益	49	45	88
持续经营业务利润	1 424	585	1 452
终止经营项目影响	0	(190)	0
净利润	1 424	395	1 452

现金流量表信息摘录

（单位：百万美元）

	年度截止日为12月31日		
	1999年	1998年	1997年
经营活动产生的现金流量			
持续经营的利润	1 424	585	1 452
将利润调整为经营活动产生的现金流量：			
折旧与摊销费用	935	821	739
坏账准备	359	301	265

(续)

	年度截止日为 12 月 31 日		
	1999 年	1998 年	1997 年
重组支出与其他支出	0	1 644	0
离职后医疗福利准备金,减支出后净额	41	33	29
从 1998 年重组准备金中开支的现金支出	(437)	(332)	0
少数股东享有的本期收益	49	45	88
未分配的股权投资收益	(68)	(27)	(84)
存货的减少(增加)	68	(558)	(170)
增加的租赁中设备	(401)	(473)	(347)
增加的融资性应收款	(1 788)	(2 169)	(1 629)
融资性应收款证券化所得	1 495	0	0
应收账款的增加	(94)	(540)	(188)
应付账款与应付职工薪酬的增加(减少)	(94)	127	250
其他短期负债项目的变动净额	277	(192)	361
短期与长期递延所得税的变动额	(78)	67	83
其他项目影响净额	(464)	(497)	(377)
合计	1 224	(1 165)	472
投资活动产生的现金流量净额			
新增土地、建筑物与设备的购买成本	(594)	(566)	(520)
处置土地、建筑物与设备所得	99	74	36
并购支出,扣除在并购中所取得的现金后净额	(107)	(380)	(812)
其他项目的影响净额	(25)	5	45
合计	(627)	(867)	(1 251)

财务报表附注摘录

以下是从施乐公司 1999 年年度报告中摘录的财务报表附注信息,其中的金额单位均为百万美元。

1. 重组支出

为增强竞争力和降低整体成本结构,本公司在 1998 年宣布了一项在全球范围内开展的重组活动,并对此次重组活动预提了 16.44 亿美元的税前准备金。本次重组项目涉及全球大约 9000 个工作岗位撤除、工厂的关闭或合并,以及对某些资产计提减值。与本次重组计划相关的支出包括记录在销售成本中的、价值 1.13 亿美元的存货支出和 3.16 亿美元的资产减值损失、记录在资产减值损失中的固定资产减值损失 1.56 亿美元和其他资产减值损失 1.6 亿美元。本次重组计划的主要项目包括:

(1) 将 56 个欧洲客户支持中心合并,统一建立后台运作的分享服务组织。

(2) 合理运作制造、后勤、配送和服务部门,包括使美国部件仓库中心化和外包存储与配送服务。

(3) 重整内部流程和相关资源,包括关闭作为美国国内的四大地区分部之一的客户管理中心。

本次重组主要涉及管理职能部门,不过对服务、研发和制造部门也会产生影响。

下表是各项重组支出准备金的状态(单位:百万美元)。

	准备金合计	使用的准备金	1999 年 12 月 31 日余额
职工遣散及相关费用	1 017	717	300
资产减值	316	316	0
取消的租约与其他成本	198	104	94
存货支出	113	113	0
合计	1 644	1 250	394

2. 融资性应收款(净值)

融资性应收款主要产生于本公司商业设备

产品的一次性销售和销售型租赁合约。这类应收款的期限多为2～5年，并通常以相关资产作为安全的抵押品。融资性应收款的净值在1999年、1998年和1997年12月31日的构成为（单位：百万美元）：

	1999年	1998年	1997年
应收款总额	14 666	16 139	14 094
未实现的利润	(1 677)	(2 084)	(1 909)
未担保余值	752	699	557
坏账准备	(423)	(441)	(389)
融资性应收款（净值）	13 318	14 313	12 353
减：将于1年内到期的部分	5 115	5 220	4 599
1年后到期的融资性应收款（净值）	8 203	9 093	7 754

3. 存货

截至1999年、1998年和1997年12月31日，本公司存货项目的构成如下。

	1999年	1998年	1997年
库存商品	1 800	1 923	1 549
在产品	122	111	97
原材料	363	464	406
经营租赁的设备（净值）	676	771	740
存货合计	2 961	3 269	2 792

4. 长期股权投资（权益法）

截至1999年、1998年和1997年12月31日，本公司拥有持股比例在20%～50%，对联营企业、合营企业和其他企业的股权投资如下。

	1999年	1998年	1997年
富士施乐公司	1 513	1 354	1 231

（续）

	1999年	1998年	1997年
其他投资	102	102	101
用权益法核算的联营企业投资	1 615	1 456	1 332

施乐公司与富士公司联合拥有富士施乐公司，其中施乐公司的持股比例为50%。富士施乐公司的总部设在日本东京，主要在日本、太平洋沿岸、澳大利亚和新西兰（中国例外）开展经营活动。下面是富士施乐公司在过去三个财务年度中的简要财务数据。

	1999年	1998年	1997年
汇总经营数据			
销售收入	7 751	6 809	7 415
成本与费用	7 440	6 506	6 882
税前利润	311	303	533
所得税费用	201	195	295
净利润	110	108	238
资产负债表数据			
资产			
流动资产	3 521	2 760	2 461
非流动资产	3 521	3 519	2 942
资产合计	7 042	6 279	5 403
负债与股东权益			
流动负债	2 951	2 628	2 218
长期债务	169	101	286
其他长期负债	1 079	1 028	679
股东权益	2 843	2 522	2 220
负债与股东权益合计	7 042	6 279	5 403

5. 分部报告

本公司的报告分部如下：核心业务分部、富士施乐分部、纸张与媒体分部和其他分部。

	资料处理分部			
	核心业务	富士施乐	纸张与媒体	其他
1999年				
损益信息				
外部客户贡献的收入	15 224	0	1 148	1 830
融资性收益	1 016	0	0	10
内部收入	(206)	0	0	206
分部收入合计	16 034	0	1 148	2 046
折旧与摊销费用	930	0	0	5
利息费用	803	0	0	0
分部利润（亏损）	2 014	0	62	(40)

	资料处理分部			
	核心业务	富士施乐	纸张与媒体	其他
可享有合并范围外被投资企业的投资收益	13	55	0	0
资产信息				
对联营企业投资	102	1 513	0	0
资产总计	25 319	1 513	86	1 896
资本支出	580	0	0	14

M18.2　质量分析：朗讯科技公司

朗讯科技公司（Lucent Technologies, Inc.）是由美国电报电话公司（AT&T）分解为小贝尔公司（Baby Bells）时，由当时的贝尔实验室研发部门演化而成的。朗讯公司设计、开发并制造各种通信系统，向全球大部分电信运营商出售有线和无线的声音、数据和视频传递服务。1999年，朗讯公司报告它的销售收入为383.01亿美元，而在1998年和1997年，公司销售收入分别为318.06亿美元和276.11亿美元。

多年来，分析人员一度对朗讯科技报告的收益质量问题提出了质疑。

要求：

a. 根据表18-7中的现金流量表信息摘录情况，朗讯科技公司在1997年、1998年和1999年的利润质量有哪些问题？

表　18-7

合并现金流量表信息摘录
（单位：百万美元）

	以9月30日为年度截止日		
	1999年	1998年	1997年
经营活动			
净利润	4 766	1 035	449
将净利润调整为经营活动产生（使用）的现金流量，扣除并购活动的影响			
会计政策变更的累计影响	(1 308)	0	0
转回商业重组支出	(141)	(100)	(201)
资产减值与其他支出	236	0	81
折旧与摊销费用	1 806	1 411	1 499
坏账准备	75	149	136
股票期权费用的税收抵挡	367	271	88
递延所得税影响	1 026	56	(21)
购入进行过程中的研发项目	15	1 683	1 255
调整财务年度一致的影响	169	0	0
应收款的增加——净值	(3 183)	(2 161)	(484)
存货与待完工合同的增加	(1 612)	(403)	(316)
应付账款的增加（减少）	668	231	(18)
其他经营性资产与负债的变动	(2 320)	155	(397)
其他非现金项目的调整——净值	(840)	(467)	58
经营活动产生（使用）的现金净流量	(276)	1 860	2 129

b. 递延所得税的附注信息对确定会计信息质量有什么帮助吗？下面这些注释（摘自1999年年度报告）能有助于你提出哪些质量问题？

1999年和1998年9月30日，递延所得税资产和递延所得税负债的构成如下(单位:百万美元)。

	9月30日		
递延所得税资产	1999年	1998年	1997年
员工养老金与其他负债的影响——净值	442	1 520	1 777
业务重组	6	165	112
准备金	1 009	1 137	887
净经营亏损/可前转的税前补亏额度	226	239	107
估值准备	(179)	(261)	(234)
其他项目影响	344	526	664
递延所得税资产合计	1 848	3 326	3 313
递延所得税负债			
不动产、厂房与设备	628	399	478
其他	511	391	240
递延所得税负债合计	1 139	790	718

c. 朗讯公司报告它在1999年、1998年和1997年的实际税率分别为33.9%、35.3%和36.8%。请问,这几个数据能引起你对会计信息质量问题的思考吗?

d. 请阅读下面关于养老金成本的附注信息。这些信息更正了你对朗讯公司在1997~1999年的盈利质量的看法吗?

每期福利费用净值的构成			
	9月30日		
(金额单位:百万美元)	1999年	1998年	1997年
养老金成本			
服务成本	509	331	312
预计福利支付义务的利息费用	1 671	1 631	1 604
计划资产的预期报酬	(2 957)	(2 384)	(2 150)
未确认前期服务成本的摊销	461	164	149
过渡资产的摊销	(300)	(300)	(300)
净损失的摊销	2	0	0
计划削减支出	0	0	56
养老金补助净值	(614)	(558)	(329)
离职后福利成本			
服务成本	80	63	
累计应付福利支付义务的利息费用	537	540	
计划资产的预期报酬	(308)	(263)	
未确认前期服务成本的摊销	53	53	
净损失(利得)的摊销	6	3	
计划削减支出	0	0	
离职后福利费用净额	368	396	
养老金与离职后福利			
9月30日的加权平均假定			
贴现率(%)	7.25	6.0	
计划资产的预期报酬率(%)	9.0	9.0	
薪酬上涨速度(%)	4.5	4.5	

从 1998 年 10 月 1 日开始，朗讯科技公司变更了计算养老金计划资产市场价值的方法，此方法主要影响年度养老金与离职后福利成本的预期资产报酬率。根据变更前所使用的会计方法，计算计划资产的市场价值时，只使用利息和当前的股利信息，而其他已实现和未实现的损益都在 5 年内用直线法摊销。但新的会计方法在计算计划资产的市场价值时，需要根据朗讯公司的历史资产收益率立即确认一定的数额，然后再将差额按直线法在 5 年内摊销。新的方法更加符合第 87 号财务会计准则公告的核算要求，因为用这样的方法所计算出来的计划资产价值更加接近于它在当前的公允价值，能够在减轻每年市值波动影响的同时，降低累计的未确认损益影响。

这一会计政策变更对 1999 财务年度的累计影响为 21.5 亿美元（其中税后影响为 13.08 亿美元，或者，对基本每股收益和稀释每股收益的影响分别为每股 0.43 美元和每股 0.42 美元），该影响对 1999 财务年度利润来说是一次性的非现金项目。此外，与变更前的会计核算方法相比较，变更后的会计核算方法还导致截至 1999 年 9 月 30 日的这个会计年度的福利费用降低，从而使利润增加 4.27 亿美元（其中税后影响为 2.6 亿美元，或者说，对基本每股收益和稀释每股收益的影响分别为每股 0.09 美元和每股 0.08 美元）。下面的预计金额说明了如果要追溯该会计政策变更的影响，那么相关会计数据应当为：

	年度截止日为 9 月 30 日	
	1998 年	1997 年
预计净利润	1 276.00	657.00
每股收益——基本的	0.43	0.23
每股收益——稀释的	0.42	0.22

第五部分
PART 5

风险与收益分析

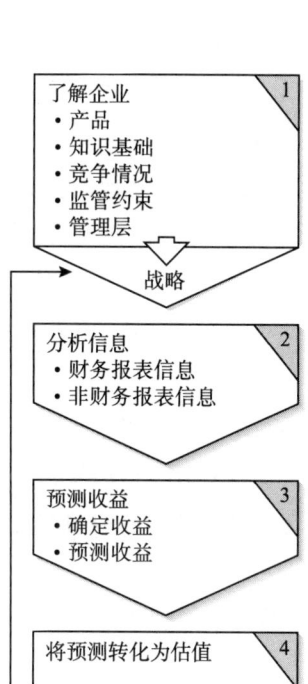

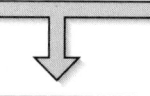

投资同时涉及风险与回报两个方面。本书大部分内容讨论的都是预计投资的收益，但预计的结果都是期望值，而所谓的期望值，是指各种可能结果的平均值。因此，投资者必须考虑到他最后得到的结果与预期值可能是不同的。实际结果与预期结果不相同的可能性，就是投资的风险，尤其是当"坏结果"（即比预期结果更差的情况）出现的时候。

本书将在这一部分中讨论商业风险。我们将用两章的内容来让你理解风险是由什么所决定的。有了这种理解过后，投资者才能设定他对投资所要求的必要报酬率。因此，这几章会涉及投资者如何选择贴现率的问题，同时，还会教大家在确实不知道必要报酬率的情况下，如何进行正确的处理。这些方法与第7章中的"反向推导"方法相结合，使我们重新回到主动投资策略中。

第19章主要分析股票投资中的风险，即无法实现预期股票投资回报的可能性。标准的贝塔系数模型（比如，资本资产定价模型）试图对这种回报风险进行计量。在第3章的附录中，我们已经对这类模型进行了介绍。在公司理财和投资学的教材中，对这类模型有着更详细的说明。不过，我们认为，回报风险是由潜在的经营业务所决定的，因此，第19章主要关注基本的风险决定因素，以及基本面分析对认识权益投资风险的作用。在有了这些知识背景之后，我们还在这一章中讨论了在主动投资策略中，应当如何处理风险问题。

第20章主要分析了对企业进行债权投资（比如，投资公司债券和发放银行贷款等）的风险。在这类投资中，往往有一个债务评级机构或者银行贷款办公室，负责对企业的债务违约风险进行评估。违约风险的高低决定了贷款的实际利率（即融资企业的负债成本率）和负债的价值。第20章的重点是如何应用基本面分析来判断企业的违约风险。

如这里所列出的基本面分析图示所示，在第4步——计算价值时，必要报酬率是我们所需要的最后一项数据。有了权益资本的必要报酬率，才能将我们对经营活动能够提供的收益预测值转化为价值估值，转换的方法通常是将收益指标进行贴现，或者资本化为现值。

不幸的是，必要报酬率的决定过程是非常复杂的，本书将在这一部分中尽量将这个问题讲解清楚。

第 19 章　主动性权益投资的风险与报酬分析

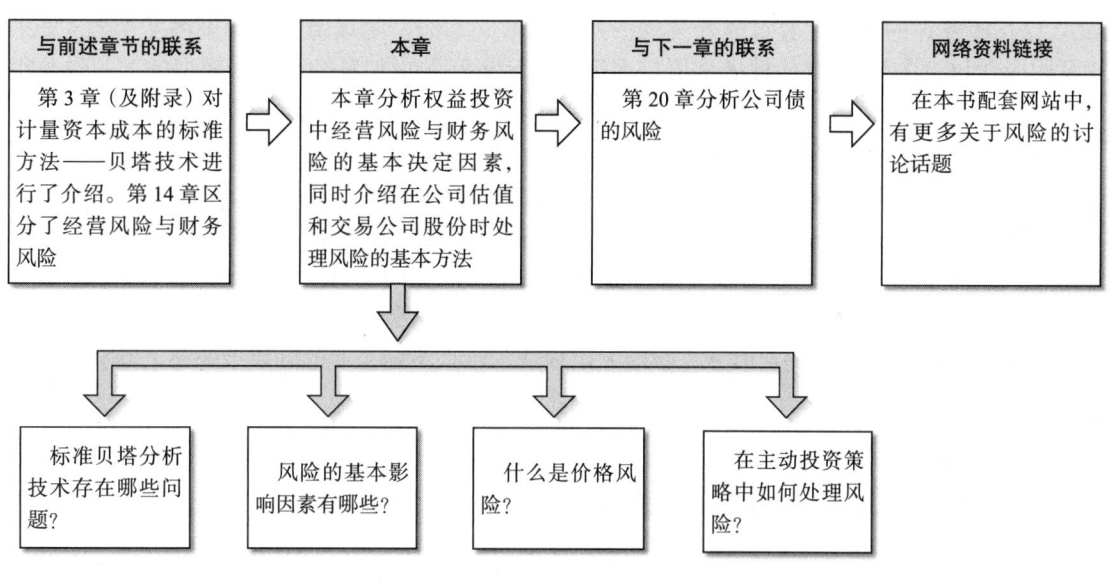

分析师备忘录

学习目标

学习完本章内容后，你应当理解：

- 必要报酬率与期望收益率的区别；
- 要精确计算资本成本是非常困难的；
- 商业投资是如何产生极端（特别高或特别低）回报的；
- 多元化投资是如何降低风险的；
- 使用标准资本资产定价模型和其他贝塔估值技术会产生的问题；
- 风险的基本影响因素有哪些；
- 基本面风险与价格风险的区别；
- 在风险价值判断中如何利用预计分析；
- 在不了解必要报酬率时，投资者应当如何进行处理；
- 如何对与增长有关的风险保持敏感。

学习能力

完成本章的学习任务后，你应当能够：

- 确认一家企业的风险影响因素有哪些；
- 描述风险价值特征；
- 在战略制定中引入风险价值分析；
- 处理与必要报酬率有关的不确定性问题；
- 应用风险价值特征来评估通过反向推导得出的预期收益率；
- 为企业划分风险等级；
- 进行配对交易；
- 估计按当前市场价格买入一只股票的预期

收益率；
- 进行成长-回报分析；
- 进行相对价值投资与配对交易；
- 在安全边际内进行投资。

估值同时涉及风险与预期回报两方面的问题，在本书中，我们已多次提到了风险。风险决定了投资者的必要报酬率，只有当一项投资的预期收益能够超过投资者的必要报酬时，我们才能说这项投资是价值增值的。在本书中大家已经看到，要对一项投资进行估值，或者计量一项投资所创造的价值增值，需要将期望的投资收益按投资者的必要报酬率进行贴现。实际上，基本面分析的第4个步骤就要求我们将预期报酬按必要报酬率进行贴现，然后才能得到估值结果。

但是，我们也看到，估值结果对必要报酬率是非常敏感的。在本书中，很多情况下都是用标准资本资产定价模型（CAPM）来估计必要报酬率的。但是，由于在计量该模型的输入变量时存在的各种问题，计算过程并不是一帆风顺的。人们于是提出了其他多因素模型（如第3章附录所讨论的），但这些贝塔估值技术都使得计量问题更加复杂化，使模型的客观性显得不够。

所谓的资产定价模型看起来并不涉及基本面因素，它们仅考虑了贝塔值和风险溢酬。贝塔系数是由预期的某投资报酬率与市场投资报酬率之间的相关性来决定的，而风险溢酬则是用预期报酬来表达的。通常情况下，贝塔系数和风险溢酬都是用过去的股票收益率来表示的。但是，与报酬率一样，风险也受企业的基本面因素影响。企业的经营类型、杠杆水平等都会影响到风险的大小。所以简而言之，可以说，一家企业的经营活动与融资活动决定了它的风险水平。本章分析风险的基本决定因素，帮助大家理解为什么不同企业的必要报酬率之间会存在着差异。

19.1 必要报酬率与期望收益率

必要报酬率（required return）有时也被称为**资本成本率**（cost of capital），是指投资者在投资中为了补偿他所承担的风险而要求的回报。诸如CAPM这类资产定价模型和风险的基本面分析，都旨在确定必要报酬率的高低。如果市场是有效的，那么，基本面风险是可以通过市场定价反映出来的：恰当的定价会刚好使购买投资的预期收益率与特定风险水平下的必要报酬率相等。

不过，本书认为，市场定价并不总是有效的。即，按市场价格买入所能够得到的收益率与为了补偿投资风险而要求的必要报酬率有可能是不相同的。如果市场定价低于基本面情况所透露出来的价值，那么投资者预期就能挣得高于必要报酬率的收益率。主动投资者总是努力去寻找错误的定价，或者说，他们总是在观察哪些证券的期望收益率与它的必要报酬率是不相等的。因此，我们有必要对期望收益率和必要报酬率进行区分。所谓**期望收益率**（expected return，也称预期收益率），是指按照当前的市场定价买入一只股票所能得到的预期报酬。只有当市场定价充分有效时，期望收益率与必要报酬率才是相等的。

本章对基本面风险进行了分析，目标是找出为了弥补所承担的风险而需要的必要报酬。本章的内容与第7章中的主动投资分析也有联系，当时，我们讨论的是期望收益率的影响因素，使用的是反向推导的方法：给定企业的获利能力和增长的未来水平，如果按当前的市场价格买入这只股票，那么，能得到多高的期望收益率？然后，将这个期望收益率解出来，与必要报酬率去进行比较，判断是应当买入、出售还是继续持有。

尽管有大量的研究都关注必要报酬率（资本成本）问题，但必要报酬率的计量仍然十分复杂。坦白说，在本章中，你也找不到一个可以精确估算必要报酬率的方法。你会发现在这些资料中，定性的内容远大于定量。本章会让你感受到你所面临的风险，但难以将它转换为一个用百分比来表示的回报数值，因为要将风险简化为像贝塔系数这样的数据是非常不容易的。不过，主动投资者关心的是期望报酬率，因此，在本章的最后，我们专门介绍了在无法估算必要报酬率时，可以有哪些处理方法。

19.2 风险的本质

截至 2007 年，《华尔街日报》每年都会发布一份"股东评分表"，将全美 1000 家市值最大的公司按它们的股票回报表现来进行排序。对股票投资来说，2007 年的收益是低于平均水平的，这一年的标准普尔 500 指数的收益率只有 5.5%。不过，在这个平均值上下的波动并不小。表 19-1 列出了 2007 年的这 1000 家公司中，表现最好的和最差的 2.5% 的公司名单。

表 19-1 《华尔街日报》股东评分表给出全美 1000 家公司 2007 年股票收益率表现最好和最差的企业名单

表现最好的企业名单		表现最差的企业名单	
公司名称	1 年期回报率（%）	公司名称	1 年期回报率（%）
First Solar	795.2	Countrywide Financial	−78.4
Onyx Pharmaceuticals	425.7	MBIA	−74.1
Mosaic	341.7	Ambac Financial Group	−70.6
CF Industries Holdings	330.0	Washington Mutual	−68.2
Terra Industries	298.7	Pulte Homes	−68.0
SunPower	250.8	Lennar	−65.2
Intuitive Surgical	236.8	MGIC Investment	−63.6
Foster Wheeler	181.1	Office Depot	−63.6
AK Steel Holding	173.6	Advanced Micro Devices	−63.1
Owens-Illinois	168.3	SLM	−58.5
Bally Technologies	166.2	Sepracor	−57.4
Priceline.com	163.4	KB Home	−56.7
GrafTech International	156.5	CIT Group	−55.9
National Oilwell Varco	140.1	Centex	−54.9
Chipotle Mexican Grill	136.6	First Horizon National	−54.9
Amazon.com	134.8	Sovereign Bancorp	−54.4
Jacobs Engineering Group	134.5	AMR	−53.6
Apple	133.5	Liz Claiborne	−53.0
McDermott International	132.1	National City	−52.7
Alpha Natural Resources	128.3	Lexmark International	−52.4
MEMC Electronic Materials	126.1	Rite Aid	−48.7
GameStop	125.4	D.R. Horton	−48.6
Consol Energy	124.2	Freddie Mac	−48.6
FTI Consulting	121.0	Moody's	−48.1

表现最好的企业名单		表现最差的企业名单	
公司名称	1年期回报率（%）	公司名称	1年期回报率（%）
MGI Pharma	120.2	Micron Technology	−48.1

注：表中列出了占全部公司总数2.5%的表现最好的企业，以及占全部公司总数2.5%的表现最差的企业。股票投资回报率包括股价波动的影响、股利再投资的影响、配股和认股权证以及现金等价物（比如在企业剥离中所收到的股份等）。

资料来源：*The Wall Street Journal*, February 25, 2008. Analysis performed by L.E.K. Consulting LLC. Copyright 2008 by Dow Jones & Co. Inc. Reproduced with permission of Dow Jones & Co. Inc. in the format textbook via Copyright Clearance Center.

投资美国公司股票的历史平均收益率大约为每年12.5%。从表19-1中，你可以看出实际投资收益率与平均收益率之间的区别。投资者有可能取得比12.5%更高的报酬率——比如，买入表中表现最好的那些公司股票，但也有可能会"连衣服都输光"——比如，买入表中那些收益率为负值的公司股票。这种可能出现的结果并不稳定的现象，就是投资的风险。

投资者了解投资结果会是不确定的，这反过来会影响到他对投资报酬的要求——对于某项投资，他应当至少要求多少的必要报酬呢？对企业来说，这种投资者要求的必要报酬，就是企业的资本成本。如果某项投资的预期报酬是一定的，不会发生任何波动，那么我们就说这项投资是无风险的。因此，某个风险投资项目的必要报酬须满足：

$$必要报酬率 = 无风险报酬率 + 风险溢酬$$

我们可将美国政府发行的证券看作是无风险的，这些证券的收益率非常容易取得。这样，要想确定必要报酬率，难点就只在于如何计算风险溢酬了。

19.2.1 收益率分布

我们用**收益率分布**（distribution of returns）来指代投资者所面临的各种可能出现的结果和每种结果的概率。与统计分析类似，风险模型一般也用概率分布来描述收益率分布情况。概率分布为每种可能出现的结果赋予一个概率，即指明该种结果发生的可能性有多大。然后，以概率为权重，将全部可能出现的结果计算加权平均数，就叫作该分布的均值，或期望值。从表面上来看，投资者了解一项投资的期望收益率，但更能意识到最终结果与期望值存在差异的可能性是很大的。投资者所要求风险溢酬的多少就取决于他所感知的收益率在均值附近的分布是怎样的。

图19-1a是大家熟悉的**正态分布**（normal distribution）钟形曲线。如果权益投资的收益率符合正态分布，那么，如图所示，大约有68%的结果会落在与预期收益率（均值）正负1个标准差的范围之内，95%的结果会落在正负两个标准差范围之内。通常情况下，股票投资年回报率的标准差大约为30%，因此，如果均值为12.5%，且收益率遵从正态分布的话，那么，我们预计投资报酬率最终落在−47.5%～72.5%的概率为95%。

但是，请看表19-1，该表中列出了1000家股东评分表上榜公司中的5%，即，其中2.5%为表现最好的企业，另外2.5%为表现最差的企业，因此，这些企业的投资收益率应当是在那95%的可能结果之外的。对表现最好的企业来说，它们的投资收益率是远大于72.5%的，而对绝大多数表现最差的企业来说，它们在2007年的收益率也是低于−47.5%的。还有一些更糟糕的收益率也是经常可以见到的，比如，在2002年，观察全部排名在最后2.5%的企业，它们的投资收益率都是低于 −69% 的；而在 2001 年，后 2.5% 表现最差的企业的收益率都是低于 −66% 的；再看资本市场泡沫破裂的 2000 年，在后 2.5% 表现最差的企业中，没有一家的投资收益率是高于 −74% 的。即使是在好的年份中，也常常可以见到数值不小的负投资回报率：以 1998 年为例，当年的股票投资报酬率均值为 24.2%，但在排名居后的 2.5% 企业当中，没有一家企业的股票投资收益率是大于 −55% 的。

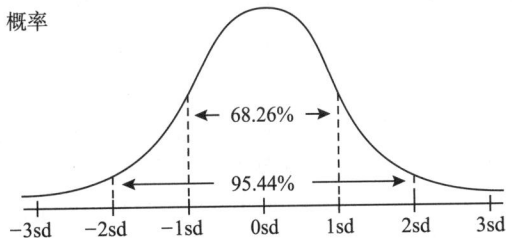

a）正态分布。在正态分布下，收益率有 68.26% 的可能性会落在均值的正负 1 个标准差（sd）范围内，有 95.44% 的可能性会落在均值的正负 2 个标准差范围内

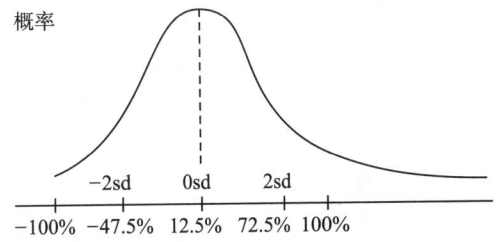

b）股票投资年回报率的经验分布情况

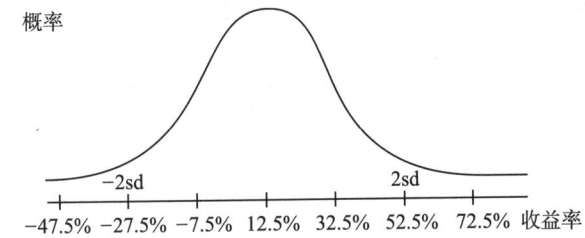

c）标准普尔 500 股票投资组合的年度收益率正态分布图，均值为 12.5%，标准差为 20%

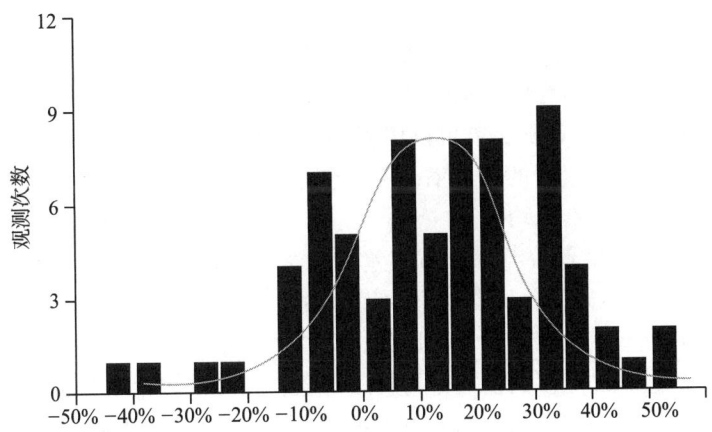

d）标准普尔 500 股票投资组合在 1926～1998 年的年度投资报酬率经验分布情况与正态分布曲线叠加

图 19-1

a）正态分布；b）实际股票投资收益率的典型分布情况；c）假定符合正态分布的标准普尔 500 投资组合收益率；d）标准普尔 500 投资组合收益率的经验分布情况。

股票投资收益率的实际分布情况说明，取得极低或者极高收益率的可能性大于正态分布所暗示的可能性。即使是对类似标准普尔 500 这样的大型投资组合来说，取得极低负回报和极高正回报的可能性也比正态分布下的可能性大。

图 19-1d 资料来源：由芝加哥大学商学院证券价格研究中心（CRSP）版权所有，已取得授权。

图 19-1b 将股票投资报酬率的实际分布情况与图 19-1a 中的正态分布图形进行了对比。你一定会注意到下面这两点内容。第一，股票投资报酬率不可能低于 –100%，但取得高于 +100% 的收益率却是明显可能的，表 19-1 中的数据也说明了这一点⊖。第二，取得极高或者极低股票投资收益率的概率，均大于当收益率符合正态分布假定下的。用统计学术语来讲，我们将上述第一个观察结论表述为"收益率分布具有向右的偏度"即**偏态分布**（skewed distribution），而第二个观察结论则可以表述为"收益率的分布相对正态分布而言具有肥尾特征"即**肥尾分布**（fat-tailed distribution），或者说，比较图 19-1a 和图 19-1b 可知，股票投资收益率落入分布尾部（即正负两个标准差之外）的可能性比正态分布图中的更大。

上面的情况均说明，在进行风险评估时，我们应对那些需要依赖正态分布的模型有所保留。在权益性证券投资中，是可能出现极度受损情况的：取得非常糟糕收益率（例如，收益率落在距离均值的 2 个标准差之外）的可能性不能被小视。我们将这种情况称为**下行风险**（downside risk）。相应地，在股票投资中，也有可能会取得非常高的收益率——比如高于 100%，或者甚至比这个还要更高。我们将这种情况称为**上行潜力**（upside potential）。实际上，由于股票投资而发生巨大损失的可能性是不容忽视的，但它又以上行的潜力来补偿我们。亚马逊公司是 2007 年股东评分表中收益最佳的企业，年度投资报酬率高达 134.8%，但在 2000 年，这家公司的投资收益率却是 –80.2%！

投资的这种特性并不能够完全由均值和标准差来进行描述。在评价风险溢酬时，投资者对下行风险可能会要求更高的溢酬，但对上行潜力却可能只要求较低的溢酬。以一家刚刚创立的生物技术公司和一家像宝洁公司这样的成熟消费品企业做对比，投资前者很可能会亏掉 100% 的价值，但同时也很可能赚到 200% 的报酬率，而如果投资后者，发生这种盈亏的可能性则要小很多。投资者在面对这两家企业时，所愿意接受的必要报酬率必然是不一样的。

19.2.2 分散投资与风险

现代金融学的一个主要观点认为，投资者可通过在一个投资组合中持有多种股票（或其他投资项目）来降低风险。在组合中，正收益率与负收益率能相互抵消，正如假定同时持有"股东评分表"中的 1000 只股票，那么就可以用表 19-1 中的正收益率来补偿负收益率所带来的损失。并且，如果组合中不同投资的收益率是不完全相关的，那么组合收益率的标准差就会小于组合中各只股票收益率的标准差均值。

这种通过投资组合来降低收益率分布方差的办法，被称为通过**分散投资**（diversification）来降低风险。图 19-2 说明，随着投资组合中证券数量的增加，组合收益率的标准差是如何下降的。对只持有一种或者两种投资对象（比如，股票）的投资者来说，收益率的标准差可能会非常大，但他可以通过增加更多的资产作为投资对象，来降低收益率分布的波动。不过，当投资的品种数量超过了某个程度之后，加入更多投资品种对收益率标准差的降低是很轻微的，此时再继续分散投资的好处就不明显了。如果投资者选择持有全部可供投资的品种，那么他所持有的投资组合就叫作市场组合，这种组合的收益率方差就再也没有被减少的余地了。在投资已被充分分散了以后还存在的收益率波动，被称为**不可分散风险**（nondiversifiable risk），或

⊖ 由于公司都只承担有限责任，股东仅以出资额为限承担企业的亏损，因此，股票投资收益率是不可能低于 –100% 的。这即是说，股票价格是不可能低于 0 的。但是，如果投资需要承担无限责任——不再受有限责任的保护，那么，投资收益率是可能会低于 –100% 的，因为在无限责任的前提下，债权人可以对企业之外的资产继续提出要求权。

者**系统性风险**（systematic risk）；它将对所有的投资项目都产生影响。而可以通过多元化投资策略分散的风险，则被称为**可分散风险**（diversifiable risk），或者**非系统性风险**（unsystematic risk）。

通常情况下，我们可以将标准普尔 500 股票投资组合视为一个市场组合。该组合每年的历史收益率均值大约为 12.5% 左右，标准差在 20% 上下。在图 19-1c 中，画出了一个均值为 12.5%、标准差为 20% 的正态分布曲线。图 19-1c 告诉我们，如果投资收益率符合正态分布的话，由于标准差为 20%，因此，我们可预期收益率落在 −27.5% ～ 52.5%（即均值的正负两个标准差）的概率为 95%。请将这个正态分布与图 19-1b 中单个股票投资收益率的分布进行比较，你会发现，在图 19-1c 中，收益率落在 −27% ～ 53% 的概率要大于图 19-1b 中的。这是因为投资组合的标准差小于单只股票标准差的平均值。这就是分散投资的好处。

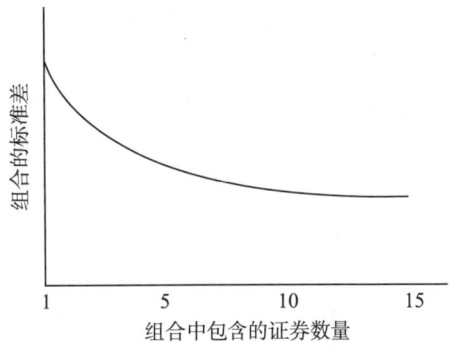

图 19-2 在组合中加入更多证券品种对收益率标准差的影响

随着投资组合中包含证券数量的增加，标准差逐渐下降。但是随着组合中的证券数量越来越多，标准差下降的幅度越来越小了。

图 19-1d 中给出了标准普尔 500 投资组合在 1926 ～ 1998 年的年度投资收益率实际分布情况。你会注意到，历史上收益率的实际分布并不完全遵从图 19-1c 那样的正态分布。与只投资个别股票的情况一样，收益率显现极端回报的可能性仍然大于正态分布假设下的。因此，虽然投资组合具有分散投资的好处，但并没有完全消除极端报酬率出现的可能性，并且这种可能性比正态分布假定所预测的可能性更大。股票市场的价格在 1930 年整体下降了 25%，然后在 1931 年和 1937 年又分别下跌了 43% 和 35%；1974 年，股市整体平均下跌了 26%，而在 1987 年 10 月的"黑色星期一"，股票价格在一天之内就跌了 29%。但此外，1933 年的股票市场平均收益率为 54%，1935 年的收益率为 48%，1954 年的收益率为 53%，1958 年的收益率为 43%，1995 年的收益率为 38%，1997 年的收益率为 34%。而在 2008 年，标准普尔 500 指数下跌了 37.0%，又一次出现在分布图的左尾上。请参考第 1 章的阅读材料 1-1，了解 1999 年以来的股票市场收益率分布情况。

我们从这些观察结果中可以总结出什么样的经验呢？投资者可以通过分散投资来降低风险，并且如果分散投资的交易成本是可以接受的，市场是不会因为投资者承担可分散风险而给予报酬的。只有当投资者在一个充分多元化的投资组合中承担了不可分散的风险，他才能够得到回报。因此，我们应当将风险理解为能对收益率产生不可回避影响的因素。不过，我们同时也应当意识到，分散投资并不能完全消除获得极端（可能为正的也可能为负的）投资回报的可能性。

19.2.3 资产定价模型

资产定价模型将收益率分布特性转换为风险溢酬，然后据此来计算必要报酬率。请复习第 3 章附录中介绍的资产定价模型和贝塔技术材料；如果希望了解更多细节，则可进一步参考公司理财或投资方面的教材介绍[⊖]。

⊖ 例如，R. A. Brealey、S. C. Myers 和 F. Allen 教授编写的 *Principles of Corporate Finance*，第 10 版（纽约：麦格劳·希尔出版社，2011 年）；S. A. Ross、R. W. Westerfield 和 J. Jaffe 教授编写的 *Corporate Finance*，第 9 版（纽约：麦格劳·希尔出版社，2010 年）（这两本教材的中文名分别为《公司财务原理》和《公司理财》，均已由机械工业出版社出版。——译者注）

广为人知的资本资产定价模型（CAPM）也确认了分散投资的特性。该模型认为，只有市场整体风险才是我们所必须承担的不可分散风险，因此，一项投资的风险溢酬取决于承担市场组合（系统）风险的溢酬和该项投资相对于市场组合风险的敏感程度，即该项投资的贝塔系数。不过，资本资产定价模型假定收益率是服从图19-1a那样的正态分布的[⊖]，即，它假定如果你了解了收益率的标准差，就能知道一项投资的全部风险特点。可是，我们已经看到，标准差低估了极端收益率出现的可能性（而我们真正担心的，正是会出现极端低回报率的情形）。

即使我们能够接受资本资产定价模型的假定，在应用这个模型时，也会碰到棘手的问题。著名的基本面投资者沃伦·巴菲特先生曾评价资本资产定价模型具有"诱人的精准性"，它运用神奇的机制，看起来能对我们所要求的必要报酬率给出很好的估计。但下面这些计量问题确实不容忽视：

- 应用资本资产定价模型时，需要先有企业的贝塔系数估计值，而这些估计值通常都存在误差。一个估计值为1.3的贝塔系数实际上有很大的可能性位于1.0和1.6之间。如果市场风险溢酬为5.0%，那么，贝塔系数每偏差0.1，就会导致必要报酬率发生0.5%的误差。
- 市场风险溢酬只是一个大胆的猜测值。根据各种研究文献和教科书的估计，市场风险溢酬大约分布在3.0%～9.2%。对那些热衷于将20世纪90年代末的股票市场的"火爆"进行合理化的学者来说，他们勇敢地宣称市场风险溢酬已经降低到2%的水平了。如果贝塔系数为1.3，当市场风险溢酬分别为3.0%和9.2%时，利用资本资产定价模型计算得到的必要报酬率之差将高达8.06%！

贝塔系数的偏差再加上市场风险溢酬的偏差，就会使得问题不容小视了。即使资本资产定价模型本身是正确的，在应用过程中，也会非常不准确。因此，让我们诚实地面对现实吧：没有人真正知道市场风险溢酬到底是多少。而如果采用多因素定价模型的话，就需要估算更多的风险溢酬和贝塔系数。所以，这一类模型的精确度实际上是需要质疑的。

沃伦·巴菲特先生对资产定价模型还有另一种看法[⊖]。根据资本资产定价模型，如果某只股票的价格下跌幅度大于市场指数的下跌幅度，那么它的贝塔系数就会比较高，即，这是一只高风险的股票。但是，如果价格的下跌只是因为相对其他股票而言，市场对这只股票的定价出现了错误，那么，这只股票并不一定会是高风险的：现在，获取超额报酬的概率增大了，关注基本面信息能给投资者带来更多的安全而不是危险。此时，股票定价越是偏离基本面信息所透露出来的价值，那么，价格回归基本面信息所暗示价值的可能性就会越大，投资这只股票的风险也就越小。

巴菲特先生的观点是，如果不理解基本面因素，你是无法正确地处理风险的。风险是来自企业的，在评价风险的大小时，相对于通过由市场定价（可能会是无效的）所决定的贝塔系数估算风险来说，更多地参考基本面因素也许才是更加有用的。

为说明依靠市场定价来估算必要报酬率的困难，我们来考虑第14章中所提到的经营活动

⊖ 从技术上讲，如果投资者对任何收益率分布的效用函数都是二次的，那么资本资产定价模型也是有效的。不过，尽管我们已经知道了收益率的一些实际分布情况，但我们对人们的个人效用函数了解得还不够充分，因此难以确定它们究竟是不是二次的（很可能它们并不是二次的）。

⊖ 巴菲特先生对资产定价模型的评论和对公司金融其他方面的看法，都可在 L. A. Cunningham, ed. 所著的 *The Essays of Warren Buffett: Lessons for Corporate America* 这本书中找到（纽约：Cardozo Law Review, 1997）。（本书的中译本由陈鑫翻译，名为《巴菲特致股东的信：股份公司教程》，已由机械工业出版社于2005年出版。——译者注）

加权平均资本成本率（$WACC$，或者企业资本成本 ρ_F）的计算：

$$经营活动的资本成本 = \left(\frac{股东权益的价值}{经营活动的价值} \times 权益的资本成本\right)$$
$$+ \left(\frac{负债的价值}{经营活动的价值} \times 负债的资本成本\right) \quad (19\text{-}1)$$

即

$$\rho_F = \frac{V_0^E}{V_0^{NOA}} \cdot \rho_E + \frac{V_0^D}{V_0^{NOA}} \cdot \rho_D$$

该加权平均资本成本需要我们将权益资金的资本成本 ρ_E 作为一个已知量，而 ρ_E 一般都是参考市场定价然后利用资本资产定价模型计算得到的，基本不参考企业的基本面信息。因此就产生了巴菲特先生所表达的顾虑。不过，进一步地，权益资金的资本成本 ρ_E 与负债资金的税后资本成本 ρ_D 一般也都没有像式（19-1）中那样按内在价值进行加权，而是直接用权益和负债的市场价格来进行加权的。这是十分奇特的。我们估算企业资本成本的目的是为了企业价值和权益价值，然后再判断市场的定价是否正确。如果我们在计算过程中将市场定价作为已知变量加以应用（并假定市场定价是正确的），就根本无法再实现我们的目标了。在估值过程中，我们必须坚持不受市场定价的干扰去估算基本面价值，然后再用这样的基本面价值去判断市场的定价是否合理。为了打破加权平均资本成本计算过程中的循环引用问题，我们只能通过参考基本面信息，而不是市场定价，来估算风险的大小。

19.3 基本面风险

所谓**基本面风险**（fundamental risk），是指投资者所承担的，由于企业行为活动所带来的风险。我们已经看到，企业通过融资、投资和经营而展开了各种行为活动，其中，我们把投资和经营活动所带来的风险合称为**经营风险**（operating risk）或者**商业风险**（business risk）。举例来说，如果一家企业在政局不稳定的国家进行投资并经营，它的经营风险就非常高；再比如，假定在经济萧条时期，企业所生产的产品需求剧烈下降，那么它的经营风险也非常大。而融资活动会带来财务杠杆，我们将使用财务杠杆而为股东带来的额外风险称为**财务风险**（financial risk）或者**杠杆风险**（leverage risk）。

在第 14 章中，我们已经介绍过这两种风险。对权益投资者来说，必要报酬率的组成应当是这样的：

权益资本的必要报酬率＝经营活动的必要报酬率＋（市场杠杆 × 必要报酬率价差） （19-2）

即

$$\rho_E = \underbrace{\rho_F}_{(1)} + \underbrace{\frac{V_0^D}{V_0^E}(\rho_F - \rho_D)}_{(2)}$$

这两个组成部分，（1）表示经营风险，（2）表示财务风险，均为权益风险的**基本面影响因素**（fundamental determinants）。不过，正如收益由一些影响因素来决定一样，风险也是由更深层次的基本面影响因素所决定的。实际上，从上面的表达式中可以看出，财务风险本身还可以分解受两个因素的影响——市场财务杠杆和必要报酬率价差（即经营活动的必要报酬率与负债的税后成本率之差)。

要理解经营风险与财务风险是受什么影响的,首先要懂得什么叫作**有风险**(at risk)。这么说吧,股东可享有的价值就是有风险的,企业未来剩余收益的期望值决定了股东价值的高低:

$$V_0^E = CSE_0 + \frac{RE_1}{\rho_E} + \frac{RE_2}{\rho_E^2} + \frac{RE_3}{\rho_E^3} + \cdots$$

这个估值的大小依赖于期望剩余收益(RE)的高低。由于期望剩余收益是有风险的,因此,股东价值也是有风险的:企业所赚得的利润相对账面价值之比有可能并不如预期,因此,有可能无法实现预期的价值。实际上,在当前账面价值的基础之上,有可能不仅不能指望盈利的增加,反而有可能因为企业在经营中出现了亏损而使账面价值受到损失。所以,我们需要用必要报酬率 ρ_E 来对预期的剩余收益计算"贴现",以考虑这种风险的存在。只有这样,计算出来的价值才能既反映风险又反映预期收益。

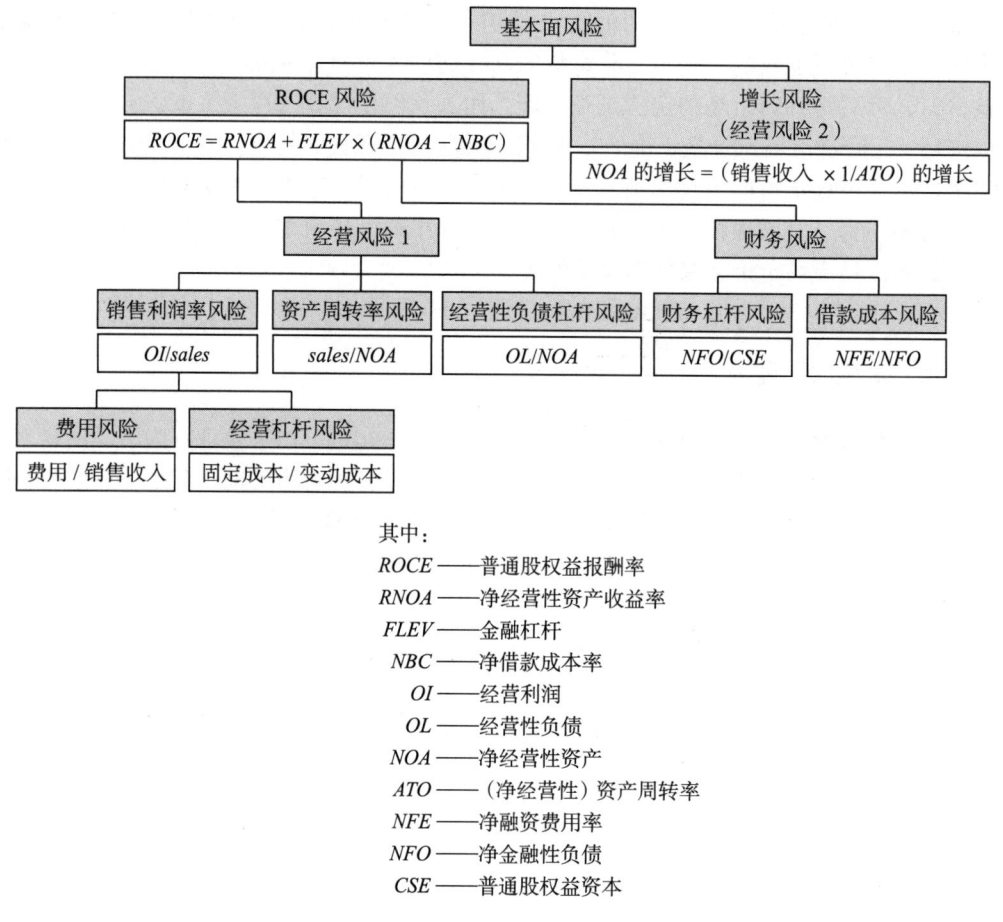

图 19-3 基本面风险的影响因素

难以达到预期普通股权益报酬率的风险受难以实现预期经营报酬率的风险(经营风险1)和财务杠杆出现不利影响的风险(财务风险)的共同影响。而不能实现预期剩余收益的风险则受普通股权益报酬率风险和增长风险(经营风险2)的共同影响。

产生剩余收益的影响因素同样也可能会使剩余收益偏离它的预期水平。因此,对风险影响因子的分析与第12章和第13章中剩余收益影响因素的分析十分类似。剩余收益是由普通股权益报酬率（ROCE）和投资的增长所创造出来的，所以，风险就是由企业无法实现预期普通股权益报酬率的可能性和不能继续增加投资以赚取普通股权益报酬率的可能性所共同影响的。我们下面依次来讨论这两个影响因素[⊖]。

图 19-3 说明了普通股权益报酬率的各影响因素与增长因素结合在一起是如何影响基本面风险的。请在学习过程中不时地回头来看看该图。在这里，我们将风险影响因素用财务报表项目来进行表达，但是，正如真正决定剩余收益水平的应当是经济因素一样，风险的各影响因子也受经济风险因素影响。要分析风险，就需要先确认出这些经济因素，然后再将它们与财务报表中的可观察变量联系起来。而要确认出相关的经济风险因素，就必须先"了解企业"。

19.3.1 普通股投资报酬的风险

我们已经知道，与式（19-2）中的必要报酬率由企业经营活动报酬率和融资风险溢价共同决定类似，普通股权益报酬率也受两个因素的共同影响：

普通股权益报酬率＝净经营性资产收益率＋（金融杠杆 × 经营利润率差异）　　（19-3）

即

$$ROCE = RNOA + \frac{NFO}{CSE} \times (RNOA - NBC)$$

这些影响因素决定了预期普通股权益报酬率的高低，同样也决定了无法实现预期普通股权益报酬率的风险大小。我们下面逐一对这几个因素来进行分析。

1. 经营风险

净经营性资产收益率 RNOA 会发生变动的潜在可能导致了经营风险的产生，并且，净经营性资产收益率的波动受销售利润率的波动和资产周转率的波动的共同影响。我们将无法达到预期销售利润率（PM）的风险和无法实现预计资产周转率（ATO）水平的风险分别称为**利润率风险**（profit margin risk）和**资产周转率风险**（asset turnover risk）。此外，净经营性资产收益率会受经营性负债杠杆（OLLEV）的影响，因此，我们将企业的经营性负债杠杆发生波动的可能性称为**经营性负债杠杆风险**（operating liability leverage risk）。

如果顾客需求发生变化，或者被竞争对手夺去了更多的市场份额，就会导致销售价格或者销量的降低，从而使销售收入下降，引起资产周转率风险增大。如果企业的净经营性资产不方便进行灵活调整，或者说，难以立即降低净经营性资产的规模，那么，当销售收入下降时，企业的净经营性资产周转率也会跟着下降，从而降低企业的净经营性资产收益率。相应地，净经营性资产周转率的下降可依次表现为存货周转率的降低（存货水平相对销售收入水平出现积压，因此表现为多余的存货投资）、固定资产周转率的降低（从而产生闲置产能，导致价值损失）和其他单项资产周转率的降低。对那些拥有固定的高额设备投资的企业来说——例如，拥有大量通信网络投资的企业，它们对资产周转率风险是相当敏感的。如果企业持有大量的存货，而客户需求又很容易转移到其他替代品，比如，当存货对象为一种新型计算机或者汽车时，这样的企业对资产周转率风险也是非常敏感的。

⊖ 如果使用贴现自由现金流量来计算价值，风险的影响因素也是一样的。我们已经知道，自由现金流量只是剩余收益的一种会计变化形式而已，因此，从长期来说，剩余收益的影响因素最终也是自由现金流量的影响因素。不过，我们不能用自由现金流量在短期内的变动情况来预测风险，因为负的自由现金流量有可能是由于大额的低风险投资项目而引起的，并不一定是企业经营不善的结果。

利润率风险是指在销售收入保持一定水平的条件下，销售利润率仍会发生变动的可能性。利润率风险是受费用风险（expense risk）影响的：人工成本和原材料成本都可能会上升，每单位美元对应的销售费用率也可能会上涨等。此外，固定成本与变动成本之间的结构关系也会影响到企业的利润率，在第13章中，我们将这种关系称为**经营杠杆**（operating leverage, OLEV）。如果成本是固定而不是变动的，那么，当销售收入下降时，利润率下降的幅度会更大（并且对销售收入变动具有更大的敏感性）。因此，固定的薪酬承诺和不解雇员工的惯例都会给企业带来更高的销售利润率风险，签订长期的租赁协议也会增大企业的利润率风险。

经营性负债杠杆风险是指经营性负债占净经营性资产的比重下降的可能性。如果企业陷入了经营困境，利润率和周转率都出现下降，那么，供应商就可能不再愿意为企业提供信用，从而使得企业的应付款降低，并最终使经营性负债杠杆（OLLEV）也降低。或者，企业能在销售收入实现以前就收取现金的能力会下降，从而降低预收账款的规模，最终也使经营性负债杠杆下降。这些情形的发生，都会降低企业的净经营性资产收益率和普通股权益报酬率。

2. 财务风险

财务风险受负债程度和经营利润率差异（即净经营性资产收益率与净借款成本率之差）的共同影响。当然，经营利润率差异是随净经营性资产收益率的变动而变动的，但差异率中体现融资影响的部分为净借款成本率。因此我们说，财务风险受**财务杠杆风险**（financial leverage risk）和**净借款成本率风险**（net borrowing cost risk）的共同影响。

如果企业的净经营性资产收益率下降，那么经营利润率差异就会缩小，受财务杠杆的影响，普通股权益报酬率会受到更大的影响。只要经营利润率差异大于0，财务杠杆对企业就是有利的（对杠杆为正的企业来说）。但是，一旦企业的经营利润率差异变成负数，杠杆就会对企业不利，使企业的普通股权益报酬率低于净经营性资产收益率。

借款成本风险增大了经营利润率差异会下降的可能性。如果企业所承担的债务是浮动利率的，那么它的借款成本风险就比承担固定利率负债的企业更高；一旦浮动利率负债的借款利率上升，企业的普通股权益报酬率就会下跌；如果利率下跌，普通股权益报酬率则会出现上升。企业可以通过利率套期来降低借款成本风险。此外，净借款成本是税后的，因此如果企业发生了经营亏损而这些亏损不能用作将来或者过去的所得税抵扣，那么企业的税后借款成本就会上升。

19.3.2 增长的风险

剩余收益受普通股权益报酬率和投资增长的共同影响，因此，如果普通股权益资本不能实现预期的增长，那么，普通股权益报酬率风险就会增大。在保持财务杠杆水平不变的情况下，普通股权益的增长是由净经营性资产的增长来决定的，因此，经营风险的另一方面又表现为企业是否能够增大对净经营性资产的投资。或者说，如果企业的投资机会不确定，也会增大风险。

净经营性资产的增长是由销售来驱动的。当资产周转率保持一定时，生产经营所需的净经营性资产规模完全由销售水平来决定，因此，增长风险取决于企业的销售能否按预期水平进行增长。实际上，销售风险被看作最重要的商业风险，它同时影响着净经营性资产的增长和企业的净经营性资产收益率。由于净经营性资产在短期内难以立即发生增减变化，因此，销售水平的下降有可能不会立即导致净经营性资产规模的降低，但是，随着资产周转率的下降，企业的净经营性资产收益率和剩余收益也会立即降低。如果企业的净经营性资产是可以灵活调整规模的，那么，当销售收入下降时，净经营性资产规模也会跟着下降，从而导致企业的剩余收益降低。为了与净经营性资产收益率风险相区分，在图19-3中，我们将这种增长风险标记为经营风险2，而将净经营性资产收益率风险标记为经营风险1。

通过图19-3，你能看到销售风险和各种其他风险因素之间的互相影响。如果销售收入下降，那么净经营性资产的增长和资产周转率都将放缓；资产周转率的放缓将导致净经营性资产收益率降低，进而引起经营利润率差异缩小。于是，经营性负债的债权人会收紧他们的信用标准，导致企业的经营性负债杠杆降低；此外，由于获利能力的下降，企业的借款成本率可能会上升。上述各项影响综合起来，会降低企业的剩余收益，导致企业陷入经营困境甚至破产状态中。这种综合的影响增大了出现极端报酬率的可能性。

在通过预计剩余经营性收益（ReOI）来对企业的经营活动进行估值时，只需要考虑经营风险就可以了，包括图19-3中的经营风险1和经营风险2。

19.4　风险价值

在图19-1中，我们将风险描述为可能出现的各种收益率结果的分布。实际上，每一种可能出现的结果都暗示了一个估值——投资者对这样的结果愿意支付多少价格？因此，我们可以将风险也描述为价值的分布，写出各种可能的价值分布（看看价值可能会怎样地偏离预期价值），这就是**风险价值特征**（value-at-risk profile）。

让我们先回到第16章——根据完全信息条件下的预计财务报表来进行预测。根据我们当时给出的模板，先预计PPE公司的经营利润和净经营性资产，然后再根据这些预测数据，计算预计的剩余经营性收益。接下来，再将这些预测值转换为估值。在上述过程中，我们是根据事先确定的销售收入、销售利润率和资产周转率假定来编制预计财务报表的。但现在，可能出现的结果分布范围很广：我们所编制的预计报表是有风险的。因此，需要为每种可能出现的结果编制一份预计财务报表，从而建立起风险价值特征，最后再来计算每种可能出现的结果条件下的价值⊖。

要找出风险价值特征，需要遵循下面这五个步骤。

（1）**确认会对图19-3中列出的风险因子产生影响的经济因素**。与估值一样，确认这些因素的前提是需要"了解企业"。以航空公司为例，什么因素会影响航空公司的利润？在经济萧条时期，相对繁荣时期而言，即使票价再低也卖不出多少机票，但航空公司的运力在短期内却是固定不变的，因此，整体经济环境会影响航空公司的资产周转率。此外，航空公司还受制于政府监管政策的变化，这对它的增长风险也有影响。竞争对手和行业新加入者的价格挑战对航空公司的影响也颇大，其净经营性资产收益率和增长风险都会受到影响。

（2）**确认企业内部有哪些风险保护机制**。比如，航空公司可以通过对石油价格进行套期保值来降低油价波动的影响，并且，汇率风险也可以通过套期保值来回避。再比如，公司制企业形式就是一种有限责任的风险保护机制。实际上，对风险点进行调查本身就是了解企业的一部分工作要点，企业所面临的风险特点决定了它的商业性质。如果一家黄金公司为防范金价波动

⊖ 请勿将这里的风险价值分析（value-at-risk analysis）与VaR（value at risk）相混淆，后者是一种交易组合的风险计量指标。

风险而将它的黄金储备进行了套期保值，那么，它的风险主要就在于黄金开采业务（风险包含在生产成本中），而不是黄金开采与贸易业务（风险包含在生产成本和销售价格中）。如果一家成品石油公司参与了石油价格的套期保值，那么投资者就应当认识到这家企业更像一家销售企业而不是一家石油公司。一家企业参与货币风险套期保值业务，是因为它认为它自己从事的并不是货币交易业务。如果一家企业将全部风险都进行了对冲，那么，投资者买入这样的企业就会像是在进行无风险投资，而不再是权益证券投资了。

信息披露对发现企业的风险点是非常重要的，请仔细阅读有关衍生品与金融工具的信息披露内容，关注年度报告中的管理层讨论与分析部分。不良的披露会妨碍我们正确地确认经营性资产（公司到底从事的是什么样的经营业务），也不利于我们找出企业的风险点。追求企业市值最大化的管理层会清楚地表述企业的业务类型，以吸引对这种业务类型的风险和收益感兴趣的投资者。如果管理层没有能够很好地披露企业的风险点所在，就会给投资者带来信息披露风险[⊖]。

（3）**确认各种经济因素对图 19-3 中基本面风险因子的影响**。如果通过预测经营活动来进行估值，只需要考虑经营风险影响因素。如果以全部剩余收益为基础来进行估值，则既需要考虑经营风险因素，也需要考虑财务风险因素。

（4）**根据未来各种可能的基本面风险因子情况，编制预计财务报表**。

（5）**计算每种情形下的预计剩余经营性收益，然后计算出每种情形下的价值分布情况**。使用无风险利率（安全的政府证券能提供的收益率）来计算剩余收益并计算它们的现值（稍后会解释为什么要这样做）。

将企业和股东所承受的全部风险因素都考虑到以后，就可以总结出风险价值特征了。有了这些认识，再加上对风险因子产生原因的理解，投资者才能够考虑相应的策略来应对这些风险。他可以对风险点进行选择，避免投资特定风险特征的企业，利用金融或者商品套期保值工具来保护自己不受特定风险的影响。比如，如果投资者愿意挑战石油价格风险，他就可以买入石油公司的股票，但如果他不愿意挑战利率风险，那么，他可以对高杠杆石油公司的利率风险进行套期，以对冲风险。此外，假定投资者懂得可以通过持有大型股票投资组合来分散风险，那么，个别公司的风险价值特征就只能是影响投资组合的风险价值特征因素之一了。投资者明白，给定某一类风险的同时，可以通过分散投资来最小化其他类别的风险。认识投资的风险价值特征，能够帮助他安排好组合中的权重分配，以管理某一类特别的风险。在实施风险应对策略时，投资者需要接受企业已有的风险保护机制（在上述步骤 2 中已有讨论），然后将自己的策略与公司的相结合，构造他理想的风险暴露程度。

步骤 1 中的"确认经济风险因素"和步骤 3 中的"与财务报表项目相联系"，与第 16 章中确认剩余收益的经济影响因素的程序十分相像。步骤 4 中的编制预计财务报表则比第 16 章中完全信息下的预测更加完善，因为它不仅考虑了预计剩余收益方面的信息，还考虑了剩余收益的可能波动情况。

在步骤 5 中计算价值时，需要使用无风险利率。因此，对每种可能出现的结论，都使用剩余经营性收益估值模型：

⊖ 一些人认为，管理层没有责任为股东提供风险防范。如果股东想要防范风险，市场上有的是防范风险的工具，股东也有能力去进行分散投资，因此，股东可以保护他们自己，安排他们自己的风险敞口。但投资者至少应当意识到，企业是会进行风险管理的。

$$V_0^{NOA} = NOA_0 + \frac{OI_1 - (R-1)NOA_0}{R} + \frac{OI_2 - (R-1)NOA_1}{R^2} + \frac{OI_3 - (R-1)NOA_2}{R^3} + \cdots \qquad (19\text{-}4)$$

其中，R 表示 1 与无风险利率之和，预测一直持续到企业达到稳定状态的年份中。

绝大部分电子表格程序都提供有敏感性分析功能，使分析更为便捷。为简化起见，在表 19-2 中的举例中，只考虑了一个风险因子（当然是一个很重要的风险因子），以国内生产总值（GDP）的增长情况来作为整体经济表现的波动性代表。这种因素与资本资产定价模型中的"市场因素"相似，在这个例子中，假定该因素只影响了三个因子：销售收入、销售利润率和资产周转率。表 19-2 中列出了 A 和 B 这两家公司的销售收入情况，并在表头给出了七种可能的 GDP 增长率情形。请你注意，两家公司在每种 GDP 增长率情形下的销售收入水平都是一样的，因此 GDP 对它们所造成的销售风险影响是相同的。但是，这两家企业的销售利润率风险和资产周转率风险有所区别。销售利润率风险受经营杠杆（即固定成本与变动成本的比值）的影响，A 公司的固定成本规模为 20 百万美元，而 B 公司的固定成本规模为 4 百万美元；相应地，A 公司的变动成本为销售收入的 72%，而 B 公司的变动成本占销售收入的 88%，所以，A 公司的经营杠杆风险和销售利润率风险比 B 公司的更大一些。此外，A 公司的可灵活调整净经营性资产相对也更少一些，它在固定资产方面的投资为 30.7 百万美元，而 B 公司则只有 18.7 百万美元投资于固定的经营性资产（见表中最末一行的解释）。因此，A 公司的资产周转率风险也比 B 公司的更大。我们可将净经营性资产中的固定部分看作厂房等资产，而将变动部分理解为存货和应收款等可灵活调整的资产（A 公司和 B 公司拥有的可灵活调整净经营性资产规模分别占其销售收入总额的 36% 和 48%）。

这种对经济状况的不同敏感性程度造成了七种不同情形下的剩余经营性收益差别。当 GDP 增长率为 2% 时，两家公司都能实现 100 百万美元的销售收入，销售利润率为 8%，净经营性资产周转率为 1.50，而净经营性资产收益率为 12%。在这样的条件下，两家公司最终都实现 4 百万美元的剩余经营性收益，高于按净经营性资产规模和无风险利率（假定为 6%）计算的必要回报水平。但是，如果 GDP 的增速低于 2%，A 公司的净经营性资产收益率和剩余经营性收益将会低于 B 公司。此外，如果 GDP 的增速大于 2%，A 公司的净经营性资产收益率和剩余经营性收益又大于 B 公司。这说明：经营杠杆水平和资产周转率的弹性决定了下行风险，但它们也用上行潜力来回报下行风险的压力。

在表 19-2 的底部，已经列出了每种可能结果下的企业价值。为简单起见，该价值是将每种结果都看作永续年金而计算得到的：$V_0^{NOA} = NOA_0 +$ 预计剩余经营性收益 $ReOI/0.06$。情形 1 和情形 2 下的 A 公司，以及情形 1 下的 B 公司估值都为负数，且直接等于公司所投入的净经营性资产规模，这是因为，永续为负的净经营性资产收益率意味着全部的价值都损失了，但在有限责任假定下，损失将被限制在 100% 的投资额范围内。因此，这些可能的价值分布不仅反映了销售收入风险、销售利润率风险和资产周转率风险，还反映出了有限责任所提供的风险保护。将各种结果可能出现的概率与各种结果下的价值分布放在一起，我们就得到了风险价值特征分布状况，图 19-4 就是 A 公司和 B 公司的风险价值特征分布图。

将 A 公司和 B 公司的风险价值特征进行对比，说明上行潜力和下行风险之间是互相权衡的。由于一系列结果分布的期望价值等于每种可能出现的结果与出现这种结果的概率之间的乘积，因此，两家公司的预期销售收入都等于 100 百万美元（刚好等于情形 4 中的销售收入中位数水平）。在这样的销售收入水平下，两家公司都能实现剩余经营性收益 4 百万美元，假定这

表 19-2 两家公司的风险价值特征比较

情形假定	A公司							B公司						
	1	2	3	4	5	6	7	1	2	3	4	5	6	7
影响因素：GDP 增长率 (%)	−1	0	1	2	3	4	5	−1	0	1	2	3	4	5
出现概率	0.1	0.1	0.2	0.2	0.2	0.1	0.1	0.1	0.1	0.2	0.2	0.2	0.1	0.1
受基本面因素影响后的销售收入（百万美元）	25	50	75	100	125	150	175	25	50	75	100	125	150	175
经营费用（百万美元）														
固定成本	20	20	20	20	20	20	20	4	4	4	4	4	4	4
变动成本	18	36	54	72	90	108	126	22	44	66	88	110	132	154
经营费用总额	38	56	74	92	110	128	146	26	48	70	92	114	136	158
经营利润（百万美元）	−13	−6	1	8	15	22	29	−1	2	5	8	11	14	17
销售利润率 (%)	−52	−12	1.3	8.0	12	14.7	16.6	−4	4	6.7	8.0	8.8	9.3	9.7
资产周转率	0.63	1.03	1.30	1.50	1.65	1.77	1.87	0.81	1.17	1.37	1.50	1.59	1.65	1.70
RNOA (%)	−32.7	−12.3	1.7	12.0	19.8	26.0	30.9	−3.3	4.7	9.1	12.0	14.0	15.4	16.6
期初净经营性资产（百万美元）	39.7	48.7	57.7	66.7	75.7	84.7	93.7	30.7	42.7	54.7	66.7	78.7	90.7	102.7
ReOI (R=1.06)	−15.4	−8.9	−2.5	4.0	10.5	16.9	23.4	−2.8	−0.6	1.7	4.0	6.3	8.6	10.8
有限责任假定下的价值	−40	−49	−16	133	251	366	484	−31	33	83	133	184	234	283

销售利润率风险影响因素：经营费用 = 20 + 72% × 销售收入水平　　经营费用 = 4 + 88% × 销售收入水平

资产周转率风险影响因素：净经营性资产 = 30.7 + 36% × 销售收入水平　　净经营性资产 = 18.7 + 48% × 销售收入水平

会永续持续下去,那么,两家公司的价值都等于:不过,围绕着这个期望值的价值分布是不一样的,所以这两家公司并不是相同的投资对象,因为它们的风险价值特征是不一样的。A公司相对B公司具有更大的可能性创造更高的价值,或者,如果看不利的那一面的话,A公司也比B公司具有更大的可能性损失更多的价值。

$V^{NOA} = 66.7 + 4.0/0.06 = 133$(百万美元)。

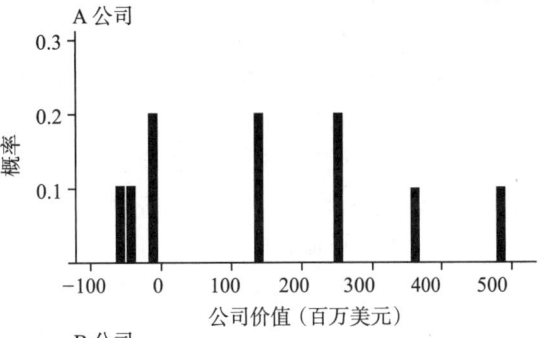

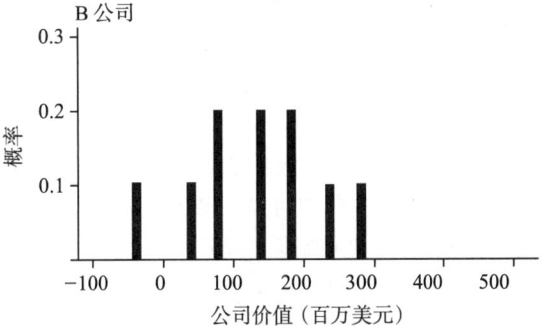

A公司的风险价值特征与图19-1b中列示的、我们普遍观察到的股票投资收益率分布非常类似,都是肥尾且右偏的分布,不过,现在我们已经通过基本面分析发现了这种分布的影响因素,懂得了是什么在影响着企业的风险。我们通过分析找出了收益率的分布形式,而不再只是假定一种收益率的分布,比如正态分布。我们懂得了收益率的分布(以及相应的风险价值特征)也许不一定会服从正态分布;也理解了为什么说收益率的标准差不能反映出风险的全部特点:经营杠杆和资产周转率风险可能联合起来发挥作用,导致极端收益率(很好的或者很差的都有可能)的出现。

图19-4 A公司和B公司的风险价值特征

这里的风险价值特征是按照表19-2中的7种GDP增长假定计算得到的。A公司的销售利润率风险和资产周转率风险比B公司的更高,这样的风险因素使得A公司相对B公司具有更大的概率出现较低估值和较高估值。

这里的例子非常程序化。它们都没有考虑经营风险的其他方面影响,比如费用风险和经营性负债杠杆风险等,也没有考虑除GDP增长率之外的其他可能影响企业销售收入的因素。此外,这些例子都只考虑了一期的销售收入分布情况。不过,这些例题都说明了分析的形式和程序,可在此基础上进行修正,加入其他风险因素的影响。比如,国家政变或者监管政策变动会引起政治风险,那么,分析人员可考虑在不同的GDP增速和政治环境情形下的各种可能的销售收入水平。

我们还可以进行更长时期的分析,比如,在不同的情形下,企业在3年或者5年以后会是什么样子的呢?极端的事件虽然不常发生,但我们可以应用这套程序来模拟它们的影响。我们可以先提出问题,然后再设法去寻找解答:如果股票价格下跌了,比如,跌幅为20%,会发生什么呢?这种事情发生的可能性有多大?根据分析,哪些是关键的风险因素?

19.4.1 适应选择力与增长选择力

A公司和B公司的例子清楚地说明了净经营性资产对销售收入活动的反应:资产周转率风险受两种净营运资产的影响,一种是固定部分,另一种则是与销售收入呈比例变化的变动部分。但这种资产结构并没有反映出来,其实企业为了适应销售收入的变动,是可以有很多的调整适应方式的,比如,一家企业不可能总是处于情形1当中。如果我们发现,不管是出于什么样的原因,企业的产品需求很快就会变成像情形1那样的状况,那么企业一定会想办法进行调整。比如，它可能会进行清算，将部分价值退还给权益要求人，而不是像例题中那样只是等待全部的价值都被毁损。或者，它也可能会考虑转向，尝试去生产其他相关或者不相关的产品。

这种可以清算或者进行调整适应，以避免出现最坏结果的能力，被称为**适应选择力**（adaptation option）。企业的适应选择力与它的结构、技术特点是否容易清算或者转向有关。比如，农场主在面对庄稼需求下降时，可以考虑种植别的产品或者改行以狩猎为生；生产燃油汽车的制造商在太阳能交通工具需求上升时，也可以考虑转产生产太阳能交通工具。但是，对高度专业化的制造商来说，比如，制药企业原来生产的药物被另一种更好的药品取代市场位置了，那么，他们可面临的选项就相对比较少了，也许就只能选择清算或者关门了事。所以，适应选择力实际上就是企业"对自己进行重新投资"的能力。

分析人员会考虑如何对企业的适应选择力进行估值。在我们的例子中，可以通过列出更多的销售收入结果（如果出现适应选择时会出现的结果）和更复杂的资产周转率影响因素，并为适应选项分配一定的概率，然后再分析估值。同时，也可以通过分析来考虑清算状态下的价值。

分析人员也常常谈及**增长选择力**（growth options）和增长选择力的估值问题。与适应选择力一样，增长选择力也是一种调整选择，但它专指好情形出现时的调整选择，而与坏情形无关。增长选择力强调能够投入资产，去扩大净经营性资产规模，从而抓住新的机会。适应选择力能够减轻下行风险，而增长选择力则能够创造上行潜力。在图19-3中，我们将增长风险表达为销售收入可能不会增长的风险。但与其他所有风险相比，增长风险是有上限的，而且，不同的企业在面对意料之外的销售收入增长时，会有不同的应对能力。

假定一位零售商签了一份租赁契约，契约允许他选择额外再租下一层楼的经营空间，这样，他就拥有了一份显性的增长选择。不过，大部分的增长经营活动都不是这么明显的，企业通过建造过量的产能来创造增长空间，比如，建造工厂、通信网络、配送系统、开发航空路线和卫星网络等。增长选择力也来自企业能让它自己"在正确的时间出现在正确的地点"，它的知识基础能让它有能力在技术变革时期壮大起来，它的市场地位、品牌名称和客户忠诚度能让它在产品创新方面居于领先地位，并能适应客户需求的变化。这些选择力的出现能够增强企业在风险价值特征中的上行潜力。实际上，我们例题中的A公司（相对B公司而言）就具有增长选择力，因为它建有固定成本的工厂设施，能在销售突破预期时加以利用。

这种增长选择力以及它所能创造的利润和价值，是可以通过进行风险价值分析找出来的。以A公司为例，只需要找出企业执行了增长选择力之后的销售收入、销售利润率和资产周转率情形组合，再为这些情形各自分配一个概率就可以了。

19.4.2　战略与风险

风险价值特征是一种战略分析工具。战略分析师不仅应当了解现有战略的预期价值，还应当理解与战略风险相关的上行潜力与下行风险，并在上行潜力与下行风险之间进行正确的权衡。因此，战略分析师需要对每种可能的战略进行风险价值特征分析。

在前面的例题中，A公司和B公司就分别代表着在相同销售收入结果下的不同企业经营战略，这些战略所导致的风险价值特征是不一样的。当各种战略导致不同的销售收入结果时，也可以用同样的方法来进行战略评价。而且，在每一战略下，影响基本面风险的各个因素都能被考虑到，它们对风险价值特征的影响也不会被遗漏。企业应当考虑为未来的增长留下空间吗？应当考虑适应选择力问题吗？这样做的成本会是多少呢？

理解了风险的本质，管理人员就可以通过制订情景计划来进行风险管理。他首先列出各种可能出现的情形，然后针对每种情形再制订相关的企业经营计划；针对可能出现的不利情形，他会计划好对应的备用选择，以避免最终出现不利的结果；针对可能出现的好情形，他也会计划好相关的增长应对措施。这种或有计划反过来会产生更多的细节情景，促使我们对创造价值和控制风险进行更多的思考。相应地，风险价值分析既能够辅助计划的制订，也能够针对计划中的风险发挥作用。

19.4.3　风险价值的贴现

根据预计的销售收入水平，我们计算出 A 公司和 B 公司的价值都是 133 百万美元，但这是在假定投资无风险条件下的企业价值，因为我们在计算过程中使用的贴现率是无风险利率。由于风险特性，真正的价值应当是围绕着 133 百万美元上下波动的，因此，如果是一位厌恶风险的投资者，为谨慎起见，应当将他的出价压低在 133 百万美元之下。

无风险估值与风险调整估值之间的区别在于对风险价值的贴现。如果能够按更低的风险调整价格购入，就能使预期收益率高于无风险报酬率，因此，我们也可以将风险价值的贴现值看作预期（必要的）报酬与无风险之间的差值，或者说，是必要报酬中所包含的风险溢酬部分。那么，现在留给估值的问题就是：如何计量（或者贴现，取决于你对它的看法）这种风险溢酬呢？

A 公司的价值标准差为 198.8 百万美元，而 B 公司的则为 103.3 百万美元。因此方法之一是以标准差为基础来计量风险溢酬的大小，但这种方法需要我们有模型的支持，有没有模型可以说明标准差与风险溢酬之间的关系呢？各种资产定价模型就可以，但是这些模型对风险溢酬的计量并不那么可靠。此外，标准差和资产定价模型并没有反映出我们从股票投资回报率中观察到的极端回报率风险，而这种极端回报率风险在基本面风险分析中也是存在的。

风险溢酬的计量技术目前还不那么令人满意。目前使用最广泛的是资本资产定价模型，但鉴于前述的原因，这个模型也存在一些缺憾。这里的分析并不能给你提供其他的备选工具，只是讲清楚了企业的基本面是如何对风险产生影响的，而这些结果又是如何影响价值的。我们无法告诉你怎样将风险价值特征转换为风险溢酬，或者如何找出必要报酬率的确定数据。风险问题是非常复杂的，要将它缩小到用一个数据来表示已经超出了我们目前的能力范畴。当然，这并不会妨碍你作为一位投资者，根据自己的分析结果来设定贴现率。

19.5　价格风险

商业投资结果的不确定性导致了基本面风险的产生，而基本面风险导致了股票投资收益的不稳定。但是，还有另一种风险也是投资者必须关心的，那就是当价格偏离了基本面价值时，如果按照偏离基本面价值的价格来进行交易，投资者也会承担风险，当然也会因此而获得回报。这种与基本面无关的风险，称为**价格风险**（price risk）。价格风险有两种形式，即市场无效风险和流动性风险。

19.5.1　市场无效风险

相信市场效率的被动投资者承认他必须承担基本面风险：在有效市场中，价格必然会随基本面变化而产生波动。但主动投资者认为，价格也可能出现无效的时候，而且他们会想法利用这种无效率。但主动投资者知道，这种市场无效是没有规律可循的，价格的波动可能会对他们不利。**市场无效风险**（market inefficiency risk）就是指价格的变化不符合基本面信息的印证时，可能出现的不利结果。

我们举两种情况来说明如何利用市场的无效率。情形 A 假定你预计在将来某个时间能以价格 P_T 出手某项投资，但你认为该项投资在目前的定价 P_0 是不合理的。即，你认为如果按现在的不合理定价买入某只股票以后，在将来某个时刻 T 能按公允的价格将它出售，从而获得超常的投资回报。而情形 B 假定你认为某只股票在现在的定价 P_0 是合理的，但它在将来的定价 P_T 会是不合理的。如果用字母 V 来表示内在价值，那么，可将上面这两种假设情形在图 19-5 中分别表示出来，在每种情形下，我们都标出了这只股票的当前市场价格和预期未来市场价格，分别用 P_0 和 P_T^C 来表示。P_T^C（在预计未来价格旁边标注了 C）表示 T 时刻的预计的未来价格是含息的，即包括了从时刻 0 到时刻 T 之间的全部股利影响，因为股利总是属于投资报酬的一部分。我们将 P_0 和 P_T^C 分别与 0 时刻和 T 时刻的内在价值 V_0 和 V_T^C 进行比较，其中，T 时刻的内在价值也应当是含息的。

在 A 情形下，基本面分析人员感觉到目前的股票定价是不合理的，于是进行投资，希望等待价格回归到基本面价值时，能够获得超额的回报。如果投资者未能发现目前的定价过高，就可能按高估的价格买入，然后等到价格回落到基本面价值时，发生价值的损失；如果投资者未能发现定价过低（即图中的情形），就可能会卖出股票（看空），然后等到价格回归基本面价值时，发生价值损失。无论是哪一种情况，都说明按错误的价格进行交易是有风险的，我们将这种风险称为**情形 A 风险**（scenario A risk），情形 A 可能给我们带来回报，但也可能涉及风险。

在 B 情形下，投资者认为股票在将来的价格会偏离其基本面价值，于是按基本面价值买入股票，即，他投资希望获得预计的超常回报。不过，认为自己是按基本面价值买入的基本面投资者，如果在情形 B 下出现了股票的未来价值低于其基本面价值，也会发生价值损失。我们将这种风险称为**情形 B 风险**（scenario B risk）。与所有投资一样，情形 B 既可能为我们带来回报，也可能会有风险发生。

这两种情形之间的区别在于对未来价格走势的预期不同。情形 A 认为市场最终会发现定价错误并进行纠正（比如，当未来的盈

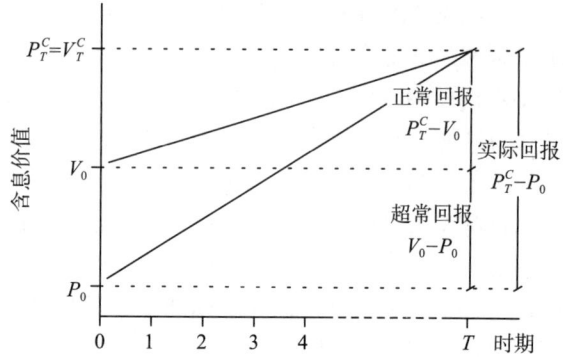

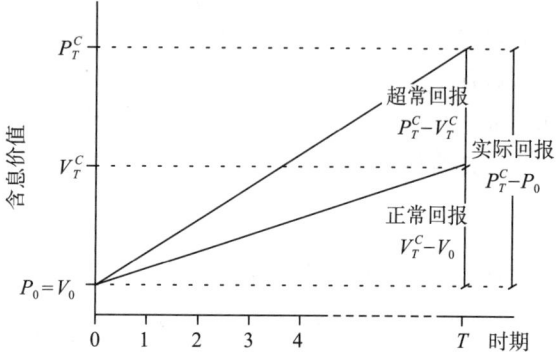

图 19-5 在这些获得超额回报的情景下，P_0 表示 0 时刻的市场价格，V_0 表示 0 时刻的内在价值。P_T^C 表示 T 时刻的预期含息价格，V_T^C 则表示 T 时刻的预期含息内在价值

在情形 A 中，投资者预期未来的含息价格会等于基本面价值，但认为当期的定价不符合基本面价值要求，因此，随着价格逐步回归到基本面价值，投资者可赚得超常回报。在情形 B 中，投资者认为当前的市场定价等于基本面价值，但预计该定价在未来会逐步偏离基本面价值，因此，随着价格逐步偏离基本面价值，投资者也可赚得超常回报。

利报告公布时），而情形 B 认为市场定价会"脱离"其基本面价值。举例来说，在情形 B 下，有人可能会预计某位"帝国建造者"似的并购方会提出高于基本面价值的收购出价，于是，投资者就可以提前买入这类被收购对象的股票。或者说，有人可能会预测到在"企业并购大潮"当中，收购方的出价会高涨；再或者，有人能预测到股票的供需变化，发现需求的增强（或者减弱）会使股票定价偏离其基本面价值。许多投资者都说他们感受到了 20 世纪 90 年代的股票定价被高估了，因为"婴儿潮"出生的那一代人开始变得越来越兴奋，疯狂地投资，推动着股价不断上涨。这就是所谓的股价流动性理论。有些人预测到股价会因时尚潮流的变化、羊群效应，或者盲从于某种被错误宣传的股票价值而偏离其基本面价值。此外，恐惧会促动股价下降，比如在 2008 年发生的金融危机中，大量股票价格出现的巨大跌幅。这就是所谓的股市心理理论。这类理论努力去解释投资者的非理性，**行为金融学**（behavioral finance）就专门着力研究是什么导致了股价会偏离其价值。

情形 A 风险与情形 B 风险可能会同时存在。比如，某位投资者可能认为某只股票目前的价格被低估了，于是买入这只股票，希望获得情形 A 下的回报，但情形 B 的力量却可能促使股价在将来变得更低。在 20 世纪 90 年代中期，很多基本面投资者都看到了股价被高估，因此从股票投资中撤离出来，没想到，到了 20 世纪 90 年代末期的时候，（按这些基本面投资者的观点来看）股价的高估却变得更加厉害了，导致这些投资者错过了一场牛市的盛宴。而对那些在 20 世纪 90 年代就卖空了的投资者来说，甚至还遭受了巨额的损失。因此，尽管这些投资者对基本面因素（以及基本面风险）已有充分认识，但他们还是承受了价格风险。

上面两种情形下的风险都来自在错误的价位上进行了股票的买卖，价格并不总是等于基本面信息所揭示的价值。基本面分析可以帮助我们防范价格风险，这是我们在本书第 1 章就开始强调的：分析能够降低投资中的不确定性。

但是，仅凭基本面分析本身也许并不足以防范情形 B 风险。情形 B 是由于某些因素使得价格偏离基本面价值而引起的，理解这些"非理性的"市场力量对预见情形 B 的发生是有帮助的。实际上，这种理解对于预见情形 A 的出现也是有帮助的，因为如果根据基本面分析结果，你认为某只股票被错误定价了，那么，你肯定也知道为什么这样的定价并不符合基本面价值，这样，你就能从两方面同时得以确证。

基本面分析并不能完全地解释股票的定价，基于价格波动等行为理论的股票定价理论能够帮助我们完善这种解释。理解价格的形成机理可以帮助我们防范价格风险。但是，正如基本面分析能够在防范价格风险的同时也利用（情形 A 的）错误定价机会一样，股价行为理论也有助于我们利用（情形 B 的）错误定价。但不幸的是，股票价格的行为理论目前发展并不完善，目前最多只是处于（兴趣）猜测阶段。在缺乏这种理论支持的情况下，基本面投资者最好还是接受基本面分析人员的古老建议：用足够的耐心去进行长期投资（因为价格最终会反映出基本面价值）。这种观点认为，定价错误只是一种暂时现象，它（最终）会进行自我纠正。

负责公司内部项目投资的管理人员并不关心价格风险，项目投资风险与企业战略风险都属于基本面风险。不过，在选用投资评价贴现率时，管理人员同样必须小心，因为这些贴现率都是根据市场定价来进行估算的，比如，依据历史的资本资产定价模型贝塔系数。这些贴现率可能会反映出价格风险，而不是基本面风险。

19.5.2 流动性风险

如果投资的出售价格低于其基本面价值，投资回报必然就会受损。不过，投资者确实有可能会因为找不到愿意接手的另一位投资人，而不得不低价出售。因为出售心切，投资者可能会发现只有降低价格才能吸引到买家。

这种由于缺少交易对象而不得不按非内在价值的定价来进行交易的风险，被称为**流动性风险**（liquidity risk）。不仅交易卖方需要面对流动性风险，作为买方，如果做了基本面分析却找不到合适的卖家，也将不得不面对流动性风险。对卖空者来说，在他们想要买回股票来弥补头寸时，如果一时找不到合适的卖家，也将不得不承担很大的风险。而且，从交易头寸来看，所加杠杆越大，流动性风险所可能带来的影响就会越糟糕。

在一些市场中，永远存在着流动性风险。非上市公司的股份由于很少交易，因此具有很大的流动性风险，而大型上市公司的股份则具有较低的流动性风险。而且，流动性风险的变化也是难以预测的，投资者可能会对某一些股票很快就没了兴趣。此外，如果企业经营得不好，投资者也会因为难以找到合适的买家而发生股份处置困难。如果投资者在某次"风波"后全都逃离了市场，那么，整个市场的投资品种都将面临流动性风险，作为监管方和中央银行，对这种"系统性的"流动性风险非常在意。

作为交易的卖方，对于需要承担的流动性风险而要求的折价被称为**流动性折价**（liquidity discount）。市场机制的发展会逐步降低这种折价。比如，股票经纪人承担了为买卖双方寻找交易对手的职能，从而降低了流动性风险（当然，他们是要对此进行收费的）。再比如，做市商通过股票交易所来对买卖双方的指令进行匹配，也能降低流动性风险（对此，交易方是必须就买卖价差部分支付费用的）。投资银行帮助大批量证券的发行而寻找买家，而专业的经纪公司则会协助私有公司进行证券的销售（当然他们也都是要收费的）。实际上，人们所支付的交易费用，其作用就是为了控制流动性风险。流动性风险会降低投资的预期回报，而交易费用也（通过降低流动性风险）会减少投资的预期回报。

19.6 推算主动投资的预期收益

必要报酬率的计量非常不容易，因此，假定它是一个能被我们发现的客观存在是不现实的。但是，作为投资者，我们当然可以根据我们所感知到的风险程度来设定我们自己的贴现率。这对那些需要用电子表格来计算估值的人来说，想要利用必要报酬率来作为一个已知变量，是个很麻烦的问题。不过，主动投资者真正关心的并不是估值，而是需要理解市场的估值是否恰当。第7章中曾经强调，我们的任务是要去挑战市场的定价，去判断市场定价是否合理。如果市场定价过低，那么主动投资者就会期望赚得更多的报酬；如果市场定价过高，那么预期的收益可能就会被降低。因此，投资者关注的并不是必要报酬率，而是按照当前的市场价格买入股票以后，能够获得的期望收益率。毕竟，我们明白投资不仅需要承担基本面风险，还需要面对价格风险：投资的部分风险就在于为某只股票支付了过高的价格。

我们通过反向推导来估算投资的预期收益率。在第7章中，我们用反向推导的办法推算了市场定价中所隐含的增长率预期。明白了市场的预期之后，我们接下来需要再思考这样的预期是否合理。所以紧接着，本书又介绍了大量的财务报表分析技术，使我们能够根据分析结果来进行判断。实际上在第15章中，我们又回到了反向推导技术，只不过这一次是在整个企业层面上，我们通过财务报表分析来进行简单估值，然后再用估值去判断市场定价的合理性。简单企业估值模型是这样的：

$$V_0^{NOA} = NOA_0 + \frac{ReOI_1}{\rho_F - g}$$

（也可对这个模型进行修改，以适用于更长的预测期——在第7章中，我们就用了2年的预测期。）我们曾以耐克公司为例（请参考阅读材料15-5）进行了反向推导练习，假定公司价值等于当前的企业市场价格31 446百万美元，根据相关财务报表信息，当下一期的剩余经营性收益，即 $ReOI$ 为1158百万美元时，有：

$$\$31\,446 = \$5\,514 + \frac{1158}{1.091 - g}$$

设公式中的必要报酬率为9.1%，那么，经反向推导可得到增长率 g 为4.6%。这个剩余收益增长率还可被转换为更容易理解的经营利润增长率，具体转换过程请见第7章的介绍。

除了可以反向推导增长率以外，我们还可以反向推导特定增长率下的预期投资收益率。比如，假定耐克公司的增长率为4.6%，那么：

$$\$31\,446 = \$5514 + \frac{1158}{1 + ER - 1.046} \ominus$$

从上式中可解出 ER 为0.091，即预期收益率为9.1%。请注意，这个9.1%并不是必要报酬率，而是假定按当前的市场价格买入，投资者可以获得的预期收益率。如果整个企业的价格为25 000百万美元，那么：

$$\$25\,000 = \$5514 + \frac{1158}{1 + ER - 1.046} \ominus$$

可解出预期收益率将为10.54%。

我们可用一个简单的公式来总结这个求解的过程：

$$\text{经营活动的预期收益率} = \left[\frac{NOA_0}{P_0^{NOA}} \times RNOA_1\right] + \left[\left(1 - \frac{NOA_0}{P_0^{NOA}}\right) \times (g - 1)\right] \quad (19\text{-}5)$$

其中，NOA_0/P_0^{NOA} 表示整个企业的账面价值－市场价格比率⊜。以耐克公司的数据为例，它的企业账面价值－市场价格比率为：$\$5514 / \$31\,446 = 0.175$，且根据财务报表分析数据，下一期的净经营性资产收益率 $RNOA_1$ 为30.1%：

$$\begin{aligned} ER &= (0.175 \times 30.1\%) + [(1 - 0.175) \times 4.6\%] \\ &= 5.3\% + 3.8\% = 9.1\% \end{aligned} \quad (19\text{-}5a)$$

（1）（2）

这就是**加权平均收益率公式**（weighed-average return formula）：期望收益率等于下一期的净经营性资产收益率与增长率的加权平均数，其中权数由企业账面价值－市场价格比率来决定（两项权数合计为1）。请注意，这是买入整个企业的预期收益率，因此，考虑杠杆影响后的收益率计算式（在第7章中有介绍）为：

$$\text{权益投资的期望收益率} = \left(\frac{B_0}{P_0} \times ROCE_1\right) + \left[\left(1 - \frac{B_0}{P_0}\right) \times (g - 1)\right] \quad (19\text{-}6)$$

此外，我们还可以对该反向推导过程进行修订，以考虑更长的预测期间（比如1年以上）。

⊖ 式中分母，原文的 ER 应为 $1+ER$，已与原书作者确认。——译者注
⊖ 式中分母，原文的 ER 应为 $1+ER$，已与原书作者确认。——译者注
⊜ 该公式仅在第1期的净经营性资产收益率 $RNOA_1$ 大于增长率时（绝大多数情况下都是如此）才有意义。

等等！为了得到预期收益率，我们需要预计的增长率，而这也是未知的。实际上，我们通过反向推导求出了耐克公司的增长率，但在推导过程中，我们假定了一个必要报酬率。所以，现在不能拿着这个增长率又来推导预期收益率吧！这显然就是一个公式、两个未知数的问题了！

19.6.1 增长 – 报酬特征

不过，这里还是有一些自由度的。虽然我们不了解增长率是多少，但是可以运用这个方法，去测试在不同的增长率情形下，预期收益率会是多少。在式（19-5a）中，我们计算的耐克公司预期收益率被分解为了两个部分，其中，第（1）部分就是假定无增长条件下的预期收益率。因此，如果有人认为耐克公司不会有增长，那么，他的投资预期收益率就会等于每年5.28%。这样的假定可能会太过保守了（没有任何增长的预期），但在这样保守的情形下，如果进行投资，也能得到5.28%的收益率。此外，还有第（2）部分的收益增项可供预期。如果预期企业的增长速度与GDP的增长率4%相当，那么，必要报酬率就应当在5.28%的基础上再多出（1 – 0.175）×4% = 3.3%，因此合计为6.58%。如果耐克公司可实现4.6%的增长率，那么我们已经看到，预期投资收益率就将达到9.1%。

不同的情形假定能够让我们了解投资对象的增长率 – 报酬特征。当耐克公司的股票价格定位在每股74美元时，我们可分析出它的增长率 – 报酬特征如下，并在图19-6中表现出来。这些图和表说明了如果按当前市场定价买入耐克公司的股票，那么，在不同的增长预期下，预期收益率将会是怎样的。

假定投资者已决定不能买入增长速度超过GDP增长率4%的风险投资，那么他能够预期的报酬率就是8.58%。对此，投资者可能已经非常满意了。但是，增长率 – 报酬特征表同样还可以告诉投资者他的投资上行潜力有多大：如果投资对象的增长速度更快的话，是可能获得更高的投资收益率的。并且，投资也存在着下行风险，增长率 – 报酬特征表告诉我们，当增长率为负时，投资收益会是什么样的。以耐克公司为例，如果增长率为 –3%，那么预期投资报酬率就只有2.8%了。

增长率 – 报酬特征表可以帮助我们理解不同的收益率分布可能，并思考这样的投资报酬是否足以补偿我们所承担的风险：在这

耐克公司增长率 – 报酬特征表	
2010年7月时，每股股价为74美元	
增长率（%）	预期收益率（%）
–3	2.80
–2	3.63
–1	4.45
0	5.28
1	6.10
2	6.93
3	7.75
4	8.58
5	9.40
6	10.23
7	11.05

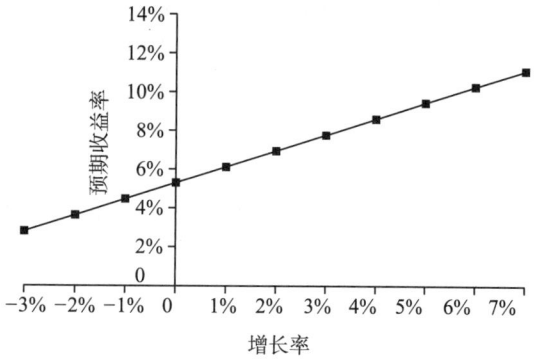

图19-6 耐克公司的增长率 – 报酬特征表，耐克公司股票在2010年7月时的市价为每股74美元

增长率 – 报酬特征是指按当前的市价买入股票，在不同的增长率预期水平下，股票投资的预期收益率分布情况。图中曲线与纵轴的截距表示在无增长情况下的预期投资收益率。

样的增长率水平下，我们所能预期的收益率足够了吗？如果某位投资者希望寻求9.5%的权益投资报酬，他判断，对耐克公司来说，只有当增长率大于5%时，才能实现9.4%的收益率，而这是不现实的，那么，投资者就只能转向寻找其他的投资机会了。此外，如果这位投资者认为耐克公司是可以实现这样的增长速度的，那么他可能就会认为9.4%的预期收益率已经足够了。再假定，某位投资者出于安全起见，从来不会为2%以上的增长率买单，但是通过增长率-报酬特征表，他能够看到投资的上行潜力：如果进行投资，有可能实现更好的收益率。

对基本面投资者来说，**安全边际**（margin of safety）是一个非常重要的概念。由于基本面投资者不希望为风险而支付过高的价格，他们行事非常保守。只有当价格与价值之间出现足够大的差异时，他们才愿意进行投资。但是，要确认出"真实"的价值是非常困难的。因此，从预期收益率这个角度来进行思考更加有帮助一些：这只股票能够给我的预期收益率中包含着安全边际吗？使用增长率-报酬特征表来进行分析也比较有帮助：在保守的增长率估算下，所得到的预期收益率足够高并且包含着安全边际吗？什么才是这些保守估计值的上限呢？

19.6.2 处理必要报酬率问题

前述分析主要关注的是在不知道必要报酬率时的处理，结论是直接而诚实的：光凭必要报酬率，并不能让投资者了解所有的风险。我们不可能指望用一个简单的数据来有效地代表商业风险的各种复杂情形。在前述分析中，我们列出了在各种不同的可能结果下，投资者可能获得的投资回报，但最终对风险与回报进行权衡和评价的工作还是需要由投资者自己来完成。如果选择了风险，就必须承担相关的后果，不能指望靠资本资产定价模型来将你救出困境。当然，还有一些标准是可供参考的。比如，人们希望权益投资的收益率要高于公司债券投资的报酬率。我们总是可以为自己选择最合适的贴现率。

19.6.3 用风险价值特征来评价隐含的期望报酬率

怎样判断我们通过反向推导所得到的预期报酬率水平是高还是低呢？要回答这个问题，就不能不参考基本面信息，因此，投资者必须考虑相关股票的风险价值特征，然后才能做出回答。如果通过反向推导的方法得出的预期收益率很低，且对投资对象进行风险价值特征分析的结果又暗示该投资具有很大的下行风险，缺乏对上行潜力的足够补偿，那么，投资者就会判断该投资的风险过大，一不小心就会出价过高。此外，如果隐含的期望收益率比较高，而风险报酬特征分析告诉我们该投资的风险较低，那么投资者才会更相信他不会对这只股票的出价过高。举例来说，增长率-报酬特征分析告诉我们，对于某项投资，要想得到8%的收益率，那么增长率必须达到6%才行；可是风险价值特征分析又告诉我们说，这对于这只股票来说基本是不可能的，那么投资者就可以避免投资于这只股票了。

19.6.4 在风险等级内进行投资

风险价值特征能够告诉我们一项投资的风险分布情况，因此，我们可以根据不同企业的风险特征而将它们区分为不同的风险等级（risk class），在同一风险等级内的企业，具有类似的风险价值特征。

这样，我们就可以在风险等级内来进行投资分析：在该风险等级内，哪家企业具有最佳的盈利前景？我们可以对该风险等级内的企业进行增长率-报酬特征比较：在给定的风险等级内，哪家企业的增长率-报酬特征是最有利的？哪家企业的无增长条件下收益率是最强的？哪家企业的上行潜力最大而下行风险更小？

这种投资分析方法的完善技巧是利用**配对交易**（pairs trading），或者有时也被称为**相对价值投资**（relative value investing）。配对交易要求我们对特征类似的股票采用能够互相对冲的买卖头寸。如果以风险来判断股票的特征（由风险价值特征决定），那么在配对交易中，投资者可以完全对冲他的风险：如果风险影响到买方，那么投资者照样可以通过卖方头寸取得的收益来得到补偿。将企业按照它们的风险水平来进行分类，然后买入隐含的预期收益率较高或者增长率－报酬特征更强大的公司股票，同时卖出预期收益率较低或者增长率－收益特征较差的公司股票。如果买入和卖出的股票风险确实相同，那么它们的必要报酬率也应当是一样的，因此，我们的投资基础就是相对的错误定价，而同时将两方股票的普通风险都进行了对冲。在这一过程中，投资者并不需要去计量必要报酬率，从而解决了必要报酬率的计量问题。

分析人员会集中关注某一些行业，他们对该特定行业的深入了解，有助于他们做好风险价值特征分析。表 19-3 列出了在 1985 年发表的一份分析人员的调查问卷中，分析人员所"感知到的风险"计量值。这份问卷要求分析人员假定某些股票是拟被加入到一个已被充分分散的投资组合中的，分析人员需要用 1～9 对相关股票的风险进行排序。由于这个投资组合已被充分分散，因此，这份调查问卷要求分析人员评价的是系统性风险。表中列出了每家企业的得分均值，以及三个最普遍的基本面风险计量指标。被感知到的风险平均值是按递增的顺序排序的，看起来这个指标与基本面指标的取值是相关的。实际上，感知到的风险与资产规模、财务杠杆和利润波动性之间的相关系数分别为 -0.46、0.52 和 0.48。虽然这个分析结果还非常原始，但也能说明分析人员可以利用基本面分析，根据他们所掌握的商业和行业知识，对公司进行风险等级划分。

表 19-3 分析人员对 25 只股票所感知到的风险与该 25 只股票的基本面特征（1985 年）

股票名称	感知到的风险		资产规模	财务杠杆	利润波动性
	均值	方差			
美国电话电报公司	1.89	1.22	11.83	0.165	1.09
宝洁公司	2.36	1.74	8.85	0.318	2.79
IBM 公司	2.39	1.52	10.30	0.338	1.95
通用电气公司	2.69	1.64	9.95	0.468	1.29
埃克森石油公司	2.70	1.97	11.33	0.277	2.25
联邦艾迪森公司	3.20	2.40	9.32	0.620	1.76
道琼斯公司	3.57	2.38	6.28	0.477	2.96
麦当劳	3.87	2.36	7.97	0.413	2.32
希尔斯罗巴克公司	3.91	1.69	10.24	0.573	1.42
杜邦公司	4.11	1.91	10.08	0.508	1.64
喜互惠连锁超市	4.28	3.27	8.21	0.691	2.01
花旗集团	4.30	2.37	11.69		1.52
胡椒博士公司	4.32	2.03	5.11	0.215	2.26
通用汽车公司	4.59	2.43	10.57	0.422	
施乐公司	4.69	2.45	8.95	0.397	1.04
美国广播电视公司	4.86	1.83	7.37	0.370	0.47
环球假日酒店	5.13	1.86	7.43	0.536	1.34
坦迪公司	5.54	2.00	6.84	0.225	3.27
立顿公司	5.66	1.78	8.21	0.552	2.52

(续)

股票名称	感知到的风险		资产规模	财务杠杆	利润波动性
	均值	方差			
美国无线电公司	5.67	2.02	8.97	0.855	
佐治亚太平洋公司	5.88	2.51	8.53	0.450	3.13
埃内里空运公司	5.92	2.58	5.62	0.697	2.28
赫顿公司	6.37	2.75	8.64		1.80
美国家庭公司	7.23	2.60	6.63		20.18
国际收割机公司	8.78	0.41	8.58	0.704	

注：空白表示无法取得数据。感知到的风险是由分析人员根据他们的风险感知而做出的排序，得分从1至9；资产规模是取总资产的自然对数；财务杠杆是用有限债务与总资产的比值表示的；最后，盈利的波动性是用过去市盈率的标准差来表示的。

资料来源：G. E. Farrelly, K. R. Ferris 与 W. R. Reichenstein, "Perceived Risk, Market risk, and Accounting Determined Risk Measures," *Accounting Review*, 1985年4月, PP.278-288。

19.6.5　谨慎为有风险的增长而买单

本书曾经强调增长是有风险的，并为避免因增长而支付过高的价格从而提供了一系列的防范办法。如果增长是有风险的，那么，预期增长率较高的股票就需要有较高的收益率与之相配。这说明：预期增长率只是更多的预期企业盈利，而基本经济原理告诉我们，通常情况下，如果不承担更多的风险，是不可能实现更多的盈利的。再一次地，我们并不知道应当如何计量特定风险的必要报酬率，但承认增长是有风险的意味着我们需要警惕：在估值时，不能将增长率和必要报酬率作为一个独立的输入变量。相反，当预计企业会实现高速增长时，请将它理解为更高的必要报酬率。

请考虑下面这个企业估值模型的简单形式：

$$V_0^{NOA} = NOA_0 + \frac{\left[RNOA_1 - (\rho_F - 1)\right] \times NOA_0}{\rho_F - g}$$

在应用这个模型时，有人可能会预计将来的企业增长非常可观。（在特定的必要报酬率条件下）很高的增长率 g 会导致模型中的分母变小，从而使估值变得非常大。但是，如果增长是有风险的，那么，必要报酬率 ρ_F 也应当同步变大。所以，如果只是增长率增大，而必要报酬率却不变化，是会出现估值错误的。

我们可以想象这样的场景，当增长率变大时，必要报酬率也同步增大，增长率增加多少，必要报酬率也增长多少，这样，上述估值模型中的分母就不会受到任何影响。如果增长率增加了1%（比如，从4%变为5%），导致必要报酬率也增加了1%（比如，从9%变为10%），那么，分母和估值都不会受到影响。这样的增长，不是我们想要购买的，这样的增长是有风险的。

但我们并不知道因增长而带来的必要报酬率增加有多少，而且企业确实可以通过增长来实现价值增加。不过，对谨慎的估值来说，这一点是应当注意的：增长率 g 每增加1%，请将必要报酬率也增大1%。这样会使得最终计算得到的价值不会产生变化，但可能会太过保守了。这种估值思想认为，增长是没有价值的，因此在避免为增长而支付过高价格的过程中，建立了过大的安全边际。不过，从思考增长的价值有多少这方面来说，这应当是一个好的起点。请注意，当增长有风险时，加权平均收益率公式［式（19-5）与式（19-6）］仍然是适用的，但是当我们通过反向推导得出的预期收益率很高时，却需要我们谨慎地对待：这可能是由于更高的增长风险所带来的，而非错误定价的结果。因此，如果要为增长买单，请将你的贴现率适当调高。

19.6.6　不确定情况下的期望收益率

风险需要额外的报酬补偿，因此，当经济整体中存在极大的不确定性时，投资者就会要求更高的收益率。如果预期将来会出现经济衰退，投资者就会变得更加保守，并要求更高的必要报酬率。他对投资整个市场主体做这样的要求，对那些风险价值特征分析显示对经济下行更加敏感的公司，则还会要求更多。这样才能在不景气的时候建立起安全边际。当人们预期未来市场会出现不景气时，市场价格会下跌，因此，利用反向推导的方法得出的预期收益率反而会变得更高。然后，谨慎的投资者会用更高的必要报酬率来作为比较基准，对这些预期收益率进行评价。由于对于什么才是恰当的必要报酬率水平，目前并没有确切的定义，因此这种说法是不明确的。但是，从谨慎的角度出发来进行思考，一定是正确的。

作为一名主动投资者，我们需要了解自己对风险的承受程度有多大，因为你与别人的风险承受能力有可能会存在很大差别。在2008年秋天的金融危机当中，当资产价格猛然下跌时（当时，标准普尔500指数直降到了700以下），有人说，导致危机产生的部分原因在于投资者面对世界的不确定性时，对风险溢酬进行了修正。但是，投资者个人对风险的感受和他们个人所要求的风险溢酬很可能是存在巨大差异的。如果我的负债程度非常高，我已买下的房子价格出现了下跌，那么我可能就会在这场危机中失去工作，所以，我要求的风险溢酬自然就会上浮。我会与其他面临类似窘境的投资者一起，希望卖掉风险大的股票，于是，推动了价格的下跌。实际上，当时的股票价格下跌原因主要在于人们都需要去杠杆，希望持有安全的现金。假定你当时是无债一身轻，房子也都被你卖出去了，你的绝大部分投资都是现金（作为一名基本面投资者，你预见到了此次危机的到来），并且，你也没有失业的危险。那么，你所要求的风险溢酬就会低于其他人的水平，所以你就会觉得市场上有不少股票是值得购买的。这正是你的买入时机。

本章小结

本章并没有给出资本成本的确切定义，因此，在本章末的重要指标当中，我们还无法将资本成本列出来。我们必须面对现实，不能假装我们可以计算出一个精确的资本成本来，假装的精确对于投资实践是没有帮助的。相反，我们应当更加诚实一点，承认我们难以精确地对资本成本进行计算，想办法对这个问题进行修正和完善就好了。本章的最后一个部分就提供了一些修正和完善这个问题的办法。主动投资者需要关心的并不是必要报酬率，而是可能会为一家企业支付过高价格的风险，因此，需要关注如果按当前的市场价格购入一只股票以后，能够得到的期望报酬率。

本章的重点在于基本面风险的影响因素，请对照图19-3，确保你能够理解哪些因素在影响着投资对象的基本面风险。此外，你还应当懂得如何根据对这些影响因素的分析结论，建立像图19-4中那样的风险价值特征分析图。只有在对风险有了这样的认识以后，再参考像图19-6那样的增长率－报酬特征图，你才能够正确地回答出，如果我们要为有风险的增长去买单的话，能够获得的预期报酬率会是多少？

理解基本面风险是受哪些因素影响之后，能够帮助我们对风险建立起定性的评价。对那些聪明而谨慎的投资者来说，他们理解什么是风险，虽然他们还不知道该如何精确地计量风险。而且，他们知道除了基本面风险以外，投资还存在着价格风险，基本面分析能够帮助投资者降低价格风险。主动投资者更关注的是预期收益率而不是必要报酬率，本章提供了这方面的工具。

关键概念

适应选择力（adaptation option）：指当结果不利时，设法改变经营方向的能力。

行为金融学（behavioral finance）：研究股票价格为什么非理性的一门科学。

收益率分布（distribution of returns）：指投资者面对的一系列可能发生的结果以及每种结果可能出现的概率。

风险分散（diversification of risk）：指通过在组合中持有多种投资来降低风险。

下行风险（downside risk）：指获得极低报酬率的可能性。

期望收益率（expected return）：指投资者按当前的市价买入，预期能够获得的收益率。请与必要报酬率（required rate of return）进行比较。

肥尾分布（fat-tailed distribution）：指可能实现极端结果（极高或者极低）的概率远高于正态分布下的概率。

基本面风险（fundamental risk）：由于企业的商业活动而产生的风险。请与价格风险进行比较。

增长选择力（growth option）：当机会出现时，企业的资产（和利润）出现的增长能力。

流动性风险（liquidity risk）：指无法找到卖家或者买家，按商品的内在价值成交的风险。

市场无效风险（market inefficiency risk）：指价格波动方式与基本面情况不相符的风险。

正态分布（normal distribution）：由均值与方差决定的一系列结果分布情况。

配对交易（paris-trading）：对类似企业（比如，具有同样风险的企业）不进行看多或者看空的交易。

价格风险（price risk）：指由于市场无效风险或者流动性风险的影响，导致交易价格与基本面价值不同的风险。

必要报酬率（required return）或**资本成本率**（cost of capital）：投资者为补偿他所承担的风险而要求的报酬率。请与预期报酬率进行比较。

偏态分布（skewed distribution）：指从各种结果的分布情况来看，某个极端发生的概率远大于其他结果出现的可能。

系统性风险（systematic risk）或**不可分散风险**（nondiversifiable risk）：指不能通过构建组合来分散掉的风险。与非系统性风险相对。

非系统性风险（unsystematic risk）或**可分散风险**（diversifiable risk）：指可以通过构建组合来分散掉的风险。与系统性风险相对。

上行潜力（upside potential）：指出现极高收益率的可能性。与下行风险相对。

分析师工具箱

分析工具	重要指标	应记住的缩写/简称
风险的基本面分析	资产周转率风险	ATO：资产周转率
风险价值特征分析	借款成本风险	CAPM：资本资产定价模型
情景计划	费用风险	CSE：普通股东权益
预期报酬率	财务杠杆风险	ER：期望收益率
估算（根据市场价格）	增长风险	FLEV：财务杠杆
加权平均收益率公式	隐含的期望收益率	GDP：国内生产总值
增长率-报酬特征	经营杠杆风险	NBC：净借款成本
配对交易	经营性负债杠杆风险	NFE：净融资费用

相对价值投资	销售利润率风险	NFO：净金融性负债
	风险等级	NOA：净经营性资产
	收益率的标准差	OI：经营利润
		OLEV：经营杠杆
		OLLEV：经营性负债杠杆
		PM：销售利润率
		RE：剩余收益
		ReOI：剩余经营性收益
		RNOA：净经营性资产收益率
		ROCE：普通股权益报酬率
		WACC：加权平均资本成本

思考题

C19.1. 为什么收益率的正态分布并不能完全表示出商业投资的风险特征？

C19.2. 请对下面这种说法进行评价：要计量投资的必要报酬率，就必须先计量无风险报酬率之外的风险溢酬规模，但资本资产定价模型却让这种计量在很大程度上变成了一种猜测游戏。

C19.3. 你能解释分散投资降低风险的原理吗？

C19.4. 为什么说经营性负债杠杆会增大企业的经营风险？

C19.5. 为什么成长股常常被看作高风险股票？

C19.6. 请解释什么是资产周转率风险。

C19.7. 航空公司被认为具有很高的经营风险，这是为什么？

C19.8. 为什么股票投资的风险往往大于对企业商业活动进行基本面分析所能得到的风险程度？

C19.9. 企业应当站在股东的立场上去进行风险管理吗？

C19.10. 请解释什么是情形A和情形B投资以及它们各自涉及的风险，并进行比较。

练习题

基本练习

E19.1. 资产负债表与风险（简单）

下面是两家企业的资产负债表，这两家企业的收入水平相当，表中金额单位均为百万美元。请问，对股东来说，哪家企业看起来风险更大一些？为什么？

A企业			
资产		负债与股东权益	
货币资金	17	应付账款	14
应收账款	43	长期负债	200
存货	102		
不动产、厂房与设备	194		
长期债券投资	104	普通股东权益	246
	460		460

（续）

B企业			
资产		负债与股东权益	
货币资金	15	应付账款	37
应收账款	72	长期负债	200
存货	107		
不动产、厂房与设备	289	普通股东权益	246
	483		483

E19.2. 利润表与风险（中等）

下面是来自同一行业两家企业的利润表（单位：百万美元）。

A企业	
销售收入	1 073
费用	

(续)		
A 企业		
人工与材料费用	536	
管理费用	121	
折旧费用	214	
销售费用	84	955
		118
利息费用		25
税前利润		93
所得税		34
税后利润		59
B 企业		
销售收入		1 129
费用		
人工与材料费用	793	
管理费用	42	
折旧费用	79	
销售费用	91	1 005
		124
利息费用		4
税前利润		120
所得税		43
税后利润		77

要求:

a. 分析上述利润表中存在着哪些风险影响因素。对股东来说，上述两家企业中，哪一家看起来风险更大一点？为什么？

b. 按照下面这些情景假定，请根据利润表之间的勾稽关系，编制预计的下期利润表：

（1）两家企业的销售收入都下降为 532 百万美元；

（2）两家企业的销售收入都上升为 2140 百万美元。请问，这种分析能告诉你哪些信息？

E19.3. 根据风险程度对企业进行排序（中等）

下面列出了三家企业的资产负债表和利润表。请阅读这些报表，根据你所感知的股东权益风险程度，对这三家公司进行排序，并说出你的排序依据主要是报表中的哪些项目？假定报表中的单位均为百万美元，且三家企业的法定所得税率都是 36%。

A 企业利润表		
销售收入		542
销售成本		
人工与材料费用	345	
折旧费用	89	434
		108
销售费用		9
管理费用		26
研究与开发费用	24	59
		49
利息费用净额		7
税前利润		42
所得税费用		15
税后利润		27

A 企业资产负债表			
资产		负债与股东权益	
货币资金	7	应付账款	42
短期投资	4	长期负债	104
应收账款	27		
存货	64		
不动产、厂房与设备	215	普通股东权益	171
	317		317

B 企业利润表		
销售收入		796
销售成本		
人工与材料费用	590	
折旧费用	47	637
		159
销售费用		53
管理费用		19
研究与开发费用	15	87
		72
利息费用净额		4
税前利润		68
所得税费用		24
税后利润		44

B 企业资产负债表			
资产		负债与股东权益	
货币资金	5	应付账款	36
短期投资	47	长期负债	104
应收账款	78		
存货	192		
不动产、厂房与设备	159	普通股东权益	341
	481		481

C 企业利润表		（续）
销售收入		649
销售成本		
人工与材料费用	454	
折旧费用	65	519
		130
销售费用	36	
管理费用	28	
研究与开发费用	8	72
		58
利息费用净额		14
税前利润		44
所得税费用		16
税后利润		28

C 企业资产负债表			
资产		负债与股东权益	
货币资金	6	应付账款	39
短期投资	10	长期负债	210
应收账款	66		
存货	97		
不动产、厂房与设备	195	普通股东权益	125
	374		374

E19.4. 风险分析（困难）

A 公司和 B 公司属于同一行业的企业，它们各自对净经营性资产的投资额都是 1000 百万美元。A 公司和 B 公司分别拥有净金融性负债 2500 万美元和 600 百万美元，两家企业的法定所得税税率均为 36%。

下面是这两家企业下一年度的预计利润表（单位：百万美元）。

A 公司预计利润表		
销售收入		2 140
固定成本	643	
变动成本	1 240	1 883
		257
利息费用		2
税前利润		255
所得税费用		91
税后利润		164

B 公司预计利润表		
销售收入		2 140
固定成本	1 240	
变动成本	643	1 883

B 公司预计利润表	（续）
	257
利息费用	48
税前利润	209
所得税费用	75
税后利润	134

要求：

a. 计算这两家公司的预计普通股权益报酬率。你认为这两家公司的普通股权益报酬率差异主要是由于它们的风险不同而引起的吗？如果是，请回答这两家公司的股东权益风险有什么不同？

b. 假定根据预计利润表计算得到的剩余经营性收益在未来会无限延续下去，请计算这两家公司的企业价值。在计算过程中，请假定无风险利率为 5%。

c. 你愿意对 A 公司的经营活动支付更高的价格，还是对 B 公司的经营活动支付更高的价格？为什么？

d. 作为一名权益投资人，你对 A 公司和 B 公司会要求一致的必要报酬率吗？还是对其中某一家公司会要求更高的必要报酬率？请解释为什么？

e. 如果销售收入下降为 1500 百万美元，这两家公司的剩余经营性收益将变为多少？计算结果符合你对问题 c 的回答吗？

应用分析

E19.5. 绘制风险价值特征图：耐克公司（中等）

耐克公司在 2004 财务年度中报告它的税后核心利润率为 7.84%，资产周转率为 2.759。一位分析人员预计耐克公司在未来的销售收入将每年增长 5.1%，而利润率和资产周转率水平则将一直保持目前的水平不变。在 2004 财务年度末的资产负债表中，耐克公司报告它有普通股东权益 4840 百万美元，净经营性资产 4551 百万美元。假定无风险利率为 4.5%，而经营活动的必要报酬率为 8.6%。要求：

a. 根据上述信息，假定耐克公司在 2004 年年末流通在外的部分数量为 263.1 百万股，请计算该公司在 2004 年年末的每股价值为多少？

b. 画出下列 1～7 种不同的情形下，耐克公司的风险价值特征图。

情形	销售收入增长率（%）	利润率（%）	资产周转率
1	1.0	4.0	1.5
2	2.0	4.5	1.9
3	3.0	6.0	2.3
4	4.0	6.9	2.5
5	5.1	7.84	2.759
6	6.0	8.0	2.9
7	6.5	8.9	3.1

E19.6. 思科系统公司的增长率－报酬特征（中等）

思科系统公司的股票在 2009 年 11 月的交易价格为每股 24 美元，资本化市值为 1 388 亿美元。根据当时的资产负债表报告，该公司的净经营性资产为 139 亿美元，净金融性资产 247 亿美元。一份财务报表分析报告认为，该公司在下一财务年度中预计将实现净经营性资产报酬率（RNOA）57.1%。

要求：

a. 假定思科系统公司在下一年度以后不再有任何增长预期，如果按当时的市场价格买入这家企业，请计算你的预期收益率将为多少？

b. 假定你预计思科系统公司在下一年度之后每年还能够按照 4% 的 GDP 增长率继续增长，请计算按当时的市场价格买入这家企业后能够得到的预期收益率。

c. 请参考图 19-6，画出思科系统公司的增长率－报酬特征图。

d. 该增长率－报酬特征图在投资决策中有什么作用？

迷你案例

M19.1 谷歌公司的增长、风险与期望报酬率

谷歌公司的股票在 2011 年 5 月时的交易价格为每股 535 美元，按当时的账面价值每股 143.92 美元计算的话，市净率为 3.7 倍。根据分析人员的一致预测，该公司在 2011 财务年度能实现每股收益 33.94 美元，远期市盈率为 15.8，说明该公司还具有一定的增长率预期。

你愿意出价买入这样的增长预期吗？请模仿图 19-6，画出谷歌公司的增长率－报酬特征图，这将有助于你对本问题的回答。请注意考虑在无增长假定下和按 4% 的 GDP 增长率增长假定下的情形。讨论这种特征图对你的投资决策有什么帮助。

有人喜欢不按照参考基准来进行投资决策。2011 年 5 月，标准普尔 500 指数为 1357，当时分析人员预计的收益为 98.79。请为标准普尔 500 指数也画出一份类似的特征图，然后回答，市场对谷歌公司的定价与对市场整体的定价有什么不同？对你来说，这两种投资中，哪一种更好一点？是买入谷歌公司的股票呢？还是买入追踪标准普尔 500 指数的指数基金呢？

第 20 章　信贷投资的风险与报酬分析

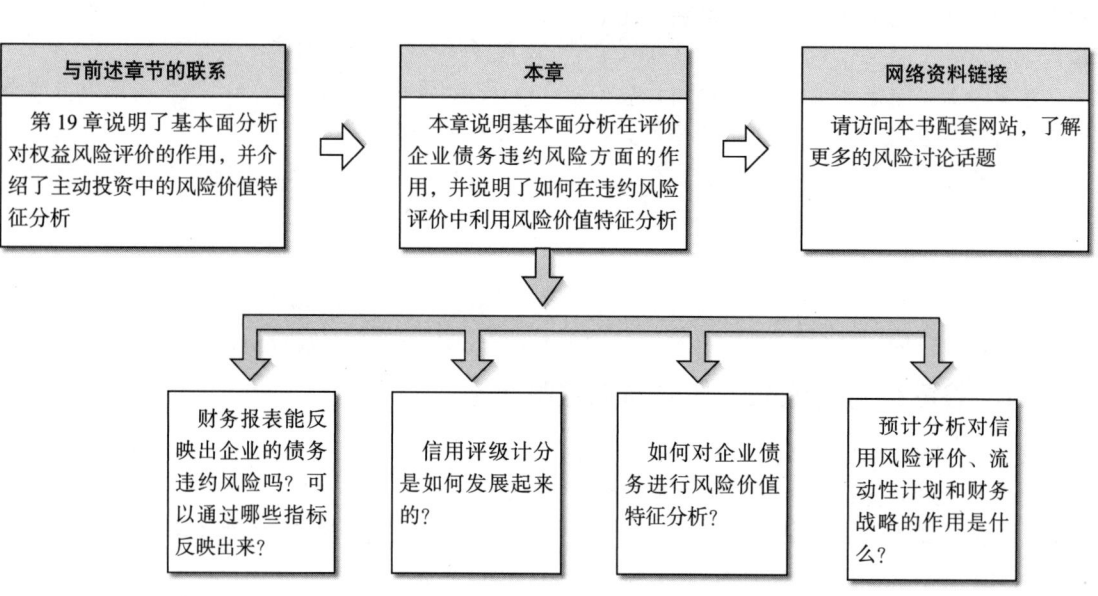

分析师备忘录

学习目标

学习完本章内容后，你应当理解：
- 违约风险是如何决定贷款的价格与企业的负债资本成本的；
- 违约风险的影响因素有哪些；
- 如何分析违约风险；
- 债券评级机构主要负责哪些工作；
- 信用评分模型的工作原理；
- 在预测违约风险时，第Ⅰ种类型的误差与第Ⅱ种类型的误差之间的区别；
- 如何在预计分析中确认违约情形；
- 在违约分析中，如何应用风险价值特征分析；
- 财务战略的工作原理。

学习能力

完成本章的学习任务后，你应当能够：
- 重构财务报表或者对财务报表进行注释，为信用分析做好准备；
- 计算与信用分析相关的企业流动能力、清算能力、经营效率等财务比率；
- 运用财务比率计算信用评分值；
- 运用财务比率计算企业破产的概率；
- 在类型Ⅰ违约预测误差和类型Ⅱ违约预测误差中进行权衡；
- 编制违约情境下的预计报表；
- 对债权投资进行风险价值特征分析；
- 预测违约点；
- 编制违约战略。

截至目前，本书中的大部分分析都是针对企业估值和企业股权估值，而本章将主要介绍企业的另一大权益（债权）的估值问题。我们曾经一直将负债的市场价格直接作为其价值处理，但实际上，负债的买方和卖方也需要了解怎样去建立负债的市价。

在绝大多数的负债合同中，都会明确约定负债的收益。因此，对负债估值来说，基本面分析的第3个步骤（预测收益）就非常简单了。但是，有了预计未来收益的分布之后，还需要将这些现金流进行贴现（第4个步骤），才能够得到估值。而要计算贴现值，就必须要事前知道负债的必要报酬率是多少，而与股权资金的必要报酬率一样，债权资金的必要报酬率也取决于负债的风险程度：负债的必要报酬率等于相同期限负债的无风险利率再加上由违约风险决定的**违约风险溢酬**（default premium）。所谓**违约风险**（default risk），或称**信用风险**（credit risk），是指企业出现**违约**（default）的可能性，即债权人不能按时收到债务合同中所规定的利息支付和应归还本金的可能性程度。本章主要介绍如何应用基本面分析来评价企业的违约风险。

分析人员常常提到负债的必要报酬率，但是对购入这些负债的买方来说，企业所承担的负债同时也是他们的信贷投资。因此相应地，我们也可以将负债的必要报酬率称为**信贷投资的价格**（price of credit）。无论使用哪一种说法，对企业来说，信贷供应商所要求的金额就是企业的**负债资本成本**（cost of debt）。

20.1 信贷供应商

一般来讲，企业信贷资金的供应商包括下面这些。

- **公开债务市场投资者**（public debt market investors），包括（长期）债券的持有人和（短期）商业票据的持有人。有时，银行会将公开发行的债务打包成**证券化债务**（securitized debt obligations）或**债务抵押债券**（collateralized debt obligations），然后将该打包证券按某个能够反映出潜在信贷风险的价格来进行交易。这样，通过**信用违约掉期**（credit default swaps）就能避免债权人遭受违约风险，而同时，该信用违约掉期产品也是按潜在的信贷风险来定价的。在这个过程中的每一个关键时点上，了解潜在的风险程度都是非常重要的（在全球金融危机发生以前，很多人都未能明白证券化的这一特点）。通常，公开交易的负债是没有担保的，或者说，没有特定的资产作为抵押品。债券投资人受债券发行契约的保护，该契约会限制债券发行企业进行某些行为，以避免增加投资人的违约风险。如果发行人违背了债券契约条款，从技术上来说，就将被视为违约。对这类负债的投资人来说，要评价违约风险，只能依赖企业的公开披露信息。根据美国证券交易委员会的要求，所有公开交易证券的发行公司都必须披露企业整体健康状况的相关信息。此外，债券投资人还可以参考**债券评级**（bond rating）信息，即信用评级机构对企业违约风险所做出的评价。相应地，这些信用评级机构会特别关注对企业进行风险分析，它们开发了各种评级模型，其中很多模型在具体应用中都用到了基本面分析。
- **商业银行**（commercial banks），即企业的主要贷款供应方。相对债券投资人来说，商业银行与企业的关系更近，因此能够得到更多关于企业违约风险方面的信息。贷款专员就像一位信贷分析师，与债券评级机构一样，他们也有自己的模型，用来对客户企业进行**信用评分**（credit scoring）。这些信用评分方法与所在银行的内部风险管理工作密切相关，旨在保护银行和满足风险暴露监管条例的要求。银行根据信用评分来进行贷款的发放，也会利用信用评分来衡量它们出售给其他机构的贷款质量，或是监控它们所保留贷款的风险。

- **其他金融机构**（other financial institutions），包括保险公司、财务公司和租赁公司等，它们也向企业提供贷款，非常类似于银行，但通常会要求特定的资产作为抵押品（collateral）。此外，这类金融机构还向企业提供长期资产租赁等专业融资服务。
- **供应商**（suppliers），供应商向企业发出货物或者提供服务，为企业提供（通常为短期的）信用。此类信用不一定会有明确的利息收取条件。

上述各类信贷资金的供应商都有它们自己的授信价格，即它们各自的必要报酬，因此，它们都需要分析企业的违约风险，并据此来制定价格。债券投资人会根据他们对风险的评价结果，提出债券到期收益率要求，并设定债券的价格；银行则根据客户的违约风险大小，在某个基准利率（银行向最安全的客户收取的主要利率）之上再加收一定的利率水平；而供应商如果判断企业的违约风险较高，则可以通过对货物或者服务加收更高的价格来进行补偿。如果这些信贷供应商感觉风险实在太大，难以用合适的价格予以弥补，那么，他们也可以选择拒绝向企业提供授信服务。

实际上，显性的利息只是信贷资金价格的一方面。例如，供应商也许并没有要求企业对应付账款支付任何显性的利息，但他们实际上已经要求了更高的货物采购价格来进行补偿；再比如，如果债券合同中规定了更多的投资人保护性条款，那么投资人就可以要求较低的收益率；或者，如果企业能够为信贷资金提供抵押品，那么金融公司就可以收取较低的利息；如果企业的母公司或者子公司能够为贷款提供担保，那么银行也可以收取较少的利息等。这一类限制实质上增加了借款企业的（隐性）资本成本。

20.2 从信用评价角度进行财务报表分析

我们在权益分析中所应用到的财务比率分析具有一定的特殊性（主要关注重点为获利能力分析和增长分析），这在本书第 12 章和第 13 章已经进行了介绍，但**信用分析**（credit analysis）另有特殊性，涉及的很多财务比率与权益分析中的有所不同。此外，权益分析的重点偏向预测，因此需要找出能够预测企业获利能力和增长能力的财务比率；而信用分析则主要关注与企业的违约可能性相关的财务比率，因此，信用分析也被称为**违约风险分析**（default analysis）。不过，与权益分析相同的地方在于，信用分析也需要首先对企业的财务报表进行重构，然后再根据重构的报表来计算相关财务比率。

20.2.1 重构的财务报表

在权益分析中，我们对企业财务报表进行重构，以方便找出对权益投资者来说最重要的信息——核心经营获利能力。在信用分析中，也需要对财务报表进行重构，以突出债权人最关心的问题——企业的偿债能力。

与以前一样，重构报表需要首先对财务报表中的项目进行重新分类，将更多附注中的明细信息引入到财务报表中。此外，在这一过程中，还可能需要对报表项目进行标注（annotation），例如将无法在资产负债表中用确切的金额来进行表达的融资信息进行总结，因为这类信息对企业的违约风险影响重大。

1. 资产负债表的重构与标注

偿债能力与债务到期时的现金持有量相关。尽管债务的到期时间各有不同，但在实务中，一般我们都将债务划分为短期（到期日在 1 年以内）和长期（到期日在 1 年及以上）两类。在公开披露的资产负债表中，资产项目和负债项目一般也是按短期和长期两类进行报告的，因此资产负债表的重构工作量并不大。实际上，资产负债表的结构设计本身就是从债权人的角度出发的，因此我们才不得不在权益分析中对它进行重构。在信用分析中，并没有必要区分经营性负债与金融性负债，因为这两类负债都是企业必须偿还的。

不过，还是有一些重构与标注工作是需要的，下面是注意要点。

- 在负债部分的附注信息中，有不同类别的负债期限等各种细节信息；可将这些细节嵌入重构报表主体中。
- 确认未纳入合并范围子公司（母公司持股比例低于 50% 但具有实际控制时）的负债。例如，石油公司有时会通过持股比例不足 50% 的联营或合营企业来筹集资金，当这些被投资企业的收入不足以偿还负债时，将由母公司来代偿。再比如，可口可乐公司对一些制瓶企业的持股比例并未达到 50%，但实际却通过这些被投资企业借款来筹资。所以，如果投资企业最终需要对被投资企业的债务承担责任的话，那么，在投资企业的重构报表中，就应当披露这些被投资企业的负债信息。
- 当需要现金时，长期有价证券也可转化为可供出售的短期证券。因此，在分析企业的短期偿债能力时，应将这类长期资产重新分类为短期资产。
- 去除难以从负债转化为股东权益的递延所得税负债项目。这类递延所得税负债曾经减少了企业的利润和股东权益，但实际上在将来很可能并不需要支付，因此，将它们重新分类为股东权益。
- 将后进先出法储备反加回存货和股东权益中，调整后进先出法发出存货计价的影响为按先进先出法计算的金额。按先进先出法对发出存货进行计价，能使存货成本更接近现时价格，因此能使报告的存货水平更好地代表存货的价值。
- 可将表外负债确认到表内，详见阅读材料 20-1 中的介绍。
- 在重构报表中，应确认能够合理估计出将来需付金额的或有负债，而对于难以合理估计出将来需付金额的或有负债，则应当进行标注。这里的或有负债，应当包括企业对产品、员工和环境诉讼责任等。根据美国公认会计原则的要求，如果这类负债"很可能"会发生，并且能够"合理地估计"这类负债的金额，那么就应当在报表中进行报告。否则，就都应当在附注中进行披露，除非这类负债发生的可能性为"极不可能"。因此，应当认真关注企业在附注中披露的或有负债信息。
- 此外，还应当注意衍生工具和其他金融工具的相关风险。在衍生金融工具的附注信息披露中有相关的内容可供关注。

阅读材料 20-1

资产负债表外融资

所谓**资产负债表外融资**（off-balance-sheet financing）交易，是指一方面能够为企业融入资产，另一方面又不会同时导致资产负债表中负债增加的交易安排。下面是一些典型的表外融资类型。

- 经营租赁。实质表现为购买的租赁被称为**融资租赁**（capital leases），是需要报告在企业的资产负债表中的：一方面，应将租入资产报告为企业的固定资产；另一方面，则应当将相关租赁支付义务报告为企业的负债。而对于实质不表现为购买的租赁，则被称为**经营租赁**（operating leases），不需要报告在企业的资产负债表中，只汇总披露在附注信息中就可以了。不过，出租人和承租人在协商租赁条款时，可能通过各种方法来绕开融资租赁的认定条件。因此，应当对企业在附注中所披露的经营租赁信息仔细查看，判断有没有实质上将涵盖某项资产绝大部分使用寿命的支付义务。如果存在这样的经营租赁，则应当将其作为融资租赁，调整确认到资产负债表中，按该项租赁未来全部应付租金的现值确认为一项负债。

- 各种协议与承诺造成的应确认负债：

  第三方协议（third-party agreements）：由第三方主体代企业购入某项资产，企业承诺将向该第三方偿还此次购货金额。

  输送量协议（throughput agreements）：企业承诺将按照某项资产的使用量向另一个企业支付费用。

  无条件支付协议（take-or-pay agreements）：企业承诺，无论它在将来是否接受企业的发货，都会就货物价值进行付款。

  回购协议（repurchase agreements）：企业在出售存货的同时还向客户承诺，将来会按照出售价格或者某回购价格从顾客手中购回这些存货。此外，类似的还有出售并回购的负债（称为 repos，回购债券协议）。著名的雷曼兄弟公司在破产前就被指曾通过回购协议将负债从资产负债表中抹除。

- 附追索权的应收账款出售。企业出售自己的应收账款，一方面取得现金，另一方面则将应收账款从资产负债表中抹除。但实际上，企业还承诺了在应收账款的持有人到期无法收到相关款项时，企业将承担相关责任。
- 未有资金保障的养老金负债。在某些国家（但不包括美国），可能会存在巨额的养老金负债而没有被报告在资产负债表中。
- 对第三方或者关联方企业提供的债务担保。母公司可能会为未纳入合并范围的被投资企业负债提供担保，对此应当尤其小心。
- **特别目的实体**（special-purpose entities）、表外合伙企业与**结构性融资工具**（structured finance vehicles）。企业可能会为了达到某个特别的目的而创办一个由其他主体控制的实体（因此该实体可以不用纳入合并报表范围），这些目的包括资产证券化或通过表外租赁协议来获得资产（合成租赁，synthetic leases）等。尽管企业对特别目的实体并不能实施控制，但如果这些实体陷入了财务困境，企业仍需要承担剩余风险，相关责任包括回购负债或者本企业股票的卖出期权等。美国发生的安然公司事件以及在 2008 年的金融危机当中，银行通过特殊投资工具（special investing vehicles，SIV）来持有证券化的负债和抵押品等案例，都提示我们要注意特别目的实体所可能带来的风险。

2. 利润表的重构

分析人员应当复核企业的利润表，判断编报主体是否有能力通过创造经营利润来承担它的利息支付净额。因此，在重构利润表中，将税后经营利润与税后净融资费用进行区分，再进行适当分析是非常必要的。从关注企业未来出现债务违约的可能性角度出发，在重构利润表中区分核心损益项目和非常损益项目也是有必要的，考察重点是企业的未来核心利润是否能够支撑未来的核心融资费用。

3. 现金流量表的重构

为权益分析而准备的重构现金流量表同样适用于债务分析。特别地，在对按照美国公认会计原则编制的现金流量表进行重构时，需要将税后利息支付净额（未考虑杠杆影响的）从经营活动产生的现金流量中调整出去，以计算得到可用于支付税后利息的经营活动现金流量净额，并且，还应当将企业的金融性资产的投资（按美国公认会计原则的要求，报告在"投资活动产生的现金流量"部分）重分类为对筹资活动现金流量的影响，保持投资活动现金流量的完整性，这样才能得到企业债务发行活动的现金流量影响净额。

完成了财务报表的重构工作之后，就可以开始财务比率分析了。由于我们将企业的负债按到期时间分成了两类——短期负债和长期负债，因此比率分析也可以分为两个方面：短期流动性比率和长期清算能力比率。这两类比率都旨在说明企业的偿债能力，只不过关注的期限各自不同。在进行比率分析时，还需要经营效率财务比率的部分配合，我们已经对这部分财务比率进行过介绍了。

计算得到上述三类财务比率值之后，都需要与类似企业的标准值或者本企业在过去的比率趋势进行比较。如果所关注企业的相关比率相对本企业的过去比率水平或者可比企业的比率值表现较差，就需要引起信贷分析人员的特别注意。

20.2.2 短期流动性比率

短期负债的债权人包括企业的供应商、短期票据持有人和即将到期的长期负债资金的提供者等，他们主要关心企业在短期内是否能够有足额的现金用来偿还欠款。当然，长期债权人也会关心企业的短期偿债能力，因为如果企业在短期内都不能生存下去的话，显然就无法再提长期了。

流动资产减去流动负债后的差额被称为营运资本（working capital）。所谓**流动资产**（current assets），是指预期能在 1 年内转化为现金的资产；而**流动负债**（current liabilities）则是预计将在 1 年内到期的负债。流动性分析的关注重点就是营运资本及其各个组成项目。

在企业的资产负债表中，通常包括以下五类流动资产项目：
（1）现金及其等价物；
（2）短期投资；
（3）应收账款；
（4）预付费用；
（5）存货。

各类项目都有一个预期能够转换为现金的日期。相对而言，在这几类流动资产项目中，存货转换为现金的时间是最长的，因为它们需要首先被售出，转换为应收账款；然后等待应收账款被收回，才能变为现金。相对应收账款和预付费用来说，短期投资（在重构的资产负债表中，该项目还应包括可以随时出售的长期有价证券）根据其到期时间的不同，也许会更容易转换为现金。在历史成本会计计价规则下，存货的账面价值通常是低于其真实的变现价值的；当然，当企业处于危机当中时，根据存货的成本与市价孰低期末计价原则，存货就是按市场估值来进行计价的。

一般情况下，企业资产负债表中的流动负债包括以下三类：
（1）应付账款；
（2）短期借款；
（3）应计负债。

这三类负债的报告价值通常都接近它们的现金价值。

资产负债表属于存量报表，因此，它报告了企业在某一特定时点上的净流动性资产存量（金额），而流动性的流量则是报告在现金流量表中的。计算流动性比率，既用到了资产负债表中货币资金和其他近现金项目的存量，也用到了现金流量表中的现金流量。

1. 存量流动性指标

$$流动比率 = \frac{流动资产}{流动负债}$$

$$速动比率（或酸性测试比率）= \frac{货币资金 + 短期投资 + 应收账款}{流动负债}$$

$$现金比率 = \frac{货币资金 + 短期投资}{流动负债}$$

上述指标衡量了一家企业用能在短期内转换为现金的资产来偿还流动负债的能力，它们的分子分别具有不同的现金转换期。因此，举例来说，速动比率的分子就只包括速动资产（quick assets），而将存货项目排除在外，因为存货需要耗费更多的时间才能转换为现金（并且存货的账面价值通常不等于它们的现金价值）。而现金比率的分子则只包括几乎立即就可以转换为现金的资产。

2. 流量流动性指标

$$现金流量比率 = \frac{经营活动产生的现金流量}{流动负债}$$

$$安全偿付期 = \frac{货币资金 + 短期投资 + 应收账款}{资本支出} \times 365$$

$$现金流量 - 资本支出比率 = \frac{无杠杆的经营活动产生的现金流量}{资本支出}$$

其中，第一个比率说明企业用经营活动产生的现金流量来偿还短期负债的能力。第二个比率衡量在不通过进一步借款的前提下，企业的短期资本支出能力；将这个指标再乘以365，得到企业用接近现金的资源来维持资本支出的天数。第三个财务比率是用比率的方式来表达的自由现金流量，说明企业的经营活动现金净流量对资本支出的支撑程度。有时，在第二个和第三个财务比率的分母当中，也可以使用预计的未来资本支出金额。

20.2.3 长期清算能力比率

长期债权人不仅关注企业的短期流动性，更主要关心企业在更远的将来偿还其债务的能力。因此，我们需要将资产负债表中的非流动部分也引入财务比率中。

1. 存量清算能力指标

$$资产负债率 = \frac{负债总额（流动负债 + 长期负债）}{资产总额（负债 + 股东权益）}$$

$$负债权益比 = \frac{负债总额}{股东权益总额}$$

$$长期负债占比 = \frac{长期负债}{长期负债 + 股东权益总额}$$

上述三个比率当中，前两个都使用了负债总额，而第三个则只使用了长期负债。前两个比率的分母有所不同，但表达的意义相近，都与企业的总负债程度相关。如果金融性资产也可以用来偿还负债，那么，在分子中也可以使用负债净额（这样的话，在第1个和第3个财务比率当中，分母也应当再减去金融性资产）。

2. 流量清算能力指标

$$利息保障倍数（已获利息倍数）=\frac{经营利润}{净利息费用}$$

$$利息保障倍数（现金基础）=\frac{无杠杆的经营活动现金流量}{现金利息支付净额}$$

$$固定支出比率=\frac{经营利润+固定支出额}{固定支出额}$$

$$固定支出比率（现金基础）=\frac{无杠杆的经营活动现金流量+固定支出额}{固定支出额}$$

$$经营活动现金流量与负债之比=\frac{无杠杆的经营活动现金流量}{负债总额}$$

这几个财务比率用经营利润和利息支付净额来代表核心收益和费用，因此有了进一步的改善。其中，两个利息保障倍数指标分别说明了企业的经营利润和经营活动产生的现金流量是利息支付需求的多少倍，比率的分子和分母都取自重构利润表和重构现金流量表。在一些版本的定义中，利息保障倍数只考虑利息费用，分子中包括利息收入，而分母则只有利息支出。**固定支出额**（fixed charges）包括利息、本金（包括租赁支付额）和优先股股利等，因此，固定支出比率说明了全部债务支出需求的被保障程度有多大。最后一个财务比率衡量了现金流量相对全部要偿还的债务本金之间的比值，而非仅是当期需要偿还的部分。

这部分财务比率不仅说明了企业的长期清算能力，也说明了企业的**负债能力**（debt capicity）。如果覆盖比率很低，则暗示企业还有能力承担更多的负债（在其他条件相同的情况下）。

20.2.4 经营效率比率

上述财务比率仅包括直接与企业的流动性水平和长期清算能力相关的指标，但实际上，企业的短期和长期偿债能力在很大程度上都是受经营活动的结果影响的，因此，营运能力比率也能够用来说明企业的负债风险。有时，甚至会出现一家企业在经营方面获利颇丰，但仍然陷入短期流动性困境的局面。所以，一旦营运获利能力欠佳，那么，无论是短期的流动性，还是长期的清算能力，都会受到不良的影响。

举例来说，利息保障倍数这个指标，实质上就是"金融杠杆水平×经营利润率差异"的另一种表达形式，因此它必然同时受企业的金融杠杆水平（FLEV）和经营利润率差异（SPREAD，即净经营性资产报酬率与净借款成本率之差）的影响。而这几个财务指标反过来也是受其他更次级影响因素驱动的。因此，要完成比率分析，需要首先分析本书前述章节所介绍过的获利能力与获利能力变动情况，对于出现恶化趋势的指标，要留心是否已经变成了警示信号（详见第16章的介绍）。比如，如果企业的应收账款周转率或存货周转率增加，则很可能导致企业出现流动性问题。

20.3 预测与信用分析

流动性、清算能力与经营效率财务比率揭示的是企业当前的状况，而信贷分析人员更关心的是企业在未来出现违约的可能性。那么，这些财务比率能预测企业在将来是否违约吗？实际上，有部分比率不仅可以作为预警信号，甚至还可能暗示企业的财务危机出现。对分析人员来说，发现利息保障倍数过低是非常重要的，但是，提前预计到利息保障倍数会过低也是非常重要的。其他比率也是如此。实际上，很多企业在被发现流动性和债务保障能力恶化时，往往都已经来不及扭转局面了。

因此，分析人员需要转向预测，通过信用评分来判断企业违约的可能性。

20.3.1 预测的前奏：背景调查

在预测工作开始之前，分析人员必须对打算授信企业所处的环境有比较深入的了解，并在这一过程中搜集和积累预测所需要的信息。背景调查能使分析人员在定量分析技术中发挥他的判断能力，并且有利于对财务比率和其他数据进行解释。特定的比率水平（举例来说，比如企业的流动比率低于1.0）对有着巨额存货和应收账款的企业来说也许是不够的，但对于那些没有存货或者应收账款的企业来说，也许却是充足的。

分析人员需要理解下面这几点，并将其中的重点标注在重构后的报表当中。

- 了解企业。正如权益分析人员在试图进行权益估值工作之前必须首先了解企业背景一样，信贷分析人员也应当首先了解企业的情况。理解企业的发展战略，并了解是哪些因素在影响战略的价值。同时，还应当了解不同战略带给企业的风险。
- 理解负债的"道德风险"问题。企业管理层首要关注的并不是债权人的利益，他们是为股东（以及他们自己）服务的，而不是为债权人服务的。因此，企业管理层有可能会做出一些牺牲债权人利益但有利于股东利益的事情。例如，企业可能会通过借款来向股东支付巨额的股利。再比如，也可能会追求上行潜力大的高风险战略，但使用负债资金来为这样的项目进行筹资。一旦战略执行成功，股东能够得到巨大的实惠，而债权人只能得到固定的报酬；一旦战略失败，债权人（以及股东）却有可能会失去全部的投入。
- 理解企业的融资政策。企业设置了目标负债率吗？它的目标股东支付率是多少？它主要依靠的融资来源是什么？它对利率风险进行套期保值吗？如果借款涉及不同的国家，它对汇率风险采取了对冲措施吗？
- 了解企业目前的融资协议有哪些。这家企业现在与银行的关系如何？它有信贷限额可供使用吗？信贷限额的期限还有多长？企业当前的债务组成如何？哪些负债是提供了担保物的？哪些负债是具有优先级别的？负债的到期日分布是怎样的？负债合同中存在哪些限制性条款？
- 了解企业的会计信息质量如何。
- 了解审计师的意见，尤其注意非标准的审计意见内容。

掌握了这些背景资料之后，才便于分析人员着手进行预测工作。下面我们将介绍两种预测工具，一种根据预计财务比率来进行信用评分，另一种则是将前述章节介绍的未来获利能力分析和风险价值特征分析融入信用分析任务中。

20.3.2 财务比率分析与信用评分

图20-1中画出了一些财务比率在企业破产（经营失败）之前五年当中的恶化情况，这些图

摘录自威廉·比弗教授在20世纪60年代所做的企业破产预测研究文献，但仍然适用于今日的情况。在研究中，威廉·比弗教授将破产企业的财务比率均值与那些未破产的可比企业比率均值进行比较，结果表明，在破产前五年就可以看出，破产企业的财务比率水平相对非破产企业的质量更低，并且越是随着破产日的临近，这些比率水平越趋恶化。因此，与可比企业的标准比率值进行对比，同时结合趋势分析，是可以为预测企业未来破产的可能性提供证据的。

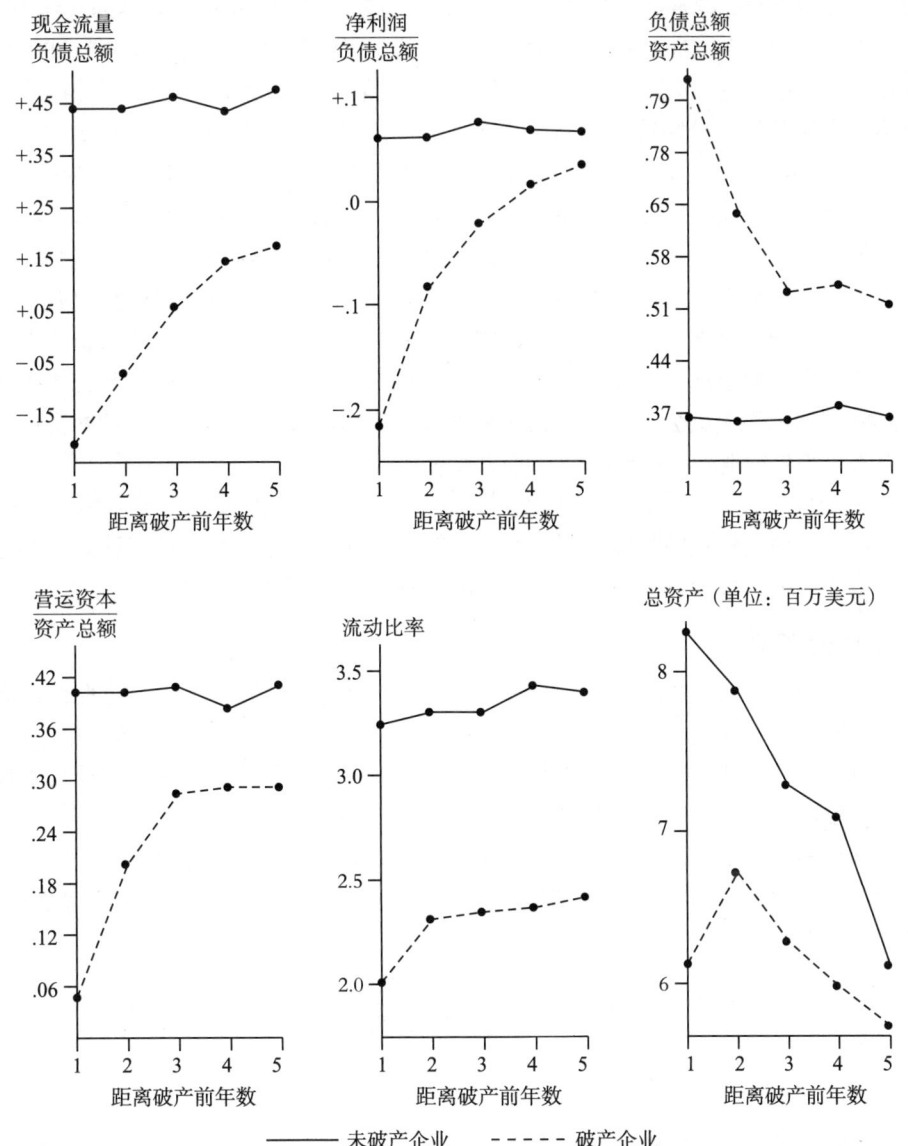

图20-1　企业破产前5年的特定财务报表比率走势：破产企业与未破产的可比企业比较

破产企业的财务比率水平（用虚线表示）相对非破产企业的财务比率水平（用实线表示）质量更差，并且随着破产日期的临近，不断恶化。

资料来源：W. H. Beaver, "Financial Ratios as Predictors of Failure," *Journal of Accounting Research*, Supplement, 1966, p. 82.

使用财务比率来进行企业破产预测时，有两个问题需要注意：

（1）需要考虑的比率是比较多的，分析人员应当将各种信息综合后再下整体结论。比如，利息保障倍数低但流动比率高与利息保障倍数低同时流动比率也低相比较，是有着不同意义的，因此，需要根据各种比率的情况，进行综合的信用评分。

由标准普尔公司和穆迪公司所发布的债券评级就是一种综合评分。标准普尔公司的评级结果包括AAA（代表最有能力偿还利息和本金的企业）到AA、A、BBB、BB、B、CCC、CC、C和D（代表实际违约的企业）。评级在BB及以下的企业表示偿还负债的能力存在重大不确定性。穆迪公司的评级结果与标准普尔公司的非常类似，它将信用级别高的企业用Aaa、Aa和A表示，然后依次是Baa、Ba、B、Caa、Ca、C和D。这些信用评级结果一旦公布出来，即可作为债券投资必要报酬率的参考值，实际上，评级结果确实是与债券投资必要报酬率高度相关的。

银行通常会用信用评分来综合表示客户企业的信用水平，这种评分可能用数字1～7或者1～9来表示，也可能只是定性的分类，比如"正常可接受风险程度""可疑"与"不良企业"等。

（2）预测违约的误差与预测误差的成本也是不容忽视的。从平均水平来看，经营失败企业与未失败企业的财务比率水平是有差异的，但是，也会有一些经营失败的个别企业的财务比率水平看起来与健康企业的水平是差不多的。即将破产的企业与健康生存的企业有可能有着共同的流动比率水平和利息保障倍数，那么，银行贷款工作人员就可能将这两家企业都归类为违约风险较低的企业，同意向它们发放贷款，从而为银行带来贷款损失（由破产企业所造成的）。或者，也可能贷款工作人员会将这两家企业都划分为违约风险较高的企业，拒绝提供贷款，从而使银行失去了很好的业务（非破产企业可带来的）。

上述两个问题中，第一个需要我们找到一种方法来将各种财务比率整合为一个综合的评分，用这个评分去说明企业的整体信用状况；而第二个问题则需要我们用某种方法在这两种可能产生的误差之间进行权衡。下面我们分别讨论如何来解决这两个问题。

1. 信用评分模型

信用评分模型将一组与企业违约相关的财务比率整合为一个信用评分，它的形式通常为：

$$信用评分 = (w_1 \times 比率_1) + (w_2 \times 比率_2) + (w_3 \times 比率_3) + \cdots + (w_N \times 比率_N)$$

这即是说，通过模型将按权重w进行加权后的比率值汇总相加。有很多统计技术可以用来确定模型中的权重，但最常见的是多重判别分析和logit分析。

多重判别分析（multiple discriminant analysis） 由爱德华·奥特曼教授[⊖]提出的Z评分分析就是利用的多重判别分析技术。该模型目前已有多种改进版本，但最初的模型是在20世纪60年代提出的，形式为：

$$Z评分 = 1.2 \times \frac{营运资本}{总资产} + 1.4 \times \frac{留存收益}{总资产} + 3.3 \times \frac{息税前利润}{总资产}$$
$$+ 0.6 \times \frac{权益市值}{负债账面价值} + 1.0 \times \frac{销售收入}{总资产}$$

要确认哪些指标可用于这样的预测模型，首先需要选择一组在过去破产的企业作为研究对象，然后再随机选择一组还没有破产的企业作为对照样本。然后，计算研究样本的流动性比率、清算能力比率和运营效率比率，用历史数据进行判别分析，然后选出最有利于判别企业在后续是否会破产的财务比率，再计算出各比率的系数，作为计算Z评分时的权重。权重的赋值应当使得破产组和非破产组企业的组内Z评分差异最小，但组间评分差异最大。Z评分能够说

⊖ E. Altman, "Financial Ratios, Discriminant Analysis, and the Prediction of Corporate Bankruptcy," *Journal of Finance*, September 1968，PP.589-609.

明企业在将来发生破产的相对可能性，Z 评分高的企业发生破产的可能性低，而 Z 评分越低的企业则越可能在将来发生破产，Z 评分处于中间水平的企业则处于灰色区域当中。

Z 评分模型是基于可能发生破产的企业来构建的，实际上，我们也可以根据不同的事件定义来构造模型，例如发生债务违约或其他财务危机条件等，而且，也可以修改模型为具有两种或两种以上的结果情形的。比如，建立一个债券评级（具有多种级别类型）模型等。在已公开发表的其他模型中，还可以看到很多其他比率的应用，例如资产规模、利息保障程度、流动比率、利润的波动性等。

Logit 分析 Logit 分析建立在判别分析的不同统计假定之上，然后通过生成一个介于 0～1 的评分，来说明企业发生违约的可能性。Logit 分析的一个早期应用，是由詹姆斯·奥尔森教授[⊖]所提出的破产预测模型，如下所示：

$$y = -1.32 - 0.407\, 企业规模 + 6.03 \times \frac{总负债}{总资产} - 1.43 \times \frac{营运资本}{总资产} + 0.0757 \times \frac{流动负债}{流动资产}$$

$$-2.37 \times \frac{净利润}{总资产} - 1.83 \times \frac{经营活动营运资本流量}{总负债} + 0.285$$

$$\times \begin{pmatrix} 若过去两年的净利润为负，取 1 \\ 若过去两年的净利润不为负，取 0 \end{pmatrix} - 1.72 \times \begin{pmatrix} 若负债总额大于资产总额，取 1 \\ 若负债总额小于资产总额，取 0 \end{pmatrix}$$

$$-0.521 \times \frac{净利润变动额}{当期和上期净利润的绝对值之和}$$

其中，上式中的企业规模是用公司总资产的自然对数与国民生产总值物价折算指数（以 1978 年为基础，设为 100）之比来表示的。经营活动营运资本流量是指经营活动产生的现金流量与其他营运资本项目的变动额之和。将该模型得分转换为概率值，有：

$$破产概率 = \frac{1}{1 + e^{-y}}$$

其中，e 近似等于 2.718282，而 y 则是根据上述财务比率估算得出的得分值。

这里所介绍的这些模型向我们说明了信用评分的形式，模型中的这些系数都是在多年前估算得出的，因此，分析人员如果要应用这些模型，应当使用最近的数据重新再来进行估算。模型中的系数可能已经发生了变化，并且还可以引入其他更相关的财务比率或者引进非会计信息。这里所介绍的这些模型都是无条件模型，针对不同的情形——例如行业、国家或宏观经济条件等，还可以建立条件模型。比如，在经济萧条时期，模型中的指标和系数就会与经济繁荣时期的有所不同。

要想只依靠财务比率就掌握企业违约可能性方面的全部信息是不现实的。解释性背景资料和重构报表的标注信息，以及我们接下来要介绍的预计分析，还能为我们提供其他更多的参考。因此，信贷分析人员只能利用这些模型所给出的评分来为他们形成判断提供帮助（或者增强他们的判断）。一般情况下，将财务报表评分与其他信息相结合以后所得到的信用评分范围分布在 1～7 或者 1～9，与这里所介绍的 Z 评分或破产概率的分布是不同的。

2. 预测误差分析

假定某位银行贷款人员按照量表 1～9 来对企业进行信用评分，他需要判断当信用评分在

⊖ J. A. Ohoson, "Financial Ratios and the Probabilistic Preiction of Bankruptcy," *Jouranl of Accounting Research*, Spring 1980, PP.109-131.

什么水平时拒绝贷款申请，是 3 分，还是 4 分或者 5 分？债券评级人员也需要判断什么样的 Z 评分或者概率评分意味着企业很可能出现违约事件，因此需要将企业评为 BB 或者更低的级别。如果将评分截止点设定得过高，会导致很多企业都具有非常高的信用风险，如果将评分截止点设定得过低，又将导致很多企业都被看作安全的投资对象。

将一家企业判断为不容易违约类别，但实际上它却在后来出现了违约，这种错误被称为**类型 I 违约预测误差**（type I default prediction error）；将一家企业判断为容易违约类型，但实际上它却在后来没有出现违约，这种错误被称为**类型 II 违约预测误差**（type II default prediction error）。但两类误差都是有成本的。在类型 I 违约预测误差当中，银行或者债券投资人会因为企业违约而发生损失；在类型 II 违约预测误差当中，银行或者债券投资人会失去好的投资项目。对银行来说，类型 II 违约预测误差所造成的成本可能会非常高：自己失去良好的贷款机会不说，还会造成优质客户与企业转向其他使用更好的信用评分模型和误差分析的银行。

通过改善信用评分模型，可以降低分析误差，但难以判断的灰色领域总是存在的。在奥特曼教授最初的研究当中，他发现 Z 评分值低于 1.81 的企业会在 1 年内发生破产清算，而评分值高于 2.99 的企业则不会发生破产，但评分值在 1.81～2.99 的企业则处于灰色领域，不容易判断。

误差分析的目的是找出最佳的评分截止点，以对公司进行更准确的分类。一种简单的方法是选择能够使类型 I 违约预测误差和类型 II 违约预测误差之和最小化的评分截止点，这可以通过对历史数据进行分析（最好是使用未纳入估算信用评分模型研究样本的公司数据）得到，而且可以根据经验对这种历史数据分析进行不断的更新。在奥特曼教授的初始研究中，它发现，选择 Z 评分为 2.675 时，能够使类型 I 违约预测误差和类型 II 违约预测误差的成本总和最小；而在奥尔森的 logit 分析当中，概率为 0.038 则是最好的截止点。

这种简单的方法假定类型 I 违约预测误差和类型 II 违约预测误差的成本都是一样的。如果事实不是这样的话，银行或者投资者就必须对这两种类型的误差成本进行分析，并对它们赋予不同的权重，以得到更好的评分截止点。很多人认为类型 I 违约预测误差的代价大于类型 II 违约预测误差。

20.3.3 完全信息预测

根据财务比率水平得到的信用评分只用到了当期财务报表中的部分信息，而本书第 16 章所介绍的预计分析则用到了关于企业的全部信息。实际上，预计分析和第 19 章所介绍的风险价值特征分析都可以用来对企业违约风险进行评价。

1. 预计分析与违约预测

与使用当期的流动性比率、清算能力比率和营运效率比率来预测企业违约的可能性不同，预计分析是利用分析人员所掌握的全部信息，来预测能导致企业出现违约的未来的流动性水平、清算能力和营运效率比率。此外，预计分析还能明确预测出企业创造现金来满足债务支付需求的能力。

表 20-1 中，情形 1 是依据我们在第 16 章预计分析中所使用的 PPE 公司预计财务报表，计算了一系列的财务比率。如果使用更多的财务报表信息，还可以计算出更多的财务比率。该预计报表的编制前提，是假定销售收入每年会增长 5%、销售利润率（PM）为 7.85%、资产周转率（ATO）为 1.762，并且股利支付率为净利润的 40%。根据该情形假定，PPE 公司在第 4 年支付了股利之后，仍然具有正的自由现金流量，可以清偿它的债务，并成为净金融性资产的持

有人。因此，该公司的资产负债率和负债权益比是逐渐递减的，而利息和固定支出保障倍数则是逐年上升的。预计 PPE 公司的负债会在第 4 年年末到期，不过，到那时，企业已经可以还清全部负债，并且不再有更进一步的融资需求。预计 PPE 公司不会出现违约，因此，情形 1 为非违约情景。实际上，预计该公司的负债能力将会提升。

表 20-1　PPE 公司：预计财务报表与两种情形下的违约预测

	第 0 年	第 1 年	第 2 年	第 3 年	第 4 年	第 5 年
情形 1						
销售收入（年增长率 = 5%）	124.90	131.15	137.70	144.59	151.82	159.41
核心经营利润（PM = 7.85%）	9.80	10.29	10.81	11.35	11.92	12.51
金融收益（费用）	(0.70)	(0.77)	(0.57)	(0.35)	(0.10)	0.18
净利润	9.10	9.52	10.24	11.00	11.82	12.69
净经营性资产（ATO = 1.762）	74.42	78.15	82.05	86.16	90.46	94.99
净金融性资产	(7.70)	(5.71)	(3.47)	(0.97)	1.81	4.91
普通股东权益	66.72	72.44	78.58	85.19	92.27	99.90
自由现金流量	5.28	6.57	6.90	7.25	7.61	7.99
股利	5.28	3.81	4.10	4.40	4.73	5.08
可用于偿债的现金	0.0	2.76	2.80	2.85	2.88	2.91
资产负债率（%）	10.3	7.3	4.3	1.1	−2.0	−5.2
负债权益比（%）	11.5	7.9	4.4	1.1	−2.0	−4.9
利息保障倍数①	14.0	13.4	19.0	32.4	19.2	—
固定支出比率②	—	4.7	4.9	5.0	5.1	—
净经营性资产收益率 RNOA（%）	14.0	13.8	13.8	13.8	13.8	13.8
普通股权益报酬率（ROCE）	14.5	14.3	14.1	14.0	13.9	13.8
债务清偿需求③	0.0	0.0	0.0	0.0	0.0	0.0
情形 2						
销售收入（年下降率 = 5%）	124.90	118.66	112.72	107.09	101.73	96.65
核心经营利润（PM = 1%）	9.80	1.19	1.13	1.07	1.02	0.97
金融收益（费用）	(0.70)	(0.77)	(0.69)	(0.60)	(0.52)	(0.42)
净利润	9.10	0.42	0.44	0.47	0.50	0.55
净经营性资产（ATO = 1.762）	74.42	74.00	73.60	73.20	72.80	72.40
净金融性资产	(7.70)	(6.86)	(6.02)	(5.15)	(4.25)	违约
普通股东权益	66.72	67.14	67.58	68.05	68.55	违约
自由现金流量	5.28	1.61	1.53	1.47	1.42	1.37
股利	5.28	0.0	0.0	0.0	0.0	0.0
可用于偿债的现金	0.0	1.61	1.53	1.47	1.42	1.37
资产负债率（%）	10.3	9.3	8.2	7.0	5.8	
负债权益比（%）	11.5	10.2	8.9	7.6	6.2	
利息保障倍数①	14.0	1.5	1.6	1.8	2.0	
固定支出比率②	—	1.7	1.7	1.7	1.7	
净经营性资产收益率 RNOA（%）	14.0	1.6	1.5	1.5	1.4	1.3
普通股权益报酬率（ROCE）	14.5	0.6	0.7	0.9		
债务清偿需求③	0.0	0.0	0.0	0.0	4.25	违约

① 利息保障倍数 = 经营利润 / 融资费用
② 固定支出比率 = （经营利润 + 偿债需求）/ 偿债需求
③ 该负债为零息券，因此没有利息支付。

但情形 2 就不同了。在情形 2 下，预计 PPE 公司的销售收入将每年下降 5%，而预计销售利润率仅为 1%。随着销售收入的下降，净经营性资产水平也逐步减少，但由于净经营性资产并不是完全灵活可调整的，因此，公司的资产周转率是下降的。由于预期 PPE 公司会出现流动性问题，因此预计它在第 1 年不会支付股利。尽管如此，由于现金流量情况不佳，公司的负债能力仍然会减弱。到第 4 年债务到期时，预计 PPE 公司会出现债务违约。因此，情形 2 为**违约情景**（default scenario）。

当可用于偿债的现金（cash available for debt service）少于债务清偿需求（debt service requirement）时，就会发生违约。

$$可用于偿债的现金 = 自由现金流量 - 股利支付净额$$
$$= OI - \Delta NOA - 股利支付净额$$
$$负债清偿需求 = 利息和优先股股利支付需求 + 本金偿付净需求 + 租金支付需求$$

在情形 2 下，预计 PPE 公司将在第 4 年年末债务到期时拥有 142 万美元可供偿债，但当时的债务清偿需求却为 425 万美元，因此，预计企业将会出现违约。请注意，可用于偿债的现金应当是扣除了股利支付净额（即股利减去新筹集的权益资金之差）之后的，因此，如果企业能够通过发行权益性证券取得现金的话，是可以避免出现违约情形的。类似地，债务清偿需求是指本金偿付的净需求（即需要偿还的债务金额减去通过新增负债筹集的资金额），因此，如果可以通过增加新的负债来筹集资金（这可能会涉及债务重组）的话，也可以避免企业出现债务违约。

以权益估值为目的的预计分析更关注预测经营利润和净经营性资产，这样才能计算得到剩余收益。但在以信用评价为目的的预计分析中，分析人员更关注的是预测企业可用来偿债的现金规模。因此，在表 20-1 的预计报表的最后一行，报告就是可用于偿债的现金。在第 16 章的预测模板里，以权益估值为目的的预计分析是在第 6 步计算剩余收益时完成的；而在信用分析中，预计分析是在第 9 步，即计算可用于清偿债务的现金规模时才得以完成。

2. 风险价值特征分析与违约概率

情形 2 属于违约情景，但也只是一种违约情景：它是在特定的销售收入增长率、销售利润率等条件下会出现的违约情景。同时，在情形 2 下，我们也预测到了企业的股利水平会出现下降（为增加可用于偿债的现金），并且难以通过发行新债来筹集资金以满足债务清偿需求。除此之外，还可以考虑其他经营与融资情形，分析人员感兴趣的是全部可能出现的违约情景。

第 19 章介绍的风险价值特征分析就是一种能观察到某种可能性出现的全部情景的方法。当时我们将这种方法应用于权益分析，但它同样也可以用于负债分析：在什么样的情形下，承担负债风险是有价值的？

在权益分析中，我们试图找出剩余收益的各种可能变数；在负债分析中，我们的目标则是找出可用于偿债的现金的各种变数。具体步骤如下。

（1）根据预计分析结果，列出可用于偿债的现金在各种情形下的分布情况。

（2）列出债务清偿需求。

（3）找出违约点（default point），即可用于偿债的现金低于债务清偿需求的点，确认出违约情景。

（4）评价违约情景出现的概率有多大。

由于企业每年都有偿债需求，因此应当在每一年开始前都提前进行风险价值特征分析，并对将有大笔债务到期的年份予以特别的注意。

图 20-2 中画出了在第 1 步中得到的可用于偿债的现金分布，图中，以可用于偿债的现金等于债务清偿需求的那一点为界，该点之左均为违约情景，对债权人来说，当这些情景出现时，是会出现价值损失的；在这一点之右的各种情景下，负债的价值是能够得以保证的。

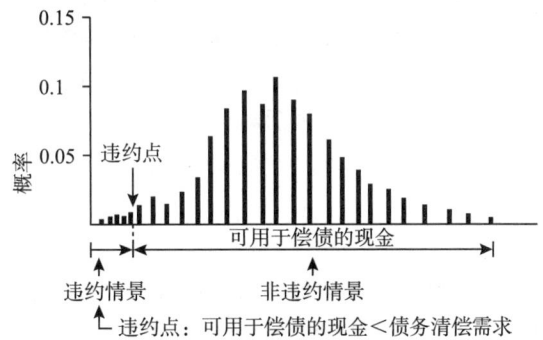

图 20-2　负债的风险价值特征与违约情景的确认

该风险价值特征图中，画出了企业在不同情景下可用于偿债的现金金额，以及各种情景可能出现的概率。图中以违约点（即，可用于偿债的现金将低于债务清偿需求的那一点）为界，区分出了违约情景和非违约情景。而违约概率则等于各种违约情景出现的概率之和。

违约状况出现的概率等于各种违约情景的概率之和（从图 20-2 中来看，大约为 3.5%）。描述得正式一点，违约概率可表达为：

$$违约概率 = Pr(可用于偿债的现金 < 债务清偿需求)$$

其中，Pr 表示概率，用"违约距离"来进行计量。违约概率是设定信贷产品价格的基础（也是影响企业负债资本成本的基本因素）。

这种计量方式与评价金融性资产投资组合的市场（价格）风险中所用到的风险价值（VaR）计量非常类似[⊖]，VaR 的正式定义为：

$$预定概率 = Pr\{\Delta P_t \leqslant VaR\}$$

其中，ΔP_t 表示某金融性资产的价格在第 t 期的变动额。因此，VaR 指的是在预定的概率条件下，损失将大于等于 VaR 发生时的金额。举例来说，某对冲基金认为它有 0.02% 的概率会在 1 个月之内损失 50% 的价值。这个值可以通过对它的投资组合历史价格变动进行模拟来获得。

类似地，某家银行也可以估算出在特定的概率条件下，它在 1 年中可能发生的贷款组合损失金额。要做到这一点，它可以像对冲基金一样，只需要去研究和参考其贷款历史经验数据。或者，该银行也可以应用基本面分析，画出它当前贷款组合的风险价值特征图。如果一家银行财团想要将它的贷款出售给某个养老基金，它就可以利用贷款的风险价值特征分布来为此次交易进行定价。

20.3.4　必要报酬率、期望收益率与主动的债券投资

信用评分、根据预计报表进行的违约预测以及风险价值特征分析都是分析人员可用来评价企业违约概率、确定债权投资必要报酬率的方法。如果市场对债券的定价是有效的，那么债券

⊖　VaR 计量指标是由 J. P. Morgan 教授在 1994 年提出并推广开来的，当然在他之前，还有其他人对此也有研究。详见 J. P. Morgan / Reuters，"Risk Metrics——Technical Documents," 4th edition, 1996。

价格必然与其对应风险的必要报酬率相关。这样的话，**到期收益率**（yield-to-maturity）[即能使未来预计现金流量（包括利息和本金在内）的贴现值等于债券当前市场价格的利率］就刚好等于债券的必要报酬率。

不过，信用分析人员可能会有另一个目标：通过确定违约风险的高低来检验市场定价的合理性，这一工作主要是通过检验市场价格中所隐含的到期收益率是否合理来完成的。所谓债券的到期收益率，就是按当前的市场价格买入债券，所能得到的期望收益率。如果期望收益率与债券风险程度相对应的必要报酬率不相等，那么，分析人员就能够发现被错误定价的债券，从而成为一名主动的基本面投资者。我们将这种活动称为**债券套利**（bond arbitrage）活动。

20.4　主动的债券投资

由于各种国家债、公司债和个人债在全球的数目惊人，很多专业投资者都参与到了债权投资，或者说，**固定收益投资**（fixed-income investing）活动中。其中大部分做的是类似货币市场基金那样的被动投资，但也有些投资者参与了将不同类别负债进行打包，然后再出售和交易的**证券化**（securitization）活动。不过，还有一些投资者喜欢主动的债权投资管理，我们将这种投资活动称为**负债套利**（debt arbitrage）活动。

负债套利有两种类型。其中最常见的是技术性套利，即交易者根据某个定价公式，能发现其中某种债权投资工具相对其他债权投资工具而言，未能够被有效定价，因此出现了定价错误。比如，某位债券套利者可能会发现，根据某个收益率曲线模型，30年期的政府债券相对10年期的债券定价来说，已经落在了收益率曲线之外。或者，BBB级的公司债券与A级债券之间的收益率差异已经偏离了正常范围。再或者，某个信用违约互换产品的价格相对其负债标的的价格来说，偏离得太过离谱了。这种价格差异通常都是极其短期的现象，因此，这种技术性套利一般都是当日交易者的工作领域。

与技术性套利相反，基本面套利则需要交易者深入与债券定价相关的各种基本面信息，然后进行本章所介绍的分析工作。基本面债券套利者会问自己：这种债券的价格已经合理地反映了各种基本面信息了吗？

要回答上面这个问题，与权益证券的主动投资一样，需要考虑下面几个方面。首先，找出市场定价中所隐含的期望收益率是多少。对债券来说，这一步要比股票简单得多，只需要找出能令该债券的现金流量贴现值等于当前市场价格时的内含报酬率就可以了。即，债券市场定价中所隐含的期望收益率，就是它在当前的市场价格收益率。接下来，基本面投资者会问：这样的收益率足以补偿我通过信用分析所确认出的信贷风险吗？与权益性投资一样，他可以通过调查具有相同违约风险的公司的相对债券价格，来进行相对投资或者配对交易，然后判断目标债券的定价是否合理。

20.5　流动性计划与融资策略

正如我们可以利用经营获利能力的预计分析来制定企业战略一样，本章所介绍的预计分析也可以用来指导我们制定企业的融资策略。

制订融资计划是公司财务负责人的工作。他需要确保债务融资资金和权益融资资金的到位，以保障企业经营战略能够顺利实施。有了管理层设定的负债–权益目标比和股利支付计划之后，财务负责人需要计划在最可能出现的情景下，如何为企业融资。并且，他还需要考虑如果出现其他情况，可以有哪些资金应对措施。比如，在最佳营运效果情景下，如何处理闲置的现金？是进行股票回购，还是买入债券进行投资？再比如，在经营萧条的时候，如何处理现金的短缺呢？

为可能出现的不利情形所做的计划就是**违约战略**（default strategy）或**违约计划**（default plan）。违约计划是我们在第 19 章中所介绍情景计划的一部分。在 PPE 公司的例子中，情形 2 就隐含一个违约战略：为满足偿债需求，可通过降低股利来积累更多的现金。此外，还有一些其他可使用的战略可以用来解决可能出现的违约问题。

- 修正经营措施，以减少经营风险，从而降低违约风险；
- 发行权益性证券；
- 发行债券或者续借负债资金；对借款条件进行重新谈判；
- 争取灵活的信贷限额；
- 出售资产；
- 出售整个企业（通过企业并购活动）；
- 对冲风险。

当然，在某些情形下，诸如发行新债、发行股票和续借贷款等战略可能是不适用的。

每一个战略都对应着一系列不同的违约情形和风险价值特征，而在不同的风险价值特征下，违约概率也是不同的，因此，会导致借款成本也出现差异。我们需要在减小违约概率的成本与通过减小违约概率来降低资本成本所可能带来的好处之间进行权衡。比如，灵活的信贷限额是需要收费的；对冲也是有成本的。那么，这些工作所可能带来的收益是大于它们的实施成本的吗？

在战略风险与成本的权衡中，需要注意以下两条原则。

（1）无差异战略。在一个良好运行的资本市场中，对避免违约安排的定价可能恰好等于此类安排所可能带来的收益。因此，这两种选择对于公司财务主管来说就是无差异的。他可以用某种金融工具来对冲违约风险，但相关违约概率和企业负债的成本都会从对冲成本中反映出来。

（2）无差异股东。股东可以自己通过金融市场去对冲企业违约可能带给他们的风险，因此与企业替他们去回避违约风险是无差异的。

本章小结

本章说明了如何将财务报表分析和编制预计财务报表技术应用于公司授信决策中。

在负债分析中，人们最关心的是违约风险问题。为理解违约风险，信用分析人员需要与权益分析人员一样，首先了解企业及其运作特点。与权益分析相同，信贷分析人员需要理解企业有哪些经营风险，熟悉债权人与企业之间所订合同的内容，并懂得在企业信用风险评价当中，如何应用财务报表分析与财务报表的预计分析技术。

本章介绍了以信用评价为目的的财务报表分析要点，列出了一系列刻画企业流动性和清算能力的财务比率，并说明了这些比率在信用评级中的应用和对判断违约概率的影响。

在本章中，我们将应用于权益证券的预计分析进行了修正，将目标设定为预测可用于债务清偿的现金，使其可以应用于信用分析中。通过预计分析，可以得到负债的风险价值特征，从而让分析人员了解在各种不同的情景下，目标企业有多少现金可用于负债清偿，并可据此判断企业的违约情景。在本章中，还介绍了如何将以上风险价值特征应用于财务战略分析和违约计划。由于可应用于负债分析的预计分析工具与权益分析中的工具是完全相同的，因此本章在最后部分对权益分析与负债分析进行了统一。

关键概念

债券套利（bond arbitrage）：指努力寻找债券定价错误的一种主动投资方式。

担保物（collateral）：指在债务人违约时，可由债权人享有所有权的资产。

信用分析（credit analysis）或**违约风险分析**（default analysis）：指根据各种信息，判断债务人借款违约的风险可能性有多大。

负债套利（debt arbitrage）：指通过投资于负债（看多或看空）而寻求超常报酬的一种方式。

负债能力（debt capacity）：指一家企业的借款能力。

违约（default）：指无法按时偿还债务或者违反了债务契约中的其他规定。

违约风险溢酬（default premium）：指由于承担了违约风险，而要求债务的价格高于无风险报酬率的部分。

违约风险（default risk）或**信用风险**（credit risk）：指债务人可能会违约的风险。

违约情景（default scenario）：指预计在什么样的情况下企业会违约。

违约战略（default strategy）或**违约计划**（default planning）：即针对可能的违约情景而制定的战略。

固定收益投资（fixed-income investing）：指对企业债务进行的投资。

资产负债表外融资（off-balance-sheet financing）：表外融资的特点是虽然融资导致了支付义务的产生，但不需要将这种义务报告在资产负债表中。

信贷投资的价格（price of credit）：指债权人收取的借款利率，或者说，债权人要求的必要报酬率（也就等于债务人承担的借款利率）。

证券化（securitization）：指将负债打包，然后出售和交易的过程。

特别目的实体（special-purpose entity）：指为了完成某一特殊任务，而在资产负债表外成立的某个实体（通常为合伙企业），该实体的控制权通常不在企业。

类型Ⅰ违约预测误差（type Ⅰ default prediction error）：是指将违约的企业划分为不太可能违约的企业。

类型Ⅱ违约预测误差（type Ⅱ default prediction error）：是指将不太可能违约的企业划分为会违约的企业。

到期收益率（yield-to-maturity）：指能够使某债券的未来期望现金流量（包括利息和到期值）贴现等于其当前市场价格的贴现率。

分析师工具箱

分析工具	重要指标	应记住的缩写/简称
为信用分析而重构财务报表	债券评级	ATO：资产周转率
Z分值（判别分析）信用评分模型	债务清偿需求	CFO：经营活动产生的现金流量
Logit违约概率评分模型	信用评分	FLEV：金融杠杆
违约预测误差分析	可用于债务清偿的现金	GAAP：美国公认会计原则
违约情景的预计分析	违约点	NOA：净经营性资产
负债的风险价值特征分析	违约概率评分	OI：经营利润
主动的债券投资	财务比率	PM：销售利润率
财务战略分析	流动性比率	Pr：概率

违约计划

流动比率
速动比率
现金比率
现金流量比率
安全偿付期
现金流量-资本支出比率
清偿能力比率
资产负债率
负债权益比
长期负债占比
利息保障倍数
利息保障倍数（现金基础）
固定支出比率
固定支出比率（现金基础）
经营活动现金流量与负债之比
Z评分

RNOA：净经营性资产收益率
ROCE：普通股权益报酬率
SEC：美国证券交易委员会
SPREAD：经营利润率差异

思考题

C20.1. 请解释什么是违约风险溢酬。

C20.2. 在信用分析中，重构财务报表的目的是什么？为信用分析而重构的财务报表与为权益分析而重构的财务报表有什么不同？

C20.3. 请说明什么是资产负债表外融资。

C20.4. 请解释什么是企业负债的"道德风险"问题。

C20.5. 请说明类型Ⅰ违约预测误差与类型Ⅱ违约预测误差有什么不同。

C20.6. 什么叫作违约点？

C20.7. 财务报表预计分析对信用分析有什么作用？

C20.8. 为什么在进行信用评分时，不将递延所得税负债作为负债项目？

C20.9. 什么是违约战略？

C20.10. 请解释特别目的实体的风险主要有哪些？

练习题

基本练习

E20.1. 信用评分：信贷质量下降了吗（中等）

下列数据出自某公司2011年和2012年度的财务报表（单位：百万美元）。

	2011年	2012年
销售收入	4 238	3 276
息税前利润	154	（423）
流动资产	1 387	976
流动负债	1 292	1 390
总资产	3 245	3 098
股东权益的账面价值	1 765	1 388
留存收益	865	488

该编报企业在2011年年末共有80百万股股份流通在外，每股交易价格为25美元；到2012年年末，每股交易价格变成了15美元。评论人士将股票价格的下跌归因为公司破产风险的增大。请通过信用评分分析，说明这家企业的破产风险在这一年中增大了多少？

E20.2. 预计分析与违约点（中等）

下面是一家企业的资产负债表与利润表（单位：百万美元）。

资产负债表	
经营性货币资金	4

（续）	
资产负债表	
应收款	29
存货	138
厂房与设备	942
	1 113
经营性负债	288
长期负债（8%）	695
	983
股东权益	130
	1 113
利润表	
销售收入	908
经营费用	817
经营利润	91
利息费用	55
税前利润	36
所得税费用	13
税后利润	23

这家企业持有的长期负债利率为8%，5年期；适用法定税率为38%。请为这家企业编制下列两种情景假定下的未来5年预计财务报表，并预测在这两种情景下，该企业可用于清偿负债的现金和债务清偿需求。假定这家企业不支付股利。

a. 预计销售收入将每年增长4%，保持目前的经营利润率水平不变，资产周转率为1.14。

b. 预计每年销售收入将下降4%，预计经营利润率将下降到2%。由于有些资产是难以灵活处置的，预计这家企业的资产周转率将下降为0.98。

根据你的预测结果，这家企业在上述这两种情景下会出现债务违约吗？

E20.3. 到期收益率与债券的必要报酬率（简单）

一位分析人员在对一种5年期、到期值为1000美元、票面年利率为8%的债券进行了违约风险分析之后，认为这种债券的必要报酬率应当为每年7%。该债券是刚刚才发行的，发行价格为每份1000美元。要求：

a. 当必要报酬率为7%时，这种债券的每份价值应当为多少？

b. 当这种债券的市场价格为每份1000美元时，它的到期收益率为多少？

c. 如果按每份1000美元的价格买入这种债券，那么预期收益率会是多少？

d. 根据分析人员的意见，债券市场对这种债券的定价是合理的吗？

应用分析

E20.4. Z评分（简单）

下面是本书出现的一些公司在1998财务年度的相关财务比率情况。

公司名称	营运资本/总资产	留存收益/总资产	息税前利润/总资产
可口可乐公司	-0.12	1.05	0.29
耐克公司	0.34	0.58	0.15
锐步公司	0.43	0.66	0.06
惠普公司	0.24	0.50	0.13
戴尔公司	0.38	0.09	0.31
盖特威电脑	0.27	0.34	0.19
微软公司	0.45	0.34	0.32

公司名称	权益的市场价值/负债的账面价值	销售收入/总资产
可口可乐公司	15.4	0.98
耐克公司	9.0	1.67
锐步公司	0.7	1.85
惠普公司	3.6	1.40
戴尔公司	27.9	2.65
盖特威电脑	5.2	2.59
微软公司	46.7	0.65

要求：

a. 根据上述财务比率，计算各家公司的Z评分值。

b. 请解释耐克公司的Z评分值与锐步公司的为什么会不同？

c. 你对于将Z评分值作为企业信用程度的判断指标有什么保留意见呢？

E20.5. 追踪信用风险计量指标：玩具反斗城公司（困难）

玩具反斗城公司（Toys "R" US，Inc）是全球最大的玩具零售商，在1999年的销售收入已经接近120亿美元。不过，尤其是受电子商务发展的影响，玩具反斗城公司在最近几年受到了挑战，市场份额已从1993年时的20.2%下降为1999年的16.8%。2000年年初，这家公司的股票价格已从1998年每股36美元的高位下降到每股11美元。不过，公司管理层已决定采取战略措施，使公司重新回到市场领先地位。

表20-2给出了玩具反斗城公司在1997～2000年财务年度中的资产负债表和利润表，以及各年末的股票价格和流通在外的股份数量信息。请注意，该公司的财务年度截止日为每年的1月末。请根据玩具反斗城公司的相关财务比率和Z评分值情况，判断该公司在这些年中的信用变化和违约概率。

表20-2 玩具反斗城公司财务报表

资产负债表
（单位：百万美元）

	1997年	1998年	1999年	2000年
资产				
货币资金	761	214	410	584
应收账款及其他应收款	142	175	204	182
商品存货	2 215	2 464	1 902	2 027
预付费用与其他流动资产	42	51	81	80
流动资产合计	3 160	2 904	2 597	2 873
不动产、厂房与设备净值	4 047	4 212	4 226	4 455
商誉	365	356	347	374
定期存款与其他资产	451	491	729	651
资产总计	8 023	7 963	7 899	8 353
负债				
短期借款	304	134	156	278
应付账款	1 346	1 280	1 415	1 617
应计费用与其他短期负债	720	680	696	836
应交所得税	171	231	224	107
流动负债合计	2 541	2 325	2 491	2 838
递延所得税	222	219	333	362
长期负债	909	851	1 222	1 230
其他负债	160	140	229	243
负债合计	3 832	3 535	4 275	4 673
股东权益				
普通股	30	30	30	30
股本溢价	489	467	459	453
留存收益	4 120	4 610	4 478	4 757
外币折算差额调整	(60)	(122)	(100)	(137)
库存股	(388)	(557)	(1 243)	(1 423)
股东权益合计	4 191	4 428	3 624	3 680
负债与股东权益合计	8 023	7 963	7 899	8 353
每股股票价格	22	27	17	11
流通在外股份数量（百万股）	288	282	251	240

利润表
（单位：百万美元）

	1997年	1998年	1999年	2000年
销售收入净额	9 932	11 038	11 170	11 862
销售成本	6 892	7 710	8 191	8 321
毛利	3 040	3 328	2 979	3 541

（续）

| | 利润表 | | | |
	（单位：百万美元）			
销售、广告及日常管理费用	2 020	2 231	2 443	2 743
折旧、摊销与资产减值损失	206	253	255	278
重组与其他支出	60	0	294	0
营业费用合计	2 286	2 484	2 992	3 021
经营利润（损失）	754	844	(13)	520
利息费用	98	85	102	91
利息及其他收益	(17)	(13)	(9)	(11)
税前利润	673	772	(106)	440
所得税费用	246	282	26	161
净利润（损失）	427	490	(132)	279

E20.6. 信用等级下滑企业的信用评分问题：美泰格公司（中等）

美泰格公司（Maytag Corporation）是一家生产洗衣机、干衣机、洗碗机和其他家用电器的企业，它的产品还包括备受市场青睐的胡佛电动吸尘器。不过，该公司在 2004～2005 年经历了盈利能力的恶化。当时，竞争对手纷纷将生产基地搬迁到了低成本国家，而美泰格公司却坚持使用美国本土的高人工成本来进行生产。

下列数据说明了美泰格公司的销售收入在 2000～2004 年的下滑，以及收入下滑对公司利润所造成的负面影响。

（单位：除每股数据外，均为千美元）

	2004 年	2003 年	2002 年	2001 年	2000 年
销售收入净额	4 721 538	4 791 866	4 666 031	4 185 051	3 891 500
毛利润	660 219	859 531	1 004 602	864 842	985 481
毛利率（%）	14.0	17.9	21.5	20.7	25.3
经营利润	40 348	228 293	359 495	289 152	493 715
经营利润率（%）	0.9	4.8	7.7	6.9	11.3
持续经营业务利润（损失）	(9 345)	114 378	191 401	162 367	216 367
持续经营业务利润率（%）	-0.2	2.4	4.1	3.9	5.6

2005 年 4 月，美泰格公司的债券被三大债券评级机构同时下调为垃圾债券级别。在本书配套网站第 16 章的资源包中，提供了美泰格公司 2004 年度的财务报表。如果你完成过迷你案例 M16.3 的话，那么你就已经对这些报表进行了重构。

要求：

a. 在美泰格公司 2003～2004 年的财务报表中，有哪些内容可以告诉你该公司的信用质量正在下滑？

b. 根据这些财务报表，你可以计算什么样的分值，来说明该公司信用质量的下降问题？

迷你案例

M20.1　违约风险分析：鲜果生活公司

鲜果生活公司（Fruit of the Loom Ltd.）在 1997～1999 年发展得特别不顺，它的股票价格在 1997 年 4 月到 1999 年 10 月，从每股 38 美元跌到每股 3 美元，市值损失高达 92%！

鲜果生活公司主要以生产和制造男性内衣为主。据估算，该公司在1999年的美国市场份额为32%，仅次于由莎拉李公司（Sara Lee Corporation）拥有的恒适（Hanes）品牌，后者的市场份额在37%左右。鲜果生活公司的发展历史比较曲折，它由金融家威廉·法利（William Farley）控制，在20世纪80年代中期，涉入了一笔杠杆交易，然后开始了大规模的成本削减。该公司是一家比较典型的"美国小镇"式企业，公司管理层与普通员工在负债和重组方面的成本削减问题、将生产转移到人工更低的海外地区等问题方面存在着不同意见。还记得电影《别人的钱》[○]中的情景吗？

与成本削减和生产转移随之而来的，是质量控制和存货管理困难问题。由于在其他服饰控股公司中出现了财务困难，法利先生不得不减少了他在鲜果公司中的股权比例。并且，分析人员声称，这也使得法利先生对鲜果生活公司的经营不再那么上心。1999年夏末，法利先生将公司控制权交给了本是外部董事的丹尼斯·布克西斯特（Dennis Bookshester）先生，后者非常善于零售贸易的经营。布克西斯特认为，鲜果生活公司的电脑和控制系统一塌糊涂。表20-3列出了鲜果生活公司的一些数据。

表20-3　鲜果生活公司财务数据

	1995年	1996年	1997年	1998年	1999年
销售收入	2 403	2 447	2 140	2 170	2 045
息税前利润	50.4	325.3	−283.1	234.9	102.3
净利润	−227.3	151.2	−487.6	135.9	28.1
股利	0	0	0	0	0
每股收益	−3.0	1.98	−6.55	1.88	0.39
销售净利润率（%）	−9.5	6.2	−22.8	6.3	1.4
每股账面价值	11.78	13.90	5.87	7.61	6.82
市盈率	—	19.1	—	73	7.7
市净率	2.11	2.70	4.41	1.86	0.44
市销率	0.77	1.19	0.86	0.46	0.11

1999年数据是按截至1999年6月30日的12个月数据计算的

流通在外股票数量为：66.923百万股

注：除每股数据和财务比率外，单位为百万美元。

很多分析人员都认为，鲜果生活公司所出现的问题是可以得到修复的。虽然产品市场份额出现了轻微下滑，但32%这个数字仍然非常可观。公司的股票定价相对销售收入的倍数非常低，只有0.11。成本削减计划所带来的制度改革问题仍然在实施过程中，如果有一套更好的计算机系统配合的话，很多生产和存货协调问题都可以得到解决，而公司的电脑顾问当时也正在为之努力。

1999年秋天，一些分析人员预测鲜果生活公司将在1999年后期实现盈亏平衡，并且预计截至2000年12月31日，公司能够实现年度每股收益0.79美元。此外，这些分析人员还预计，如果公司能够把一切都安排得当的话，那么，它将在2000年以后实现持续获利能力。不过，也有一些其他分析人员警告说，这家企业可能会陷入破产境地中。

在截至1999年10月2日的9个月报告期中，鲜果公司公司报告它的亏损额为253.2百万美元，而上年同期的利润为146.9百万美元。表20-4列出了这家公司在1999年前9个月中的财务报表情况。

[○] *Other People's Money*，又译作《金钱太保》或者《抢钱至尊》，是1991年出品的一部美国电影。——译者注

表 20-4

鲜果生活公司简化合并资产负债表
（单位：千美元）

	1999 年 10 月 2 日	1999 年 1 月 2 日
资产		
流动资产		
现金及现金等价物（含受限用途的现金）	37 000	1 400
应收票据与应收账款（分别扣除坏账准备 $10 800 和 $12 000 后余额）	80 200	109 700
存货		
完工产品	645 200	500 700
在产品	135 800	183 100
原料与物料	52 500	58 200
存货合计	833 500	742 000
应收子公司融资款	26 800	—
其他	45 400	41 100
流动资产合计	1 022 900	894 200
不动产、厂房与设备	1 157 200	1 192 100
减：累计折旧	745 900	758 200
不动产、厂房与设备净值	411 300	433 900
其他资产		
商誉（分别扣除累计摊销 $356 200 和 $336 200 后净额）	666 300	686 300
递延所得税	36 700	36 700
其他	146 500	238 700
其他资产合计	849 500	961 700
	2 283 700	2 289 800
负债与股东权益		
流动负债		
一年内到期的长期负债	650 200	270 500
应付账款	87 300	119 700
其他应付款与应计费用	299 200	226 700
流动负债合计	1 036 700	616 900
非流动负债		
长期借款	682 200	856 600
应付票据和应付账款——关联企业	438 600	—
其他	266 000	267 400
非流动负债合计	1 386 000	1 124 000
优先股	72 500 ⊖	—
普通股东权益（赤字）①	（211 500）	548 900
	2 283 700	2 289 800

① 1999 年 10 月 2 日和 1999 年 1 月 2 日的普通股东权益分别包括留存收益 20 700 千美元和 276 600 千美元。

⊖ 原书有误，以此为准，已与作者确认。——译者注

（续）

合并简化利润表（未经审计的）
（单位：千美元）

	9 个月的报告期截止日为	
	1999 年 10 月 2 日	1998 年 9 月 26 日⊖
销售收入净额		
非关联方交易	1 508 400	1 678 900
关联方交易	275 000	—
	1 783 400	1 678 900
销售成本		
非关联方交易	1 253 900	1 145 500
关联方交易	355 400	—
	1 609 300	1 145 500
毛利润（损失）	174 100	533 400
销售与日常管理费用	315 400	281 100
商誉摊销费用	19 900	19 900
经营利润（损失）	(161 200)	232 400
利息费用	(72 700)	(74 600)
其他费用——净值	(18 100)	(3 100)
税前利润（损失）	(252 000)	154 700
所得税费用	1 200	7 800
净利润（损失）	(253 200)	146 900

合并简化现金流量表（未经审计的）
（编报单位：千美元）

	9 个月的报告期截止日为	
	1999 年 10 月 2 日	1998 年 9 月 26 日⊖
经营活动产生的现金流量		
净利润（亏损）	(253 200)	146 900
将净利润调整为经营活动产生的现金流量		
经营活动：		
折旧与摊销费用	90 200	84 900
递延所得税	—	(4 900)
营运资本增加	(117 000)	(189 100)
其他——净值	(24 700)	(13 600)
经营活动产生的现金流量净额	(304 700)	24 200
投资活动产生的现金流量		
资本支出	(28 000)	(25 000)
资产出售所得	20 500	68 200
Acme Boot 公司债务担保支出	—	(60 800)
其他——净值	(19 600)	(4 100)
投资活动使用的现金流量净额	(27 100)	(21 700)
融资活动产生的现金流量		
发行长期债券收到的现金	240 200	—

⊖ 原书有误，以此为准，已与作者确认。——译者注
⊖ 原书有误，以此为准，已与作者确认。——译者注

(续)

合并简化现金流量表（未经审计的）
（编报单位：千美元）

	9个月的报告期截止日为	
	1999年10月2日	1998年9月26日
根据信贷限额协议取得的现金	676 800	754 300
根据信贷限额协议偿还的现金	(486 800)	(643 400)
长期负债和融资租赁支付的本金	(236 400)	(122 200)
关联企业票据和应付款的增加	174 700	—
优先股股利	(1 100)	—
发行普通股收到的现金	—	6 800
回购普通股支付的现金	—	(3 000)
融资活动产生的现金流量净额	367 400	(7 500)
现金及现金等价物（含受限制使用的现金）增加（减少）净额	35 600	(5 000)
现金及现金等价物（含受限制使用的现金）期初数	1 400	16 100
现金及现金等价物（含受限制使用的现金）期末数	37 000	11 100

案例要求：

a. 如果要按照乘数指标进行筛选的话，这只股票无论从哪方面来看都是应当买入的：市盈率低、市净率低、市销率低。但是，按每股3美元的价格买入该公司的股票，你觉得进行这样的买入操作恰当吗？要让你的建议更加有安全保障，你觉得还需要查看哪些信息呢？

b. 请进行财务比率分析，说明鲜果生活公司在1999年10月时的破产概率有多大？

c. 用本章所介绍的Z评分模型计算鲜果生活公司的Z评分值。在计算过程中，可将9个月的数据进行年化处理，然后再计算比率。请问，鲜果生活公司的Z评分值在1999年1月至9月发生了怎样的变化？

注：鲜果生活公司在1999年12月申请了破产保护。沃伦·巴菲特先生随后买入了这家企业，使它走出了破产窘境。

附录　公式汇总

第1章

企业价值 = 负债的价值 + 股权的价值

第2章

股东权益 = 资产 − 负债
净利润 = 收入 − 费用
收入净额 − 销货成本 = 毛利润
毛利润 − 经营费用 = 经营利润
经营利润 − 净利息费用 = 税前利润
税前利润 − 所得税费用 = 税后利润（扣除非经常性项目前）
扣除非经常性项目前的利润 + 非经常性项目的影响 = 净利润
净利润 − 优先股股利 = 可供普通股股东享有的净利润
经营活动产生的现金流量 + 投资活动产生的现金流量 + 筹资活动产生的现金流量 = 现金变动净额
期末股东权益 = 期初股东权益 + 本期综合收益 − 本期向股东的支付净额
综合收益 = 净利润 + 其他综合收益
内在溢价 = 权益的内在价值 − 权益的账面价值
市场溢价 = 权益的市场价格 − 权益的账面价值
股东价值增加值 = 股东权益的期末价值 − 股东权益的期初价值 + 当期收到的股利
股票收益 $_t = P_t - P_{t-1} + d_t$

第3章

$$\text{无杠杆的市销率} = \frac{\text{权益的市场价值} + \text{负债净额}}{\text{销售收入}}$$

$$\text{无杠杆的价格} - EBIT \text{ 比率} = \frac{\text{权益的市场价值} + \text{负债净额}}{EBIT}$$

$$\text{无杠杆的价格}-EBITDA\text{比率} = \frac{\text{权益的市场价值} + \text{负债净额}}{EBITDA}$$

$$\text{企业市净率} = \frac{\text{权益的市场价值} + \text{负债净额}}{\text{权益的账面价值} + \text{负债净额}}$$

$$\text{历史市盈率} = \frac{\text{每股市价}}{\text{最近一个年度的每股收益}}$$

$$\text{动态市盈率} = \frac{\text{每股市价}}{\text{最近4个季度的每股收益之和}}$$

$$\text{远期市盈率} = \frac{\text{每股市价}}{\text{预计下一年度的每股收益}}$$

$$\text{股利调整的市盈率} = \frac{\text{每股市价} + \text{年度每股股利}}{\text{年度每股收益}}$$

某债券的价值 = 其预期现金流量的现值

$$V_0^D = \frac{CF_1}{\rho_D} + \frac{CF_2}{\rho_D^2} + \frac{CF_3}{\rho_D^3} + \frac{CF_4}{\rho_D^4} + \cdots + \frac{CF_T}{\rho_D^T}$$

（其中，$\rho_D = 1 +$ 债券的必要报酬率）

某项目的价值 = 其预计未来现金流量的现值

$$V_0^P = \frac{CF_1}{\rho_P} + \frac{CF_2}{\rho_P^2} + \frac{CF_3}{\rho_P^3} + \frac{CF_4}{\rho_P^4} + \cdots + \frac{CF_T}{\rho_P^T}$$

（其中，$\rho_P = 1 +$ 项目贴现率）

第 4 章

股东权益的价值 = 预计未来股利的现值

$$V_0^E = \frac{d_1}{\rho_E} + \frac{d_2}{\rho_E^2} + \frac{d_3}{\rho_E^3} + \frac{d_4}{\rho_E^4} + \cdots$$

（其中，$\rho_E = 1 +$ 股东权益资金的必要报酬率）

股权的价值 = 截至第 T 期全部预期股利的现值 + 第 T 期期末预期终值的现值

$$V_0^E = \frac{d_1}{\rho_E} + \frac{d_2}{\rho_E^2} + \frac{d_3}{\rho_E^3} + \cdots + \frac{d_T}{\rho_E^T} + \frac{P_T}{\rho_E^T}$$

永续股利模型：$V_0^E = \dfrac{d_1}{\rho_E} + \dfrac{d_2}{\rho_E^2} + \dfrac{d_3}{\rho_E^3} + \cdots + \dfrac{d_T}{\rho_E^T} + \left(\dfrac{d_{T+1}}{\rho_E - 1}\right) \Big/ \rho_E^T$

股利增长模型：$V_0^E = \dfrac{d_1}{\rho_E} + \dfrac{d_2}{\rho_E^2} + \dfrac{d_3}{\rho_E^3} + \cdots + \dfrac{d_T}{\rho_E^T} + \left(\dfrac{d_{T+1}}{\rho_E - g}\right) \Big/ \rho_E^T$

股利不变模型（固定股利模型）：$V_0^E = \dfrac{d_1}{\rho_E - 1}$

股利常数增长率模型：$V_0^E = \dfrac{d_1}{\rho_E - g}$

企业的价值 = 预计未来自由现金流量的现值

$$V_0^F = \frac{C_1-I_1}{\rho_F} + \frac{C_2-I_2}{\rho_F^2} + \frac{C_3-I_3}{\rho_F^3} + \frac{C_4-I_4}{\rho_F^4} + \frac{C_5-I_5}{\rho_F^5} + \cdots$$

（其中，$\rho_F = 1 +$ 企业的必要报酬率）

股东权益的价值 = 预计自由现金流量的现值减去负债净额的价值

$$V_0^E = \frac{C_1-I_1}{\rho_F} + \frac{C_2-I_2}{\rho_F^2} + \frac{C_3-I_3}{\rho_F^3} + \cdots + \frac{C_T-I_T}{\rho_F^T} + \frac{CV_T}{\rho_F^T} - V_0^D$$

如果预计 T 期后的自由现金流量将表现为（常数）永续年金形式，那么：$CV_T = \dfrac{C_{T+1}-I_{T+1}}{\rho_F - 1}$

如果预计 T 期以后的自由现金流量将按照某个常数比率一直增长下去，那么：$CV_T = \dfrac{C_{T+1}-I_{T+1}}{\rho_F - g}$

经营活动现金流量 = 现金流量表中报告的经营活动现金净流量 + 税后利息支付净额
投资活动现金流量 = 现金流量表中报告的投资活动现金净流量 + 对带息证券的净投资金额
利润 = 自由现金流量 − 以现金支付的利息净额 + 投资 + 应计项目

第 5 章

普通股权益的价值 $\left(V_0^E\right) = B_0 + \dfrac{RE_1}{\rho_E} + \dfrac{RE_2}{\rho_E^2} + \dfrac{RE_3}{\rho_E^3} + \cdots$

剩余收益 = 综合收益 −（股东权益的必要报酬率 × 股东权益的期初账面价值）

剩余收益 RE_t = 收益$_t$ − (ρ_E − 1) × 权益账面价值$_{t-1}$

剩余收益 =（普通股权益报酬率 − 股东权益必要报酬率）× 普通股权益账面价值

$earn_t - (\rho_E - 1) B_{t-1} = [ROCE_t - (\rho_E - 1)] B_{t-1}$

简单估值模型：$V_0^E = B_0 + \dfrac{RE_1}{\rho_E - g}$

情景 1 估值。预计某个时点以后的剩余收益 RE 将为 0：$V_0^E = B_0 + \dfrac{RE_1}{\rho_E} + \dfrac{RE_2}{\rho_E^2} + \dfrac{RE_3}{\rho_E^3} + \cdots + \dfrac{RE_T}{\rho_E^T}$

情景 2 估值。假定剩余收益 RE 无增长条件下：$V_0^E = B_0 + \dfrac{RE_1}{\rho_E} + \dfrac{RE_2}{\rho_E^2} + \cdots + \dfrac{RE_T}{\rho_E^T} + \left(\dfrac{RE_{T+1}}{\rho_E - 1}\right) \bigg/ \rho_E^T$

情景 3 估值。预计 T 期以后的剩余收益 RE 将按某个常数增长率进行增长：

$$V_0^E = B_0 + \frac{RE_1}{\rho_E} + \frac{RE_2}{\rho_E^2} + \frac{RE_3}{\rho_E^3} + \cdots + \frac{RE_T}{\rho_E^T} + \left(\frac{RE_{T+1}}{\rho_E - g}\right) \bigg/ \rho_E^T$$

第 6 章

股东权益的价值 = $V_0^E = \dfrac{1}{\rho_E - 1} \times \left(\text{收益}_1 + \dfrac{\Delta RE_2}{\rho_E} + \dfrac{\Delta RE_3}{\rho_E^2} + \dfrac{\Delta RE_4}{\rho_E^3} + \cdots\right)$

远期市盈率的正常水平 = $\dfrac{1}{\text{必要报酬率}}$

历史市盈率的正常水平 = $\dfrac{1+\text{必要报酬率}}{\text{必要报酬率}}$

权益的价值 = 将来收益的资本化价值 + 超常的含息收益增长能够带来的额外价值

$$V_0^E = \dfrac{\text{收益}_1}{\rho_E-1} + \dfrac{1}{\rho_E-1} \times \left(\dfrac{AEG_2}{\rho_E} + \dfrac{AEG_3}{\rho_E^2} + \dfrac{AEG_4}{\rho_E^3} + \cdots\right) = \dfrac{1}{\rho_E-1} \times \left(\text{收益}_1 + \dfrac{AEG_2}{\rho_E} + \dfrac{AEG_3}{\rho_E^2} + \dfrac{AEG_4}{\rho_E^3} + \cdots\right)$$

超常收益增长$_t$ = 含息收益$_t$ - 正常收益$_t$ = [收益$_t$ + (ρ_E-1)股利$_{t-1}$] - ρ_E收益$_{t-1}$

超常收益增长$_t$ = (G_t-ρ_E) × 收益$_{t-1}$

股东权益的价值（含息的）= 当前盈利的资本化价值 + 超常增长的含息收益带来的额外价值

$$V_0^E + d_0 = \dfrac{\rho_E}{\rho_E-1} \times \left(\text{收益}_0 + \dfrac{AEG_1}{\rho_E} + \dfrac{AEG_2}{\rho_E^2} + \dfrac{AEG_3}{\rho_E^3} + \cdots\right)$$

PEG 比率 = $\dfrac{\text{市盈率}}{\text{预计下一年度的收益增长率}}$

第 7 章

价值 = 建立在我们确知信息基础之上的价值 + 主观估测的价值

加权平均预期收益率公式：$ER = \left(\dfrac{B_0}{P_0} \times ROCE_1\right) + \left[\left(1-\dfrac{B_0}{P_0}\right) \times (g-1)\right]$

价值 = 基于账面价值和近期预测值的价值 + 基于主观估计的增长价值

$$V_0^E = B_0 + \dfrac{RE_1}{\rho} + \dfrac{RE_2}{\rho(\rho-1)} + \text{基于主观估计的增长价值}$$

预计收益$_t$ = (账面价值$_{t-1}$ × 必要报酬率) + 剩余收益$_t$

$$V_0^E = \dfrac{1}{\rho-1}\left(EPS_1 + \dfrac{AEG_2}{\rho-1}\right) + \text{主观估测的增长价值}$$

预期收益$_t$ = 预期正常收益$_t$ + AEG_t - 预计将上年度股利进行再投资能实现的收益

第 8 章

自由现金流量 = 向股东支付的股利净额 + 向债权人或债务人的支付净额

$C - I = d + F$

财务主管法则：

如果 $C - I - i > d$，那么借出资金，或者赎回自己的债务；

如果 $C - I - i < d$，那么借入资金，或者出售债权性投资。

自由现金流量 = 经营利润 - 净经营性资产的变动额

$C - I = OI - \Delta NOA$

自由现金流量 = 净金融资产的变动 - 净金融收益 + 股利支付净额

$C - I = \Delta NFA - NFI + d$

自由现金流量 = 净融资费用 - 净金融性负债的变动 + 股利支付净额

$C - I = NFE - \Delta NFO + d$

股利支付净额 = 自由现金流量 + 净金融收益 − 净金融性资产的变动额

$d = C - I + NFI - \Delta NFA$

股利支付净额 = 自由现金流量 − 净融资费用 + 净金融性负债的变动额

$d = C - I - NFE + \Delta NFO$

（期末）净经营性资产 = （期初）净经营性资产 + 经营利润 − 自由现金流量

$NOA_t = NOA_{t-1} + OI_t - (C_t - I_t)$

净经营性资产的变动 = 经营利润 − 自由现金流量

$\Delta NOA_t = OI_t - (C_t - I_t)$

（期末）净金融资产 = （期初）净金融资产 + 净金融收益 + 自由现金流量 − 股利支付净额

$NFA_t = NFA_{t-1} + NFI_t + (C_t - I_t) - d_t$

净金融资产的变动 = 净金融收益 + 自由现金流量 − 股利支付净额

$\Delta NFA_t = NFI_t + (C_t - I_t) - d_t$

（期末）净金融性负债 = （期初）净金融性负债 + 净融资费用 − 自由现金流量 + 股利支付净额

$NFO_t = NFO_{t-1} + NFE_t - (C_t - I_t) + d_t$

净金融性负债的变动 = 净融资费用 − 自由现金流量 + 股利支付净额

$\Delta NFO_t = NFE_t - (C_t - I_t) + d_t$

普通股东权益的存量和流量关系：普通股东权益$_t$ = 普通股东权益$_{t-1}$ + 综合收益$_t$ − 股利支付净额$_t$

$CSE_t = NOA_t - NFO_t$

第 9 章

$$股利发放率 = \frac{股利}{综合收益}$$

$$总发放率 = \frac{股利金额 + 股份回购金额}{综合收益}$$

$$股利占权益账面价值的比重 = \frac{股利}{普通股股东权益的账面价值 + 股利}$$

$$发放总额占权益账面价值的比重 = \frac{股利 + 股份回购}{普通股股东权益的账面价值 + 股利 + 股份回购}$$

$$收益留存率 = \frac{综合收益 - 股利}{综合收益} = 1 - 股利发放率$$

$$新增投资率 = \frac{与股东之间的交易净额}{普通股东权益的期初余额}$$

$$普通股东权益增长率 = \frac{普通股东权益增长额}{期初普通股东权益}$$

$$= \frac{综合收益 + 与股东之间的交易净额}{期初普通股东权益}$$

普通股权益增长率 = 普通股权益报酬率 + 新增投资率

第 10 章

税收抵减额 = 净利息费用 × 所得税税率

税后净利息费用 = 净利息费用 × （1− 所得税税率）

与经营利润相关的所得税费用 = 报告的所得税费用 + （净利息费用 × 所得税税率）

经营活动的实际所得税税率

$$= \frac{与经营利润相关的所得税费用}{扣除所得税费用、按权益法确认的投资收益、非经营性损益与非清洁的盈余项目前的利润}$$

剩余经营利润 = $ReOI_t = OI_t - (\rho - 1)NOA_{t-1}$

经营利润率 $PM = \dfrac{经营利润\ OI\,(税后)}{销售收入}$

销售活动创造的经营利润率 = $\dfrac{销售活动创造的经营利润\,(税后)}{销售收入}$

其他经营利润率 = $\dfrac{其他经营利润\,(税后)}{销售收入}$

净（综合收益）利润率 = $\dfrac{综合收益}{销售收入}$

费用率 = $\dfrac{费用额}{销售收入}$

1− 销售活动所创造的经营利润率 = 各种费用率之和

经营性资产结构比率 = $\dfrac{某经营性资产}{经营性资产合计}$

经营性负债结构比率 = $\dfrac{某经营性负债}{经营性负债合计}$

经营性负债杠杆率（OLLEV）= $\dfrac{经营性负债}{净经营性资产}$

资本化率 = $\dfrac{净经营性资产}{普通股东权益}$

金融杠杆率（FLEV）= $\dfrac{净金融性负债}{普通股东权益}$

资本化率 − 金融杠杆率 = 1.0

净经营性资产报酬率 $RNOA_t = \dfrac{OI_t}{\frac{1}{2}(NOA_t + NOA_{t-1})}$

净金融性资产报酬率 $RNFA_t = \dfrac{NFI_t}{\frac{1}{2}(NFA_t + NFA_{t-1})}$

净借款成本率 $NBC_t = \dfrac{NFE_t}{\frac{1}{2}(NFO_t + NFO_{t-1})}$

第 11 章

自由现金流量 = 经营利润 − 净经营性资产的变动额

$C - I = OI - \Delta NOA$

自由现金流量 = 净融资费用 − 净金融性负债的变动 + 股利支付净额

$C - I = NFE - \Delta NFO + d$

第 12 章

普通股权益报酬率 $ROCE = \left(\dfrac{\text{净经营性资产 } NOA}{\text{普通股东权益 } CSE} \times \text{净经营性资产报酬率 } RNOA \right)$

$- \left(\dfrac{\text{净金融性负债 } NFO}{\text{普通股东权益 } CSE} \times \text{净借款成本率 } NBC \right)$

普通股权益报酬率 $ROCE =$ 净经营性资产报酬率 $RNOA +$

$\left[\dfrac{\text{净金融性负债 } NFO}{\text{普通股东权益 } CSE} \times (\text{净经营性资产报酬率 } RNOA - \text{净融资成本率 } NBC) \right]$

= 净经营性资产报酬率 $RNOA +$(金融杠杆水平 × 经营利润率差异)

$ROCE = RNOA + (FLEV \times SPREAD)$

普通股权益报酬率 $ROCE =$ 净经营性资产报酬率 $RNOA$

$- \left[\dfrac{\text{净金融性资产 } NFA}{\text{普通股东权益 } CSE} \times (\text{净经营性资产报酬率 } RNOA - \text{净金融性资产报酬率 } RNFA) \right]$

经营性负债的隐含利息 = 短期借款利率(税后) × 经营性负债水平

经营性资产报酬率 $ROOA = \dfrac{\text{经营利润 } OI + \text{隐含利息(税后)}}{\text{经营性资产}}$

净经营性资产报酬率 $RNOA$

= 经营性资产报酬率 +(经营性负债杠杆水平 × 经营性负债杠杆差异率)

$RNOA = ROOA + (OLLEV \times OLSPREAD)$

经营性负债杠杆差异率 $OLSPREAD =$ 经营性资产报酬率 $ROOA -$ 短期借款成本率(税后)

普通股权益报酬率 $ROCE =$ 扣除少数股东权益之前的 $ROCE \times$ 少数股东持股比例

扣除少数股东权益之前的 $ROCE = \dfrac{\text{扣除少数股东本期收益前的综合收益}}{\text{普通股东权益 } CSE + \text{少数股东权益 } MI}$

少数股东分享比率 $= \dfrac{\text{扣除少数股东本期收益前的综合收益}}{\text{普通股东权益 } CSE / (\text{普通股东权益 } CSE + \text{少数股东权益 } MI)}$

普通股权益报酬率 $ROCE =$ (经营利润率 $PM \times$ 净经营性资产周转率 ATO) +

[金融杠杆 $FLEV \times$ (净经营性资产报酬率 $RNOA -$ 净借款成本率 NBC)]

经营利润率 $PM =$ 经营利润 OI(税后)/ 销售收入 S

净经营性资产周转率 $ATO =$ 销售收入 $S /$ 净经营性资产 NOA

经营利润率 $PM =$ 销售活动实现的利润率 + 其他项目创造的利润率

销售活动实现的利润率 = 毛利率 − 费用率

$$\frac{1}{\text{净经营性资产周转率 } ATO} = \frac{\text{现金}}{\text{销售收入}} + \frac{\text{应收账款}}{\text{销售收入}} + \frac{\text{存货}}{\text{销售收入}} + \cdots + \frac{\text{不动产、厂房与设备}}{\text{销售收入}} + \cdots$$

$$- \frac{\text{应付账款}}{\text{销售收入}} - \frac{\text{养老金负债}}{\text{销售收入}} - \cdots$$

$$\text{不动产、厂房与设备周转率} = \frac{\text{销售收入}}{\text{不动产、厂房与设备（净值）}}$$

$$\text{应收账款周转天数} = \frac{365}{\text{应收账款周转率}}$$

（有时也被称为平均收账期）

$$\text{存货周转率} = \frac{\text{销货成本}}{\text{存货}}$$

$$\text{存货周转天数} = \frac{365}{\text{存货周转率}}$$

$$\text{应收账款周转天数} = \frac{365 \times \text{应付账款}}{\text{当期采购额}}$$

净借款成本率是各种不同来源的融资净额的成本加权平均值：

$$\text{净借款成本率 } NBC = \frac{\text{金融性负债}}{\text{净金融性负债}} \times \frac{\text{金融性负债的税后利息}}{\text{金融性负债}} -$$

$$\frac{\text{金融性资产}}{\text{净金融性负债}} \times \frac{\text{金融性资产的税后利息}}{\text{金融性资产}} -$$

$$\frac{\text{金融性资产}}{\text{净金融性负债}} \times \frac{\text{金融性资产的未实现收益}}{\text{金融性资产}} +$$

$$\frac{\text{优先股}}{\text{净金融性负债}} \times \frac{\text{优先股股利}}{\text{优先股}} + \cdots$$

第 13 章

经营利润 OI = 来自销售的核心 OI + 其他核心 OI + 非经常项目的影响 UI

净经营性资产报酬率 $RNOA$ = 净经营性资产的核心报酬率 $core\ RNOA$ + 非经常项目对净经营性资产报酬率的影响

$$\text{净经营性资产报酬率 } RNOA = \frac{\text{核心经营利润 } core\ OI}{\text{净经营性资产 } NOA} + \frac{\text{非经常项目损益}}{\text{净经营性资产 } NOA}$$

$$\text{净经营性资产报酬率 } RNOA = \frac{\text{销售活动创造的核心经营利润}}{\text{净经营性资产}} +$$

$$\frac{\text{其他核心经营利润}}{\text{净经营性资产}} + \frac{\text{非经营项目损益}}{\text{净经营性资产}}$$

净经营性资产报酬率 $RNOA$

$$= (销售活动创造的核心利润率 \times 净经营性资产周转率 ATO) + \frac{其他核心经营利润}{净经营性资产 NOA} + \frac{非经营项目损益}{净经营性资产 NOA}$$

其中：

$$销售活动创造的核心利润率 = \frac{销售活动创造的核心经营利润}{销售收入}$$

净借款成本 = 核心净借款成本 + 非经常项目的借款成本

$$净借款成本率 NBC = \frac{核心净融资费用}{净金融性负债 NFO} + \frac{非经常财务支出}{净金融性负债 NFO}$$

净经营性资产报酬率 RNOA 的变动 = 按上年资产周转率水平计算的销售活动核心利润率的变动 + 资产周转率变动的影响 + 其他经营利润变动的影响 + 非经常项目变动的影响

$$\Delta RNOA_1 = (\Delta 销售活动创造的核心经营利润率_1 \times 净经营性资产周转率_0)$$
$$+ (\Delta 净经营性资产周转率_1 \times 销售活动创造的核心经营利润率_1)$$
$$+ \Delta \left(\frac{其他核心经营利润}{净经营性资产} \right) + \Delta \left(\frac{非经常项目损益}{净经营性资产} \right)$$

$$销售活动创造的经营利润率 = \frac{销售收入 - 变动成本 - 固定成本}{销售收入} = \frac{边际贡献}{销售收入} - \frac{固定成本}{销售收入}$$

$$边际贡献率 = 1 - \frac{变动成本}{销售收入} = \frac{边际贡献}{销售收入}$$

$$经营杠杆 OLEV = \frac{边际贡献}{经营利润} = \frac{边际贡献率}{经营利润率}$$

（请注意不要混淆经营杠杆 OLEV 与经营性负债杠杆 OLLEV 这两个概念！）

核心经营利润的变动 % = 经营杠杆 × 核心销售收入的变动 %

$$净经营性资产 NOA = 销售收入 S \times \frac{1}{净经营性资产周转率 ATO}$$

$$\Delta 普通股东权益 CSE = \Delta \left(销售收入 S \times \frac{1}{净经营性资产周转率 ATO} \right) - \Delta 净金融性负债$$

第 14 章

剩余经营性收益 = 经营利润（税后） − （经营活动必要报酬率 × 期初净经营性资产）

$$ReOI_t = OI_t - (\rho_F - 1) NOA_{t-1}$$

经营业务的价值 = 净经营性资产 + 预计剩余经营性收益的现值

$$V_0^{NOA} = NOA_0 + \frac{ReOI_1}{\rho_F} + \frac{ReOI_2}{\rho_F^2} + \frac{ReOI_3}{\rho_F^3} + \cdots + \frac{ReOI_T}{\rho_F^T} + \frac{CV_T}{\rho_F^T}$$

普通股东权益的价值 = 普通股东权益的账面价值 + 预计剩余经营性收益的现值

$$V_0^E = CSE_0 + \frac{ReOI_1}{\rho_F} + \frac{ReOI_2}{\rho_F^2} + \frac{ReOI_3}{\rho_F^3} + \cdots + \frac{ReOI_T}{\rho_F^T} + \frac{CV_T}{\rho_F^T}$$

剩余经营性收益 =（净经营性资产报酬率 − 经营业务的必要报酬率）× 净经营性资产

$ReOI_t = [RNOA_t - (\rho_F - 1)] \times NOA_{t-1}$

超常增长的经营性收益 $AOIG_t$ = 含息经营性收益$_t$ − 正常经营性收益$_t$

$\qquad = [经营利润_t + (\rho_F - 1)FCF_{t-1}] - \rho_F \times 经营利润_{t-1}$

$\qquad = (G_t - \rho_F) \times 经营利润_{t-1}$

普通股权益的价值 = 资本化（下期经营利润 + 超常增长经营性收益的现值）− 净金融性负债

$$V_0^E = \frac{1}{\rho_F - 1}\left[OI_1 + \frac{AOIG_2}{\rho_F} + \frac{AOIG_3}{\rho_F^2} + \frac{AOIG_4}{\rho_F^3} + \cdots\right] - NFO_0$$

核心 $ReOI_t$ = 核心 $OI_t - (\rho_F - 1)NOA_{t-1}$

经营活动的资本成本 = 权益资本成本和净负债的加权平均值

$\qquad = \left(\dfrac{股东权益的价值}{经营活动的价值} \times 权益的资本成本\right) + \left(\dfrac{负债的价值}{经营活动的价值} \times 负债的资本成本\right)$

$\rho_F = \dfrac{V_0^E}{V_0^{NOA}} \times \rho_E + \dfrac{V_0^D}{V_0^{NOA}} \times \rho_D$

负债净额的税后成本 ρ_D = 负债净额的名义成本 (1−t)

权益资本的必要报酬率 = 经营活动的必要报酬率 +（市场杠杆水平 × 必要报酬率之差）

$\rho_E = \rho_F + \dfrac{V_0^D}{V_0^E}(\rho_F - \rho_D)$

收益增长率$_t$ = 经营利润增长率$_t$ + [盈利杠杆系数$_{t-1}$ ×（经营利润增长率$_t$ − 净融资费用增长率$_t$）]

$g_t^{earn} = g_t^{OI} + ELEV_{t-1}(g_t^{OI} - g_t^{NFE})$

$ELEV = \dfrac{NFE}{企业盈利}$

企业市净率 = $\dfrac{净经营性资产的价值}{净经营性资产的账面价值} = \dfrac{V_0^{NOA}}{NOA_0}$

杠杆市净率 = 企业市净率 + 金融杠杆 ×（企业市净率 − 1）

$\dfrac{V_0^E}{CSE_0} = \dfrac{V_0^{NOA}}{NOA_0} + FLEV \times \left(\dfrac{V_0^{NOA}}{NOA_0} - 1\right)$

远期企业市盈率 = $\dfrac{经营活动的价值}{预计下期经营利润} = \dfrac{V_0^{NOA}}{OI_1}$

历史企业市盈率 = $\dfrac{经营活动的价值 + 自由现金流量}{当期经营利润} = \dfrac{V_0^{NOA} + FCF_0}{OI_0}$

远期杠杆市盈率 = 远期无杠杆市盈率 + 盈利杠杆系数 ×（无杠杆市盈率 − 1 / 净借款成本率）

即

$\dfrac{V_0^E}{earn_1} = \dfrac{V_0^{NOA}}{OI_1} + ELEV_1 \times \left(\dfrac{V_0^{NOA}}{OI_1} - \dfrac{1}{NBC_1}\right)$

远期杠杆收益 − 价格比 = $\dfrac{earn_1}{V_0^E} = \dfrac{OI_1}{V_0^{NOA}} + \dfrac{NFO_0}{V_0^E} \times \left(\dfrac{OI_1}{V_0^{NOA}} - NBC_1\right)$

历史杠杆市盈率 $= \dfrac{V_0^E + d_0}{earn_0} = \dfrac{V_0^{NOA} + FCF_0}{OI_0} + ELEV_0 \times \left(\dfrac{V_0^{NOA} + FCF_0}{OI_0} - \dfrac{1}{NBC_0} - 1 \right)$

第 15 章

无增长条件下的预计经营利润：$OI_1 = OI_0 + (\rho_F - 1) \times \Delta NOA_0$

无增长条件下的企业估值：$V_0^{NOA} = \dfrac{OI_1}{\rho_F - 1}$

增长条件下的预计经营利润：$OI_1 = NOA_0 \times$ 核心 $RNOA_0$

增长条件下的股东权益估值：$V_0^E = CSE_0 + \dfrac{[core\, RNOA_0 - (\rho_F - 1)] \times NOA_0}{\rho_F - g}$

增长条件下的企业估值：$V_0^{NOA} = NOA_0 + \dfrac{[core\, RNOA_0 - (\rho_F - 1)] \times NOA_0}{\rho_F - g}$

$\qquad = NOA_0 \times \dfrac{core\, RNOA_0 - (g - 1)}{\rho_F - g}$

无杠杆的市净率（企业市净率）：$\dfrac{V_0^{NOA}}{NOA_0} = \dfrac{core\, RNOA_0 - (g - 1)}{\rho_F - g}$

无杠杆的远期市盈率（企业市盈率）：$\dfrac{V_0^{NOA}}{OI_1} = \dfrac{1}{\rho_F - 1} \times \left(1 + \dfrac{G_2 - \rho_F}{\rho_F - g} \right)$

加权平均剩余经营性收益增长率 $= (0.7 \times$ 当期剩余经营性收益增长率$) + (0.3 \times 4\%)$

已知短期和长期增长率条件下的简单估值：$V_0^{NOA} = OI_1 \times \dfrac{1}{\rho_F - 1} \times \left(\dfrac{G_2 - G_{长期}}{\rho_F - G_{长期}} \right)$

第 16 章

剩余经营性收益 $ReOI =$ 销售收入 $\times \left($ 销售收入核心利润率 $- \dfrac{经营活动必要报酬率}{净经营性资产周转率} \right)$

$\qquad +$ 其他核心经营利润 $+$ 非经常性损益

第 18 章

质量诊断指标：
  销售收入净额 / 销售商品、提供劳务所收到的现金
  销售收入净额 / 应收账款净值
  销售收入净额 / 预计销售退回与折让
  销售收入净额 / 预收收入
  当期计提的坏账费用 / 当期实际的信用损失
  坏账准备规模 / 应收账款总额
  当期计提的坏账费用 / 当期销售收入

标准化的经营利润 / 经营利润

其中，标准化的经营利润 = 自由现金流量 + 标准化净经营性资产的变动额
            = 自由现金流量 + 销售收入变动额 / 净经营性资产周转率正常水平

调整后的 $EBITDA/EBIT$

折旧费用 / 资本支出

经营产生的现金流量 / 经营利润

经营活动产生的现金流量 / 平均净经营性资产

应计项目 / 销售收入变动额

养老金费用 / 经营费用总额

其他离职后福利费用 / 经营费用总额

与经营活动相关的所得税费用 / 税前经营利润

产品质量保证金费用 / 实际的产品质量保证支出

产品质量保证金费用 / 销售收入

研究与开发支出 / 销售收入

广告费用 / 销售收入

第 19 章

反向推导投资的期望收益率：

$$权益投资的期望收益率 = \left(\frac{B_0}{P_0} \times ROCE_1\right) + \left[\left(1 - \frac{B_0}{P_0}\right) \times (g-1)\right]$$

$$经营活动的预期收益率 = \left(\frac{NOA_0}{P_0^{NOA}} \times RNOA_1\right) + \left[\left(1 - \frac{NOA_0}{P_0^{NOA}}\right) \times (g-1)\right]$$

第 20 章

$$流动比率 = \frac{流动资产}{流动负债}$$

$$速动比率（或酸性测试比率）= \frac{货币资金 + 短期投资 + 应收账款}{流动负债}$$

$$现金比率 = \frac{货币资金 + 短期投资}{流动负债}$$

$$安全偿付期 = \frac{货币资金 + 短期投资 + 应收账款}{资本支出} \times 365$$

$$现金流量-资本支出比率 = \frac{经营活动产生的现金流量}{资本支出}$$

$$资产负债率 = \frac{负债总额（流动负债 + 长期负债）}{资产总额（负债 + 股东权益）}$$

负债权益比 = $\dfrac{\text{负债总额}}{\text{股东权益总额}}$

长期负债占比 = $\dfrac{\text{长期负债}}{\text{长期负债} + \text{股东权益总额}}$

利息保障倍数 = $\dfrac{\text{经营利润}}{\text{净利息费用}}$（已获利息倍数）

利息保障倍数（现金基础）= $\dfrac{\text{无杠杆的经营活动现金流量}}{\text{现金利息支付净额}}$

经营活动现金流量与负债之比 = $\dfrac{\text{无杠杆的经营活动现金流量}}{\text{负债总额}}$

可用于偿债的现金 = 自由现金流量 − 股利支付净额 = $OI - \Delta NOA$ − 股利支付净额

负债清偿需求 = 利息和优先股股利支付需求 + 本金偿付净需求 + 租金支付需求